Zukunftsaspekte
der anwendungsorientierten
Betriebswirtschaftslehre

Festschrift für
Professor Dr. Dr. h. c. mult. Erwin Grochla
zum 65. Geburtstag

Eduard Gaugler/Hans Günther Meissner
Norbert Thom (Hrsg.)

Zukunftsaspekte der anwendungsorientierten Betriebswirtschaftslehre

Erwin Grochla
zum 65. Geburtstag gewidmet

C. E. Poeschel Verlag Stuttgart

CIP-Kurztitelaufnahme der Deutschen Bibliothek

Zukunftsaspekte der anwendungsorientierten Betriebswirtschaftslehre :
Erwin Grochla zum 65. Geburtstag gewidmet
/ hrsg. von Eduard Gaugler...
– Stuttgart : Poeschel, 1986.
ISBN 3-7910-0402-6

NE: Grochla, Erwin: Festschrift; Gaugler, Eduard [Hrsg.]

ISBN 3-7910-0402-6

Satz: Schwarz GmbH & Co Computersatz, Stuttgart
Druck: Gutmann + Co., Heilbronn
Printed in Germany

Vorwort

Der Beitrag Erwin Grochlas zur Entwicklung der deutschen und internationalen Betriebswirtschaftslehre und zu ihrem heutigen Erkenntnisstand ist überaus eindrucksvoll. Grochla ist nicht nur mit einer großen Zahl von Publikationen, Vorträgen, Seminaren und Forschungsprojekten hervorgetreten. Sein wissenschaftliches Lebenswerk erstreckt sich außerdem auf viele Teildisziplinen der modernen Betriebswirtschaftslehre. Besonders fruchtbar hat Grochla in den Teilgebieten der Organisations- und Planungslehre, der Materialwirtschaft und Beschaffung, der Verbandsbetriebslehre und der öffentlichen Betriebswirtschaft, der Betriebsinformatik, des Rechnungswesens und des internationalen Managements gearbeitet. Federführend in einem Kreis betriebswirtschaftlicher Fachkollegen unternimmt er seit einigen Jahren ganz ungewöhnliche Anstrengungen, um die Kernbereiche der im deutschsprachigen Raum entwickelten Betriebswirtschaftslehre in englischer Sprache international zu vermitteln.

Aus Anlaß seines 60. Geburtstages haben Grochla-Schüler im Jahre 1981 ihren akademischen Lehrer mit einer Widmungsschrift geehrt, die zeigt, daß sein wissenschaftlicher Nachwuchs fruchtbar auf seinen Arbeitsgebieten forscht und seinen eigenen wissenschaftlichen Beitrag weiterführt. Die Autoren und Herausgeber dieses vorliegenden Sammelwerkes sind Fachkollegen Grochlas, die sich ihm in unterschiedlicher Weise verbunden fühlen. Sie haben beispielsweise als Mitherausgeber und Autoren an Handwörterbüchern und Zeitschriften, die er herausgegeben hat, mitgewirkt. Sie stehen mit ihm in der Wirtschafts- und Sozialwissenschaftlichen Fakultät der Universität zu Köln, der er inzwischen ein Vierteljahrhundert angehört, in engem Kontakt. Sie arbeiten mit ihm in der Schmalenbach-Gesellschaft/Deutsche Gesellschaft für Betriebswirtschaft e. V. oder in anderen Institutionen der Wissenschaft und der Wirtschaft zusammen. Gemeinsam wollen sie anläßlich des 65. Geburtstags Grochlas seinen Beitrag zur Betriebswirtschaftslehre, die er immer in bester Tradition des Faches als eine anwendungsorientierte Disziplin verstanden hat, mit diesem Sammelband würdigen. Ihre Beiträge versuchen auf einzelnen Teilgebieten den Problem- und Erkenntnisstand der betriebswirtschaftlichen Forschung aufzugreifen und mit Lösungsansätzen für die Zukunft weiterzudenken. Mit diesem Gemeinschaftswerk wollen die Autoren und Herausgeber ihre aufrichtigen Wünsche für das persönliche Wohlergehen des Jubilars und für eine fruchtbare Fortsetzung seiner wissenschaftlichen Aktivitäten zum Ausdruck bringen.

Die Herausgeber danken in erster Linie den zahlreichen Fachkollegen, die sich auf die erste Anfrage hin sofort zur Mitarbeit bereit fanden. Das breite Echo auf die Einladung hat gezeigt, daß sich ein großer Kollegenkreis mit dem Jubilar und seinem wissenschaftlichen Schaffen besonders verbunden fühlt.

Der Dank der Herausgeber gilt nicht minder dem C. E. Poeschel Verlag. Grochla ist diesem Verlag seit Jahrzehnten besonders verbunden. Viele seiner zahlreichen Veröffentlichungen hat dieser Verlag betreut. Ferner danken die Herausgeber dem »Verein zur Förderung des Betriebswirtschaftlichen Instituts für Organisation und Automation an der Universität zu Köln e. V.«, insbesondere seinem Präsidenten, Dr. Paul-Robert Wagner, der es dem Verlag erleichtert hat, das umfangreiche Gemeinschaftswerk in angemessener Aufmachung zu publizieren.

Im April 1986

Eduard Gaugler Hans Günther Meissner Norbert Thom

Inhaltsverzeichnis

Struktur und Verfassung der Unternehmung

*Klaus Chmielewicz**

Grundstrukturen der Unternehmungsverfassung**

* Prof. Dr. *Klaus Chmielewicz*, Ruhr-Universität Bochum, Seminar für Theoretische BWL.

** Dieser Beitrag ist Herrn Prof. Dr. Dr. h. c. mult. Erwin Grochla zu seinem 65. Geburtstag in Dankbarkeit und Anerkennung für seine Verdienste um die Entwicklung der BWL gewidmet. Er hat sich im Rahmen seiner vielfältigen Interessen auch um die Unternehmungsverfassung verdient gemacht, indem er bei der DFG ein Schwerpunktprogramm Unternehmungsverfassung beantragte und durchsetzte.

A. Problemstellung

In den letzten Jahren hat in der Betriebswirtschaftslehre (BWL) die Beschäftigung mit Problemen der Unternehmungsverfassung zugenommen. [1] Dabei bleibt aber der Gegenstandsbereich der Unternehmungsverfassung etwas unstrukturiert. Im Mittelpunkt der deutschen Diskussion zur Unternehmungsverfassung stand in den letzten Jahrzehnten die gesetzliche Mitbestimmung bei der großen Aktiengesellschaft. Hier wird die Auffassung vertreten, daß ein darauf eingeengter Problembereich die Unternehmungsverfassung unzweckmäßig ist; z. B. sollten auch Organisationsfragen nicht-mitbestimmter Unternehmungsorgane, andere Rechtsformen und außergesetzliche Regelungen in die Betrachtung einbezogen werden. Im folgenden wird versucht, derartige Grundlagenfragen der Unternehmungsverfassung zu strukturieren. Dabei werden insbesondere drei Teilgebiete der Unternehmungsverfassung herausgearbeitet: Markt-, Finanz- und Organisationsverfassung der Unternehmung. Die Unternehmungsverfassung ergibt sich aus den Abhängigkeiten und Wechselwirkungen zwischen Markt-, Finanz- und Organisationsverfassung.

B. Begriff der Unternehmungsverfassung

Unter der Unternehmungsverfassung kann die Gesamtheit der grundlegenden (konstitutiven) und langfristig gültigen Strukturregelungen der Unternehmung verstanden werden. [2] Regelungsgegenstand sind insbesondere die Macht- und Einkommensverteilung der Unternehmung. Das Gegenstück ist auf gesamtwirtschaftlicher Ebene die Wirtschaftsordnung oder -verfassung, auf gesamtstaatlicher Ebene die (Staats-)Verfassung. [3] Wie bei der Staatsverfassung ist die Einstufung einer Frage als Problem der Unternehmungsverfassung stets normativ und Indikator der intersubjektiven Wichtigkeit dieser Frage. Grundrechte z. B. können in einer Staatsverfassung als systemwidriger Fremdkörper, ästhetischer Zierat oder als unerläßlicher Grundpfeiler angesehen werden; das gleiche gilt in der Unternehmungsverfassung z. B. für Minderheitenrechte (Kleinaktionäre, Kommanditisten, Arbeitnehmergruppen).

Systemart / Regelungsgegenstand	1. Staatsverfassung	2. Unternehmungsverfassung
1. Grundrechte und -pflichten der Systemmitglieder	Grundrechte und -pflichten der Staatsbürger	Grundrechte und -pflichten der Unternehmungsmitglieder (Anteilseigner, Manager, Arbeitnehmer)
2. Zwecksetzung, Struktur und Kompetenzen der Entscheidungsorgane	Staatsorgane (z. B. Parlament, Regierung)	Unternehmungsorgane (z. B. Vorstand, Aufsichtsrat, Hauptversammlung)
3. Systemziele	Staatsziele (z. B. Sozialstaat, finanzielles Gleichgewicht, ggf. Umweltschutz)	Unternehmungsziele (z. B. Gewinn, Liquidität)

Abb. 1: Staats- und Unternehmungsverfassung

In Analogie zum Inhalt der Staatsverfassung [4] würden zu einer ausgebauten Unternehmungsverfassung gehören:

(1) Grundrechte und -pflichten der Unternehmungsmitglieder (Anteilseigner, Manager, Arbeitnehmer), entsprechend den Grundrechten und -pflichten der Staatsbürger (Zeile 1 von Abb. 1);

(2) Zwecksetzung, Struktur und Kompetenzausstattung der Unternehmungsorgane, entsprechend den Staatsorganen (Zeile 2);

(3) Langfristig verfolgte Unternehmungsziele, entsprechend den Staatszielen (Zeile 3).

Diese Analogie zwischen Staats- und Unternehmungsverfassung findet Grenzen dadurch, daß die Unternehmungsverfassung im Gegensatz zur Staatsverfassung (a) nicht einheitlich kodifiziert ist, (b) externe Rahmenbedingungen vorfindet (z. B. die Staatsverfassung) und (c) andere inhaltliche Normen enthalten kann (z. B. hervorgehobene Kompetenzen für Träger des finanziellen Risikos der Unternehmung).

C. Regelungs- und Betrachtungsebenen der Unternehmungsverfassung

Regelungen der Unternehmungsverfassung sind anders als die Staatsverfassung nicht in einem (Grund-)Gesetz zusammengefaßt, sondern im Istzustand wie ein Flickenteppich auf verschiedene Gesetze verteilt und teils außergesetzlich geregelt. Wie Abbildung 2 zeigt, lassen sich mindestens vier Rangebenen gesetzlicher Regelung unterscheiden (Grundgesetz, einfache Gesetze, Rechtsverordnung, Rechtsprechung; in Klammern jeweils Beispiele). Davon zu unterscheiden sind vertragliche Regelungen über- und einzelbetrieblicher Art. Ein anderer Teil der Unternehmungsverfassung ist aber weder gesetzlich noch vertraglich fixiert, sondern primär faktisch geregelt.

1 Gesetzliche Regelungen der Unternehmungsverfassung
- 11 Grundgesetz (Koalitionsfreiheit, freie Arbeitsplatzwahl, Eigentumsordnung, Sozialstaatsprinzip, Pressefreiheit)
- 12 Einfache Gesetze (z. B. Wettbewerbs-, Gesellschafts-, Arbeits-, Mitbestimmungsrecht)
- 13 Rechtsverordnungen (z. B. Wahlordnungen zur Mitbestimmung)
- 14 Höchstrichterliche Entscheidungen (z. B. Arbeitskampfrecht)

2 Vertragliche Regelungen der Unternehmungsverfassung
- 21 Überbetriebliche Verträge (z. B. Branchentarifvertrag)
- 22 Einzelbetriebliche Verträge (z. B. Gesellschaftsvertrag, Satzung, Unternehmensvertrag, Firmentarifvertrag, Betriebsvereinbarung)

3 Faktische Regelungen der Unternehmungsverfassung (Trennung von Eigentum und Leitung, Regime der Manager)

Abb. 2: Regelungsebenen der Unternehmungsverfassung

Eine erste Konsequenz ist, daß Probleme der Unternehmungsverfassung aus Sicht der BWL begrifflich nicht auf gesetzlich geregelte Sachverhalte beschränkt werden sollten. [5] Eine gesetzliche Regelung ist weder hinreichend (weil die Mehrzahl unternehmungsbezogener

Gesetzesregelungen nicht zur Unternehmungsverfassung zu rechnen ist) noch notwendig (weil es außergesetzliche Regelungen der Unternehmungsverfassung gibt). Zu prüfen ist bei potentiellen Problemen der Unternehmungsverfassung vielmehr, ob eine langfristige und konstitutive Regelung vorliegt. In diesem Sinn gehört z. B. der Abschluß eines Unternehmensvertrages (z. B. Verlust der Selbständigkeit durch Beherrschungsvertrag) oder eines Rahmentarifvertrages (z. B. mit zusätzlichen Rationalisierungs- oder Kündigungsschutzvorschriften) oder die Entwicklung des Regimes der Manager zur Unternehmungsverfassung, obwohl es sich um vertragliche Regelungen bzw. um faktische Entwicklungen handelt. Durch eine definitorische Beschränkung auf gesetzlich geregelte Strukturen würde man konstitutive Probleme aus der Unternehmungsverfassung ausklammern.

Eine zweite Konsequenz vorhandener gesetzlicher Regelungen ist, daß ihr Geltungsbereich im Normalfall an der Staatsgrenze endet. Eine international tätige Unternehmung arbeitet also im Rahmen verschiedener Gesetzesmodelle der Unternehmungsverfassung. Faktische Entwicklungen sind weniger länderspezifisch (z. B. Regime der Manager).

Drittens kann der gleiche Sachverhalt der Unternehmungsverfassung wahlweise auf verschiedenen Ebenen von Abbildung 2 geregelt werden. Für die Einkommensverteilung, Mitbestimmung [6] oder den Kündigungsschutz gilt gleichermaßen, daß eine gesetzliche, vertragliche oder faktische Regelung zur Wahl steht. Wer z. B. eine Analyse der Unternehmungsverfassung auf gesetzliche Regelungen beschränkt und auf dieser Basis Ländervergleiche betreibt, kann böse Überraschungen erleben und verfälschte Vergleichsergebnisse produzieren, wenn er übersieht, daß der gleiche Sachverhalt in einigen Ländern gesetzlich geregelt ist, in anderen dagegen vertraglich oder faktisch.

Ein in der BWL viel zu wenig diskutiertes Grundproblem der Unternehmungsverfassung besteht darin, welche Regelungsebene im Einzelfall zweckmäßig ist. Aspekte wie Rechtsstaatlichkeit, Rechtssicherheit und Schutz wirtschaftlich Schwacher können für eine gesetzliche Regelung sprechen; dagegen sprechen aber Aspekte wie Autonomie und Flexibilität der Unternehmung sowie marktwirtschaftliche Dezentralisierung der Entscheidungen. Unzweckmäßige gesetzliche Regelungen sind bei gesetzlicher Zementierung schwerer zu beseitigen, beim Auftreten von Ansprüchen auf Besitzstandswahrung evtl. sogar überhaupt nicht.

Für die BWL entsteht viertens die Frage, ob sie den gesetzlich geregelten Teil der Unternehmungsverfassung als Teil des gesamtwirtschaftlichen Datenrahmens passiv hinnimmt oder ihn aktiv zu ändern versucht. Für die aktive Änderungsstrategie könnte sprechen, daß Gesetze zur Unternehmungsverfassung im Zeitablauf ohnehin wandelbar sind (wenn auch nur längerfristig) und vor allem betriebswirtschaftlichen Problemgehalt aufweisen.

Bisher wurde die Frage behandelt, auf welcher Ebene Probleme der Unternehmungsverfassung in der Praxis geregelt werden. Davon zu unterscheiden ist die Frage, auf welcher Betrachtungsebene der Theoretiker Probleme der Unternehmungsverfassung analysiert:

- gesellschaftspolitische Ebene (wie sie z. B. in der Mitbestimmungsdiskussion dominiert);
- gesamtwirtschaftliche Ebene (z. B. Allokationseffekte von Organisations- oder Finanzierungsstrukturen);
- einzelwirtschaftliche Ebene; diese Ebene bietet sich für den Betriebswirt primär an.

D. Die Marktverfassung der Unternehmung

Das traditionelle Kerngebiet der Unternehmungsverfassung besteht aus konstitutiven und langfristigen Grundsatzfragen der Organisation (Organisationsverfassung der Unternehmung). Es ruft nach eigenen Beobachtungen nicht selten Erstaunen oder sogar Verwunderung hervor, wenn auch nicht-organisationsbezogene Fragen im Kontext der Unternehmungsverfassung diskutiert werden. Hier wird die Auffassung vertreten, daß auch der Marktbereich der Unternehmung langfristige und konstitutive Fragen und damit Probleme der Unternehmungsverfassung aufwirft (Marktverfassung der Unternehmung); das gleiche gilt im Prinzip für Grundsatzfragen des Finanz- und Rechnungswesens der Unternehmung (Finanzverfassung der Unternehmung). Man könnte sogar die Gegenfrage stellen, ob es nicht verwunderlich wäre, wenn es in diesen Bereichen keine verfassungsrelevanten Probleme der Unternehmung gäbe.

Bei diesen Fragen geht es nicht nur um das Begriffs- oder Sprachsystem. Wenn nur Organisationsfragen Verfassungsrang haben (Organisationsverfassung gleich Unternehmungsverfassung) und Verfassungsregelungen wie üblich als höherrangig angesehen werden, haben Fragen der Organisation(sverfassung) automatisch Vorrang; die Regelungen der Markt- und Finanzstrukturen müssen sich einseitig an die höherrangigen Regelungen der Organisations- bzw. Unternehmungsverfassung anpassen. Der Konstrukteur einer Unternehmungsverfassung kann sich auf die zentralen Organisationsstrukturen beschränken; die Markt- und Finanzfragen haben nur dienende Funktion und müssen sich an der vorgegebenen Organisationsstruktur ausrichten. Wenn man dagegen auch Markt- und Finanzregelungen mit Verfassungsrang ausstattet, ergibt sich die zweckmäßigere Problemfassung, daß eine Abwägung zwischen im Prinzip gleichrangigen Fragen der Organisations-, Markt- und Finanzverfassung geboten ist.

Im übrigen ist zu erwähnen, daß auch auf der Staatsebene die Finanzverfassung als Teil der (Staats-)Verfassung behandelt wird.

Eine wichtige Konsequenz der Einbeziehung von Markt- und Finanzverfassung ist, daß damit die Unternehmungsverfassung zur funktionsübergreifenden Querschnittslehre wird; die Erweiterung des Forschungsbereichs der Unternehmungsverfassung schafft damit Probleme im funktionsorientierten Lehrbetrieb.

Abbildung 3 stellt die drei genannten Teilverfassungen gegenüber und soll die zusätzliche Konsequenz andeuten, daß dazwischen Abhängigkeiten und Wechselwirkungen bestehen.

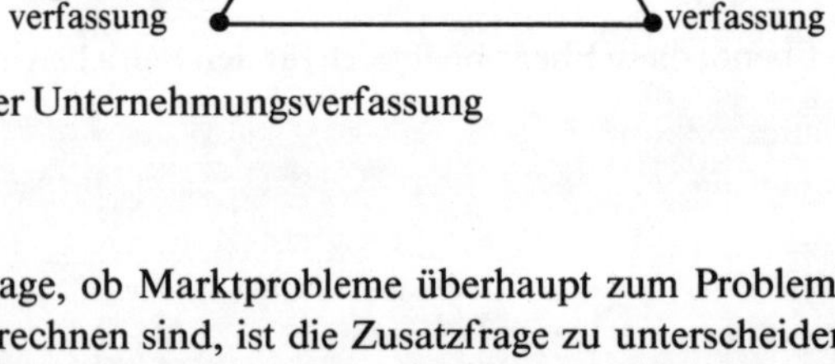

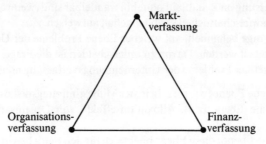

Abb. 3: Teilgebiete der Unternehmungsverfassung

Von der Grundsatzfrage, ob Marktprobleme überhaupt zum Problembereich der Unternehmungsverfassung zu rechnen sind, ist die Zusatzfrage zu unterscheiden, welche Einzelfragen ggf. innerhalb der Marktverfassung der Unternehmung zu behandeln sind. Abbildung 4 enthält einen schaubildartig verdichteten Vorschlag und skizziert wesentliche Grundpfeiler der Marktverfassung; auf die Ausarbeitung von Details wird hier verzichtet (u. a. auch aus Raumgründen). Die Markt- hängt ebenso wie die Finanzverfassung der Unternehmung von der Wirtschaftsordnung ab; zugrundegelegt werden hier marktwirtschaftliche Ordnungen. Maßgeblich für die Auswahl in Abbildung 4 ist, durch welche konstitutiven Eckpfeiler das Marktsystem und Marktverhalten der bundesrepublikanischen Unternehmung angemessen beschrieben werden kann. Daß der Vorschlag vielfältig diskussionsbedürftig ist, bedarf keiner näheren Erläuterung.

1 Prinzip des Leistungswettbewerbs
  11 Verbot von Monopolen, Kartellen, unlauterem Wettbewerb, Mißbrauch von Marktmacht im Absatzmarkt
  12 Bilaterales Monopol im Arbeitsmarkt
2 Postulat der Konkurrenzfähigkeit (Wettbewerbsfähigkeit) der Unternehmung im
  21 Absatzmarkt (sonst Abwanderung der Konsumenten bei schlechter Qualitäts/Preis-Relation)
  22 Arbeitsmarkt (sonst Abwanderung der Arbeitnehmer bei Vollbeschäftigung)
  23 Fremdkapitalmarkt (sonst Kreditverweigerung oder ungünstige Kreditkonditionen durch die Fremdkapitalgeber)
  24 Eigenkapitalmarkt (sonst Abwanderung der Anteilseigner bei schlechter Chance/Risiko-Position)
3 Staatliche Regulierung der Märkte
  31 Autonomie des absatzwirtschaftlichen Instrumentariums im Absatzmarkt (insbes. freie Preis- und Produktwahl der Unternehmung)
  32 Sozialstaatliche Regulierung des Arbeitsmarktes

Abb. 4: Grundpfeiler der Marktverfassung der marktwirtschaftlichen Unternehmung

Der zentrale Grundpfeiler der Marktverfassung der Unternehmung ist das (1) Prinzip des Leistungswettbewerbs. Während im Absatzmarkt im Prinzip ein (11) Monopol- und Kartellverbot besteht, ist der (12) Arbeitsmarkt abweichend davon im Prinzip durch ein bilaterales Monopol gekennzeichnet (im Regelfall überbetriebliche Lohntarifaushandlung zwischen Arbeitgeberverbänden und Gewerkschaften).

Diese Regelungen prägen die gesamte Unternehmungsverfassung wie kaum ein anderer Sachverhalt, sie werden deshalb als verfassungsrelevant angesehen und zur Marktverfassung der Unternehmung gerechnet.

Die Praxis der Monopol- und Kartellregelung zeigt im übrigen, daß auch in der Marktverfassung Verfassungssoll und Verfassungswirklichkeit nicht immer deckungsgleich sind (ähnlich wie in der Staatsverfassung oder in der Organisationsverfassung der Unternehmung). Liegt dagegen schon im Soll- statt erst im Istzustand eine Monopolunternehmung vor, so ist eine abweichende Markt- und damit Unternehmungsverfassung vorgegeben.

Als Konsequenz des Leistungswettbewerbs ergibt sich für die Unternehmung das Postulat der Konkurrenzfähigkeit in allen Märkten der Unternehmung; die Unternehmung hat in allen Märkten unter (2) Konkurrenten und muß sich in diesem Wettbewerb in jedem Markt behaupten.

Dieses Postulat ist dauerhaft und für die Existenz der Unternehmung entscheidend und strahlt auch in die Organisations- und Finanzverfassung aus. Eine Marktverfassung, die Konkurrenzfähigkeit auch auf ausländischen Absatzmärkten voraussetzt, begrenzt z. B. auch den Spielraum für soziale Experimente im Rahmen der Organisationsverfassung (z. B. weitergehende Formen von Mitbestimmung oder Kündigungsschutz).

Die mangelnde Konkurrenzfähigkeit der Unternehmung kann situationsbedingt (21) bei schlechter Qualitäts/Preis-Relation der Produkte im Absatzmarkt vorliegen, aber auch (22) im Arbeitsmarkt (z. B. Abwanderung der Arbeitnehmer in der Vollbeschäftigungssituation der sechziger Jahre wegen niedriger Löhne und/oder schlechter Arbeitsbedingungen); weiter kann mangelnde Wettbewerbsfähigkeit der Unternehmung auch im (23) Fremdkapitalmarkt gegeben sein (mangelnde Kreditfähigkeit, unzureichende Gläubigersicherung, hohe Verschuldung, unpünktliche Zins- oder Tilgungszahlungen) oder im (24) Eigenkapitalmarkt (Abwanderung der Anteilseigner bei niedrigen Renditen und/oder hohen Risiken). Im letzteren Fall ist die Eigenkapitalausstattung als Gleichgewichtsbedingung der Finanzverfassung [7] ebenso gefährdet wie die Wettbewerbsfähigkeit im Fremdkapitalmarkt. Bei Rohstoffverknappung als Ausnahmesituation kann die Wettbewerbsfähigkeit sogar im Beschaffungsmarkt zum Problem werden.

Als weiterer Grundpfeiler der Marktverfassung ist (3) die staatliche Regulierung der Märkte genannt. Im (31) Absatzmarkt ist unternehmerische Autonomie [8] der Regelfall; die Unternehmung kann ihr absatzwirtschaftliches Instrumentarium als Mittel der Wettbewerbsfähigkeit frei wählen (insbes. autonome Preis- und Produktwahl). Ausnahmefälle sind z. B. Preisgenehmigungspflichten (z. B. bei EVU) oder Werbeverbote (z. B. für freie Berufe) in Teilsektoren; damit ändert sich ein Eckpfeiler der Marktverfassung. Im (32) Arbeitsmarkt ist eine staatliche Regulierung unter Sozialstaatsaspekten dagegen der Regel- statt Ausnahmefall; während die Auswahl eines Produktes durch den Konsumenten im Absatzmarkt unter Qualitäts- und/oder Preis- statt unter sozialen Aspekten erfolgt, ist für die Auswahl eines Arbeitnehmers durch die Unternehmung im Arbeitsmarkt der soziale Aspekt von großer Bedeutung (z. B. bei Kündigungen).

E. Die Finanzverfassung der Unternehmung

Die Finanzverfassung ist der finanzielle Teil der Unternehmungsverfassung und enthält verfassungsrelevante Regelungen des Finanz- und Rechnungswesens. Um Verwechslungen mit der Finanzverfassung als Teil der Staatsverfassung zu vermeiden, wird hier von einer Finanzverfassung der Unternehmung gesprochen. Bei der Finanz- ist es noch weniger als bei der Organisationsverfassung der Unternehmung zweckmäßig, sich auf gesetzliche Regelungen zu beschränken.

Die Finanz- hat mit der Markt- und Organisationsverfassung gemeinsam, daß sie dem (Finanz-, Marketing-, Organisations-)Fachmann inhaltlich nichts Neues bringen sollte, da lediglich konstitutive und langfristige Grundfragen des jeweiligen Gebietes als verfassungsrelevant hervorgehoben werden. Die Organisationstheoretiker haben aber in der Vergangenheit die Fragen der Organisations- bzw. Unternehmungsverfassung inhaltlich eher vermieden und diese Fragen den Spezialisten der Unternehmungsverfassung überlassen (z. B. Hauptversammlung, Aufsichts- oder Betriebsrat, Mitbestimmung). Erst in den letzten Jahren hat sich das erheblich gewandelt, so daß die Problemstellungen der Organisationsverfassung stärker in die allgemeine Organisationslehre einfließen. Im Finanz- und Rechnungswesen werden dagegen traditionell verfassungsrelevante Fragen mit behandelt und nicht besonders hervorgehoben oder gar Spezialisten der Unternehmungsverfassung überlassen. Immerhin gibt es Autoren, die in dem Kontext der Unternehmungsverfassung ganz betont Finanz- statt Organisationsfragen behandeln. [9] Die folgenden Ausführungen sind weniger für den Finanzspezialisten konzipiert, eher für den Vertreter der Unternehmungsverfassung, der Unternehmungs- auf Organisationsverfassung einschränkt und die Finanzverfassung der Unternehmung damit vernachlässigt (finanzfreie Organisationsverfassung).

1 Staatlicher Rahmen der Finanzverfassung der Unternehmung
   11 Geld als Währungseinheit, Zahlungs- und Wertaufbewahrungsmittel
   12 Privateigentum an Produktionsmitteln
   13 Besteuerung von Umsatz, Gewinn und Vermögen der Unternehmung
   14 Keine Subventionseinnahmen der Unternehmung
2 Erzielung und Verteilung von Markteinnahmen
   21 Markteinnahmenrisiko der Unternehmung aus sinkenden Absatzmengen oder -preisen und aus Zahlungsausfällen
   22 Verteilung der Finanzierungsrisiken der Unternehmung
      221 Freistellung der Konsumenten, Lieferanten und Fremdkapitalgeber vom Einkommensrisiko durch Kontrakteinkommen
      222 Freistellung der Arbeitnehmer vom Einkommensrisiko durch Kontrakteinkommen (aber Arbeitsplatzrisiko)
      223 Einkommensrisiko bzw. Residualeinkommen für Anteilseigner und Manager
   23 Einkommensverteilung der Unternehmung als Verteilung der erzielten Einnahmen
      231 Überbetrieblicher Rahmen der Einkommensverteilung (Marktpreise, Zinssätze, Steuer- und Branchenlohntarife)
      232 Einzelbetriebliche Einkommensverteilung (Firmen-Lohntarif, übertarifliche Löhne, Gewinnbeteiligung, -einbehaltung und -ausschüttung, Konzern-Verrechnungspreise)
3 Gleichgewichtsbedingungen der Güterprozesse
   31 Überschußerzielung bei Innenfinanzierung und Gewinn
   32 Erhaltung der Liquidität (Innen- und Außenfinanzierung)
   33 Erhaltung und Vermehrung des Eigenkapitals (Gewinneinbehaltung und externe Eigenkapitalaufnahme)
4 Publizität des Jahresabschlusses bei Aktiengesellschaften, Größt-Unternehmungen, Banken und bei Haftungsbeschränkung

Abb. 5: Grundpfeiler der Finanzverfassung der marktwirtschaftlichen Unternehmung

Wie Abbildung 4 zur Marktverfassung soll Abbildung 5 einige Grundpfeiler der Finanzverfassung der Unternehmung schematisch verkürzt zusammenfassen. Daß über die Auswahl und Struktur dieser Grundpfeiler lange diskutiert werden könnte, ist auch bei der Finanzverfassung naheliegend. Maßgebend für die Auswahl war auch hier die Frage, welche Elemente langfristig und konstitutiv das Finanzsystem der bundesrepublikanischen Unternehmung prägen; es handelt sich also um eine marktwirtschaftliche Finanzverfassung der Unternehmung.

Unter (1) sind wichtige staatliche Rahmendaten der unternehmungsbezogenen Finanzverfassung aufgelistet. Die Finanzverfassung basiert einerseits auf einer (11) staatlichen Geldordnung, andererseits einer (12) staatlichen Ordnung des Privateigentums. Diese ebenso grundlegenden wie für westliche Marktwirtschaften trivialen Feststellungen werden nur genannt, um die naheliegende Konsequenz anzudeuten, daß eine – seit Jahrzehnten immer wieder vorgeschlagene – Änderung dieser Grundpfeiler eine weitgehend andere Finanzverfassung der Unternehmung liefern würde (ohne Geld, ohne Privateigentum).

Charakteristisch ist ferner, daß die Unternehmung ein (13) selbständiges Besteuerungsobjekt für Umsatz-, Gewinn- und Vermögensteuern ist und im Sollzustand (14) keine staatlichen Subventionen erhält. Abweichend davon sind öffentliche Unternehmungen z. T. steuerbefreit, erhalten z. T. mehr oder weniger große staatliche Subventionen. In verringertem Umfang gilt das auch für private Unternehmungen (z. B. Subventionen für Unternehmungen in Krisenbranchen oder -regionen, Körperschaftsteuer nur bei Kapitalgesellschaften, keine Gewerbesteuer bei Freiberuflern).

Wenn die Unternehmung keine Subventionseinnahmen erhält, ist sie auf Markteinnahmen gemäß Abbildung 6 zwingend angewiesen und muß sich deshalb am Konsumenten bzw. am Absatzmarkt orientieren. Durch Subventions- statt Markteinnahmen ändert sich die Finanzverfassung (z. B. bei öffentlichen Unternehmungen); das strahlt auf die Markt- und Organisationsverfassung aus:

- die Konsumenten- werden unter dem Einfluß des Subventionsgebers und der Mitbestimmung durch staatliche, gesellschaftspolitische oder Arbeitnehmerinteressen überlagert,
- die Absatzmarkt- werden durch Arbeitsmarkt- oder Nichtmarkt-Aspekte überlagert,
- die Bedeutung des Postulats der Konkurrenzfähigkeit wird verringert und der Leistungswettbewerb im Absatzmarkt durch Subventionswettbewerb verzerrt.

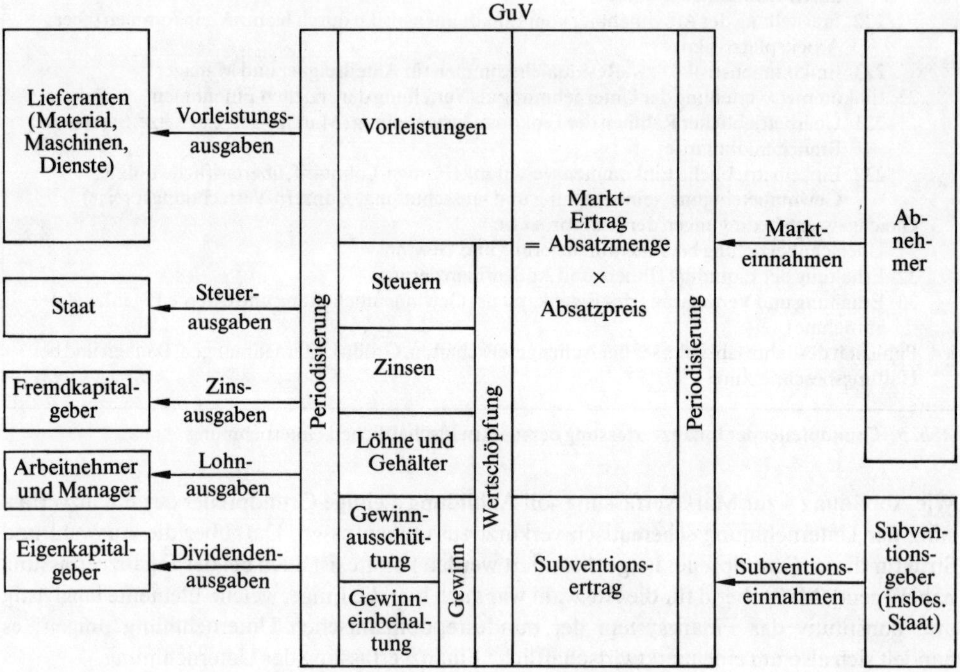

Abb. 6: Wertschöpfungsmodell der Gewinn- und Verlustrechnung

Durch Verschiebung entlang der Zeitachse auf den richtigen Erfolgszeitpunkt (Periodisierung) gehen die Markteinnahmen in Markterträge über, die Beschaffungsausgaben in Aufwand; durch diese Periodisierung entsteht eine Gewinn- und Verlustrechnung (GuV) gemäß Abbildung 6. Die Summe der Markteinnahmen (ggf. erhöht um Subventionseinnahmen) stellt das Finanzvolumen dar, das für Zwecke der Einkommensverteilung [10] zur Verfügung steht; die Einkommensverteilung erfolgt auf der ganzen linken Seite der GuV (also nicht nur über die Verteilung der Wertschöpfung, sondern auch über die Vorleistungen, z. B. über erhöhte Rohölpreise oder Konzernverrechnungspreise). Ausgewiesen ist in Abbildung 6 trotz einiger Bedenken die Standarddefinition der Wertschöpfung; sie schließt über Unternehmungsmitglieder (Anteilseigner, Manager, Arbeitnehmer) hinaus auch Außenstehende ein (Zinsen der Fremdkapitalgeber, Steuern des Staates) und basiert somit auf einem erweiterten Koalitionsbegriff.

Mit diesen Erläuterungen lassen sich drei weitere Eckpfeiler der Finanzverfassung der Unternehmung gemäß Abbildung 5 verdeutlichen. Die Unternehmung ist (21) finanziell vom

Absatzmarkt abhängig und geht ein Markteinnahmenrisiko ein (Risiko von verringerten Absatzmengen und/oder -preisen sowie von Zahlungsausfällen). Dieses Markteinnahmenrisiko ist die Folge der für Unternehmungen typischen Fremdbedarfsdeckung und der freien Konsumwahl durch Konsumenten; damit ist es nicht auf marktwirtschaftliche Unternehmungen beschränkt.

Die Unternehmung kann dieses Risiko nicht allein absorbieren. In begrenztem Umfang steht Eigenkapital als Risikoträger zur Verfügung; spätestens nach dessen Aufzehrung verteilt die Unternehmung (22) das Markteinnahmenrisiko auf Einkommen oder Vermögen von Unternehmungsmitgliedern oder Außenstehenden weiter. Dabei gilt als Grundregel, daß (221) externe Lieferanten und Fremdkapitalgeber im Sollzustand vom Finanzierungsrisiko der Unternehmung abgekoppelt werden; sie erhalten einklagbare Kontrakteinkommen, deren Preiskomponente nicht vom wirtschaftlichen Gedeihen der Unternehmung abhängt. Auch (222) Arbeitnehmer erhalten tarif- oder arbeitsvertraglich fixierte Kontrakteinkommen und werden damit im Sollzustand vom Markteinnahmenrisiko der Unternehmung abgekoppelt. Im Zeitablauf verringerte tarifliche Kontrakteinkommen der Arbeitnehmer sind in Deutschland bisher nicht üblich (anders als z. B. in den USA).

Als Residualeinkommensempfänger bleiben (223) Anteilseigner und Manager übrig (daneben der Staat mit seinen Gewinnsteuern); sie erhalten nur bzw. auch Residualeinkommen (Gewinn bzw. Tantiemen), dessen Höhe vom finanziellen Gedeihen der Unternehmung abhängt. Soweit sie Residualeinkommen beziehen, stellen sie für die Unternehmung in Krisensituationen keine finanzielle Belastung dar. [11]

Je dominanter aber das Sicherheitsstreben der Unternehmungsmitglieder und je größer bei den heutigen Verteilungsstrukturen der Wertschöpfung der Anteil der Kontrakteinkommen ist, desto weniger kann das Markteinnahmenrisiko der Unternehmung durch Residualeinkommen absorbiert werden. Je weniger Residualeinkommensempfänger in der Finanzverfassung der Unternehmung vorgesehen sind und je weniger Residualeinkommen pro Kopf für sie anfällt [12], desto größer wird die Wahrscheinlichkeit, daß in Krisensituationen entgegen dem Soll der Finanzverfassung doch Kontrakteinkommensempfänger negativ betroffen werden. Wäre in der Finanzverfassung im Grenzfall überhaupt kein Residualeinkommensempfänger vorgesehen, so würde ein realisiertes Markteinnahmenrisiko direkt auf Kontrakteinkommen durchschlagen.

Risikoübernahme durch Empfänger von Kontrakteinkommen ist eine Abweichung zwischen Soll und Ist der Finanzverfassung. Diese Risikoübernahme betrifft sowohl Außenstehende (Akzeptieren schlechterer Kontrakte oder Forderungsverluste für Lieferanten und Fremdkapitalgeber) als auch Arbeitnehmer (Arbeitsplatzverlust und damit völliger Ausfall von Einkommenszahlungen durch die Unternehmung). Solange Arbeitnehmer nicht wie Beamte außer vom Einkommens- auch vom Arbeitsplatzrisiko befreit werden (Kündigungsverbot), sind sie letztlich doch vom finanziellen Schicksal der Unternehmung abhängig (vgl. Abb. 6). Eine völlige Abkoppelung der Arbeitnehmer vom Unternehmungsrisiko wäre auch gar nicht durchhaltbar, da (a) Unternehmungen im Gegensatz zu Behörden ein Markteinnahmenrisiko haben und (b) die Summe der Arbeitnehmereinkommen heute den größten Teil der Wertschöpfung ihrer Unternehmung ausmacht [13] und deshalb bei Realisierung des Markteinnahmenrisikos der Unternehmung nicht in unveränderter Höhe aufrecht zu erhalten ist.

Anteilseigner haben ein solches Arbeitsplatzrisiko gemäß Abbildung 7 nicht. Anteilseigner mit unternehmerischer Aktivität (Eigentümer-Unternehmer) haben zwar einen Arbeitsplatz, verlieren ihn aber innerhalb der Lebensdauer der Unternehmung nicht, weil sie (a) das Direktionsrecht haben und (b) in Krisensituationen wegen ihres Residualeinkommens keine finanzielle Belastung der Unternehmung darstellen (Einkommens- statt Arbeitsplatzrisiko der Eigentümer-Unternehmer [14]; das ist im Prinzip das genaue Gegenstück zum Arbeitsplatz- statt

Einkommensrisiko der tariflichen Arbeitnehmer). Anteilseigner ohne unternehmerische Aktivität (Eigenkapitalanleger) beanspruchen gar keinen Arbeitsplatz und können ihn auch nicht verlieren.

Arbeitsplatzrisiko \ Einkommensrisiko	1. Ja	2. Nein
1. Ja	11. Manager	12. (Tarif-)Arbeitnehmer in Privatwirtschaft
2. Nein	21. Eigentümer-Unternehmer	22. Beamter

Abb. 7: Einkommens- und Arbeitsplatzrisiko

Manager haben gemäß Abbildung 7 das Arbeitsplatz- neben dem Einkommensrisiko. Dabei ist nicht nur der finanzielle, sondern auch der Motivationsaspekt zu beachten. Manager werden durch das Einkommens- und zusätzliche Entlassungsrisiko dazu angehalten, finanzielle Krisensituationen durch geschickte Geschäftsführung erst gar nicht entstehen zu lassen.

Unter Beachtung des Markteinnahmenrisikos (21) der Unternehmung und der Risikoverteilung (22) vollzieht sich in der Unternehmung die Einkommensverteilung (23). Die Einkommensverteilung ist in wesentlichen Punkten überbetrieblich geregelt und insoweit ein externes Datum für die Finanzverfassung der Unternehmung (z. B. Marktpreise, Zinssätze, Branchenlohn- und Steuertarife). Die zugehörigen Mengendispositionen und die ergänzenden einzelbetrieblichen Vorgänge der Einkommensverteilung (z. B. Firmenlohntarif, übertarifliche Löhne, Gewinneinbehaltung, -ausschüttung und -beteiligung, Konzern-Verrechnungspreise) sind dagegen auf Unternehmungsebene gestaltbar und damit Aktionsparameter der Finanzverfassung der Unternehmung.

Die Einkommensverteilung ist im subjektiven Planungsprozeß der Unternehmungsmitglieder der Umsatz- bzw. Gewinnerzielung der Unternehmung vorgelagert; sowohl Anteilseigner, Manager, Arbeitnehmer als auch Lieferanten oder Banken schließen Kontrakte mit der Unternehmung in der Erwartung, von der Unternehmung Einkommen zu beziehen. Im Planungsprozeß der Unternehmung ist dagegen genau umgekehrt die Umsatzerzielung der Einkommensverteilung vorgelagert; Einkommensverteilung setzt Einnahmen als Einkommensentstehung voraus.

In Abbildung 5 werden als zusätzlicher Grundpfeiler (3) der Finanzverfassung der Unternehmung die Gleichgewichtsbedingungen der Güterprozesse genannt. Diese Überlegungen sind für Experten des Finanz- und Rechnungswesens hinreichend bekannt und werden in Abbildung 8 nur schematisch zusammengefaßt. Abbildung 8 zeigt in Spalte 1 die Liquidität G (bestehend aus Innenfinanzierung A, Außenfinanzierung C und Vorjahresliquidität E), daneben in Spalte 2 spiegelbildlich das Eigenkapital H (bestehend aus Gewinn[einbehaltung] B, externer Eigenkapitalaufnahme D und Vorjahres-Eigenkapital F). [15] Vergleichbare Posten stehen auf gleicher Zeilenhöhe. Aus Abbildung 8 lassen sich horizontale und vertikale Interdependenzen ableiten.

Die Unternehmung muß als erste Gleichgewichtsbedingung (31) aus dem Beschaffungs- und Absatzprozeß einen finanziellen Überschuß erzielen (Innenfinanzierungsüberschuß A und Gewinn B gemäß Zeile 1 von Abb. 8). Die unter A und B auf gleicher Höhe stehenden Posten sind addiert über die ganze Lebensdauer der Unternehmung (Totalperiode) wertmäßig gleich (also auch Innenfinanzierung und Gewinneinbehaltung); im einzelnen Jahr oder Monat unterscheiden sich die Posten dagegen in ihrer Werthöhe durch Periodisierung.

Der übliche Gewinn der GuV besteht nicht aus der Summe aller Residualeinkommen, sondern nur aus dem Wertschöpfungsanteil der Anteilseigner (Gewinneinbehaltung und -ausschüttung in Abb. 6); Manager-Tantiemen, Gewinnbeteiligung der Arbeitnehmer oder Gewinnsteuern des Staates werden als Aufwand statt Gewinn behandelt.

Eine Unternehmung kann zwar freiwillig auf Gewinne verzichten, aber nicht zuverlässig Verluste ausschließen. Wegen dieser Asymmetrie von Gewinnchancen und Verlustrisiken führt ein freiwilliger Gewinnverzicht auf Dauer zu Verlusten bzw. zur Eigenkapitalauszehrung und damit zum Ende der Unternehmungsexistenz. Die Unternehmung muß deshalb einen Überschuß von Innenfinanzierung und Gewinn anstreben, auch wenn das ihrer Gründungsidee völlig widersprechen sollte (z. B. bei Genossenschaften). Hier liegt bei sozialreformerischen Unternehmungsverfassungen ein latenter Konflikt zwischen Finanz- und Organisationsverfassung vor.

Zielgrößen / Bereiche	1. Finanzierung und Liquidität	2. Gewinn und Eigenkapital
1. Absatz und Beschaffung	A) Innenfinanzierung: Erfolgs-, Ertrags- oder Absatzeinnahmen – Erfolgs-, Aufwands- oder Beschaffungsausgaben	B) Gewinn: Ertrag – Aufwand
		= Gewinn – Dividende
	= Erfolgszahlungs- oder Innenfinanzierungssaldo	= Gewinneinbehaltung
2. Kreditaufnahme	C) Außenfinanzierung: + Finanzeinnahmen – Finanzausgaben	D) Externe Eigenkapitalaufnahme: + Externe Eigenkapitaleinlagen – Externer Eigenkapitalabfluß
3. Gesamtsaldo	E) + Kassen-Anfangsbestand	F) + Eigenkapital-Anfangsbestand
	G) = Kassen-Endbestand (bei negativem Bestand Illiquiditätskonkurs)	H) = Eigenkapital-Endbestand (bei negativem Bestand Überschuldungskonkurs)

Abb. 8: Gewinn, Liquidität und Eigenkapital

Die Unternehmung muß ferner (32) liquide sein (Spalte 1 von Abb. 8). Andernfalls wären vertragliche Ansprüche auf Kontrakteinkommen gegen die Unternehmung mangels Masse nicht durchsetzbar. Die Unternehmung wäre kein zuverlässiger Vertragspartner; der Arbeitnehmer, Lieferant oder Kreditgeber wäre entgegen seiner Absicht am Unternehmungsrisiko beteiligt. Bei negativem Liquiditätsstand unter G droht der Illiquiditätskonkurs; die Unternehmung wird zwangsweise aufgelöst. Wird diese Liquidität regelmäßig durch Außenfinanzierung C statt durch Innenfinanzierung A gesichert, droht ein lawinenartig anschwellender Strom von Zins- und Tilgungsausgaben, der auf mittlere bis längere Sicht ebenfalls zur Illiquidität führt. Auch insofern ist die Unternehmung auf einen Innenfinanzierungsüberschuß A und damit einen Gewinn B angewiesen.

Die Unternehmung muß weiterhin (33) hinreichendes Eigenkapital haben (Spalte 2 von Abb. 8), um Markteinnahmenrisiken auffangen zu können und um aus der Sicht ihrer Fremdkapitalgläubiger (Lieferanten, Banken) kreditwürdig zu sein. Das Eigenkapital unter H ist alternativ zum Residualeinkommen als Risikoträger geeignet und wird mit ggf. eintretenden Verlusten verrechnet. In einer Verlustunternehmung mit Eigenkapital reicht das Vermögen aus, um alle Fremdkapitalschulden zu decken (linke Variante von Abb. 9). In einer Unternehmung ohne Eigenkapital würden auftretende Verluste dagegen bedeuten, daß das Vermögen nicht zur Deckung aller einklagbaren Fremdkapitalschulden ausreicht (rechte Variante von Abb. 9). Das würde das Risiko der Fremdkapitalgeber erhöhen, ihre Bereitschaft zur Kreditvergabe beseitigen und sie sogar zur Kündigung vorhandener Kredite veranlassen.

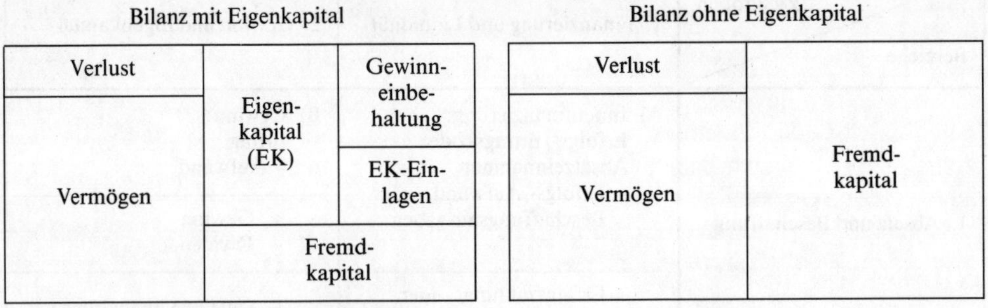

Abb. 9: Bilanzmodell (Verlustsituation)

Bei haftungsbeschränkten Unternehmungen bedeutet ein negatives Eigenkapital unter H Überschuldungskonkurs [16] (das Eigenkapital ist durch Verlust aufgezehrt bzw. das Vermögen deckt nicht mehr die [Fremdkapital-]Schulden). Allerdings kann Eigenkapital im Prinzip durch Haftungszusagen ersetzt werden, soweit der Haftende selbst über Eigenkapital bzw. unbelastetes Vermögen verfügt (Vollhaftung der Anteilseigner bei Personengesellschaften, Haftungszusagen der Konzernmutter oder der öffentlichen Hand als Anteilseigner).

Wie Spalte 2 von Abbildung 8 zeigt, kann Eigenkapital wahlweise durch Gewinneinbehaltungen unter B (also letztlich aus Markteinnahmenüberschüssen von den Konsumenten) oder durch externe Eigenkapitaleinlagen der Anteilseigner D gebildet werden. Insofern tragen Konsumenten und Anteilseigner zur Eigenkapitalbildung bei. Für Fremdkapitalgeber und Arbeitnehmer gilt dies – zumindest in direkter Weise – nicht. Sie stellen der Koalition Unternehmung Kapital bzw. Arbeit ohne Risikobeteiligungsabsicht zur Verfügung und mindern sogar über Zinsen bzw. Löhne Liquidität und Eigenkapital der Unternehmung.

Die externe Eigenkapitalaufnahme D ist mit der Außenfinanzierung C in einigen Fällen identisch (z. B. bei baren Eigenkapitaleinzahlungen). Diese Identität liegt aber nur teilweise vor. Die Darlehensaufnahme gehört zur Außenfinanzierung C, aber nicht zur Eigenkapitalaufnahme D. Umgekehrt gehören Sacheinlagen der Anteilseigner zur Eigenkapitalaufnahme D, aber nicht zur Außenfinanzierung C. Außenfinanzierung C und externe Eigenkapitalaufnahme D kann man insofern als zwei sich überschneidende Kreise interpretieren.

Die externe Eigenkapitalaufnahme D hängt insbesondere auch mit der Verwendung des Gewinns unter B zusammen. Erfolgt bei der Gewinnverwendung unter B keine Gewinneinbehaltung, so bedeutet das Verzicht auf interne Eigenkapitalbildung. Erfolgt dagegen keine Gewinnausschüttung (Dividende), so schließt das auf Dauer externe Eigenkapitalaufnahme D durch neue Gesellschaftereinlagen aus und vertreibt letztlich sogar die Anteilseigner aus der Koalition Unternehmung.

Externe Eigenkapitalaufnahme D kann aber trotzdem aus verschiedenen Gründen unternehmungsintern unerwünscht sein:

- Stabilisierung der Herrschaft des Faktors Arbeit (völliger Verzicht auf Anteilseigner als Mittel zur Beseitigung von Kapitalherrschaft und Kapitaleinkommen in der Organisations- bzw. Finanzverfassung der Arbeiterselbstverwaltung),
- Stabilisierung der Herrschaft vorhandener Eigentümer-Unternehmer (Furcht vor Überfremdung in der Organisationsverfassung durch neue Anteilseigner),
- Stabilisierung der Manager-Herrschaft (Präferenz für interne statt externe Eigenkapitalbildung, um Ansprüche der Anteilseigner auf Dividenden und Mitwirkung materiell möglichst zu vermeiden).

Bei allen drei Varianten können aber unternehmungspolitische Situationen auftreten, in denen eine externe Eigenkapitalaufnahme D unvermeidlich ist, sofern nicht der Staat oder ein (anderer) Mäzen einspringt (z.B. Gründung der Unternehmung, Verlustsituationen, große Wachstumsraten der Unternehmung bzw. großes Volumen nötiger Investitions- oder Forschungsfinanzierung, regelmäßige Vollausschüttung aller Gewinne). Treten diese Situationen auf, so erlangen die Anteilseigner fast zwangsläufig größeren Einfluß; sie erhalten Verfügungsrechte in der Finanzverfassung (Gewinn- und Vermögens- einschließlich Veräußerungsrechte) und in der Organisationsverfassung (Willensbildungsrechte). [17]

Insgesamt kann die Unternehmung (a) nicht ohne Vermögen produzieren, (b) dieses nötige Vermögen nicht allein mit Fremdkapital finanzieren und (c) das unerläßliche Eigenkapital auf Dauer nicht ohne Anteilseigner bereitstellen. Der Anteilseigner ist zwar nicht der einzige Empfänger von Residualeinkommen, aber ex definitione der einzige Ausstatter mit externem Eigenkapital D und deshalb in der Koalition Unternehmung bzw. in der Finanzverfassung unentbehrlich; das gilt sogar dann, wenn er in der Finanzverfassung (wegen entstehendem Kapitaleinkommen) oder Organisationsverfassung (wegen entstehender Kapitalherrschaft) unerwünscht ist.

Als letzter Grundpfeiler (4) der Finanzverfassung ist in Abbildung 5 die gesetzliche Pflicht zur Publizierung von Jahresabschlüssen erwähnt. Das trifft nicht alle Unternehmungen, wohl aber die Aktiengesellschaft (wegen ihrer Inanspruchnahme anonymer Kapitalgeber), die Größt-Unternehmung nach Publizitätsgesetz (wegen ihrer volkswirtschaftlichen Bedeutung), die Bank (wegen ihrer Branchenrisiken) und neuerdings die GmbH (wegen ihrer Haftungsbeschränkung).

F. Die Organisationsverfassung der Unternehmung

Die traditionellen Probleme der Unternehmungsverfassung beziehen sich im wesentlichen nur auf die Organisationsverfassung. Die einschlägigen Probleme sind aus vielen Abhandlungen bekannt und werden hier nur in äußerster Verdichtung systematisch strukturiert. Abbildung 10 zeigt dazu drei alternative Konzeptionsansätze.

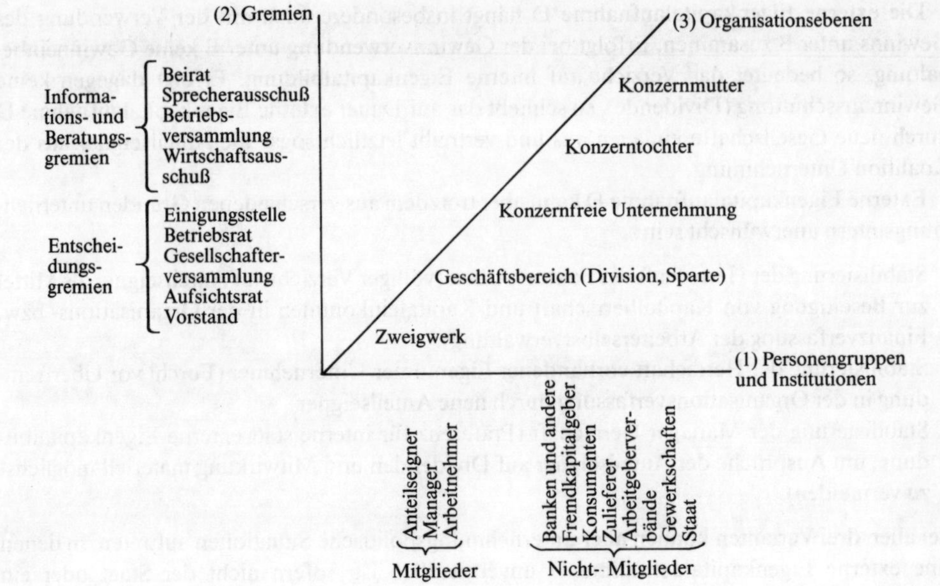

Abb. 10: Betrachtungsweisen der Organisationsverfassung

(1) Die Organisationsverfassung kann von den Mitgliedern ausgehen (waagerechte Achse von Abb. 10). Die Unternehmung wird dann nur von den Gruppeninteressen her interpretiert. Ausgehend von der rein kapitalistischen Unternehmung, die durch Alleinbestimmung der Anteilseigner [18] geprägt ist, erfolgt eine (a) unterschiedliche Eigenkapitalstreuung (Publikums- bzw. Einmann-Gesellschaft), eine (b) Entwicklung zum Regime der Manager und eine (c) Mitbestimmung der Arbeitnehmer bis hin zum Grenzfall der Arbeiterselbstverwaltung.

Je nach Definition der Mitgliedschaft (nur Anteilseigner [19] oder auch Manager und Arbeitnehmer) ergibt sich in der Organisationsverfassung ein unterschiedlich großer Kreis außenstehender Nicht-Mitglieder (waagerechte Achse von Abb. 10). Banken und Lieferanten wurden schon bei der Finanzverfassung erwähnt. Der Staat kann die marktwirtschaftliche Autonomie der Unternehmung und damit den Umfang unternehmungsinterner Entscheidungskompetenzen unterschiedlich stark einschränken. Gewerkschaften spielen eine große Rolle in der Diskussion zur Organisationsverfassung (insbes. über die Mitbestimmung).

(2) Die Organisationsverfassung kann statt dessen auch von den Informations- und Entscheidungsgremien her strukturiert werden (senkrechte Achse in Abb. 10). Im Mittelpunkt stehen dann Gremien- statt Gruppenprobleme. Im Aktiengesetz 1965 werden nur diese gremien- bzw. organbezogenen Probleme als Verfassung der Aktiengesellschaft bezeichnet (§§ 76 bis 147). Für jedes der genannten Gremien sind zu klären: Zwecksetzung, Größe und personelle Besetzung mit Anteilseignern, Managern und/oder Arbeitnehmern, Wahl-, Abwahl- und Beschlußverfahren, Minderheitenschutzrechte, Kompetenz und Verantwortung, Ausschußbildung, Vorsitz und ggf. gesetzliche Regelung. Dabei sind auch die Kompetenzen zur Marktverfassung (Entscheidung über Marktstrategien) und zur Finanzverfassung (Entscheidungen über Gewinn, Liquidität, Eigenkapital, Risiko- und Einkommensverteilung) den Gremien zuzuordnen; damit werden die Kompetenzen auch indirekt den in den Gremien vertretenen Mitgliedergruppen zugeordnet.

Aus Gründen des Chance/Risiko-Gleichgewichts müssen dabei Träger des finanziellen Risikos (Eigenkapitalgeber, Residualeinkommensempfänger) hervorgehobenen Einfluß haben. Kompetenzen zur Finanzverfassung sind auch dann unerläßlich, wenn sie in der Organisationsverfassung als völliger Fremdkörper empfunden werden (z. B. bei künstlerischen, sozialen oder sog. alternativen Betrieben).

(3) Die Organisationsverfassung kann sich auch auf verschiedene Organisationsebenen beziehen (schräge Achse von Abb. 10). Naheliegender Bezugspunkt ist die konzernfreie Einheitsunternehmung. Die Organisationsverfassung sollte aber einerseits auch die zunehmende Konzernierung berücksichtigen (Einbindung der Unternehmung in einen Konzern als rechtlich selbständige Konzerntochter unter der Leitung einer Konzernmutter), andererseits die Bildung von Subeinheiten der Unternehmung (Geschäftsbereiche, Zweigwerke [20]). Die Gruppen- und Gremienprobleme sind auf diesen Organisationsebenen sehr unterschiedlich strukturiert. Abbildung 10 insgesamt läßt auch kombinatorische Verknüpfungen mit heuristischen Funktionen zu (z. B. Rolle der Manager in der Gesellschafterversammlung einer Konzerntochter).

Diese grob skizzierte Organisationsverfassung ist wie ein System kommunizierender Röhren mit der Markt- und Finanzverfassung verbunden. Daraus ergibt sich die naheliegende Folgerung, daß eine Organisationsverfassung unter verschiedenen Aspekten fehlerhaft strukturiert sein kann:

(a) Die Organisationsverfassung begünstigt ein Organisationsversagen. Als extremes Negativbeispiel sei die basisdemokratisch geprägte Vollversammlung aller Betriebsmitglieder als oberstes Entscheidungszentrum erwähnt.

(b) Die Organisationsverfassung berücksichtigt nicht Eckpfeiler der Marktverfassung. Die Organisationsverfassung ist zu wenig auf Nachfrager und Überlebensfähigkeit im Wettbewerb hin konzipiert, läßt z. B. Verzögerungen von Entscheidungen (evtl. ein unmodifiziertes Patt im Aufsichtsrat) auch dann zu, wenn der Wettbewerb schnelle Entscheidungen verlangt. Noch schwerwiegender wäre der Fall, daß unpopuläre Entscheidungen zur Wiederherstellung der Konkurrenzfähigkeit nicht nur verzögert werden, sondern bei den gegebenen Strukturen der Organisationsverfassung überhaupt nicht durchsetzbar sind. [21] Aus derartigen Erwägungen ist in der Unternehmungs-, anders als in der Staatsverfassung, kein Gefüge sich gegenseitig kontrollierender Machtzentren (»checks and balances«) vorgesehen; die Organisationsverfassung der marktwirtschaftlichen Unternehmung muß die Konkurrenzfähigkeit im Zweifel höher gewichten als eine perfekte Machtkontrolle.

(c) Die Organisationsverfassung verursacht irreparable Strukturfehler der Finanzverfassung oder läßt keine unpopulären Maßnahmen zur Überwindung von finanziellen Krisensituationen zu (weil z. B. Mitgliederinteressen höheres Gewicht in der Organisationsverfassung erhalten haben als das Unternehmungsinteresse). Für Anhänger der Wirtschaftsdemokratie ist die Forderung naheliegend, das Privateigentum als Grundlage für Kapitalherrschaft und -einkommen zu beseitigen. Mit dem Privateigentum werden aber zugleich die Anteilseigner in ihrer Rolle als Eigenkapitalgeber und Risikoträger beseitigt; streng genommen dürfen auch nicht die Arbeitnehmer der Unternehmung mit eigenen Eigenkapitaleinlagen in diese Lücke springen, weil sonst nur die personellen Träger des Privateigentums ausgewechselt werden, aber das Privateigentum als Einrichtung bestehen bleibt. Wenn man von Extremfällen absieht (Verstaatlichung, entschädigungslose Enteignung, idealistische Mäzene), entsteht als Folge eine Unternehmung ohne Eigenkapital; damit ist aber als Folge der Organisationsverfassung ein Eckpfeiler der Finanzverfassung eingestürzt.

Organisationsverfassungen mit den genannten Strukturmängeln sind besonders schwerwiegend, wenn eine derartige mangelhafte Struktur gesetzlich zementiert ist. Sind solche Organisationsverfassungen dagegen als Reformmodell auf einzelne Unternehmungen beschränkt, so haben sie zur Folge, daß beim Auftreten schwerer Krisen mit den betroffenen Unternehmungen zugleich die zugrundeliegenden Verfassungsmodelle untergehen. Insofern findet auch eine Wettbewerbsauslese der Verfassungsmodelle statt, bei der »Schönwetterverfassungen« untergehen. Die herkömmliche AG-Verfassung hat diese Wettbewerbsauslese über Jahrzehnte trotz vieler Anfeindungen überstanden und ist sogar Anknüpfungspunkt für soziale Reformmodelle (z. B. Mitbestimmung, Belegschaftsaktien).

Demokratisierungsmodelle betonen in der Regel die Rolle und Gleichberechtigung des Menschen und damit die Organisationsverfassung; sie vernachlässigen mehr oder weniger stark die Markt- und vor allem die Finanzverfassung der Unternehmung. Sie können nicht nur an Organisationsversagen scheitern, sondern auch an Strukturfehlern im Bereich der Markt- oder Finanzverfassung; es ist sogar zu vermuten, daß letzteres die größere Gefahrenquelle für Demokratisierungsmodelle darstellt.

Auch außerhalb solcher Demokratisierungsmodelle gilt die These, daß die Unternehmungsverfassung aus dem Zusammenspiel von Markt-, Finanz- und Organisationsverfassung zweckmäßiger gedeutet und analysiert werden kann. Ein finanzfreies Modell der Organisationsverfassung oder ein organisationsfreies Modell der Finanzverfassung der Unternehmung dürfte dagegen deutliche Nachteile haben.

Anmerkungen

1 Vgl. die Zahlen bei *Chmielewicz* (Forschungsschwerpunkte) S. 157. In dieser Quelle wurden vom Verfasser die Ausdrücke Organisations-, Markt- und Finanzverfassung bereits verwendet, vgl. S. 152.

2 Vgl. zur Begriffsabgrenzung der Unternehmungsverfassung auch *Kirsch* (Betriebswirtschaftslehre) S. 63; *Wild* (Unternehmungsverfassung) S. 60 und die zitierten Autoren bei *Brose* (Organisationsverfassung) S. 189.

3 Diese Parallele zur Staatsverfassung ist keineswegs unüblich, vgl. z. B. *Witte* (Verfassung) S. 331 f.

4 Die (1) Grundrechte und -pflichten sowie die (2) Staatsorgane tauchen als Überschriften im Bonner Grundgesetz auf; zu den (3) Staatszielen siehe *Stern* (Staatsrecht) S. 82, 97.

5 Diese Beschränkung erfolgt bei Wild (Unternehmungsverfassung) S. 60.

6 Vgl. z. B. die tarifvertragliche Mitbestimmungsregelung in Schweden, *Goldberg/Wolff* (Mitbestimmung).

7 Vgl. Abschnitt E. bzw. Abb. 5.

8 Dieses Autonomieprinzip als Pfeiler der Unternehmungsverfassung wird schon bei *Gutenberg* betont, (Produktion) S. 460 ff.

9 Zu nennen sind hier z. B. *Albach* (Verfassung); *Engels* (Unternehmensverfassung) und *Hax*, H. (Unternehmung).

10 Zur Einkommensverteilung aus BWL-Sicht siehe insbes. *Schmidt*, R.-B. (Erfolgsverwendung).

11 Die Rolle der Residualeinkommen in der Unternehmungsverfassung betonen *Engels* (Unternehmensverfassung) S. 215 f.; *Hax*, H. (Unternehmung) S. 126 ff. und *Steinbrenner* (Arbeitspartizipation).

12 Die umwälzenden Verschiebungen der Quoten von Residualeinkommen zwischen 1872 und 1957 zeigt *Schmidt*, R.-B. in einer firmenbezogenen Zahlentabelle (Erfolgsverwendung) S. 53, die auf Untersuchungen von H. W. *Köhler* zurückgeht. Die Umverteilung zwischen Kapital und Arbeit in den Jahren 1960 bis 1976 zeigt *Albach* (Verteilung) S. 629.

13 Das läßt sich aus einer Tabelle über die Verteilung der Wertschöpfung sehr anschaulich machen, wie sie »Die Zeit« jährlich für die größten 100 Industrie-Unternehmungen im August veröffentlicht. Für die 10 größten deutschen Unternehmungen z. B. ergibt sich gemäß »Die Zeit« v. 9. 8. 85 ein Arbeitnehmeranteil an der Wertschöpfung (= Löhne + Gewinne + Zinsen + Steuern) von 80 %.

14 *Engels* formuliert das so, daß Arbeitsplatzsicherheit durch Bereitschaft auf Einkommensverzicht erkauft wird, vgl. (Unternehmensverfassung) S. 211.

15 Die besondere Rolle von Liquidität und (Eigen-)Kapital hat schon *Schmalenbach* in seinem berühmten Schema der Dynamischen Bilanz deutlich gemacht, vgl. (Bilanz) S. 66 ff.

16 Außerdem auch bei der KGaA mit Vollhaftung, vgl. § 209 Abs. 1 Satz 2 Konkursordnung.

17 Der Eigenkapitalmangel in der Gründungsphase wird von verschiedenen Autoren sogar als Ursache der Entstehung von Kapitalherrschaft im Industrialisierungsprozeß des 18. Jhdt. bezeichnet, vgl. *Friedmann* (Law) S. 76 f.; *Galbraith* (Industriegesellschaft) S. 50 ff.

18 Dieses Alleinbestimmungsprinzip als Grundpfeiler der Unternehmungsverfassung betont schon *Gutenberg* (Produktion) S. 502 ff.

19 Juristisch ist nur der Anteilseigner Mitglied der Gesellschaft der Anteilseigner (nicht: der Unternehmung). Zur Schwierigkeit der Bestimmung der Grenzen einer Organisation bzw. der Mitgliederabgrenzung siehe *Kieser/Kubicek* (Organisation) S. 8 ff.

20 Bei Bedarf könnte man in Abb. 10 noch die Abteilung und den Arbeitsplatz ergänzen.

21 *Albach* weist zu Recht darauf hin, daß in der Wettbewerbswirtschaft der Kampf um das Überleben für die Unternehmung institutionalisiert ist und der Krisen- bzw. Ernstfall insofern einen Normalfall darstellt, (Kampf).

Literaturverzeichnis

Albach, H. (Verteilung): Die Verteilung des Unternehmenseinkommens. In: Zeitschrift für Betriebswirtschaft, 48. Jg., 1978, S. 626–631.

Albach, H. (Verfassung): Verfassung folgt Verfassung. In: *Bohr,* K./ *Drukarczyk,* J./ *Drumm,* H.-J./ *Scherrer,* G. (Hrsg.): Unternehmungsverfassung als Problem der Betriebswirtschaftslehre. Berlin 1981, S. 53–79.

Albach, H. (Kampf): Kampf ums Überleben. In: Zeitschrift für Unternehmens- und Gesellschaftsrecht, 14. Jg., 1985, S. 149–166.

Brose, P. (Organisationsverfassung): Organisationsverfassung und Verfassungsorganisation. In: Zeitschrift für Organisation, 54. Jg., 1985, S. 188–193.

Chmielewicz, K. (Forschungsschwerpunkte): Forschungsschwerpunkte und Forschungsdefizite in der deutschen Betriebswirtschaftslehre. In: Zeitschrift für betriebswirtschaftliche Forschung, 36. Jg., 1984, S. 148–157.

Engels, W. (Unternehmensverfassung): Arbeitsorientierte Unternehmensverfassung und Risikenmechanik. In: *Bohr,* K./ *Drukarczyk,* J./ *Drumm,* H.-J./ *Scherrer,* G. (Hrsg.): Unternehmungsverfassung als Problem der Betriebswirtschaftslehre. Berlin 1981, S. 199–218.

Friedmann, W. (Law): Law in a Changing Society. Harmondsworth 1964.

Galbraith, J. K. (Industriegesellschaft): Die moderne Industriegesellschaft. München, Zürich 1970.

Goldberg, W. H./ *Wolff,* R. (Mitbestimmung): Verhandelte oder kodifizierte Mitbestimmung. In: Die Betriebswirtschaft, 40. Jg., 1980, S. 205–227.

Gutenberg, E. (Produktion): Grundlagen der Betriebswirtschaftslehre. 1. Band: Die Produktion. 23. Aufl., Berlin, Heidelberg, New York 1979.

Hax, H. (Unternehmung): Die arbeitsgeleitete Unternehmung. In: *Rauscher,* A. (Hrsg.): Selbstinteresse und Gemeinwohl. Berlin 1985, S. 121–156.

Kieser, A./ *Kubicek,* H. (Organisation): Organisation. 2. Aufl., Berlin, New York 1983.

Kirsch, W. (Betriebswirtschaftslehre): Betriebswirtschaftslehre: Systeme, Entscheidungen, Methoden. Wiesbaden 1974.

Schmalenbach, E. (Bilanz): Dynamische Bilanz. 13. Aufl., bearb. von R. Bauer, Köln, Opladen 1962.

Schmidt, R.-B. (Erfolgsverwendung): Wirtschaftslehre der Unternehmung. Band 3: Erfolgsverwendung. Stuttgart 1978.

Steinbrenner, H.-P. (Arbeitspartizipation): Arbeitspartizipation. Frankfurt/Main, Zürich 1974.

Stern, K. (Staatsrecht): Das Staatsrecht der Bundesrepublik Deutschland, Band I. 2. Aufl., München 1984.

Wild, J. (Unternehmungsverfassung): Management-Konzeption und Unternehmungsverfassung. In: *Schmidt,* R.-B. (Hrsg.): Probleme der Unternehmungsverfassung. Tübingen 1971, S. 57–95.

Witte, E. (Verfassung): Die Verfassung des Unternehmens als Gegenstand betriebswirtschaftlicher Forschung. In: Die Betriebswirtschaft, 38. Jg., 1978, S. 331–340.

*Günter Dlugos**

Das Unternehmungsinteresse – kritische Analyse eines fragwürdigen Konstruktes

* Prof. Dr. *Günter Dlugos*, Freie Universität Berlin, Fachrichtung Unternehmungspolitik.

A. Existenzunterstellungen

Das Betriebsverfassungsgesetz (BetrVerfG) verpflichtet gemäß § 2 der ersten (1952) als auch der geltenden Fassung (1972) Arbeitgeber und Betriebsrat zum Wohle der Arbeitnehmer und des Betriebs zusammenzuarbeiten [1]. In einem 1975 ergangenen Urteil des BGHZ [2] wird dem Unternehmensinteresse maßgebende Bedeutung als Verhaltensmaxime für alle Aufsichtsratsmitglieder zuerkannt. Der 1979 abgeschlossene Bericht über die Verhandlungen der Unternehmensrechtskommission [3] belegt die eingehende Auseinandersetzung mit dem Unternehmensinteresse (TZ 145: Unternehmenswohl) und dem Versuch einer inhaltlichen Konkretisierung, der sich allerdings in einer Zusammenstellung kontroverser Meinungen erschöpft. Der geänderte und 1983 verabschiedete Vorschlag einer 5. EG-Richtlinie [4] verpflichtet alle Mitglieder des Leitungs- und des Aufsichtsorgans, ihr Amt im Interesse des Unternehmens unter Berücksichtigung der Interessen der Aktionäre und der Arbeitnehmer auszuüben.

Inzwischen ist in der juristischen Literatur eine starke Belebung der Diskussion um das Unternehmensinteresse zu verzeichnen, die auch der Diskussion in der Betriebswirtschaftslehre neue Impulse gegeben hat [5]. Von wenigen Ausnahmen abgesehen, steht in beiden Disziplinen das Bemühen im Vordergrund, die Existenz eines Unternehmensinteresses zu belegen und eine inhaltliche Konkretisierung zu erreichen [6]. Im folgenden wird dagegen zu skizzieren versucht, daß es sich beim Unternehmens(ungs)interesse um ein unhaltbares, Partialinteressen verdeckt auszeichnendes Konstrukt handelt, das weder als Handlungsrichtpunkt noch als Konfliktlösungskriterium brauchbar ist.

B. Die Unternehmung als Zweckgebilde

In der juristischen Literatur wird von »Unternehmensinteresee« gesprochen, wobei der Unternehmensbegriff [7] inhaltlich nicht im juristisch engeren Sinne als Objekt eines Unternehmensträgers, sondern im Anschluß an den betriebswirtschaftlichen Unternehmungsbegriff im juristisch weiteren Sinne als wirtschaftlich selbständiges Fremdbedarfsdeckungsgebilde, als Real- und Zweckgebilde bestimmt wird [8]. Zur Vermeidung begrifflicher Unklarheiten oder des umständlichen Zusatzes »im weiteren Sinne« werden hier, der weit verbreiteten betriebswirtschaftlichen Sprachregelung folgend, die Ausdrücke Unternehmung und Unternehmungsinteresse verwendet [9].

Die konstitutiven Zwecke, zu deren Realisierung Unternehmungen gegründet werden, bestehen allgemein in der Versorgung unternehmungsexterner Aktoren mit Realgütern und unternehmungsinterner Aktoren mit Nominalgütern. Die mit Realgütern zu versorgenden unternehmungsexternen Aktoren sind andere Unternehmungen, private oder öffentliche Haushaltungen. Unternehmungsinterne Aktoren und zugleich Unternehmungsmitglieder sind die Träger der Grundfunktionen »Abgabe von Arbeitsleistungen« und »Bereitstellung von Kapitalnutzungsmöglichkeiten mit Haftungszusagen« [10]. Die erste Grundfunktion ist die Mitarbeiterfunktion, die unter arbeitsrechtlichem Gesichtspunkt in die Arbeitgeber- und Arbeitnehmerfunktion und unter organisatorischem Gesichtspunkt in die Führungs- und Ausführungsfunktion unterteilt werden kann. Bestehen mehr als zwei Hierarchieebenen, so sind Aktoren mit Führungsfunktion auf der obersten Hierarchieebene, Aktoren mit Ausführungsfunktion auf der untersten Hierarchieebene und Aktoren, die in ihrer Person die Führungsfunktion in der einen und die Ausführungsfunktion in der anderen Richtung verbinden, zu unterscheiden. Die zweite Grundfunktion ist die Eigenkapitalgeberfunktion, die eine Eigentümer- oder eine Anteilseignerfunktion sein kann. Mitarbeiter- und Eigenkapitalgeberfunktionen können personal verbunden auftreten. Unter »Mitarbeiter« bzw. »Eigenkapitalgeber« werden im folgenden Personen in ihrer Funktionsträgereigenschaft verstanden.

Aus der Sicht der Unternehmungsmitglieder stehen die genannten zwei konstitutiven Zwecke der Unternehmung in einer Zweck-Mittel-Beziehung. Die Deckung ihres eigenen Bedarfs an Nominalgütern ist für sie Zweck, Mittel ist ihre Beteiligung an der Deckung fremden Bedarfs an Realgütern, zu der sie als Mitarbeiter durch die Einbringung von Arbeitsleistungen und als Eigenkapitalgeber durch die Bereitstellung von Kapitalnutzungsmöglichkeiten mit Haftungszusagen beitragen. Für die an öffentlichen Versorgungsunternehmungen als Eigenkapitalgeber beteiligten Körperschaften hat nicht der Nominalgütererwerb, sondern die Realgüterdeckung vorrangige Bedeutung. Diese Unternehmungen erfüllen einen speziellen Versorgungsauftrag, an dem sie u. U. auch um den Preis der Subventionierung aus dem Kreis der Versorgten festhalten.

C. Die Forderungen und Leistungszusagen und das fragwürdige Interesse an der Unternehmung

Zweckaussagen und Mittelaussagen als Bestandteile von Zielsystemen werden im Rahmen von Austauschbeziehungen zu Forderungen und Leistungszusagen, denen Leistungszusagen und Forderungen der Austauschpartner gegenüberstehen. Die Forderungen bzw. Leistungszusagen der unternehmungsinternen und der unternehmungsexternen Aktoren ergeben sich aus den jeweiligen Grundfunktionen, die in der ersten Spalte der Abbildung 1 zusammengestellt sind.

Mitarbeiter und Eigenkapitalgeber fordern demgemäß Nominalgüter und stellen als Äquivalente für ihre Einnahmen Arbeitsleistungen bzw. Kapitalnutzungsmöglichkeiten mit Haftungszusagen zur Verfügung. Ihren Forderungen und Leistungszusagen stehen spiegelbildlich Leistungszusagen und Forderungen jener Aktoren gegenüber, die die Funktion des unternehmungsinternen Kontrahenten wahrnehmen. Die Leistungsabgabe des typischen Unternehmers kann hierbei entweder als Kontrahierung mit sich selbst oder als Mitteleinsatz zur unmittelbaren Erreichung seines mit der Unternehmung verbundenen Zweckes interpretiert werden.

Die unternehmungsextern ausgerichteten Funktionen der Unternehmung sind auf der Beschaffungsseite die des Abnehmers von Produktoren (unter Einschluß von Dienstleistungen) und die des Fremdkapitalnehmers, in der die Unternehmung Kapitalnutzungsmöglichkeiten empfängt. In beiden Funktionen bietet die Unternehmung Nominalgüter, die zu Ausgaben führen. Die Funktionen der Absatzseite sind die des Lieferanten von Produkten (unter Einschluß von Dienstleistungen) und die des Fremdkapitalgebers, die nicht nur von Banken wahrgenommen wird. In beiden Funktionen fordert die Unternehmung Nominalgüter, die zu Einnahmen führen. Darüber hinaus ist die Unternehmung Mitglied des Gemeinwesens, in dem sie sich zur Durchführung des Produktionsprozesses angesiedelt hat. Gegenüber diesem Gemeinwesen ist sie zur Steuerzahlung verpflichtet, die für sie Ausgaben darstellen. Auch den unternehmungsextern ausgerichteten Funktionen stehen die komplementären Funktionen der Kontrahenten mit spiegelbildlicher Struktur der Forderungen und Leistungszusagen gegenüber.

Die insoweit spezifizierten Forderungen und Leistungszusagen sind die konstitutiven Kom-

F und L / Grundfunktionen	konstitutiv	komplementär
Mitgliederfunktionen (unternehmungsintern) Mitarbeiter	F Einnahmen (Nettoeinnahmen) L Arbeitsleistungen	F Arbeitsplatzsicherheit F Selbstverwirklichung/ Partizipation F Soziale Bedingungen
Eigenkapitalgeber	F Einnahmen (Nettoeinnahmen) L Kapitalnutzungsmöglichkeiten mit Haftungszusagen	F Kapitalsicherheit F Vorbehaltsrechte F Informationen
Unternehmungsfunktionen (unternehmungsextern) Abnehmer	F Produktoren L Ausgaben (Bruttoausgaben)	Beiträge zur Lieferer/ Abnehmer-Beziehung F Beiträge des Lieferanten L Beiträge der Unternehmung
Fremdkapitalnehmer	F Kapitalnutzungsmöglichkeiten L Ausgaben (Bruttoausgaben)	L Kapitalsicherheit L Informationen
Lieferant	F Einnahmen (Nettoeinnahmen) L Produkte	Beiträge zur Lieferer/ Abnehmer-Beziehung F Beiträge des Abnehmers L Beiträge der Unternehmung
Fremdkapitalgeber	F Einnahmen (Nettoeinnahmen) L Kapitalnutzungsmöglichkeiten	F Kapitalsicherheit F Informationen
Mitglied des Gemeinwesens	L Ausgaben (Bruttoausgaben)	F Infrastruktur L Beiträge zum Gemeinwohl

Abb. 1: Grundfunktionen, Forderungen (F) und Leistungszusagen (L) im Unternehmungssektor

ponenten der den Grundfunktionen zugrunde liegenden Zielsysteme. Sie sind in der zweiten Spalte der Abbildung 1 unter Verzicht auf die Aufnahme der durch spiegelbildliche Zielsysteme gekennzeichneten jeweiligen Kontrahentenfunktion aufgelistet. Unter Heranziehung empirischer Forschungsergebnisse [11], hilfsweise über den Weg der Deduktion, lassen sich weitere funktionsspezifische Forderungen und Leistungszusagen bestimmen. So sind die Träger der Mitarbeiterfunktion auch an der Sicherheit ihres Arbeitsplatzes, an Selbstverwirklichungsmöglichkeiten und guten sozialen Arbeitsbedingungen interessiert. Für die Träger der Eigenkapitalgeberfunktion sind Kapitalsicherheit, Vorbehaltsrechte und Ansprüche auf Informationen weitere Forderungen, von deren Erfüllung sie ihre Mitgliedsentscheidung abhängig machen werden. Als Träger der Lieferanten- und der Abnehmerfunktion wird die Unternehmung über die Erfüllung der konstitutiven Forderungen hinaus an einer guten Lieferer-Abnehmer-Beziehung interessiert und zu entsprechenden eigenen Beiträgen bereit sein. Entsprechendes gilt für die Fremdkapitalnehmer- und Fremdkapitalgeberfunktionen, die der Eigenkapitalgeberfunktion ähnlich sind. Gegenüber dem Gemeinwesen werden Beiträge zum Gemeinwohl zu erbringen sein, und die Unternehmung wird eine produktionsgerechte Infrastruktur erwarten können. Diese komplementären Komponenten sind in der letzten Spalte der Abbildung 1 zusammengestellt.

Die konstitutiven und komplementären Forderungen bilden die Forderungskomponente der mit der jeweiligen Grundfunktion verbundenen Interessen, die im Unternehmungssektor nicht ohne Leistungszusagen und entsprechende Beiträge zu befriedigen sind. Der Output der Austauschbeziehung ist nicht ohne einen Input in die Austauschbeziehung zu haben. Aus dieser Sicht ist eine materiale, auf die Erfüllung der konstitutiven und komplementären Forderungen und damit auf die Versorgung mit Realgütern oder Nominalgütern gerichtete Interessenkomponente und eine formale, bei rationalem Verhalten an einer möglichst hohen Effizienz des Realgüter- oder Nominalgütereinsatzes [12] orientierte Interessenkomponente zu unterscheiden. Die Unternehmung steht somit als Austauschinstitution im Brennpunkt einer Vielzahl unterschiedlicher materialer und insbesondere auch konfliktärer formaler Interessen der Kontrahenten, wobei das Interesse nicht an der Unternehmung, sondern am Output und an der Effizienz der Austauschbeziehung besteht. Kann beispielsweise auch ein anderer Lieferant die materiale Interessenkomponente befriedigen und erfüllt er die formale Interessenkomponente besser, so ist es für den Abnehmer naheliegend, zu diesem Lieferanten überzuwechseln. Das Interesse an der Austauschbeziehung fällt lediglich mit dem Interesse an der Unternehmung dann zusammen, wenn nur diese Unternehmung in der Lage ist, die Interessenkomponenten im gewünschten Ausmaß zu erfüllen.

D. Das Unternehmungsinteresse als deduktivistisches Konstrukt

Eine Möglichkeit, ein Unternehmungsinteresse festzulegen, besteht darin, dem Denkstil der politischen Theologie zu folgen, der nach Albert [13] durch drei Komponenten, nämlich Offenbarung, Sinndeutung und Rechtfertigung geprägt ist und quasi-deduktiv verläuft. Im Rahmen der Diskussion um das Unternehmungsinteresse wird zwar auf den Rückgriff auf die Offenbarung verzichtet, nicht jedoch auf die Ausdeutung von Sinnzusammenhängen und auf Bemühungen, hieraus abgeleitete Inhalte des Unternehmungsinteresses durch Rekurs zu rechtfertigen.

Im Hinblick auf die späteren Überlegungen soll hier nicht mit einem Beispiel deduktivistischer Bestimmung des Unternehmungsinteresses, sondern mit einer verneinenden Argumentation begonnen werden. Im Bericht über die Verhandlungen der Unternehmensrechtskommission [14] wird zu TZ 133 ausgeführt, daß es neben den Interessen der an der Unternehmung (am Unternehmen) Beteiligten und den Interessen der Allgemeinheit an der Unternehmung, d. h. am positiven Wertschöpfungsprozeß, ein eigenes Interesse der Unternehmung an seinem Bestand und seiner Fortführung nicht geben könne. Es wird damit der Analogie zum Überlebensinteresse physischer Personen und der Ableitung eines solchen Interesses aus der Betrachtung der Unternehmung als offenes soziales System oder seiner Ableitung aus der nach Beer [15] in teleologischer Kurzschrift formulierten Behauptung, die Unternehmung sei ein auf seine Umwelt reagierender Organismus, widersprochen. Im Gegensatz zu einer physischen Person, die ein Interesse an ihrem Überleben als Ausdruck ihres Selbstinteresses auch dann haben kann, wenn niemand an ihr interessiert ist, wird gesehen, daß ein narzißtisches Unternehmungsinteresse nicht sinnvoll deduzierbar ist und auf eine Anknüpfung an den Sinnzusammenhang, der auf physische Personen zutreffen mag, verzichtet werden muß. Raiser [16] hat dagegen eingewandt, daß die individual-psychologische Argumentation mit ihrer Begrenzung des Selbstinteresses auf physische Personen auf menschliche Verbände nicht passe und daß der individualpsychologische Ansatz in der Jurisprudenz unhaltbar sei. Mit seiner Argumentation, daß die Interessenjurisprudenz als dogmatische Methode hilflos gegenüber allen Verbänden und juristischen Personen wäre, wollte sie nicht deren Eigeninteresse anerkennen, verweist er jedoch lediglich auf eine sich möglicherweise ergebende Konsequenz, belegt aber nicht die Existenz eines narzißtischen Unternehmungsinteresses.

In der Betriebswirtschaftslehre wird die Auffassung von der Nichtexistenz eines Selbstinteresses der Unternehmung auch von Ulrich geteilt, obwohl Ulrich auf der Grundlage seines Systemansatzes das Streben nach »Überleben« zur Bestimmung eines Mindestanspruchsniveaus verwendet [17]. Allerdings ist für Ulrich die Tatsache, daß Unternehmungen als künstliche »Subjekte« nur Ziele und Verhaltensnormen entwickeln können, wenn Menschen dies für sie tun, nur die eine Seite der Wahrheit. Die andere bestände darin, »daß Unternehmungen Systeme sind, die gegenüber den einzelnen Menschen gewissermaßen eine hierarchisch übergeordnete Institution darstellen, für die neue spezifische ›Interessen‹ gelten und Ziele entwickelt werden müssen«. Einen Freiraum für die Zielentwicklung gesteht Ulrich jedoch nicht zu, denn er fährt unmittelbar fort [18]: »Unternehmungsziele können logisch nur aus ihrem Zweck abgeleitet werden, der in der Umwelt, in der Leistung von Beiträgen zur Wohlfahrt der Gesellschaft, liegt.«

Diese Auffassung dürfte dem in TZ 139 diskutierten Beispiel zugrunde liegen, mit dem das Unternehmungsinteresse als ein von den Interessen der Anteilseigner und Arbeitnehmer abweichendes, grundsätzlich höherrangiges, vornehmlich am Unternehmungszweck und -gegenstand orientiertes Eigeninteresse des Sozialverbandes Unternehmung (Unternehmen) definiert wird: Es sei eine Kapitalerhöhung für Rationalisierungsmaßnahmen erforderlich, der Großaktionär wolle sein Geld aber anderswo investieren, und die Arbeitnehmer seien uninteressiert, weil die Sicherheit ihrer Arbeitsplätze nicht berührt werde. In diesem Fall habe also (?) der Vorstand der Gesellschaft das Kapitalerhöhungsvorhaben zu verfolgen, da es – weil zur Rationalisierung erforderlich – im Unternehmungsinteresse liege. Die Orientierung am Unternehmungszweck ist nach der hier vertretenen Auffassung offensichtlich der Schlüssel zum Unternehmungsinteresse. Wie oben herausgearbeitet wurde, sind nun aber zwei konstitutive Unternehmungszwecke zu unterscheiden: die Deckung fremden Bedarfs an Realgütern und die Deckung des Bedarfs der Unternehmungsmitglieder an Nominalgütern. Im Beispiel wird zumindest der primäre Unternehmungszweck ganz offensichtlich nicht in der von den Unternehmungsmitgliedern material und formal angestrebten Nominalgüterversorgung, sondern in der Fremdbedarfsdekkung gesehen und das Unternehmungsinteresse auf der Grundlage dieser Sinninterpretation [19] quasi-deduktiv hergeleitet. Da die zwei konstitutiven Zwecke aus der Sicht der Unternehmungsmitglieder in einer Zweck-Mittel-Beziehung dergestalt stehen, daß die Nominalgüterversorgung der Zweck und die Fremdbedarfsdeckung das Mittel ist, läuft die vorgenommene Unternehmungszweckbestimmung auf eine willkürliche Verkürzung dieser Beziehung hinaus. Sie endet auf der Stufe des Mittels, akzeptiert damit die Abnehmerinteressen und ignoriert mit dem Zweck, dem das Mittel dient, zugleich Interessen der Unternehmungsmitglieder, hier des Großaktionärs. Wird im Anschluß an diese deduktivistische Konstruktion die Prämisse eingeführt, daß die Rationalisierung der Fremdbedarfsdeckung diene und nicht ohne Kapitalerhöhung realisierbar sei, so gelingt die Auszeichnung des Kapitalerhöhungsverfahrens als im Unternehmungsinteresse liegend und zugleich der Nachweis, daß die Kapitalzurückhaltung dem Unternehmungsinteresse zuwiderläuft [20]. Inhalt des Unternehmungsinteresses ist in diesem Fall das in bestimmter Weise interpretierte Abnehmerinteresse, das bei längerfristiger Betrachtung u. U. um das Mitarbeiterinteresse zu ergänzen wäre, das erklärte Interesse des Großaktionärs aber nicht einschließt. Soll rationale Kritik begünstigt werden, so müßten die zur Auszeichnung gelangten Partialinteressen offengelegt und die sämtlich untauglichen Versuche, das behauptete Unternehmungsinteresse durch Rekurs auf den unterstellten Sinnzusammenhang zu rechtfertigen, aufgegeben werden.

Die deduktivistische, nicht bei den Individualinteressen ansetzende Bestimmung des Unternehmungsinteresses kann an beliebige Sinnzusammenhänge anderer Art anknüpfen. Sie liegt immer dann vor, wenn sich die Interpreten verpflichtet fühlen, die Interessen der Unternehmungsmitglieder nur im Rahmen dessen zu berücksichtigen, was ihnen aus ihrer Sicht im festzulegenden Unternehmungsinteresse geboten und erlaubt erscheint [21]. Als Personen, deren Position dazu befähige, das Unternehmungsinteresse überhaupt erst konkret zu definieren, werden die mit der Leitung beauftragten Persönlichkeiten [22] bzw. jene Kräfte genannt, die innerhalb der Unternehmung die Unternehmungspolitik im Sinne des policy-making festlegen [23]. Wird dem gefolgt und darüber hinaus unterstellt, daß die Bestimmung des Unternehmungsinteresses jenen Bestimmungsleistungen der Geschäfts- und Betriebsführung zuzuordnen ist, von denen gemeinhein gilt, daß sie in einer rational nicht zugänglichen, irrationalen Schicht verwurzelt bleiben [24], dann werden die deduktivistischen Konturen der Konstruktion besonders deutlich. Da es, wie eingangs ausgeführt wurde, kein Selbstinteresse der Unternehmung, sondern nur Interessen physischer Personen gibt, kann das von den genannten Kräften mit der skizzierten Zielrichtung interpretierte Unternehmungsinteresse auch immer nur Individualinteressen zum Inhalt haben, die zugunsten einer rationalen Diskussion offenzulegen wären.

E. Das Unternehmungsinteresse als induktivistisches Konstrukt

Die induktivistische Konstruktion beruht im Gegensatz zur deduktivistischen auf dem expliziten Rekurs auf Interessen. Auf gesamtgesellschaftlicher Ebene wird hierbei gemäß der von Albert [25] gegebenen Erläuterungen ein auf das gemeinsame Wohl gerichteter gemeinsamer Wille fingiert und der Versuch unternommen, dieses allgemeine und gemeinsame, als legitimierende Instanz aufgefaßte Interesse mit den individuellen Interessen der Gesellschaft in einen rechtfertigenden Zusammenhang zu bringen.

Unter zwar erheblichen Abstrichen an den Voraussetzungen dieses induktivistischen Rechtfertigungsmodells soll als Beispiel für ein auf dieser Basis konstruiertes Unternehmungsinteresse die Bestimmung des Unternehmungsinteresses einer Aktiengesellschaft durch den mitbestimmten Aufsichtsrat angeführt werden: Die Unternehmungsmitglieder wählen den Aufsichtsrat, und der Aufsichtsrat übernehme die Funktion, die Interessen der Unternehmungsmitglieder zu integrieren, ohne sich allerdings der Forderung verpflichtet zu fühlen, diese Interessen nur im Rahmen dessen zu berücksichtigen, was ihm im Hinblick auf unternehmungsexterne Interessen geboten und erlaubt erscheint. Wäre die Annahme haltbar, daß die Wahl die Willensübertragung garantiert und den gewählten Vertretern die Berufung zufällt, das allgemeine Interesse zu interpretieren, so ließe sich die Höherrangigkeit des vom Aufsichtsrat definierten Unternehmungsinteresses rechtfertigen und als Eigeninteresse – im Sinne von allgemeinem Interesse – der als Sozialverband angesehenen Unternehmung (TZ 139) ausgeben. Das allgemeine Interesse ist aber lediglich das Ergebnis einer Abwägung der höchst unterschiedlichen materialen und formalen Interessen der Unternehmungsmitglieder (vgl. C) und stellt nichts anderes als eine Zusammenfassung aller vom Aufsichtsrat anerkannten Individualinteressen dar, zu denen in aller Regel nicht alle eingebrachten Individualinteressen gehören werden. Da die Rechtfertigung der Auswahl wegen Unhaltbarkeit auch dieses Rechtfertigungsansatzes entfällt [26], wird im Konfliktfall die Akzeptanz nicht über Bemühungen um einen Rechtfertigungszusammenhang zu erreichen sein. Eine Chance bietet auch hier wiederum die Offenlegung der zur Auszeichnung gelangten Partialinteressen und die kritisch-rationale Auseinandersetzung zwischen den konfliktären Positionen. Inhalt des Unternehmungsinteresses sind also auch hier ausgezeichnete Partialinteressen. Wird die Analyse des Bestimmungsvorganges auf die Aufsichtsratsebene begrenzt, so kann der Inhalt des Unternehmungsinteresses lediglich als einstimmiger oder mehrheitlicher Aufsichtsratsbeschluß über die Auszeichnung von Partialinteressen konkretisiert werden.

Eine Sonderform induktivistischer Konstruktion des Unternehmungsinteresses kann in dem Versuch gesehen werden, »wahre« oder »objektive« oder »wohlverstandene« Interessen ins Spiel zu bringen. [27] Eine solche Vorgehensweise ist an die Vorstellung gebunden, daß sich in dieser Weise ausgezeichnete Interessen ermitteln lassen: entweder wissenschaftlich auf der Grundlage eines mit der Gewißheitsideologie verbundenen Wissenschaftsverständnisses oder durch eine hierzu befähigte Person oder Gruppe. Im Unternehmungssektor wird der Rekurs auf wohlverstandenes Interesse unter Begrenzung auf die der abhängig Beschäftigten von der AOEWL [28] vertreten. Die Verfasser führen zwar aus, daß sie sich der Schwierigkeit bewußt seien, die wohlverstandenen von den als manipuliert zu betrachtenden Interessen der Arbeitnehmer zu unterscheiden, entschließen sich aber doch, diese als »rational« zu verstehen, da die Interessen dieser Art von den historisch gegebenen gesellschaftlichen Bedingungen ausgingen. Es ist sicher nicht unmöglich, auf gleichem Wege auch ein höherrangiges Unternehmungsinteresse unter der Voraussetzung zu konstruieren, daß auf die Prämisse des unversöhnlichen Gegensatzes von Kapital und Arbeit verzichtet wird. Ein solches Unternehmungsinteresse unterläge dann allerdings doppelter Kritik, da es nicht nur der induktivistischen Rechtfertigung, sondern als Folge der Berufung auf historische Gegebenheiten auch der deduktivistischen bedarf.

Der induktivistischen Herleitung des Unternehmungsinteresses soll als Grenzfall die Interessenvergemeinschaftung im Rahmen einer »unverzerrten Kommunikationsgemeinschaft« zugeordnet werden. Die Integration der Partialinteressen wird in diesem Fall nicht von einer privilegierten Person oder Gruppe vorgenommen, sondern soll von den Betroffenen selbst aufgrund unvoreingenommener, zwangloser und nicht-persuasiver gemeinsamer Bemühungen um Einverständnis und unter Wahrung bestimmter methodischer Begründungsschritte geleistet werden [29]. Laske [30] hat diesen Ansatz den Bemühungen um die inhaltliche Konkretisierung des Unternehmungsinteresses gegenübergestellt und diese Form der Interessenvergemeinschaftung unter Verwendung einer Tao-Weisheit als »Der Weg ist das Ziel« charakterisiert. Dieser Weg wäre zweifellos für eine Gemeinschaft, deren Mitglieder davon überzeugt sind, daß die

Lösung ihrer Probleme nur durch Rede möglich ist und daß sie im »Gegeneinander-Handeln« innezuhalten haben [31], der ideale. Im Hinblick auf die Anforderungen an eine »unverzerrte Kommunikationsgemeinschaft« kann dieser Weg zwar die Richtung einer Interessenvergemeinschaftung markieren; die Integration aller Partialinteressen zu einem gemeinsam akzeptierten Unternehmungsinteresse dürfte jedoch Utopie bleiben. Aufgrund dieser Einschätzung soll das Für und Wider der hier vorgenommenen Zuordnung des Ansatzes zu den induktivistischen Konstrukten nicht diskutiert werden. Unter Hinweis auf die Besonderheiten des Rechtfertigungsverfahrens würden Vertreter des Konstruktivismus dem sicher widersprechen [32]. Es soll also hier offen bleiben, ob die konstatierte Unhaltbarkeit von Rechtfertigungsverfahren auch für die Interessenvergemeinschaftung im Rahmen der »unverzerrten Kommunikationsgemeinschaft« zutreffen würde.

F. Ersatzloser Verzicht oder personelle Konkretisierung als Lösungsvorschlag

Die in der Literatur vorgefundenen Versuche, das Unternehmungsinteresse inhaltlich zu bestimmen, sind weitgehend zu dem Ergebnis gelangt, daß das Unternehmungsinteresse in der Unternehmungserhaltung, im Überleben der Unternehmung oder – in aktueller systemtheoretischer Formulierung – in der Erhaltung des Fließgleichgewichtes zu sehen sei. Alle Ansätze, diesen Inhalt zu belegen und darüber hinaus als höherrangig auszuweisen, scheitern an der Unhaltbarkeit deduktivistischer Rechtfertigung. Versuche, im Unternehmungsinteresse das Ergebnis einer auf das Gesamtwohl zielenden Interessenvergemeinschaftung zu sehen, das die Interessen aller Betroffenen letztlich einschließt, scheitern an der Unhaltbarkeit induktivistischer Rechtfertigung. Für die als Grenzfall und Utopie charakterisierte Interessenvergemeinschaftung im Rahmen einer »unverzerrten Kommunikationsgemeinschaft« wurde offen gelassen, ob die Einbringung aller Partialinteressen über den Weg freiwilliger Läuterung den Fallstrick der Rechtfertigung zu umgehen vermag.

Als Alternative zu diesen als unhaltbar angesehenen Konstrukten bietet sich der ersatzlose Verzicht auf ein in dieser Weise mit Richtpunktanspruch formuliertes Unternehmungsinteresse an. Die »Magna Charta« des Betriebsverfassungsgesetzes (§ 2) würde unter Wegfall des Satzteiles »zum Wohl der Arbeitnehmer und des Betriebs« dann lauten: »Arbeitgeber und Betriebsrat arbeiten unter Beachtung der geltenden Tarifverträge vertrauensvoll im Zusammenwirken mit den im Betrieb vertretenen Gewerkschaften und Arbeitgebervereinigungen (...) zusammen.« Die aus juristischer Sicht offensichtlich für notwendig erachtete Ermahnung, die geltenden Tarifverträge zu beachten, ließe sich vielleicht durch die allgemeinere Formel »unter Beachtung der geltenden Gesetze und Verträge« erweitern oder unter Bezugnahme auf Interessen durch die Formulierung »unter Beachtung aller rechtlich relevanten Interessen« [33] friktionslos ersetzen. Mit Artikel 10a(2) des Vorschlages einer 5. EG-Richtlinie wären die Mitglieder des Leitungs- und Aufsichtsorgans demgemäß nicht darauf zu verpflichten, »ihr Amt im Interesse des Unternehmens unter Berücksichtigung der Interessen der Aktionäre und der Arbeitnehmer auszuüben«, sondern sie wären darauf festzulegen, »ihr Amt unter Berücksichtigung aller rechtlich relevanten Interessen auszuüben« – soweit diese Festschreibung überhaupt für notwendig angesehen wird. Beispielsweise wäre die Unternehmungserhaltung »nur« dann anzustreben, wenn rechtlich relevante Interessen hierauf gerichtet sind, wobei die rechtliche

Relevanz die rechtliche Interessengewichtung einzuschließen hätte. Im Konfliktfall wären die von den Unternehmungsorganen als rechtlich relevant ausgezeichneten, inhaltlich in bestimmter Weise interpretierten und gewichteten Partialinteressen offenzulegen. Sie würden damit rationaler Kritik zugänglich werden, der auch die Einhaltung rechtlich vorgegebener Konflikthandhabungswege unterzogen werden könnte.

Bei Bedarf an einer Interessenkonkretisierung, der in konfliktären Situationen bereits vor der Festlegung der Unternehmungsziele bestehen kann, bietet sich als zweite Alternative zum deduktivistischen oder induktivistischen Konstrukt die Offenlegung der als Richtpunkt vorgesehenen interpretierten und gewichteten Partialinteressen an. Die auf dieser Grundlage mögliche rationale Kritik ist geeignet, Konflikte im Vorfeld der Verhärtung dann zu entschärfen, wenn Kompromißbereitschaft und letztlich auch die Bereitschaft besteht, einer Auszeichnung durch Verfahren zuzustimmen. Die Utopie der »unverzerrten Kommunikationsgemeinschaft« kann einem solchen Integrationsprozeß die Richtung weisen, der in Ergänzung des dort vorgesehenen Interessenvergemeinschaftungskonzeptes durch die Einführung beispielsweise von Ausgleichszahlungen an Benachteiligte zu einem realistischen und akzeptierbaren Abschluß gebracht werden könnte.

In den hier skizzierten Alternativen werden keine Bestlösungen des Problems, durchaus aber Ansätze zu besseren Lösungen gesehen, die insbesondere einer vertrauensvollen Zusammenarbeit zwischen den Unternehmungsmitgliedern dienlicher sein werden als Argumentationen auf der Grundlage von Konstrukten, die verdeckt ausgezeichnete Partialinteressen zum Inhalt haben. Die vorgestellten Lösungsansätze werden unter der Voraussetzung, daß sie nicht auf unüberwindbare Widerstände gegen die Offenlegung ausgezeichneter Partialinteressen stoßen, auch für grundsätzlich praktikabel gehalten. Beide Behauptungen stehen zur Diskussion. Darüber hinaus wäre eine kritische Auseinandersetzung mit den negativen Nebenwirkungen, von denen auch Verbesserungsvorschläge in aller Regel nicht frei sind, wünschenswert.

Im Rahmen praktischen Handelns ist die Konkretisierung nebulöser Zielvorstellungen unabdingbare Voraussetzung, betriebswirtschaftliche Forschungsergebnisse zur Bestimmung zielwirksamer Maßnahmen und zur Rechtfertigung getroffener Entscheidungen zu nutzen. Die Herausarbeitung der Probleme, die mit der Orientierung an beliebig auslegbaren Zielinhalten oder Interessenformulierungen verbunden sind, und die Entwicklung von Lösungsvorschlägen folgt dem Weg, den *Erwin Grochla* der betriebswirtschaftlichen Forschung mit seinem der Wissenschaft und der Praxis verpflichteten Wirken in vorbildlicher Weise gewiesen hat.

Anmerkungen

1 In der juristischen Literatur wird darauf hingewiesen, daß im Grunde das Unternehmen (die Unternehmung) gemeint sei, da der Betrieb als organisatorische Einheit nur in Großunternehmen eine besondere Rolle spiele: *Krause* (Unternehmer) S. 15 f.

2 *Bundesgerichtshof in Zivilsachen* (Entscheidungen) S. 325 ff.

3 *Bundesminister der Justiz* (Unternehmensrechtskommission) TZ 132–146.

4 *Europäische Gemeinschaften* (Amtsblatt) Art. 10 a (2).

5 Hierzu *Jürgenmeyer* (Unternehmensinteresse), insbesondere die Literaturaufbereitung in Teil I; aus der älteren betriebswirtschaftlichen Literatur: *Witte* (Unternehmung); *Steinmann* (Interessenkonflikt); *Chmielewicz* (Arbeitnehmerinteressen); *Ulrich*, P. (Institution); aus jüngster Zeit: *Clemens* (Unternehmungsinteresse) und *Theisen* (Buchbesprechungen).

6 Zu den Ausnahmen: *Bundesminister der Justiz* (Unternehmensrechtskommission) TZ 133; *Laske* (Unternehmensinteresse), der vorschlägt, das Unternehmensinteresse als prozessuale Kategorie zu bestimmen.

7 *Rittner*(Wirtschaftsrecht) S. 117–123.
8 Z. B. *Raisch* (Unternehmensinteresse); *Raiser* (Unternehmensinteresse); *Westermann* (Rechte) insbes. S. 223; *Laske* (Unternehmensinteresse).
9 Hierzu die gründliche Begriffsanalyse von *Clemens* (Unternehmungsinteresse), insbesondere die Abschnitte 3.4, 3.5 und die dort zitierte Literatur.
10 Zur Problematik des Ressourcenansatzes aus juristischer Sicht: *Teubner* (Unternehmensverfassung) S. 36–19.
11 Verwiesen sei hierzu auf: *Rühli* (Arbeitsplätze) 1974; *Bunz/ Jansen/ Schacht* (Qualität) 1974; *Bruggemann/ Großkurth/ Ulich* (Arbeitszufriedenheit) 1975.
12 Grenzoutputausgleich bei mehreren Inputverwendungsmöglichkeiten, Outputmaximierung (Inputminimierung) bei konstantem Input (Output) in eine (aus einer) Verwendungsmöglichkeit.
13 *Albert*(Vernunft) S. 158–161.
14 *Bundesminister der Justiz*(Unternehmensrechtskommission).
15 *Beer*(Kybernetik) S. 242.
16 *Raiser*(Unternehmensinteresse) S. 117.
17 *Ulrich*(Unternehmung) S. 194.
18 *Ulrich*(Unternehmungspolitik) S. 43.
19 Zur Diskussion verschiedener Sinnmodelle: *Kirsch*(Politik) S. 421–429.
20 Zur Analyse des Argumentationsablaufs: *Albert* (Vernunft) S. 159–173. Dort auch die Unterscheidung zwischen quasi-deduktiver und quasi-induktiver Rechtfertigung.
21 *Boettcher*(Unternehmensverfassung) S. 133.
22 Anmerkung von *Raiser*(Unternehmensinteresse) S. 110.
23 Anmerkung von *Mertens* (Korreferat) S. 277; kritisch zu beiden Auffassungen auch *Laske* (Unternehmensinteresse) S. 187 und S. 185.
24 Gutenberg (Grundlagen) S. 131.
25 Zum Grundgedanken dieser Gegenüberstellung von Rechtfertigungsmustern vgl. *Albert* (Vernunft) S. 165.
26 Zur Repräsentationsfiktion *Albert*(Vernunft) S. 165.
27 Zur Problematik »wohlverstandener« Interessen *Albert*(Ideologie) S. 127 ff.
28 *Projektgruppe im WSI*(Einzelwirtschaftslehre) S. 97–98.
29 *Steinmann/ Gerum*(Reform) S. 41.
30 *Laske* Unternehmensinteresse) S. 196 ff.
31 *Braun*(Transsubjektivitätsprinzip) S. 210.
32 Hierzu *Steinmann/ Böhm/ Braun/ Gerum/ Schreyögg* (Vorüberlegungen) S. 46 ff.; *Abel* (Vernunft) S. 166 ff.
33 *Mertens*(Korreferat) S. 275.

Literaturverzeichnis

Abel, B. (Vernunft): Betriebswirtschaftslehre und praktische Vernunft – Zwei Modelle. In: *Steinmann,* H. (Hrsg.): Betriebswirtschaftslehre als normative Handlungswissenschaft. Zur Bedeutung der Konstruktion Wissenschaftstheorie für die Betriebswirtschaftslehre. Wiesbaden 1978, S. 161–191.

Albert, H. (Ideologie): Ökonomische Ideologie und politische Theorie. Göttingen 1954.

Albert, H. (Vernunft): Traktat über kritische Vernunft. Tübingen 1968.

Beer, S. (Kybernetik): Kybernetik und Management. Frankfurt am Main 1959.

Boettcher, E./ *Hax,* K./ *Kunze,* O./von *Nell-Breuning,* O./ *Ortlieb,* H.-D./ *Preller,* A. (Unternehmensverfassung): Unternehmensverfassung als gesellschaftspolitische Forderung. Ein Bericht. Berlin 1968.

Braun, W. (Transsubjektivitätsprinzip): Transsubjektivitätsprinzip. In: *Raffée,* H./ *Abel,* B. (Hrsg.): Wissenschaftstheoretische Grundfragen der Wirtschaftswissenschaften. München 1979, S. 209–213.

Bruggemann, A./ *Großkurth,* P./ *Ulich,* E. (Arbeitszufriedenheit): Arbeitszufriedenheit. Bern, Stuttgart, Wien 1975.

Bundesgerichtshof in Zivilsachen (Entscheidungen): Entscheidungen des Bundesgerichtshofes in Zivilsachen, 64. Band Köln, Berlin 1975, S. 325 ff.

Bundesminister der Justiz (Hrsg.) (Unternehmensrechtskommission): Bericht über die Verhandlungen der Unternehmensrechtskommission. Köln 1980.

Bunz, A. R./ *Jansen*, R./ *Schacht*, K. (Qualität): Qualität des Arbeitslebens. Soziale Kennziffern zu Arbeitszufriedenheit und Berufschancen. Forschungsbericht des Bundesministeriums für Arbeit und Sozialordnung. Bonn 1974.

Chmielewicz, K. (Arbeitnehmerinteressen): Arbeitnehmerinteressen und Kapitalismuskritik in der Betriebswirtschaftslehre. Reinbek bei Hamburg 1975.

Clemens, W. (Unternehmungsinteresse): Unternehmungsinteresse. Betriebswirtschaftliche Begründung einer juristischen Norm. Frankfurt/M., Bern, New York 1984.

Europäische Gemeinschaften (Amtsblatt): Amtsblatt der Europäischen Gemeinschaften, Nr. C 240/2 vom 9.9.1983.

Gutenberg, E. (Grundlagen): Grundlagen der Betriebswirtschaftslehre, Erster Band: Die Produktion. 24. Aufl., Berlin, Heidelberg, New York 1983.

Jürgenmeyer, M. (Unternehmensinteresse): Das Unternehmensinteresse. Heidelberg 1984.

Kirsch, W. (Politik): Politik in der Unternehmung: Autoritative Beeinflussung der Allokation von Anreizen und Belastungen. In: *Kirsch* W.: Unternehmenspolitik: Von der Zielforschung zum strategischen Management. München 1981, S. 397–440.

Krause, H. (Unternehmer): Unternehmer und Unternehmung. Betrachtungen zur Rechtsgrundlage des Unternehmertums. Schriftenreihe der Wirtschaftshochschule Mannheim. Heft 4, 1954.

Laske, S. (Unternehmensinteresse): Unternehmensinteresse und Mitbestimmung. In: Zeitschrift für Unternehmens- und Gesellschaftsrecht 1979, S. 173–200.

Mertens, H.-J. (Korreferat): Korreferat. In: Zeitschrift für Unternehmens- und Gesellschaftsrecht, 6. Jg. 1977, S. 270ff.

Projektgruppe im WSI (Einzelwirtschaftslehre): Grundelemente einer arbeitsorientierten Einzelwirtschaftslehre. Ein Beitrag zur politischen Ökonomie der Unternehmung. Köln 1974.

Raisch, P. (Unternehmensinteresse): Zum Begriff und zur Bedeutung des Unternehmensinteresses als Verhaltensmaxime von Vorstands- und Aufsichtsratsmitgliedern. In: Strukturen und Entwicklungen im Handels-, Gesellschafts- und Wirtschaftsrecht. Festschrift für Wolfgang *Hefermehl* zum 70. Geburtstag am 18. September 1978, hrsg. v. R. *Fischer* u. a., München 1976, S. 347–364.

Raiser, T. (Unternehmensinteresse): Das Unternehmensinteresse. In: Festschrift für *Reimer Schmidt*, hrsg. v. Fritz *Reichert-Facilides* u. a., Karlsruhe 1976, S. 101–119.

Rittner, F. (Wirtschaftsrecht): Wirtschaftsrecht mit Wettbewerbs- und Kartellrecht. Ein Lehrbuch. Heidelberg, Karlsruhe 1979.

Rühl, G. (Arbeitsplätze): Menschengerechte Arbeitsplätze durch soziotechnologische Systemgestaltung. In: *Schlaffke*, W./ *Rühl*, G./ *Weil*, R.: Qualität des Lebens am Arbeitsplatz. Köln 1974.

Steinmann, H. (Interessenkonflikt): Das Großunternehmen im Interessenkonflikt. Ein wirtschaftswissenschaftlicher Diskussionsbeitrag zu Grundfragen einer Reform der Unternehmensordnung in hochentwikkelten Industriegesellschaften. Stuttgart 1969.

Steinmann, H./ *Böhm*, H./ *Braun*, W./ *Gerum*, E./ *Schreyögg*, G. (Vorüberlegungen): Vorüberlegungen zur methodischen Basis und Programmatik einer Betriebswirtschaftslehre in praktischer Absicht. Arbeitspapier des betriebswirtschaftlichen Instituts der Friedrich-Alexander-Universität Erlangen–Nürnberg, Heft 30, Nürnberg 1975.

Steinmann, H./ *Gerum*, E. (Reform): Reform der Unternehmensverfassung. Köln, Berlin, Bonn, München 1978.

Teubner, G. (Unternehmensverfassung): »Corporate responsibility« als Problem der Unternehmensverfassung. In: Zeitschrift für Gesellschafts- und Wirtschaftsrecht 1983, S. 34–56.

Theisen, M. R. (Buchbesprechungen): Buchbesprechungen in: Zeitschrift für das gesamte Handels- und Wirtschaftsrecht 148 (1984), S. 374–376 (W. Koch); Zeitschrift für betriebswirtschaftliche Forschung 36 (1984), S. 588f. (W. Clemens).

Ulrich, H. (Unternehmung): Die Unternehmung als produktives soziales System. Grundlagen der allgemeinen Unternehmungslehre. Bern und Stuttgart 1970.

Ulrich, H. (Unternehmungspolitik): Unternehmungspolitik. Bern und Stuttgart 1978.

Ulrich, P. (Institution): Die Großunternehmung als quasi-öffentliche Institution. Eine politische Theorie der Unternehmung. Stuttgart 1977.

Westermann, H. P. (Recht): Rechte und Pflichten des mitbestimmten Aufsichtsrates und seiner Mitglieder. In: Zeitschrift für Unternehmens- und Gesellschaftsrecht 1977, S. 219–235.

Witte, E. (Unternehmung): Vertretung des öffentlichen Interesses in der privaten Unternehmung? Ein betriebswirtschaftlicher Diskussionsbeitrag, entwickelt am Beispiel der Aktiengesellschaft. In: Hamburger Jahrbuch für Wirtschafts- und Gesellschaftspolitik (3) 1958, S. 122–138.

*Eberhard Dülfer**

Dualismus versus Monismus in der Leitung europäischer Aktiengesellschaften

– Neue Entwicklungstendenzen zu einem alten Thema –

* Prof. Dr. *Eberhard Dülfer*, Universität Marburg, Abt. für Allg. BWL und Industriebetriebslehre.

A. Aktueller Anlaß: die 5. EG-Richtlinie zur Struktur der Aktiengesellschaft

Im Rahmen der Maßnahmen zur europäischen Rechtsangleichung hat die Kommission der Europäischen Gemeinschaften (EG) dem Ministerrat am 19.8.1983 einen »geänderten Vorschlag einer 5. Richtlinie des Rates... über die Struktur der Aktiengesellschaft sowie die Befugnisse und Verpflichtungen ihrer Organe« vorgelegt [1]. Es handelt sich um eine völlige Neufassung des Entwurfs von 1972 [2], über den keine Einigung erzielt werden konnte. Der neue Vorschlag betrifft – entsprechend der inzwischen erfolgten Erweiterung der EG durch den Beitritt Großbritanniens, Irlands, Dänemarks und Griechenlands auf 10 Länder, aber noch ohne Berücksichtigung der neuen Mitglieder Spanien und Portugal – die »Koordinierung« der »Rechts- und Verwaltungsvorschriften der Mitgliedstaaten für Gesellschaften folgender Rechtsformen« [3]:

– in Deutschland:	Die Aktiengesellschaft
– in Belgien:	la société anonyme de naamloze vennootschap
– in Dänemark:	aktieselskabet
– in Frankreich:	la société anonyme
– in Griechenland:	ανωνυμη εταιρεια
– in Irland:	the public company limited by shares und the public company limited by guarantee and having a share capital
– in Italien:	la società per azioni
– in Luxemburg:	la société anonyme
– in den Niederlanden:	de naamloze vennootschap
– im Vereinigten Königreich:	the public company limited by shares und the public company limited by guarantee and having a share capital.

Die Vielfalt der einbezogenen Rechtsformen hat sich also gegenüber dem ersten Vorschlag (1972), der nur die 6 Gründungsmitglieder ansprach, erheblich vergrößert. Während zuvor nur unterschiedliche, aber in manchem auch verwandte Ansätze des deutschen und des französischen Rechtskreises zu koordinieren gewesen wären, sind nunmehr vor allem auch sehr divergierende Regelungen des angelsächsischen Rechtskreises in Betracht zu ziehen. Somit war der Richtliniengeber gezwungen, in bezug auf zahlreiche Regelungsaspekte mehr *additiv* als *integrativ* vorzugehen, zumal er – gemäß EWG-Vertrag, Art. 189 (3) – nur hinsichtlich der Ziele verbindliche Vorgaben an die Mitgliedstaaten richten kann, dagegen die Wahl der Form und der Mittel zur Zielerreichung diesen überlassen muß [4].

Dennoch sind deutlich zwei Regelungskomplexe erkennbar, die für mehrere Mitgliedstaaten z. T. erhebliche inhaltliche Änderungen ihres bisherigen Aktienrechts (bzw. des Gesellschaftsrechts) bedingen: die *Gestaltung der Organstruktur* und die *Beteiligung der Arbeitnehmer* im Bereich von Leitung und Aufsicht. Beide Komplexe sind nicht nur von juristischem Interesse, fallen nicht ausschließlich in die Zuständigkeit von Justitiaren. Denn es handelt sich um dezidierte Vorgaben (durch den jeweiligen nationalen Gesetzgeber) für die faktische Gestaltung der Unternehmungsverfassung. Durch obligatorische Regelungen der Organstruktur und -zusammensetzung sowie die Zuweisung rechtlich definierter Leitungs- und Aufsichtsfunktionen werden wichtige Weichen für die Kompetenzverteilung zwischen Personen und Personengruppen in der Unternehmung gestellt, die sowohl innerhalb der Organisation und des Leistungsprozesses qualitative Einflüsse ausüben, als auch die Beziehungen der Unternehmung zum Markt und zur Umwelt beeinflussen.

Somit ist auch der Betriebswirt durch diese Vorgänge im Bereich der Rechtssetzung und der Rechtspolitik in hohem Maße betroffen und aufgerufen, die für ihn relevanten Aspekte in der öffentlichen Diskussion anzusprechen. Dies auch dann (oder gerade dann), wenn sich unter den Sachkundigen in Lehre, Forschung und Praxis noch nicht in dem Maße ›herrschende‹ und ›Minder-Meinungen‹ profiliert haben, wie es in der rechtswissenschaftlichen Literatur üblich ist. Es ist keine Zeit mehr zu verlieren, denn die Verabschiedung der Richtlinie ist in naher Zukunft zu erwarten [5].

Aus der Sicht der betriebswirtschaftlichen Theorie und Praxis ist es nun überraschend, daß der Richtliniengeber sich trotz der ungewöhnlich kontroversen Diskussion im Wirtschafts- und Sozialausschuß, in der Kommission und im Europäischen Parlament [6] und angesichts der Erweiterung vor allem auf den englischen Rechtskreis entschlossen hat, an seiner Präferenz für die dualistische Struktur im Bereich von Leitung und Aufsicht festzuhalten. Dies, obgleich diese Struktur nur in Deutschland von Anfang an eingeführt war, während in den anderen neun Ländern die ursprüngliche Regelung das monistische System mit nur einem Leitungs- und Aufsichtsorgan vorsah. Erst 1971 gingen die Niederlande und 1973 Dänemark, beide nur teilweise, zum dualistischen System über, während der französische Gesetzgeber es seit 1966 immerhin wahlweise zuläßt. Diese Auflockerung hat auch im Beneluxbereich zu neuen Entwicklungstendenzen geführt, während im angelsächsischen Bereich das monistische Boardsystem nach wie vor dominiert.

Die dualistisch orientierte Regelung des Richtliniengebers (Art. 2, Abs. 1) ist im Sinne der ›additiven‹ Koordination geschickt formuliert. Denn die im ersten Entwurf vorgesehene obligatorische Vorschrift einer dualistischen Organgestaltung (Satz 1) wird durch die Erlaubnis an den nationalen Gesetzgeber (Satz 2) gemildert, den Gesellschaften ein Wahlrecht zwischen »einem *dualistischen System* (Leitungsorgan und Aufsichtsorgan) nach Kap. III und einem *monistischen System* (Verwaltungsorgan) nach Kap. IV« einzuräumen [6a]. Somit scheint zunächst alles beim alten zu bleiben. Tatsächlich wird aber im Kap. IV durch den Richtliniengeber eine Interpretation des ›monistischen Systems‹ gegeben, die auf eine mittelbare dualistische Transformation des zuvor einheitlichen Verwaltungsorgans hinausläuft. Auf einige organisatorische Lücken, die dabei entstehen, wird noch einzugehen sein.

Diese zumindest für einige Mitgliedstaaten durchaus schwerwiegende Entscheidung des Richtliniengebers interessiert um so mehr, als gerade auch in der Bundesrepublik seit Jahren die angeblichen Vorteile des monistischen Systems (etwa US-amerikanischer Prägung) gerühmt werden [7] und empirische Untersuchungen zeigen, daß die Rechtswirklichkeit in der Funktionsausübung von Vorstand und AR in mancher Hinsicht in Richtung des monistischen Systems von der vorgeschriebenen Norm abweicht [8]. Dies hatte schon in der Unternehmensrechtskommission zu kontroversen Stellungnahmen veranlaßt [8 a]. Die Vorschläge des Richtlinienentwurfs sind somit für den deutschen Adressaten auch dann relevant, wenn im Falle ihrer Verabschiedung das deutsche Aktienrecht am wenigsten modifiziert werden sollte. Darüber hinaus sind die viel grundsätzlicheren Änderungen im Aktienrecht einiger Partnerstaaten und die dort schon jetzt erkennbaren unterschiedlichen Entwicklungstendenzen für die große Zahl jener (auch kleiner und mittlerer) deutscher Unternehmungen von praktischem Interesse, die grenzüberschreitende Geschäfte betreiben oder sich sogar in fortgeschrittenen Stadien der Internationalisierung befinden [9].

Es soll daher im folgenden untersucht werden,

- welche Grundgedanken überhaupt der Organregelung bei der AG zugrunde liegen,
- worin die Unterschiede zwischen den beiden strukturellen Systemen in ihren nationalen Ausprägungsformen bestehen,
- welche Konsequenzen sich ergeben würden und welche Ergänzungen in diesem Zusammenhang mindestens erforderlich erscheinen [10].

B. Zur Begründung der Organstruktur der AG

Nach einigen spätmittelalterlichen Vorläufern im italienischen Bankwesen und den ›Kolonialgesellschaften‹ des 17. Jhds mit staatlichem Oktroi entwickelte sich die *Aktiengesellschaft* während der Frühindustrialisierung in dem Zeitpunkt, als der Finanzierungsbedarf der kumulierenden technischen Innovationen das finanzielle Potential einzelner Unternehmer oder Unternehmerfamilien zu überfordern begann [11]. Die Funktion der AG war also von Anfang an die eines *Kapitalsammelbeckens,* durch das dem merkantilistisch orientierten kleinstaatlichen Souverän oder dem für diese Periode typischen privaten Erfinder-Unternehmer eine ausreichende Basis gesichert werden sollte. Für den letzteren Personenkreis wäre eigentlich die Kommanditgesellschaft auf Aktien (mit dem Erfinder als Komplementär) die passendere Rechtsform gewesen, doch war sie im deutschen Recht nicht so funktionsgerecht ausgestaltet wie z. B. in Frankreich, wo sie tatsächlich einige Zeit dominierte [12]. Der deutsche Gesetzgeber von 1870 (Novelle des ADHGB), der das vorherige Konzessionssystem durch ein liberales Normativsystem ersetzte, orientierte sich endgültig an der Kapitalsammlungsfunktion, stellte also im Grunde schon auf die Publikumsgesellschaft mit einer Vielzahl weitgehend anonymer (Klein-)Aktionäre ab. Zugleich stattete er aber den Rechtstyp so aus, daß dieser ohne jede Typenbeschränkung für sehr unterschiedliche Vorhaben (nicht nur wirtschaftlicher Art und bis zur Ein-Mann-AG) benutzt werden kann.

Für die richtige Beurteilung der AG aus betriebswirtschaftlicher Sicht muß beachtet werden, daß sie (in ihrer rein privatrechtlichen Fassung) von vornherein als Element des Gesellschaftsrechts konzipiert wurde, d. h. in Relation zu den damals vorhandenen Unternehmungsformen. Innerhalb der Angebotspalette des ›Rechts der Handelsgesellschaften‹ stellt die AG das extreme Gegenstück zur reinen Personengesellschaft, der OHG, dar. Aus dieser Gegenüberstellung werden auch Funktion und Legitimation der Organstruktur am leichtesten verständlich:

Eine *›Gesellschaft‹* (des Bürgerlichen Rechts oder des Handelsrechts) kommt immer dann zustande, wenn eine Mehrzahl von Personen (›Gesellschaftern‹) die Absicht faßt, zur Verfolgung eines *gemeinsamen Zwecks* im Rechts- und Wirtschaftsverkehr in gleicher Weise aufzutreten wie eine einzelne (natürliche) Person [13]. So sehr nun in einem solchen Fall der gemeinsame Zweck die Beteiligten miteinander verbindet, so schließt er doch nicht aus, daß diese hinsichtlich der Zweckver*folgung* durchaus unterschiedliche Vorstellungen hegen. Der Personenmehrzahl (Gesellschaft) fehlt also eine Eigenschaft, die die natürliche Person (im gesunden, ›geschäftsfähigen‹ Zustand) ohne weiteres aufweist: die Fähigkeit zur *einheitlichen Willensbildung* und die Fähigkeit zum *einheitlichen Tätigwerden.* Beide Fähigkeiten können bei Personengruppen nur durch organisatorische Regelungen gesichert werden. Diese Lücke im Zivilrecht durch das Angebot normativer Organisationsregeln zu schließen, ist die spezifische Aufgabe des Gesellschaftsrechts [13 a]. Alle weiteren gesellschaftsrechtlichen Regelungen hängen letztlich mit der Lösung dieser beiden Grundprobleme zusammen. Insofern sind die Regelungsmöglichkeiten des gesellschaftsrechtlichen Gesetzgebers auch durchaus beschränkt; ein Aspekt, der

z. B. im Zusammenhang mit den in der Richtlinie einbezogenen Mitbestimmungsmodellen eine Rolle spielt. Auch der Betriebswirt darf daher vom gesellschaftsrechtlichen Gesetzgeber nicht Regelungen erwarten, die er aus rechtsdogmatischen und -systematischen Gründen nicht leisten kann [14].

Aus der Behandlung der beiden Grundfragen erklärt sich auch die Notwendigkeit einer *Typenpalette* im Gesellschaftsrecht. Denn die beiden Fragen können für Gesellschaften unterschiedlicher Größe, Zusammensetzung und Zielsetzung nicht durch ein einziges Strukturmodell befriedigend gelöst werden. Während z. B. bei der OHG die Beteiligung aller Gesellschafter an der Geschäftsführung durchaus sinnvoll erscheint oder zumindest im Gesellschaftsvertrag freizügig regelbar sein sollte, muß für die große Zahl der weitgehend anonymen Aktionäre einer industriellen Publikumsgesellschaft die Willensbildung auf wenige grundsätzliche Fragen beschränkt werden, über die die anwesenden Gesellschaften in der Gesellschafter-(Haupt-)-Versammlung (HV) entscheiden. Alles übrige, einschließlich der laufenden Geschäftsführung (›Tätigwerden‹) muß einem sie vertretenden Entscheidungszentrum als Leitungsorgan überlassen werden. Daraus ergibt sich die für die Kapitalgesellschaft typische Trennung von Eigentum und Verfügungsmacht. Es zeigen sich alle jene Probleme, die seit der bekannten Veröffentlichung von Berle/Means mit unterschiedlicher Akzentsetzung behandelt worden sind [15].

C. Die ›dualistische‹ Variante

Eine zentrale Frage ist es im vorstehend angesprochenen Zusammenhang, ob das (geschäftsführende) Leitungsorgan nur als Beauftragter der Aktionäre gelten muß, oder ob es – kraft gesetzlicher Legitimation – ›unter eigener Verantwortung‹ handeln soll. Der deutsche Gesetzgeber hat sich für die letztere Alternative entschieden. Dies auch im Zusammenhang mit der Stellung der Aktionäre. Denn auch die Kapitalgeber sind in der AG nicht ohne weiteres mit den Eigentümer-Unternehmern der OHG vergleichbar. Nach der Rechtslehre haben sie nur ein Eigentum an der Aktie, nicht am Gesellschaftsvermögen, dessen Eigentum bei der juristischen Person liegt. Wir werden sehen, daß diese Fragen z. B. im englischen Recht anders gesehen werden.

Wenn nun die Führungskräfte – getrennt von der Hauptversammlung – *unter eigener Verantwortung* leiten, stellt sich die weitere Frage, ob sie wenigstens selbst Gesellschafter sein müssen, damit sie die Interessen der anderen Gesellschafter sachgerecht vertreten können (Prinzip der Selbstorganschaft). Eine derartige Regelung hält der Gesetzgeber bei der eingetragenen Genossenschaft für unentbehrlich, obgleich diese in ihrer modernen Ausprägung in bezug auf Anzahl der Gesellschafter, Größe des Unternehmens und das Merkmal der eigenen Rechtspersönlichkeit durchaus der AG nahekommt. Dennoch hat er sich im Fall der AG – anders als z. B. der dänische Gesetzgeber beim vergleichbaren ›Aktionärsausschuß‹ [16] – angesichts der Anonymität der Gesellschafter und der Priorität der Kapitalaufbringung dafür entschieden, daß es für die Führungskräfte nur auf die fachliche Qualifikation, nicht auf die gleichzeitige Gruppenzugehörigkeit ankomme.

Damit allerdings wird der Unterschied zwischen Führungskräften (Top-Managern) und Kapitalgebern auch im Hinblick auf persönlich-soziale Merkmale weiter vergrößert, was wiederum die Spannungsbeziehung zwischen Eigentum und Verfügungsmacht verstärkt. Führte schon der Gedanke von W. Rathenau vom *»Unternehmen an sich«* [17] von der ursprünglichen Hypothese der treuhänderischen Funktionswahrnehmung durch die Leitungskräfte weg, so geht die neuere organisationstheoretische Literatur [18] einhellig davon aus, daß die Interessen von Kapitalgebern und Leitungskräften keineswegs automatisch übereinstimmen, wohl aber komplementär wirken sollten.

Je stärker die Spannung zwischen Verfügungsmacht und Eigentum, zwischen Leitungskräften und Kapitalgebern ist, desto deutlicher wird das Erfordernis einer *Kontrollbeziehung*. Im Hinblick auf die mangelnde Handlungsfähigkeit der Gesamtheit der (weitgehend anonymen) Aktionäre bei der großen Publikumsgesellschaft wird somit eine dritte Gruppe von Personen erforderlich, die anstelle dieser Gesamtheit – repräsentiert durch die Hauptversammlung – die Kontrollfunktion ausübt. Auch dieser Gedanke ist bei den verschiedenen Gesetzgebern präsent, wird aber in unterschiedlicher Art umgesetzt. Der deutsche Gesetzgeber hat sich von Anfang an für eine *personelle Trennung* entschieden, bei der das Organ ›Vorstand‹ die Geschäftsführung (oder weiter gefaßt die Leitung der Gesellschaft) in Händen hat, während das Organ ›Aufsichtsrat‹ die Kontrolle der Geschäftsführung vornimmt. Auch für diese besondere Personengruppe sieht der Gesetzgeber im Falle der AG – anders als bei der Genossenschaft – keine Notwendigkeit der Selbstorganschaft. Die Gesellschafter sollen vielmehr dadurch gerade in die Lage versetzt werden, sachkundige Außenstehende in das Aufsichtsorgan zu berufen.

Von daher stammt der in der Diskussion wichtige Aspekt, daß der AR in der Lage sein solle, die Entscheidungen des Vorstandes unter dem Gesichtspunkt ihrer unternehmungspolitischen (geschäftlichen) Qualität zu bewerten. Diese Interpretation entstand allerdings zu einem Zeitpunkt (1869), als die Buchführung noch das wichtigste Informationsinstrument des Kaufmanns darstellte und eine Betriebswirtschaftslehre auf akademischem Niveau noch nicht existierte. Sich daran zu erinnern, erscheint zweckmäßig, bevor die Frage der funktionalen Beziehung zwischen Vorstand und AR in der Gegenwart erörtert wird.

D. Vertragsmodell versus Koalitionsmodell

Deutlich ist in jedem Falle, daß die Organstruktur der AG – wie immer sie gestaltet sein mag – sich aus der oben zitierten gesellschaftsrechtlichen Grundproblematik ergibt. Sie ist von der Konzeption her ausschließlich auf die Gesellschafter bezogen und abstrahiert völlig von dem (juristisch gesehen:) ›Unternehmen‹, das lediglich als Handlungsobjekt der Geschäftsführung gesehen wird. Von daher kann es als logische Anknüpfung gewertet werden, wenn die interpersonalen Beziehungen innerhalb der (wirtschaftlich gesehen:) ›Unternehmung‹ im Sinne des *›Vertragsmodells‹* [19] interpretiert werden. Nach dieser Auffassung sind die Kapitaleigner die alleinigen Träger der Unternehmung, die im Sinne des oben zitierten Auftragsverhältnisses die Führungskräfte auf ihre treuhänderische Interessenwahrung bei der Geschäftsführung durch Vertrag verpflichten, während sie die Mitarbeiter nach Maßgabe des frei zu gestaltenden Arbeitsvertrages in Anspruch nehmen und abfinden.

Die übliche funktionale Betrachtung des betrieblichen Prozesses im Sinne der optimalen Kombination der Einsatzfaktoren kann an dieses Vertragsmodell besonders leicht angeschlossen werden, ungeachtet der dadurch bedingten technisch-mechanistisch geprägten Sicht des faktischen Geschehens.

Diese Beschränkung vermeidet die *koalitionstheoretische* Konzeption der Unternehmung [20], die – systemtheoretisch beeinflußt – die Unternehmung als eine Gesamtheit von ›Organisationsteilnehmern‹ sieht, die in unterschiedlicher Weise auf der Grundlage einer Teilnahmeentscheidung (im Sinne der Anreiz/Beitrags-Theorie) miteinander verbunden sind.

Bemerkenswert ist, daß dieser Denkansatz aus den USA stammt [21], obgleich er mit der gängigen Auffassung der amerikanischen Geschäftswelt nicht übereinstimmt. Indessen ist diese Konzeption von der *pluralistischen Personalstruktur* der Unternehmung in der Bundesrepublik durch das Betriebsverfassungsgesetz und die Mitbestimmungsgesetze auch normativ rezipiert worden und spielt in der betrieblichen Praxis jenseits aller Konfliktausprägungen eine konkrete Rolle [22].

Obgleich nun auch der Richtliniengeber auf diese Konzeption der Unternehmung Bezug nimmt, muß doch festgehalten werden, daß sie sich nicht allein mit Mitteln des Gesellschaftsrechts zur Basis der aktienrechtlichen Regelung machen läßt. Es bedurfte dazu auch in der Bundesrepublik *besonderer Gesetze,* die nur über bestimmte Verfassungsklauseln des Bonner Grundgesetzes mit dem eigentumsrechtlich basierten Gesellschaftsrecht in Einklang gebracht werden konnten. So gesehen, ist es um so verständlicher, daß sich in den Partnerstaaten zum Teil starke Widerstände gegen eine eigentumsrechtlich restriktive Organisationsstruktur zeigen. Einzelheiten werden im folgenden Abschnitt deutlich werden. In diesem Zusammenhang muß auch darauf hingewiesen werden, daß das Arbeitsrecht in der Bundesrepublik ungeachtet seiner traditionellen Terminologie (z. B. hinsichtlich der ›Gehorsamspflicht‹) vor dem Hintergrund der Mitbestimmungsregelungen und angesichts des verstärkten Kündigungsschutzes in deutlicher Weise gesellschaftsrechtliche Tendenzen aufweist [23]; eine Entwicklung, die ebenfalls nicht in allen anderen Mitgliedstaaten zu beobachten ist.

Bei der Anwendung des koalitionstheoretischen Modells auf die AG hat der deutsche Gesetzgeber sich nun die klassische Organtrennung nach dualistischem System zunutze gemacht. Er weist den Arbeitnehmervertretern nach BetrVG ein Drittel, nach MitbestG 76 die Hälfte der Sitze im AR zu, beteiligt sie aber – mit Ausnahme des obligatorischen Arbeitsdirektors nach Montan-Mitbestimmung – nicht am Geschäftsführungsorgan. Insoweit ist die Einschränkung der Eigentumsrechte theoretisch begrenzt. In der Praxis können sich andere Ergebnisse zeigen, wenn der AR in unterschiedlicher Weise in die strategische oder sogar operative Geschäftsführung eingeschaltet wird [24].

E. Zur Organstruktur der AG in den EG-Partnerländern

Wie erwähnt, ergeben sich die relativ größten Probleme der Rechtsangleichung durch die Einbeziehung des *englischen* Rechtskreises. Ausgehend von den genannten zivilrechtlichen Grundüberlegungen geht das common law davon aus, daß die company (hier die public company) zwar juristische Person, aber in ihrer Rechtsfähigkeit auf den Gesellschaftszweck beschränkt und nicht selbst handlungsfähig ist. Das ist sie vielmehr nur durch die Personen der Gesellschafter oder deren Beauftragte (agents). Die Gesellschafterversammlung (›general meeting‹) ist also die Verkörperung der Gesellschaft (principal) und nicht – wie im deutschen oder französischen Recht – ihr wichtigstes Organ. Durch die Satzung (memorandum of association und articles of association bzw. Table A) kann die Generalversammlung die Geschäftsführungsbefugnisse in beliebigem Ausmaß, aber stets begrenzt durch den satzungsgemäß definierten Unternehmenszweck (Geschäftsgegenstand), dem board als Leitungsorgan übertragen, sie aber auch einschränken und widerrufen [25].

Dementsprechend bezieht der board seine Leitungskompetenz nicht aus eigenem Recht wie der deutsche Vorstand, sondern ist ganz auf das Auftragsverhältnis zu den Gesellschaftern verwiesen. Er darf außerhalb seiner Beauftragung nicht einmal Dritten gegenüber tätig werden, während die Vertretungsbefugnis des deutschen Vorstandes unbegrenzt ist. Die board-Mitglieder haften für Handlungen »ultra vires« nur persönlich. Daher ist die Stellung des board nach außen wesentlich durch die ›ultra-vires-Doktrin‹ bestimmt [26], nach innen durch den Umfang des Auftrages (authority).

Auch im englischen Recht sind jedoch – wie im US-amerikanischen – Tendenzen zu erkennen, von dem so konstituierten ›Vertretermodell‹ zu einem, dem deutschen Recht angenäherten ›Organmodell‹ überzugehen, nach dem die Gesellschaft mittels ihrer Organe (unbegrenzt) rechtsfähig wäre.

In diesem Zusammenhang stellt sich dann erst die Frage nach einer organmäßigen Ausgestaltung der Kontrollbeziehung. Ihre Beantwortung hängt davon ab, in welchem Ausmaß der board die Geschäftsführungsfunktion insgesamt oder durch bestimmte seiner Mitglieder wahrnimmt, oder ob er sie dritten Personen überträgt und sich selbst weitgehend auf Aufsichtsfunktionen beschränkt. Der Gesetzgeber hat dies bisher bewußt weitgehend der freien Gestaltung durch die Gesellschafter überlassen.

Vor dem Hintergrund dieser Entwicklung wird verständlich, daß die Vorschrift eines obligatorischen dualistischen Organsystems (wie im ersten Entwurf der Richtlinie vorgesehen) für die englischen und irischen Partner nicht akzeptabel gewesen wäre, und daß auch die dualistische Ausgestaltung des monistischen Systems in der vorliegenden Fassung für sie nicht nur eine organisationsrechtliche Verfeinerung bedeutet. Es wird vielmehr der Übergang zum Organmodell verlangt, und dies nicht zuletzt mit Blick auf den koalitionstheoretischen Ansatz. Denn nach dem Vertretermodell wäre eine organmäßige Beteiligung der Arbeitnehmer kaum zu rechtfertigen. Bei beiden Punkten handelt es sich also um grundsätzliche Änderungen für den am Common Law Orientierten. Dementsprechend ist mit Kontroversen hinsichtlich der Strukturierung des board und der Einbeziehung von Arbeitnehmervertretern zu rechnen.

Im *französischen* Recht [27], aus dem auch die société anonyme (SA) in *Belgien* und *Luxemburg* hervorgegangen ist, und dem die italienische società per azioni (S. p. A.) verwandt ist, ist ebenfalls die monistische Struktur des Organs, das die Gesellschaft nach außen vertritt, Tradition. Nach der ursprünglichen Regelung (1867) erfolgte die Vertretung durch eine unbestimmte Zahl von ›administrateurs‹, die die Geschäftsführungsbefugnis auf einen von ihnen oder einen außenstehenden Dritten übertrugen. Erst die Gesetze von 1940/43 formulierten den »conseil d'administration« als Organ, wiesen aber zugleich die Geschäftsführungskompetenz ausschließlich dessen ›président‹ zu. Dieser wiederum konnte sie einem ›directeur général‹ übertragen, der dann nur ihm gegenüber verantwortlich ist, oder er konnte sie als ›président directeur général‹ (PDG) selbst wahrnehmen. Damit wurde die schon vorher entwickelte Trennung zwischen ›direction‹ und ›administration‹ in eine angemessene, auch die Haftung gegenüber der Gesellschaft klärende Fassung gebracht. Daneben gibt es die commissaires aux comptes (Buchprüfer), die aber vom conseil bestellt werden.

Auch in dieser klassischen Ausprägung des monistischen Systems besteht also schon die eindeutige Trennung zwischen geschäftsführender direction und nicht-geschäftsführender administration, wobei aber die Stellung der Geschäftsführung sehr stark ist. Der ›président‹, der unter eigener Verantwortung leitet, entspricht dem deutschen Vorstand. In der Praxis bildet er oft mit einem Vizepräsidenten und einem ›secrétaire‹ ein Gremium, jedoch bleibt die Verantwortung ausschließlich bei ihm, selbst dann, wenn er – bei großen Gesellschaften – seine Befugnisse teilweise einem Generaldirektor überträgt. Zwischen dem Präsidenten und den übrigen Personen besteht Direktorialprinzip, wogegen innerhalb des deutschen Vorstandes Kollegialprinzip herrscht. Die französische Regelung kommt insoweit der Organstruktur im amerikanischen Aktienwesen nahe, wo ebenfalls der chief executive officer gegenüber den board members, die officer sind, ein Weisungsrecht besitzt; eine Regelung, die im englischen Boardsystem nicht besteht.

An dieser Machtkonzentration in der Leitungsspitze, die durch die traditionellen ›commissaires aux comptes‹ nur wenig gemildert wird, wird auch Kritik geübt. Von daher mag zu erklären sein, daß der Gesetzgeber 1966 durch ein Gesetz für die Handelsgesellschaften die Wahlmöglichkeit für die Unternehmung zugunsten eines auch formal dualistischen Systems mit dem ›directoire‹ als Leitungsorgan und dem ›conseil de surveillance‹ als Aufsichtsorgan schuf [28]. Insoweit trifft der Richtliniengeber mit seinen Vorschlägen zur Einführung des dualistischen Systems oder zur dualistischen Handhabung des monistischen Systems im französischen Aktienwesen trotz der dortigen monistischen Tradition auf offensichtliche Bereitschaft [28 a].

Ähnlich dürfte die Situation in *Italien* sein, wo zwar ebenfalls (nach dem codice civile) die gleiche klassische Ausprägung des monistischen Systems wie in Frankreich vorlag. Auch hier ergab sich aber im Rahmen des consiglio d' amministrazione die Funktionstrennung zwischen geschäftsführenden und nichtgeschäftsführenden Mitgliedern. Auch die Übertragung der Geschäftsführungsfunktion an außenstehende Dritte (als Exekutiv-Ausschuß) mit Beschränkung des consiglio auf Kontrollfunktionen ist ein bekanntes Schema [29]. Darüber hinaus sieht aber der Gesetzgeber auch die Möglichkeit eines Aufsichtsrates vor, dem vor allem Buchprüfer angehören müssen. Hier zeigt sich deutlich ein Einfluß des deutschen Aktienrechts, durch den in Kombination mit dem französischen Verwaltungsrat eine Art Mischsystem zustandekommt.

Die gleiche klassische Form des monistischen Systems französischer Prägung (mit dem Verwaltungsrat neben der Generalversammlung) ist auch in den *Niederlanden* die Regel [30]. Erst durch das Gesetz von 1971 betreffend die Struktur der großen Aktiengesellschaft wurde das dualistische Organsystem für die großen Gesellschaften als obligatorische, für die übrigen als fakultative Regelung eingeführt. Interessanterweise wurde in diesem Zusammenhang die Möglichkeit der Arbeitnehmervertretung im Aufsichtsrat nur für den fakultativen (freiwilligen zusätzlichen) Aufsichtsrat vorgesehen, dagegen für den obligatorischen Aufsichtsrat der großen Gesellschaften ausdrücklich untersagt [31].

Auch die *belgische* Aktiengesellschaft (société anonyme; naamloze vennootschap) ist der klassischen französischen Regelung nachgestaltet [32]. Oberstes Organ ist die Hauptversammlung der Aktionäre, während der Verwaltungsrat die Geschäfte führt, geprüft durch die commissaires aux comptes. Diese (seit 1873 bestehende) monistische Organstruktur soll jedoch nach einem Gesetzesentwurf von 1979 in Richtung einer dualistischen Aufspaltung des Verwaltungsrates in ein ›comité de direction‹ und einen ›conseil de surveillance‹ reformiert werden. Eine Einbeziehung von Arbeitnehmervertretern ist dabei nicht vorgesehen.

Rechtsgrundlagen ganz eigener Art weist das *dänische* Recht auf [33], das bereits 1683 kodifiziert wurde. Obgleich der Begriff nicht vorkommt, gilt doch die Gesellschaft als juristische Person, deren oberstes Organ die Generalversammlung ist. Die Geschäftsführung wird durch den Verwaltungsrat als selbständiges Leitungsorgan wahrgenommen. Insoweit handelt es sich um eine Ausprägung des monistischen Systems. Bei großen Gesellschaften wird jedoch die Geschäftsführung einem Direktorium übertragen, das dann durch den Verwaltungsrat kontrolliert wird. Die Konstruktion ähnelt der französischen insoweit, als die Mitglieder des Direktoriums dem Verwaltungsrat nicht angehören. Bemerkenswert ist, daß außerdem ein ›Aktionärsausschuß‹ gebildet werden kann (Selbstorganschaft), der die Leitungsorgane zusätzlich kontrolliert. Mit Wirkung vom 1. 1. 1985 wurde dann die Aufgliederung der Leitung in Verwaltungsrat und Direktorium für große Gesellschaften obligatorisch vorgeschrieben, wodurch eine weitere starke Annäherung an das echte dualistische System eintrat.

In *Griechenland* [34] geht die Regelung der Organstruktur der AG auf das Gesetz von 1867 zurück, nach dem die Aktionärsversammlung nicht – wie im deutschen Recht – auf bestimmte Organfunktionen beschränkt ist, sondern das Recht hat – ähnlich dem englischen Recht – über alle Gesellschaftsangelegenheiten zu entscheiden. Die laufende Geschäftsführung jedoch liegt bei dem Verwaltungsrat oder wird an ›Direktoren‹ außerhalb des Rates delegiert. Prinzipiell ist also auch die griechische Organregelung dem monistischen System zuzurechnen, wenngleich – ähnlich wie in den USA – die Funktionen der Ratsmitglieder oft sehr beschränkt sind, weil die tatsächliche Macht bei den durch die Großaktionäre nominierten Direktoren liegt. Rechtsnorm und Rechtswirklichkeit klaffen daher meist auseinander, so daß Reformbestrebungen intensiv diskutiert werden [35].

F. Beibehaltung der dualistischen Struktur trotz abweichender US-amerikanischer Erfahrungen

Für das *deutsche Aktienrecht* würde die Regelung nach dem Vorschlag der 5. EG-Richtlinie die Beibehaltung des dualistischen Organsystems (das eigentlich im Hinblick auf das Organ ›Hauptversammlung‹ ein ›trialistisches‹ ist [36]) bedeuten. Vorhandene Tendenzen zu einer Abwandlung in Richtung des *US-amerikanischen board-Systems* [36 a] würden damit langfristig blockiert. Bei der Beurteilung solcher Tendenzen muß der Unterschied zwischen dem US-amerikanischen board und dem britischen board berücksichtigt werden. Der angelsächsischen Rechtstradition entsprechend ist auch der amerikanische board ursprünglich als Treuhänder der Gesellschafter (Kapitalgeber) konzipiert [37]. Hinsichtlich der beiden organisatorischen Grundprobleme des Gesellschaftsrechts gibt es jedoch in den USA keine bundesstaatliche, einheitliche Regelung, und auch die einzelnen Teilstaaten halten sich in dieser Beziehung zurück. So bleibt für die Praxis ein weiter Gestaltungsspielraum, der nicht (wie in Großbritannien) durch eine Ultra-Vires-Doktrin belastet ist.

Da die Mitglieder des board auf die treuhänderische Interessenwahrnehmung zugunsten der Aktionäre (shareholders) verpflichtet sind, fallen damit denjenigen, die keine Geschäftsführungsfunktion ausüben, automatisch Aufgaben der Kontrolle zu. Hinsichtlich der Zuteilung der Geschäftsführung besteht deutlich die Tendenz zu einer hierarchischen Struktur, an deren Spitze der chief executive officer (CEO) steht. Er kann Mitglied des board oder diesem nachgeordnet sein. In manchen Fällen ist er zugleich chairman of the board, dann dem *französischen PDG* vergleichbar. Meist sind jedoch beide Positionen personell getrennt, so daß zwischen ihren Inhabern eine ähnliche Beziehung entsteht, wie zwischen Aufsichtsrats- und Vorstandsvorsitzendem im deutschen Recht, allerdings mit dem Unterschied, daß beide gemeinsam dem board angehören. Der CEO hat die volle Geschäftsführungskompetenz auch dann, wenn weitere Board-Mitglieder (etwa der chief operating officer, COO, und der chief financial officer, CFO) ihm zur Seite stehen [38]. Sie sind ihm in ähnlicher Weise unterstellt wie die Bundesminister dem Kanzler aufgrund dessen Richtlinienkompetenz. Insoweit ist die Kontrollbeziehung innerhalb des board an eine eindeutige Adresse gerichtet, doch bleibt bestehen, daß der board Beschlüsse unter Beteiligung der Beaufsichtigten faßt, was dem Zahlenverhältnis zwischen geschäftsführenden und nicht-geschäftsführenden Mitgliedern eine besondere Bedeutung zuweist. Dieses Problem wird auch in der 5. EG-Richtlinie mit Bezug auf das Verwaltungsorgan angesprochen (s. u.). In der Praxis wird diese Schwierigkeit in den USA allerdings mittels der *committees* (z. B. audit committee) gelöst, in denen dann nur aufsichtsführende Mitglieder tätig sind und unter sich nach Mehrheitsprinzip beschließen [39].

Bemerkenswert am amerikanischen Board-System ist also vor allem die starke Zentralisation der Geschäftsführungsbefugnis bei nur einer Person, dem CEO. Daraus jedoch abzuleiten, daß auch für die Bundesrepublik das Direktorialprinzip in der Führungsspitze zur Sicherung von Flexibilität und Dynamik vorzuziehen sei [40], erscheint voreilig. Allzu gut ist noch das Modell des ›Vorsitzers‹ des Vorstandes (§ 70, II) nach AktG von 1937 in Erinnerung, das trotz seines fakultativen Charakters mit Hilfe des politischen »Führerprinzips« zur obligatorischen Norm erhoben wurde, um die Informationsbeziehung zu übergeordneten zentralverwaltungswirtschaftlichen Kommandostellen zu stabilisieren. Die Bestimmung besagte, daß der anscheinend nur als primus inter pares konzipierte Vorsitzer bei »Meinungsverschiedenheiten im Vorstand« mit seiner Stimme den Ausschlag gebe. Somit konnte er seine Auffassung auch gegen sämtliche anderen Vorstandsmitglieder durchsetzen. Gerade diese Perversion des Kollegialprinzips (zum Direktorialprinzip) gab dem Gesetzgeber 1965 den Anlaß, das Kollegialprinzip im Vorstand auch hinsichtlich der Mindestzahl der Mitglieder [§ 76 (2)] sicherzustellen [41].

An diesem, nur noch historisch relevanten Beispiel bestätigt sich die grundsätzliche Erfahrung, daß die kulturellen Umweltbedingungen des jeweiligen Landes bei der Bewertung organisationsrechtlicher Normen stets mit berücksichtigt werden müssen, wie das die Lehre vom Internationalen Management fordert [42]. Das Führungsmodell des ›starken Mannes‹ ist zwar ein uraltes soziales Wunschmodell; dies um so mehr, je unsicherer die Zukunftsaussichten erscheinen. Diesem tiefenpsychologisch verankerten Wunsch nach väterlicher Entlastung steht aber – in den verschiedenen Ländern unterschiedlich – die historische Erfahrung des diktatorischen Mißbrauchs (auf allen Ebenen der Gesellschaft) gegenüber. Deshalb kann der Befürwortung des Direktorialprinzips im Vorstand nicht gefolgt werden. Immerhin läßt die 5. EG-Richtlinie aber den Ein-Mann-Vorstand zu, der im deutschen AktG 1965 abgeschafft wurde.

Ein Vorzug des US-board wird häufig in der Mitwirkung seiner Mitglieder an der strategischen Unternehmungsplanung gesehen [43]. Eine solche ist jedoch auch in der üblichen Zusammenarbeit zwischen AR und Vorstand nach deutschem Muster durchaus realisierbar, ohne daß der prinzipielle Vorteil des dualistischen Systems, die klare Trennung der Haftungsverpflichtungen, aufgehoben werden müßte.

G. Einige wichtige Konsequenzen der EG-Richtlinien

Während sich also aus deutscher Sicht gegenüber der dualistischen Präferenz der Richtlinie kein Widerspruch ergibt, ergeben sich im einzelnen Diskussionspunkte. So läge eine relevante Änderung gegenüber dem geltenden Recht in der prinzipiell vorgesehenen Zuweisung der *Bilanzfeststellung* an die Hauptversammlung [Art. 18 (1)]. Dieser Vorschlag dürfte vor allem durch englische Präferenzen bedingt sein, zumal die englische public company auch in den Fällen benutzt wird, in denen in Deutschland die GmbH die geeignetere Rechtsform wäre. Auch entspricht dieser Vorschlag der erläuterten Grundauffassung von der Gesellschaft im *common law*. Der RL-Geber hat jedoch in Art. 48 (2) für »Gesellschaften mit dualistischer Struktur« auch die Feststellung durch die Verwaltung als zulässige Regelung vorgesehen. Darin liegt offensichtlich ein Entgegenkommen gegenüber dem deutschen Gesetzgeber.

Indessen gibt es auch in der Bundesrepublik, gerade unter Betriebswirten, entschiedene Befürworter der Bilanzfeststellung durch die HV im Hinblick auf eine vielfach geforderte

Stärkung des Kapitalmarktes, obgleich es keineswegs sicher ist, daß die Masse der Aktionäre (von Publikumsgesellschaften) an diesem Recht interessiert ist, während Großaktionäre oder Banken ihre Interessen sowieso über den Aufsichtsrat wahrzunehmen pflegen. Andererseits spricht im Falle pluralistischer Besetzung des AR (im Zwei-Bänke- oder Drei-Bänke-System) die Logik der Konstruktion dafür, daß dann auch diesem Gremium das Feststellungsrecht zugebilligt wird [44]. Dies, zumal in einem solchen Gremium darüber auch tatsächlich beraten werden kann, während die HV kaum in der Lage ist, einen Änderungsvorschlag ad hoc zu präsentieren. Gegebenenfalls sollte ein Kompromiß dergestalt gesucht werden, daß der Richtliniengeber für Publikumsgesellschaften und Gesellschaften mit Arbeitnehmervertretern im AR das Feststellungsrecht prinzipiell dem Aufsichtsorgan zuweist, in anderen Fällen aber ein Wahlrecht für die Unternehmung vorsieht.

In deutlicher Abmilderung gegenüber dem ersten Vorschlag (1972) stellt der Gesetzgeber in bezug auf die *Beteiligung von Arbeitnehmern* an der Verwaltung vier alternative Möglichkeiten zur Wahl durch den nationalen Gesetzgeber, nämlich

- Besetzung von einem Drittel bis der Hälfte der Sitze im Aufsichtsorgan mit Vertretern der diese bestellenden Arbeitnehmer der Gesellschaft,
- Kooptation dieser Mitglieder als Arbeitnehmervertreter durch das Aufsichtsorgan selbst mit Widerspruchsrecht der Kapitalgeber und der Arbeitnehmer,
- Einrichtung einer Arbeitnehmervertretung als gesondertes Gremium,
- Regelung der Arbeitnehmerbeteiligung (insbesondere im Aufsichtsrat) durch Tarifvertrag.

Bei Inanspruchnahme der Alternativen 1, 2 und 4 ergeben sich im Aufsichtsorgan pluralistische Strukturen, die der Besetzung nach deutschem Betriebsverfassungsgesetz oder Mitbestimmungsgesetz 76 entsprechen. Im Falle der gesonderten Arbeitnehmervertretung behält das Aufsichtsorgan seine ursprüngliche Struktur, jedoch hat die Arbeitnehmervertretung die gleichen Informationsrechte wie Arbeitnehmervertreter im Aufsichtsorgan. Diese Bestimmungen bedingen grundsätzliche Neuerungen für alle Aktiengesellschaften *außerhalb der Bundesrepublik,* soweit es um die Aufnahme von Arbeitnehmervertretern in das Aufsichtsorgan geht. In diesem Zusammenhang zeigt sich der Vorteil nicht nur des dualistischen Systems deutscher Prägung, sondern auch der einer dualistischen Transformation des monistischen Verwaltungsorgans. Denn der Richtliniengeber bestimmt eindeutig, daß die Arbeitnehmervertreter dem Aufsichtsorgan (auch im Fall des monistischen Verwaltungsrates) nur als nicht-geschäftsführende Mitglieder angehören dürfen [Art. 21 b (2)]. Die pluralistische Personalstruktur wird also nicht auf das Geschäftsführungsorgan übertragen.

In diesem Zusammenhang muß die eingangs erwähnte Frage nach der *inhaltlichen Funktion* des Aufsichtsrates bzw. der nicht-geschäftsführenden Mitglieder des Verwaltungsrates wieder aufgegriffen werden. Nach der klassischen Konstruktion des Gesetzgebers sollte der Aufsichtsrat die Geschäftsführung des Vorstandes auf ihre *inhaltliche* Qualität hin überwachen. Angesichts der gewachsenen Professionalität der Vorstandsmitglieder, der erhöhten Komplexität der Entscheidungsfelder und der Kompliziertheit moderner Informationssysteme muß jedoch bezweifelt werden, daß der Aufsichtsrat in der Gegenwart zu einem derartigen Nachvollziehen der Vorstandsentscheidungen im taktischen und operativen Bereich in der Lage ist. Es handelt sich dabei nicht ausschließlich um ein Problem der Informationsversorgung. Auch wenn das oft geforderte Prinzip »Was der Vorstand weiß, kann auch der Aufsichtsrat wissen« praktikabel wäre, kann doch in der Regel durch den Aufsichtsrat nicht eine gleichartige Informations*verarbeitung* zwecks Bewertung der Vorstandsentscheidungen vorgenommen werden. Insbesondere fehlt den Aufsichtsratsmitgliedern der notwendige Apparat, und es müßte eine Vervielfachung der Sitzungen stattfinden.

Realistischer ist es daher, vor dem Hintergrund der pluralistischen Personalstruktur moderner Aufsichtsräte in mitbestimmten AGn davon auszugehen, daß der Aufsichtsrat die Pläne und Entscheidungen des Vorstandes nur aus der Sicht der in ihm vertretenen Interessen- und Zielstrukturen beurteilen kann. Das gilt auch für diejenigen Geschäfte, die satzungsgemäß seiner Zustimmung bedürfen. Das demgegenüber angeführte Argument, der Aufsichtsrat sei durch seine Zustimmung voll in die Entscheidungsverantwortung einbezogen [45], ist schon deshalb irrig, weil der Vorstand auch bei gegebener Zustimmung nicht verpflichtet ist, die genehmigte Operation zu realisieren. Im Rahmen seiner Leitungszuständigkeit »unter eigener Verantwortung« kann er aus zusätzlichen Gründen darauf verzichten. Das Genehmigungsrecht hat also nur den Charakter eines ins Positive gekehrten Vetorechts und ist insofern im Sinne der vorstehenden Überlegung sachgerecht.

Auch unter diesem Aspekt ist bei Einführung der Mitbestimmung im Aufsichtsorgan die dualistische Ausgestaltung der Organstruktur für diejenigen Staaten, die eine solche bisher in der gleichen Präzision nicht besaßen, unbedingt zweckmäßig.

H. Organisatorisch-technische Corrigenda zum Regelungsvorschlag

Die weitgehend dualistische Aufgliederung des monistischen Verwaltungsrates, die nach den vorstehenden Überlegungen durchaus zweckmäßig erscheint, weist in einigen Punkten noch organisatorische Mängel auf, die aus Praktikabilitätsgründen beseitigt werden sollten.

So wird in Detailregelungen mehrerer Artikel deutlich gemacht, daß die geschäftsführenden Mitglieder für bestimmte Entscheidungen allein zuständig sind, insbesondere die Gesellschaft »verwalten« (Art. 21, 1 a), während andererseits die nichtgeschäftsführenden Mitglieder »dieses Organs« ebenfalls bestimmte Entscheidungen offenbar allein zu treffen haben, z. B. bei der Bestellung der geschäftsführenden Mitglieder. Von der funktionalen Aufgabenstellung her handelt es sich also deutlich um *zwei Teilorgane,* die eigentlich nur aus genetischen Gründen noch als ein Gesamtorgan auftreten. Diese funktionale Trennung wird aber nicht konsequent durchgehalten, denn im Art. 21 e, 4 wird – im Zusammenhang mit einem Randproblem – von dem (alleinigen) Vorsitzenden des Gesamtorgans gesprochen. Eine klare Regelung des Vorsitzes in den beiden Teilorganen ist aber unentbehrlich. Das ergibt sich allein aus Art. 6 (für das dualistische System) und aus Art. 21 a (für das monistische System), wo eindeutig geregelt ist, daß niemand zugleich geschäftsführendes und nicht-geschäftsführendes Mitglied sein kann. Dementsprechend würde der Vorsitzende des Gesamtorgans (des Verwaltungsrates), wenn er etwa in beiden Teilgremien den Vorsitz wahrnehmen soll, entweder im Leitungs- oder im Aufsichtsorgan kein eigenes Stimmrecht besitzen. Eine derartige Regelung erscheint lebensfremd. Eine Änderung bzw. Ergänzung ist notwendig.

Darüber hinaus muß klargestellt werden, daß die ausdrücklich zugewiesenen Entscheidungskompetenzen der Teilorgane eine entsprechend *getrennte Beschlußfassung* erfordern. Daß der Richtliniengeber dies nicht deutlich genug gesehen hat, beweist die Vorschrift, daß die Teilgruppe der nicht-geschäftsführenden Mitglieder die Zahl der geschäftsführenden um mindestens einen Sitz übertreffen müsse. Trotz gesonderter Zuweisung der Entscheidungsaufgaben geht die RL also von gemeinsamen Abstimmungen aus. Der Widerspruch muß aufgelöst werden. Unbeschadet dessen können ohne weiteres »gemeinsame Sitzungen« (Art. 21 a) stattfinden, wie das auch im deutschen Gesellschaftsrecht bei dualistischer Struktur vorgesehen ist, aber dann – im Gegensatz zum oben erwähnten US-board – mit gemeinsamer Beratung, aber getrennter Abstimmung.

In diesen Zusammenhang gehört auch die Regelung, daß die *Zahl* der nichtgeschäftsführenden Mitglieder des Verwaltungsorgans durch drei teilbar sein müsse. Das wäre nur im Falle der Besetzung von einem Drittel der Sitze mit AN-Vertretern sinnvoll. Da aber auch von der Möglichkeit einer 50%igen Besetzung mit Arbeitnehmervertretern Gebrauch gemacht werden kann (Art. 4b 1), müßte die Anzahl der Sitze bei Beibehaltung der bisherigen Regelung durch sechs teilbar sein. Das würde jedoch bedeuten, daß im Gegensatz zum deutschen Recht [MitbestG § 7 (1)] mit drei zulässigen Aufsichtsratsgrößen (12, 16, 20 Mitgliedern) nur ein Aufsichtsrat mit 12 Mitgliedern in Betracht käme. Eine solche Beschränkung ist sachlich nicht erforderlich und sollte daher entfallen.

Hinsichtlich der Struktur des Aufsichtsorgans sieht der Richtliniengeber im Zusammenhang mit der detaillierten Modellpalette für den Interessenausgleich zwischen Kapitalgeber- und Arbeitnehmervertretern auch die Möglichkeit einer *»Dritten Bank«* (Art. 4) vor. Eine inhaltliche Begründung oder Qualifizierung der Dritten Bank wird nicht gegeben. Es ist lediglich von einer »Bestellung auf eine andere als die vorgesehene Weise« die Rede (Art. 4a). Die Möglichkeit ist für die aktienrechtliche Regelung in der Bundesrepublik – auch nach betriebswirtschaftlicher Erkenntnis – kaum von Interesse, kann aber für spezifische Unternehmungstypen offen bleiben.

In diesem Zusammenhang fällt hinsichtlich der vorgesehenen Konfigurationen im Aufsichtsorgan auf, daß es keine *Mindestvorschrift* für die Kapitalgebervertreter, wohl aber eine solche für die Arbeitnehmervertreter [Art. 4b (1)] gibt. Daraus resultiert die Möglichkeit, daß bei 50% Arbeitnehmervertretern und einer dritten Bank (33,3%) für die Kapitalgebervertreter nur noch ein Sechstel der Sitze (16,7%) übrigbleiben. Eine solche Konsequenz kann nicht beabsichtigt sein, da der Richtliniengeber für den Fall des Zwei-Bänke-Modells ausdrücklich ein Stimmprimat der Kapitalgeber vorsieht [Art. 4b (2)]. Dieses wäre im genannten Fall nicht gewährleistet, da die dritte Bank von der Interessenlage her nicht automatisch den Kapitalgebern zugerechnet werden kann. Erforderlich ist daher, die Arbeitnehmervertretung grundsätzlich auf die Mindestgröße zu beschränken oder die gleiche Mindestgröße für die Kapitalgebervertretung einzuführen.

I. Fazit

Die im vorgegebenen Umfang dieses Beitrages nur als Skizze mögliche Studie hat gezeigt, daß die in der 5. EG-Richtlinie erkennbare Präferenz des Richtliniengebers für eine dualististische Organstruktur nicht nur im Sinne des Aufsichtsrat/Vorstand-Modells, sondern auch im Falle des monistischen Verwaltungsrates nicht als eine Ausweitung des deutschen Aktienrechtes auf den Gesamtbereich der EG zu verstehen ist. Sie knüpft vielmehr auch an deutliche Entwicklungstendenzen im französischen Rechtskreis und in weiteren Partnerländern an, die auf Bedenken gegenüber einer zunehmenden Machtkonzentration im Leitungsorgan bei abnehmender Kontrolleffizienz zurückzuführen sind. Am einschneidendsten ist der Vorschlag für den englischen Rechtskreis im Hinblick auf dessen unterschiedliche dogmatische und rechtssystematische Grundlagen. Aber auch dort sind – parallel zu der noch deutlicheren Entwicklung im amerikanischen Boardsystem – Tendenzen erkennbar, die funktionale Trennung von Geschäftsführung und Aufsicht teilweise innerhalb des board, teilweise auch – wie im älteren französischen Recht – unter Hinzuziehung von Dritten zu verstärken.

Während diese Bestrebungen ganz in Richtung der deutschen Regelung und Praxis liegen, ergeben sich Probleme, wenn damit zugleich eine Stärkung der Hauptversammlung zugunsten kapitalmarktorientierter Überlegungen verbunden werden soll. Die Beantwortung dieser grundsätzlichen Fragen darf nicht als eine ausschließlich rechtstheoretische Aufgabe verstanden werden, sondern erfordert Konsens über das Grundverständnis von der ›Unternehmung‹ im betriebswirtschaftlich-organisationstheoretischen Sinne.

Die in dieser Hinsicht bestehende Präferenz für eine personalistisch-pluralistische Konzeption wird in der Richtlinie vor allem an Vorschlägen zur Beteiligung der Arbeitnehmer an Leitung und Aufsicht deutlich. Die Vielfalt der dazu vorgeschlagenen Alternativen (einschließlich der Möglichkeit der Abwahl von Mitbestimmungsregelungen durch die Arbeitnehmer der Unternehmung) läßt die Tendenz des Richtliniengebers zu einer möglichst weiten ›additiven‹ Koordination erkennen. Sofern diejenigen Varianten in der nationalen Gesetzgebung zum Zuge kommen, die eine Einbeziehung von Arbeitnehmervertretern in das Aufsichtsorgan oder den Verwaltungsrat vorsehen, erweist sich wiederum die dualistische Ausgestaltung, gerade auch im Rahmen des monistischen Organs, als sachgerecht. Denn der pluralistische Interessenausgleich muß im Rahmen der Wahrnehmung der Aufsichtsfunktion erfolgen; er darf nicht in die laufende Geschäftsführung hineingetragen werden. Andernfalls würde sich in der Tat eine Einbuße an Reagibilität ergeben, wie sie schon jetzt im Vergleich zwischen dem deutschen und dem US-amerikanischen Leitungssystem teilweise befürchtet wird.

Insgesamt zeichnet sich ab, daß in allen EG-Ländern – ungeachtet der zum Teil ganz unterschiedlichen Rechtsgeschichte – ein eindeutiger Trend zu einer auch organmäßig institutionalisierten Trennung von Leitung und Aufsicht besteht. Die letztere ist aber hinsichtlich der wahrzunehmenden Funktionen nicht so scharf definiert wie im deutschen Aktienrecht. Vielmehr werden aus der praktischen Erfahrung des modernen Managements mit seinen strategischen, administrativen und operativen Aspekten unterschiedliche Konsequenzen in bezug auf die Einflußbeziehung zwischen beiden Organen und die Verteilung von Kompetenz und Verantwortung gezogen. Rechtspolitisch wird darin deutlich, daß die Begriffe ›Geschäftsführung‹ und ›Aufsicht‹ angesichts der Entwicklung moderner Leitungssysteme als alternative Abgrenzungskriterien problematisch erscheinen. Für den Praktiker, der als Vorstandsmitglied einer international tätigen Unternehmung auftritt, ergibt sich jedenfalls, daß er bei seinen Gesprächspartnern gleicher Position nicht ohne weiteres auch gleiche Funktion voraussetzen kann, sondern sich über die Kompetenzverteilung im jeweiligen ausländischen Leitungssystem genau informieren muß.

Anmerkungen

1 (Bundestagsdrucksache); der Vorschlag betrifft nicht die Europäische Aktiengesellschaft ›Societas Europae‹.
2 (ABl. C 131).
3 Art. 1, Abs. 1, Kommission, Geänderter Vorschlag einer fünften Richtlinie des Rates nach Art. 54, Abs. 3, Buchst. g) des Vertrages über die Struktur der Aktiengesellschaft sowie die Befugnisse und Verpflichtungen ihrer Organe; (ABl. C 131).
4 Vgl. *Lutter* (Gesellschaftsrecht) S. 5.
5 Gewisse Voraussetzungen dafür scheinen insoweit gegeben, als die von Prof. Dr. Dres. h. c. Erwin *Grochla* gegründete Wissenschaftliche Kommission für Organisation im Frühjahr 1985 eine betriebswirtschaftliche Stellungnahme zur 5. EG-Richtlinie einstimmig verabschiedet hat. – Herrn Kollegen Grochla ist dieser Beitrag in freundschaftlicher Verbundenheit gewidmet.
6 *Lutter* (Gesellschaftsrecht) S. 37.

6 a Der Richtliniengeber bezieht also die Unterscheidung zwischen beiden Systemen nur auf den Bereich von Leitung und Aufsicht. Die Gesellschafterversammlung wird nicht mitgerechnet. Da diese im englischen Recht keinen Organcharakter hat, wohl aber im deutschen und französischen, würde ihre Einbeziehung *drei* unterschiedliche Organstrukturen ergeben: ein Organ (board); zwei Organe (Assemblée Générale; Conseil d'Administration); drei Organe (HV, AR, Vorstand). Eine Charakterisierung dieser Strukturen als monistisch, dualistisch und trialistisch tritt in der Literatur auf, stimmt aber mit der Begriffsbildung des Richtliniengebers nicht überein.

7 Vgl. z. B. *Bleicher* u. a. (Unternehmungsverfassung) S. 26 ff.

8 Darauf weist schon *Werth* (Aktiengesellschaft) hin; vgl. auch *Dülfer* (Aktienunternehmung) S. 141 ff.; *Steinmann/Gerum* (Unternehmensverfassung).

8 a Vgl. *Bundesministerium der Justiz* (Unternehmensrechtskommission) S. 175 ff.

9 Vgl. *Dülfer* (Internationalisierung) sowie *Lück/Trommsdorff* (Internationalisierung).

10 Der Verfasser fühlt sich seinen Kollegen im Arbeitskreis Unternehmensrecht des Verbandes der Hochschullehrer für Betriebswirtschaft für vielfältige Anregungen und Hinweise in dreijähriger Zusammenarbeit verpflichtet, wenngleich er hier seine persönliche Meinung vertritt.

11 Zu Einzelheiten vgl. *Dülfer* (Aktienunternehmung) S. 31 ff.; *Reinhardt/Schultz* (Gesellschaftsrecht) S. 175 ff.

12 Vgl. *Dülfer* (Aktienunternehmung) S. 32.

13 Vgl. *Reinhardt/Schultz* (Gesellschaftsrecht) S. 8.

13 a Vgl. *Reinhardt/Schultz* (Gesellschaftsrecht) S. 13.

14 Die Rechtsform ist insoweit nicht das ›Rechtskleid‹ der Unternehmung, wie in älteren betriebswirtschaftlichen Lehrbüchern gelegentlich behauptet.

15 Vgl. *Berle/Means* (Corporation); *Gordon* (Leadership); *Steinmann* (Großunternehmen); *Irle* (Organisationen).

16 *Steiniger/Jacobsen* (Dänemark, 70.10) S. 5.

17 *Rathenau* (Aktienwesen).

18 Eine ausführliche Übersicht wird geboten durch: *Seiwert* (Mitbestimmung).

19 Vgl. *Steinmann/Gerum* (Unternehmensverfassung).

20 So schon *Dülfer* 1962 (Aktienunternehmung); ausführlich: *Steinmann/Gerum* (Unternehmensverfassung).

21 Vgl. *March/Simon* (Organizations).

22 Das zeigen u. a. die empirischen Untersuchungen von *Staehle* zur Praxis der Betrieblichen Mitbestimmung; (*Staehle* [Betriebsräte]).

23 Vgl. *Beuthien* (Arbeitsrecht) S. 47 f.

24 Vgl. *Dülfer* (Aktienunternehmung); *Steinmann* (Großunternehmung); *Mertens* (Aktiengesellschaft).

25 Vgl. *Gower* (Company Law); *Münkner* (Genossenschaft).

26 Vgl. *Pennington* (Vereinigtes Königreich).

27 Vgl. *Bastian* (Frankreich); *Prüm* (Aktiengesellschaft) S. 42 ff.

28 (Loi no 66–537).

28 a Vgl. *Storp* (Aktiengesellschaft).

29 Vgl. *Colombo* (Italien).

30 Vgl. *van der Grinten* (Niederlande, 60.10) S. 4.

31 Vgl. *van der Grinten* (Niederlande, 60.10) S. 51.

32 Vgl. *del Marmol/Dabin* (Belgien, 20.10) S. 26.

33 Vgl. *Steiniger/Jacobsen* (Dänemark, 70.10) S. 1 ff.

34 Vgl. *Tzermias* (Aktiengesellschaft) S. 52 ff.

35 Vgl. *Simitis* (Aktiengesetz) S. 24.

36 S. Anm. 6 a; vgl. *Theisen* (Unternehmensorgane) S. 49.

36 a Dazu vgl. *Thomée* (Boardsystem).

37 *Grossfeld/Ebke* (Unternehmensverfassung).

38 *Bleicher* u. a. (Unternehmungsverfassung); *Buchan* (Board).

39 Vgl. *Bleicher* u. a. (Unternehmungsverfassung) S. 25.

40 Vgl. *Bleicher* u. a. (Unternehmungsverfassung) S. 28 f.

41 Vgl. *Dülfer* (Aktienunternehmung) S. 150 ff.

42 Vgl. *Dülfer* (Umweltberücksichtigung).

43 Vgl. *Wommack* (Board's function).

44 *Kahle* (Aktiengesellschaft).

45 *Bundesministerium der Justiz* (Unternehmensrechtskommission) S. 176 ff.

Literaturverzeichnis

Amtsblatt der Europäischen Gemeinschaft C 131 vom 13. 12. 1972, S. 49–61 (ABl. C 131).

Arbeitskreis Dr. Krähe der Schmalenbach-Gesellschaft: Die Organisation der Geschäftsführung-Leitungsorganisation. 2. Aufl., Opladen 1971.

Bastian, D. (Frankreich): Frankreich. In: Jura Europae, Bd. II. München/Paris 1985.

Berle, A. A./ *Means,* G. C. (Corporation): The Modern Corporation and Private Property. New York 1933, überarb. Aufl. 1968.

Beuthien, V. (Arbeitsrecht): Löst sich das Arbeitsrecht im Gesellschaftsrecht auf? (Zum Wandel der Rechtsnatur des Arbeitsvertrages). In: Forschungsstelle zum Vergleich Wirtschaftlicher Lenkungssysteme, Arbeitsberichte zum Systemvergleich, Nr. 8, Marburg 1985.

Bleicher, K. u. a. (Unternehmungsverfassung): Unternehmungsverfassung und Spitzenorganisation, in: Zeitschrift für Führung und Organisation (zfo), 53. Jg., 1984, S. 21–29.

Buchan, P. B. (Board): Boards of Directors: Adversaries or Advisers. In: California Management Review, Vol. XXIV, No. 2, 1981, S. 31–39.

Bundesministerium der Justiz (Hrsg.) (Unternehmensrechts-Kommission): Bericht über die Verhandlungen der Unternehmensrechts-Kommission, Köln 1980.

Deutscher Bundestag (Bundestagsdrucksache 10/467): Drucksache 10/467 vom 13. 10. 1983.

Chmielewicz, K. u. a.: Die Mitbestimmung im Aufsichtsrat und Vorstand, in: Die Betriebswirtschaft (DBW) 37. Jg., 1977, S. 105–145.

Chmielewicz, K.: Der Neuentwurf einer 5. EG-Richtlinie (Struktur der AG) – Darstellung und Kritik, in: Die Betriebswirtschaft (DBW), 44. Jg., 1984, S. 393–409.

Colombo, G. (Italien): Italien. In: Jura Europae, Bd. II, München/Paris 1985.

del Marmol, C./ *Dabin,* L. (Belgien): Belgien. In: Jura Europae, Bd. I.

Dülfer, E. (Aktienunternehmung): Die Aktienunternehmung. Göttingen 1962.

Dülfer, E. (Umweltberücksichtigung): Zum Problem der Umweltberücksichtigung im ›Internationalen Management‹. In: *Pausenberger,* E. (Hrsg.): Internationales Management. Stuttgart 1981, S. 1–44.

Dülfer, E. (Internationalisierung): Die Auswirkungen der Internationalisierung auf Führung und Organisationsstruktur mittelständischer Unternehmen. In: Betriebswirtschaftliche Forschung und Praxis (BFuP) 37. Jg., 1985, S. 493–514.

Gordon, R. A. (Leadership): Business Leadership. 2. Aufl., Berkeley/Los Angeles 1966.

Gower, L. C. B. (Company Law): The Principles of Modern Company Law. 3. Aufl., London 1969.

Grossfeld, B./ *Ebke,* W. (Unternehmensverfassung): Probleme der Unternehmensverfassung in rechtshistorischer und rechtsvergleichender Sicht. In: Die Aktiengesellschaft, 22. Jg., 1977, S. 57–65 und 92–102.

Irle, M. (Organisationen): Macht und Entscheidungen in Organisationen, Frankfurt/M. 1971.

Kahle, E. (Aktiengesellschaft): Zur Diskussion über die Struktur der Aktiengesellschaft – 9. Workshop der Kommission Organisation des Verbandes der Hochschullehrer für Betriebswirtschaft, Tagungsbericht. In: Zeitschrift für Führung und Organisation (ZFO) 54. Jg., 1985, S. 275–276.

Levy, L.: Reforming Board Reform. In: Harvard Business Review (HBR) Jan.–Febr. 1981, S. 166–172.

Loi no 66–537 sur les Sociétés Commerciales (Loi no 66–537) v. 24. 7. 1966 (JO 26. 7., S. 6401).

Lück, W./ *Trommsdorff,* V. (Hrsg.) (Internationalisierung): Internationalisierung der Unternehmung. Berlin 1982.

Lutter, M. (Gesellschaftsrecht): Europäisches Gesellschaftsrecht. 2. Aufl., Sonderheft der Zeitschrift für Unternehmens- und Gesellschaftsrecht, Berlin/New York 1984.

Mace, M. L.: Louis W. Cabot on an Effective Board. In: Harvard Business Review (HBR) Sept./Okt. 1976, S. 40–46.

March, J. G./ *Simon,* H. A. (Organizations): Organizations. New York u. a. 1958.

Maycock, J.: The Management Structure of the French Société Anonyme. In: The Journal of Business Law, Jan. 1973, S. 76–87.

Mertens, H.-J. (Aktiengesellschaft): Aktiengesellschaft und Kommanditgesellschaft auf Aktien. In: Handwörterbuch der Betriebswirtschaft. Stuttgart 1974, Sp. 127–138.

Münkner, H.-H. (Genossenschaft): Die Organisation der eingetragenen Genossenschaft in den zum englischen Rechtskreis gehörenden Ländern Schwarzafrikas, dargestellt am Beispiel Ghanas. Marburg/L. 1971.

Pennington, R. R. (Vereinigtes Königreich): Vereinigtes Königreich, in: Jura Europae, Bd. III. München/Paris 1985.

Prüm, J. (Aktiengesellschaft): Die Aktiengesellschaft im französischen Recht. In: Die Aktiengesellschaft, 6. Jg., 1961.
Rathenau, W. (Aktienwesen): Vom Aktienwesen: eine geschäftliche Betrachtung. Berlin 1917.
Reinhardt, R./ *Schultz*, D. (Gesellschaftsrecht): Gesellschaftsrecht. 2. Aufl., Tübingen 1981.
Seiwert, L. (Mitbestimmung): Mitbestimmung und Zielsystem der Unternehmung. Göttingen 1972.
Simitis, K. (Aktiengesetz): Das griechische Aktiengesetz. In: Ausländische Aktiengesetze, Bd. 15. Frankfurt/M. 1973.
Staehle, W. (Betriebsräte): Wie, wann und warum informieren deutsche Manager ihre Betriebsräte? Ergebnisse einer empirischen Untersuchung. Vortrag auf der Jahrestagung des Verbandes der Hochschullehrer für Betriebswirtschaft v. 28. 5.–1. 6. 1985 in Hannover.
Steiniger, W./ *Jacobsen*, C. B. (Dänemark): Dänemark. In: Jura Europae, Bd. III. München/Paris 1985.
Steinmann, H. (Großunternehmen): Das Großunternehmen im Interessen-Konflikt. Stuttgart 1969.
Steinmann, H./ *Gerum*, E. (Unternehmensverfassung): Reform der Unternehmensverfassung: methodische und ökonomische Grundüberlegungen, 1. Aufl. Köln u. a. 1978.
Storp, R. (Aktiengesellschaft): Wahl zwischen dem klassischen Typ und dem vom deutschen Recht inspirierten neuen Typ der Aktiengesellschaft. In: Recht der internationalen Wirtschaft, 22. Jg., 1976, S. 17–74.
Theisen, M. R. (Unternehmensorgane): Gesetzestypische und tatsächliche Stellung der Unternehmensorgane in AG und GmbH. In: *Kiessler*, O./ *Kittner*, M./ *Nagel*, B. (Hrsg.): Unternehmensverfassung, Recht und Betriebswirtschaftslehre. Köln u. a. 1983, S. 49–66.
Thomée, F. (Boardsystem): Das Boardsystem – eine Alternative zum Aufsichtsrat? In: Zeitschrift für Organisation (zfo), 43. Jg., 1974, S. 185–191.
Tzermias, P. (Aktiengesellschaft): Die Aktiengesellschaft im griechischen Recht. In: Die Aktiengesellschaft 3. Jg., 1958.
van der Grinten, W. (Niederlande): Niederlande. In: Jura Europae, Bd. II. München/Paris 1985.
Werth, H.-J. (Aktiengesellschaft): Vorstand und Aufsichtsrat in der Aktiengesellschaft. Düsseldorf 1960.
Witte, E.: Die Verfassung des Unternehmens als Gegenstand betriebswirtschaftlicher Forschung. In: Die Betriebswirtschaft (DBW), 38. Jg., 1978, S. 331–340.
Wommack, W. W. (Board's function): The Board's most important function. In: Harvard Business Review (HBR), Sept./Okt. 1979. S. 48–62.

*Eduard Gaugler**

Unternehmungspolitik und Mitbestimmung der Arbeitnehmer

* Prof. Dr. *Eduard Gaugler,* Universität Mannheim, Lehrstuhl für Allg. BWL, Personalwesen und Arbeitswissenschaft.

Trotz einer unüberschaubar gewordenen Menge einschlägiger Publikationen und trotz zahlreicher, auch empirischer Untersuchungen ist die Mitbestimmung der Arbeitnehmer im Unternehmen noch immer voller Probleme und bis heute Gegenstand kontroverser Überlegungen geblieben. Die folgenden Überlegungen konzentrieren sich auf drei Fragenkreise:

- Erreicht die in der Bundesrepublik Deutschland gesetzlich geregelte Mitbestimmung der Arbeitnehmer im Unternehmen überhaupt die Unternehmungspolitik?
- Welchen Einfluß übt die Mitbestimmung der Arbeitnehmer auf unternehmenspolitische Entscheidungen aus?
- Welche aktuelle Bedeutung besitzt die Mitbestimmung der Arbeitnehmer für ausgewählte Bereiche unternehmenspolitischer Entscheidungen, insbesondere bei einer beschäftigungswirksamen Unternehmungspolitik und bei der Bewältigung von Unternehmenskrisen?

Hinter diesen drei Fragen verbergen sich äußerst komplexe Problembereiche. Eine umfassende Beantwortung ist im Rahmen dieses Beitrages nicht möglich. Immerhin versucht aber der Verfasser, aus seiner langjährigen Beschäftigung mit den Mitbestimmungsproblemen und angereichert durch eigene Erfahrungen in der Mitbestimmungspraxis einige Erwägungen zu diesen Fragenkomplexen anzustellen.

A. Erreicht die gesetzliche Mitbestimmung der Arbeitnehmer die Unternehmenspolitik?

Diese Fragestellung besitzt eine historische Perspektive und ist zugleich für den internationalen Vergleich der Mitbestimmung der Arbeitnehmer von Interesse. Ihre Beantwortung stellt die Vorfrage nach den Inhalten der Unternehmungspolitik. [1]

I. Inhalte der Unternehmungspolitik

Nach Ulrich erstrecken sich unternehmungspolitische Entscheidungen auf die folgenden Sachverhalte: [2]

- Unternehmungsleitbild
- Unternehmungskonzept mit den Unternehmenszielen und den Unternehmensstrategien im leistungswirtschaftlichen, finanzwirtschaftlichen und sozialen (gesellschafts- und mitarbeiterbezogenen) Bereich
- Führungskonzept

Diese unternehmenspolitischen Entscheidungen decken sich ungefähr mit den Führungsentscheidungen im engeren Sinne, die Gutenberg bereits vor Jahrzehnten als nicht delegierbare Entscheidungen bezeichnet hat. [3] Ulrich betrachtet die unternehmungspolitischen Entscheidungen als »originäre Entscheide«, die »auf der oberen Stufe der unternehmerischen Willensbildung« stehen und »Rahmenentscheidungen für die Entscheide auf den nachfolgenden Stufen der Planung und der Disposition« bilden und die grundsätzlich »langfristig gültig« sind. Träger dieser Entscheidungen sind die obersten Organe eines Unternehmens; die »Kerngruppe« im Sinne der modernen Betriebswirtschaftslehre kann man geradezu durch die Wahrnahme solcher unternehmungspolitischen Entscheidungen definieren. [4] Letztlich bilden die unternehmungspolitischen Entscheidungen den Kernbereich der klassischen Aufgaben des Unternehmers bzw. der obersten Unternehmensleitung.

II. Vorstufen der Mitbestimmung der Arbeitnehmer

Die historische Entwicklung der Mitbestimmung der Arbeitnehmer zeigt, daß die genannten unternehmungspolitischen Aufgaben nicht die frühesten Ansatzpunkte für die Mitbestimmung der Arbeitnehmer bildeten. [5] Die freiwillige Einführung der Mitbestimmung durch einige Unternehmer in den letzten Jahrzehnten des 19. Jahrhunderts und zu Beginn des 20. Jahrhunderts erreichte nicht die Ebene unternehmungspolitischer Entscheidungen. Ganz deutlich erkennt man dies, wenn man beispielsweise das von Heinrich Freese praktizierte und beschriebene Mitbestimmungskonzept »Konstitutionelle Fabrik« im Hinblick auf seine unternehmungspolitische Relevanz untersucht. [6] Auch die ersten gesetzlichen Regelungen für die Mitbestimmung der Arbeitnehmer in Deutschland erreichten nicht das Zentrum der unternehmungspolitischen Willensbildung. Diese Feststellung gilt für die fakultativen Arbeiterausschüsse nach der Gewerbeordnung 1891, für die im Kriegshilfsdienstgesetz von 1916 geregelten Betriebsräte und für die Arbeitnehmervertretung nach dem Betriebsrätegesetz von 1920. Das zuletzt genannte Gesetz brachte jedoch eine erste Berührung mit der Unternehmungspolitik; erstmals sah es bei Kapitalgesellschaften die Entsendung von zwei Arbeitnehmervertretern in den Aufsichtsrat vor.

Die primären Ansatzpunkte für die freiwilligen und für die ersten gesetzlichen Regelungen zur Mitbestimmung der Arbeitnehmer bildeten die sozialen und personellen Angelegenheiten der Arbeitnehmer. Ohne die Bedeutung dieser Mitbestimmungsinhalte schmälern zu wollen, kann man diesen historischen Anfängen der Arbeitnehmermitbestimmung im Unternehmen keinen Einfluß auf die zentralen unternehmungspolitischen Entscheidungen zuerkennen.

Der internationale Vergleich zeigt, daß bis heute die gesetzlich geregelte Mitbestimmung der Arbeitnehmer in den meisten Industriestaaten auf Angelegenheiten begrenzt ist, die nicht zu den unternehmungspolitischen Entscheidungen zu zählen sind, soweit in diesen Ländern überhaupt gesetzliche oder sonstige rechtliche Regelungen für die Mitbestimmung der Arbeitnehmer im Unternehmen bestehen. [7] Wie beispielsweise die USA, Großbritannien und Japan besitzt die Schweiz bis zum heutigen Tag keine gesetzliche Regelung für eine repräsentative Mitbestimmung der Arbeitnehmer im Unternehmen und im Betrieb. [8] Das noch immer gültige Arbeitsgesetz von 1906 gibt zwar dem einzelnen Arbeitnehmer einige individuelle Mitwirkungsrechte bei der Regelung der Arbeitszeit. Die Belegschaftskommissionen in der Schweiz basieren jedoch auf Gesamtarbeitsverträgen, die ihnen gewisse Kompetenzen in sozialen Angelegenheiten und abgeschwächt auch in personellen Angelegenheiten geben. Diese Belegschaftskommissionen verfügen über keine institutionellen Kompetenzen bei unternehmungspolitischen Entscheidungen. Hervorzuheben ist insbesondere, daß eine repräsentative Mitbestimmung der Arbeitnehmer im Verwaltungsrat bei Schweizer Kapitalgesellschaften weder durch Gesetze noch durch Gesamtarbeitsverträge existiert.

III. Einführung der Mitbestimmung auf Unternehmensebene

In der Bundesrepublik Deutschland bekam die Mitbestimmung der Arbeitnehmer nach dem 2. Weltkrieg eine neue Dimension. Die gesetzlich geregelte, repräsentative Mitbestimmung der Arbeitnehmer wurde von der Betriebsebene auf die Unternehmensebene ausgeweitet. Damit kamen Arbeitnehmervertreter in die Organe der Unternehmensleitung.

Diese Erweiterung der Arbeitnehmermitbestimmung auf die Unternehmensebene hatte Naphtali bereits im Jahre 1928 mit seinem Buch »Wirtschaftsdemokratie, ihr Wesen, Weg und Ziel«, das er im Auftrag des Allgemeinen Deutschen Gewerkschaftsbundes geschrieben hat, [9] vorbereitet. Diese Mitbestimmungskonzeption stellte eine Alternative zur Sozialisierungs- und Verstaatlichungsforderung dar. Es trug wesentlich dazu bei, daß sich die Gewerkschaften nach dem 2. Weltkrieg von der Forderung, das Privateigentum an den Produktionsmitteln in der Wirtschaft zu beseitigen, abwandten. Naphtali hatte statt dieser traditionellen Gewerkschaftsmaxime die Mitbestimmungsforderung auf die Unternehmensleitung und auf unternehmenspolitische Entscheidungen ausgerichtet.

Die Forderung der Gewerkschaften, die Mitbestimmung der Arbeitnehmer auf die Unternehmensebene auszudehnen, zielte insbesondere auf die Gleichberechtigung von Kapital und Arbeit in der Wirtschaft und im einzelnen Unternehmen, auf die Beschränkung der unternehmungspolitischen Kompetenz der Kapitaleigner und auf eine allgemeine Kontrolle wirtschaftlicher Macht. In der Argumentation der Gewerkschaften nach dem 2. Weltkrieg spielte die Erwartung eine erhebliche Rolle, daß die Mitbestimmung der Arbeitnehmer einen Mißbrauch wirtschaftlicher Macht wie in der Zeit des Nationalsozialismus ausschließen sollte.

Die Gewerkschaften forderten vom Gesetzgeber die Normierung der repräsentativen Mitbestimmung der Arbeitnehmer auf Unternehmensebene. In drei Schritten verwirklichte der Gesetzgeber inzwischen unter Beschränkung auf die Kapitalgesellschaften in unterschiedlicher Weise die Mitbestimmung der Arbeitnehmer auf Unternehmensebene: Montanmitbestimmungsgesetz 1951, Betriebsverfassungsgesetz 1952 und 1972, Mitbestimmungsgesetz 1976.

IV. Zuordnung zu den Unternehmensorganen

Die in der Bundesrepublik Deutschland gesetzlich geregelte Mitbestimmung der Arbeitnehmer auf Unternehmensebene besitzt einige typische Kennzeichen. Zunächst ist sie als eine repräsentative Mitbestimmung zu charakterisieren. [10] Dieses Merkmal scheint selbstverständlich zu sein. In größeren und großen Kapitalgesellschaften kann der einzelne Arbeitnehmer nicht direkt unternehmenspolitisch mitbestimmen. Hier besteht die systematische Notwendigkeit, die gewollte Mitbestimmung durch Vertreter der Mitarbeiter ausüben zu lassen. Bedeutsam ist, daß neben unternehmensinternen auch externe Repräsentanten die Mitbestimmungsrechte der Arbeitnehmer wahrnehmen. Nur kleine Kapitalgesellschaften mit 500–2000 Arbeitnehmern, soweit sie dem Betriebsverfassungsgesetz 1952/72 unterliegen, können durch eine entsprechende Größe des Aufsichtsrats die Arbeitnehmervertretung in diesem Organ auf unternehmensangehörige Mitarbeiter beschränken.

Die Zuordnung der Mitbestimmungsrepräsentanten zu den Unternehmensorganen erfolgt in unterschiedlicher Weise. Die Hauptversammlung bzw. die Gesellschafterversammlung sind Organe der Kapitaleigner geblieben; eine Vertretung der Arbeitnehmer sehen die Mitbestimmungsgesetze in diesen Organen nicht vor. Nach den genannten Vorschriften des Gesetzgebers vollzieht sich die Mitbestimmung der Arbeitnehmer bei Kapitalgesellschaften im Aufsichtsrat und im Vorstand bzw. in der Geschäftsführung. [11] Im Unterschied zur Betriebsebene, wo der Betriebsrat die repräsentative Mitbestimmung der Arbeitnehmer wahrnimmt, hat der Gesetzgeber an der Spitze des Unternehmens kein eigenes Mitbestimmungsorgan der Arbeitnehmer geschaffen.

Die Arbeitnehmervertreter in den mitbestimmten Organen an der Unternehmensspitze besitzen keine speziellen Aufgaben. Der Gesetzgeber hat den Arbeitnehmervertretern keinen besonderen Auftrag erteilt. Er hat ihnen in den mitbestimmten Organen keine besonderen Kompetenzen eingeräumt. Die Arbeitnehmervertreter sind gleichberechtigte und gleichverpflichtete Mitglieder der Organe; daraus folgt, daß sie für sämtliche Aufgaben des Organs wie seine übrigen Mitglieder zuständig sind. Im Unterschied zum Betriebsverfassungsgesetz, mit dem der Gesetzgeber die betrieblichen Partner der absoluten Friedenspflicht unterwirft und zur vertrauensvollen Zusammenarbeit auffordert, enthalten die Gesetze für die Mitbestimmung auf Unternehmensebene keine besonderen Verhaltensnormen. Zwei wichtige Besonderheiten mit erheblicher Bedeutung für unternehmungspolitische Entscheidungen weist die gesetzliche Regelung der Mitbestimmung der Arbeitnehmer auf Unternehmensebene jedoch auf. Im Geltungsbereich des Montanmitbestimmungsgesetzes kann die Wahl des Arbeitsdirektors nicht gegen die Mehrheit der Arbeitnehmervertreter im Aufsichtsrat erfolgen. Das Mitbestimmungsgesetz 1976 gibt dem Vorsitzenden des Aufsichtsrats zur Überwindung von Pattsituationen im paritätisch zusammengesetzten Aufsichtsrat eine Zweitstimme.

Da der Gesetzgeber den Mitbestimmungsrepräsentanten keine besonderen Aufgaben zugewiesen hat, liegen alle Aufgaben der mitbestimmten Organe und ihre Kompetenzen quasi automatisch im Mitbestimmungsbereich der Arbeitnehmervertreter. Grundsätzlich besteht auch keine Ausschlußmöglichkeit der Arbeitnehmervertretung durch die Bildung von besonderen Ausschüssen des Aufsichtsrates oder durch eine besondere Aufgabenverteilung im Vorstand. [12]

Aus dieser Charakteristik der gesetzlichen Mitbestimmung der Arbeitnehmer läßt sich ihre unternehmungspolitische Bedeutung erkennen. Insoweit Entscheidungen im Aufsichtsrat und im Vorstand bei mitbestimmten Kapitalgesellschaften unternehmungspolitischen Rang besitzen, erreicht die repräsentative Mitbestimmung der Arbeitnehmer tatsächlich auch die Unternehmungspolitik.

V. Betriebsrat und Unternehmungspolitik

Zusätzlich ergeben sich auch aus der im Betriebsverfassungsgesetz 1972 geregelten Mitbestimmung der Arbeitnehmer Einflüsse auf unternehmungspolitische Entscheidungen. Diese Ausstrahlung der Mitbestimmung des Betriebsrats auf die Unternehmungspolitik läßt sich an verschiedenen Erscheinungen beobachten.

Von großer unternehmungspolitischer Bedeutung sind die kompetenzstarken Mitbestimmungsrechte des Betriebsrats bei »Betriebsänderungen«, zu denen das Betriebsverfassungsgesetz (§ 111) folgende Sachverhalte zählt:

- Einschränkung und Stillegung des ganzen Betriebs oder von wesentlichen Betriebsteilen
- Verlegung des ganzen Betriebs oder von wesentlichen Betriebsteilen
- Zusammenschluß mit anderen Betrieben
- Grundlegende Änderungen der Betriebsorganisation, des Betriebszwecks oder der Betriebsanlagen
- Einführung grundlegend neuer Arbeitsmethoden und Fertigungsverfahren.

Die Zugehörigkeit dieser Gegenstände der Mitbestimmung zum Bereich unternehmungspolitischer Entscheidungen ist weithin gegeben. Die Einwirkungsmöglichkeiten des Betriebsrats auf die genannten Betriebsänderungen stärken die gesetzlichen Vorschriften über den Sozialplan (Betriebsverfassungsgesetz § 112), der je nach Inhalt und Ausmaß selbst wieder unternehmungspolitisch bedeutsam sein kann. [13]

Unternehmungspolitische Bedeutung können auch die Rechte des Betriebsrats bei den »allgemeinen personellen Angelegenheiten« (Betriebsverfassungsgesetz § 92ff.) erlangen. [14] Bei der Personalplanung, bei der internen Stellenausschreibung, bei der Aufstellung von Beurteilungsgrundsätzen und Auswahlrichtlinien weisen die Einwirkungsmöglichkeiten des Betriebsrats zwar unterschiedliche Kompetenzstärken auf. Die Beteiligung des Betriebsrats in diesen allgemeinen personellen Angelegenheiten ist jedoch generell relevant für die betriebliche Personalpolitik, die ihrerseits ein Teilgebiet der Unternehmungspolitik darstellt. [15]

Von besonderer Relevanz für den Einfluß der Mitbestimmung auf unternehmungspolitische Entscheidungen ist ein bislang nur wenig beachteter Sachverhalt in der Mitbestimmungspraxis. Es handelt sich um die weit verbreitete Mitgliedschaft von Betriebsratsmitgliedern als Arbeitnehmervertreter in Aufsichtsräten. Diese Personalunion verleiht sowohl der Mitbestimmung der Arbeitnehmer im Aufsichtsrat als auch dem Wirken des Betriebsrats auf Betriebsebene einen besonderen Nachdruck. [16] In dieser Doppelmitgliedschaft beim Aufsichtsrat und beim Betriebsrat kann man eine Tendenz zur asymmetrischen Machtverteilung im Unternehmen sehen. Während die Vorsitzenden der Betriebsräte und andere Mitglieder dieses Gremiums vielfach auch als Arbeitnehmervertreter dem Aufsichtsrat angehören, verwehrt das Trennungsprinzip des deutschen Aktienrechts dem Arbeitgeber (Vorstand, Geschäftsführung) im Regelfall die Zugehörigkeit zum Aufsichtsrat.

Aus der Personalunion von Arbeitnehmervertretern im Betriebsrat und im Aufsichtsrat ergeben sich unternehmungspolitisch relevante Auswirkungen. Im Vergleich zu externen Mitgliedern des Aufsichtsrats (Gewerkschaftsvertreter, meist mit Zugang zum Betrieb; externe Vertreter der Kapitaleigner, häufig ohne Zugang zum Betrieb) verfügen die Arbeitnehmervertreter im Aufsichtsrat, die gleichzeitig dem Betriebsrat und nicht selten auch dem Wirtschaftsausschuß nach Betriebsverfassungsgesetz angehören, über einen oft beträchtlichen Informationsvorsprung. Zu diesem Informationsvorsprung nach oben kommt ein Informationsvorteil nach unten hinzu. Im Vergleich zur Unternehmensleitung, die ihre Informationen aus Aufsichtsratssitzungen regelmäßig über die betrieblichen Führungskräfte an die Belegschaft weiterleitet, können die Arbeitnehmervertreter, die dem Aufsichtsrat und dem Betriebsrat angehören, die Mitarbeiter vielfach direkt und ohne Verzögerungen über die Beratungen im Aufsichtsrat unterrichten. In mitbestimmten Unternehmen ist zu beobachten, daß die Arbeitnehmervertreter diesen Informationsvorsprung, der sich aus ihrer Personalunion in den beiden Mitbestimmungsgremien ergibt, auch tatsächlich nutzen. Schließlich kann sich die angesprochene Personalunion in einer Einflußnahme auf die Bestellung des Vorstandes durch den Aufsichtsrat auswirken. Über die gleichzeitige Zugehörigkeit zum Betriebsrat und zum Aufsichtsrat eröffnet sich den Betriebsräten die Möglichkeit, direkt auf die Besetzung der Arbeitgeberpositionen einzuwirken. [17]

Im Hinblick auf die Personalunion der Arbeitnehmervertretung im Betriebsrat und im Aufsichtsrat und ihre Konsequenzen für die Unternehmungspolitik stellt sich die Frage an den Gesetzgeber (de lege ferenda), ob er künftig das Trennungsprinzip der Kapitalgesellschaften, das die gleichzeitige Zugehörigkeit zum Vorstand (Geschäftsführung) und zum Aufsichtsrat verbietet, auch auf die Mitgliedschaft im Betriebsrat und ein Aufsichtsratsmandat ausweitet, oder ob er die Möglichkeiten zu einer asymmetrischen Personalunion bei der Arbeitnehmervertretung beibehalten will. Für eine Entscheidung dieser Frage durch den Gesetzgeber, die sich etwa bei einer Novellierung der Mitbestimmungsgesetze stellen könnte, wäre es sicher hilfreich, wenn genügend empirisches Datenmaterial über die beschriebene Personalunion vorläge und diese Daten hinsichtlich der Auswirkungen der Personalunion ausgewertet wären.

VI. Zwischenergebnis

Die bisherigen Überlegungen zeigen, daß die Mitbestimmung der Arbeitnehmer die unternehmungspolitischen Entscheidungen in den dafür zuständigen Unternehmensorganen erreicht. Die in diese Organe entsandten Repräsentanten der Arbeitnehmer werden zu Mitträgern unternehmungspolitischer Entscheidungen.

Ferner ergibt sich, daß zusätzlich zur Mitbestimmung auf Unternehmensebene auch vom Wirken des Betriebsrats Einflüsse auf die Unternehmungspolitik ausgehen. Dies geschieht einmal direkt durch die Kompetenzen des Betriebsrats in allgemeinen personellen Angelegenheiten und durch seine Mitbestimmung bei Betriebsänderungen.

Indirekt wirkt der Betriebsrat über die häufig anzutreffende Personalunion zwischen den internen Arbeitnehmervertretern im Aufsichtsrat und Angehörigen des Betriebsrats auf unternehmungspolitische Entscheidungen ein.

Daraus folgt, daß die immer wieder behauptete Fiktion von der Trennung der Arbeitnehmermitbestimmung auf Betriebs- und auf Unternehmensebene regelmäßig nicht der tatsächlichen Ausübung der Mitbestimmung in der Wirtschaftspraxis entspricht. Folgerungen, die aus dieser fiktiven Zwei-Ebenenbetrachtung gezogen werden, sind zumindest teilweise wirklichkeitsfremd.

B. Welcher Einfluß geht von der Mitbestimmung der Arbeitnehmer auf unternehmenspolitische Entscheidungen aus?

An die Feststellung, daß die gesetzlich geregelte Mitbestimmung der Arbeitnehmer tatsächlich die Unternehmensorgane und die ihnen übertragenen unternehmungspolitischen Aufgaben direkt und indirekt erreicht, schließt sich die weitergehende Frage nach der Art des Einflusses der Arbeitnehmermitbestimmung auf die Unternehmungspolitik an. Insbesondere ist zu fragen, ob und inwieweit sich die Inhalte unternehmungspolitischer Entscheidungen durch die gesetzliche Mitbestimmung der Arbeitnehmer verändern. [18]

Eine systematische Beantwortung dieser Frage müßte im einzelnen Schritt für Schritt tatsächliche bzw. mögliche Veränderungen beim Unternehmensleitbild, bei den Unternehmenszielen, bei den Unternehmensstrategien und beim Einsatz des unternehmungspolitischen Instrumentariums (Planung, Organisation, Mitarbeiterführung, Kontrolle) untersuchen. Anstelle einer umfassenden Detailanlyse können an dieser Stelle nur einige ausgewählte Aspekte dargelegt werden.

I. Mitbestimmung und Unternehmensleitbild

Zwei Komponenten eines Unternehmensleitbildes sind für den Einfluß der Arbeitnehmermitbestimmung besonders relevant.

An erster Stelle ist die Unternehmensverfassung selbst zu nennen. Die gesetzlich vorgeschriebene Mitbestimmung der Arbeitnehmer wirkt sich zumindest zweifach auf die Unternehmensverfassung aus. Einmal engen die Mitbestimmungsgesetze den Dispositionsspielraum des einzelnen Unternehmens für die Gestaltung einer unternehmensindividuellen Verfassung und Struktur ein. In seiner Verfassung kann das einzelne Unternehmen weder die gesetzlich vorgegebene Arbeitnehmermitbestimmung ignorieren noch sie durch andere oder ähnlich geartete Strukturelemente ersetzen. Insoweit führen die Mitbestimmungsgesetze zu einer Uniformierung der Unternehmensverfassung. [19] Die generelle Einheitslösung im Geltungsbereich des jeweiligen Mitbestimmungsgesetzes kann in Widerspruch zu den unternehmensspezifischen Eigenheiten und zu den unternehmensindivduellen Erfordernissen für die Unternehmensverfassung führen. Generelle Einzelnormierungen der Mitbestimmung widersprechen dem heutigen Verständnis der Betriebswirtschaftslehre, das sich auch im Hinblick auf Strukturregelungen an der Konzeption vom situativen Ansatz [20] orientiert.

Ferner verändert die Mitbestimmung der Arbeitnehmer die Unternehmensverfassung von einer monistischen zu einer dualistischen Struktur. [21] Der Umfang und die Intensität dieser Veränderung hängen von der tatsächlichen Wirkstärke der Arbeitnehmermitbestimmung ab. Aber auch bei einer relativ geringen Einwirkung drängt die Mitbestimmung die monistische Unternehmensverfassung zugunsten einer partiell-dualistischen, zumindest einer monistisch-modifizierten Struktur zurück. Eine Unternehmensverfassung, wie sie im 19. Jahrhundert und in der ersten Hälfte des 20. Jahrhunderts in Deutschland üblich war und heute noch in vielen anderen Industriestaaten verbreitet ist, kann man allenfalls noch außerhalb des Geltungsbereichs der Mitbestimmungsgesetze praktizieren.

Die zweite Komponente des Unternehmensleitbildes, die im Einflußbereich der Arbeitnehmermitbestimmung liegt, ist das Menschenbild. [22] Auch hierbei sind zwei verschiedene Aspekte zu beachten. Ob die Mitbestimmung tatsächlich das Mitarbeiterbild des einzelnen Unternehmens in bezug auf den einzelnen Mitarbeiter beeinflußt, erscheint fraglich. Hierher gehören die in der Literatur geäußerten Zweifel, ob und inwieweit die gesetzlich repräsentative Mitbestimmung der Arbeitnehmer das Verhalten des Unternehmens gegenüber dem einzelnen Mitarbeiter wirklich verändert. Im übrigen liegt hier auch der Ansatz begründet, statt der Mitbestimmung der Arbeitnehmer auf Unternehmensebene die Mitbestimmung am Arbeitsplatz und in der Arbeitsgruppe zu entwickeln. In der Vorbereitungsphase des Mitbestimmungsgesetzes 1976 war dies das Alternativkonzept, das die unternehmerische Wirtschaft gegen die Pläne und Beratungen des Gesetzgebers propagierte.

Unstrittig ist aber, daß die gesetzliche Mitbestimmung der Arbeitnehmer die Unternehmen dazu zwingt, den Faktor Arbeit, also die Belegschaft als Ganzes in ihrem Unternehmensleitbild entsprechend der unternehmungspolitischen Bedeutung der Mitbestimmung zu sehen. Unter dem Einfluß der Arbeitnehmermitbestimmung sind in stark dichotomisierter Betrachtungsweise zwei »Menschenbilder« für die Gesamtbelegschaft denkbar. Einmal kann man die durch Mitbestimmung repräsentierte Belegschaft als Interessenskonkurrenten der Unternehmensleitung und der Kapitaleigner verstehen. Zum anderen kann man die Mitarbeiterschaft aber auch als Leistungs- und als Unternehmenspartner interpretieren. Zwischen diesen beiden extremen Polen gibt es verschiedene Abstufungen; denkbar sind auch Mischungen aus den beiden genannten Elementarpositionen.

In entwicklungsgeschichtlicher Sicht stellt sich die Frage, ob die Erfahrungen, die ein

Unternehmen mit der Mitbestimmung der Arbeitnehmer macht, bei der Unternehmensleitung und bei den Kapitaleignern das Partnerverständnis oder das Konkurrentenbild von der Gesamtbelegschaft fördern.

II. Mitbestimmung und Unternehmensziele

Bei einer streng rationalen und nicht primär machtpolitischen Betrachtung basiert die gesetzliche Regelung der Arbeitnehmermitbestimmung auf zwei Voraussetzungen. Einmal geht sie davon aus, daß die Arbeitnehmer andere Interessen und Erwartungen an das Unternehmen als andere am Unternehmen Beteiligte besitzen. Neben der Tatsache unterschiedlicher Interessen gegenüber dem Unternehmen muß man unterstellen, daß aus bestimmten Gründen ein Bedarf besteht, die Durchsetzbarkeit der Arbeitnehmerinteressen bei der Festlegung der Unternehmensziele und bei ihrer Realisierung durch die Mitbestimmungsvorschriften zu stärken.

Respektiert man die Systembedingungen und die Leistungsziele einer Unternehmung, dann ist eine Mitbestimmung der Arbeitnehmer nur unter der Voraussetzung möglich, daß bei den Beteiligten am Unternehmen Interessengemeinsamkeiten bestehen und daß alle Beteiligten bereit sind, sich an den gemeinsamen Unternehmensinteressen zu orientieren. Als allgemeines Fazit folgt aus diesen Überlegungen: Mitbestimmung ist nur sinnvoll bei Interessenunterschieden; Mitbestimmung ist nur möglich bei Interessengemeinsamkeiten, sofern die Existenz des Unternehmens erhalten bleiben soll.

Evident ist, daß sich die Arbeitnehmerinteressen gegenüber dem Unternehmen partiell von den Interessen der Unternehmensleitung, der Kapitaleigner, der Führungskräfte, der Fremdkapitalgeber und anderer Gruppen unterscheiden. [23] Ebenso lehrt die Erfahrung aber auch, daß die Interessen der genannten Personengruppen gegenüber dem Unternehmen partiell identisch sind. Die gesetzlich geregelte Mitbestimmung schafft zunächst keine speziellen Arbeitnehmerinteressen gegenüber dem Unternehmen. Sie artikuliert aber insbesondere die spezifischen Arbeitnehmerinteressen gegenüber dem Unternehmen und verstärkt ihre Bedeutung für die Unternehmensführung. [24] Durch ihre strukturelle Verankerung bringt sie die Arbeitnehmerinteressen in den unternehmungspolitischen Entscheidungsprozeß bei den mitbestimmten Unternehmensorganen ein. Damit schafft die Mitbestimmung eine bestimmte Ordnung für den Umgang mit Arbeitnehmerinteressen bei unternehmenspolitischen Entscheidungen; sie bewirkt bis zu einem gewissen Grad ihre »Kanalisierung«. Gleichzeitig verkörpert die Mitbestimmung die Chance, daß die unternehmungspolitischen Entscheidungen bei den Arbeitnehmern größere Akzeptanz finden (Partizipationsthese). [25] Die Kosten, die mit diesem Vorteil verbunden sind, bestehen u. a. in einer Komplizierung des Entscheidungsprozesses mit einem größeren Zeitbedarf und in der Vereinbarung von Kompromissen zwischen den Interessen der Arbeitnehmer, der Kapitaleigner und des Management. [26]

Grundsätzlich kann man dysfunktionale Wirkungen der Arbeitnehmermitbestimmung bei den mitbestimmten Unternehmensorganen nicht ausschließen. Nachteilige Folgen können in der Verhärtung der Arbeitnehmerinteressen bestehen, die zu einseitigen Entscheidungen unter Vernachlässigung wichtiger Interessen anderer Beteiligter beitragen. Ferner ist nicht auszuschließen, daß unter dem Einfluß der Mitbestimmung in den mitbestimmten Unternehmensorganen Angelegenheiten ohne unternehmungspolitische Bedeutung und von geringerem Rang behandelt werden. Dies geschieht in der Praxis beispielsweise dann, wenn die Erörterung von Angelegenheiten von der betrieblichen Mitbestimmungsebene (Arbeitgeber-Betriebsrat) in den Aufsichtsrat verlagert wird.

Zu den dysfunktionalen Wirkungen der Mitbestimmung der Arbeitnehmer können auch Rivalitäten unter Arbeitnehmervertretern im Aufsichtsrat beitragen. Beobachtungen in der Mitbestimmungspraxis zeigen, daß eine einheitliche und geschlossene Arbeitnehmervertretung im Aufsichtsrat keineswegs regelmäßig gegeben ist. Auch im Aufsichtsrat können die Arbeitnehmerinteressen eine partielle Heterogenität aufweisen. [27] So liefert die Erfahrung in mitbestimmten Aufsichtsräten immer wieder Beispiele für unterschiedliche Artikulierungen der Interessen verschiedener Arbeitnehmergruppen (Arbeiter, Angestellte, leitende Angestellte). Ansätze für rivalisierendes Verhalten der Arbeitnehmervertreter im Aufsichtsrat sind auch beobachtbar, wenn Angehörige und Vertreter unterschiedlicher Arbeitnehmerorganisationen die Aufsichtsratssitze der Arbeitnehmerseite untereinander zu teilen haben.

Die Folgen solcher dysfunktionalen Wirkungen der Arbeitnehmermitbestimmung können einmal in suboptimalen unternehmenspolitischen Entscheidungen hinsichtlich der anstehenden Sachprobleme bestehen; die nachteiligen Auswirkungen können sich aber auch in einer unzureichenden Berücksichtigung der begründeten Arbeitnehmerinteressen bei unternehmenspolitischen Entscheidungen zeigen.

III. Mitbestimmung und Zielrealisierung

Neben der Einwirkung der Arbeitnehmermitbestimmung auf die Zielbildung im Unternehmen stellt sich die unternehmungspolitisch wichtige Frage nach der Bedeutung der Mitbestimmung für die Verwirklichung der Unternehmensziele. In diesen Zusammenhang gehört die bereits erwähnte Partizipationsthese. Weitere Aspekte zu dieser Frage finden sich in einem noch immer hoch interessanten Dokument aus dem Jahre 1970, das den Titel »Bericht der Sachverständigenkommission zur Auswertung der bisherigen Erfahrungen bei der Mitbestimmung« trägt. Dieses Gremium hatte die Große Koalition im Jahre 1966 eingesetzt; ihr gehörten eine Reihe prominenter Wirtschaftswissenschaftler an; nach ihrem Vorsitzenden sprach man von der Biedenkopf-Kommission. Einige wenige Ergebnisse dieser Sachverständigenkommission, die die unternehmungspolitische Bedeutung der Arbeitnehmermitbestimmung in besonderer Weise erkennen lassen, sollen hier in Erinnerung gerufen werden. [28]

Beispielsweise hat sich die Sachverständigenkommission zum Einfluß der Mitbestimmung auf das Streben nach Rentabilität und Wirtschaftlichkeit geäußert. In ihrem Bericht konstatiert die Kommission, daß auch bei der paritätischen Mitbestimmung in der Montanindustrie das Streben nach Rentabilität (Wirtschaftlichkeit) bei Rationalisierungsmaßnahmen gewährleistet sei, »wenn und soweit für die Erhaltung des sozialen Status der im Unternehmen beschäftigten Arbeitnehmer ausreichend Vorsorge getroffen war«. Aus dieser Feststellung der Sachverständigenkommission lassen sich für die Mitbestimmung der Arbeitnehmer folgende Wirkungen herleiten.

Die Arbeitnehmermitbestimmung ist nicht gegen unternehmenspolitisch wichtige Ziele gerichtet; sie bewirkt aber eine soziale Umgrenzung der Verwirklichung dieser Ziele. In der Mitbestimmung ist eine Tendenz zur Satisfizierung von Unternehmenszielen, nicht zu ihrer Maximierung erkennbar. Außerdem werden unter dem Einfluß der Mitbestimmung wirtschaftliche und soziale Ziele des Unternehmens in eine enge Verbindung zueinander gebracht. Diese Kombination besteht in der Koppelung von Arbeitnehmerinteressen und ökonomischen Zielen des Unternehmens.

Diese Wirktendenz der Arbeitnehmermitbestimmung wird deutlich, wenn der Bericht der Sachverständigenkommission von »Kopplungsgeschäften« spricht. Er meint damit das »Junktim zwischen verschiedenen in die Kompetenz des Aufsichtsrats fallenden Entscheidungen«. So spricht die Kommission ausdrücklich davon, daß die Arbeitnehmervertreter im Aufsichtsrat ihre Zustimmung zu Unternehmenszusammenschlüssen, zu Stillegungen und Umstellungen von der Erhaltung der Montanmitbestimmung und von der Sicherung des sozialen Status der betroffenen Arbeitnehmer abhängig gemacht haben. Als ein spezielles Kopplungsgeschäft erwähnt der zitierte Bericht die Verbindung zwischen Dividendenzahlungen an die Aktionäre und Zusatzleistungen an die Belegschaft. Diese Erhebungsbefunde aus der Mitbestimmungspraxis der Montanindustrie kommentiert die Sachverständigenkommission mit der folgenden Feststellung: »Die Sorge über eine mögliche Verfälschung unternehmenspolitischer Entscheidungsprozesse durch Kopplungsgeschäfte … läßt sich nicht rechtfertigen.«

Zum Kernbereich der Unternehmungspolitik gehören Planungs- und Investitionsentscheidungen. [29] Auch zu diesem Teilbereich der Unternehmungspolitik bringt die genannte Sachverständigenkommission beachtenswerte Feststellungen. So sei bei allen wichtigen Planungs- und Investitionsfragen die »Rationalität des Entscheidungsprozesses« durch die paritätische Mitbestimmung nicht in Zweifel gezogen worden. Eine inhaltliche Änderung der entsprechenden unternehmerischen Initiativen sei »nicht feststellbar«. Der Kommissionsbericht weist darauf hin, daß eine empirische Beantwortung der Frage nicht möglich sei, »ob unternehmerische Initiativen unterblieben sind, weil die Unternehmensleitung die Billigung durch Arbeitnehmervertreter im Aufsichtsrat negativ beurteilte«.

Ferner läßt die Sachverständigenkommission drei weitere wichtige Fragen unbeantwortet: Bleibt es bei der Arbeitnehmermitbestimmung im Aufsichtsrat bei der »sozialen Korrektur« der wirtschaftlichen Entscheidungen? Verändern die Vorstände ihre Unternehmungspolitik in wichtigen Teilen wegen der Arbeitnehmermitbestimmung im Aufsichtsrat? Berücksichtigen die Vorstände bei ihren unternehmungspolitischen Aktivitäten, daß über ihre eigene Bestellung ein mitbestimmter Aufsichtsrat befindet?

Zusammenfassend muß man also feststellen, daß der Bericht der Sachverständigenkommission einerseits wichtige Fragen über die Bedeutung der Arbeitnehmermitbestimmung für die Unternehmungspolitik unbeantwortet läßt. Andererseits hilft dieses Dokument, unternehmungspolitische Probleme der Arbeitnehmermitbestimmung besser zu erkennen. Außerdem liefert der Bericht für die beiden ersten Jahrzehnte der Montanmitbestimmung viele wichtige Einsichten, beispielsweise über den Ablauf von Entscheidungsprozessen in mitbestimmten Unternehmen sowie über die Modifikationen gesetzlicher Organe und Strukturen unter der Einwirkung der Mitbestimmung.

C. Welches ist die aktuelle Bedeutung der Mitbestimmung für ausgewählte Bereiche unternehmungspolitischer Entscheidungen?

Unter den gegenwärtigen Bedingungen sind insbesondere zwei Fragestellungen von besonderem Interesse. Einmal geht es um die Bedeutung der Arbeitnehmermitbestimmung für eine beschäftigungswirksame Unternehmungspolitik. Zum anderen stellt sich die Frage nach der Bedeutung der Mitbestimmung für die Bewältigung von Unternehmenskrisen. [30]

I. Mitbestimmung und beschäftigungswirksame Unternehmungspolitik

In den letzten Jahren wird immer deutlicher erkennbar, daß die Aktivitäten der staatlichen Beschäftigungspolitik nicht ausreichen, um in der Bundesrepublik Deutschland das Problem der Arbeitslosigkeit zu lösen. Der Beitrag der einzelnen Unternehmen erscheint für die Bewältigung dieses wirtschafts- und sozialpolitisch vorrangigen Problems unverzichtbar zu sein. Viele Unternehmen erkennen und anerkennen diesen Sachverhalt. Beschäftigungspolitische Aktivitäten sind zu einem wichtigen Inhalt moderner Unternehmungspolitik geworden. Die so ausgerichtete Unternehmungspolitik umschließt zwei Aspekte.

Einmal geht es dabei um den Erhalt vorhandener Arbeitsplätze und um die Beschäftigung der vorhandenen Mitarbeiter im Inland. Die Arbeitnehmervertreter in den mitbestimmten Unternehmensorganen zeigen ein ausgeprägtes Interesse an der Sicherung der Beschäftigung. Allenfalls nehmen sie bei wirtschaftlichen Schwierigkeiten des Unternehmens die Nutzung der sog. natürlichen Fluktuation durch die Unternehmensleitung zur Reduzierung der Personalkapazität stillschweigend hin. In den mitbestimmten Organen neigen die Arbeitnehmervertreter unter beschäftigungspolitischen Gesichtspunkten zur Reserve gegenüber Auslandsinvestitionen; die Errichtung ausländischer Verkaufsniederlassungen wird meist weniger diskutiert; dagegen findet der Aufbau von Fertigungsstätten im Ausland bei den Arbeitnehmerrepräsentanten oft nur wenig Sympathie. Ausgeprägt ist bei ihnen die Skepsis gegen Unternehmungsanalysen, die Einsparungsmöglichkeiten ermitteln sollen. Ferner beobachtet man bei Arbeitnehmervertretern in mitbestimmten Organen eine kritische Haltung gegenüber Rationalisierungsmaßnahmen, eine ausgeprägte Abneigung gegen Teilstillegungen und eine nur begrenzte Aufgeschlossenheit für Umorganisationen im Unternehmen, insbesondere, wenn sie Versetzungen von Mitarbeitern vorsehen.

Ein aktiver Beitrag des einzelnen Unternehmens zur Bewältigung der Arbeitslosigkeit zeigt sich in der Ausweitung der Mitarbeiterzahl. Die Arbeitnehmervertreter unterstützen regelmäßig die Anhebung der Ausbildungsquote, verbinden aber nicht selten damit die Erwartung, daß das Unternehmen später auch alle Ausgebildeten in ein festes Beschäftigungsverhältnis übernimmt. Trotz der offiziellen Erklärungen der Spitzenvertreter großer Arbeitnehmerorganisationen unternehmen die Arbeitnehmervertreter in den mitbestimmten Unternehmensorganen kaum effektive Aktivitäten zum Abbau von Überstunden, wenn sie den Eindruck haben, daß die vorhandenen Mitarbeiter im Unternehmen an Überstunden interessiert sind. Relative und absolute Reduzierungen der Personalkosten lehnen die Arbeitnehmervertreter weithin auch dann ab, wenn sie der Verbesserung der Wettbewerbsfähigkeit des Unternehmens und einer besseren Kapazitätsnutzung dienen könnten, die dann die Neueinstellung von Arbeitnehmern vom Arbeitsmarkt ermöglichte.

Aus den bisherigen Überlegungen ergibt sich, daß die Mitbestimmung der Arbeitnehmer dazu tendiert, den Beschäftigungsstand eines Unternehmens zu bewahren. Sie wendet sich gegen den Abbau der Belegschaft und zeigt wenig Bereitschaft, für die Einstellung von Arbeitslosen den vorhandenen Mitarbeitern Belastungen zuzumuten. Die primäre Ausrichtung der Interessen der Mitbestimmungsträger bezieht sich auf die jeweils im Unternehmen beschäftigten Mitarbeiter. Diese Arbeitnehmer sind im Geltungsbereich des Betriebsverfassungsgesetzes 1952/1972 und des Mitbestimmungsgesetzes 1976 die Wähler, die die Arbeitnehmervertreter in die mitbestimmten Unternehmungsorgane entsenden. Gegenüber dieser wahlbedingten Koppelung an die Erwartungen der in einem Beschäftigungsverhältnis stehenden Arbeitnehmer treten bei den Trägern der Mitbestimmung die Interessen der Arbeitslosen vielfach an die zweite Stelle.

II. Mitbestimmung in Unternehmenskrisen

Auch bei der Frage nach der Bedeutung der Arbeitnehmermitbestimmung bei krisenhaften Entwicklungen in der Wirtschaft sind zwei Aspekte zu unterscheiden.

Zunächst ist die Frage zu stellen, ob die Mitbestimmung der Arbeitnehmer auf einen allgemeinen Strukturwandel in der Wirtschaft oder in größeren Wirtschaftszweigen einwirken kann. In der Bundesrepublik Deutschland lehren die Erfahrungen seit 1951, daß die Arbeitnehmermitbestimmung Strukturkrisen in einzelnen Wirtschaftszweigen nicht verhindern kann. So gab es bereits in den 50er und 60er Jahren trotz der bestehenden und weitreichenden Montan-Mitbestimmung schwere Krisen im Bergbau und bei der Stahlerzeugung. Die Beobachtungen aus den damaligen Entwicklungen deuten darauf hin, daß die Arbeitnehmermitbestimmung die Neigung der Unternehmen fördert, Anpassungskosten zur Bewältigung von Strukturkrisen auf Dritte, insbesondere auf staatliche und andere öffentliche Institutionen überzuwälzen.

Bei der Erörterung der Arbeitnehmermitbestimmung in Krisen einzelner Unternehmen sind zwei Ursachenkomplexe zu unterscheiden. Bei Unternehmenskrisen im personellen und sozialen Bereich kann man nicht ausschließen, daß ihre Ursachen in der Mitbestimmung selbst zu suchen sind. Solche Unternehmenskrisen können in einem nachhaltigen Versagen bei der Zusammenarbeit zwischen den Unternehmensvertretern und den Arbeitnehmervertretern beruhen. Andererseits sind personelle und soziale Unternehmenskrisen durch die Arbeitnehmermitbestimmung auch positiv beeinflußbar. Die Mitbestimmung der Arbeitnehmer kann wie ein Hygienefaktor (im Sinne von Herzberg) wirken. Bei einer positiven und konstruktiven Kooperation in den mitbestimmten Unternehmensorganen lassen sich solche Unternehmenskrisen verhindern bzw. ihre negativen Auswirkungen begrenzen.

Dagegen ist nicht zu erwarten, daß die Mitbestimmung der Arbeitnehmer wirtschaftliche Krisen einzelner Unternehmen, die exogene Ursachen besitzen, verhindern kann. Auf Entstehungsgründe für Unternehmenskrisen, die außerhalb des Unternehmens selbst liegen, hat die Mitbestimmung der Arbeitnehmer kaum Einfluß.

Für die Bekämpfung wirtschaftlicher Krisen einzelner Unternehmen kann die Mitbestimmung der Arbeitnehmer eine Erschwernis darstellen, wenn beispielsweise eine Doppelzuständigkeit für einschlägige Betriebsmaßnahmen durch den Betriebsrat und durch die Arbeitnehmervertreter im Aufsichtsrat vorliegt (z. B. bei »Betriebsänderungen«). Die Koordination der beiden Mitbestimmungsebenen kann dann die Aktivitäten zur Krisenbewältigung zusätzlich belasten. Andererseits kann die Arbeitnehmermitbestimmung dazu beitragen, die Akzeptanz krisenbewältigender Aktivitäten der Unternehmensleitung bei den Mitarbeitern zu verbessern. Voraussetzung dafür ist freilich, daß die Arbeitnehmervertreter in den mitbestimmten Organen die Maßnahmen zur Krisenbewältigung bejahen und sie bei den davon betroffenen Mitarbeitern vertreten. Die Chancen für ein entsprechendes Verhalten der Arbeitnehmervertreter wachsen bei einer kooperativen Ausgestaltung der Mitbestimmung in den Unternehmensorganen.

III. Ergebnisse

Die Erörterung der beiden Beispiele für aktuelle unternehmungspolitische Entscheidungen läßt einige Grundprobleme der Mitbestimmung der Arbeitnehmer im Unternehmen erkennen.

Offensichtlich übt die Abhängigkeit der Arbeitnehmervertreter von Wahlen einen Einfluß auf die unternehmungspolitische Bedeutung und Wirksamkeit der Arbeitnehmermitbestimmung aus. Im Geltungsbereich des Betriebsverfassungsgesetzes 1952/72 und des Mitbestimmungsgesetzes 1976 sind an diesen Wahlen grundsätzlich nur firmenangehörige Arbeitnehmer beteiligt. Ihre Interessen dominieren und drängen die Berücksichtigung der Interessen anderer Arbeitnehmer (z. B. der Arbeitslosen) zurück.

Grenzen für die Wirksamkeit der Arbeitnehmermitbestimmung ergeben sich aus der Einbindung des einzelnen Unternehmens in die Entwicklung seiner Branche und seines Wirtschaftszweiges, der Volks- und der Weltwirtschaft. Zur Bewältigung von Unternehmenskrisen erweist sich die Mitbestimmung der Arbeitnehmer als ein ambivalentes Instrument.

Diese Feststellungen führen zum Ergebnis, daß unmittelbar nach dem 2. Weltkrieg mit der Mitbestimmung der Arbeitnehmer auf Unternehmensebene einige Erwartungen verbunden waren, die sich nach den bisherigen Erfahrungen kaum bzw. nur bei Hinnahme unternehmungspolitischer Beeinträchtigungen realisieren lassen.

Anmerkungen

1 Das Thema dieser Abhandlung legt es nahe, sich mit der Unternehmungspolitik solcher Wirtschaftseinheiten zu befassen, die wegen ihrer Rechtsform zu den Kapitalgesellschaften zählen; vgl. *Grochla* (Betrieb, Betriebswirtschaft und Unternehmung) S. 44 ff.
2 Vgl. *Ulrich* (Unternehmungspolitik) S. 91 ff.
3 Vgl. *Gutenberg* (Einführung) S. 42.
4 Vgl. *Kirsch* (Entscheidungsprozesse) S. 55 ff.
5 Vgl. u. a. *Teuteberg* (Geschichte) S. 208 ff.
6 Vgl. *Freese* (Fabrik).
7 Vgl. *Waschke* (Mitbestimmungssysteme) 196 ff.
8 Vgl. *Gaugler* (Mitbestimmung) 184 f.
9 Vgl. *Naphtali* (Wirtschaftsdemokratie).
10 *Steinmann* spricht dabei von »indirekter Mitbestimmung« im Unterschied zu Formen, bei denen die Mitarbeiter unmittelbar am Entscheidungsprozeß partizipieren. Vgl. *Steinmann* (Mitbestimmung) Sp. 2681 f.
11 *Dlugos* folgert daraus, daß der Vorstand durch den Arbeitsdirektor im Geltungsbereich des Montanmitbestimmungsgesetzes zu einer »gemischten Pluralinstanz« wird; im Aufsichtsrat sieht er ein »gemischtes Mitbestimmungskollegium«; vgl. *Dlugos* (Mitbestimmung) Sp. 1353.
12 Zu den Aufgaben und Arbeitsweisen der aktienrechtlichen Organe vgl. u. a. *Grochla* (Organisatorische Struktur) S. 103 ff. und S. 138 ff.
13 Auch *Grochla* mißt diesen Bestimmungen des Betriebsverfassungsgesetzes eine erhebliche Bedeutung für unternehmungspolitische Entscheidungen bei; vgl. *Grochla* (Grundlagen) S. 293.
14 Vgl. u. a. *Wächter* (Mitbestimmung) S. 144 ff.
15 Vgl. dazu u. a. *v. Eckardstein/Schnellinger* (Personalpolitik) und *Mohr* (Personalplanung).
16 Vgl. *Rube* (Paritätische Mitbestimmung) S. 55 ff.
17 Zur Bedeutung dieser Personalunion vgl. auch *Kirsch* u. a. (Mitbestimmungspraxis) S. 170.
18 Vgl. u. a. *Gaugler* (Auswirkungen) S. 80 ff.
19 Vgl. *Gaugler* (Fragen) S. 833 ff.
20 Vgl. *Kieser/Kubicek* (Organisation) S. 225 ff.
21 Vgl. *Schanz* (Mitarbeiterbeteiligung) S. 2 ff.
22 Vgl. u. a. *Grochla* (Einführung) S. 103 ff.
23 Vgl. *Gaugler* (Eigentum) S. 185.
24 Vgl. *Chmielewicz* (Arbeitnehmerinteressen) S. 136 ff.
25 Zu den Grenzen dieser Partizipationsthese vgl. u. a. *Grochla* (Unternehmungsorganisation) S. 226 ff.
26 Vgl. dazu *Gaugler/Wiese* (Kosten).
27 In der Literatur wird immer wieder die These von der »großen Einheitlichkeit« der Arbeitnehmergruppe im Aufsichtsrat vorgetragen. Vgl. u. a. *Küpper* (Grundlagen) S. 149.
28 Vgl. *Gaugler* (Betriebswirtschaftliche Komponenten) S. 109 ff.

29 Die Bedeutung solcher Entscheidungen für die Unternehmungsstruktur und für die Wirtschaftsordnung hat *Grochla* schon vor mehr als drei Jahrzehnten betont. Vgl. *Grochla* (Betrieb und Wirtschaftsordnung).
30 Vgl. *Gaugler* (Mitbestimmung im Wandel) S. 194 ff.

Literaturverzeichnis

Chmielewicz, K. (Arbeitnehmerinteressen): Arbeitnehmerinteressen und Kapitalismuskritik in der Betriebswirtschaftslehre. Reinbek bei Hamburg 1975.

Dlugos, G. (Mitbestimmung): In: *Grochla,* E. (Hrsg.): Handwörterbuch der Organisation. 2. Aufl. Stuttgart 1980, Sp. 1343–1356.

Eckardstein, D. von/ *Schnellinger,* F. (Personalpolitik): Betriebliche Personalpolitik. 3. Aufl. München 1978.

Freese, H. (Fabrik): Die Konstitutionelle Fabrik. Jena 1909.

Gaugler, E. (Auswirkungen): Die Auswirkungen der Mitbestimmung auf die unternehmerischen Entscheidungen. In: *Rauscher,* A. (Hrsg.): Mitbestimmung. Köln 1968, S. 80–126.

Gaugler, E. (Betriebswirtschaftliche Komponenten): Betriebswirtschaftliche Komponenten des Mitbestimmungsgutachtens. In: *Böhm,* F./ *Briefs,* G. (Hrsg.): Mitbestimmung – Ordnungselement oder politischer Kompromiß. Stuttgart 1971, S. 109–130.

Gaugler, E. (Eigentum): Eigentum im Unternehmen. In: Mannheimer Berichte aus Forschung und Lehre an der Universität Mannheim. Heft 7, August 1973, S. 177–188.

Gaugler, E. (Fragen): Fragen zur mitbestimmten Unternehmensverfassung. In: *Bohr,* K./ *Drukarczyk,* J./ *Drumm,* H.-J./ *Scherrer,* G. (Hrsg.): Unternehmungsverfassung als Problem der Betriebswirtschaftslehre. Berlin 1981, S. 829–838.

Gaugler, E./ *Wiese,* G. (Hrsg.) (Kosten): Die Kosten der Mitbestimmung. Mannheim – Wien – Zürich 1981.

Gaugler, E. (Mitbestimmung): Mitbestimmung in Betrieb und Unternehmung. In: *Endruweit,* G./ *Gaugler,* E./ *Staehle,* W. H./ *Wilpert,* B. (Hrsg.): Handbuch der Arbeitsbeziehungen. Berlin und New York 1985, S. 169–186.

Gaugler, E. (Mitbestimmung im Wandel): Mitbestimmung der Arbeitnehmer im gesellschaftlichen und wirtschaftlichen Wandel. In: *Siegwart,* H./ *Probst,* G. J. B. (Hrsg.): Mitarbeiterführung und gesellschaftlicher Wandel. Bern und Stuttgart 1983, S. 187–203.

Grochla, E.: Betrieb, Betriebswirtschaft und Unternehmung. In: *Grochla,* E. (Hrsg.): Betriebswirtschaftslehre. Teil I: Grundlagen. Stuttgart 1978, S. 44 ff.

Grochla, E.: Betrieb und Wirtschaftsordnung. Berlin 1954.

Grochla, E. (Einführung): Einführung in die Organisationstheorie. Stuttgart 1978.

Grochla, E. (Grundlagen): Grundlagen der organisatorischen Gestaltung. Stuttgart 1982.

Grochla, E. (Organisatorische Struktur): Die organisatorische Struktur der Aktiengesellschaft in betriebswirtschaftlicher Sicht. In: Die Aktiengesellschaft, Heft 5, 1957, S. 103 ff. und Heft 6, 1957, S. 138 ff.

Grochla, E.: Unternehmungsorganisation. Reinbek bei Hamburg 1972.

Gutenberg, E. (Einführung): Einführung in die Betriebswirtschaftslehre. Wiesbaden 1958.

Kieser, A./ *Kubicek,* H.: Organisation. 2. Aufl. Berlin und New York 1983.

Kirsch, W. (Entscheidungsprozesse): Entscheidungsprozesse. Band III: Entscheidungen in Organisationen. Wiesbaden 1971.

Kirsch, W./ *Scholl,* W./ *Paul,* G. (Mitbestimmungspraxis): Mitbestimmung in der Unternehmenspraxis. München 1984.

Küpper, H.-U. (Grundlagen): Grundlagen einer Theorie der betrieblichen Mitbestimmung. Berlin 1974.

Mohr, A. (Personalplanung): Personalplanung und Betriebsverfassungsgesetz. Köln 1977.

Naphtali, F. (Wirtschaftsdemokratie): Wirtschaftsdemokratie, ihr Wesen, Weg und Ziel. Berlin 1928.

Rube, W. (Paritätische Mitbestimmung): Paritätische Mitbestimmung und Betriebsverfassung. Berlin 1982.

Schanz, G.: Mitarbeiterbeteiligung. München 1985.

Steinmann, H. (Mitbestimmung): Betriebliche Mitbestimmung. In: *Grochla,* E./ *Wittmann,* W. (Hrsg.): Handwörterbuch der Betriebswirtschaft. Band II. 4. Aufl. Stuttgart 1975, Sp. 2681–2695.

Teuteberg, H. J. (Geschichte): Geschichte der industriellen Mitbestimmung in Deutschland. Tübingen 1961.

Ulrich, H.: Unternehmungspolitik. Bern und Stuttgart 1978.

Wächter, H.: Mitbestimmung. München 1983.

Waschke, H. (Mitbestimmungssysteme): Mitbestimmungssysteme im Ausland. Köln 1982.

Strategische Unternehmensführung

*Knut Bleicher**

Zeitkonzeptionen der Gestaltung und Entwicklung von Unternehmungen

* Prof. Dr. *Knut Bleicher,* Hochschule St. Gallen, Institut für Betriebswirtschaft.

Ein Blick über die betriebswirtschaftliche Landschaft der Theorieentwicklung enthüllt ein beachtliches Defizit in der Berücksichtigung des raum-zeitlichen Bezuges der Lenkung, Gestaltung und Entwicklung von Unternehmungen. Die moderne Verkehrs- und Kommunikationstechnik vernichtet Raum und Zeit in einer vom Menschen in seiner Geschichte bislang nicht erlebten Weise und schafft damit zugleich Möglichkeiten der Raum- und Zeiterweiterung. Wird jedoch ein wesentliches Element eines gegebenen Raum-Zeit-Gefüges verändert, so muß dies nach den Grundsätzen einer ganzheitlichen Systembetrachtung Auswirkungen auf das gesamte Gefüge haben. Die über- und innerbetrieblichen Standorttheorien der Betriebswirtschaftslehre werden in der räumlichen Dimension dieser Entwicklung kaum gerecht. Eine dynamische Theorie der Unternehmung, die Zeitprobleme des Handelns in der Unternehmung akzentuiert, ist allenfalls in Ansätzen erkennbar.

Die folgenden Ausführungen wollen aus dem Raum-Zeit-Kontinuum den Zeitaspekt isoliert betrachten und auf die *Zeitkonzeptionen des Managements* abheben, dessen Handeln die *Gestaltung* leitet und in der *Entwicklung* einer Unternehmung mündet.

A. Individuelles Zeitbewußtsein und kollektive Zeitkonzeptionen des Managements prägen über Perzeptionen und Präferenzen die Gestaltung und Entwicklung von Unternehmungen

Die Bewältigung der Zeit ist sowohl ein individuelles als auch ein kollektives Problem, dem bei der Gestaltung und Entwicklung von sozialen Systemen im allgemeinen und von Unternehmungen im besonderen in einer Periode zunehmender Dynamik verstärkte Beachtung zu schenken ist.

Individuelle Zeitvorstellungen prägen sich in der Auseinandersetzung des Menschen mit seiner Umwelt. Dabei wirkt das *nationale* Umfeld in seiner politisch-gesetzlichen, ökonomischen, technologischen und sozio-kulturellen Struktur in unterschiedlicher Weise auf die Zeitvorstellungen des Menschen ein. Über die lange Sicht sticht dabei vor allem die Kulturabhängigkeit menschlicher Zeitvorstellungen ins Auge, die selbst innerhalb eines gesetzten nationalen kulturellen Rahmens ereignis- und erfahrungsabhängig beachtlichen Entwicklungsprozessen ausgesetzt sein kann.

I. Das Zeitbewußtsein des Menschen ist kulturabhängig

Die subjektive Wahrnehmung und Verarbeitung der Zeitlichkeit menschlicher Existenz verdichtet unreflektierte Zeitvorstellungen im *Zeitbewußtsein,* der subjektgebunden formulierbaren Einstellung zu Zeitpunkten und Zeitabläufen menschlichen Handelns und der sich daraus entwickelnden Folgen in der Zeit.

Als ein im Zusammenhang mit der Analyse von Um- und Unternehmungskulturen wesentliches Element des Zeitbewußtseins erweisen sich dabei Vorstellungen von:

- der *Zeitgerichtetheit*. Sie manifestieren sich in *zyklischen*, auf die Wiederkehr des Gleichen gerichteten, *linearen*, vorwärts orientierten oder *spiralförmigen*, die evolutorische Weiterentwicklung hin zu Ähnlichem betonenden Verständnis über Zeit;
- der *Zeitorientierung* an Vergangenem, Gegenwärtigen und Zukünftigem;
- der *Spannweite* des zugrundeliegenden Zeitkonzeptes (kurz-, mittel- oder langfristig).

Das jeweilige kulturgebundene, individuelle Zeitbewußtsein wirkt handlungsleitend und redefiniert über soziale Prozesse selbst das kulturelle Umfeld. In diesem Sinne ist das Zeitbewußtsein des Menschen kulturabhängig wie auch kulturprägend.

II. Das Zeitbewußtsein im Management ist branchen- und unternehmungsabhängig

Menschen, die soziale Systeme lenken und gestalten, um damit ihre Entwicklung zu prägen, erfüllen Aufgaben des Managements. Sie werden dabei getragen von ihrem individuellen Zeitbewußtsein, das auf Zeitvorstellungen beruht, die sie in ihrer Epoche aus ihrer spezifischen Umwelt ableiten.

Die erlebte Umwelt konkretisiert sich für das Management über den Wirtschaftszweig zur Unternehmung und hier zu dem Bereich hin, in dem es seine Aufgaben erfüllt. Spezifische Branchen weisen dabei genauso Unterschiede in der Verarbeitung der Zeit auf, wie einzelne Unternehmungen und ihre Subsysteme, geprägt durch Philosophie, Verfassung, Organisation und Unternehmungskultur.

Unternehmungen unterscheiden sich wesentlich auch in ihrem Bestand und Mix von Persönlichkeiten des Managements, die mit anderen Zeitgerichtetheiten, Zeitorientierungen und Zeithorizonten ausgestattet sind (»Evolutoriker«, »Nostalgiker«, »Adhocler«, »Futuristen«, »Quartalsdenker« oder »Visionäre«).

Ältere Unternehmungen, die in der Vergangenheit besonders erfolgreich waren, scheinen bis hinein in die obersten Spitzen des Managements kulturell eher eine Vergangenheitsorientierung zu erzeugen, die eine Anpassung an Zukünftiges außerordentlich erschweren kann. Junge »start-up companies«, die über keine Vergangenheit verfügen, tun sich häufig viel leichter in ihrer Zeitkonzeption: Sie besitzen nur eines, eine Zukunft.

III. Die Prägung der Gestaltung und Entwicklung von Unternehmungen durch Zeitkonzeptionen des Managements

Das individuelle Zeitbewußtsein des Managements wird situativ durch die Bewältigung von Ereignissen und kollektiv durch die soziale Interaktion bei der Definition und Lösung von Problemen geprägt. Als Ergebnis gemeinsam durchstandener Situationen und daraus gewonnenen Erfahrungen geht es in die Art und Weise ein, wie zukünftig Probleme erkannt, definiert und gelöst werden; weiter steuert es die Perzeptionen des Managements im Hinblick auf die zu bewältigende Problemlandschaft und die Präferenzen für die Wahl zwischen unterschiedlichen alternativen Möglichkeiten zu ihrer Beherrschung.

Das *kollektive* Profil der Zeitkonzeption des Managements konkretisiert sich vor allem in Einstellungen

- zum zeitlichen Fortschritt und seiner Beschleunigung (»Tempo«),
- zur Periodizität eigenen Handelns und seiner Orientierung an Vergangenem, Gegenwärtigem und Zukünftigem,
- zu notwendigen und günstigen Zeitpunkten des Handelns,
- zur erforderlichen Zeit, die Handlungsabläufe zu ihrer Realisierung benötigen,
- zur zeitlichen Reichweite, mit der zukünftiges Geschehen und Handeln, wie deren Ereignisfolgen betrachtet werden,

es stellt letztlich das Ergebnis eines politischen Harmonisationsprozesses dar. Das Management wirkt jedoch über seine kulturell bestimmte Zeitkonzeption auch kulturprägend, indem es sozialen Systemen direkt und ihren Umsystemen indirekt den Stempel seiner Zeitkonzeptionen aufdrückt.

Das Erkennen und Harmonisieren der Zeithorizonte des Managements in seiner vieldimensionalen, individuellen und kollektiven Schichtung stellt selbst eine formidable Aufgabe des Managements dar, der bislang weder theoretisch noch praktisch befriedigend nachgegangen worden ist.

B. Die Bewältigung der Zeit in sozialen Systemen

I. Die Zeit dient der Orientierung und Regulierung sozialer Systeme

Subjektive Vorstellungen von der Zeit, verdichtet im *Individuum zum Zeitbewußtsein, kollektiv zur Zeitkonzeption* des Managements harmonisiert, stoßen auf das sich entwickelnde Objekt der Gestaltung, das soziale System der Unternehmung.

Das menschliche Zusammenleben setzt eine erwartbare Ordnung voraus. Diese muß durch eine Generalisierung von Verhaltenserwartungen sowohl im ökonomischen wie im sozialen Miteinander der Problembewältigung einer Unternehmung gesichert werden, wenn keine Überforderung des menschlichen Perzeptionsvermögens mit destabilisierenden Wirkungen für die Systemerhaltung eintreten soll. Zeitpunkte, Zeitfolgen und Zeitdauern verbinden sich mit sachlichen Ereignissen und Vorhaben und erlauben deren Ordnung, die unter den Mitgliedern eines Systems Orientierung schafft. Verhaltenserwartungen von Mitgliedern und Teilnehmern eines Systems plazieren Ereignisse im Fluß der Zeit. Je harmonisierter diese Plazierung erfolgt, um so konsensfähiger dürften die Handlungsprämissen in einem arbeitsteilig organisierten System sein.

Der Zeit kommt in der Unternehmung dabei sowohl eine *Orientierungs-* wie eine *Regulierungsfunktion* zu. Zur passiven *Orientierungsfunktion* der Zeit, die im System Sicherheitsäquivalente schafft, tritt ihre *Regulierungsfunktion*. Maßnahmen der Lenkung und Gestaltung haben einen zeitlichen Beginn und ein zeitliches Ende. Dadurch eingeleitete Entwicklungen benötigen Zeit, um konzipiert und konsensiert zu werden, damit sie sich schließlich in der Realisierung entfalten können. Ziele, die das sachliche und soziale Verhalten in der Unternehmung regulieren sollen, werden erst durch ihren Zeitbezug operational und damit sinnhaft. Die realisierten Ziele, also die ökonomische und soziale Qualität der eingetretenen Unternehmungsentwicklung, wird erst unter Hinzuziehung der Zeit meß- und beurteilbar.

II. Die Periodisierung der Zeit als Mittel zur Generalisierung von Verhaltenserwartungen

Als Voraussetzung für die Generalisierung von Verhaltenserwartungen ist die Vereinheitlichung der Zeitmaßstäbe und der Meßbarkeit von entscheidender Bedeutung. Erst sie macht eine rationale systemübergreifende Kooperation und eine systeminterne Koordination als Voraussetzung für die Harmonisation arbeitsteiliger Unternehmungen möglich. Damit wird erklärbar, daß die Periodisierung der Zeit zu einem Dauerthema betriebswirtschaftlicher Theoriegeschichte wurde. Sie war von Anfang an stark von der Auseinandersetzung um ein zweckgerechtes Rechnungswesen geprägt. In diesem Zusammenhang hat sich die Betriebswirtschaftslehre auch der Zeitproblematik und hier vor allem der Periodisierung der Ereignismessung in der Zeit angenommen.

Zumindest ist seit der Erfindung der doppelten Buchhaltung durch den römischen Mönch Luca Pacioli die Periodisierung ein konstitutiver Tatbestand der überlieferten Konvention des Rechnungswesens. So machten vor allem die Bilanztheoretiker darauf aufmerksam, daß der wahre Erfolg (oder das richtige Vermögen) einer Unternehmung erst im Vergleich von Einsatz und Ergebnis am Ende ihrer Lebensdauer, nach Ablauf der *Totalperiode* festgestellt werden könne. Dennoch bemühten sich die Bilanztheoretiker allesamt über die Abgrenzung von periodenübergreifenden Zahlungs- und Erfolgsvorgängen oder über die Diskontierung von zukünftigen Zahlungs- und Erfolgsvorgängen in der neueren Diskussion, die für die Regulierung ungeeignete Periodisierung zu retten. Dabei ist besonders Eugen Schmalenbachs Kennzeichnung der in einer Bilanz akkumulierten Werte als »Kräftespeicher« der Unternehmung interessant, die heute in die Nähe von Vorstellungen über strategische Erfolgspotentiale – soweit es sich dabei um bewertbare materielle Potentiale handelt – gerückt werden kann. Man ist versucht, diesen materiellen *»Kräftespeicher«* erweitert um die immateriellen *»strategischen Erfolgspositionen«* im Sinne Cuno Pümpins [1] als *erkaufte Zeit* zu interpretieren, die einer Unternehmung die Kraft, den Atem gibt, ihre Zukunft zu gestalten.

Es darf jedoch nicht übersehen werden, daß jegliche Periodisierung – unbeschadet ihrer Orientierungsleistung für die Handlungsträger in Unternehmungen – den natürlichen Zeitfluß durchtrennt. Die daraus resultierenden dysfunktionalen Wirkungen wie

- das Erwecken des Anscheins der Kontinuierlichkeit diskontinuierlicher Realität und
- die Gefahr der zeitlichen Vergewaltigung von Ereignissen und Prozessen

lassen den Wert der Periodisierung für die Regulierungsfunktion der Zeit immer zweifelhafter werden.

III. Vom Primat der Zeit als ständige Gefahr

Verhaltenserwartungen verbinden sich nicht nur mit der Plazierung von Sachlichem und Sozialem im Fluß der Zeit, sondern auch mit der Rolle, die der Zeitdimension gegenüber den Dimensionen des Sachlichen und Sozialen in einem System zugewiesen wird. Niklas Luhmann hat die Argumentation weiter geführt, indem er auf das Grundproblem aufmerksam macht, das sich mit der Zeit im Management von »Organisationen« verbindet.

Eine zunehmende Komplexität und Dynamik der zu bewältigenden Probleme trifft im Management auf eine begrenzte Kapazität zu ihrer Lösung. Dabei besteht die grundsätzliche Gefahr, daß die befristeten und dringlichen, aber nicht wesentlichen Aufgabenstellungen diejenigen Problemlösungen verdrängen, die für die Erhaltung der Unternehmung außerordentlich bedeutsam sind, deren Angehen angeblich jedoch noch Zeit habe. Im Sinne des sog. *Gresham'schen Planungsgesetzes* ließe sich hier von der Verdrängung präsituativer »Plan«entscheidungen durch situative Dispositionen sprechen, die einen Qualitätsverlust des Managementhandelns markiert. Niklas Luhmann [2] kennzeichnet diese Entwicklung mit der Vorstellung einer opportunistischen Wertverfolgung über die Subordination der sachlichen und sozialen Wertstruktur unter die Zeitdimension: Das Dringliche und das Befristete entscheidet letztlich über die Prioritäten.

Die Absicherung der Sach- und Sozialordnung einer Unternehmung gegenüber einer dominanter werdenden Zeit wird somit zur wesentlichen Gestaltungsaufgabe des Managements. Dies wäre neben der Befreiung der Zeitkonzeptionen des Managements vom periodischen Denken das eigentliche Anliegen eines richtig verstandenen Zeit*managements*. Eine derartige Forderung darf jedoch nicht in der Weise mißverstanden werden, daß eine völlige Emanzipation der Zeit von den ökonomischen und sozialen Sach- und Formalstrukturen möglich wäre. Unternehmerisches Handeln hat immer sog. Zeit»konstanten« zu beachten, die allerdings in ökonomisch akzeptablen Grenzen variabel gesehen werden müssen (im Gegensatz zu manchen naturwissenschaftlichen Vorgängen ist der Zeitbedarf von Handlungen und ihren Wirkungen in *sozialen* Systemen grundsätzlich variabel), indem etwa durch einen überproportionalen Mitteleinsatz eine Zeitverkürzung erreicht wird. Eine Variabilität des Zeitbedarfs ergibt sich weiter in Abhängigkeit von den Strukturformen, in denen Willensbildung, Willensdurchsetzung, die Realisation und Willenssicherung abgewickelt werden.

C. Die Zeitdimension bei der Gestaltung und Entwicklung von Unternehmungen

Die Zeitkonzeption des Managements ist über dessen gestaltendes Handeln mit der arteigenen Zeitbewältigung in sozialen Systemen in Verbindung zu bringen, wenn die Entwicklung von Unternehmungen erklärt werden soll. Mit Hans Ulrich [3] bedeutet *Gestalten* dafür sorgen, daß ein zweckorientiertes soziales System überhaupt entsteht und als handlungsfähige Ganzheit aufrechterhalten wird. Die Gestaltung schafft die Voraussetzung dafür, daß sich ein selbstlenkendes, zweckorientiertes soziales System im Sinne eines eigendynamischen Prozesses entfalten, *entwickeln* kann. Eine Betrachtung der *Gestaltungsaspekte* unter dem Zeitaspekt fokussiert vor allem den Handlungsanlaß und den sich aus ihm ableitenden Handlungsablauf in der Zeit.

I. »Kairos« oder das »window of opportunity« – Die Problematisierung des Handlungsanlasses in der Zeit

1. »Kairos« in einer sich vernetzenden Welt

Heute macht eine zunehmende Vernetztheit ein »Bewegen« im Sinne eines gestaltenden Handelns, das Veränderungen bewirkt, immer schwieriger. Gesetzliche, soziale, ökonomische und technische Restriktionen, denen allen ein Zeitaspekt eigen ist, können derart viele Änderungswiderstände aufbauen, daß ein Management in eine apathische Verwaltungsstrategie inkrementaler Resignation verfällt.

Mag auch der Trend in diese Richtung laufen, so verbleiben dennoch Zeiträume und Zeitpunkte, die sich in besonderer Weise für tiefgreifendere Gestaltungsakte eignen. Sei es eine günstige sachliche oder personelle Konstellation im Einzelfall oder ein gesamthaft geschärftes Krisenbewußtsein, das vielfältige Vorhaben auf Einsicht und den Willen, auch unangenehme Änderungen zu akzeptieren, stoßen läßt: *»Kairos«* der günstige und vielleicht, wenn der Gestaltungsakt auch von »Fortune« getragen ist, auch der glückhafte Augenblick, das *»window of opportunity«*, der zeitliche Möglichkeitsraum der Gestaltung oder der förderlichen Ereignisknoten.

Zu einer mehr technischen Bewältigung (z. B. der Aufbau eines Frühwarnsystems) des günstigen Augenblicks tritt die *persönliche Qualität* hinzu: Die Erfahrung eines geübten und erfahrenen »Komplexitätsbewältigers«, der auf ihn zukommende Ereignisse in seiner Perzeption filtert und wertet und zu einem Lagebild für Zukünftiges verdichtet, die mit der Bezeichnung »visionär« belegbar wird.

2. *Die »Zeitschere« gefährdet über die Zeit - die Handlungsautonomie*

Eine erhöhte *Dynamik* mit diskontinuierlichen Entwicklungen verlangt heute vom Management *schnellere Reaktionen*. Die gewachsene *Komplexität* der Aufgabenstellung und ihres Umfeldes erfordert jedoch eher *verlängerte Reaktionszeiten* zu ihrer Bewältigung. In der Scherenentwicklung beider Größen enthüllt sich die aktuelle wie zukünftige Problematik vor allem größerer Organisationen. Wird der Zeitfaktor der Anpassung zudem immer kritischer für das Überleben autonomer Systeme im Wettbewerb, so stellt sich die Frage nach *Entlastungsstrategien* [4]:

a) Präsituative Entkoppelung als Entlastungsstrategie

Der Handlungsanlaß kann zwischen der *situativen* Erkenntnis eines akuten Handlungsbedarfs und der vorausschauenden *präsituativen* Definition eines zukünftigen Handlungsbedarfs durch das Auslösen von planenden Überlegungen liegen. Die folgende Gegenüberstellung zeigt mögliche Wirkungen beider Extreme der Gestaltung von Handlungsanlässen.

- Durch *Entkoppelung des Handlungsanlasses vom situativen Ereignis* wird ausreichend Zeit für die Sensitivierung, Planung und Implementation geschaffen, um beim eigentlichen Eintritt des situativen Ereignisses mit einer hochqualifizierten Lösung bereitzustehen.
- Wird dagegen generell beim Auslösen von Handlungsprozessen bis zum *Eintritt situativer Ereignisse* gewartet, bleibt kaum Zeit für eine rationale Bewältigung des Willensbildungsprozesses. Partizipativ-kooperative Erarbeitungsformen von Entscheidungen bleiben auf der Strecke und die Willensdurchsetzung erfolgt aus Zeitgründen weitgehend autoritär. Man greift im Hinblick auf die Realisation weit später – vielleicht zu spät – *dispositiv* in das Geschehen mit einer weit weniger qualifizierten Problemlösung ein.

b) Strukturelle Entlastung oder Rückfall in atavistische Führung

Die präsituative (Vor-)Verlagerung von Handlungsanlässen verlangt Strukturen und Systeme, die unabhängig vom situativen Entscheidungsdruck eine Art künstliche Provokation zum Handeln schaffen. Es zeigt sich jedoch immer deutlicher, daß unter den gegebenen Verhältnissen in allen hochentwickelten Gesellschaftssystemen die Bewältigung des arbeitsteilig bedingten Harmonisationsproblems zunehmend *Eigenkomplexität* erzeugt. Unter der »Dringlichkeit des Befristeten« bedeutet dies, daß die Zeitstruktur an Dominanz gewinnt; Termine werden gesetzt, die in ihrer interaktiven Bezogenheit multiplikativ neue Termine erzeugen. [5] Die Qualität der Entscheidungen sinkt ab, die Eigenkomplexität verzögert notwendige Anpassungen, was neue »Notfall«situationen generiert, entstehende schädliche Wirkungen situativ unter Kontrolle bringen zu müssen; der Grad präsituativen Handelns nimmt laufend ab. Zwei Lösungsszenarien mögen als Extrempositionen einen Ausweg aus der geschilderten Situation, in die Unternehmungen zunehmend hineinzugleiten scheinen, bieten:

Szenario A
Rückfall in autoritäres Management unter dem Primat der Zeit

- »Einsame Entschlüsse« statt konsensierter, aber langsamer Entscheidungen,
- Beschleunigung von Entscheidungsprozessen durch Absenken des Anspruchsniveaus,
- Sukzessives Behandeln von Willensbildung und Willensdurchsetzung, da eine simultane Einbeziehung der Betroffenen in den Entscheidungsprozeß als zeitlich zu aufwendig erscheint,
- Befehle gewinnen die Oberhand, weil sie die Willensdurchsetzung beschleunigen,
- Schriftliche und technische Konservierung von Informationen statt zeitraubender »face-to-face«-Kommunikation,
- Standardisierte Fremdkontrollen ersetzen zeitintensives, interaktives Lernen aus gelungenen oder mißlungenen Problemlösungen.

Dieses Strategiebündel, auf das auch Niklas Luhmann [6] hinweist, ist nicht nur im Hinblick auf das gesunkene Anspruchsniveau problematisch. Die Herabsetzung des Anspruchniveaus kann sich dabei als ein teurer Wechsel auf die Zukunft erweisen, der zwar kurzfristig entlastend wirkt, dies aber zu Lasten einer weit schwieriger zu bewältigenden Zukunftsproblematik.

Szenario B
Weiterentwicklung von Management- und Organisationsprinzipien

- Aufbau von Distanzen zum Handlungsanlaß durch präsituative Entscheidungsfindung,
- Ausschöpfen aller umweltgegebenen Reaktionszeiten zur Erhöhung der Entscheidungssicherheit (»Strategien der letzten Minute«),
- Gleichmäßigere Verteilung von Handlungsknoten in der Organisationskonfiguration,
- Entwicklung einer risiko- und änderungsfreudigen Unternehmungskultur.

Dieses Strategiebündel stellt eine konsequente Weiterentwicklung des in vielen Unternehmungen bereits eingeschlagenen Weges zu einer partizipativ-kooperativen Führung dar, die durch dezentrale Organisationsstrukturen gestützt wird. Es kann angenommen werden, daß es in besonderer Weise geeignet ist, den ökonomischen *und* sozialen Anforderungen einer zivilisatorisch hochentwickelten Gesellschaft zu entsprechen.

Damit ergibt sich in der Zusammenfassung ein Aktionsplan, der darauf zielt, durch präsituative Entlastungsstrategien, das Ausschöpfen aller Informationsmöglichkeiten bis zur letzten Minute für den verbleibenden situativen Handlungsanfall, die konsequente Dezentralisation von Entscheidungen an diejenigen Einheiten, die die beste Kenntnis der zu bewältigenden

Problemlandschaft besitzen und das Verlassen auf informale Harmonisationsleistungen der Unternehmungskultur nicht nur die Reaktionszeit zur Bewältigung auftretender Probleme zu vermindern, sondern zugleich Zeit für eine harmonisierende Konsensbildung zwischen den dezentralen Einheiten und dem gesamtverantwortlichen Management zu gewinnen, die eine partizipative und kooperative Führung ermöglichen.

II. »Chronos« – Die Problematisierung der Handlungsfolgen in der Zeit

Hatte die Problematisierung des »Kairos« dem Moment des Handlungsanlasses gegolten, verlagert »Chronos« den Fokus auf den Handlungsablauf in der Zeit. Damit rücken die *Entwicklung*saspekte im Aufgabenspektrum des Managements, die durch Gestaltungsakte ausgelöst wurden und selbst der harmonisierenden Gestaltung bedürfen, in den Mittelpunkt der Betrachtung.

Die aus der Gestaltung folgende Entwicklung einer Unternehmung schlägt sich in einer Veränderung ihrer Elemente und Beziehungen im Zeitablauf nieder. Die Unternehmungsentwicklung wird damit Ausfluß des sach-rationalen Herstellens von Rahmenbedingungen durch die Gestaltung und die sich in ihr vollziehende Lenkung einerseits sowie durch eigenständige Veränderungen andererseits, welche ihre Wurzeln im Charakter der Unternehmung als Sozialsystem haben (sozio-emotionale Entwicklung). Die Entwicklung einer Unternehmung vollzieht sich durch das Werden, Bestehen und Vergehen von Nutzungs- und Leistungspotentialen im Zeitablauf und ihrer Aggregation unter dem harmonisierenden Einfluß des Managements.

1. Potentiale als Kristallisationspunkte von Zeit- und Handlungsautonomie

Potentiale schaffen dadurch, daß ihre Eigenschaften im Zeitablauf vielfach aktiviert werden können, ohne sich beim einzelnen Nutzungs- oder Leistungsakt aufzuzehren, die Voraussetzungen dafür, daß ein soziales System Abstand von situativen Ereignissen gewinnt. Damit gewinnt und bewahrt es sich die Autonomie zum Agieren und Reagieren in der Zeit. Einmal erstellte Potentiale schaffen während ihrer Nutzungs- oder Leistungsperioden im Management von Systemen zeitliche Freiräume, die sowohl zum Aufbau neuer Potentiale als auch zum Abbau von obsolet werdenden Potentialen genutzt werden können.

a) Nutzungspotentiale – Lösung von Ziel- und Mittelkonflikten schaffen Zeit- und Handlungsautonomie

Potentiale, die der Nutzung unterliegen, können außerordentlich vielfältig sein. Drei wesentliche Kategorien von Nutzungspotentialen – Zielkonzeptionen, akquisitorische Produkt-/Marktkombinationen und mitgliedschafts- und leistungsfördernde soziale Strukturen – seien für eine kurze Diskussion des Zeitaspektes exemplarisch herausgegriffen.

– *Konsensierte Zielkonzeptionen entlasten das Zeitbudget des Managements*. Zielkonzeptionen einer Unternehmung besitzen eine integrierende Funktion sowohl gegenüber dem Umsystem als auch im Inneren des in sich gegliederten, arbeitsteiligen Systems. Wird ein Konsens – mehr oder weniger auf Zeit – im Sachlichen, Sozialen, wie im Zeitlichen zwischen relevanten Interessengruppen an der Unternehmung gefunden, besitzt das Management eine nutzbare Informationsbasis für sein leitendes Handeln. Es wird von vielfältigen Störgrößen, die erheblich zeitkonsumierend sein können, befreit, die im Gefolge schwelender nicht harmonisierter Zielkonflikte aufzutreten pflegen: Es gewinnt Zeit- und Handlungsautonomie für die Gestaltung und Lenkung der Unternehmung. Innersystemische Zielkonflikte, die nicht hinreichend in eine konsensierte Zeitkonzeption eingebracht werden, können folglich in ähnlicher Weise über die Gefährdung der Zeit- und Handlungsautonomie des Managements das Überleben einer Unternehmung in Frage stellen, wie ein mangelnder Zeitkonsens mit relevanten Teilen des unmittelbaren Umfeldes.

– *Akquisitorisches Produkt-/Marktpotential eröffnet zeitlich die Möglichkeit der Programmgestaltung.* Auf dem Absatzmarkt versuchen Unternehmungen ein akquisitorisches Potential durch den Einsatz ihres absatzpolitischen Instrumentariums [7] aufzubauen, das sie befähigt, Kaufentscheidungen zu ihren Gunsten zu beeinflussen. Dieser Einfluß führt zur Gestaltung der *Nachfrage* an sich und ihres Verlaufs im Lebenszyklus eines Erzeugnisses. Beide Einflüsse sind nicht zeitüberdauernd: Es besteht die ständige Gefahr der Erosion des entwickelten, akquisitorischen Potentials, wobei den einzelnen absatzpolitischen Instrumenten eigene Veränderungszeiten zugemessen werden müssen. Dies bedeutet, daß akquisitorische Potentiale, die mit einem Einsatz kurzfristig realisierbarer absatzpolitischer Instrumente aufgebaut wurden, im Wettbewerbszusammenhang auch kurzfristig gefährdet sind, während akquisitorische Potentiale, die sich auf längerfristig aufzubauende Instrumente stützen, im allgemeinen auch größere zeitliche Lebensdauern für ein derartiges Potential versprechen.

– *Mitgliedschafts- und leistungsfördernde soziale Strukturen.* Erst jüngst sind auch *soziale* Nutzungspotentiale in ihrer Zeitbezogenheit im Rahmen sogenannter »weicher« Faktoren der Unternehmungsführung in das Blickfeld betriebswirtschaftlichen Interesses gerückt. [8] Unter der Bezeichnung *»Unternehmungskulturen«* wird die intergenerative, allseits akzeptierte, durch Sozialisation erlernte Kenntnis- (kognitive) und Werte- (affektive) Dimension verstanden, die sich über verschiedene soziale Mechanismen im weitgehend Unbewußten der Mitglieder eines Sozialsystems evolutorisch bildet und eine Unternehmung von anderen deutlich unterscheidbar macht. [9]

Das »Einfrieren« kultureller Elemente als eine Funktion der Interaktions- und Erlebnisdichte durchstandener Ereignisse ist ein sozialer Vorgang, der sich in der Werte- und Normendimension der Unternehmung als handlungsentlastend erweist. Statt das Zeitbudget des Managements in Anspruch nehmender expliziter Regelungen erfolgt das Bilden einer sozialen Ordnung weitgehend »spontan« und eigenständig. An die Stelle der die Managementkapazität belastenden expliziten Regelungen tritt die implizite Verhaltenssteuerung unter nur tangentialer Berührung des Managements. Trifft dies für den Aufbau und die Wirkung der Unternehmungskultur weitgehend zu, stellt sich beim Abbau dieses sozialen Nutzungspotentials eher der gegenteilige Effekt ein: Beim »Unfreezing«, dem Auftauen nicht mehr funktionaler Kognitionen und affektiv geprägter Verhaltensweisen können sich handlungsbelastende Probleme mit erheblichem Zeitbedarf ergeben, da ein Brechen mit liebgewonnenen Gewohnheiten ein Entlernen verlangt, das nicht selten auf erhebliche Widerstände stößt.

Die Aufzählung ließe sich durch eine Reihe weiterer Nutzungspotentiale fortsetzen, etwa mit Beschaffungspotentialen bei sachlichen und vor allem bei finanziellen Ressourcen. Der Effekt ist hier im Prinzip der gleiche: Es werden im Zeitablauf Stärken einer Unternehmung aufgebaut, die sich aus der Beeinflussung von Entscheidungen Dritter bei Ziel- und Mittelkonflikten ergeben. Diese Stärken werden über Zeiträume in vielen einzelnen Aktivitäten nutzbar, befreien das Management vom situativen Druck der Zeit und gewähren ihm zeitliche und handlungsmäßige Freiräume für eine Auseinandersetzung mit der Zukunft. Dabei ist jedoch grundsätzlich zu bedenken, daß je länger die Zeitdauer ist, über die ein Nutzungspotential seine entlastende Wirkung auf das Zeitbudget des Managements entfalten kann, desto zeitlich größer die später einzulösende »Hypothek« einer Entsorgung sein kann.

b) Leistungspotentiale – Zeit- und Handlungsentlastung durch Vorrätigkeit

Heteronome sachliche (Sachmittel) und *autonome humane* (Personen) Leistungspotentiale lassen sich unterscheiden. Durch Kauf- oder Einstellungsentscheide werden Bestände an Leistungspotentialen aufgebaut, durch Verschrottung oder Verkauf und Entlassung oder Austritt werden sie nach einer Verweilzeit im System abgebaut.

Bei beiden kann jedoch nicht unterstellt werden, daß sich die volle Leistungsfähigkeit unmittelbar nach der Übernahme eines Leistungspotentials in den Bestand einstellt, wie auch nicht angenommen werden kann, daß diese bis zum Ausscheiden aus der Unternehmung voll erhalten bleibt.

Während bei den sachlichen Leistungspotentialen technisch bedingte Anlaufprobleme entstehen, die erst nach einer Übergangszeit die volle Leistungsfähigkeit herstellen, sind es bei den humanen Leistungspotentialen einerseits fachliche Lernvorgänge in der Handhabung einer Aufgabe und andererseits soziale Lernvorgänge der Sozialisation und Enkulturation, die im Zeitablauf zur Ausprägung der Leistungsfähigkeit führen.

Bereits vor dem Ende der technisch oder vertraglich bedingten Leistungszeit kann es wirtschaftlich oder sozial durchaus angezeigt sein, eine Potentialveränderung vorzunehmen. Dies ist in ökonomischer Perspektive insbesondere dann der Fall, wenn unter dem Einfluß von »wear-out«-Effekten die Effizienz einer weiteren Leistung gefährdet ist. Eine sinkende ökonomische Effizienz kann dabei im sozialen Umfeld humaner Leistungspotentiale wiederum von der Dauer der Nutzung sozialer Strukturen abhängig sein, beispielsweise über eine sinkende Leistungsbereitschaft aufgrund unveränderter Nutzung struktureller sozialer Rahmenbedingungen.

Innerhalb gegebener Leistungszeiten stellt sich damit ökonomisch die Frage nach der Effizienz der Leistung oder Nutzung von Potentialen, die im Zeitablauf variiert: Dabei kann angenommen werden, daß am Anfang der Leistungsabgabe und an deren Ende Ineffizienzen entstehen, während die höchste Effizienz im Zeitraum zwischen dem »An-« und dem »Abfahren« von Potentialen liegt.

2. Das Auf- und Abbauen von Nutzungs- und Leistungspotentialen erfordert Zeit

Charakteristisch für das Management sozialer Systeme ist der Zeitbedarf, den der Auf- und der Abbau von Potentialen benötigt. Im Regelfall kann zur Veranschaulichung auf die Vorstellung einer Lebenszyklusentwicklung von Potentialen zurückgegriffen werden, wie sie bislang nur am Fall des ökonomischen Nutzungspotentials »Produkt/Marktkombination von Erzeugnissen« entwickelt wurde.

Diese Vorstellung läßt sich durchaus auch auf andere Nutzungs- und Leistungspotentiale übertragen, wobei im konkreten Fall die Aufbau-, die Bestandszeiten voller Nutzung oder Leistung und die Abbauzeiten zu ermitteln sind, um sich über die »Zeitkonstanten« eines Potentials bei der Wahl unter verschiedenen strategischen Möglichkeiten ein Bild zu machen.

Wurde dabei in der Managementpraxis schon häufig der Zeitbedarf unterschätzt, der für den Aufbau eines Potentials erforderlich ist, scheint dies in noch gravierenderem Maße beim Entsorgen des Systems von längst »ausgebrannten« Potentialen der Fall zu sein. Offensichtlich bindet als Ausdruck des Beharrungsvermögens sozialer Systeme eine *»Entsorgungsstrategie«* die Managementkapazität in Unternehmungen zeitlich stärker als eine *»Entwicklungsstrategie«* von Zukunftspotentialen.

3. Die sachliche, soziale und zeitliche Harmonisation von Potentialveränderungen in der Unternehmungsentwicklung als Gestaltungsauftrag an das Management

Die Aggregation von Gestaltungsvorgängen des Aufbaus, Nutzens oder Leistens und Abbauens von Potentialen auf der Zeitachse führt im Ergebnis zur Unternehmungsentwicklung in kontinuierlicher oder diskontinuierlicher, in wachsender, stagnierender oder schrumpfender Form.

Erweckt die Aggregation einzelner Potentialveränderungen im Zeitablauf zur Unternehmungsentwicklung zunächst den Eindruck einer sich aus Einzelentscheidungen an Potentialbeständen zusammensetzenden, zwangsläufigen Folge, so ist dieser revisionsbedürftig. Mag dies bei einer extremen Dezentralisation des Handelns ohne ausreichende Integration und Koordination in einem System durchaus zutreffen, ergibt sich bei einer unterstellten Ausgeglichenheit von zeitlichem, sachlichem und sozialem Handeln ein anderes Bild: Den Spitzenorganen kommt zentral die Aufgabe zu, ex ante einzelne Aufbau- und Abbauvorgänge von Potentialen aus einem integrativen Gesamtkonzept der Unternehmungspolitik sachlich und sozial abzuleiten und unter Einbezug des Zeitaspektes strategisch zu konkretisieren, sowie ex post die Folgen einzelner dezentral erdachter und vorgeschlagener Aufbau- und Abbau-Vorgänge im Zeitablauf zu koordinieren. Integration und Koordination folgen dabei nicht nur sachlichen und sozialen Überlegungen eines harmonisierenden Ausgleichs, sondern gehen auch in Richtung auf einen zeitlichen Abgleich von Spannungsfeldern zwischen Umwelt und Unternehmung, die sich in der Folge einzelner Aufbau- und Abbauhandlungen einstellen können. Mögliches Ziel eines derartigen Einflusses auf die Unternehmungsentwicklung könnte der Beschäftigungsausgleich der Managementkapazität sein, die durch eine Ballung oder Glättung einzelner Potentialveränderungen im Zeitablauf zu erreichen wäre.

D. Die kritische Rolle des Management-Potentials und seiner Zeitkonzeption für die Entwicklung der Unternehmung

Eine Betrachtung des Managements unter dem Zeitaspekt muß den Blick nicht nur auf Zeitpunkte des Handelns und Zeiträume von Handlungen und Handlungsfolgen, sondern auch auf das Potential, das diese Handlungen vollzieht, richten. Gingen die vorausgegangenen Erörterungen der Frage nach, welchen Anspruch Sachliches und Soziales an die Zeitkapazität des Managements stellen können, ist nunmehr die qualitative und quantitative Kapazität des Managementpotentials selbst zeitlich zu betrachten; ihre Gestaltung als unternehmungspolitisch-strategisches Metaproblem beeinflußt alle angeschnittenen Fragen einschließlich der zentralen Frage nach der Sicherung der Zeitautonomie eines Systems.

I. Die zeitliche Harmonisation der Unternehmungsentwicklung durch das Management

Die zeitliche Harmonisation der Unternehmungsentwicklung rückt die hierfür kritische Rolle des Managements in den Mittelpunkt der Betrachtung. Geht man von der These aus, daß das Management die knappste Ressource im Bündel der Leistungspotentiale einer Unternehmung ist, muß seine qualitative und quantitative Kapazität im Sinne von Edith T. Penrose [10] von entscheidendem Einfluß auf die Unternehmungsentwicklung sein.

Überfordert die intendierte Unternehmungspolitik dauerhaft und zu bestimmten Zeiten die vorgehaltene Managementkapazität, wird ihr Realisationsgrad allgemein sinken. Unter Zeitdruck eingegangene Qualitätskompromisse bei der Problemlösung generieren zeitbindende Korrekturnotwendigkeiten, die nicht nur die Managementkapazität in der Folge zunehmend belasten können, sondern gemäß ihrer situativen Dringlichkeit zu der von Luhmann akzentuierten »opportunistischen Wertverfolgung« unter dem Primat des Zeitlichen führen. Unterfordert dagegen die intendierte Unternehmungspolitik die vorgehaltene Managementkapazität, ist eher die umgekehrte Wirkung zu erwarten: Das Management kann sich vom Primat der Zeit befreien, die Qualität der Unternehmungspolitik steigern, statt koordinativ stärker integrativ handeln und im Sinne Peter Druckers [11] zunehmend *unternehmerisch* handeln, indem es nach neuen Möglichkeiten Ausschau hält, den Aufbau von Zukunftspotentialen in Angriff nimmt oder aber mit dem Abbau nicht zukunftsträchtiger Potentiale beginnt.

Im Verhältnis von zeitlicher Beanspruchung und zeitlicher Verfügbarkeit stellt die Qualität und Quantität der vorgehaltenen Kapazität des Managementpotentials eine der kritischsten strategischen Aufgaben auf Metaebene dar. Es verwundert daher, daß dieser zentralen Frage im Managementschrifttum lediglich vereinzelt nachgegangen worden ist. Eine differenzierte Betrachtung des Managementpotentials scheint zudem vonnöten. Hier bietet es sich an, zwischen einer *unternehmerischen* Funktion zu unterscheiden, die vor allem dem Aufbau und Abbau von *Nutzungs*potentialen unter risikoreicher Verfolgung von Chancen gewidmet ist und einer mehr *administrativ-»manageriellen«* Funktion, die einerseits dem Aufbau und Abbau von *Leistungs*potentialen und andererseits den rationellen Einsatz ihres Bestandes zur Aufgabe hat. Während das administrative Managementpotential vor allem Gestaltungsaufgaben im operativen Bereich löst, widmet sich das unternehmerische Managementpotential dem »Entrepreneurship«, verstanden als strategische Gestaltung der Unternehmungsentwicklung.

II. Zeitkonzeptionen des Managements bestimmen seine Qualität und wirken auf die Unternehmungsentwicklung

Weder die begriffliche Unterscheidung zwischen einem unternehmerischen und einem administrativen Managementpotential noch dessen pragmatische Gestaltung sind ohne Bezug zu den Zeitkonzeptionen der Träger beider Aufgaben denkbar. Während auf der administrativen Seite der zyklische Aspekt vergangenheitserprobter Verfahren zur Gegenwartsbewältigung im Mittelpunkt des Denkens und Handelns steht, sind für die Bewältigung der unternehmerischen Seite eher visionäre evolutorische oder spiralförmige Zeitkonzeptionen mit einer starken und langfristigen Zukunftsorientierung vonnöten, die einen bewußten Bruch mit der Suggestion einer sicheren Wiederkehr »des Gleichen im unendlichen Ablauf« herstellen. In vereinfachender dichotomischer Betrachtungsweise sind im Managementpotential einer Unternehmung beide

Zeitprofile in einen kommunikativen und dialogischen Schnitt zu bringen, wenn der Funktion des Unternehmungsbestandes in gleicher Weise wie der der Unternehmungsentwicklung entsprochen werden soll.

Wird dabei unterstellt, daß die Zeitkonzeptionen einzelner Träger von Managementaufgaben vor dem Hintergrund ihrer Persönlichkeitsprägung und erfahrungsbedingten -entwicklung nur in Grenzen durch personale oder systemische Einflüsse veränderbar sind, richtet sich letztlich die Frage des optimalen Mixes von Trägern mit funktionalen Zeitprofilen auf beiden Seiten des Managementpotentials an die Auswahl und den Einsatz derartiger Persönlichkeiten. Damit ist die Personalfunktion als Teil jeder Führungsaufgabe aber auch die Überwachungsfunktion vor allem der obersten Spitze von Unternehmungen angesprochen, soweit dieser die Personalhoheit gegenüber den überwachten Spitzenorganen verfassungsgemäß zugewiesen ist. Sie wird ergänzt durch die systemische Forderung nach dem Herstellen von »checks and balances«, die ein Überborden in administrative oder unternehmerische Zeitkonzeptionen, das entweder entwicklungs- oder bestandsgefährdend sein kann und damit die Überlebensfähigkeit eines Systems in Frage stellen kann, verhindern.

E. Ausblick

Ohne eine nähere Untersuchung von Zeitkonzeptionen des Managements werden wir nach meiner Auffassung den unternehmungspolitischen Problemen günstiger oder ungünstiger Unternehmungsentwicklungen nicht auf die Spur kommen, und ohne sie kann wohl auch die Managementpraxis sinnvolle Empfehlungen für ihr zeitgebundenes und zeitbestimmendes Handeln von uns nicht vermittelt bekommen.

Mit dem Managementpotential und der mit ihm gegebenen Struktur an Zeitkonzeptionen als in sich hoch-komplexem Ausgangspunkt, seiner Beschäftigung in Abhängigkeit von Kulturen, Strukturen und Strategien der Unternehmung werden »Kairos« und »Chronos« zum bewußten Gegenstand von präsituativen und situativen Gestaltungshandlungen, die die Rahmenbedingungen für die Unternehmungsentwicklung definieren. Traditionen der Vergangenheit sind dabei mit dem im Augenblick des Handelns gegenwärtigen Bedingungen zu verknüpfen, um Innovationen in der Zukunft bewirken zu können.

Anmerkungen

1 Vgl. hierzu *Pümpin* (Management).
2 Vgl. *Luhmann* (Knappheit) S. 23.
3 Vgl. *Ulrich* (Management) S. 86f.
4 Vgl. zum folgenden auch *Luhmann* (Systeme) S. 255.
5 Vgl. *Luhmann* (Knappheit) S. 9.
6 Vgl. *Luhmann* (Knappheit) S. 15f.
7 Vgl. hierzu *Gutenberg* (Absatz).
8 Vgl. u.a. *Peters/Waterman* (Spitzenleistungen) sowie *Deal/Kennedy* (Cultures).
9 Vgl. von *Keller* (Kulturen) S. 114f.
10 Vgl. *Penrose* (Growth); vgl. hierzu auch *Paul* (Unternehmungsentwicklung).
11 Vgl. *Drucker* (Innovations-Management).

Literaturverzeichnis

Deal, T. E./ *Kennedy,* A. A. (Cultures): Corporate Cultures. Reading u. a. 1982.

Drucker, P. (Innovations-Management): Innovations-Management für Wirtschaft und Politik. Landsberg am Lech 1985.

Grochla, E./ *Bauer,* W./ *Fuchs,* H. u. a.: Zeitvarianz betrieblicher Systeme. 1. Aufl., Basel-Stuttgart 1977.

Gutenberg, E. (Absatz): Grundlagen der Betriebswirtschaftslehre. Zweiter Band: Der Absatz. Berlin – Göttingen – Heidelberg 1955.

Keller, E. v. (Kulturen): Management in fremden Kulturen. Bern – Stuttgart 1982.

Luhmann, N. (Knappheit): Die Knappheit der Zeit und die Dringlichkeit des Befristeten. In: Die Verwaltung. Zeitschrift für Verwaltungswissenschaften, 1/1968, S. 3–30.

Luhmann, N. (Systeme): Soziale Systeme – Grundriß einer allgemeinen Theorie. 2. Aufl., Frankfurt/M. 1985.

Paul, H. (Unternehmungsentwicklung): Unternehmungsentwicklung als betriebswirtschaftliches Problem. Frankfurt am Main – Bern – New York 1985.

Penrose, E. T. (Growth): The Theory of the Growth of the Firm. Oxford 1959.

Peters, T. J./ *Waterman,* R. H. (Spitzenleistungen): Auf der Suche nach Spitzenleistungen. 7. Aufl., Landsberg am Lech 1984.

Pümpin, C. (Management): Management strategischer Erfolgspositionen. 2. Aufl., Bern – Stuttgart 1985.

Ulrich, H. (Management): Management, hrsg. v. T. *Dyllick*/G. *Probst.* Bern – Stuttgart 1984.

Adolf G. Coenenberg und
Heinz-Georg Baum *

Wettbewerbsmatrizen als Ergänzung des Produktportfolios

* Prof. Dr. *Adolf G. Coenenberg* und Dr. *Heinz-Georg Baum*, Universität Augsburg, Lehrstuhl für Betriebswirtschaftslehre.

A. Grundzüge des Produktportfolios

Ein Großteil der Literatur zur strategischen Planung ist instrumentell geprägt. Neben der Misfit- und der Lückenanalyse konzentrieren sich die Veröffentlichungen zu den strategischen Analyse- und Entscheidungsinstrumenten vornehmlich auf die Produktportfolios und auf die Wettbewerbsmatrizen. [1]

Die Denkfigur Portfolioanalyse avancierte jedoch zum methodischen Mittelpunkt der strategischen Planung. Die Portfoliotechnik ist ein Instrument zur Formulierung von Strategien bzw. Handlungsanweisungen, wobei die verschiedenen unternehmerischen Aktivitätsfelder, die sog. Produkt/Markt(P/M)-Bereiche als Investitions- bzw. Desinvestitionsobjekte aufgefaßt werden. P/M-Kombinationen lassen sich wie Finanzanlagen als Renditebringer mit den damit jeweils verbundenen Risiken betrachten. Das Ausgewogenheitspostulat und damit die gesamtunternehmerische Sichtweise des Portfolioansatzes kommt in zweifacher Weise zum Ausdruck: Bei der Entwicklungsperspektive und beim Finanzstatus.

Implizit wird bei Portfolioaussagen von einer permanenten Verschiebung der unternehmerischen Aktivitätsfelder entsprechend einer Lebenszyklusvorstellung ausgegangen. Jedes P/M-Programm durchläuft nach dieser Annahme im Laufe der Zeit verschiedene Phasen. Hierzu hat man sich für theoretische Zwecke ein idealisiertes Verlaufsmuster analog der Abfolge Nachwuchs-, Wachstums-, Sättigungs- und Schrumpfungsphase vorzustellen. Im praktischen Einzelfall sind natürlich unterschiedliche Entwicklungsverläufe denkbar, wobei die Phasen auch verschiedene Zeiträume beanspruchen. Der jeweilige Phasenstatus eines P/M-Bereichs ist dann Ausdruck seiner Entwicklungsperspektive. Eine nachhaltige Existenzsicherung des Gesamtunternehmens scheint hiernach zu erfordern, daß die diversen P/M-Kombinationen sich möglichst gleichmäßig auf alle Zyklusstadien verteilen. Der Ausgewogenheitsgedanke entspringt der strategischen Vorsorge, die Wirkungen des Wandels und der Veränderlichkeit aufgreifen zu müssen. Unternehmen, die lediglich über P/M-Kombinationen in der Sättigungsphase verfügen, erwirtschaften momentan sicherlich ein zufriedenstellendes operatives Ergebnis. Sie besitzen jedoch keine strategisch tragfähige Perspektive, da nicht über künftige Sättigungsprodukte, eben über Nachwuchsprodukte verfügt wird.

Der zweite Aspekt der Ausgewogenheit betrifft den Finanzstatus. Vielfach wird auch von einer Cashbilanz gesprochen. Jeder idealisierten Phasenposition wird in Verbindung mit der wettbewerblichen Stellung ein ganz bestimmter Cash-flow-Status zugeschrieben. Ausgewogenheit bedeutet hiernach, einen Gleichgewichtskurs zwischen den Finanzüberschüssen geringwachsender, stagnierender oder schrumpfender und den Finanzbedarfen expandierender P/M-Programme zu steuern. Die Beachtung des Finanzausgleichs dient dem Zweck, intern die Durchführbarkeit des strategischen Programms zu überwachen. Obwohl eine strategische Investitionsentscheidung immer eine Allokation über finanzielle, sachliche und personelle Ressourcen ist, wird im Rahmen der Portfolioplanung die Frage der internen Machbarkeit auf die Steuerung der finanziellen Ressourcen beschränkt.

Voraussetzung für die Formulierung einer erfolgversprechenden Gesamtstrategie ist das Erkennen und Verarbeiten jener Faktoren, die den unternehmerischen Erfolg langfristig bestimmen. Die Portfoliotechnik will die unternehmerischen Aktivitätsfelder im Lichte dieser Einflußfaktoren abbilden. Darüber hinaus sollen machbare Aktionen entwickelt werden, die darauf abzielen, den faktorbezogenen Ausprägungsgrad dieser P/M-Kombinationen zu verändern. Diese Abbildung wird auch als strategische Positionierung bezeichnet. Eine solche visuelle strategische Positionierung ist somit das Spiegelbild einer P/M-Kombination in den Ausprägungen des verwendeten Faktorensystems. Die Auswahl der relevanten Faktoren und die

Beurteilung von P/M-Kombinationen im Lichte dieses Faktorsystems sollen eine strategische Ressourcenverteilung lenken. Sie dient zudem dazu, die nach außen gerichteten Entwicklungsperspektiven bestimmen zu helfen.

Ziel dieser Analyse ist letztlich die Generierung von produktgruppenbezogenen Aussagen über das künftige Marktverhalten (sog. Normstrategien). Normstrategie bedeutet, daß bei Vorliegen bestimmter Faktorausprägungen Investitionsempfehlungen ausgesprochen werden. Wie der Begriff schon nahelegt, ist lediglich eine grobschlächtige Aussage gewollt. Obwohl die einzelnen Faktorausprägungen mehr oder minder detailliert bestimmt werden, so ist ihre strategische Wertung doch weitgehend auf eine dichotomisierende Beurteilung ausgelegt. Ihre Analyse im Hinblick auf die normative Investitionsempfehlung bestimmter P/M-Bereiche ist nur rasterartig. In diesem Sinne bedeutet Normstrategie lediglich, den Grad und die Art der Förderungswürdigkeit von P/M-Bereichen festzulegen. Da den Normstrategien ein fester Entwicklungspfad von P/M-Bereichen zugrunde liegt, geben sie darüber Auskunft, welche grundsätzlichen Anstrengungen bei Vorliegen bestimmter wettbewerblicher Voraussetzungen geboten erscheinen, um das nächste Phasenstadium zu erreichen. Wettbewerbliche Voraussetzungen bedeutet, daß entsprechend des Entwicklungsstadiums jene Faktorausprägungen vorliegen sollten, um die phasenbezogenen Normstrategien zu rechtfertigen. Beispielsweise macht es wenig Sinn, in einem wachsenden Markt ohne Aussicht auf erfolgreiche Marktteilnahme zu investieren. Wenn aber die Art der Förderungswürdigkeit von den Ausprägungen der Erfolgsfaktoren abhängt und zudem von einem idealisierten Verlauf ausgegangen wird, so könnte im Umkehrschluß auch die Frage gestellt werden, ob die jeweiligen P/M-Kombinationen über eine entsprechend dem Zyklusstadium adäquate Ausprägung der Erfolgsfaktoren verfügen. Werden die Normstrategien befolgt, so wird die Maximalforderung unternehmerischer Tätigkeit, nämlich in einem wachsenden Markt mit einer Führerschaftsrolle vertreten zu sein, relativiert.

Diese idealisierte Ressourcenallokation wird also aus der strategischen Positionierung hergeleitet. [2] Die Güte dieser Positionierung und damit der strategischen Entscheidung hängt aber im entscheidenden Maße von der Gültigkeit der Hypothesen ab, die die einzelnen Einflußgrößen des Faktorsystems als die strategisch signifikanten Erfolgsfaktoren für nachhaltigen Gewinn identifizieren. Diese Hypothesen sind somit implizite Prämissen bei einer Anwendung der Portfolioplanung. Hinzu kommt ein Bewertungsproblem. Die Aktivitätsfelder müssen in den Dimensionen der Erfolgsfaktoren gemessen und ausgewiesen werden. Die aus der Positionierung abgeleitete Empfehlung ist mithin nur so gut, wie die strategischen Einflußfaktoren das Problem richtig darstellen.

Um ein solches Faktorensystem praktikabel zu halten, muß es ohne gravierende Einbußen an Vollständigkeit und Sensibilität auf wenige Faktoren reduziert werden können. Solche Systeme wären dann in der Lage, P/M-Kombinationen bezüglich ihrer strategischen Position eindeutig zu bewerten, Ansatzpunkte für eine gezielte strategische Entwicklung abzuleiten und die strategische Planung überprüfbar zu gestalten. [3] Von einem derartigen Faktorensystem ist man jedoch weit entfernt.

Die Portfoliotechnik greift diese strategischen Erfolgsfaktoren auf und verdichtet sie zu einer Matrixdarstellung. Man kann deshalb auch von einer Rastertechnik sprechen. Obwohl in der Zwischenzeit vielfältige Versionen [4] entwickelt wurden und sich die Dimensionen dieser Matrizen doch beachtlich unterscheiden, lassen sich grundlegende Gemeinsamkeiten erkennen. Die eine Achse soll die Umwelteinflüsse reflektieren, wohingegen die zweite Dimension die Unternehmensvariablen repräsentiert. Die strategischen Erfolgsfaktoren werden also auf zwei Dimensionen verdichtet. Je nach Zielsetzung des Portfolioansatzes werden aus der Vielzahl der hypothetischen strategischen Erfolgsfaktoren die zweckrelevanten ausgesucht.

Das wohl bekannteste Produktportfolio ist die sog. BCG (Boston Consulting Group)-Matrix.

Von der Vielzahl möglicher unternehmerischer und umweltlicher Erfolgsfaktoren wird jeweils nur einer berücksichtigt. Es sind dies der relative Marktanteil und das Marktwachstum. Dieses Portfolio ist somit ein quantitatives Zwei-Faktoren-System. Die marktliche Entwicklungschance wird durch das Marktwachstum abzubilden versucht. Die zentrale Grundannahme beim sog. Boston-Portfolio lautet, daß das Marktrisiko mit der Höhe des relativen Marktanteils abnimmt. Unternehmen mit einem im Vergleich zur Konkurrenz höheren kumulierten Gesamtabsatz haben Erfahrungsvorteile, die sich in Kostenvorteile umsetzen lassen und so die Marktrisiken senken. Das erklärte strategische Ziel hat hiernach (unter der Einschränkung des Ausgewogenheitspostulats) zu lauten, in einem wachsenden Markt als Marktführer vertreten zu sein.

B. Die Notwendigkeit der Ergänzung des Produktportfolios

I. Unvollkommenheit des Marktes

Neben Produktportfolios werden als Hilfsmittel der strategischen Planung zunehmend auch Wettbewerbsmatrizen verwendet. Dieses Instrument wurde entwickelt, um einigen bekannten Schwachstellen des Portfolioansatzes mit einer differenzierten Betrachtung zu begegnen. Der Ergänzungscharakter wird deutlich, wenn man sich das Allokationskriterium eines 2-Faktoren-Portfolios (Boston-Portfolio) vor Augen führt. Die Boston-Aussage ähnelt im Grunde stark der klassischen Mikroökonomie. Der Wettbewerb vollzieht sich quasi nach den Prinzipien des vollkommenen Marktes. Als deren wichtigste sind die Homogenität der Güter, die Transparenz der Marktgeschehnisse, die unendlich schnelle Anpassungsgeschwindigkeit an Veränderungen sowie das Fehlen jeglicher akquisitorischer Potentiale zu nennen. Der Begriff »akquisitorisches Potential« geht auf Gutenberg zurück. [5] Hiernach lassen sich Kaufentscheidungen neben dem Preis mit räumlichen, zeitlichen und sachlichen Kundenpräferenzen begründen. Das Boston-Portfolio vernachlässigt diese möglichen Präferenzen und reduziert die wettbewerbliche Auseinandersetzung auf einen reinen Preis- oder besser Kostenwettbewerb. Der Preis wird als alleiniges Entscheidungskriterium angesehen. Wenn aber akquisitorische Potentiale ausgeschlossen sind, dann führt dies gleichsam zu einer homogenen Wettbewerbsstruktur. Es bereitet mithin kein Problem, den relevanten Wettbewerber zu identifizieren; aufgrund der impliziten Prämissen ist er gegeben.

Der relevante Wettbewerb wird jedoch nicht vollends über diesen idealisierten Denkrahmen der Kostenkonkurrenz erfaßt. Vielmehr bauen Unternehmen bewußt akquisitorische Potentiale auf, um der direkten Kostenkonkurrenz zu entgehen. Über P/M-bezogene Zusatznutzen werden preispolitische Autonomiespielräume geschaffen. Das Ziel besteht darin, in Ermangelung einer Kostenführerschaft für den Gesamtmarkt eine wettbewerblich relativ unangreifbare Position in Teilsegmenten aufzubauen. Entscheidende Nebenbedingung ist allerdings, daß für diese Zusatznutzen ein Bedarf besteht und sie auch entsprechend honoriert werden. Die doppeltgeknickte Preis-Absatz-Funktion Gutenbergs stellt diesen Sachverhalt graphisch dar (vgl. Abb. 1). Hiernach wird von einem monopolistischen Preisspielraum mittels akquisitorischer Potentiale gesprochen, wenn die Preis-Absatz-Funktion bei einer Preisanhebung einen nur unterproportionalen Mengenrückgang ausweist. Der doppelte Knick im Funktionsverlauf zeigt, daß die Marktsegmente von mit Zusatznutzen ausgestatteten P/M-Kombinationen begrenzt sind und damit sehr wohl indirekt zum Standardprodukt in Konkurrenz stehen. Mit der Bezeichnung Standardprodukt sollen jene P/M-Kombinationen angesprochen werden, bei denen der Preis die dominante wettbewerbliche Komponente darstellt. Hierbei handelt es sich um jenes Kernsegment, welches im Boston-Portfolio abgebildet ist. Der rechte Ast der doppeltgeknickten Preis-Absatz-Funktion soll darauf hinweisen, daß auch das Marktsegment des Standardproduktes den übrigen Wettbewerbern grundsätzlich nicht verschlossen ist. Allerdings macht dies dann einen reinen Preiswettbewerb erforderlich, wobei bei Preisgleichheit dann das akquisitorische Potential den Ausschlag geben soll:

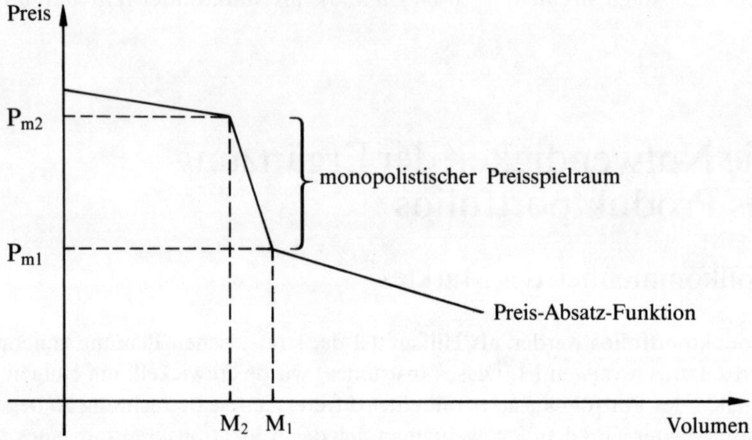

Abb. 1: Doppeltgeknickte Preis-Absatz-Funktion

Die Wirklichkeit ist keinesfalls durch eine homogene Wettbewerbsstruktur gekennzeichnet. Diese heterogenen Wettbewerbsstrukturen versuchen Wettbewerbsmatrizen einzufangen. Unterschiedliche Produktspezifikationen bewirken unterschiedliche Zielmärkte. Märkte sind damit ebenso wie Produktkomponenten Ausfluß eines willentlichen Aktes. Wenn dem so ist, dann erscheint auch die Marktanteilsdiskussion plötzlich in einem ganz anderen Licht. Die These, daß insbesondere Unternehmen mit einem hohen relativen Marktanteil über eine überdurchschnittliche Rentabilität verfügen, scheint auch zielmarkt- und nicht nur gesamtmarktbezogen zu gelten. Der relevante Markt als Basis des Marktanteils ist damit der strategischen Disposition anheim gestellt und keinesfalls extern vorgegeben.

Gemessen an der Branche können kleine Unternehmen durchaus in ihrem selbstgewählten Marktsegment als große Unternehmen gelten. Trotz eines identischen Kundenproblems führen grundlegend abweichende P/M-Kombinationen zu unterschiedlichen Zielmärkten. Zwischen diesen Zielmärkten brauchen aber keine wettbewerblichen Austauschbeziehungen zu existieren, so daß im Extrem keinerlei Konkurrenzbeziehungen vorliegen. Als Beispiel ließe sich die Automobilindustrie anführen. Der Hersteller von Kleinwagen wird wohl kaum zu den Produzenten von Sportwagen in Konkurrenz treten. Die direkte und die als nicht wirksam empfundene Konkurrenz sind jedoch nur die Eckpunkte eines Kontinuums. Es sind zwischen den verschiedenen Teilsegmenten einschließlich Kernsegment (falls vorhanden) Konkurrenzbeziehungen unterschiedlicher Intensität denkbar und auch existent.

Bevor die Wettbewerbsmatrizen im einzelnen dargestellt werden, soll der relevante Markt als Bemessungsgrundlage des Marktanteils bezüglich der strategischen Marktanteilsaussage untersucht werden. Zudem sind ohne ein Verständnis der Bezugsgröße die Wettbewerbsmatrizen wenig verständlich.

II. Relevanter Markt und Marktanteil

Wie in der Literatur hinlänglich dokumentiert, wird der relative Marktanteil (RMA) als dominanter strategischer Erfolgsfaktor betrachtet. Dieser Aussage scheint die Erfahrungswelt entgegenzustehen, daß auch marktanteilig kleine Unternehmen überaus erfolgreich sein können. Diesem scheinbaren Widerspruch wird im folgenden nachgegangen.

Zunächst soll auf Ergebnisse der PIMS-Studie zurückgegriffen werden. Bereits in einem frühen Stadium der Diskussion hat diese sich um eine ökonomische Erklärung des Marktanteils-Faktors bemüht. [6] Bei einer Analyse von 594 Geschäftsfeldern und deren Aufteilung in fünf Marktanteilsgruppen konnten die folgenden Merkmalsunterschiede aufgedeckt werden [7].

- Der Quotient Lagerbestand zu Umsatz sinkt mit steigendem Marktanteil.
- Die Umsatzrentabilität steigt bei wachsendem Marktanteil.
- Der Quotient Einkaufsvolumen zu Umsatz sinkt deutlich bis zu einem Marktanteil von etwa 30 % und bleibt dann auf niedrigem Niveau in etwa konstant. Dies deutet auf eine in Grenzen wachsende Profitabilität mit steigendem Wertschöpfungsanteil hin.
- Der Quotient FuE zu Umsatz steigt mit dem Marktanteil.
- Der relative Preis steigt mit dem Marktanteil.

Diese globalen Ergebnisse wurden noch hinsichtlich branchentypischer Unterschiede differenziert. So wirkt ein hoher Marktanteil insbesondere bei selten gekauften Gütern günstig auf die Rentabilität. Eine andere ergänzende Analyse zeigt die rentabilitätsmindernde Kraft einer hohen Abnehmerkonzentration, und zwar über alle Marktanteilsklassen hinweg.

Der hohe Marktanteil ist nach PIMS aber nur ein Indiz und kein Garant für Erfolg. Da PIMS nur Durchschnittswerte veröffentlicht, neigt man vorschnell zu einer pauschalen Wertung. Wie an der nachstehenden Abbildung ersichtlich wird, liegt selbst bei einem RMA von 140 % (bzw. 1,4) die Mißerfolgsrate immerhin bei ca. 20 % der Geschäftsfelder. Die vertikale Summe von Erfolg und Mißerfolg ergibt jedoch nicht 100 % (bei RMA von 140 % ist die Summe 85 %), so daß zudem bei einer Reihe von Unternehmen keine Aussage möglich ist [8]:

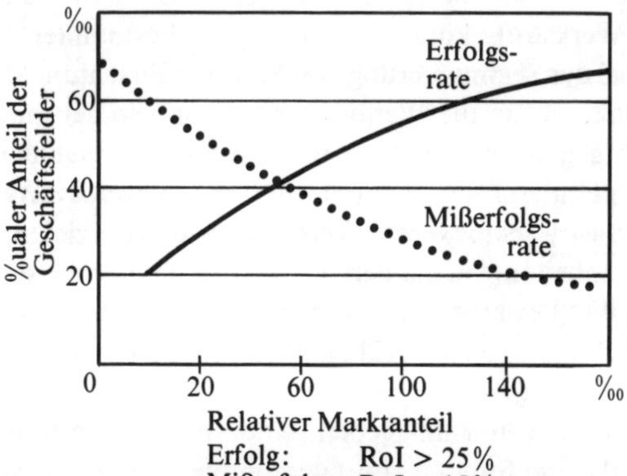

Abb. 2: Erfolgs-/Mißerfolgsrate bei Geschäftsfeldern in Abhängigkeit des RMA

Diese Abbildung geht mit der von der BCG vertretenen These konform, wonach wenigstens ein RMA von 150 % nötig ist, um einen entscheidenden Vorteil zu realisieren. [9]

Welches sind aber nun die strukturellen Bedingungen, unter denen auch Unternehmen mit kleinen Marktanteilen erfolgreich sind? Hierzu liegen bereits Untersuchungen vor. Die Analyse mit Hilfe der PIMS-Datenbank brachte aber nur bedingt diskriminierende Ergebnisse hervor. Trotzdem wurde eine Thesenformulierung versucht, die in etwa in die folgenden Strategieempfehlungen mündet. [10] Unternehmen mit niedrigen Marktanteilen sollten sich auf bestimmte Segmente konzentrieren und sich vor einem zu breiten Sortiment hüten. Die Marktteilnahme an vielen Fronten in Folge breiter Produktlinien scheint gefährlich. Zudem sichert eine geringe vertikale Integration eine tendenziell höhere Flexibilität gegenüber Veränderungen und macht leichter Anpassungen möglich. Des weiteren verspricht ein hoher Qualitätsstandard Aussicht auf Erfolg. Die überlegene Qualität und die Zuverlässigkeit spielt insbesondere beim Verkauf von Komponenten und Zulieferteilen eine Rolle. Diese Aussagen sind jedoch nicht als allgemeingültig einzustufen. So erbrachte die Untersuchung auch, daß Geschäftsfelder mit kleinen Marktanteilen häufig in stabilen Märkten vertreten sind. In dieser Situation ist es weniger bedeutend, eine Ausweichstrategie zum Marktführer zu verfolgen, als vielmehr im operativen Bereich keine Fehler zu machen. Hierzu gehört beispielsweise eine hohe Umschlagshäufigkeit, die den Wert von hohen Marktanteilen relativiert.

Die Konzentration auf ausgewählte Marktsegmente wird auch bei der Untersuchung von Hamermesh/Anderson/Harris betont. [11] Diese Erfolgsvoraussetzung soll hiernach von den Unternehmen selbst realisiert werden. Branchen müssen daraufhin abgeklopft werden, ob sie eine kreative Teilsegmentierung erlauben. Mit begrenztem Wachstum und strenger Führung nennen die Autoren darüber hinaus weitere Bedingungen, unter denen Geschäftsfelder mit kleinen Marktanteilen erfolgreich sein können.

Wenn hier den Unternehmen mit kleinen Marktanteilen eine streng segmentierte Marktbearbeitung empfohlen wird, so haben offensichtlich der Marktführer und der Segmentanbieter unterschiedliche Bezugsgrößen bezüglich ihres Marktes. Allgemeingültige Empfehlungen zur Unternehmensstrategie aufgrund von Marktanteilen sind aber nur dann aussagekräftig, wenn alle Beteiligten sich über den zu bedienenden Markt verständigen, ihn also einheitlich abgrenzen. Der Branchenmarkt als externer Bezugsrahmen ist jedoch nur ein Kriterium für die strategische Abgrenzung von Märkten; ein anderes Kriterium ist die unternehmensinterne Struktur. Vorteile im Standort oder besondere Fertigkeiten in der Produktionstechnologie oder im Einsatz bestimmter Werkstoffe können der Ursprung bestimmter strategischer Stärke sein und sollten dann auch bei der Segmentierung von Märkten Beachtung finden. Die Prämisse der identischen Grundgesamtheit für alle Wettbewerber steht also der unternehmensspezifischen Marktsegmentierung entgegen. Hiernach definiert jedes Unternehmen seinen Markt individuell, und zwar vor dem Hintergrund seiner eigenen Wettbewerbsvorteile. Denn »der stärkste Konkurrent in einem Industriesektor vermag keinen Gewinn zu erzielen, wenn die individuellen strategischen Geschäftseinheiten von kleineren Konkurrenten beherrscht werden. Der Gewinn hängt von den relativen Wettbewerbsvorteilen (Stärken) der strategischen Geschäftseinheit und nicht von der Unternehmensgröße ab«. [12] Damit ist die identifizierte Konkurrenz ein Ergebnis der eigenen Marktfestlegung.

Wenn also allein die Stärken ausschlaggebend sind, so ist das Sortiment des Branchenmarktführers nichts anderes als eine Summe von latenten Nischen, die sich durch ein bestimmtes Stärkenbündel stückweise erobern lassen. Zu diesem Stärkenbündel gehört dann auch als ein möglicher Vorteil die günstige Kostensituation. Der Marktführer eines Industriezweiges besitzt jedoch gegenüber Nischenanbietern ein Potential zur Nutzung von Synergien (Produktionstechnologie, FuE, Finanzausgleich, Vertriebswege, Service, Public Relations usw.). Zudem hat er die Möglichkeit über Lieferbindungsstrategien monopolisierende Effekte zu begründen. Eine solche Lieferbindung läßt sich u. a. durch technologische Schnittstellenvarianzen bewirken. Aber auch über rechtliche Positionen (z. B. Gewährleistung) oder über additive Dienstleistungsverträge (z. B. Wartung) lassen sich derartige Effekte begründen. Ebenso kann die Reputation des Unternehmens solche Wirkungen verursachen. [13] Auf die Bildung von Kartellen und Syndikaten zur Vermeidung von strukturverändernden Prozessen soll hier nur hingewiesen werden. Die durch hohen Marktanteil begründete Kostenführerschaft ist somit nur noch hinsichtlich zweier Fragestellungen relevant:

(1) Inwieweit gelingt es dem Branchenmarktführer kostenmäßig Synergieeffekte der verschiedenen artverwandten P/M-Linien zu nutzen, um so zu einem Breitsortimentanbieter über viele Teilmärkte hinweg zu avancieren?
(2) Wie wichtig ist im Bereich der Wirkung von Stärken als Sammelbegriff für das wettbewerblich relevante akquisitorische Potential der Kostenaspekt? D. h., wie groß ist das Marktpotential des Standardproduktes, bei dem die günstige Kostenposition die signifikante wettbewerbliche Stärke darstellt?

Für jede potentiell verselbständigbare P/M-Kombination erhebt sich die Frage, ob das Schwergewicht auf die Kostenreduktion oder auf den Aufbau von Leistungseigenschaften zur differenzierteren Bewältigung des Kundenproblems gelegt werden soll. Damit sind die beiden strategischen Grundrichtungen während eines Lebenszyklus angesprochen. Das Schwergewicht strategischer Maßnahmen liegt damit entweder darauf, die Kosten zu reduzieren oder das Produkt mit Leistungseigenschaften zu versehen, die höhere Erlöse am Markt durchsetzbar machen.

Die einschränkende Bedingung des Lebenszykluskonzeptes, daß Produkte mehr oder minder unverändert ihre Marktphase erleben, ist aufzugeben. Gerade um die Marktgängigkeit über einen vollen Lebenszyklus zu ermöglichen, sind permanente Produktmodifikationen angezeigt. Insbesondere im sog. Nachhaltigkeitsbereich (Ende der Wachstumsphase, Beginn der Reifephase) ist die Erfolgsaussicht von teilmarktbegründenden Produktdifferenzierungen gegeben. In dieser Phase können bestimmte Abnehmergruppen dann zum Gegenstand eigenständiger P/M-Kombinationen und damit Strategien avancieren.

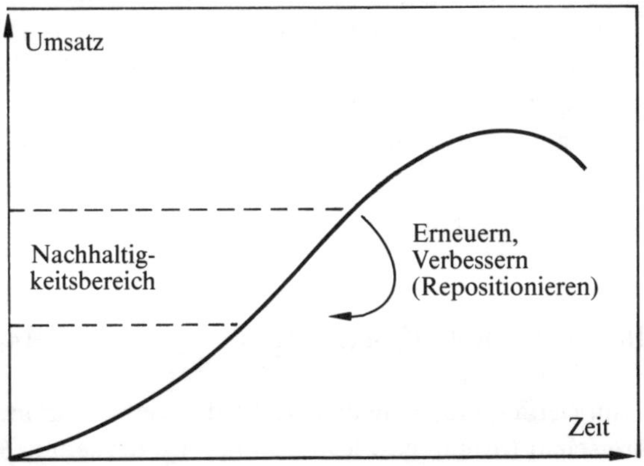

Abb. 3: Repositionierung im Nachhaltigkeitsbereich

Als Quintessenz bleibt festzuhalten, daß Marktstrukturen in einer evolutionären Welt nicht stabil sind. Durch gezielte Innovationen im Nachhaltigkeitsbereich und flexible Nutzung strategischer Optionen werden permanent Resegmentierungen verursacht. Dies kann dann zur Folge haben, daß im Nachhaltigkeitsbereich der Wechsel auf einen anderen Lebenszyklus – eben das differenzierte Produkt – notwendig ist, um die nachhaltige Marktteilnahme zu sichern.

Die Ausführungen zeigen, daß Unternehmen nur im begrenzten Maße über Marktanteile konkurrieren. Vielfach entzünden sich wettbewerbliche Auseinandersetzungen an Abnehmergruppen, die selbständig definitorischer Bestandteil unterschiedlicher Marktabgrenzungen sind. Strategisch bedeutsam ist vielfach nicht die im Marktanteil identifizierte Konkurrenz, sondern die durch evolutionäre Veränderungen verursachte Resegmentierung des Gesamtmarktes. Hinzu kommt, daß der Abnehmer häufig zwischen mehreren am Markt angebotenen Lösungstechnologien zu bestimmten Kundenproblemen wählen kann. Er besitzt eine Option, sein Kundenproblem auf unterschiedliche Weise lösen zu können (sog. Optionsprodukte). So kann er beispielsweise mit dem Flugzeug oder mit der Bahn reisen. Da die vielfältigen Optionswirkungen unterschiedlicher Lösungstechnologien sogar über Branchengrenzen hinweg verlaufen, sind die wettbewerblich wirksamen Interpedendenzen äußerst komplex. Bei Berücksichtigung aller möglichen Interdependenzen ist der Markt zweifelsohne zu weit gefaßt. Hier würden nun selbst die Marktanteile von Branchenführern zu Marginalien verfallen. Bei einer vollständigen Vernachlässigung dieser latenten Konkurrenz werden die Probleme aber lediglich definitorisch beseitigt. Der Marktanteil bildet das Konfliktpotential somit nicht vollständig ab. Der Basisbegriff vieler strategischer Analysen ist unbestimmt.

C. Darstellung von Wettbewerbsmatrizen

Auch Wettbewerbsmatrizen postulieren die Marktführerschaft. Allerdings nun nicht mehr auf die Branche bezogen, sondern auf das Segment. Diese Führerschaftsrolle in abgrenzbaren Segmenten soll eine relative Unangreifbarkeit fundieren helfen und damit die marktliche Teilnahme nachhaltig sichern.

Unternehmen, welche ihre Existenz nicht durch wettbewerblich relevante Stärken stützen können, sind strategisch gefährdet. Die erforderlichen Wettbewerbsvorteile sind allerdings segmentspezifisch. Nicht jedes Segment macht die gleichen Stärken erforderlich. Hierauf ist bei einer Segmentführerschaft besonders abzuheben. Die Darstellung über Wettbewerbsmatrizen macht somit auch den Zersplitterungsgrad von Branchen deutlich. Doch welche grundsätzliche Segmentbildung bietet sich an, um dann auch klassifikatorische Stärkenvoraussetzungen zu nennen?

I. Die generischen Wettbewerbsstrategien von Porter [14]

Bei dieser Klassifikation werden drei verteidigbare Wettbewerbspositionen lokalisiert. Porter nennt mit Kostenführerschaft (overall cost leadership), Differenzierung (differentiation) und Spezialisierung (focus) drei mögliche strategische Ausrichtungen, die eine nachhaltige marktliche Teilnahme stützen können:

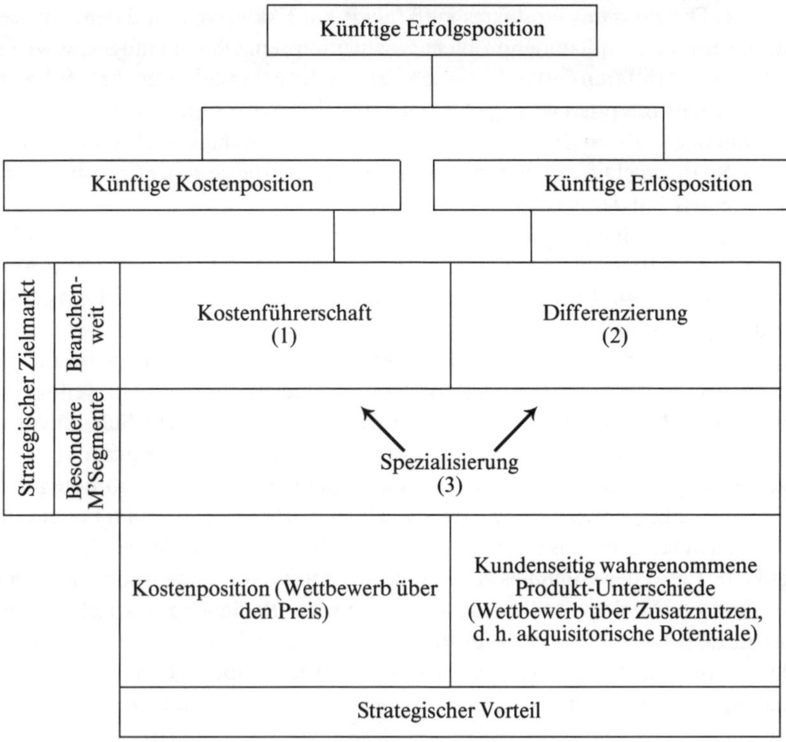

Abb. 4: Generische Wettbewerbsstrategien nach Porter

(1) Die Kostenführerschaft basiert auf dem Prinzip der Erfahrungskurve. Um diese Position zu erreichen, sind hohe relative Marktanteile als Maß für ein hohes akkumuliertes Produktionsvolumen notwendig. Eine Selbstbeschränkung auf bestimmte Marktsegmente scheidet wegen der hier erfolgsbegründenden Voraussetzung als Volumengeschäft aus. Vielmehr werden alle wesentlichen Marktsegmente beliefert. Der Kostenvorteil fungiert als Unangreifbarkeitskriterium und verlangt nach einer konsequenten Umsetzung hinsichtlich Kostensteuerung und Kostenkontrolle. Die auf eine günstige Kostenposition abgestellte Strategie eignet sich naturgemäß dort, wo die übrigen wettbewerblichen Determinanten über einen Marktstandard festgelegt sind. Eine solche strategische Orientierung ist daher bei homogenen Gütern bzw. bei fehlender produktdifferenzierender Wahrnehmung beim Kunden angezeigt.

(2) Die Differenzierungsstrategie versucht, besondere strategische Stärken einer P/M-Kombination zu bündeln und einen gegenüber den übrigen Wettbewerbern monopolistischen Preisspielraum aufzubauen. Diese bewußte Profilierung ist nicht isoliert auf eine Verbesserung von Produktmerkmalen gerichtet. Das Unangreifbarkeitskriterium besteht vielmehr in einer auf Exklusivität gerichteten Kombination von diversen Leistungsmerkmalen bzw. Zusatznutzen. Man will sich vom Wettbewerb abheben. Die Differenzierung kann vielfältige Formen annehmen, z. B. das Design, die Technologie oder der Kundenservice. Diese bewußt auf Exklusivität gerichtete Strategie ist häufig mit hohen branchenbezogenen Marktanteilen inkompatibel. Nichtsdestotrotz besteht über die Preiselastizität eine enge Verbindung zu den übrigen Branchenwettbewerbern, so gesehen auch zur Kostenführer-

schaftsstrategie. Der Preis des Produktes muß relativ zur Exklusivität und dem mit diesem Zusatznutzen verbundenen Kundenproblem gesehen werden. Obwohl möglicherweise die Sonderstellung eines differenzierten Unternehmens in der gesamten Branche wettbewerbsseitig unangefochten akzeptiert wird, gibt es doch Abnehmer, die keinen Bedarf an diesen in der Exklusivität begründeten Zusatznutzen artikulieren und deshalb auch keinen Preisaufschlag zahlen. So ist eine Differenzierungsstrategie zwar auf die gesamte Branche gerichtet, kann aber nur einen Teil der Nachfrage absorbieren.

(3) Hierzu im Gegensatz zielt eine Spezialisierungsstrategie nur auf ein bestimmtes Marktsegment. Man stattet ein Produkt nicht mit Zusatznutzen aus, um dann branchenweit Anwender hierfür zu akquirieren. Vielmehr richtet sich bei einer Spezialisierung die P/M-Strategie nur auf ein über das Kundenproblem abgegrenztes Segment. Dieses will man dann nachhaltig besser als die Konkurrenz bedienen. Die Profilierung gegenüber der Konkurrenz macht damit fest an dem zu lösenden Kundenproblem eines relativ homogenen Teilmarktsegments (Zielgruppe, Region, Vertriebsweg). Es werden unternehmerische Stärken wie etwa Standort, FuE, Lieferfähigkeit oder Produktionstechnologie segmentbezogen fokussiert. Die angestrebte Segmentführerschaft schließt damit die Kostenführerschaft potentiell mit ein. Das Ergebnis einer Fokussierung bzw. das Unangreifbarkeitskriterium besteht in der segmentbezogenen besseren Lösungstechnologie. Hierbei sind grundsätzlich zwei Ausrichtungen denkbar. Entweder kommt es zu einer bezogen auf das Kundenproblem nutzengerechteren Lösungstechnologie, oder es lassen sich bei der Bedienung des Teilmarktes gar Kostenvorteile (z. B. aufgrund des Standortes) gegenüber dem Branchenkostenführer realisieren. Ideal wäre sogar beides. Auch in diesem Fall besteht über die Preiselastizität eine Verbindung zur branchenweit operierenden Kostenführerschafts- und Differenzierungsstrategie.

Vor dem Hintergrund dieser strategischen Grundkonzeption leitet Porter eine Marktanteilsaussage ab, die auf den ersten Blick der PIMS-Aussage diametral gegenüber steht:

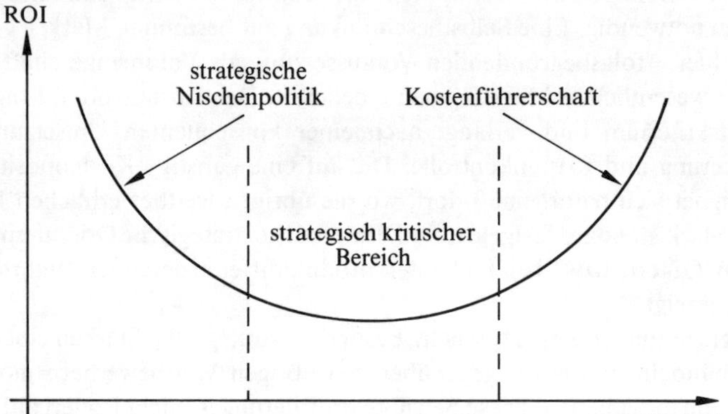

Abb. 5: Marktanteilsaussage nach Porter

Der Widerspruch zwischen der Porter'schen U-Kurve und der PIMS-Koeffizientengeraden ist nur ein scheinbarer. Wie bereits angesprochen muß bei Profitabilitätsaussagen des Marktanteils eine Konvention bezüglich der Marktabgrenzung (des relevanten Marktes) getroffen werden. Porter und die PIMS-Datenbank grenzen den Markt jedoch nicht einheitlich ab. Porter nimmt

Bezug auf die gesamte Branche und weist daher die Differenzierung und Spezialisierung als erfolgreiche Strategie bei kleinen Branchenmarktanteilen aus. Um auf Dauer Gewinne zu erzielen, sollte sich eine Strategie auf eines der drei o. g. Unangreifbarkeitskriterien stützen. Da Spezialisierung und Differenzierung zwangsläufig niedrige und das mit Kostenführerschaft betriebene Volumengeschäft hohe Branchenmarktanteile bedeutet, ist der Zwischenbereich als kritisch ausgewiesen. Eine fehlende Branchenführerschaft kann somit durch eine Segmentführerschaft ersetzt werden.

Hierzu im Gegensatz stellt die PIMS-Untersuchung auf die unternehmensindividuelle Marktabgrenzung ab. [15] Hoher Marktanteil im Sinne von PIMS bedeutet demnach hoher Marktanteil im eigenen Segment. Dies kann dann auch der Spezialisierungsmarkt sein. Damit stehen beide Aussagen konform zueinander bzw. ergänzen sich. Die PIMS-Ergebnisse unterstreichen die Bedeutung der Führerschaftsrolle, wohingegen Porter mögliche Bereiche einer solchen Strategie aufzeigt.

II. Die Vorteilsmatrix nach BCG [16]

Auch die BCG hat ihr Produktportfolio um eine Wettbewerbsmatrix (die sog. Vorteilsmatrix) ergänzt. Man kann nicht von einem Portfolio sprechen, da diesem Instrument der Ausgleichsgedanke nicht zugrunde liegt. Es sollen vielmehr die strategischen Entwicklungsperspektiven auf Basis der Branchenverhältnisse generiert werden. Hierzu werden die SGF anhand der Dimensionen »Nachhaltigkeit der Wettbewerbsvorteile« und »Anzahl der Wettbewerbsvorteile« beurteilt. Zur Klassifizierung begnügt man sich mit dichotomisierenden Urteilen über die Ausprägungsmerkmale [17]:

		Nachhaltigkeit der Wettbewerbsvorteile (Größe der Eintrittsbarrieren)	
		klein	groß
Anzahl der Wettbewerbsvorteile	viele	Fragmentierung (1)	Spezialisierung (3)
	wenig	Patt (2)	Volumen (4)

Abb. 6: Die Vorteilsmatrix nach BCG

(1) In aller Regel spielen Unternehmen in der marktlichen Auseinandersetzung ihre Wettbewerbsvorteile aus. In dieser idealtypischen Kategorie wird eine Vielzahl von Vorteilen eingesetzt, wobei jedoch keiner zu einem nachhaltigen Schutz taugt. Damit ist das relative Gewicht dieser Vorteile gering. Wegen ihrer Vielzahl sind aber außerordentlich zahlreiche Differenzierungsmöglichkeiten gegeben, um eine marktliche Teilnahme zu begründen. Man kann somit die relevanten Wettbewerbsvorteile auf unterschiedliche Weise kombinie-

ren und den Markteintritt versuchen. Die Anbieter auf diesen Märkten setzen also unterschiedliche Vorteilskombinationen ein mit der Folge, daß nur zu einem geringen Maße direkte Konkurrenzbeziehungen bestehen. Wegen der zahlreichen Differenzierungsmöglichkeiten zersplittert der Markt zwischen vielen kleinen Anbietern. In der BCG-Terminologie wird eine solche Marktstruktur Fragmentierung genannt. Da jede Vorteilskombination auch eine marktkonstituierende Wirkung hat, ist der Nutzen von Gesamt-Marktanteilsstrategien äußerst gering. Vielmehr sind gar Rentabilitätseinbußen zu befürchten. Typische Beispiele sind Handwerks- oder Restaurantbetriebe. Als normatives Verhalten wird eine Sicherungsstrategie postuliert. Man sollte klein bleiben, sich auf bestimmte Kunden spezialisieren und auf den Monopolisierungseffekt seiner Vorteilskombination setzen. Eine andere Alternative besteht jedoch auch darin, bewußt Nachhaltigkeitseffekte bei den Vorteilen zu schaffen (Beispiel: Berufsexamina, Zulassungsordnung) oder aufgrund der Unternehmensgröße verschiedene Vorteilskombinationen zu absorbieren und damit Nachhaltigkeitseffekte über die Reputation zu realisieren.

(2) Auch in der sog. Pattsituation bieten die nun weniger relevanten Wettbewerbsvorteile keinen Nachhaltigkeitsvorsprung gegenüber dem Wettbewerber. Die Devise eines »Keep a sharp pencil« [18] verdeutlicht zudem die geringe Lukrativität dieses Bereichs. In aller Regel handelt es sich hier um Geschäftsfelder, bei denen die wichtigsten Wettbewerber die optimale Betriebsgröße erreicht haben. Das Know-how ist zum Allgemeingut degeneriert, und eine Kapazitätsausweitung scheint wirtschaftlich nicht sinnvoll. Als typisches Beispiel kann die Stahlindustrie angeführt werden.

Mögliche Offensivstrategien scheinen schon deshalb nicht angezeigt, da Verteilungskämpfe in dieser Situation die ohnehin geringe Branchenrentabilität nur weiter drücken werden. Überkapazitäten verführen viele Grenzanbieter, zu dem eigentlich unprobaten Mittel des Preiskampfes zu greifen und damit ganze Branchen in den Ruin zu führen. [19] In aller Regel hat man es hier mit stagnierenden oder gar schrumpfenden Märkten zu tun.

(3) Dieser Bereich zeichnet sich durch seine verschiedenen Entwicklungsofferten aus. Es gibt eine Vielzahl von Vorteilsstrukturen, wobei jede einen hohen Nachhaltigkeitsschutz erlaubt. Hier ist eine kreative Teilsegmentierung aufgerufen, um sich von der Konkurrenz abzusetzen und monopolistische Preisspielräume aufzubauen. Die BCG bezeichnet diese Kategorie als Spezialisierung. Entsprechend der Vielzahl der Möglichkeiten, um Vorteilsstrukturen aufzubauen, ist auch eine Varianz in den Erträgen zu beobachten.

(4) In der letzten Kategorie ist das Volumengeschäft beheimatet. Wenn sich der Wettbewerb mittels nur weniger Vorteilsarten beschreiben läßt, andererseits aber große Gewinnunterschiede zwischen den Konkurrenten bestehen, kommen die Degressionswirkungen des Erfahrungskurvenkonzeptes zum Tragen. In diesen Fällen wird eine Kostenminimierungsstrategie empfohlen.

Die BCG-Vorteilsmatrix unterscheidet im Prinzip zwei Marktstrukturen, wobei sich nur die beiden Kategorien mit nachhaltigem Wettbewerbsschutz als lukrativ erweisen. Für die Bereiche, in denen kein Nachhaltigkeitsschutz möglich erscheint, werden hingegen bloße Defensiv- bzw. Status quo-Empfehlungen ausgesprochen. Dem fragmentierten Geschäft wird eine bedingte Entwicklungsperspektive zugesprochen. Als Fazit kann festgehalten werden, daß eine marktliche Teilnahme sich nach Möglichkeit auf einen Nachhaltigkeitsschutz stützen sollte. Ob dann eine Spezialisierung oder eine Standardisierung versucht werden soll, hängt von der potentiellen Vorteilsstruktur der wettbewerblichen Faktoren ab. So betont auch die BCG eindeutig das Führerschaftsstreben als die grundlegende strategische Ausrichtung. Nur »dem Ersten in seinem Segment (fallen, die Verf.) die Früchte der Führerschaft zu«. [20]

III. Das strategische Spielbrett nach McKinsey [21]

Auch das Beratungsbüro McKinsey verfügt über eine Matrix, mit der heterogene Wettbewerbsstrukturen eingefangen werden können. Konzeptionell wird eine strategische Situation hierbei über die Fragen »Wo wird konkurriert?« (Märkte) und »Wie wird konkurriert?« (Regeln) eingefangen:

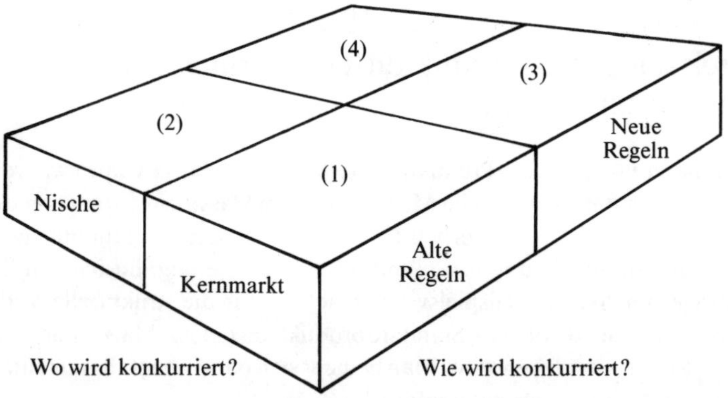

Abb. 7: Das strategische Spielbrett nach McKinsey

Nach nichtveröffentlichten Analysen von McKinsey treten erfolgreiche neue Anbieter in die wettbewerbliche Auseinandersetzung, ohne sich einer direkten Konfrontation mit den bereits etablierten Unternehmen auszusetzen. Bei einem frontalen Markteintritt wäre die P/M-Strategie des neuen Wettbewerbers darauf gerichtet, über Einsatz der etablierten Wettbewerbsregeln in den Kernmarkt einzudringen. Die Folge wäre ein drastischer Anstieg der Wettbewerbsintensität. Nur ein exorbitantes Marktwachstum könnte die zwangsläufig folgenden Rentabilitätseinbußen wegen des dann unvermeidlichen Verdrängungswettbewerbs ausgleichen. Als Alternativen zu einem solchen Markteintritt bieten sich nach diesem Konzept drei Möglichkeiten an:

- Über bestehende Wettbewerbsregeln in einen Nischenmarkt
- Über neue Wettbewerbsregeln in den Kernmarkt
- Über neue Wettbewerbsregeln in einen Nischenmarkt

eintreten.

Produktveränderungen erleichtern die Einführung neuer Wettbewerbsregeln. Sie erlauben, die eigentlich bestehenden Markteintrittsbarrieren zu umgehen. Häufig werden neue Regeln über eine bis dato unbekannte Normung des Leistungsprogramms oder durch ein Verlassen traditioneller Vertriebswege eingeführt. Hieraus ließe sich die Identität von Wettbewerbsregeln und Art der Vermarktung von Leistungsprogrammen herleiten. Allerdings darf nicht übersehen werden, daß das Vermarktungskonzept im Rückschluß auch prägenden Einfluß auf Art und Umfang des Leistungsprogramms und damit des Marktsegments nimmt. Eine neue Wettbewerbsregel will über den originären Vermarktungsstil ein neuartiges Nutzenbündel zu einer bestimmten Lösungstechnologie bilden. Wie bereits ausgeführt, kann ein solches neuartiges Nutzenbündel teilmarktkonstitutierende Wirkung haben. Diese neuen Regeln bzw. Teilmarktbildungen können jedoch nur dann auf Akzeptanz hoffen, wenn über das Vermarktungskonzept latent vorhandene Bedürfniskategorien angesprochen werden. McKinsey betont damit den besonderen Nutzen einer Segmentmonopolisierung, bestehend aus den Komponenten des Leistungsprogramms und dem strategischen Vermarktungskonzept. Dies ist im Grunde das gleiche wie die segmentbezogene Führerschaftsrolle.

IV. Die Preiselastizitäts-Produktdifferenzierungs-Matrix nach Lewis [22]

Als letztes soll die Preiselastizitäts-Produktdifferenzierungs-Matrix von Lewis vorgestellt werden. Auch hier werden unterschiedliche Marktstrukturen klassifiziert, die dann die Grundlage sog. Standardstrategien bilden. Dabei wird die von Anbietern vorgenommene und weithin akzeptierte Produktdifferenzierung bzw. Produktstandardisierung hinsichtlich ihrer Wirkung auf die Nachfrager untersucht. Beispielsweise macht es für die strukturelle Verfassung einer Branche einen Unterschied, ob ein Standardprodukt in einem Markt mit hoher oder mit niedriger Preiselastizität vertrieben wird. Man bedient sich dabei ebenfalls nur einer rasterförmigen Beurteilung der Ausprägungsmerkmale:

<table>
<tr><td colspan="2" rowspan="2"></td><td colspan="2">Kundenseitig wahrgenommene Unterschiede bei den Produkten</td></tr>
<tr><td>niedrig
(Standardisierungs-
tendenz)</td><td>hoch
(Zersplitterungs-
tendenz)</td></tr>
<tr><td rowspan="2">Preiselastizität der Nachfrage</td><td>hoch
(Kostenposition
wichtig)</td><td>(1)</td><td>(3)</td></tr>
<tr><td>niedrig
(Zusatznutzen
wichtig)</td><td>(2)</td><td>(4)</td></tr>
</table>

Abb. 8: Die Preiselastizitäts-Produktdifferenzierungs-Matrix nach Lewis

(1) Unter diesen Voraussetzungen ist eine Kostenminimierungsstrategie angezeigt. Der Preis ist bei diesem Standardprodukt der wettbewerblich ausschlaggebende Faktor; die Produkte der Anbieter werden kundenseitig als relativ homogen betrachtet. Akquisitorische Potentiale im weitesten Sinne kommen nicht zum Tragen.

(2) Bei einer solchen Konstellation müßten die Wettbewerber eigentlich versuchen, den Status eines Ruheoligopols auf möglichst hohem Erlösniveau zu installieren. Dies erfordert die

akzeptierte Einsicht sämtlicher Beteiligter, Verteilungskämpfe im Interesse aller Wettbewerber nicht stattfinden zu lassen. Preiskämpfe haben wegen der geringen Preiselastizität letztlich keinen positiven Effekt. Wegen dieser strukturell günstigen Erlössituation sollten die etablierten Wettbewerber jedoch einen Blick auf die Markteintrittsbarrieren richten, denn eine lukrative Branchenrentabilität lockt potentielle Wettbewerber an.

(3) Branchen, die durch eine derartige Situation gekennzeichnet sind, befinden sich in einem labilen Gleichgewicht. Trotz vielfältig unterschiedlicher Leistungsprogramme am Markt ist die Preiselastizität weiterhin hoch. Dies bedeutet, daß es den Unternehmen bislang nicht gelungen ist, über Zusatznutzen die Dominanz des Preises als wettbewerbliches Instrument zu brechen. Die Wettbewerbsintensität ist damit sehr hoch. Bei ihren strategischen Maßnahmen müssen die Unternehmen beachten, daß sich solche Branchen häufig in einer Übergangsphase befinden. Vielfach zersplittern dann die Anwendungen in jene, die eine marktnischenorientierte Innovationsstrategie erfordern, und in jene, die eine Kostenminimierungsstrategie opportun erscheinen lassen.

(4) In diesem Feld sind Marktsegmente angesiedelt, die mittels umgesetzter Nischenstrategien bedient werden. Sowohl die Fokussierung eines bestimmten Kundenvorteils (wie etwa Standort, Lieferbereitschaft, Vertriebsweg usw.) als auch die differenzierte Erarbeitung eines Leistungspotentials versprechen unter diesen Voraussetzungen Erfolg. Die Preiselastizität ist gering, so daß für die eine Nischenstrategie begründenden Zusatznutzen am Markt auch Aussicht auf ausreichende Honorierung besteht.

Auch die Lewis-Matrix macht deutlich, daß eine Unisonostrategie über alle Marktstrukturen hinweg wenig Sinn macht. Vielmehr ist den situativen Bedingungen der Branchenstruktur Rechnung zu tragen.

D. Schichtung der Wettbewerbsmatrizen

Um die Gemeinsamkeiten und Unterschiede der vorangestellten Wettbewerbsmatrizen zu verdeutlichen, sollen sie in einer Darstellung verdichtet werden. Ausgangspunkte sind zum einen die Marktseite (Abnehmergruppe/Region/Vertriebsweg) und zum anderen die Produktseite (Hardware/Software/Service). In einfachster Form bilden die relevanten Fragen zum strategischen Spielbrett die konstituierenden Bestandteile der P/M-Strategie ab. Die klassifikatorische Beurteilung der Produktkomponente hinsichtlich Preiswettbewerb vs. Leistungswettbewerb ist allen Wettbewerbsmatrizen gemeinsam. Lediglich die Marktkomponente ist bezüglich der Aufteilung Kernmarkt vs. Nischenmarkt nicht durchgängig. Wie bereits bei der Erörterung der BCG-Vorteilsmatrix angesprochen, gibt es mit dem Nachhaltigkeitsschutz einen lukrativen Bereich. Somit läßt sich aus strategischer Sicht auch jeweils der nicht-lukrative Bereich angeben. Er ist stets dort, wo ein dauerhafter Schutz der Wettbewerbsvorteile nicht möglich erscheint (siehe Abb. 9).

Bei dieser Darstellung sind die Achsenbezeichnungen der McKinsey-, der BCG-, und der Lewis-Matrix auf die Terminologie der Porterschen Wettbewerbsmatrix übertragen. Wegen der Quadrantenbildung war es erforderlich, das Spezialisierungssegment zu teilen. Die bezogen auf das Kundenproblem preisgünstigere Lösungstechnologie im Nischenmarkt haben wir konsequenterweise ebenfalls Kostenführerschaft genannt, wohingegen die nutzengerechtere Lösungstechnologie in der Nische mit dem Begriff Problemisolierung belegt wurde. Das jeweilige Teilsegment, bei dem ein nachhaltiger Wettbewerbsschutz möglich ist, haben wir als stabilen Bereich bezeichnet.

Wie wird konkurriert?
»Alte Regel« (keine P/M-Vorteile, Kostenkonkurrenz)
»Neue Regel« (P/M-Modifikationen, segmentierte Marktbearbeitung
Hardware (Leistungsfähigkeit)
Software (Funktionsfähigkeit)
Service (Additive Dienstleistungen)
P/M-Strategie
Abnehmergruppe
Region
Vertretung
(a)
(b)
(c)
Hohe Preiselastizität
(Kostenposition ist wichtig)
Geringe Preiselastizität
(Leistungsmerkmal ≙ Zusatznutzen sind wichtig)
Wenig Wettbewerbsvorteile sind relevant (Standardisierung, Preiswettbewerb)
Viele Wettbewerbsvorteile sind relevant Kundenproblemorientierte Segmentierung, Leistungswettbewerb)
Wo wird konkurriert?
Kernmarkt
(Standardisierungstendenz)
Nachhaltigkeitsschutz der Wettbewerbsvorteile, Abnehmergruppen akzeptieren geringe Zielgruppensegmentierung
Hoher
Geringer
Stabiles Volumengeschäft
Stabile Differenzierung
Kostenführerschaft (Volumengeschäft)
Differenzierung (Branchenweite Exklusivität von Zusatznutzen bei hoher Standardisierung)
Patt
Fragmentierung
Nischenmarkt
(Zersplitterungstendenz)
Nachhaltigkeitsschutz der Wettbewerbsvorteile, Abnehmergruppen akzeptieren hohe Zielgruppensegmentierung
Stabile Nischenkostenführerschaft
Stabile Problemisolierung
Kostenführerschaft
Problemisolierung
← Spezialisierung →
(Nischengeschäft, d. h. bezogen auf das Kundenproblem des Segments preisgünstige Lösungstechnologie)
(Nischengeschäft, d. h. bezogen auf das Kundenproblem des Segments nutzengerechtere Lösungstechnologie)
Patt
Fragmentierung

Abb. 9: Schichtung der Wettbewerbsmatrizen

Als Tenor dieser Wettbewerbsmatrizen bleibt festzuhalten, daß die Branchenführerschaft kein Garant für wettbewerblich erfolgreiche Teilnahme ist. Vielmehr bieten sich in aller Regel Möglichkeiten, Teilsegmente bis hin zu einer vollständigen Segmentierung der Branche zu bilden. Die Segmentführerschaft bzw. eine erfolgreiche Teilmarktabgrenzung erfordert zudem meistens eine andere Wertschöpfungsstruktur als die Branchenführerschaft.

Die branchenweit operierenden großen Unternehmen haben jedoch die Möglichkeit, vielfältige Synergien zu nutzen. Diese wirken der latenten Zersplitterungsgefahr entgegen. Hierzu im Gegensatz zielt die kreative Teilsegmentierung auf eine Nischenbildung. Der besondere Segmentschutz dieser Nischen liegt in der Bündelung ausgesuchter Wettbewerbsfaktoren bzw. in der Fokussierung bestimmter Stärken. Die Absplitterung eines Teilsegments hat aber nur Sinn, soweit die Zusatzerlöse des Marktsegments größer als die Kosten der notwendigen Differenzierung bzw. Spezialisierung sind. Dies erfordert einen entsprechend geringen Synergieeffekt zum übrigen Sortiment der branchenweit operierenden Anbieter bzw. zu anderen bestehenden Teilsegmenten. Die fehlenden Synergien sind dann dafür verantwortlich, daß etablierte Wettbewerber dieses neue Teilsegment nicht marktbeherrschend mitbearbeiten können. Vielmehr würden wegen der unterschiedlichen Wertschöpfungsstruktur sprungfixe Kosten anfallen. Teilsegmente sollten sich aber deutlich durch unterschiedliche Schlüsselfaktoren voneinander abheben. Ein hohes Segmentierungspotential besteht immer dann, wenn

- innovative Problemlösungen gewünscht werden,
- eine hohe Flexibilität bei den Produktanforderungen gefordert wird,
- Anwendungskenntnisse erforderlich sind und eine Beratung verlangt wird,
- ein patentfähiger Know-how-Schutz vorliegt,
- eine Abhängigkeit von Lieferanten (z. B. Bestellhäufigkeit, hohe Umstellkosten, zweiter Lieferant usw.) besteht. [23]

Anmerkungen

1 Nur exemplarisch sollen genannt werden: *Buzzell* u. a. (Market Share), S. 97 ff.; *Hedley* (Strategy) S. 9 ff.; *Szyperski/Winand* (Portfolio-Management) S. 123 ff.; *Abell/Hammond* (Planning); *Porter* (Competitive Strategies); *Wittek* (Unternehmensführung); *Kreikebaum* (Unternehmensplanung); *Lange* (Portfolio-Methoden); *Scheel* (Konzepte); *Hinterhuber* (Wettbewerbsstrategien).
2 *Pfohl* (Planung) S. 190.
3 Vgl. *Szyperski/Winand* (Portfolio-Management) S. 125.
4 Vgl. *Mauthe/Roventa* (Portfolio-Analyse) S. 194 ff.
5 *Gutenberg* (Grundlagen) S. 282 ff.
6 *Buzzell* u. a. (Market Share) S. 91 ff.
7 Vgl. hierzu auch *Eybl* (Instrumente) S. 199 ff.
8 *Wakerly* (Tool) S. 95.
9 Vgl. *Eybl* (Instrumente) S. 209.
10 Vgl. *Woo* und *Cooper* (Case) S. 111 f.
11 Vgl. *Hamermesh* u. a. (Unternehmensstrategien) S. 43 ff.
12 *Hinterhuber* (Dynamik) S. 221.
13 Vgl. *Backhaus* (Investitionsgüter-Marketing) S. 302 f.
14 Die folgenden Ausführungen sind im wesentlichen bei *Porter* (Competitive Strategies) S. 36–46 entlehnt.
15 Vgl. *The Strategic Planiung Institute* (PIMS Letter) S. 10.
16 Die nachstehenden Aussagen beziehen sich weitgehend auf *Meffert* (Planungskonzepte) S. 202; *Oetinger,* von (Wandlungen) S. 42 ff.; *o. V.* (Überleben) S. 46 ff.
17 *Oetinger,* von (Wandlungen) S. 45.
18 Vgl. *Kiechel* (Ways) S. 188.
19 Vgl. *Harrigan* (Endgame) S. 48.
20 *Oetinger,* von (Wandlungen) S. 45.
21 Vgl. *Schossleitner* (Spitzenleistung) S. 11 ff.
22 Vgl. *Kiechel* (Ways) S. 184.
23 Vgl. *Gälweiler* (Kontrolle) S. 398.

Literaturverzeichnis

Abell, D. F./ *Hammond,* J. S. (Planning): Strategic Market Planning, Problems and Analytical Approaches. Englewood Cliffs (N.J.) 1979.

Backhaus, K. (Investitionsgüter-Marketing): Investitionsgüter-Marketing. München 1982.

Buzzell, R. D./ *Gale,* B. T./ *Sultan,* R. G. (Market Share): Market Share – A Key of Profitability. In: Harvard Business Review, 1/1975, S. 97–107.

Eybl, D. (Instrumente): Instrumente und Orientierungsgrundlagen zur Planung wettbewerbsorientierter Unternehmensstrategien. Frankfurt/M. u. a. 1984.

Gälweiler, A. (Kontrolle): Zur Kontrolle strategischer Pläne. In: *Steinmann,* H. (Hrsg.): Planung und Kontrolle. München 1981, S. 383–399.

Gutenberg, E. (Grundlagen): Grundlagen der Betriebswirtschaftslehre. Band 2: Der Absatz. 12. Aufl., Berlin u. a. 1970.

Hamermesh, R. G./ *Anderson,* M. J./ *Harris,* J. E. (Unternehmensstrategien): Unternehmensstrategien bei niedrigen Marktanteilen. In: Harvard Manager 3/1979, S. 40–48.

Harrigan, K. R. (Endgame): Strategic Planning for Endgame. In: Long Range Planning, 6/1982, S. 45–48.

Hedley, B. (Strategy): Strategy and the »Business Portfolio«. In: Long Range Planning, 1/1977, S. 9–15.

Hinterhuber, H. H. (Dynamik): Struktur und Dynamik der strategischen Unternehmensführung. In: *Hahn,* D./ *Taylor,* B. (Hrsg.): Strategische Unternehmensplanung. Würzburg – Wien 1980, S. 38–59.

Hinterhuber, H. H. (Wettbewerbsstrategien): Wettbewerbsstrategien. Berlin – New York 1982.

Kiechel, W. (Ways): Three (or Four, or More) Ways to Win. In: Fortune, 19/1981, S. 181 ff.

Kreikebaum, A. (Unternehmensplanung): Strategische Unternehmensplanung. Stuttgart 1981.

Lange, B. (Portfolio-Methoden): Portfolio-Methoden in der strategischen Unternehmensplanung. Diss. Hannover 1981.

Mauthe, K. D./ *Roventa,*P. (Portfolio-Analyse): Versionen der Portfolio-Analyse auf dem Prüfstand. In: Zeitschrift Führung Organisation, 4/1982, S. 191–204.

Meffert, H. (Planungskonzepte): Strategische Planungskonzepte in stagnierenden und gesättigten Märkten. In: Die Betriebswirtschaft, 1983, S. 193–209.

Oetinger, B. von (Wandlungen): Wandlungen in den Unternehmensstrategien der 80er Jahre. In: Zeitschrift für betriebswirtschaftliche Forschung, Erg.-Heft 15/1983, S. 42–51.

O. V. (Überleben): Unternehmensstrategien – Spiel ums Überleben. In: Wirtschaftswoche vom 14. 5. 1983.

Pfohl, H.-Chr. (Planung): Planung und Kontrolle. Stuttgart 1981.

Porter, M. E. (Competitive Strategy): Competitive Strategy. New York 1980.

Scheel, F. (Konzepte): Neue Konzepte des Portfolio-Managements im diversifizierten Unternehmen. Berlin 1981.

Schossleitner, D.: (Spitzenleistung), Hinarbeiten auf unternehmerische Spitzenleistung. Unveröffentlichtes Skript, o. O. 1982.

Szyperski, N./ *Winand,* U. (Portfolio-Management): Strategisches Portfolio-Management. In: Zeitschrift für betriebswirtschaftliche Forschung, Kontaktstudium 1978, S. 123–132.

The Strategic Planning Institute (PIMS-Letter): PIMS-Letter No. 2. Cambridge (Mass.) 1980.

Wakerly, R. G. (Tool): A Tool for Developing Competitive Strategy. In: Long Range Planning, 3/1984, S. 92–97.

Wittek, B. F. (Unternehmensführung): Strategische Unternehmensführung bei Diversifikation. Berlin 1980.

Woo, C. Y./ *Cooper,* A. C. (Case): The Surprising Case for Low Market Share. In: Harvard Business Review, 6/1982, S. 106–113.

*Richard Köhler**

Entwicklungsperspektiven der Marktforschung aus der Sicht des strategischen Managements

* Prof. Dr. *Richard Köhler,* Universität zu Köln, Seminar für Allg. BWL, Marktforschung und Marketing.

A. Problemstellung

Im Jahre 1975 wies Erwin Grochla auf das Erfordernis strategischer Informationssysteme für die Führung von Betrieben hin. Er konstatierte seinerzeit »Unsicherheit darüber, wer den strategischen Informationsbedarf der Betriebsführung feststellen kann und wie dieser Bedarf formuliert und gemessen wird. In vielen Fällen scheinen die Benutzer selbst nicht in der Lage zu sein, ihren Informationsbedarf zutreffend zu beurteilen.« [1]

In der Zwischenzeit hat die Literatur zu den auch praktisch vieldiskutierten Fragen der strategischen Planung und des strategischen Managements einen fast nicht mehr überschaubaren Umfang angenommen. [2] Dabei überwiegen konzeptionelle Entwürfe, die den Gesamtrahmen dieser Führungsaufgabe abstecken, sowie Darstellungen spezifischer Analyse- und Planungstechniken bzw. Berichte über Anwendungsbeispiele aus der Unternehmungspraxis. Nach wie vor finden sich kaum Abhandlungen, die den besonderen Informationsbedarf für Strategieentwicklungen systematisch kennzeichnen und Ansatzmöglichkeiten zu seiner Deckung konkretisieren. [3]

Nicht zuletzt erscheint es in diesem Zusammenhang wichtig, daß die *Marktforschung* in den Prozeß der strategischen Führung integriert wird und ihrerseits Untersuchungsmethoden anbietet, die auf die Eigenart der strategisch orientierten Informationssuche zugeschnitten sind. Gerade in dieser Hinsicht scheinen aber zwischen Erfordernis und Ist-Zustand noch Lücken zu bestehen, die (wenn bislang auch nur sporadisch) vom wissenschaftlichen wie vom praktischen Standpunkt aus kritisiert werden. »Weder der theoretische Entwicklungsstand der Marktforschung noch ihre Anwendung durch Unternehmen und Marktforschungsinstitute lassen – abgesehen von einzelnen Tendenzen – eine strategische Orientierung erkennen.« [4] Und eine Praktikerzeitschrift folgert: »Eine Neuorientierung und -positionierung der betrieblichen Marktforschung tut not.« [5]

In den folgenden Ausführungen wird zuerst (Abschnitt B.) skizziert, auf welchen Untersuchungsgebieten bemerkenswerte methodische Neuerungen der Marktforschung zu verzeichnen sind. Danach wird im Abschnitt C. versucht, wesentliche strategische Teilaufgaben zu systematisieren, zu deren Lösung Marktinformationen beitragen können. Das Kapitel D. gilt sodann der kritischen Frage, inwieweit die jüngeren Entwicklungsrichtungen der Marktforschung geeignet erscheinen, verbesserte Informationsbereitstellungen für das strategische Management zu fördern, oder welche verbleibenden Informationslücken nur durch andere künftige Forschungsansätze zu schließen sind.

Die Überlegungen zu diesen Problemkomplexen müssen im vorgegebenen Rahmen auf eine umrißhafte Darstellung begrenzt bleiben. Insbesondere erfolgt hier eine Einschränkung auf den Blickwinkel der *Absatz*marktforschung, ohne daß deshalb übersehen wird, welch hohe strategische Bedeutung der Beschaffungspolitik und damit auch der Beschaffungsmarktforschung zukommen kann. [6]

B. Neuere Entwicklungen der Marktforschung

In den 60er und 70er Jahren erfolgten die Methodenfortschritte der Marktforschung vor allem auf dem Gebiet der Daten*analyse*. Die Anwendung multivariater Verfahren, wie sie durch die Verfügbarkeit leistungsfähiger ADV-Systeme ermöglicht wurde, stand im Mittelpunkt der

Fachdiskussion und fand breiteren Eingang in die Praxis. Multivariate Analysetechniken gehören heute zum »Handwerkszeug« für Datenauswertungen; zugleich werden sie im Hinblick auf ihre Einsatzbedingungen und Aussagefähigkeit nüchterner und abwägender beurteilt als vor zehn bis fünfzehn Jahren. Seit etwa 1980 liegt der Schwerpunkt von Neuerungen in der Marktforschung wieder stärker auf dem Gebiet der Daten*gewinnung*. Dabei gehen wesentliche Entwicklungseinflüsse von elektronischen Informations- und Kommunikationstechniken aus. Die Abbildung 1 gibt einen Überblick über aktuelle Möglichkeiten der Datenbeschaffung.

Für die klassischen Verfahren der *Primärforschung* (eigens durchgeführte Befragungen und Beobachtungen ohne experimentelle Kontrollmaßnahmen sowie Befragungs- oder Beobachtungsexperimente) eröffnen sich besonders vielfältige Ansätze zur veränderten Erhebungsmethodik. Manche damit verbundenen Verfeinerungen der Skalierungstechnik versprechen differenziertere und validere Erhebungsergebnisse. Aber auch die Informationsbeschaffung aus schon anderweitig vorliegenden Datenbeständen kann sich auf einige neue Hilfsmittel stützen.

I. Sekundärauswertungen

Externe *Marktdatenbanken* bieten heute im Online-Betrieb den raschen Zugriff auf Informationen u. a. über gesamtwirtschaftliche und internationale Entwicklungen, einzelne Branchen, Produkte/Produktgruppen, demographische Gegebenheiten, Media-Analysen, Wettbewerber, Kooperations- und Lizenzangebote, Ausschreibungen. Innerhalb Westeuropas sind entsprechende Online-Verbindungen seit 1979 durch das Verbundsystem Euronet DIANE geschaffen worden; zum nordamerikanischen Bereich stellt das DATEX-P-Netz die Verbindung her. Innerhalb der Bundesrepublik Deutschland bestehen bislang nur wenige entsprechende Informationsangebote, wobei beispielhaft die Datenbanken des Ifo-Instituts und des Statistischen Bundesamtes (System STATIS-BUND) zu nennen sind, neuerdings auch GENIOS als ein Pool deutscher Wirtschaftsdatenbanken. [7] Jedenfalls werden für die *Sekundärforschung* Wege zur Beschaffung von Marktinformationen durch den unmittelbaren Zugriff auf externe Datenbanken erschlossen. Teilweise noch bestehende Mängel in der Aktualität der Angaben und in ihrer pragmatischen Auswertbarkeit (zweckentsprechende Aufgliederung; Aufbereitungsmöglichkeit der statistischen Rohdaten durch den Benutzer) sind im Prinzip überwindbar.

II. Standardisierte Marktinformationsdienste

Bei Panelstudien, wie sie von Marktforschungsinstituten durchgeführt werden, kann es sich um Datenerhebungen handeln, die unabhängig von spezifischen Problemstellungen der Institutskunden stattfinden. Der Benutzer dieser Daten nimmt dann aus seiner Sicht Sekundärauswertungen vor. In begrenztem Umfang lassen sich aber auch besondere Untersuchungsanliegen der Informationsnachfrager im Panel eigens berücksichtigen, so daß insoweit Primärerhebungen erfolgen. Wegen dieser möglichen Doppelrolle wird die *Panelforschung* hier gesondert unter dem Rubrum »Standardisierte Marktinformationsdienste« behandelt. [8]

Für diese Einrichtung der Marktforschung zeichnen sich aufgrund der *Scanner-Technologie* weitreichende Fortschrittsmöglichkeiten ab. Im vorliegenden Zusammenhang bedeutet Scanning die optisch-elektronische »Erfassung von Artikelnummern, die als Strich- oder Zifferncode auf der Produktverpackung angebracht sind« [9], mit Hilfe spezieller Kassenterminals. Neben

Sekundärauswertungen	Standardisierte Marktinformationsdienste	Primärerhebungen	Meßinstrumente
Oneline-Nutzung externer Marktdatenbanken	– Auswertung von Scanner-Daten in der Panelforschung – Zugriff auf Paneldaten durch Dialogsysteme	*Befragung:* Elektronische Erhebung von Befragungsdaten – Computergestützte Interviews – Bildschirmbefragungssysteme (einschl. Bildschirmtext und Kabel-TV) *Beobachtung:* – Apparative Beobachtungstechniken (z. B. Blickaufzeichnung) – Scanner-Datenerfassung am Verkaufspunkt *Experimente:* z. B. Alternativen zum klassischen regionalen Testmarkt, teils unter Einsatz von Kabel-TV und Scanning	z. B. – Magnitudeskalierung – Antwortzeitmessung – Programmanalysatoren

Abb. 1: Neuere Methoden der Datengewinnung in der Marktforschung

dem artikelgenauen Registrieren der Abverkaufsvorgänge im Handel können dabei computergestützte Verknüpfungen mit anderen Daten (z. B. Preisen, Zeitangaben, Lagerbestandszahlen) vorgenommen werden.

Scanning verkürzt sowohl im *Haushaltspanel* als auch im *Handelspanel* die Analyse- und Berichtszeiträume. Es gestattet eine differenziertere Datenaufbereitung als bei den herkömmlichen Panelerhebungen. Die Validität und Reliabilität der Messungen ist als hoch einzustufen, da sie unabhängig von subjektiven Wahrnehmungen und menschlichen Erinnerungsfähigkeiten vorgenommen werden. Überdies erlaubt diese Technik im Prinzip die Kombination von Handels- und Haushaltspanel, falls die Mitglieder eines Haushaltspanels Identifikationskarten verwenden, die sie beim Einkaufsvorgang vorlegen, so daß die relevanten Käufermerkmale im Scanning-System miterfaßt werden. [10]

Problematisch ist gegenwärtig noch, jedenfalls in der Bundesrepublik Deutschland, die zu geringe Marktabdeckung, die angesichts der Ausstattung von nur relativ wenigen Einzelhandelsgeschäften mit Scanner-Kassensystemen zu verzeichnen ist (Anfang 1985: 426, Mitte 1985: 580 Geschäfte). [11] Es besteht also derzeit eine unzureichende Repräsentativität der Panelangaben.

Die standardisierten Marktinformationsdienste lassen in Ansätzen eine weitere Tendenz zur computergestützten Verbesserung des Datenangebots erkennen: Panelinstitute sind bereits dazu übergegangen, ihren Kunden im Time-Sharing-Betrieb den *direkten Zugriff* auf die vom Informationsnachfrager gekauften *Paneldaten* zu ermöglichen. Dabei ist im *Bildschirmdialog* grundsätzlich auch noch eine Verknüpfung mit sonstigen benutzerspezifischen Daten herstellbar, z. B. mit Absatzmengen- und Preisdaten des Institutskunden. In der Bundesrepublik Deutschland lassen sich als Beispiele das Dialogsystem INFACT der Nielsen-Tochtergesellschaft Coordinierte Management Systeme GmbH sowie das System INMARKT der Gesellschaft für Konsum-, Markt- und Absatzforschung e. V. nennen. [12]

III. Primärerhebungen

In der primären Marktforschung, für die sich seit längerem keine grundlegende Änderung der Erhebungsmethoden mehr abzuzeichnen schien, deuten sich in jüngerer Zeit Wandlungen an, die (neben einer rascheren Bereitstellbarkeit von Erhebungsergebnissen) vor allem die Meßgenauigkeit und Validität berühren.

1. Befragung

In den USA und in Japan hat seit der zweiten Hälfte der siebziger Jahre der Einsatz von Computern für die *Erhebung* von Befragungsdaten Eingang in die Praxis gefunden. [13] Es handelt sich entweder um *»computergestützte Befragungssysteme«* (bei denen die Fragen von einem Interviewer gestellt, aber die Antworten über numerische bzw. alphanumerische Tastaturen unmittelbar in die automatisierte Datenverarbeitung eingegeben werden) oder um *»Bildschirmbefragungssysteme«* (»Computerbefragung« im engeren Sinne), bei denen Fragestellung und Antworteingabe am Bildschirmgerät erfolgen, und zwar mit unmittelbarer Einbeziehung der Befragten in den Mensch-Maschine-Dialog. [14]

In der Institutsmarktforschung des deutschsprachigen Bereiches wird die elektronische Erhebung von Befragungsdaten erst vereinzelt angewandt. [15] Auf weitere Sicht kommen auch die neuen Kommunikationsmedien Bildschirmtext (Btx) und Kabelfernsehen, sofern dabei die sog. Rückkanaltechnik eingesetzt wird, für die Durchführung von Computerbefragungen in Betracht. [16]

Abgesehen von der rascheren Abwicklungsmöglichkeit einer Befragungsstudie (zeitlich parallele, unabhängige Mehrpersonenbefragung; unmittelbare ADV-Auswertbarkeit der Antwortdaten) sind es vor allem einige grundlegende methodische Vorteile, die bei den geschilderten Erhebungstechniken Bedeutung erlangen:

Sogenannte Interviewereffekte, die zu einer systematischen Verzerrung der Ergebnisse führen könnten, entfallen jedenfalls bei der Computerbefragung im engeren Sinne. Die Fragenreihenfolge, die oft ihrerseits nicht ohne Einfluß auf die Antworttendenzen ist, kann quer über das Befragungssample bis zu einem gewissen Grade zufallsgesteuert variiert werden. Filter- und Gabelungsfragen kommen programmgesteuert zuverlässig zum Einsatz, ebenso wie Fehlerkontrollen bei inkonsistenten Antworten. Nicht zuletzt werden die Voraussetzungen für eine automatische Reaktionskontrolle (z. B. Antwortzeitmessungen) geschaffen, worauf später noch bei der Diskussion von Skalierungsansätzen einzugehen ist.

Noch nicht hinreichend geklärt erscheinen gegenwärtig die Validitätsprobleme, die sich daraus ergeben mögen, daß an die Stelle der herkömmlichen Interviewereffekte »Computereffekte« treten, die zu ähnlichen Ergebnisverzerrungen oder im Extremfall zu Antwortverweigerungen führen.

2. *Beobachtung*

Für Beobachtungsstudien in der Marktforschung sind (etwa zum Überprüfen von Werbemittelentwürfen oder von Produkt- bzw. Packungsgestaltungen) *apparative Hilfsmittel,* wie Tachistoskope oder Schnellgreifbühnen, schon traditionell gebräuchlich. [17] Intensiviert und wiederholt verfeinert wurde aber der Einsatz psychophysiologischer Meßtechniken, unter denen an dieser Stelle exemplarisch das *Blickaufzeichnungsverfahren* genannt werden soll. Mit Hilfe der Cornea-Reflex-Methode, wie sie z. B. bei dem japanischen Eye-Mark-Recorder Anwendung findet, werden der Blickverlauf und vor allem das Verweilen des Betrachters bei bestimmten Gestaltungselementen des Beobachtungsgegenstandes auf Videoband aufgezeichnet. Die Dauer der Fixationen kann durch einen elektronischen Zeitnehmer registriert werden. [18]

Derartige Beobachtungsansätze weisen den Vorzug auf, daß den Probanden keine erinnerungsabhängigen und subjektiv schon vorinterpretierten Aussagen über die Informationsaufnahme abverlangt werden. Die Meßgenauigkeit ist höher als bei herkömmlicheren Beobachtungsverfahren.

Trotz des bereits verbreiteten und im Ergebnis meist positiv beurteilten Einsatzes der Blickregistrierung in der praktischen Marktforschung bleiben aber noch Fragen zur Verläßlichkeit und inhaltlichen Gültigkeit der Befunde offen. Sie beziehen sich nicht einmal so sehr auf eventuelle Abweichungen zwischen dem Blickverhalten unter natürlichen und andererseits unter apparativ beeinflußten Bedingungen; vielmehr geht es um das theoretisch schwerwiegende Problem, für welche kognitiven Vorgänge die Blickregistrierung tatsächlich einen brauchbaren Indikator liefert. [19]

Im Rahmen der Beobachtungsverfahren ist auch noch einmal die *Scanner-Datenerfassung* zu nennen, die bereits bei den Hinweisen auf standardisierte Marktinformationsdienste erwähnt worden ist. Der Einsatz von Scanning-Kassensystemen gehört zu den apparativen *Beobachtungsverfahren,* da hiermit Kaufverhalten ohne verbale Frage-Antwort-Vorgänge erfaßt wird (und im übrigen nichtreaktiv, d. h. ohne Bezug auf Stimuli, die als Bestandteil einer Marktforschungsstudie wahrgenommen werden). Diese Datenerhebung am Verkaufspunkt ist nicht nur für die schon angesprochenen Paneluntersuchungen der Marktforschungsinstitute interessant, sondern sie bietet ganz unmittelbar für die einzelnen Handelsunternehmungen selbst neue Chancen der schnell aktualisierbaren und artikelgenauen Absatzanalyse, bei der auch die Einflüsse bestimmter Maßnahmen – wie z. B. einer Preisveränderung – überprüft werden können. Je nachdem, wie die im Prinzip offenstehende Marktdaten-Kommunikation zwischen Handel und Industrie tatsächlich praktiziert werden wird, können auch Produkthersteller ohne die Zwischenstufe der Panelinstitute direkt an der Auswertung der apparativ gewonnenen Beobachtungsdaten teilhaben. [20]

3. *Experimente*

Das Scanning am Verkaufspunkt spielt auch – wie oben zuletzt schon angedeutet – eine Rolle für experimentelle Überprüfungen der Wirkung absatzpolitischer Aktivitäten. Marktforschungsexperimente sind dadurch gekennzeichnet, daß ein Testfaktor oder mehrere unabhängige Variablen unter gleichzeitiger Kontrolle sonstiger Einflußgrößen in verschiedenen Ausprägungen präsentiert werden, so daß ihnen Ergebnisunterschiede bei bestimmten abhängigen Variablen als Wirkung zurechenbar sind. Bereits seit einiger Zeit liefern in der Bundesrepublik Deutschland ausgewählte Einzelhandelsgeschäfte im Rahmen sogenannter Mini-Testmärkte oder kontrollierter Markttests Daten, die auf derartigen Experimentanordnungen beruhen – z. B. Wirkungsanalysen für Werbe- oder Verkaufsförderungsmaßnahmen. [21] Diesen *Alternativen zum klassischen regionalen Markttest* stehen dort, wo genügend Haushalte an das Kabelfernsehen angeschlossen sind, noch weitergehende Möglichkeiten der Werbewirkungsforschung offen: Einer Testgruppe von Panelhaushalten werden über das Kabelnetz gezielt bestimmte Werbespots übermittelt, während eine statistisch vergleichbare Kontrollgruppe von diesem Testfaktor unberührt bleibt. Unter der Voraussetzung, daß die Erfassung der Einkäufe beider Haushaltsgruppen über am Test beteiligte Scanner-Geschäfte sichergestellt ist, lassen sich relativ aussagefähige Rückschlüsse auf die Werbewirkung ziehen.

Die zuletzt genannte Bedingung ist allerdings ausschlaggebend; es dürfen keine relevanten Kaufvorgänge unregistriert bleiben. Dies setzt eine genügende Infrastruktur der Scanner-Ausstattung und die Verwendung von Identifikationskarten durch die Haushalte voraus. Beispiele aus den USA (die von der Gesellschaft Information Resources Inc. durchgeführten Untersuchungen im Rahmen des »Behavior Scan«-Werbetestsystems) zeigen, daß die praktische Umsetzung gelingen kann. [22] In der Bundesrepublik Deutschland sind entsprechende Erprobungen in Regionen mit Kabelpilotprojekten konzipiert, z. B. im ERIM-Scan-Panel der Gesellschaft für Konsum-, Markt- und Absatzforschung e. V. [23]

IV. Meßinstrumente

Speziell im Zusammenhang mit den Verfahren der elektronischen Datenerhebung sind einige verfeinerte Meßtechniken entwickelt worden. So läßt sich z. B. die sog. *Magnitudeskalierung* in den Ablauf einer Bildschirmbefragung integrieren. Die Antwortpersonen drücken dabei subjektive Empfindungsstärken (etwa Zustimmung oder Ablehnung gegenüber vorgegebenen Aussagen) durch eine nichtverbale Reaktion aus, nämlich durch Größenangaben auf einem physikalischen Reizkontinuum. Ein Beispiel dafür ist die Länge einer Linie, die durch entsprechenden

Tastendruck auf dem Bildschirm des elektronischen Befragungsgerätes sichtbar gemacht und vom Computer unmittelbar als Maßangabe für Datenauswertungen erfaßt wird. Auf die theoretisch fundierten Hintergründe des Meßansatzes und die damit verbundenen Validierungsmöglichkeiten kann an dieser Stelle nicht näher eingegangen werden. Zugrunde liegt das sog. psychophysische Potenzgesetz, wonach zwischen subjektiven Empfindungsintensitäten und der gewählten Größenordnung des physikalischen Reizes (neben einer Linienlänge z. B. auch der Helligkeit einer Lichtquelle oder der Lautstärke eines Tones) gesetzmäßige Beziehungen bestehen. Für die entsprechenden Potenzfunktionen sind aus experimentellen Untersuchungen bestimmte, je nach Reizart unterschiedliche Exponentenwerte bekannt. [24]

Als Vorteile der Magnitudeskalierung werden – insbesondere verglichen mit Angaben auf herkömmlichen Ratingskalen – das bessere Diskriminationsvermögen, das erreichbare Intervallskalenniveau und die Meßbarkeit nur schwer verbalisierbarer Empfindungsunterschiede hervorgehoben. [25]

Während das skizzierte Magnitudeverfahren eine theoretisch begründete eigenständige Meßgrundlage schafft und deshalb als Skalierungsmethode angesehen werden kann, liegt die Besonderheit anderer elektronisch gestützter Meßverfeinerungen in der genaueren Erfassung und der unmittelbar ADV-integrierten Auswertung bestimmter Indikatoren. So wird die Zeitspanne, die bis zur Beantwortung einer Frage durch die Auskunftsperson verstreicht *(Response Latency)*, bei bestimmten Fragetypen – etwa bei der Ermittlung von Präferenzen – als Indikator für den Grad der Überzeugtheit angesehen. [26] Die Meßvorschrift als solche *(Antwortzeitmessung)* ist nichts Neues; wohl aber bietet die Bildschirmbefragung verbesserte Möglichkeiten der automatischen Erfassung und Auswertung dieser Indikatorgröße.

Ebenso gilt für die Integration sogenannter *Programmanalysatoren* in computergestützte Erhebungen, daß eine an sich schon länger bekannte Art der Ermittlung nominalskalierter Daten nun mit technischen Hilfsmitteln erfolgt, die sehr kurzfristige und genaue Analysen ermöglichen. Beim Einsatz von Programmanalysatoren zeigen die Testpersonen durch Tastendruck oder ähnliche Gerätebedienungen in nichtverbaler Weise spontan an, welche Momente einer Darbietung (z. B. eines Fernsehfilms) ihnen »gefallen« oder »mißfallen«. Elektronische Aufzeichnungen dieser Verhaltensweisen ermöglichen eine zeitlich sehr fein aufgeteilte Erstellung aggregierter Reaktionsprofile von Personengruppen. In der Werbeakzeptanz-Forschung dürfte dieser Meßansatz von wachsender Bedeutung sein. [27]

V. Datenanalyseverfahren

Wie zu Beginn des Abschnitts B. erwähnt, sind die in den siebziger Jahren vieldiskutierten multivariaten Analysetechniken zum festen Bestandteil des Marktforschungsrepertoires geworden. Die nach Dekaden unterteilte Zusammenstellung wichtiger Forschungsentwicklungen, die Kotler in der jüngsten Auflage seines Werkes »Marketing Management« gibt, hebt für die Zeit nach 1980 noch Anwendungen des Conjoint Measurement und Ansätze zur Kausalanalyse hervor. [28] Auch in der jüngeren deutschsprachigen Literatur finden sich – übereinstimmend mit Kotlers Feststellung – Anwendungsberichte aus dem Marketingbereich für das Conjoint Measurement [29] und für methodisch neue kausalanalytische Untersuchungen [30], wenn auch in beiden Fällen erst vereinzelt.

Das *Conjoint Measurement* ist ein dekompositionelles Verfahren, mit dessen Hilfe aus globalen Rangordnungsurteilen (etwa Präferenzangaben), die über experimentell vorgegebene Merkmalskombinationen (z. B. Produktgestaltungsformen) abgegeben werden, metrische Teilnutzenwerte für die einzelnen Gestaltungsattribute abgeleitet werden können. Diese Methode erschließt damit wichtige Anhaltspunkte für die gezielte Gestaltung absatzpolitischer Maßnahmen.

Unter den kausalanalytischen Verfahren findet neuerdings eine Verknüpfung der an sich schon länger bekannten Pfadanalyse mit faktorenanalytischen Konzepten Beachtung. Es handelt sich um den sog. *LISREL-Ansatz* (Linear Structural Relations System). Dieser bringt den Vorzug mit sich, daß nicht nur die angenommenen Wirkungsbeziehungen, sondern zugleich auch die Meßansätze für dabei verwendete komplexe Indikatoren kritisch überprüft werden. *Konfirmatorische Analysen,* »die gegebene Hypothesen zu einem Modell verbinden und es mit empirischen Daten zu bestätigen versuchen« [31], werden damit auf eine ausgefeiltere methodische Grundlage gestellt.

Unter den Neuentwicklungen in der Daten*analyse* sind nicht nur einzelne Auswertungsverfahren zu nennen, wie es vorstehend kurz und exemplarisch geschehen ist; vielmehr zählen hierzu nicht zuletzt auch die Bemühungen um den Aufbau von *Entscheidungsunterstützungssystemen* für das Marketing. [32] Derartige ADV-gesteuerte Systeme zeichnen sich durch die Zugriffsmöglichkeit auf verschiedene extern bezogene und intern bereitgestellte Datenbestände aus, für die dann gemeinsame Auswertungen auf der Grundlage mathematisch-statistischer Methoden durchgeführt werden können. Der Benutzer wird im direkten Dialog mit dem System in die Lage versetzt, Veränderungen der eigenen Marktposition (z. B. des Marktanteils) näher zu analysieren und zukunftsbezogene Alternativrechnungen durchzuführen, die Entscheidungskonsequenzen unter bestimmten Handlungsbedingungen aufzeigen. Ein Beispiel aus der Unternehmungspraxis ist das in Deutschland von der Taylorix-Tymshare GmbH angebotene System EXPRESS, das u.a. von der Union Deutsche Lebensmittelwerke GmbH genutzt wird. In diesem Anwendungsfall werden Informationen aus Haushalts- und Handelspanels verschiedener Institute, vielfältige Angaben der Werbestatistik sowie firmeninterne Absatz-, Großhandelspreis- und Rabattdaten kombiniert und mit statistischen Analysetechniken (je nach Anforderung des Benutzers) ausgewertet. [33]

C. Die Rolle der Marktforschung im Rahmen des strategischen Managements

Mit der im Abschnitt B. gegebenen Übersicht ist versucht worden, jene Arbeitsgebiete der Marktforschung zu skizzieren, auf denen Neuentwicklungen in jüngster Zeit besonders augenfällig sind. Im folgenden sollen die Informationserfordernisse umrissen werden, die sich für eine strategische Marktorientierung der Unternehmungsführung ergeben. Im Teil D. bleibt dann zu beurteilen, inwieweit die derzeitigen Marktforschungsschwerpunkte zur Deckung dieses Informationsbedarfs beitragen können bzw. welche Lücken durch andersartige Untersuchungsansätze noch zu schließen sind.

I. Zum Verhältnis von strategischem Management, strategischem Marketing und Marktforschung

Strategisches Management wird in allgemeiner Formulierung umschrieben als »die Steuerung und Koordination der langfristigen Evolution des Unternehmens und seiner Aufgabenumwelten... durch eine konzeptionelle Gesamtsicht der Unternehmenspolitik«. [34] Dies schließt (über die Analyse, Auswahl und grundsätzliche Gestaltung von Produkt-Markt-Beziehungen auf der Absatzseite hinaus) die Ressourcensicherung und die langfristig orientierte betriebliche Ressourcenallokation ebenso ein wie Entscheidungen über weiterreichende Forschungs- und Entwicklungsschwerpunkte, Entwurf und Implementierung von Organisations- und Führungssystemen, Konzeptionen des Management Development sowie Vorkehrungen zur Früherkennung wichtiger Umweltveränderungen. [35]

Das *strategische* (Absatz-) *Marketing* ist ein enger abgegrenzter Teil des strategischen Managements. Je nach der internen und umweltbezogenen Situation einer Unternehmung können auch andere betriebliche Gestaltungsbereiche die ausschlaggebenden Probleme oder Chancen für Evolutionsschritte in der Zukunft aufwerfen. [36] Unerläßlich bleibt aber in jedem Fall die Berücksichtigung von Restriktionen, Beeinflussungsmöglichkeiten und potentiellen neuen Betätigungsfeldern auf der Absatzseite.

In diesem Sinne kommen dem strategischen Marketing im Rahmen des strategischen Managements folgende Hauptaufgaben zu [37]:

- Suche nach grundsätzlich möglichen künftigen Problemlösungsangeboten auf bestimmten Märkten (Beschreibung der für die Unternehmung in Betracht kommenden Produkt-Markt-Kombinationen)
- Bewertung und vorläufige Auswahl von Produkt-Markt-Kombinationen anhand der erwarteten Nachfrage-, Wettbewerbs-, Technologie- und sonstigen Umweltmerkmale (»Defining the Business«)
- Synergetische Sicht mehrerer Geschäftsfelder
- Entwicklung längerfristiger, über mehrere Perioden abgestufter Marketing-Ziele
- Entwurf von Maßnahmen-Programmen (grundlegende Marketing-Mix-Konzeptionen) unter Berücksichtigung alternativer »Wenn-Dann«-Bedingungen
- Zwischenkontrollen und Audits zur rechtzeitigen Gegensteuerung bei ungünstigen Abweichungen
- Verankerung dieser Teilaufgaben in einer dafür geeigneten Organisationsstruktur

Abb. 2: Aufgabenbereiche des strategischen Marketing

Die Perspektive des strategischen Marketing ist nicht von vornherein auf einzelne Ebenen der betrieblichen Zuständigkeitshierarchie beschränkt. Grundsätzlich betrifft sie bestimmte Problemgesichtspunkte der Gesamtunternehmung ebenso wie den Bereich enger definierter Geschäftseinheiten oder (mit manchen Teilfragen) sogar einzelne Produkte und ihre Märkte. Insofern kann hier Schendel nicht gefolgt werden, wenn er postuliert: »It should... be noted in this strategic context that marketing as a function really has little to do with corporate level strategy formulation.« »Hence, marketing strategy needs to be viewed primarily in the context of business level strategy«. [38] Vielmehr werden alle erwähnten Organisationsebenen in einem Wechselspiel von »bottom-up«- und »top-down«-Betrachtung in Überlegungen des strategischen Marketing einbezogen.

Die (Absatz-) *Marktforschung* hat in diesem Rahmen die Aufgabe, Informationen über *unternehmensexterne* Sachverhalte bereitzustellen, um strategische Planungen und Steuerungen in dem durch Übersicht 2 gezeigten Marketing-Zusammenhang zu unterstützen. Damit kann sie nur einen – allerdings sehr wichtigen – *Ausschnitt* aus dem gesamten Informationsbedarf für das strategische Management abdecken.

II. Der Inhalt strategisch orientierter Informationsanforderungen an die Marktforschung

Ein grundlegendes Charakteristikum des strategischen Marketing wie des gesamten strategischen Managements besteht darin, daß in mittel- bis längerfristiger Vorausschau Möglichkeiten »abgetastet« werden, wie Erfolgschancen durch veränderte *künftige Problemlösungsangebote* erschlossen werden könnten. Es handelt sich dabei um einen heuristischen Vorgang, der sich in regelmäßigen Abständen – etwa in jährlichen Planungsrunden – empfiehlt, um rückläufigem Absatz in angestammten Leistungsbereichen mit Programmanpassungen zuvorzukommen oder um die eigene Marktposition durch Ausweitung der Angebotspalette zu stärken. Es kommt hier zuerst einmal darauf an, Vorschläge für konkret denkbare Absatzbeziehungen zu generieren, bevor dann eine Auswahl nach eingehenderer Bewertung erfolgt.

Seit 1980 sind zur Systematisierung dieses Suchvorgangs verschiedene Bezugsrahmen vorgeschlagen worden. Abell hat gezeigt, wie sich erwägenswerte Marktfelder durch Kombination der Merkmale »potentielle Nachfragergruppen«, »Funktionserfüllung durch das Leistungsangebot« und »verwendbare Technologien« beschreiben lassen. [39] Day verwendet einen ähnlichen Ansatz, erweitert um das Kriterium, ob die Unternehmung an eine bestimmte Produktionsstufe gebunden ist oder sich durch Vorwärts- bzw. Rückwärtsintegration zusätzliche Spielräume für die Angebotsgestaltung zu schaffen vermag. [40] Die Verknüpfung solcher Beschreibungsmerkmale kann in Form sogenannter *Suchfeldmatrizen* erfolgen, wie sie schon praktische Anwendung gefunden haben.

Für diese Ausgangsphase strategischer Überlegungen ist der *Informationsbedarf* noch verhältnismäßig grob strukturiert: Benötigt werden Angaben über sich anbahnende Änderungen in der Bevölkerungsstruktur bzw. der Zusammensetzung des gewerblichen Sektors, über den Wandel von Werthaltungen und Verwendungsgewohnheiten, über neue bedarfskonstituierende Problemstellungen (wie sie sich u. a. aus gesamtwirtschaftlichen, politisch-rechtlichen, ökologischen, internationalen Entwicklungen ergeben können) sowie über marktbezogene Nutzungsmöglichkeiten technologischer Innovationen.

Die Stichwörter »Scanning the Business Environment« bzw. »Environmental Scanning« kennzeichnen diesen grundlegenden Suchprozeß. [41] Freilich kann sich die Umfeldanalyse nicht in beliebiger Vielfalt abspielen. Es müssen gewissermaßen Filter eingebaut sein, die die Schwerpunktausrichtung der Informationsbemühungen bestimmen. [42] Ein entsprechender Ansatzpunkt besteht in der Kennzeichnung der besonderen unternehmungseigenen Stärken (z. B. auf technologischem Gebiet) und jener Merkmale (wie etwa starke Exportabhängigkeit), die die Unternehmung am ehesten »verwundbar« machen. Von einem solchen Relevanz-Raster ausgehend, kann die Ausschau nach bedeutsamen Umfeldänderungen gesteuert werden. [43]

Die *Bewertung* und *Auswahl* künftiger Produkt-Markt-Kombinationen *(»Defining the Business«)* knüpft unmittelbar an die vorstehend erläuterte Suchphase an. Sie setzt zweckmäßigerweise – wenn die Unternehmung nicht Gefahr laufen will, zu eng im Rahmen ihrer überkommenen, wohldefinierten Umfeldbeziehungen zu verharren – diesen Entwurf möglicher Betätigungsalternativen voraus. Für deren genauere Beurteilung sind dann folgende *Arten von Marktinformationen* erforderlich:

- Angaben über die Anzahl der potentiellen *Nachfrager* einer bestimmten Problemlösung und über deren bedarfsbeeinflussende Merkmale; Gruppierbarkeit dieser Produktverwender in Marktsegmente mit unterschiedlichen *Anforderungen* gegenüber dem Leistungsangebot bzw. mit verschieden ausgeprägter Bedarfsintensität [44];
- Bestandsaufnahme der aktuellen und der möglichen *Technologieanwendung,* wie sie zur Bedarfsdeckung bei den anvisierten Nachfragerkreisen zum Zuge kommen kann [45];
- Kennzeichnung der *Distributionskanäle,* mit denen die Nachfragergruppen am wirkungsvollsten erreichbar sind;
- Analyse der voraussichtlichen *Wettbewerbskonstellation,* wie sie sich im Hinblick auf bestimmte Nachfrager-Zielgruppen, besondere Bedarfsmerkmale, Technologien und Distributionskanäle abzeichnet. Stärken-Schwächen-Vergleiche und die Untersuchung allgemeiner Einflüsse auf die Konkurrenzaktivitäten (z. B. Markteintrittsschranken) gehören hierzu [46];
- Einschätzung der *generellen Rahmenbedingungen* (gesamtwirtschaftlicher, politischer, rechtlicher Art) für die Wachstumsrichtung und das Wachstumsausmaß der betrachteten Märkte.

Erst die *Verknüpfung* dieser fünf genannten Aspekte gestattet eine strategische Bewertung verschiedener absatzwirtschaftlicher Betätigungsfelder, die üblicherweise (etwas verkürzt formuliert) als Produkt-Markt-Kombinationen bezeichnet werden.

Die *synergetische Sicht mehrerer Geschäftsfelder* ist ebenfalls ein Bewertungsvorgang, bei dem im Prinzip eine enge wechselseitige Verflechtung mit dem obenerwähnten »Defining the Business« vorliegen kann. Der zusätzlich hinzukommende Gesichtspunkt besteht darin, daß nun eine Mehrzahl betrieblicher Marktbeziehungen in ihrem *Zusammenspiel* nach bestimmten ökonomischen Kriterien beurteilt wird (woraus sich dann weitere Anhaltspunkte für die Einstufung und Auswahl der künftigen Produkt-Markt-Kombinationen ergeben). Die im Rahmen der strategischen Planung vieldiskutierte *Portfolio-Technik* ist der Prototyp einer solchen Gesamtbeurteilung verschiedener Geschäftsfelder.

Der *Informationsbedarf* für die Erstellung von Portfolio-Analysen [47] betrifft zum einen die Abgrenzbarkeit von sog. *strategischen Geschäftsfeldern.* Dabei handelt es sich um Planungseinheiten, die durch eine Zusammenfassung mehrerer Produkt-Markt-Kombinationen entstehen, wobei es aber wesentlich darauf ankommt, »homogene und weitgehend autarke Chancen- und Gefahrenfelder zu bilden« [48]. Es müssen also Kriterien definiert und entsprechende Maßgrößen ermittelt werden, die die Zusammengehörigkeit mehrerer Produkt-Markt-Beziehungen unter strategischen Analyse- und Planungsaspekten zutreffend erkennen lassen.

Zum anderen ergibt sich ein Informationsbedarf im Hinblick auf die sog. strategischen *Schlüsselfaktoren,* d. h. jene Variablen, die als ausschlaggebend für künftige betriebliche Zielerreichungen gelten und deshalb zur inhaltlichen Kennzeichnung der Dimensionen einer Portfolio-Matrix (z. B. der »Marktattraktivität«) herangezogen werden. Unter zweierlei Gesichtspunkten werden Kenntnisse hierüber benötigt: Es geht um die Aufdeckung *genereller* Zusammenhänge zwischen Schlüsselfaktoren (etwa dem relativen Marktanteil) und Zielgrößen (wie dem Return on Investment); weiterhin aber auch um die Ermittlung der konkreten Ausprägung von Schlüsselvariablen im einzelnen betrieblichen *Anwendungsfall.*

Langfristige Stufenziele sind Bestandteil der strategischen Planung, da sie über mehrere Planperioden hinweg (in Form sogenannter Zieltrajektorien) aufzeigen, welches Ausmaß von monetären und nichtmonetären Ergebnisgrößen erreicht werden müßte, um zu einer letztlich angestrebten Erfolgsposition zu kommen. [49] Diese Zielprojektionen gelten unter bestimmten Wenn-Dann-Bedingungen und sind damit zugleich eine Orientierungshilfe für die Gewinnung von Frühwarnanzeichen bei festgestellten Abweichungen von der Ziel-Leitlinie.

Eine wichtige *Informationsgrundlage* für die Zielplanung wäre gegeben, wenn Daten über längerfristige Wirkungsbeziehungen zwischen Maßnahmen und Ergebnisgrößen vorlägen (z. B. dynamische Preisresponse-Funktionen). Außerdem spielen hierbei empirische Kenntnisse über den inhaltlichen und zeitlichen Zusammenhang zwischen mehreren Zielvariablen (z. B. zwischen Wiederkaufrate und längerfristig erreichbarem Marktanteil) eine Rolle [50]

Die ebenerwähnten dynamischen Wirkungsbeziehungen zwischen Mitteleinsatz und Ergebnissen betreffen zugleich die Informationsbasis für den *Entwurf grundlegender Marketing-Mix-Konzeptionen*. In strategischer Hinsicht sind damit Gestaltungsmaßnahmen gemeint, die in ihrem Zusammenspiel die *Positionierung* eines Leistungsangebots in der Wahrnehmung und im Urteil der Verwender prägen.

Informationsbedarf besteht dabei bezüglich der Frage, welchen Einfluß bestimmte erwogene Gestaltungen der absatzpolitischen Instrumente auf die Einstellungsbildung bei potentiellen Nachfragern ausüben. Darüber hinaus sind Kenntnisse über die Abhängigkeit dieser Wirkungen von besonderen Zielgruppenmerkmalen (also von Eigenschaften der Marktsegmente) wie auch von zeitlichen Ablaufbedingungen (z. B. Phasen eines Produkt-Lebenszyklus) bedeutsam.

Da Positionierungsvorhaben grundsätzlich immer den Bezug zur Konkurrentenstellung aufweisen, erstreckt sich der Informationsbedarf auch auf Angaben über die Beurteilung der Wettbewerberleistungen aus der Sicht der Nachfrager.

Mit dem strategischen Aufgabenbereich der *Zwischenkontrolle* von Ergebnissen im Zeitablauf und der *Audits* zur Überprüfung von Planungsprämissen ist das weite Feld der *Früherkennungsinformationen* angesprochen. Zwar beschränkt sich der Problemkreis der Früherkennung keineswegs auf derartige Abweichungsanalysen, sondern schließt gerade auch die Erfassung von Indikatoren ein, die auf künftig überhaupt erstmals zu planende neue Marktbeziehungen hinweisen können. [51] Ohne Zweifel ergibt aber auch die Zwischenanalyse strategischer Pläne Hinweise auf günstige Gelegenheiten oder auf Bedrohungen, die dann in künftige Überlegungen zum »Defining the Business« (s. o.) mit einfließen.

Speziell an die *Marktforschung* ist dabei die Anforderung gestellt, frühwarnende Daten über nicht planentsprechende Entwicklungen der Kundenstruktur sowie des Käuferverhaltens, der Distribution, der Wettbewerbssituation und allgemeiner Planungsprämissen (z. B. internationaler Abkommen) zu liefern. [52]

Schließlich ist anzumerken, daß auch für die *organisatorische Verankerung der strategischen Zuständigkeiten* Marktforschungsinformationen hilfreich sind. Inwieweit z. B. bestimmte strategische Planungszuständigkeiten zweckmäßigerweise in der Gestaltungsform eines Produkt-Managements oder eines Kundengruppen-Managements verankert werden sollen, hängt nicht zuletzt auch von Informationen über die Art der betrieblichen Produkt-Markt-Verflechtungen ab (z. B. Angaben über einen Bedarfsverbund bei einer Kundengruppe, der die Koordination über mehrere Produktbereiche hinweg erforderlich macht).

In der Abbildung 3 sind die wichtigsten Gesichtspunkte der strategischen Informationsanforderungen an die Marktforschung zusammenfassend dargestellt.

Strategische Teilaufgaben →

Von der Marktforschung benötigte Informationen ↓

Suche nach grundsätzlichen künftigen Problemlösungsangeboten	Auswahl von Produkt-Markt-Kombinationen (»Defining the Business«)	Synergetische Sicht mehrerer Geschäftsfelder, z. B. Portfolio-Analysen	Planung langfristiger Stufenziele	Entwurf grundlegender Marketing-Mix-Konzeptionen	Zwischenkontrollen und Audits	Organisatorische Verankerung der strategischen Zuständigkeiten
– Entwicklung der Bevölkerungsstruktur – Strukturveränderungen im gewerblichen Sektor – Wertewandel – Wandel der Verbrauchsgewohnheiten – Nutzungsmöglichkeit technologischer Innovationen – gesamtwirtschaftliche Tendenzen – politisch-rechtliche Rahmenbedingungen – ökologisch bedingte Bedarfsmerkmale – internationale Vorgänge	– Anzahl der potentiellen Nachfrager für bestimmte Problemlösungen – Segmentierungsmerkmale einschl. Anforderungsspezifika und Bedarfsintensität – verwenderabhängig einsetzbare Technologien – geeignete Distributionskanäle – Wettbewerbskonstellation einschl. Stärken-Schwächen-Analysen – generelle Rahmenbedingungen für die Entwicklung des betrachteten Marktes	– Abgrenzbarkeit von sog. strategischen Geschäftsfeldern – generelle Zusammenhänge zwischen sog. strategischen Schlüsselvariablen und betrieblichen Zielgrößen – Ausprägung der Schlüsselfaktoren im konkreten betrieblichen Anwendungsfall	– längerfristige (dynamische) Wirkungen des absatzpolitischen Maßnahmeneinsatzes – inhaltlicher Zusammenhang zwischen mehreren Zielvariablen – zeitlicher Zusammenhang zwischen mehreren Zielvariablen	– Auswirkung bestimmter Marketing-Mix-Gestaltungen auf die längerfristige Positionierung des Leistungsangebotes – Abhängigkeit der Einstellungsbildung von bestimmten Marktsegment-Merkmalen – Einfluß zeitlicher Ablaufbedingungen auf die Positionierung – Positionierung von Konkurrenzangeboten	Nicht planentsprechende Entwicklungen von – Kundenstruktur – Käuferverhalten – Distribution – Wettbewerbssituation – allgemeinen Planungsprämissen	Organisationsrelevante Merkmale der betrieblichen Produkt-Markt-Verflechtungen (z. B. produktlinienübergreifender Bedarfsverbund bei bestimmten Kundengruppen)

Abb. 3: Strategisch orientierte Informationsanforderungen an die Marktforschung

D. Der Beitrag neuerer Marktforschungs-entwicklungen zur Deckung des strategischen Informationsbedarfs: Ansätze und Lücken

Bei den folgenden Ausführungen kann es nicht darum gehen, im einzelnen eine Methodik der strategisch ausgerichteten Marktforschung zu entwerfen. Vielmehr soll an dieser Stelle nur versucht werden, die im Abschnitt B. beschriebenen jüngeren Verfahren im Hinblick auf ihre Leistungsfähigkeit für strategische Untersuchungszwecke zu beurteilen. Dabei wird nach dem in Abbildung 3 skizzierten Bezugsrahmen vorgegangen.

I. Suche nach grundsätzlich möglichen künftigen Problemlösungsangeboten

Hinsichtlich der vielfältigen Umfeldinformationen, die für diesen Ausgangspunkt strategischer Überlegungen benötigt werden (s. Spalte 1 der Abb. 3), ist eine recht begrenzte Unterstützung durch die neueren Marktforschungsansätze festzustellen. Beim systematischen Ausfüllen eines Suchrahmens (wie ihn beispielsweise Abell mit den Dimensionen »customer groups«, »customer functions« und »alternative technologies« vorgeschlagen hat) kommt es nicht nur auf die Beobachtung von Trends in angestammten Märkten an, sondern vor allem auch auf »Umweltbereiche, die von potentiellem Zukunftsinteresse sein können«. [53] Dafür leisten noch so ausgefeilte Erhebungstechniken wenig, wenn sie lediglich an etablierten Erzeugnissen und Märkten oder an bereits entwickelten Testobjekten (wie Prototypen eines Neuproduktes) anknüpfen.

Der größere Beitrag, um Vorschläge für künftig mögliche Produkt-Markt-Kombinationen zu gewinnen, ist deshalb nicht bei den im Abschnitt B. genannten verfahrenstechnischen Fortschritten der Primärforschung zu erhoffen, sondern von der Online-Nutzung *externer Datenbanken*. Schon die bisher vorliegenden Informationsangebote zeigen, daß demographische und gewerbestrukturelle Änderungen, gesamtwirtschaftliche Tendenzen, technologische Neuerungen und internationale Wirtschaftsbeziehungen durch Datenbankabfragen auf verhältnismäßig aktuellem Stand überwacht werden können. [54] Die Akzeptanzbereitschaft für diese Informationsquellen nimmt bei den Unternehmungen zu. [55]

Die Erfassung und Auswertung von Paneldaten mit Hilfe von *Scanner-Kassensystemen* vermag bei längerer Zeitreihenanalyse gewisse Anhaltspunkte für den Wandel von Verwendungsgewohnheiten zu liefern, die aber – und das ist für den Entwurf künftig möglicher Problemlösungsangebote eine wesentliche Einschränkung – lediglich das Spektrum der bisherigen Produktsortimente widerspiegeln können. Elektronische *Befragungen* sind für die meisten Problembereiche der strategischen Umfeldüberwachung wenig relevant, es sei denn, daß sie Hinweise zum Thema »Wertewandel« vermitteln (deren Ergiebigkeit dann aber weniger von der beim Erheben verwendeten Computertechnik als vielmehr vom geeigneten inhaltlichen Fragenaufbau abhängt).

Es soll jedoch nicht übersehen werden, daß die Nutzung des Bildschirmdialogs, wie er für Computerbefragungen typisch ist, in einer anderen Phase des Suchens nach neuen Problemlösungsmöglichkeiten Bedeutung erlangen kann: Außer der bisher angedeuteten Gewinnung von Umfeldinformationen kommt bei diesem Suchvorgang auch methodischen Konzepten zur strukturierten *Auswertung* des vorhandenen Wissens bzw. alternativer Annahmen wachsendes Gewicht zu. [56] Beispielhaft seien Delphi-Runden, Impact- und Cross-Impact-Analysen oder die Szenario-Technik genannt. Über die Erstellung von Delphi-Prognosen im Computerdialog hat Brockhoff schon Ende der siebziger Jahre berichtet. [57] Goldberg erwähnt das von General Electric bereits praktizierte »Futurescan-System«, das nach seinen Angaben im interaktiven Online-Betrieb u. a. Delphi-Studien und Cross-Impact-Analysen einschließt. [58]

Wenn man aber alles in allem nach dem heutigen Stand Fazit zieht, muß man anmerken, daß die Marktforschungsmethodik bisher zu wenig auf den Informationsbedarf für längerfristige Umfeldanalysen und für Entwürfe künftiger Marktbeziehungen ausgerichtet worden ist. Zwar nehmen die Beispiele für systematische Untersuchungsansätze zu. [59] Ein zusammenhängender Bezugsrahmen, der Datenquellen und die Analyse von Wirkungsbeziehungen (z. B. im Rahmen der Indikatorenforschung) sowie interaktive Nutzungsmöglichkeiten einschließt, ist jedoch erst im Entstehen.

II. Auswahl von Produkt-Markt-Kombinationen (»Defining the Business«)

Diese Bewertungs- und vorläufige Selektionsphase der strategischen Planung stützt sich vor allem auf miteinander *zu verbindende* Nachfrage- und Wettbewerbsanalysen im Hinblick auf erwogene künftige Marktbeziehungen. Lange Zeit hat sich die Marktforschung fast ausschließlich auf die Untersuchung von Nachfragermerkmalen bzw. Nachfragerverhalten – und dabei vor allem auf konsumentenbezogene Studien – konzentriert. Deshalb kann sie auch am ehesten unter diesem Aspekt Anknüpfungspunkte für das strategische Marketing vorweisen.

Day et al. haben sich mit verschiedenen Verfahrensansätzen für nachfragerorientierte Produkt-Markt-Abgrenzungen beschäftigt. Sie unterscheiden dabei einerseits Erhebungen, die sich auf bisheriges Käuferverhalten beziehen (z. B. feststellbare Kreuz-Preis-Elastizitäten, Markenwechsel) und die Ermittlung subjektiver Nachfragerurteile andererseits. [60] Zu beidem können einige der neueren Marktforschungstechniken im Prinzip beitragen: Die *scannergestützten Panelerhebungen* sind (bei der – wie oben erwähnt – möglichen Kombination von Handels- und Haushaltspanel) in der Lage, Kaufverhaltensdaten in inhaltlich und zeitlich detaillierter Untergliederung zu liefern. Unbefriedigend bleibt dabei unter strategischen Gesichtspunkten, daß so zwar Anregungen für die künftige Auswahl bestimmter Marktsegmente bereitstellbar sind, aber eben doch nur in bereits bekannten und geläufigen Produktbereichen.

Sollen Hinweise auf die Akzeptanz neuartiger Problemlösungen (einschließlich der segmentabhängigen Bereitschaft zur Nutzung bestimmter Technologien) gewonnen werden, so muß auf *Befragungen* zurückgegriffen werden. Immerhin ist nicht auszuschließen, daß hierbei die Methoden der interaktiven Bildschirmbefragung und dabei einsetzbare Meßverfeinerungen zu einer zunehmend validen Erhebung der subjektiven Urteile beitragen.

Paneluntersuchungen zum Kaufverhalten sowie Befragungsstudien über subjektive Anforderungsprofile liefern Datengrundlagen für die Unterscheidung mehrerer Marktsegmente, über deren Selektion (d. h. Bearbeitung oder Nichtbearbeitung) beim »Defining the Business« zu entscheiden ist. Es sei ergänzend erwähnt, daß spezielle zeitablaufbezogene Analysen solcher Daten strategisch wichtige Schätzgrößen dafür liefern können, wann gravierende Änderungen in den Werthaltungen, Einstellungen und Verhaltensweisen z. B. bestimmter Altersklassen-Segmente auftreten dürften und wie stark die betreffenden Segmente nach der »Umschichtung«

zahlenmäßig besetzt sein werden. Zu nennen sind etwa sog. *Kohortenanalysen*. Eine Kohorte ist in diesem Zusammenhang »ein Aggregat von Personen, die im Hinblick auf ein bestimmtes Ereignis gleichaltrig sind« [61], wobei »gleichaltrig« nicht unbedingt das Lebensalter meint, sondern die Gleichzeitigkeit gewisser Auslöseereignisse bei den Personen, z. B. die erstmalige Verwendung einer neuartigen Technologie.

Zur Bewertung der voraussichtlichen *Wettbewerbskonstellation* in einem strategisch anvisierten Produkt-Markt-Feld hat die Marktforschung bisher weniger systematisierte Beiträge geleistet als zur Nachfrageanalyse. [62] Da sich der Wettbewerb in einem bestimmten Markt in bezug auf Nachfrager-Zielgruppen und deren Bedarfseigenheiten, angesichts verfügbarer bzw. erwarteter Technologien sowie im Rahmen von Distributionskanälen abspielt, liegt es zuerst einmal nahe, die Stellung schon vorhandener Anbieter unter diesen Aspekten zu überprüfen. Es ist eine strategisch wichtige Information, zu wissen, bei welchen Nachfragergruppen die Wettbewerber bereits mehr oder weniger stark vertreten sind, welche Bedarfsanforderungen sie besonders gut abdecken oder nicht, bei welcher technologischen Erfüllung von »functions« sie Vorrang oder Rückständigkeit aufweisen und inwieweit sie eine enge Kooperation mit bestimmten Handelsorganisationen zeigen. Soweit hierüber konkrete Erhebungsdaten vorliegen, lassen sich auch *Stärken-Schwächen-Analysen* besser als nur durch subjektive Schätzurteile begründen.

Manchen der erwähnten Datenerfordernisse kann durch *Panelstudien* entsprochen werden (Erfassung der Kundenstruktur von Wettbewerbern, Distributionskennzahlen für die Konkurrenten); manche anderen sind durch *Verwenderbefragungen* abdeckbar (Konkurrentenimages, d. h. Vorstellungen der Verwender über die Bedarfseignung der Wettbewerberangebote). Insofern sind die in Abschnitt B. besprochenen Verfahrensneuerungen der Befragungs- und der Panelforschung durchaus von Belang für die Wettbewerbsanalyse.

Auch die Nutzung *externer Datenbanken* fällt in diesen besonderen Auswertungsbereich, da es abrufbare Daten zur Beschreibung von Konkurrenzfirmen sowie über erteilte Patente und über Lizenzen gibt.

Was also eigentlich noch aussteht, ist die konsequente *Verknüpfung* solcher Mosaiksteine zu umfassenden *Konkurrentenprofilen*. [63] Dazu würde dann auch die empirische Abgrenzung sog. *strategischer Gruppen* gehören, d. h. von »Anbietergruppen innerhalb des Marktes, die sich bei wichtigen strategischen Entscheidungsvariablen voneinander unterscheiden«, wozu u. a. beispielsweise »die Breite des Produktionsprogramms, ... die Marktsegmente, die Wahl der Absatzwege« gehören. [64]

Während sich die vorstehenden Überlegungen auf Wettbewerber beziehen, die in den interessierenden Märkten bereits vertreten sind, besteht bei der Bewertung von Produkt-Markt-Kombinationen ein schwerwiegendes Problem auch in der Einschätzung *potentieller* Konkurrenten und ihrer Fähigkeit bzw. Willigkeit zum Eintritt in den Markt. [65] Mit der Frage, welche Einflußfaktoren den Markteintritt neuer Wettbewerber hindern oder anreizen, hat sich empirisch die sog. »Industrial Organization«-Forschung beschäftigt. [66] Die betriebswirtschaftliche Marktforschung hat hierzu bisher keine spezifischen Untersuchungsansätze bereitgestellt.

III. Synergetische Sicht mehrerer Geschäftsfelder

Auch für *Portfolio-Analysen* gilt, daß methodologische und empirische Beiträge zur Deckung des damit verbundenen Informationsbedarfs [67] vorwiegend aus anderen Arbeitsbereichen als der betriebswirtschaftlichen Marktforschung gekommen sind. So stammen die bislang umfangreichsten und bis auf den Anfang der sechziger Jahre zurückreichenden Studien über Art und

Einflußstärke *strategischer Schlüsselfaktoren* aus dem *PIMS-Programm* (Profit Impact of Market Strategies) des Strategic Planning Institute in Cambridge/Mass. [68] Diese regressionsrechnerischen Untersuchungen liefern sicherlich eine Groborientierung, welche inner- und außerbetrieblichen Variablen mehr oder weniger stark zur Erklärung der Varianz von Ergebnisgrößen (wie Return on Investment und Cash Flow) beitragen können. Sie entheben eine Unternehmung aber nicht der Aufgabe, im *konkreten* betrieblichen *Anwendungsfall* zu prüfen, welche Größen jeweils für die Kennzeichnung der Marktbesonderheiten und der eigenen Wettbewerbsposition am wichtigsten erscheinen.

Beispielsweise knüpft das sog. Marktattraktivität-Wettbewerbsvorteil-Portfolio (»McKinsey/General Electric-Matrix«) an eine Reihe von Schlüsselfaktoren an, die in den PIMS-Studien als bedeutsam ausgewiesen worden sind. Die Liste der Merkmale, mit denen Marktattraktivität und Wettbewerbsstellung gekennzeichnet werden sollen, ist aber im einzelnen noch abwandelbar. Aus betrieblicher Sicht können Gewichtungszahlen für die verschiedenen Schlüsselfaktoren vergeben werden.

Damit stellt sich für die *Marktforschung* das Problem, einen ausreichenden Dateninput zur Vorausschätzung von Marktentwicklungen und zur Konkurrenzanalyse bereitzustellen. Diesbezügliche Lücken, wie sie oben in den Abschnitten D. I. und D. II. konstatiert worden sind, wirken sich unmittelbar auch auf die Untersuchungsstufe der Portfolio-Analayse aus. »Die Beschaffung dieser Daten wird« außerdem noch »dadurch erschwert, daß sie durch die Diskrepanz zwischen organisatorischen (z. B. Divisionen) und planerischen Einheiten (SGE) oft nicht in entsprechender Form aufbereitet sind oder im Hinblick auf die Konkurrenz nur geschätzt werden können.« [69]

Nicht zuletzt wirft die Abgrenzung der strategischen Geschäftsfelder (SGF) oder strategischen Geschäftseinheiten (SGE), für die eine relativ eigenständige Planung betrieben werden soll, Anforderungen an die Marktforschung auf. Es geht um die Ermittlung hinreichender Ähnlichkeitsmerkmale für mehrere Produkt-Markt-Kombinationen, z. B. im Hinblick auf gemeinsame Abnehmergruppen und Wettbewerber. Eine Schwierigkeit besteht darin, daß es sich (trotz entsprechender Ähnlichkeiten und Aggregierbarkeit auf den ersten Blick) doch zeigt, »daß für die verschiedenen Produkt-/Markt-Segmente innerhalb eines SGF häufig unterschiedliche strategische Erfolgsfaktoren gelten.« [70]

Ein Überblick über die im Abschnitt B. referierten neueren Marktforschungsentwicklungen zeigt, daß sie für den Dateninput zu Portfolio-Studien wenig leisten. Die durch die Analysetechnik gestellten Informationsanforderungen sind so spezifisch, daß sie einen darauf gezielt zugeschnittenen Untersuchungsansatz verlangen. Vorstellbar wäre aber für die Zukunft, daß die *Nutzung externer Marktdatenbanken* Hilfestellungen für die Einschätzung von Marktattraktivitäten erbringt.

IV. Planung langfristiger Stufenziele

Die strategische Planung sogenannter Zieltrajektorien bringt im Kern stets auch persönlich geprägte Vorstellungen, Bewertungen und Absichten zum Ausdruck. Sie kann aber zum Teil durch empirische Zusammenhangsanalysen unterstützt werden. Dies betrifft zum einen die inhaltliche und zeitliche Beziehung zwischen mehreren Zielgrößen. Es ist wichtig zu wissen, welche Vorziele in bestimmtem Ausmaß bis zu einem Zwischen-Zeitpunkt erreicht sein müssen, damit nicht eine strategische Lücke zustande kommt, die die Verwirklichung längerfristiger Hauptziele gefährdet.

Dieser Grundgedanke ist z. B. in dynamischen Modellen der Neuproduktplanung berücksichtigt worden. Im Planungssystem des schon lange bekannten DEMON-Modells beispielsweise sind u. a. Zusammenhänge zwischen Werbereichweiten bzw. Kontakthäufigkeiten, Markenkenntnis, Erstkäufer- und Wiederkaufanteilen abgebildet und mit empirischen Daten belegt. [71] Die Abhängigkeit der Zielgröße Marktanteil von der Entwicklung der Marktpenetration und der erreichten Wiederkaufrate hat in der Marktforschungspraxis bei Testmarktauswertungen Beachtung gefunden.

Zum anderen ist die dynamische Betrachtung einzelner Wirkungsgrößen, also z. B. der Einfluß einer Kommunikationskampagne auf den Bekanntheitsgrad im Zeitablauf, bedeutsam für die Planung von Stufenzielen. Auch hierzu gibt es empirisch-statistische Untersuchungen.

Man kann also sagen, daß die *Marktforschung* hier zumindest im Ansatz bereits strategisch relevante Beiträge erbracht hat. Ein Blick auf die in Übersicht 1 erwähnten jüngeren Entwicklungstendenzen zeigt, daß darunter wohl die Auswertung von *Scanner-Daten* am ehesten für Teilfragen der strategischen Zielplanung wichtig werden könnte. Dynamische Verhaltensmuster der Nachfrage aufgrund zeitlich vorangegangener Maßnahmen und Bedingungen lassen sich mit Scanning recht genau registrieren (aber eben nur für schon vorhandene Produktangebote, wobei Analogieschlüsse für Neuerungen nur mit Vorbehalt gezogen werden können).

V. Entwurf grundlegender Marketing-Mix-Konzeptionen

Die schon bei der Zielplanung erwähnten längerfristig-dynamischen Analysen von Maßnahmenwirkungen berühren selbstverständlich auch die Konzeptionsvorschläge zur Gestaltung des Marketing-Mix. Darüber hinaus besteht ein Kernpunkt des als *strategisch* zu bezeichnenden Marketing-Mix-Entwurfs vor allem in der Suche nach einer *Positionierung* des Leistungsangebotes, so daß es von den Nachfrager-Zielgruppen als attraktiv wahrgenommen wird und im Verhältnis zu Wettbewerbsangeboten Erfolgschancen verspricht. [72] An dieser Positionierung sind im Gesamteffekt alle absatzpolitischen Instrumente beteiligt, soweit sie ein Vorstellungsbild nachhaltig prägen sollen (z. B. verschiedene Attribute der Exklusivität) und nicht nur eine vorübergehende taktische Anpassung beinhalten (wie z. B. bei einer kurzfristig regional anberaumten Verkaufsförderungsaktion).

An Positionierungsstudien besteht in der jüngeren Marktforschung eigentlich kein Mangel, wozu die Verfügbarkeit multivariater Analysetechniken mit beigetragen hat. [73] Da es dabei in den ersten Untersuchungsstufen auch immer um die Ermittlung relevanter Beurteilungsmerkmale bzw. um Ähnlichkeits- und/oder Präferenzurteile geht, sind Weiterentwicklungen auf dem Gebiet der Daten*erhebung* ebenso wichtig wie die Auswertungsverfahren. Soweit die im Abschnitt B. beschriebenen *elektronisch gestützten Befragungsmethoden* – ergänzt durch verfeinerte *Meßtechniken* wie Magnitudeskalierung und Antwortzeitmessung – zu einer valideren Erfassung subjektiver Urteile führen, sind sie künftig für die methodisch gestützte Grundausrichtung des Marketing Mix von Bedeutung. Ähnliches gilt für Blickaufzeichnungen oder den Einsatz von Programmanalysatoren, wenn damit einzelne Gestaltungskomponenten der geplanten Positionierung daraufhin zu überprüfen sind, ob sie von den Zielpersonen überhaupt entsprechend wahrgenommen oder akzeptiert werden. Schätzungsweise ist es nicht übertrieben, wenn man sagt, daß einige der neueren Marktforschungstechniken bei der eben erörterten Konzeptionsentwicklung (die allerdings bereits auf sehr niedriger Aggregationsebene, nämlich auf der Ebene der Einzelprodukte oder kleinerer Produktgruppen angesiedelt ist) ihr strategisch belangvollstes Anwendungsfeld haben.

Forschungsdefizite bestehen noch im Hinblick auf die Fragestellung, welcher Einfluß vom *Zeitablauf* (etwa im Rahmen eines Produkt-Lebenszyklus oder durch Merkmalsveränderungen bei den Mitgliedern von Marktsegmenten) auf die Positionierungsmöglichkeiten ausgeht. Als Ausnahmen lassen sich Beispiele zur Dynamisierung mehrdimensionaler Marktmodelle [74] und zur Erfassung von Vorgängen des Imagetransfers im Laufe mehrerer Perioden nennen. [75]

VI. Zwischenkontrollen und Audits

Zwischenkontrollen setzen die weiter oben besprochene Bestimmung von Stufenzielen für mehrere Perioden voraus. Die frühzeitige Identifikation von Abweichungen zwischen Erwartung und Ist-Zustand ist ein wichtiger Anhaltspunkt für erforderliche Änderungen des Maßnahmeneinsatzes, unter Umständen aber auch für strukturelle Wandlungen, die neue Produkt-Markt-Kombinationen für die Zukunft nahelegen. Derartige Kontrollinformationen gehören also zu einem *Früherkennungssystem*. Dabei ist allerdings noch einmal zu betonen, daß sich Früherkennungen keineswegs nur aus Abweichungsdaten ergeben; die wesentliche Bedeutung des allgemeinen »Environmental Scanning« ist schon erörtert worden. Auch sog. Vorlaufindikatoren, deren Zusammenhang mit nachfolgenden Ereignissen statistisch festgestellt worden ist, sind hier zu nennen. [76] Innerhalb der Marketing-Ergebniskontrollen kann die *Marktforschung* im übrigen nur einen *Teil* der benötigten Angaben beisteuern, nämlich Informationen über externe Wirkungsgrößen. [77]

Es handelt sich dabei vor allem um Daten der Kundenstruktur im Zeitablauf und des Käuferverhaltens, wobei (auf der Planungsebene einzelner Produkt-Markt-Kombinationen) außer unmittelbaren Kaufhandlungen – z. B. gekauften Mengen – auch Größen wie Bekanntheitsgrad, Marktpenetration, produktbezogene Einstellungen, Beschwerdeverhalten, Wiederkaufrate zu nennen sind. [78] Ebenso können Abweichungen zwischen geplanten und tatsächlichen Distributionskennzahlen (z. B. Nielsen-Indices) vorkommen.

Bei der Beschaffung dieser Daten handelt es sich um ein »klassisches« Gebiet der Marktforschung, insbesondere von Paneluntersuchungen. Somit versprechen alle neuen Techniken, die Panelstudien zugute kommen, in diesem Punkt eine Verbesserung des strategisch relevanten Informationsstandes. Dies gilt in herausragender Weise für die Datenerfassung und -auswertung aufgrund von *Scanner-Kassensystemen*. Auch die damit verknüpften *experimentellen Design-Möglichkeiten* können zur frühzeitigen Aufdeckung von Plan-Ist-Abweichungen (z. B. im Rahmen eines kontrollierten Markttests) beitragen.

Die unter B. V. (Datenanalyseverfahren) erwähnten neueren *Entscheidungsunterstützungssysteme* verarbeiten u. a. Paneldaten und sind daher ein potentieller Bestandteil frühwarnender Kontrollsysteme.

Prämissen-*Audits* beziehen sich nicht auf Ergebnisabweichungen, sondern sollen Divergenzen zwischen Plan*annahmen* und tatsächlichen Umfeldentwicklungen aufdecken. Dies betrifft z. B. unerwartete Änderungen der Wettbewerbsstruktur bzw. des Konkurrentenverhaltens sowie allgemeinerer Umfelddaten. [79] In dieser Hinsicht lassen die neueren Techniken der Datengewinnung bislang keinen spezifischen Fortschritt erkennen, wenn man einmal von einigen Nutzungsperspektiven externer Marktdatenbanken absieht. Hier ist auf die schon dargelegten Marktforschungs-Lücken im Rahmen der Wettbewerbs- und generellen Umfeldanalysen hinzuweisen.

VII. Organisatorische Verankerung der strategischen Zuständigkeiten

Die Überprüfung, welche Merkmale der betrieblichen Marktbeziehungen die zweckmäßige organisatorische Aufgabengliederung (speziell auch für strategische Planungen) beeinflussen, ist bisher primär Gegenstand der betriebswirtschaftlichen Organisationsforschung gewesen. [80] Die *Marktforschung* kann sich in diesen Untersuchungsprozeß gezielter als bisher mit einschalten, indem sie Daten zur Überprüfung von Kontingenzhypothesen erhebt. In dieser Hinsicht sind allerdings derzeit keine besonderen Impulse seitens der neueren Marktforschungsverfahren zu verzeichnen. Lediglich manche Datenanalysetechniken, die hier wie auf anderen empirisch ausgerichteten Wissenschaftsgebieten eine Rolle spielen – so die jüngeren Methoden der *konfirmatorischen Analyse* – versprechen eine gewisse Unterstützungsmöglichkeit für diesen Teil des strategischen Managements.

E. Schlußbemerkung

Zu Beginn dieses Beitrags wurde (unter Bezugnahme auf kritische Äußerungen in Literatur und Praxis) die Frage aufgeworfen, ob die Marktforschung mit ihren bisherigen Problemabgrenzungen und Methoden den Informationsbedarf des strategischen Managements hinreichend berücksichtigt. Nach einer skizzenhaften Darstellung von Entwicklungstendenzen der Marktforschung, wie sie seit dem Ende der siebziger Jahre festzustellen sind, erfolgte eine Systematisierung marketingstrategischer Teilaufgaben und eine kurzgefaßte Diskussion der damit verbundenen Informationserfordernisse.

Die kritische Einschätzung der Ergiebigkeit neuerer Marktforschungsansätze für die Dekkung des strategischen Informationsbedarfs läßt durchaus relevante Anwendungsbereiche erkennen, z. B. für Positionierungsbemühungen im Rahmen des Marketing Mix, für Abweichungsanalysen bei strategischen Kontrollen und zum Teil auch für die zeitlich abgestufte Zielplanung sowie für das »Defining the Business«. Andererseits bestehen noch erhebliche Defizite u. a. bei der Unterstützung der Suche nach grundsätzlich möglichen Problemlösungsangeboten in der Zukunft, beim Fundieren von Portfolio-Analysen und auf dem Gebiet umfassender Konkurrenzstudien.

Somit ergibt sich die Schlußfolgerung, daß der Stand der Marktforschung zwar keineswegs jegliche Ausrichtung auf strategische Fragen vermissen läßt, daß aber jedenfalls die konsequente, umfassende Einbindung dieser Informationsfunktion in das strategische Management noch aussteht.

Anmerkungen

1 *Grochla* (Informationssysteme) S. 145.

2 Vgl. Übersichten zu wesentlichen Teil-Problemkreisen und zu ausgewählten Literaturquellen bei *Hahn/Taylor* (Hrsg.) (Unternehmungsplanung) sowie bei *Töpfer/Afheldt* (Hrsg.) (Unternehmensplanung).

3 Eine Ausnahme bildet die Monographie von *Sprengel* (Informationsbedarf). In sehr grundsätzlicher, mehr wissenschaftstheoretisch ausgerichteter Weise geht *Amler* (Informationssysteme) auf die genannte Fragestellung ein.

4 *Muchna* (Investitionsgütermarktforschung) S. 199.

5 *o. V.* (Marktforschung) S. 24.

6 Vgl. *Arnold* (Beschaffungspolitik) S. 205 ff.; *Bahlmann* (Informationsbedarfsanalyse) S. 243 ff. Hinweise auf die »strategische Dimension der Beschaffung« finden sich bei *Grochla* (Beschaffungspolitik) S. 257 f.; siehe auch S. 245. Zur Beschaffungsmarktforschung vgl. ebd., S. 249 f., sowie *Hammann/Lohrberg* (Beschaffungsmarketing) S. 73 ff.

7 Vgl. Übersichten zum Angebot von Online-Informationen aus externen Marktdatenbanken bei *Heinzelbecker* (Marketing-Informationssysteme) S. 45 ff., bei *o. V.* (Information) sowie bei *Löcher/Schumacher* (Datenbanken).

8 Vgl. in diesem Sinne auch *Böhler* (Marktforschung) S. 57 f.

9 *Simon/Kucher/Sebastian* (Scanner-Daten) S. 555.

10 Vgl. dazu *Huppert* (Scanning) S. 21.

11 Vgl. zu diesen für 1985 geltenden Zahlenangaben *Köhler* (Scanning).

12 Vgl. dazu *Heinzelbecker* (Marketing-Informationssysteme) S. 54.

13 Vgl. einen Erfahrungsbericht bei *Kroeber-Riel/Neibecker* (Datenerhebung).

14 Terminologie im Anschluß an *Kroeber-Riel.* Vgl. hierzu sowie zur näheren Beschreibung der Systeme *Kroeber-Riel/Neibecker* (Interviewsysteme).

15 Vgl. dazu z. B. *Glagow* (Interview-Computer) sowie *Nöhmayer* (Computer) S. 170 und *Kuß* (Computereinsatz) S. 12 f.

16 Vgl. dazu *Meffert* (Neue Medien) S. 53 f., 56, 57 f.; *Köhler* (Bildschirmtext) S. 22.

17 Vgl. einen kurzgefaßten Überblick über apparativ unterstützte Erhebungs- (insbesondere Beobachtungs-)Techniken bei *Nieschlag/Dichtl/Hörschgen* (Marketing) S. 702 ff.

18 Vgl. zu Einzelheiten *Bernhard* (Blickaufzeichnung).

19 Vgl. *Böcker* und *Schwerdt* (Blickaufzeichnungsgerät); *Bernhard* (Blickaufzeichnung) S. 112 f.

20 Zu den damit verbundenen Analysemöglichkeiten vgl. *Simon* (Scanner-Daten).

21 Vgl. dazu *Huppert* (Testmarkt).

22 Vgl. hierzu *Simon* (Scanner-Daten).

23 Vgl. *GfK-Nürnberg* (Testmarkt Ludwigshafen) S. 6 f.; vgl. im übrigen eine Übersicht zum internationalen Stand bei *Huppert* (Instrumente).

24 Um die Angaben bei einer Mehrpersonenbefragung vergleichbar zu machen, muß allerdings eine Kalibrierung erfolgen, da z. B. starke Zustimmung und dann in Relation hierzu andere Zustimmungsintensitäten nicht bei allen Personen durch dieselben absoluten Linienlängen ausgedrückt werden.
Zur Grundlegung des Meßansatzes vgl. *Behrens* (Magnitudeskalierung) sowie *Neibecker* (Reaktionsmessung) S. 210 ff. Einen kurzgefaßten Überblick geben *Nieschlag/Dichtl/Hörschgen* u. a. (Marketing) S. 644 ff.

25 Vgl. *Kroeber-Riel* (Marketingforschung) S. 448 f.

26 Vgl. hierzu und zu Validierungsstudien *Kroeber-Riel* und *Neibecker* (Interviewsysteme) S. 201 f.

27 Vgl. zur Beschreibung elektronisch integrierter Programmanalysatoren *Neibecker* (Reaktionsmessung) S. 228 ff.; *Kroeber-Riel* (Marketingforschung) S. 449 ff.

28 Vgl. *Kotler* (Marketing Management) S. 196.

29 Vgl. z. B. *Schweikl* (Präferenzanalyse); als kurze Darstellung der Grundlagen vgl. *Thomas* (Conjoint Measurement).

30 Vgl. z. B. *Hildebrandt* (Konfirmatorische Analysen); als Grundlagen-Darstellung vgl. u. a. *Förster* u. a. (Kausalanalyse).

31 *Hildebrandt* und *Trommsdorff* (Konfirmatorische Analysen) S. 139.

32 Vgl. zu solchen »Decision Support Systems« näher *Heinzelbecker* (Marketing-Informationssysteme) S. 133 ff.

33 Vgl. dazu *Gansera* und *Röske* (Marketing-Support-System) S. 37 ff.; *Mertens* und *Schrammel* (Informationsbanken) S. 351 f.

34 *Kirsch* (Idee) S. 69.

35 Zu den Aufgaben des strategischen Managements vgl. im einzelnen *Ansoff* (Strategic Management).

36 Vgl. in ähnlichem Sinne auch *Schendel* (Strategic Management) S. 59 f.

37 Übernommen aus *Köhler* (Strategisches Marketing).

38 *Schendel* (Strategic Management) S. 54 (1. Zitat) und S. 56 (2. Zitat).

39 *Abell* (Business) S. 17 und passim.

40 Vgl. *Day* (Market Analysis) S. 282 f., 287.

41 Vgl. als Übersichtsbeitrag *Thomas* (Environmental Scanning); s. zu einem »Strategic Information Scanning System« *Aaker* (Market Management) S. 108 ff.

42 *Ansoff* (Strategic Management) S. 326–335 spricht in einem ähnlichen Zusammenhang von »surveillance filter«.
43 Dies entspricht der Kennzeichnung von sog. »strategic issues«; vgl. *Ansoff* (Strategic Issue).
44 Vgl. auch *Huber* (Angebotskombinationen) S. 16 ff.
45 Vgl. dazu *Specht/Zörgiebel* (Wettbewerbsstrategien) S. 169 ff.
46 Vgl. *Meffert* (Konkurrenzstrategien) S. 18 f.; *King/Cleland* (Information) S. 62.
47 Vgl. dazu *Sprengel* (Informationsbedarf) S. 193 ff.; *Schadenhofer* (Analyseinstrumente) S. 49 f.
48 *Böhler* (Marketing-Früherkennung) S. 178.
49 Vgl. dazu näher mit Beispielen *Köhler* (Grundprobleme) S. 277 ff.
50 In dem »Goal development information requirements tree«, den *Goretsky* (Frameworks) S. 9 für strategische Planungszwecke skizziert, sind solche Wirkungsbeziehungen allerdings nicht erwähnt.
51 Vgl. eine Übersicht über verschiedene Typen von Früherkennungsinformationen bei *Köhler/Böhler* (Kursbestimmung) S. 98.
52 Manche Einzelpunkte davon klingen in den Informationselementen des »Situation assessment information requirements tree« bei *Goretsky* (Frameworks) S. 8 an.
53 *Muchna* (Investitionsgütermarktforschung) S. 197; vgl. in diesem Zusammenhang auch *Godiwalla* u. a. (Environmental Scanning) S. 90, 1. Zeilenabschnitt der Abbildung 2.
54 Vgl. *o. V.* (Information) S. 84.
55 So empirische Feststellungen lt. *Krups* (Informationsmarkt) S. 100.
56 Vgl. dazu kurzgefaßt *Wiedmann* (Entwicklungsperspektiven) S. 154; auch *Ansoff* (Strategic Management) S. 327.
57 Vgl. *Brockhoff* (Computerdialog).
58 Vgl. *Goldberg* (Informationen) S. 55 f. Vgl. zum computergestützten Szenario-writing mit Cross-Impact-Analyse auch *Mertens/Plattfaut* (DV-Unterstützung) S. 21, 23.
59 Vgl. die Beiträge in Teil 1 und Teil 2 von *Buchinger* (Hrsg.) (Umfeldanalysen).
60 Vgl. *Day* u. a. (Approaches) S. 11 ff.
61 *Kaas* (Untersuchungspläne) S. 238.
62 Vgl. zum Informationsbedarf für eine Konkurrenzanalyse *Sprengel* (Informationsbedarf) S. 278 ff.; zu Elementen einer umfassenden Wettbewerbsanalyse vgl. auch *Porter* (Advantage) S. 6.
63 Vgl. Andeutungen zu diesem Anliegen auch bei *Bergsma* (Geschäftsforschung) S. 11 f.
64 *Böhler* (Marketing-Früherkennung) S. 160. Vgl. zur Bestimmung strategischer Gruppen auch *Hinterhuber/Kirchebner* (Analyse) sowie methodische Überlegungen in einem ähnlichen Zusammenhang bei *Scholz* (Mustererkennung).
65 Vgl. dazu *Huber* (Angebotskombinationen) S. 89 ff.
66 Vgl. z. B. *Harrigan* (Barriers).
67 Vgl. ausführlich zum Informationsbedarf für Portfolio-Analysen *Sprengel* (Informationsbedarf) S. 193 ff.
68 Vgl. kritische Würdigungen z. B. bei *Grimm* (Analyse) S. 33 ff., 52 ff.; *Böhler* (Marketing-Früherkennung) S. 231 ff.
69 *Robens* (Portfolio-Analyse) S. 197; SGE = Strategische Geschäftseinheit.
70 *Borrmann* (Geschäftsfelder) S. 208.
71 Vgl. näher zu diesen und ähnlichen Ansätzen z. B. *Kreußlein* (Neuprodukt-Planung) S. 143 ff.
72 Vgl. in ähnlichem Sinne *Cravens* (Strategic Marketing) S. 209.
73 Vgl. als kurzgefaßten Überblick *Nieschlag/Dichtl/Hörschgen* (Marketing) S. 152 ff.; vgl. weiterhin zu einem interessanten Vorschlag, Positionierungen im Imageraum mit Elementen der Portfolio-Analyse zu verbinden, *Trommsdorff/Schuster* (Imageplanung) S. 117 f.
74 Vgl. *Dichtl/Bauer/Schobert* (Dynamisierung) S. 171 ff.
75 Vgl. *Simon* (Marketingstrategie) S. 15 f., 20 ff. und passim.
76 Vgl. zu diesem Punkt *Muchna* (Investitionsgütermarktforschung) S. 199 sowie *Wiedmann* (Früherkennung) S. 313 ff.
77 Vgl. einen ausführlichen Katalog von Frühwarn-Informationen bei *Hahn/Krystek* (Frühwarnsysteme) S. 82 ff.
78 Vgl. *Köhler/Böhler* (Kursbestimmung) S. 98.
79 Vgl. zur strategischen Bedeutung und Überprüfung von Entscheidungsprämissen auch *Kühn* (Frühwarnung) S. 554.
80 Vgl. *Frese* (Organisation) S. 544 ff., 580 ff.

Literaturverzeichnis

Aaker, D. A. (Market Management): Strategic Market Management. New York et al. 1984.

Abell, D. F. (Business): Defining the Business. The Starting Point of Strategic Planning. Englewood Cliffs/N.J. 1980.

Amler, R. W. (Informationssysteme): Analyse und Gestaltung strategischer Informationssysteme der Unternehmung. Göttingen 1983.

Ansoff, H. J. (Strategic Issue): Strategic Issue Management. In: Strategic Management Journal, Vol. 1, 1980, S. 131–148.

Ansoff, H. J. (Strategic Management): Implanting Strategic Management. Englewood Cliffs/N.J. et al. 1984.

Arnold, U. (Beschaffungspolitik): Strategische Beschaffungspolitik. Steuerung und Kontrolle strategischer Beschaffungssubsysteme von Unternehmen. Frankfurt am Main – Bern 1982.

Bahlmann, A. R. (Informationsbedarfsanalyse): Informationsbedarfsanalyse für das Beschaffungsmanagement. Gelsenkirchen 1982.

Behrens, G. (Magnitudeskalierung): Magnitudeskalierung. In: *Forschungsgruppe Konsum und Verhalten* (Hrsg.): Innovative Marktforschung. Würzburg – Wien 1983, S. 125–137.

Bergsma, E. (Geschäftsforschung): Von der Marktforschung zur Geschäftsforschung. In: Nielsen – Marketing Trends, H. 2, 1984, S. 5–12.

Bernhard, U. (Blickaufzeichnung): Das Verfahren der Blickaufzeichnung. In: *Forschungsgruppe Konsum und Verhalten* (Hrsg.): Innovative Marktforschung, Würzburg – Wien 1983, S. 105–122.

Böcker, F./*Schwerdt,* A. (Blickaufzeichnungsgerät): Die Zuverlässigketi von Messungen mit dem Blickaufzeichnungsgerät NAC Eye-Mark-Recorder 4. In: Zeitschrift für experimentelle und angewandte Psychologie, Bd. 28, 1981, S. 353–373.

Böhler, H. (Marketing-Früherkennung): Strategische Marketing-Früherkennung. Habilitationsschrift. Köln 1983.

Böhler, H. (Marktforschung): Marktforschung. Stuttgart et al. 1985.

Borrmann, W. A. (Geschäftsfelder): Vorgehensweise und Probleme bei der Definition strategischer Geschäftsfelder. In: *Töpfer,* A./*Afheldt,* H. (Hrsg.): Praxis der strategischen Unternehmensplanung. Frankfurt am Main 1983, S. 206–218.

Brockhoff, K. (Computerdialog): Delphi-Prognosen im Computerdialog. Tübingen 1979.

Buchinger, G. (Hrsg.) (Umfeldanalysen): Umfeldanalysen für das strategische Management. Konzeptionen – Praxis – Entwicklungstendenzen. Wien 1983.

Cravens, D. W. (Strategic Marketing): Strategic Marketing. Homewood/Ill. 1982.

Day, G. S. (Market Analysis): Strategic Market Analysis and Definition: An Integrated Approach. In: Strategic Management Journal, Vol. 2, 1981, S. 281–299.

Day, G. S./*Shocker,* A. D./*Srivastava,* R. K. (Approaches): Customer-Oriented Approaches to Identifying Product-Markets. In: Journal of Marketing, Vol. 43, Fall 1979, S. 8–19.

Dichtl, E./*Bauer,* H. H./*Schobert,* R. (Dynamisierung): Die Dynamisierung mehrdimensionaler Marktmodelle am Beispiel des deutschen Automobilmarktes. In: Marketing, Zeitschrift für Forschung und Praxis, 2. Jg., 1980, S. 163–177.

Förster, F./*Fritz,*W./*Silberer,* G./*Raffée,* H. (Kausalanalyse): Der LISREL-Ansatz der Kausalanalyse und seine Bedeutung für die Marketing-Forschung. In: Zeitschrift für Betriebswirtschaft, 54. Jg., 1984, S. 346–367.

Frese, E. (Organisation): Grundlagen der Organisation. Die Organisationsstruktur der Unternehmung. 2. Aufl., Wiesbaden 1984.

Gansera, H./*Röske,* W. (Marketing-Support-System): Strategisches Marketing. Ein Vorschlag für ein computergestütztes Marketing-Support-System in den 80er Jahren. In: *Thome,* R. (Hrsg.): Datenverarbeitung im Marketing. Berlin – Heidelberg – New York 1981, S. 25–97.

GfK-Nürnberg (Testmarkt Ludwigshafen): Testmarkt Ludwigshafen. GfK-Handelsforschung. Nürnberg o. J. (1984).

Glagow, H. (Interview-Computer): Interview-Computer: Rechnergestützte Datenerhebung. In: *Zentes,* J. (Hrsg.): Neue Informations- und Kommunikationstechnologien in der Marktforschung. Berlin et al. 1984, S. 42–66.

Godiwalla, Y. M./*Meinhart,* W. A./*Warde,* W. D. (Environmental Scanning): Environmental Scanning – Does it Help the Chief Executive? In: Long Range Planning, Vol. 13, Oktober 1980, S. 87–99.

Goldberg, W. H. (Informationen): Spähen und Torhüten als Methoden zum Aufspüren nützlicher Informationen für innovative und strategische Entscheidungen. Unveröff. Manuskript Göteborg 1985.

Goretsky, M. E. (Frameworks): Frameworks of Strategic Marketing Information Needs. In: Industrial Marketing Management, Vol. 12, 1983, S. 7–11.

Grimm, U. (Analyse): Analyse strategischer Faktoren. Wiesbaden 1983.

Grochla, E. (Informationssysteme): Betriebliche Planung und Informationssysteme. Reinbek bei Hamburg 1975.

Grochla, E. (Beschaffungspolitik): Beschaffungspolitik. In: *Geist*, M. N./*Köhler*, R. (Hrsg.): Die Führung des Betriebes. Stuttgart 1981, S. 243–259.

Hahn, D./*Krystek*, U. (Frühwarnsysteme): Betriebliche und überbetriebliche Frühwarnsysteme für die Industrie. In: Zeitschrift für betriebswirtschaftliche Forschung, 31. Jg., 1979, S. 76–88.

Hahn, D./*Taylor*, B. (Hrsg.) (Unternehmungsplanung): Strategische Unternehmungsplanung. 3. Aufl., Würzburg – Wien – Zürich 1984.

Hammann, P./*Lohrberg*, W. (Beschaffungsmarketing): Beschaffungsmarketing. Eine Einführung. Stuttgart 1986.

Harrigan, K. R. (Barriers): Barriers to Entry and Competitive Strategies. In: Strategic Management Journal, Vol. 2, 1981, S. 395–412.

Heinzelbecker, K. (Marketing-Informationssysteme): Marketing-Informationssysteme. Stuttgart et al. 1985.

Hildebrandt, L. (Konfirmatorische Analysen): Konfirmatorische Analysen von Modellen des Konsumentenverhaltens. Berlin 1983.

Hildebrandt, L./*Trommsdorff*, V. (Konfirmatorische Analysen): Konfirmatorische Analysen in der empirischen Forschung. In: *Forschungsgruppe Konsum und Verhalten* (Hrsg.): Innovative Marktforschung. Würzburg – Wien 1983, S. 139–160.

Hinterhuber, H. H./*Kirchebner*, M. (Analyse): Die Analyse strategischer Gruppen von Unternehmungen. In: Zeitschrift für Betriebswirtschaft, 53. Jg., 1983, S. 854–868.

Huber, M. (Angebotskombinationen): Markt-Konkurrenz-Angebotskombinationen. Diss. St. Gallen 1984.

Huppert, E. (Testmarkt): Der Testmarkt und drei Alternativen. In: Marketing Journal, 10. Jg., 1977, S. 607–611.

Huppert, E. (Scanning): Scanning: Elektronische Handels- und Konsumentenpanels. In: *Zentes*, J. (Hrsg.): Neue Informations- und Kommunikationstechnologien in der Marktforschung. Berlin et al. 1984, S. 18–41.

Huppert, E. (Instrumente): Instrumente der Scanning-Marktforschung. In: *Krumsiek*, R. (Hrsg.): Scanning – Zukunftsperspektiven für Handel, Industrie und Marktforschung. Veröffentlichungen der Wissenschaftlichen Arbeitsgemeinschaft für Technik und Wirtschaft des Landes Nordrhein-Westfalen, Bd. 238, Düsseldorf 1985, S. 22–35.

Kaas, K. P. (Untersuchungspläne): Zeitbezogene Untersuchungspläne. Neue Analysemethoden der Marktforschung. In: Marketing, Zeitschrift für Forschung und Praxis, 4. Jg., 1982, S. 237–245.

King, W. R./*Cleland*, D. J. (Information): Information for More Effective Strategic Planning. In: Long Range Planning, Vol. 10, Febr. 1977, S. 59–64.

Kirsch, W. (Idee): Marketing und die Idee des Strategischen Managements. In: *Meffert*, H. (Hrsg.): Marketing im Wandel, Wiesbaden 1980, S. 63–76.

Köhler, R. (Grundprobleme): Grundprobleme der strategischen Marketingplanung. In: *Geist*, M. N./*Köhler*, R. (Hrsg.): Die Führung des Betriebes. Stuttgart 1981, S. 261–291.

Köhler, R. (Bildschirmtext): Einführung in den Problemkreis »Bildschirmtext und Laser-Bildplatte« aus absatzwirtschaftlicher Sicht. In: *Schwier*, H. (Hrsg.): Die absatzwirtschaftliche Bedeutung von Bildschirmtext und Laser-Bildplatte. Veröffentlichungen der Wissenschaftlichen Arbeitsgemeinschaft für Technik und Wirtschaft des Landes Nordrhein-Westfalen, Bd. 228, Düsseldorf 1983, S. 6–23.

Köhler, R. (Strategisches Marketing): Strategisches Marketing: Auf die Entwicklung eines umfassenden Informations-, Planungs- und Organisationssystems kommt es an. In: Marketing, Zeitschrift für Forschung und Praxis, 7. Jg., 1985, S. 213–216.

Köhler, R. (Scanning): Scanning: Einführende Thesen zum Tagungsthema. In: *Krumsiek*, R. (Hrsg.): Scanning – Zukunftsperspektiven für Handel, Industrie und Marktforschung. Veröffentlichungen der Wissenschaftlichen Arbeitsgemeinschaft für Technik und Wirtschaft des Landes Nordrhein-Westfalen, Bd. 238, Düsseldorf 1985, S. 2–4.

Köhler, R./*Böhler*, H. (Kursbestimmung): Strategische Marketing-Planung: Kursbestimmung bei ungewisser Zukunft. In: Absatzwirtschaft, Zeitschrift für Marketing, 27. Jg., 1984, H. 3, S. 93–103.

Kotler, P. (Marketing Management): Marketing Management. Analysis, Planning, and Control. 5. Aufl., Englewood Cliffs/N. J. 1984.

Kreußlein, G. (Neuprodukt-Planung): Modelle zur Bestimmung der Gewinnerwartung im Rahmen der Neuprodukt-Planung. Berlin 1971.

Kroeber-Riel, W. (Marketingforschung): Computergestützte Datenerhebung: Neue Methoden der Marketingforschung. In: *Mazanec,* J./*Scheuch,* F. (Hrsg.): Marktorientierte Unternehmungsführung. Wien 1984, S. 441–453.

Kroeber-Riel, W./*Neibecker,* B. (Datenerhebung): Die computerkontrollierte Datenerhebung – eine japanische Herausforderung der Marktforschung? In: Interview und Analyse, 8. Jg., 1981, H. 3, S. 94–99.

Kroeber-Riel, W./*Neibecker,* B. (Interviewsysteme): Elektronische Datenerhebung: Computergestützte Interviewsysteme. In: *Forschungsgruppe Konsum und Verhalten* (Hrsg.): Innovative Marktforschung. Würzburg – Wien 1983, S. 193–208.

Krups, M. (Informationsmarkt): Elektronische Datenbanken: Entwicklungsstrategie für den Informationsmarkt. In: Absatzwirschaft, Zeitschrift für Marketing, 28. Jg., 1985, H. 9, S. 90–100.

Kühn, R. (Frühwarnung): Frühwarnung im strategischen Bereich, 2. Teil. In: Management-Zeitschrift io, 49. Jg., 1980, S. 551–555.

Kuß, A. (Computereinsatz): Computereinsatz bei der Datenerhebung in der Marktforschung. In: Thexis, 2. Jg., 1985, H. 3, S. 12–15.

Löcher, W./*Schumacher,* F. (Datenbanken): Die Nutzung von Datenbanken. Düsseldorf 1985.

Meffert, H. (Neue Medien): Marketing und Neue Medien. Stuttgart 1985.

Meffert, H. (Konkurrenzstrategien): Zur Bedeutung von Konkurrenzstrategien im Marketing. In: Marketing, Zeitschrift für Forschung und Praxis, 7. Jg., 1985, S. 13–19.

Mertens, P./*Plattfaut,* E. (DV-Unterstützung): Ansätze zur DV-Unterstützung der Strategischen Unternehmensplanung. In: DBW, 45. Jg., 1985, S. 19–29.

Mertens, P./*Schrammel,* D. (Informationsbanken): Dokumentationssysteme und Informationsbanken. In: *Buchinger,* G. (Hrsg.): Umfeldanalysen für das strategische Management. Wien 1983. S. 337–354.

Muchna, C. (Investitionsgütermarktforschung): Stand und Entwicklungstendenzen der Investitionsgütermarktforschung. In: Marketing, Zeitschrift für Forschung und Praxis, 6. Jg., 1984, S. 195–202.

Neibecker, B. (Reaktionsmessung): Elektronische Datenerhebung: Computergestützte Reaktionsmessung. In: *Forschungsgruppe Konsum und Verhalten* (Hrsg.): Innovative Marktforschung. Würzburg – Wien 1983, S. 209–235.

Nieschlag, R./*Dichtl,* E./*Hörschgen,* H. (Marketing): Marketing. 14. Aufl., Berlin 1985.

Nöhmayer, K. A. (Computer): Der Computer als Instrument der Marktforschung. In: Werbeforschung & Praxis, 30. Jg., 1985, S. 168–175.

o. V. (Information): Information ohne Grenzen. In: Absatzwirtschaft, Zeitschrift für Marketing, 25. Jg., 1982, H. 9, S. 80–85.

o. V. (Marktforschung): Marktforschung: Strategisch einschalten – nicht abschalten! In: Absatzwirtschaft, Zeitschrift für Marketing, 26. Jg., 1983, H. 7, S. 24–29.

Porter, M. E. (Advantage): Competitive Advantage. New York 1985.

Robens, H. (Portfolio-Analyse): Schwachstellen der Portfolio-Analyse. In: Marketing, Zeitschrift für Forschung und Praxis, 7. Jg., 1985, S. 191–200.

Schadenhofer, L. (Analyseinstrumente): Analyseinstrumente für die strategische Marketingplanung. Wien 1982.

Schendel, D. E. (Strategic Management): Strategic Management and Strategic Marketing: What's Strategic About Either One? In: *Thomas,* H./*Gardner,* D. (Hrsg.): Strategic Marketing and Management. Chichester et al. 1985, S. 41–63.

Scholz, Ch. (Mustererkennung): Strategische Branchenanalyse durch Mustererkennung. In: Zeitschrift für Betriebswirtschaft, 55. Jg., 1985, S. 120–141.

Schweikl, H. (Präferenzanalyse): Computergestützte Präferenzanalyse mit individuell wichtigen Produktmerkmalen. Berlin 1985.

Simon, H. (Marketingstrategie): Goodwill und Marketingstrategie. Wiesbaden 1985.

Simon, H. (Scanner-Daten): Bessere Marketingentscheidungen mit Scanner-Daten. In: *Krumsiek,* R. (Hrsg.): Scanning – Zukunftsperspektiven für Handel, Industrie und Marktforschung. Veröffentlichungen der Wissenschaftlichen Arbeitsgemeinschaft für Technik und Wirtschaft des Landes Nordrhein-Westfalen, Bd. 238, Düsseldorf 1985, S. 5–21.

Simon, H./*Kucher,* E./*Sebastian,* K.-H. (Scanner-Daten): Scanner-Daten in Marktforschung und Marketingentscheidung. In: Zeitschrift für Betriebswirtschaft, 52. Jg., 1982, S. 555–579.

Specht, G./*Zörgiebel,* W. W. (Wettbewerbsstrategien): Technologieorientierte Wettbewerbsstrategien. In: Marketing, Zeitschrift f. Forschung und Praxis, 7. Jg., 1985, S. 161–172.

Sprengel, F. (Informationsbedarf): Informationsbedarf strategischer Entscheidungshilfen. Thun – Frankfurt am Main 1984.

Thomas, L. (Conjoint Measurement): Conjoint Measurement als Instrument der Absatzforschung. In: Marketing, Zeitschrift für Forschung und Praxis, 1. Jg., 1979, S. 199–211.

Thomas, P. S. (Environmental Scanning): Environmental Scanning – The State of the Art. In: Long Range Planning, Vol. 13, Febr. 1980, S. 20–28.

Töpfer, A./ *Afheldt*, H. (Hrsg.) (Unternehmensplanung): Praxis der strategischen Unternehmensplanung. Frankfurt am Main 1983.

Trommsdorff, V./ *Schuster*, H. (Imageplanung): Strategie- und Imageplanung für junge Technologiefirmen. In: Absatzwirtschaft, Zeitschrift für Marketing, 28. Jg., 1985, H. 9, S. 116–121.

Wiedmann, K.-P. (Entwicklungsperspektiven): Entwicklungsperspektiven der strategischen Unternehmensführung und des strategischen Marketing. In: Marketing, Zeitschrift für Forschung und Praxis, 7. Jg., 1985, S. 149–160.

Wiedmann, K.-P. (Früherkennung): Konzeptionelle und methodische Grundlagen der Früherkennung. In: *Raffée*, H./ *Wiedmann*, K.-P. (Hrsg.): Strategisches Marketing. Stuttgart 1985, S. 301–348.

*Richard Kühn**

Grundsatz- und Konzeptentscheide: Bedeutung, methodische Probleme und Ansätze zu deren Lösung

* Prof. Dr. *Richard Kühn*, Universität Freiburg/Schweiz, Institut für Automation und Operations Research.

A. Inhalt und Bedeutung von Grundsatz- und Konzeptentscheiden

I. Begrifflicher Rahmen

Die Ausdrücke Grundsatz, Grundsatzentscheide, Konzept und Konzeptentscheide werden in der betriebswirtschaftlichen Literatur häufig und zur Bezeichnung recht unterschiedlicher Phänomene gebraucht. Um über die Bedeutung von Grundsatz- und Konzeptentscheiden konkretere Aussagen machen zu können, erachten wir es deshalb als zweckmäßig, zunächst diese Begriffe näher zu umschreiben.

1. Grundsätze und Grundsatzentscheide

Unter einem *Grundsatz* verstehen wir eine auf Zusehen hin geltende, explizit formulierte, präskriptive Aussage, die den Alternativenraum bestimmter künftiger Entscheide einengt oder im Extremfall den Entscheid vorwegnimmt. [1] Die Einengung des Alternativenraums kann in »direkter« oder »indirekter« Weise erfolgen. Bei »direkter Einengung« werden durch den Grundsatz bestimmte Kategorien von Alternativen ausdrücklich zur Beachtung vorgegeben, von einer Behandlung ausgeschlossen, a priori positiv oder negativ bewertet. Eine »indirekte Einengung« geschieht insbesondere durch Vorgabe von Zielen, Entscheidungskriterien, Entscheidungsmaximen, Entscheidungsmethoden, sonstigen Problemlösungsmethoden, im schwächsten Fall von zu beachtenden Situationsmerkmalen, deren Anwendung auf den Alternativenraum bzw. deren Interpretation zur Einengung des Alternativenraums dem Aktor überlassen bleibt. [2] Alle Entscheide, deren Ergebnis ein Grundsatz unmittelbar (d.h. ohne Zwischenschaltung weiterer Entscheide) beeinflußt, bezeichnen wir als »abhängige Entscheide«. Die Gesamtheit der abhängigen Entscheide nennen wir Geltungsraum oder Geltungsbereich des Grundsatzes. Dieser wird in einigen Fällen eindeutig definiert sein; häufig bleibt seine Abgrenzung jedoch auch unklar und öffnet damit einen zusätzlichen Interpretationsspielraum für die Grundsatzanwendung.

Die von uns gewählte Grundsatzdefinition sagt nichts aus über die Bedeutung des Grundsatzes und seines Geltungsbereiches für die Erreichung der Unternehmensziele. Sie umfaßt damit eine ganze Hierarchie von auf Zusehen hin geltenden Regelungen: von den obersten Grundsätzen der Unternehmungspolitik, über grundsätzliche Vorgaben in operativen Bereichen wie etwa der Gestaltung einzelner Instrumente des Marketing, bis hin zu einfachsten Vorschriften z.B. der Arbeitszeitregelung. Wir konzentrieren unsere nachfolgenden Überlegungen auf Grundsätze von mittlerer bis großer Tragweite und entsprechender Bedeutung für die Erreichung der Unternehmungsziele.

Als *Grundsatzentscheide* bezeichnen wir all jene Denkprozesse, bei denen als Alternativen Grundsätze im Sinne der obigen Definition zu erarbeiten und zu beurteilen sind. Die Möglichkeit, keinen Grundsatz aufzustellen bzw. weiterhin die »abhängigen Entscheide« fallweise anzugehen, stellt normalerweise eine weitere im Grundsatzentscheid zu beachtende Variante dar. Entsprechend der oben zum Ausdruck gebrachten Schwerpunktbildung bei Grundsätzen höherer Tragweite, werden wir uns im folgenden auf die Behandlung von Grundsatzentscheiden konzentrieren, die sich als Führungsentscheide (im Sinne Gutenbergs) interpretieren lassen. [3]

2. *Konzepte und Konzeptentscheide*

Die Ausdrücke Konzept und Konzeption werden in der betriebswirtschaftlichen Literatur zwar häufig verwendet, aber kaum inhaltlich präzisiert. Aus dem Anwendungszusammenhang heraus darf man schließen, daß sie in der Mehrzahl der Fälle relativ weit, analog zu ihrem alltagssprachlichen Gebrauch als präskriptiv gemeinte »Grundvorstellungen« (z. B. vom Einsatz gewisser betriebswirtschaftlicher Instrumente) interpretiert werden. [4] Spezifischere Begriffsumschreibungen finden sich insbesondere in der Planungsliteratur. So definiert z. B. Haas ein Planungskonzept als »formellen Rahmen, in welchem sich die gesamte Planungstätigkeit aller Bereiche und Funktionen vollzieht.« [5]

Uns erscheint es zweckmäßig, unter Berücksichtigung dieser Ideen den Begriffsinhalt der Ausdrücke Konzept und Konzeption (die wir synonym verwenden) durch Rückgriff auf unsere Definition von Grundsätzen weiter zu konkretisieren. In diesem Sinne verstehen wir unter einem *Konzept* oder einer *Konzeption* ein System von Grundsätzen, das gewisse auf bestimmte betriebswirtschaftliche Instrumente und/oder spezifische Unternehmensbereiche bezogene Entscheide und Handlungen richtungweisend festlegt. Entsprechend dem integrierten Grundsatzbegriff gilt auch ein Konzept »auf Zusehen hin«. Die damit a priori fehlende zeitliche Begrenzung sollte nicht mit absolut unbegrenzter zeitlicher Gültigkeit verwechselt werden, da eine periodische Überprüfung der Zweckmäßigkeit einer Konzeption dadurch nicht ausgeschlossen wird bzw. bei rationaler Konzeptanwendung sogar unbedingt empfohlen werden muß. Die gegenseitige Abstimmung der in einem Konzept zusammengefaßten Grundsätze betrachten wir nicht als begriffsnotwendiges Merkmal, wohl aber als selbstverständliche und wohl auch allgemeingültige Anforderung an wirkungsvolle Konzepte. [6]

Konzeptentscheide lassen sich hierauf aufbauend als Entscheide zur Bestimmung von Grundsatzsystemen interpretieren. Angesichts der im Normalfall großen Zahl möglicher Grundsatzkombinationen und der damit verbundenen Unmöglichkeit einer simultanen Behandlung in *einer* Wahlhandlung erscheint es plausibel, daß zur Bestimmung zweckmäßiger Konzepte im allgemeinen eine Vielzahl von Einzelentscheiden nötig ist. [7]

II. Bedeutung für die Unternehmenspraxis

Bereits aufgrund der begrifflichen Umschreibungen wird klar, daß insbesondere mittlere und größere Unternehmen eine Vielzahl verschiedenartiger Einzelgrundsätze und insbesondere Grundsatzsysteme bzw. Konzepte zur Bewältigung ihrer betrieblichen Probleme einsetzen. Man denke z. B. an das Leitbild, die Grundsätze der Unternehmungspolitik, alle expliziten organisatorischen Regelungen, Richtlinien der Personalführung oder der Lohnpolitik, Planungskonzepte, auf Zusehen hin formulierte Vorstellungen zur Gestaltung von Informationssystemen, Konzepte zur Sicherung eines koordinierten und an langfristigen Leitlinien orientierten Einsatzes der Marketinginstrumente, unternehmensspezifische Regeln zur Gestaltung des betrieblichen Rechnungswesens usw. Empirische Untersuchungen lassen darauf schließen, daß insbesondere mit der Unternehmungsgröße das Ausmaß der Anwendung derartiger grundsätzlicher Regelungen zunimmt. [8]

Analysiert man die Gründe für die Verwendung von Grundsätzen und Konzepten, so zeigt sich allerdings, daß die Unternehmensgröße nur mittelbar wegen der parallel mit ihr zunehmenden Komplexität betrieblicher Aufgaben die Anwendungsintensität von Grundsatzsystemen beeinflußt. Aufgrund von Beobachtungen der Unternehmenspraxis und Plausibilitätsüberlegungen lassen sich insbesondere folgende mögliche Anlässe für die Formulierung von Einzelgrundsätzen und/oder Konzepten ausmachen: [9]

(1) Eine zentrale Ursache liegt unseres Erachtens in der Erwartung, daß es durch die Fixierung langfristiger Leitlinien gelingt, bestimmte Gruppen abhängiger Entscheide soweit zu koordinieren, daß *positive Synergien* entstehen oder zumindest gewisse negative Wirkungen, die bei unkoordiniertem Einsatz zu befürchten sind, vermieden werden. Man denke z. B. an die positiven Synergien, die von einer über Jahre hinweg gleichartigen und mit den übrigen Instrumenten des Marketing-Mix »harmonisierenden« Werbung erwartet werden, oder an die Konflikte, die ein unklares, ständig wechselndes Führungsverhalten hervorruft. Generell ist zu vermuten, daß derartige synergistische Effekte insbesondere in Entscheiden auftreten, deren Konsequenzen wegen ganzheitlicher Wahrnehmungs- und Lernprozesse der »betroffenen Personen« durch eine Gesamtheit von neben- und nacheinander realisierten Maßnahmen beeinflußt werden.

(2) Das Bedürfnis, positive Synergien durch Grundsatzentscheide abzusichern, wird normalerweise verstärkt, wenn zwischen den Aktoren der abhängigen Entscheide aus organisatorischen oder auch persönlichen Gründen *Interessen- und Meinungsgegensätze* bestehen. Naturgemäß steigt die Wahrscheinlichkeit derartiger Gegensätze mit der Komplexität, Heterogenität und Größe einer Organisation.

(3) In der gleichen Richtung wirkt die Zahl der in einem bestimmten Bereich komplementär oder substituiv einzusetzenden betriebswirtschaftlichen Instrumente. Proportional zur *Zahl der in koordinierter Weise einzusetzenden Instrumente und Instrumentendimensionen* wächst offensichtlich die Schwierigkeit der entsprechenden Entscheidungsprobleme und damit das Interesse an zentralen, die Abstimmung erleichternden Leitlinien. Als »Paradebeispiel« läßt sich etwa das komplexe Instrumentenpaket des Führungs-Mix [10] anführen, dessen koordinierter Einsatz durch Formulierung etwa einer »Führungsphilosophie« gesichert werden soll.

(4) Eine weitere Ursache liegt zuweilen in der Hoffnung, durch Grundsatzbildung die *Qualität bestimmter abhängiger Entscheide zu verbessern*. So ist z. B. vorstellbar, daß durch die Vorgabe von Entscheidungskriterien oder Entscheidungsmethoden ein beobachtetes Fehlverhalten der Aktoren korrigiert werden soll. Die Tatsache, daß Grundsätze auch als Kontrollbasis dienen können, läßt sich ebenfalls zu diesem Zweck nutzen. [11]

(5) Auch der Wunsch, die *Effizienz der Entscheidungsprozesse* zu erhöhen, läßt sich in diesem Zusammenhang aufführen. Er spielt insbesondere dann eine wichtige Rolle, wenn Grundsätze verwendet werden, um zu verhindern, daß repetitive Probleme immer wieder von neuem in ausführlichen Entscheidungsprozessen angegangen werden, ohne zu neuen bzw. anderen Problemlösungen zu führen. Vorstellbar ist aber auch, daß Grundsätze die Delegation von Entscheiden auf eine tiefere hierarchische Ebene ermöglichen und somit Zeit- und Kapazitätseinsparungen auf der Führungsebene gestatten. [12] Ein interessantes Beispiel dafür bilden die von Grochla empfohlenen Grundsätze zur Abwicklung von Projekten der Unternehmensorganisation, welche neben qualitativ guten Entscheiden vor allem eine kostengünstige und termingerechte Durchführung garantieren sollen. [13]

(6) Von einzelnen Grundsatzsystemen wie z. B. dem Leitbild und der Unternehmungspolitik erhofft man sich auch eine unmittelbar positive Auswirkung auf die *Mitarbeitermotivation*. [14] Wie verschiedene empirische Studien zeigen, dürfte dieser Einfluß in Realität jedoch eher unbedeutend sein. [15] Ähnliches gilt für Versuche, Grundsatzsysteme für PR-Zwecke nutzbar zu machen.

Unserer Meinung nach zeigt sich die faktische Bedeutung der Grundsatz- und Konzeptentscheide für die Unternehmensführung insbesondere an den unter den Punkten 1 bis 3 angeführten »Anlässen«. Die Sicherung positiver Synergien bzw. die Vermeidung mangelhafter Koordination wird offensichtlich insbesondere für größere Organisationen insbesondere im Zusammenhang mit dem Einsatz der auf Menschen einwirkenden mehrdimensionalen Maßnahmenpakete zu einem zentralen Problem. Dies um so mehr als es nicht einfach darum geht, die Unternehmung mit einem möglichst dichten Netz von Einzelgrundsätzen und Grundsatzsystemen bzw. Konzepten zu überziehen. Ein »Zuviel« an grundsätzlichen Regelungen birgt bekanntlich Bürokratisierungsgefahren. Zudem kann die Anwendung fehlerhafter Grundsätze wegen ihres »Multiplikatoreffektes« über die abhängigen Entscheide besonders kritische Auswirkungen nach sich ziehen.

B. Methodische Probleme von Grundsatz- und Konzeptentscheiden und Ansätze zu deren Lösung

I. Besonderheiten der Entscheidungsprobleme

Die spezifischen methodischen Probleme von Grundsatz- und Konzeptentscheiden ergeben sich aus den besonderen Merkmalen von Grundsätzen bzw. Grundsatzsystemen, sowie aus den Anforderungen, die an deren Einsatz im Rahmen der Unternehmensführung gestellt werden. Im Abschnitt 1. wollen wir zunächst die speziellen Schwierigkeiten der Bestimmung isoliert betrachteter Grundsätze (der sog. »Ein-Grundsatz-Entscheide«) herausarbeiten. Da Konzepte als Grundsatzsysteme interpretiert werden, sind alle Sonderprobleme von Ein-Grundsatz-Entscheiden auch für Konzeptentscheide relevant. Es zeigt sich jedoch, daß die Gestaltung von Grundsatzsystemen zusätzliche spezifische Schwierigkeiten beinhaltet. Diese sollen im Abschnitt 2. dargestellt werden.

1. Sonderprobleme der Ein-Grundsatz-Entscheide

Spezielle Schwierigkeiten für Grundsatzentscheide entstehen insbesondere aufgrund von zwei begriffswesentlichen Merkmalen der Grundsätze [16]:

(1) Grundsätze wirken auf die Entscheidungssituation, indem sie in die Entscheidungsprozesse »abhängiger Entscheide« eingreifen.
(2) Grundsätze gelten auf Zusehen hin.

Das zuerst erwähnte Merkmal führt insbesondere bei Grundsätzen mit hoher Tragweite zu speziellen Problemen, da diese mehrheitlich die abhängigen Entscheide nicht vorwegnehmen, sondern nur deren Alternativenraum mehr oder weniger stark, direkt oder indirekt einengen. Sie wirken somit – wie in Abbildung 1 dargestellt – in der Regel nicht unmittelbar durch Auslösung konkreter Handlungen sondern nur mittelbar über die in den abhängigen Entscheiden gewählten Handlungsalternativen. Dementsprechend werden für die Beurteilung von Grundsatzalter-

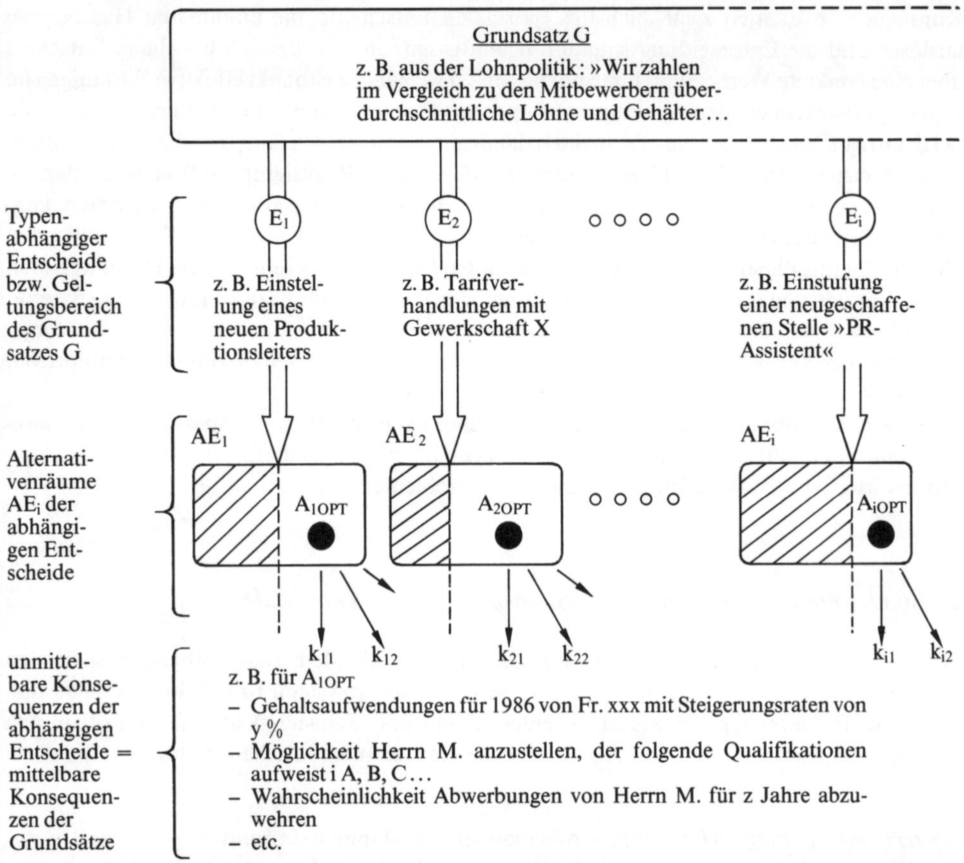

Abb. 1: Schematische Darstellung der Zusammenhänge zwischen Grundsätzen und abhängigen Entscheiden

nativen zentrale Konsequenzen durch die Ergebnisse der abhängigen Entscheide bestimmt und sind somit nur mittelbar als Konsequenzen der Grundsatzentscheide erfaßbar. Es versteht sich von selbst, daß die Schätzung derartiger »mittelbarer Konsequenzen« schwer lösbare Meßprobleme beinhaltet. Dabei ist daran zu denken, daß es bereits problematisch sein kann, im voraus zu bestimmen, welche Entscheide überhaupt als abhängige Entscheide auftreten werden und welche Konsequenzenkategorien bzw. Kriterien bei deren Durchführung eine Rolle spielen. Mit derartigen zusätzlichen Erschwernissen des Ein-Grundsatz-Entscheides muß insbesondere dann gerechnet werden, wenn der Geltungsbereich eines Grundsatzes nicht eindeutig definiert ist und/oder eine heterogene Gruppe abhängiger Entscheide umfaßt. Letzteres trifft z. B. für viele eher allgemein formulierte Grundsätze zu, wie sie etwa in Unternehmungsleitbildern oder ähnlichen Dokumenten enthalten sind. [17]

Das an zweiter Stelle genannte Merkmal, die zeitlich unbegrenzte respektive unklar begrenzte Gültigkeit von Grundsätzen, hat zur Folge, daß beim Grundsatzentscheid Unsicherheit darüber besteht, wie weit in die Zukunft hinein abhängige Entscheide durch den Grundsatz beeinflußt werden bzw. für welche Zeitperiode aus der Grundsatzanwendung irgendwelche Konsequenzen resultieren. Die Schwierigkeit der zeitlichen Abgrenzung der entscheidungsrelevanten

Konsequenzen existiert zwar auch für »normale« Entscheide, die unmittelbar Handlungen auslösen und die Entscheidungssituation beeinflussen. So ist z. B. auch bei einem Entscheid über eine konkrete Werbemaßnahme unklar, bis zu welchem Zeitpunkt effektive Wirkungen im Markt spürbar sein werden. Die damit verbundenen Probleme sind jedoch weniger komplex, da bei derartigen Entscheiden im allgemeinen damit gerechnet werden darf, daß die bedeutendsten Konsequenzen während einer bestimmten Periode nach der Realisierung auftreten, um danach sukzessive abzuklingen. Die Wirkungen eines Grundsatzes dagegen können abnehmen, konstant bleiben oder zunehmen in Abhängigkeit von der Art der im Verlaufe der Zeit zu fällenden abhängigen Entscheide und der für diese relevanten Entscheidungssituationen. Die mittelbaren Konsequenzen von Grundsätzen werden durch jede neue Grundsatzanwendung »reaktiviert«. Deshalb kann das Problem auch nicht durch die bei »normalen« Entscheiden übliche Vorgehensweise der Vernachlässigung aller Konsequenzen, die über einen bestimmten Zeithorizont hinausreichen, gelöst werden.

Die zeitlich unbestimmte Gültigkeit von Grundsätzen schafft somit spezifische Prognoseschwierigkeiten und verschärft die im Zusammenhang mit den mittelbaren Grundsatzwirkungen erwarteten Operationalisierungs- und Schätzprobleme.

2. *Sonderprobleme der Grundsatzsystem- bzw. Konzeptentscheide*

Wie bereits dargelegt, müssen die für Ein-Grundsatzentscheide herausgearbeiteten speziellen Probleme grundsätzlich auch gelöst werden, wenn Grundsatzsysteme bzw. Konzepte zu bestimmen sind. In konkreten Konzeptentscheiden treten diese Schwierigkeiten jedoch oft in den Hintergrund gegenüber den dort zusätzlich entstehenden methodischen Problemen, die darin bestehen

(1) daß eine *Vielzahl von Grundsätzen* miteinander zu bestimmen sind und
(2) daß durch Konzepte normalerweise die *Entwicklung komplexer sozialer Systeme zukunftsorientiert gesteuert* werden soll.

Die Notwendigkeit, eine Vielzahl von Grundsätzen gemeinsam zu fixieren, beinhaltet primär ein Abstimmungsproblem. Der Aktor muß sicherstellen, daß die Grundsätze untereinander »konsistent« sind bzw. keine zur Handlungsunfähigkeit führende Widersprüche aufweisen. Abstimmungsprobleme existieren zwar auch bei normalen Entscheiden sobald mehrdimensionale Alternativen in Frage stehen. Man denke z. B. an die Bestimmung einer zweckmäßigen Werbemaßnahme, die eine Abstimmung zwischen der Botschaft, ihrer textlichen und graphischen Umsetzung, den Möglichkeiten des Werbemediums und den Rahmenbedingungen des Werbeträgers verlangt. Die Abstimmungsprobleme zwischen Grundsätzen sind jedoch prinzipiell anderer Natur, da die geforderte Konsistenz sich primär auf die abhängigen Entscheide und weniger auf die Grundsätze selbst bezieht; es geht um eine *mittelbare, nicht um eine unmittelbare Konsistenz!*

»Unmittelbare Konsistenz«, wie sie z. B. für die oben erwähnten Dimensionen einer Werbemaßnahme vorausgesetzt wird, beinhaltet letztlich eine möglichst widerspruchsfreie gegenseitige Anpassung. »Mittelbare Konsistenz« von Grundsätzen kann dagegen auf der Ebene der Grundsätze durchaus bedeuten, daß diese – oberflächlich betrachtet – einander widersprechen bzw. analog zu gewissen Entscheidungskriterien in einem konkurrierenden Verhältnis zueinander stehen. Die Gegensätze zwischen den Grundsätzen sind in derartigen Fällen jedoch durchaus beabsichtigt; sie sollen dazu führen, daß ein Grundsatz die Wirkung des andern auf die abhängigen Entscheide abdämpft bzw. daß die Grundsätze gegenseitig extreme, einseitige Interpretationen und entsprechende Anwendungen verhindern, quasi einander »die Spitze brechen«. Abbildung 2 enthält zur Illustration dieses Zusammenhangs einige Grundsätze aus dem Leitbild eines mittelgroßen Schweizer Konzerns. Positiv ausgedrückt bedeutet »mittelbare Konsistenz« von zwei oder mehr Grundsätzen, daß diese auf der Ebene der abhängigen Entscheide den Alternativenraum nicht auf eine »Leermenge« reduzieren, sondern im Idealfall dazu führen, daß die Aktoren unter Berücksichtigung der konkurrierenden Grundsätze ein »Optimum« suchen.

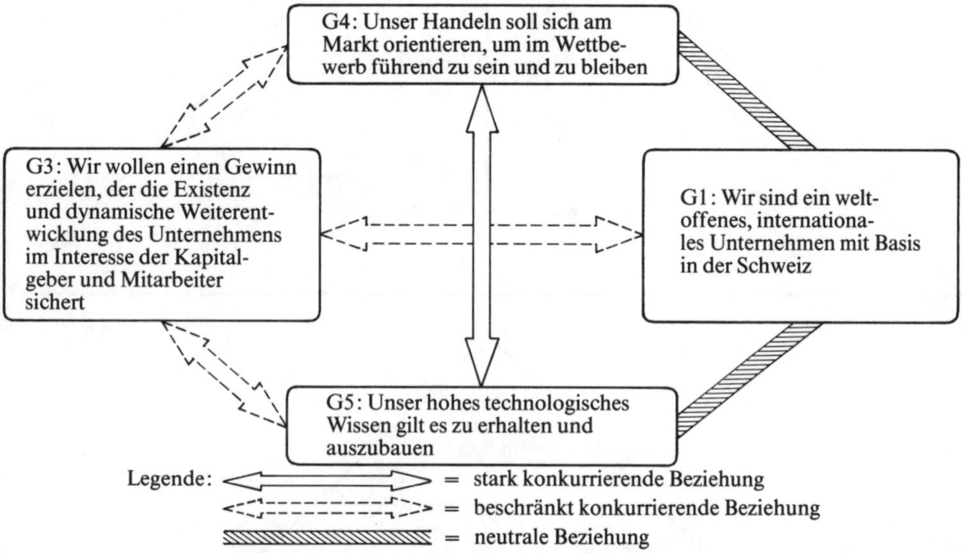

Abb. 2: Beispiel eines Grundsatzsystems mit beschränkt bis stark konkurrierenden aber »mittelbar« konsistenten Grundsätzen (Ausschnitt aus einem Leitbild)

Das an zweiter Stelle genannte Konzeptmerkmal der zukunftsorientierten *Steuerung komplexer, sozialer Systeme* führt zu zwei spezifischen, in der Praxis nicht einfach zu lösenden Gestaltungsproblemen:

- Der Frage nach den einzelnen durch ein Konzept vorzugebenden »Schlüsselelemente« des zu steuernden Systems
- der Frage nach der Zahl der Schlüsselelemente bzw. nach der »Dichte« des optimalen Grundsatzsystems.

Die Idee, durch ein Konzept letztlich »Schlüsselelemente« des zu steuernden Systems festzulegen, ergibt sich zwingend aus dem Umstand, daß die zukunftsorientierte Steuerung komplexer Gebilde kaum dadurch erreicht werden kann, daß bei der Konzepterstellung sämtliche Systemelemente auf Zusehen hin vorgegeben werden. Wie in Abbildung 3 mit Hilfe des Beispiels eines Jahresabsatzbudgets illustriert, muß und kann sich der Aktor vielmehr damit begnügen, einzelne Elemente zu fixieren, von denen er erwartet, daß ihre Vorgabe die Gestaltung der übrigen Elemente in zweckmäßiger Weise beeinflußt und »kontrolliert«. Die übrigen Elemente werden dann zum Objekt »abhängiger« Entscheide und Aktivitäten. Die ausgewählten »Schlüsselele-

Allgemeine Darstellung und Beispiel eines Jahresabsatzbudgets als Schlüsselelement zur Steuerung operativer Marketingentscheide

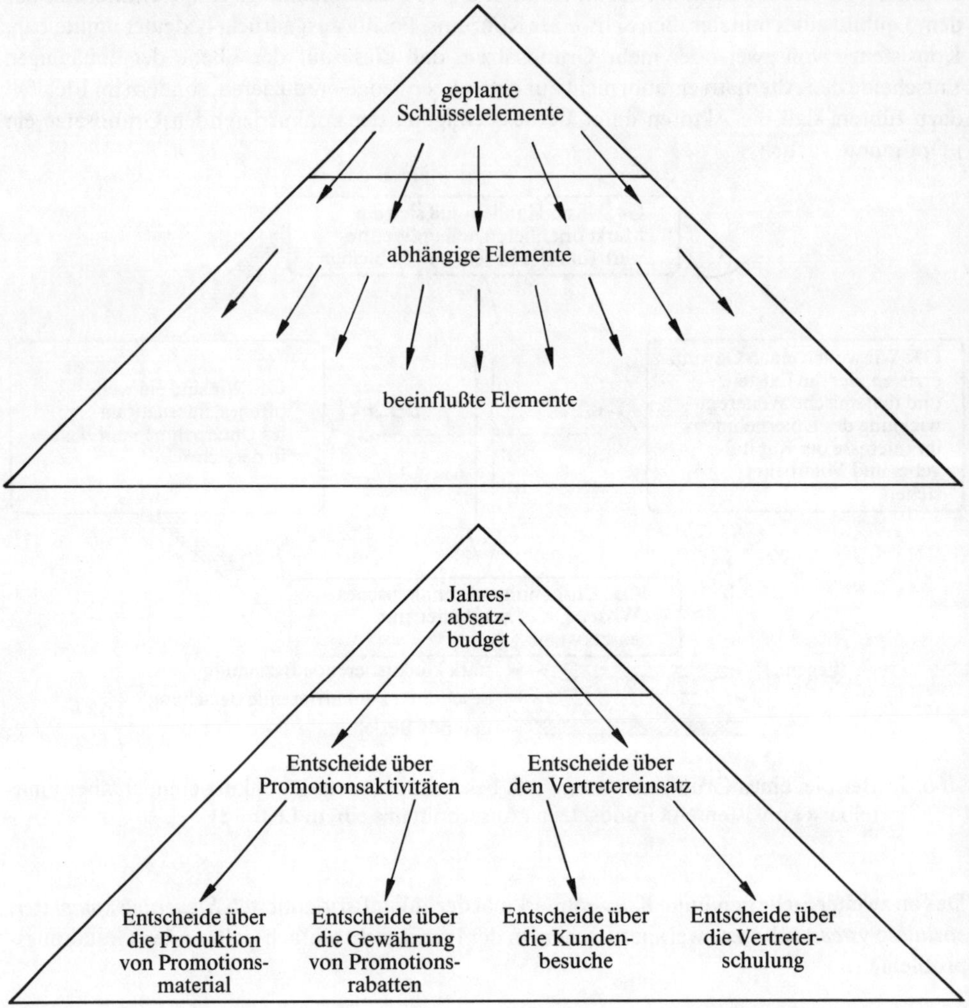

Abb. 3: Systemsteuerung durch Vorgabe von »Schlüsselelementen«

mente« bilden den Gegenstand der grundsätzlichen Regelung. In dem in Abbildung 3 enthaltenen Beispiel wird im Rahmen eines (Teil-)Konzeptes der operativen Planung offensichtlich das Jahresabsatzbudget als »Schlüsselelement« ausgewählt. Die zu bestimmenden grundsätzlichen Regelungen könnten z. B. den Inhalt dieses Budgets bezüglich der Struktur und der Art der vorgesehenen Budgetzahlen präzisieren.

Es versteht sich von selbst, daß die *Auswahl der Schlüsselelemente* kein triviales Problem darstellt. Dies gilt insbesondere auch für die uns primär interessierenden Systeme, in denen menschliches Verhalten beeinflußt werden soll. In verschiedenen Teilbereichen der Betriebswirtschaftslehre existieren jedoch zumindest Literaturvorschläge, die die »Art« der in Frage kommenden »Schlüsselelemente« näher bezeichnen, indem sie für bestimmte Konzepttypen – wie z. B. Leitbilder, Führungskonzepte, Marketingkonzepte – besonders wichtige »Bestandteile«, »Dimensionen« etc. herausarbeiten. [18]

Die Bestimmung der Zahl der Schlüsselelemente wird insofern zu einem selbständig behandelbaren »Optimierungsproblem« als sowohl ein »Zuviel« wie auch ein »Zuwenig« an Schlüsselelementen bzw. sich auf diese beziehenden grundsätzlichen Regelungen denkbar und mit spezifischen Nachteilen verbunden ist. Ein »Zuviel« an grundsätzlichen Regelungen birgt Gefahren negativer Rückwirkungen auf die Motivation der Aktoren der abhängigen Entscheide und bürokratischer Verkomplizierung betrieblicher Entscheidprozesse. Folgen sind entweder eine ineffizient langsame Problemerledigung, eventuell sogar gekoppelt mit einer Art »Dienst nach Vorschrift« oder auch einfach die Nichtbeachtung bzw. Nichtanwendung der Grundsätze, verbunden mit negativen Einstellungen gegenüber den Grundsatzerstellern. Ein »Zuwenig« an grundsätzlichen Regelungen dagegen kann dazu führen, daß die damit angestrebten Ziele, wie z. B. die Sicherung »positiver Synergien« oder die Steigerung der Effizienz der Behandlung bestimmter Probleme nicht erreicht werden.

II. Ansätze zur Entwicklung spezifischer Entscheidungsmethoden

1. Grundsätzliche Überlegungen zur Methodenentwicklung

Wie wir in Abschnitt I. 1. gezeigt haben, führt die indirekte Wirkungsweise, die in der Phase der Grundsatzerarbeitung oft noch unklare Abgrenzung des Geltungsbereichs und der zeitlich nicht befristete Einsatz von Grundsätzen zu erheblichen Operationalisierungs- und Schätzproblemen. Entscheidungsprobleme mit nicht-operablen Entscheidungskriterien werden in Anlehnung an Minsky als schlecht definiert bezeichnet. [19] Jedes schlecht definierte Problem ist notwendigerweise schlecht strukturiert. [20] Damit entfällt für den Entwickler eines Entscheidungsverfahrens die Möglichkeit, ein entscheidlogisches Vorgehen zu konzipieren, das eine optimale Lösung auch nur der »Ein-Grundsatz-Entscheide« sicherstellen könnte. Entsprechendes gilt wegen der zusätzlichen Abstimmungsprobleme in verstärktem Maße für die komplexeren Konzeptentscheide. Als methodische Alternative wird für derartige Fälle von verschiedenen Autoren die Entwicklung sog. heuristischer Verfahren empfohlen. [21]

Wie wir bei anderer Gelegenheit eingehender dargelegt haben, ist bei der Entwicklung heuristischer Verfahren zur Bewältigung einer speziellen Klasse von Entscheidungsproblemen einerseits vom Wissen über die Besonderheiten des Problembereiches, andererseits von allgemeinem Methodenwissen auszugehen. [22] Als Wissen über den Problembereich stehen dabei im allgemeinen die spezifischen Merkmale der Entscheidungsparameter und der angestrebten Wirkungen sowie die daraus entstehenden besonderen methodischen Schwierigkeiten im Vordergrund. Für die hier interessierenden Ein-Grundsatz- und Grundsatzsystementscheide haben wir diese Merkmale und Schwierigkeiten in den Abschnitten A. II. und B. I. dargestellt und erläutert. Aus dem Bereich des allgemeinen Methodenwissens interessieren insbesondere die heuristischen Prinzipien der Problemfaktorisation, der Unterzielreduktion und der Modellbildung [23] sowie konkrete Vorschläge zur Strukturierung und Bewältigung von Entscheidungsprozessen, wie sie in der allgemeinen Entscheidungslehre vorgeschlagen werden. [24]

Im folgenden wollen wir ausgehend von diesem »Material« zunächst in Abschnitt 2. die Grundzüge eines heuristischen Verfahrens zur Durchführung von Ein-Grundsatz-Entscheiden vorstellen. In Abschnitt 3. sollen sodann hierauf aufbauend einige Gedanken zum methodischen Vorgehen bei Grundsatzsystem- bzw. Konzeptentscheiden vorgetragen werden. Angesichts der Tatsache, daß die mit beiden Problemstellungen zusammenhängenden entscheidungsmethodischen Fragen in der betriebswirtschaftlichen Literatur bisher kaum bearbeitet wurden, sind unsere Vorschläge als erste methodische Ideen zu verstehen, die wir zudem aus Platzgründen nur skizzenhaft darstellen können.

2. *Grundzüge eines Verfahrens für Ein-Grundsatz-Entscheide*

Das Bedürfnis nach Ein-Grundsatz-Entscheiden entwickelt sich in der Praxis häufig aus der Beobachtung von Entscheid-Ineffizienzen (z. B. wenn die gleiche Frage immer wieder von neuem aufgeworfen und in langwierigen Diskussionen »ausgetragen« wird) sowie insbesondere aus der Auseinandersetzung mit persönlich oder sachlich begründeten Streitfragen, bei denen einander ausschließende Ansichten aufeinanderprallen oder der Eindruck entsteht, mangels einheitlicher »Linie« blieben mögliche positive Synergien ungenutzt. Gemeinsam ist diesen Anlässen für Grundsatzentscheide, daß ein relativ klar abgrenzbarer Problembereich vorausgesetzt werden kann, der allenfalls durch einen Grundsatz geregelt werden soll und für den in gewissen Fällen auch bereits die wichtigsten Grundsatzvarianten bekannt sind. Der hier angesprochene Problembereich wird im folgenden Grundsatzbereich genannt. Er entspricht im Idealfall in dem *ein* Grundsatz in alle damit erfaßten Problemlösungsprozesse eingreift, dem Geltungsbereich dieses Grundsatzes.

Unter Berücksichtigung dieser Ausgangslage werden zur Durchführung von Ein-Grundsatz-Entscheiden die in Abbildung 4 aufgezeigten Vorgehensschritte vorgeschlagen, die im folgenden kurz erläutert und durch ein (aus Platzgründen) stark vereinfachtes Beispiel illustriert werden sollen (vgl. Abb. 5).

Die Entscheidungsvorbereitung *(Phase 1)* geschieht in vier Teilschritten.

Zunächst muß durch Bezeichnung der zu regelnden abhängigen Entscheid der Grundsatzbereich näher umschrieben werden (Schritt 1.1). Dabei ist eine möglichst konkrete Umschreibung, die bei heterogenen Grundsatzbereichen möglichst alle Entscheidarten erfassen sollte, anzustreben. Ein Beispiel für einen Grundsatz mit relativ heterogenem Grundsatzbereich wurde bereits in Abbildung 1 vorgestellt. Das in Abbildung 5 vorgestellte Beispiel bezieht sich auf einen relativ homogenen Grundsatzbereich.

Ausgehend von den im Abschnitt A. II. dargestellten »Anlässen« für Grundsatzentscheide stehen als »angestrebte Wirkungen« (im Sinne von *Schritt 1.2*) im Vordergrund

(1) die Verbesserung der Entscheidqualität der abhängigen Entscheide
 - durch Förderung positiver bzw. Verhinderung negativer Synergien zwischen den gewählten Alternativen oder
 - durch Sicherung methodisch besserer Vorgehensweisen bei der Entscheidfällung

(2) die Verbesserung der Entscheideffizienz der abhängigen Entscheide
 - durch Reduktion der Entscheidungsarbeit oder
 - durch Ermöglichung der Delegation bestimmter Entscheide auf eine tiefere (kostengünstigere) hierarchische Ebene.

In vielen Fällen wird es dem Aktor des Grundsatzentscheides möglich sein, sich auf eine der beiden »Wirkungsarten« zu konzentrieren. So dominiert gemäß unserer Erfahrung bei Grundsätzen großer Tragweite häufiger die Wirkungskategorie I. (= Verbesserung der Entscheidungs-

Ausgangslage: Die Notwendigkeit einen Grundsatzentscheid zu fällen, ist erkannt (= Problementdeckung und grobe Problempositionierung). Der Grundsatzbereich kann zumindest grob umschrieben werden.

↓

PHASE 1: ENTSCHEIDUNGSVORBEREITUNG

Schritt 1.1: Umschreibe den Grundsatzbereich

↓

Schritt 1.2: Bestimme die angestrebten Wirkungen

↓

Schritt 1.3: Bestimme, ob der zu formulierende Grundsatz »wert-« oder »situationsbestimmt« sein soll

⇄

Schritt 1.4: Formuliere mindestens eine Grundsatzvariante

↓

PHASE 2: GRUNDSATZBEWERTUNG U. -ENTSCHEID
(IM FALLE SITUATIONSBESTIMMTER GRUNDSÄTZE)

Schritt 2.1: Bilde eine Präferenzordnung der Grundsatzvarianten und des fallweisen Entscheidens

2.1.1: Bestimme ausgehend von den gem. 1.1 angestrebten Wirkungen die Entscheidungskriterien

2.1.2: Bestimme ausgehend von einer »Stichprobe« abhängiger Entscheide die Konsequenzen der Grundsatzvarianten und des fallweisen Entscheidens

2.1.3: Bestimme die vorläufige »Präferenzordnung« zwischen den Grundsatzvarianten und den fallweisen Entscheiden

– (zurück) / + ↓

Schritt 2.2: Überprüfe die Stabilität der Präferenzordnung auf »Zusehen hin«

2.2.1: Bestimme die Situationsvariablen, die den Wert der Konsequenzen signifikant beeinflussen können

2.2.2: Bestimme die erwartete Entwicklung dieser Situationsvariablen

2.2.3: Überprüfe die Wirkungsstabilität der Entwicklung dieser Situationsvariablen bezüglich der Präferenzzuordnung; bestätige oder verwerfe die Präferenzordnung

– (zurück) / + ↓

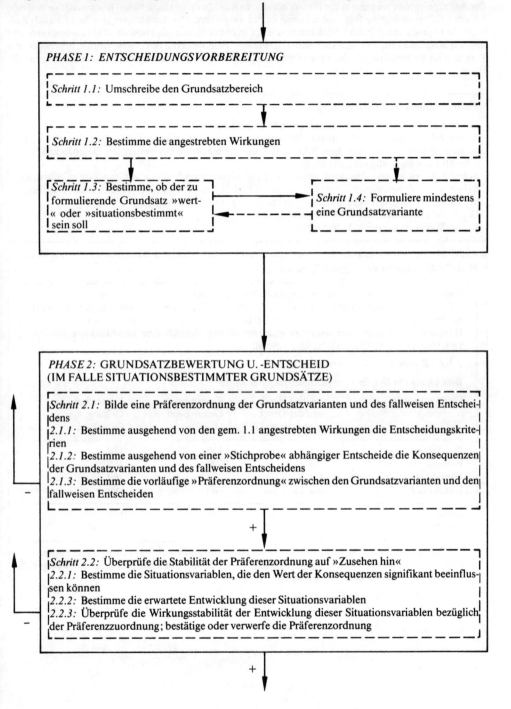

Abb. 4: Vorgehensschritte zur Durchführung von Ein-Grundsatz-Entscheiden

Ausgangslage: Die T + S AG ist eine weit diversifizierte Unternehmung der Konsumgüterindustrie, die mit 900 Mitarbeitern 300 Mio. Sfr Umsatz erzielt. Die Firma hat einen großen Bedarf an diversen Drucksachen. Die Aufträge werden teilweise in der Hausdruckerei, welche über eine kleine Büro-Offsetmaschine und eine 4-Farben-Offset-Anlage verfügt und teilweise extern ausgeführt. Die Auswärtsvergabe betrifft auch Aufträge, die in genügender Qualität auch intern erledigt werden könnten; dies obwohl die Hausdruckerei sehr schlecht ausgelastet ist. Der Marketingleiter, der relativ viele »externe Aufträge« vergibt, begründet sein Vorgehen im wesentlichen mit den »günstigen Preisen« der fremden Druckereien. Dies wird vom Leiter der Hausdruckerei vehement bestritten.

Phase 1: Entscheidungsvorbereitung

Schritt 1.1 / Grundsatzbereich: Vergabe von Druckaufträgen
Schritt 1.2 / Angestrebte Wirkungen: Verbesserung der Entscheidungsqualität der abhängigen Entscheide; der Grundsatz soll dazu führen, daß unter Einhaltung der verlangten Qualitätsstandards möglichst kostengünstig gedruckt wird.
Schritt 1.3 / »wert- oder situationsbestimmt?«: Es ist ein situationsbestimmter Grundsatz zu erarbeiten.
Schritt 1.4 / Grundsatzvarianten: G_1 = Alle Drucksachen, die von der Hausdruckerei qualitativ befriedigend produziert werden können, werden im eigenen Hause hergestellt.
G_2 = Alle Drucksachen werden extern vergeben.
F = Weiterhin fallweises Entscheiden.

Phase 2: Grundsatzbewertung und -Entscheid

Schritt 2.1: Bestimmung einer vorläufigen Präferenzordnung
2.1.1 / Entscheidungskriterien: Durchschnittskosten (Vollkosten) pro 1000 Seiten. Es wird davon ausgegangen, daß bei G_1 und bei fallweisem Entscheiden der Maschinenpark der Hausdruckerei früher oder später zu erneuern ist und deshalb eine Beschränkung auf die variablen Kosten nicht gerechtfertigt erscheint.

2.1.2 / Bestimmung der Konsequenzen:

Bei Geltung von G_1 oder G_2 ergeben sich folgende Kosten:

Druckerzeugnis	relative Häufigkeit der Druckerzeugnisse	Kosten bei Geltung von G_1	Kosten bei Geltung von G_2
Preislisten	0.1	120	110
Broschüren	0.3	200	180
Formulare	0.4	70	60
Direct Mail	0.2	80	90
gewichtete Durchschnittskosten		116	107

Bei fallweisem Entscheiden sind die Durchschnittskosten höher als bei konsequenter Anwendung von G_1, da bei schlechterer Auslastung die Fixkosten der Hausdruckerei auf weniger Druckerzeugnisse verteilt werden müssen.

2.1.3 / Präferenzordnung: $G_2 > G_1 > F$

Fortsetzung auf Seite 343

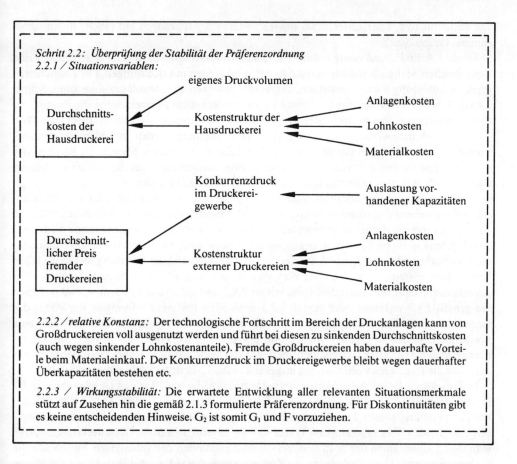

Schritt 2.2: Überprüfung der Stabilität der Präferenzordnung
2.2.1 / Situationsvariablen:

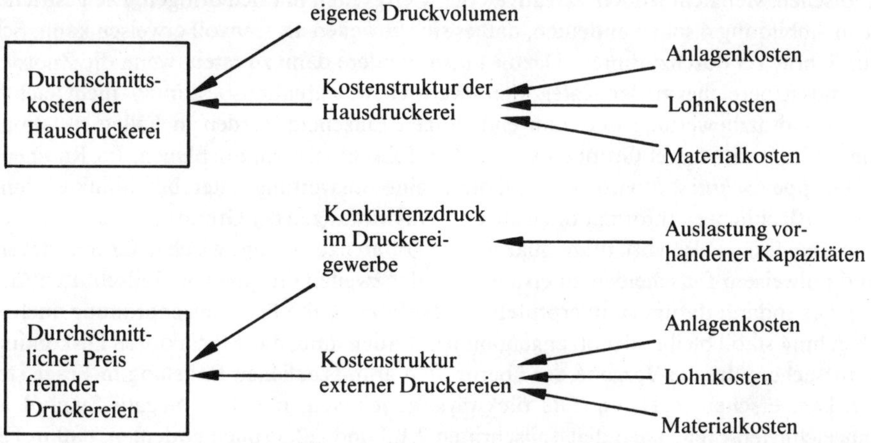

2.2.2 / relative Konstanz: Der technologische Fortschritt im Bereich der Druckanlagen kann von Großdruckereien voll ausgenutzt werden und führt bei diesen zu sinkenden Durchschnittskosten (auch wegen sinkender Lohnkostenanteile). Fremde Großdruckereien haben dauerhafte Vorteile beim Materialeinkauf. Der Konkurrenzdruck im Druckereigewerbe bleibt wegen dauerhafter Überkapazitäten bestehen etc.

2.2.3 / Wirkungsstabilität: Die erwartete Entwicklung aller relevanten Situationsmerkmale stützt auf Zusehen hin die gemäß 2.1.3 formulierte Präferenzordnung. Für Diskontinuitäten gibt es keine entscheidenden Hinweise. G_2 ist somit G_1 und F vorzuziehen.

Abb. 5: Stark vereinfachtes Beispiel eines Ein-Grundsatz-Entscheides

qualität), während bei Grundsätzen geringerer Tragweite vermehrt die Wirkungskategorie II. (= Verbesserung der Entscheidungseffizienz) zur Anwendung kommt.

Speziell auf der Ebene der obersten unternehmungspolitischen Grundsätze kommt es vor, daß einzelne grundsätzliche Regelungen allein »wertbestimmt« sind, d.h. letztlich Ausdruck der subjektiven, rational nicht weiter begründbaren Zielsetzungen der Unternehmensleitung darstellen. Müller spricht in diesem Zusammenhang von Grundsätzen der »Basispolitik« und unterscheidet davon die *auch* durch Situationsmerkmale abzustützenden und demgemäß auf ihre situative Begründung hin überprüfbaren Grundsätze der Entscheidungspolitik. [25] Die im *Schritt 1.3* geforderte Zuordnung zu formulierender Grundsätze als »wert-« oder »situationsbestimmt« sollte dem Aktor an sich nicht schwerfallen. In Zweifelsfällen sollte er sich die Frage stellen, inwieweit er bereit ist, wesentliche Gewinneinbußen für eine Durchsetzung des Grundsatzes in Kauf zu nehmen. Falls er diese Frage vorbehaltlos bejahen kann, dürfte es sich eher um einen wertbestimmten Grundsatz bzw. Grundsatzbereich handeln. Die Notwendigkeit zur Unterscheidung »wert-« und »situationsbestimmter« Grundsätze ergibt sich aus dem daraus folgenden unterschiedlichen Vorgehen in den weiteren Schritten des Grundsatzentscheidprozesses. Da das Vorgehen zur »Wahl« rein wertbestimmter Grundsätze weniger problematisch erscheint und zudem nur für eine vergleichsweise kleine Zahl relativ allgemeiner Grundsätze von Bedeutung ist, konzentrieren wir unsere weiteren Ausführungen auf (auch) situationsbestimmte Grundsätze.

Schritt 1.4, die Formulierung wenigstens einer Grundsatzvariante wird im allgemeinen keine methodischen, vielleicht jedoch »kreative« Schwierigkeiten mit sich bringen. Die gestrichelten Pfeile in Abbildung 4 sollen andeuten, daß es sich zuweilen als sinnvoll erweisen kann, Schritt 1.4 vor Schritt 1.3 durchzuführen. Dazu ist insbesondere dann zu raten, wenn die Zuordnung des Grundsatzbereiches zu den Kategorien »wert-« bzw. »situationsbestimmt« nicht leichtfällt.

Zur Grundsatzbewertung und zum endgültigen Entscheid werden in Fällen situationsbestimmter Grundsätze zwei Gruppen von je drei Teilschritten vorgeschlagen. Im Rahmen der ersten Gruppe *(Schritt 2.1)* wird versucht, durch eine Auswertung erster, beschränkter, zumeist auch »oberflächlicher« Informationen über die Auswirkungen der Grundsätze auf die abhängigen Entscheide eine als »vorläufig« qualifizierte Präferenzordnung zwischen Grundsatzvarianten und fallweisem Entscheiden zu erstellen. In der zweiten Gruppe von Teilschritten *(Schritt 2.2)* geht es sodann darum zu überprüfen, ob die festgestellte Präferenzenordnung auch »auf Zusehen hin« stabil bleibt oder ob angenommen werden muß, daß Störfaktoren Diskontinuitäten verursachen, die die Vorgabe der überprüften grundsätzlichen Regelung in Frage stellen bzw. riskant erscheinen lassen. Die rückwärts gerichteten, mit dem Negativ-Symbol »⁒« gekennzeichneten Pfeile nach den Teilschritten 2.1.3 und 2.2.3 sollen andeuten, daß in Fällen mit gemäß 2.1.3 unklaren oder gemäß 2.2.3 unstabilen Präferenzordnungen, der Aktor des Grundsatzentscheides entweder im Sinne der Heuristik des »generate and test« [26] eine »bessere« Grundsatzalternative suchen und überprüfen muß oder, falls keine Grundsatzvariante klar dem fallweisen Entscheiden überlegen erscheint, auf eine Grundsatzvorgabe verzichten sollte. Im folgenden wollen wir die insgesamt sechs Teilschritte etwas näher erläutern.

In *Teilschritt 2.1.1* sollte der Aktor zunächst versuchen, die gemäß seinen Überlegungen in 1.2 prioritär »angestrebten Wirkungen« durch Formulierung entsprechender Entscheidungskriterien zu operationalisieren. Eine Operationalisierung der »Entscheidungsqualität« der abhängigen Entscheide (Wirkungskategorie I) läßt sich im allgemeinen dadurch bewerkstelligen, daß man durch Übernahme der zentralen Entscheidungskriterien der abhängigen Entscheide die Verbesserung bzw. Verschlechterung der Konsequenzen dieser Entscheide in Abhängigkeit von den Varianten des Grundsatzentscheides erfaßt. Die Schwierigkeit dieser Aufgabe wächst mit der Heterogenität des Grundsatzbereiches, da mit der Verschiedenartigkeit der abhängigen Entscheide die Möglichkeit, deren Entscheidungskriterien zu »standardisieren« bzw. auf operable »gemeinsame Nenner« zurückzuführen, abnimmt. Die Operationalisierung der Entscheidungseffizienz bietet normalerweise geringere Probleme, da häufig die für die abhängigen Entscheide »aufgewendete Arbeitszeit« oder entsprechende »Entscheidungskosten« als Ersatzkriterien anwendbar sind.

Teilschritt 2.1.2 geht davon aus, daß wegen der zeitlich unbefristeten Geltung von Grundsätzen eine erschöpfende Erfassung der abhängigen Entscheide und ihrer Konsequenzen a priori nicht möglich ist. Der Aktor kann somit bestenfalls eine »Stichprobe« abhängiger Entscheide heranziehen, um Veränderungen der Entscheidungsqualität oder der Entscheidungseffizienz zu erfassen. Im einfachsten Falle wird er sich damit begnügen, die während einer bestimmten Zeit angefallenen abhängigen Entscheide wieder aufzugreifen und ihre Konsequenzen zu ermitteln

- in Abhängigkeit von der Anwendung der zu bewertenden Grundsätze und
- für »fallweises Entscheiden« (was normalerweise mit der Summe der effektiv beobachteten Konsequenzen identisch ist).

Bei der Bestimmung der »Stichprobe« der abhängigen Entscheide muß der Aktor – in Analogie zu den methodischen Grundsätzen der »Stichprobenlehre« – danach streben, daß die ausgewählten konkreten abhängigen Entscheide möglichst »repräsentativ« sind für die zu erwartenden Entscheidungsprobleme. Da sich eine echte Zufallsauswahl wegen der definitionsgemäßen Unkenntnis der Grundgesamtheit der abhängigen Entscheide nicht realisieren läßt, heißt dies insbesondere, daß der Aktor versuchen muß, in bestmöglicher Interpretation der »Repräsentanzidee« abhängige Entscheide auszuwählen, die keinen der zu bewertenden Grundsätze ungebührlich bevorzugen. Gemäß unserer bisherigen Erfahrung mit dem geschilderten Entscheidungsverfahren ist es häufig am unverfänglichsten, den Grundsatzvergleich auf den Konsequenzen aller Entscheide einer beschränkten »normalen« Entscheidungsperiode, z. B. eines »normalen« Geschäftsjahres aufzubauen.

Aus dem bisher Gesagten wird zweifellos deutlich, daß die aufgrund einer derartigen Bewertung in Teilschritt 2.1.3 entstehende Präferenzordnung zwischen Grundsatzvarianten und fallweisem Entscheiden als »vorläufig« bezeichnet werden muß. Die stichprobenartige Erfassung der Konsequenzen bleibt naturgemäß unsicher und »oberflächlich«. Für den Aktor stellt sich die Frage, unter welchen Bedingungen er aufgrund der Präferenzordnung der Konsequenzen einer Stichprobe abhängiger Entscheide auf eine dauerhafte Präferenz zwischen bestimmten Grundsätzen und fallweisem Entscheiden schließen darf. Eine mögliche Antwort auf diese Frage stellen die Überlegungen dar, die mit Schritt 2.2 zur Überprüfung der Stabilität der Präferenzordnung vorgeschlagen werden.

Zunächst geht es im *Teilschritt 2.2.1* darum, ein Erklärungsmodell aufzubauen, das aufzeigt, welche Situationsvariablen den Wert der Konsequenzen der abhängigen Entscheide (und damit die Präferenzenordnung der Grundsatzentscheidalternativen) in welcher Richtung beeinflussen. Erfahrungsgemäß lohnt es sich hierbei – wie auch im Beispiel der Abbildung 5 angedeutet – über die Stufe der ersten unmittelbar beeinflussenden unabhängigen Variablen hinauszugehen und einen Baum oder ein Netz von Einflußgrößen zu entwickeln. Andererseits genügt es zumeist, den Einfluß auf die abhängigen Variablen sehr grob, z. B. durch ordinale Stufen wie »sehr positiv«, »positiv«, »neutral«, »negativ«, »sehr negativ« zu bezeichnen, da letztlich nur interessiert, in welcher »Richtung« die erklärenden Variablen wirken, ob sie die Präferenzenordnung stützen oder im Gegenteil, ob sie ihr gegebenenfalls widersprechen bzw. sie in Frage stellen.

Dementsprechend interessiert auch im *Teilschritt 2.2.2* selten eine Prognose kardinaler Größen. Die geforderte »Bestimmung der erwarteten Entwicklung der Situationsvariablen« kann sich darauf beschränken, deren Entwicklung auf der Basis einer ordinalen Messung zu umschreiben. Eine ordinale Prognose, welche nur die erwartete Entwicklungsrichtung angibt, genügt, weil auch nur eine »relative Konstanz« [27] gefordert wird. Die Abschwächung der geforderten Konstanz der Entwicklung einer Situationsvariablen durch das Adjektiv »relativ« bedeutet dabei

(1) daß keine absolut einwertige Konstanz gesucht wird, sondern im wesentlichen interessiert, ob eine festgestellte Änderungstendenz z. B. ein Trend weiterhin bestehen bleibt
(2) daß diese Konstanz nicht bis zu einem fixen künftigen Zeitpunkt oder gar »für ewig« nachzuweisen ist, sondern daß man sich damit begnügt, entsprechend der Gültigkeit der Grundsätze eine Konstanz »auf Zusehen hin« zu überprüfen.

Die Beschränkung auf eine Überprüfung der so definierten relativen Konstanz bietet naturgemäß große Vorteile für die Anwendbarkeit des vorgeschlagenen Verfahrens in der komplexen betrieblichen Realität. Die Anforderungen an die Fähigkeiten und Möglichkeiten des Aktors zur Beschaffung der nötigen Informationen bleiben in einem realistischen Rahmen.

Im *Teilschritt 2.2.3* schließlich muß der Aktor überprüfen, inwieweit die gemäß 2.1.3 vorläufige Präferenzenordnung durch das in den Teilschritten 2.2.1 und 2.2.2 entwickelte Erklärungsmodell bestätigt oder in Frage gestellt wird. Wir sprechen in diesem Zusammenhang von der Überprüfung der »Wirkungsstabilität« der Präferenzenordnung. Diese wird dann als vergleichsweise »groß« angesehen,

- wenn alle signifikanten Einflußgrößen sich in Richtungen verändern, die die Präferenzordnung stärken und
- wenn die Wahrscheinlichkeit, daß Störfaktoren auftreten, die zu Diskontinuitäten führen, relativ gering ist.

Eine hohe Wirkungsstabilität erleichtert dem Aktor naturgemäß das Entscheiden wesentlich. Situationen mit hoher Wirkungsstabilität sind auch durchaus nicht selten, wir finden sie insbesondere beim Vergleich »fallweisen Entscheidens« mit einer Grundsatzvariante in jenen Bereichen der Personal- und Marketingpolitik, in denen allzu häufige Maßnahmenänderungen zu negativen Synergien führen. Bei beschränkter Wirkungsstabilität wegen gegenläufigen Tendenzen wichtiger Einflußfaktoren oder wegen drohender Diskontinuitäten muß der Aktor einen Entscheid unter Unsicherheit fällen. Dabei ist insbesondere die Frage zu klären, welche negativen Konsequenzen auftreten, wenn ein Grundsatz »zur Unzeit«, also relativ früh wieder aufgehoben werden muß. Daß in einem solchen Fall das Bestätigen oder Verwerfen der Präferenzordnung Schwierigkeiten bereitet, wird niemand bestreiten. Andererseits sehen wir keine realistische Möglichkeit um das Dilemma des Aktors zu verringern. Man kann ihm einzig raten, im Zweifelsfalle eher auf den Grundsatz zu verzichten, da offensichtlich die zur Begründung herangezogenen relativen Konstanzen keine akzeptable Entscheidbasis liefern oder im Sinne des »generate-and-test« eine bessere Grundsatzvariante zu suchen. Da sich jeder Grundsatz durch zusätzlich relativierende Anwendungsbedingungen und Milderung des Eingriffs in die abhängigen Entscheide abschwächen läßt [28], lohnt es sich häufig, zunächst den Weg der Suche und Bewertung zusätzlicher Grundsatzvarianten zu beschreiten.

Da die Überprüfung der Wirkungsstabilität der Präferenzordnung nur auf einer *relativen* Konstanz der Situationsvariabeln basiert, gilt das Resultat dieser Überprüfung auch nur »auf Zusehen hin«. Deshalb sollte der Aktor nach der Inkraftsetzung der Grundsätze regelmäßig im Sinne eines »Prämissenaudit« [29] kontrollieren, ob die wichtigsten Einflußgrößen sich tatsächlich weiterhin in der erwarteten Weise entwickeln. Er muß demgemäß auch bereit sein, einen Grundsatz aufzuheben, wenn die ursprünglich zu seiner Begründung herangezogenen relativen Konstanzen nicht mehr zutreffen.

3. *Einige Überlegungen zur Bewältigung von Grundsatzsystem- bzw. Konzeptentscheiden*

Angesichts der Vielzahl und insbesondere der Verschiedenartigkeit der in der Unternehmenspraxis eingesetzten Grundsatzsysteme erscheint es problematisch, generelle Aussagen zum methodischen Vorgehen bei Grundsatzsystementscheiden zu formulieren. Immerhin ergeben sich jedoch aus den in Abschnitt B. I. 2. dargestellten Sonderproblemen der Grundsatzsystem- bzw. Konzeptentscheide einige Hinweise auf generell in diesem Bereich relevante methodische Anforderungen. Hierauf aufbauend lassen sich einige grobe Vorgehensschritte formulieren, die wir in Abbildung 6 zusammengefaßt haben und durch Verweise auf eine nach diesem Grundschema von uns entwickelte Methodik zur Bestimmung einer Planungskonzeption illustrieren. [30]

Den Sonderproblemen der Konzeptentscheide versuchen wir wie folgt Rechnung zu tragen:

Ausgangslage: Die Notwendigkeit, ein Grundsatzsystem bzw. ein Konzept zu formulieren, ist erkannt. Gemäß dem gewählten Beispiel handelt es sich um ein Konzept zur Regelung der Planungstätigkeit in einem mittelgroßen Konzern (= Problementdeckung und grobe Problempositionierung)

↓

PHASE 1: BESTIMMUNG DER GRUNDSATZBEREICHE UND SCHLÜSSELELEMENTE DES KONZEPTS

Schritt 1.1: Bestimme die potentiellen Grundsatzbereiche
Beispiel: Als Grundsatzbereiche des Planungskonzepts werden vorgeschlagen: a) Struktur und Inhalt der Pläne (= Planungssystematik), b) Planungsorganisation, (c) Planungsmittel

↓

1.2: Bestimme die Bearbeitungserfolge der Grundsatzbereiche
Beispiel: Bei der Erarbeitung der Grundsätze sind die Grundsatzbereiche in der Reihenfolge (a) → (b) → (c) zu behandeln

↓

Schritt 1.3: Bestimme die Schlüsselelemente pro Grundsatzbereich
Beispiel: Im Grundsatzbereich (a) sind folgende Elemente als Schlüsselelemente anzusehen und im Planungskonzept festzulegen: S_1 die Planungsebenen, S_2 Planungsbereich pro Ebene, S_3 die zeitliche Verkettung und Entwicklungsreihenfolge der Ebenen, S_4 die Zeithorizonte der Ebenen. Den Planern bleibt es überlassen, folgende Elemente fallweise festzulegen: E_1 die Planungsinhalte, E_2 die Intervalle und Voraussetzungen der Planüberarbeitung etc...

↓

Schritt 1.4: Bestimme die Bearbeitungsreihenfolge der Schlüsselelemente
Beispiel: Bei der Formulierung der Grundsätze des Grundsatzbereiches (a) wird die folgende Reihenfolge der Bearbeitung der Schlüsselelemente empfohlen: $S_1 \rightarrow S_3 \rightarrow S_2 \rightarrow S_4$

PHASE 2: BESTIMMUNG DER EINZELNEN GRUNDSÄTZE UND ÜBERPRÜFUNG DES GRUNDSATZSYSTEMS

Schritt 2.1: Bestimme die einzelnen Grundsätze pro Grundsatzbereich und pro Schlüsselelement
Beispiel: Zum Grundsatzbereich (a) »Planungssystem« wird für das Schlüsselelement S_1 »Planungsebenen« beschlossen, sich mit den zwei Planungsebenen der kurzfristigen dispositiven Planung und der langfristigen strategischen Planung zu begnügen, dagegen auf eine zwischengeschaltete mittelfristige Planung zu verzichten.

↓

Schritt 2.2: Überprüfe die gegenseitige Vereinbarkeit der Grundsätze bzw. die (mittelbare) Konsistenz des Grundsatzsystems
Beispiel: Führen die Entscheide, einerseits eine langfristige strategische Planung zu installieren, andererseits die Intervalle und Voraussetzungen der Planüberarbeitung den fallweisen Entscheiden der Planer zu überlassen, zu Widersprüchen, Konflikten, Problemen auf dem Niveau der (abhängigen) konkreten Planungsentscheide?

↓

Schritt 2.3: Überprüfe die Konsequenzen der Dichte des Grundsatzsystems bezüglich der Motivation der Aktoren der abhängigen Entscheide und der bürokratischen Erschwerung der Entscheidungs- und Handlungsprozesse einerseits, der Sicherung positiver Synergien abhängiger Entscheide und der Sicherung der Entscheidqualität andererseits.
Beispiel: Bei der Beurteilung der Planungskonzeption als Ganzes stellt sich heraus, daß die Vorgabe von Planungsmethoden im Bereich des Marketing als unrealistisch und demotivierend empfunden wird.

↓

Abb. 6: Vorgehensschritte zur Durchführung von Konzeptentscheiden

– den Problemen der gegenseitigen Abstimmung und Konsistenz der Grundsätze durch die Schritte 1.1, 1.2, 1.4 und 2.2
– den Problemen der Bestimmung von Schlüsselelementen des Systems durch die Schritte 1.1 und 1.3
– den Problemen der Optimierung der Zahl der Grundsätze durch Schritt 2.3.

Da die Methodik zur Durchführung von Ein-Grundsatzentscheiden trotz der vorgeschlagenen Vereinfachungen immer noch recht aufwendig bleibt, kann es sich als zweckmäßig erweisen, ihre Anwendung in Schritt 2.1 auf »kritische Grundsatzbereiche« bzw. »kritische Grundsätze« zu beschränken und die »übrigen Grundsätze« mit Hilfe von einfacheren Plausibilitätsüberlegungen festzulegen. Naturgemäß gewinnt bei einem derartigen Vorgehen Schritt 2.2 als Überprüfung der Vereinbarkeit der »übrigen Grundsätze« mit den »kritischen Grundsätzen« zusätzliche Bedeutung. Ein solches zweistufiges Vorgehen wird sich insbesondere dann aufdrängen, wenn komplexe Konzepte bzw. Grundsatzsysteme mit einer Vielzahl von Einzelgrundsätzen zu erarbeiten sind.

Die Ausführungen und auch das Beispiel machen unserer Ansicht nach deutlich, daß der betriebliche Aktor vor erheblichen Problemen steht, wenn er ohne weitergehende methodische Hilfe Konzeptentscheide durchführen soll. Wir betrachten es deshalb als eine der wichtigeren Forschungsaufgaben einer sich als angewandte Disziplin verstehenden Betriebswirtschaftslehre, konkretere Vorschläge für die Strukturierung und Durchführung spezifischer Konzeptentscheide zu entwickeln. [31]

C. Schlußbemerkung

Wir sind uns bewußt, daß wir mit den vorgetragenen Überlegungen zu Grundsatz- und Konzeptentscheiden ein bisher wenig beackertes Gebiet beschreiten. Verschiedene unserer Überlegungen haben deshalb zweifellos hypothetischen, einzelne werden sagen »spekulativen« Charakter. Angesichts der großen praktischen Bedeutung der angeschnittenen Fragen schien es uns jedoch wesentlich, den Versuch zu wagen. Die Betriebswirtschaftslehre darf es sich unseres Erachtens nicht leisten, zentrale und umfassende praktische Probleme zu umgehen, weil noch keine in jeder Beziehung abgesicherten Grundlagen zu deren Behandlung vorliegen. Da der mit dieser Schrift gefeierte Jubilar, Erwin Grochla, ebenfalls für eine pragmatische Grundhaltung der betriebswirtschaftlichen Forscher eintritt [32], hoffen wir, daß unser Vorhaben seinen Intentionen entspricht.

Anmerkungen

1 In ähnlicher Weise wird der Begriff auch von *Gabele/Kretschmer/Grimm* verwendet. Vgl. *Gabele* (Unternehmensgrundsätze) S. 245 ff.; *Gabele/Kretschmer* (Unternehmensgrundsätze) S. 716 ff.; *Grimm* (Unternehmensgrundsätze) S. 121 ff.

2 Eine detaillierte Auflistung der Eingriffsmöglichkeiten findet sich bei *Kühn* (Unternehmungspolitik) S. 86 f. und S. 273 ff.

3 Vgl. *Gemünden* (Führungsentscheidungen) S. 52 ff.

4 Vgl. *Töpfer/Zander* (Führungskonzept) S. 1 ff.

5 Vgl. *Haas* (Planungskonzeptionen) S. 22.

6 Wir betonen diesen Umstand, da in der betriebswirtschaftlichen Literatur häufig Optimierungsbedingungen und Qualitätsmerkmale in Begriffe integriert und damit gewisse reale Schwierigkeiten bzw. Qualitätsunterschiede »definitorisch eliminiert« werden.

7 Vgl. hierzu u. a. *Kühn* (Marketing-Mix) S. 191 ff.
8 Vgl. *Becker* (Kostenrechnung) S. 612 f.; *Horváth/Dambrowski/Jung/Posselt* (Budgetierung) S. 142 f.; *Malik* (Unternehmungsplanung) S. 58 f.; *Poensgen/Hort* (Planung) S. 10 ff.; *Ulrich* (Unternehmungspolitik) S. 35 f.; *Ulrich* (Führungskonzepte) S. 46.
9 Da die im folgenden dargelegten Gründe in erster Linie praktischen Erfahrungen entstammen, bestehen zwischen ihnen bewußt in Kauf genommene Überschneidungen.
10 Vgl. *Bleicher/Meyer* (Führung) 37 ff.; *Rühli* (Führungskonzept) S. 77 ff.; *Wild* (Führungslehre) S. 145 ff.
11 Vgl. *Kühn* (Unternehmungspolitik) S. 235 ff.
12 Vgl. *Kühn* (Unternehmungspolitik) S. 244 ff.
13 Vgl. *Grochla* (organisatorische Gestaltung) S. 226.
14 Vgl. z. B. *Allen* (Management) S. 33; *Eugster* (Wachstumsplanung) S. 45; *Schmidt* (Langfristige Planung) S. 136.
15 Vgl. *Zink* (Motivationstheorie) S. 173 ff.
16 Vgl. zum Begriff des Grundsatzes S. 3.
17 Ein Beispiel hierfür bildet etwa der folgende Grundsatz von *Hewlett-Packard:* »Unser Wachstum soll nur begrenzt sein durch unsere Gewinne und unsere Möglichkeiten, technische Produkte, die echten Kundenwünschen entsprechen, zu entwickeln und zu produzieren.« Zitiert aus: Manager Magazin Nr. 11/1977, S. 99.
18 Vgl. z. B. in bezug auf das Unternehmensleitbild *Brauchlin* (Unternehmungsleitbild) S. 314 f.; in bezug auf die Führungskonzeption *Rühli* (Führungskonzept) S. 77 ff. und in bezug auf das Marketingkonzept *Kühn* (Marketing-Mix) S. 191 ff.
19 Vgl. *Minsky* (Artificial Intelligence) S. 408.
20 Vgl. *Klein* (Heuristische Entscheidungsmodelle) S. 32 ff.
21 Vgl. *Köhler* [Marketing] 4; *Meffert/Althans* (Marketing) S. 71 ff.; *Simon* (schlecht strukturierte Probleme) S. 337 ff.
22 Vgl. *Kühn* (Unternehmungspolitik) S. 216 ff.
23 Vgl. *Kühn* (Unternehmungspolitik) S. 176 ff.
24 Vgl. z. B. *Gäfgen* (Entscheidung) S. 101; *Miller/Starr* (Decisions) S. 29.
25 Vgl. *Müller* (Unternehmungspolitik) S. 6 ff.
26 Vgl. *Kühn* (Unternehmungspolitik) S. 190 ff.
27 Vgl. zum Begriff und Wesen der relativen Konstanz *Müller* (Unternehmungspolitik) S. 6 ff.
28 Vgl. zu den unterschiedlich intensiven Möglichkeiten des Eingriffs unternehmungspolitischer Grundsätze in die abhängigen Entscheide *Kühn* (Unternehmungspolitik) S. 273 ff.
29 Vgl. zum Begriff und Wesen des Prämissenaudit *Kühn* (Marketing Audit) S. 204 ff.
30 Vgl. *Kühn* (Planungskonzeptionen) S. 537 ff.
31 Einen solchen Vorschlag unterbreitet beispielsweise *Grünig* mit seinem Verfahren zur Erarbeitung von Investitionskonzepten. Vgl. *Grünig* (Grundsatzsystem für den Investitionsbereich) S. 108 ff.
32 Vgl. *Grochla/Thom* (Effizienzbestimmung) S. 200.

Literaturverzeichnis

Allen, L. A. (Management): Management and organization. New York, Toronto und London 1958.

Becker, H. P. (Kostenrechnung): Einsatz der Kostenrechnung in mittelgroßen Industrieunternehmungen. Eine empirische Untersuchung. In: Zeitschrift für betriebswirtschaftliche Forschung (ZfbF), 37. Jg., 1985, S. 601 ff.

Bleicher, K./ *Meyer,* E. (Führung): Führung in der Unternehmung, Formen und Modelle. Reinbek bei Hamburg 1976.

Brauchlin, E. (Unternehmungsleitbild): Schaffen auch Sie ein Unternehmungsleitbild. In: Management Zeitschrift io, 53. Jg., 1984, S. 313 ff.

Eugster, C. (Wachstumsplanung): Wachstumsplanung bei Geigy. In: DU 24. Jg., 1970, S. 45 ff.

Gabele, E. (Unternehmensgrundsätze). Unternehmensgrundsätze, Ein Spiegelbild innerbetrieblicher und gesellschaftlicher Entwicklungen. In: ZfO, 1981, S. 245 ff.

Gabele, E./ *Kretschmer,* H. (Unternehmensgrundsätze): Unternehmensgrundsätze als Instrument der Unternehmensführung. In: Zeitschrift für betriebswirtschaftliche Forschung (ZfbF), 35. Jg., 1983, S. 716 ff.

Gäfgen, G. (Entscheidung): Theorie der wirtschaftlichen Entscheidung. Tübingen 1963.

Gemünden, H. G. (Führungsentscheidungen): »Echte Führungsentscheidungen« – Empirische Beobachtungen zu Gutenberg's Idealtypologie. In: Die Betriebswirtschaft (DBW), 43. Jg., 1983, S. 49 ff.

Grimm, W. (Unternehmensgrundsätze): Unternehmensgrundsätze, Konzipierung – Einführung – Weiterführung. In: ZfO, 1981, S. 123 ff.

Grochla, E. (organisatorische Gestaltung): Grundlagen der organisatorischen Gestaltung. Stuttgart 1982.

Grochla, E./ *Thom,* N. (Effizienzbestimmung): Zur Problematik der Effizienzbestimmung von Organisationsstrukturen. Die Effizienzabschätzung im Rahmen der Auswahl einer Organisationsform. In: *Dlugos,* G./ *Napierala,* M. (Hrsg.): Probleme der Unternehmungseffizienz im Systemvergleich. Bad Honnef 1984, S. 198 ff.

Grünig, R. (Grundsatzsystem für den Investitionsbereich): Verfahren zur Erarbeitung eines Grundsatzsystems für den Investitionsbereich. Bern und Stuttgart 1984.

Haas, M. O. (Planungskonzeptionen): Planungskonzeptionen schweizerischer Unternehmungen. Bern 1976.

Horváth, P./ *Dambrowski,* J./ *Jung,* H./ *Posselt,* S. (Budgetierung): Die Budgetierung im Planungs- und Kontrollsystem der Unternehmung – Erste Ergebnisse einer empirischen Untersuchung. In: Die Betriebswirtschaft (DBW), 45. Jg., 1985, S. 138 ff.

Klein, H. K. (Heuristische Entscheidungsmodelle): Heuristische Entscheidungsmodelle, Neue Techniken des Programmierens und Entscheidens für das Management. Wiesbaden 1971.

Köhler, R. (Marketing): Marketing-Entscheidungen als Anwendungsgebiet der quantitativen Planung. In: *Köhler,* R./ *Zimmermann,* H. J. (Hrsg.): Entscheidungshilfen im Marketing. Stuttgart 1977, S. 2 ff.

Kühn, R. (Marketing Audit): Marketing Audit – ein Führungsinstrument. In: DU, 31. Jg., 1977, S. 199 ff.

Kühn, R. (Unternehmungspolitik): Entscheidungsmethodik und Unternehmungspolitik. Bern und Stuttgart 1978.

Kühn, R. (Marketing-Mix): Heuristische Methoden zur Bestimmung des Marketing-Mix. In: *Mazanec,* J./ *Scheuch,* F.: Marktorientierte Unternehmensführung, Wissenschaftliche Tagung an der Wirtschaftsuniversität Wien 1983. Wien 1983, S. 183 ff.

Kühn, R. (Planungskonzeptionen): Grundzüge eines heuristischen Verfahrens zur Erarbeitung von Planungskonzeptionen. In: Die Betriebswirtschaft (DBW), 45. Jg., 1985, S. 531 ff.

Malik, F. (Unternehmungsplanung): Unternehmungsplanung. In: *Brauchlin,* E. (Hrsg.): Konzepte und Methoden der Unternehmungsführung, Bern und Stuttgart 1981. S. 55 ff.

Meffert, H./ *Althans,* J. (Marketing): Internationales Marketing. Stuttgart 1982.

Miller, D. W./ *Starr,* M. K. (Decisions): Executive decisions and operations research. Englewood Cliffs 1960.

Minsky, M. (Artificial Intelligence): Steps toward artificial intelligence. In: *Feigenbaum,* E. A./ *Feldmann,* J. (Hrsg.): Computers and thought. New York etc. 1964.

Müller, W. (Unternehmungspolitik): Grundzüge einer Lehre von der Unternehmungspolitik. In: DU, 21. Jg., 1967, S. 3 ff.

Poensgen, H./ *Hort,* H. (Planung): Die situativen Einflüsse auf die unternehmerische Planung. In: Zeitschrift für Betriebswirtschaft, 51. Jg., 1981, S. 3 ff.

Rühl, G./ *Zink,* K. J. (Motivationstheorie): Zur Kritik an der Herzbergschen Motivationstheorie. In: Fortschrittliche Betriebsführung, 23. Jg., 1974, S. 173 ff.

Rühli, E. (Führungskonzept): Ein Ansatz zu einem integrierten, kooperativen Führungskonzept. In: *Kirsch,* W. (Hrsg.): Unternehmensführung und Organisation. Wiesbaden 1973.

Schmidt, E. (Langfristige Planung): Langfristige Planung als Voraussetzung zur Erreichung des Unternehmensziel. In: Management-Zeitschrift io, 37. Jg., 1968, S. 134 ff.

Simon, H. A. (Schlecht strukturierte Probleme): Wie lösen wir schlecht strukturierte Probleme? In: Die Betriebswirtschaft (DBW), 40. Jg., 1980, S. 337 ff.

Töpfer, A./ *Zander,* E. (Führungskonzept): Bausteine eines kooperativen Führungskonzeptes, Einordnung der Beiträge. In: *Töpfer,* A./ *Zander,* E. (Hrsg.): Die Führungsgrundsätze und Führungsinstrumente. Frankfurt a. M. 1982.

Ulrich, H. (Unternehmungspolitik): Unternehmenspolitik. In: *Brauchlin,* E. (Hrsg.): Konzepte und Methoden der Unternehmungsführung. Bern und Stuttgart 1981. S. 33 ff.

Ulrich, H. (Führungskonzepte): Führungsmodelle und -konzepte. In: *Brauchlin,* E. (Hrsg.): Konzepte und Methoden der Unternehmungsführung. Bern und Stuttgart 1981, S. 43 ff.

Wild, J. (Führungslehre): Betriebswirtschaftliche Führungslehre und Führungsmodelle. In: *Wild,*J. (Hrsg.): Unternehmensführung. Festschrift für Erich Kosiol. Berlin 1974, S. 141 ff.

*Gerald H. Lawson**

The Valuation of a Business as a Going Concern

* Prof. Dr. *Gerald H. Lawson,* Manchester Business School, University of Manchester.

A. Introduction

Most market economies are replete with going concern valuation problems. This includes economies which enjoy a stock market that is efficient in the sense of the semi-strong version of the efficient market model. No more than an extremely small sub-set of joint stock companies is quoted on the world's stock markets, many of which are anyway not believed to be efficient at impounding new information into security prices.

This paper is primarily concerned with some of the theoretical aspects of the valuation problem which appear to be gaining interest among Anglo-Saxon practitioners. It considers alternative bases of valuation on the one hand and aspects of valuation accounting methodology on the other.

B. Valuation theory and practice

A familiar normative going concern valuation model can be specified in detailed operational terms, as in equation (1).

$$\sum_{j=1}^{\infty} \frac{(\bar{k}_j - \bar{h}_j) - (\bar{A}_j + \bar{R}_j - \bar{Y}_j) - \bar{t}_j - \bar{H}_j}{\prod_{t=1}^{j} (1 + \bar{r}_t)} \equiv \sum_{j=1}^{\infty} \frac{\bar{F}_j - \bar{N}_j - \bar{M}_j}{\prod_{t=1}^{j} \{1 + \bar{r}_t^{(d)}\}} + \sum_{j=1}^{\infty} \frac{\bar{N}_j - \bar{B}_j}{\prod_{t=1}^{j} \{1 + \bar{r}_t^{(e)}\}} \tag{1}$$

or, V_o	$\equiv$	$V_o^{(d)}$		$V_o^{(e)}$
that is, market value of entity	$\equiv$	market value of debt	+	market value of equity
or, present value of entity cash flows	$\equiv$	present value of lender cash flows	+	present value of shareholder cash flows

where (using bars to denote expected values), and expressing everything in money terms

- $k_j - h_j$ denotes operating cash flow in year j represented by cash collected from customers, k_j, and operating cash outflows h_j;
- $A_j + R_j - Y_j$ stands for replacement investment, A_j, growth investment, R_j, and the proceeds from assets displaced, Y_j, in year j;
- t_j stands for all taxes assessed on the corporation that are actually paid in year j;
- H_j denotes liquidity change in year j;
- F_j represents period j interest payments;
- N_j is medium and/or long term debt raised or retired in year j;
- M_j is short term debt raised or repaid in year j;
- D_j represents dividends paid to shareholder in year j;
- B_j is equity capital raised or repaid in year j; and,
- $\bar{r}_t \bar{r}_t^{(d)}, \bar{r}_t^{(e)}$ denote the single period costs of entity, lender and shareholder capital respectively.

Whereas $\bar{r}_t^{(d)}$ and $\bar{r}_t^{(e)}$, and therefore $V_o^{(d)}$ and $V_o^{(e)}$, are a function of the debt ratio $V_o^{(d)}/V_o$, $\bar{r}_t$ may, in a neutral tax regime, be assumed to be independent of $V_o^{(d)}/V_o$. For analytical convenience (1) can be rewritten as:

$$\sum_{j=1}^{\infty} \frac{\overline{ENCF}_j}{(1+\bar{r})^j} \equiv \sum_{j=1}^{\infty} \frac{\overline{LCF}_j}{(1+\bar{r}_d)^j} + \sum_{j=1}^{\infty} \frac{\overline{SHCF}_j}{(1+\bar{r}_e)^j} \qquad (2)$$

i. e. we are now assuming that the firm's (entity) cost of capital, the cost of debt and the cost of equity are constant over time. (This does not necessarily imply that the debt ratio $V_o^{(d)}/V_o$ is serially constant.) As above, we still have,

$$V_o \equiv V_o^{(d)} + V_o^{(e)}.$$

Replacing $V_o^{(e)}$ with the more familiar P_o;

$$P_o \equiv V_o - V_o^{(d)} \qquad (3)$$

That is to say, the main focus of business valuation, namely, the market value of a firm's equity, is given by:

$$\text{market value of equity} \equiv \text{market value of entity} \ \underline{\text{minus}} \ \text{market value of debt}$$

Assuming that entity cash flows change at an annual rate that can be approximated with a constant rate $\bar{g}$, (expressed in money terms);

$$\sum_{j=1}^{\infty} \frac{\overline{ENCF}_j}{(1+\bar{r})^j} = \frac{\overline{ENCF}_j}{1+\bar{r}} + \frac{\overline{ENCF}_1(1+\bar{g})}{(1+\bar{r})^2} + \ldots\ldots\text{ad inf.}$$

$$= \frac{\overline{ENCF}_1}{\bar{r}-\bar{g}} \ (\text{provided } \bar{r} > \bar{g}) \qquad (4)$$

A normative valuation framework is usually advanced as a theory of the homogeneous expectations that are formed by stock market participants; and of the capitalisation process whereby those expectations are converted into observable market values. In that the capitalisation rate is assumed to be exactly commensurate with the degree of risk which characterises a firm's expected cash flow stream, firms are assumed to be valued at a price that will yield no more or less than a risk-commensurate rate of return i. e. zero net present value represented by the present value of expected entity cash flows *minus* the currently observable market value of debt and equity capital.

If this is the case, it is not easy to explain why stock market transactions are undertaken on a continuing basis. Once the homogeneous expectations assumption is dropped, deviations between individual discounted cash flow expectations and quoted market values can be accommodated. In a large market many investors will conclude that an individual company is overvalued and many will draw the opposite conclusion. A significant volume of business may therefore be transacted at a market price which shows little or no movement. Thus, individuals who transact in both efficient and inefficient stock markets are actively pursuing net present values. Whether, even assuming they are rational in the formation of their expectations, they consistently outperform the market, is of course another matter.

The same kind of analysis is applicable to unquoted firms even though they are not valued at a frequency that facilitates continuous ownership changes via transactions in financial instruments in secondary capital markets. Unquoted firms are, as a rule, valued for sale or acquisition as real economic entities by entrepreneurs who seek positive net present values from economic activity. Such positive net present values are usually inaccessible to the investing public. Stated in alternative normative terms; a potential purchaser will buy an unquoted firm for which he may have his own commercial intentions if his (subjectively-determined) discounted entity cash flow expectations exceed the price at which it can be acquired. The latter price can, in turn, be defined as the best »open market« price that can be negotiated by a potential seller given the number of potential buyers.

A potential acquirer's discounted cash flow expectations can also be regarded as the upper limit he will impose on a negotiated acquisition price. Similarly, if the subjectively-determined discounted cash flow expectations of one or more potential buyers exceed those of a potential seller, the business will be sold. However, net disposal values, i. e. the net amount that would be realised on an orderly sale of a firm's assets on an open market basis and discharge of its liabilities, may influence the decisions of both buyers and sellers; especially if, as can occasionally be inferred from the takeovers of quoted companies, a firm's net disposal value exceeds its going concern value. Moreover, the expected realisable values of individual assets may be characterised by relatively low degrees of risk. Hence, disposal values can provide some indication of the amount of capital that is truly at risk when a business is acquired at a (higher) going concern value.

The replacement value of a business, i. e. the cost of replicating it elsewhere, and the degree to which a replica may compete away business from an existing undertaking [1], which might be acquired too, may also enter the decisions of buyers and sellers. The upshot of the foregoing paragraphs is that potential buyers and sellers of unquoted firms should always hold four notions of value clearly in view, namely, discounted cash flow expectations, possible »open market« acquisition price, net disposal value and replacement value.

Whilst raising formidable forecasting problems, the so-called »fundamentalist« approach to going concern valuation, that is, the estimation of each of the previously-defined components of expected entity cash flows, has undoubtedly gained increasing use in recent years. But it must also be emphasised that in practice some confusion over the distinction between cash flow and historic cost (accruals) accounting variables, or the apparent belief that the latter are accurate approximations of the former, may have compounded the forecasting error. In that the accruals basis of measurement directly influences the price/earnings approach to valuation, the accruals-cash flow distinction deserves explicit attention.

C. Accruals-based historic cost accounting model

The cash flow basis of measurement which is the essence of the familiar normative valuation model can readily be contrasted with the accruals-based historic cost accounting model. Historic cost profit, E_j, for any period j is given by:

$$E_j = d_j - (a_{j-1} + b_j - a_j) - L_j - F_j + (Y_j - X_j) - t_{j+1} \qquad (5)$$

where,

- d_j denotes accrued sales in year j;
- a_{j-1}, a_j denote inventory book values at the beginning and end of year j;
- b_j ist total accrued revenue expenditure in year j;
- L_j stands for depreciation based on historic cost in year j;
- t_{j+1} denotes corporation tax charged in period j that is payable in period j+1; and,
- $Y_j - X_j$ denotes the accounting profit on assets displaced (X_j represents their written down book value).

For any year j entity cash flows, $ENCF_j$, are as indicated by the LHS of (1), given by:

$$ENCF_j = (k_j - h_j) - (A_j + R_j - Y_j) - t_j - H_j \tag{6}$$

Ignoring taxes and assuming the case of a wholly equity-financed company; the difference between periodic entity cash flows and historic cost profit, E_j–$ENCF_j$, is given by:

$$E_j - ENCF_j = (d_j - k_j) + (a_j - a_{j-1}) - (b_j - h_j) + (A_j + R_j - L_j - X_j) + H_j \tag{7}$$

that is,

$E_j - ENCF_j$ = periodic change in (debtors, inventories and creditors)
+ periodic depreciation shortfall + periodic liquidity change.

The constituents of this difference are such that there are strong *a priori* reasons for assuming that E_j will characteristically overstate $ENCF_j$. This contention can also be demonstrated empirically [2] and by generating hypothetical data using the kind of multiperiod computer-based simulation models that are now commonly used in going concern valuation problems. Thus, contrary to common supposition, a characteristic excess of historic cost profit over cash flow earnings tends to be a permanent difference rather than a self-reversing timing difference.

The upshot of the foregoing analysis is (again assuming a wholly equity-financed company) that a capitalised earnings method based on $\overline{E}_l$, instead of $EN\overline{C}F_l$, will in the absence of a commensurate discount rate adjustment, cause an upward valuation bias, VB_o, given by:

$$VB_o = \frac{\overline{E}_l - EN\overline{C}F_l}{\overline{r} - \overline{g}} \tag{8}$$

An adjusted discount rate that would compensate for the capitalisation of $\overline{E}_l$, rather than $EN\overline{C}F_l$, is apparently the value of $\overline{r}^*$ which satisfies (9).

$$\frac{EN\overline{C}F_l}{\overline{r} - \overline{g}} = \frac{\overline{E}_l}{\overline{r}^* - \overline{g}} \tag{9}$$

$$\text{whence, } \overline{r}^* = \frac{\overline{E}_l(\overline{r} - \overline{g})}{EN\overline{C}F_l} + \overline{g}$$

However, under conditions of either real or nominal growth, the upward bias defined by (8) is only accurately measured if $\overline{E}$, and $EN\overline{C}F_l$ change at the same annual rate $\overline{g}$. This is not a safe assumption; $ENCF_j/E_j$ is generally not serially constant.

D. The price/earnings approach

Notwithstanding the enormous dispersion about published average price-earnings ratios, the $P_o/\overline{E}_l$ approach to valuation is commonly encountered. It is reported to be especially influential in the fixing of the first quoted prices of companies that obtain a listing on either the Unlisted Securities Market (U.S.M.) or on the London Stock Exchange. [3] The dispersion about the average of the second day premia, by which newly quoted shares generally rise, further attests to the shortcomings of this method.

The foregoing analysis provides a means of explaining why companies, which are apparently similar, can have significant P_o/E_l differences. Using equations (3), (4) and (5), the price-earnings ratio can be written

$$\frac{P_o}{\overline{E}_l} = \frac{\dfrac{EN\overline{C}F_l}{\overline{r}-\overline{g}} - V_o^{(d)}}{\overline{d}_l - (\overline{a}_o + \overline{b}_l - \overline{a}_l) - \overline{L}_l - \overline{F}_l - \overline{t}_2 + (\overline{Y}_l - \overline{X}_l)} \quad (10)$$

Inspection of (10) reveals that $P_o/\overline{E}_l$ differences between companies can be explained by:

- intercompany differences in the ratio of current earnings before interest, i. e. $\overline{E}_l + \overline{F}_l$, to entity cash flows $EN\overline{C}F_l$
- intercompany debt ratio differences
- intercompany differences in expected entity cash flow growth rates
- intercompany differences in the cost of capital which reflect differences in characteristic degrees of market risk.

It is perhaps interesting to note that a change in a firm's debt ratio may either increase or decrease its $P_o/\overline{E}_l$ ratio depending upon the level of the nominal debt interest rat. Thus, changes in interest rates will change $P_o/\overline{E}_l$ ratios and, depending upon intercompany debt levels, may also change $P_o/\overline{E}_l$ ratio rankings.

Additionally noteworthy is the possibility that intercompany differences in the ratio of current earnings, $\overline{E}_l + \overline{F}_l$, to entity cash flows, $EN\overline{C}F_l$, may be ascribable either to intercompany accounting policy differences e. g. differences in depriciation and inventory valuation policies; or, to real events e. g. differences in periods of trade credit given and/or taken and/or in inventory levels.

E. The horizon value problem

In using the discounted cash flow method to estimate the value of a going concern the practitioner is apparently faced with a choice between equations (1) and (4). The use of equation (1) is, as mentioned earlier, a fundamentalist approach. It requires separate estimates pertaining to future conditions in:

- end-product markets, e. g. total market growth, market share, development of selling prices
- the markets for labour, materials, energy, capital goods etc.
- the fiscal environment.

Moreover, future liquidity requirements are a function of each of these variables and need to be estimated accordingly.

As regards the use of equation (4) it is not immediately obvious how a practitioner can (directly) estimate rates of change in future entity cash flow without first adopting a fundamentalist approach to estimate each of its determinants. In the absence of such individual estimates, the practitioner must inevitably resort to the guessing of a range of reasonable values for $\overline{g}$; or, alternatively, to extrapolating from *ex post* rates of change in entity cash flow.

The major shortcomings of the fundamentalist approach (equation [1]) is that it apparently requires the forecasting of a perpetual stream of entity cash flows. Needless to say, this is a wholly unrealistic notion and, in practice, entity cash flows can only ever be projected for a finite sequence of periods. But if the valuation problem is truncated in this way a horizon valuation problem arises. That is to say, the left-hand side of equation (2) needs to be rewritten as:

$$V_o = \sum_{j=1}^{n} \frac{EN\overline{C}F_j}{(1+\bar{r})^j} + \frac{\overline{V}_n}{(1+\bar{r})^n} \tag{11}$$

where $\overline{V}_n$ denotes the expected entity value of the company as a going concern at end-year n. Assuming that n represents the number of entity cash flows that can be estimated with a tolerable degree of accuracy, an important practical question is whether the present value of a firm's end-year n value as a going concern is likely to constitute a significant proportion of V_o. This clearly depends upon the rate of change in the first n entity cash flows in conjunction with: the values of n, the discount rate, $\bar{r}$, and the expected horizon value $\overline{V}_n$. Even more important is the question of how $\overline{V}_n$ is to be estimated.

If $\overline{V}_n$ is really intended as a going concern valuation, it should reflect the post-horizon expected entity cash flows, $EN\overline{C}F_{n+1}, EN\overline{C}F_{n+}, \ldots$ ad. inf. But if the post-horizon cash flows are defined as those that cannot realistically be projected using a fundamentalist approach, $\overline{V}_n$ can only be estimated from $EN\overline{C}F_n$ in conjunction with direct estimates of the post-horizon expected rate of change in entity cash flows, $\bar{g}$. That is to say, $\overline{V}_n$ is given by:

$$\overline{V}_n = \frac{EN\overline{C}F_n}{\bar{r}' - \bar{g}'} \quad (\text{provided } \bar{r}' > \bar{g}') \tag{12}$$

If $\bar{g}'$ is specified in real terms so too must the post-horizon discount rate $\bar{r}'$.

Assuming a constant annual rate of change, $\bar{g}$, in the first n expected entity cash flows, followed by a constant annual rate of growth $\bar{g}'$ in the post-horizon cash flows, the valuation formula can be written:

$$V_o = \frac{EN\overline{C}F_1}{\bar{r} - \bar{g}} \left[1 - \frac{(1+\bar{g})^n}{(1+\bar{r})^n} \right] + \frac{EN\overline{C}F_1(1+\bar{g})^n}{(1+\bar{r})^n(\bar{r}' - \bar{g}')} \tag{13}$$

With $\bar{r} = \bar{r}', \bar{g} = \bar{g}'$ and $\bar{r}' > \bar{g}'$,

$$\text{then, with } n = 1,\ V_o = \frac{EN\overline{C}F_1}{1+\bar{r}} + \frac{EN\overline{C}F_1(1+\bar{g})}{(1+\bar{r})(\bar{r}-\bar{g})}$$

$$\text{and, with } n = 2,\ V_o = \frac{EN\overline{C}F_1}{(\bar{r}-\bar{g})} \left[1 - \frac{(1+g)^2}{(1+r)^2} \right] + \frac{EN\overline{C}F_1(1+\bar{g})^2}{(1+\bar{r})^2(\bar{r}-\bar{g})} \text{ etc.}$$

That is to say, expressed as a percentage of V_o, the discounted expected horizon value, V_n decreases at the annual rate of $1 - (1+\bar{g})/(1+\bar{r})$. Thus, after n years, the present value of V_n will, on the foregoing assumptions, constitute the proportion $(1+\bar{g})^n/(1+\bar{r})^n$ of the total value V_o. For example, putting $\bar{g} = 0.05$, $\bar{r} = 0.09$ and $n = 7$, $(1+\bar{g})^n/(1+\bar{r})^n = (1.05/1.09)^7 = 0.77$. However, with $\bar{g} = 0.01$ and $\bar{r} = 0.09$, the present value of V_7 would constitute 59 per cent of V_o. Present values of $\overline{V}_n$ (expressed as a decimal fraction of V_o) for alternative values of n and $\bar{g}$ are given in Table 1.

Table 1 leaves no doubt that the discounted horizon value of a company will invariably constitute a significant proportion of its value as a going concern. Although this is essentially the logic of valuation arithmetic, it is nevertheless one of the main reasons why many practitioners dislike the discounted cash flow valuation method.

Alternative horizon values that are not infrequently advocated include historical and current cost net book, net replacement, and net disposable values. Estimated horizon price/earnings ratios, $\overline{P}_n/\overline{E}_{n+1}$, are also used as a means of arriving at horizon values. Moreover, in addition to

$$\bar{V}_n/(1+\bar{r})^n V_o = (1+\bar{g})^n/(1+\bar{r})^n$$

$100\bar{g}$	−5	−3	−1	0	1	3	5
$\bar{r} = 0.06$							
n							
5	0.58	0.64	0.71	0.75	0.79	0.87	0.95
7	0.46	0.54	0.62	0.67	0.71	0,82	0.94
9	0.37	0.45	0.54	0.59	0.65	0.77	0.92
11	0.30	0.38	0.47	0.53	0.59	0.73	0.90
13	0.24	0.32	0.41	0.47	0.53	0.69	0.88
15	0.09	0.26	0.36	0.42	0.48	0.65	0.87
$\bar{r} = 0.09$							
n							
5	0.50	0.56	0.62	0.65	0.68	0.75	0.83
7	0.38	0.44	0.51	0.55	0.59	0.67	0.77
9	0.29	0.34	0.42	0.46	0.50	0.60	0.71
11	0.22	0.28	0.35	0.39	0.43	0.54	0.66
13	0.17	0.22	0.29	0.33	0.37	0.48	0.62
15	0.13	0.17	0.24	0.27	0.32	0.43	0.57
$\bar{r} = 0.12$							
n							
5	0.44	0.49	0.53	0.57	0.60	0.66	0.72
7	0.32	0.37	0.42	0.45	0.48	0.56	0.64
9	0.23	0.27	0.33	0.36	0.39	0.47	0.45
11	0.16	0.21	0.26	0.29	0.32	0.40	0.49
13	0.12	0.15	0.20	0.23	0.26	0.34	0.43
15	0.08	0.12	0.16	0.18	0.21	0.28	0.38

Table 1: Discounted expected horizon value expressed as a proportion of total value

their use as a means of estimating horizon values, these alternatives are often used in parallel with the discounted cash flow method to generate a range of end-year 0 values for the guidance of potential buyers and sellers.

Accounting book values can only be of relevance to business valuations to the extent that they are reasonable approximations – essentially an empirical question – of replacement, disposal and going concern values. All of the latter reflect values that can be realised in markets and the evidence for quoted companies [4] suggest that they are not even consistently related to accounting book values. Moreover, the last three (market) value concepts are only of direct relevance to valuation problems to the extent that they reflect courses of action which buyers and sellers actually intend to pursue.

F. Estimating the cost of capital

The discounted cash flow expectations of a firm are prone to two separate forecasting errors. Errors in the estimation of a firm's expected cash flow stream will either be compounded or reduced by errors in estimates of the cost of capital. The degree of compound error may be exacerbated if, as may be the usual case in practice, periodic cash flows are serially dependent. As already mentioned, it is usually assumed that a firm's cost of capital is commensurate with its characteristic degree of risk. [5] The conventional textbook approach is that the latter risk premium, namely, a premium for market risk is specified by the capital-asset pricing model (CAPM). Thus, in the CAPM formulation the rate of return, $\bar{r}_e$, expected from a risky asset, e, is equal to the risk-free interest rate, i, plus a risk premium that reflects the covariability of the values of, or rates of return on, that asset and the market portfolio, that is,

$$\bar{r}_e = i + (\bar{r}_m - i)\,\beta_e \tag{14}$$

where,

$$\beta_e = \frac{\text{covar.}\,(r_e, r_m)}{\text{var.}\,(r_m)}$$

The CAPM risk premium is therefore a measure of an individual asset's risk relative to average risk i. e. the risk inherent in a portfolio that is diversified across the market as a whole. It follows directly from equation (13), that a firm of average risk has a beta coefficient of unity; and that firms of above-average or below-average risk have beta coefficients of $\beta > 1$ and $\beta < 1$ respectively.

As usually formulated, the CAPM is a single-period model. In fact the conditions on which the single-period model can be extended to a multiperiod framework are quite restrictive. [6] The single-period model nevertheless appears to be gaining increasing practical usage in the quantification of the cost of capital for multiperiod analysis. [7] To quantify the cost of capital for an individual firm, it is, as indicated by (13), necessary to estimate the riskfree interest rate, i, the excess return on the market portfolio, $\bar{r}_m - i$, and the one value that is peculiar to the individual firm, namely, its beta coefficient.

Whereas spot riskfree interest rates, expressed in money terms, for periods of up to thirty years or more, can be estimated from the redemption yields on Government bonds, estimates of the excess return, $\bar{r}_m - i$, and of beta coefficients can only be based on historic time-series data. An indication of the reliability of past data as a basis for forecasting is provided by the temporal stability of the distributions from which they are drawn. The historic excess return on the U. K. market portfolio is usually measured by the average difference between the one-year return on the de-Zoete-Equity-Index [8] and the one-year rate of interest obtained from consecutive investments in ninety-one day Treasury Bills. Whilst the historic excess return on the U. K. market portfolio has not been completely stable over the last 66 years, it is probably the best available guide to the future excess return (see Table 2). The predictive power of beta coefficients that have been derived from joint historic returns (on investment in quoted companies and in the market portfolio) is at least dubious. In the case of unquoted firms the beta estimation problem is even more acute.

Since 1919 the excess of the one-year rate of return on U. K. equities over the riskfree interest rate has averaged 8.8 percentage points (before personal taxes) in real terms, i. e. 6.16 percentage points in real terms net of tax in the case of a basic rate taxpayer. [9] The comparative average for the U. S. A. takes on a similar value. [10] The U. K. averages for inter-war and post-war periods are given in Table 2.

	nominal rate of return on equities %	nominal Treasury Bill rate %	average real excess return %
1919–28	17.3	4.1	13.2
1929–38	6.1	1.7	4.4
1939–45 (7 yrs)	9.8	1.1	8.7
1946–55	10.7	1.3	9.4
1956–65	13.2	4.8	8.4
1966–75	17.8	7.8	10.0
1976–84 (9 yrs)	19.0	11.7	7.3
1919–84	13.5	4.7	8.8

Table 2: The excess return on U. K. equities 1919–1984

Returning to the estimation of beta coefficients; beta values derived from past (joint) returns on individual quoted companies and the market portfolio are nowadays regularly published in the U. K. and elsewhere. [11] A measure of the predictive accuracy of historic beta coefficients is the sequence of periodic abnormal returns each of which is represented by the difference between the expected periodic return predicted with equation (13) (using a historic beta value) and the actual periodic return. If betas are good predictors, a sequence of (say) twenty quarterly abnormal returns should sum to zero. An analysis of a broad data set shows that this is invariably *not the case.* Nevertheless in the present state of knowledge betas derived from historic time-series data are probably the best beta estimates that are available.

The qualification of the beta coefficients of unquoted firms is perhaps even more problematical. One approach is to use the beta coefficient of a similar quoted firm as a surrogate. As the value of a firm's beta coefficient reflects a combination of economic, political and psychological influences on market value behaviour, the affinities between a possible quoted surrogate and its unquoted counterpart should be analysed accordingly. Assuming that the market values of two comparable firms are affected to a similar degree by psychological and political factors, their respective covariabilities with the market portfolio depend upon their respective products, product mixes, cost structures including operating leverage and financial leverage. [12] If these are similar, there are grounds for using the beta of a comparable quoted company as a proxy for that of the unquoted counterpart.

In the absence of a surrogate quoted company, the beta quantification problem can possibly be circumvented by allowing that of an unquoted company to take on low, average and high values respectively. Allowing for personal taxes at the rate of 30 per cent, and expressing all values in real terms, such calculations can be illustrated as follows:

Let i (riskfree interest rate) $= 0.5$;

$\bar{r}_m - i$ (excess return on the market portfolio) $= 9$; and

$\beta_e = 0.5$.

Therefore $\bar{r}_e = [0.5 + 9(0.5)](1 - 0.3) = 3.5$ per cent.

Alternatively, with $\beta_e = 1$,

$\bar{r}_e = [0.5+9(1)](1-0.3) = 6.65$ per cent;

and with $\beta = 1.5$,

$\bar{r}_e = [0.5+9(1.5)](1-0.3) = 9.8$ per cent.

It is hardly necessary to add that variations in the cost of capital on this scale generate significant differences in the values of discounted cash flows. For example, assuming as in a case in which the writer was recently involved, a company is expected to generate a perpetual annual cash flow (expressed in real terms net of corporation tax at the rate of 35 per cent) of £11.3 million [13], its respective capitalised (market) values at the above three costs of capital would be:

11.3/0.035 = £323 million
11.3/0.0665 = £170 million
11.3/0.098 = £115 million.

Allowances for errors in the estimation of the company's expected cash flow stream will obviously widen the above range. On the other hand, if the life estimate is arbitrarily shortened to 15 years, the last three values fall to £130 mill., £105 mill., and £87 mill. respectively.

G. Conclusion

Whereas this paper has focused almost entirely on valuation analysis for acquisition or merger, it would be remiss not to refer to the going concern valuations that are continuously needed in taxation, arbitration and inheritance cases etc. [14] An important difference between these two categories is the greater scope for negotiation that may characterise the determination of the transfer price for an acquisition or merger.

Valuations for legal purposes are usually more constrained by case law precedents, and statutory provisions, than are the freely-negotiated transfers of business undertakings in the normal course of commercial activity. Legal valuations may in a sense, be more objectively determinate whilst to a significant extent departing from the normative valuation model of the textbook which is anyway not capable of generating a uniquely »correct« value.

The textbook analysis nevertheless provides a powerful framework that not only elucidates the character of valuation problems but offers a practical means of analysing prospective cash flows which, in turn, may facilitate such contentions as, »... this firm is worth at least £50 million because it is likely to repay that amount over the next three years and to continue as a cash flow generator for many years thereafter.«

Notes

1 This is a subject in itself which cannot be pursued further here.
2 See *Lawson/Möller/Sherer* (Bemessung).
3 See *Rutherford* (Stock Exchange).
4 See *The Stock Exchange* (Quarterly).
5 Doubts have recently been voiced about this assumption. See *Keane* (Mystery).
6 See *Stapleton/Subrahmanyam* (Multiperiod).

7 See, for example, *Lawson/Stapleton* (Pricing).
8 See *de Zoete/Bevan* (Equity-Gilt).
9 See *Merrett/Sykes* (Finance) and *de Zoete/Bevan* op cit.
10 See *Ibbotson/Sinquefield* (Stocks).
11 See, for example, *London Business School* (Risk).
12 See *Rubinstein* (Synthesis). An alternative, though somewhat similar form of analysis is proposed by *Franks/Broyles* (Finance).
13 Note that under the U.K. imputation system of corporation tax cash flows that are expressed net of corporation tax are, because part of that corporation tax is imputed to shareholders, also net of income tax at the basic rate. Hence, in allowing for personal taxes at the basic rate, the discount rate alone needs to be reduced by 30 per cent.
14 *Eastaway* (Unquoted Shares).

References

De Zoete/Bevan (Equity-Gilt): The de Zoete Equity-Gilt Study: A study of the relative performance of Equity and Fixed Interest Investment from 1919 to 1984, 30th Annual Edition, London, January 1985.

Eastaway, N. (Unquoted Shares): The art of valuing unquoted shares. In: The Accountant, 18th April, 1985.

Franks, J. R./*Broyles*, J. E. (Finance): Modern Managerial Finance. New York u. a. 1979.

Ibbotson, R. C./*Sinquefield*, R. (Stocks): Stocks, Bonds, Bills and Inflation. Financial Analysts research Foundation, Charlottesville, Va., 1979.

Keane, S. M. (Mystery): The mystery of January and small firms. In: The Accountant's Magazine. July 1985.

Lawson, G. H./*Möller*, P./*Sherer*, M. (Bemessung): Zur Verwendung anschaffungswertorientierter Aufwand-Ertrag-Rechnungen als Grundlage für die Bemessung von Zinsen, Steuern und Dividenden. In: *Lück*, W./*Trommsdorff*, V. (Hrsg.): Internationalisierung der Unternehmung, Berlin 1982.

Lawson, G. H./*Stapleton*, R. C. (Pricing): The Pricing of Non-competitive Government Contracts. In: Managerial Finance. Vol. 10, No. 3/4, 1984.

London Business School (Risk): Risk Measurement Service. LBS Financial Services, 1979–85, London.

Merrett, A. J./*Sykes*, A. (Finance): The Finance and Analysis of Capital Projects. 2nd ed. London 1973.

Rubinstein, M. (Synthesis): Mean Variance Synthesis of Corporate Financial Theory. In: Journal of Finance, Vol. 28, 1969.

Rutherford, J. (Stock Exchange): Introduction to Stock Exchange Investment. London 1983.

Stapleton, R. C./*Subrahmanyam*, M. G. (Multiperiod): A Multiperiod Equilibrium Asset Pricing Model. In: Econometrica, Vol. 46, 1978.

Sieben, G./*Schildbach*, T.: Zum Stand der Entwicklung der Lehre von der Bewertung ganzer Unternehmungen. In: DStR, Heft 16/17, 1979.

Stock Exchange (Quarterly): The Stock Exchange Quarterly. London, December 1984.

*Klaus Macharzina**

Organisatorische Gestaltung bei Internationalisierungsstrategien

* Prof. Dr. *Klaus Macharzina,* Universität Hohenheim, Stuttgart, Lehrstuhl für Unternehmensführung, Organisation und Personalwesen.

A. Strategische Konzepte der international tätigen Unternehmung

Die zunehmende Komplexität, mit der sich international tätige Unternehmungen konfrontiert sehen, ist auf die Vielfalt der unterschiedlichen Formen der Marktbearbeitung, der verfolgten Wettbewerbsstrategien und der bestehenden Austauschbeziehungen zwischen den Unternehmungsteilen sowie auf die Zunahme des Wettbewerbs auf den Weltmärkten zurückzuführen. Sie erfordert besondere Formen der Organisation und deren Abstimmung mit anderen Managementfunktionen und Umweltkonstellationen zur Sicherung der internen Effizienz und externen Effektivität der international tätigen Unternehmung.

Die organisatorische Gestaltung [1] der internationalen Unternehmungsstruktur vollzieht sich im Spannungsfeld der Alternativen Zentralisation und Dezentralisation. Bei weltweiter Betätigung zeigen die Unternehmungen eine deutliche Tendenz zur Zentralisierung der Entscheidungskompetenzen und zur Standardisierung der Aktivitäten und Instrumente. Dem stehen Dezentralisationserfordernisse entgegen, die im Zusammenhang mit dem Bemühen der Gastlandsregierungen zu sehen sind, die Tätigkeit internationaler Unternehmungen in Richtung auf eigene wirtschafts- und entwicklungspolitische Zielvorstellungen zu beeinflussen. Die Organisation von Internationalisierungsstrategien weltweit tätiger Unternehmungen vollzieht sich daher im Spannungsfeld des wachsenden Konflikts zwischen den Voraussetzungen zur Gewährleistung des wirtschaftlichen Erfolgs und den Anpassungsnotwendigkeiten, die sich aus den Forderungen und Reglementierungen der Gastlandsregierungen ergeben. [2] Für international tätige Unternehmungen folgt aus diesem Konflikt die Notwendigkeit, eine Entscheidung über das grundlegende Konzept der strategischen Gestaltung zu treffen.

Ansatzpunkte für strategische Gestaltungsmöglichkeiten lassen sich aus dem E. P. R. G.-Konzept der ethnozentrischen, polyzentrischen, regiozentrischen und geozentrischen Orientierung von Perlmutter [3] ableiten. Ethnozentrisch orientierte Unternehmungen präferieren heimische Märkte und weisen in der Regel lediglich geringe Auslandsumsätze in ähnlich strukturierten Ländern auf. Inländische Produkte und Managementtechniken werden ohne wesentliche Modifikationen auf die vorhandenen Auslandsmärkte übertragen. Bei polyzentrischer Orientierung operieren die Auslandsgesellschaften unabhängig voneinander und entwickeln ihre eigenen Marktziele und Wettbewerbsstrategien. Die Produkte werden an die lokalen Bedürfnisse angepaßt. Unternehmungen mit regio- oder geozentrischer Orientierung ignorieren bestehende Grenzen und versuchen, ihre Strategien und organisatorischen Strukturen auf regionaler oder weltweiter Basis zu entwickeln, was zur Standardisierung von Produkten und Strategien und zur Zentralisierung von Entscheidungskompetenzen führt.

Auf der Basis des E. P. R. G.-Konzepts können als relevante strategische Gestaltungsmöglichkeiten einer international tätigen Unternehmung

- die weltweite Integrationsstrategie, welche auf dem Konzept der globalen Rationalisierung beruht,
- die lokale Anpassungsstrategie sowie
- die Strategie der administrativen Koordination, welche sich als Mischform auf das multilocal-Konzept stützt,

unterschieden werden.

I. Weltweite Integrationsstrategie

Unternehmungen, die das Konzept der globalen Rationalisierung verfolgen, streben durch weltweite Nutzung von Ressourcen und Integration der internationalen Aktivitäten die Erzielung von Economies of Scale-Effekten an, welche die eigene Wettbewerbsfähigkeit im Vergleich zu Konkurrenzunternehmungen erhöhen. Vorteile dieses Konzepts liegen neben der Möglichkeit zur Errichtung größerer Produktionsanlagen und der Anwendung vorteilhafterer Produktionsverfahren auch in effizienteren Logistiksystemen, leistungsfähigeren Distributionssystemen und der Konzentration von Forschungs- und Entwicklungsaufwendungen. [4]

Durch die Ausrichtung des Konzepts auf die Erzielung von Skaleneffekten stehen besondere Merkmale wie die Spezialisierung von Unternehmungseinheiten auf bestimmte Stufen des Produktionsprozesses, extensive Austauschbeziehungen zwischen den Unternehmungsteilen und hohe Umsatzvolumina im Vordergrund. [5] Weitgehend standardisierte, weltweit akzeptierte Produkte und die Zentralisation von Entscheidungen im Rahmen der strategischen Planung sowie der Entwicklung und Implementierung von Steuerungsinstrumenten und -systemen stellen weitere Charakteristika dar. Die höheren Aufwendungen für die Akzeptanz der standardisierten Produkte auf den Auslandsmärkten und die Kosten der umfangreichen Austauschbeziehungen müssen durch Kosteneinsparungen gedeckt werden.

Aufgrund der Risiken und Voraussetzungen des Konzepts dürfte es insbesondere für Unternehmungen mit hoher Produktdifferenzierung zwischen den Märkten oder hohen Transportkosten und für Industriezweige, in denen lediglich geringe Economies of Scale-Effekte erzielbar sind, ungeeignet sein. [6]

II. Strategie der lokalen Anpassung

Der bewußte Verzicht auf potentielle Integrationsvorteile und die Anpassung der Auslandsgesellschaften an die politischen Bedingungen der Gastländer kennzeichnen die Strategie der lokalen Anpassung. Die Auslandsgesellschaften verfügen über umfangreiche Autonomierechte, unterliegen nur geringen Einflüssen der Muttergesellschaften und wählen bei der Unternehmungs- und Wettbewerbspolitik ähnliche Verhaltensweisen wie lokale Unternehmungen, um auf diese Weise das Problem der Akzeptanz im Gastland zu lösen.

Gegenüber rein nationalen Wettbewerbern besitzen sie jedoch Vorteile durch das Pooling finanzieller Risiken und den Transfer von spezifischen Fähigkeiten und Ressourcen durch die Muttergesellschaft. International tätige Unternehmungen, die nach dem Konzept der nationalen Anpassung geführt werden, weisen bis auf wenige Bereiche keine einheitliche Strategie für die Gesamtunternehmung auf. Ein Beispiel hierfür liefern die Ländergesellschaften von Brown Boveri, die mit Ausnahme der technischen Unterstützung bisher als autonome Gesellschaften geführt wurden [7], neuerdings jedoch wieder – wie das Beispiel der BBC Deutschland zeigt – rezentralisiert werden sollen.

III. Strategie der administrativen Koordination

Im Rahmen der Strategie der administrativen Koordination wird versucht, Vorteile der weltweiten Integration und der nationalen Anpassung durch Verzicht auf eine eindeutige Entscheidung zwischen den Alternativen zu vereinen. Die interne Effizienz wird zugunsten externer Flexibilität und der Akzeptanz auf ausländischen Märkten eingeschränkt. Auf den Auslandsmärkten tritt die Unternehmung wie eine ortsansässige Gesellschaft auf, während im Innenverhältnis versucht wird, die Auslandsgesellschaften nach standardisierten Grundsätzen der internationalen Obergesellschaft zu führen.

Gründe für die Anwendung dieses Konzepts können sich auch aus den Regelungen der Investitionsgesetze zahlreicher Entwicklungsländer ergeben, die vielfach Joint Ventures mit lokalen Partnern als einzig durchführbare Form von Direktinvestitionen vorsehen. [8] Während bei Franchiseabkommen die Durchführung aufgrund der abgegrenzten Leistungen und Tätigkeiten von Franchisenehmern und -gebern zu relativ geringen Schwierigkeiten führen dürfte, ergeben sich bei Direktinvestitionen zahlreiche Problembereiche. Die Entwicklung von speziellen Strategien für Teileinheiten der international tätigen Unternehmung wird durch unterschiedliche Zielsetzungen von Mutter- und Auslandsgesellschaften, insbesondere bei Gemeinschaftsunternehmungen mit lokalen Partnern, Unterschiede im Ausmaß und in der Dynamik der Anpassung der Auslandsgesellschaften an Umweltgegebenheiten im internationalen Bereich ebenso erschwert wie deren Auswirkungen auf diejenigen Teileinheiten, die zur Erreichung interner Effizienzvorteile koordiniert werden sollen. Neben dem Verzicht auf eine umfassende Unternehmungsstrategie und eine optimale Abstimmung aller Teilbereiche führen die Probleme bei der Strategieentwicklung für die zu koordinierenden Teilbereiche zu einer Tendenz des »muddling through«. [9]

Entscheidungen zwischen den grundlegenden Alternativen dürften in der Realität keine Entweder-oder-Entscheidungen sein, da einerseits auch bei Verfolgung einer weltweiten Integrationsstrategie Anpassungen an spezifische, überwiegend gesetzliche Vorschriften der Länder zu erfolgen haben. Andererseits werden auch Unternehmungen, die eine Anpassungsstrategie verfolgen, in Teilbereichen wie der Forschung und Entwicklung Vorteile aus der weltweiten Tätigkeit ziehen. Die Wahl einer Alternative besitzt jedoch Bedeutung für die Folgeentscheidungen über Organisationsformen, Instrumente und Prozesse und deren konsequente Ausrichtung an den Erfordernissen zur Realisierung des angestrebten Konzepts.

Die Frage, welche Alternative für eine international tätige Unternehmung die vorteilhaftere darstellt, wird sowohl in der Wissenschaft als auch von Praktikern unterschiedlich beantwortet. Während insbesondere von seiten der Wissenschaft auf die Vorteilhaftigkeit globaler Rationalisierung hingewiesen wird [10], vertreten Praktiker teilweise entgegengesetzte Auffassungen. [11] Eine zu Beginn der achtziger Jahre durchgeführte explorative Studie bei Unternehmungen aus sechs Industriezweigen in Westeuropa liefert ein heterogenes Bild. [12] Die in Abbildung 1 vorgenommene Klassifikation erfolgte aufgrund der bevorzugten Strategie der Obergesellschaft, wobei einzelne Auslandsgesellschaften durchaus von der vorherrschenden Orientierung abweichen können.

Die Entscheidung zwischen alternativen Orientierungen scheint von zahlreichen Faktoren wie der Unternehmungsgröße, der Wettbewerbssituation, der Heterogenität und Größe der Märkte, der Technologie und der Produktart abzuhängen. [13] Dieses läßt sich am Beispiel der Produktvariablen zeigen. Bei Konsumgütern wie Nahrungsmittel, Kosmetikprodukte, Schmuck- und Lederwaren, die sehr stark von nationalen Geschmacksunterschieden abhängen, leichte Verderblichkeit, geringe optimale Produktionsgrößen oder ähnliche Charakteristiken aufweisen, ist in der Regel die Verfolgung einer Integrationsstrategie unzweckmäßig oder nicht erreichbar.

Andere Produktarten, insbesondere Industriegüter, ermöglichen dagegen die Anwendung einer welweiten Integrationsstrategie. Untersuchungen zeigen, daß als relevante Einflußfaktoren der Orientierungswahl insbesondere die Marktstruktur und die Wettbewerbsverhältnisse, die Kundenart und die angebotene Technologie von Bedeutung sind. [14]

So können zwar bei einigen Produkten die Technologie und die Produktionsvorteile sehr stark für die Wahl einer globalen Rationalisierung sprechen, politische Einflüsse über staatliche Abnehmer, z. B. im Kraftwerksbau und bei Fernmeldeeinrichtungen, oder Marktzutrittsschranken mögen dagegen zur lokalen Anpassung zwingen. Gleiches gilt für Bereiche, die wie die Computer- und Halbleiterherstellung starken Regierungskontrollen unterliegen und in denen versucht wird, die strategischen Freiräume internationaler Unternehmungen einzuschränken und starke Anreize für nationale Anpassung und das Eingehen lokaler Partnerschaften zu bieten.

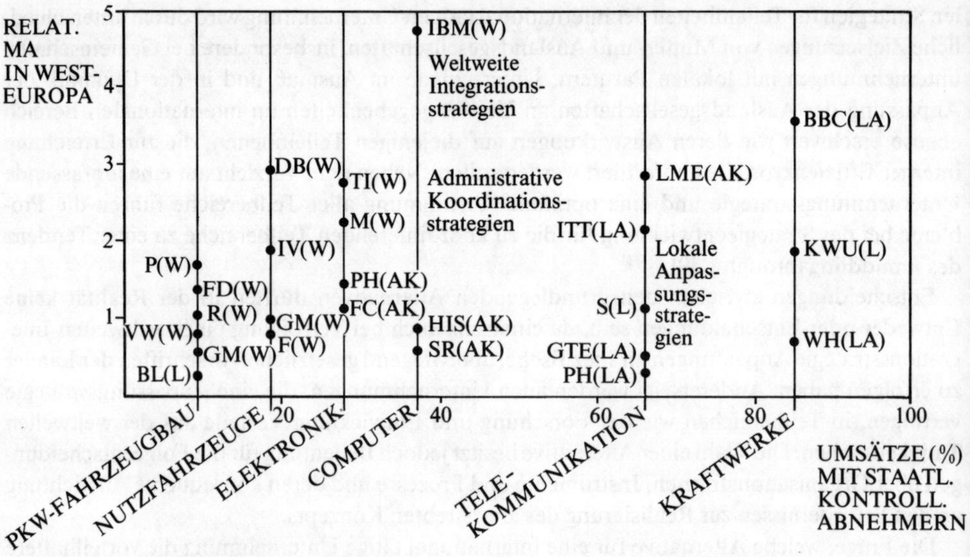

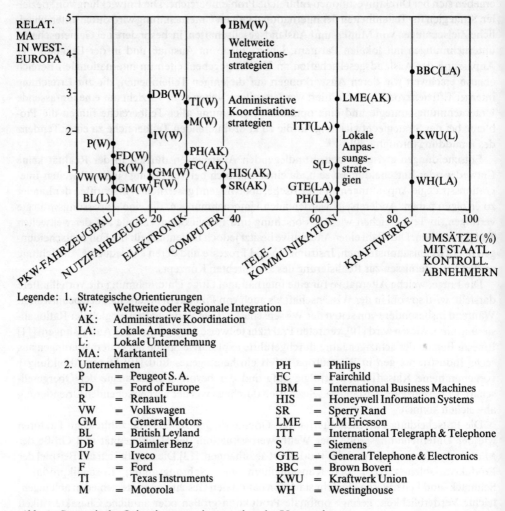

Legende: 1. Strategische Orientierungen

- W: Weltweite oder Regionale Integration
- AK: Administrative Koordination
- LA: Lokale Anpassung
- L: Lokale Unternehmung
- MA: Marktanteil

2. Unternehmen

P	= Peugeot S. A.	PH	= Philips
FD	= Ford of Europe	FC	= Fairchild
R	= Renault	IBM	= International Business Machines
VW	= Volkswagen	HIS	= Honeywell Information Systems
GM	= General Motors	SR	= Sperry Rand
BL	= British Leyland	LME	= LM Ericsson
DB	= Daimler Benz	ITT	= International Telegraph & Telephone
IV	= Iveco	S	= Siemens
F	= Ford	GTE	= General Telephone & Electronics
TI	= Texas Instruments	BBC	= Brown Boveri
M	= Motorola	KWU	= Kraftwerk Union
		WH	= Westinghouse

Abb. 1: Strategische Orientierungen internationaler Unternehmen

Produkte, die dagegen relativ frei gehandelt werden können, deren Verkauf nicht von lokaler Produktion oder der Nationalität des Produzenten abhängt und bei deren Produktion hohe Skaleneffekte möglich sind, erfordern aufgrund des internationalen Wettbewerbs eine weltweite oder zumindest regionale Integrationsstrategie, wie dieses im Fall der Automobilproduktion in Europa bei Ford und GM deutlich wird. Kleinere Unternehmen wie BMW konzentrieren sich dagegen auf Marktnischen.

Die Auswahlentscheidung gestaltet sich insbesondere bei Vorliegen ökonomischer und politischer Beschränkungen schwierig. Hierbei verfolgen Unternehmungen mit hohen Weltmarktanteilen trotz derartiger Hemmnisse eine Tendenz zur globalen Rationalisierung, die aus den Vorteilen der Integration, insbesondere durch Nutzung von Rationalisierungsvorteilen, und ihrer größeren Fähigkeit zur Beeinflussung der Umwelt resultieren dürfte; kleinere Unternehmungen ziehen dagegen die Strategie der administrativen Koordination vor. Unterstützt werden Integrationsbestrebungen durch die Art der Technologie und die Vorgehensweise bei der Einführung von technologisch höherwertigen Produkten auf Auslandsmärkten. So besitzen Unternehmungen, die spezifische Technologien kontrollieren, höhere Verhandlungsmacht gegenüber Regierungen, die es ihnen ermöglicht, ihre strategische Orientierung durchzusetzen. Die durch Wettbewerbsgründe bedingte gleichzeitige Einführung technologisch höherwertiger Produkte auf Auslandsmärkten bedingt ebenfalls eine Tendenz zur Integration der Aktivitäten. [15]

Die Erhöhung der Konkurrenzintensität auf den Weltmärkten, der hieraus resultierende Zwang, die internationale Wettbewerbsfähigkeit zu erhalten oder zu verbessern, sowie die wachsende unternehmungsinterne Komplexität bei voranschreitender Internationalisierung bedingen insbesondere für Unternehmungen aus Industrieländern die Notwendigkeit, zur Sicherung des Erfolgs in zunehmendem Umfang eine Strategie der globalen Rationalisierung zu verfolgen. Zwar besitzt eine Vielzahl von Unternehmungen ein globales Rationalisierungspotential; dieses wird jedoch vielfach überhaupt nicht oder nicht ausreichend genutzt. [16] Zahlreiche Industriezweige, in denen heute globale Strategien verfolgt werden, wie dieses in der Automobilindustrie und Unterhaltungselektronik Fall ist, zeigten früher ein anderes Bild. [17] Insbesondere haben amerikanische Unternehmen auf die Wettbewerbsherausforderungen durch weltweite Integrationsstrategien reagiert; jedoch verfolgen nun auch zunehmend deutsche und japanische Unternehmungen das Konzept der globalen Rationalisierung. [18]

B. Strategiebedingte Anpassungserfordernisse der Organisationsstruktur

Entscheidungen über Internationalisierungsstrategien, welche die grundlegende Orientierung und die davon abhängigen Entscheidungen über Eintritts- und Wettbewerbsstrategien betreffen, sollten auch auf die Überprüfung der Organisationsstruktur und des internen Kontexts der Unternehmung sowie deren Anpassung an die Erfordernisse der Internationalisierungsstrategie ausgeweitet werden. [19] Die Zielsetzungen des Konzepts der globalen Rationalisierung bedingen, daß vor allem weltweite Integrationsstrategien Anpassungserfordernisse hervorrufen. Zur Implementierung weltweiter Integrationsstrategien werden insbesondere Änderungen bei der Organisationsstruktur, den Beteiligungsverhältnissen, den Entscheidungs-, Planungs- und Kontrollprozessen, der innerbetrieblichen Transferbeziehungen und der Besetzung von Führungspositionen für notwendig erachtet. [20]

Ländervergleichende Untersuchungen [21] lassen erkennen, daß international tätige Unternehmungen das Konzept der globalen Rationalisierung in unterschiedlichem Ausmaß umgesetzt haben. Unternehmungen amerikanischen Ursprungs weisen einen hohen Formalisierungsgrad bei Politiken und Instrumenten und eine hohe Zentralisierung von Entscheidungskompetenzen insbesondere bei strategischen Entscheidungen auf, die zu einer starken Abhängigkeit und geringen Autonomie der Auslandsgesellschaften führen. Deutsche und in noch stärkerem Umfang japanische Auslandsgesellschaften besitzen größere Autonomierechte. Die für amerikanische Unternehmungen charakteristischen strengen Berichtsanforderungen werden in zunehmendem Maß auch von deutschen Unternehmungen angestrebt, während japanische Unternehmungen zumindest tendenziell ihr informelles Kommunikationsnetz beibehalten.

Eine stärkere Präferenz für vollbeherrschte Auslandsgesellschaften läßt sich bei amerikanischen Gesellschaften feststellen; deutsche und japanische Unternehmungen sind dagegen eher bereit, auch auf die Form des Joint Ventures einzugehen. Forschungs- und Entwicklungsaktivitäten finden nur in begrenztem Umfang in der Auslandsgesellschaft statt, wobei amerikanische Unternehmungen, wenn sie in Industrieländern tätig sind, eine stärkere Dezentralisierung von F & E aufweisen als deutsche und japanische Unternehmungen. Vielfältige unternehmungsinterne Liefer- und Leistungsbeziehungen und aufwendige Planungssysteme als Integrations- und Kontrollinstrumente kennzeichnen die amerikanische internationale Unternehmung. Deutsche und japanische Gesellschaften akzeptieren dagegen eher lokale Inputs, nähern sich aber in der Ausgestaltung der Planungs- und Kontrollsysteme zunehmend der amerikanischen Praxis.

Im Management amerikanischer Auslandsgesellschaften läßt sich im allgemeinen eine starke lokale Präsenz feststellen, wobei Schlüsselpositionen allerdings häufig durch Führungskräfte der Zentrale besetzt werden. Deutsche Auslandsgesellschaften zeigen dagegen eine deutlich geringere Lokalisierungsbereitschaft, während in der Führung japanischer Auslandsgesellschaften nahezu keine heimischen Führungskräfte zu finden sind.

Die höhere Spannung im Verhältnis zwischen Gastlandsregierungen und internationalen Unternehmungen amerikanischen Ursprungs sowie die von Managern der Auslandsgesellschaften bemängelte geringe Anpassungsflexibilität und das hohe Konfliktpotential zwischen Zentrale und Auslandseinheiten weisen auf die Notwendigkeit hin, auch bei Orientierung am Konzept der globalen Rationalisierung eine Anpassung an die nationalen Verhältnisse vorwiegend im operativen Bereich der Auslandsgesellschaften zu ermöglichen. Die hierbei anzustrebende Kombination läßt sich durch die pragmatische Formel »soviel Integration wie möglich und soviel Anpassung wie nötig« umschreiben.

Die Notwendigkeit, nach Entscheidungen über Internationalisierungsstrategien Anpassungen der unternehmensinternen Struktur vornehmen zu müssen, wird nicht nur aufgrund empirischer Untersuchungen über Internationalisierungsprozesse amerikanischer Unternehmungen durch die »structure follows strategy«-These [22] belegt [23], sondern auch aus der »Fit«-Hypothese abgeleitet. Danach führen Abstimmungen zwischen Strategie-, Struktur- und Umweltvariablen zu höherer Effizienz, während mangelnde oder fehlende Abstimmungen den potentiellen Erfolg beeinträchtigen. [24] Ein *Fit* kann als diejenige Abstimmung zwischen den Variablenbereichen bezeichnet werden, bei der die Strategien, gestützt auf entsprechende Strukturen, eine bestmögliche Nutzung der Umweltchancen gewährleisten. [25]

C. Gestaltung der Organisationsstruktur

Die besonderen Ziele der organisatorischen Gestaltung bei Internationalisierungsstrategien beinhalten

- die Ermöglichung der Steuerung und Kontrolle der Auslandsgesellschaften,
- die Kanalisierung der Kommunikationsbeziehungen zwischen den internationalen Unternehmungseinheiten,
- die Erzielung von Skaleneffekten im internationalen Unternehmungsverbund und
- die Gewährleistung der Anpassungsfähigkeit an Veränderungen in der internationalen Unternehmungsumwelt. [26]

Eine den Erfordernissen der international tätigen Unternehmung entsprechende Organisationsstruktur ist weitgehend vom Internationalisierungsgrad dieser Unternehmung bestimmt. Hierbei läßt sich feststellen, daß mit zunehmendem Internationalisierungsgrad die Notwendigkeit weltweit orientierter Organisationsstrukturen zunimmt.

Folgt man der allgemeinen, durch weitgehenden Konsens gekennzeichneten Plausibilitätsargumentation der an Entwicklungsstufen der Internationalisierung auszurichtenden organisatorischen Gestaltung, so bieten sich mit zunehmendem Internationalisierungsgrad die Formen

- der Exportabteilung,
- der weitgehend unabhängigen Tochtergesellschaft,
- der Internationalen Division,
- der weltweiten funktionalen Organisationsstruktur,
- der weltweiten Produktspartenstruktur,
- der weltweiten geographischen Organisationsstruktur und
- Mischformen (Matrixstruktur, Tensorstruktur...) [27] an.

Im internationalen Vergleich zeigt sich jedoch die Notwendigkeit zur differenzierten Aussage, wobei die nationale oder regionale Herkunft der international tätigen Unternehmungen von Bedeutung ist.

Amerikanische Mehrproduktunternehmungen, die im Inland nach Produktlinien organisiert sind, wählen danach in den Anfangsstufen der Internationalisierung überwiegend die Form der International Division. [28] Europäische Unternehmungen wiesen in der Vergangenheit eine Vorliebe für die Form weitgehend unabhängiger Tochtergesellschaften auf, bei der allerdings enge Beziehungen zwischen der Leitungsspitze der Tochtergesellschaft und derjenigen der Muttergesellschaft bestehen. Gründe hierfür werden in der oftmals geringen räumlichen Distanz zwischen den Auslandsmärkten, in verwandten Produktlinien und im Bestehen von Handelsbarrieren gesehen, die zur Separation nationaler Märkte führen. Die international tätige Unternehmung wird in diesen Fällen über Eigentumsrechte, nicht jedoch über eine internationale Strategie koordiniert. [29]

Veränderungen in Richtung auf weltweite Strukturen erfolgen bei europäischen Unternehmungen in aller Regel erst bei einer relativ großen geographischen Streuung der internationalen Aktivitäten, wobei auf die Form der International Division übergegangen wird und die entsprechenden Reorganisationen sowohl im nationalen wie im internationalen Bereich stattfinden. Bestrebungen zur Erreichung weltweiter Organisationsformen werden von Produktdiversifizierung auf den heimischen Märkten begleitet, wobei im Gegensatz zu amerikanischen Unternehmungen die Organisationsstrukturen erst bei Wettbewerbsveränderungen an die Strategien angepaßt werden. In amerikanischen Unternehmungen erfolgen dagegen unverzügliche Anpassungen der Organisationsstruktur, wenn die Internationalisierungsstrategie auf Produktdiversifizierung oder geographische Streuung ausgerichtet ist. Dieses geschieht, um den Wettbewerbserfordernissen zu entsprechen. Die heimische Organisationsstruktur wird dabei sogar häufig vor der Internationalisierung in Richtung Divisionalisierung verändert. [30]

In Fortführung der Überlegungen zur Fit-Hypothese als Voraussetzung für eine erfolgreiche Abstimmung zwischen internationaler Strategie und Struktur ist zu berücksichtigen, daß die Entwicklung von Internationalisierungsstrategien in Abhängigkeit von den Entscheidungen über die strategische Orientierung und die Ausprägungen der übrigen Strategieelemente zu unterschiedlichen Anforderungen an die Informationsverarbeitungskapazität der Organisationsstruktur führt und die Anpassung der Struktur sich an diesem Merkmal ausrichten sollte. Damit wird die Vielfalt der Informationsbeziehungen zum Kernproblem der organisatorischen Gestaltung erhoben.

Strategieelemente	Organisationsstruktur: Weltweit funktional	Internat. Division	Weltweit geographisch	Weltweite Produktsparten
Ausländische Produktdiversifikation	niedrig			hoch
Grad der internationalen Produktmodifikation	niedrig			
Produktveränderungsrate				hoch
Umfang internationaler Tätigkeiten		relativ gering	relativ hoch	relativ hoch
Umfang ausländischer Produktion			hoch	
Anzahl ausländischer Gesellschaften	wenige	wenige	viele	viele
Umfang fremder Beteiligungen an Auslandsgesellschaften	gering			
Anzahl ausländischer Akquisitionen	wenige			

Abb. 2: Relevante Fits zwischen Strategieelementen und Formen der Organisationsstruktur

Neben den bekannten Untersuchungen [31], die sich allgemein mit der Fragestellung beschäftigt haben, welche Struktur für bestimmte Strategien am besten geeignet ist, kann auf eine neuere Untersuchung von Egelhoff [32] verwiesen werden, nach der sich, wie in Abbildung 2 dargestellt, mehrdimensionale Abstimmungen zwischen Elementen der Strategie und Formen der Organisationsstruktur identifizieren lassen:

Die Ergebnisse der Untersuchung belegen, daß erfolgreiche Unternehmungen das Bestreben zeigen, gleichzeitige Abstimmungen zwischen den relevanten Variablenausprägungen zu erreichen. Sie weisen auch darauf hin, daß neben der untersuchten Organisationsstruktur weitere Unternehmungsmerkmale wie Planungs- und Kontrollsysteme, Managementinformationssysteme und die Nutzung von Stäben den Fit zwischen Strategie und Struktur beeinflussen. [33] Die offenen Felder deuten die Notwendigkeit weiterer Forschungsbemühungen an, um eventuell weitere relevante Strategieelemente und komplexere Organisationsstrukturen auf ihre relevanten Fits zu untersuchen. Ergebnisse anderer Untersuchungen [34] bestätigen diese Aussagen. Sie verweisen insbesondere auf die Bedeutung der internationalen Produktdiversifikation für die Wahl der Organisationsform. Bei geringer internationaler Produktdiversifikation werden weltweit funktionale, aber auch weltweit regional orientierte Formen als geeignet beschrieben, während eine starke Produktdiversifikation die Errichtung spartenorientierter Organisationsformen erfordert. Die Erzielung von Skaleneffekten durch Integrationsstrategien wird vor allem durch die Wahl weltweit orientierter Organisationsformen als erreichbar angesehen. Aufgrund der spezifischen Koordinationsprobleme zwischen den Bereichen in ausschließlich funktional, regional und divisional orientierten Organisationsformen werden Matrixstrukturen als Alternative in Betracht gezogen. Der hierdurch bedingte Verzicht auf die Entscheidungskompetenz einer einzelnen Linie und die höheren Abstimmungserfordernisse haben bisher allerdings lediglich wenige weltweit tätige Unternehmungen zur Ausweitung der Matrixorganisation auf die Gesamtunternehmung veranlaßt, während sie für bestimmte Produktlinien oder Regionen häufig Anwendung findet. [35]

D. Strategische Steuerung durch Gestaltung des organisatorischen Kontexts

Die Gestaltung des organisatorischen Kontexts erweist sich als wichtiges Instrument zur strategischen Steuerung. Der organisatorische Kontext umfaßt sämtliche nicht-organisatorischen Elemente des unternehmungsinternen Strategie-Strukturzusammenhangs. Internationalisierungsstrategien erfordern insbesondere bei globaler Orientierung die kontinuierliche Beeinflussung der strategischen Ausrichtung der Auslandsgesellschaften, um trotz zunehmender Einflüsse von Gastlandsregierungen, lokalen Joint Venture-Partnern oder des Autonomiestrebens der Auslandsgesellschaften insbesondere in der Reifephase von Produkt- oder Marktlebenszyklen eine Erreichung der Zielsetzungen der international tätigen Unternehmung zu sichern. Diversifikationsbemühungen, Aktivitäten in dynamischen, komplexen Märkten und heterogene Markteintrittsformen verstärken diese Notwendigkeit. Ländervergleichende Untersuchungen [36] verweisen jedoch auf die bisher noch geringe Verbreitung der strategischen Steuerung und auf die überwiegende Anwendung operativer Steuerungsinstrumente bei internationaler Unternehmenstätigkeit.

Für die Umsetzung des Konzepts der strategischen Steuerung in internationalen Unternehmungen besteht neben der Gestaltung des organisatorischen Kontexts die Alternative zur Steuerung über die Variation der Abhängigkeit der Auslandsgesellschaften von Ressourcen wie Kapital, Technologie und Managementfähigkeiten der Muttergesellschaft. Die ressourcenbezogene Steuerung kann allerdings mit Veränderung der Beziehungen zwischen Mutter- und Auslandsgesellschaften starken Schwankungen, z. B. durch geringere Technologieabhängigkeit in der Reifephase eines Produkts oder eigene Produkte und Aktivitäten der Auslandsgesellschaften auf Drittmärkten unterliegen. [37] Daher gilt die Steuerung über den organisatorischen Kontext angesichts der Möglichkeit zur kontinuierlichen Einflußnahme auf die Auslandsgesellschaften als grundlegend vorteilhafter, wenn Steuerungslücken vermieden werden sollen. Sie gewinnt insbesondere in den Fällen an Bedeutung, in welchen lediglich eine geringe Ressourcenabhängigkeit der Auslandsgesellschaften von der Obergesellschaft besteht. Nach empirischen Aussagen [38] finden sich jedoch Beispiele für die Anwendung beider Ansätze, wobei, wie Abbildung 3 verdeutlicht, insgesamt eine Präferenz für die Steuerung über den organisatorischen Kontext sichtbar wird, und die höchsten Ausprägungen in beiden Dimensionen bei weltweit operierenden Unternehmungen wie den Computerherstellern Texas Instruments und IBM gegeben sind.

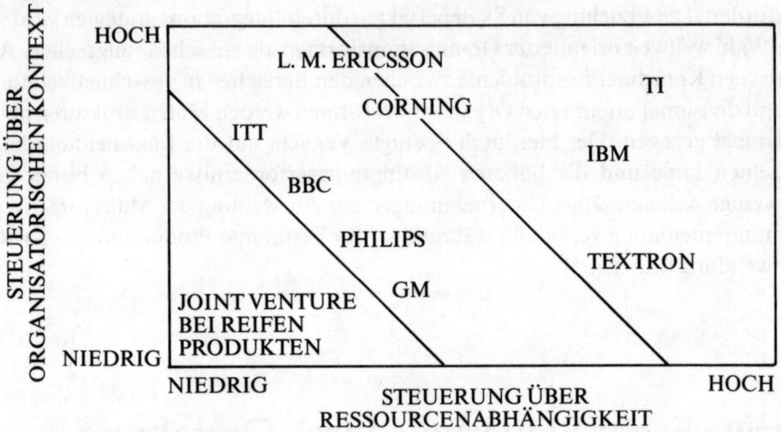

Abb. 3: Alternativen Strategischer Steuerung

IBM besitzt z. B. in Großbritannien, Deutschland, Frankreich und Japan große Tochtergesellschaften mit hohem technologischen Potential. Obwohl alle nationalen Gesellschaften über umfangreiche Produktions- sowie Forschungs- und Entwicklungseinrichtungen verfügen und sämtliche Systeme auf dem Markt anbieten, ist keine Auslandsgesellschaft in der Lage, sämtliche Produkte selbst herzustellen. Alle Tochtergesellschaften sind durch ein unternehmensweites Netz von Produkten, Ressourcen und sonstigen Übertragungen verbunden, deren Koordination von der Muttergesellschaft beeinflußt werden kann. [39]

Das Konzept der strategischen Steuerung, welches sich auf die Gestaltung des organisatorischen Kontexts stützt, läßt sich durch die Kontrolle und Beeinflussung vier wesentlicher Orientierungen, die auf die kognitive, strategische, entscheidungsbezogene und administrative Dimension [40] abheben, umsetzen. Über die Beeinflussung der *kognitiven* Orientierung sollen mögliche unterschiedliche Wahrnehmungen der Aufgabenumwelt durch die Führungskräfte und somit Differenzen in der Wahrnehmung von Schlüsselwettbewerbern, der Wettbewerbsstruktur oder der relevanten Unternehmungsentwicklungsfaktoren vermieden werden. Die Steuerung der *strategischen* Orientierung verfolgt eine Abstimmung von Wettbewerbshaltung und Wettbewerbsmaßnahmen. Die Zuordnung von Entscheidungskompetenzen über Ressourcenzuweisungen zur Unterstützung der Strategien und die Gestaltung der unterstützenden Systeme kennzeichnet die Ausrichtung der Einflußnahmen bei der *entscheidungsbezogenen* bzw. *administrativen* Orientierung.

Die strategische Steuerung kann über eine Vielzahl von Maßnahmen erfolgen, die in datenbezogenen Instrumenten im Bereich Rechnungslegungs-, Planungs- und Budgetierungssysteme, personenbezogenen Instrumenten [41] bei Besetzung von Schlüsselpositionen, der Entgeltpolitik und Management Development-Programmen sowie Konfliktlösungsmechanismen wie Koordinationsgruppen, Planungskomitees und Task Forces zur Verfügung stehen. Während in ausschließlich funktional, produktmäßig oder geographisch strukturierten Unternehmungen die verschiedenen Orientierungen durch die hierarchische Gliederung der Organisationsstruktur weitgehend eindeutig determiniert sind, ergibt sich insbesondere für mehrdimensionale Organisationsformen wie Matrixstrukturen die Notwendigkeit, die Ausrichtung der strategischen Aktivitäten der Auslandsgesellschaften über die kognitive, strategische, entscheidungsbezogene und administrative Gestaltung des organisatorischen Kontexts zu beeinflussen.

Anmerkungen

1 Das Konzept der organisatorischen Gestaltung wird hier in der weiten, von Grochla vorgeschlagenen Fassung verstanden; vgl. *Grochla* (Gestaltung) S. 8 ff.
2 Vgl. *Doz* (Management) S. 27.
3 Vgl. *Wind* u. a. (Marketing) S. 14 ff.
4 Vgl. *Hout* u. a. (Companies) S. 98; *Welge* (Rationalisierung) S. 172 f.
5 Vgl. *Doz* (Management) S. 27 f.
6 Vgl. *Hout* u. a. (Companies) S. 99.
7 Vgl. *Doz* (Management) S. 28 f.
8 Vgl. zu den einzelnen Direktinvestitionsformen *Hemberger* (Auslandsinvestitionen) S. 36 ff.; *Root* (Markets) S. 1 ff.
9 Vgl. *Doz* (Management) S. 29 f.
10 Vgl. z. B. *Hefler* (Sourcing) S. 7 ff.; *Hout* u. a. (Companies) S. 98 ff.
11 Vgl. z. B. *Agthe* (Konzept) S. 147 ff.
12 Vgl. *Doz* (Management) S. 34.
13 Vgl. *Wind* u. a. (Marketing) S. 20 f.
14 Vgl. *Doz* (Management) S. 31 ff.
15 Vgl. *Doz* (Management) S. 30 ff.
16 Vgl. *Negandhi* (Structure) S. 46; *Welge* (Rationalisierung) S. 187.
17 Vgl. *Root* (Strategies) S. 251.
18 Vgl. *Hout* u. a. (Companies) S. 99.
19 Vgl. z. B. *Dymsza* (Strategy); *Fayerweather* (Administration); *Hout* u. a. S. 107.
20 Vgl. *Welge* (Rationalisierung) S. 172 ff.
21 Vgl. die Untersuchungen von 244 Auslands- und 31 Muttergesellschaften *Negandhi* (Structure); *Negandhi/Baliga* (Companies); *Negandhi/Welge* (Strategies).
22 Vgl. *Chandler* (Strategy).
23 Vgl. *Rumelt* (Strategy).
24 Vgl. *Herbert* (Structure) S. 264 ff.
25 Vgl. *Egelhoff* (Strategy) S. 435.
26 Vgl. *Herbert* (Structure) S. 260.
27 Vgl. z. B. *Channon/Jalland* (Planning) S. 24 ff.; *Meffert/Althans* (Marketing) S. 191 ff.; *Franko* (Structures) S. 111 ff.
28 Vgl. *Root* (Strategies) S. 233 f.
29 Vgl. *Franko* (Structures) S. 111 ff.
30 Vgl. *Franko* (Structures) S. 126 ff.
31 Vgl. z. B. *Dyas/Thanheiser* (Enterprise); *Stopford/Wells* (Enterprise); *Hulbert/Brandt* (Subsidiary).
32 Vgl. hierzu die Untersuchung von 50 bzw. 34 amerikanischen und europäischen Unternehmen *Egelhoff* (Strategy) S. 435 ff.
33 Vgl. *Egelhoff* (Strategy) S. 452 ff.
34 Vgl. *Franko* (Structures) S. 135 ff.; *Daniels* u. a. (Strategy) S. 292 ff.; *Herbert* (Structure) S. 262 ff.
35 Vgl. *Root* (Strategies) S. 236 ff.

36 Vgl. *Horovitz* (Control) S. 96 ff.
37 Vgl. *Prahalad/Doz* (Approach) S. 7.
38 Vgl. *Prahalad/Doz* (Control) S. 200.
39 Vgl. *Prahalad/Doz* (Approach) S. 11.
40 Vgl. *Prahalad/Doz* (Approach) S. 9 ff.
41 Vgl. *Doz/Prahalad* (Influence) S. 15 ff.

Literaturverzeichnis

Aghte, K. E. (Konzept): »Multi-local« statt »Multi-national« als strategisches Konzept eines internationalen Unternehmens. In: *Lück,* W./*Trommsdorff,* V. (Hrsg.): Internationalisierung der Unternehmung als Problem der Betriebswirtschaftslehre. Berlin 1982, S. 147–170.

Chandler, A. D. (Strategy): Strategy and Structure: Chapters in the History of Industrial Enterprise. Cambridge, Mass.-London 1962.

Channon, D. F./*Jalland,* M. (Planning): Multinational Strategic Planning. London 1979.

Daniels, J. D./*Pitts,* R. A./*Tretter,* M. J. (Strategy): Strategy and Structure of U.S. Multinationals: An Exploratory Study. In: Academy of Management Journal, Vol. 27, 1984, S. 292–307.

Doz, Y. L. (Management): Strategic Management in Multinational Companies. In: Sloan Management Review, Vol. 21, 1980, S. 27–46.

Doz, Y. L./*Prahalad,* C. K. (Influence): Headquarters Influence and Strategic Control in MNCs. In: Sloan Management Review, Vol. 23, 1981, No. 1, S. 15–29.

Dyas, G. P./*Thanheiser,* H. T. (Enterprise): The Emerging European Enterprise: Strategy and Structure in French and German Industry. London 1976.

Dymsza, W. A. (Strategy): Multinational Business Strategy. New York 1972.

Egelhoff, W. G. (Strategy): Strategy and Structure in Multinational Corporations – An Information-Processing Approach. In: Administrative Science Quarterly, Vol. 27, 1982, S. 435–348.

Fayerweather, J. (Administration): International Business Strategy and Administration. Cambridge, Mass. 1978.

Franko, L. G. (Structures): Organizational Structures and Multinational Strategies of Continental European Enterprises. In: *Ghertman,* M./*Leontiades,* J. (Hrsg.): European Research in International Business. Amsterdam et al. 1978, S. 111–140.

Grochla, E. (Gestaltung): Grundlagen der organisatorischen Gestaltung. Stuttgart 1982.

Hefler, D. F. (Sourcing): Global Sourcing: Offshore Investment Strategy for the 1980s. In: The Journal of Business Strategy, Vol 2, 1981, No. 1, S. 7–12.

Hemberger, H. (Auslandsinvestitionen): Direkte Auslandsinvestitionen – Elemente des Entscheidungsprozesses und Erklärungsansätze. Frankfurt – Zürich 1974.

Herbert, T. T. (Structure): Strategy and Multinational Organization Structure: An Interorganizational Relationships Perspective. In: Academy of Management Review, Vol. 9, 1984, S. 259–270.

Horovitz, J. H. (Control): Strategic Control in Three European Countries: A New Task for Top Management. In: International Studies of Management and Organization, Vol. 8, 1978/79, No. 4, S. 96–112.

Hout, T./*Porter,* M. E./*Rudden,* E. (Companies): How Global Companies Win Out. In: Harvard Business Review, Vol. 60, 1982, No. 5, S. 98–108.

Hulbert, J. M./*Brandt,* W. K. (Subsidiary): Managing the Multinational Subsidiary. New York 1980.

Meffert, H./*Althans,* J. (Marketing): Internationales Marketing. Stuttgart et al. 1982.

Negandhi, A. R. (Structure): Role and Structure of German Multinationals: A Comparative Profile. In: *Macharzina,* K./*Staehle,* W. H. (Hrsg.): European Approaches to International Management. Berlin – New York 1986, S. 46–59.

Negandhi, A. R./*Baliga,* B. R. (Companies): Tables are Turning: German and Japanese Multinational Companies in the United States. Cambridge, Mass. 1981.

Negandhi, A. R./*Welge,* M. (Strategies): Beyond Theory Z: Global Rationalization Strategies of American, German and Japanese Multinational Companies. Greenwich – London 1984.

Prahalad, C. K./*Doz,* Y. L. (Approach): An Approach to Strategic Control in MNCs. In: Sloan Management Review, Vol. 22, 1981, No. 4 S. 5–13.

Prahalad, C. K./*Doz,* Y. L. (Control): Strategic Control – The Dilemma in Headquarters-Subsidiary Relationship. In: *Otterbeck,* L. (Hrsg.): The Management of Headquarters-Subsidiary Relationships in Multinational Corporations. Aldershot 1981, S. 186–203.

Root, F. R. (Strategies): Foreign Market Entry Strategies. New York 1982.
Root, F. R. (Markets): Entering International Markets. In: *Walter,* I. (Hrsg.)/ *Murray,* T. (Ass.-Hrsg.): Handbook of International Business. New York et al. 1982, Section 31, S. 1–22.
Rumelt, R. P. (Strategy): Strategy, Structure, and Economic Performance. Boston 1974.
Stopford, J. M./ *Wells,* L. T. (Enterprise): Managing the Multinational Enterprise. New York 1972.
Welge, M. K. (Rationalisierung): Das Konzept der globalen Rationalisierung. In: *Lück,* W./ *Trommsdorff,* V. (Hrsg.): Internationalisierung der Unternehmung als Problem der Betriebswirtschaftslehre. Berlin 1982, S. 171–189.
Wind, Y./ *Douglas,* S. P./ *Perlmutter,* H. V. (Marketing), Guidelines for Developing International Marketing Strategies. In: Journal of Marketing, Vol. 37, 1973, No. 2, S. 14–23.

*Heribert Meffert**

Multinationales oder globales Marketing?

Voraussetzungen und Implikationen von Internationalisierungsstrategien

* Prof. Dr. *Heribert Meffert,* Universität Münster, Institut für Marketing.

A. Globalisierungstendenzen in der internationalen Geschäftstätigkeit

Seit Beginn der 80er Jahre zeichnen sich im internationalen Wettbewerb tiefgreifende strukturelle Veränderungen ab. Vor dem Hintergrund der weltweiten Erfolge japanischer Unternehmungen vollziehen sich in vielen Branchen Anpassungsprozesse, die als »Übergang vom multinationalen zum globalen Wettbewerb« umschrieben werden. Diese »neue Stufe« der internationalen Geschäftstätigkeit wird kontrovers diskutiert. Auf der einen Seite werden Globalisierungsstrategien vor dem Hintergrund veränderter Wettbewerbsfaktoren als *die* Chance für den Zukunftserfolg international tätiger Unternehmen angesehen. Als exponierter Vertreter dieser Richtung sieht etwa Theodore Levitt mit der Globalisierung »das Ende der multinationalen Konzerne«. [1] Demgegenüber steht etwa Philip Kotler weltweiten Standardisierungsstrategien sehr skeptisch gegenüber: »Es gibt nur wenige Produkte, die man problemlos standardisieren kann. Die globale Marketingwelle wurde von den Werbeagenturen initiiert, um neue Märkte zu öffnen«. [2] Letztlich befaßt sich diese Kontroverse mit den Extremtypen internationaler Marketingstrategien in Gestalt des globalen und multinationalen Marketing.

Internationale Marketingstrategien – verstanden als längerfristige, bedingte Verhaltenspläne – werden in der wissenschaftlichen Literatur recht unterschiedlich gekennzeichnet. Im folgenden werden unter Bezugnahme auf die Marktsegmentierung und -bearbeitung, die Wettbewerbsorientierung, die Internationalisierungsform und die Organisationsstruktur das internationale, multinationale und globale Marketing skizziert. [3]

So sind im Anfangsstadium der Internationalisierung einer Unternehmung die Marketingaktivitäten schwerpunktartig auf den Heimatmarkt konzentriert. Ziel dieses *internationalen Marketing* ist die Sicherung des inländischen Unternehmensbestandes durch Wahrnehmung lukrativer Auslandsgeschäfte. Typisch für diese Stufe ist die begrenzte Fähigkeit der Unternehmungen, sich auf länderspezifische Besonderheiten einzustellen. Als Hauptkonkurrent gilt der stärkste inländische Wettbewerber. Die Konzentration auf Nischen wiederum setzt eine Selektion von Ländern und Segmenten voraus und kann entweder auf Produktdifferenzierung oder Kostenvorteilen aufgebaut sein. Das internationale Geschäft wird dabei überwiegend über die internationale Division einer primär inlandsorientierten Organisation abgewickelt.

Mit dem Aufkommen und dem Wachstum *multinationaler Unternehmungen* rückt Anfang der 60er Jahre das Ziel der Sicherung des internationalen Unternehmenserfolges auf einer Vielzahl nationaler Märkte in den Mittelpunkt strategischer Überlegungen. Tochtergesellschaften erhalten einen so großen Entscheidungsspielraum, daß sie ihre nationale Strategie ausschließlich an den Besonderheiten bzw. an den Erfordernissen des jeweiligen Auslandsmarktes orientieren und als quasi nationales Unternehmen auftreten. Eine Profilierung gegenüber dem jeweils stärksten lokalen Wettbewerber wird durch eine Qualitätsführerschaft angestrebt, wozu eine Segmentierung und differenzierte Bearbeitung der Auslandsmärkte erforderlich ist.

Die Form der internationalen Betätigung besteht hauptsächlich in internationalen Produktionsstätten und Tochtergesellschaften. Darüber hinaus ermöglichen Joint Ventures z. T. erst den Markteintritt, erleichtern den Aufbau eines nationalen Images und erhöhen die Akzeptanz multinationaler Unternehmungen durch die Gastland-Regierung. Untrennbar mit dem multinationalen Marketing verbunden ist eine weitgehende Dezentralisierung der Entscheidungskompetenzen. In der Aufbauorganisation fungieren dementsprechend Regionen oder Länder als dominantes Organisationskriterium.

Der Übergang vom multinationalen zum *globalen Marketing* beruht auf einer Neuorientierung des Wettbewerbs. Unbelastet von langer internationaler Tradition haben sich japanische

Unternehmungen (z. B. Honda, Komatsu) bereits in der 2. Hälfte der 70er Jahre in diesem Sinne als Weltmarktpioniere hervorgetan. Ziel des globalen Marketing ist die Verbesserung der internationalen Wettbewerbsfähigkeit durch Integration aller Unternehmensaktivitäten in ein zusammenhängendes Gesamtsystem. Marktanteilsziele werden am Weltmarkt grundsätzlich ohne besondere Berücksichtigung nationaler Wünsche und Bedürfnisse formuliert. Dieses erfordert die konsequente Ausnutzung von Kostenvorteilen durch standardisierte Massenproduktion mit der Konsequenz, daß die einzelnen Tochtergesellschaften nicht mehr unabhängig auf nationaler Ebene operieren, sondern weltweit zur Arbeitsteilung und Spezialisierung verpflichtet sind. Unter bewußter Inkaufnahme national suboptimaler Strategien wird eine gobal-optimale Strategie zu realisieren versucht.

Letztlich zielt diese Internationalisierungskonzeption darauf ab, die Stückkosten unter das Niveau des weltweit stärksten Wettbewerbers zu senken, um so die globale Kostenführerschaft zu erobern. Der Zwang zur Integration bewirkt, daß alle wesentlichen strategischen Entscheidungen zentral in der Muttergesellschaft gefällt werden. Das Streben nach einer globalen Strategie findet seinen Ausdruck in einer produktorientierten Aufbauorganisation.

Es besteht kein Zweifel, daß in diesen Entwicklungsstufen bzw. Strategiealternativen nicht nur fundamentale Unterschiede in den Managementphilosophien zum Ausdruck kommen (ethnozentrisch, polyzentrisch, geozentrisch), sondern sich auch Veränderungen in den internationalen Nachfrage- und Angebotsstrukturen sowie den wirtschaftspolitischen Rahmenbedingungen niederschlagen.

Ziel dieses Beitrags ist es daher, unter dem besonderen Blickwinkel des Marketing die zentralen Voraussetzungen und Implikationen von Internationalisierungsstrategien zu prüfen. Dementsprechend werden ausgehend von den Globalisierungsthesen die wesentlichen Erfolgsbedingungen multinationaler und globaler Marketingstrategien skizziert. Darauf aufbauend sind die situationsabhängige Strategiewahl und die organisatorischen Implikationen der internationalen Geschäftstätigkeit näher zu untersuchen. Dabei liegt den Überlegungen die Auffassung zugrunde, daß die »richtige«Marketingstrategie ein Schlüsselfaktor für den Erfolg im internationalen Geschäft darstellt. Entsprechend richtet sich das Augenmerk der Strategiediskussion weniger auf die extremen Strategietypen des rein globalen bzw. rein multinationalen Marketing, sondern konzentriert sich auf die komplexen und in der Praxis häufig anzutreffenden »mixed strategies« des internationalen Marketing.

B. Erfolgsbedingungen multinationaler und globaler Marketingstrategien

Der Übergang vom multinationalen zum globalen Marketing wird in der wissentschaftlichen und praktischen Diskussion vor allem mit der Veränderung in den Markt- und Umweltbedingungen international tätiger Unternehmungen begründet. Die Verfechter der Globalisierung [4] stützen sich dabei auf eine Argumentationskette, die einen selbstverstärkenden Globalisierungsprozeß widerspiegelt (vgl. Abb. 1).

Ausgangspunkt bildet zunächst die zunehmende Homogenisierung der Weltmärkte (Konvergenzthese). Diese bietet international tätigen Unternehmungen die Möglichkeit, mit standardisierten Marketing-Konzepten eine Vielzahl von Ländermärkten zu bearbeiten (Standardisierungsthese). Dabei lassen sich bei entsprechender Zentralisierung von Entscheidungskompe-

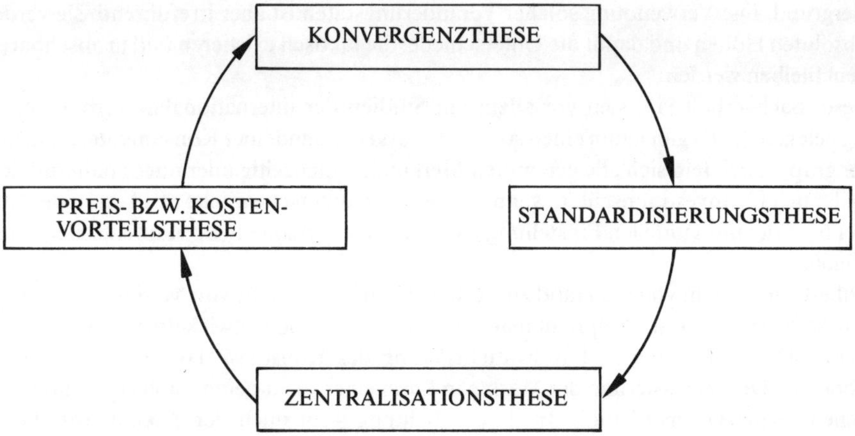

Abb. 1: Struktur der Globalisierungsthesen

tenzen (Zentralisationsthese) weltweit Skalen- und Synergieeffekte nutzen, die sich in stabilen Kostenvorteilen niederschlagen (Kostenvorteils- bzw. Preisvorteilsthese). Das zunehmende Angebot sog. »Weltmarken« sowie die Weitergabe von Preisvorteilen wiederum wird die Homogenisierung der Nachfrage nachhaltig forcieren.

Inwiefern die u.a. von Levitt vertretenen Globalisierungsthesen Gültigkeit haben oder – in Abhängigkeit von den herrschenden situativen Bedingungen einer Modifizierung bedürfen, kann letztlich erst eine Auseinandersetzung mit den einzelnen Elementen der Argumentationskette zeigen.

I. Die Konvergenzthese: Homogene versus heterogene Weltmärkte

Die postulierte These der Nachfragekonvergenz wird mit der zunehmenden Ähnlichkeit potentieller Zielgruppen auf allen hochentwickelten Märkten begründet. [5] Sie bezieht sich zum einen auf die zunehmende Homogenisierung der Anforderungen weltweit operierender Investitionsgüterunternehmungen (z.B. Werkzeugmaschinen-, Anlagenbau) sowie die Vereinheitlichung technischer Standards.

Zum anderen ist – parallel zu diesem Trend – auch eine zunehmende Annäherung der Verbraucherstrukturen in allen westlichen Industrienationen zu beobachten. Dabei wird die Verbrauchsangleichung vor allem mit relativen Veränderungen in den demographischen Merkmalen der Konsumenten begründet (stagnierendes Bevölkerungswachstum, Zunahme der Einfamilien-Haushalte mit etwa gleicher Rate, ähnliche Anteile berufstätiger Frauen, Zunahme der Kaufkraft- bzw. des Lebensstandards). Besonders hervorgehoben wird die Annäherung der Bildungssysteme, die mit der technologisch orientierten Ausbildung in den hochentwickelten Ländern auch Unterschiede im Lebensstil verwischt.

Wenngleich sich die Homogenisierungstendezen des Konsums durch zahlreiche Beobachtungen stützen lassen, so wird den Vertretern dieser Richtung zu starke Vereinfachung der Realität vorgehalten. Bei dem Versuch, Ähnlichkeiten – und nicht Unterschiede – zwischen westlichen Industrieländern zu eruieren, stellen sie demographische Veränderungen in den

Vordergrund. Die Verwendung solcher Veränderungsraten ist aber irreführend, sie verdecken die absoluten Höhen und damit die Unterschiede, die faktisch existieren und in absehbarer Zeit existent bleiben werden.

Dieser Sachverhalt läßt sich vor allem mit Studien der internationalen Verbrauchsangleichung belegen. [6] Es gibt kaum einen Auslandsmarkt in irgendeiner Konsumgüterbranche oder Warengruppe, bei dem sich alle genannten Merkmale gleichzeitig oder nur annähernd decken. Das gilt auch für Investitionsgüter, wenn man etwa an unterschiedliche Strukturen des Buying-Center bzw. der individuellen Einstellung von »Schlüsselpersonen« im Kaufentscheidungsprozeß denkt.

Schließlich ist nicht von der Hand zu weisen, daß in einer Reihe von Märkten eine Fragmentierung zu beobachten ist. So spricht man insbesondere in hochentwickelten Volkswirtschaften von einer Differenzierung und Individualisierung des Konsums, das bedeutet jedoch eine zunehmende Dezentralisierung der Märkte in Form einer sozio-demographischen und psychologischen Hyper-Diversifikation. In dieser Richtung sieht auch der Zukunftsforscher John Naisbit einen Trend zur sog. »Multiple Option Society«, zur Gesellschaft der Angebots- und Entscheidungsvielfalt mit entsprechend diversifizierten Teilmärkten. [7] Es bleibt somit festzuhalten, daß die These von der Konvergenz der Nachfrage nicht nur zu pauschal formuliert ist, sondern auch für viele Branchen fragwürdig bleibt. Sie gilt mit gewissen Einschränkungen in bestimmten Produktfeldern, und zwar vornehmlich in High-Tech-Märkten, nicht kulturgebundenen Weltprodukten und standardisierten Investitionsgütern.

II. Die Standardisierungsthese: Standardisierte versus differenzierte Marktbearbeitung

Mit der Frage standardisierter oder differenzierter Auslandsmarktbearbeitung wird eine alte Kontroverse des internationalen Marketing angesprochen. Im Hinblick auf den *Aktionsaspekt* kennzeichnet die unterschiedlich enge Anlehnung der Auslands-Marketingkonzeption an ein nationales Marketingprogramm die gesamte Bandbreite von Standardisierungsmöglichkeiten: Im Fall völliger Standardisierung, d. h. der engsten Fassung des Begriffs, erfolgt ungeachtet der länderspezifischen Besonderheiten und unterschiedlicher Bedeutung der umweltbedingten Faktoren ein Angebot der unveränderten Produkte, Dienste und Sortimente zu identischen Preisen und Konditionen über identische Absatzwege unter Einsatz identischer Werbe- und Verkaufsförderungskonzeptionen. [8]

Über diesen Aktionsaspekt hinaus kann sich die Standardisierung aber auch auf die Marketingmethoden (Planungs-, Informations- und Kontrollprozesse) zur Koordination der Einzelaktivitäten von Mutter- und Tochtergesellschaften bzw. Auslandsniederlassungen beziehen. Man spricht dann von *prozessualer Dimension*.

Für die Standardisierung läßt sich neben der Ausnutzung von Degressions- und Lerneffekten vor allem die Nutzbarmachung von Ausstrahlungseffekten des Produkt- und Firmenimages, die Effizienzsteigerung der Planung und Kontrolle, die Ausnutzung des Know-how der Muttergesellschaft bzw. Zentrale und die Erleichterung des Transfers von Personal anführen. Demgegenüber werden der Gewinnentgang durch Nichtansprache lukrativer Segmente, die Begrenzung der Internationalisierung auf selektierte Märkte, die Hemmung innovativer Prozesse sowie wachsende Konflikte zwischen Mutter- und Tochtergesellschaft bzw. Auslandsniederlassung als Nachteil einer Standardisierung ins Feld geführt.

Es bedarf keiner Begründung, daß in weltweit stagnierenden Märkten die Realisierung von Differenzierungsvorteilen (insbesondere Mehrerlöse aus den Segmenten) mit sehr viel höheren Risiken belastet ist als konsequente Standardisierungsgewinne durch Kostenvorteile. Damit erklärt das Risikoverhalten des Managements z.T. die aktuelle Tendenz zur Standardisierung. Vor diesem Hintergrund ist auch die Interpretation der Philosophie von Levitt interessant. Er fordert nämlich eine bewußte Vernachlässigung länderspezifischer Unterschiede bei der Marktbearbeitung. Nicht Anpassung an lokale Gegebenheiten wird verlangt, sondern aktive Gleichmachung der differenzierten internationalen Marktstrukturen mit dem letztlichen Ziel der Erlangung weltweiter Wettbewerbsvorteile. [9] Damit käme dem Marketing selbst eine wichtige Rolle bei der Gestaltung und Durchsetzung von Globalisierungsstrategien zu.

Unbeschadet aller Risikopräferenzen gilt für die Standardisierungsthese, daß sie um so eher möglich und erfolgreich ist, je ähnlicher die Auslandsmärkte untereinander sind. Im Einzelfall nimmt eine Reihe situativer Größen wie die Wachstumsraten ausländischer Märkte, Marktstabilität und Art der Reaktionsfunktion, Konkurrenzvorsprung und Ausstrahlungseffekte sowie die Kontrollnotwendigkeiten und externe Restriktionen auf die Strategiewahl Einfluß. Vieles spricht dafür, daß bei heterogenen Marktstrukturen nicht die instrumentale, sondern die prozessuale Dimension der Standardisierung (z.B. internationale Marketing-Informationssysteme) mit zunehmender Globalisierung an Bedeutung gewinnt. Damit ist der Organisationsaspekt des globalen Marketing angesprochen.

III. Die Zentralisationsthese: Zentrale versus dezentrale Entscheidungsstrukturen

Entsprechend der Strategieabhängigkeit von Organisationsstrukturen im Sinne Chandlers [10] bedingt das globale Marketing ein hohes Maß an Integration und Koordination markt- und betriebsgerichteter Entscheidungsprozesse. Im Rahmen der Diskussion um den Einsatz geeigneter Koordinationsinstrumente hat vor allem Grochla auf die besondere Bedeutung der Organisationsstruktur hingewiesen. [11] Dabei findet das Streben nach einer globalen Strategie seinen Ausdruck in einer weltweiten produktorientierten Aufbauorganisation. Demgegenüber hat sich das multinationale Marketing auch in seiner organisatorischen Struktur an den länderspezifischen Gegebenheiten zu orientieren. Aus diesem Grund wird eine länder- oder regionenorientierte Organisation gefordert, bei der die Absatzgebiete nach markt- und unternehmensspezifischen Gesichtspunkten in verschiedene abgrenzbare Regionen unterteilt werden. Die Leitung dieser regionalen Unternehmensbereiche trägt die Verantwortung sowohl für alle dort angesiedelten Tochtergesellschaften als auch für den Absatz von Produkten, die in anderen Regionen hergestellt werden.

Die Argumentation macht deutlich, daß nur reine Organisationstypen in *polarisierter Form* ohne vollständige Kennzeichnung der Situationsbedingungen einander gegenübergestellt werden. Empirische Untersuchungen großer US-amerikanischer und europäischer multinationaler Unternehmungen weisen nach, daß die Organisationsstrukturen offensichtlich nur mit einer großen zeitlichen Verzögerung den Strategien angepaßt werden. [12] So dominiert bei den multinationalen Unternehmungen immer noch die internationale Division, in der das gesamte Auslandsgeschäft zusammengefaßt ist. Sie ist eigentlich typisch für das Übergangsstadium von einem eher inlandsorientierten zu einem weltweit tätigen Unternehmen. Es folgen dann die produktorientierte, die regional orientierte Organisation und relativ selten die Matrixorganisation als Kombinationsform von Produkt- und Ländererfordernissen. Bemerkenswert ist der Diversifikationsgrad als situative Einflußgröße auf die Wahl der Organisationsform. Conglomerates (Unternehmungen in unverbundenen Geschäftsfeldern) tendieren mehr zur zentralen Steuerung mit globalen Produktstrukturen, wohingegen diversifizierte Non-Conglomerates ihr Auslandsgeschäft mehr in internationale oder regionale Divisions aufteilen. Unternehmungen mit regionalorientierten Organisationsstrukturen sind tendenziell stärker vom Auslandsumsatz abhängig als solche mit internationaler Division oder weltweiten Produktsparten. Daraus läßt sich entnehmen, daß die Beziehungen zwischen Auslandsstrategien und Organisationsstruktur unter Berücksichtigung einer Vielzahl von situationalen Elementen präzisiert werden müssen.

Abschließend muß also konstatiert werden, daß die Notwendigkeit einer Integration von Entscheidungsprozessen im Zuge einer globalen Marketingstrategie unstrittig bleibt. Die Beziehungen zwischen Auslandsstrategie und Organisationsstruktur muß jedoch unter Berücksichtigung einer Vielzahl von situationalen Elementen analysiert werden. So bleibt schließlich die Frage nach organisatorischen Implikationen internationaler Strategien offen.

IV. Die Kosten- bzw. Preisvorteilsthese: Qualitäts- versus Kostenführerschaft

Unabhängig von den Homogenitätsbedingungen der Nachfrage wird mit globalem Marketing die Ausnutzung von Kostenvorteilen (Economies of Scale), insbesondere auch die Strategie der konsequenten Kostenführerschaft und die Sicherung bzw. Weitergabe von Preisvorteilen in den Märkten verbunden. Damit steht diese Strategie im Gegensatz zur differenzierten oder nischenorientierten Qualitätsführerschaft des multinationalen Marketing. Die Vorteile des weltweiten Wettbewerbs beruhen im wesentlichen auf folgenden vier Faktoren: (1) konventionelle komparative Vorteile, (2) Betriebsgrößenersparnisse oder Erfahrungskurven, (3) einheitliches Weltmarkenkonzept und (4) Nutzen von Marktinformation und Technologie. Beim Übergang vom multinationalen zum globalen Marketing gilt es, zu prüfen, inwieweit diese Kostenvorteile realisierbar sind.

Sieht man von den grundlegenden komparativen Vorteilen (geringere Faktorkosten, bessere Faktorqualität) ab, die für die Weltmarktposition eines globalen Unternehmens entscheidend sind, dann konzentriert sich die Frage auf Betriebsgrößenersparnisse in einzelnen Funktionsbereichen. In der Produktion können durch Zentralisierung (effiziente Mindestgröße der Kapazität) solche Effekte erzielt werden. Das gleiche gilt, wenn Fixkosten von Logistiksystemen auf viele Märkte verteilt werden können. Vorteile im Marketing können sich durch weltweite Nutzung von Marketingmethoden und einheitlichen Programmen ergeben. Betriebskostenvorteile im Einkauf sind erhöhte Verhandlungsstärke bzw. niedrigere Lieferantenkosten bei großen Serien, die über den Bedarf einzelner Märkte hinausreichen. Weltweite Vorteile aufgrund von Erfahrungskurveneffekten können sich ergeben, wenn ähnliche Produktvarianten auf vielen nationalen Märkten verkauft werden (kumulierte Mengen).

Derartige Kostenvorteile lassen sich in der Regel nur bei standardisierten Produkten für Massenmärkte realisieren. Hier sind jedoch Kostentendenzen wirksam, welche den Degressionseffekt *begrenzen*. [13] So wirken Transport- und Lagerkosten den Vorteilen entgegen, die aus zentralisierter Fertigung möglicherweise verbunden mit spezialisierten Fabriken in mehreren Ländern und mit Transfers zwischen den Standorten zu erzielen sind (z. B. Chemikalien und Düngemittel). Das gleiche gilt für unterschiedliche Produktanforderungen infolge länderspezifischer gesetzlicher Auflagen, Bauvorschriften oder technischer Standards. Hier sind die Anpassungskosten für die Realisierung von Kostenvorteilen wesentlich. Weitere Begrenzungsfaktoren sind etablierte Vertriebskanäle der aufbaueigenen Vertreterstäbe und standortgebundene Kundendienstsysteme. Schließlich setzt weltweiter Wettbewerb immer voraus, daß in mehreren wichtigen Ländern ein hinreichendes Nachfragepotential für das Produkt gegeben ist. Man kann nicht davon ausgehen, daß Innovationen mit gleicher Diffusionsgeschwindigkeit in allen Ländern zu verkaufen sind. Der sog. Produktlebenszyklus des internationalen Handels mit dem entsprechenden Gefälle zwischen den Ländern wird auch in Zukunft bestehen bleiben. Insofern gelangt auch Porter zu dem Schluß, daß der weltweite Wettbewerb einen gewissen Reifegrad der Märkte voraussetzt. Allerdings verweist er dabei auch auf Ausnahmen, wie z. B. bei der schnellen Verbreitung von Produkten in High-Tech-Märkten.

Mit dem Stichwort Reifegrad verbindet sich bei weitgehend standardisierten Produkten die Frage nach der Intensität des *Preiswettbewerbs*. Vor allem stellt sich dabei die Frage, ob es sinnvoll ist, die Produkte wegen der geringeren Kosten auf globalen Märkten preisgünstiger anzubieten. Levitt erwartet erhebliche Marktvolumenseffekte, weil die Käufer bei einem Produkt gerne auf bestimmte Merkmale, Design oder Funktionen verzichten, wenn der Preis dafür »stimmt«. Diese These ist vor allem in gesättigten bzw. stagnierenden Märkten fragwürdig. In solchen Marktsituationen ist erfahrungsgemäß die Preiselastizität der Gesamtmarktnachfrage außerordentlich gering, die gegenüber einzelnen Marken relativ hoch (z. B. Haushaltsgeräteindustrie). Deshalb ist in solchen Märkten der Preisvorteilsthese mit Skepsis zu begegnen.

C. Kontextabhängige Strategiewahl

Die bewußt kontrovers geführte Auseinandersetzung mit den Erfolgsbedingungen multinationaler und globaler Marketingstrategien zeigt, daß die Wahl einer »optimalen« Strategie ganz entscheidend von den *situativen Gegebenheiten* des Marktes und der Unternehmung selbst beeinflußt wird. Insofern verlangt die Konzipierung einer situationsadäquaten Strategie eine eingehende Betrachtung der aufgeführten Globalisierungsthesen unter unternehmensinternen und -externen Aspekten.

I. Reine und gemischte Strategie

Faßt man die bisherigen Überlegungen zu den Erfolgsbedingungen multinationaler und globaler Marketingstrategien zusammen, dann wird deutlich, daß sie sich im Spannungsfeld zwischen globaler Integration und lokaler bzw. regionaler Flexibilität bewegen. Damit ist für jedes Geschäftsfeld international tätiger Unternehmungen zu prüfen, wie ausgeprägt einerseits die verschiedenen globalisierungsfördernden Faktoren sind und wie wichtig andererseits lokale Anpassung ist. Unter Berücksichtigung dieser beiden Kriterien lassen sich stark vereinfacht die eingangs skizzierten Strategien in einen zweidimensionalen Raum positionieren. Dabei ergibt sich gemäß Abbildung 2 neben dem internationalen, dem multinationalen und globalen Marketing das duale Marketing als gemischte Strategie.

Zentrale Faktoren, welche die Notwendigkeit zur globalen Integration begründen, sind [14]

Lokalisierungsvorteil/ -erfordernis / Globalisierungsvorteil	Gering	Groß
Groß	Globales Marketing	Duales Marketing
Gering	Internationales Marketing	Multinationales Marketing

Abb. 2: Alternative Strategietypen im internationalen Marketing

- internationale »economies of scale«,
- hohe Kapital- und Technologieintensität,
- weltweit vereinheitlichte Bedürfnisstrukturen,
- geringe Anzahl identifizierbarer weltweiter Wettbewerber,
- geringe internationale Handelsbarrieren.

Demgegenüber sprechen für eine länderspezifische Anpassung

- die Notwendigkeit der Produktdifferenzierung,
- geringe »economies of scale«,
- Fragmentierung der Märkte,
- national stark abweichende Distributionskanäle,
- Verfügbarkeit von Substitutionsprodukten,
- relativ geringe Technologieabhängigkeit,
- Handelsbarrieren bzw. politischer Druck der Gastland-Regierungen.

Dem *dualen Marketing* ist als gemischte Strategie aus zwei Gründen verstärkte Aufmerksamkeit zu widmen. Zum einen sind in diesem Bereich sowohl die globalisierungsfördernden Faktoren als auch die Notwendigkeit zur lokalen Anpassung stark ausgeprägt. Zum anderen vollzieht sich gerade zwischen diesen beiden Polen der zur Zeit bei zahlreichen Unternehmen zu beobachtende Wandel vom multinationalen zum globalen Anbieter. Die damit einhergehenden sehr komplexen Anforderungen an die Strategieformulierung verlangen eine eingehende Betrachtungsweise des dualen Marketing.

Im Rahmen der gemischten Strategie ist zunächst zwischen blockierten Globalgeschäften und teilglobalen Geschäften zu unterscheiden (vgl. Abb. 3).

Blockierte Globalgeschäfte liegen für solche Geschäftsbereiche vor, bei denen aus rein ökonomischen Überlegungen eine Globalisierung Wettbewerbsvorteile erbringen könnte, diese aber aufgrund des Zwangs zur Lokalisierung – verursacht durch Regierungsauflagen oder das Einkaufsverhalten staatlicher Stellen – nicht realisiert sind. Große Teile der Rüstungsindustrie und nationale Telefonnetze unterliegen dieser dualen Anforderung. [15]

Für solche Geschäftsbereiche kann das duale Marketing in Form einer mehr oder weniger *opportunistischen Flexibilitätsstrategie* betrieben werden. Sie bezieht weder für eine weltweite Integration noch für eine lokale Flexibilität eindeutig Stellung, sondern versucht, die Vorteile des multinationalen und globalen Marketing miteinander zu verbinden. Diese Verhaltensweise impliziert eine Reihe begrenzter strategischer Anpassungen, ohne sie in eine konsistente Wettbewerbsstrategie zu integrieren.

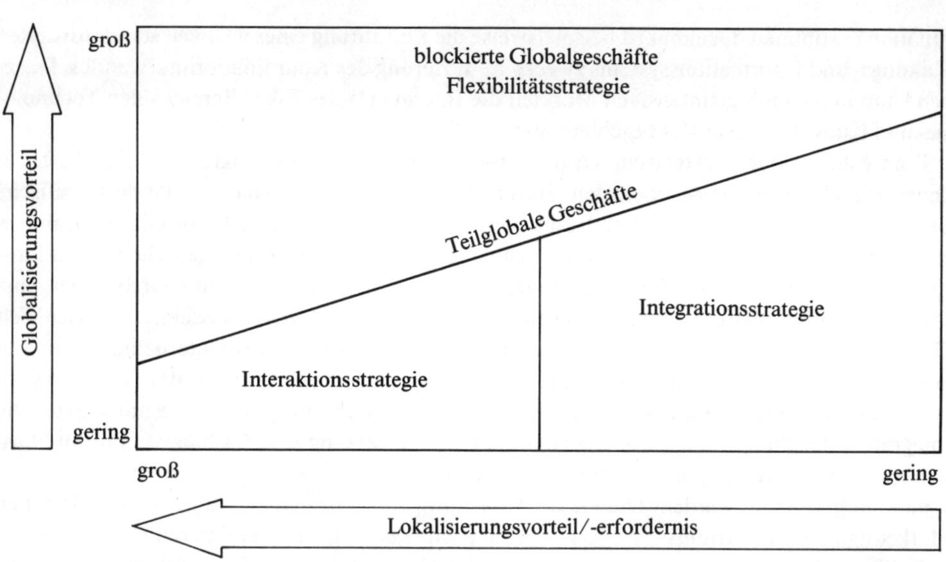

Abb. 3: Strategievarianten des dualen Marketing

In Anpassung an lokale Bedürfnisse dominiert einmal die nationale Orientierung, ein anderes Mal herrscht zwecks Ausnutzung von sich bietenden Globalisierungsvorteilen die Tendenz zur weltweiten Integration vor. Im Rahmen der Flexibilitätsstrategie wird meist die Matrixorganisation präferiert, bei der Produkte und Gebiete als Dimensionen gleichberechtigt sind. Die zentrale Aufgabe des Top-Managements einer so geführten Unternehmung besteht darin, die Entscheidungsbefugnisse in Abhängigkeit von der aktuellen strategischen Situation zugunsten des regionalen oder produktorientierten Unternehmensbereiches zu verlagern. Darüber hinaus ist eine intensive Beobachtung eines blockiert globalen Geschäftsbereiches unbedingt erforderlich, um Veränderungen der Erfolgsbedingungen rasch zu identifizieren und blockierte Globalgeschäfte zu teilglobalen Geschäften ausbauen zu können.

Derartige *teilglobale Geschäfte* unterliegen nicht der Blockierung einer potentiellen Globalisierung, sondern sind durch ein komplementäres Verhältnis von Globalisierungsvorteilen und Lokalisierungserfordernissen gekennzeichnet. In Abhängigkeit von der Bedeutung globalisierungsfördernder Faktoren lassen sich mit der Interaktionsstrategie und Integrationsstrategie zwei Varianten für teilglobale Geschäfte ableiten. [16]

Nach wie vor lassen sich in zahlreichen Märkten langfristige Wettbewerbsvorteile primär durch eine nationale Anpassung der Unternehmensaktivitäten erzielen. Gleichwohl bedeutet dies nicht die völlige Ausklammerung von Globalisierungsaspekten aus den strategischen Überlegungen. Vielmehr bietet sich in dieser Situation durchaus die Möglichkeit im Rahmen einer *Interaktionsstrategie,* den Wettbewerbsvorsprung durch die weltweite Verknüpfung bestimmter Unternehmensfunktionen zu verbessern. So lassen sich Geschäftsbereiche mit multinationalem Charakter und eigenständigen Ländergruppenorganisationen mittels einer gebietsübergreifenden Installierung zentraler Unternehmensfunktionen miteinander verbinden. In dem Interaktionsbereich können internationale Synergieeffekte vorteilhaft genutzt werden, ohne die zur lokalen Anpassung notwendige strategische Autonomie der Auslandsorganisationen einzuschränken. Welchem Unternehmensbereich die Interaktionsaufgabe zukommt, läßt sich faktisch nur in Abhängigkeit von der jeweiligen Markt- und Unternehmenssituation bestimmen. Denkbar ist beispielsweise die Einführung eines weltweit standardisierten Planungs- und Informationssystems zwecks Reduzierung des Koordinationsaufwandes. Daneben kann in technologieintensiven Märkten die Interaktion des F & E-Bereichs den Technologie- und Know-how-Transfer beschleunigen.

Eine völlig andere strategische Option eröffnet sich für solche teilglobalen Geschäfte, in denen die globalisierungsfördernden Einflüsse den Anpassungsbedarf an länderspezifische Besonderheiten dominieren. Hier lassen sich nachhaltige Wettbewerbsvorteile im Rahmen einer *Integrationsstrategie* erzielen. Vergleichbar dem globalen Marketing geht die Integrationsstrategie von einer grundsätzlich globalen Strategiekonzeption aus und strebt über eine begrenzte länderspezifische Anpassung eine Insiderposition in den Schlüsselmärkten der Welt (Triadenmärkten) an. Integriert werden kann das gesamte Spektrum der Unternehmensfunktionen. Die weltweite Vernetzung des F & E-Bereiches in ein zusammenhängendes Gesamtsystem fördert den raschen Technologie-Transfer sowie die Entwicklung globaler Kernprodukte. Die Integration des Produktionsbereiches ist oftmals Voraussetzung zum Aufbau von Produktionsstätten, in denen weitestgehend kompatible und austauschbare Komponenten mit world-scale-Volumina hergestellt werden. Die lokale Anpassung vollzieht sich im Rahmen des taktischen Marketinginstrumentariums. Wie stark einzelne Mixelemente zu modifizieren und um dezentrale Elemente zu ergänzen sind, hängt von der Homogenität der Bedürfnisstrukturen und Produkte ab. Insbesondere bei sehr homogenen Erzeugnissen zur industriellen Weiterverarbeitung (z. B. Halbleiter) spielen lokale Anpassungen kaum eine Rolle. Auf diese Weise bietet die Integrationsstrategie die Möglichkeit, weltweite Synergien in Kosten- und Qualitätsvorteile umzusetzen und eine feste Verankerung in den wichtigsten Weltmärkten zu erreichen.

II. Relevante Schlüsselfaktoren und Strategiemuster

Aufgrund der Komplexität des dualen Marketing ist bei der Wahl der geeigneten Strategie ein Rückgriff auf strategische Schlüsselfaktoren unerläßlich. Sie repräsentieren diejenigen Determinanten oder Bedingungen, die den Erfolg oder Mißerfolg der Strategie entscheidend beeinflussen. [17]

Für die Strategieformulierung im Bereich des dualen Marketing sind folgende Größen den relevanten Schlüsselfaktoren zuzurechnen:

- Bedürfnisstrukturen
- Potential an Skaleneffekten
- Technologiedynamik
- Kapitalintensität
- staatlicher Einfluß
- Handelsbarrieren
- Zugang zu Distributionskanälen
- Wettbewerber
- Art des Wettbewerbs.

Der *Homogenität* der Bedürfnisstrukturen kommt eine entscheidende Bedeutung für das Globalisierungsniveau einer Strategie innerhalb des dualen Marketing zu. Mit schwindenden Nachfrageunterschieden ist es um so eher möglich, ein lokal differenziertes Marketing zugunsten einer weltweit standardisierten Konzeption aufzugeben und den Übergang von einer

Interaktions- zu einer Integrationsstrategie zu vollziehen. Weltweit ähnliche Marktsegmente sind darüber hinaus Voraussetzung für den Aufbau einer Weltmarkenposition, wie sie z. B. Marlboro und Coca-Cola erreicht haben.

Auf der Angebotsseite ist eine sorgfältige Prüfung *potentieller Skaleneffekte* unabdingbar für die Wahl einer situationsadäquaten Strategie. Gelangt eine Unternehmung zu dem Schluß, daß die Vorteile, die aus einer konsequenten Ausnutzung von Kostensenkungspotentialen mittels Ausweitung der Betriebsgröße resultieren, größer sind als die damit verbundenen Kosten, so ist eine Integrationsstrategie gegenüber umfassenden lokalen Anpassungsmaßnahmen zu bevorzugen. Klassischerweise treten erhebliche Betriebsgrößenersparnisse in der Produktion auf, deren Realisierung die Herstellung von Produkten mit einheitlichem Weltstandard verlangt. Aber auch in anderen Unternehmensbereichen wie z. B. Beschaffung oder F & E lassen sich Größenvorteile erzielen.

Die *Technologiedynamik* spielt insbesondere im F & E-Bereich eine zentrale Rolle bei der Strategiewahl. Kennzeichnend für High-Tech-Märkte ist eine hohe Technologiedynamik, die sich in kurzer Marktpräsenz der Produkte, rapidem Preisverfall, kurzen Innovationszyklen und raschem Verfall von Technologievorsprüngen äußert. Die erfolgreiche Bewältigung einer derart turbulenten Situation erzwingt geradezu ein viele Bereiche umfassendes globales Konzept (z. B. Integrierte Schaltkreise). Lokale Modifikationen sind nur sehr begrenzt möglich. In technologisch gering dynamischen Märkten stellt sich dieser Zwang zur Globalisierung nicht in dem Maße, zumal parallel hierzu oftmals Marktsättigungstendenzen zu beobachten sind (z. B. Haushaltsgeräteindustrie). In dieser Situation ist eine lokal angepaßte Vorgehensweise im Rahmen einer Interaktionsstrategie am ehesten erfolgversprechend.

Die *Kapitalintensität* der Produktion stellt einen weiteren Schlüsselfaktor der Strategiewahl dar. Mit der vielfach zu beobachtenden Verlagerung von arbeitsintensiver zu kapitalintensiver Produktion geht eine steigende Fixkostenbelastung einher. Um diesen starken Fixkostendruck abzubauen, kann nur eine rasche und weltweite Marktpenetration die erforderliche Kostendegression sicherstellen. Treffen diese Merkmale für einen Markt (z. B. Automobil- und Fernsehgeräteindustrie) zu, so ist eine Integrationsstrategie zweifellos mehr angezeigt als eine Interaktionsstrategie. Die Notwendigkeit zur raschen Amortisation hoher Fixkosten verstärkt sich noch in technologisch hoch dynamischen Märkten mit kurzen Innovations- und Produktlebenszyklen.

Die gleichzeitige Vermarktung von Produkten in den wichtigsten Weltmärkten setzt ein weltweites Distributionssystem voraus. Daher besitzt der *Zugang zu Distributionskanälen* in den Auslandsmärkten eine zentrale Bedeutung für die Strategiewahl. So wird das japanische Distributionssystem, das aufgrund starker Kultureinflüsse zu einem der komplexesten und vielschichtigsten der Welt zählt, von ausländischen Unternehmen als die größte Markteintrittsbarriere genannt. [18] Sie zu überwinden setzt eine tiefe Kenntnis der und genaue Anpassung an die lokalen Besonderheiten voraus. Insofern sprechen national stark divergierende Vertriebskanäle für eine Interaktionsstrategie, während der Zugang zu Distributionssystemen mit international ähnlichen Strukturen im Rahmen einer Integrationsstrategie erfolgen kann.

Staatliche Einflußnahme auf die Unternehmenspolitik kann einen weltweiten Wettbewerb gänzlich unterbinden und zu blockierten Globalgeschäften führen. Dieser Sachverhalt trifft insbesondere für solche Schlüsselindustrien zu, die für die volkswirtschaftliche Entwicklung einer Nation eine dominierende Rolle spielen. Obgleich einige Märkte wie die für Fernmeldesysteme und den Kraftwerkbau grundsätzlich die wirtschaftlichen Voraussetzungen für eine globale Vorgehensweise aufweisen, bleibt das Potential an Kostendegressionen aufgrund der Nachfragemacht von staatlichen oder staatlich kontrollierten Kunden weitgehend ungenutzt. Empirische Untersuchungen zeigen [19], daß Unternehmungen wie L. M. Ericsson, ITT und

BBC bei der Strategieformulierung zu einer expliziten Berücksichtigung der staatlichen Anforderungen gezwungen sind. Dementsprechend dominieren in diesen Märkten die Flexibilitätsstrategien.

Handelshemmnisse als Ausdruck eines staatlichen Protektionismus können Globalisierungsvorteile gleichfalls konterkarieren. Vielfältige protektionistische Maßnahmen führen zu einer künstlichen Fragmentierung der Märkte, welche die internationale Unternehmenstätigkeit behindern, verteuern oder gar unterbinden können. Die Umgehung solcher Handelshemmnisse erscheint aus Unternehmenssicht am ehesten mittels einer Flexibilitätsstrategie erfolgversprechend. So können als Gegenleistung für den Marktzutritt Arbeitsplatzgarantien für heimische Arbeitnehmer gewährt oder durch Verwendung lokaler Produktkomponenten etwaige local-content Vorschriften erfüllt werden.

Eine Strategiewahl hat immer auch kompetitiven Aspekten Rechnung zu tragen. Hier ist zunächst die Anzahl der Wettbewerber zu berücksichtigen. Existieren viele Wettbewerber mit gefestigter Position in nationalen Märkten, ist eine Interaktionsstrategie angezeigt, die den Auslandsgesellschaften den erforderlichen strategischen Freiraum zur Profilierung gegenüber lokalen Wettbewerbern bereitstellt. Lassen sich hingegen einige wenige Wettbewerber mit weltweiter Bedeutung identifizieren, empfiehlt sich ein mehr globales Strategiekonzept im Rahmen einer Integrationsstrategie.

Schließlich ist der Wettbewerbscharakter selbst in die Strategieüberlegungen miteinzubeziehen. Weist ein Geschäftsfeld bereits eine globale Ausprägung auf, so ist gegebenenfalls eine teilweise oder vollständige Globalisierung der Unternehmensaktivitäten zu präferieren. Diese Vorgehensweise erscheint jedoch nur dann erfolgversprechend, wenn das Unternehmen eine hinreichend starke Marktposition und die Konkurrenz einen aufholbaren zeitlichen Globalisierungsvorsprung besitzt. Andernfalls ist es aus wirtschaftlichen Überlegungen weitaus vernünftiger, auf eine Globalisierung zu verzichten und die Konzentration auf eine Nische oder auch einen Rückzug aus dem Geschäftsfeld anzustreben.

Vor dem Hintergrund der skizzierten Schlüsselfaktoren lassen sich drei unterschiedliche Konstellationen dieser Größen ableiten, die das situative Anforderungsprofil für Strategien im Rahmen des dualen Marketing maßgeblich prägen. Abbildung 4 zeigt tendenziell die zu den Ausprägungen der Schlüsselfaktoren passenden Strategiemuster (»Strategie -fit«).

Um die zweckmäßige Strategiealternative zu ergreifen, sind die relevanten Schlüsselfaktoren für jeden Geschäftsbereich und jedes Produkt individuell zu analyiseren. Eine für alle Geschäftsbereiche einheitliche strategische Ausrichtung dürfte in einem Mehrproduktunternehmen so gut wie ausgeschlossen sein. Darüber hinaus ist eine Prüfung der unternehmensinternen Faktoren unerläßlich, womit die organisatorischen Voraussetzungen bzw. Implikationen einer Globalisierungsstrategie angesprochen sind.

III. Organisatorische Implikationen

Bei der Abgrenzung der Strategietypen im internationalen Marketing sind immer wieder Fragen nach der Notwendigkeit der Zentralisation von Entscheidungen bzw. nach den organisatorischen Implikationen der Strategiewahl aufgeworfen worden. Deutlich wurde, daß die globale Strategie in hohem Maße die Zentralisation von Entscheidungen in weltweiten Produktgruppen zur Durchsetzung globaler Produktstrategien erfordert. Demgegenüber sehen multinationale Unternehmungen eine Anpassung an länderspezifische Besonderheiten vor, so daß sich ein regionenorientierter Strukturtyp anbietet.

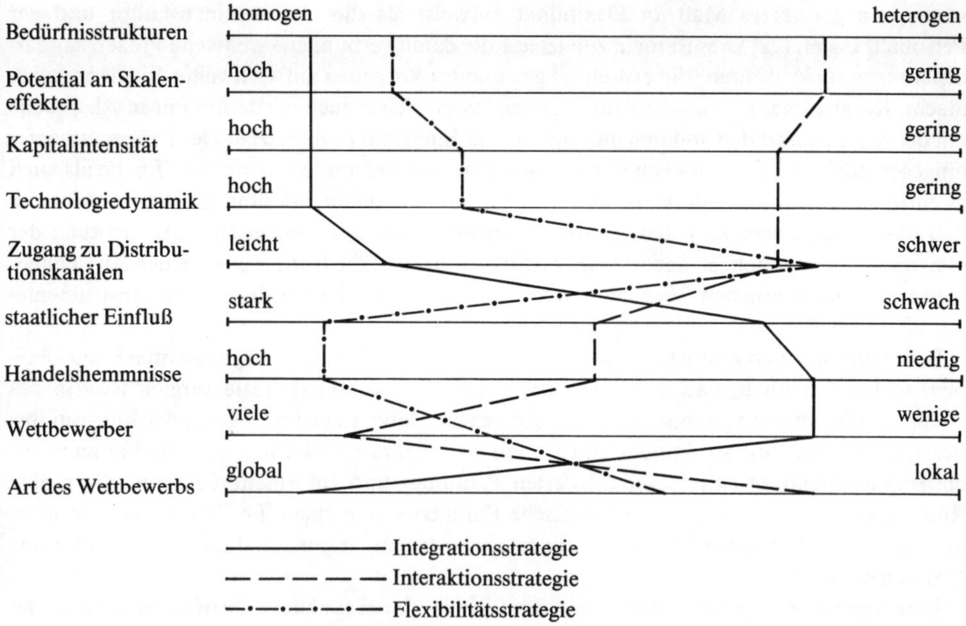

Abb. 4: Strategiemuster anhand ausgewählter Schlüsselfaktoren

Die Auseinandersetzung mit der Zentralisationsthese jedoch zeigt, daß sich eine solch klare Zuordnung von Auslandsstrategie und Organisationsstruktur nicht aufrecht erhalten läßt. Vielmehr scheint eine Vielzahl weiterer unternehmensspezifischer Faktoren letztlich die erfolgreiche Durchsetzung internationaler Marketingstrategien zu beeinflussen.

Unterstützung erfährt dieses Argument, wenn man sich die Frage nach der Notwendigkeit struktureller Anpassungen im Zuge der sog. »mixed strategies« stellt. Die in der Literatur häufig in diesem Zusammenhang vorgeschlagenen Matrixstrukturen, die sowohl produkt- als auch länderspezifische Dimensionen integrieren, bieten hier keine echte Problemlösung. [20] Dies läßt sich darauf zurückführen, daß die Struktur einer internationalen Unternehmung zwar durchaus notwendigen Abstimmungserfordernissen Rechnung trägt, nicht jedoch unmittelbar die Reaktionsfähigkeit und -schnelligkeit der Unternehmung fördert. Dabei kann man von der These ausgehen: je weniger eindeutig die Strategietypen in einer Unternehmung ausgeprägt sind (strategische Unschärfe) bzw. je höher der Bedarf an Handlungsfähigkeit und -schnelligkeit in einer internationalen Unternehmung ist, desto mehr verlieren langfristig etablierte und damit weniger flexibel einsetzbare organisatorische Instrumente an Bedeutung.

Im Spannungsfeld zwischen globaler und multinationaler Strategie rücken daher
- das Planungs- und Informationssystem
- der Personaltransfer sowie
- die Unternehmenskultur

in den Mittelpunkt. [21]

Welche der genannten Instrumente jedoch bei zunehmender strategischer Unschärfe einzusetzen sind, hängt unmittelbar von dem Flexibilitätsspielraum ab, den sie eröffnen. Untersuchungen zu diesem Bereich weisen dabei nach, daß ein integriertes Planungs- und Informationssystem ein geringeres Maß an Flexibilität aufweist als die Unternehmenskultur und der Personaltransfer. [22] Dies ist nicht zuletzt auf die damit verbundene weltweite Prozeßstandardisierung zurückzuführen, die erst ein abgestimmtes Vorgehen auf weltweiter Ebene möglich macht. Kurzfristige strategische Anpassungen lassen sich jedoch wiederum nur in Absprache mit der Zentrale und den anderen internationalen Einheiten durchsetzen. Der Personaltransfer hingegen eröffnet kurzfristig Handlungsspielräume sowohl auf internationaler Ebene als auch in einzelnen nationalen Märkten, wohingegen die Unternehmenskultur lediglich sicherstellt, daß das Management zu jedem Zeitpunkt entsprechend der strategischen Ausrichtung der Unternehmung handelt. Es bedarf keiner Begründung, daß die Instrumente keinen Ausschließlichkeitsanspruch erheben. Vielmehr wird ein Unternehmen immer das gesamte Instrumentemix einsetzen.

Betrachtet man den Einsatz alternativer Instrumente für die einzelnen gemischten Strategietypen, so wird deutlich, daß die Integrations- und Interaktionsstrategie vergleichsweise das geringste Maß an strategischer Unschärfe aufweisen. Dabei spielt im Rahmen der Integrationsstrategie sicherlich die strukturelle Integration von Zentrale und Tochtergesellschaften sowie die Implementierung eines standardisierten Planungs- und Informationssystems die größte Rolle. Damit lassen sich sowohl strategische Rahmenbedingungen für die zentralen Triadenmärkte vorgeben als auch Spielräume für taktische Anpassungsmaßnahmen in den einzelnen Märkten schaffen.

Demgegenüber zwingt die Interaktionsstrategie zu einem funktionsspezifischen Einsatz der organisatorischen Instrumente. Dabei zeigt das Beispiel von Dow Chemicals, daß ein einheitliches Planungs- und Informationssystem sowie die Schaffung einer unternehmensspezifischen Kultur Grundlage für ein integriertes weltweites Vorgehen darstellen. [23] Je nachdem, ob es sich dann um sog. »global functions« oder »local functions« handelt, gewinnen strukturelle Maßnahmen in Form von internationalen Einheiten in der Unternehmenszentrale bzw. nationalen Einheiten in den Tochtergesellschaften an Bedeutung.

Die Diskussion der »mixed strategies« machte deutlich, daß insbesondere die Flexibilitätsstrategie das höchste Maß an strategischer Unschärfe aufweist. Gegensätzliche Tendenzen in

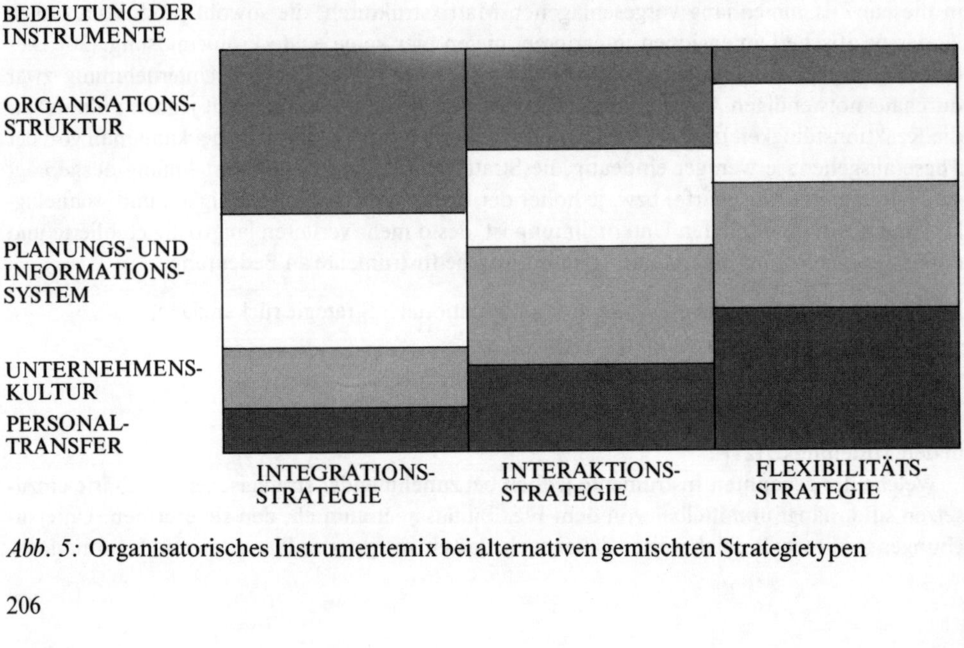

Abb. 5: Organisatorisches Instrumentemix bei alternativen gemischten Strategietypen

Richtung einer globalen bzw. einer multinationalen Strategie zeigen sich hier nicht nur zwischen den Funktionen, sondern auch *innerhalb einer einzelnen* Funktion. Strategische Widersprüche ergeben sich dabei aus den diskontinuierlichen Veränderungen der Umwelt. Diese Widersprüche stellen ein permanentes Konfliktpotential dar, das in laufenden Auseinandersetzungen innerhalb des Managements abgebaut werden muß. Das Management befindet sich daher dauerhaft in einem Prozeß der administrativen Koordination, dessen Ergebnis darin besteht festzulegen, welche Art von Entscheidungen innerhalb einer Funktion nationalen Erfordernissen Rechnung tragen und welche international koordiniert werden müssen. Eine Lösungsmöglichkeit sieht Ansoff in seinem dreidimensionalen Modell von geteilter Verantwortung und Autorität. [24]

Welches Instrumentemix bei welchem strategischen Vorgehen vorteilhaft erscheint, gibt synoptisch Abbildung 5 wieder.

Dabei wird deutlich, daß einem integrierten Planungs- und Informationssystem bei allen Strategietypen ein ähnlich großer Stellenwert beizumessen ist. Demgegenüber gewinnen mit zunehmendem lokalen Anpassungsbedarf im Zuge der Strategiewahl die Unternehmenskultur und der Personaltransfer in dem Maße an Bedeutung, wie die Organisationsstruktur an Relevanz verliert.

D. Schlußbemerkung

In der Auseinandersetzung mit den immer wieder in der Literatur vertretenen Globalisierungsthesen wurde deutlich, daß diese zu pauschal formuliert sind. Die Kontroverse um die Extremtypen internationaler Marketingstrategien in Gestalt des globalen und multinationalen Marketing ist daher *in ihrer Schärfe* unbegründet. Aus diesem Grund standen im Mittelpunkt des Beitrages die »mixed strategies«, die sich in dem sowohl für die Wissenschaft als auch für die Praxis interessanten *Spannungsfeld* von globalem und multinationalem Marketing bewegen.

Im Zuge der Abgrenzung dieser relevanten gemischten Strategietypen – der Flexibilitätsstrategie sowie der Interaktions- und Integrationsstrategie – richtete sich das Augenmerk zwangsläufig auf das Problem der *Strategiewahl.* In diesem Zusammenhang ließen sich zentrale situative Faktoren als Ansatz zur Beurteilung der »richtigen« Marketingstrategie im internationalen Geschäft herausarbeiten. Zudem zeigte sich, daß neben der Organisationsstruktur internationaler Unternehmungen weiteren unternehmensinternen Faktoren wie dem integrierten Planungs- und Informationssystem, der Unternehmenskultur und dem Personaltransfer zentrale Bedeutung bei der Umsetzung dieser »mixed strategies« zukommen.

Abschließend bleibt festzuhalten, daß die strategischen Aspekte des internationalen Marketing zukünftig eine große Herausforderung sowohl an die Wissenschaft als auch an die Praxis darstellen. Ihnen sollte daher insbesondere im Rahmen der deutschen Betriebswirtschaftslehre zunehmend Aufmerksamkeit geschenkt werden.

Anmerkungen

1 Vgl. *Levitt* (Globalization) S. 92 f.
2 Vgl. *Fisher* (Global) S. 62.
3 Vgl. *Meffert* u. a. (Management) S. 44 ff.
4 Vgl. hierzu z. B. *Gluck* (Competition) S. 22 f.; *Hamel/Prahalad* (Global Strategy) S. 179 ff.; *Levitt* (Globalization) S. 92 ff.
5 Vgl. *Tostmann* (Werbekampagnen) S. 228 ff.
6 Vgl. *Berekoven* (Verbrauchsangleichung) S. 47 ff.
7 Vgl. *Naisbit* (Megatrends) S. 45.
8 Vgl. *Meffert/Althans* (Marketing) S. 98 ff.
9 Vgl. *Levitt* (Globalization) S. 96.
10 Vgl. *Chandler* (Structure).
11 Vgl. *Grochla* (Organisationstheorie) S. 35 f.; derselbe (Grundlagen) S. 89 ff.
12 Vgl. *Daniels* u. a. (Dual Strategies) S. 223 ff.; *Egelhoff* (Structure) S. 435 ff.
13 Vgl. *Porter* (Wettbewerbsstrategie) S. 353 ff.
14 Vgl. *Hamel/Prahalad* (Strategic Responsibility) S. 342 f.; *Meffert* (Marketingstrategie) S. 5.
15 Vgl. *Henzler/Rall* (Weltmarkt) S. 182.
16 Vgl. *Henzler/Rall* (Weltmarkt) S. 260.
17 Vgl. zum Begriff der strategischen Schlüsselfaktoren *Kreikebaum/Grimm* (Strategische Faktoren) S. 7.
18 Vgl. *Ohmae* (Triade) S. 109 ff.
19 Vgl. *Doz* (Strategic Management) S. 30 ff.
20 Vgl. *Bartlett* (Reorganization) S. 139.
21 Vgl. *Hamel/Prahalad* (Strategic Responsibility) S. 347 f.; *Ansoff* (Strategic Management) S. 167.
22 Vgl. *Welge* (Management) S. 222 ff.
23 Vgl. *Hamel/Prahalad* (Strategic Responsibility) S. 349 f.
24 Vgl. *Ansoff* (Management).

Literaturverzeichnis

Ansoff, H. I. (Management): Implanting Strategic Management. Prentice-Hall 1984.

Bartlett, Ch. A. (Reorganization): MNCs: get off the reorganization merry-go-round. In: Harvard Business Review, Vol. 61, 1983, März–April, S. 138–146.

Berekoven, L. (Verbrauchsangleichung): Internationale Verbrauchsangleichung. Wiesbaden 1978.

Chandler, A. D. (Structure): Strategy and Structure. New York 1966.

Daniels, J. D./*Pitts,* R. A./*Tretter,* J. M. (Dual Strategies): Organizing for Dual Strategies of Product Diversity and International Expansion. In: Strategic Management Journal, Vol. 6, 1985, S. 223–237.

Doz, Y. L. (Strategic Management): Strategic Management in Multinational Companies. In: Sloan Management Review, Vol. 22, Winter 1980, S. 27–46.

Egelhoff, W. G. (Structure): Strategy and Structure in Multinational Corporations: An Information Processing Approach. In: Administrative Science Quarterly, Vol. 27, 1982, S. 435–458.

Fisher, A. B. (Global): The Ad Biz Gloms on to »Global«. In: Fortune, 1984, November 12, S. 61–64.

Gluck, Fr. (Competition): Global Competition in the 1980s. In: Journal of Business Strategy, Vol. 3, 1983, Spring, S. 22–27.

Grochla, E. (Organisationstheorie): Einführung in die Organisationstheorie. Stuttgart 1978.

Grochla, E. (Grundlagen): Grundlagen der organisatorischen Gestaltung. Stuttgart 1982.

Hamel, G./*Prahalad,* C. K. (Strategic Responsibility): Managing Strategic Reponsibility in the MNC. In: Strategic Management Journal, Vol. 4, 1983, S. 341–351.

Hamel, G./*Prahalad,* C. K. (Global Strategy): Do you really have a global strategy?. In: Harvard Business Review, Vol. 63, 1985, Juli–August, S. 139–148.

Henzler, H./*Rall,* W. (Weltmarkt): Aufbruch in den Weltmarkt. In: Manager Magazin 1985, Nr. 9, S. 176–190 (Teil 1), Nr. 10, S. 254–262 (Teil 2).

Keegan, W. J. (Strategic Alternatives): Multinational Product Planning: Strategic Alternatives. In: Journal of Marketing, Vol. 33, 1966, No. 1, S. 58–70.

Kreikebaum, H./ *Grimm,* M. (Strategische Faktoren): Die Analyse strategischer Faktoren und ihre Bedeutung für die strategische Planung. In: Wirtschaftswissenschaftliches Studium, 12. Jg., 1983, Januar, S. 6–12.

Levitt, Th. (Globalization): The globalization of markets. In: Harvard Business Review, Vol. 61, 1983, May–June, S. 92–102.

Meffert, H./ *Althans,* J. (Marketing): Internationales Marketing. Stuttgart u. a. 1982.

Meffert, H./ *Landwehr,* R./ *Gass,* C. (Management): Internationales Management. Arbeitspapier Nr. 15 der Wissenschaftlichen Gesellschaft für Marketing und Unternehmensführung. Münster 1984.

Meffert, H. (Marketingstrategien): Zur Typologie internationaler Marketingstrategien – ein situativer Ansatz. In: Thexis, 2. Jg., 1985, Nr. 2, S. 3–7.

Naisbit, J. (Megatrends): Megatrends. Bayreuth 1984.

Ohmae, K. (Triade): Die Macht der Triade. Die neue Form des weltweiten Wettbewerbs. Wiesbaden 1985.

Porter, M. E. (Wettbewerbsstrategie): Wettbewerbsstrategie. Frankfurt 1983.

Tostmann, Th. (Werbekampagnen): Möglichkeiten und Grenzen internationaler Werbekampagnen. In: *Hermanns,* A. (Hrsg.): Zukunftsorientiertes Marketing für Theorie und Praxis. S. 217–234.

Welge, M. (Management): Management in deutschen multinationalen Unternehmungen. Stuttgart 1980.

*Hans Günther Meissner**

Systemvergleich zwischen deutschen und japanischen Marketingstrategien

* Prof. Dr. *Hans Günther Meissner,* Universität Dortmund, Lehrstuhl für Marketing.

A. Einleitung

Die Dynamik der internationalen Arbeitsteilung wird heute weitgehend durch amerikanische multinationale Konzerne sowie durch deutsche und japanische Unternehmen bestimmt. [1] Dabei wird deutlich, daß sowohl die amerikanischen multinationalen Konzerne wie auch die deutschen und die japanischen Unternehmen unterschiedliche Strategien zur Weltmarkterschließung und Weltmarktorientierung verfolgen. Die unterschiedlichen Ansätze, mit denen Unternehmen national und weltweit operieren, sind Ausdruck des Führungsstils und im weiteren Sinne der Unternehmenskultur, die von den Unternehmen im Rahmen ihrer Einbindung in die jeweiligen sozio-kulturellen Strukturen verfolgt werden. Das Ziel dieses Beitrages besteht darin, eine vergleichende Analyse deutscher und japanischer Marketingaktivitäten vorzunehmen. Ein solcher systematischer Vergleich soll dazu dienen, Unterschiede wie Gemeinsamkeiten zwischen deutschen und japanischen Unternehmen herauszuarbeiten. Insbesondere soll die Unterschiedlichkeit des Führungsstils hervortreten. [2] Ferner soll die internationale Wettbewerbsfähigkeit deutscher und japanischer Unternehmen aufgrund ihrer unterschiedlichen Marketingaktivitäten interpretiert werden. Die Marketingaktivitäten reflektieren die sozialen und kulturellen Besonderheiten des Umfeldes, in dem sich die Unternehmen bewegen und an die sie sich international mehr oder weniger intensiv anpassen. [3] Die Unterschiede in der wirtschaftlichen Entwicklung, die Besonderheiten des Umfeldeinflusses, der spezifische Führungsstil und die Unternehmenskultur insgesamt kommen gerade in den verfolgten Marketingstrategien in besonders deutlicher Weise zum Ausdruck.

Die vergleichende Analyse von Marketingaktivitäten stellt damit eine wichtige Aufgabe zur Analyse von Erfolgspotentialen der Unternehmen unterschiedlicher Länder dar. Über die wirtschaftliche Entwicklung Japans und auch über die Besonderheiten des Führungsstils in japanischen Unternehmen gibt es inzwischen eine große und tiefschürfende Literatur. [4] Die Rolle, die die Marketingstrategien für den internationalen Erfolg japanischer Unternehmen gespielt haben, sind bisher nicht oder nur in wenigen Ansätzen analysiert worden. Die Marketingaktivitäten japanischer und deutscher Unternehmen sind nicht global einheitlich, sondern sie werden in einer differenzierten Weise entwickelt. [5] Es ergeben sich verschiedene Grundtypen durch die Konzentrierung auf die jeweiligen Heimatmärkte, die Differenzierung im Partnermarkt und in Drittmärkten. Für das Marketing deutscher und japanischer Unternehmen ergibt sich die folgende Matrix der Marketing-Strategien (vgl. Abb. 1).

Märkte / Unternehmen	Japan	Deutschland	Drittmärkte
Japanische Unternehmen	originäres Marketing	angepaßtes Marketing	differenziertes Marketing
Deutsche Unternehmen	angepaßtes Marketing	originäres Marketing	differenziertes Marketing

Abb. 1: Marketingstrategien deutscher und japanischer Unternehmen

Die Unternehmen müssen ihre Marketingstrategien und die einzelnen Marketingaktivitäten an die jeweiligen Marktbedingungen anpassen. Deutsche Unternehmen bemühen sich zunehmend, sich auf die besonderen Marktbedingungen in Japan einzustellen und die japanischen

Unternehmen auf die besonderen Marktbedingungen in der Bundesrepublik Deutschland oder in den USA. [6] Auch auf Drittmärkten werden Marketingaktivitäten in zunehmender Weise differenziert, um den jeweiligen Marktbedingungen gerecht zu werden. In diesem Bemühen um ein weltweit differenziertes Marketing unterscheiden sich sowohl die deutschen wie die japanischen Unternehmen von den amerikanischen Unternehmen, die stärker eine international unifizierte Marketingpolitik verfolgen. [7]

B. Entwicklung von Marketingkonzepten in Deutschland und Japan

Zum Verständnis der Unterschiede zwischen deutschen und japanischen Marketingstrategien muß man sich darüber klar werden, daß die amerikanische Idee des Marketing in Japan auf einen anderen sozio-kulturellen Kontext gestoßen ist als in Deutschland und daß sich deshalb in diesen beiden Ländern auch ein deutlich unterschiedliches Marketingverständnis in der Marketingtheorie und in der Marketingpraxis herausgebildet hat. In diesen beiden Ländern haben sich unterschiedliche Grundmuster zur Erklärung und zum Verständnis von Marketingaktivitäten entwickelt. In Deutschland ist der Abstimmungsprozeß zwischen Produktion und Verbrauch insbesondere durch die *handwerkliche Tradition* beeinflußt worden.

Die *Prozesse der Industrialisierung in Deutschland* haben sich aus der Tradition handwerklicher Betriebsführung entwickelt. Selbst internationale Konzerne, die heute Weltgeltung haben, sind aus kleinen, handwerklich geprägten Unternehmen entstanden. Diese spezifische Tradition mit ihrem Stolz auf handwerkliche Leistungsfähigkeit und mit ihrem Bezug auf überschaubare und geregelte Markt- und Wettbewerbsverhältnisse wirkt in vielen Bereichen der heutigen Marketingkonzeptionen deutscher Unternehmen weiter. So ist z. B. das Werberecht in der Bundesrepublik Deutschland so detailliert und sorgfältig geordnet, wie dies in keinem anderen Land der westlichen Welt der Fall ist, um in jedem Fall dafür zu sorgen, daß der Wettbewerb durch Werbung sich in einem geordneten Rahmen bewegt. Der Wettbewerb konzentriert sich deshalb auf die *Produktionsqualität,* wie dies der handwerklichen Leistungstradition entspricht.

Diese Entwicklung wird in unserer heutigen Industriegesellschaft durch den zunehmenden Einfluß einer oligopolistischen Anbieterkonkurrenz verstärkt. In den international wichtigen Bereichen des industriellen Spektrums finden sich typischerweise einige wenige große Anbieter, so z. B. in der chemischen Industrie, in der Elektroindustrie, in der Nahrungsmittelindustrie, in der Kraftfahrzeugindustrie oder in der Eisen- und Stahlindustrie. Die gegenseitige Abhängigkeit innerhalb einer oligopolistischen Anbietersituation bewirkt, daß die Unternehmen einen direkten Preiswettbewerb vermeiden.

Diese *Produktorientierung gekoppelt mit der Qualitätssicherung* ist zum entscheidenden Faktor für die internationale Marketingstrategie deutscher Unternehmen geworden. Internationale Markterfolge deutscher Unternehmen kommen nicht zustande, weil diese Unternehmen besonders preisgünstig anbieten oder weil sie technologisch in besonders ausgeprägter Weise innovativ sind. Der internationale Markterfolg deutscher Unternehmen entsteht vor allem durch die Verknüpfung einer qualitätsbewußten Produktionspolitik mit einer kundenorientierten Servicepolitik. [8]

Die Marketingsituation in Deutschland ist dadurch charakterisiert, daß aus den früheren Handwerksbetrieben internationale Industriekonzerne geworden sind, die mentalitätsmäßig weiterhin partiell an den handwerklichen Hintergrund gebunden sind. Sie verbinden den Handwerkerstolz auf zuverlässige und sichere Produkte mit der Konzentration auf persönliche Kontakte mit ihren Kunden im Inland und im Ausland. Die Kommunikationspolitik deutscher Unternehmen ist sehr viel stärker geprägt durch persönliche Kommunikation als durch die strategische Nutzung von Massenkommunikation, die notwendig ist, um anonyme Massenmärkte zu erreichen.

Die *industrielle Entwicklung in Japan* hat dagegen eine ganz andere Entwicklung genommen. Sie wurde durch Übertragung geprägt, durch den Transfer von Techniken und Verhaltensweisen aus anderen Ländern nach Japan. Die Übernahme westlicher Technologien seit der Öffnung Japans durch die Meiji-Regierung folgte dem Muster, das durch die Übernahme der chinesischen Kultur in Japan vorgeprägt war. [9] Die Industrialisierung in Japan war auch nicht mit dem Aufsteigen einer neuen Klasse verbunden, wie dies in Europa der Fall war, wo der Adel durch die erfolgreichen Kaufleute und Ingenieure aus seinen Führungspositionen verdrängt wurde. In Japan war es die herrschende Samurai-Elite, die gestützt auf das kaiserliche Haus die Übernahme westlicher Technologien und Produktionsmethoden nach Japan betrieben hat. Dieser Transferprozeß erfordert zwei unterschiedliche Verhaltensweisen, einmal eine extrem ausgeprägte *Anpassungsfähigkeit* an neue Technologien und an neue Verhaltensweisen, Denkmuster und Unternehmensstrategien. Zugleich erfordert es aber auch die Fähigkeit, die eigene *Identität zu bewahren,* um sich in diesem Prozeß des Transfers nicht selber zu verlieren und möglicherweise die eigene kulturelle Identität dabei aufzugeben. Anpassung an westliche Technologie einerseits und Bewahrung der traditionell-japanischen Identität andererseits sind die beiden Seiten des Industrialisierungsprozesses in Japan. So findet sich in Japan zur Verwirrung vieler ausländischer Beobachter das charakteristische Nebeneinander von außerordentlich modernen und zukunftsorientierten – an westlichen Vorbildern geschulten – Strategien neben der Tendenz, die traditionelle japanische Lebensart und Identität zu bewahren. Dies wird deutlich an der Organisation japanischer Unternehmen, die so strukturiert ist, daß die Mitglieder sich wie in einer Familie fühlen können und daß die Entscheidungsprozesse durch das Ringi-System so organisiert sind, daß alle Mitglieder der Organisation auch in extremen Konfliktsituationen ihr Gesicht bewahren können. [10]

Marketingstrategien in den internationalen japanischen Konzernen sind deshalb geprägt von dieser doppelten Fähigkeit zur Anpassung und zur Identitätsbewahrung. Dies hat japanische Unternehmen insbesondere dann erfolgreich gemacht, wenn es um die erfolgreiche Übernahme westlicher Technologien ging, z. B. in der Eisen- und Stahlindustrie, im Schiffbau oder in der Textilindustrie. Die Bedeutung der Identitätssicherung findet ihren Marktniederschlag in dem Bemühen japanischer Unternehmen, eine Strategie zu verfolgen, die mit den Traditionen Japans harmoniert. Die Idee des *Orderly Marketing* beherrscht in weiten Teilen die Wettbewerbspolitik der japanischen Regierung und zugleich die Marketingstrategien japanischer Unternehmen. [11] Von hieraus erklärt sich auch die Politik der japanischen Regierung, auf Selbstbeschränkungsabkommen einzugehen und die Bereitschaft der Unternehmen, dies zu akzeptieren. Die internationale Leistungsfähigkeit japanischer Unternehmen soll nicht gefährdet werden durch Abwehrmaßnahmen ausländischer Regierungen. In dieser Situation zeigt sich die charakteristische Verbindung von Anpassungsfähigkeit und Identitätsbewahrung. Wenn die zentrale Marketingorientierung deutscher Unternehmen in Produktbewußtsein und individueller Servicebereitschaft besteht, dann ist die zentrale Marketingausrichtung japanischer Unternehmen durch Anpassungsfähigkeit und Identitätsbewahrung charakterisiert. Sowohl die Anpassungsfähigkeit wie die Identitätsbewahrung sind Eigenschaften, die stärker passiv geprägt sind und die es japanischen Unternehmen oder Personen auch schwer machen, aktiv auf die Problemsituation ausländischer Abnehmer einzugehen. Der internationale japanische Leistungswettbewerb ist aus diesem Grunde sehr viel stärker durch Preiswettbewerb charakterisiert als dies bei deutschen Unternehmen der Fall ist. Diese spezifische japanische Marketingorientierung hat dazu geführt, daß die internationale Leistungsfähigkeit japanischer Unternehmen gerade in solchen Produkten gegeben ist, in denen die Transferfähigkeit besonders ausgeprägt ist. Dies gilt z. B. für die Fotoindustrie, die Hifi-Industrie, den Schiffbau und die Automobilindustrie. Diese vier Bereiche sind dadurch charakterisiert, daß die Produktidee durch das Transferkonzept bestimmt wird. Gerade in der Beherrschung von Transferprozessen kommt die Idee des Zen-Buddhismus zum Tragen, bei dem der Weg wichtiger ist als das Ziel.

Deutsche Marketingstrategien sind darauf ausgerichtet, die Probleme des Abnehmers oder des Kunden zu lösen. Japanische Marketingstrategie zielt darauf ab, im Zusammenwirken mit dem Kunden ein Gefühl der Harmonie und seelischer Übereinstimmung zu erzeugen. Deutsches Marketing will den Dialog und nimmt u. U. auch den Konflikt mit dem Kunden in Kauf. Japanisches Marketing zielt auf eine harmonische Übereinkunft mit dem Kunden und ist darum bemüht, offene Konflikte zu vermeiden.

C. Bedeutung der Werbung für die Marketingstrategien in Deutschland und in Japan

Neben der Produkt- und Preispolitik treten die Unterschiede der Marketingstrategien zwischen deutschen und japanischen Unternehmen vor allem in der Distributionspolitik und in der Kommunikationspolitik hervor. Die Distributionspolitik japanischer Unternehmen wird vor allem durch die Existenz der großen Handelshäuser, den *soga shosha,* bestimmt [12], während deutsche Distributionspolitik sehr viel differenzierter und damit flexibler erfolgt.

Die Unterschiede in den Marketingstrategien deutscher und japanischer Unternehmen treten besonders deutlich in der jeweiligen Werbepolitik hervor. Wie dies für hochindustrialisierte Länder mit einem wachsenden Anteil des Dienstleistungssektors typisch ist, weisen sowohl die Bundesrepublik wie Japan einen ansteigenden Anteil der Werbeausgaben am Bruttosozialprodukt aus. Der ZAW gibt die Nettowerbeumsätze für das Jahr 1984 in der Bundesrepublik mit 15 Mrd. DM an. Dies entspricht einem Zuwachs gegenüber dem Vorjahr von 5,7 %. Das Bruttosozialprodukt der Bundesrepublik ist nominal dagegen nur um 4,6 % gestiegen. [13] Die direkten Werbekosten liegen in der Bundesrepublik damit unter 1 % des Bruttosozialproduktes, während die Werbekosten in den USA über 2 % des BSP ausmachen. Japan bewegt sich auf einem vergleichbaren Niveau wie die Bundesrepublik. Auch dort belaufen sich die Werbeausgaben auf ca. 1 % des BSP. [14]

Die Unterschiede zwischen der Bundesrepublik und Japan ergeben sich insbesondere aus der *unterschiedlichen Bedeutung, die die einzelnen Medien für die Kommunikationsprozesse in der jeweiligen Gesellschaft* haben sowie durch die kulturell-differenzierte Gestaltung der Werbung in beiden Ländern. Japan ist dadurch charakterisiert, daß das Fernsehen und die Tageszeitungen miteinander als Werbemedien konkurrieren und in etwa die gleiche Bedeutung für die Werbung haben. So entfallen auf die Tageszeitungen in Japan 31,3 % der Werbeausgaben und auf das Fernsehen 35,4 %. Daneben spielt nur noch die Außen- und Direktwerbung eine größere Rolle. [15] Der Werbemarkt in der Bundesrepublik wird von den Tageszeitungen und Publikumszeitschriften beherrscht. Auf die Tageszeitungen entfallen 39,8 %, auf die Publikumszeitschriften 17,8 % der Werbeausgaben, während die Fernsehwerbung nur 9 % ausmacht, etwa gleichviel wie die Werbung in den Fachzeitschriften. Direkt- und Außenwerbung haben einen Anteil von 15%. [16]

Die Werbung in Japan wird somit durch das Medium des Fernsehens und der Tageszeitungen beherrscht. Werbung bekommt damit einen eher flüchtigen, passageren Charakter, zumal sie sich an eine wenig differenzierte Allgemeinheit wendet. Sie benutzt deshalb auch sehr viel stärker emotionale Appelle in der Werbung, als dies in der deutschen Werbung der Fall ist. Das Instrument der Werbung in Deutschland wird besonders stark durch die Tageszeitungen beeinflußt, wobei diese Tageszeitungen regionale Differenzierungen ermöglichen. Zum anderen erfolgt die Werbung in den Publikumszeitschriften mit ihrer Zielgruppenansprache und durch die Fachzeitschriften, die sich an ein ausgewähltes Fachpublikum wenden. Die Gestaltung der Werbung ist in der Bundesrepublik deshalb stärker sachbezogen und informativ, zumal die Werbung in Deutschland auch auf intensive Weise reglementiert ist, z. B. im Hinblick auf irreführende Werbung oder auf vergleichende Werbung. Dieser Grundtypus einer sachlichen und informierenden Werbung wirkt sich positiv für die Werbeanstrengungen der deutschen Wirtschaft insbesondere auch im internationalen Bereich aus. Die Dominanz des Investitionsgüterexportes im deutschen Ausfuhrgeschäft kommt diesem Werbestil entgegen. Die Bedeutung der persönlichen Kommunikation, wie sie charakteristisch für die Marketingstrategie vieler deutscher Unternehmen ist, kommt in der Bevorzugung von internationalen Messen als Kommunikations- und Werbeinstrument zum Ausdruck. [17]

Japanische Unternehmen haben dagegen auch im internationalen Bereich eine andere Erwartung an ihre Werbung. Die Werbung soll für sich sprechen, d. h. sowohl für das Produkt wie für die Unternehmung und sie soll mit ihrem starken emotionalen Appell den Kunden oder Interessenten gefühlsmäßig in eine solche Situation bringen, daß er positiv aufgeschlossen für dieses japanische Produkt und seinen Hersteller ist. Es wird unmittelbar die gefühlsmäßige Bereitschaft zu einem Kaufakt erzeugt. [18] Ein dann noch bestehender Kaufwiderstand soll durch Preiszugeständnisse abgebaut werden. Die Bereitschaft und auch die Fähigkeit, mit dem Abnehmer oder Kunden in ein ausführliches sachliches Gespräch einzutreten, besteht in vielen Fällen nicht. Dafür gibt es oft Schwierigkeiten in der sprachlichen Kommunikation, aber auch die besondere Organisationsstruktur japanischer Unternehmen macht es für deren Mitarbeiter schwierig, in einem Einzelgespräch mit einem Kunden umfassende Informationen an diesen weiterzugeben. Das japanische Modell der Entscheidung im Gruppenprozeß würde es in einem solchen Fall erforderlich machen, daß eine größere Anzahl von Mitarbeitern zu einer Konferenz zusammenkommt, um mit dem ausländischen Kunden technische oder auch wirtschaftliche Details zu erörtern. Der werbliche Appell zielt deshalb sehr viel stärker auf die Erzeugung einer positiven Stimmung hin, die den Kunden und die Unternehmung zu einem System gegenseitigen verständnisvollen Gebens und Nehmens verbindet. Diese Einbindung in einen Austauschprozeß ist für japanische Werbung ein vorrangiges Ziel. Das Werbeziel besteht nicht so sehr in der Vermittlung von Informationen mit der Möglichkeit zu analytischen Vergleichen und verbunden mit der Aufforderung zum persönlichen Gespräch, sondern in einem emotionalen Appell an das Harmoniebedürfnis des Abnehmers.

D. Besonderheiten des Verbraucherverhaltens in Deutschland und in Japan

Die Unterschiede der Marketingstrategien deutscher und japanischer Unternehmen hängen eng zusammen mit den Besonderheiten des Verbraucherverhaltens [19] und mit der Kultur in den beiden Ländern. Die Grundstrukturen des Verbraucherverhaltens wirken sich auch aus im Verhalten der Investoren oder von staatlichen Stellen. Die wirtschaftliche Entwicklung in Deutschland aus einem Handwerker- und Bauernmilieu hat dazu geführt, daß das Marketinginstrumentarium in einer relativ *robusten* Weise von den Unternehmen benutzt wird. Es ist gerade auch diese Robustheit gewesen, die den Gesetzesgeber zu einer Begrenzung der Marketingaktivitäten durch das Gesetz gegen unlauteren Wettbewerb (UWG) und durch das Gesetz gegen Wettbewerbsbeschränkung in der Wirtschaft (GWB) geführt hat. Werbeaussagen im Bereich der Massenkommunikation in Deutschland benutzen gelegentlich eine provozierende Gestaltung, z. B. in der Verwendung kaum oder gar nicht verhüllter sexueller Symbolik. Die Unternehmen erwarten von den Verbrauchern, daß sie die Übertreibungen oder Verzerrungen der Werbeaussagen durchschauen und entsprechend selbstkritisch reagieren.

In Japan ist die industrielle Entwicklung vom Adel getragen worden, dessen Verhaltensweisen über die Jahrhunderte hinweg durch kulturelle Verfeinerung geprägt wurden. Diese Grundbedingung wurde auch in das wirtschaftliche Verhalten eingebracht. [20] Japanisches Investoren- und Verbraucherverhalten ist durch einen sehr hohen Grad an *Sensibilisierung* charakterisiert.

Es handelt sich um eine besonders ausgeprägte Kultur der »schwachen Signale«. In Japan ist es nicht angängig, den eigenen Reichtum durch demonstrativen Konsum zur Schau zu stellen. [21] Das durchgängige Harmoniebedürfnis der Gesellschaft in Japan führt dazu, daß es für die Verbraucher mehr darauf ankommt, Teil dieser Gesellschaft zu sein, als sich durch spektakuläres Verhalten aus dieser Gesellschaft auszugrenzen. [22] In Deutschland wie in den USA ist Verbraucherverhalten dagegen weitgehend leistungsorientiert und sowohl die besondere soziale Stellung wie auch die Eigenwilligkeit der Person werden durch Verbrauchs- und Verhaltensmuster z. B. in der Mode betont und zusätzlich unterstrichen.

Die besondere soziale und kulturelle Tradition führt in den beiden Ländern zu unterschiedlichen Formen des Verbraucherverhaltens. Dies erfordert von deutschen Unternehmen eine Anpassung ihrer Marketingstrategien im Japangeschäft. Einzelnen deutschen Herstellern ist diese Anpassung sehr erfolgreich gelungen, insbesondere dann, wenn sie sehr eng mit japanischen Werbe- und Marktforschungsunternehmen zusammengearbeitet haben. In jedem Fall erfordert die Situation in Japan, sich in besonders sensibler Weise auf die besonderen japanischen Verhältnisse einzustellen. Eine lineare Übertragung von Marketingstrategien, wie sie in der Bundesrepublik oder in anderen Ländern der Welt erfolgreich praktiziert worden sind, auf Japan wird dort mit hoher Wahrscheinlichkeit zu Mißerfolgen führen. Die Schwierigkeiten, die viele deutsche, aber auch amerikanische Unternehmen haben, in Japan einen größeren Marktanteil zu erringen, hängen in vielen Fällen damit zusammen, daß die Firmen nicht sensibel genug auf die Besonderheiten des japanischen Umfeldes reagiert haben. Umgekehrt ist es auch für japanische Unternehmen erforderlich, sich auf die besonderen Bedingungen auf dem deutschen Markt und in anderen europäischen Ländern einzustellen. Japanische Unternehmen haben dies sehr systematisch und in einzelnen Fällen auch sehr erfolgreich praktiziert. Die Fähigkeit zur Übernahme einzelner Elemente aus anderen Kulturen, wie sie immer wieder in der japanischen Geschichte eine Rolle gespielt haben, erlauben es den japanischen Unternehmen, sich relativ schnell und präzise auf die besonderen Bedingungen in Deutschland und Europa einzustellen. [23] Typisch für die Marketingpolitik japanischer Unternehmen auf dem deutschen Markt ist die hohe Werbeintensität, die weit höher liegt, als es dem erreichten Marktanteil japanischer Anbieter entspricht. Eine vergleichbar hohe Werbeintensität müßten ausländische Unternehmen in Japan entfalten, um dort höhere Marktanteile zu erringen und dauerhaft diesen Markt zu sichern.

Das Verbraucherverhalten in Japan ist insbesondere durch die Bedeutung des *Mittelstandes* charakterisiert. Der Mittelstand prägt sowohl die japanische Wirtschaft wie die japanische Gesellschaft. [24] Das Verbraucherverhalten in Deutschland wie in Europa ist dagegen sehr viel stärker differenziert und reicht vom »Jet Set« bis zu den »neuen Armen«. Auch im deutschen Verbraucherverhalten spielt der Mittelstand eine wichtige Rolle, jedoch häufig in der Form des aufstrebenden Mittelstandes: Die Verbraucher wollen mehr erreichen als ihre Eltern verwirklichen konnten und sie wollen auch ein anderes Leben führen, als ihre Eltern dies getan haben.

In Japan gibt es durchaus den Typ eines aufsteigenden Mittelstandes, aber eher in einer diskreten Form. [25] Auch in Japan gibt es zunehmend Ansätze zur Veränderung des Lebensstils und zur Abgrenzung von der Tradition der Eltern. Diese Entwicklungen erfolgen jedoch wiederum mit hoher Sensibilität und sie stellen den Grundkonsens der japanischen Gesellschaft nicht in Frage. Durch die große Einheitlichkeit der japanischen Kultur gibt es auch kaum Unterschiede von Stadt zum Land oder zwischen einzelnen Regionen.

In Japan spielen die Hausfrauen eine wesentliche Rolle für das Verbrauchsspektrum. [26] Die japanische Familie ist im Normalfall so organisiert, daß die *Verbrauchsentscheidungen von den Hausfrauen* getroffen werden, selbst Entscheidungen über Kapitalanlagen oder über den Erwerb von Immobilien. In Deutschland werden Verbrauchs- und auch Investitionsentscheidungen überwiegend als *Familienentscheidungen* getroffen. Gerade bei Produkten und Dienstleistungen, die sehr hoch mit Interesse und Prestige besetzt sind (high involvement), nimmt der Familieneinfluß auf die Entscheidungen zu. [27] Die nichtmitarbeitenden Ehefrauen der leitenden Angestellten japanischer Banken, der Industrie und aus der Regierung bilden so etwas wie die »neue Klasse« in Japan. In Deutschland ist das Verbraucherverhalten stärker durch Jugendliche bestimmt. Jugendliche verfügen in ihren ersten Berufsjahren, solange sie noch keinen Haushalt gegründet haben, über ein relativ hohes frei verfügbares Einkommen. Die Konsumkultur stellt deshalb sehr stark auf die Bedürfnisse dieser Gruppe ab, z. B. im Bereich der Sportgeräte, des Reisens oder der Mode. Einen vergleichbaren Einfluß Jugendlicher auf das Verbrauchsklima in Japan gibt es bisher nicht.

Die Besonderheiten des Verbraucherverhaltens in Deutschland und Japan wirken zurück auf die Ausprägung des Marketing in den beiden Ländern und auf die jeweiligen Strategien, die von den Unternehmen verfolgt werden. Dabei ist für Deutschland die größere Dynamik charakteristisch, die auf Veränderung und Wachstum zielt, während das Marketing in Japan auf Anpassung und Transfer abgestellt ist.

Die Differenzierung des Verbraucherverhaltens in der Bundesrepublik führt zur Notwendigkeit der Zielgruppenbestimmung und zur Zielgruppendifferenzierung im Marketing. Je intensiver sich das Marketing ausdifferenziert, um so kleiner werden die relevanten Zielmärkte, so daß die Unternehmen zunehmend ihr Interesse auf die Erschließung zusätzlicher Auslandsmärkte oder auf den Ausbau bestehender Exportmärkte richten. Die herausragende Marketingstrategie wird dabei das *Nischen-Marketing:* die Ansprache hoch differrenzierter Zielgruppen im Hinblick auf ihre offenen oder latenten Wünsche mit ihren charakteristischen Problemen in ihrem jeweiligen sozialen Kontext.

Japanisches Marketing ist demgegenüber sehr viel stärker *Massen-Marketing,* das nicht nach einzelnen Zielgruppen differenziert, das die Medien der Massenkommunikation nutzt, insbesondere das Fernsehen und die Tageszeitungen, und zur Domäne der Großkonzerne wird. [28]

Japanische Unternehmen haben dagegen Schwierigkeiten, sich in der Nischen-Philosophie der europäischen Märkte zurechtzufinden und die Zielgruppen zu identifizieren, die für ihre Produkte in einer ganz spezifischeren Weise ansprechbar sind.[29] Umgekehrt ist es für deutsche Unternehmen schwierig, in dem japanischen Massenmarkt eine Nische zu finden, in der sie erfolgreich operieren können. Am ehesten gelingt dies mit Erzeugnissen, die eine herausragende technologische Qualität aufweisen und zugleich einen besonderen emotionalen Appell auslösen, wie dies z. B. bei einzelnen deutschen Kraftfahrzeugmarken der Fall ist.

E. Vergleich der Marketingstrategien in Deutschland und Japan

Die Besonderheiten des Marketing, der Marketingstrategien der Unternehmen und des Verbraucherverhaltens lassen sich in der folgenden Matrix systematisieren. Dieser Vergleich des Marketing zwischen Deutschland und Japan dient dazu, Tendenzen und Einflußgrößen zu identifizieren. Die vorgenommene Differenzierung wird sich nicht in jedem einzelnen Fall nachweisen lassen und es gibt eine Reihe von Ausnahmen von diesem Grundschema. Nicht zuletzt wirkt sich gerade auch der übergreifende US-amerikanische Einfluß im Hinblick auf eine Anpassung der unternehmerischen Marketingstrategien aus. Trotzdem soll diese Matrix die Aufgabe erfüllen, die strukturellen Unterschiede im deutschen und japanischen Marketing zu verdeutlichen. Erst die Wahrnehmung solcher Unterschiede ermöglicht es den Unternehmen, ihre Marketingstrategien an die jeweilige Umfeld-Bedingung anzupassen und damit die konzeptionellen Voraussetzungen für ihren Markterfolg in Japan oder in Deutschland zu schaffen (vgl. Abb. 2).

Land / Dimension	Japan	Bundesrepublik Deutschland
Grundlagen und Voraussetzungen	Transfer-Konzept Identität Konsensus	Produkt-Konzept Pluralismus Wettbewerb
Marketing-Strategien	Massen-Marketing Medienbewußt soft ware-Konzept sensibel emotional	Nischen-Marketing Kontaktbezogen hard ware-Konzept robust analytisch
Verbraucher- und Investorenverhalten	Mittelklasse Anpassung Hausfrauen-Entscheidung Rolle des Handels	Aufsteiger Alleinstellung Familien-Entscheidung Einfluß der Markenartikel

Abb. 2: Marketingvergleichs-Matrix

Ein Angleichungsprozeß in den Marketingstrategien wird sich zuerst in deutschen Unternehmen in Japan und in japanischen Unternehmen in der Bundesrepublik vollziehen. Das Instrument der gegenseitigen Kapitalverflechtung im Rahmen von Auslandsinvestitionen oder von anderen Kooperationsformen wird diesen Prozeß fördern. Dennoch bleiben die kulturellen Unterschiede und die andersartigen Traditionen bestehen, die die Entwicklungen der beiden Länder geprägt haben. Auch in Zukunft wird es deutliche Unterschiede bei den Marketingstrategien dieser beiden Länder geben. Diese Unterschiedlichkeit der Marketingstrategien stellt für die Unternehmen wie auch für Werbeagenturen und Unternehmensberater eine spezielle Herausforderung dar, nicht zuletzt auch für das analytische Verständnis der Marketingtheorie im Rahmen der Wirtschafts- und Sozialwissenschaften. Die Fruchtbarkeit der Integration sozio-kultureller und verhaltenstheoretischer Aspekte mit wirtschaftswissenschaftlichen Fragestellungen erweist sich gerade auch an der hier aufgezeigten Problematik.

Anmerkungen

1 Vgl. *Ohmae* (Triade).
2 Vgl. dazu *Grochla* (Grundlagen) S. 124.
3 Vgl. *Dülfer* (Aspekte) S. 30.
4 Vgl. z. B. *Fürstenberg* (Unternehmensführung) oder *McKinsey & Co.* (Japan).
5 Vgl. *Meffert/Althans* (Marketing) S. 111.
6 Vgl. *Kotler/Fahey* (Japanese) S. 441 ff.
7 Vgl. *Majaro* (International) S. 56.
8 Vgl. *Backhaus* (Investitionsgüter-Marketing) S. 95 ff.
9 Vgl. *Reischauer* (Past) S. 16 ff.
10 Vgl. *Abegglen* (Factory).
11 Vgl. *Lazer* et al. (Japanese Marketing) S. 73.
12 Vgl. *Eli* (Handelshäuser).
13 Vgl. *Zentralausschuß der Werbewirtschaft* (Werbung) S. 11.
14 Vgl. *Nikkei Advertising Research Institute* (Market) S. 5.
15 Vgl. *Nikkei Advertising Research Institute* (Market) S. 6.
16 Vgl. *Zentralausschuß der Werbewirtschaft* (Werbung) S. 11.
17 Vgl. *Deutsche Werbewissenschaftliche Gesellschaft* (Messen).
18 Vgl. *Lazer* et al. (Japanese Marketing) S. 69–81, insbesondere S. 77.
19 Vgl. *Kroeber-Riel* (Konsumentenverhalten).
20 Vgl. *Nakane* (Japanese Society).
21 Vgl. *Smith* (New Rich) S. 72–79.
22 Vgl. *Minami* (Psychology) S. 157 ff.
23 Vgl. *O. V.* (Erfolg) S. 52 ff.
24 Vgl. *De la Trobe/Streb* (Alltag).
25 Vgl. *Vogel* (Class).
26 Vgl. *De la Trobe/Streb* (Alltag) S. 76 ff.
27 Vgl. *Dahlhoff* (Kaufentscheidungsprozesse).
28 Vgl. *Ballon* (Business) S. 109 ff.
29 Vgl. *Abegglen* (Strategy).

Literaturverzeichnis

Abegglen, J. C. (Factory): The Japanese Factory, Aspects of its Social Organization. Glencoe, Ill. 1958.

Abegglen, J. C. (Strategy): The Strategy of Japanese Business. Cambridge, Mass. 1984.

Backhaus, K. (Investitionsgüter-Marketing): Investitionsgüter-Marketing. München 1982.

Ballon, R. I. (Hrsg.) (Business): Japan's Market and Foreign Business. Tokyo 1971.

Ballon, R. I./ *Lee,* E. H. (Hrsg.): Foreign Investment and Japan. Tokyo u. Palo Alto 1972.

Benedict, R.: The Chrysanthemum and the Sword, Patterns of Japanese Culture. 4. Aufl., Tokyo 1959.

Briessen, F. von: Japan, der lächelnde Dritte. Bergisch Gladbach 1970.

Bundesstelle für Außenhandelsinformation, BfAi (Hrsg.): Geschäftspartner Japan. Köln 1982.

Dahlhoff, H.-D. (Kaufentscheidungsprozesse): Kaufentscheidungsprozesse von Familien. Frankfurt/M. Bern, Cirencester 1980.

Deutsche Werbewissenschaftliche Gesellschaft (Hrsg.) (Messen): Messen als Marketinginstrument, Bonn 1983.

Dore, R. P. (Hrsg.): Aspects of Social Change in Modern Japan. Princeton, N. J., 2. Aufl. 1973.

Dülfer, E. (Aspekte): Strategische Aspekte der Zusammenarbeit von Unternehmungen mit Ländern der Dritten Welt. In: *Arbeitsgemeinschaft für Rationalisierung des Landes Nordrhein-Westfalen* (AGR), Heft 214, Dortmund 1981, S. 30.

Eli, M. (Handelshäuser): Sogo Sosha, Die großen japanischen Handelshäuser. Düsseldorf 1979.

Fiodella, G. (Hrsg.): Japan's Economy in a Comparative Perspective. Tenterden 1983.

Fürstenberg, F. (Unternehmensführung): Japanische Unternehmensführung. Zürich 1972.

Grochla, E. (Grundlagen): Grundlagen der organisatorischen Gestaltung. Stuttgart 1982, S. 124.

Gutenberg, E.: Über japanische Unternehmungen. Wiesbaden 1960.

Hax, K.: Japan, Wirtschaftsmacht des Ostens. Köln, Opladen 1961.

Institut für Asienkunde et al. (Hrsg.): Wirtschaftspartner Japan. Hamburg 1984.

Kotler, Ph./ *Fahey,* L. (Japanese): Japanese Strategic Marketing, An Overview. In: *Thomas,* H./ *Gardner,* D. (Hrsg.): Strategic Marketing and Management. Chichester u. a. 1984, S. 441 ff.

Kroeber-Riel, W. (Konsumentenverhalten): Konsumentenverhalten. 3. Aufl., München 1984.

Lazer, W./ *Murata,* S./ *Kosaka,* H. (Japanese Marketing): Japanese Marketing: Towards a Better Understanding. In: Journal of Marketing, Vol. 49, Spring 1985.

Majaro, S. (International): International Marketing, A Strategic Approach to World Markets. London 1977.

McKinsey & Co. (Hrsg.) (Japan): Japan Business, Obstacles and Opportunities. New York et al. 1983.

Meffert, H./ *Althans,* J. (Marketing): Internationales Marketing. Stuttgart, Berlin, Köln, Mainz 1982.

Meissner, H. G.: Die Wettbewerbsposition der japanischen Wirtschaft, hrsg. v. *BfAi.* Köln 1960.

Mente, B. de: Japanese Manners & Ethics in Business. Phoenix und Tokyo 1975.

Minami, H. (Psychology): Psychology of the Japanese People. Tokyo 1971.

Nakane, Ch. (Japanese Society): Japanese Society. London 1970.

Nikkei Advertising Research Institute (Hrsg.) (Market): Japans Market and Advertising. Tokio 1983.

Ohmae, K. (Triade): Macht der Triade. Die neue Form weltweiten Wettbewerbs. Wiesbaden 1985.

O. V. (Erfolg): Erfolg macht hungrig – worauf das Marketing japanischer Unternehmen zielt. In: Absatzwirtschaft, Heft 3, 1985, S. 52 ff.

Reischauer, E. (Past): Japan Past and Present, 3. Aufl., Tokio 1976.

Smith, L. (New Rich): Japan's New Rich and what they're Buying. In: Fortune, v. 8. Juli 1985, S. 72–79.

Trobe, M. de la/ *Streb,* J. (Alltag): Alltag in Japan. 2. Aufl., Düsseldorf und Wien 1985.

Vogel, E. F. (Class): Japan's New Middle Class. 2. Aufl., Berkeley, Los Angeles, London 1973.

Zentralausschuß der Werbewirtschaft (ZAW) (Hrsg.) (Werbung): Werbung '85. Bonn 1985.

*Susumu Takamiya**

Unternehmungsorganisation und ihre Umwelt**

– Zur Entwicklung strategischer Unternehmungsführung –

* Prof. Dr. *Susumu Takamiya,* SANNO College of Management in Tokio.

** Übersetzung von *Mikio Anzai*

A. Organisation und Umwelt

Die Organisation (im institutionalen Sinne) kann als ein offenes System konzeptualisiert werden. Sie stellt ein gegenüber ihrer Umwelt »offenes« Gebilde dar, denn die Organisation geht – ohne ihre originäre Eigenheit aufzugeben – eine enge Verbindung mit ihrer Umwelt ein, indem sie ein wechselseitiges Interaktionsverhältnis mit ihr unterhält.

In der traditionellen Organisationstheorie wurde dieses Beziehungsverhältnis von Organisation und Umwelt entweder kaum berücksichtigt oder als gegebene Voraussetzung betrachtet, so daß die Forschungsbemühungen sich vornehmlich mit der Innenproblematik von Organisationen befaßten. Die Organisation wurde somit als geschlossenes System betrachtet, wofür folgende Gründe zu nennen sind:

(1) Die Umweltbedingungen von Organisationen waren früher vergleichsweise beständig, wodurch sich der Einfluß von Umweltveränderungen auf die Organisation als ein nicht allzu großes Problem darstellt. Auch die Praxis früherer Zeiten unterlag keinen großen organisatorischen Friktionen.

(2) Zur Erforschung der internen Organisationsproblematik war es außerdem zweckmäßig, Umwelteinflüsse zunächst zu vernachlässigen.

(3) Die Betrachtung der Organisation als ein rationales Modell, in dem die Effizienz eine zentrale Stellung einnimmt, erforderte weiterhin die Definition der Organisation als ein geschlossenes System. Denn erst im Fall eines geschlossenen Systems, dessen Bedingungen gegeben und kontrollierbar sind, ist die Entwicklung eines rationalen Modells möglich.

Gegenwärtig befindet sich jedoch das organisatorische Umfeld in einem regen Wandlungsprozeß, und zwar in einer Richtung, die sowohl mit großer Unsicherheit behaftet ist, als auch eine qualitative Veränderung verspricht. Die heutige Unternehmungsorganisation ist daher der ständigen Konfrontation mit ihrer Umwelt ausgesetzt und erfährt dadurch mitunter eine entscheidende Beeinflussung. Sie muß dieser Herausforderung auf offensive Weise begegnen. Unter diesen Verhältnissen ist es nicht mehr möglich, sich mit organisatorischen Problemen zu befassen und dabei die Umweltbedingungen außer acht zu lassen. Die Organisation kann grundsätzlich als ein offenes System bezeichnet werden; diese wesentliche Eigenschaft der Organisation ist durch die realen Gegebenheiten (rege Umweltveränderungen) bestimmt.

(1) Demnach kann die Unternehmungsorganisation nicht mehr als ein geschlossenes System betrachtet werden; d.h. die Behandlung organisatorischer Probleme ohne Berücksichtigung ihrer Umsysteme ist unrealistisch. Auch die Untersuchung interner organisatorischer Strukturen erfordert somit die Miteinbeziehung von Umweltveränderungen. Die Notwendigkeit, den o.g. externen Anforderungen zu entsprechen, entwickelt sich zunehmend zu einem entscheidenden Organisationsproblem.
Zweifelsohne legt die Erfassung der »internen Logik« (Arbeitsteilung, Koordination) der Organisation zunächst eine »geschlossene« Betrachtung nahe; unter den gegenwärtigen Voraussetzungen (regen Umweltveränderungen) ist jedoch eine derartige Sichtweise als allzu abstrakt und realitätsfern anzusehen. Erst durch die Miteinbeziehung der organisatorischen Umwelt wird eine realistische Erfassung der Organisationsproblematik ermöglicht.

(2) Die bisherige Behandlung der Unternehmungsorganisation als ein rationales Modell mit dem Grundsatz der Effizienz setzt – wie bereits erwähnt – die Behandlung der Organisation als ein geschlossenes System voraus. Da jedoch die latent vorhandene Eigenschaft der Organisation als offenes System durch die genannten externen Bedingungen offengelegt

wurde, ist die Organisation nun nicht mehr ausschließlich als ein rationales Modell zu behandeln.

Das Erfordernis der organisatorischen Anpassungsfähigkeit an Umweltbedingungen ist im Hinblick auf die organisatorische Effizienz als vorrangig zu bewerten; weiterhin muß die Entwicklung eines anpassungsfähigen Systems angestrebt werden, das gleichzeitig ein rationales Modell zur Effizienzsteigerung beinhaltet.

B. Das offene System

Die Verdeutlichung des organisatorischen Beziehungsverhältnisses zur Umwelt setzt also die Erfassung der Organisation als offenes System voraus.

Die Organisation kann zwar als eine Einheit aufgefaßt werden, die zur Erreichung von Zielen betriebliche Faktoren – wie Personal, Einsatzgüter und Geldmittel – miteinander verknüpft, doch bedingt die Realisation organisatorischer Aktivitäten zunächst die Beschaffung dieser Produktionsfaktoren von »außen«. Aus dieser Sicht steht die Organisation in einem Abhängigkeitsverhältnis zu ihrer Umwelt, zumal die Veränderung externer Bedingungen großen Einfluß auf die Beschaffung betrieblicher Faktoren nimmt. Auch im Hinblick auf den Absatz der mit den Produktionsfaktoren erstellten Produkte oder Dienstleistungen ist die Unternehmungsorganisation auf ihre Umsysteme angewiesen; denn kontinuierliche Unternehmungsaktivitäten setzen die Erzielung betrieblicher Gewinne aus der Produktion voraus, so daß die Marktbedingungen bzw. -veränderungen entscheidenden Einfluß auf die betriebliche Organisation nehmen.

Zusammengefaßt steht die Unternehmungsorganisation somit sowohl im Hinblick auf die Beschaffung von Produktionsfaktoren als auch bezüglich des Absatzes der erstellten Produkte in direkter Beziehung zur Umwelt, so daß die Organisation hinsichtlich dieser grundsätzlichen Bedingungen im Abhängigkeits- und Verhandlungsverhältnis zu ihren Umsystemen steht. Eine Veränderung externer Bedingungen sowie externer Probleme ist somit von existentiellem Belang und schlägt sich intern in der Unternehmungsorganisation nieder.

Nach *Barnard* werden die Organisationsmitglieder als diejenigen definiert, die einen Beitrag an die betrachtete Unternehmungsorganisation leisten; d.h., zu den Mitgliedern zählen nicht nur die Aktionäre, die Unternehmungsleitung und die Mitarbeiter, sondern auch die Konsumenten, die Rohstofflieferanten und die Zulieferer sowie die Kapitalgeber. Die Frage nach der organisatorischen Mitgliedschaft der Konsumenten betrifft zugleich die umstrittene Frage nach der Abgrenzung der Organisation zur Umwelt.

Nach dem Konzept der Organisation als geschlossenes System sind nur die Kapitaleigentümer, Unternehmungsleitung sowie Mitarbeiter als Organisationsmitglieder anzusehen. Da jedoch die Organisation – wie oben erläutert – grundsätzlich ein offenes System darstellt – und damit hinsichtlich ihrer existentiellen Bedingungen in einem engen Beziehungsverhältnis zu ihren Umsystemen steht –, ist der Forderung von *Barnard* zuzustimmen, auch die übrigen Gruppen (Konsumenten etc.) als Mitglieder miteinzubeziehen.

Die bereits erwähnte »Internalisierung« externer Bedingungen in die Organisation bedeutet somit nichts anderes, als daß diese grundsätzlich zum externen Umfeld gehörigen Gruppen durch ihren Beitrag an die Unternehmungsorganisation die Mitgliedschaft erlangen. Zwischen den beiden Gruppen von Organisationsmitgliedern ist insofern zu unterscheiden, als Aktionäre,

Mitarbeiter etc. die Stammitgliedschaft einer Organisation als geschlossenes System stellen, während die Gruppe der Konsumenten u. a. jeweils durch ihre Beiträge nur vorübergehend zu Mitgliedern werden. Die Stammitglieder einer Organisation, die in der Praxis als offenes System agiert, müssen daher unter Berücksichtigung beider Mitgliedergruppen die Unternehmungsaktivitäten planen.

C. Umweltanpassungssystem

Unter der Bedingung, daß externe Anforderungen an die Unternehmung unbeständig sind, werden Organisationsstrukturen eher durch die unterschiedliche Größe der Umwelt als durch unternehmungsinterne Belange bestimmt. Um denVeränderungen der Umweltbedingungen begegnen zu können, muß sich die »interne Logik« der Organisation (Arbeitsteilung und Koordination) zur Konzeption eines komplexen Anpassungssystems entwickeln.

Die Organisation wird durch den Wandel externer Bedingungen in erheblichem Maße beeinflußt und oftmals aus dem Gleichgewicht gebracht; eine der wichtigsten Aufgaben der Unternehmungsführung besteht demnach in der Regulierung derartiger Gleichgewichtsstörungen und somit in der Sicherung einer kontinuierlichen Organisationsstruktur. Weiterhin sollten die Aktionsträger in der Unternehmungsorganisation gegenüber externen Störungen nicht nur reagieren, sondern auch aktiv in das Geschehen eingreifen; das organisatorische Anpassungssystem muß somit auf offensive Weise gegenüber externen Veränderungen agieren.

Eine wesentliche Voraussetzung für ein erfolgreiches Anpassungssystem besteht darin, daß sich die Organisation im Rahmen veränderter Umweltbedingungen in adäquater Weise erhalten und weiterentwickeln kann. Neben dem o. g. Erfordernis der Anpassung besteht jedoch gleichzeitig die Notwendigkeit, daß die Unternehmungsorganisation gemäß den internen Bedingungen eine Steigerung der organisatorischen Effizienz verfolgt. Die grundlegende Problematik des organisatorischen Anpassungssystems besteht somit in der Erfüllung sowohl externer als auch interner Bedingungen unter gleichzeitiger Verfolgung des Ziels organisatorischer Effizienzsteigerung.

Zur Erreichung der o. g. Ziele sind zunächst folgende Maßnahmen einzuleiten: Es ist zu verhindern, daß Veränderungen externer Bedingungen zu Störungen der internen Organisation führen, die das Gleichgewicht und ihre Effizienz gefährden. Zur Erhaltung der organisatorischen Effizienz versucht die Unternehmung, externe Störungen zu eliminieren und somit in gewissem Umfang die Eigenschaft eines geschlossenen Systems aufrechtzuerhalten. Dies erfordert jedoch

- die Bildung eines bestimmten »Puffers« – durch ein Pufferlager kann eine gewisse Unabhängigkeit der Unternehmung von konjunkturellen Schwankungen gesichert werden – und
- die langfristige Sicherung von Geschäftsbeziehungen bzw. Vertragsbedingungen.

Dem Einsatz der o. g. Strategien sind jedoch insofern Grenzen gesetzt, als sie nur bei kurzfristigen Störungen von relativ geringem Ausmaß wirksam werden. In dem kontinuierlichen und umfangreichen Wandlungsprozeß, in dem wir uns gegenwärtig befinden, besteht jedoch nicht die Möglichkeit der Ausschaltung externer Einflüsse. Eine Anpassung an veränderte Umweltbedingungen setzt deshalb die richtige Erkennung und Prognose des Wandlungsprozesses voraus. Eine exakte Zukunftsprognose ermöglicht wiederum die Planung des Anpassungsprozesses, wobei auch hier das interne Ziel der Effizienzsteigerung zu berücksichtigen ist.

Die kontinuierliche Fortsetzung von Prognose und Planung (Unternehmungsplanungssystem) bildet somit die Grundlage für ein Idealmodell des Anpassungssystems, dessen Erreichung nur unter der unrealistischen Annahme der exakten Prognose von Umweltveränderungen möglich ist. Die gegenwärtigen Veränderungen externer Bedingungen zeichnen sich jedoch durch Diskontinuität und geringe Transparenz aus, so daß eine exakte Vorhersage nahezu unmöglich erscheint; die Errichtung eines Planungssystems nach o. g. (Ideal-)Muster ist demnach nicht realisierbar.

Aber selbst wenn dem so ist, dürfen Manager in der Unternehmung nicht mit gekreuzten Armen untätig zusehen. Es gibt doch noch eine andere Möglichkeit, anhand der sog. mehrstufigen Ermittlungsmethode eine Prognose zu stellen. Diese Methode beinhaltet die folgende Vorgehensweise: Zunächst sollen nur grobe Tendenzen bzw. Richtungen möglicher Veränderungen hinsichtlich relevanter Größen zur Prognose über zukünftige Zustände der Umwelt ermittelt werden. Sodann können die jeweiligen Objekte der Prognose immer genauer erfaßt werden, indem man Schritt für Schritt dazu notwendige Informationen beschafft.

Die Anwendung dieser Methode der Prognose ist deshalb sehr sinnvoll, weil so die strategische Richtung bei der Unternehmungsplanung auch mit einer relativ großen Ungewißheit wegen der unvollkommenen Informationen festgelegt werden kann. Damit können zwar konkrete Aktionspläne nicht direkt abgeleitet, aber Global- und Grobpläne als Richtlinie für betriebliche Aktivitäten erstellt werden. Um trotz einer relativ großen Ungewißheit infolge der unerwarteten Veränderungen der Umwelt betriebliche Ziele festzulegen und zu verwirklichen, ist die Aufstellung dieser Global- und Grobpläne notwendig, die eine ähnliche Rolle wie die eines Kompasses in einem Schiff spielen und später zur strategischen Aktionsplanung der Unternehmung führen können. Im Hinblick auf die Verwirklichung betrieblicher Ziele können nun unvorhersehbare Veränderungen der Umwelt grundsätzlich durch einen sog. kybernetischen Regelkreis vorteilhaft behandelt werden. Dieser kybernetische Regelkreis beinhaltet die folgenden Phasen:

- Ermittlung einer besten Gelegenheit zur Verwirklichung betrieblicher Ziele bei möglichen Veränderungen der Umwelt,
- Planung der Realisation dieser Strategie,
- Durchführung (Realisation),
- Auswertung des Leistungsergebnisses,
- Rückkopplung des ausgewerteten Leistungsergebnisses für die anschließende Planung und
- ggf. Modifikation der Pläne für den nächsten Zeitraum.

Durch diese Vorgehensweise läßt sich in gewissem Maße vermeiden, daß die Unternehmungsorganisation durch unerwartete Veränderungen der Umwelt einseitig bzw. passiv beeinflußt und somit immer gestört wird. So kann das Schiff »Unternehmung« mit Hilfe eines Kompasses – d. h. der Global- und Grobplanung – in einem fremden Ozean – d. h. mit einer relativ großen Ungewißheit über zukünftige Veränderungen der Umwelt – richtig gesteuert werden. Hierbei muß das Schiff zwar ggf. im Zickzack fahren, es kann aber durch Maßnahmen, die den Abweichungen entgegenwirken, das Ziel erreichen, ohne seinen Standort im geplanten Kurs zu verlieren.

Dementsprechend muß die Unternehmungsorganisation so flexibel sein, daß sich die Disposition über betriebliche Produktionsfaktoren – wie Personal, Einsatzgüter (Anlagen und Material) und Geldmittel – sowohl mit einer relativ großen Flexibilität bzw. Elastizität gegenüber den jeweiligen unerwarteten Veränderungen der Umwelt als auch mit einer Konzentration auf relevante Geschäftsbereiche der Unternehmung vollziehen kann. Darüber hinaus ergibt sich die

Notwendigkeit langfristiger Pläne, die – wie schon erwähnt – als Richtlinie für die Unternehmungsführung dienen. Aufgrund dieser langfristigen Pläne können nämlich menschliche, materielle und finanzielle Mittel im Betrieb nach dem Bedarf sowohl flexibel als auch rechtzeitig verlagert werden. Insofern kann eine derartige Unternehmungsorganisation als ein flexibles, anpassungsfähiges System (Umweltanpassungssystem) gegenüber unerwarteten Störungen durch die Umsysteme gekennzeichnet werden.

D. Managementstrategie

Bei der Unternehmungsführung geht es nicht nur um die Effizienz, sondern auch um die Beziehungen mit der Umwelt, d.h. die Anpassung an jeweils verschiedene Anforderungen von Umsystemen, deren Behandlung besonders wichtig für ein erfolgreiches Management in gegenwärtigen Unternehmungen ist.

Unter dem Begriff der Managementstrategie kann hierbei eine Anpassungsmaßnahme an die Umweltbedingungen verstanden werden. Die Vollziehung strategischer Unternehmensführung, bei der in erster Linie unter Berücksichtigung jeweiliger Anforderungen von Umsystemen die betrieblichen Faktoren – d.h. Personal, Einsatzgüter und Geldmittel – miteinander verknüpft werden sollen, läßt sich als eine der wichtigen Aufgaben im Rahmen des Managements in jüngster Zeit bezeichnen.

Die Veränderungen der Umweltbedingungen in den letzten Jahren weisen nun ein strukturelles Charakteristikum auf. Zu den strukturellen Wandlungen beispielsweise in der japanischen Industriegesellschaft zählen hierbei u.a. folgende Phänomene: Zunehmende Differenzierung der Wertvorstellungen von Verbrauchern, bedeutende Wandlungen der japanischen Industriestruktur unter dem Einfluß der Veränderungen in der Weltwirtschaft und die Reifung der hoch industrialisierten Gesellschaft Japans. Das Problem der Anpassungsmaßnahmen gegenüber solchen strukturellen Wandlungen kann nicht durch bloße Vermeidung oder Verminderung externer Störungen anhand des im Managementsystem eingebauten Regelkreises auf unteren Ebenen der Organisation gelöst werden, sondern erst durch die Generierung und Festlegung von neuen Zielen der Unternehmung aufgrund einer neuen Unternehmungskonzeption, die beinhaltet, daß die Unternehmungsorganisation nicht den Einfluß der Umwelt zu verhindern versucht, sondern vielmehr sich an geänderte Anforderungen der Umsysteme anpassen soll.

Dazu scheint es notwendig zu sein, daß sich die Durchdringung und Erfassung struktureller Wandlungen der Umwelt und somit die Prognose über ihre möglichen Folgen in der Zukunft vollziehen. Daraufhin können neue Ziele der Unternehmung, die in den meisten Fällen zu weiteren Investitionsprojekten führen, abgeleitet werden, um das o.g. Problem, d.h. die Behandlung externer Störungen infolge struktureller Wandlungen in den Umsystemen, aus dem betrieblichen Gesichtspunkt aktiv – und nicht passiv – zu lösen. Der Entscheidung über neue Investitionsprojekte im Rahmen der langfristigen oder mittelfristigen Planung können hierbei verschiedene Daten aus der Vergangenheit dienen, solange daraus eine Folgerung über zukünftige Zustände der Umsysteme mit einer relativ großen Wahrscheinlichkeit gezogen werden kann.

Wegen einer relativ großen Ungewißheit bezüglich struktureller Wandlungen der Umwelt in jüngster Zeit können Vergangenheitsdaten allerdings nicht mehr zur Prognose herangezogen werden. Nunmehr läßt sich eine Prognose – wie erwähnt – nur in Form einer groben Tendenz bzw. Richtung möglicher Veränderungen in der Zukunft aufgrund einer Analyse bzw. Durchdringung der Charakteristika jeweiliger Strukturwandlungen in den Umsystemen stellen.

Über diese Umweltanalyse und somit Prognose hinaus stellt sich die Frage, wie die Unternehmung aus ihrer eigenen Sicht das Problem der Anpassungsmaßnahmen gegenüber den jeweiligen Wandlungen der Umsysteme lösen kann. Bei der Managementstrategie sollte auf diese Frage besonderes Gewicht gelegt werden, weil eine Prognose allein zu keiner Lösung für betriebliche Aktivitäten führt. Zur Beantwortung dieser Frage wird eine Konzeption des Problemlösungsprozesses benötigt, der sich auf die Generierung und Auswahl einer oder mehrerer Lösungsalternativen für die Unternehmung selbst bezieht. Dieser Problemlösungsprozeß beginnt damit, den Ist-Zustand der Unternehmung aus objektiver Sicht zu analysieren und zu erfassen. Dabei stellen sich u. a. folgende Fragen:

- Welche und wieviele betriebliche Mittel – d. h. Personal, Einsatzgüter und Geldmittel – stehen der Unternehmung zur Verfügung?
- Worin liegen Stärken und Schwächen des Unternehmungspotentials?
- Wie ist der Ist-Zustand des Unternehmungspotentials?

Darüber hinaus sollen mögliche Lösungsalternativen gesucht werden, welche die Nutzung der Synergievorteile durch erneute Verknüpfung der verschiedenen zur Verfügung stehenden Mittel und des »Know-how« maximieren können. Dies steht wesentlich im Mittelpunkt der Managementstrategie.

Hinsichtlich der Managementstrategie in der Praxis wird häufig nur ihrer ersten Phase, d. h. der Umweltanalyse und der Prognose große Beachtung geschenkt. Ohne den Ist-Zustand der Unternehmung und ihre interne Problematik zu erfassen, kann sich allerdings der Prozeß der Managementstrategie gar nicht weiter vollziehen.

Zugleich ist es wichtig und sogar notwendig, sowohl eine Perspektive für den idealen, zukünftigen Zustand der Unternehmung, die im Soll-Zustand zum Ausdruck kommt, als auch bestimmte Geschäftsbereiche (»domain«) festzulegen.

Zusammengefaßt kann die Managementstrategie im Sinne einer Anpassungsmaßnahme an die Umweltbedingungen nach folgenden Phasen erstellt werden:

(1) Prognose: Es soll das Geschehen in den Umsystemen analysiert werden, um grobe Tendenzen ihrer möglichen Veränderungen in Zukunft festzustellen.
(2) Erfassung des Ist-Zustandes: Hierbei sollen vor allem Stärken und Schwächen des Unternehmungspotentials ermittelt werden.
(3) Überlegung und Festlegung einer Perspektive als Sollzustand der Unternehmung einerseits und bestimmte Geschäftsbereiche (»domain«) andererseits: Durch diese Festlegung sollen neue Ziele der Unternehmung abgeleitet werden.
(4) Suche nach Lösungsalternativen zur Verwirklichung betrieblicher Ziele: Hierbei sollen sie aufgrund neuer Konzeptionen generiert, weiterhin ausgewertet und schließlich ausgewählt werden.
(5) Durchführung der ausgewählten Lösungsalternativen.

So entsteht die Managementstrategie im Sinne einer Anpassungsmaßnahme an die Umwelt grundsätzlich aus einer Kombination der oben angegebenen Phasen, wie u. a. der Umweltanalyse und Prognose, der objektiven Erfassung der Unternehmungspotentiale, der Festlegung von Perspektive und Geschäftsbereichen.

Die Formulierung »Anpassung an die Umwelt«, die im vorliegenden Beitrag verwendet wird, bedeutet aber nicht, daß die Unternehmung durch ihre Umwelt nur einseitig beeinflußt bzw. gestört wird oder veränderte Anforderungen der Umsysteme befolgt. Unter »Anpassung an die Umwelt« soll vielmehr der Tatbestand, daß die Unternehmung jeweilige Veränderungen der

Umweltbedingungen aktiv beeinflußt und somit günstige Voraussetzungen für ihre Weiterentwicklung schafft, verstanden werden. Deshalb soll auf die Selbständigkeit der Unternehmung, deren Verwirklichung sowohl die Erfassung des Ist-Zustandes der Unternehmung als auch die Festlegung der Perspektive als Soll-Zustand erfordert, besonderes Gewicht gelegt werden. Veränderungen der Umweltbedingungen bedrohen zwar mehr oder weniger die Existenz der Unternehmung, aber sie können – wie schon erwähnt – auch zur Weiterentwicklung des Systems der Unternehmung beitragen. In dieser Weiterentwicklung liegt die wesentliche Aufgabe der Managementstrategie.

Schließlich zeigt die Managementstrategie eine Richtung für betriebliche Aktivitäten zwecks Anpassung an die Umweltbedingungen auf, die als Rahmen im Sinne eines Globalplans für einzelne Detailprojekte dienen kann. So läßt sich sagen, daß die Managementstrategie als Anpassungsmaßnahme an die Umweltbedingungen einen Orientierungsrahmen für betriebliche Aktivitäten in der Zukunft anbietet.

E. Strategische Unternehmungsführung

Mit zunehmendem Reifegrad der hoch industrialisierten Gesellschaft in jüngster Zeit – wie etwa der Sättigung des Marktes, zunehmender Differenzierung der Wertvorstellungen bzw. Bedürfnisse von Verbrauchern – haben sich verschiedene Lösungskonzepte im Rahmen der Managementstrategie entwickelt. Hierzu zählen u. a. die Diversifikation von Produkten oder Geschäftsbranchen sowie die Umgestaltung (z. B. Fusion).

Hierbei liegt eine heutzutage hervorzuhebende Problematik darin, wie komplexe, höchst verschiedenartige Aktivitäten im Betrieb als Folge der Diversifikation im Rahmen der strategischen Unternehmungsführung gemäß der Zielsetzung des ganzen Systems koordiniert bzw. organisiert werden können.

Dementsprechend entwickelte sich die Spartenorganisation nach Produkten, deren Divisionen i. d. R. anhand des sog. Return-on-Investment-Konzeptes koordiniert und gesteuert werden. Diese Organisationskonzeption hat sich bisher weit verbreitet. Bei der dezentralisierten Unternehmungsführung wird jede Sparte aufgefordert, ihr Ziel des im Verhältnis zum jeweilig investierten Kapital festgelegten Periodengewinns zu erreichen. Hierbei ist wiederum die Notwendigkeit der Strategie hervorzuheben, welche der Koordinierung diversifizierter Sparten zwecks Maximierung des Gesamterfolges der Unternehmung dient. Mit anderen Worten ist es erforderlich, daß einzelne Sparten im Hinblick auf die Erfassung ihrer Standpunkte und Rollen innerhalb des Gesamtunternehmungssystems ausgewertet und somit in eine Rangordnung gemäß ihrer Präferenz bzgl. der Auswahl der Investitionsprogramme gestellt werden, um den Gesamterfolg der Unternehmung zu maximieren. Dies bezieht sich auf eine moderne Managementtechnik »PPM«, d. h. »Products Portfolio Management«, die im Rahmen der Lehre der Managementstrategie in jüngster Zeit zum Gegenstand gemacht worden ist. Dabei läßt sich diese Managementtechnik dadurch kennzeichnen, daß jede Sparte in einer divisionalisierten Organisation nicht auf das Ziel der Rentabilität ausgerichtet ist, sondern auf ihr eigenes Ziel im Hinblick auf die Maximierung des Gesamterfolges der Unternehmung, das von der Erfassung der Standpunkte einzelner Divisionen anhand einer Marktwachstums-Rentabilitäts-Matrix bzgl. der einzelnen Geschäftsbereiche abgeleitet wird. Dies gilt in gleicher Weise auch für die Produktprogrammpolitik: Dabei sollen einzelne Produkte nämlich gemäß ihrer marktbezogenen Wachstumsrate und Rentabilität bewertet und miteinander kombiniert werden.

Da einige Umsysteme – wie Kunden bzw. Verbraucher oder Markt, Konkurrenzbetriebe – relativ direkten Einfluß auf die Unternehmung ausüben, werden sie bei der Managementstrategie besonders berücksichtigt. Außerdem – vor allem unter Betrachtung der gegenwärtigen Phänomene – soll sozialen Bedingungen sowohl in einer ganzen Nation als auch in einer Region, in der der planende Betrieb liegt, große Beachtung geschenkt werden, denn die Unternehmung wird zunehmend als ein Mitglied der Gesellschaft angesehen und kann infolgedessen ohne gesellschaftliche Zustimmung seitens der Bevölkerung nur schwer oder gar nicht überleben. Diese Frage, wie die Unternehmung den Beziehungen mit ihrer Gesellschaft begegnen soll, ist von immer größerer Bedeutung. Dies bedeutet, daß das Umsystem »Gesellschaft« zu einer in relativ direktem Beziehungszusammenhang stehenden Umwelt für die Unternehmung geworden ist. Deshalb soll die betriebliche Behandlung der Veränderungen sozialer Bedingungen als eine weitere Problematik bezüglich der gegenwärtigen Managementstrategie hervorgehoben werden.

Direkt aus dieser Problematik ergibt sich die Notwendigkeit eines guten sozialen Bildes der Unternehmung. Als eine wichtige zu überlegende Angelegenheit bei der Managementstrategie stellt sich nun die Frage, wie die Unternehmung eine hohe Wertschätzung in ihrer Gesellschaft erreichen kann. Weiterhin bezieht sich diese Frage auf die Erfassung und Erfüllung der gegebenen aber nicht unbedingt gesetzlich festgelegten Pflicht sowie Verantwortung der Unternehmung gegenüber ihrer Gesellschaft. In dem Maße, in dem sich die Unternehmungsführung im Rahmen der gewählten Managementstrategie vollzieht, ist nun eine erneute Konzipierung und Fixierung der Managementphilosophie von großer Bedeutung. Ohne eine neue Managementphilosophie im Sinne von Unternehmungsgrundsätzen bzw. -leitsätzen kann die Managementstrategie selbst im Hinblick auf die Anpassung an veränderte Marktbedingungen nicht erstellt werden.

Führt man hierbei die Handelsbetriebe – wie etwa Kaufhäuser, Supermärkte – als Beispiel an, so läßt sich sagen, daß für ihre Managementstrategie ein neues Bild bzw. Begriff des Handels entscheidend ist. Wie schon erwähnt, beruht die Verwirklichung der Selbständigkeit der Unternehmung bei der Managementstrategie sowohl auf der Erfassung des Ist-Zustandes als auch auf der Festlegung der Perspektive als Soll-Zustand. Die letztere kann von der Überlegung und Feststellung der Managementphilosophie einerseits und der Erfassung des Wesens eines Geschäftsbereiches (z. B. des Handels) andererseits abgeleitet werden. Stellt sich die Frage, worin das Wesen des Handels besteht, so erscheint es einleuchtend, daß seine Hauptrolle die Verknüpfung von Produktion und Konsumtion zum Inhalt hat. Aber nach einem neuen Begriff des Handels kann seine Funktion auch in der Informations- und Wissensvermittlung gesehen werden. Erst wenn Handelsbetriebe eine solche Veränderung ihres Geschäftsbereiches berücksichtigen, können sie strukturellen Wandlungen der Marktbedingungen zielgerichtet begegnen.

Wesentliche Veränderungen der gesamten Aktionsprogramme innerhalb einer Unternehmungsorganisation gemäß einem neuen Begriff über ihren Geschäftsbereich sind auf kurzfristige Sicht i. d. R. kaum erreichbar. Hierbei ist wiederum zu betonen, daß es bei der Managementstrategie im wesentlichen um die Richtlinie für die Unternehmungsführung auf langfristige Sicht geht.

Die bedeutsame Veränderung der gesamten Aktionsprogramme in der Unternehmungsorganisation kann sich Schritt für Schritt durch kumulative Wandlungen der operativen Tätigkeiten vollziehen, wobei die Managementstrategie – wie erwähnt – als Leitgedanke und Ziel sowie Richtung für Aufgabenerfüllungsprozesse dient. Im Prozeß dieser Veränderung soll allerdings die Richtlinie selbst gemäß ausgewerteten Ergebnissen der Leistungserstellungen einige Male überprüft und gegebenenfalls modifiziert werden. Je weiter der Inhalt der Richtlinie sowohl in der Ausführlichkeit als auch in der Genauigkeit vertieft wird, desto enger werden die Managementstrategie einerseits und die Aktionsprogramme in Aufgabenerfüllungsprozessen andererseits miteinander verknüpft. So kann eine geplante Veränderung im Betrieb Schritt für Schritt verwirklicht werden.

Strategische Unternehmungsführung ist demnach auf die Veränderung der Unternehmungsorganisation im Hinblick auf die Anpassung an die Umweltbedingungen ausgerichtet. Dementsprechend ergibt sich die Notwendigkeit der Organisation, welche als »organisches System« bezeichnet werden kann. Hierbei gibt es in Anlehnung an *Burns* und *Stalker* zwei ausgeprägte organisatorische Systemtypen, nämlich ein »organisches System« und ein »mechanistisches System«.

Der mechanistische Organisationstyp läßt sich vor allem dadurch kennzeichnen, daß die Organisationsstruktur durch mechanistische Verbindungen der verschiedenen Tätigkeiten von Aktionsträgern gestaltet wird, während beim organischen Systemtyp die Gesamtaufgabe nach dem Bedarf im Hinblick auf die Verwirklichung der Ziele flexibel auf einzelne Aktionsträger aufgeteilt wird. Deshalb werden hierbei auszuführende Teilaufgaben von einzelnen Aktionsträgern im Lauf der Wechselwirkungen zwischen Systemmitgliedern kontinuierlich koordiniert und erneut abgegrenzt. Außerdem begreifen einzelne Systemmitglieder das Engagement (»commitment«) gegenüber ihrer Organisation als bloße technische Abgrenzung der einzelnen Teilaufgaben. Sofern die Unternehmung nur die Effizienz der organisatorischen Aktivitäten anstreben kann, dürfte die Unternehmungsorganisation als mechanistisches System gestaltet werden. Aber bei der strategischen Unternehmungsführung soll die Organisationsstruktur die Charakteristika des organischen Systems aufweisen.

Literaturverzeichnis

Ackhoff, R. L.: A Concept of Corporate Planning. New York u. a. 1970.
Ansoff, H. I.: Corporate Strategy. New York u. a. 1965.
Ansoff, H. I.: Strategic Management. London 1978.
Barnard, C. I.: The Functions of the Executive. Cambridge/Mass. 1938.
Burns, T./*Stalker,* G. M.: The Management of Innovation.
Chandler, A. D., Jr.: Strategy and Structure. Chapters in the History of the Industrial Enterprise. Cambridge/Mass. 1962.
Dill, W. R.: Environment as an Influence on Managerial Autonomy. In: Administrative Science Quarterly, 2. Jg., 1958, S. 409–443.
Dill, W. R.: The Impact of Environment on Organizational Development. In: Concepts and Issues in Administrative Behavior, hrsg. v. *Mailick,* S./*Van Ness,* E. H. Englewood Cliffs/N. J. 1962, S. 94–109.
Kast, F. E./*Rosenzweig,* J. E.: Organizations and Management. A Systems Approach. New York u. a. 1970.
Katz, D./*Kahn,* R. L.: The Social Psychology of Organizations. New York u. a. 1966.
Lawrence, P. R./*Lorsch,* J. W.: Organization and Environment. Homewood/Ill. 1969.
Levine, S./*White,* P. E.: Exchange as a Conceptual Framework for the Study of Interorganizational Relationships. In: Administrative Science Quarterly, 5. Jg. 1961, S. 583–601.
Takamiya, S.: Gendai no Keiei (Management in der Gegenwart). Tokio 1970.
Takamiya, S.: Gendai-Keiei towa nanika. Riron to Jissen (Was bedeutet Management in der Gegenwart. Theorie und Praxis). Tokio 1980.
Takamiya, S.: Keieigaku (Managementlehre). Tokio 1981.
Takamiya, S.: Senryaku-Keiei to Soshiki (Strategische Unternehmungsführung und Organisation). In: Organizational Science, 15. Jg., Nr. 2, 1981, S. 2–10.
Thompson, J. D.: Organizations in Action. Social Science Bases of Administrative Theory. New York u. a. 1967.

*Eberhard Witte**

Erfolgsmuster von Innovationen

* Prof. Dr. *Eberhard Witte,* Universität München, Institut für Organisation.

Die wissenschaftliche Absicht, Erfolgsmuster im Sinne wiederholt auftretender erfolgsrelevanter Kriterien für Innovationen zu finden, wirkt verlockend. Zwar scheint der Gedanke an »Patentrezepte« und somit an die Planbarkeit und Machbarkeit erfolgreicher Innovationen unvereinbar zu sein mit innovationsspezifischen Wesensmerkmalen wie »außergewöhnlich«, »revolutionär« oder »völlig neu«. Doch die Faszination nachvollziehbarer Erfolgsmuster, wie sie in den amerikanischen Untersuchungen zu »In Search of Excellence« [1] zum Ausdruck kam, war der Anlaß, mein Seminar im Sommersemester 1985 der Suche nach Erfolgsmustern von Innovationen zu widmen. [2]

A. Innovation

Unter den Aspekten von Wachstum und wirtschaftlicher Entwicklung widmete sich Schumpeter bereits 1912 dem Phänomen Innovation und den daraus resultierenden Aufgaben für den »dynamischen Unternehmer«. [3] Im Unterschied zum Kapitalisten und Erfinder ist nach Schumpeter ein dynamischer Unternehmer derjenige, der neue Kombinationen durchsetzt, ohne notwendigerweise die neue Kombination selbst konzipiert oder erdacht zu haben. [4] Diese eher einseitige Betonung des Durchsetzungsvorganges mag in der Tatsache begründet sein, daß in der Frühzeit der Industrialisierung, auf die sich Schumpeter bezieht, eine Fülle von Erfindungen und Ideen vorlag, die auf ihre wirtschaftliche Realisierung wartete. Mit dem Fortschritt der Industrialisierung und der komplexer werdenden Technik wurde es jedoch zunehmend schwierig, neue Kombinationen zu gestalten, die der Durchsetzung wert sind.

Die moderne Betriebswirtschaftslehre hat dem Phänomen der Innovation umfassend Beachtung geschenkt. [5] Als Innovation wird sowohl der Prozeß des Innovierens als auch dessen Ergebnis (das Innovationsprodukt) verstanden. Die ergebnisbezogene Sichtweise führt zu dem Definitionsproblem, welche Kriterien eine Innovation erfüllen muß. Dieses Problem wird häufig dadurch umgangen, daß man das jeweilige Unternehmen bei erstmaligem Befaßtsein mit dem Neuen als innovativ bzw. das Produkt als Innovation bezeichnet, unabhängig davon, ob andere Unternehmen diesen Schritt vorher getan haben. [6]

Interpretiert man dagegen die Innovation prozessual, so erkennt man, daß sie eingebettet ist in einen vorgeschalteten und in einen nachgeschalteten Vorgang. Der umfassende Gesamtprozeß besteht aus der Invention [7] als der eigentlichen Erfindung, der Innovation [8] als der unternehmerischen Realisierung des Neuen und der Diffusion als der sich anschließenden weiteren Verbreitung. [9] Zwar ist wiederholt eingewendet worden, daß diese drei Teilprozesse nicht exakt voneinander abgrenzbar sind, aber die Unterscheidung hat sich doch insgesamt als wissenschaftlich und praktisch handhabbar erwiesen. [10]

B. Innovationserfolg

Um den Erfolg von Innovationen unter dem Aspekt vorbildlicher Muster analysieren zu können, ist es zunächst notwendig, Komponenten des Erfolges zu benennen und zu operationalisieren. Dabei wird von der Einbeziehung außerökonomischer Maßstäbe (gesellschaftlicher

Nutzen, Umweltschutz etc.) und makroökonomischer Maßstäbe (Innovationskonkurrenz der Volkswirtschaften, Beschäftigungseffekte) abgesehen und die Betrachtung auf den betriebswirtschaftlichen Erfolg konzentriert.

I. Technische Realisierbarkeit

Bevor Überlegungen zum wirtschaftlichen Erfolg einer Innovation angestellt werden können, ist im Vorfeld zu prüfen, ob die vorliegende Idee überhaupt technisch verwirklicht werden kann (feasibility). [11]

Die in der Forderung nach technischer Durchführbarkeit liegende Frage ist nicht mit einem einfachen Ja oder Nein zu beantworten. Vielmehr stellt sich für die Forschungs- und Entwicklungsarbeiten im Unternehmen die Aufgabe, aus der Erfindungsidee einen Prototyp des neuen Produktes oder des neuen Verfahrens zu entwickeln, in Testreihen die technischen Merkmale zu messen, Fehler zu beseitigen und Verbesserungen durchzuführen, um ein einwandfreies Funktionieren zu gewährleisten. [12] Die Maßstäbe für die technische Eignung liegen nicht im naturwissenschaftlichen Rang des Fortschritts, im intellektuellen Raffinement oder in der Ästhetik, sondern in der Fähigkeit, eine konkrete praktische Problemlösung zu bewirken. Von der Anwendbarkeit her wird der technische Wert einer Innovation bestimmt.

II. Akzeptanz

Zu einer erfolgreichen Innovation gehört nicht nur, daß sie technisch durchführbar und geeignet ist, angewendet zu werden, sondern es ist auch notwendig, die Entstehung und Gestaltung des Neuen innerhalb der Unternehmung und am Markt durchzusetzen, d. h. Akzeptanz zu finden.

1. Unternehmensinterne Akzeptanz

Die innerbetriebliche Akzeptanz einer Neuerung ist deshalb ein ernstzunehmendes Problem, weil die Unternehmensorganisation als stabile Ordnung der Erfüllung von Daueraufgaben gewidmet ist, während die Innovation gerade die Abkehr von dieser Kontinuität bedeutet. [13]

Zur Förderung der Neuerungsbereitschaft auf personaler Ebene sind alle Maßnahmen zur Beseitigung von Fähigkeits- und Willensbarrieren geeignet. Die Fähigkeitsbarrieren treten bei Organisationsmitgliedern auf, die nicht von Anfang an in den Innovationsprozeß involviert waren und sich deshalb das nötige Fachwissen noch nicht erwerben konnten. Die aus Nichtwissen entstehende Ablehnung des Neuen kann durch aktiv förderndes Eingreifen von Fachpromotoren überwunden werden. [14]

Die Willensbarrieren sind aus den Beharrungskräften, die am Status quo festhalten wollen, erklärbar. Innovationen sind üblicherweise mit der Ungewißheit über die zukünftige Entwicklung des Betriebes und der eigenen Arbeitsbedingungen verbunden. Eine abwartende Haltung der betroffenen Personen ist also subjektiv verständlich. Zur Überwindung von Willensbarrieren sind positive (belohnende) und negative (bestrafende) Sanktionen geeignet. Da diese zumeist nur Inhabern hierarchischer Macht zustehen, ist ein Merkmal erfolgreicher Innovationen das Vorhandensein eines Machtpromotors. [15]

Der Innovationserfolg wird am ehesten dadurch herbeigeführt, daß sowohl ein Fachpromotor als auch ein Machtpromotor (Promotorengespann) [16] existieren und miteinander kooperieren. Hinzu treten innovationsfördernde Organisationsformen wie Team, Kollegium, Projektmanager und Change Agent. [17]

2. *Unternehmensexterne Akzeptanz*

Die unternehmensexterne Akzeptanz bezieht sich auf die Annahme des innovativen Produktes oder der innovativen Dienstleistung durch die Verbraucher bzw. Benutzer. [18] Wenn das Kriterium für die technische Realisierung einer Innovation in deren Anwendbarkeit liegt, so wird über den Absatzmarkt die tatsächlich vollzogene Anwendung festgestellt. Die Kunden entscheiden schließlich darüber, ob eine Innovation ökonomisch verwirklicht wird oder nicht.

Dabei ist von Bedeutung, ob die Neuigkeit lediglich eine spontane Akzeptanz findet und nach vorübergehendem Modeerfolg wieder »out« ist, oder ob die Innovation sich dauerhaft am Markt durchsetzt. Die Dauerhaftigkeit der Marktakzeptanz ist vor allen Dingen dann ein wichtiges Kriterium, wenn zur Durchführung der Innovation erhebliche Investitionen notwendig sind.

III. Aufwendungen und Erträge

Die zur technischen Realisierung der Innovation einzusetzenden Leistungsfaktoren führen in ihrer Summe zum Innovationsaufwand. Auf der anderen Seite erbringen die durch Marktakzeptanz erzielten Umsätze den Innovationsertrag. Die (positive) Differenz zwischen Erträgen und Aufwendungen bildet den Innovationserfolg. Dieser ergibt sich keineswegs automatisch, wenn die Innovation technisch realisierbar ist und vom Markt akzeptiert wird. Vielmehr ist das betriebswirtschaftliche Erfolgskriterium ein autonomer Gesichtspunkt, der schließlich über die dauerhafte Durchsetzung der Innovation entscheidet. [19] Wenn nämlich der Innovationsaufwand (einschließlich der Abschreibungen auf die Investitionen) nachhaltig höher ist als der Innovationsertrag, dann wird die Fortsetzung des Innovationsprozesses unterbunden.

Für die Erfüllung der Aufgabe, Erfolgsmuster von Innovationen zu erkunden, genügt es nicht, Innovationen zu betrachten, die einen geringen Überschuß der Erträge über die Aufwendungen erwirtschaften. Es interessieren vielmehr die aufsehenerregenden großen Erfolge, die nicht nur technisch faszinierend sind und nicht nur den Markt einschneidend verändern, sondern auch zu einem erheblichen Unternehmensgewinn führen.

Unter diesem Aspekt wurden historisch zurückliegende und auch aktuelle Innovationen, die sehr erfolgreich verlaufen sind, ausgewählt. Es sind die folgenden:

Buchdruck, Penicillin, Taschenbuch, Nescafé, Xerographie, Surfbrett, Anti-Blockier-System, Computertomograph, Rubikwürfel, Personal Computer, TheraMed, Walkman und Coca Cola.

Es wurde also ein breites Spektrum von Basisinnovationen bis hin zu Verbesserungsinnovationen erfaßt.

C. Erfolgsmuster

Der sprachlich verkürzte Ausdruck »Erfolgsmuster« ist so zu verstehen, daß Muster von (sehr) erfolgreichen Innovationen beschrieben werden. Von einem Muster wird dann gesprochen, wenn Innovationen durch gemeinsame und wiederholt auftretende Merkmale charakterisiert werden können. Dabei ist es nicht notwendig, daß *alle* Merkmale in *allen* erfolgreichen Innovationen auftreten. Das Muster kann also variieren oder nur verschwommen erkennbar sein. Es genügt, wenn bestimmte Merkmale immer wieder bei erfolgreichen Innovationen auftreten. Aber selbst dann wird nicht behauptet, daß diese typischen (und vielleicht notwendigen) Merkmale auch hinreichend für den Innovationserfolg sind.

I. Ideenkombination

Auf der Suche nach Merkmalen zur Kennzeichnung von Erfolgsmustern stößt man immer wieder auf die Tatsache, daß eine Innovation nicht aus einer einzigen Erfindung (Invention) hervorgeht, sondern eine Kombination mehrerer Grundideen bzw. mehrerer bereits vorliegender Erfindungen darstellt. Der Innovator bringt also eine schöpferische Kombination hervor, die er eventuell noch um eine eigene Invention bereichert.

Gutenberg hat den Buchdruck nicht technisch erfunden, sondern die bereits vorliegenden Inventionen der beweglichen Lettern, der industriellen Produktion von Papier und der seit langem am Rhein gebräuchlichen Weinpresse mit der von ihm als neue Komponente erfundenen Druckfarbe zu einer innovativen Gesamttechnik zusammengefaßt. [20]

Die Idee des Taschenbuchs, preiswerte und handliche Literatur zu bieten, war erst durch die Kombination mehrerer technischer Neuerungen, speziell aber durch den Rotationsdruck und das Klebebindeverfahren erfolgreich zu verwirklichen. [21]

Das erste tragbare Stereokassetten-Abspielgerät von Sony (Walkman) wurde aus einem notizbuchgroßen Kassettenrekorder für Diktierzwecke entwickelt, bei welchem ein Stereokopf eingebaut und der Lautsprecher durch Kopfhörer ersetzt wurde.

Auch die Entwicklung des Computertomographen (Transversalverfahren) war nur möglich durch Kombination von Röntgentechnik (nicht nur für Längsschnitt-, sondern auch für Querschnittaufnahmen) mit modernen Computern, denn erst durch die fortgeschrittene Datenverarbeitungstechnik war eine befriedigende Auflösung der Röntgenquerschnittaufnahmen möglich. [22]

Das Surfbrett ist durch Kombination folgender bekannter Elemente entstanden: vergrößerter Wellenreiter, Kardangelenk (aus der Automobiltechnik), Gabelbaum, Mast und Segel.

Aus einer Verbesserungsinnovation (neue Zahnpastarezeptur TheraMed) wurde durch Kombination mit einer Verpackungsinnovation – Darreichung im Dosierspender anstelle der üblichen Tube – eine erfolgreiche Innovation. [24]

Anhand dieser Beispiele kann folgende These formuliert werden:

Die Erfolgswahrscheinlichkeit von Innovationen steigt, wenn der Innovator mehrere Inventionen (Ideen) kreativ miteinander verbindet.

II. Innovationsenergie

Wie bereits dargestellt, entwickelt sich ein Innovationsprozeß nicht aus eigenem Antrieb. Vielmehr ist es notwendig, Energie in den Prozeß einzugeben, um die beharrenden Widerstände (Barrieren des Nichtwissens und des Nichtwollens) zu überwinden. Dabei ist zu unterscheiden zwischen Energieimpulsen, die innerhalb des Unternehmens wirksam werden und anderen Energieimpulsen, die von außen innovationsfördernd einwirken.

1. Unternehmensinterne Energie

Als Persönlichkeitsmerkmale von erfolgreichen Innovatoren sind Eigenschaften wie Intuition, Kreativität, Flexibilität, Vielseitigkeit, Risikobereitschaft und Problemlösungsneigung hervorzuheben. [25] So wird Johannes Gutenberg als hitziger Mensch mit ausgeprägtem Durchsetzungsvermögen, Ideenfülle, Beweglichkeit und Erfolgsmotivierung charakterisiert. [26] Akio Morita, einer der beiden Gründer der Sony Corporation, wird als alerter, eloquenter und genialer Geschäftsmann beschrieben, der sich nicht nur durch Marktgespür und Weitsicht, sondern auch durch Risikobereitschaft und Showtalent auszeichnet. [27] Er hatte die Idee zum Walkman und sorgte aufgrund seiner Persönlichkeit und seiner Position als Machtpromotor für die Durchsetzung des Produktes.

Der Erfolg des Apple Personal Computers läßt sich durch die personifizierte Innovationsenergie des Promotorengespanns Steven Jobs und Stephan Wozniak erklären. Während Jobs – vielseitig, hartnäckig, egozentrisch, motivierend und aggressiv verkaufend – die Rolle des Machtpromotors spielte [28], erfüllte Wozniak den Part des Fachpromotors als ein von Kindheit an auf Technik fixierter und überdies kostenbewußter Einzelgänger mit Spielernatur. [29]

Aber nicht nur Personen, sondern auch Organisationen können innovationsförderliche Merkmale aufweisen. Bei Apple war es die Schubkraft des Promotorengespanns. In der Sony Corporation war es die ungewöhnlich flexible Projektorganisation und die Koordination durch ein informelles Kommunikationssystem zur Diskussion von Neuentwicklungen. [30] Auch IBM hat sich bei der Entwicklung des Personal Computers [31] einer organisationsstrukturellen Maßnahme bedient, indem das mit der Entwicklung befaßte Team als »Independent Business Unit« ausgegründet wurde, um ein flexibleres, innovationsfreundliches und motivierendes Klima zu schaffen. [32]

Neben der personalen und organisationalen Energie bedarf es für investitionsintensive Innovationen auch der finanziellen Energie. Die Entwicklung der Xerographie und des Anti-Blockier-Systems für Kraftfahrzeuge war nicht auf Anhieb erfolgreich und verlangte eine längere Periode der Weiterentwicklung des Prototyps und der geduldigen Markteinführung. Nur durch die eingesetzte erhebliche Finanzkraft wurde der zeitliche Innovationswiderstand überwunden und schließlich der große Innovationserfolg erreicht.

2. Unternehmensexterne Energie

Als markante Merkmale des Erfolgsmusters, die aus unternehmensexternen Tatbeständen abgeleitet sind, werden hier die marktwirtschaftliche Konkurrenz und der juristische Patentschutz hervorgehoben. [33]

Die marktwirtschaftliche Konkurrenz erzeugt einen Druck auf das Innovationstempo und die

Innovationsintensität. Dies wurde besonders deutlich bei der Nachahmung des Personal Computers von Apple durch IBM. [34]

Durch das Patentrecht und seine Anwendung kann ebenfalls eine innovationsförderliche Schubkraft ausgelöst werden, und zwar sowohl aufgrund gesteigerter Forschungsbereitschaft, verbunden mit geringerem Verwertungsrisiko durch eine monopolartige Situation für das betreffende Unternehmen, als auch aufgrund von Anregungen für Forschungsarbeiten bei Offenlegung der Patentschriften. [35]

Als Beispiel sei auf den Erfolg der Rank Xerox Inc. mit Kopiergeräten verwiesen. Vom Start mit dem ersten serienreifen Kopiergerät (Rank Xerox 914) im Jahr 1960 bis zum Ablaufen einiger Patente 10 Jahre später war die kommerzielle Verwertung durch Abschöpfung der Monopolrente gesichert. [36]

Als zusammenfassende These kann formuliert werden:

Die Erfolgswahrscheinlichkeit von Innovationen steigt mit der in den Innovationsprozeß eingegebenen (unternehmensinternen und unternehmensexternen) Energie.

III. Innovationsklima

Ein weiteres Element, das als Bestandteil von Erfolgsmustern erkennbar ist, aber im Gegensatz zu den bisher betrachteten Elementen »Kombination« und »Energie« kaum beeinflußt werden kann, ist die Aufgeschlossenheit der Gesellschaft gegenüber Innovationen.

Klimatologische Situation, Geschmackszyklen (Modewellen), strukturelle Veränderungen wie die Entwicklung zur Freizeitgesellschaft, der damit verbundene Wertewandel, aber auch staatliche Einflüsse (infrastrukturelle Maßnahmen, Subventionen) und internationale Beziehungen sind Variablen, die auf die gesellschaftliche Innovationsbereitschaft einwirken. [37]

Bei der Analyse der exemplarisch herangezogenen Innovationen zeigte sich häufig, daß der Erfolg in entscheidendem Maße davon abhing, ob die »Zeit reif war« für die geplante Neuerung.

Noch einmal das Beispiel Gutenberg: Zwar war von der Kirche und von den Schreibern, einer der mächtigsten Gilden in der Stadt Mainz, großer Widerstand geleistet worden. Andererseits aber war die Sehnsucht nach Wissen erwacht. Überall entstanden Universitäten und Schulen. Durch den Aufstieg des Bürgertums war auch ausreichend finanzkräftiges Potential vorhanden, um die noch sehr teuren Bücher bezahlen zu können. Ohne diesen gesellschaftlichen Umbruch wäre Gutenberg vermutlich gescheitert. [38]

Der Erfolg von Freizeitprodukten wie Surfbrett, Walkman oder dem Spielzeug Rubikwürfel ist vor allem durch die verringerte Arbeitszeit und die dadurch entstandenen neuen Bedarfsstrukturen zu erklären.

Es ergibt sich die These:

Die Erfolgswahrscheinlichkeit von Innovationen steigt, je freundlicher das Innovationsklima in der Gesellschaft ist.

IV. Innovationsbedarf

Nachdem bereits deutlich wurde, daß der Bedarf als Akzeptanz der Innovation eine Voraussetzung für den Erfolg ist, kann näher untersucht werden, ob es Kennzeichen des Bedarfs [39] gibt, die geeignet sind, für ein Erfolgsmuster herangezogen zu werden. Hierzu bietet sich der Grad der Bedarfsformulierung an. Von dem Grenzfall des manifesten Bedarfs, der präzis in seinen Anforderungen an ein Innovationsgut spezifiziert ist, bis zu dem anderen Grenzfall eines nur latenten, unausgeprägten und in seinen Anforderungen an das Innovationsgut nicht artikulierten Bedarfs besteht eine Skala von Abstufungen. Hier interessiert nun die Frage, ob die Aussicht auf Innovationserfolg mit dem Grad der Präzisierung des Bedarfs zusammenhängt.

Es hat sich bei den untersuchten Innovationen gezeigt, daß ein innovatives Produkt eine hohe Erfolgschance besitzt, wenn es einen bereits präzis formulierten Bedarf deckt. Dies ist jedoch nur dann der Fall, wenn das Innovationsgut (oder die innovative Dienstleistung) tatsächlich eine Optimallösung hinsichtlich des artikulierten Bedarfs darstellt. Die Xerographie, der Computertomograph, das Anti-Blockier-System und das Verfahren zur Gewinnung von löslichem Kaffee (Instant-Kaffee) wurde nachweisbar von präzis formulierten Bedarfsäußerungen angeregt. Diese Innovationen waren das Ergebnis planvoller Suche, während das Penicillin, für das der zugrundeliegende Bedarf ebenfalls manifest war, aus einer zufälligen Entdeckung resultierte.

Wenn demgegenüber der Bedarf nur unscharf formuliert ist oder lediglich latent vermutet werden kann, dann fehlt weitgehend die Orientierungsrichtung für die Steuerung des Innovationsprozesses. Je unklarer der Bedarf, desto höher ist die Anzahl möglicher innovativer Lösungen. Aber auch bei unscharfem Bedarf lassen sich erfolgreiche Innovationen nachweisen, wenn man ein zusätzliches Merkmal für das Erfolgsmuster einfügt: den Neuheitsgrad der angebotenen Problemlösung. Die Höhe des Sprunges zu einem innovativen Angebot löst den Überraschungseffekt, das positive Staunen und schließlich die Bereitschaft zur Nutzung der Innovation aus. Beispiele für derartige Innovationen sind der Rubikwürfel, der Walkman, das Surfbrett und Coca Cola. Der Erfolg dieser neuen Produkte beruht vor allem auf ihrem zum Zeitpunkt des Erscheinens verblüffenden, begeisternden Neuheitsgrad, durch den ein vorher nicht artikulierter Bedarf mobilisiert wurde.

Zusammenfassend ergibt sich die These:

Die Erfolgswahrscheinlichkeit von Innovationen steigt, je deutlicher der Bedarf formuliert ist, soweit diese Innovationen den Bedarf in allen seinen Merkmalen vollständig (weitgehend) decken. Bei unscharfem Bedarf hängt die Erfolgswahrscheinlichkeit der Innovation vom Neuheitsgrad des Angebots ab.

Umgekehrt kann unter dem Risikoaspekt formuliert werden, daß die Mißerfolgswahrscheinlichkeit bei präzis artikuliertem Bedarf wächst, je weniger die Innovation den Anforderungen des Bedarfs entspricht. Bei unscharf artikuliertem, nur latentem Bedarf ist das Risiko des Mißerfolgs um so höher, je geringer der Neuheitsgrad der Innovation ist. Ein kümmerliches Innovationsangebot ist in Gefahr, nicht bemerkt zu werden und deshalb nicht über die Impulskraft zu verfügen, einen latenten Bedarf zu aktivieren.

D. Reflexion

Fragt man sich abschließend, zu welchem Ergebnis die Analyse geführt hat, dann muß zunächst einschränkend festgestellt werden, daß es sich nicht um eine systematisch angelegte, großzahlige empirische Untersuchung mit benennbarer Stichprobe aus einer abgegrenzten Grundgesamtheit handelt. Deshalb können auch keine statistischen Zusammenhänge belegt werden. Die 13 Fallstudien besitzen eher heuristischen Wert; sie verdeutlichen die gestellte Frage und geben exemplarische Antworten.

Dafür bleiben aber die individuellen Konturen der betrachteten Fälle erhalten, die bei einer großzahlig nachgewiesenen Gesetzmäßigkeit untergehen würden. Der Reiz der in Amerika so beliebten success stories liegt ja in der Möglichkeit, das eigene innovative Denken anzuregen, um die Erfolgsmuster bereits stattgefundener Innovationen nachzuahmen.

Wenn es fortschreitend gelingt, das Wesentliche an erfolgreichen Innovationen herauszufiltern, dann ergeben sich Orientierungshilfen, die für die Planung und Förderung von Innovationsprozessen (innerbetrieblich und überbetrieblich) herangezogen werden können. Wenn sich in weiteren Untersuchungen die Erkenntnis erhärten sollte, daß erfolgreiche Innovationen aus der Kombination mehrerer Inventionen bestehen, können Beziehungsbrücken zwischen kompatiblen Erfindungsprozessen konstruiert werden. Zur Verstärkung der Innovationsenergie können gezielte innerbetriebliche Organisationsmaßnahmen und überbetriebliche Innovationsstrategien verwirklicht werden, die sich auf eine Intensivierung des Wettbewerbs und ein innovationsfreundliches Patentrecht richten. Wenn umgekehrt aus politischen oder sozialen Gründen eine Begrenzung des Wettbewerbs erwogen wird, dann sollte deutlich werden, daß damit die Innovationsenergie geschwächt wird. Auch bei einer internationalen Harmonisierung der Patentgesetzgebung ist der Innovationsaspekt dominant zu berücksichtigen. Insgesamt wird deutlich, daß das Innovationsklima einer bewußten Pflege bedarf. Der sicherste Weg, den Erfolg von Innovationen in Frage zu stellen, liegt darin, Innovationen als schädlich zu bezeichnen und ihnen den notwendigen Rang im Wertesystem der Gesellschaft zu verweigern.

Anmerkungen

1 Vgl. *Peters/Waterman* (Excellence).
2 Die Seminarteilnehmer, die hier namentlich ausgewiesen sind, haben unter Anleitung von Dipl.-Kfm. Magdalena Pritzl die empirischen Belege für die analysierten Innovationen erfaßt und bearbeitet: J. Antesberger, H. Berg, A. v. Bergwelt, J. Feder, N. Freisinger, I. Frowein, M. Füchsl, M. Herrmann, R. Iblacker, R. Kessler, M. Mittelmeier, W. Mücher, H. Nicolaus, H. Rehberg, H. Ruso, W. Sailer, J. Schmidt, I. Spielberger, K. Ulrich.
3 Vgl. *Schumpeter* (Theorie) S. 170 ff.
4 Vgl. *Schumpeter* (Theorie) S. 172 ff.
5 Vgl. *Grochla* (Voraussetzungen) S. 30.
6 Vgl. z. B. *Pfeiffer/Staudt* (Innovation) Sp. 1948; *Kieser* (Produktinnovation) Sp. 1733; *Knight* (Model) S. 478; *Becker/Whisler* (Organization) S. 462 f.
7 Die Invention ist unter ökonomischen Aspekten als Nutzungschance zu verstehen; vgl. *Witte* (Organisation) S. 2; vgl. dazu auch *Perlitz/Löbler* (Krisen) S. 425; ferner *Nelson* (Innovation) S. 340 f.
8 Zur Differenzierung von Invention und Innovation vgl. z. B. *Mensch* (Dynamik) S. 297 ff.
9 Vgl. *Kiefer* (Diffusion); *Rogers* (Diffusion).
10 Vgl. *Thom* (Grundlagen) S. 45 ff. und die dort angegebene Literatur.
11 Vgl. dazu das Beispiel bei *Drucker* (Entrepreneurship) S. 133: Leonardo da Vincis skizzierte Ideen, U-Boot, Hubschrauber oder automatische Schmiede, waren mit den um 1500 vorhandenen Techniken und Werkstoffen nicht zu realisieren.

12 Vgl. dazu *Mensch* (Dynamik) S. 304.
13 Wilson spricht von einem »organisatorischen Dilemma«, vgl. *Wilson* (Innovation); vgl. dazu auch *Kieser* (Produktinnovation) Sp. 1736 ff. sowie *March/Simon* (Organizations) S. 36 ff.
14 Zu den personalen und strukturellen Bedingungen innovativer Organisationen vgl. *Grochla* (Voraussetzungen) S. 35 ff.; *Kieser* (Management) S. 293 ff.; *Knight* (Model) S. 481, 483 ff.; *Shepard* (Organizations).
15 Vgl. *Witte* (Organisation) S. 18 f.
16 Vgl. *Witte* (Organisation) S. 17 f.
17 Vgl. *Witte* (Organisation) S. 14 ff., 28 ff.
18 Vgl. *Kieser* (Management) S. 301 ff. und *Grochla* (Unternehmungsorganisation) S. 72 f., 175 ff., 207 f.
19 Vgl. *Wieselhuber* (Unternehmensführung), Nr. 21 vom 30. 1. 1985.
20 Vgl. *Wieselhuber* (Unternehmensführung), Nr. 24 vom 4. 2. 1985.
21 Vgl. *Petrau* (Buchdruck) S. 18.
22 Vgl. *Gentsch* (Pocket-book-Herstellung) S. 17 ff., 36 ff., 39 ff., 46 ff.
23 Vgl. *Dümmling* (Computertomographie) S. 13 ff.
24 Vgl. *o. V.* (Verkaufsraketen) S. 39.
25 Vgl. *Pfetsch* (Innovationsforschung) S. 15 f.
26 Vgl. *Presser* (Gutenberg), insbes. S. 29 ff., 85 ff.
27 Vgl. *o. V.* (Legende), insbes. S. 172 und *o. V.* (Entwicklung) S. 85.
28 Vgl. *Glogger* (Apple) S. 19 ff.; *Rogers/Larsen* (Silicon Valley) S. 4 ff.; *Levering* u. a. (Entrepreneurs) S. 54 ff.
29 Vgl. *Glogger* (Apple) S. 33 ff.; *Rogers/Larsen* (Silicon Valley) S. 4 ff.
30 Vgl. *Bleicher/Hahn* (Sony Corporation) S. 440 ff.
31 Die allerdings nur im Sinne einer »kreativen Nachahmung« – vgl. *Levitt* (Imitation) – als innovativ zu bezeichnen ist, denn die echten Pioniere waren Steven Jobs und Stephan Wozniak.
32 Vgl. *Schwarzer* (Kopf) S. 83; *Peters* (Foresight).
33 Vgl. *Muttelsee* (Maßnahmen).
34 *Vgl. Glogger* (Apple) S. 140 ff.
35 Vgl. *Grefermann* (Patentwesen), insbes. S. 14 ff.; *Kruse* (Einfluß) S. 2 ff., 67 ff.
36 Vgl. *Bauernfeind* (Xerox) und *Baer* (Boom) S. 52 f.
37 Vgl. *Walz* (Grundlagen) S. 36 ff.
38 Vgl. *Presser* (Gutenberg), insbes. S. 8 ff., 18 ff., 38 ff.
39 Vgl. *Pfeiffer/Staudt* (Innovation) Sp. 1947 ff.

Literaturverzeichnis

Baer, H. (Boom): Boom ohne Ende? In: Information, 38. Jg., 1984, S. 52–56.

Bauernfeind, K. (Xerox): Xerox: Vom Kopiergiganten zum Systemlieferanten. In: Frankfurter Allgemeine Zeitung (Hrsg.): Blick durch die Wirtschaft, 28. Jg., Nr. 192 vom 7. 10. 1985, S. 7.

Becker, S. W./ *Whisler,* Th. L. (Organization): The Innovative Organization: A Selective View of Current Theory and Research. In: The Journal of Business, Vol. 40, 1967, S. 462–469.

Bleicher, K./ *Hahn,* D. (Sony Corporation): Interview zur Organisation und Führung der Sony Corporation. In: Zeitschrift für Organisation (ZfO), 51. Jg., 1982, S. 438–443.

Drucker, P. F. (Entrepreneurship): Innovation and Entrepreneurship. Practice and Principles. New York u. a. 1985.

Dümmling, K. (Computertomographie): 10 Jahre Computertomographie – ein Rückblick. In: Electromedica, Jg. 52, 1984, S. 13–28.

Gentsch, H. (Pocket-book-Herstellung): Die verlegerischen und betriebswirtschaftlichen Probleme der Pocket-book-Herstellung. Rastatt/Baden 1957.

Glogger, H.-M. (Apple): Alles über Apple. Mit einer kompletten Darstellung der aktuellen Apple-Computer vom IIe bis zum Macintosh. Ein Führer durch die faszinierende Apple-Welt: Wo der Personal-Computer erfunden wurde und wo er seine modernste Form fand. München 1985.

Grefermann, K./ *Oppenländer,* K. H./ *Peffgen,* E./ *Röthlingshöfer,* K. Ch./ *Scholz,* L. (Patentwesen): Patentwesen und technischer Fortschritt. Kritische Würdigung der Zusammenhänge in ausgewählten Branchen der Bundesrepublik Deutschland anhand empirischer Untersuchungen. Teil I: Die Wirkung des Patentwesens im Innovationsprozeß. Göttingen 1974.

Grochla, E. (Unternehmungsorganisation): Unternehmungsorganisation. Neue Ansätze und Konzeptionen. Reinbek bei Hamburg 1972.
Grochla, E. (Voraussetzungen): Betriebswirtschaftlich-organisatorische Voraussetzungen technologischer Innovationen. In: Zeitschrift für betriebswirtschaftliche Forschung (ZfbF), Jg. 32, 1980, Sonderheft 11/1980, S. 30–42.
Kiefer, K. (Diffusion): Die Diffusion von Neuerungen. Tübingen 1967.
Kieser, A. (Management): Management von Innovationen. In: *Ifo-Institut für Wirtschaftsforschung* (Hrsg.): Innovation in der Wirtschaft. München 1970, S. 290–307.
Kieser, A. (Produktinnovation): Produktinnovation. In: *Tietz*, B. (Hrsg.): Handwörterbuch der Absatzwirtschaft. Stuttgart 1974. Sp. 1733–1743.
Knight, K. E. (Model): A Descriptive Model of the Intra-Firm Innovation Process. In: The Journal of Business, Vol. 40, 1967, S. 478–496.
Kruse, R. F. W. (Einfluß): Der Einfluß von Innovationen in Form von Patenten und Know-how auf die Absatzpolitik unter Berücksichtigung des GWB. Hamburg 1980.
Levering, R./ *Katz*, M./ *Moskowitz*, M. (Entrepreneurs): The Computer Entrepreneurs. Who's Making it Big and How in America's Upstart Industry. New York 1984.
Levitt, Th. (Imitation): Innovative Imitation. In: Harvard Business Review (HBR), Vol. 44, 1966, Heft 5, S. 63–70.
March, J. G./ *Simon*, H. A. (Organizations): Organizations. New York – London 1958.
Mensch, G. (Dynamik): Zur Dynamik des technischen Fortschritts. In: Zeitschrift für Betriebswirtschaft (ZfB), 41. Jg., 1971, S. 295–314.
Muttelsee, W. K. (Maßnahmen): Mögliche Maßnahmen zur Innovationsförderung. In: *Ifo-Institut für Wirtschaftsforschung* (Hrsg.): Innovation in der Wirtschaft. München 1970, S. 308–332.
Nelson, R. R. (Innovation): Innovation. In: *Sills*, D. E. (Hrsg.): International Encyclopedia of the Social Sciences. Bd. 7, New York 1968, S. 339–345.
o. V. (Verkaufsraketen): Wie Sie Verkaufsraketen zünden. In: Absatzwirtschaft, Heft 4, 1981, S. 38–55.
o. V. (Legende): Legende und Realität. In: Wirtschaftswoche Nr. 41 vom 7. 10. 1983, S. 170–174.
o. V. (Entwicklung): Entwicklung ohne Ziel. In: Manager Magazin (mm), Heft 2, 1984, S. 78–85.
Perlitz, M./ *Löbler*, H. (Krisen): Brauchen Unternehmen zum Innovieren Krisen? In: Zeitschrift für Betriebswirtschaft (ZfB), 55. Jg., 1985, S. 424–450.
Peters, T. J. (Foresight): U.S. is Losing Innovative Foresight by Focusing on Mass Production. In: The Arizona Republic vom 15. 9. 1985, S. E 13.
Peters, T. J./ *Waterman* jr., R. H. (Excellence): In Search of Excellence. Lessons from America's Best-Run Companies. New York u. a. 1982.
Petrau, A. (Buchdruck): Die menschheitsgeschichtliche Bedeutung des Buchdrucks. Essen 1944.
Pfeiffer, W./ *Staudt*, E. (Innovation): Innovation. In: *Grochla*, E./ *Wittmann*, W. (Hrsg.): Handwörterbuch der Betriebswirtschaft. 4. Aufl., Stuttgart 1975, Sp. 1943–1953.
Pfetsch, F. R. (Innovationsforschung): Zum Stand der Innovationsforschung. In: *Neuloh*, O./ *Rüegg*, W. (Hrsg.): Innovationsforschung als multidisziplinäre Aufgabe. Beiträge zur Theorie und Wirklichkeit von Innovationen im 19. Jahrhundert. Göttingen 1975, S. 9–24.
Presser, H. (Gutenberg): Johannes Gutenberg in Zeugnissen und Bilddokumenten. Reinbek bei Hamburg 1967.
Rogers, E. M. (Diffusion): Diffusion of Innovations. New York – London 1962.
Rogers, E. M./ *Larsen*, J. K. (Silicon Valley): Silicon Valley Fever. Growth of High-Technology Culture. New York 1984.
Schumpeter, J. (Theorie): Theorie der wirtschaftlichen Entwicklung. Leipzig 1912.
Schwarzer, V. (Kopf): Über den Kopf gewachsen. In: Manager Magazin (mm), Heft 8, 1983, S. 80–83.
Shepard, H. A. (Organizations): Innovation-Resisting and Innovation-Producing Organizations. In: The Journal of Business, Vol. 40, 1967, S. 470–477.
Thom, N. (Grundlagen): Grundlagen des betrieblichen Innovationsmagements. 2. Aufl., Königstein 1980.
Walz, D. (Grundlagen): Grundlagen und Richtungen der Innovationsforschung. In: *Neuloh*, O./ *Rüegg*, W. (Hrsg.): Innovationsforschung als multidisziplinäre Aufgabe. Beiträge zur Theorie und Wirklichkeit von Innovationen im 19. Jahrhundert. Göttingen 1975. S. 25–68.
Wilson, J. Q. (Innovation): Innovation in Organization: Notes Toward a Theory. In: *Thompson*, J. D. (Hrsg.): Approaches to Organizational Design. Pittsburgh 1966, S. 193–218.
Wieselhuber, N. (Unternehmensführung): Innovative Unternehmensführung. In: Frankfurter Allgemeine Zeitung (Hrsg.), Blick durch die Wirtschaft, 28. Jg., 1985, Nr. 20–27.
Witte, E. (Organisation): Organisation für Innovationsentscheidungen. Göttingen 1973.

Betriebswirtschaftliche Funktionen

*Walther Busse von Colbe**

Die Equitymethode zur Bewertung von Beteiligungen im Konzernabschluß

– Eine wichtige Neuerung für das deutsche Bilanzrecht**

---

* Professor Dr. *Walther Busse von Colbe*, Ruhr-Universität Bochum, Seminar für theoretische Wirtschaftslehre.

** Der Beitrag ist aus einem Vortrag hervorgegangen, den der Verfasser am 29. 1. 1985 an der Technischen Hochschule Aachen gehalten hat.

A. Für den Konzernabschluß relevante Klassen von Unternehmensverbindungen

Mit der Umsetzung der 7. EG-Richtlinie vom 13. Juni 1983 über den konsolidierten Abschluß durch das Bilanzrichtlinien-Gesetz im HGB [1] gewinnt der Konzernabschluß eine ungleich größere Bedeutung als bisher. Insbesondere wird die Konzernrechnungslegungspflicht spätestens ab 1990 auf Gesellschaften mit beschränkter Haftung von mittlerer Größenordnung an ausgedehnt. Die Konsolidierungstechnik wird gegenüber dem geltenden AktG in wesentlichen Punkten geändert. Darüber hinaus wird die Konzernrechnungslegung zum Teil auf neue Grundlagen gestellt.

Der *aktienrechtliche Konzernabschluß nach geltendem Recht (AktG 1965)* beruht auf der Prämisse, daß der Konzern im Sinne von § 18 AktG als Zusammenfassung von rechtlich selbständigen Unternehmen unter einheitlicher Leitung eine wirtschaftliche Einheit, im wirtschaftlichen Sinne also ein Unternehmen, bildet. Damit ist der Konzern begrifflich klar gegen die Umwelt dritter Unternehmen abgegrenzt, auch wenn die Feststellung, ob ein Konzernverhältnis vorliegt, im Einzelfall Schwierigkeiten bereiten mag [2]. *Konzernunternehmen* sind durch Vollkonsolidierung in den Konzernabschluß einzubeziehen, soweit nicht in § 329 Abs. 2 AktG wegen Beeinträchtigung des Aussagewertes ein Konsolidierungsverbot ausgesprochen oder ein Konsolidierungswahlrecht (z. B. für Konzernunternehmen mit Sitz im Ausland oder von geringer Bedeutung) gewährt wird. Andere Unternehmen dürfen nicht konsolidiert werden. Beteiligungen an nicht konsolidierten Unternehmen sind nach dem Maßgeblichkeitsprinzip des § 331 Abs. 1 AktG grundsätzlich mit den Wertansätzen des Einzelabschlusses in den Konzernabschluß zu übernehmen.

Der *7. EG-Richtlinie* liegt ein anderes Konzept zugrunde: Für den konsolidierten Abschluß wird ein *stufenweiser Übergang* vom Kern der Unternehmensgruppe zur Umwelt unterstellt, der durch *verschiedene Grade der Einflußnahme* der Obergesellschaft auf andere Unternehmen gekennzeichnet ist [3]. Den *Kern der Unternehmensgruppe* bilden die gem. Art. 1 in Verbindung mit Art. 3 *voll zu konsolidierenden Unternehmen*. Das sind solche, gegenüber denen die Obergesellschaft direkt oder über zwischengeschaltete Unternehmen einen *beherrschenden Einfluß* über *konzerntypische* Rechte ausüben kann. Diese Rechte resultieren z. B. aus der Verfügung über die Mehrheit der Stimmrechte, aus Satzungsbestimmungen und Verträgen oder aus dem Recht, die Mehrheit des Verwaltungs-, Leitungs- oder Aufsichtsorgans zu bestellen. Auf die *tatsächliche Ausübung des beherrschenden Einflusses* oder der *einheitlichen Leitung* kommt es dabei gem. Art. 1 Abs. 1 der 7. EG-Richtlinie *nicht* an; sie kann aber über die Wahrnehmung eines nationalen Wahlrechtes gem. Abs. 2 zusätzlich zur Konzernrechnungslegungspflicht führen. Die Konsolidierungspflicht für die Fälle des *höchsten Grades der Einflußmöglichkeit* und unter Ausnutzung des Wahlrechtes auch des *tatsächlichen Einflusses* wird mit § 290 HGB in deutsches Recht transformiert; dabei wird von einem *Konzernverhältnis* zwischen Mutter- und Tochterunternehmen *(Konzernunternehmen)* ausgegangen. Die Konzernunternehmen lassen sich nach der Art der Konsolidierung noch in zwei Gruppen trennen: Die nach der *Interessenzusammenführungsmethode* gem. § 302 HGB und die nach der *Erwerbsmethode* gem. § 301 HGB konsolidierten Unternehmen. Die erstgenannte Methode kommt einer tatsächlichen Fusion noch näher als die zweite, weil die Buchwerte weitgehend übernommen und die Rücklagen nicht aufgerechnet werden. Man kann diese Unternehmen als den inneren Kern der Unternehmensgruppe ansehen.

Die *erste Übergangsstufe* zwischen der Gruppe der voll zu konsolidierenden Unternehmen und der Umwelt bilden *Gemeinschaftsunternehmen,* die gem. § 310 HGB unter *gemeinsamer*

Leitung eines Konzernunternehmens und eines nicht einbezogenen Unternehmens stehen. Sie dürfen anteilig zum Kapitalanteil des Konzernunternehmens konsolidiert werden *(Quotenkonsolidierung)*. Dabei werden im Unterschied zur Vollkonsolidierung alle Vermögens- und Schuldposten sowie Aufwendungen und Erträge nur anteilig in den Konzernabschluß übernommen. Anteile von Dritten an Kapital und Gewinn werden somit nicht ausgewiesen. Da die *Schulden- und Ertragskonsolidierung* ebenfalls *quotal* vorgenommen wird, gelten bei dieser Übergangsstufe Geschäftsvorfälle zwischen den vollkonsolidierten Unternehmen und den Gemeinschaftsunternehmen entsprechend dem Anteil der konzernfremden Gesellschafter für den Konzern als realisiert.

Die *zweite Übergangsstufe* stellen gem. Art. 33 der 7. EG-Richtlinie, dessen Vorschriften durch §§ 311, 312 HGB transformiert worden sind, solche Unternehmen dar, auf die ein einbezogenes Unternehmen – das kann auch ein quotal einbezogenes Unternehmen sein – einen *maßgeblichen Einfluß* auf deren *Geschäfts- und Finanzpolitik ausübt*. Sie werden als *»assoziierte Unternehmen«* bezeichnet. In diesem Falle kommt es nach dem Wortsinn beider Vorschriften anders als bei der Vollkonsolidierung auf die *tatsächliche Ausübung* des maßgeblichen Einflusses, nicht aber auf die bloße Möglichkeit an. Ein solcher »maßgeblicher« Einfluß ist eine schwächere Form der Einflußnahme als ein »beherrschender« Einfluß, bzw. als eine »einheitliche« Leitung, aber auch als eine »gemeinsame« Leitung (erste Übergangsstufe). Solche assoziierten Unternehmen werden nach der aus der *anglo-amerikanischen Bilanzierungspraxis* übernommenen *Equitymethode* bewertet. Dabei werden die Vermögensgegenstände und Schulden, Aufwendungen und Erträge im Gegensatz zur Vollkonsolidierung nicht in den Konzernabschluß übernommen. Vielmehr verbleibt der Anschaffungswert der Beteiligung, eventuell aufgegliedert nach anteiligem Eigenkapital, anteiligen stillen Reserven bzw. Lasten und einem noch vorhandenen Firmenwert, in der Konzernbilanz. In den Folgejahren wird er um die anteiligen Eigenkapitalveränderungen des assoziierten Unternehmens sowie um die Abschreibung der stillen Reserven bzw. Auflösung der stillen Lasten und der Veränderung eines noch vorhandenen aktivischen oder passivischen Unterschiedsbetrages fortgeschrieben.

Die *dritte Übergangsstufe* bilden die Anteile an denjenigen Unternehmen, zu denen gem. § 271 Abs. 1 HGB eine *dauernde Verbindung* besteht, die dem eigenen Geschäftsbetrieb dienen soll, auf die aber *kein* maßgeblicher Einfluß ausgeübt wird. Diese Anteile werden zwar auch als *Beteiligungen* ausgewiesen, aber wie bisher zum – gegebenenfalls um außerplanmäßige Abschreibungen verminderten – Anschaffungswert bewertet.

Wenn in einem konsolidierten Abschluß Unternehmen *quotal konsolidiert* oder nach der *Equitymethode bewertet* werden, so enthält er nicht nur Vermögen, Schulden, Eigenkapitalbeträge, Aufwendungen und Erträge, über die die Konzernspitze kraft ihrer vertraglichen, satzungsmäßigen oder faktischen Leitungsmacht im gesetzlichen Rahmen disponiert, sondern auch Beträge, die ihrer Disposition nur *unter Abstimmung mit fremden Unternehmen* unterliegen. Das gilt insbesondere für die Quotenkonsolidierung, aber hinsichtlich der nicht ausgeschütteten Beteiligungserträge auch für die Equitybewertung. Ein solcher Abschluß entspricht dann insoweit nicht mehr dem Abschluß für ein einzelnes Unternehmen. Das muß z. B. bei einer Bilanzanalyse berücksichtigt werden. Quantitativ ist das nur möglich, wenn diese Beträge gesondert ausgewiesen werden. Dem trägt § 312 Abs. 4 HGB Rechnung, wonach in der Konzerngewinn- und Verlustrechnung das auf assoziierte Unternehmen entfallende Ergebnis gesondert auszuweisen ist.

B. Abgrenzung der nach der Equitymethode zu bewertenden Unternehmen

I. Zum Begriff des maßgeblichen Einflusses

Der Begriff des maßgeblichen Einflusses ist ein für das deutsche Recht neuer *unbestimmter Rechtsbegriff*. Er ist aus der anglo-amerikanischen Praxis übernommen worden. In der amerikanischen *APB-Opinion No. 18* von 1971 heißt es in § 17, daß die Equitymethode von einem Investor anzuwenden ist, »whose investment in voting stock gives it the *ability to exercise significant influence* over operating and financial policies of the investee even though the investor holds 50% or less of the voting stock« [4]. Die dort genannten *Merkmale* für die Fähigkeit, einen maßgeblichen Einfluß auszuüben, mögen nützlich dafür sein, den Begriff auch für die Anwendung in Deutschland abzugrenzen:

- representation on the board of directors,
- participation in policy making process,
- material intercompany transactions,
- interchange of managerial personnel oder
- technological dependency.

Damit wird der Kreis der assoziierten Unternehmen weit gezogen und z.T. von schwer nachprüfbaren Merkmalen bestimmt.

Ein weiteres wichtiges Merkmal sei das *Ausmaß der Beteiligung im Verhältnis zur Konzentration der übrigen Anteile*. Aber auch ein erheblicher oder sogar mehrheitlicher Anteil in der Hand eines anderen Investors schließe nicht notwendig die Möglichkeit eines maßgeblichen Einflusses eines Minderheitsgesellschafters aus. Eine Beurteilung des Einzelfalles sei notwendig.

Im Hinblick auf einen vernünftigen Grad einheitlicher Anwendung der Methode soll nach APB Opinion No. 18 *eine Beteiligung von 20% oder mehr* am stimmberechtigten Kapital zu der *widerlegbaren Vermutung* führen, daß der Investor die Möglichkeit hat, einen maßgeblichen Einfluß auszuüben. Auch diese Vermutung findet sich – bezogen auf den Anteil an den Stimmrechten – in Art. 33 Abs. 1 der 7. EG-Richtlinie und in § 311 Abs. 1 HGB wieder. Die erwähnten Merkmale und die Grenze von 20% implizieren, daß das Stimmrecht allein für einen maßgeblichen Einfluß nicht ausreicht [5]. Der Einfluß muß also zusätzlich aus weiteren Rechten oder tatsächlichen Umständen resultieren.

Neuerdings wird in den USA die Auffassung kritisiert, einen maßgeblichen Einfluß an dem stimmberechtigten Kapitalanteil zu messen; statt dessen wird vorgeschlagen, die Möglichkeit, die Höhe der Dividende zu beeinflussen, als Entscheidungskriterium heranzuziehen [6].

Als Voraussetzung für die Möglichkeit, einen maßgeblichen Einfluß auszuüben, wird in IAS 3 des *International Accounting Standards Committee* [7] von 1976 zusätzlich die Absicht des Anteilseigners genannt, die Beteiligung *langfristig zu halten*. Dies entspricht dem Konsolidierungswahlrecht des Art. 13 Abs. 3 c der 7. EG-Richtlinie bzw. des § 296 Abs. 1 Nr. 3 HGB, zur Weiterveräußerung gehaltene Beteiligungen, die sonst voll konsolidiert werden müßten, nicht einzubeziehen. Ein nur kurzfristiger Anteilsbesitz wird in der Regel weder zu einem maßgeblichen Einfluß noch zu einer einheitlichen Leitung genutzt.

Ein maßgeblicher Einfluß kann zudem nur dann vorliegen, wenn der Anteilseigner nicht durch staatliche Regelungen oder Maßnahmen oder durch ein Konkurs- bzw. Vergleichsverfahren an der Ausübung seiner gesellschafterrechtlichen oder vertraglichen Rechte gehindert ist. Die Abgrenzung des Kreises der Unternehmen, die einem maßgeblichen Einfluß eines Konzernunternehmens unterliegen, kann in der EG nicht einheitlich vorgenommen werden. Vielmehr sind die *Unterschiede der Rechtsformen,* aber auch *anderer rechtlicher Regelungen* (z. B. das Vollmachtsstimmrecht der Banken) und *tatsächlicher Umstände* (z. B. Hauptversammlungspräsenzen) zu beachten, die das Ausmaß der möglichen Einflußnahme mitbestimmen [8]. Allerdings wäre die *Einflußmöglichkeit,* die nach der amerikanischen Regelung für die Anwendung der Equitymethode bereits genügt, aus den Umständen heraus wohl eher zu überprüfen als die nach § 311 Abs. 1 HGB erforderliche *tatsächliche Ausübung.*

II. Anwendung der Equitymethode auf Konzern- und Gemeinschaftsunternehmen

Aus dem Wortsinn des § 311 Abs. 1 HGB könnte man schließen, daß die Equitymethode *nur* auf solche Unternehmen anzuwenden ist, auf die ein Konzerunternehmen zwar einen maßgeblichen, aber keinen weitergehenden Einfluß ausübt. Das wäre jedoch ein Fehlschluß. Eine einheitliche oder gemeinsame Leitung geht zwar über den maßgeblichen Einfluß hinaus, impliziert ihn aber damit auch zugleich. Die Equitymethode ist daher grundsätzlich auch auf Konzern- und Gemeinschaftsunternehmen anzuwenden, soweit diese nicht aufgrund weitergehender Vorschriften voll oder quotal konsolidiert werden [9].

Für *Konzernunternehmen,* für die nach § 295 HGB ein Konsolidierungsverbot oder nach § 297 HGB ein Konsolidierungswahlrecht gilt, ist zu prüfen, ob das Verbot und die Wahlrechte dann auch für die Anwendung der Equitymethode zutreffen.

Auf Konzernunternehmen, für die wegen *abweichender Geschäftstätigkeit ein Konsolidierungsverbot* gilt, ist die Equitymethode grundsätzlich anzuwenden, weil sie kaum dazu geeignet ist, das nach § 297 Abs. 2 HGB verlangte, den tatsächlichen Verhältnissen entsprechende Bild der Vermögens-, Finanz- und Ertragslage des Konzerns zu verfälschen. Wenn z. B. ein zu einem Industriekonzern gehöriges Versicherungsunternehmen wegen seiner völlig anderen Bilanzstruktur nicht einbezogen wird, so wirkt sich dies bei einer Bewertung nach der Equitymethode auf den Konzernabschluß nicht aus.

Bei Ausübung des *Konsolidierungswahlrechtes* wegen erheblicher und andauernder *Beschränkungen der Ausübung der Rechte des Mutterunternehmens* gem. § 296 Abs. 1 Nr. 1 HGB ist zu prüfen, ob die Beeinträchtigung so weit geht, daß auch kein maßgeblicher Einfluß für das Mutterunternehmen mehr verbleibt. Nur dann ist die Equitymethode nicht mehr anwendbar. Dann liegt hier nur noch eine Unternehmensverbindung der dritten Übergangsstufe vor.

Der Ausschluß von der Vollkonsolidierung wegen *unverhältnismäßig hoher Kosten oder Verzögerungen* bei der Beschaffung der für den Konzernabschluß erforderlichen Angaben (§ 296 Abs. 1 Nr. 2 HGB) gilt nicht automatisch auch für die Equitymethode. Diese Ausschließungsgründe dürften für die Equitymethode vielmehr weniger relevant sein. Gemäß § 312 Abs. 6 HGB ist der letzte Abschluß zugrunde zu legen und gem. Abs. 5 sind Zwischenergebnisse aus dem Lieferungs- und Leistungsverkehr mit dem Konzern nur insoweit zu eliminieren, als die dafür maßgeblichen Sachverhalte bekannt oder zugänglich sind.

Bei Ausübung des Konsolidierungswahlrechtes für den Fall, daß die Anteile nur zur *Weiterveräußerung* gehalten werden (§ 296 Abs. 1 Nr. 3 HGB), ist die Equitymethode dann anzuwenden, wenn trotz des vorübergehenden Anteilbesitzes ein maßgeblicher Einfluß ausgeübt wird. Das wird vermutlich nur ausnahmsweise zutreffen.

Das Konsolidierungswahlrecht für Unternehmen von *untergeordneter Bedeutung* (§ 296 Abs. 2 HGB) gilt gem. § 311 Abs. 2 HGB ausdrücklich auch für die Equitymethode, und zwar ohne die Pflicht zu prüfen, ob diese Unternehmen auch zusammen von untergeordneter Bedeutung sind.

Für *Gemeinschaftsunternehmen* besteht gem. § 310 HGB ein *Wahlrecht zur Anwendung der Quotenkonsolidierung*. Wenn auch nicht ausdrücklich erwähnt, so kann kein Zweifel darüber bestehen, daß die Alternative dazu die Equitymethode ist. Die gemeinsame Leitung impliziert einen maßgeblichen Einfluß. Nach dem allgemeinen Grundsatz der Einzelbewertung kann es für jedes Gemeinschaftsunternehmen selbständig ausgeübt werden. Nach der erstmaligen Ausübung ist jedoch der Grundsatz der *Konsolidierungsstetigkeit* des § 297 Abs. 3 HGB zu beachten [10].

III. Ausnahmen von der Equitymethode

Außer dem bereits erwähnten Fall der Beteiligung an »nur« assoziierten Unternehmen von *untergeordneter Bedeutung*, für die § 311 Abs. 2 HGB ein Bewertungswahlrecht zwischen Equity- und Anschaffungswertmethode konstituiert, enthält das HGB selbst keine weiteren Ausnahmeregelungen. Gemäß Protokollerklärung Nr. 20 von EG-Rat und -Kommission kann die Vermutung der Ausübung eines maßgeblichen Einflusses aber auch damit widerlegt werden, daß die für die Equitymethode *notwendigen Angaben nicht zu erhalten* oder die Rechte aus der Beteiligung nicht geltend gemacht werden können [11]. Eine Behinderung des Informationsflusses könnte z. B. bei Beteiligung an ausländischen Unternehmen infolge staatlicher Maßnahmen eintreten. Allerdings kann sich das beteiligte Unternehmen in der Regel weitgehend mit Schätzungen behelfen, so daß dieser Fall nur selten auftreten dürfte. Ein nur *kurzfristiger Anteilsbesitz* kann, wie schon erwähnt, ein weiterer hinreichender Grund für die Nichtanwendung der Equitymethode sein.

Die gesetzliche Vermutung, daß bei einem Anteil von 20% oder mehr an den Stimmrechten ein maßgeblicher Einfluß vorliegt, zwingt dann zu ihrer Widerlegung, wenn das beteiligte Unternehmen den maßgeblichen Einfluß verneint und daher die Equitymethode nicht anwenden will.

Dann ist zu prüfen, welche *weiteren Merkmale das Fehlen eines maßgeblichen Einflusses anzeigen können*. Gewöhnlich wird ein mit 20% oder mehr beteiligtes Unternehmen im Geschäftsführungs-, Leitungs- oder Aufsichtsorgan oder dem Board vertreten sein. Fehlt eine solche Vertretung, so kann dies ein Hinweis darauf sein, daß ein maßgeblicher Einfluß nicht ausgeübt wird. Ein Einfluß kann aber durchaus auch auf anderem Wege geltend gemacht werden, wie die erwähnten, im APB-Opinion No. 18 genannten Merkmale zeigen. Ob dieser Einfluß z. B. aufgrund von Lieferbeziehungen oder Technologietransfer als »maßgeblich« zu qualifizieren ist, kann dann immer noch strittig sein. Der maßgebliche Einfluß ist in ähnlicher Weise nicht exakt definierbar und damit schwer justiziabel wie die einheitliche Leitung zur Feststellung eines Konzernverhältnisses.

IV. Die Equitymethode als ergänzendes Bewertungs- oder selbständiges Konsolidierungsverfahren

Versteht man unter Konsolidierung die Zusammenfassung von Vermögensgegenständen, Verbindlichkeiten, Aufwendungen und Erträgen sowie die Aufrechnung der aus Rechtsbeziehungen zwischen Unternehmen entstandenen Jahresabschlußpositionen, also insbesondere von Beteiligungswerten mit anteiligem Eigenkapital, von konzerninternen Forderungen und Verbindlichkeiten und von Aufwendungen und Erträgen und versteht man unter Bewertungsverfahren die Ermittlung von Wertansätzen für Jahresabschlußpositionen, so ist die Equitymethode *kein Konsolidierungsverfahren,* sondern lediglich ein *Verfahren zur Bewertung von Beteiligungen*.

Die Anwendung der Equitymethode setzt nach Art. 33 der 7. EG-Richtlinie und §§ 311 Abs. 1 und 312 Abs. 1 HGB voraus, daß ein Konzernabschluß aufzustellen ist. Die Konzernrechnungslegungspflicht knüpft gem. § 290 Abs. 1 und 2 HGB an das Vorhandensein von Unternehmen an, auf die ein Merkmal dieser Vorschriften, z. B. Besitz der Mehrheit der Stimmrechte, zutrifft. Sind solche Unternehmen nicht vorhanden, bestehen aber Beteiligungen an Unternehmen, auf die nur ein maßgeblicher Einfluß ausgeübt wird, so folgt daraus nicht die Pflicht, neben dem Einzelabschluß einen weiteren Abschluß allein unter Anwendung der Equitymethode *(Equityabschluß)* zu erstellen. Insofern ist die Equitymethode nach der 7. EG-Richtlinie und dem HGB als ein *ergänzendes* Bewertungsverfahren zu interpretieren.

Es entsteht jedoch die Frage nach der Verpflichtung zu einem solchen Equityabschluß, wenn zwar grundsätzlich voll konsolidierungspflichtige Unternehmen vorhanden sind, die aber wegen eines Konsolidierungsverbotes oder Wahrnehmung eines Konsolidierungswahlrechtes nicht konsolidiert werden, und ferner Beteiligungen an nur assoziierten Unternehmen bestehen, auf die die Equitymethode anzuwenden wäre. Entfällt also in einem solchen Fall mit dem Ausschluß grundsätzlich voll zu konsolidierender Unternehmen auch die Pflicht zur Equitybewertung, obgleich für sie kein Ausnahmetatbestand existiert, und lebt diese Pflicht erst mit der Vollkonsolidierung eines Unternehmens wieder auf? Ist die Equitymethode auch in diesem Sinne ein nur ergänzendes Bewertungsverfahren? Auch wenn die Equitymethode für die Vermittlung eines den tatsächlichen Verhältnissen entsprechenden Bildes von der Lage der Unternehmensgruppe sinnvoll erscheint, so wäre es konsistent, den Gesetzgeber hier so zu interpretieren, daß er die Equitymethode lediglich als ergänzendes Bewertungsverfahren ansieht und damit auch in diesem Fall eine Verpflichtung zur Aufstellung eines Equityabschlusses nicht besteht.

Allerdings entspräche es der Informationsfunktion des Konzernabschlusses besser, die Equitymethode in dem Sinne als *selbständiges Bewertungsverfahren* zu konstituieren, das die Verpflichtung zu einem zusätzlichen (reinen) Equityabschluß hervorruft, wenn – unabhängig von voll zu konsolidierenden Unternehmen – Beteiligungen von Bedeutung vorhanden sind, auf die ein maßgeblicher Einfluß ausgeübt wird. Die neuen Rechnungslegungsvorschriften entsprechen dem jedoch nicht.

C. Technik der Equitybewertung

I. Aufspaltung des Anschaffungswertes der Beteiligung

Die Equitybewertung nach § 312 Abs. 1 und 2 HGB knüpft an die Kapitalkonsolidierung bei der erfolgswirksamen Erstkonsolidierung von Konzernunternehmen gem. § 301 Abs. 1 HGB an. Auch für die Equitymethode sind *zwei Varianten,* die *Buchwertmethode* und die *Anteilsmethode mit begrenzter Neubewertung* der Aktiva und Passiva des assoziierten Unternehmens vorgesehen. Die angewandte Methode ist im Konzernanhang anzugeben.

1. Buchwertmethode

Nach der *Buchwertmethode* wird die Beteiligung gem. § 312 Abs. 1 Satz 1 Nr. 1, Satz 2 und Satz 4, Abs. 3 Satz 1 HGB im *Erwerbszeitpunkt* mit den *Anschaffungskosten* bewertet. Der *Unterschiedsbetrag zum anteiligen Eigenkapital* des assoziierten Unternehmens wird bei *erstmaliger Anwendung* der Methode auf eine Beteiligung in der Konzernbilanz als »Davon«-Betrag *vermerkt* oder im *Anhang* angegeben. Es ist davon auszugehen, daß aktivische und passivische Unterschiedsbeträge saldiert werden dürfen, wie das bei der Vollkonsolidierung gem. § 301 Abs. 3 HGB ausdrücklich erlaubt ist; ob dann im Anhang auch aktivische und passivische Anteile zu nennen sind, mag hier offen bleiben.

Für die Bestimmung des anteiligen Eigenkapitals gilt – anders als für die voll oder quotal zu konsolidierenden Unternehmen – gem. § 312 Abs. 5 Satz 1 und 2 HGB nur ein Wahlrecht, die *Wertansätze* von Vermögensgegenständen und Verbindlichkeiten des assoziierten Unternehmens, die nach Methoden bewertet sind, die von den im Konzernabschluß angewandten abweichen, an die *Bewertungsmethoden des Konzerns* anzupassen. Wenn dies nicht geschieht, so ist dies allerdings im Anhang anzugeben. Der aus der Anpassung resultierende Betrag ist zur Ermittlung des Unterschiedsbetrages nach Abs. 1 mit den Rücklagen des Beteiligungsunternehmens zu verrechnen.

Der *Unterschiedsbetrag* nach Abs. 1 ist nun in einer weiteren internen Nebenrechnung gem. Abs. 2 Satz 1 den Vermögensgegenständen und Verbindlichkeiten so weit zuzuordnen, als ihr tatsächlicher Wert von dem gegebenenfalls vereinheitlichten Bilanzansatz abweicht *(Zuordnungsbeträge).* Mithin werden *stille Anschaffungswertrücklagen* und *stille Lasten* (z. B. nicht passivierte Pensionszusagen), so weit sie im Anschaffungspreis der Beteiligung zum Ausdruck kommen, in der internen Nebenrechnung aufgelöst. Ein *restlicher Unterschiedsbetrag* ist, falls aktivisch, als *Firmenwert,* falls passivisch, als nicht zuordnenbare stille Last *(bad will)* oder als Folge eines günstigen Kaufs anzusehen.

2. Anteilsmethode

Bei der *Anteilsmethode* gem. § 312 Abs. 1 Satz 1 Nr. 2, Satz 3 und 4, Abs. 3 Satz 1 HGB wird die Beteiligung an einem assoziierten Unternehmen im *Erwerbszeitpunkt* in der Konzernbilanz mit dem *anteiligen Eigenkapital* bewertet. Zur Ermittlung des anteiligen Eigenkapitals sind die Vermögensgegenstände und Schulden des assoziierten Unternehmens mit den im Zeitpunkt des Erwerbs der Beteiligung beizulegenden Werten (Tageswerten) anzusetzen. Dabei darf das so ermittelte anteilige Eigenkapital nicht höher sein als der Anschaffungswert. Die *Neubewertung* ist mithin analog zur Vollkonsolidierung nach § 301 Abs. 1 Satz 2 Nr. 2 und Satz 4 HGB durch den *Anschaffungswert der Beteiligung* begrenzt.

Ein restlicher *aktivischer Unterschiedsbetrag* stellt einen anteiligen *Firmenwert* dar. Er ist bei *erstmaliger* Anwendung der Equitymethode auf eine Beteiligung in der Konzernbilanz gesondert auszuweisen. Ein *passivischer Unterschiedsbetrag* kann durch die Neubewertung nicht entstehen oder vergrößert werden, da das anzusetzende Eigenkapital nach oben hin durch den Anschaffungswert der Beteiligung begrenzt ist. Die Regelung für die Obergrenze des Wertansatzes in § 312 Abs. 1 Satz 3 HGB geht offenbar von dem Fall aus, daß das anteilige Eigenkapital erst durch die Neubewertung den Anschaffungswert überschreiten und dadurch eine Verletzung des Anschaffungswertprinzips eintreten könnte. Ein passivischer Unterschiedsbetrag kann aber schon von Anfang an vorhanden sein, wenn das *bilanzielle Eigenkapital* höher als der Anschaffungswert der Beteiligung ist. Fraglich ist, ob in diesem Fall ein passivischer Unterschiedsbetrag, der z. B. aus der Berücksichtigung für die Zukunft erwarteter Jahresfehlbeträge resultieren kann, passiviert werden darf. Er wäre dann bei erstmaliger Anwendung der Equitymethode gleichfalls gesondert auszuweisen. *Eine Verletzung des Anschaffungswertprinzips läge nicht* vor, weil dieser Passivposten als *Wertberichtigung* zu interpretieren wäre. Mit Eintritt der erwarteten Fehlbeträge wäre er gem. § 312 Abs. 2 Satz 3 i. V. m. § 309 Abs. 2 Nr. 1 HGB erfolgsneutral gegen diese aufzurechnen.

Die in § 312 Abs. 1 vorletzter Halbsatz als Alternative zum Bilanzausweis vorgesehene *Angabe* eines restlichen *Unterschiedsbetrages im Anhang* ist wegen des Prinzips der Doppik bei der Anteilsmethode nur möglich, wenn sich ein aktivischer Unterschiedsbetrag ergibt und dieser gem. § 312 Abs. 2 letzter Satz i. V. m. § 309 Abs. 1 HGB mit den Rücklagen verrechnet wird; es sei denn, der Bilanzansatz nach der Anteilsmethode enthielte auch den restlichen Unterschiedsbetrag [12], was aber mit dem Wortsinn der Vorschrift kaum vereinbar ist.

3. Zuordnungswahlrecht

Wenn bei der *Buchwertmethode* auf Basis einer einheitlichen Bewertung die Summe der anteiligen stillen Rücklagen (stillen Lasten) größer als der aktivische (passivische) Unterschiedsbetrag ist und bei der *Anteilsmethode* die Summe der Zuschreibungen den Unterschiedsbetrag übersteigen würde, ergibt sich analog zur Vollkonsolidierung ein *Zuordnungswahlrecht*. Eine bestimmte, z. B. proportionale Zuordnung zu den Bilanzposten wird nicht verlangt.

4. Bezugszeitpunkt für die Aufspaltung

Nach *beiden Methoden* sind der Wertansatz der Beteiligung und des Unterschiedsbetrages gem. § 312 Abs. 3 HGB auf den *Zeitpunkt des Erwerbs der Beteiligung* zu beziehen. Die Berechnung darf statt dessen aber auch auf den *Zeitpunkt* bezogen werden, zu dem assoziierte Unternehmen *erstmalig* nach der Equitymethode bewertet werden oder bei sukzessivem Anteilserwerb (z. B. auch bei Kapitalerhöhungen) ein Assoziierungsverhältnis entsteht. In diesen Fällen brauchen also insbesondere nicht die Werte von Vermögensgegenständen und Schulden der Beteiligungsgesellschaft im Anschaffungszeitpunkt der Beteiligung bzw. der einzelnen Erwerbstranchen ermittelt zu werden.

Führt die Beteiligungsgesellschaft eine *Kapitalerhöhung* durch, so ist nicht nur der Beteiligungsbuchwert um die anteilige Kapitalerhöhung aufzustocken, sondern zu diesem Zeitpunkt auch zu prüfen, ob der Beteiligungsbuchwert nach Kapitaleinlage noch dem anteiligen Eigenkapital entspricht. Das ist insbesondere dann nicht der Fall, wenn die Beteiligungsgesellschaft stärker oder weniger an der Kapitalerhöhung teilnimmt, als es ihrer Beteiligung entspricht. Dann sind die Unterschiedsbeträge entsprechend anzupassen [13].

5. *Methodenwahlrecht*

Die erstmalige Wahl zwischen Buchwert- und Anteilsmethode steht dem bilanzierenden Unternehmen frei. In den Folgejahren ist jedoch der Grundsatz der Bewertungsstetigkeit gem. § 252 HGB bzw. der Konsolidierungsstetigkeit gem. § 297 Abs. 3 HGB zu beachten.

Fraglich ist, ob das Unternehmen für jede einzelne nach der Equitymethode bewertete Beteiligung zwischen beiden Varianten frei wählen darf. Aus der Formulierung in § 312 Abs. 1 Satz 1 HGB, in dem es in enger Anlehnung an Art. 33 Abs. 2 a) und b) der 7. EG-RL heißt, daß »eine Beteiligung entweder mit dem Buchwert oder mit... anzusetzen« ist, kann man auf ein Wahlrecht für jede einzelne Beteiligung schließen. Wenn es am Ende von § 312 Abs. 1 HGB jedoch im Singular heißt, daß »die angewandte Methode im Konzernanhang anzugeben« ist, so kann man aus dieser Formulierung folgern, daß die Equitymethode durchgehend einheitlich nach einer Methode anzuwenden ist. Wenn der Gesetzestext mehrdeutig ist, muß die Frage nach allgemeinen Grundsätzen beantwortet werden. Dem Grundsatz des § 297 Abs. 2 HGB, daß der Konzernabschluß klar und übersichtlich aufzustellen ist und unter Beachtung der GoB ein den tatsächlichen Verhältnissen entsprechendes Bild der Lage des Konzerns zu vermitteln hat, entspricht es in der Regel eher, wenn Bewertungswahlrechte für gleichartige Tatbestände im Konzern einheitlich ausgeübt werden; für die gleichzeitige Anwendung unterschiedlicher Varianten der Equitymethode müßten dann überzeugende Gründe vorliegen. In welchem Ausmaß Bewertungsspielräume für gleichartige Gegenstände unterschiedlich ausgenutzt werden dürfen, wird in der Literatur jedoch nicht einheitlich beurteilt [14].

II. Fortschreibung des Beteiligungswertes

1. *Fortschreibung der Unterschiedsbeträge*

In den Jahren nach der erstmaligen Anwendung der Equitymethode sind die aus ihr resultierenden Bilanzansätze fortzuschreiben

- bei Anwendung der *Buchwertmethode* um die in der internen Nebenrechnung ermittelte *Abschreibung aktivischer* und die *Auflösung passivischer Anpassungs-* und *Zuordnungsbeträge* und um die Veränderung des *aktivischen Firmenwertes* bzw. eines verbliebenen *passivischen Unterschiedsbetrages* und
- bei Anwendung der *Anteilsmethode* der Beteiligungsansatz um Abschreibungen bzw. Auflösungen der *Differenzbeträge* zwischen Buchwerten und (begrenzten) Neuwerten sowie ein gesondert ausgewiesener restlicher Unterschiedsbetrag im Falle eines *Firmenwertes* um dessen Abschreibung und im Falle eines bereits vorhandenen *passivischen Unterschiedsbetrages* um dessen Auflösung.

Die *Anpassungs-* und *Zuordnungsbeträge* bei Anwendung der Buchwertmethode sowie die

Differenzbeträge aus der Neubewertung sind nach Maßgabe *einheitlicher Bewertungsmethoden* im Konzern und subsidiär des Mengengerüstes des Einzelabschlusses des assoziierten Unternehmens fortzuschreiben. Soweit die Wertansätze nicht angepaßt werden, sind Zuordnungs- oder Differenzbeträge nach den Bewertungsmethoden des Einzelabschlusses fortzuschreiben.

Anteilige Firmenwerte und restliche passivische Unterschiedsbeträge aus der Equitybewertung sind gem. § 312 Abs. 2 letzter Satz HGB wie solche aus der Vollkonsolidierung zu behandeln. *Aktivische* Beträge sind zu mindestens einem Viertel in den nächsten vier Geschäftsjahren oder planmäßig auch über einen längeren Zeitraum nach Maßgabe der Nutzung abzuschreiben. Da die Nutzung eines Firmenwertes kaum nachprüfbar zu bestimmen ist, entsteht hier ein neuer *Bilanzierungsspielraum*.

Bei *passivischen Beträgen* wird für die *Buchwertmethode* eine zur Vollkonsolidierung analoge Behandlung problematisch, da hier der passivische Unterschiedsbetrag lediglich in der Vorspalte zum Beteiligungsbuchwert oder im Anhang – und auch das nur im ersten Jahr – ausgewiesen wird und eine Verbuchung im Erwerbszeitpunkt unterbleibt. Eine Auflösung dieses passivischen Unterschiedsbetrages in Folgejahren ist mit dem Anschaffungswertprinzip höchstens dann vereinbar, wenn das assoziierte Unternehmen Jahresfehlbeträge hinnehmen muß. Sie würden anteilig zu einer Verminderung des Beteiligungsbuchwertes führen. Sie könnten insoweit unterbleiben, als sie durch *nachträgliches Einbuchen* des passivischen Unterschiedsbetrages aufgefangen wird. Treten die erwarteten Jahresfehlbeträge nicht auf, verstieße eine Auflösung des passivischen Unterschiedsbetrages gegen das Anschaffungswertprinzip.

2. *Veränderung aufgrund von Ergebnisanteilen*

Der Beteiligungswert ist außerdem gem. § 312 Abs. 4 HGB

- um den *anteiligen Jahresüberschuß* des assoziierten Unternehmens zu erhöhen oder um den anteiligen *Jahresfehlbetrag* zu vermindern sowie
- um die *anteilige Gewinnausschüttung* herabzusetzen.

Per Saldo wird der Beteiligungsbuchwert mit diesem Schritt also um *einbehaltene Gewinne und erlittene Verluste fortgeschrieben*.

In Anlehnung an die Vollkonsolidierung ist der Beteiligungsbuchwert ferner gem. § 312 Abs. 5 Satz 3 HGB um *Zwischenergebnisse* aus *Lieferungen und Leistungen* zwischen vollkonsolidierten und assoziierten Unternehmen zu korrigieren. Analog zur erfolgswirksamen *Schuldenkonsolidierung* müßten Salden aus Aufwendungen und Erträgen infolge von Schuldverhältnissen zwischen konsolidierten und assoziierten Unternehmen gleichfalls in die Korrektur einbezogen werden, auch wenn dies nicht ausdrücklich im Gesetz geregelt ist. Soweit die für die Eliminierung der Zwischenergebnisse aus den Bestandsposten erforderlichen Tatbestände nicht bekannt oder zugänglich sind, unterbleibt sie. Nach der Vorschrift dürfen die Zwischenergebnisse *anteilig* eliminiert werden. Das ist – wenn überhaupt – allein sinnvoll; denn wenn dies bei der höheren Übergangsstufe der Quotenkonsolidierung so geschieht, dann muß um so eher bei der Equitymethode anteilig eliminiert werden [15]. Interpretiert man die Equitymethode als Bewertungsverfahren für Beteiligungen, so ist die Eliminierung von Zwischenergebnissen inkonsistent [16]. Muß sie jedoch infolge der Vorschrift in § 312 Abs. 5 HGB vorgenommen werden, so hat auch die Zwischenerfolgseliminierung lediglich die Funktion, den Beteiligungsbuchwert in der Konzernbilanz zu korrigieren. Eine solche Korrektur des Beteiligungsbuchwertes ist unabhängig davon, ob die Lieferung down- oder upstream erfolgt und ob die Equitymethode auf Beteiligungen an nichtkonsolidierten Konzernunternehmen oder an »nur« maßgeblich beeinflußten Unternehmen angewendet wird [17]. Eine Korrektur der Zwischenergebniseliminierung um *latente Steuern* ist im Gegensatz zur Voll- und Quotenkonsolidierung nicht vorgesehen; die Vorschriften des § 306 HGB wurden nicht auf die Equitymethode für anwendbar erklärt.

3. *Abschreibungen des Beteiligungsbuchwertes*

Außerplanmäßige *Abschreibungen* des Beteiligungsbuchwertes im Einzelabschluß wegen einer Wertminderung z. B. infolge politischer Risiken sollten sich auf den Wertansatz in der Konzernbilanz nur insoweit auswirken, als der Equityansatz über dem abgeschriebenen Einzelbilanzansatz liegt. Wird infolge der Abschreibung im Einzelabschluß der Ansatz in der Konzernbilanz auch vermindert, so sind in den Folgejahren die Fortschreibungen aus der Equitymethode zunächst gegen diese Abschreibung aufzurechnen. *Zuschreibungen* aus der Einzelbilanz sind in der Konzernbilanz nur bis zur Höhe des planmäßig fortgeschriebenen Equityansatzes vorzunehmen.

Die Fortschreibungen der Beteiligungsansätze nach der Equitymethode wirken sich voll auf das *Konzernergebnis* aus. Steuerlich sind sie unbeachtlich. Das Konzernergebnis kann dadurch bei geringen oder fehlenden anteiligen Gewinnthesaurierungen unter das Jahresergebnis der Obergesellschaft gedrückt werden.

4. *Weitere Fortschreibungen*

Neben den hier behandelten Fragen gibt es weitere Fortschreibungsprobleme. Sie sind im Bilanzrichtliniengesetz jedoch nicht geregelt. Hierzu zählen z. B. die Fragen des Übergangs von der Anschaffungs- zur Equitymethode und umgekehrt, des sukzessiven Erwerbs und der Veräußerung von Anteilen, der Behandlung von anteiligen Fehlbeträgen, die den letzten Beteiligungsbuchwert überschreiten, der freiwilligen Berücksichtigung latenter Steuern oder der Umrechnung bei Beteiligung an ausländischen Unternehmen. Hierfür wurden in den USA Lösungen entwickelt. Wegen des beschränkten Raumes muß auf die Literatur verwiesen werden [18].

D. Zum Ausweis der Equityansätze im Konzernabschluß

I. Ausweis der Beteiligungsbuchwerte

Aufgrund von Art. 15 der 4. EG-Richtlinie schreibt § 268 Abs. 2 HGB vor, daß die Posten des Anlagevermögens in der Bilanz oder im Anhang ausgehend vom ursprünglichen Anschaffungswert unter Angabe der Zu- und Abgänge sowie der Umbuchungen und Zuschreibungen des Geschäftsjahres und der kumulierten Abschreibungen bis zum Buchwert des Abschlußstichtages zu entwickeln sind *(Anlagespiegel)* [19].

Für den Ausweis von Beteiligungen, die nach der Equitymethode bewertet sind, ist diese *Vorschrift zum Teil ungeeignet.* Die Fortschreibung um anteilige Jahresüberschüsse ist weder einem Zugang noch einer Zuschreibung von Sachanlagen und die Fortschreibung um anteilige Jahresverluste und Gewinnausschüttungen weder einem Abgang noch einer Abschreibung gleichzusetzen. Eine getrennte Darstellung der kumulierten Jahresergebnisse und Ausschüttungen im Anlagespiegel stiftet eher Verwirrung als Klarheit. Sie führt im Laufe der Jahre zu einer Aufblähung der Zahlen.

Bei Anwendung der *Buchwertmethode* sollte es – notfalls unter Rückgriff auf die Generalvorschrift des § 297 Abs. 2 Satz 2 HGB über die Verpflichtung zur Vermittlung eines den tatsächlichen Verhältnissen entsprechenden Bildes der Vermögens-, Finanz- und Ertragslage des Konzerns – zumindest bei entsprechender Erläuterung im Anhang zulässig sein, anteilige Jahresergebnisse und Gewinnausschüttungen zu saldieren. Der *Saldo* könnte dann im Thesaurierungsfall als *Zuschreibung,* im anderen Fall als *Abschreibung* zusammen mit den Fortschreibungen der *Unterschiedsbeträge zwischen Anschaffungswert der Beteiligung und anteiligem Eigenkapital* sowie der *Eliminierung von Zwischenergebnissen und der Veränderung* der Anpassungs- und Zuordnungsbeträge ausgewiesen werden. Der *Bilanzvermerk* und die *Angabe im Anhang* über den Unterschiedsbetrag zwischen Buchwert der Beteiligung und anteiligem Eigenkapital sind nur bei *erstmaliger* Anwendung der Equitymethode zu machen (§ 312 Abs. 1 Satz 2 HGB) und brauchen daher nicht fortgeschrieben zu werden.

Bei der *Anteilsmethode* wäre es dann ebenfalls zulässig, die das anteilige Eigenkapital verändernden Vorgänge saldiert als Zu- oder Abschreibung im Anlagespiegel auszuweisen. Der im Erwerbszeitpunkt vorhandene restliche Unterschiedsbetrag ist zwar nach § 312 Abs. 1 Satz 3 HGB nur bei *erstmaliger Anwendung* der Methode in der Konzernbilanz gesondert auszuweisen oder im Konzernanhang anzugeben, doch ist sein Bilanzansatz aus Gründen der Doppik nötig, soweit er nicht mit Rücklagen in der Konzernbilanz verrechnet wird. »Gesondert« auszuweisen heißt zumindest, daß er getrennt von dem Beteiligungsbuchwert zu bilanzieren ist. Seine Veränderungen sind dann getrennt vom anteiligen Eigenkapital auszuweisen. Ob solche anteiligen Firmenwerte aus der Equitybewertung unter einem eigenen Posten gezeigt werden müssen oder auch zusammen mit anderen Firmenwerten, insbesondere aus der Vollkonsolidierung, aktiviert werden dürfen, läßt die Vorschrift offen. Gegen eine Zusammenfassung ist wegen der Gleichartigkeit der Posten nichts einzuwenden.

II. Ausweis der Beteiligungsergebnisse

Gem. § 312 Abs. 4 Satz 2 HGB ist in der Konzern-Gewinn- und -Verlustrechnung das auf assoziierte Unternehmen entfallende Ergebnis unter einem *gesonderten Posten* zu zeigen. Diese Vorschrift steht im gleichen Absatz wie die Regelung der Fortschreibung des Beteiligungsbuchwertes um anteilige Jahresergebnisse und Gewinnausschüttungen. Zweifellos sind die *anteiligen Jahresergebnisse* unter diesem Posten auszuweisen. *Ausgeschüttete Gewinne* sind dann ergebnisneutral zu vereinnahmen.

Fraglich ist, ob die *erfolgswirksamen Fortschreibungen* der Anpassungs- und Zuordnungsbeträge und bei der *Buchwertmethode* auch des restlichen Unterschiedsbetrages ebenfalls hier oder unter anderen Positionen (z. B. Abschreibungen auf Finanzanlagen) auszuweisen sind. Aussagefähig erscheint analog zum Ausweis in der Konzernbilanz eine *Saldierung* der *Anpassungs- und Unterschiedsbeträge* mit den anteiligen Jahresergebnissen, um den Eindruck eines zu hohen Ergebnisanteils zu vermeiden; denn aus Sicht des Konzerns sind Vermögensgegenstände des assoziierten Unternehmens zu niedrig bewertet, wurden deshalb in einer Nebenrechnung korrigiert oder neubewertet, so daß die Abschreibung auf diesen Beträgen den Beteiligungsertrag direkt mindern sollte. Grundsätzlich gilt dieses Vorgehen auch bei Anwendung der *Anteilsmethode,* nur ist hier zu beachten, daß die Abschreibung eines anteiligen Firmenwertes – zumindest wenn dieser in der Konzernbilanz gemeinsam mit anderen Firmenwerten ausgewiesen wird – als Abschreibung auf immaterielle Vermögensgegenstände zu zeigen ist.

E. Beurteilung der Equitymethode

(1) Ein Bewertungsverfahren für Beteiligungen an nichtkonsolidierten Mehrheitsbeteiligungen, Gemeinschaftsunternehmen und assoziierten Unternehmen im engeren Sinne entsprechend der Equitymethode *erhöht den Aussagewert* des Konzernabschlusses insofern, als

- die *Ansammlung stiller Rücklagen* im Beteiligungsbuchwert infolge *Thesaurierung von Gewinnen* durch die Beteiligungsgesellschaft *vermieden* wird,
- die *anteiligen Jahresergebnisse* sich schneller auf das Konzernergebnis auswirken als bei der Anschaffungswertmethode durch Vereinnahmung auch der nichtausgeschütteten Gewinne und
- im Anschaffungspreis der Beteiligung berücksichtigte *anteilige stille Rücklagen, stille Lasten und Firmenwerte* durch *Abschreibung* oder Auflösung sich periodisch auf das Konzernergebnis auswirken.

(2) Die Equitymethode kann allerdings insofern als *Verstoß gegen das Anschaffungswert- und Realisationsprinzip* angesehen werden, als zumindest bei *Minderheitsbeteiligungen* anteilige thesaurierte Jahresüberschüsse nicht entgeltlich erworben wurden und diese Gewinne für die beteiligte Gesellschaft noch nicht realisiert sind [20]. Bei *Mehrheitsbeteiligungen* könnte man allerdings die aus der Gewinnthesaurierung folgende Erhöhung des Buchwertes der Beteiligung kraft der Leitungsmacht als eine Gewinnentnahme mit anschließender Kapitalerhöhung äquivalent ansehen [21].

(3) Durch die für Deutschland vorgeschriebene Anwendung der Equitymethode allein für den Konzernabschluß entsteht eine *Diskrepanz* zu der Bewertung dieser Beteiligungen im *Einzelabschluß*. Im Einzelabschluß werden alle Beteiligungen weiterhin zum Anschaffungswert bilanziert. Dafür mögen zwar steuerliche Erwägungen und die stärkere Ausrichtung des Einzelabschlusses auf die Ausschüttungsbemessung, die eine strengere Beachtung des Anschaffungs- und Realisationsprinzips verlangt, angeführt werden, doch hätten die Bedenken durch *Anpassung steuerlicher Vorschriften* und eine *Ausschüttungssperre* für die nicht pagatorisch abgesicherte Veränderung des Beteiligungsansatzes ausgeräumt werden können. Die unterschiedliche Bewertung identischer Beteiligungen im Einzel- und Konzernabschluß überzeugt nicht. Diese Diskrepanz entsteht im übrigen auch für Beteiligungen, die nach der 7. EG-Richtlinie nach der Methode der erfolgswirksamen Erstkonsolidierung voll zu konsolidieren sind. In beiden Fällen sind Abschreibungen auf Zuordnungsbeträge und den Firmenwert im Konzernabschluß aus dem versteuerten Ergebnis zu decken.

(4) Die *Eliminierung von Zwischenergebnissen* aus Lieferungen und Leistungen zwischen Konzern- und assoziierten Unternehmen ist insofern fragwürdig, als die *assoziierten Unternehmen nicht Teile der wirtschaftlichen Einheit des Konzerns,* sondern eine zweite Übergangsstufe zur

Umwelt anderer Unternehmen sind. Daher kann die Eliminierungspflicht, anders als bei der Voll- und Quotenkonsolidierung, als Übertreibung oder sogar als Widerspruch zum Grundgedanken der Equitymethode angesehen werden, die zudem noch erheblichen Aufwand verursachen kann. Da eine Eliminierung nach der 7. EG-Richtlinie aber vorgesehen ist, dürfte sie nur anteilig vorgenommen werden [22]. Die interessentheoretisch ausgerichtete Übernahme anteiliger Jahresergebnisse assoziierter Unternehmen in den Konzernabschluß ist mit einer vollen Eliminierung von Zwischenergebnissen nicht vereinbar. Sie wäre auch mit der anteiligen Eliminierung bei der Quotenkonsolidierung nicht kompatibel.

(5) Die Anwendung der Equitymethode wird für deutsche Konzerne eine *erhebliche Umstellung* der Bewertung und eine Erweiterung der Datenerfassung und der Konsolidierung zur Folge haben. Für Beteiligungen, die unter die Equitymethode fallen, aber im Zeitpunkt der erstmaligen Anwendung des neuen Rechtes bereits vorhanden waren, können *erleichternde Übergangsvorschriften* des Art. 27 EHGB in Anspruch genommen werden. So darf die Ermittlung des *Unterschiedsbetrages* zwischen Buchwert der Beteiligung und anteiligem Eigenkapital und die Zuordnung des Unterschiedsbetrages statt auf den Zeitpunkt des Beteiligungserwerbs auf den der erstmaligen Anwendung der Equitymethode bezogen werden. Doch sind wohl auch *einfachere Methoden für den Übergang auf das neue Recht* nach Art. 27 EHGB zulässig. Zum Beispiel erscheint es gerechtfertigt, anzunehmen, daß bei Beteiligungen, die seit mehr als zehn Jahren im Besitz des Konzerns sind, Anpassungs-, Zuordnungs- und Firmenwertbeträge in der Zwischenzeit voll abgeschrieben worden wären, wenn die Equitymethode seit dem Erwerb angewandt worden wäre. Dann wären die Rücklagen des Konzerns um diesen Betrag vermindert worden. Daher erscheint es vertretbar, dies bei der Umstellung durch eine erfolgsneutrale Aufrechnung des gesamten ursprünglichen Unterschiedsbetrages gegen Rücklagen des Konzerns nachzuholen.

(6) Die Weitergabe aller in der 7. EG-Richtlinie für die Equitymethode enthaltenen nationalen Wahlrechte durch den deutschen Gesetzgeber an die Unternehmen führt auch an dieser Stelle der neuen Rechnungslegungsvorschriften zu einer *Methodenvielfalt,* die durch die Sache *nicht geboten* ist und das *Verständnis* des Konzernabschlusses durch die Adressaten *nur erschwert.*

Anmerkungen

1 Gesetz zur Durchführung der Vierten, Siebenten und Achten Richtlinie des Rates der Europäischen Gemeinschaften zur Koordinierung des Gesellschaftsrechts (Bilanzrichtlinien-Gesetz – BiRiLiG) vom 19. 12. 1985. In: BGBl. I, 1985, S. 2355–2433.

2 Vgl. hierzu *Busse von Colbe/Ordelheide* (Konzernabschlüsse) S. 70 ff. und die dort angegebene Literatur.

3 Siehe hierzu auch *Harms/Knischewski* (Quotenkonsolidierung) S. 1353 f.

4 American Institute of Certified Public Accountants (APB Opinion No. 18). Zur Erläuterung und Kritik von Opinion No. 18 siehe *Pacter* (Equity Method) S. 54 ff.; *King/Lembke* (Equity Method) S. 65; *Neuhausen* (Overhaul) S. 54 ff.; siehe auch Institute of Chartered Accountants in England and Wales (SSAP No. 1).

5 Zu den Merkmalen und der Berechnung der Beteiligungsquote in Sonderfällen siehe z. B. *Schäfer* (Assoziierte Unternehmen) S. 219 ff.

6 Vgl. *Hawkins* (Balance) S. 160 f.

7 Vgl. *International Accounting Standards Committee* (Internationaler Rechnungslegungsgrundsatz 3: Konzernabschluß) Tz. 4.

8 Vgl. *Biener* (Konzernrechnungslegung) S. 12.

9 So auch *Biener/Schatzmann* (Konzern-Rechnungslegung) S. 53.
10 Vgl. hierzu *Harms/Knischewski* (Quotenkonsolidierung) S. 1354.
11 Abgedruckt bei *Biener/Schatzmann* (Konzern-Rechnungslegung) S. 52.
12 Vgl. hierzu *Ordelheide* (Equity-Konsolidierung) S. 578.
13 Siehe hierzu z. B. *Fricke* (Beteiligungen) S. 198 ff.
14 Eine sehr enge Begrenzung vertritt *Selchert* (Einheitlichkeit der Bewertung) S. 449 ff.; siehe auch *Wohlgemuth* (Einheitlichkeit der Bewertung) S. 55 ff.
15 Anderer Meinung *Haase* (Equity-Bilanzierung) S. 1705.
16 Kritisch zur Zwischenerfolgseliminierung *Busse von Colbe/Ordelheide* (Rechnungslegung) S. 799.
17 Anderer Meinung *Haase* (Equity-Bilanzierung) S. 1705 ff.
18 Vgl. hierzu z. B. *Fricke* (Rechnungslegung) S. 194 ff. und die dort ausgewertete Literatur.
19 Vgl. hierzu *Harrmann* (Anlagespiegel) S. 1416 f.
20 Zu dieser Kritik siehe z. B. *Jonas* (Equity-Methode) S. 559.
21 Vgl. *Busse von Colbe* (Zum Bilanzsansatz) S. 144 ff.
22 So auch *Kommission Rechnungswesen im Verband der Hochschullehrer für Betriebswirtschaft e. V.* (Stellungnahme) Tz. 27.

Literaturverzeichnis

American Institute of Certified Public Accountants (APB Opinion No. 18): APB Opinion No. 18: The Equity Method of Accounting for Investments in Common Stock. New York 1971.

Biener, H. (Konzernrechnungslegung): Die Konzernrechnungslegung nach der Siebenten Richtlinie des Rates der Europäischen Gemeinschaften über den Konzernabschluß. In: Der Betrieb, 36. Jg., 1983, Beilage Nr. 19.

Biener, H./ *Schatzmann,* J. (Konzern-Rechnungslegung): Konzern-Rechnungslegung. Düsseldorf 1983.

Busse von Colbe, W. (Bilanzansatz): Zum Bilanzansatz von Beteiligungen. In: ZfbF, 24. Jg., 1972, S. 145–157.

Busse von Colbe, W./ *Ordelheide,* D. (Rechnungslegung): Rechnungslegung von Konzernen nach der 7. EG-Richtlinie. In: Internationale Wirtschaftsbriefe, 1983, S. 787–800.

Busse von Colbe, W./ *Ordelheide,* D. (Konzernabschlüsse): Konzernabschlüsse, 5. Aufl. Wiesbaden 1984.

Institute of Chartered Accountants in England and Wales/Accounting Standards Committee (SSAP No. 1): Statement of Standard Accounting Practice 1; Accounting for Associated Companies (revised) 1982.

Fricke, G. (Beteiligungen): Rechnungslegung für Beteiligungen nach der Anschaffungswertmethode und nach der Equity-Methode. Bochumer Dissertation, Bochum 1983.

Haase, D. (Equity-Bilanzierung): Zur Zwischenerfolgseliminierung bei Equity-Bilanzierung. In: Betriebs-Berater, 40. Jg., 1985, S. 1702–1707.

Harms, J. D./ *Knischewski,* G. (Quotenkonsolidierung): Quotenkonsolidierung versus Equity-Methode im Konzernabschluß. In: Der Betrieb, 38. Jg., 1985, S. 1353–1359.

Harrmann, A. (Anlagespiegel): Der Anlagespiegel nach dem Entwurf des Bilanzrichtlinie-Gesetzes und die praktischen Konsequenzen. In: Der Betrieb, 37. Jg., 1984, S. 1416–1419.

Hawkins, D. E. (balance): Towards the new balance sheet. In: Harvard Business Review, Vol. 62, 1984, S. 156–163.

International Accounting Standards Committee (Internationaler Rechnungslegungsgrundsatz 3): Internationaler Rechnungslegungsgrundsatz 3: Konzernabschluß, 1976. In: Fachnachrichten des IdW, 1976, S. 223–230.

Jonas, H. (Equity-Methode): Die Equity-Methode. In: BFuP, 33. Jg., 1981, S. 550–568.

Kommission Rechnungswesen im Verband der Hochschullehrer für Betriebswirtschaft e. V. (Stellungnahme): Stellungnahme zur 7. EG-Richtlinie (Konzernabschluß-Richtlinie). In: Die Betriebswirtschaft, 45. Jg., 1985, S. 267–276.

King, The. E./ *Lembke,* C. (Equity Method): Reporting Investor Income under the Equity Method. In: The Journal of Accountancy, Sept. 1976, S. 65–71.

Neuhausen, B. S. (Overhaul): Consolidation and the Equity Method – Time for an Overhaul. In: The Journal of Accountancy, Febr. 1982, S. 54–66.

Ordelheide, D. (Equity-Konsolidierung): Einheitliche Bewertung sowie Kapital- und Equity-Konsolidierung im Konzernabschluß. In: Die Wirtschaftsprüfung, 38. Jg., 1985, S. 575–579.

Pacter, P. (Equity Method): Applying APB Opinion No. 18 – Equity Method. In: The Journal of Accountancy, Sept. 1971, S. 54–62.

Schäfer, H. (Assoziierte Unternehmen): Bilanzierung von Beteiligungen an assoziierten Unternehmen nach der Equity-Methode. Mannheimer Dissertation, Thun/Frankfurt 1982.

Selchert, F. W. (Einheitlichkeit der Bewertung): Zur Diskussion gestellt: Grundsatz der Einheitlichkeit der Bewertung. In: Die Wirtschaftsprüfung, 36. Jg., 1983, S. 447–453.

Wohlgemuth, M. (Einheitlichkeit der Bewertung): Der Grundsatz der Einheitlichkeit der Bewertung. In: Der Wirtschaftsprüfer im Schnittpunkt nationaler und internationaler Entwicklungen, Festschrift für Klaus v. Wysocki. Düsseldorf 1985, S. 45–60.

*Dietger Hahn**

Stand und Entwicklungstendenzen des Controlling in der Industrie

* Prof. Dr. *Dietger Hahn,* Justus-Liebig-Universität Gießen, Professur für Betriebswirtschaftslehre IV (Industriebetriebslehre und Unternehmungsplanung).

A. Wesen und Aufgaben des Controlling

Controlling gehört heute nicht nur in den USA, sondern auch in der Bundesrepublik Deutschland und in anderen westlichen Ländern zu den wichtigsten Aufgaben bzw. Aufgabenbereichen in einer Unternehmung.

So, wie es Aufgabe des Marketing ist, das gesamte Unternehmungsgeschehen markt- bzw. kundenorientiert zu führen, und es Aufgabe des Treasuring ist, stets Liquidität und Finanzierung zu sichern, ist es *Aufgabe des Controlling,* das gesamte Entscheiden und Handeln in der Unternehmung durch eine entsprechende Planung und Kontrolle ergebnisorientiert auszurichten. [1] Die Erfüllung der Leistungsziele, also Leistungserstellung und Leistungsvermarktung durch Forschung und Entwicklung, Produktion, Beschaffung und Absatz und die Erfüllung der Humanziele, also das Verhalten gegenüber Mitarbeitern und Umwelt, haben unter Beachtung ihrer Wirkungen auf das Ergebnis der Unternehmung zu geschehen. Diese Ergebnisorientierung ist zwingend, denn nur bei einem positiven Ergebnis, einem Gewinn, können Kapital und Arbeitsplätze letztlich erhalten bleiben und andere an der Unternehmung interessierte Gruppen im Umsystem von der Unternehmung Nutzen ziehen.

In amerikanischen Unternehmungen sind Controllerbereiche bereits in den zwanziger Jahren dieses Jahrhunderts eingerichtet worden. [2] Ausgehend vom Rechnungswesen sind mit zunehmender Komplexität und Quantität der Führungsaufgaben dem Controller inzwischen zahlreiche weitere Aufgabenkomplexe zugewachsen, die ihn zu einer zentralen Führungskraft in allen mit Umsatz, Kosten und Ergebnis zusammenhängenden Fragen werden ließen.

Neben der ergebnisorientierten Steuerung und Überwachung (steuern und überwachen = to control) obliegt dem Controller heute vor allem die Sicherung der ergebnisorientierten Planung in der Unternehmung. Dies ist ebenfalls zwingend, denn ohne Planung von Zielen und Maßnahmen sind weder Steuerung noch Überwachung mit höchstmöglicher Effizienz möglich. [3]

Sicherung ergebnisorientierter Planung, Steuerung und Überwachung ist nur durch ein entsprechend aufbereitetes Zahlenwerk des Rechnungs- und Finanzwesens bzw. entsprechender betriebswirtschaftlicher und finanzwirtschaftlicher Informationen möglich. Nur hierdurch lassen sich ergebnisorientierte Planungs-, Dokumentations- und Kontrollrechnungen einzelproblembezogen und periodenbezogen als Entscheidungshilfen durchführen.

Die *generelle Aufgabe des Controlling* besteht damit in der Sicherung bzw. Sicherstellung ergebnisorientierter Planung, Steuerung und Überwachung des Unternehmungsgeschehens auf der Basis betriebswirtschaftlicher und finanzwirtschaftlicher Informationen. [4]

Hieraus lassen sich *spezielle Aufgaben des Controlling* ableiten. Sie beziehen sich auf die folgenden Komplexe:

- *Unternehmungsplanung,* insbesondere *Planungsrechnung*
  Mitwirkung oder Mitentscheidung bei
  - Projektplanungen
  - Produkt- und Programmplanungen
  - Funktionsbereichsplanungen

  Koordination und Durchführung der
  - periodischen Ergebnis- und Finanzplanungen

- *Rechnungswesen*
  Durchführung der
  - Kosten- und Erlösrechnungen sowie ggf.

– Buchhaltung, GuV, Bilanz
– Steuern, Zölle

- *Informationserstellung und -erstattung* über Ergebnislage und -entwicklung für
  – interne interessierte Gruppen
  – externe interessierte Gruppen
- *Erarbeitung von Systemen und Verfahren* für
  – Unternehmungsplanung, insbesondere Planungsrechnung
  – Rechnungswesen

Controlling umfaßt also *Dienstleistungsfunktionen* sowie *Koordinations-* und *Entscheidungs- bzw. Mitentscheidungsfunktionen* in unterschiedlichster Ausprägung – bezogen auf *Funktionsbereiche, Produkte* und *Projekte* in allen organisatorischen Ebenen einer Unternehmung.

Erfolgreiche Controllingtätigkeit in Unternehmungen kann nur erreicht werden, wenn die am Hauptwertziel der Unternehmung orientierte Grundidee des Controlling in allen Funktionsbereichen akzeptiert wird und die Controllertätigkeit kooperativ ausgeführt wird. In bezug auf die periodische Planung, zum Teil aber auch die fallweise Planung, müssen gemeinsame Zielvereinbarungen und Zielerreichungsanalysen den Schwerpunkt bilden.

Die *Vorgehensweise des Controlling als Führungsphilosophie* beinhaltet also:

ergebnisorientierte Planung und Überwachung durch
– Zielvereinbarungen (MbO)
  und
– Zielerreichungsanalysen (MbE)
  mit dem Zahlenwerk des Rechnungs- und Finanzwesens.

Der heutige Aufgabenkomplex des Controlling hat sich aus den jeweiligen Anforderungen der einzelnen Epochen heraus entwickelt; er ist nicht festgeschrieben. Es lassen sich vielmehr bezüglich der Aufgaben des Controlling folgende *Entwicklungstendenzen* aufzeigen:

(1) Controlling beinhaltet primär Aufgaben der operativen Planung, d. h. der kurz- und mittelfristigen Planung, insbesondere der Planungsrechnung, und Aufgaben des Rechnungswesens, insbesondere der Kosten- und Leistungsrechnung.
(2) Zum Aufgabenbereich des Controlling gehören nicht
  – die strategische Planung
  – die Finanzierung
  – die Revision und
  – die EDV.

Wohl aber werden in diesen genannten Aufgabenbereichen oder für diese genannten Aufgabenbereiche Controllingtätigkeiten (Controllingarbeiten) erforderlich (s. Abb. 1).

– So sind z. B. im *Rahmen der strategischen Planung* für Projekte Investitionsrechnungen und für Produkte Langfristkalkulationen zu erstellen. Auch sind für Geschäftsfeldplanungen im Rahmen der Portfolio-Analysen spezifische Kennzahlen für strategische Einheiten als Ist- und Soll-Zahlen zu erarbeiten, z. B. Cash-flow- und RoI-Größen. Vor allem sind auch strategische Pläne in operative Pläne bis hin zum Budget umzusetzen. Im Sinne derartiger Dienstleistungsaufgaben kann von einem *strategischen Controlling* gesprochen werden. [5] Die inhaltliche strategische Planung bleibt jedoch primäre Aufgabe der oberen Führung unter Mitwirkung aller Funktionsbereiche.

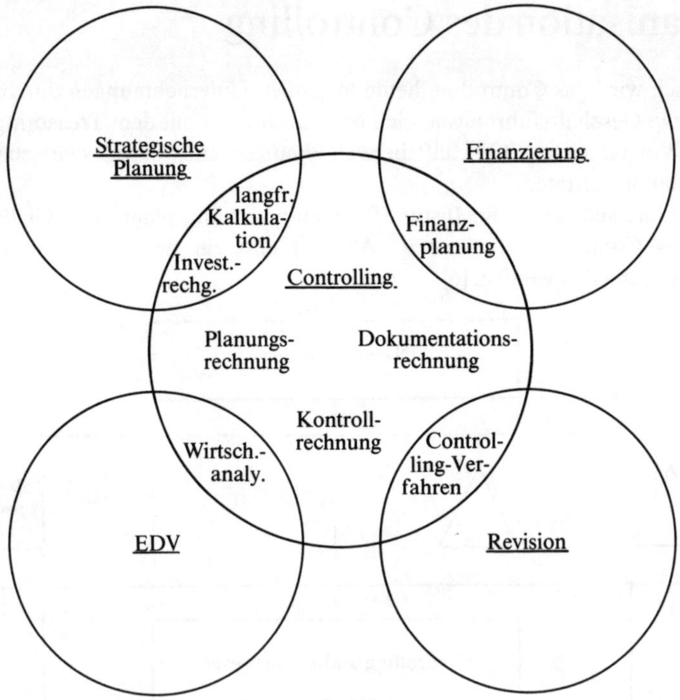

Abb. 1: Abgrenzung des Controlling von anderen Aufgabenbereichen

- Im *Rahmen der Finanzierung* ist die Aufstellung zumindest der kurz- und mittelfristigen Finanzplanung eine Aufgabe des Controlling, die allerdings in Kooperation mit dem Bereich Finanzierung erfolgt. Dieser hat in aller Regel auch die kurzfristige Finanzdisposition und das Finanzclearing autonom durchzuführen. Da auch Kapitalbeschaffung und Kapitalanlage ergebnisorientiert zu erfolgen haben, ist es möglich, auch von einem Finanzierungs- bzw. Finanz-Controlling zu sprechen. Planung und Analyse, der Quellen des Finanzergebnisses sind Schwerpunkttätigkeiten des Controlling in diesem Bereich.
- Controlling hat Systeme und Verfahren für die ergebnisorientierte Planungs- und Kontrollrechnung im Hinblick auf organisatorische Einheiten, Projekte und Produkte zu entwickeln und zum Einsatz zu bringen. Die Überwachung der Einhaltung gesetzlich oder organisatorisch vorgeschriebener Regelungen obliegt in jeder Unternehmung der *Revision*. Ihr obliegt auch die Überwachung der ordnungsgemäßen Einhaltung der Systeme und Verfahren der Planungs-, Dokumentations- und Kontrollrechnungen. Diese Aufgaben können nur z. T. auf den Controllingbereich delegiert werden. Alleinige Aufgabe des Controlling ist dagegen die Überwachung der Einhaltung der Pläne durch entsprechende Soll-Ist-Vergleiche.
- Das Gebiet der *EDV* für die gesamte Unternehmung oder zumindest für den kaufmännischen Bereich gehört vielfach zum gewachsenen Aufgabenkomplex des Controlling. Aufgrund der zunehmenden Komplexität der Hardware und Software und der Notwendigkeit zentraler Datenbanken und zentraler Datenverknüpfungen für die Gesamtunternehmung ist jedoch seit längerer Zeit die Tendenz zu beobachten, daß in größeren Unternehmungen die EDV als Aufgabenbereich verselbständigt wird. Im Rahmen von Wirtschaftlichkeitsanalysen sind allerdings auch in diesem Bereich bei der Anschaffung von EDV-Ausstattungen Controllingfunktionen wahrzunehmen.

B. Organisation des Controlling

Organisatorisch wird das Controlling heute in großen Unternehmungen durch einen eigenen Vorstands- bzw. Geschäftsführungsbereich oder zusammen mit dem Treasuring und weiteren Aufgaben im Vorstands- bzw. Geschäftsbereich Finanzen, auch Betriebswirtschaft und Finanzwirtschaft genannt, vertreten.

Nach den Untersuchungen im Institut für Unternehmungsplanung in Gießen können ein amerikanisches Controlling-Konzept (s. Abb. 2) und ein deutsches Controlling-Konzept (s. Abb. 3) unterschieden werden. [6]

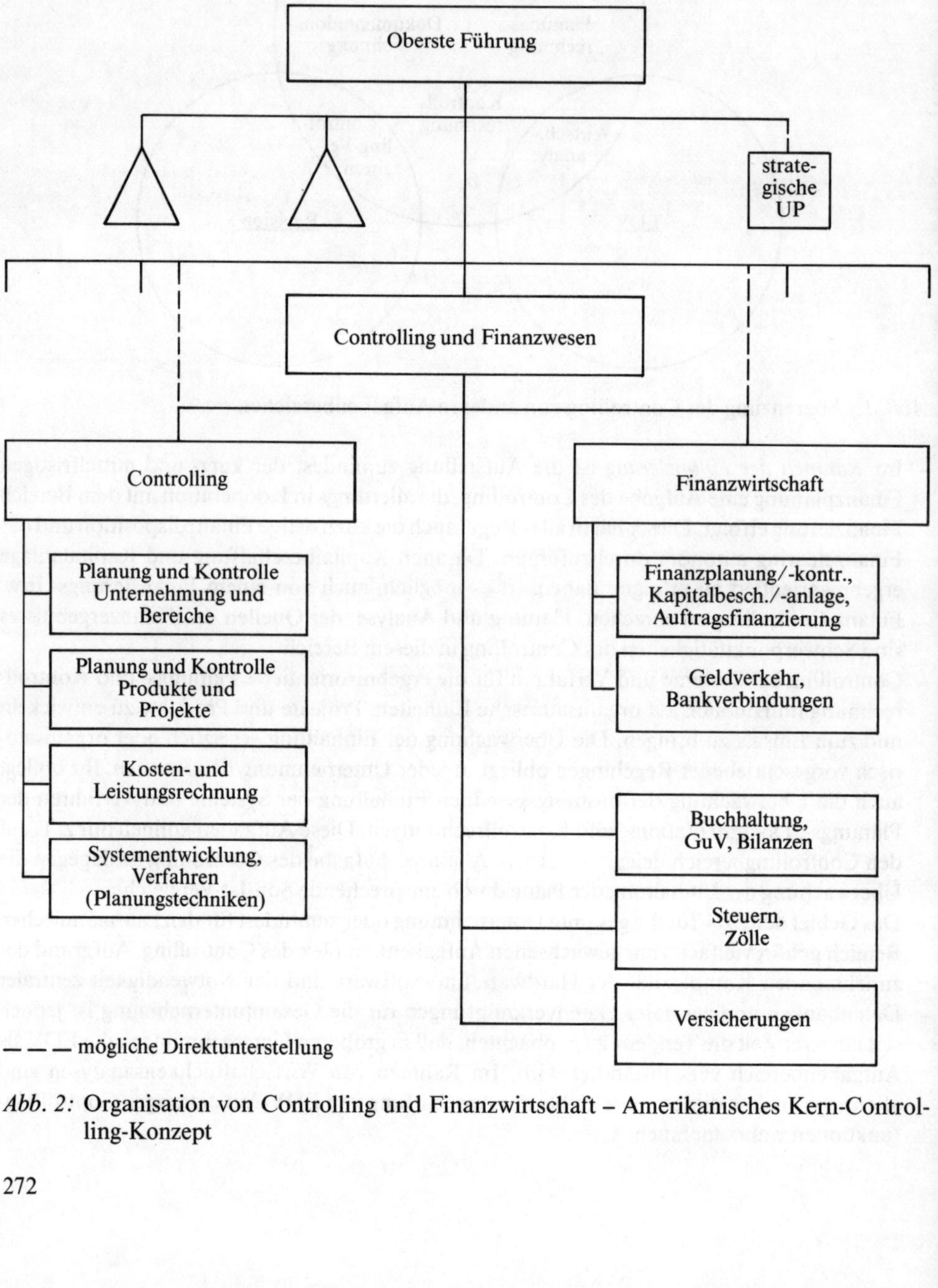

Abb. 2: Organisation von Controlling und Finanzwirtschaft – Amerikanisches Kern-Controlling-Konzept

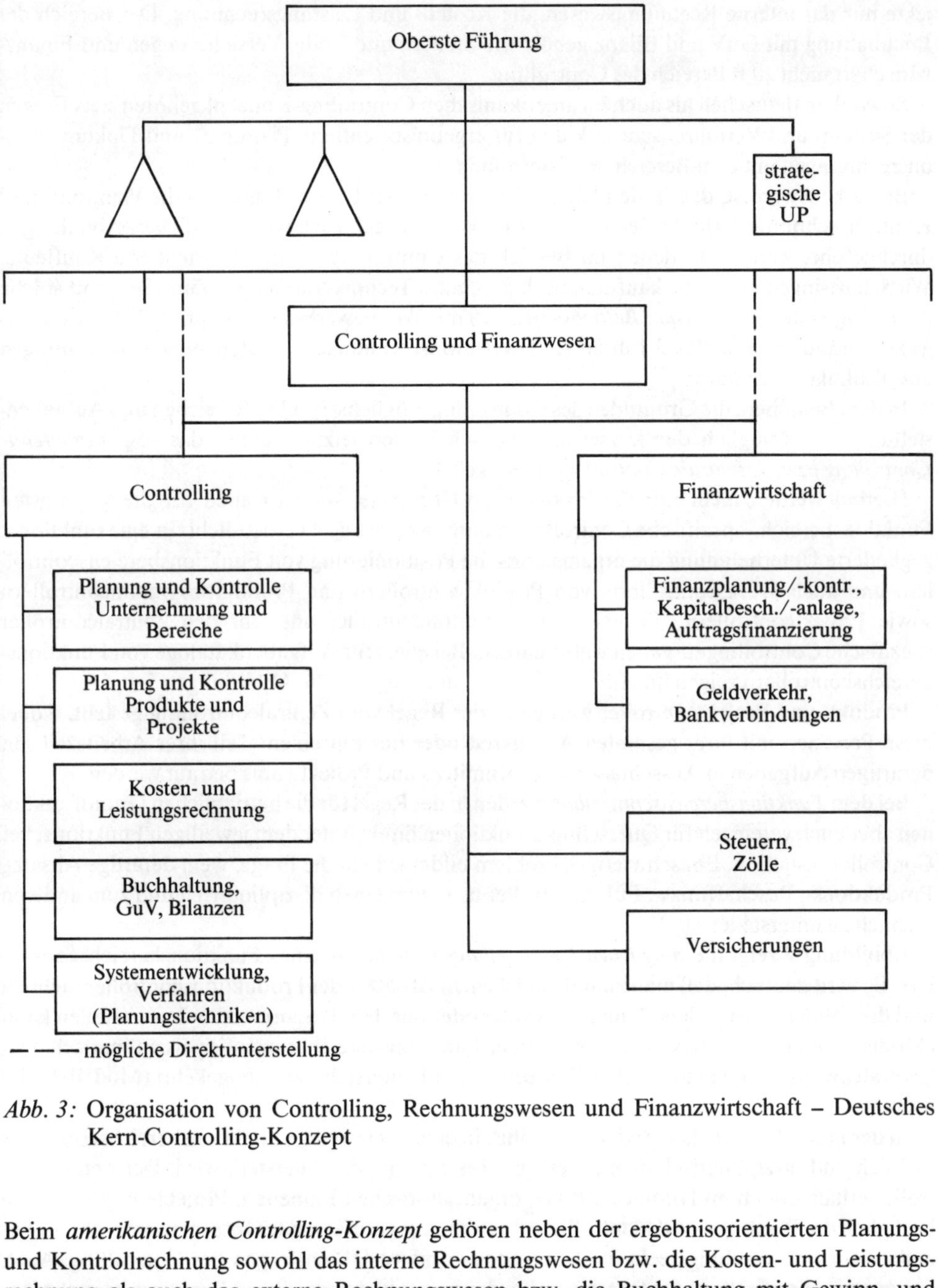

Abb. 3: Organisation von Controlling, Rechnungswesen und Finanzwirtschaft – Deutsches Kern-Controlling-Konzept

Beim *amerikanischen Controlling-Konzept* gehören neben der ergebnisorientierten Planungs- und Kontrollrechnung sowohl das interne Rechnungswesen bzw. die Kosten- und Leistungsrechnung als auch das externe Rechnungswesen bzw. die Buchhaltung mit Gewinn- und Verlustrechnung und Bilanz zum Controlling. In größeren Gesellschaften bilden dabei Steuern und Zölle sowie Versicherungen eigene organisatorische Bereiche. In keinem Falle zählt die Finanzwirtschaft, das Treasuring, zum Controlling.

Nach dem *deutschen Controlling-Konzept* gehören zum Controlling neben der Planungs- und Kontrollrechnung für die Gesamtunternehmung, Unternehmungsbereiche, Produkte und Projekte nur das interne Rechnungswesen, die Kosten- und Leistungsrechnung. Der Bereich der Buchhaltung mit GuV und Bilanz gehört wie Steuern und Zölle, Versicherungen und Finanzwirtschaft nicht zum Bereich des Controlling.

Sowohl im deutschen als auch im amerikanischen Controlling-Konzept gehören stets Fragen der System- und Verfahrensentwicklung für ergebnisorientierte Planungs- und Dokumentationsrechnungen mit zum Bereich des Controlling.

Bemerkenswert ist, daß in den letzten Jahren in vielen Unternehmungen die Planungs- und Kontrollrechnungen für Projekte und Produkte von technisch-wirtschaftlichen Abteilungen durchgeführt werden, in denen im Bereich des Controlling technisch orientierte Kaufleute, Wirtschaftsingenieure und kaufmännisch geschulte Techniker arbeiten. Zum Teil sind solche Abteilungen der *Technischen Betriebswirtschaft* mit Wettbewerbsanalyse- und Wertanalyseaufgaben betraut, in der Regel führen sie Investitionsrechnungen, Kostenvergleichsrechnungen und Kalkulationen durch.

In dem Bemühen, die Grundidee des Controlling möglichst in allen Bereichen und Aufgabenstellungen bestmöglich durchzusetzen, hat sich in den letzten Jahren das sog. *begleitende Controlling bzw. dezentrale Controlling* entwickelt. [7]

Hierbei werden nicht nur für Produkte und Projekte, sondern auch für die wichtigsten Funktionsbereiche spezifische Controller ernannt. Abbildung 4 verdeutlicht für eine funktional gegliederte Unternehmung die organisatorische Positionierung von Funktionsbereichscontrollern und auch Werkscontrollern, von Produktcontrollern und Produktprogrammcontrollern sowie Projektcontrollern, die neben dem Zentralcontroller oder für den Zentralcontroller spezifische Controllingaufgaben wahrnehmen. Beispiele für Aufgabenkataloge von Funktionsbereichscontrollern zeigen im Hinblick auf FuE und Logistik die Abbildungen 5 und 6.

Produkt- und Projektcontroller werden in der Regel vom Zentralcontrolling gestellt, wobei diese Personen mit ihrer gesamten Arbeitszeit oder nur mit einem Teil ihrer Arbeitszeit mit derartigen Aufgaben in Ausschüssen bzw. Komitees und Projektteams betraut werden.

Bei dem *Funktionsbereichscontrolling* werden in der Regel für die betrieblichen Grundfunktionen aber auch vereinzelt für Querschnittsfunktionen direkt unter dem jeweiligen Funktionschef Controller installiert. Ein schwieriges Problem bildet jedoch die Frage, wem derartige Absatz-, Produktions-, Beschaffungs-, FuE-Controller usw. zum einen disziplinarisch und zum anderen fachlich zu unterstellen sind.

Abbildung 7 zeigt die *möglichen Unterstellungsverhältnisse* eines Funktionsbereichscontrollers. Es wird deutlich, daß man zum Beispiel einen Absatz- oder Produktionscontroller fachlich und disziplinarisch nur dem Zentralcontroller oder nur dem Ressortvorstand unterstellen kann (Modell 1 oder 4). Auch ist denkbar, daß der Funktionsbereichscontroller disziplinarisch dem Zentralcontroller und fachlich dem Ressortvorstand untersteht oder umgekehrt (Modell 2 oder 3).

In der Praxis hat sich das *Modell 5* bewährt, in dem der jeweilige Funktionsbereichscontroller fachlich und disziplinarisch dem jeweiligen Ressortvorstand unterstellt wird. Der Zentralcontroller erhält jedoch im Hinblick auf alle organisatorischen Einheiten, Projekte und Produkte bezüglich der Planungs- und Kontrollinformationen ein umfassendes Informationsrecht. Er hat zudem ein Entscheidungsrecht in allen System- und Verfahrensfragen des Controlling. Auch besitzt er in spezifischen Sachfragen und bei der Auswahl des jeweiligen Funktionsbereichscontrollers und damit im Hinblick auf dessen Berufung und Abberufung ein Mitentscheidungsrecht.

Bei entsprechenden personellen Voraussetzungen und entsprechender Aufklärungsarbeit lassen sich mit einer derartigen Organisationsausprägung die *Qualität der Planung* und auch der *Abweichungsanalyse* in Unternehmungen erheblich steigern.

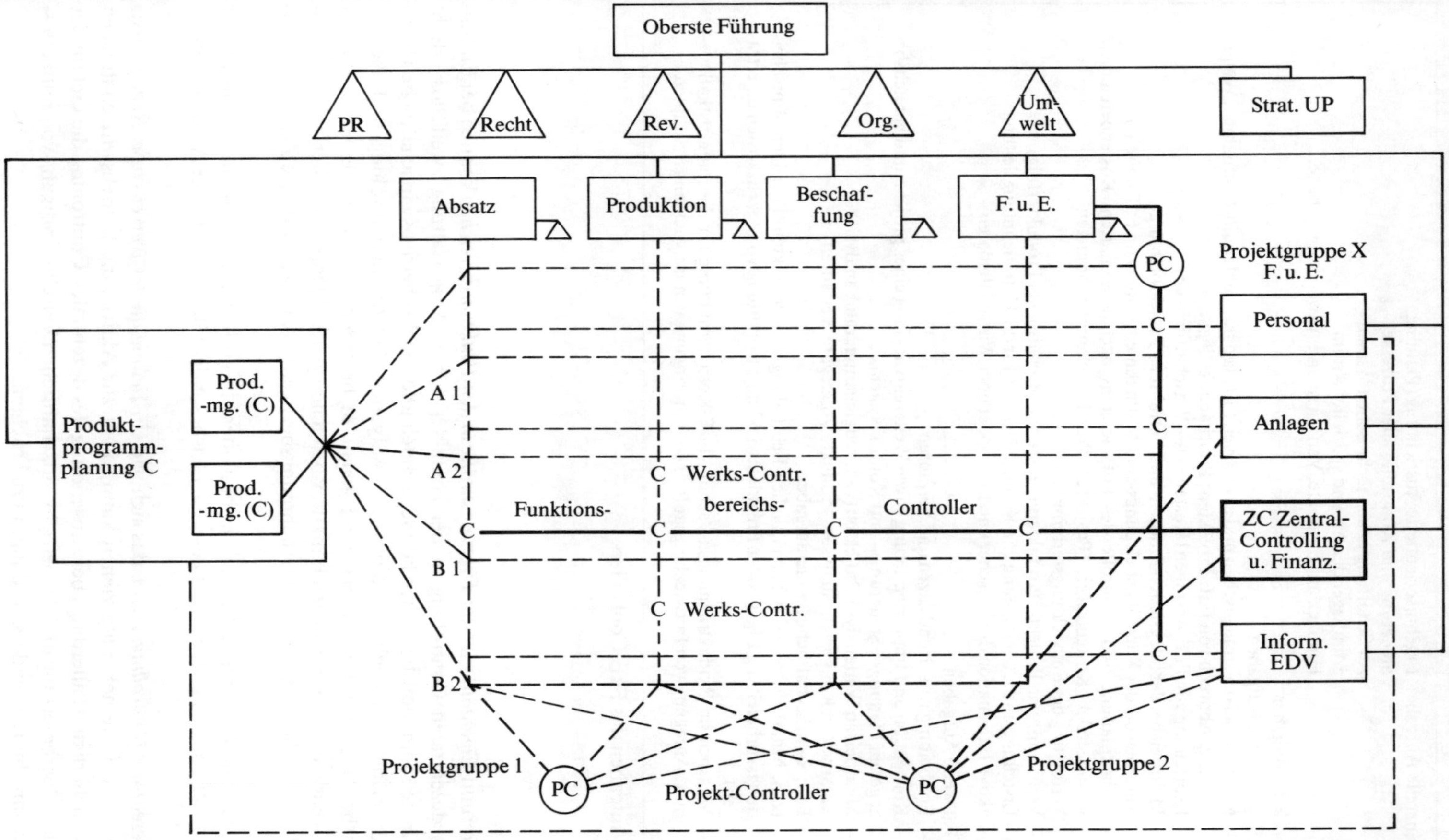

Abb. 4: Dezentrales Controlling bei funktionaler Aufbauorganisation mit Funktionsbereichs-, Produkt-/Programm- und Projekt-Controllern sowie Werkscontrollern

- **Generelle Aufgabe:** Ergebnisorientierte Ausrichtung (Planung, Steuerung und Kontrolle) aller Prozesse zur Schaffung neuen technischen Wissens grundlegender Art und spezieller Art im Hinblick auf Produkte, Verfahren und Anwendungsgebiete.
- **Spezielle Aufgaben:**
  - Regelmäßige Aufgaben
    - Mitarbeit bei der strategischen und operativen FuE-Programmplanung (Aufnahme, Weiterführung, Abbruch von FuE-Projekten; Prioritätenfestlegung)
    - Beurteilung von FuE-Anträgen (Kosten bzw. Wirtschaftlichkeit)
    - Mitarbeit bei der integrierten Produkt- und Verfahrens-Projektplanung
    - Mitarbeit bei der Kapazitätsbelegungs- und Maßnahmenplanung im FuE-Bereich
    - Budgetplanung und -kontrolle des FuE-Bereichs nach Kostenarten, Kostenbereichen/Kostenstellen, Kostenträgern (Projekten; Projektdeckungsrechnungen)
    - Verfolgung der Entwicklungstermine
    - Verfolgung von Projekt-/Produktergebnissen (wirtschaftlicher Produkterfolg)
    - Erstellung und Überwachung von Kennzahlen, u. a. für die Unternehmungsleitung
    - aktive Information der Forscher und Entwickler über Wirtschaftsdaten
  - Fallweise Aufgaben
    - Erarbeitung von Grundsätzen und Verfahren
    - Konzeption und Implementierung sowie Weiterentwicklung eines projekt- und bereichsbezogenen Planungs-, Steuerungs- und Kontrollsystems
    - Mitarbeit an Wertanalyse-Projekten (value engineering, value analysis)
    - Mitarbeit an Konkurrenzanalysen (Produkte, Aggregate, Verfahren)
    - Betriebswirtschaftliche Sonderaufgaben
      (z. B. Mitarbeit bei der wirtschaftlichen Beurteilung von Produkten/Projekten; Entscheidungsvorbereitung Eigen- oder Fremdentwicklung; Ermittlung von Lizenzkosten u. -erträgen)
    - Mitarbeit im Produktplanungsausschuß (FuE-Kostenermittlung für die Langfristkalkulation; Anregung von Entwicklungsaufträgen, Einbringung von Entwicklungsresultaten)

Abb. 5: Aufgaben des FuE-Controllers

Motivation und *Eigeninitiative* der *Führungskräfte in den Funktionsbereichen* können bei Einführung des dezentralen Controlling in der charakterisierten Ausgestaltung zweifellos erhöht werden. In den Funktionsbereichen können schnell und flexibel betriebswirtschaftliche Untersuchungen erfolgen. Es gilt allerdings, die Aufgaben des Zentralcontrolling und die des Funktionsbereichscontrolling hinreichend genau zu beschreiben und abzugrenzen, um bei allem notwendigen Freiraum in den Funktionsbereichen generell Doppelarbeiten zu vermeiden und die Berücksichtigung gesamtunternehmungsbezogener Aspekte durch die Zentrale sicherzustellen.

Das dezentrale Controlling hat sich insbesondere in großen Unternehmungen mit primär *funktionaler Organisation* bewährt. Dies zeigen insbesondere Beispiele aus der Automobilindustrie. [8]

Das *dezentrale Controllingsystem,* das sich wie ein *zielorientiertes Nerven- bzw. Regelkreissystem* durch die Unternehmung ziehen kann, dient zur Aktivierung betriebswirtschaftlichen Denkens. Sicherlich ist allerdings bei Anwendung des dezentralen Controlling die Gefahr der personellen Überbesetzung und der betriebswirtschaftlichen Verselbständigung von Funktionsbereichen ohne hinreichende Koordination zu beachten.

- **Generelle Aufgabe:** Ergebnisorientierte Ausrichtung (Planung, Steuerung und Kontrolle) aller auftragsorientierten Transport- und Lagervorgänge im Zusammenhang mit der Produkterstellung und -verwertung.

- **Spezielle Aufgaben:**
  - Regelmäßige Aufgaben
    - Mitarbeit bei der kurz- und mittelfristigen auftragsorientierten Programmplanung
    - Mitarbeit bei der integrierten Produktionsprozeßplanung und -kontrolle
    - Budgetplanung und -kontrolle des Logistik-Bereichs
    - Erstellung und Überwachung von Kennzahlen, u. a. für die Unternehmungsleitung
  - Fallweise Aufgaben
    - Erarbeitung von Grundsätzen und Verfahren
    - Konzeption und Implementierung sowie Weiterentwicklung eines bereichsbezogenen Planungs-, Steuerungs- und Kontrollsystems für die »logistische Kette« (Auftragserfassung, auftragsorientierte Programmplanung, Kapazitätsbelegungs- und Termingrobplanung, Materialbedarfs-, -bestands- und -beschaffungsplanung sowie Materialeinsatzplanung (ggf. nach dem just-in-time-Prinzip – produktionssynchrone Anlieferungsplanung)
    - Aufbau einer Logistik-Kostenrechnung
    - Mitarbeit bei der Konzeption und Implementierung von Inventurverfahren und bei der Bestandsbewertung
    - Mitarbeit im Produktplanungsausschuß
    - Mitarbeit an der Layout-Planung (strategische Materialflußoptimierung)
    - Mitarbeit bei der Auswahl von Förder- und Lagerpotentialen (Investitionsrechnung)
    - Sonstige betriebswirtschaftliche Sonderaufgaben (z. B. Gemeinkosten-Wertanalyse)

Abb. 6: Aufgaben des Logistik-Controllers

	Zentral-Controller	Ressort-Vorstand
1	fachlich und disziplinarisch	–
2	disziplinarisch	fachlich
3	fachlich	disziplinarisch
4	–	fachlich und disziplinarisch
5	Informationsrecht, Entscheidungsrecht in System- und Verfahrensfragen, Mitentscheidungsrecht in speziellen Sachfragen und bei Controller-Auswahl in Funktionsbereichen	fachlich und disziplinarisch

Abb. 7: Fachliche und disziplinarische Unterstellungsmöglichkeiten der Funktionsbereichscontroller

Bei mittleren und großen *Unternehmungen mit divisionaler Aufbauorganisation* kann bei einem Konzern mit heterogenem Produktprogramm oder internationalem Tätigkeitsfeld für die einzelnen Divisions bzw. Tochtergesellschaften vielfach das *Profit-Center-Konzept* verwirklicht werden. [9] Neben einem Zentralcontrolling für den Konzern sind in den Divisions für das Controlling Leiter bzw. Geschäftsführer oder Vorstände zuständig. Diese werden über das Zentralcontrolling koordiniert und können innerhalb ihrer jeweiligen Division wiederum Funktionsbereichscontroller einrichten (s. Abb. 8). Ist das Programm der Divisions jeweils sehr unterschiedlich voneinander, sind keine Absatz-, Produktions-, Beschaffungs-, FuE- sowie Anlagenkoordinierungen erforderlich. Koordinierung erfolgt jedoch in jedem Falle über die strategische Planung, das Zentralcontrolling und den Finanzbereich sowie den zentralen Personalbereich. In der Praxis finden sich je nach den Gegebenheiten Mischformen.

C. Instrumente des Controlling

Das Controlling bedient sich zur Durchführung seiner ergebnisorientierten Dienstleistungs- und Entscheidungs- bzw. Mitentscheidungsaufgaben bestimmter betriebswirtschaftlicher Systeme und Verfahren.

Für die mehrperiodischen Planungen, also das Budget und die rollende 3- oder 5-Jahresplanung, existieren heute *Systeme integrierter Ergebnis- und Finanzplanung* (s. Abb. 9). [10] Ausgehend von den Einzel- und Gemeinkosten und den Erlösen werden für Monate, Quartale und Jahre die Betriebsergebnisse geplant, ferner wird nach Berücksichtigung der neutralen Aufwendungen und Erträge auch das Unternehmungsergebnis ermittelt. Hierbei ist als Trend zu erkennen, daß man sich immer mehr bemüht, die Erlös- und Kosteneinflußgrößen von der Mengen- und Zeitenseite her mit in den Planungsprozeß einzubeziehen, um Produktivitäts- sowie Preis- und Lohnveränderungen unter Wirtschaftlichkeitsaspekten besser beurteilen zu können.

Die mittel- und langfristigen Finanzplanungen werden aus den Gewinn- und Verlustrechnungen und Bilanzen als Bewegungsbilanzen bzw. als Kapitalflußrechnungen ex ante abgeleitet; auch können sie direkt aus den Teilplanungen aufgestellt werden. Sowohl für funktional organisierte Unternehmungen als auch für divisional organisierte Unternehmungen liegen heute entsprechende Betriebsergebnis- sowie GuV-, Finanz- und Bilanzplanungsmodelle vor.

Als *spezielle betriebswirtschaftliche Verfahren des Controlling* sind zu nennen:

– Produktplanung	– Wertanalyse (WA)
– Projektplanung	– Netzplantechnik (NPT)
	– Wirtschaftlichkeitsrechnung
	– Nutzwertanalyse/Scoring-Modelle
– Programmplanung	– Simulation
	– Lineare Programmierung (LP)
– Gemeinkostenplanung	– Gemeinkostenwertanalyse (GWA)
– Gesamtunternehmungsplanung	– Simulation
	– gemischt-ganzzahlige Programmierung
– Analysen, Prognosen	– Frühwarnsysteme

Im Rahmen der *Produktplanung* wird es für das Controlling immer wichtiger, die Kosten im Entstehungszyklus eines Produktes zu erfassen [11] und mögliche Kosten und vor allem

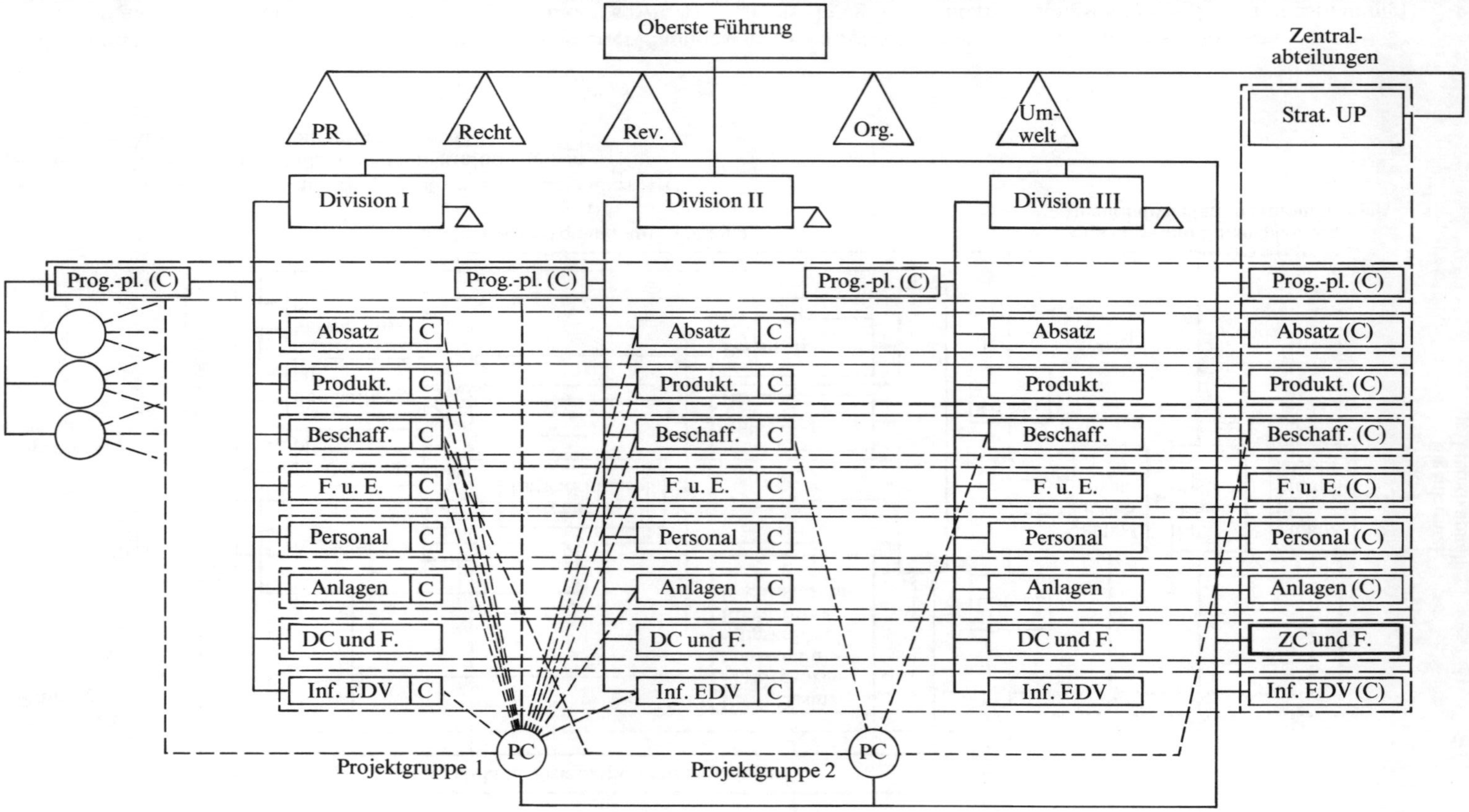

ZC = Zentral-Controller (Zentral-Controlling)
DC = Division-Controller
PC = Projekt-Controller
C = Funktionsbereichs-Controller

Abb. 8: Controlling bei divisionaler Aufbauorganisation im Konzern

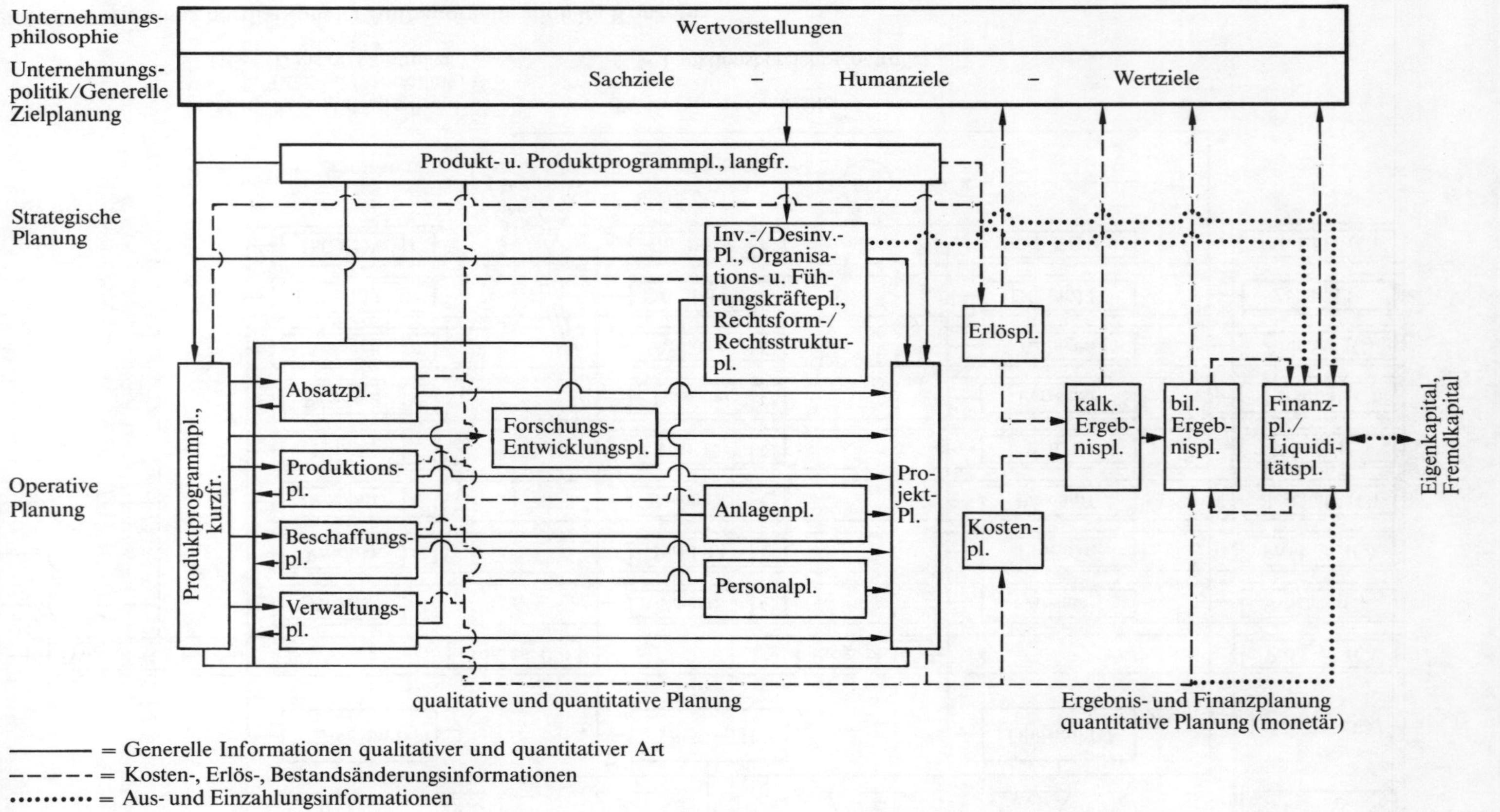

Abb. 9: Planungssystem einer Unternehmung mit integrierter Planungs- und Kontrollrechnung als Instrument des Controllers (Quelle: Hahn [PuK] S. 76 f., geringfügig geändert sowie Arbeitskreis ›Integrierte Unternehmungsplanung‹ [Forschungsplanung])

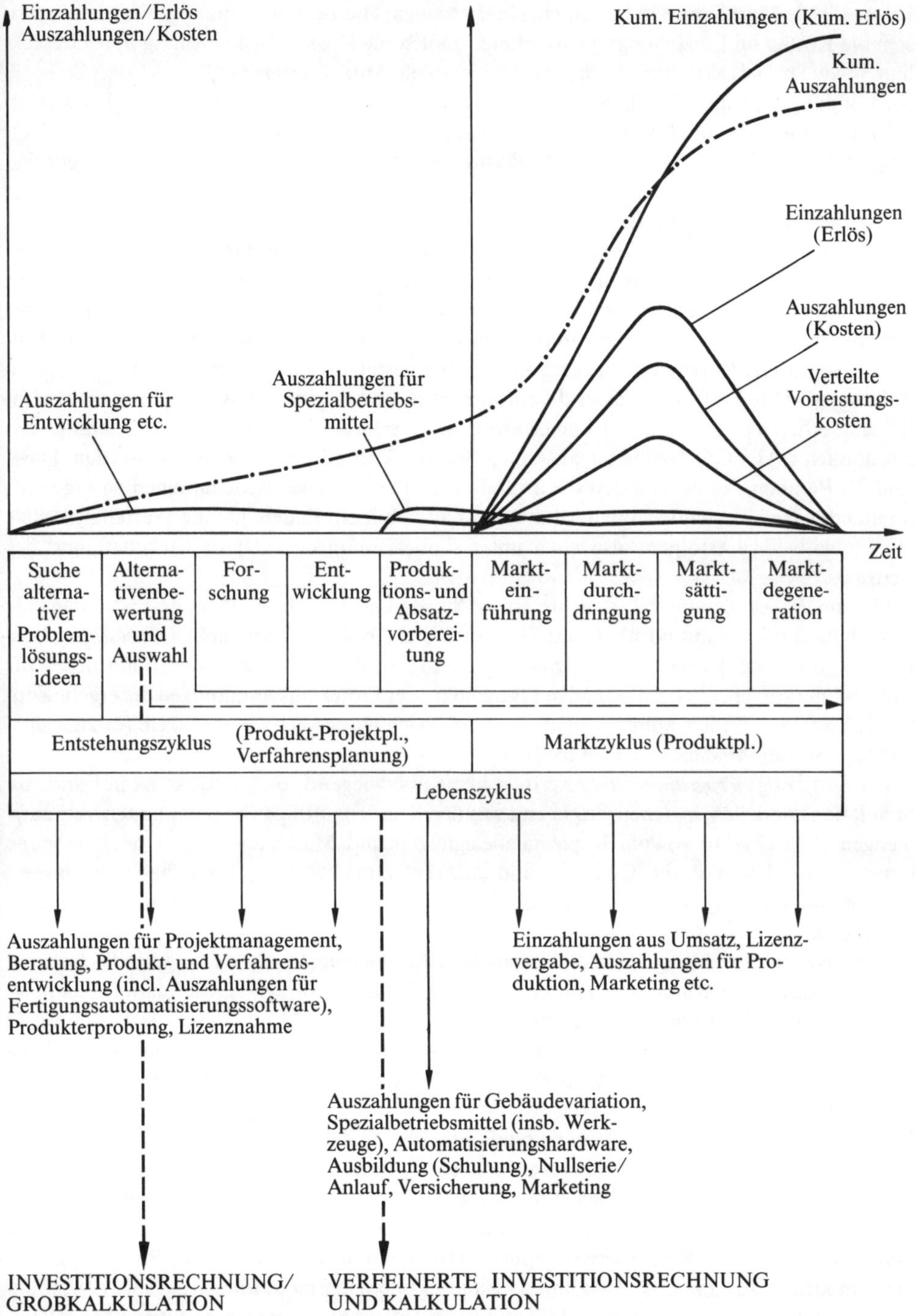

Abb. 10: Lebenszyklusphasen und zugehörige Aus-, Einzahlungen, Kosten und Erlöse neu entwickelter Produkte und Verfahren (Quelle: Hahn [PuK] S. 199; vgl. auch Pfeiffer und Bischof [Produktplanung] S. 344)

Erlöse für die Marktphase in Bandbreiten aufzuzeigen. Hierbei bilden die sog. Vorleistungskosten die Kosten im Entstehungszyklus. Hierzu zählen die Kosten für Forschung und Entwicklung sowie Spezialwerkzeuge, auch gehören hierzu die Anlaufkosten.

Abbildung 10 zeigt, wie schwierig es ist, über einen mehrjährigen Zeitraum den Breakevenpoint bzw. die Gewinnschwelle für ein Produkt zu ermitteln. Es entstehen besondere Controllingprobleme bei der Ermittlung der Vorleistungskosten und ihrer Verrechnung auf Perioden und Produkte. [12]

Für die Produktplanung ist ein wichtiges, bewährtes Controllinginstrument für Techniker und Betriebswirte die *Wertanalyse*. Sie wird als Value Engineering für Produkte im Entstehungsprozeß und als Value Analysis für bereits bestehende Produkte nunmehr seit vielen Jahren mit Erfolg angewendet. Sie dient der Kostenvermeidung und Kostenreduzierung und entspricht dem allgemeinen Entscheidungsprozeß in seinen einzelnen Stufen. Mit zunehmendem Vordringen des integrierten CAD/CAM, also von computergestützter Konstruktion und Verfahrensgestaltung, wird die Einführung eines dezentralen FuE- und Produktions-Controlling zur Durchführung effizienter Wertanalyse immer zwingender erforderlich. Dies resultiert daraus, daß gewöhnlich CAD/CAM-Arbeiten ausschließlich von Technikern durchgeführt werden. Diese sind im Rahmen des dezentralen Controlling durch entsprechende Schulungen zu ergebnisorientierten bzw. kostenbewußten Mitarbeitern auszubilden. Zudem hat die Wertanalyse stets als Teamarbeit zu erfolgen, also auch unter Einbeziehung der Materialwirtschaft und des Vertriebs.

Für die *Projektplanung* bildet heute ein wichtiges und bewährtes Planungsinstrument die Netzplantechnik. Während als Controllinginstrument bisher ausschließlich *Investitionsrechnungsverfahren* auf der Basis von Auszahlungen und Einzahlungen oder Kosten und Erlösen zur Anwendung kamen, um bei alternativen Projekten oder Projektausgestaltungen die ergebnisoptimale Lösung zu finden, kommen heute zur Berücksichtigung auch weiterer Ziele *Nutzwertanalyse bzw. Scoring-Modelle* zum Einsatz. [13]

Die *kurzfristige Programmplanung* erfolgt heute überwiegend computergestützt in Form von Simulationsmodellen, in denen ausgehend von den Kundenaufträgen oder geplanten Verkaufsmengen je Produktart sowohl Kapazitätsbelegungen und Materialbedarf als auch Termine errechnet werden. Für die Quartals- und Jahresplanung wird vereinzelt auch die lineare Programmierung eingesetzt, um das deckungsbeitragsoptimale Produktprogramm bestimmen zu können.

Eine Weiterentwicklung stellt die *Ergebniseinflußgrößenrechnung* als einperiodisches und mehrperiodisches Rechnungssystem dar (s. Abb. 11). Hierin werden als Simulationsrechnung die *Ergebnisse* für alternative *Programme* errechnet. Dabei können Preise und Mengen je Produkt und hierbei je Region und Vertriebsweg sowie die Einflußgrößen aus dem Produktionsprozeß und dem Inputbereich variiert werden. So können z. B. die Periodenergebnisse für bestimmte Verkaufs- und Produktionsprogramme mit spezifischen Preis- und Mengenangaben, Losgrößen und -reihenfolgen, Materialqualitäten und Materialpreisen, Arbeits- und Maschinenzeiten und Lohnsätzen berechnet werden. Solche Modelle werden bereits mit Erfolg in der Eisen- und Stahlindustrie angewendet und werden sicher auch in anderen Branchen eingeführt werden können. [14] Es gilt hierbei, vorhandene und bewährte GuV-, Finanz- und Bilanzplanungsmodelle sowie Betriebsergebnisplanungsmodelle mit vorhandenen Produktionsplanungsmodellen, Absatz- sowie Investitionsrechnungsmodellen zu verbinden (s. Abb. 12). [15]

Entscheidungsvorbereitungen und Planungen mit oder ohne computergestützten Modelleinsatz hängen in ihrer Aussagefähigkeit weitgehend von der Qualität der Planungsprämissen sowie der Analysen und *Prognosen* ab. In den letzten Jahren ist hierbei das Analyse und Prognoseinstrumentarium des Controlling um *Frühwarninformationen* erweitert worden. Es

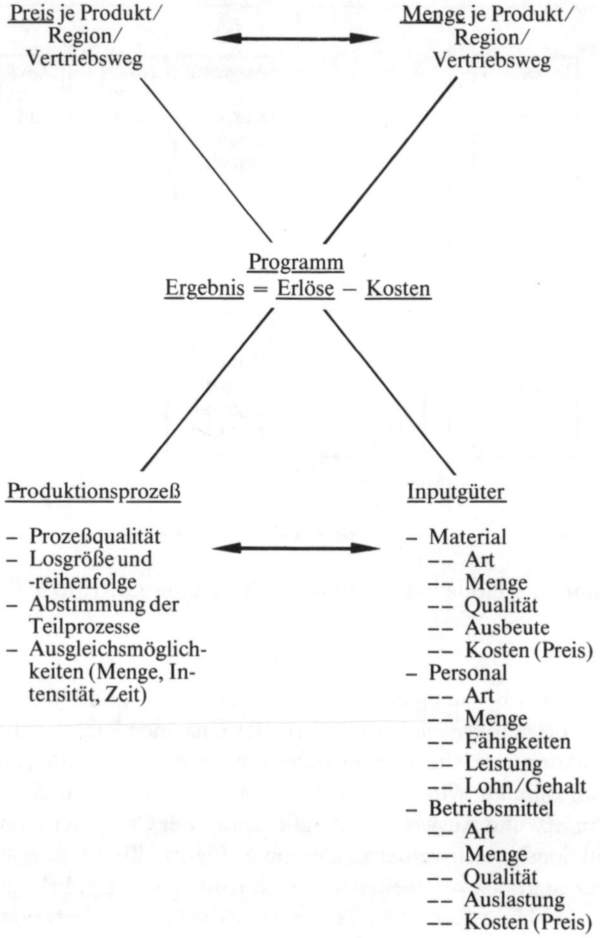

Abb. 11: Multivariable Ergebniseinflußgrößenrechnung als einperiodisches und mehrperiodisches Rechnungssystem

handelt sich um von der Unternehmung erhobene und ausgewertete Informationen über bestimmte Entwicklungen, deren Wirkungen mit zeitlichem Versatz und hoher Wahrscheinlichkeit eintreten und für den Erfolg der Unternehmung von besonderer Bedeutung sind. Es handelt sich z. B. um Auftragseingangs-Entwicklungen oder Gesetzesvorbereitungen und -verabschiedungen, die nach einer bestimmten Zeitdauer zu gravierenden Umsatz- und Ergebnisveränderungen führen. Frühwarninformationen werden heute im operativen Bereich vornehmlich vom Controlling auf ihre Ergebniswirkung hin ausgewertet, im strategischen Bereich geben derartige Frühwarninformationen Signale zur Verbesserung der dortigen Planungskomplexe, insbesondere der Geschäftsfeldplanung. [16]

War vorab ein Gesamtunternehmungsmodell skizziert worden, was gewöhnlich auf einer großen Rechenanlage mit einer zentralen Datenbank zu installieren und zum Einsatz zu bringen ist, so führt die jüngste *Entwicklung auf dem Gebiet der Hardware der elektronischen Datenverar-*

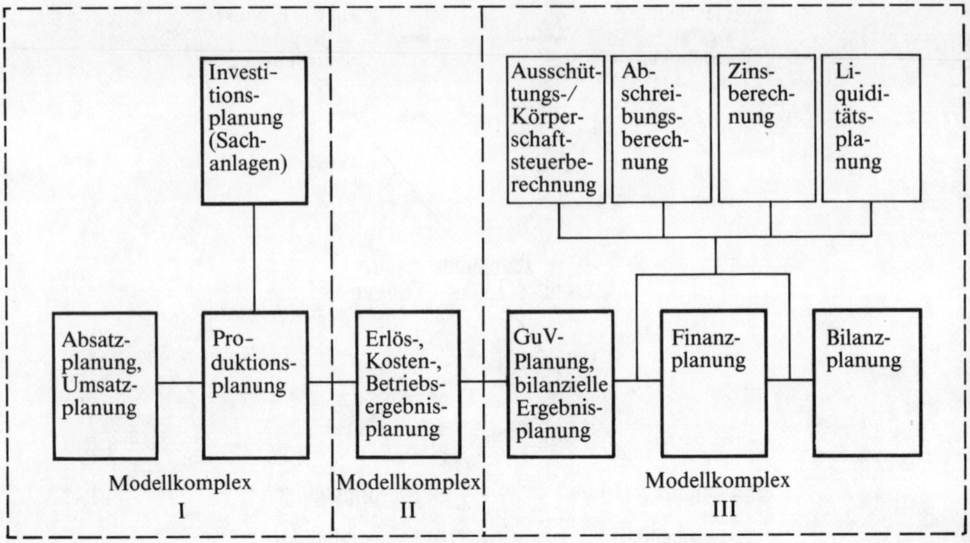

Abb. 12: PuK-Simulationsmodell – Gesamtunternehmungsmodell (Modellkomplexe I, II, III)

beitung zu veränderten Arbeitsmöglichkeiten im Bereich des Controlling. Durch den Einsatz von intelligenten, vernetzten *Personalcomputern* in den einzelnen Funktionsbereichen und einer Vernetzung der Funktionsbereiche untereinander sowie einer Verbindung zu einem Unternehmungs- bzw. Zentralcomputer wird eine außerordentlich hohe Flexibilität im Hinblick auf die verschiedensten Einsatz- und Auswertungsmöglichkeiten der Computer erreicht. [17] So lassen sich in jedem Funktionsbereich vernetzte Computer für spezifische Aufgaben einsetzen, die Art-, Mengen- und Zeitgrößen verarbeiten und auch Kosten- und ggf. Erlösgrößen aufbereiten.

Eine derartige Entwicklung fördert die Tendenz und die Effizienz insbesondere des dezentralen Controlling. So wird in jedem Funktionsbereich das zur Unterstützung seiner Arbeit erforderliche Zahlenwerk des Controlling direkt erstellt oder diesem übermittelt werden können. Dies hat den Vorteil, daß die in den Funktionsbereichen errechneten Wertgrößen unmittelbar aus den dort relevanten Preis- bzw. Lohn-, Mengen- und Zeitgerüsten abgeleitet werden können. Hierdurch sind über Wirtschaftlichkeits- und Produktivitätskennzahlen Kosten und ggf. Erlöse direkt am Ort des Geschehens beeinflußbar. Sicherzustellen sind allerdings ein einheitliches Verarbeitungssystem sowie zentrale Datenbanken für ausgewählte Informationen mit schnellstmöglichem Zugriff für alle Funktionsbereiche. Gewisse gesamtunternehmungsbezogene Aufgaben werden weiterhin im Bereich des Zentralcontrolling computergestützt durchzuführen sein. Hierzu gehören z. B. über mehrere Produktionsstufen durchgerechnete Produktkalkulationen, deckungsbeitragsorientierte Programmoptimierungen sowie funktionsbereichsübergreifende Projektrechnungen. Solche Aufgaben sind mit vernetzten Personalcomputern im Zentralcontrollingbereich durchzuführen – mit Zugriff auf den Zentralcomputer und die Zentral-Datenbank der Unternehmung (s. Abb. 13).

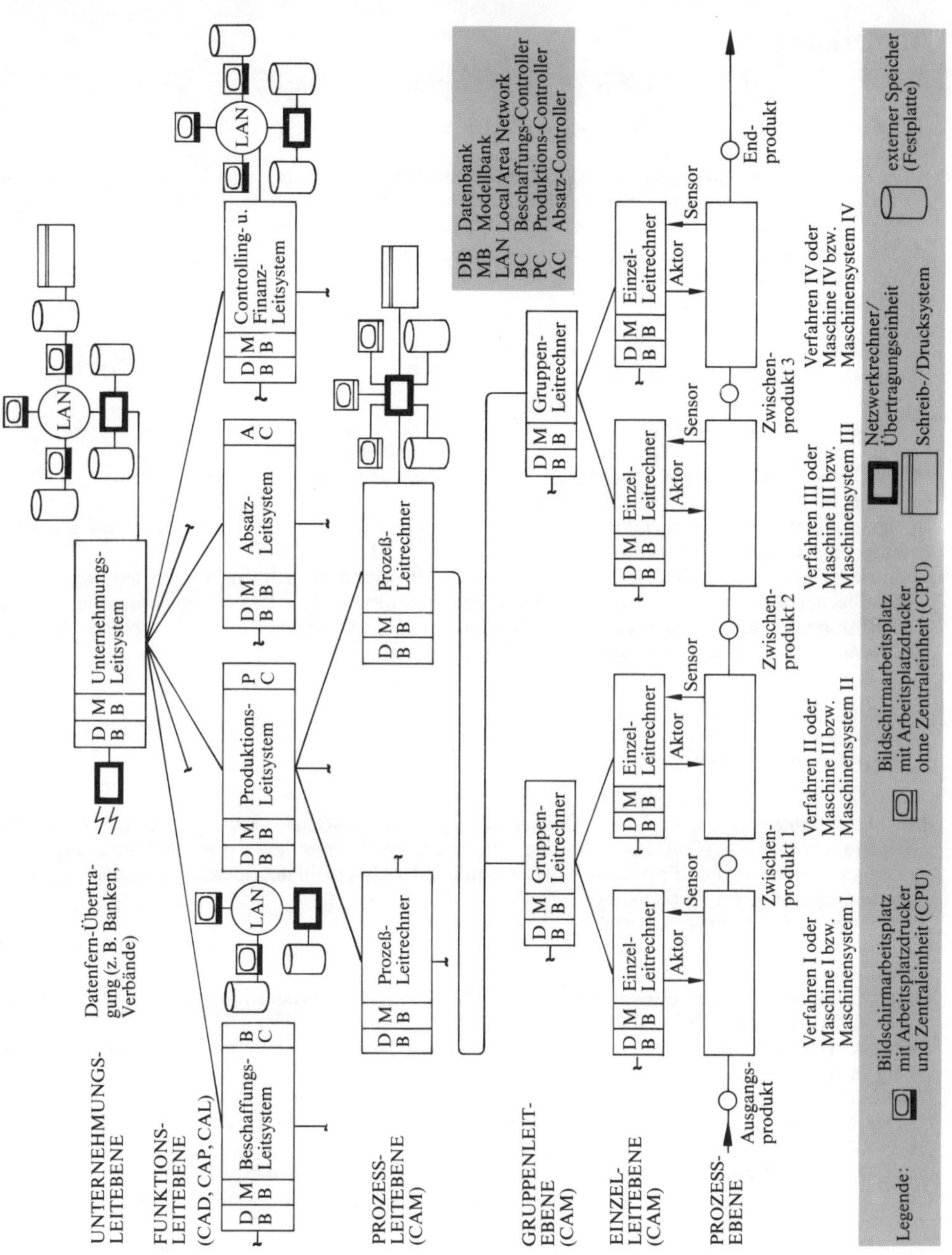

Abb. 13: Integration des Controlling in die Rechnerhierarchie einer Unternehmung

Anmerkungen

1 Vgl. *Grochla* (Planung) S. 88.
2 Vgl. *Prentice-Hall Editorial Staff* (Encyclopedia) S. 5.
3 Vgl. *Hahn* (Konzept) S. 101 f.
4 Zu den generellen und speziellen Aufgaben des Controlling vgl. *Hahn* (Controlling) S. 4 f.; ferner in zum Teil abweichender Aufgabencharakterisierung *Danert/Solaro* (Controller) S. 423 ff.; *Freiling* (Controlling) S. 226 f.; *Hauschildt* (Finanzvorstand) S. 172 f.; *Horváth* (Controlling) S. 77 ff.
5 Vgl. zum ›strategischen Controlling‹ *Horváth* (Strategisches Controlling) S. 99 ff.
6 Vgl. *Hahn* (Controlling) S. 5 ff.
7 Vgl. *Hahn* (Controlling) S. 9 ff.
8 Vgl. *Selowsky/Müllmann/Höhn* (Planungsrechnung) S. 735 ff.
9 Vgl. *Hahn* (Controlling) S. 17 f. und *Hahn* (PuK) S. 625 ff.
10 Vgl. *Hahn* (PuK) S. 60 ff. und S. 117 ff.
11 Vgl. *Commes/Lienert* (Controlling) S. 347 ff.
12 Vgl. *Laßmann* (Probleme) S. 966.
13 Vgl. zur Nutzwertanalyse *Hahn* (PuK) S. 42 ff. und *Zangemeister* (Nutzwertanalyse) S. 55 ff.
14 Vgl. *Laßmann* (Einflußgrößenrechnung) S. 427 ff.; *Wartmann/Steinecke/Sehner* (System).
15 Vgl. *Hahn/Hölter/Disselkamp* (Modell) S. 727 ff.
16 Vgl. zu Frühwarnsystemen *Hahn/Krystek* (Frühwarnsysteme) S. 76 ff. Die Entwicklungsstufen werden aufgezeigt in *Hahn/Klausmann* (Frühwarnsysteme) S. 251 ff.
17 In der Integration der flexible Instrumente am Arbeitsplatz darstellenden PCs mit leistungsfähigen Großrechnern kann hier der besondere Vorteil gesehen werden. Vgl. *Bornemann* (Controlling) S. 56. Sehr früh weist E. *Grochla* auf die Möglichkeiten von Verbundsystemen mit Kleincomputer hin, vgl. *Grochla/Weber/Gürth* (Kleincomputer) S. 33 ff.

Literaturverzeichnis

Arbeitskreis ›Integrierte Unternehmungsplanung‹ der Schmalenbach-Gesellschaft/Deutsche Gesellschaft für Betriebswirtschaft e. V. (Forschungsplanung): Integrierte Forschungs- und Entwicklungsplanung – Planung von Forschung und Entwicklung als Bestandteil der Unternehmungsplanung und der Unternehmungsorganisation (in Vorbereitung).

Bornemann, H. (Controlling): Controlling heute. Wiesbaden 1985.

Commes, M.-Th./*Lienert,* R. (Controlling): Controlling im FuE-Bereich. In: Zeitschrift Führung und Organisation, 52. Jg., 1983, S. 347–354.

Danert, G./*Solaro,* D. (Controller): Controller. In: *Grochla,* E. (Hrsg.): Handwörterbuch der Organisation. 2. Aufl., Stuttgart 1980, Sp. 423–430.

Freiling, C. (Controlling): Controlling. In: *Lück,* W. (Hrsg.): Lexikon der Betriebswirtschaftslehre. Landsberg am Lech 1983, S. 226–227.

Grochla, E. (Planung): Betriebliche Planung und Informationssysteme. Reinbek 1975.

Grochla, E./*Weber,* H./*Gürth,* H. (Kleincomputer): Kleincomputer in Verbundsystemen – Organisatorische Gestaltung und Anwendung. Opladen 1976.

Hahn, D. (PuK): Planungs- und Kontrollrechnung – PuK. 3. Aufl., Wiesbaden 1985.

Hahn, D. (Controlling): Konzepte und Beispiele zur Organisation des Controlling in der Industrie. In: Zeitschrift für Organisation, 48. Jg., 1979, S. 4–24.

Hahn, D. (Konzept): Hat sich das Konzept des Controlling in Unternehmungen der deutschen Industrie bewährt? In: Betriebswirtschaftliche Forschung und Praxis, 30. Jg., 1978, S. 101–128.

Hahn, D./*Hölter,* E./*Disselkamp,* E. (Modell): Computergestütztes Modell zur Ausschüttungs-, Rücklagen- und Körperschaftsteuerberechnung. In: Zeitschrift für betriebswirtschaftliche Forschung, 35. Jg., 1983, S. 727–741.

Hahn, D./*Klausmann,* W. (Frühwarnsysteme): Frühwarnsysteme und strategische Unternehmungsplanung. In: *Hahn,* D./*Taylor,* B. (Hrsg.): Strategische Unternehmungsplanung. 3. Aufl., Würzburg – Wien – Zürich 1984, S. 250–266.

Hahn, D./*Krystek,* U. (Frühwarnsysteme): Betriebliche und überbetriebliche Frühwarnsysteme für die Industrie. In: Zeitschrift für betriebswirtschaftliche Forschung, 31. Jg., 1979, S. 76–88.

Hauschildt, J. (Finanzvorstand): Finanzvorstand, Treasurer, Controller. In: Zeitschrift für Organisation, 41. Jg., 1972, S. 167–174.

Horváth, P. (Strategisches Controlling): Strategisches Controlling: Fallbeispiele aus der Praxis. In: Strategische Planung, 1. Bd., 1985, S. 99–120.

Horváth, P. (Controlling): Controlling, München 1979.

Laßmann, G. (Probleme): Aktuelle Probleme der Kosten- und Erlösrechnung sowie des Jahresabschlusses bei weitgehend automatisierter Serienfertigung. In: Zeitschrift für betriebswirtschaftliche Forschung, 36. Jg., 1984, S. 959–978.

Laßmann, G. (Einflußgrößenrechnung): Einflußgrößenrechnung. In: *Kosiol,* E. (Hrsg.): Handwörterbuch des Rechnungswesens. 2. Aufl., Stuttgart 1981, Sp. 427–483.

Pfeiffer, W./ *Bischof,* P. (Produktplanung): Überleben durch Produktplanung auf der Basis von Produktlebenszyklen. In: Fortschrittliche Betriebsführung/Industrial Engineering, 24. Jg., 1975, S. 343–348.

Prentice-Hall Editorial Staff (Hrsg.) (Encyclopedia): Corporate Treasurer's and Controller's Encyclopedia, revised by S. R. *Goodman.* Vol. 1, Englewood Cliffs 1975.

Selowsky, R./ *Müllmann,* H./ *Höhn,* S. (Planungsrechnung): Integrierte Planungsrechnung im Planungssystem des Volkswagen-Konzerns. In: *Hahn,* D. (Hrsg.): Planungs- und Kontrollrechnung – PuK. 3. Aufl., Wiesbaden 1985, S. 714–789.

Wartmann, R./ *Steinecke,* U./ *Sehner,* G. (System): System für Plankosten- und Planungsrechnung mit Matrizen. IBM-Form GE 12-1345-0, Düsseldorf 1975.

Zangemeister, Chr. (Nutzwertanalyse): Nutzwertanalyse in der Systemtechnik. 4. Aufl., München 1976.

*Josef Kloock**

Perspektiven der Kostenrechnung aus investitionstheoretischer und anwendungsorientierter Sicht

* Prof. Dr. *Josef Kloock*, Universität zu Köln, Lehrstuhl für Allgemeine Betriebswirtschaftslehre und Unternehmensrechnung.

Die Kostenrechnung gerät immer wieder in das Kreuzfeuer der Kritik von Theoretikern aber auch von Praktikern. [1] Ohne hier im einzelnen die jüngsten Kritikpunkte aufzugreifen, dürfte einer der grundlegenden Mängel der Kostenrechnung in ihrer bis heute noch nicht ausgereiften konzeptionellen Fundierung liegen. Die im folgenden herausgearbeiteten Perspektiven der Kostenrechnung aus investitionstheoretischer Sicht sollen zu ihrer konzeptionellen Fundierung beitragen; darüber hinaus sollen sie ihre Anwendungsmöglichkeiten und Anwendungsgrenzen klarer offenlegen. Obwohl die Kostenrechnung im Vordergrund der weiteren Überlegungen steht, gelten die Ausführungen in analoger Weise auch für die Leistungsrechnung und damit für die kalkulatorische Erfolgsrechnung bzw. Leistungs-Kostenrechnung.

A. Kostenrechnungen als operative Planungs- und Kontrollinstrumente

I. Rahmenbedingungen des operativen Kostenmanagements

Die Rahmenbedingungen des operativen Kostenmanagements sollen im folgenden für Kostenrechnungen als Planungs- und Kontrollrechnungen dargestellt werden. Sonstige Aufgaben oder Zwecke von Kostenrechnungen, wie z. B. Lenkungs- und extern orientierte Dokumentationsaufgaben, bleiben daher unberücksichtigt. Zu den wichtigsten Rahmenbedingungen des operativen Planungs- und Kontroll-Kostenmanagements zählen die folgenden drei konstitutiven Basis-Elemente [2] des Zeit-, Sach- und Zielbezugs:

(1) Kurzfristigkeit des betrachteten Planungs-, Kontroll- und Aktionshorizonts oder einperiodiger Planungs-, Kontroll- und Aktionszeitraum, so daß auf Zeitpräferenzen, z. B. durch Zinswirkungen abgebildet, unmittelbar verzichtet werden kann.
(2) Ausrichtung allein auf die Innenwelt von Unternehmen bzw. die innerbetrieblichen Güterprozesse (Güterverbrauchs- und Gütererstellungsprozesse) des Beschaffungs-, Produktions- und Absatzbereiches; die Beschaffung von Potentialfaktoren, aber auch von Repetierfaktoren und der Absatz erstellter Produkte, also die Güterprozesse zur Außenwelt, werden somit aus der Betrachtung ausgeschlossen. [3]
(3) Monetäre Zielsetzungen, d. h. die durch innerbetriebliche Güterprozesse letztlich hervorgerufenen Zahlungswirkungen stellen die Zielgrößen der Planung und die Kontrollgrößen dar.

Durch Präzisierungen und Erweiterungen dieser drei konstitutiven Basis-Elemente erhält man die unterschiedlichen Kostenrechnungen (Leistungsrechnungen) des operativen Kostenmanagements.

Die für die Grenzplankostenrechnung, die sogenannte Betriebsplankostenrechnung, und die (auf der Grenzplankosten-Grenzplanerlösrechnung basierende) Deckungsbeitragsrechnung charakteristischen (präzisierten) konstitutiven Basis-Elemente beschränken die Planungs- und Kontrollprobleme auf die:

(1) Güterprozesse eines (subjektiv, maximal bis zu einem Jahr) vorgegebenen, *einperiodigen Planungszeitraumes,* also eines festgelegten Fristigkeitsgrades betrachteter innerbetrieblicher Güterprozesse;

(2) zielwirksamen Konsequenzen eines (subjektiv, maximal bis zu einem Jahr) vorgegebenen, gleichgroßen Aktionszeitraumes für alle während des Planungszeitraumes als variabel betrachteten *innerbetrieblichen Güterprozeßelemente;*
(3) *Ausgaben* (und Einnahmen) *des Aktionszeitraumes* der innerbetrieblichen Güterprozesse *auf der Basis konstant vorgegebener Preise* als zielwirksame Konsequenzen der durch diese Prozesse letztlich hervorgerufenen Zahlungswirkungen. [4]

Aus diesen Rahmenbedingungen ergeben sich unmittelbar als Ziel- und Kontrollgrößen dieser Kosten- und Erfolgsrechnungen des operativen Kostenmanagements die aus innerbetrieblichen Güterverbrauchsprozessen eines betrachteten Planungszeitraumes resultierenden Ausgaben eines gleich großen Aktionszeitraumes als (sogenannte pagatorische) Kosten und die aus innerbetrieblichen Gütererstellungsprozessen resultierenden Einnahmen als (sogenannte pagatorische) Leistungen eines Unternehmens. [5] Zielwirksam und damit entscheidungsrelevant sind solche Kosten (Leistungen), die aus variablen innerbetrieblichen Güterprozeßelementen resultieren.

Sofern die praktischen Gegebenheiten eines Unternehmens und die subjektiven Zielvorstellungen einer Unternehmensführung eine andere Abgrenzung der Rahmenbedingungen erfordern, sind die drei konstitutiven Basis-Elemente entsprechend abzuändern. Die Rahmenbedingungen und damit die Basis-Elemente des operativen Kostenmanagements, einschließlich der hieraus resultierenden Kosten- und Leistungsbegriffe, sind also stets unternehmensindividuell anzusetzen.

In der Literatur liegen zahlreiche Vorschläge zur Erweiterung der drei konstitutiven Basis-Elemente vor. Solche Erweiterungen, die bei Beschränkung auf kurzfristige Zeiträume weiterhin zu Planungs- und Kontrollrechnungen des operativen Kostenmanagements führen, resultieren aus:

- einer flexiblen Handhabung des jeweils betrachteten Planungs-, Kontroll- und Aktionshorizonts durch die Erweiterung um Kostenansätze in Abhängigkeit unterschiedlich langer Zeiträume; z. B. die sogenannte dynamische Grenzplankostenrechnung, die unter Einbeziehung von zusätzlich variabel gestalteten Güterprozeßelementen auf einem nach mehreren Fristigkeitsgraden differenzierten Planungs- und Aktionshorizont basiert [6];
  oder
- einer Aufhebung der Ausrichtung allein auf die Innensicht des Unternehmens; z. B. die relative Einzelkostenrechnung, die die Beschaffungs- und Absatzprozesse, also die Güterprozesse zur Außenwelt, explizit in die Betrachtung einbezieht [7];
  oder
- einer Aufhebung der monetären Ausrichtung der Zielsetzung; z. B. sogenannte Nutzen-Kosten-Analyserechnungen, die über die Zahlungswirkungen von innerbetrieblichen Güterprozessen hinaus an weiteren Nutzengrößen zur Beurteilung solcher Prozesse anknüpfen. [8]

Zu beachten ist, daß jede dieser Erweiterungen eine spezifische Ausgestaltung der Kosten- und Erfolgsrechnungen des operativen Kostenmanagements bedingt.

II. Verbundwirkungen und Separationstheoreme für ihre getrennte Erfassung

Die Rahmenbedingungen des operativen Kostenmanagements schränken den Zeit-, Sach- und Zielbezug der zu planenden und zu kontrollierenden Güterprozesse eines Unternehmens ein. Infolgedessen werden daher:

(1) die zeitlichen Abhängigkeiten zwischen den Entscheidungen verschiedener Perioden, die zeitlichen Verbundwirkungen,
(2) die sachlichen Abhängigkeiten zwischen verschiedenen Funktionsbereichen, insbesondere zwischen dem Finanzierungs- und Produktionsbereich, die sachlichen Verbundwirkungen,
(3) die zielmäßigen Abhängigkeiten zwischen den monetären Zielgrößen einer betrachteten Planungsperiode und den monetären Zielgrößen der strategischen (taktischen) Beschaffungsplanung als strategische (mehrperiodige) Investitionsplanung, die zielmäßigen Verbundwirkungen

der gesamten Güterprozeßplanung eines Unternehmens explizit vernachlässigt. Die explizite Ausklammerung der Verbundwirkungen reduziert einerseits die Komplexität der zu lösenden Planungsprobleme, gefährdet jedoch andererseits die Lösung grundlegender Aufgaben des operativen Kostenmanagements. Diese Aufgaben erstrecken sich für die Planungs- und Kontrollrechnungen des operativen Kostenmanagements auf eine explizite Unterstützung der (strategischen) Investitionsplanung. Sie bestehen somit darin, die strategische Investitionsplanung kurzfristig durch eine detailliertere, investitionszielkonforme Gestaltung der (innerbetrieblichen) Güterprozesse so zu ergänzen, daß die strategischen Investitionszielpläne möglichst erreicht werden. [9] Zur Vermeidung möglicher Planungsmängel des operativen Kostenmanagements können sogenannte kostenrechnerische Separationstheoreme verwendet werden. Sie geben die Planungsansätze wieder, mit denen trotz einer Vernachlässigung und damit Trennung der Verbundwirkungen investitionszielkonforme Entscheidungen getroffen werden. »Separationstheoreme erlauben es, die ›Komplexität‹ eines Entscheidungsproblems in der Realität auf ein lösbares Ausmaß zu verringern.« [10] Diese Reduktion besteht aufgrund der drei konstitutiven Basis-Elemente des operativen Kostenmanagements in der expliziten Ausklammerung aller zeitlichen, zahlreicher sachlichen, insbesondere der beschaffungs-, absatz- und finanzierungsmäßigen, und der zielmäßigen Verbundwirkungen. Im Gegensatz zu der Investitionsrechnung [11] sind die durch Separationstheoreme bestimmten Planungsbedingungen eines um Verbundwirkungen reduzierten Kostenplanungsansatzes bisher zu wenig erforscht bzw. beachtet worden. [12] Eine weitere theoretische Fundierung der Kostenrechnung mit ihren Rahmenbedingungen zur Lösung von Planungs- und Kontrollaufgaben erfordert die Kenntnis von Separationstheoremen und damit ihre investitionstheoretische Integration.

B. Integration von Kostenrechnungen und der (strategischen) Investitionsrechnung

I. Überblick über die investitionstheoretische Fundierung von Kostenrechnungen

Die Forderung nach einer investitionstheoretischen Fundierung von Kostenrechnungen (Leistungsrechnungen) ist gemäß den grundlegenden Planungs- und Kontrollaufgaben des operativen Kostenmanagements weder neu noch strittig. Trotzdem liegen bis heute relativ wenige Ansätze vor, die sich mit der konzeptionellen Gesamtgestaltung einer investitionstheoretisch fundierten Kostenrechnung befassen. Folgender Überblick verdeutlicht den heutigen Stand von unterschiedlichen Ansätzen zur investitionstheoretischen Fundierung und damit zur Integration der Kostenrechnung in die Investitionsrechnung (vgl. S. 295). Dieser Überblick enthält außer den Kostenrechnungen selbst die zugehörigen Leistungs- bzw. Erlösrechnungen und damit die kalkulatorischen Erfolgsrechnungen.

II. Investitionstheoretische Integration der Kostenrechnung

Von den vier dargestellten Ansätzen einer investitionstheoretischen Integration der Kostenrechnung erfüllt allein die direkte Integration die im Abschnitt A. II. aufgestellten Anforderungen für operative Planungs- und Kontrollrechnungen. Trotz des Verzichts auf den expliziten Ansatz aller Verbundwirkungen wird mit Hilfe von kostenrechnerischen Separationstheoremen und den daraus abgeleiteten Planungsansätzen eine zielkonsistente Unterstützung bzw. Ergänzung der (strategischen) Investitionsrechnung zu erreichen versucht. Wie aus dem Überblick ersichtlich, liegen hierzu bisher in der Literatur nur einzelne Vorschläge, jedoch keine vollständig ausformulierten Konzeptionen für Kosten- bzw. Erfolgsrechnungen vor. Es überwiegen in der Literatur die Ansätze der indirekten Integration, bei denen in der Regel der Verzicht auf den expliziten Ansatz von Verbundwirkungen entweder überhaupt nicht investitionstheoretisch oder nur indirekt ohne Rückgriff auf kostenrechnerische Separationstheoreme begründet wird. [24] Diese Ansätze sind grundsätzlich typisch für die bisher entwickelten Kosten- und Erfolgsrechnungen des operativen Kostenmanagements. Zur Aufdeckung bzw. Vermeidung der Mängel indirekt integrierter Kostenrechnungen werden in der Literatur die Ansätze der verschmelzenden Integration vorgeschlagen. Diese Ansätze stellen ebenso wie die vollständigen Integrationsansätze Investitionsrechnungen dar, die Verbundwirkungen explizit erfassen; sie sind jedoch nicht mehr dem operativen, sondern dem strategischen (taktischen) Planungs- und Kontrollbereich zuzuordnen. Inwieweit bei verschmelzenden und vollständigen Integrationsansätzen eine direkt oder indirekt integrierte Kostenrechnung zur Lösung operativer Planungs- und Kontrollaufgaben völlig überflüssig wird, soll im nächsten Abschnitt untersucht werden. Darüber hinaus liegt die Hauptbedeutung der verschmelzenden und vollständigen Integration in der Offenlegung und Bereitstellung von Alternativen zur Gewinnung kostenrechnerischer Separationstheoreme für die direkte investitionstheoretische Integration der Kostenrechnung.

Ansätze investitionstheoretisch integrierter Erlös-Kostenrechnungen

Verschmelzende Integration:	Indirekte Integration:	Direkte Integration:	Vollständige Integration:
Mit der Investitionsrechnung verschmelzte Erlös-Kostenrechnungen als Investitionsrechnungen auf der Basis von Erlös- und Kostengrößen im Sinne von Zahlungsgrößen bei explizitem Ansatz aller Verbundwirkungen:	Erlös-Kostenrechnungen gemäß ihren spezifischen konstitutiven Elementen ohne expliziten Ansatz von Verbundwirkungen, deren Planungseinflüsse implizit erfaßt und höchstens indirekt investitionstheoretisch fundiert werden:	Erlös-Kostenrechnungen gemäß ihren spezifischen konstitutiven Elementen ohne expliziten Ansatz von Verbundwirkungen, deren Planungseinflüsse implizit erfaßt und direkt anhand von Separationstheoremen investitionstheoretisch fundiert werden:	Mit der Investitionsrechnung verknüpfte Erlös-Kostenrechnungen bei explizitem Ansatz von Verbundwirkungen:
– relative »Deckungsbeitragsrechnung« auf der Basis der relativen »Einzelerlös-« und »Einzelkostenrechnung« mit »Einzelerlösen« und »Einzelkosten« als Zahlungsgrößen (unter Ergänzung von Zeitpräferenzen) [13] – »Deckungsbeitragsrechnung« auf der Basis der »Grenzplanerlös-« und »Grenzplankostenrechnung« mit Grenzplanerlösen und Grenzplankosten als (Grenz-)Zahlungsgrößen [14]	– Deckungsbeitragsrechnung auf der Basis der Grenzplanerlös- und Grenzplankostenrechnung [15] – Sogenannte dynamische Grenzplankostenrechnung [16] – Standardgrenzpreisrechnung [17] – Periodenerfolgsrechnung auf der Basis der Betriebsplankostenrechnung [18] – relative Deckungsbeitragsrechnung auf der Basis der relativen Einzelerlös- und Einzelkostenrechnung [19]	– für einzelne Kostenarten liegen Ansätze einer direkten Integration vor, so z. B. für die Grenzplankostenrechnung und die Deckungsbeitragsrechnung auf der Basis der Grenzplanerlös- und Grenzplankostenrechnung [20] – für die Bewertung von gelagerten Repetierfaktoren bei Preissteigerungen liegen erste Ansätze einer direkten Integration vor [21]	– Mehrperiodige Ansätze der Deckungsbeitragsrechnung auf Kapitalwertbasis unter Anwendung des Lücke-Theorems [22] – Mehrperiodige Ansätze der Kostenrechnung zur Ermittlung optimaler Lagerhaltungspolitiken [23]

C. Kostenrechnungen aus investitionstheoretischer Sicht

I. Wesentliche Charakteristika und Unterschiede der Kosten- und Investitionsrechnungen

Die Forderung, auf Kostenrechnungen des operativen Kostenmanagements zugunsten der Investitionsrechnungen, also von verschmelzenden oder vollständigen Integrationsansätzen, zu verzichten, verkennt die wesentlichen Charakteristika und Unterschiede dieser beiden Rechnungen. Der folgende Überblick auf S. 297 vermittelt in geraffter Form die wesentlichen Charakteristika und damit auch Unterschiede zwischen Investitionsrechnungen und direkt investitionstheoretisch integrierten Erlös-Kostenrechnungen auf der Grundlage der drei konstitutiven Basis-Elemente.

Die Vorteile einer direkt integrierten Erlös-Kostenrechnung bei Kenntnis der erforderlichen kostenrechnerischen Separationstheoreme gegenüber einer Investitionsrechnung resultieren aus:

- der Möglichkeit, auch kurzfristig die unternehmerischen Güterprozesse gemäß den Investitionszielen, wie z. B. Maximierung des Kapitalwertes oder Erreichung eines vorgegebenen positiven Kapitalwertniveaus, zu planen und zu kontrollieren
- dem überwiegend geringeren Komplexitätsgrad von Erlös-Kostenrechnungsmodellen und damit ihrer einfacheren praktischen Handhabung
- der Möglichkeit, in sehr detaillierter Form durch Disaggregation der Erlös-Kostenkomponenten die innerbetrieblichen Güterprozesse zu planen und zu kontrollieren [25]
- der Möglichkeit, die Risiko- bzw. Unsicherheitssituationen kurzfristig besser erfassen und gemäß den Invesitionszielen bewältigen zu können.

Neben der Investitionsrechnung stellen also direkt integrierte Erlös-Kostenrechnungen für Unternehmen unverzichtbare Planungs- und Kontrollinstrumente dar. Gemäß der Voraussetzung dieser These hängt die Eignung von Kostenrechnungen eines operativen Kostenmanagements wesentlich von der Aufstellung und Kenntnis investitionstheoretisch überzeugender und realitätsadäquater Separationstheoreme für die Unternehmen ab. Diese Separationstheoreme beeinflussen somit entscheidend die Perspektiven der Kostenrechnung.

II. Perspektiven der Kostenrechnung

Für die Behebung der theoretischen Mängel und die Weiterentwicklung von Kostenrechnungen kommt den Separationstheoremen grundlegende Bedeutung zu. Solche Theoreme liegen bisher nur in wenigen, nicht immer überzeugenden Ansätzen vor. Bezüglich der charakteristischen Unterschiede der direkt integrierten Kostenrechnungen zur (strategischen) Investitionsrechnung kann folgender Entwicklungsstand für die kostenrechnerischen Separationstheoreme konstatiert werden:
Für den Verzicht auf zeitliche Verbundwirkungen liegen vor:

- Opportunitätskostenansätze zur Erfassung von entscheidungsrelevanten Abschreibungsko-

Charakteristische Merkmale bezüglich	Investitionsrechnungen	Direkt integrierte Erlös-Kostenrechnungen gemäß den drei konstitutiven Basis-Elementen
der Verbundwirkungen	– realitätsadäquate Erfassung zeitlicher Verbundwirkungen – realitätsadäquate Erfassung sachlicher Verbundwirkungen, insbesondere der Zinswirkungen (ohne Hypothesen über Kapitalbindungsansätze) – an den Zielvorstellungen der Entscheidungsträger ausgerichtete, ggf. auch konsumorientierte, mehrperiodige Zielfunktion	– keine explizite Erfassung zeitlicher Verbundwirkungen, sondern ihre implizite, zum Investitionsziel konforme Berücksichtigung mit Hilfe von Separationstheoremen – keine explizite Erfassung der finanz-, beschaffungs- und absatzmäßigen Verbundwirkungen, sondern ihre implizite, zum Investitionsziel konforme Berücksichtigung mit Hilfe von Separationstheormen – Reduktion der mehrperiodigen Zielfunktion einer Investitionsrechnung auf eine monetäre (einperiodige) Zielfunktion mit Hilfe von Separationstheoremen
des Komplexitätsgrades der Rechnungsmodelle	– erhöhte Modell-Komplexität aufgrund der expliziten Erfassung der Verbundwirkungen – verminderte Modell-Komplexität (aufgrund hochaggregierter Daten [letztlich Zahlungsgrößen] durch Abbildung der Güterprozesse zur Außenwelt eines Unternehmens bei weitgehender Vernachlässigung der innerbetrieblichen Güterprozesse) bezüglich: a) der Zielfunktion b) der Alternativen und zielwirksamen Alternativenkonsequenzen – erhöhte Modell-Komplexität aufgrund großer Risiko- oder Unsicherheitsfaktoren bezüglich der künftigen (mehrperiodigen) Güterprozeßwirkungen zur Außenwelt	– verminderte Modell-Komplexität durch Verzicht auf eine explizite Erfassung von Verbundwirkungen – erhöhte Modell-Komplexität (aufgrund disaggregierter Daten durch eine differenzierte, die einzelnen Erfolgsquellen aufdeckende, auf die innerbetrieblichen Güterprozesse beschränkte Abbildung) bezüglich: a) der Zielfunktion b) der Alternativen und zielwirksamen Alternativenkonsequenzen – verminderte Modell-Komplexität aufgrund geringer oder fehlender Risiko- oder Unsicherheitsfaktoren bezüglich der künftigen (einperiodigen) Güterprozeßentwicklungen im Innenverhältnis
der Bewertung und Beurteilung von Risiko- bzw. Unsicherheitssituationen	– zieladäquate Erfassung der Risiken bzw. Unsicherheiten anhand vielfach pauschalierter Risiko- bzw. Unsicherheitspräferenzen	– bei fehlenden Risiko- oder Unsicherheitsfaktoren Ansatz deterministischer Erlös-Kostengrößen, ansonsten Anwendung von Separationstheoremen für eine Ableitung der zur Investitionszielfunktion konsistenten Risiko- bzw. Unsicherheitspräferenzen unter Berücksichtigung wesentlich einfacher zu lösender Prognoseprobleme

sten bei kurzfristiger Abweichung von den in der Investitionsrechnung optimal festgelegten Planbeschäftigungen [26] bzw. zur Erfassung von Fluktuationskosten in analoger Weise [27]; in beiden Ansätzen werden die jeweiligen Kosten durch Kapitalwertänderungen in Abhängigkeit der Änderung optimal vorgegebener Plangrößen gemessen; ein erster Ansatz zur Erfassung und Messung von zeitlichen Verbundwirkungen der Steuerkosten liegt ebenfalls vor [28]; somit lautet das Separationstheorem: bei Kenntnis der durch Kapitalwertänderungen gemessenen Opportunitätskosten führt für die jeweiligen Kostenarten eine Abtrennung der zeitlichen Verbundwirkungen zu investitionszielkonformen Entscheidungen [29];

Für den Verzicht auf sachliche Verbundwirkungen liegen vor:

- Ansatz eines generellen Konkurrenzgleichgewichtes mit vollständiger Konkurrenz auf den jeweiligen Beschaffungs- und Absatzmärkten; somit lautet das Separationstheorem: bei einem generellen Konkurrenzgleichgewicht ist der Ansatz konstanter Beschaffungs- und Absatzmarktpreise als Ausgaben bzw. Einnahmen unter Abtrennung der sachorientierten Marktbeziehungen investitionszielkonform [30];
- Ansatz der Kapitalbindungsbeziehung des Lücke-Theorems zur Erfassung der Zinskosten; somit lautet das Separationstheorem: bei Ermittlung der Zinskosten gemäß dem auch Zahlungen erfassenden kalkulatorischen Kapitalbindungsansatz des Lücke-Theorems und unter Verwendung des Kalkulationszinsfußes werden die zinsmäßigen Verbundwirkungen investitionszielkonform erfaßt [31];

Für den Verzicht auf ziel- und risikomäßige Verbundwirkungen liegen vor:

- das Lücke-Theorem zur Ableitung der Wertansätze für den Verbrauch von gelagerten Repetierfaktoren und von Maschinen [32]; somit lautet das Separationstheorem: die Bewertung des Verbrauchs gelagerter Repetierfaktoren und von Maschinen sowohl mit Anschaffungspreisen als auch mit Tages- oder (abgezinsten) Wiederbeschaffungspreisen führt stets zu investitionszielkonformen einperiodigen Zielfunktionsansätzen, wobei die Ansätze mit Tages- oder (abgezinsten) Wiederbeschaffungspreisen unter bestimmten Annahmen wegen ihrer größeren Reduktion der Modellkomplexität vorzuziehen sind [33];
- Ansatz deterministischer (fast sicherer) Kostengrößen (Erlösgrößen); somit lautet das Separationstheorem: bei hinreichend kurzfristigem Planungs- und Aktionshorizont führt die Vernachlässigung von Risiko- und Unsicherheitsfaktoren zu investitionszielkonformen Entscheidungen.

Dieser Entwicklungsstand kostenrechnerischer Separationstheoreme vermittelt mehr offene Probleme als konkrete Ansätze für eine direkt integrierte Kostenrechnung. Insbesondere eröffnen folgende einschränkende Voraussetzungen und ungeklärte Fragestellungen ein weites Feld kostentheoretischer Forschungsperspektiven:

- die Separationstheoreme basieren weitgehend auf dem Kapitalwertansatz als Investitionsrechnungsmodell, das selbst wieder auf dem Separationstheorem des vollkommenen Kapitalmarktes aufgebaut ist [34];
- die Separationstheoreme auf Opportunitätskostenbasis gehen von schon optimal ermittelten oder vorgegebenen Plangrößen, einer unendlichen Investitionskette, nur kostenminimalen Nutzungsdauern der Anlagen und einem deterministischen Modellansatz aus; solche Ansätze sind auch aus theoretischer Sicht sehr problematisch; denn sie basieren z. B. für die

Ermittlung von Abschreibungskosten auf einer im voraus bekannten Planbeschäftigung und den daraus abgeleiteten allein kostenminimalen Nutzungsdauern, also entweder auf Informationen, die eine kurzfristige Planungsrechnung erübrigen, oder sie setzen die Isolierbarkeit von Verbundwirkungen schon voraus;

- die Separationstheoreme auf der Basis des generellen Konkurrenzgleichgewichts und der kurzfristigen Planungs- sowie Aktionshorizonte entsprechen vielfach nicht den realen Gegebenheiten eines Unternehmens;
- die Aufstellung und die Möglichkeiten von Separationstheormen auf der Basis des Lücke-Theorems sind mit Ausnahme des Zinskostenansatzes bisher kaum aufgegriffen worden; insbesondere ist ungeklärt, inwieweit sich unternehmerische Planungsprobleme gemäß ihren isolierbaren und niemals isolierbaren Verbundwirkungen strukturieren lassen, so daß sich eine klare Abgrenzung der Anwendungsbereiche der direkt integrierten Kostenrechnungen von den zur Investitionsrechnung gehörenden vollständig integrierten Kostenrechnung ergibt;
- Separationstheoreme zur Reduktion investitionstheoretischer Risiko- bzw. Unsicherheitspräferenzen auf einperiodige nicht deterministische Zielfunktionsansätze einer (direkt integrierten) Kostenrechnung fehlen bis heute;
- ungeklärt ist auch, inwieweit sich die einzelnen Separationstheoreme gegenseitig bedingen und widerspruchsfrei kombinieren lassen.

D. Kostenrechnungen aus anwendungsorientierter Sicht

Trotz des überwiegend unbefriedigenden theoretischen Entwicklungsstandes von kostenrechnerischen Separationstheoremen und somit von direkt investitionstheoretisch integrierten Kostenrechnungen vermitteln die bisherigen Überlegungen wichtige, in der Literatur teilweise noch strittige Erkenntnisse für die Anwendung von Kostenrechnungen des operativen Kostenmanagements. In geraffter Form ist insbesondere auf folgende Anwendungsvoraussetzungen eines die Investitionsrechnung mit dem Kapitalwert als Zielgröße unterstützenden operativen Kostenmanagements und auf folgende Anwendungsperspektiven hinzuweisen:

- klare und unternehmensspezifische Festschreibung der drei konstitutiven Basis-Elemente als Rahmenbedingungen
- Aufstellung einer kalkulatorischen Vermögensrechnung gemäß der Kapitalbindungsbeziehung des Lücke-Theorems als Basis für die stets notwendige kalkulatorische Zinskostenerfassung [35]
- Ansatz des Kalkulationszinsfußes aus der Investitionsrechnung zur Ermittlung der kalkulatorischen Zinskosten [36]
- explizite Einbeziehung der periodisch anfallenden Zahlungsgrößen in den kalkulatorischen Zinskostenansatz gemäß der Kapitalbindungsbeziehung des Lücke-Theorems, woraus die unverzichtbare Verzahnung von Zahlungsrechnungen mit der (Erlös-)Kostenrechnung resultiert [37]
- freie Wahlmöglichkeit bezüglich des Ansatzes von Anschaffungs-, Tages- und Wiederbeschaffungspreisen für den Verbrauch gelagerter Repetierfaktoren und von Anlagen; in

Abhängigkeit von bestimmten Voraussetzungen bewirken die einzelnen Wertansätze unterschiedliche Reduktionen der Modellkomplexität, so daß diese als Maßstab für die Wahl des Wertansatzes dienen kann [38]
- zur Überwindung von problematischen Ansätzen der indirekt integrierten Kostenrechnungen liefert das Lücke-Theorem einen konzeptionellen Ansatz zur investitionstheoretischen Fundierung, auch dann, wenn im Unternehmen keine Kapitalwertmodelle explizit zur Investitionsentscheidung eingesezt werden [39]
- mit dem Lücke-Theorem steht ebenfalls ein konzeptioneller Ansatz zur Kontrolle gemäß dem Kapitalwertziel zur Verfügung, dessen Anwendung nicht zwingend die Planung anhand eines quantitativen Kapitalwertmodells voraussetzt [40]
- die investitionstheoretische Fundierung des operativen Kostenmanagements erfordert eine weitere Differenzierung von (Erlös-)Kostengrößen nach einzelnen Investitionsprojekten.

Durch diese Anwendungsvoraussetzungen und Anwendungsperspektiven sollen und können die praktische Eignung und die Eigenständigkeit von Kostenrechnungen als kurzfristige Planungs- und Kontrollinstrumente sichergestellt werden. Die Befürwortung bzw. Forderung einer investitionstheoretischen Fundierung oder Integration muß aber stets dort enden, wo die Kostenrechnungen ihre Eigenständigkeit verlieren. Zwar sind die Grenzen zwischen den vier einzelnen Integrationsansätzen fließend, jedoch führen Forderungen nach einer stärkeren Zahlungsorientierung des Kostenbegriffs [41], nach einer stärkeren Ausrichtung der Kostenrechnung auf Zahlungsgrößen [42] oder nach einer Ausweitung der Kostenrechnung auf die Bereitstellung von Investitionsinformationen [43] letztlich zu den verschmelzenden bzw. vollständigen Integrationsansätzen und damit zum Verzicht auf eigenständige Kostenrechnungen. Aus diesem Grunde kommt den direkt integrierten Kostenrechnungen, die auf den drei konstitutiven Basis-Elementen basieren und investitionstheoretisch fundiert bzw. integriert sind, auch für die Praxis grundlegende Bedeutung zu.

Anmerkungen

1 Vgl. z. B. zur jüngsten Kritik: *Schneider* (Kosten) S. 2521 ff.; *Steincke* (Kostenrechnung) S. 13 ff.

2 Vgl. *Kloock* (Aufgaben) S. 502 ff.; *Döring* (Kostensteuern) S. 70 ff.

3 Für Potentialfaktoren wird von einem konstant vorgegebenen Bestand, z. B. an Grundstücken, Maschinen und Arbeitskräften, ausgegangen. Auch für die Repetierfaktoren sind die Beschaffungsprozesse endgültig festgelegt. Sie werden entweder über eine schon vorgegebene Lagerhaltungspolitik oder laufend beschafft. Analoges gilt für den Absatz erstellter Produkte.

4 Im Gegensatz zu manchen Autoren werden hier die Begriffe Einnahmen und Ausgaben einerseits sowie Einzahlungen und Auszahlungen andererseits streng unterschieden. Vgl. *Kloock/Sieben/Schildbach* (Kosten-) S. 23 ff.; vgl. zu diesen konstitutiven Elementen auch *Kilger* (Plankostenrechnung) S. 111.

5 In der Regel werden nur die innerbetrieblichen Güterprozesse, die dem Sachziel des Unternehmens dienen, dem Kosten- und Leistungsbegriff zugrunde gelegt. Vgl. *Schweitzer/Küpper/Hettich* (Systeme) S. 28 ff.; soweit innerbetriebliche Güterprozesse unmittelbar mit Ausgaben für direkt oder indirekt meßbare Güterverbräuche einer Periode verbunden sind, können Kosten als mit Ausgaben bewertete sachzielorientierte Güterverbräuche einer Periode definiert werden. Vgl. z. B. *Kloock/Sieben/Schildbach* (Kosten-) S. 27 ff. Führen jedoch innerbetriebliche Güterprozesse einer Periode nur mittelbar zu Ausgaben, wie z. B. zu Ertragsteuerausgaben aufgrund der Produktion und des Absatzes von Gütern einer Periode unter Erzielung von Gewinnen, so stellen diese Ausgaben gemäß den obigen Rahmenbedingungen ebenfalls Kosten der jeweils betrachteten Periode dar. (Analoges gilt für den Leistungsbegriff.) Infolgedessen sind die Auseinandersetzungen in der Literatur z. B. über den Kostencharakter von Ertragsteuern allein auf die mangelnde theoretische Fundierung von Kostenrechnungen zurückzuführen. Vgl. zu dieser Diskussion z. B. *Döring* (Kostensteuern) S. 67 ff.

6 Vgl. *Kilger*(Plankostenrechnung) S. 109 ff.
7 Vgl. *Riebel*(Einzelkosten-) S. 409 ff.
8 Vgl. *Hesse*(Nutzen-) S. 361 ff.
9 Vgl. z. B. *Döring*(Kostensteuern) S. 72 ff.; *Küpper*(Fundierung) S. 27 ff.
10 *Schneider*(Geschichte) S. 345 f.
11 Vgl. *Schneider*(Geschichte) S. 342 ff. Z. B. sichert die Existenz eines vollkommenen Kapitalmarktes die Kenntnis des Kalkulationszinsfußes und damit die Trennbarkeit der Investitionsentscheidungen von den Finanzierungsentscheidungen und konsumorientierten Zielgrößen.
12 Zu den Ausnahmen zählen die Opportunitätskosten zur Erfassung explizit vernachlässigter, sachlicher Teilbereiche eines Entscheidungsfeldes; deren Ansatz in der Kostenrechnung ist jedoch umstritten. Vgl. zu dieser Problematik *Bohr/Schwab*(Überlegungen) S. 139 ff. und die Ansätze bei *Küpper*(Fundierung) S. 36 ff.
13 Vgl. *Riebel*(Einzelkosten-) S. 417 ff.
14 Vgl. *Kilger*(Steuerungselemente) S. 312 ff.; *Küpper*(Fundierung) S. 39 ff.; *Streim*(Fluktuationskosten) S. 130 ff.
15 Vgl. *Kilger*(Plankostenrechnung) S. 69 ff.
16 Vgl. *Kilger*(Plankostenrechnung) S. 109 ff.
17 Vgl. *Böhm/Wille*(Deckungsbeitragsrechnung).
18 Vgl. *Laßmann*(Gestaltungsformen) S. 4 ff.
19 Vgl. *Riebel*(Einzelkosten-) S. 149 ff.
20 Vgl. *Kilger* (Plankostenrechnung) S. 409 f.; *Kistner/Luhmer* (Ermittlung) S. 171 ff.; *Küpper* (Fundierung) S. 36 ff.
21 Vgl. *Adam* (Kostenbewertung) S. 142 ff., der jedoch auf eine explizite investitionstheoretische Fundierung verzichtet; *Kloock*(Replacement Costs) S. 78 ff.
22 Vgl. *Kloock*(Investitionsrechnungen) S. 876 ff.; diese vollständigen Interpretationsansätze enthalten im Gegensatz zu den verschmelzenden nicht nur zahlungswirksame Erlös-Kostengrößen und erfordern daher den Ansatz einer Kapitalbindungsbeziehung, z. B. gemäß dem Lücke-Theorem.
23 Vgl. z. B. hierzu *Grochla* (Grundlagen) S. 79 ff. Grundsätzlich können Modelle zur Ermittlung (kosten-)optimaler Beschaffungsmengen als Ansätze vollständig integrierter Kostenrechnungen interpretiert werden.
24 Vgl. die bisher zitierte Literatur zur Kostenrechnung mit Ausnahme von *Schneider* (Geschichte) S. 282 ff.; *Küpper*(Fundierung) S. 43 ff. und *Kloock*(Replacement Costs) S. 76 ff.
25 Vgl. *Döring*(Kostensteuern) S. 73.
26 Vgl. *Kistner/Luhmer*(Ermittlung) S. 167 ff.
27 Vgl. *Streim*(Fluktuationskosten) S. 130 ff.
28 Vgl. *Kloock/Mann*(Besteuerungsfolgen) S. 383 ff.
29 Vgl. zu einem solchen Ansatz *Küpper*(Fundierung) S. 36 ff.
30 Vgl. *Schneider*(Geschichte) S. 285 und S. 311.
31 Vgl. *Kloock*(Investitionsrechnungen) S. 883 ff.
32 Durch Maximierung des Kapitalwertes einer auf dem Lücke-Theorem basierenden Deckungsbeitragsrechnung lassen sich die für die Güterverbräuche, Bestandsgrößen und Bestandrestwerte einer Periode anzusetzenden Wertansätze direkt ableiten.
33 Diese ersten Ergebnisse einer investitionstheoretisch fundierten Bewertung wurden auf einer Tagung der Kommission »Theorie der Kostenrechnung« in Darmstadt (1985) vorgetragen.
34 Vgl. *Schneider*(Geschichte) S. 341 ff.
35 Vgl. *Kloock*(Investitionsrechnungen) S. 883 ff.
36 Vgl. auch *Kilger*(Plankostenrechnung) S. 409.
37 Vgl. zu dieser Verzahnung auch *Franz*(Verrechnung) S. 227 ff. und S. 253 ff.
38 Vgl. hierzu die Anmerkungen 32 und 33. Unter investitionstheoretischen Gesichtspunkten kann daher den praxisbezogenen Empfehlungen von *Schneider*(Kosten) S. 2528 nicht zugestimmt werden.
39 Über das Lücke-Theorem besteht die Möglichkeit bei investitionsprojektorientierten (Erlös-)Kostenerfassungen laufend den periodischen Kapitalwertbeitrag zu ermitteln.
40 Vgl. *Hax*(Kapitalbedarf) S. 913.
41 Vgl. *Riebel*(Einzelkosten-) S. 417 ff.; *Küpper*(Fundierung) S. 29.
42 Vgl. *Männel*(Integration) S. 122.
43 Vgl. *Männel*(Integration) S. 122.

Literaturverzeichnis

Adam, D. (Kostenbewertung): Entscheidungsorientierte Kostenbewertung. Wiesbaden 1970.

Böhm, H. H./ *Wille,* F. (Deckungsbeitragsrechnung): Deckungsbeitragsrechnung, Grenzpreisrechnung und Optimierung. 5. Aufl., München 1974.

Bohr, K./ *Schwab,* H. (Überlegungen): Überlegungen zu einer Theorie der Kostenrechnung. In: Zeitschrift für Betriebswirtschaft, 54. Jg., 1984, S. 139–159.

Döring, U. (Kostensteuern): Kostensteuern – der Einfluß von Steuern auf kurzfristige Produktions- und Absatzentscheidungen. Stuttgart 1984.

Franz, K.-P. (Verrechnung): Die Verrechnung kalkulatorischer Zinsen in Entscheidungsrechnungen über das betriebliche Leistungsprogramm. In: Kostenrechnungspraxis, 1981, S. 227–235, S. 253–259.

Grochla, E. (Grundlagen): Grundlagen der Materialwirtschaft. 3. Aufl., Wiesbaden 1978.

Hax, H. (Kapitalbedarf): Kapitalbedarf. In: Handwörterbuch der Produktionswirtschaft, hrsg. v. W. *Kern.* Stuttgart 1979, Sp. 903–918.

Hesse, H. (Nutzen-): Nutzen-Kosten-Analyse I: Theorie. In: HdWW, hrsg. v. W. *Albers* u. a., Stuttgart, New York, Tübingen, Göttingen, Zürich 1980, S. 361–382.

Kilger, W. (Plankostenrechnung): Flexible Plankostenrechnung und Deckungsbeitragsrechnung. 8. Aufl., Wiesbaden 1981.

Kilger, W. (Steuerungselemente): Soll- und Mindest-Deckungsbeiträge als Steuerungselemente der betrieblichen Planung. In: Führungsprobleme industrieller Unternehmungen, Festschrift für F. Thomée, hrsg. von D. Hahn. Berlin, New York 1980, S. 299–326.

Kistner, K.-P./ *Luhmer,* A. (Ermittlung): Zur Ermittlung der Kosten der Betriebsmittel in der statischen Produktionstheorie. In: Zeitschrift für Betriebswirtschaft, 51. Jg., 1981, S. 165–179.

Kloock, J. (Aufgaben): Aufgaben und Systeme der Unternehmensrechnung. In: Betriebswirtschaftliche Forschung und Praxis, 30. Jg., 1978, S. 493–510.

Kloock, J. (Investitionsrechnungen): Mehrperiodige Investitionsrechnungen auf der Basis kalkulatorischer und handelsrechtlicher Erfolgsrechnungen. In: Schmalenbachs Zeitschrift für betriebswirtschaftliche Forschung, 33. Jg., 1981, S. 873–890.

Kloock, J. (Replacement Costs): The usefullness of replacement costs information for control purposes. In: Replacement Costs for managerial purposes, hrsg. v. J. *Klaassen*/ P. *Verburg.* Amsterdam, New York, Oxford 1984, S. 75–98.

Kloock, J./ *Mann,* G. (Besteuerungsfolgen): Entscheidungsabhängige Besteuerungsfolgen – Auswirkungen auf Bilanzgewinn und Liquidität in dynamischer Sicht. In: Schmalenbachs Zeitschrift für betriebswirtschaftliche Forschung, 37. Jg., 1985, S. 371–390.

Kloock, J./ *Sieben,* G./ *Schildbach,* T. (Kosten-): Kosten- und Leistungsrechnung. 3. Aufl., Düsseldorf 1984.

Küpper, H.-U. (Fundierung): Investitionstheoretische Fundierung der Kostenrechnung. In: Schmalenbachs Zeitschrift für betriebswirtschaftliche Forschung, 37. Jg., 1985, S. 26–46.

Laßmann, G. (Gestaltungsformen): Gestaltungsformen der Kosten- und Erlösrechnung im Hinblick auf Planungs- und Kontrollaufgaben. In: Die Wirtschaftsprüfung, 26. Jg., 1973, S. 4–17.

Männel, W. (Integration): Editorial: Integration von Kostenrechnung und Investitionsrechnung? In: Kostenrechnungspraxis, 1985, S. 121–122.

Riebel, P. (Einzelkosten-): Einzelkosten- und Deckungsbeitragsrechnung. 4. Aufl., Wiesbaden 1982.

Schneider, D. (Kosten): Entscheidungsrelevante fixe Kosten, Abschreibungen und Zinsen zur Substanzerhaltung. In: Der Betrieb, 37. Jg., 1984, S. 2521–2528.

Schneider, D. (Geschichte): Geschichte betriebswirtschaftlicher Theorie. München, Wien 1981.

Schweitzer, M./ *Küpper,* H.-U./ *Hettich,* G. (Systeme): Systeme der Kostenrechnung. 3. Aufl., Landsberg 1983.

Steincke, H. (Kostenrechnung): Kostenrechnung – wohin? In: Kostenrechnungspraxis, 1985, S. 13–18.

Streim, H. (Fluktuationskosten): Fluktuationskosten und ihre Ermittlung. In: Schmalenbachs Zeitschrift für betriebswirtschaftliche Forschung, 34. Jg., 1982, S. 128–146.

*Udo Koppelmann**

Beschaffungsmarketing

– Überlegungen zum entscheidungsorientierten Beschaffungsverhalten –

* Prof. Dr. *Udo Koppelmann*, Universität zu Köln, Seminar für Allgemeine Betriebswirtschaftslehre, Beschaffungs- und Produktlehre.

A. Ein kurzes Vorwort

Neben mehreren anderen Schwerpunkten wissenschaftlicher Analyse hat sich Grochla als einer der wenigen Betriebswirte intensiv mit Fragen der Materialwirtschaft und Beschaffung auseinandergesetzt. [1] Sicherlich auch dem Bemühen Grochlas ist es zu verdanken, daß an der Kölner Wirtschafts- und Sozialwissenschaftlichen Fakultät ein Lehrstuhl für Beschaffungslehre eingerichtet wurde. Der vorliegende Beitrag soll einige Gedankengänge Grochlas vertiefen, um das Theoriedefizit und die geringe Entscheidungsorientierung beschaffungswirtschaftlicher Analysen zumindest im Ansatz zu verringern.

B. Einige Marketingcharakteristika

Es ist weitgehend üblich geworden, Marketing als die systematische marktorientierte Führung des Unternehmens zu bezeichnen. [2] Marketing hat sich also mit spezifischen *Entscheidungsformen* und *-inhalten* auseinanderzusetzen. Den Ausgangspunkt bildet die Überlegung, daß ein Unternehmen langfristig am besten seine Ziele dadurch erreicht, daß es seine Aktivitäten am Markt ausrichtet. Kurzfristig bedeutet das *Marktanpassungsverhalten,* langfristig besteht auch die Möglichkeit der *Marktbeeinflussung.*

Im Mittelpunkt des Marketing steht nun die Analyse der *Methoden* und *Instrumente* der *Marktbeeinflussung* sowie die Untersuchung der *Wirkungsbedingungen.* Nur so ist es möglich, dem Postulat des ökonomischen Prinzips Rechnung zu tragen.

Trotz des *allgemeinen* Marktbezugs richten sich die theoretischen Ausführungen wie auch die praktischen Handlungen, die mit Marketing überschrieben werden, fast ausschließlich auf die *Absatz*märkte. Nur gelegentlich findet man in der Praxis Ansätze zum *Beschaffungs*marketing, und bei einigen mit Beschaffungsmarketing betitelten Büchern hat man eher den Eindruck einer modischen Verpackung denn einer konsequenten Analyse. Dies ist um so erstaunlicher, als Hinweise auf die Ausweitung des absatzmarktgerichteten Marketing nicht mehr so ganz neu sind. [3]

C. Zur Notwendigkeit des Beschaffungsmarketing

Die Zurückhaltung der Praxis gegen Beschaffungsmarketingüberlegungen dürfte mehrere Gründe haben:

- Der Beschaffungsbereich galt bis vor kurzem nicht als besonderer Problembereich. Das, was man benötigte, war erhältlich. Im wesentlichen durch geschicktes Taktieren bemühte man sich um Preisreduktion;
- Die Beiträge anderer Funktionsbereiche zur Erfolgspotentialsteigerung wurden höher eingeschätzt;
- Das, was man zur Versorgung des Unternehmens benötigt, wird von anderen Funktionsbereichen (z. B. Konstruktion, Forschung und Entwicklung, Produktion, Absatz) vorgegeben. Die Spielräume unternehmerischen Handelns sind eher begrenzt.

Diese Situation wird inzwischen als vor allem in der Praxis unbefriedigend empfunden.

- Hin und wieder auftauchende Versorgungsengpässe zwingen zu langfristig-strategischem Denken. Das setzt funktionsspezifische Methoden und Instrumente voraus;
- Sowohl durch das eigene Marktverhalten (z. B. durch intensiven Einsatz der Preisreduktionspolitik) als auch durch unternehmensexterne Marktvorgänge hat die Angebotskonzentration in einigen Märkten Formen angenommen, die die Erfüllung der Versorgungsaufgabe erschweren;
- Die Internationalisierung der Absatzmärkte zieht eine Ausweitung der Beschaffungsmärkte nach sich, u. a. um Importrestriktionen zu begegnen;
- Die Produktlebenszyklen werden in vielen Branchen kürzer. Das fördert die Reduktion der vertikalen Integration. Um die notwendige Marktflexibilität zu erhalten, wird weniger selbst produziert, das Beschaffungsvolumen steigt;
- In »Hochlohnländern« steigt der Zwang zur Entwicklung und Vermarktung von intelligenten Produkten. Die dazu in vielen Fällen benötigten Bausteine sind hochkomplex und nur noch selten alle selbst herstellbar. Der Zwang zur Nutzung des Know-how des Spezialisten steigt. Das ist vielfach auch mit mengenbedingten Degressionseffekten verbunden;
- Letztlich kumulieren diese Überlegungen im sinkenden Grenzbeitrag zur Erfolgspotentialsteigerung der etablierten Funktionsbereiche eines Unternehmens. Das Augenmerk richtet sich auf den Beschaffungsbereich. Dabei geht es zum einen um die Bestandsreduktion bei gleichzeitiger Erhöhung der Durchlaufgeschwindigkeit (vgl. z. B. Kan-ban-Diskussion), und zum andern spielen Überlegungen zur aktiven Marktbeeinflussung eine Rolle, um auf diese Weise die eigenen Ziele besser verwirklichen zu können. Das ist ohne strategisches Planen und Handeln nur schwerlich zu erreichen. Für alle genannten Probleme bieten sich analoge Lösungsansätze im Absatzmarketing an. Sie problemadäquat zu übertragen, ist die Aufgabe.

D. Zum Planungsprozeß des Beschaffungsmarketing

Das Beschaffungsmarketing konzentriert sich auf die *planvolle* Gestaltung des auf die *eigene Versorgungssicherung* gerichteten *Austauschprozesses*. Die Deckung der internen Funktionsbereichswünsche orientiert sich zum einen an den eigenen *Zielen* und *Potentialen* und zum anderen an den *Wünschen der Marktpartner* (Lieferanten). Dies führt zu einer Philosophie des »do ut des«, die erhebliche Konsequenzen für die Stellung der Beschaffungsabteilung und das Handeln der in ihr Tätigen hat. Nur einige dieser Konsequenzen können hier angedeutet werden.

Eine prozessuale Strukturierung des Problemfeldes erleichtert den Überblick über wichtige Aspekte des Beschaffungsmarketing und zeigt zudem Verknüpfungsmöglichkeiten. Wir wählen die in Abb. 1 dargestellte Schrittfolge.

Die Pfeile sollen verdeutlichen, daß die grundlegende Problembehandlung Stufe für Stufe erfolgt (mittlere Pfeilrichtung), daß bei stärker routinisierter Vorgehensweise durchaus Stufen übersprungen werden, wenn auf vorhandenes Wissen zurückgegriffen werden kann (linke Pfeile), und daß Rückkopplungen von Wissen und Entscheidungen auf vorgelagerte Stufen hilfreich für zukünftige Entscheidungen sind.

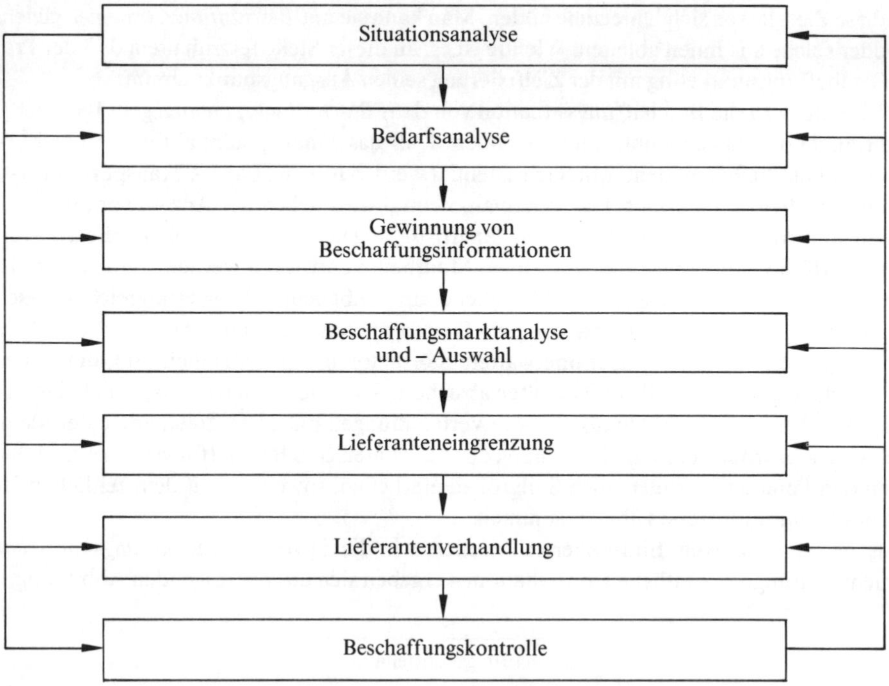

Abb. 1: Prozessuale Strukturierung des Beschaffungsmarketing

I. Situationsanalyse

Unter dem situativen Aspekt werden im Marketing- und Beschaffungsbereich lediglich kaufklassenbedingte Einflüsse auf das Beschaffungsverhalten analysiert. [4] Je nachdem, ob es sich um einen Neukauf, Wiederholungskauf oder modifizierten Wiederholungskauf handelt, lassen sich veränderte Entscheidungssituationen beobachten. Dieser Situationsaspekt interessiert hier nur insoweit, als bei einem Neukauf prinzipiell alle Stufen durchlaufen werden müssen, während bei einem Wiederholungskauf lediglich fallweise Überprüfungen insbesondere bei nicht zufriedenstellenden Resultaten nötig sind.

Den Ausgangspunkt unserer Überlegungen bildet die *Zielanalyse.* Welche Beschaffungsziele sollen für die nächsten Planperioden gelten? Daß diese Ziele untereinander kompatibel (z. B. in Form von Hauptziel und Nebenzielen) sein müssen, daß sie als Mittel zur Erfüllung der Oberziele (z. B. Basisziele der Unternehmen) dienen können und daß sie nicht im Konflikt mit der Erfüllung anderer Funktionsbereichsziele (z. B. aus Absatz, Produktion) stehen, versteht sich von selbst. Folgende Beschaffungsziele (inhaltliche Formalziele) ähnlichen Abstraktionsniveaus lassen sich empirisch nachweisen:

- Senkung der Beschaffungskosten
- Steigerung der Beschaffungsobjektqualität
- Steigerung der Beschaffungssicherheit
- Steigerung der Beschaffungsflexibilität.

Für diese Ziele lassen sich Unterziele bilden. Man kann sie mit *Beschaffungsstrategien* gleichsetzen oder solche aus ihnen ableiten. Wichtig ist es, an dieser Stelle festzuhalten, daß der Prozeß des Beschaffungsmarketing mit der Zielfixierung seinen Ausgangspunkt nimmt.

Weiterhin wird die Beschaffungssituation von dem *Beschaffungspotential* geprägt. Hier geht es vorrangig um das augenblickliche Können. Daß das Finanzpotential Grenzen zieht oder öffnet, ist unmittelbar evident. Mit Sachpotential werden u. a. die Lager-, Transport-, Prüf- und Kontrollmöglichkeiten erfaßt. Das Personalpotential wird neben der Anzahl vor allem durch Wissen und Motivation beeinflußt. Ein langfristig angelegtes internationales Beschaffungsmärkteportfolio wird wohl kaum von einem Mitarbeiter entwickelt werden können, der bisher vorrangig Bestellungen ausgefertigt hat. Nicht ganz unbedeutend für erfolgreiches Beschaffungsverhalten ist das absatzmarktbezogene Planungspotential. Je länger man auf den Absatzmärkten planen kann, je weniger unerwartete Störfaktoren wahrscheinlich sind, um so besser läßt sich das eigene Beschaffungsverhalten absichern. Und nicht zuletzt schlägt auch das eigene Image auf den Absatzmärkten als eine die Verhandlungen mit Lieferanten erleichternde oder erschwerende Größe durch. In die Planung der Aktivitäten zum Beschaffungsmarketing können neben den Potentialistgrößen auch Sollgrößen einfließen, soweit sie mit dem zeitlichen Horizont des Planungsprozesses übereinstimmen.

Als letzten situativen Einflußbereich wollen wir die jeweilige *Beschaffungskonstellation* betrachten. Einige wesentliche Konstellationen ergeben sich aus der folgenden Abbildung.

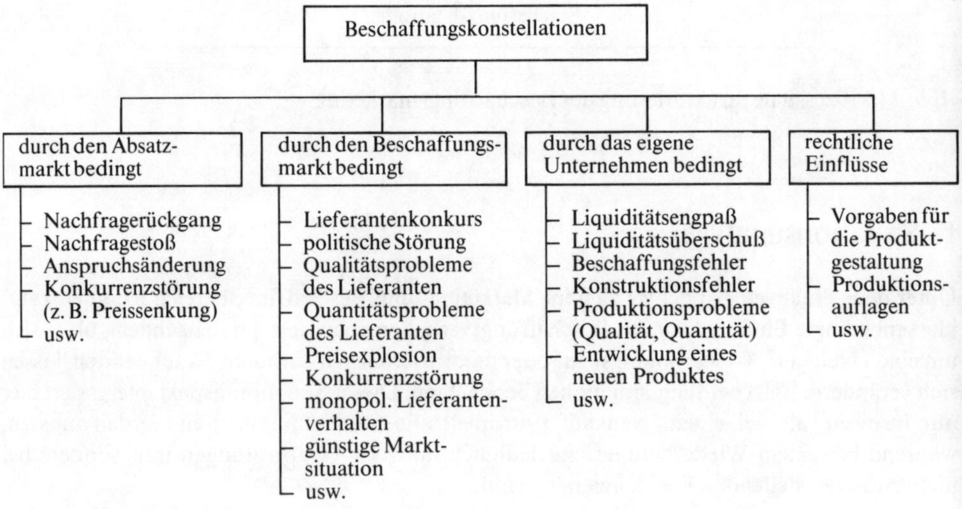

Abb. 2: Einige Beschaffungskonstellationen

Sie determinieren die folgenden Schritte ebenso, wie sie bestimmte Strategien nahelegen. [5]

Die jeweils zu fixierende Beschaffungssituation bildet die Rahmenbedingungen vor allem für den Neukauf. Geänderte Situationen müssen auch beim Wiederholungskauf den jeweils zu treffenden Entscheidungen vorangestellt werden.

II. Bedarfsanalyse

Nur zum geringsten Teil entsteht der Bedarf in der Beschaffungsabteilung selbst. Grundsätzlich wird er vom Absatzmarkt bestimmt. Die Einschränkungen des Grundsätzlichen können jedoch erheblich sein.

Bei der Entwicklung und Vermarktung neuer Produkte geht es darum, was die damit Beauftragten (z. B. Produktmanagement) im Unternehmen für erfolgversprechend halten. Die bekanntlich hohen Flopraten mahnen zur Vorsicht. Und dann ergeben sich aus dem für erfolgreich Gehaltenen Ableitungen anderer Abteilungen (z. B. Produktion, Konstruktion) im Hinblick auf deren Zielsetzung. Hier werden teilweise erhebliche Möglichkeiten der Erfolgspotentialsteigerung dadurch vergeben, daß die Bedarfsanforderungen wunschgemäß erfüllt werden. An dieser Stelle ist es notwendig, die Funktionsbereichswünsche im Hinblick auf unternehmensinterne (z. B. normgerecht) und marktbezogene Zielkonformität (z. B. leistungsfähige Lieferanten vorhanden) zu überprüfen. Der Zwang zur funktionsbereichsübergreifenden Alternativendiskussion ermöglicht die Ziel-Mittelabstimmung verschiedener Abteilungen, um ein Gesamtoptimum zu erreichen. Denn das Erreichen eines Teiloptimums sichert noch lange kein Gesamtoptimum. Dies konnten wir in mehreren empirischen Erhebungen im Rahmen von Diplomarbeiten, die allerdings nicht veröffentlicht werden durften, nachweisen.

Der Bedarf erstreckt sich auf *Beschaffungsobjekte* und auf *Beschaffungsmodalitäten*.

Als *Beschaffungsobjekte* interessieren vor allem Produkte (z. B. Ge- und Verbrauchsprodukte, Verarbeitungsprodukte, Fertigprodukte, Handelswaren, Verkaufshilfsprodukte) und damit verbundene Dienstleistungen (z. B. Montage), Informationen und Rechte (z. B. Verarbeitungslizenzen). Andere Beschaffungsobjekte (z. B. Personal, Kapital, Standorte, Unternehmen) werden im Regelfall von anderen Abteilungen beschafft. Bei den hier ausgewählten Beschaffungsobjekten müssen die *Leistungen* der Gestaltungsmittel (Werkstoff, Form, Farbe, Zeichen, Oberfläche, Funktions-, Konstruktions-, historische Lösungsprinzipien, Produktteile) bzw. die sie determinierenden Merkmale (z. B. Werkstoffzusammensetzung) und die *Mengen* pro Planperiode gemeinsam fixiert werden. Zu den *Beschaffungsmodalitäten* rechnen wir den Zeitbedarf (enger Zusammenhang zum Mengenbedarf), den Ortsbedarf (wo werden die Beschaffungsobjekte benötigt und wohin soll geliefert werden?), den Konditionenbedarf (Preisgrenze, Zahlungsbedingungen etc.), den Informationsbedarf, den Servicebedarf und den mit dem Zeitbedarf zusammenhängenden Bereitstellungsbedarf (z. B. fertigungssynchrone Belieferung versus Vorratsbelieferung). Aus diesem Modalitätsbedarf können der Informations- und Servicebedarf ihrerseits in die Funktion des Beschaffungsobjektbedarfs rücken, wenn sie im Mittelpunkt der Beschaffungsplanung stehen.

Die systematische Bedarfsanalyse kann erleichtert werden, wenn es gelingt, geeignete Methoden zu entwickeln, die sowohl analytisch befriedigen als auch für die Entscheidungsvorbereitung wertvolle Informationen liefern. Bekannt, aber nicht ganz unproblematisch sind die A-B-C- und die X-Y-Z-Analyse. Problematisch deshalb, weil Analysen aufgrund zu geringer Variablenzahl (Wert, Menge, Verbrauchskonstanz) gewonnen werden. Eine Lösungsmöglichkeit liegt in der Entwicklung von entscheidungsrelevanten Beschaffungsobjektmerkmalen. So wie wir im Absatzbereich die Eignung solcher Merkmale (Produktausstrahlungseffekte) sowohl theoretisch als auch empirisch nachweisen konnten [6], bemühen wir uns, im Rahmen eines größeren Forschungsvorhabens über die Entwicklung von Merkmalen in Entscheidungsteilfeldern (z. B. Marktforschung [7], Lieferantenverhandlung [8], juristische Absicherung [9]) zu einem übergreifenden Merkmalskomplex zu gelangen. Durch die Bewertung eines Beschaffungsobjektes mit charakteristischen Merkmalen aus einer umfangreichen Merkmalsbatterie und deren anschließende Hierarchisierung soll die einzelne Erfahrungsentscheidung (durch Wissen fundierte »Fingerspitzengefühl-Entscheidung«) auf das Niveau einer systematisch abgesicherten Typentscheidung gehoben werden.

So folgen beispielsweise aus dem alternativen Merkmalspaar standardisiertes – individualisiertes Beschaffungsobjekt erhebliche Konsequenzen für die Bedarfsanalyse, für Umfang und Intensität der Marktforschung, der Märkteauswahl, der Lieferantenzusammensetzung und der Verhandlung mit ihnen.

Wenn man weiß, unter welchen Bedingungen man was will (Problemerkennung), kann man sich der Lösung der gestellten Aufgabe zuwenden. Dazu benötigt man Informationen über die Lösungsmöglichkeiten.

III. Gewinnung von Beschaffungsinformationen

Auch bei diesem Tätigkeitsschritt können nicht einfach die aus der Absatzmarktforschung bekannten Inhalte und Methoden analog übertragen werden. Erschwerend wirkt die meist wesentlich größere Zahl von Beschaffungs- gegenüber Absatzobjekten, erleichternd wirkt das vielfach höhere Rationalitäts- und Transparenzmaß der Entscheidungen.

Stangl [10] hat einsichtig nachgewiesen, wie man systematisch Beschaffungsinformationen gewinnen und aufbereiten kann.

In einem ersten Schritt gilt es zu klären, ob sich das *Beschaffungsobjekt* überhaupt für die Beschaffungsmarktforschung eignet und lohnt. Als Auswahlkriterien in einem mehrstufigen Prozeß werden Ziel- und Strategiemerkmale, Aspekte der Bedarfskontinuität, Beschaffungsrisiken und schließlich die wertmäßige Bedeutung empfohlen. Gelangt man zur positiven Marktforschungsentscheidung, muß überlegt werden, welche *Informationen* man gewinnen will. Ausgehend von einem umfangreichen Katalog möglicher Informationen werden wiederum Auswahlkriterien entwickelt, die zeigen, wann welche Informationen bedeutsam sind. Im Vordergrund dieser Auswahlkriterien stehen angebots- und bedarfsbezogene Produktmerkmale. Erst im dritten Schritt wird geprüft, *wie man wo* (Methoden und Quellen) diese für nötig gehaltenen Informationen gewinnen kann. Und letztlich geht es dann darum, die gewonnenen Informationen adressatenspezifisch so aussagefähig, wie nur eben möglich, *aufzubereiten*.

Dieser entscheidungsorientierte Aufbau eines Informationsgewinnungssystems soll bewirken, daß Beschaffungsinformationen aus dem Bereich stereotyper Routine herausgehoben werden. Spezifische und aktuelle Informationen bedürfen besonderer Aufmerksamkeit, sie sind selten ein zufälliges Abfallprodukt der Einkaufstätigkeit. Was für den Absatzbereich als selbstverständliche Aufgabenerfüllung gilt, wird bei vielen Unternehmen im Beschaffungsbereich allenfalls als Problem gesehen.

IV. Beschaffungsmarktanalyse und -auswahl

Beschaffungsinformationen werden nicht im luftleeren Raum erhoben. Deshalb ist dieser Schritt eng mit dem vorher geschilderten verwoben. Konzentriert man sich auf das primäre Beschaffungshandeln (Versorgungssicherung), dann ist Informationsgewinnung notwendige Voraussetzung, um auf Märkten aktiv werden zu können. Insofern erscheint diese Reihenfolge gerechtfertigt.

Als theoretische Hinweise für die Marktanalyse findet man Ableitungen aus der volkswirtschaftlichen Marktformenlehre. [11] Die Aussagen eignen sich allerdings für Entscheidungen kaum, bleiben sie doch für den typischen Verhandlungsfall inhaltsleer. Wir beschreiten einen anderen Weg. Zuerst wird geprüft, welche Merkmale Beschaffungsmärkte bestimmen können. Wir gehen von folgenden Merkmalen aus:

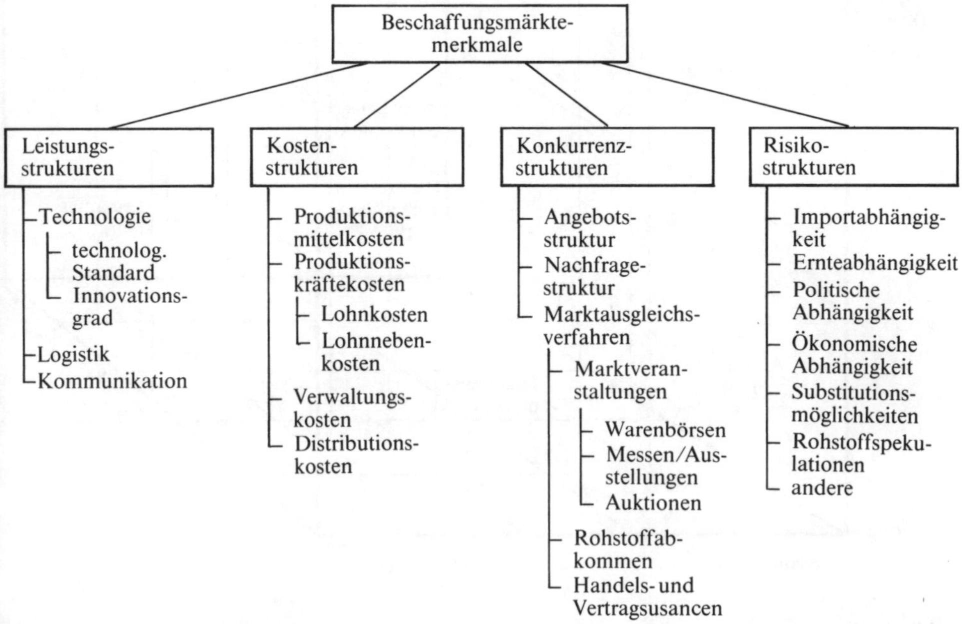

Abb. 3: Merkmale von Beschaffungsmärkten

Dann sollte fixiert werden, welche dieser Merkmalsstrukturbereiche für die zu treffende Beschaffungsentscheidung bedeutsam sind. Dies wird vorrangig von der aktuellen Zielsetzung beeinflußt. Je nachdem, wieviele Merkmalsbereiche man auswählt, erhält man unterschiedliche Darstellungsformen (polare Streckenform, zweidimensionale Felder usw.). Bei einem Neukauf muß nun für das konkrete Produkt der Sollmarkt bestimmt werden. Bei einem Wiederholungskauf wird man dem Istmarkt den Sollmarkt gegenüberstellen. Im Regelfall gibt es erhebliche Abweichungen.

Einige Marktbezeichnungen ergeben sich aus der nachfolgenden Abb. 4.

Eine derartige produktbezogene Strukturuntersuchung erleichtert Entscheidungen zur Bildung eines Beschaffungsmärkteportfolios. Wegen der Ordinalität ihrer Struktur weist sie gegenüber anderen Vorschlägen [12] eine wesentlich höhere Flexibilität auf.

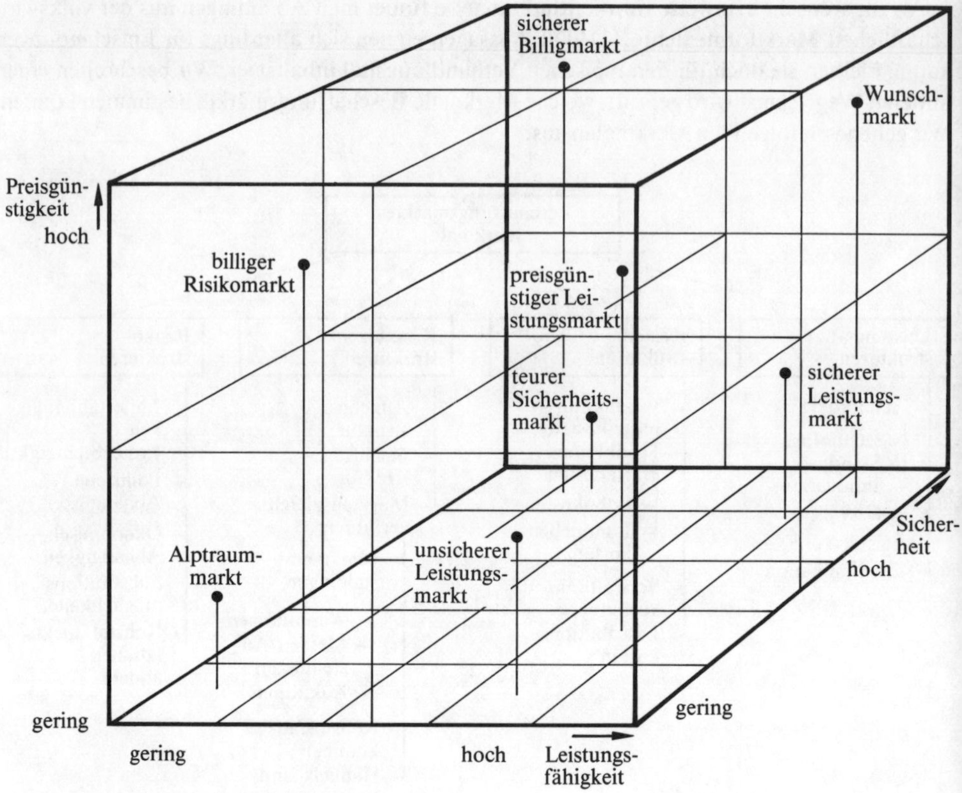

Abb. 4: Einige Marktbezeichnungen

V. Lieferanteneingrenzung

Nicht mit jedem potentiellen Lieferanten wird man verhandeln können und wollen. Durch die Märkteauswahl wird die *Lieferantenzahl* bereits reduziert. Bevor man an Lieferanten mit Verhandlungsabsichten herantritt, müssen einige grundsätzliche Entscheidungen gefällt werden.

Man muß sich entweder generell oder nur produktspezifisch darüber klar werden, ob man die benötigte Menge von einem oder von mehreren Lieferanten beziehen will, ob man dazu eine gleichgewichtige oder eine ungleichgewichtige Mengenverteilung anstrebt. Kostengründe (Kostendegression) sprechen für die Auswahl eines Lieferanten. Hinzu treten können Überlegungen zum besseren Informationsaustausch wie auch die Wahrscheinlichkeit, wegen der größeren Bedeutung in Zeiten größerer Versorgungsschwierigkeiten besser bedient zu werden. Für mehrere Lieferanten kann man sich unter langfristigem Kostenaspekt (Erhaltung der Konkurrenz) und aus Sicherheitsgründen (siehe beschaffungsmarktbedingte Konstellationen) entscheiden.

Vor allem in der Automobilindustrie findet man strenge Verfechter sowohl der einen als auch der anderen Grundhaltung. Zu überlegen wäre jedoch, ob die eine oder andere Konzeption nicht eher von spezifischen Produktmerkmalen abhängig gemacht werden sollte (z. B. individualisiertes Produkt: wegen der Spezialisierung nur ein Lieferant usw.).

Des weiteren muß geprüft werden, welche Art von *Lieferantenbeziehung* man für zweckmäßig hält. Soll man das Prinzip des Stammlieferanten (Hoflieferant) wählen oder soll man sich auf fallweise Vertragsbeziehungen (Ex-und-hopp-Beziehung) konzentrieren? Mit beiden Prinzipien sind Vor- und Nachteile verbunden (Kosten, Konkurrenz, Informationsaustausch usw.).

Nach diesen Vorüberlegungen kann man sich der *Lieferantenbewertung* zuwenden. Auf der einen Seite hat man mit den Schritten Situations- und Bedarfsanalyse festgelegt, was man wie will. Und auf der anderen Seite hat man Informationen gewonnen (z. B. durch Einholen von Angeboten), was wann von wem wie angeboten wird. Handelt es sich um Lieferanten, zu denen man auch bisher schon in Austauschbeziehungen stand, dann kann man die sich hieraus ergebenden Informationen in die Bewertung einfließen lassen (z. B. Termintreue, Reklamationsquote, Änderungsflexibilität). Kennt man den zu bewertenden Lieferanten nicht, kann sich ein Rücksprung auf Stufe 3 (Gewinnung von Beschaffungsinformationen) als ratsam erweisen (z. B. Erkundung bei Referenzunternehmen, Betriebsbesichtigung).

Als ein subjektives Verfahren, das zur Transparenz der Werturteile beitragen kann, hat sich die Scoring-Methodik durchgesetzt.

VI. Lieferantenverhandlung

Tritt man nun mit den eingegrenzten Lieferanten in Kontakt und äußert seine Wünsche und Bedingungen, dann wird der Lieferant im Regelfall dem Änderungswunsche entgegenstellen. Sonst besteht die Vermutung, daß man entweder zuviel geboten oder zuwenig gefordert hat. Biergans [13] hat nun die Anreiz-Beitrags-Theorie [14] als Ansatzpunkt für die Entwicklung eines beschaffungspolitischen Instrumentariums gewählt.

Die nachfolgende Übersicht verdeutlicht den konzeptionellen Rahmen (siehe Abb. 5).

Ausgehend von den Ansprüchen (Wünschen) des Lieferanten und der eigenen Unternehmung wird überlegt, wie man die für das eigene Unternehmen notwendigen, also nicht verzichtbaren Wünsche, umgesetzt in Forderungen, entsprechend der jeweiligen Zielsetzung mit möglichst wenig Kosten verursachenden Anreizen durchsetzt. Das ist prinzipiell nichts anderes als die Umsetzung des ökomenischen Prinzips auf Beschaffungsentscheidungen.

Diese Denkweise hat mehrere Konzequenzen. Man muß ein entsprechendes forderungs- und anreizpolitisches Instrumentarium entwickeln. Entsprechend den Instrumentalbereichen

- Produktpolitik
- Servicepolitik
- Bezugspolitik
- Entgeltpolitik
- Kommunikationspolitik

gibt es jeweils spezifische forderungs- oder anreizpolitische Ausprägungen. Aus dem umfangreichen Maßnahmenkatalog seien die in Abb. 6 dargestellten Beispiele herausgegriffen.

Um ein inhaltsreiches Kosten-Nutzenkalkül durchführen zu können, muß desweiteren bekannt sein, was die dem Lieferanten angebotenen Anreize das eigene Unternehmen kosten. Marginalanalytisch heißt das, das anreizpolitische Optimum ist erreicht, wenn die Grenzpro-

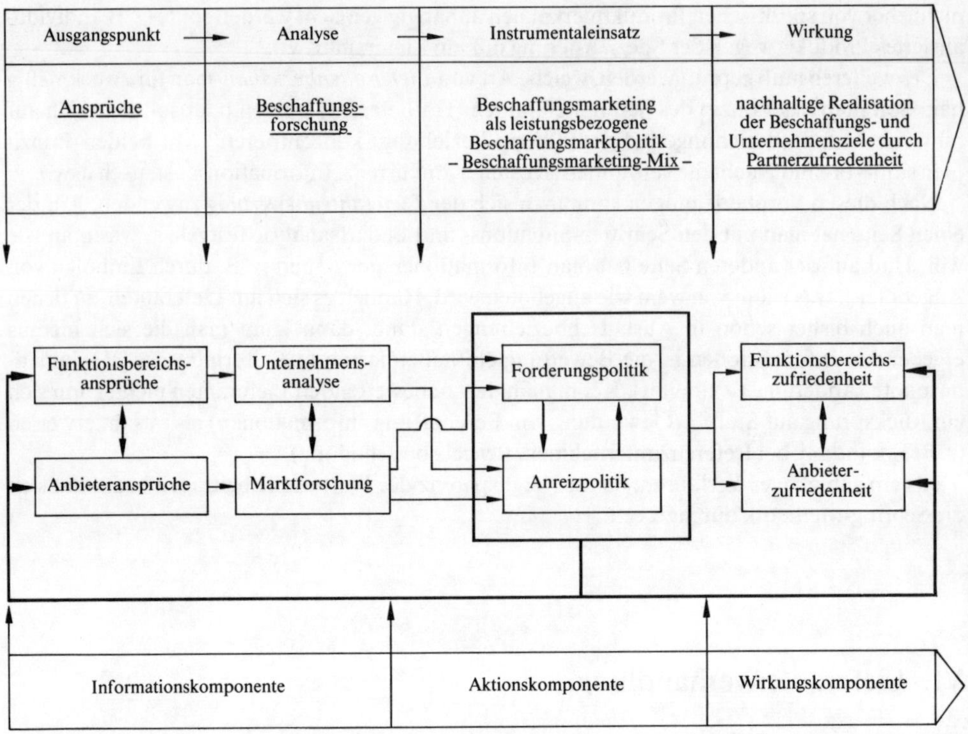

Abb. 5: Konzeptioneller Rahmen eines beschaffungspolitischen Instrumentariums

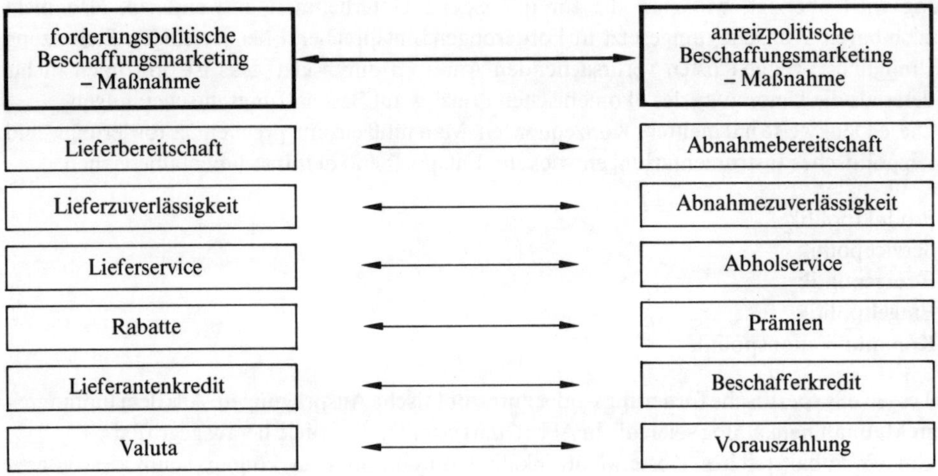

Abb. 6: Beziehungen forderungs- und anreizpolitischer Instrumente

duktivitäten der eingesetzten anreizpolitischen Instrumente gegen Null tendieren. Statt dieser praxisfremden Aussage muß erwartet werden, daß der Beschaffungsmanager über die Wirkmöglichkeiten der Anreizinstrumente beim Lieferanten informiert ist, also dessen Wünsche kennt, und zum anderen neben den eigenen Wünschen weiß, über welche Anreizinstrumente sein Unternehmen verfügt und was sie in der Entscheidungssituation für Kosten verursachen. So ist es durchaus möglich, daß z. B. Beschaffungs-, Absatz- oder Konstruktionshilfen keine zusätzlichen Kosten verursachen, für den Lieferanten jedoch von so großer Bedeutung sind, daß er auf andere Anreize (z. B. bestimmte Preishöhe, Preissenkung) partiell verzichtet.

VII. Beschaffungskontrolle

Im Vordergrund des Interesses stehen Kontrollinhalte und Kontrollmethoden.

Die *Kontrollinhalte* sind vorrangig zielabhängig. Die gesetzten Beschaffungsziele sind gleichzeitig der Maßstab für das, was man erreicht hat. Wesentlich konkreter wird dann die Bedarfskontrolle. Dabei geht es auf der einen Seite um die Prüfung, ob das, was gewünscht wurde, im nachhinein auch in der Objekt- und Modalitätsausprägung nötig war. Und andererseits muß geklärt werden, ob das Gewünschte auch erfüllt wurde, bzw. welche Abweichungen sich dabei ergaben. Neben den Wirkungen sind auch die sie hervorrufenden Instrumente auf ihre Effizienz kontrollierbar. Das ist besonders schwierig. Die Interdependenz der instrumentellen und umweltbezogenen Einflußfaktoren verbietet eine eindeutige Wirkungszuordnung. Man kann jedoch überlegen, ob und inwieweit man sich mit näherungsweisen Lösungen zufrieden geben kann (z. B. Indexwerte bei Zeitvergleichen).

Mehrere *Kontrollmethoden* (z. B. Kennzahlensysteme, Checklistenverfahren, Stichprobenverfahren) stehen zur Verfügung. Wenn es gelingt, aussagefähige und nicht mißdeutbare Kennzahlensysteme zu finden, dann dürfte ein wesentlicher Schritt zum Nachweis der Beschaffung zur Erfolgspotentialsteigerung erfolgt sein. Gerade diesem Aspekt hat sich Grochla gewidmet. [15]

Anmerkungen

1 Vgl. beispielsw. *Grochla* (Elastische Beschaffungsplanung); *Grochla* (Materialwirtschaft); *Grochla* (Beschaffungslehre); *Grochla* (Grundlagen); *Grochla/Kubicek* (Zweckmäßigkeit); *Grochla/Schönbohm* (Beschaffung).
2 Vgl. *Meffert* (Marketing), S. 33; Nieschlag/Dichtl/Hörschgen (Marketing) S. 8 ff.; *Becker* (Marketing-Konzeption) S. 1.
3 Vgl. z. B. *Kotler/Levy* (Buying); *Kotler/Levy* (Generic Concept).
4 Vgl. bspw. *Backhaus* (Investitionsgütermarketing); *Engelhardt/Günter* (Investitionsgütermarketing).
5 Vgl. *Koppelmann* (Strategien); Koppelmann (Risikominderung).
6 Vgl. *Koppelmann* (Produktmarketing) S. 259 ff.
7 Vgl. *Stangl* (Beschaffungsmarktforschung) S. 160 ff.
8 Vgl. *Biergans* (Entwicklung) S. 352 ff.
9 Vgl. *Böcke* (Rechtliche Limitierungen).
10 Vgl. *Stangl* (Beschaffungsmarktforschung).
11 Vgl. *Theisen* (Beschaffungspolitik); *Theisen* (Grundzüge).
12 Vgl. *Kraljîĉ* (Beschaffungsmarketing); *Lindner* (Entscheidungen), S. 202 ff.
13 Vgl. *Biergans* (Entwicklung) S. 122 ff.
14 Vgl. *March/Simon* (Organizations).
15 Vgl. *Grochla* u. a. (Kennzahlen).

Literaturverzeichnis

Backhaus, K. (Investitionsgütermarketing): Investitionsgüter-Marketing. München 1982.

Becker, J. (Marketing-Konzeption): Grundlagen der Marketing-Konzeption. München 1983.

Biergans, B. (Entwicklung): Zur Entwicklung eines marketingadäquaten Ansatzes und Instrumentariums für die Beschaffung. Köln 1984.

Böcke, Th. (Rechtliche Limitierungen): Rechtliche Limitierungen und Gestaltungsmöglichkeiten für den industriellen Beschaffungsprozeß. Köln 1986.

Engelhardt, W. H./ *Günter,* B. (Investitionsgütermarketing): Investitionsgüter-Marketing. Stuttgart/Berlin/Köln/Mainz 1981.

*Grochla,*E. (Elastische Beschaffungsplanung): Elastische Beschaffungsplanung im Industriebetrieb zur Anpassung an die konjunkturelle Entwicklung. In: Betriebswirtschaftliche Forschung und Praxis, 11. Jg., 1959, S. 393–409.

Grochla, E. (Materialwirtschaft): Materialwirtschaft. In: Handwörterbuch der Betriebswirtschaft. 4. Aufl., hrsg. v. *Grochla,* E./ *Wittmann,* W. (Stuttgart 1975, Sp. 2627–2645.

Grochla, E. (Beschaffungslehre): Der Weg zu einer umfassenden betriebswirtschaftlichen Beschaffungslehre. In: Die Betriebswirtschaft, 37. Jg., 1977, Heft 2, S. 181–191.

Grochla, E. (Grundlagen): Grundlagen der Materialwirtschaft. 3. Aufl., Wiesbaden 1978.

Grochla, E. u. a. (Kennzahlen): Erfolgsorientierte Materialwirtschaft durch Kennzahlen. Baden-Baden 1983.

Grochla, E./ *Kubicek,* H. (Zweckmäßigkeit): Zur Zweckmäßigkeit und Möglichkeit einer umfassenden betriebswirtschaftlichen Beschaffungslehre. In: ZfbF, 28. Jg., 1976, S. 257–275.

*Grochla,*E./ *Schönbohm,* P. (Beschaffung): Beschaffung in der Unternehmung. Stuttgart 1980.

Koppelmann, U. (Produktmarketing): Grundlagen des Produktmarketing. Stuttgart/Berlin/Köln/Mainz 1978.

Koppelmann, U. (Strategien): Strategien zur Vorbereitung beschaffungsbedingter Betriebsunterbrechungen. In: Betriebswirtschaftliche Forschung und Praxis, 32. Jg., 1980, S. 426–444.

Koppelmann, U. (Risikominderung): Zur Risikominderung im Beschaffungsbereich. In: Jahrbuch für Betriebswirte 1982, hrsg. v. *Kresse,* W. Stuttgart 1981, S. 173–180.

Kotler, Ph./ *Levy,* S. J. (Generic Concept): A Generic Concept of Marketing. In: Journal of Marketing, April 1972, S. 46–54.

*Kotler,*Ph./ *Levy,* S. J. (Buying): Buying Is Marketing Too!. In: Journal of Marketing, Jan. 1973, S. 54–59.

Kraljic, P. (Beschaffungsmarketing): Neue Wege im Beschaffungsmarketing. In: Manager Magazin, Heft 11, 1977, S. 72–80.

Lindner, Th. (Entscheidungen): Strategische Entscheidungen im Beschaffungsbereich. München 1983.

March, J. G./ *Simon,* H. A. (Organizations): Organizations. New York 1958.

Meffert, H. (Marketing): Marketing. 6. Aufl., Wiesbaden 1982.

Nieschlag, R./ *Dichtl,* E./ *Hörschgen,* H. (Marketing): Marketing. 14. Aufl., Berlin 1985.

Stangl, U. (Beschaffungsmarktforschung): Beschaffungsmarktforschung – ein heuristisches Entscheidungsmodell. Köln 1985.

Theisen, P. (Grundzüge): Grundzüge einer Theorie der Beschaffungspolitik. Berlin 1970.

Theisen, P. (Beschaffungspolitik): Beschaffungspolitik. In: Handwörterbuch der Absatzwirtschaft, hrsg. v. B. Tietz. Stuttgart 1974, Sp. 338–351.

*Wolfgang Männel**

Grundzüge einer Kosten- und Leistungsrechnung für Materialwirtschaft und Logistik**

---

* Prof. Dr. *Wolfgang Männel,* Friedrich-Alexander-Universität Erlangen-Nürnberg, Lehrstuhl für Betriebswirtschaftslehre, insbes. öffentliche Verwaltung und öffentliche Unternehmen.

** Die Arbeit stützt sich auf die Ergebnisse von Forschungen, die von meinen Mitarbeitern und mir noch an der Universität Dortmund als Mitglied des Sonderforschungsbereichs Materialflußsysteme der DfG durchgeführt wurden. Einen sehr maßgeblichen Beitrag hierzu erbrachten die wissenschaftlichen Untersuchungen meines Schülers Dr. Jürgen Weber, die mehrere wesentliche Ansatzpunkte für die folgenden Aussagen geliefert und in diese maßgeblichen Eingang gefunden haben.

A. Problemstellung

Es ist eines der wesentlichen Verdienste Erwin Grochlas, schon 1958 mit der ersten Auflage »der« Materialwirtschaft auf die zentrale Bedeutung einer integrativen Sichtweise aller mit dem Produktionsfaktor Material verknüpften Planungs-, Durchführungs- und Kontrollprobleme hingewiesen zu haben. Nicht zuletzt seine Arbeiten haben viele Unternehmen die erhebliche erfolgswirtschaftliche Bedeutung der Materialwirtschaft erkennen lassen. Bei Anteilen der Materialkosten an den Gesamtkosten von nicht selten mehr als 50% [1] ziehen schon geringe Veränderungen der Höhe dieser Kostenart massive Gewinnsteigerungen bzw. -senkungen nach sich. [2] Folgerichtig beinhaltet heute die Aufbauorganisation vieler Unternehmen eigenständige materialwirtschaftliche Subsysteme. [3]

Aktuell führen zwei voneinander getrennte Entwicklungen dazu, die Bedeutung der Materialwirtschaft für den Unternehmenserfolg eher noch zu steigern. Zum einen besinnen sich viele Betriebe zunehmend auf ihre eigentlichen Stärken, reduzieren ihre Fertigungstiefe zugunsten stärkeren Fremdbezuges von Fertigstoffen. [4] Dies bedingt eine Substitution von Fertigungskosten durch Materialkosten. Zum anderen erachtet man die Rationalisierungsreserven im Produktionsbereich als weitgehend ausgeschöpft. Andere Subsysteme der Unternehmung treten in den Vordergrund von Bestrebungen zur Erfolgssteigerung. Zu diesen zählt maßgeblich die Materialwirtschaft. Hauptangriffspunkt sind dabei die erheblichen in den Lagervorräten gebundenen Kapitalbeträge [5], von denen allerdings nur ein Teil auf Roh-, Hilfs- und Betriebsstoffe entfällt. Nicht zuletzt deshalb hat sich neben der »klassischen« Materialwirtschaft als dem »betriebliche(n) Bereich, in dem die Einsatzstoffe bewirtschaftet werden« [6] die Logistik etabliert, die – mit sehr starken Überschneidungen zum Aufgabenfeld der Materialwirtschaft [7] – den gesamten Material- und Warenfluß [8] vom Lieferanten bis zum Kunden disponiert, durchführt und kontrolliert. Will man die für Einsatzstoffe erbrachten Leistungen und die dafür anfallenden Kosten über alle Bearbeitungsstufen hinweg erfassen und ausweisen, ist es somit erforderlich, die Materialkostenrechnung zu einer Logistikkostenrechnung weiterzuentwickeln. Ausgehend vom Status Quo entsprechender Informationsbereitstellung sei der hierzu zu gehende Weg im folgenden aufgezeigt.

B. Stand einer Kostenrechnung für Materialwirtschaft und Logistik

Materialbezogene Kosten- und Leistungsinformationen stehen derzeit in sehr unterschiedlichem Maße zur Verfügung. [9] Grund hierfür ist die in der Praxis immer noch dominierende traditionelle Vollkosten- und Nettoergebnisrechnung. [10] Diese behandelt die unmittelbar für Rohstoffe und Hilfsstoffe anfallenden (Anschaffungs-)Kosten als Kostenträgereinzelkosten. Sie werden sowohl in der Kostenartenrechnung differenziert erfaßt [11] als auch nach ihrem Verbrauch mit ausreichender Genauigkeit den zu kalkulierenden Kostenträgern zugeordnet. [12] Eine starke Differenzierung des Kostenausweises in der Kostenartenrechnung trifft auch für die Betriebsstoffkosten zu. Als Kostenträgergemeinkosten gehen diese jedoch zumeist undifferenziert in die Fertigungsgemeinkosten ein und werden – mit allen bekannten Fehlern behaftet [13] – mehrstufig geschlüsselt.

Noch erheblich stärkere Abbildungsfehler sind für die Kosten der zur Materialbereitstellung erforderlichen materialwirtschaftlichen Produktionsprozesse [14] zu konstatieren. Die Kosten der Warenannahme, der Qualitätsüberprüfung, der Eingangslagerung und ähnlicher Funktionen faßt die Vollkostenrechnung typischerweise in einem Materialgemeinkostensatz zusammen, der auf die einzelnen Materialarten anteilig – in der Regel materialwertbezogen – verrechnet wird. Ein derartig pauschales Vorgehen wird aber nicht der Heterogenität der einzelnen Materialien gerecht. So verlangen in der Automobilindustrie als Beispiel Schaumstoffe für Autositze pro DM Lagerbestand weit mehr Lagerraum als Blechcoils, ist – wiederum materialbezogen – das Handling von Stoßfängern erheblich aufwendiger als das von Einspritzanlagen. Ein einheitliches Verrechnen eines Materialgemeinkostenprozentsatzes führt damit zwangsläufig zu Ungenauigkeiten. Diese bergen die Gefahr von Fehlentscheidungen in sich, wie etwa dann, wenn zwei zur Wahl stehende Materialarten nur gering differierende Anschaffungskosten, aber deutliche Unterschiede bezüglich des erforderlichen Handlings aufweisen.

Von Abbildungsmängeln sind auch die meisten materialbewegungs-, umschlags- und -lagerungsbedingten Kosten (Logistikkosten) im Fertigungsbereich betroffen. Die einschlägige Literatur [15] nennt als diesbezügliche wesentliche Schwachpunkte derzeitiger Kostenrechnungskonzepte [16]

- eine dominierende Orientierung der Kostenrechnung auf Informationsbedürfnisse der Produktion,
- eine Erfassung lediglich einzelner Ausschnitte des gesamten Spektrums angefallener Logistikkosten; hierzu zählen insbesondere Kosten von kostenstellenmäßig abgegrenzten Leistungsbereichen des innerbetrieblichen Transports [17],
- eine generell unzureichende Erfassung von Logistikleistungen,
- eine fehlende Verknüpfung von angefallenen Logistikkosten und erbrachten Logistikleistungen sowie
- eine zu pauschale Weiterverrechnung von Logistikkosten im Rahmen der innerbetrieblichen Leistungsverrechnung und Produktkalkulation.

Diese »ärmliche« [18] Informationsversorgung läßt sich maßgeblich auf den üblichen Abrechnungsgang der traditionellen Vollkostenrechnung zurückführen. Roh- und (zum Teil auch) Hilfsstoffkosten gehen direkt in die Kostenträgerrechnung ein, durchlaufen nicht die Kostenstellenrechnung. Damit besteht keine abrechnungstechnische Notwendigkeit, Kosten des Materialflusses in den einzelnen Abschnitten der Leistungserstellung gesondert auszuweisen. Insbesondere von der ingenieurwissenschaftlichen Seite entwickelte, aus kostentheoretischer Sicht häufig angreifbare [19] Konzepte der Materialflußrechnung [20] haben sich nicht in der Praxis durchgesetzt. Schließlich helfen häufig auch EDV-geführte Systeme der Materialrechnung bzw. -buchhaltung nicht weiter [21], die – überwiegend Mengengrößen abbildend – zwar ein Leistungsbild der Materialwirtschaft vermitteln können, denen es aber an der notwendigen Verzahnung zur Kostenrechnung mangelt.

C. Schritte zum Aufbau einer Kostenrechnung für Materialwirtschaft und Logistik

Ausgehend von der kurz vorgenommenen Ist-Analyse derzeitiger Informationsbereitstellung für Materialwirtschaft und Logistik ergeben sich zwei Schwerpunktbereiche, Datenumfang und Datenqualität zur materialflußorientierten Steuerung einer Betriebswirtschaft zu verbessern.

I. Verbesserung der Kosten- und Leistungserfassung für die Prozesse der Materialbereitstellung

Verbesserungen der Kosten- und Leistungserfassung für die Materialbereitstellung haben zwei parallel zu verfolgende Ansatzpunkte.

Zum einen müssen die Kosten von Fremdlogistikleistungen [22] – zu diesen zählen insbesondere Transportkosten, daneben aber auch Kosten von Fremdlagerungen – sowohl artmäßig als auch bezogen auf ihre »Verursacher« erheblich stärker differenziert werden. Dies bedeutet im ersten Schritt, für Fremdlogistikleistungen in der Kostenartenrechnung eine tiefere Strukturierung vorzusehen. Ein Beispiel hierfür zeigt die Abbildung 1. [23] Entsprechende, leicht durchführbare [24] Erweiterungen der Kostenartenrechnung lassen beispielsweise den Anteil teurer

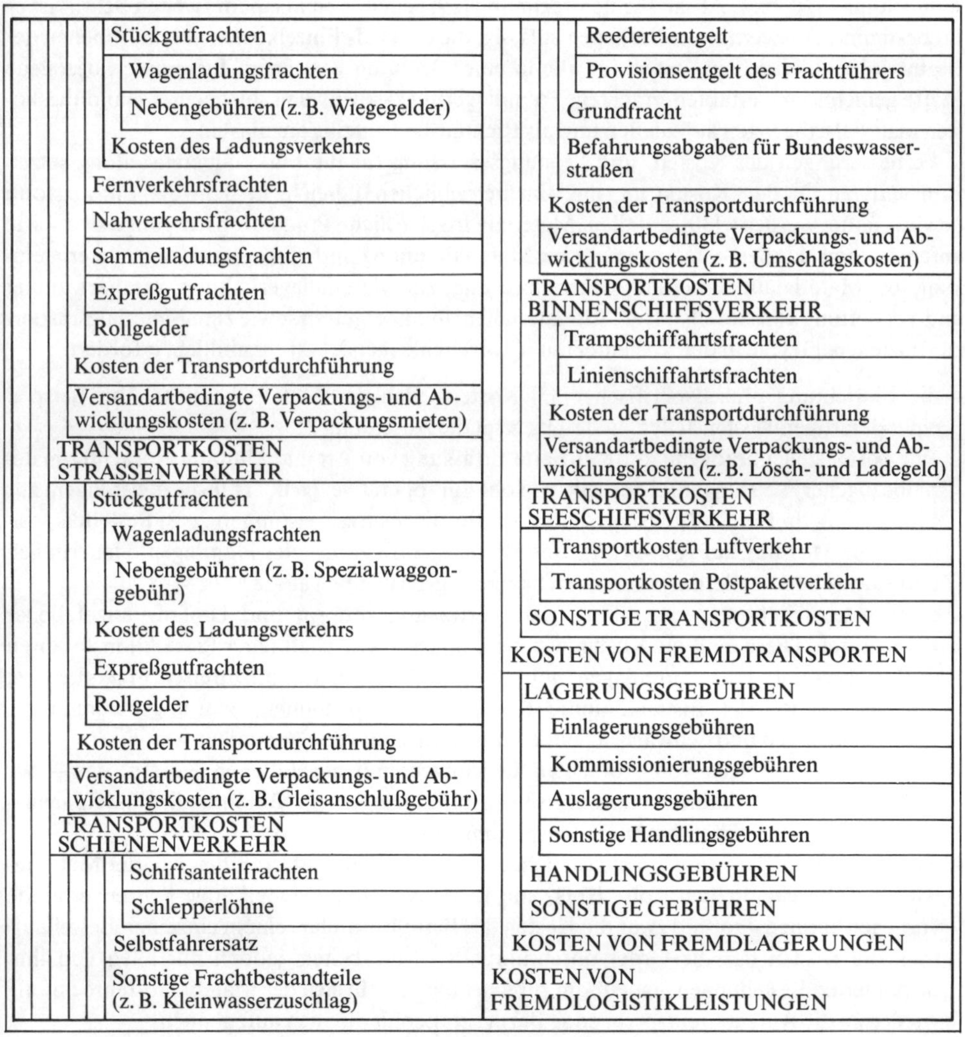

Stückgutfrachten
Wagenladungsfrachten
Nebengebühren (z. B. Wiegegelder)
Kosten des Ladungsverkehrs
Fernverkehrsfrachten
Nahverkehrsfrachten
Sammelladungsfrachten
Expreßgutfrachten
Rollgelder
Kosten der Transportdurchführung
Versandartbedingte Verpackungs- und Abwicklungskosten (z. B. Verpackungsmieten)
TRANSPORTKOSTEN STRASSENVERKEHR
Stückgutfrachten
Wagenladungsfrachten
Nebengebühren (z. B. Spezialwaggongebühr)
Kosten des Ladungsverkehrs
Expreßgutfrachten
Rollgelder
Kosten der Transportdurchführung
Versandartbedingte Verpackungs- und Abwicklungskosten (z. B. Gleisanschlußgebühr)
TRANSPORTKOSTEN SCHIENENVERKEHR
Schiffsanteilfrachten
Schlepperlöhne
Selbstfahrersatz
Sonstige Frachtbestandteile (z. B. Kleinwasserzuschlag)
Reedereientgelt
Provisionsentgelt des Frachtführers
Grundfracht
Befahrungsabgaben für Bundeswasserstraßen
Kosten der Transportdurchführung
Versandartbedingte Verpackungs- und Abwicklungskosten (z. B. Umschlagskosten)
TRANSPORTKOSTEN BINNENSCHIFFSVERKEHR
Trampschiffahrtsfrachten
Linienschiffahrtsfrachten
Kosten der Transportdurchführung
Versandartbedingte Verpackungs- und Abwicklungskosten (z. B. Lösch- und Ladegeld)
TRANSPORTKOSTEN SEESCHIFFSVERKEHR
Transportkosten Luftverkehr
Transportkosten Postpaketverkehr
SONSTIGE TRANSPORTKOSTEN
KOSTEN VON FREMDTRANSPORTEN
LAGERUNGSGEBÜHREN
Einlagerungsgebühren
Kommissionierungsgebühren
Auslagerungsgebühren
Sonstige Handlingsgebühren
HANDLINGSGEBÜHREN
SONSTIGE GEBÜHREN
KOSTEN VON FREMDLAGERUNGEN
KOSTEN VON FREMDLOGISTIKLEISTUNGEN

Abb. 1: Systematisierung der Kosten von Fremdlogistikleistungen

Frachtarten (z. B. Eilfrachten) erkennen und schaffen damit die informatorische Basis für gezielte Veränderungen dieser Fremdlogistikleistungsstruktur. [25] Im zweiten Schritt müssen die tiefer strukturierten Fremdlogistikkosten den einzelnen, ihren Anfall auslösenden Materialarten zugeordnet werden. Dies bedeutete im traditionellen Schema einer Zuschlagskalkulation, in Analogie zu den (Sonder-)Einzelkosten des Vertriebs (Sonder-)Einzelkosten der Beschaffung als zusätzliches Kalkulationselement vorzusehen.

Allerdings lassen sich nicht alle Frachten oder Fremdlagerungsgebühren für spezielle Roh-, Hilfs- oder Betriebsstoffarten als Einzelkosten erfassen. Leistungsverbunde [26], insbesondere chargenweiser Antransport unterschiedlicher Materialien, machen es erforderlich, beschaffungswirtschaftliche Bezugsgrößenhierarchien zu bilden, die parallel nach Beschaffungsquellen, Beschaffungsgebieten, Beschaffungswegen und Beschaffungsobjekten differenzieren. [27] Eine Kostenrechnung für die Materialwirtschaft muß damit prinzipiell denselben Weg beschreiten, den auch – zur Zuordnung der Absatzprozeßkosten – ausgebaute Konzepte der Vertriebskostenrechnung [28] bzw. Absatzsegmentrechnung [29] gehen. Erst in einem zweiten Schritt ist es für bestimmte Auswertungsrechnungen zulässig, die exakt als Einzelkosten höherer Ebenen der Bezugsgrößenhierarchien – etwa für alle in einer Sendung von einem Lieferanten bezogene Stoffe gemeinsam – erfaßten Frachten, Fremdlagerungs- sowie -umschlags- und -handlingskosten materialartbezogen aufzuteilen und als Richtgrößen anteilig anzulasten.

Verbesserungen der Kosten- und Leistungserfassung für die Materialbereitstellung setzen zum anderen an den Kosten an, die »im betrieblichen Bereich, in dem die Einsatzstoffe bewirtschaftet werden« [30], anfallen. Materialwirtschaftliche Produktionsvorgänge sind – wie anfangs schon skizziert – insbesondere zur Materialplanung und -disposition, zum Materialeinkauf, zur Materialannahme und Materialprüfung, zur Materiallagerhaltung, zur Verwaltung und Verwertung von Abfallstoffen, Altmaterialien und Leergütern sowie zum Materialtransport zu vollziehen. [31] Sie in der Kostenrechnung wirklichkeitsnah [32] abzubilden, erfordert

- die Einrichtung prozeßspezifischer [33] Kostenstellen des Materialbereichs. Ein Beispiel einer derartigen Kostenstellengliederung zeigt die Abbildung 2;
- eine kostenstellenbezogene, differenzierte Erfassung von Art und Umfang erbrachter materialbezogener Leistungen. Dies gilt sowohl für operative (z. B. Transportleistungen zur Einlagerung im Beschaffungslager) als auch für dispositive Leistungen (z. B. Bestelldisposition). Die Messung auf Roh-, Hilfs- und Betriebsstoffe gerichteter Planungen, Steuerungen und Kontrollen ist allerdings zentralen Skalierungsproblemen ausgesetzt;
- eine kostenstellenbezogene, differenzierte Erfassung von Art und Umfang angefallener Kostenarten. Diese muß die Kosten wichtiger materialwirtschaftlicher Produktionsfaktoren (z. B. Lager- und Transportanlagen) stärker als bislang zumeist anzutreffen untergliedern, z. B. im Bereich der Instandhaltung Kosten von Inspektionen, Wartungsmaßnahmen, Instandsetzungen und Schwachstellenbeseitigen getrennt voneinander ausweisen;
- das Inbeziehungsetzen von erbrachten Leistungen und angefallenen Kosten, das – zur Vermeidung stets willkürlicher, zu massiven Abbildungsfehlern führender Schlüsselungen – auf einer zuvor durchgeführten Kostenspaltung [34] basieren muß;
- eine Zuordnung der primär kostenstellenbezogen erfaßten Kosten zu den von der Materialwirtschaft bereitgestellten Roh-, Hilfs- und Betriebsstoffen. Da vielfältige Kostenverbunde vorliegen können – so sind zwar die Kosten des Bestellformulars einem einzelnen Bestellauftrag, die Kosten des die Order durchführenden Mitarbeiters jedoch nur allen von ihm disponierten Bestellungen gemeinsam zurechenbar –, stellt sich der Materialkostenrechnung wiederum die Aufgabe, entsprechende Bezugsgrößenhierarchien aufzubauen.

Materialwirtschaftliche Prozesse derart in der Kostenstellenrechnung abzubilden, erschließt

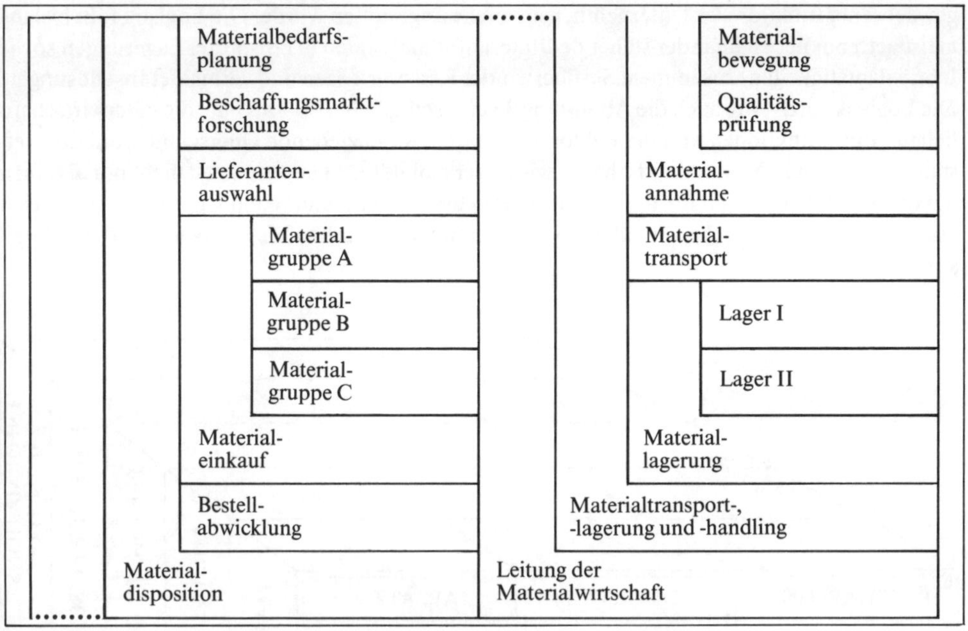

Abb. 2: Beispiel eines materialwirtschaftsbezogenen Kostenstellenplanes

in mehrfacher Hinsicht Kostensenkungspotential. [35] Das Sichtbarmachen bislang in den Materialgemeinkosten »untergehender« Kostenblöcke ist ein erster Anstoß für Rationalisierungsüberlegungen. Die wirklichkeitsnahe Abbildung des Realprozesses liefert darüber hinaus die benötigten Informationen für die Planung von Produktionsprogramm (Eingangslagerung oder fertigungssynchrone Anlieferung?, Höhe der Sicherheitsbestände usw.) und Produktionsablauf (z. B. Umfang der Qualitätskontrolle, Wahl der Lagerorganisation) in den kosten- und leistungsmäßig separierten Bereichen der Materialwirtschaft. Schließlich schafft ein solches Vorgehen Kostenbewußtsein sowohl für den »Produzenten« als auch für den »Konsumenten« materialwirtschaftlicher Leistungen, letzteres allerdings nur dann, wenn man statt der derzeit üblichen Umlagenverrechnung eine leistungsentsprechende Kostenzuordnung vornimmt.

II. Verbesserung der Kosten- und Leistungserfassung für die Prozesse des Materialflusses

1. Ausbau der Materialwirtschaft zur Logistik

Wie anfangs schon kurz angesprochen, wurde in den letzten Jahren die analytische Durchdringung materialwirtschaftlicher Probleme im Beschaffungsbereich einer Unternehmung im Zuge der Entwicklung der betriebswirtschaftlichen Logistik [36] durch eine den Fertigungsfluß bis zur Kundenauslieferung einbeziehende Erfassung, Disposition und Kontrolle des Material-, Halbfertig- und Fertigwarenstroms ergänzt. [37] Logistik ist ein systemorientierter, integrierender Ansatz, deren Entwicklung maßgeblich von Problemen und Mängeln der Koordinierung gewachsener funktionaler Unternehmensbereiche angestoßen wurde. Die Logistik faßt bislang meist getrennt nebeneinander stehende Materialfußaktivitäten (Transporte, Lagerungen sowie Umschlagtätigkeiten) zusammen. Sie überwindet Ressortgrenzen und vermeidet Insellösungen. Die Logistik wird – wie auch die Abbildung 3 veranschaulicht [38] – als eine die güterwirtschaftlichen Grundfunktionen und die Faktorwirtschaften durchziehende Querschnittsfunktion verstanden. Faßt man Materialwirtschaft – wie in der Abbildung 3 angedeutet – nicht nur als einen auf die Bereitstellung von Roh-, Hilfs- und Betriebsstoffen beschränkten Unternehmensbereich auf, so bestehen erhebliche Aufgabenüberschneidungen zwischen Materialwirtschaft und Logistik. [39]

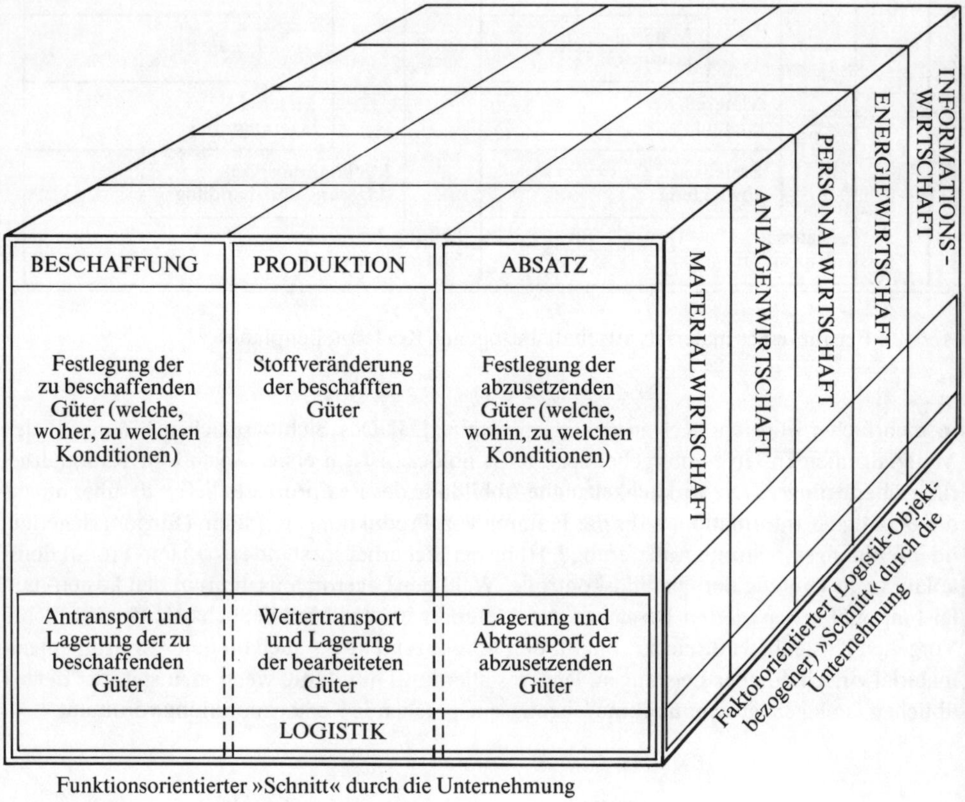

Abb. 3: Stellung der Logistik zu anderen betrieblichen Subsystemen

Unabhängig von derartigen Überschneidungen besteht für die Kosten- und Leistungsrechnung die Aufgabe,

- an Materialien, Halb- und Fertigfabrikaten in der Produktion und im Vertrieb erbrachte Lager-, Transport- und Umschlagsleistungen zu lokalisieren,
- diese Leistungen abzubilden und den für sie angefallenen Kosten – unter Berücksichtigung der Abhängigkeitsbeziehungen – zuzuordnen sowie
- eine leistungsentsprechende Verrechnung der Kosten vorzunehmen.

Diese Aufgaben decken sich in ihrer Struktur mit denjenigen, die zuvor für den Bereich der materialwirtschaftlichen Prozesse im Beschaffungsbereich einer Unternehmung aufgeführt wurden. Im folgenden sei deshalb nur auf zwei spezifische Problemkreise eingegangen.

2. Erfassung von Logistikkosten und Logistikleistungen in Mischkostenstellen

Das erste Problem, Logistikkosten und Logistikleistungen im Fertigungsfluß zu separieren, betrifft die Bildung eigener logistischer Kostenstellen und Kostenplätze. [40] Logistikaktivitäten sind im Produktionsbereich weit verstreut und bezogen auf jede einzelne Leistungsstation häufig volumenmäßig nur wenig bedeutsam. Mischkostenstellen, zugleich Fertigungs- und Logistikleistungen erbringende Kostenstellen, dominieren. Hieraus resultieren Kostenzurechnungsprobleme. Die Kosten einer Handlingstation vor einer Fertigungsstufe (z. B. Aufnehmen und Einlegen von Preßteilen in eine Presse) zu separieren, muß häufig an Kostenverbunden scheitern, will man nicht den Weg stets problematischer Gemeinkostenschlüsselung gehen. [41] Die Handlingzeiten der Fertigungsarbeiter durch Zeitaufschreibungen sichtbar zu machen, bedeutet eine exakte Erfassung des Zeitgerüsts der Kosten. Gesonderte, exakte und intersubjektiv nachprüfbare Kostenwerte lassen sich dafür nicht bestimmen. Derartige Mitnutzungen von Potentialen für logistische Aktivitäten beschränken auch den Weg, innerhalb bestehender Kostenstellen logistische Kostenplätze einzurichten, z. B. eine in losweiser Fertigung produzierende Fertigungsstelle in einen Rüst- und Produktionsbereich, einen Logistikbereich und einen Leitungsbereich aufzuteilen.

Die Schwierigkeiten der separierten kostenstellen- oder kostenplatzbezogenen Erfassung von Logistikkosten sollten nicht dazu führen, auf eine Abbildung von Logistikaktivitäten in diesen Kostenstellen ganz zu verzichten. [42] Vielmehr sollte man in einem ersten Schritt die innerhalb der Mischkostenstelle erbrachten Logistikleistungen als eigenständige Leistungsart(en) erfassen, in der soeben angesprochenen Fertigungskostenstelle also sowohl Maschinenstunden als auch Handhabungszeiten standardmäßig festhalten. Auch logistische Mischkostenstellen können und sollten als »Meßstellen« für die Erfassung des Material- und Warenflusses dienen. Im zweiten Schritt sind die Kosten der jeweils gemeinsam genutzten Potentiale als Gemeinkosten beider Leistungsarten auszuweisen. Hierdurch gewinnt man Transparenz der Kostenstrukturen und Kostenverbunde, die für viele – insbesondere mittel- und langfristige – Dispositionen benötigt wird. Falls – etwa im Rahmen von Parallelkalkulationen – für erforderlich erachtet, kann man in einem anschließenden dritten Schritt durch die Schlüsselung der Gemeinkosten auf die Logistik einerseits und die Fertigung andererseits anteilige Kostenbeträge errechnen. Diese Vollkosten dürfen jedoch nur als grobe Richtwerte betrachtet, nicht unverändert in Entscheidungsrechnungen verwendet werden und sind entsprechend zu kennzeichnen.

3. Aufbau von logistischen Leistungsplänen zur Produktkalkulation

Ein wesentlicher Aufgabenbereich einer Logistikkostenrechnung besteht in der Kalkulation der Logistikkosten für die betrieblichen Erzeugnisse [43, 44]. Wenngleich produktbezogene Kosteninformationen in marktwirtschaftlichen Wirtschaftsordnungen nicht – wie dies traditionelle Kalkulationsschemata nahelegen – unmittelbar zur Bestimmung von Angebotspreisen herangezogen werden können, kommt derartigen Daten für eine Vielzahl von Rechnungszwecken eine erhebliche Bedeutung zu. Hierzu zählen kurzfristige Festlegungen zu produzierender Erzeugnismengen und -arten (z. B. Annahme eines Zusatzauftrages?) ebenso wie strategische Produk-

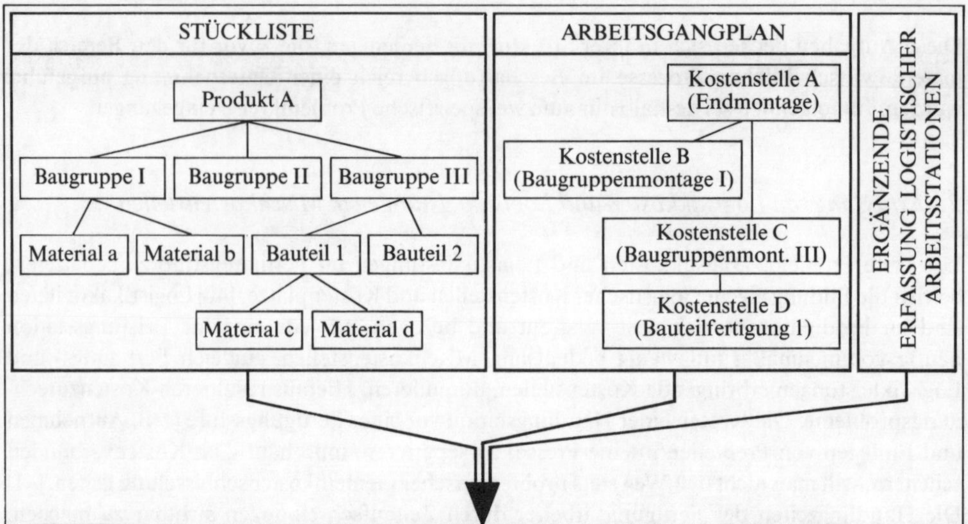

AUF DAS PRODUKT A BEZOGENER AUSSCHNITT EINES NACH OBJEKTFAKTOREN DIFFERENZIERENDEN LOGISTISCHEN LEISTUNGSPLANES		
Objektfaktor	Lagervorgang	Transportvorgang
Material a	Lagerung im Eingangslager	Transport zum Eingangslager, vom Eingangslager zur Kostenstelle B
Material b	Lagerung im Eingangslager	Transport zum Eingangslager, vom Eingangslager zur Kostenstelle B
Material c	Lagerung im Eingangslager	Transport zum Eingangslager, vom Eingangslager zur Kostenstelle D
Material d	Lagerung im Eingangslager	Transport zum Eingangslager, vom Eingangslager zur Kostenstelle D
Bauteil 1	Lagerung im Zwischenlager D	Transport von der Kostenstelle D zum Zwischenlager D, vom Zwischenlager D zur Kostenstelle C
Bauteil 2	Lagerung im Eingangslager	Transport zum Eingangslager, vom Eingangslager zur Kostenstelle C
Baugruppe I	Lagerung im Zwischenlager B	Transport von der Kostenstelle B zum Zwischenlager B, vom Zwischenlager B zur Kostenstelle A
Baugruppe II	Lagerung im Eingangslager	Transport zum Eingangslager, vom Eingangslager zur Kostenstelle A
Baugruppe III	Lagerung im Zwischenlager C	Transport von der Kostenstelle C zum Zwischenlager C, vom Zwischenlager C zur Kostenstelle A
Produkt A	Lagerung im Absatzlager	Transport von der Kostenstelle A zum Absatzlager, vom Absatzlager zum Kunden

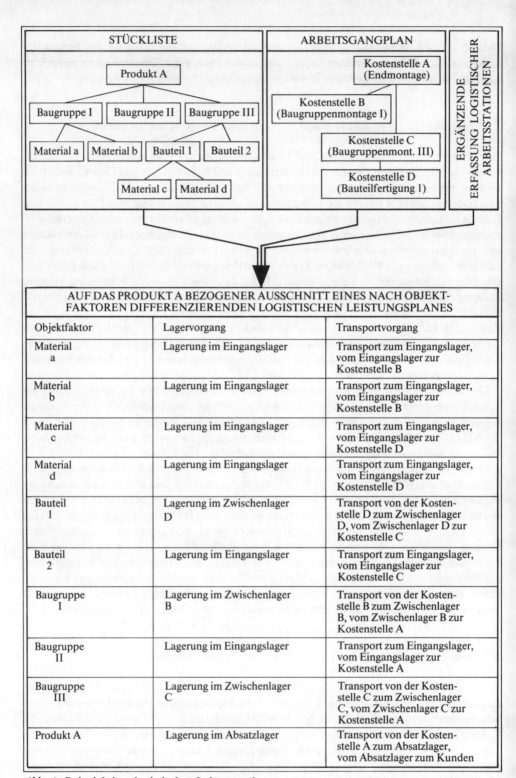

Abb. 4: Beispiel eines logistischen Leistungsplanes

tions- und Absatzprogrammplanungen (z. B. langfristige Festlegung zu bedienender Märkte und Marktsegmente, Planung von Produktionsstandorten). Kalkulationswerte zur Beantwortung derartiger Fragestellungen ermittelt die Kostenträgerrechnung derzeit nur ungenau. Angesichts des erheblichen Anteils der Logistikkosten an den Gesamtkosten der Unternehmen führt die zumeist anzutreffende pauschale Verteilung im Rahmen von Gemeinkostenzuschlägen zu einem unbewußten kalkulatorischen Ausgleich zwischen den einzelnen Erzeugnissen, aus dem angesichts immer stärkerer Konkurrenz auf den Absatzmärkten letztlich Gefahren für die Unternehmensexistenz erwachsen.

Anzustreben ist deshalb, im Rahmen der Kostenträgerrechnung zusätzlich zu den gebräuchlichen Kalkulationsbestandteilen (z. B. Materialkosten, Fertigungskosten) auch Logistikkosten gesondert auszuweisen und den einzelnen Produkten bzw. Produktgruppen zuzuordnen. Basis hierfür ist eine lückenlose Aufzeichnung der für ein Erzeugnis über den gesamten Herstellungs- und Verwertungsprozeß erforderlichen Raum- und Zeitüberbrückungsleistungen. Für jedes Produkt muß mit anderen Worten festgehalten werden, welche logistischen Leistungsstellen bzw. Leistungsarten in welchem Maße in Anspruch genommen wurden. Ausgefeilte, weit fortentwickelte EDV-gestützte Modelle der Produktionsplanung und -steuerung [45] integrieren derartige Zeitdaten. Die meisten Unternehmen verfügen jedoch über derart spezifizierte, etwa den Arbeits(gang)plänen vergleichbare Sammlungen produktbezogener Logistikleistungsinformationen – wie sie beispielsweise auch von Koschnitzki gefordert werden [46] – derzeit nicht. Entsprechende »logistische Leistungspläne« aufzubauen, ist für sie die notwendige Bedingung, um den Logistikkostenanteil an den Gesamtkosten eines Produkts kalkulieren zu können.

Logistische Leistungspläne haben die Aufgabe, für jedes Erzeugnis über alle erforderlichen Bearbeitungsstufen hinweg festzuhalten, welche Raum- und Zeitveränderungsleistungen in welchem Maße erforderlich sind bzw. in Anspruch genommen wurden. Wesentliche Ausgangsinformationen zum Aufbau derartiger Pläne liefern Stücklisten und Arbeitsgangpläne, die durch die Erfassung logistischer Arbeitsstationen zu ergänzen sind. Ein konkretes Beispiel zeigt die Abbildung 4. [47]

Die der im Leistungsplan festgehaltenen Leistungsstruktur hinzuzufügenden Mengen- und Zeitdaten lassen sich ex post prinzipiell leicht bestimmen. Jedoch bereitet die Ermittlung derartiger Daten für Vorkalkulationen (z. B. Annahme eines Zusatzauftrages zu einem bestimmten Preis?) bezogen auf Lagerleistungen erhebliche Schwierigkeiten: Umfang und Dauer von Lagerungen sind in hohem Maße dispositionsbedingt, hängen etwa von der festgelegten Losgröße oder der realisierten Bearbeitungsreihenfolge um knappe Kapazitäten konkurrierender Kunden- bzw. Fertigungsaufträge ab und können somit in ihrem Ausmaß ganz erheblich schwanken. Ihre Antizipation ist allenfalls dann hinreichend exakt möglich, wenn man im Rahmen von integrierten Kundenanfrage- und Angebotsbearbeitungssystemen [48] den zu kalkulierenden fakultativen Auftrag »probeweise« in das bis dato bestehende Fertigungsprogramm aufnimmt und so die Auswirkungen auf Fertigungstermine und Inanspruchnahme von Fertigungskapazitäten simuliert. Ansonsten lassen sich lediglich aus der Erfahrung gewonnene Mindest- oder Standardlagerzeiten ansetzen, Zeitgrößen, von denen die tatsächlichen Lagerzeiten für einen konkreten Kunden- oder Fertigungsauftrag deutlich abweichen können.

Preßteilart	Lagerleistung							Fehlleistung				
	Lagerdurchsatz				durchschnittlicher Lagerbestand			Zahl von Fehlmengen-situationen	Vorüber-gehend fehlende Teile	Wert vorüber-gehend fehlender Teile	Dauer der Fehlmengen-situation	Endgültig fehlende Teile
	Einlagerungs-menge	Auslagerungs-menge	zu bewegende Menge insges.	zu bewegende Lagermittelein-heiten	Stück	belegte Lagerfläche	Bestandswert					
12.392	69 120	69 120	138 240	576	3 302	21	11 490	2	595	2071	4	0
12.392 B	75 100	76 350	151 450	689	6 938	48	26 711	0	0	0	0	0
12.392 C	453 130	455 990	909 120	3 788	17 665	111	68 010	0	0	0	0	0
12.412	21 500	20 000	41 500	519	3 551	67,5	23 188	1	15	98	1	0
12.414	125 010	125 100	250 110	1 001	2 842	18	7 815	0	0	0	0	0
12.414 B	89 500	89 560	179 060	717	4 036	25,5	12 592	0	0	0	0	0
12.719 A	15 100	10 630	25 730	129	8 496	64,5	45 283	0	0	0	0	0
12.719 C	154 990	153 180	308 170	1 541	7 582	57	40 412	1	770	4 104	1	0
12.719 D	964 000	977 390	1 941 390	9 707	18 715	141	99 750	3	1680	8954	5	0
15.105	123 760	118 790	242,550	12 128	10 180	765	137 939	0	0	0	0	0
15.400	1 265 120	1 265 160	2 530 280	4 217	9 379	124	21 196	0	0	0	0	0
15.501 A	151 800	151 130	302 930	8 655	3 082	133,5	49 651	0	0	0	0	0
15.501 B	5 120	9 780	14 900	426	0	0	0	1	25	403	0	15
15.501 C	1 150	1 140	2 290	66	38	3	612	0	0	0	0	0
22.198	1 566 240	1 566 090	3 132 330	4 016	3 456	7,5	5–356	0	0	0	0	0
22.199	3 458 800	3 489 610	6 948 410	8 909	15 450	30	24 102	2	5450	8502	1	0
22.200	2 526 000	2 524 790	5 050 790	6 475	12 980	25,5	20 248	0	0	0	0	0
22.205	226 500	225 400	451 900	580	2 450	6	3 944	0	0	0	0	0
22.206	53 210	53 210	106 420	137	8 850	18	14 602	0	0	0	0	0
22.207	1 149 800	1 139 850	2 289 650	2 936	4 329	9	7 662	0	0	0	0	0
22.208	556 010	557 980	1 113 990	1 393	3 887	7,5	5 519	0	0	0	0	0
22.210	230	490	720	2	1 556	4,5	3 298	0	0	0	0	0
23.500 A	1 547 000	1 551 890	3 98 890	6 198	5 890	18	20 379	0	0	0	0	0
23.500 B	121 990	121 980	243 970	488	345	1,5	1 193	0	0	0	0	0
23.500 C	5 250	4 960	10 210	21	799	3	2 780	0	0	0	0	0
30.115	365 000	366 200	731 200	20 891	1 998	87	32 307	0	0	0	0	0
30.116	186 660	185 800	372 460	10 642	435	19,5	7 068	0	0	0	0	0
30.117	12 450	12 320	24 770	708	115	6	1 929	0	0	0	0	0
30.118 A	886 530	886 500	1 773 030	147 753	3 409	427,5	152 655	0	0	0	0	0
30.118 B	709 000	708 340	1 417 340	118 112	3 508	439,5	157 789	0	0	0	0	0
30.118 C	12 250	16 380	28 630	2 386	0	0	0	1	55	2503	0	55
35.100	5 600	5 590	11 190	400	46	3	546	0	0	0	0	0
		35 543 740	384 708		2758,5	1 123 614	11			12	70	
Zur Verfügung stehende Lagerfläche						3 280,0						
Lagerauslastungsgrad						84,1 %						

Abb. 5: Leistungsbericht einer Lagerkostenstelle

D. Berichtswesen einer Kostenrechnung für Materialwirtschaft und Logistik

Eine wesentliche Auswertung einer Kostenrechnung für Materialwirtschaft und Logistik ist das Erstellen von aktuellen Kostenstellenberichten, die als Basis von Kostenplanung und Kostenkontrolle dienen, daneben aber auch im Sinne des Controlling von den Kostenstellenverantwortlichen zur optimalen Steuerung ihres logistischen Bereichs herangezogen werden können. Zum Abschluß dieses Beitrags seien beispielhaft zwei wesentliche Elemente eines derartigen Berichtswesens, ein Leistungsbericht und ein Kostenbericht, skizziert.

Zum Leistungsbericht (Abbildung 5) sei ein Preßteillager betrachtet, das von einem vorgelagerten Preßwerk ein breites Spektrum von Groß- und Kleinpreßteilen übernimmt, lagert und an mehrere Kostenstellen des Rohbaus abgibt. [49] Die Preßteile werden in teilespezifischen, nicht stapelfähigen Gestellen bzw. Behältern angeliefert und von Gabelstaplern ein- und ausgelagert. Die Abbildung 5 ist in der Horizontalen durch eine Strukturierung nach Objektfaktorarten, in der Vertikalen durch eine Untergliederung nach verschiedenen Komponenten von Leistungen und Fehlleistungen gekennzeichnet. Als wichtigste Leistungsarten werden Ein- und Auslagerungsvorgänge sowie im Periodendurchschnitt vorzunehmende Lagerungen für jede Preßteilart gesondert ausgewiesen, dies nicht nur durch Angabe der jeweiligen Objektfaktormenge, sondern auch bezogen auf Lager- bzw. Transporthilfsmitteleinheiten. Diese zusätzliche Information gibt ein besseres Bild der Umschlagsleistungen, ist die Voraussetzung für eine Zurechnung der für Ein- und Auslagerungen anfallenden sprungfixen Kosten auf die Objektfaktoren und ermöglicht die (rechnerische) Ermittlung der preßteilartspezifischen Lagerflächenbelegung. Letztere Werte können dazu herangezogen werden, der Lagerleitung als Kennzahl den durchschnittlichen Lagerauslastungsgrad der abgelaufenen Abrechnungsperiode zu dokumentieren.

Die auf die Verfügbarkeit von Objektfaktoren gerichteten Leistungen des Lagers abzubilden, verlangt zusätzlich zur Erfassung von Lagerdurchsatz und Lagerbestand Zahl und Ausmaß von Fehl»mengen«situationen festzuhalten, konkret (zumindest)

- wie häufig Anforderungen der Rohbaukostenstellen nicht vollständig befriedigt werden konnten,
- wie hoch der Wert nicht bedarfsgerecht bereitgestellter Objektfaktormengen war,
- wie lange Zeit die Leistungsempfänger auf den Ausgleich der Fehlmengensituationen warten mußten und
- (sofern auftretend) für welche Teileumfänge (mengen- und wertmäßig) endgültig keine Nachlieferung erfolgte (Fehlmengen im engeren Sinn).

Diese Informationen enthält die Abbildung 5 in ihrem rechten Teil.

Für einen Kostenbericht (Abb. 6) sei abschließend eine Kostenstelle des innerbetrieblichen Transports betrachtet, die als innerbetriebliche Leistungen Gabelstaplertransporte für andere Kostenstellen erbringt. [50] Die hierfür anfallenden Logistikkosten sind in der Vertikalen systematisch nach unterschiedlichen, auf die Art der verzehrten Produktionsfaktoren abstellenden Kostenarten unterteilt. Die horizontale Struktur des Kostenberichts wird durch die Unterscheidung verschiedener Kostenkategorien bestimmt. Um das Beispiel einfach zu halten, beschränkt sich die Differenzierung auf den getrennten Ausweis der mit dem erbrachten Transportvolumen variierender (Leistungsmaßstab der Kostenstelle: Zahl geleisteter Gabelstaplerstunden) und davon kurzfristig nicht beeinflußter Kosten, wobei letztere noch nach ihrer zeitlichen Disponierbarkeit weiter unterteilt sind.

KOSTENARTEN	Klassifikation	umgruppierte Kostenartenstruktur	Zeitbezug	Herkunft der Kostengüter	Kostenzuordnung	herkunftsbezogene Kostenartenstruktur	Σ	LEISTUNG: Gabelstaplerstunden	BETRIEBSBEREITSCHAFT Σ	monatlich disponierbar	quartalsweise disponierbar	jährlich disponierbar
	KOSTENARTENSCHLÜSSEL						KS 30000					
Lohnkosten	KV	21100	1	3	0		1.199		1.199	399	800	
Gehaltskosten	KV	21200	1	3	0		99		99		99	
Sonderentgelte	KV	21300	1	3	0		62		62	62		
PERSONALKOSTEN	KV	21000	1	3	0	01000000	1.360		1.360	461	899	
Anlagenvorhaltungskosten	KV	22104	1	0	2		60		60			60
Instandhaltungskosten	KV	22116	1	0	2		19		19	2	5	12
Versicherungskosten	KV	22120	1	3	0	06000000	4		4			4
Gebühren und Steuern	KV	22128	1	3	2		2		2			2
Grundstücke und Gebäude	KV	22100	1	0	0		85		85	2	5	78
planmäßige Abschreibungen	KV	22301	1	4	2	02010000	156		156			156
Maschinenmiete	KV	22302	1	3	2	07011000	2		2			2
Maschinenleasing	KV	22303	1	3	2	07031000	95		95			95
Anlagenvorhaltungskosten	KV	22311	1	0	2		253		253			253
Instandhaltungskosten	KV	22323	1	0	2		151	49	102			102
Versicherungskosten	KV	22328	1	3	0	06000000	12		12		12	
Kosten sonstiger Anlagen	KV	22300	1	0	2		416	49	367		12	355
ANLAGENKOSTEN	KV	22000	1	0	0		501	49	452	2	17	433
MATERIALKOSTEN	KV	23000	1	0	0	03000000	5		5	5		
Treibstoffe	KV	24101	1	3	2	04011000	65	65				
Heizöl	KV	24102	1	3	2	04012000	3		3	3		
Energieträger	KV	24100	1	3	2	04010000	68	65	3	3		
Strom	KV	24200	1	3	2	04020000	5	4	1	1		
ENERGIEKOSTEN	KV	24000	1	3	2	04000000	73	69	4	4		
DIENSTLEISTUNGSKOSTEN	KV	25000	1	3	0	05000000	4		4	4		
SONSTIGE KOSTEN	KV	31000	1	0	0	11000000	5		5	3	1	1
PRIMÄRKOSTENARTEN	KV	00000	1	0	0	00000000	1.948	118	1.830	479	917	434
Energieerzeugung	KS	20000					48	41	7	7		
Instandhaltungsmaterial	KS	52000 -1					32	14	18			18
Instandhaltungsstunden	KS	52000 -2					89	31	58			58
Instandhaltung	KS	5200					121	45	76			76
SEKUNDÄRKOSTENARTEN	KV	60000	1	5	2		169	86	83	7		76
GESAMTKOSTEN	KV	70000	1	0	0		2.117	204	1.913	486	917	510
Kurzfristig variable Kosten der Fördermittelstunde	KS	30000						4,77				
Mittelfristig variable Kosten der Fördermittelstunde	KS	30000						37,55				
Langfristig variable Kosten (Vollkosten) der Fördermittelstunde	KS	30000					49,46					

Abb. 6: Kostenbericht einer Kostenstelle des internen Transports

Derart im Berichtswesen differenzierte und aufbereitete Kosten- und Leistungsdaten sind die informatorische Basis für die verschiedensten materialwirtschaftlichen und logistischen Entscheidungsprobleme, vermögen die erfolgswirtschaftlichen Konsequenzen z. B. der Forderung nach einer bestandslosen Produktion genauso aufzuzeigen wie die Frage nach der Vorteilhaftigkeit eines Hochregallagers zu beantworten. Erst derart aussagefähige Informationen ermöglichen es, das durch eine integrierte Materialwirtschaft und Logistik erzielbare Rationalisierungspotential voll auszuschöpfen.

Anmerkungen

1 Vgl. *Grochla* (Grundlagen), Tabelle 1.
2 Vgl. die Beispielrechnungen bei *Busch* (Materialmanagement) S. 101–106.
3 Vgl. zur aufbauorganisatorischen Gestaltung der Materialwirtschaft *Grochla* (Grundlagen) S. 172–193.
4 Vgl. zum Begriff von Fertigstoffen *Grochla* (Grundlagen) S. 14 f.
5 Vgl. z. B. die Übersichten bei *Bäck* (Logistik) S. 86–89.
6 *Grochla* (Materialwirtschaft) S. 9 (Hervorhebungen im Original kursiv gedruckt). Daß sich Erwin *Grochla* mit einer derartigen Ausweitung des Betrachtungsgegenstandes ebenfalls befaßt hat, zeigt die Tatsache, daß er mich als Diplomarbeit mit dem Thema der Dimensionierung von Zwischenlagern befassen ließ. Dieses lange Zeit vernachlässigte Problemfeld wurde mittlerweile von einem meiner Schüler umfassend bearbeitet, vgl. *Jacob* (Zwischenlager), noch nicht veröffentlichtes Manuskript.
7 Diese Überschneidungen sind um so größer, je mehr man den Materialbegriff auch auf Zwischenprodukte und Fertigfabrikate sowie Abfallstoffe und Ausschuß ausdehnt. Vgl. zu einer solchen weiten Begriffsfassung z. B. *Hanke* (Materialflußoptimierung) S. 20. Sie ist für die gesamte, häufig technisch ausgerichtete Materialflußliteratur typisch. Vgl. z. B. *Adamowsky* (Materialfluß) Sp. 970. Vgl. weiterhin auch Anmerkung 39 dieses Beitrags.
8 Materialien und Waren sind dabei nicht die einzigen Objektfaktoren logistischer Prozesse. Personen und Anlagen gehören zu diesen ebenso wie Energien und Informationen.
9 Vgl. zum folgenden auch *Weber* (Kostenrechnung) S. 22 f.
10 Vgl. z. B. *Küpper* (Kosteninformationen) S. 171; *Weber* (Logistikkosten) S. 20.
11 Vgl. etwa das Beispiel eines Kostenartenplans bei *Grochla* (Grundlagen) S. 156 f.
12 Vgl. zum dazu entwickelten Instrumentarium der Materialrechnung *Grochla* (Grundlagen) S. 160–170. Für Hilfsstoffe läßt man häufig aus Wirtschaftlichkeitsgründen Reduzierungen der Erfassungsgenauigkeit zu. Vgl. dazu im Detail *Hummel/Männel* (Kostenrechnung) Bd. 1, 4. Aufl. (in Druck).
13 Vgl. im Überblick *Hummel/Männel* (Kostenrechnung) Bd. 2, S. 24–36.
14 Vgl. zu diesen im Überblick *Grochla* (Grundlagen) S. 172–189.
15 Vgl. als kleinen Ausschnitt *Le Kashman/Stolle* (Distribution) S. 37; *Coyle/Bardi* (Logistics) S. 284 f.; *Rose* (Logistics) S. 267 f.; *Schaab* (Kostenkontrolle) S. 92; *Berg/Hessenberger/Weinert* (Kostenrechnung) S. 26.
16 Vgl. Weber (Einreißen) S. 20.
17 Vgl. zur Erfassung und Verrechnung der Kosten des innerbetrieblichen Transports insbesondere die Arbeit meines Schülers *Kramer* (Transport), noch nicht veröffentlichtes Manuskript.
18 »Currently, no functional area of the organization is more poorly served by accounting practice than logistics«. *Heskett/Glaskowsky/Ivie* (Logistics) S. 44.
19 Typischerweise sehen derartige Ansätze massive Schlüsselungen von Gemeinkosten vor. Vgl. z. B. *Verein Deutscher Ingenieure* (Materialfluß).
20 Vgl. z. B. *Krippendorff* (Materialfluß) S. 130–146; *Koschnitzki* (Materialfluß).
21 Vgl. im Überblick insbesondere *Mertens* (Datenverarbeitung) S. 67–126.
22 Vgl. zum Begriff *Männel/Weber* (Logistikkostenrechnung) S. 264.
23 Vgl. *Weber* (Logistik), unveröffentlichtes Manuskript.
24 Vgl. dazu die entsprechenden Ergebnisse einer empirischen Erhebung bei *Weber* (Logistikkosten) S. 21.
25 Vgl. *Männel/Weber* (Kosten) S. 23.
26 Vgl. zum Problem der Leistungsverbundenheit *Krömmelbein* (Leistungsverbundenheit); *Männel* (Verbundwirtschaft).

27 Vgl. zum Aufbau von Bezugsgrößenhierarchien allgemein *Riebel*(Grundrechnung) S. 117–120; speziell auf Bezugsgrößenhierarchien zur Logistikkostenerfassung bezogen *Weber*(Logistik).
28 Vgl. z. B. *Männel*(Weiterentwicklung) S. 37–39.
29 Vgl. zum Konzept der Absatzsegmentierung im Überblick *Köhler*(Absatzsegmentrechnung).
30 *Grochla* (Materialwirtschaft) S. 9.
31 Vgl. *Grochla*(Grundlagen) S. 172–189.
32 Vgl. zum Postulat der Wirklichkeitsnähe einer Kostenrechnung umfassend *Hummel*(Kostenerfassung).
33 Ein solches Vorgehen entspricht dem üblichen Procedere zur Bildung von Kostenstellen (»Zusammenfassung von gleiche oder zumindest ähnliche Verrichtungen ausführenden innerbetrieblichen Institutionen in entsprechenden Funktionsstellen« [*Hummel/Männel*(Kostenrechnung) Bd. 1, 3. Aufl., S. 105]).
34 Vgl. zum Problemkreis Kostenspaltung allgemein *Männel* (Kostenspaltung); speziell auf die Logistik bezogen *Weber*(Logistikkostensätze).
35 Vgl. analog *Männel/Weber*(Logistikkostenrechnung) S. 267.
36 Vgl. zu der kaum noch überschaubaren Flut an Definitionen und detaillierten Aufgabenbeschreibungen der Logistik im Überblick *Ballou* (Logistics) S. 7–14; *Kapoun* (Logistik); *Endlicher* (Organisation) S. 11–66; sowie *Bartels* (Logistik) und die dort jeweils angegebene umfangreiche Literatur.
37 Vgl. zum folgenden *Männel/Weber*(Logistikkostenrechnung) S. 258 f.
38 Vgl. ebenda, S. 259. Ähnliche Darstellungen finden sich bei *Kirsch/Esser* (Plädoyer) S. 210; *Pfohl* (Organisationsstrukturen) S. 12; *Felsner*(Planung) S. 38; *Feierabend*(Beitrag) S. 216.
39 Grundsätzlich läßt sich jedoch die Faktorwirtschaft Materialwirtschaft eindeutig als eigenständiges betriebliches Subsystem neben der Funktionswirtschaft Logistik auffassen. Insofern kann der von *Höhn* (Unternehmensstrategie) S. 54 sowie von *Szyperski/Bahlmann* (Instrument) S. 146 durch übereinstimmende Aufgabendefinition implizit oder ausdrücklich vorgenommenen Gleichsetzung beider Subsysteme und der Einordnung der Logistik in die Gruppe der Faktorwirtschaften aus theoretischer Sicht nicht gefolgt werden. In der Praxis wird sich dagegen wegen des hohen Grades an Aufgabenüberschneidung zumeist eine parallele Realisierung von getrennten Organisationsbereichen Logistik und Materialwirtschaft kaum als sinnvoll erweisen; vgl. so auch *Schäfer*(Unternehmensaufgabe) S. 31.
40 Vgl. zum folgenden *Männel/Weber*(Logistikkostenrechnung) S. 268 f.
41 Diesen Weg beschreitet beispielsweise das RKW, wenn es innerhalb der Mitarbeiter der Fertigung Personal, das bis zu 1/3 und solches, das bis zu 2/3 seiner Gesamtarbeitszeit mit Materialflußaktivitäten beschäftigt ist, separiert und anteilig Kosten zurechnet; vgl. *Rationalisierungskuratorium der Deutschen Wirtschaft* (Transportkosten) S. 19.
42 Vgl. auch *Weber* (Aufgaben) S. 33 f.
43 Vgl. *Männel/Weber* (Konzept) S. 83 f.
44 Vgl. zum folgenden *Weber* (Logistik).
45 Vgl. z. B. *Mertens/Griese* (Datenverarbeitung) S. 30.
46 Vgl. *Koschnitzki* (Materialfluß) S. 557 f.
47 *Weber* (Logistik).
48 Vgl. im Überblick *Mertens* (Datenverarbeitung) S. 27–32.
49 Vgl. *Weber* (Logistik).
50 Vgl. *Männel/Weber* (Integrierte) S. 10.

Literaturverzeichnis

Adamowsky, S. (Materialfluß): Materialfluß. In: *Grochla,* E. (Hrsg.): Handwörterbuch der Organisation, Stuttgart 1969, Sp. 968–974.

Bäck, H. (Logistik): Erfolgsstrategie Logistik, München 1984.

Ballou, R. H. (Logistics): Business Logistics Management. Englewood Cliffs 1973.

Bartels, H. G. (Logistik): Logistik, in: Handwörterbuch der Wirtschaftswissenschaft (HdWW), Bd. 5, Stuttgart 1980, S. 54–73.

Berg, C. C./ *Hessenberger,* G./ *Weinert,* P. (Kostenrechnung): Kosten- und Leistungsrechnung der Logistik. Ein Verfahren zur Erfassung aussagefähiger Ist-Daten von Kosten und Leistungen. In: Beschaffung aktuell, 1985, Heft 3, S. 26–28.

Busch, H. F. (Materialmanagement): Materialmanagement in Theorie und Praxis. Mit computerunterstützten Materialwirtschaftskonzepten zu steigendem Unternehmenserfolg, Lage/Lippe 1984.

Coyle, J. J./ *Bardi,* E. J. (Logistics): The Management of Business Logistics, St. Paul u. a. 1976.
Endlicher, A. (Organisation): Organisation der Logistik. Untersucht und dargestellt am Beispiel eines Unternehmens mit Divisionalstruktur, Diss. Essen 1981.
Feierabend, R. (Beitrag): Beitrag zur Abstimmung und Gestaltung unternehmensübergreifender Schnittstellen, Bremen 1980.
Felsner, J. (Planung): Kriterien zur Planung und Realisierung von Logistik-Konzeptionen in Industrieunternehmen, Bremen 1980.
Grochla, E. (Grundlagen): Grundlagen der Materialwirtschaft. Das materialwirtschaftliche Optimum im Betrieb, 3. Aufl., Wiesbaden 1978.
Grochla, E. (Materialwirtschaft): Materialwirtschaft, Wiesbaden 1958.
Hanke, K. (Materialflußoptimierung): Möglichkeiten der Materialflußoptimierung bei der Projektierung industrieller Betriebe, Meisenheim am Glan 1975.
Heskett, J. L./ *Glaskowsky* Jr., N. A./ *Ivie,* R. M. (Logistics): Business Logistics. Physical Distribution and Materials Management, 2. Aufl., New York 1973.
Höhn, S. (Unternehmensstrategie): Materialwirtschaft als Teil der Unternehmensstrategie – dargestellt am Beispiel der Automobilindustrie, in: Zeitschrift für betriebswirtschaftliche Forschung (ZfbF), 34. Jg., 1982, S. 52–66.
Hummel, S. (Kostenerfassung): Wirklichkeitsnahe Kostenerfassung. Neue Erkenntnisse für eine eindeutige Kostenermittlung, Berlin 1970.
Hummel, S./ *Männel,* W. (Kostenrechnung): Kostenrechnung. Bd. 1: Grundlagen, Aufbau und Anwendung, 3. Aufl., Wiesbaden 1983.
Hummel, S./ *Männel,* W. (Kostenrechnung): Kostenrechnung. Bd. 1: Grundlagen, Aufbau und Anwendung, 4. Aufl., Wiesbaden 1986 (im Druck).
Hummel, S./ *Männel,* W. (Kostenrechnung): Kostenrechnung. Bd. 2: Moderne Verfahren und Systeme, 3. Aufl., Wiesbaden 1983.
Jacob, W. (Zwischenlager): Grundfragen der erfolgswirtschaftlichen Dimensionierung von Zwischenlagern. Noch nicht veröffentlichtes Manuskript.
Kapoun, J. (Logistik): Logistik – ein moderner Begriff mit langer Geschichte. In: Zeitschrift für Logistik, 2. Jg., 1981, S. 123–127.
Kirsch, W./ *Esser,* M. (Plädoyer): Plädoyer für eine betriebswirtschaftliche Logistik, in: Journal für Betriebswirtschaft, 26. Jg., 1976, S. 208–218.
Köhler, R. (Absatzsegmentrechnung): Absatzsegmentrechnung, in: *Kosiol,* E./ *Chmielewicz,* K./ *Schweitzer,* M. (Hrsg.): Handwörterbuch des Rechnungswesens, 2. Aufl., Stuttgart 1981, Sp. 19–29.
Koschnitzki, K. (Materialfluß): Der Materialfluß als bedeutsame Kosteneinflußgröße im Maschinenbau, in: VDI-Zeitung, 1976, Bd. 118, S. 551–602.
Kramer, J. (Transport): Entscheidungsorientierte Kostenrechnung für den innerbetrieblichen Transport. Noch nicht veröffentlichtes Manuskript.
Krippendorff, H. (Materialfluß): Integrierter Materialfluß, München 1965.
Krömmelbein, G. (Leistungsverbundenheit): Leistungsverbundenheit im Verkehrsbetrieb, Berlin 1967.
Küpper, H.-U. (Kosteninformationen): Der Bedarf an Kosten- und Leistungsinformationen in Industrieunternehmungen. Ergebnisse einer empirischen Erhebung, in: Kostenrechnungspraxis, 1983, S. 169–181.
Le Kashman, R./ *Stolle,* J. F. (Distribution): The Total Cost Approach to Distribution, in: Business Horizons, 8. Jg., 1965, S. 33–46.
Männel, W. (Kostenspaltung): Kostenspaltung, in: Management-Enzyklopädie, 2. Aufl., Landsberg/Lech 1983, S. 725–743.
Männel, W. (Verbundwirtschaft): Verbundwirtschaft, in: *Kern,* W. (Hrsg.): Handwörterbuch der Produktionswirtschaft, Stuttgart 1979, Sp. 2077–2093.
Männel, W. (Weiterentwicklung): Weiterentwicklung der Kosten-, Leistungs-, Erlös- und Ergebnisrechnung für die Praxis, in: Kostenrechnungspraxis, Sonderheft 1/85, S. 33–40.
Männel, W./ *Weber,* J. (Integrierte): Integrierte Kostenarten-, Kostenstellen- und Kostenträgerrechnung für die Logistik von Industrieunternehmen, in: 4. Internationaler Logistik Kongreß ILC' 83 in Dortmund. Kongreßhandbuch II, Dortmund 1983, S. 5–11.
Männel, W./ *Weber,* J. (Konzept): Konzept einer Kosten- und Leistungsrechnung für die Logistik – Struktur und Elemente eines aussagefähigen logistischen Informationssystems, in: Zeitschrift für Logistik. 3. Jg., 1982, S. 83–90.
Männel, W./ *Weber,* J. (Kosten): Kosten und Leistungen der Logistik erfassen, in: Europa Industrie Revue, 1985, Heft 9/10, S. 21–24.
Männel, W./ *Weber,* J. (Logistikkostenrechnung): Logistikkostenrechnung für mittelständische Unterneh-

men, in: *Albach,* H./ *Held,* Th. (Hrsg.): Betriebswirtschaftslehre mittelständischer Unternehmen. Wissenschaftliche Tagung des Verbandes der Hochschullehrer für Betriebswirtschaft e. V. in Bonn, Stuttgart 1984, S. 258–272.

Mertens, P. (Datenverarbeitung): Industrielle Datenverarbeitung 1. Administrations- und Dispositionssysteme, 4. Aufl., Wiesbaden 1982.

Mertens, P./ *Griese,* J. (Datenverarbeitung): Industrielle Datenverarbeitung 2. Informations- und Planungssysteme, 4. Aufl., Wiesbaden 1984.

Pfohl, H.-Ch. (Organisationsstrukturen): Organisationsstrukturen im logistischen Gesamtsystem der Unternehmung, in: 2. Europäischer Materialflußkongreß EMK' 80. Neue Wege der Rationalisierung logistischer Systeme. 29.–31. 10. 1980 in Zürich, Kongreßhandbuch, o. O., o. J., S. 11–16.

Rationalisierungskuratorium der Deutschen Wirtschaft e. V. (Transportkosten): Senkt Transportkosten!, Frankfurt/Main 1952.

Riebel, P. (Grundrechnung): Durchführung und Auswertung der Grundrechnung im System des Rechnens mit relativen Einzelkosten und Deckungsbeiträgen, in: Zeitschrift der Buchhaltungsfachleute »Aufwand und Ertrag«, 10. Jg., 1964, S. 117–120 und S. 142–146.

Rose, W. (Logistics): Logistics Management. Systems and Components, Dubuque 1979.

Schaab, W. (Kostenkontrolle): Kosten- und Leistungskontrolle. Schrittweise Einführung in die Logistik des Unternehmens, in: Zeitschrift für Logistik, 3. Jg., 1982, S. 91–96.

Schäfer, H. (Unternehmensaufgabe): Logistische Unternehmensaufgabe und Betriebsstrukturen am Beispiel eines Automobilkonzerns, in: 2. Europäischer Materialflußkongreß EMK' 80. Neue Wege der Rationalisierung logistischer Systeme. 29.–31. 10. 1980 in Zürich, Kongreßhandbuch, o. O., o. J., S. 28–34.

Szyperski, N./ *Bahlmann,* A. R. (Instrument): Instrument für die organisatorische Einordnung der Materialwirtschaft in die Gesamtunternehmung (OREM), in: *Szyperski,* N./ *Roth,* P. (hrsg. im Auftrag der Schmalenbachgesellschaft): Beschaffung und Unternehmungsführung. Bericht des Arbeitskreises »Beschaffung, Vorrats- und Verkehrswirtschaft«. Deutsche Gesellschaft für Betriebswirtschaft e. V.) Stuttgart 1982, S. 141–158.

Verein Deutscher Ingenieure (Materialfluß): Kostenuntersuchungen zum Materialfluß. Ausschuß für Wirtschaftliche Fertigung (Hrsg.). VDI-Richtlinie 3330, Düsseldorf 1965.

Weber, J. (Aufgaben): Logistikkostenrechnung – Aufgaben, Abgrenzung und Elemente einer Kosten- und Leistungsrechnung für die Logistik, in: RKW-Handbuch Logistik, Loseblattwerk, 9. Lieferung IX/1985, Rubrik 1610, S. 1–41.

Weber, J. (Einreißen): »Einreißen der letzten Grenzen…«, in: BetriebsWirtschaftsMagazin, 1985, Heft 12, S. 19–23.

Weber, J. (Kostenrechnung): Kostenrechnung für die Materialwirtschaft, in: Beschaffung aktuell, 1985, Heft 3, S. 22–24.

Weber, J. (Logistik): Grundkonzept der Bereitstellung von Kosten- und Leistungsinformationen für die Logistik von Industrieunternehmen. Unveröffentlichtes Manuskript, 1986.

Weber, J. (Logistikkosten): Erfassung und Verrechnung von Logistikkosten in der Praxis, in: Kostenrechnungspraxis, 1986, Heft 1, S. 19–24.

Weber, J. (Logistikkostensätze): Logistikkostensätze, in: Zeitschrift für Logistik, 5. Jg., 1984, S. 48–51.

*Gerhard Mann**

Finanzierungsleasing als kostenrechnerisches Problem**

* Prof. Dr. *Gerhard Mann*, Universität zu Köln, Seminar für Allgemeine Betriebswirtschaftslehre und betriebswirtschaftliche Steuerlehre.
** Der Verf. dankt seinem wissenschaftlichen Mitarbeiter, Herrn Dipl.-Kfm. *B. Hohn*, für die Unterstützung bei der Literaturauswertung.

A. Vorbemerkung

Obwohl das Finanzierungsleasing in den letzten Jahren in der Bundesrepublik Deutschland ein stetes Wachstum zu verzeichnen hatte [1] und nicht zuletzt deshalb die damit verbundenen steuerrechtlichen Probleme mehrfach Gegenstand mehr oder weniger umfassender Abhandlungen [2] waren, sind die mit dem Finanzierungsleasing verbundenen kostenrechnerischen Fragen bis heute – soweit ersichtlich – weder gestellt noch beantwortet worden. Dies läßt vermuten, daß das Finanzierungsleasing offensichtlich keine anderen kostenrechnerischen Probleme aufwirft als jene, die sich auch bei angemieteten bzw. käuflich erworbenen Betriebsmitteln [3] ergeben. Ob diese Vermutung aber zutreffend ist, läßt sich erst sagen, wenn die Wesensunterschiede von Finanzierungsleasing einerseits, Miete bzw. Kauf andererseits sowie die Prinzipien der Kostenrechnung ausgeleuchtet und die sich daraus ergebenden Schlüsse gezogen wurden.

B. Finanzierungsleasing

Finanzierung vollzieht sich überwiegend in der Art, daß Geldkapital (Buch- bzw. Bargeld) zur Nutzung überlassen wird. [4] Die Übertragung der Dispositionsgewalt über dieses Geldkapital erlaubt es, die für den Leistungsprozeß erforderlichen Vermögensgegenstände (= Sachkapital) zu erwerben (= Investition). Geschieht die Geldkapitalüberlassung und dessen Transformation in Sachkapital aber nach Maßgabe der spezifischen Bedürfnisse des Kapitalnehmers und eines Vertrages, der (nur) die entgeltliche Gebrauchsgewährung des Sachkapitals, nicht aber die Überlassung des Geldkapitals und auch nicht die Übertragung des an dem Sachkapital bestehenden Eigentums auf den Kapitalnehmer zum Inhalt hat, so pflegt man diesen Vorgang als Leasing [5] zu bezeichnen.

Als Sachkapitalgeber fungieren dabei entweder die auf diese Art von Geschäfte spezialisierten Leasinggesellschaften, die vielfach Tochtergesellschaften von Banken bzw. Herstellern sind, oder aber die Hersteller selber (Herstellerleasing). [6] Die Gebrauchsüberlassung des Sachkapitals (also des geleasten Betriebsmittels) erfolgt auf der Grundlage eines Vertrages, der als Vertrag sui generis [7] die Besonderheit aufweist, daß er grundsätzlich während der sogenannten Grundmietzeit (die in der Mehrzahl der Fälle 40–90% der betriebsgewöhnlichen Nutzungsdauer [8] des geleasten Betriebsmittels beträgt) von beiden Seiten nicht, sondern nur bei Vorliegen eines wichtigen Grundes [9] (Zahlungsverzug des Leasingnehmers, Antrag auf Eröffnung des gerichtlichen Vergleichs- bzw. Konkursverfahrens etc.) vom Leasinggeber fristlos gekündigt werden kann.

Von der Miete (bzw. Pacht) unterscheidet sich das Leasing grundlegend dann, wenn das Investitionsrisiko [10], d. h. die Gefahr der wirtschaftlichen oder technischen Entwertung, der Leasingnehmer trägt. Die Verlagerung des Investitionsrisikos vom Kapitalgeber (Leasinggeber) auf den Kapitalnehmer (Leasingnehmer) wird dadurch bewirkt, daß der Leasingnehmer während der Grundmietzeit Leasingraten (Mieten) zu entrichten hat, die die vom Leasinggeber für den Eigentumserwerb des geleasten Betriebsmittels verauslagten Beträge und die bei ihm angefallenen bzw. noch entstehenden Refinanzierungs- und Verwaltungsaufwendungen voll decken. Das so gestaltete Leasing wird Vollamortisations- [11] bzw. Finanzierungsleasing [12] genannt.

Wird dem Leasingnehmer vertraglich die Möglichkeit eingeräumt, das (geleaste) Betriebsmittel nach Ablauf der Grundmietzeit aufgrund einer entsprechenden Willenserkärung weiterhin zu nutzen, so handelt es sich um Finanzierungsleasing mit einer Mietoption. Ist ihm hingegen im Leasingvertrag die Möglichkeit des Eigentumserwerbs (nach Ablauf der Grundmietzeit) eingeräumt worden, so liegt ein Fall des Finanzierungsleasing mit Kaufoption [13] vor.

Optionen der geschilderten Art sind aber keineswegs den Mietverhältnissen fremd, man denke etwa nur an den Fall des Mietkaufes, was auch für die regelmäßig dem Leasingnehmer obliegende Instandhaltung des geleasten Objekts (nach Maßgabe der Empfehlungen des Herstellers und [oder] Lieferanten) gilt.

Auch die dem Leasingnehmer üblicherweise vertraglich auferlegte Pflicht, das geleaste Betriebsmittel zum Neuwert versichern zu lassen, und die sich aus dem Versicherungsverhältnis ergebenden Ansprüche an den Leasinggeber abzutreten, stellen keine dem Mietverhältnis wesensfremden Vereinbarungen dar. Das gilt schließlich auch für die üblicherweise auf den Leasingnehmer übergehende Gefahr des zufälligen Unterganges, des Verlustes, des Diebstahls, der Beschädigung und des vorzeitigen Verschleißes des geleasten Betriebsmittels sowie für die Übernahme der mit seinem Besitz oder seiner Nutzung verbundenen öffentlichen Lasten (z. B. Steuern, Gebühren etc.).

Auch stellen die i. d. R. monatlich im voraus zu entrichtenden Entgelte für die Gebrauchsüberlassung (Leasingraten) kein Merkmal dar, das dem Mietverhältnis fremd ist. Ein Unterscheidungsmerkmal ist lediglich in der (beim Finanzierungsleasing üblichen) vertraglichen Abtretung der dem Leasinggeber gegenüber dem Hersteller bzw. Händler – wegen der von ihnen zu vertretenden Sach- und Rechtsmängel – zustehenden Gewährleistungs- und Schadensersatzansprüche an den Leasingnehmer [14] zu erblicken.

C. Kostenrechnung

In der modernen betriebswirtschaftlichen Theorie [15] wird die Kostenrechnung, wie in der betriebswirtschaftlichen Praxis [16], als ein System [17] begriffen, dessen Elemente ihrerseits Subsysteme darstellen und die nach ihrer spezifischen Zwecksetzung als Speicher planungs(entscheidungs-) oder (und) kontrollrelevanter Kosteninformationen fungieren. Fast immer kommt als weitere Aufgabe die Speicherung solcher Informationen hinzu, die es erlauben, den Nachweis zu führen, daß die in Wissens- und Willenserklärungen (z. B. Bilanz, Steuererklärung) enthaltenen Kostenangaben (z. B. Herstellungskosten) in der behaupteten Höhe angefallen sind oder anfallen werden.

Jede betriebliche Kostenrechnung, die den genannten Aufgaben in ihrer Gesamtheit gerecht werden will, beinhaltet vergangenheits- und zukunftsorientierte Rechnungen [17 a], die zum einen Aufschluß über die im Zuge des betrieblichen Leistungsprozesses eingetretenen oder erwarteten Kosten, d. h. die (in Geldeinheiten) bewerteten sachzielbedingten Verzehre an Gütern und Diensten [18] in einer Periode, nach Güter- und Dienstearten geordnet, ermöglichen, zum anderen Auskunft darüber geben, wo, d. h. an welchen Orten, diese Verzehre aufgetreten sind bzw. erwartet werden und schließlich, wer oder was (Bezugsobjekt, -größe [19]) diese Verzehre ausgelöst hat oder auslösen wird. M. a. W., sowohl die Istkostenrechnung (als vergangenheitsorientierte Rechnung) als auch die Plan- [20] sowie die Prognosekostenrechnung [21] (als zukunftsorientierte Rechnungen) beinhalten in ihrer vollkommenen Ausprägung jeweils eine Kostenarten-, eine Kostenstellen- und eine Kostenträgerstückrechnung.

Da aber Kostenstellen- und Kostenträgerstückrechnungen »nur« Abbilder verrechnungs-

(verteilungs-)politischer Entscheidungen sind,[22] sind die mit dem Finanzierungsleasing verbundenen kostenrechnerischen Probleme primär im Bereich der Kostenerfassung, d. h. der Kostenartenrechnung und dem sie konstituierenden Mengen- und Wertgerüst [23] angesiedelt.

D. Die kostenrechnerische Mengenkomponente bei Miete und Kauf

Stellt der (in Geldeinheiten) bewertete sachzielbedingte Güterverzehr einer Periode Kosten dar, dann ist zu fragen, welches Gut beim Einsatz eines gemieteten bzw. gekauften Betriebsmittels (im betrieblichen Leistungsprozeß) verzehrt wird. Ist es der Verbrauch des Gutes »Geld«, der beim Geld nach Maßgabe der an den Vermieter entrichteten Mietzinsen eintritt, oder ist es der in der Abrechnungsperiode verbrauchte Teil des gesamten Leistungs- bzw. Nutzungspotentials [24] des angemieteten bzw. gekauften Betriebsmittels? Für gemietete Betriebsmittel beantwortet die herrschende Lehre – allerdings ausgehend von einer pagatorischen Kostenkonzeption [25] – die Frage in der Weise, daß sie in diesem Falle einen Verbrauch des Gutes Geld annimmt und demgemäß den Ansatz der Auszahlungsbeträge (in Form der Mietzinsen) dem Grunde und der Höhe nach für sachgerecht hält. [26] Entscheidend dürfte dabei der Gedanke sein, daß im Falle der Miete – und gleiches gilt auch für die Pacht – das (zivilrechtliche) Eigentum an dem gemieteten (gepachteten) Betriebsmittel und damit die ungeteilte Verfügungsgewalt über dessen Leistungs- bzw. Nutzungspotentials vom Mieter (Pächter) nicht erlangt wird, weshalb es sich verbietet, den in der Abrechnungsperiode verbrauchten Teil des Nutzungspotentials beim Mieter (Pächter) zu erfassen und zu bewerten.

Dabei mag auch eine Rolle spielen, daß es bei dieser Art von kostenrechnerischer Erfassung der »Gütereinsatzmenge« nicht zu einer Diskrepanz zwischen den in der Finanzbuchhaltung (G + V-Rechnung) und den in der Betriebsbuchhaltung (Kostenrechnung) verrechneten Beträgen kommt.

Aber schon der Vergleich der kostenrechnerischen Behandlung von gemieteten und gekauften Betriebsmitteln (Potentialfaktoren) zeigt, daß es keinen Grundsatz für die Kostenrechnung gibt, der die Wertgleichheit der in beiden Rechnungen enthaltenen Ansätze für ein und denselben Verzehr gebietet.

Ist es doch in der Praxis der Istkostenrechnung allgemein üblich, den mit dem Einsatz von gekauften Betriebsmitteln im Leistungsprozeß verbundenen Verschleiß im Rahmen der kalkulatorischen Abschreibungen zu berücksichtigen [27] und diese – ausgehend von dem zu Wiederbeschaffungs- bzw. Wiederherstellungskosten bewerteten Nutzungspotential – nach Maßgabe des in der Abrechnungsperiode eingetretenen nutzungs- und (oder) zeitabhängigen Verschleißes [28] zu bemessen. Das Abgehen von den historischen Anschaffungs- bzw. Herstellungskosten (als der Wertkomponente) in der Kostenrechnung führt jedoch dazu, daß die in der (Finanzbuchhaltung) G + V-Rechnung und die in der (Betriebsbuchhaltung) Kostenrechnung angesetzten Abschreibungen nicht wertgleich sind.

Wenn aber das Finanzierungsleasing weder als Miete noch als Kauf qualifiziert werden darf, dann kann das Problem der mengenmäßigen Erfassung des Verzehrs beim Gebrauch des Finanzierungsleasing auch nicht ohne weiteres nach den für die Miete bzw. den Kauf geltenden Grundsätzen bewältigt werden.

Vielmehr ist dessen – im Vergleich zu Miete und Kauf – anders geartetem substantiellen

Gehalt in der Kostenartenrechnung dadurch Rechnung zu tragen, daß alle (wenn auch zeitgleich) vollzogenen (Teil-)Aktivitäten (Geldkapitalbereitstellung – Transformation in Sachkapital und Gebrauchsüberlassung des Sachkapitals) auf einen etwaigen mit ihnen verbundenen Güterverzehr hin untersucht und gegebenenfalls unter den Kosten berücksichtigt werden müssen. Dann aber bestimmen Finanzierungs- und Investitionsakt den kostenrechnerisch relevanten Güterverzehr.

Wird hingegen nur an die Vorstellung vom Finanzierungsleasing als einer spezifischen Finanzierungsform [29] bzw. als eines Finanzierungssurrogats [30] angeknüpft, so muß sich dessen kostenrechnerische Behandlung notwendigerweise nach den für die konkurrierenden Finanzierungsalternativen (-surrogate) geltenden Prinzipien richten. Man gelangt dann zu dem Ergebnis, daß sich die Berücksichtigung des Finanzierungsleasing in der Kosten(arten)rechnung auf eine entsprechende Berücksichtigung unter der Kostenart »kalkulatorische Zinsen« reduziert, weil diese als (alleiniges) Abbild der Geldkapitalnutzung [31] fungieren. Allerdings wird dabei die absolute Höhe der für das Finanzierungsleasing zum Ansatz kommenden kalkulatorischen Zinsen durch die um die kalkulatorischen Abschreibungen geminderten Anschaffungs- bzw. Herstellungskosten (des geleasten Betriebsmittels) bestimmt. Aus zwei Gründen erscheint aber ein solches Vorgehen zur Berücksichtigung des Güterverzehrs beim Einsatz geleaster Betriebsmittel bedenklich. Zum einen, weil diese Verfahrensweise stets dann, wenn beim Einsatz *gemieteter* Betriebsmittel im Leistungsprozeß deren (pagatorische) Mietkosten zum Ansatz kommen (die in ihrer Höhe u. a. durch die kalkulatorischen Abschreibungen auf das vermietete Betriebsmittel und die kalkulatorischen Zinsen für das darin gebundene Geldkapital bestimmt werden), diese über den Kosten (d. h. den kalkulatorischen Zinsen) für das Finanzierungsleasing liegen und damit für dieses einen realiter nicht existenten (relativ) geringeren Güterverzehr anzeigen.

Zum anderen ist bei einer auf den Bereich der kalkulatorischen Zinsen beschränkten Berücksichtigung des Finanzierungsleasing natürlich kein Raum für die Vornahme kalkulatorischer Abschreibungen auf das geleaste Betriebsmittel, und zwar selbst dann nicht, wenn dessen Gebrauchsüberlassung auf Dauer etwa im Wege des sale and lease back [32] erfolgt, obwohl letztlich nur ein Wechsel in der Eigentümerschaft eingetreten ist. Deshalb darf beim Finanzierungsleasing weder die Tatsache der Geldkapitalbereitstellung noch die der Transformation des Geldkapitals sowie das Faktum der Gebrauchsüberlassung eines Leistungspotentials (Sachkapitals) an den Leasingnehmer außer Betracht bleiben.

E. Die personelle Zurechnung geleaster Betriebsmittel bei Vollamortisationsverträgen

Die primäre Frage, die somit beim Vollamortisationsleasing aus der Sicht der der Kostenartenrechnung vorgelagerten Güterverzehrserfassung zu beantworten ist, ist die, ob die für die Bilanzierung solcher Vermögensgegenstände getroffene Zurechnungsregelung auch für die Kostenrechnung gilt. Diese bilanzielle Zurechnungsregelung sieht für geleaste Betriebsmittel – wenn keine Option vereinbart wurde – vor, daß diese nach Maßgabe der vertraglichen Grundmietdauer der bilanziellen Vermögenssphäre des Leasinggebers bzw. jener des Leasingnehmers zugeordnet werden. [33]

Weder die Empfehlungen zur Kostenrechnung der deutschen Bundesverbände [34] noch die

Literatur zur Kostenrechnung lassen jedoch erkennen, ob man den bilanziellen Zurechnungsregelungen eine Maßgeblichkeit für die Kostenrechnung zumißt oder nicht. Analysiert man die von der Kosten(rechnungs-)theorie [35] und Kostenrechnungspraxis [36] nahezu deckungsgleich benannten Grundprinzipien für die Kostenrechnung, wie beispielsweise das Verursachungs-, Einwirkungs-, Identitäts- sowie Tragfähigkeitsprinzip etc., so zeigt sich, daß es sich hierbei durchweg um solche der Kostenverrechnung (-verteilung), nicht aber um solche der Kostenerfassung handelt.

Soweit überhaupt Äußerungen zu den Grundsätzen der Kostenerfassung vorliegen, beschränken sich diese auf methodische Fragen. [37] Dies legt die Vermutung nahe, daß ein gefestigter Grundsatz für die »personelle« Zurechnung von (Kosten-)Gütern [38] nicht existiert. Unbestritten dürfte jedoch sein, daß die kostenrechnerische Zurechnungsordnung die zweifache Verrechnung ein und desgleichen Güterverzehrs ebenso ausschließen muß, wie dies im Bereiche der Aufwandsrechnung durch die bilanziellen Zurechnungsregelungen geschieht.

Daß trotz des Fehlens eines allgemein verbindlichen Zurechnungsgrundsatzes für (Kosten-) Güter die sinngemäße Anwendung der bilanziellen Zurechnungsregelungen nicht in Betracht kommt, ergibt sich schon aus deren den allgemeinen Denkgesetzen nicht gehorchendem Inhalt. Dies wird sofort deutlich, wenn man bedenkt, daß im Falle des Vollamortisationsleasing bei fehlender Option geleaste Betriebsmittel der (bilanziellen) Vermögenssphäre des Leasingnehmers zugeordnet werden, wenn deren Grundmietzeit weniger als 40% bzw. mehr als 90% der betriebsgewöhnlichen Nutzungsdauer beträgt. Einen Sinn erhält diese Regelung erst, wenn man die federführende Funktion der FinVerw [39] bei ihrem Zustandekommen und deren Interessenlage berücksichtigt, die dahingeht, eine praktikable und einfache Zurechnungsregelung zu haben, die es erlaubt, die Masse der geleasten Betriebsmittel der Vermögenssphäre des Leasinggebers zuzuordnen.

Nun leuchtet unmittelbar ein, daß solche fiskalischen Gesichtspunkte keine kostenrechnerische Relevanz haben können, weil die Kostenrechnung von ihren Zielsetzungen her anderen Grundsätzen gerecht werden muß, als die handels- bzw. steuerrechtliche Aufwandsrechnung.

Ansatzpunkt für die personelle Zurechnung von Leasingobjekten zum Zwecke der kostenrechnerischen Erfassung ihres Potentialverzehrs kann somit nur die Verfügungsgewalt über ihr Leistungspotential sein. Wer diese Verfügungsgewalt im Rahmen der gesetzlich gesteckten Grenzen originär und ungeteilt auszuüben vermag, dem ist der Träger dieses Potentials (das Betriebsmittel) zuzurechnen.

Macht man sich diesen Grundsatz zu eigen, so ist insoweit eine kostenrechnerische Gleichbehandlung von gemieteten und geleasten Betriebsmitteln vertretbar, als Vermieter bzw. Leasinggeber das originäre und (personell) ungeteilte Verfügungsrecht über das an Dritte zum Gebrauch überlassene Betriebsmittel haben. Zwar haben Mieter bzw. Leasingnehmer derivative Dispositionsbefugnisse, diese reichen aber nach der herrschenden Auffassung bei Mietverhältnissen nicht aus, um eine Zuordnung des gemieteten Betriebsmittels zum (Kosten-)Güterbestand des Mieters herbeizuführen.

Allerdings scheint eine Zuordnung des Nutzungspotentials des gemieteten (wie auch des geleasten) Betriebsmittels zur (Kosten-)Gütersphäre des Vermieters (bzw. Leasinggebers) dann nicht mehr als sachgerecht, wenn der zivilrechtliche Eigentümer des ökonomischen Gehalts seiner Rechtsposition (autonome Verfügungsgewalt über das Nutzungspotential im Rahmen der gesetzlichen Schranken) dadurch verlustig gegangen ist, daß dem Nichteigentümer (Mieter, Leasingnehmer) das Recht der Nutzung bis zur Erschöpfung des Leistungspotentials des gemieteten (bzw. geleasten) Betriebsmittels eingeräumt wurde. Da in diesem Falle die Sachherrschaft über das gesamte Nutzungspotential für die Zukunft zeitlich und personell ungeteilt auf den Betriebsmittelnutzer übergegangen ist, wäre es sachfremd, die kostenrechnerische Zuordnung des geleasten Betriebsmittels von der Innehabung des zivilrechtlichen Eigentums abhängig zu machen. Denn im Hinblick auf Zeit und Umfang der Disponierbarkeit über das gesamte Leistungspotential stellt sich die Situation nicht anders dar als im Falle des käuflichen Erwerbs des Betriebsmittels. [40]

Daraus darf jedoch nicht gefolgert werden, daß somit auch bei einer Grundmietzeit, die mehr als 90% aber weniger als 100% der (betriebsgewöhnlichen) Nutzungsdauer beträgt, eine Zuordnung des Nutzungspotentials des geleasten Betriebsmittels zur (Kosten-)Gütersphäre des Leasingnehmers in Betracht komme. Würde doch damit verkannt, daß zwischen der uneingeschränkten (100%) Disponierbarkeit über ein Nutzungspotential und der – wenn auch u. U. nur gering – beschränkten (z. B. 99%) Verfügungsgewalt ein prinzipieller und nicht nur ein gradueller Unterschied besteht. Dieser prinzipielle Unterschied resultiert aus der zeitlichen Spaltung der Verfügungsgewalt, mit der in der Regel auch eine sachliche, d. h. eine Spaltung in der Zweckwidmung einhergeht. Wegen dieses prinzipiellen Unterschiedes kann die bilanzielle Zurechnungsregelung, die auch in diesem Falle (99%) noch eine Zuordnung des geleasten Betriebsmittels zur (Vermögens-)Sphäre des Leasingnehmers vorsieht, für Zwecke der Kostenrechnung keine Anwendung finden.

Die Tatsache, daß der Leasingnehmer unabhängig von der im konkreten Einzelfall vereinbarten Grundmietzeit das volle Investitionsrisiko trägt, vermag hingegen nichts zur Lösung des kostenrechnerischen Zuordnungsproblems beizutragen. Das ist darauf zurückzuführen, daß das kalkulatorische Unternehmerrisiko – und als dessen Bestandteil ist das Investitionsrisiko zu sehen – unter den kalkulatorischen Wagnissen (Risikoprämie) nicht erfaßbar ist, weil diese Kostenart der Abbildung der Einzelwagnisse [41] vorbehalten ist.

Auch die nach Ablauf der Grundmietzeit (gegebenenfalls) bestehende Möglichkeit der Mietverlängerung bzw. des Kaufes ist regelmäßig für die kostenrechnerische Zuordnung belanglos. Ist doch das Zuordnungsproblem bereits im Zeitpunkt der Inbesitznahme des geleasten Betriebsmittels zu lösen, zu einem Zeitpunkt also, zu dem noch keine intersubjektiv überprüfbaren Erkenntnisse darüber vorliegen, wer nach Ablauf der Grundmietzeit über das dann noch vorhandene (möglicherweise aber auch nicht mehr existente) Nutzungspotential verfügen wird. Diese Ungewißheit über den dann Verfügungsberechtigten läßt sich auch nicht mit Hilfe einer typisierenden Betrachtungsweise aus der Welt schaffen. Hinzu kommt, daß es äußerst fragwürdig erscheint, ob eine typisierende Betrachtungsweise, d. h. eine Betrachtungsweise, die vom typischen Verhalten der Leasingnehmer (in den Optionsfällen) in der Vergangenheit ausgeht, mit dem für die Istkostenrechnung geltenden Gebot der wertmäßigen Abbildung des Seienden (Gewesenen) in Einklang steht. Wenngleich es auch den Anschein haben mag, als sei dieses Gebot im Falle der Berücksichtigung von Einzelwagnissen im Rahmen der Kostenart »kalkulatorische Wagnisse« durchbrochen, so beweist doch die eingehende Analyse der unter dieser Kostenart ausgewiesenen Beträge das Gegenteil. Zwar ist nicht zu leugnen, daß für die Frage, in welcher Höhe Beträge für diese Einzelwagnisse zu veranschlagen sind, der Blick in die Zukunft gerichtet ist. Aber dieser Blick dient lediglich dazu, festzustellen, ob Umstände erkennbar sind, die den Eintritt schadenbewirkender Ereignisse in der Zukunft unwahrscheinlich oder in ihrer höhenmäßigen Auswirkung weniger gravierend als in der Vergangenheit erscheinen lassen. Die gegebenenfalls auf diese Weise modifizierten extrapolierten Kostenansätze der Vergangenheit sind nicht etwa als Widerspiegelung eines ungewissen zukünftigen Ereignisses, das es zu antizipieren gilt, zu verstehen. Könnte doch dann nur dessen Vorverlagerung in *eine* Abrechnungsperiode erfolgen, sondern sie sind Ausfluß des Prinzips, die kostenmäßigen Folgen zeitlich ungleich verteilter Schadensfälle gleichsam dadurch zu *normalisieren,* daß man sie anteilig auch anderen Abrechnungsperioden, als jenen, in der der Schaden eintritt, anlastet. [42]

Schließlich kann die Zuordnung geleaster Betriebsmittel auch nicht davon abhängig gemacht werden, zu wessen Lasten letztlich die Folgen von Beschäftigungsvariationen des geleasten Betriebsmittels während der Grundmietzeit und somit des verbleibenden (Rest-)Nutzungspotentials bzw. des Erfolgspotentials gehen. Denn auch darüber ist bei Verträgen mit Option eine Aussage erst nach Ablauf der Grundmietzeit möglich.

F. Die Berücksichtigung des Potentialverzehrs

Ist nach den vorstehend entwickelten Grundsätzen das Nutzungspotential des geleasten Betriebsmittels dem Leasingnehmer zuzurechnen, so ist der in der Abrechnungsperiode eingetretene Potentialverzehr durch entsprechende kalkulatorische Abschreibungen [43] in der Kostenrechnung des Leasingnehmers zu berücksichtigen. Es liegt auf der Hand, daß auch in diesem Falle die Bewertung des Gesamtnutzungspotentials, wie auch des in der Periode eingetretenen Verzehrs, zu Wiederbeschaffungs- bzw. Wiederherstellungskosten zulässig, bei pagatorischer Kostenkonzeption unter der Nebenbedingung der Substanzerhaltung sogar zwingend erforderlich ist.

Unstreitig ist auch, daß unabhängig von der zugrundeliegenden Kostenkonzeption sowohl der zeit- wie auch der gebrauchsabhängige Potentialverzehr zu berücksichtigen sind. [44] Jedoch wird die kausal richtige Berücksichtigung beider Verzehrsarten für schwierig, wenn nicht gar für unmöglich gehalten, und deshalb die Zugrundelegung einer einzigen Verzehrsart als durchaus sachgerecht angesehen. [45]

Damit ist aber sowohl Raum für zeit- wie auch für gebrauchsabhängige kalkulatorische Abschreibungen, und zwar auch dann, wenn es um die Ermittlung der Herstellungskosten geht, so daß es bei der Zurechnung des Nutzungspotentials zu den (Kosten-)Gütern des Leasingnehmers – wegen der Zulässigkeit (auch) degressiver kalkulatorischer Abschreibungen [46] zu einer Diskrepanz zwischen Aufwands- und Kostenrechnung bei degressiver bilanzieller Abschreibung des geleasten Betriebsmittels nur dann kommt, wenn in der Kostenrechnung auf der Grundlage der Wiederbeschaffungs- bzw. -herstellungskosten abgeschrieben wird.

Ist jedoch das Nutzungspotential den (Kosten-)Gütern des Leasinggebers zuzurechnen, so muß der Leasingnehmer den mit dem Vollamortisationsleasing verbundenen Gutsverzehr – und zwar unabhängig von dem intensitätsbedingten Ausmaß des Potentialabbaus – als einen solchen des Gutes »Geld« behandeln. [47] Das hat zur Folge, daß dieser Verzehr dann unter der Kostenart: Mieten, Pachten, Leasing [48] erfaßt wird.

Der Leasinggeber müßte in diesem Falle eigentlich dem von den Intensitätsentscheidungen des Leasingnehmers während der Grundmietzeit abhängigen Potentialverzehr durch eine leistungsabhängige Bemessung der kalkulatorischen Abschreibungen Rechnung tragen, jedoch wird dies in der Regel an fehlenden Informationen über die intensitätsmäßige Nutzung des geleasten Betriebsmittels scheitern.

G. Zusammenfassung

Die vorangegangenen Untersuchungen haben gezeigt, daß das Finanzierungs-(Vollamortisations-)Leasing in der Kosten(arten)rechnung regelmäßig nach den für Mietverhältnisse geltenden Grundsätzen zu berücksichtigen ist. Nur soweit der Leasingnehmer die volle, d.h. ungeteilte Dispositionsgewalt über das im Zeitpunkt des Vertragsabschlusses noch vorhandene Nutzungspotential erhält, ist aufgrund der gebotenen wirtschaftlichen Betrachtungsweise von einem kaufähnlichen Potentialerwerb auszugehen.

Für diesen Fall gilt dann für den Leasingnehmer, daß der Potentialverzehr – wie im Falle des Kaufes, d.h. des (zivilrechtlichen) Eigentumserwerbs – im Rahmen der kalkulatorischen Abschreibungen und das im (Rest-)Nutzungspotential gebundene Geldkapital im Rahmen der kalkulatorischen Zinsen zu berücksichtigen sind.

Die Entscheidung darüber, ob durch den Leasingvertrag die Dispositionsgewalt über das Nutzungspotential auf Dauer übertragen wird oder nicht, kann bei bestehendem Optionsrecht allerdings nicht von subjektiven Erwartungen über das zukünftige Verhalten abhängig gemacht werden, wie es auch nicht darauf ankommen kann, wie sich Grundmietzeit und (technisch) maximal mögliche Nutzungszeit zueinander verhalten, weil darüber stets nur ex post geurteilt werden kann. Aus diesem Grunde muß auch hier – wie bei der Lösung des bilanziellen Zurechnungsproblems – das Verhältnis von vertraglich vereinbarter Grundmietzeit und betriebsgewöhnlicher Nutzungsdauer den Ausschlag geben.

Bleibt die Grundmietzeit – wenngleich auch nur geringfügig – hinter der betriebsgewöhnlichen Nutzungsdauer zurück, so kommt eine Zuordnung des Nutzungspotentials zu den (Kosten-) Gütern des Leasingnehmers nicht in Betracht, weil zwischen der vollen Verfügungsgewalt eines einzelnen über eine Sache und der personell – wenngleich auch über die gesamte (Rest-)Nutzungszeit – geteilten Verfügungsgewalt prinzipielle und nicht etwa (nur) graduelle Unterschiede bestehen. Ob eine solche zeitliche Diskrepanz zwischen Grundmietzeit und betriebsgewöhnlicher Nutzungsdauer besteht oder nicht, muß unter Berücksichtigung des Informationsstandes entschieden werden, der im Zeitpunkt der Erstellung der ersten, dem Beginn der Grundmietzeit folgenden Kosten(arten)rechnung vorliegt. Nur wenn zu diesem Zeitpunkt offenkundig ist, daß (zweifelsfrei) das Nutzungsrecht bis zur Erschöpfung des Nutzungspotentials auf den Leasingnehmer übertragen wurde (z.B. aufgrund der geplanten Intensität und Einsatzzeit des geleasten Betriebsmittels [49]), kommt bei ihm eine Berücksichtigung des Potentialverzehrs in Form von kalkulatorischen Abschreibungen in Betracht.

Die Höhe der im Falle der Anschlußmiete bzw. des Kaufes zu entrichtenden Entgelts ist somit in jedem Falle kostenrechnerisch belanglos.

Eine solche Vorgehensweise bewirkt allerdings, daß in der Mehrzahl der Fälle, in denen die Zurechnung geleaster Betriebsmittel zur (bilanziellen) Vermögenssphäre des Leasingnehmers erfolgt (< 40% bzw. > 90%), in dessen Aufwandsrechnung Abschreibungen erscheinen, während in seiner Kostenrechnung »Leasingraten« ausgewiesen werden. Man mag ein solches Auseinanderdriften von sachzielbedingtem Aufwand und Kosten bedauern, es läßt sich aber bei sachgerechter Lösung des kostenrechnerischen Zurechnungsproblems nicht vermeiden.

Anmerkungen

1 Siehe dazu *Schneider* (Autoleasing) S. 10; *Städler* (Leasing-Geschäft) S. B 1.
2 Siehe *Müller/Stoppok* (Leasing) S. 35 ff.; *Paulus* (Leasing) S. 7 ff.
3 Der Begriff »Betriebsmittel« wird im folgenden stellvertretend für Mobilien (Maschinen, maschinelle Einrichtungen, Gegenstände der Betriebs- und Geschäftsausstattung) sowie Immobilien (bebaute Grundstücke) gebraucht.
4 *Büschgen* (Finanzwirtschaft) S. 14; *Hax* (Finanzierung) S. 373.
5 Siehe *Runge/Bremser/Zöller* (Leasing) S. 29.
6 Siehe dazu *Wassermann* (Potential) S. B 10.
7 Siehe dazu BGH 24. 4. 1985 – VIII ZR 95/84, S. 1120.
8 Als betriebsgewöhnliche Nutzungsdauer wird dabei regelmäßig jene angenommen, die in der amtlichen AfA-Tabelle für den entsprechenden Vermögensgegenstand angegeben ist.
9 Siehe dazu OLG Hamm 21. 2. 1985 – 4 U 157/84, S. 829.
10 Siehe dazu *Eisele* (Rechnungswesen) S. 156; *Wöhe/Bilstein* (Unternehmensfinanzierung) S. 188; *Perridon/Steiner* (Finanzwirtschaft) S. 254; *Vormbaum* (Finanzierung) S. 288; *Büschgen* (Finanzwirtschaft) S. 124 ff.
11 OLG Hamm 24. 1. 1985 – 4 U 384/83, S. 829.
12 *Gerke/Philipp* (Finanzierung) S. 92; *Vormbaum* (Finanzierung) S. 288. Zur Subsumtion des auf unbestimmte Dauer geschlossenen kündbaren Teilamortisationsvertrages unter das Finanzierungsleasing siehe BGH 12. 6. 1985 – VIII ZR 148/84, S. 1730.
13 Vgl. *Bundesminister der Finanzen* (Leasing-Verträge) S. 264; *ders.* (Finanzierungs-Leasing) S. 188.
14 Siehe dazu BGH 24. 4. 1985 – VIII ZR 65/84, S. 1125.
15 Siehe dazu *Szyperski* (Rechnungswesen) Sp. 1425 ff.
16 Siehe dazu *Bundesverband der Deutschen Industrie e. V.* (Empfehlungen) S. 18.
17 Zum Begriff System siehe *Grochla* (Planung) S. 41 und *Neidhardt* (Systeme) Sp. 2077.
17 a Zu den Auswirkungen der automatisierten Datenverarbeitung auf die inhaltliche und formale Ausgestaltung dieser Rechnungen siehe *Grochla* (Automatisierung) S. 17 ff.
18 Bei der Definition der Kosten ist es vielfach üblich, nur vom Güter- nicht aber auch von einem Diensteverzehr zu sprechen. In diesem Falle wird der mit dem Einsatz des Menschen im Leistungsprozeß verbundene Potentialverzehr (siehe dazu *Mann/Pugell* [Personalkostenrechnung] S. 659) als Verzehr eines Teils des Gutes (menschliches) »Nutzungspotential« gesehen. So z. B. von *Kloock/Sieben/Schildbach* (Kosten- und Leistungsrechnung) S. 36.
19 Siehe dazu *Riebel* (Einzelkosten) S. 36 f., 158 ff.; *Kilger* (Plankostenrechnung) S. 324; *Kloock/Sieben/Schildbach* (Kosten- und Leistungsrechnung) S. 197.
20 Zur Plankostenrechnung als Mittel der Verbrauchssteuerung siehe *Bundesverband Druck e. V.* (Richtlinien) S. 9, 64 ff., 88 ff., 123 ff.
21 Zu den Besonderheiten der Prognosekostenrechnung siehe *Scherrer* (Kostenrechnung) S. 53 f.
22 Siehe dazu *Mann* (Kostenhöhe) S. 2094 ff.
23 Zum Mengen- und Wertgerüst der Kosten(arten)rechnung siehe *Heinen* (Kostenlehre) S. 60 ff.
24 Zur Problematik des Potentialverzehrs bei Betriebsmitteln siehe *Kistner* (Theorie) S. 111 ff.
25 Zur pagatorischen Kostenkonzeption siehe *Heinen* (Kostenlehre) S. 83; *Kloock/Sieben/Schildbach* (Kosten- und Leistungsrechnung) S. 29.
26 *Kilger* (Einführung) S. 73; *Kloock/Sieben/Schildbach* (Kosten- und Leistungsrechnung) S. 100; *Bundesverband der Deutschen Industrie e. V.* (Empfehlungen) S. 37; *Bundesverband Druck e. V.* (Richtlinien) S. 57; *Hauptverband der Deutschen Bauindustrie e. V./Zentralverband des Deutschen Baugewerbes e. V.* (Bauunternehmen) S. 18.
27 *Bundesverband der Deutschen Industrie e. V.* (Empfehlungen) S. 39.
28 Siehe dazu *Piroth* (Potentialkosten) S. 137 ff.
29 Siehe *Gerke/Philipp* (Finanzierung) S. 92 f.; *Büschgen* (Finanzleasing) S. 1028 ff.
30 *Hahn* (Finanzwirtschaft) S. 150.
31 Vgl. *Bundesverband Druck e. V.* (Richtlinien) S. 60; *Huch* (Kostenrechnung) S. 61 ff.
32 Man versteht darunter den Verkauf eines Betriebsmittels und dessen nachfolgendes Leasen durch den vormaligen Eigentümer des Betriebsmittels.
33 Siehe dazu die Schreiben des *Bundesministers der Finanzen* (Anmerkung 13); *IdW* (Wirtschaftsprüfer-Handbuch) S. 651 ff.; *Eisele* (Rechnungswesen) S. 156 ff.
34 *Bundesverband der Deutschen Industrie e. V.* (Empfehlungen) S. 39; *Bundesverband Druck e. V.* (Richtlinien) S. 60.

35 Siehe dazu *Scherrer* (Kostenrechnung) S. 89 ff.; *Kilger* (Plankostenrechnung) S. 16 ff.; *Schweitzer/Küpper/Hettich* (Kostenrechnung) S. 135 ff.

36 Siehe dazu die unter Anmerkung 26 genannten Publikationen der deutschen Bundesverbände.

37 Siehe *Scherrer* (Kostenrechnung) S. 153 ff.

38 Zum Begriff des (Kosten-)Gutes siehe *Heinen* (Kostenlehre) S. 122.

39 Siehe dazu die unter Anmerkung 13 genannten Schreiben des Bundesministers der Finanzen.

40 Dem entspricht auch, daß der Leasingvertrag als verdecktes Abzahlungsgeschäft gewertet wird, wenn mit diesem – bei wirtschaftlicher Betrachtungsweise – die Wirkungen eines Kaufes erreicht werden sollen. Siehe dazu BGH 24. 4. 85 – VIII ZR 95/84, S. 1120.

41 Siehe dazu *Bundesverband der Deutschen Industrie e. V.* (Empfehlungen) S. 40; *Kloock/Sieben/Schildbach* (Kosten- und Leistungsrechnung) S. 71.

42 Zur Begründung und Ermittlung der Höhe der in der Kostenrechnung zu berücksichtigenden Einzelwagnisse siehe *Bundesverband der Deutschen Industrie e. V.* (Empfehlungen) S. 40.

43 Für den Fall des Mietkaufes vertritt der *Bundesverband der Deutschen Industrie e. V.* (Empfehlungen) S. 37 die Auffassung, daß die korrespondierenden Kostenarten die kalkulatorischen Abschreibungen und die kalkulatorischen Zinsen sind. Welche Art des Mietkaufes dieser Empfehlung zugrundeliegt, bleibt allerdings offen.

44 Siehe dazu *Scherrer* (Kostenrechnung) S. 169; *Kloock/Sieben/Schildbach* (Kosten- und Leistungsrechnung) S. 84.

45 So *Kloock/Sieben/Schildbach* (Kosten- und Leistungsrechnung) S. 85 ff. Vorschläge zur simultanen Berücksichtigung von zeit- und gebrauchsabhängigem Verzehr unterbreiten *Kilger* (Einführung) S. 132 und auf investitionstheoretischer Basis *Küpper* (Kostenrechnung) S. 30 ff.

46 Siehe dazu *Kloock/Sieben/Schildbach* (Kosten- und Leistungsrechnung) S. 85 ff.

47 Der Verbrauch des Nominalgutes Geld wirft zwar regelmäßig keine Bewertungsprobleme (beim Leasingnehmer) auf, jedoch kann ein solches entstehen, sobald die Leasingraten in ausländischer Währung zu entrichten sind.

48 So *Bundesverband der Deutschen Industrie e. V.* (Empfehlungen) S. 40.

49 Zur Nutzungsdauer als einer Funktion von Intensität und Einsatzzeit siehe *Adam* (Abschreibungen) S. 406.

Literaturverzeichnis

Adam, D. (Abschreibungen): Zur Berücksichtigung nutzungsabhängiger Abschreibungen in kombinierten Anpassungsprozessen. In: Zeitschrift für Betriebswirtschaft, 51. Jg., 1981, S. 405–411.

Baetge, J. et al. (Hrsg.) (Kompendium): Vahlens Kompendium der Betriebswirtschaftslehre, Bd. 1. München 1984.

BGH-Urteil vom 24. 4. 1985 – VIII ZR 65/84. In: Der Betrieb, 38. Jg., 1985, S. 1125–1127.

BGH-Urteil vom 24. 4. 1985 – VIII ZR 95/84. In: Der Betrieb, 38. Jg., 1985, S. 1120–1123.

BGH-Urteil vom 12. 6. 1985 – VIII ZR 148/84. In: Der Betrieb, 38. Jg., 1985, S. 1730–1734.

Büschgen, H.-E. (Finanzwirtschaft): Grundlagen betrieblicher Finanzwirtschaft. 2. Aufl., Frankfurt a. M. 1979.

Büschgen, H.-E. (Finanzleasing): Finanzleasing als Finanzierungsalternative. Eine kritische Würdigung unter betriebswirtschaftlichen Aspekten. In: Zeitschrift für Betriebswirtschaft, 50. Jg., 1980, S. 1028–1041.

Bundesminister der Finanzen (Leasing-Verträge): Schreiben betr. ertragsteuerliche Behandlung von Leasing-Verträgen über bewegliche Wirtschaftsgüter vom 19. 4. 1971, BStBl. 1971 I S. 264–266.

Bundesminister der Finanzen (Finanzierungs-Leasing): Schreiben betr. ertragsteuerliche Behandlung von Finanzierungs-Leasing-Verträgen über unbewegliche Wirtschaftsgüter vom 21. 3. 1972, BStBl. 1972 I S. 188 f.

Bundesverband der Deutschen Industrie e. V. (Empfehlungen): Empfehlungen zur Kosten- und Leistungsrechnung, Bd. 1. Köln und Bergisch Gladbach 1980.

Bundesverband Druck e. V. (Richtlinien): Kosten- und Leistungsrechnungs-Richtlinien. Wiesbaden 1979.

Eisele, W. (Rechnungswesen): Technik des betrieblichen Rechnungswesens. 2. Aufl., München 1985.

Gerke, W./ *Philipp,* F. (Finanzierung): Finanzierung. Stuttgart 1985.

Grochla, E. (Automatisierung): Die Auswirkungen der Automatisierung auf das Rechnungswesen. In: Studienkreis Finanzpräsident *Schröder:* Das Rechnungswesen bei automatisierter Datenverarbeitung. Wiesbaden 1971, S. 13–26.
Grochla, E. (Planung): Betriebliche Planung und Informationssysteme. Hamburg 1975.
Grochla, E. (Hrsg.) (Handwörterbuch): Handwörterbuch der Organisation. 2. Aufl., Stuttgart 1980.
Hagenmüller, K. F./*Stoppok,* G. (Hrsg.) (Leasing-Handbuch): Leasing-Handbuch für die betriebliche Praxis. 4. Aufl., Frankfurt a. M. 1981.
Hahn, O. (Finanzwirtschaft): Finanzwirtschaft. 2. Aufl., Landsberg/Lech 1983.
Hauptverband der Deutschen Bauindustrie e. V./Zentralverband des Deutschen Baugewerbes e. V. (Bauunternehmen): Kosten- und Leistungsrechnung der Bauunternehmen. 5. Aufl., Wiesbaden und Berlin 1985.
Hax, H. (Finanzierung): Finanzierung. In: *Baetge,* J. et al. (Hrsg.): Vahlens Kompendium der Betriebswirtschaftslehre, Bd. 1. München 1984, S. 367–422.
Heinen, E. (Kostenlehre): Betriebswirtschaftliche Kostenlehre. 6. Aufl., Wiesbaden 1983.
Huch, B. (Kostenrechnung): Einführung in die Kostenrechnung. 7. Aufl., Würzburg und Wien 1984.
IDW (Wirtschaftsprüfer-Handbuch): Wirtschaftsprüfer-Handbuch 1981. Düsseldorf 1981.
Kilger, W. (Einführung): Einführung in die Kostenrechnung. 2. Aufl., Wiesbaden 1980.
Kilger, W. (Plankostenrechnung): Flexible Plankostenrechnung und Deckungsbeitragsrechnung. 8. Aufl., Wiesbaden 1981.
Kistner, K.-P. (Theorie): Produktions- und Kostentheorie. Würzburg und Wien 1981.
Kloock, J./*Sieben,* G./*Schildbach,* Th. (Kosten- und Leistungsrechnung): Kosten- und Leistungsrechnung. 3. Aufl., Düsseldorf 1984.
Kosiol, E./*Chmielewicz,* K./*Schweitzer,* M. (Hrsg.) (Handwörterbuch): Handwörterbuch des Rechnungswesens. 2. Aufl., Stuttgart 1981.
Küpper, H. U. (Kostenrechnung): Investitionstheoretische Fundierung der Kostenrechnung. In: Zeitschrift für betriebswirtschaftliche Forschung, 37. Jg., 1985, S. 26–46.
Mann, G. (Kostenhöhe): Der Einfluß verrechnungstechnischer Entscheidungen auf die Kostenhöhe. In: Der Betrieb, 33. Jg., 1980, S. 2093–2097.
Mann, G./*Pugell,* B. (Personalkostenrechnung): Die Problematik der traditionellen Personalkostenrechnung. In: Die Betriebswirtschaft, 45. Jg., 1985, S. 657–665.
Müller, H. P./*Stoppok,* G. (Leasing): Leasing im Steuerrecht. In: *Hagenmüller,* K. F./ *Stoppok,* G. (Hrsg.): Leasing-Handbuch für die betriebliche Praxis. 4. Aufl., Frankfurt a. M. 1981, S. 35–49.
OLG Hamm – Urteil vom 24. 1. 1985 – 4 U 384/83. In: Betriebs-Berater, 40. Jg.,1985, S. 829.
OLG Hamm – Urteil vom 21. 2. 1985 – 4 U 157/84. In: Betriebs-Berater, 40. Jg., 1985, S. 829.
Neidhardt, F. (Systeme): Soziale und sozio-technische Systeme. In: *Grochla,* E. (Hrsg.): Handwörterbuch der Organisation. 2. Aufl., Stuttgart 1980, Sp. 2077–2087.
Paulus, H. (Leasing): Die steuerrechtliche Behandlung des Leasing. In: Betriebs-Berater, 39. Jg., 1984, Beilage zu Heft 14: Leasing – Aktuelles zu einer bewährten Finanzierungsform, S. 7–22.
Perridon, L./*Steiner,* M. (Finanzwirtschaft): Finanzwirtschaft der Unternehmung. 3. Aufl., München 1984.
Piroth, E. (Potentialkosten): Die Potentialkosten im System der Plankostenrechnung. Köln, Berlin, Bonn und München 1984.
Riebel, P. (Einzelkosten): Einzelkosten und Deckungsbeitragsrechnung. 4. Aufl., Wiesbaden 1982.
Runge, B./*Bremser,* H./*Zöller,* G. (Leasing): Leasing: Betriebswirtschaftliche, handels- und steuerrechtliche Grundlagen. Heidelberg 1978.
Scherrer, G. (Kostenrechnung): Kostenrechnung. Stuttgart und New York 1983.
Schneider, P. (Autoleasing): Autoleasing verschafft dem Unternehmen Liquidität. In: Der Betrieb, 37. Jg., 1984, Beilage zu Heft 21: Leasing bleibt aktuell, S. 10.
Schweitzer, M./*Küpper,* H. U./*Hettich,* G. O. (Kostenrechnung): Systeme der Kostenrechnung. 3. Aufl., Landsberg/Lech 1983.
Städler, A. (Leasing-Geschäft): Die konjunkturellen Bremsspuren der Vergangenheit sind auch im Leasing-Geschäft deutlich zu erkennen. In: Handelsblatt Nr. 72 vom 10. 4. 1984, Sonderbeilage: Leasing – Zeitgerecht investieren und finanzieren, S. B 1 f.
Studienkreis Finanzpräsident Schröder (Hrsg.): Das Rechnungswesen bei automatisierter Datenverarbeitung. Wiesbaden 1971.
Szyperski, N. (Rechnungswesen): Rechnungswesen als Informationssystem. In: *Kosiol,* E./*Chmielewicz,* K./*Schweitzer,* M. (Hrsg.): Handwörterbuch des Rechnungswesens. 2. Aufl., Stuttgart 1981, Sp. 1425–1439.
Vormbaum, H. (Finanzierung): Finanzierung der Betriebe. 6. Aufl., Wiesbaden 1982.
Wassermann, H. (Potential): Potential des Marktes ist noch nicht ausgeschöpft – Umfeld für Neugründun-

gen weiterhin günstig. In: Handelsblatt Nr. 72 vom 10.4.1984, Sonderbeilage: Leasing – Zeitgerecht investieren und finanzieren, S. B 10.
Wöhe, G./ *Bilstein,* J. (Unternehmensfinanzierung): Grundzüge der Unternehmensfinanzierung. 3. Aufl., München 1984.

*Gerd Rose**

Steuerliche Wahlrechte als Gegenstände anwendungsorientierter betriebswirtschaftlicher Forschung**

* Prof. Dr. *Gerd Rose,* Universität zu Köln, Seminar für Allgemeine Betriebswirtschaftslehre und Betriebswirtschaftliche Steuerlehre.

** Wegen der umfangmäßigen Begrenztheit dieses Beitrags ist weder größte Bearbeitungstiefe noch Vollständigkeit bei der Literaturauswahl beabsichtigt. Auslassungen enthalten keine wissenschaftliche Wertung. Meinem Wissenschaftlichen Mitarbeiter, Herrn Dipl.-Kfm. Bernd Rabald, danke ich für die Hilfe bei der Literaturauswertung und die Kritik meines Manuskripts, das im August 1985 abgeschlossen wurde.

A. Das Verhältnis der Allgemeinen Betriebswirtschaftslehre zu Besteuerungsfragen

I. Vernachlässigung der Besteuerung in vielen betriebswirtschaftlichen Untersuchungen

Das Verhältnis der älteren Betriebswirtschaftslehre zur Besteuerung kann man über Jahrzehnte hinweg als (nur selten als solche kenntlich gemachte) »Ausklammerung« charakterisieren. Weder bei Eugen Schmalenbach, der sich allenfalls im Zusammenhang mit Finanzierungsfragen kurz zur konkreten Besteuerung [1] oder (in seiner Schrift »Der freien Wirtschaft zum Gedächtnis« [2]) wertend-normativ zum Steuersystem selbst äußert, noch bei seinen bedeutenden Zeitgenossen und Nachfolgern findet die Besteuerung der unternehmerischen Aktivitäten, Strukturen, Organisationen oder Bestände ein hervorgehobenes eigenständiges betriebswirtschaftliches Interesse. [3] Auch in dem großen dreibändigen Grundlagenwerk von Erich Gutenberg [4] wird eine Betriebswirtschaftslehre vorgeführt, die weitgehend von Steuern abstrahiert. In seiner »Produktion« findet sich ein einziger Satz über Steuern als Kosten [5], der »Absatz« enthält, soweit zu erkennen, überhaupt keine Bezugnahme auf die Einflüsse der Besteuerung, und in dem Band »Finanzen« widmen sich lediglich ein paar Seiten Steuerproblemen im Zusammenhang mit Finanzierungs-, insbesondere aber Ausschüttungsentscheidungen. [6]

Das Steuerdesinteresse setzt sich in einer großen Zahl der jüngeren Lehrbücher zur Allgemeinen Betriebswirtschaftslehre fort. Auch hier werden Besteuerungsfragen in der Regel überhaupt nicht oder nur sehr am Rande erörtert. Ein anschauliches Beispiel bietet das sehr verbreitete und erfolgreiche Lehrbuch von Edmund Heinen. Im Stichwortverzeichnis kommen weder die Begriffe »Besteuerung« noch »Steuern« vor; die betont entscheidungsorientiert aufgebaute Heinensche »Einführung in die Betriebswirtschaftslehre« begnügt sich vielmehr mit der knappen Aussage, daß im öffentlichen Recht »in erster Linie das Steuerrecht und bestimmte Teile des Verwaltungsrechts… betriebswirtschaftlich bedeutsam« seien. [7][8] In neueren Lehrbüchern kann man allerdings eine Tendenz zumindest dahin feststellen, daß die Besteuerung nicht mehr gänzlich unerwähnt bleibt. Entweder wird ein Kapitel mit einem Überblick über die wichtigsten Steuerarten eingefügt [9] oder – darüber hinausgehend – an geeigneten Stellen die betriebswirtschaftliche Bedeutung der Steuern, meist allerdings nur verbal, ins Blickfeld gerückt. [10] Überhaupt nicht oder nur zurückhaltend erwähnt wird der Steuereinfluß auch in vielen der in den letzten 20 Jahren veröffentlichten wertvollen Einzelarbeiten, die Modelle und Regeln für die richtige Entscheidung aus den Bereichen der Investition, der Finanzierung, der Produktion, des Absatzes, der Personalwirtschaft usw. vorstellen; noch heute gibt es aktuelle Lehrbücher zu jedem dieser Teilgebiete, die völlig ohne Berücksichtigung der Steuern Probleme stellen, erläutern und lösen. [11]

II. Eine vermutliche Ursache dafür: Verkennung der Natur des steuerrechtlichen Zugriffs

Da der Grund, den der jeweilige Autor für die Abstinenz seiner Publikation von Steuerfragen hat, in aller Regel nicht genannt wird, liegt man wohl mit der folgenden – auch aus den Artikulationen solcher Schriften, die die Besteuerung nicht völlig ausklammern, ablesbaren – Vermutung richtig: Die Steuern werden ungeachtet des Respekts vor ihrer Komplexität und vor den mit ihrer Ermittlung verbundenen Schwierigkeiten als eine einfache Resultante aus dem Sachverhalt und den Steuerrechtsnormen, mithin als für den Betrieb unbeeinflußbare Daten, gesehen, die allenfalls als Ausgaben, Aufwendungen und/oder Kosten zu registrieren und verrechnungstechnisch sachgemäß zu bearbeiten sind. Ein originäres wissenschaftliches Interesse aus betriebswirtschaftlicher Sicht verdienen sie nach dieser Auffassung dagegen nicht. Und weil die Vermittlung bloßer Datenkenntnisse in diesem Bereich (1.) nicht als Aufgabe der Betriebswirtschaftslehre, sondern der Steuerrechtswissenschaft angesehen wird und (2.) für die zu treffenden Entscheidungen ohne eigenständige Bedeutung scheint, klammert auch die anwendungsorientierte betriebswirtschaftliche Forschung traditionell diesen Bereich aus, macht insbesondere bisher nur wenige Integrationsversuche.

Man kann es vielleicht noch einmal drastisch so formulieren: In weiten Bereichen der Betriebswirtschaftslehre herrscht bezüglich der Besteuerungsgegebenheiten offenbar die Auffassung, der Betrieb (bzw. der für die darin zu treffenden Entscheidungen maßgebende Steuerpflichtige) setze den – steuerrelevanten – Sachverhalt. Dann aber habe er nur noch eher formale Pflichten, wie die Abgabe von Steuererklärungen und dazu gehöriger Unterlagen (Steuerbilanzen, Vermögensaufstellungen); im übrigen sei er nunmehr »einflußlos«, denn das Finanzamt führe aufgrund der Deklarationen des Steuerpflichtigen die Veranlagung durch, indem es den deklarierten Sachverhalt unter den Tatbestand der einschlägigen Steuerrechtsnormen subsumiere und alsdann aus den tariflichen Anordnungen usw. die Steuerschuld feststelle; unterlaufe ihm dabei ein Fehler, so sei dessen Feststellung und Beseitigung eine Angelegenheit der Juristen. Ein vom Betrieb bzw. vom steuerpflichtigen Betriebsträger ausgehendes betriebswirtschaftliches Interesse insbesondere an den Vorgängen und Entscheidungen, die nach der Sachverhaltssetzung zur Steuerveranlagung führen, wird nicht vermutet.

III. Konsequenzen der Vernachlässigung der Besteuerung für betriebswirtschaftliche Aussagen

Die erste Konsequenz der aus einer solchen Auffassung entstehenden Überlegungen besteht darin, daß man Wirkungsaussagen und Entscheidungsregeln produziert, die in einer »steuerfreien« Welt das optimale Ergebnis liefern würden, unter jenen durch hohe Besteuerung charakterisierten Gegebenheiten, mit denen die Unternehmungen aber tatsächlich heute zu tun haben, möglicherweise schlicht falsch sind. Die Besteuerung ist nämlich weitgehend nicht ergebnisneutral, und bei der Einbeziehung von Steuern kommt es sehr oft auf die genaue realitätsnahe Erfassung der Steuerartenrechtsregelungen an. Aus der Investitionstheorie mögen hierzu beispielhaft die Steuerparadoxa [12], aus dem Bereich der Finanzierungslehre die Änderungen von Aussagen des Modigliani-Miller-Theorems [13] und aus dem Bereich der Absatztheorie die Einflüsse steuerlicher Sondernormen auf die Preisabsatzfunktonen [14] angeführt sein.

Aber selbst unabhängig davon, daß bei normalen, gewissermaßen »alltäglichen« betriebswirtschaftlichen Entscheidungen durch Nichtberücksichtigung der Besteuerung fehlerhafte Aussagen produziert werden können, hat sich die Betriebswirtschaftslehre auch unnötige – und ihrer Wissenschaftsaufgabe zuwiderlaufende – Selbstbeschränkungen auferlegt bzw. legt sich weiterhin solche auf, wenn sie bei der Untersuchung betrieblicher Entscheidungsbereiche weiße Felder läßt, die von keiner anderen Wissenschaft sachkundig erforscht werden. Damit vernachlässigt sie nämlich ihre auch bestehende Funktion als Entscheidungshelfer für Betriebe, für wirtschaftende Personen und für den Gesetz- oder sonstigen Normgeber. Deshalb ist der Einfluß der Betriebswirtschaftslehre auf die Steuerpraxis über viele Jahrzehnte hinweg unnötig gering gewesen [15] und heute noch keineswegs ausreichend groß.

B. Die steuerlichen Wahlrechte

I. Die tatsächliche Natur des steuerlichen Zugriffs

Der Weg vom wirtschaftlichen Sachverhalt bis zu der durch seine Realisierung verursachten Steuerschuld kann in drei Phasen zerlegt werden: die Sachverhaltsphase, die Deklarationsphase und die Veranlagungsphase.

Die tatsächliche Natur des steuerrechtlichen Zugriffs ist nun nicht – wie es der weiter oben skizzierten Meinung entsprechen würde – durch ausschließliche Beeinflussungsmöglichkeiten seitens des Steuerpflichtigen bei der Sachverhaltssetzung gekennzeichnet, sondern gerade dadurch, daß auch die beiden anderen Phasen legitimen besteuerungswirksamen Aktivitäten des Steuerpflichtigen zugänglich sind. Insbesondere werden die Vorgänge in der Veranlagungsphase keineswegs nur von der Exekutive und ggf. der Judikative beeinflußt. Dafür sollen nachstehend einige Beispiele gegeben werden.

II. Beispiele für steuerwirksame Gestaltungsmöglichkeiten in den einzelnen Phasen

1. *Sachverhaltsphase*

(1) Steuerlich hochsensibel ist die Standortentscheidung für Investitionen in Betrieben oder Betriebsstätten. Dies liegt im nationalen Bereich zunächst an den unterschiedlich hohen Grundsteuer- und Gewerbesteuer-Hebesätzen der Gemeinden in der Bundesrepublik Deutschland [16]; große Einflüsse gehen auch von Spezialgesetzen, wie dem Zonenrandförderungsgesetz, dem Investitionszulagengesetz, dem Berlinförderungsgesetz [17], aus. Daß die internationale Standortfestlegung wegen des unterschiedlichen Steuerniveaus in den einzelnen Staaten von höchster steuerlicher Relevanz ist, dürfte bekannt sein. [18]

(2) Die Entscheidung über die Rechtsform der Unternehmung und deren Änderung (Umwandlung) hat infolge zahlreicher steuerlicher Regelungen erhebliche Konsequenzen. Hinzuweisen ist insbesondere auf die große Scheidelinie zwischen Kapitalgesellschaft und Personenunternehmung. Bei der Ertrags- und der Substanzbesteuerung erfolgt im Falle der

Kapitalgesellschaft eine Zweifacherfassung [19] der Erfolge und Vermögenswerte bei der Gesellschaft und den Gesellschaftern, während in der Personenunternehmung die hier verwirklichten – zum Teil inhaltlich anders als bei Kapitalgesellschaften definierten – Bemessungsgrundlagen unmittelbar bei den Beteiligten zur Besteuerung herangezogen werden.

(3) Man kann das Eigenkapital einer Kapitalgesellschaft u. a. durch direkte Thesaurierung oder durch das Schütt-aus-Hol-zurück-Verfahren [20] stärken. Die unterschiedlichen Steuerfolgen resultieren aus mehreren Steuerarten. Betroffen sind die Gesellschaftsteuer, die Körperschaftsteuer sowie die Einkommen- und Kirchensteuer. Je nach den (vor allem im Gesellschafterkreis) vorliegenden Gegebenheiten können sich erhebliche Mehrbeträge von verbleibendem Eigenkapital beim Schütt-aus-Hol-zurück-Verfahren im Vergleich zur Direktthesaurierung ergeben.

2. *Deklarationsphase*

(1) Die Grundsätze ordnungsmäßiger Buchführung gewähren dem Bilanzierenden bei kurzfristig fälligen unverzinslichen Forderungen ein Abzinsungswahlrecht. [21] Je nachdem wie es ausgenutzt wird, entstehen ertragsteuerliche Konsequenzen aus einer Verschiebung von Erfolg zwischen zwei Veranlagungszeiträumen und substanzsteuerliche durch eine Minderung oder Nichtminderung des Einheitswertes des gewerblichen Betriebes. [22]

(2) Wenn die Sachverhaltsentscheidung »Erteilung einer Pensionszusage an Arbeitnehmer« gefallen ist, folgt daraus noch keine Verpflichtung zum Ansatz eines entsprechenden Passivpostens. Sowohl das Handels- als auch das Steuerbilanzrecht [23] stellen es vielmehr in das Belieben eines Steuerpflichtigen, den Sachverhalt durch Passivierung abzubilden oder dies zu unterlassen. Auch die Höhe des Wertansatzes ist innerhalb bestimmter Grenzen in die Entscheidungsbefugnis des Steuerpflichtigen gelegt. [24] Die steuerlichen Konsequenzen auf der Erfolgsdarstellungsseite sind offensichtlich.

(3) Der Gewinn aus der Veräußerung eines Wirtschaftsguts, das die Voraussetzungen des § 6b Abs. 1 Satz 1 und Abs. 4 Nrn. 2 und 3 EStG erfüllt, läßt einen ganzen Fächer von Entscheidungsmöglichkeiten entstehen. So kann die Deklaration zur sofortigen normalen Besteuerung, die (Teil-)Übertragung auf eine andere Investition innerhalb des Katalogs des § 6b Abs. 1 Satz 2 EStG im gleichen Wirtschaftsjahr, die Bildung einer Rücklage, die Übertragung der Rücklage auf Reinvestitionen oder ihre Auflösung in späteren Jahren gewählt werden. Da dies alles außerdem ganz oder teilweise erfolgen kann, sind auch für passend gehaltene »Mischungen« möglich.

3. *Veranlagungsphase*

(1) Gem. § 19 Abs. 2 UStG kann der sog. »Kleinstunternehmer« wählen, ob er gänzlich von der Umsatzsteuer verschont oder wie ein »Kleinunternehmer« besteuert werden will. Im erstgenannten Fall kann er keinen Vorsteuerabzug vornehmen. Die Besteuerung als Kleinunternehmer hat die uneingeschränkte Anwendung der normalen Regeln über Umsatzsteuerpflicht und Vorsteuerabzug zur Folge, ist aber mit einem besonderen Vorzug in Gestalt eines (bis zu 80% der Zahllast umfassenden) Steuerabzugsbetrages garniert. Aus dem verwirklichten und deklarierten Sachverhalt (= Realisierung steuerpflichtiger Umsätze im Kalenderjahr) werden also aufgrund einer autonomen Entscheidung des Steuerpflichtigen (die das Finanzamt akzeptieren muß) unterschiedliche steuerliche Rechtsfolgen gezogen.

(2) Der Inhaber von Anteilen an Kapitalgesellschaften, die aus einer Umwandlung mit Buchwertverknüpfung entstanden sind (sog. einbringungsgeborene Anteile), kann nach § 21 Abs. 2 Nr. 1 UmwStG jederzeit dem Finanzamt erklären, daß er diese Anteile für Besteuerungszwecke als veräußert ansehen und den daraus zu berechnenden Erfolg versteuern möchte. Hat er diese Erklärung abgegeben, so werden die einbringungsgeborenen Anteile bei einer späteren tatsächlichen Veräußerung nicht mehr unter die belastenden Regeln des § 16 EStG gestellt; ein dann entstehender Gewinn kann infolgedessen sogar steuerfrei sein. Die Erklärung über eine fiktive Veräußerung bewirkt mithin – bei unverändertem Sachverhalt! – eine ganz andere Besteuerung als sie sonst durchzuführen wäre.

(3) Wird ein Betrieb gegen eine Leibrente veräußert, so bietet sich nach Abschn. 139 Abs. 13 EStR ein Besteuerungsmethodenwahlrecht eigener Art. Der bei der Veräußerung entstehende Gewinn kann sofort der – gem. §§ 16 Abs. 4, 34 Abs. 1 EStG ermäßigten – Besteuerung unterworfen werden; in diesem Falle sind die in den einzelnen späteren Rentenzahlungen enthaltenen Ertragsanteile jeweils fortlaufend nach § 22 Nr. 1 Buchst. a EStG zu versteuern. Statt dieser Sofortversteuerung kann auch die sog. Aufrechnungsmethode gewählt werden, die darin besteht, daß alle Rentenzahlungen bis zur Erreichung des steuerlichen Kapitalkontos im Veräußerungszeitpunkt unbesteuert bleiben, nach Übersteigen aber gem. §§ 15, 24 EStG voll steuerpflichtige Betriebseinnahmen darstellen. Die Unterschiedlichkeit der aus der Entscheidung für das eine oder andere Verfahren resultierenden – lebenslangen – Konsequenzen für die Höhe der Einkommensteuer des Betriebsveräußerers liegt auf der Hand.

III. Abgrenzung von Sachverhaltsgestaltungen und Wahlrechtsausübungen

Um die erforderliche Klarheit sicherzustellen, sollen Sachverhaltsgestaltungen und Wahlrechtsausübungen noch einmal gegeneinander abgegrenzt werden.

Sachverhaltsgestaltungen sind Realakte. Wahlrechtsausübungen setzen erst nach Verwirklichung des Sachverhalts an. Wenn die Möglichkeit zu einer Wahl besteht, ob und wie ein bestimmter Sachverhalt bei der Besteuerung berücksichtigt werden soll, legt der Entscheidungsträger (im Rahmen der gesetzlich oder sonstwie festgelegten Entscheidungsbreite) – entweder bei der Deklaration des Sachverhalts oder im Zuge der Veranlagung – autonom die für die steuerrechtliche Würdigung maßgebende Bemessungsgrundlage und/oder die anzuwendende Norm fest. Der Sachverhalt bleibt davon unberührt.

Ein Beispiel aus dem Deklarationsbereich: Die Anschaffung eines geringwertigen Wirtschaftsguts des Anlagevermögens (Anschaffungs- oder Herstellungskosten bis 800 DM) ist ein Realakt; die Unternehmung verfügt nach der Anschaffung über dieses Wirtschaftsgut in ihrem Vermögen. In der ersten nach der Anschaffung aufzustellenden Bilanz – also in der Deklarationsphase – entsteht ein auf diesen Realakt bezogenes Wahlrecht. Der Sachverhalt kann in der Steuerbilanz nach § 6 Abs. 1 Nr. 1 EStG oder nach § 6 Abs. 2 EStG abgebildet werden. Im ersten Fall erfolgt eine Bewertung des angeschafften Wirtschaftsguts mit den im Zuge normaler Absetzungen für Abnutzung fortgeführten Anschaffungskosten; im zweiten Fall erfolgt kein Ansatz; die Anschaffungskosten werden mithin dann sofort Aufwand des Investitionsjahres.

Ein Beispiel aus dem Veranlagungsbereich: Es besteht ein Wahlrecht zwischen der Inanspruchnahme des negativen Progressionsvorbehalts bei ausländischen Betriebsstättenverlusten [25] und der Inanspruchnahme des Verlustabzugs nach § 2 Auslandsinvestitionsgesetz. Die über mehrere Perioden reichenden Wirkungen der getroffenen Entscheidung des Steuerpflichtigen über die steuerrechtliche Behandlung des Realakts »Verlustentstehung« können beträchtlich sein. [26]

C. Die Beschäftigung der Betriebswirtschaftlichen Steuerlehre mit steuerlichen Wahlrechten

I. Hauptgründe für die Befassung mit dieser Materie

Mit der Betriebswirtschaftlichen Steuerlehre hat sich innerhalb der Betriebswirtschaftslehre eine Spezialdisziplin herausgebildet, die mit den betriebswirtschaftlichen Konsequenzen der Besteuerung befaßt ist. Zu ihren Forschungsbemühungen gehört – teils erst seit relativ kurzer Zeit – auch die Beschäftigung mit den steuerlichen Wahlrechten. Hierfür gibt es mehrere Gründe.

Der erste Grund liegt im entwickelten Selbstverständnis des Fachs hinsichtlich des Anwendungsbezugs. Wenn sich die Betriebswirtschaftslehre als eine entscheidungsorientierte ökonomische Wissenschaft versteht, dann muß sie sich mit *allen* wirtschaftlichen Entscheidungen, die in Betrieben und für Betriebe zu treffen sind, beschäftigen. Dazu gehört auch, daß sie bestehende, aber noch nicht ins Bewußtsein gedrungene Aktivitätsmöglichkeiten aufspürt, die Wirkungen der damit zusammenhängenden Dispositionen analysiert, zweckmäßige Kalküle entwickelt und nach Möglichkeit Entscheidungsregeln (unter Zugrundelegung bestimmter Zielfunktionen) aufstellt.

Der zweite Grund ist in der Erkenntnis zu sehen, daß bei der Bearbeitung steuerbetriebswirtschaftlicher Entscheidungsprobleme – bei aller Methodenvielfalt – doch im Kern keine von der üblichen betriebswirtschaftlichen Methodik abweichende Vorgehensweise zu erkennen ist. Methodisch geht der Steuerbetriebswirt, der mit der kalkülisierenden Vorbereitung einer Entscheidung über steuerliche Wahlrechtsausübungen befaßt ist, also nicht anders vor als der Fertigungswirtschaftler bei der Suche nach der optimalen Losgröße, der Absatzwirtschaftler bei der Suche nach der richtigen Höhe des Absatzpreises oder der Finanzwirtschaftler bei der Suche nach der günstigsten Finanzierungsform für ein Projekt. So können die Betriebswirtschaftler, die sich mit Investitions- und Finanzierungsfragen beschäftigen, beispielsweise die vorgefundenen oder von ihnen entwickelten betriebswirtschaftlichen Lösungsalgorithmen in einem verbreiterten (und zugleich realitätsnäheren) Modell unter Einbeziehung der Besteuerung anwenden, ohne neue Methoden dafür entwickeln zu müssen. [27]

Ein dritter Grund dürfte in der sich verstärkenden Auffassung seine Wurzeln haben, daß die Betriebswirtschaftslehre Beiträge normativer Art leisten sollte, die für ihren Bereich eine bessere Steuerrechtsordnung ermöglichen. [28] Angesichts der hohen und komplizierten Besteuerung [29] gehört es sicher zu den damit verbundenen Aufgaben, beispielsweise den Steuergesetzgeber darauf aufmerksam zu machen, welche Wirkungen manche Wahlrechte (und deren fehlerhafte Ausübung) haben können, unter welchen Umständen sinnvollerweise ein Wahlrecht eingeräumt wird, wie dies operational zu formulieren ist und welche Entscheidungshilfen der steuerliche Wahlrechtseinräumer dem Steuerwahlberechtigten dabei an die Hand geben sollte. [30]

Die Betriebswirtschaftliche Steuerlehre erfüllt damit also Aufgaben des Gesamtfaches Betriebswirtschaftslehre. [31]

II. Beispiele für bisherige Einzelforschungsergebnisse aus dem relevanten Bereich

Besonders intensiv hat sich die Betriebswirtschaftliche Steuerlehre in den vergangenen 20 Jahren der Deklarationsphase und hier vor allem der sog. Steuerbilanzpolitik zugewandt. Eine weitgehende Aufbereitung des zur Verfügung stehenden Instrumentariums (also der Wahlrechte und Spielräume für Ansätze und Bewertungen auf der Aktiv- wie Passivseite) hat stattgefunden; das Entscheidungsfeld ist danach gut überschaubar. [32] Hinzugekommen sind Entwicklungen und kritische Prüfungen der Konzepte zum zielgerichteten Einsatz dieses bilanzpolitischen Instrumentariums:

Orientierung am Gesetz der Normallinie, Steueraufwandminimierung, Steuerkapitalwertminimierung und Nettokapitalwertmaximierung sind die meistdiskutierten Zielfunktionsbeschreibungen. [33] Dabei ist das erstgenannte Gesetz der Normallinie als zu eng, das zuletzt genannte der Nettokapitalwertmaximierung als i. d. R. zu weit erkannt worden. Vor einigen Jahren wurde schließlich überzeugend dargetan, daß die mit großem Aufwand betriebenen Steuerkapitalwertminimierungsmodelle, die sich in der theoretischen Erörterung durchgesetzt haben, in vielen Fällen kein besseres Ergebnis liefern als das schlichte (und ohnehin von der Praxis bevorzugte) Modell der aktuellen Steueraufwandminimierung; der Anwendungsbereich der Steuerkapitalwertminimierung ist nämlich auf die relativ wenigen Entscheidungsträger beschränkt, die sich in den Einkommensteuer-Progressionszonen bewegen. [34]

Hilfen bei der Vorbereitung von Entscheidungen über die Ausübung einzelner Rechtswahlmöglichkeiten in der Veranlagungsphase werden von der Betriebswirtschaftlichen Steuerlehre – von gelegentlichen Ausnahmen abgesehen – gezielt erst seit einiger Zeit angeboten. Für diese Angebote drei Beispiele:

(1) Die Vorschrift des § 9 UStG erlaubt es dem umsatzsteuerlichen Unternehmer, für bestimmte steuerfreie Umsätze durch einfache Erklärung gegenüber dem Finanzamt auf die Umsatzsteuerfreiheit zu verzichten – und damit der schädlichen Wirkung des § 15 Abs. 2 UStG (Ausschluß vom Vorsteuerabzug) zu entgehen. Die Wahl zwischen der Umsatzsteuerpflicht mit Vorsteuerabzug und der Umsatzsteuerfreiheit ohne Vorsteuerabzug ist rational nur zu treffen, wenn der Unternehmer über die umsatzsteuerliche Situation und damit voraussichtliche Reaktion seiner Abnehmer informiert ist. Die Entscheidungsregel zu dieser Alternative läßt sich verbal so formulieren: Handelt es sich bei den Leistungsempfängern um Unternehmer, die sich zusätzlich zum vereinbarten Netto-Leistungspreis die gesondert ausgewiesene Umsatzsteuer (deshalb) in Rechnung stellen lassen (weil sie diese ihrerseits im Wege des Vorsteuerabzugs geltend machen können), so ist die Option wirtschaftlich immer vorteilhaft und deshalb auszuüben. Kontrahiert der Unternehmer, der die Optionsentscheidung zu treffen hat, dagegen mit Partnern, die sich den gesonderten Aufschlag einer Umsatzsteuer (deshalb) nicht gefallen lassen (weil sie keine Möglichkeit zum Vorsteuerabzug haben), so muß der Unternehmer prüfen, ob die von ihm im Falle der Option selbst zu übernehmende – und damit seine Gewinn- und Verlustrechnung belastende – Umsatzsteuer geringer ist als die ihm bei Nichtoption entgehende Vorsteuerabzugsmöglichkeit – die seine Gewinn- und Verlustrechnung um die Vorsteuerbeträge entlastet. [35]

(2) Nach §§ 361 Abs. 2 AO, 69 Abs. 2 und 3 FGO kann die Steuerpflichtige die Aussetzung der Vollziehung, insbesondere die Nichteinforderung eines streitigen Steuerbetrages, beantragen, »wenn ernstliche Zweifel an der Rechtmäßigkeit des angefochtenen Verwaltungsaktes bestehen oder wenn die Vollziehung für den Betroffenen eine unbillige, nicht durch überwiegende öffentliche Interessen gebotene Härte zur Folge hätte«. Unter Berücksichtigung der Verzinsungspflichten, der (ungleichen) ertragsteuerlichen Behandlung von Erstattungs- bzw. Aussetzungszinsen sowie der Unsicherheiten über die künftige Entwicklung muß man für die erforderlichen Berechnungen nach dem Kapitalwert- oder dem Endwertmodell mit Wahrscheinlichkeiten arbeiten, so daß man schließlich die Entscheidung nur auf der Basis von Erwartungswerten treffen kann. Wie falsch es sein kann, nach der Brutalregel zu verfahren, die Aussetzung der Vollziehung, wenn immer möglich zu beantragen, ist deutlich herausgestellt worden. [36]

(3) In gleichlautenden Erlassen der Finanzbehörden der Länder aus dem Jahre 1965 [37] wird dem Verpächter eines Betriebes ein Wahlrecht eingeräumt, welches auf der Rechtsprechung des Bundesfinanzhofs beruht. Der Verpächter kann bei der Betriebsverpachtung (und auch zu jedem späteren Zeitpunkt während der Pachtdauer) die Betriebsaufgabe erklären, die stillen Reserven des verpachteten Betriebes auflösen und den daraus entstehenden Gewinn (ermäßigt) versteuern; anschließend hat er nicht mehr Einkünfte aus Gewerbebetrieb, sondern Einkünfte aus Vermietung und Verpachtung. Er kann aber auch den verpachteten Gewerbebetrieb ohne Auflösung der stillen Reserven (und trotzdem ab sofort ohne Gewerbesteuerpflicht) fortführen; für diesen Fall hat er mit den Pachteinnahmen sowie mit sämtlichen Vermögenswertänderungen Einkünfte aus Gewerbebetrieb. Ein differenzierender Kalkül zeigt nun, daß in sehr vielen Fällen die von der Praxis bevorzugte Entscheidung falsch ist, bei einer Verpachtung des Betriebes die Fortführungsalternative zu wählen. Freilich kommt es dabei auf die Struktur der bei Verpachtungsbeginn vorhandenen stillen Reserven, insbesondere ihren Auflösungszeitpunkt, an. [38]

III. Umfassende Ansätze in neueren Arbeiten

Abschließend soll kurz über einige m. E. erfolgversprechende Ansätze in neueren Forschungsarbeiten referiert werden, die allesamt an der Fakultät des Jubilars entstanden sind. An der betriebswirtschaftlichen Bewältigung der steuerlichen Wahlrechte ist unter Zugrundelegung dreier unterschiedlicher Ansätze gearbeitet worden, die ich als systematisierungs-, integrations- und situationsorientiert charakterisieren möchte.

Ziel des systematisierungsorientierten Ansatzes ist eine möglichst vollständige Erfassung, Katalogisierung und Systematisierung der vorhandenen Wahlrechte unter gleichzeitiger Bereitstellung der entsprechenden betriebswirtschaftlichen Entscheidungskalküle. Möglichkeiten dazu bestehen beispielsweise dahingehend, daß die betroffenen Steuerpflichtigen in bestimmte Typklassen eingeteilt werden und für jede Typklasse ein entsprechender Katalog von Optionen geliefert wird. Dieser Ansatz wurde von Rolf Michels für die (außerbilanziellen) Rechtswahlmöglichkeiten gewählt. [39]

Beim integrationsorientierten Ansatz werden die verschiedenen Teilpolitiken zur Deklaration eines optimalen Ergebnisses, soweit sie dependent oder interdependent sind, miteinander verbunden. Auf diese Weise ist von Jörg Bauer eine Gesamt-»Rechnungspolitik« der Unternehmung entwickelt worden, die die Wahlrechte in den Bereichen der Handelsbilanz, der Steuerbilanz, der Vermögensaufstellung, der Anteilsbewertung sowie der Gewerbeertrag- und Gewerbekapitalbestimmung unter Berücksichtigung der Verbindungen zwischen diesen Rechenwerken zusammenfaßt. Diese Gesamt-»Rechnungspolitik« versucht, sich von den auf die Einzelrechenwerke beschränkten Teilpolitiken zu lösen und in einer »Verbundsicht« praktikable Regeln für den optimalen Einsatz des zur Verfügung stehenden Instrumentariums (Wahlrechte, Spielräume) abzuleiten. [40]

Es gibt bestimmte besonders wichtige und besonders steuerempfindliche Situationen und Konstellationen, bei denen es nicht genügt, isoliert auf die Wahlrechte abzustellen, sondern die Planung bereits im Bereich der Sachverhaltsgestaltung ansetzen und dabei die Deklaration des Sachverhalts und die Veranlagung gleichermaßen im Auge behalten muß. Diesen umfassenden situationsorientierten Ansatz hat Norbert Herzig hinsichtlich einer »beendigungsorientierten Steuerpolitik« gewählt, die im Hinblick auf die vorhandenen Wahlrechte sowohl die Sachverhalts- als auch die Optionsentscheidungen vorbereiten hilft, welche mit der Beendigung eines unternehmerischen Engagements verbunden sind. [41]

Zum Teil sind diese Ansätze schon so weit entwickelt, daß sie m. E. in umfassendere betriebswirtschaftliche Modelle eingebaut werden könnten. Im Augenblick ist die Praxis jedoch bei den Anwendungen häufig noch auf ein segmentales bzw. sequentielles Vorgehen angewiesen, bei dem die steuerwirtschaftlichen Überlegungen isoliert angestellt und erst danach in den Gesamtkalkül eingefügt werden. Aber die Zukunftsperspektiven einer anwendungsorientierten betriebswirtschaftlichen Forschung auf diesem Gebiet erscheinen hoffnungsvoll.

Anmerkungen

1 *Schmalenbach* (Beteiligungsfinanzierung) S. 11–15 und 88–93.
2 *Schmalenbach* (Wirtschaft) S. 49 ff.
3 Eine Ausnahme unter den älteren Betriebswirten macht lediglich Franz *Findeisen*, der eigentliche Begründer des Faches Betriebswirtschaftliche Steuerlehre. Er hat bereits 1923 in seinem Buch (Unternehmung) so wichtige Fragen angerissen wie »Steuerstandort«, »Unternehmungsform und Steuer«, »Steuerrisiko«, »Rentabilität und Steuer«; in einem Kapitel spricht er sogar vom »Kampf zwischen Unternehmung und Steuer«.
4 *Gutenberg* (Produktion), (Absatz), (Finanzen).
5 *Gutenberg* (Produktion) S. 348.
6 *Gutenberg* (Finanzen) S. 218–220, 252 f., 260–267.
7 *Heinen* (Einführung) S. 78.
8 Verstärkt wird der Eindruck, wenn man weiß, daß *Heinen* Wissenschaftlicher Assistent am Aufermann-Lehrstuhl für Betriebswirtschaftliche Steuerlehre in Saarbrücken gewesen ist, zumindest also etwas mehr als der Durchschnitt der Betriebswirte von Steuern verstanden haben muß. Vgl. auch *Heinen* (Steuerlehre).
9 So z. B. bei *Müller-Merbach* (Einführung), Kapitel 7.
10 So selbstverständlich in den »Allgemeinen Betriebswirtschaftslehren« der Fachvertreter, die auch die Betriebswirtschaftliche Steuerlehre in Lehre und Forschung betreiben: *Wöhe* (Einführung) S. 264, 284–302, 385–389, 393–397, 905, 909, 951–953, 959–968; *Schult* (Betriebswirtschaftslehre) S. 36–39, 259, 318 ff., 335 ff., 383 ff. Ein eigenes Kapitel »Besteuerung« enthält auch Vahlens Kompendium der Betriebswirtschaftslehre im Band 2, verfaßt von *Wagner* (Besteuerung). Bei Bea/Dichtl/Schweitzer findet man im Beitrag von *Bea* (Entscheidungen) eine Bearbeitung von Steuereinflüssen.
11 Besonders hervorzuhebende positive Ausnahmen stellen die Bücher von *Schneider* (Investition) und *Mellwig* (Investition) dar. In ihnen nehmen die Steuereinflüsse den ihnen gebührenden breiten Raum ein.
12 *Schneider* (Investition) S. 274 ff. weist u. a. nach, daß der Kapitalwert einer Investition »vor Steuern« (bei einem Ertragsteuersatz von Null) negativ, »nach Steuern« (also z. B. bei einem Steuersatz von 50%) aber positiv werden kann (sog. Gewinnsteuerparadoxon). *Wagner/Dirrigl* (Steuerplanung) S. 63 ff. beschreiben das gleiche Phänomen für die Substanzsteuern (Substanzsteuerparadoxon). Zu Gewinn- und Substanzsteuerparadoxon siehe anschaulich auch *Siegel* (Steuerwirkungen) S. 139–143.

13 *Seelbach* (Thesen) S. 707 f. stellt an einem Beispiel fest, daß sich bei der Errechnung der Eigenkapitalrendite unter Zugrundelegung bundesrepublikanischer Steuerverhältnisse von *Modigliani/Miller* abweichende Resultate ergeben.

14 *Rose* (Absatz) hat insbesondere auf die Konsequenzen von Steuer-Preisgrenzen (z. B. bei Werbegeschenken) für die Preisabsatzfunktion des Werbegeschenkherstellers infolge der Wirkungen auf die Werbemitteleinsatzentscheidung des Werbungtreibenden hingewiesen. *Simon* (Preispolitik) hat eine allgemeine Ableitung der Steuereinflüsse auf preispolitische Entscheidungen publiziert und daraus die Schlußfolgerung gezogen (187): »Die Besteuerung hat erhebliche Bedeutung für das Preismanagement. Steuerwirkungen sollten deshalb bei jeder praktischen Preisentscheidung ins Kalkül gezogen werden.«

15 Vgl. *Rose* (Einfluß).

16 Vgl. § 25 GrStG und § 16 GewStG. Die Hebesätze in den Gemeinden mit mehr als 50 000 Einwohnern streuen derzeit bei der Grundsteuer A/B zwischen 120/185 und 420/420 v. H., bei der Gewerbesteuer zwischen 290 und 480 v. H. Eine Ausnahme bildet Berlin-West mit einem Gewerbesteuer-Hebesatz von 200 v. H. Alle Angaben aus *Institut » Finanzen und Steuern«* (Entwicklung) S. 7, 12, 15, 20.

17 Vgl. § 3 des Gesetzes zur Förderung des Zonenrandgebietes, §§ 1–3 und 5 des Investitionszulagengesetzes 1982 sowie das Gesetz zur Förderung der Berliner Wirtschaft.

18 Vgl. dazu *Rose* (Außensteuerrecht) und *Jacobs* (Unternehmensbesteuerung) allgemein sowie speziell *Fischer/Warneke* (Grundlagen) S. 237 ff.

19 Dieser Umstand braucht nicht zwingend zu einer materiell zweifachen (doppelten) Besteuerung zu führen. Im Bereich der Ertragbesteuerung sorgt das körperschaftsteuerliche Anrechnungsverfahren (§§ 27 ff. KStG, 20 Abs. 1 Nr. 1 und Nr. 3, 36 Abs. 2 Nr. 3 EStG) i. d. R. für einen Ausgleich; im Bereich der Substanzbesteuerung hängt die materielle Wirkung der zweifachen Erfassung von vielen Faktoren, u. a. den Konsequenzen des § 117 a BewG und der Anteilsbewertung, ggf. auch von der Höhe der Beteiligungsquote und hinsichtlich des sog. Vermögensteuer-»Schatteneffekts« auch von der Höhe des persönlichen Einkommensteuersatzes des Anteilseigners ab. Zu letzterem vgl. *Wagner* (Schatteneffekt).

20 Dieses Verfahren besteht darin, daß die Kapitalgesellschaft eine Gewinnausschüttung an ihre Gesellschafter vornimmt und die Gesellschafter den Betrag, der bei ihnen nach Kürzung um die entstehende Einkommensteuer verbleibt, ganz oder teilweise wieder zu einer Kapitalerhöhung (oder zu anderen Einlagen) verwenden. Zur steuerrechtlichen Zulässigkeit vgl. Abschn. 77 Abs. 5 Satz 2 und Abs. 6 KStR. Zum »Schütt-aus-Hol-zurück«-Verfahren seit der Körperschaftsteuerreform vgl. z. B. *Schneider* (Politik), *Priester* (Körperschaftsteuerreform) und *Wagner/Dirrigl* (Steuerplanung) S. 130 ff.

21 *Adler/Düring/Schmaltz* (Rechnungslegung) § 155, Tz 223. Als kurzfristig fällige Forderungen werden solche mit einer Restlaufzeit bis zu etwa drei Monaten angesehen.

22 Diese Wirkungen beruhen auf § 109 Abs. 4 BewG, der die Übernahme der Steuerbilanzansätze für Kapitalforderungen in die Vermögensaufstellung anordnet.

23 § 6 a EStG.

24 Vor allem kann ein höherer Zinsfuß als 6% gewählt und dadurch der Rückstellungsansatz unter die Maximalgrenze gesenkt werden.

25 Innerstaatlich verankert in § 32 b EStG, zwischenstaatlich in den meisten Doppelbesteuerungsabkommen (vgl. Art. 23 A Abs. 3 des OECD-Musterabkommens).

26 Vgl. dazu *Michels* (Wahlrechte) S. 348 ff.

27 Zur erleichterten Einbeziehung der Steuern in betriebswirtschaftliche Kalküle dieser Art hat auch die Teilsteuerrechnung beigetragen; vgl. *Rose* (Steuerbelastung). Vgl. hierfür statt vieler für den Investitionsbereich *Rosenberg* (Investitionsplanung) und für den Finanzierungsbereich *Hax* (Anwendung).

28 Vgl. zu dieser Forderung vor allem *Schneider* (Grundzüge) S. 59 ff. (60), aber auch *Rose* (Steuerwissenschaften).

29 Vgl. *Rose* (Eigenschaften).

30 Vgl. *Rose* (Besteuerung).

31 Vgl. dazu auch *Moxter* (Integration).

32 *Wöhe* (Bilanzierung); *Dieckmann* (Steuerbilanzpolitik); *Heigl/Melcher* (Steuerpolitik); *Bauer* (Rechnungspolitik); *Haberstock* (Steuerbilanz); *Schult* (Steuerbilanz).

33 *Vogt* (Bilanztaktik); *Marettek* (Steuerbilanz); *Heinhold* (Steuerplanung); *Marettek/Gintrowski* (Geltungsbereich); *Heigl* (Bedingungen). Gute Zusammenfassungen und Gegenüberstellungen der verschiedenen Konzepte finden sich bei *Bauer* (Rechnungspolitik) S. 133–159 (m. w. N.) und bei *Rückle* (Theorie) S. 254 ff.

34 Vgl. *Bauer* (Rechnungspolitik) S. 148 ff.

35 Vgl. z. B. *Rose* (Mehrwertsteuerrecht); *Siegel* (Steuerwirkungen) S. 105 ff.; *Gratz* (Nutzung).

36 Vgl. *Eggesiecker* (Aussetzung).

37 Vgl. auch Abschn. 139 Abs. 5 EStR.
38 Vgl. im einzelnen *Kleineidam* (Probleme).
39 *Michels* (Wahlrechte).
40 *Bauer* (Rechnungspolitik).
41 *Herzig* (Beendigung).

Literaturverzeichnis

Adler/Düring/Schmaltz (Rechnungslegung): Rechnungslegung und Prüfung der Aktiengesellschaft, Band 1. Stuttgart 1968.

Bauer, J. (Rechnungspolitik): Grundlagen einer handels- und steuerrechtlichen Rechnungspolitik der Unternehmung. Wiesbaden 1981.

Bea, F. X. (Entscheidungen): Artikel »Konstitutive Entscheidungen«. In: *Bea/Dichtl/Schweitzer:* Allgemeine Betriebswirtschaftslehre in drei Bänden. Stuttgart/New York 1982, 1983, 1985.

Dieckmann, K. (Steuerbilanzpolitik): Steuerbilanzpolitik – Gegenwärtig bestehende Möglichkeiten und Grenzen der Beeinflussung des steuerlichen Jahreserfolgs in der Bundesrepublik Deutschland. Wiesbaden 1972.

Eggesiecker, F. (Aussetzung): Aussetzung der Vollziehung: Mehr Risiken als Chancen?. In: Steuerberater-Jahrbuch (StbJb) 1978/79, Köln 1979, S. 485–527.

Findeisen, F. (Unternehmung): Unternehmung und Steuer, Steuerbetriebslehre. Stuttgart 1923.

Fischer/Warneke (Grundlagen): Grundlagen der Internationalen Betriebswirtschaftlichen Steuerlehre. 2. Aufl. Berlin 1978.

Gratz, K. (Nutzung): Die optimale Nutzung des Optionsrechtes nach § 9 UStG. In: Der Betrieb (DB) 1981, S. 2148–2152.

Gutenberg, E. (Produktion): Grundlagen der Betriebswirtschaftslehre. Erster Band: Die Produktion. 23., unveränderte Aufl. Berlin – Heidelberg – New York 1979.

Gutenberg, E. (Absatz): Grundlagen der Betriebswirtschaftslehre. Zweiter Band: Der Absatz. 17. Aufl. Berlin – Heidelberg – New York 1984.

Gutenberg, E. (Finanzen): Grundlagen der Betriebswirtschaftslehre. Dritter Band: Die Finanzen. 8., ergänzte Aufl. Berlin – Heidelberg – New York 1980.

Haberstock, L. (Steuerbilanz): Steuerbilanz und Vermögensaufstellung. 2. verbesserte Aufl. Hamburg 1984.

Hax, H. (Anwendung): Anwendung der Teilsteuerrechnung zur Vorbereitung von finanzwirtschaftlichen Entscheidungen. In: Betriebswirtschaftliche Forschung und Praxis, 1979, S. 309.

Heigl, H. (Bedingungen): Bedingungen der unternehmerischen Steuerplanung. In: Steuer und Wirtschaft (StuW) 1971, S. 127.

Heigl/Melcher (Steuerpolitik): Betriebliche Steuerpolitik. Ertragsteuerplanung. Köln 1974.

Heinen, E. (Steuerlehre): Die betriebswirtschaftliche Steuerlehre als Disziplin der Betriebswirtschaftslehre. In: Steuern und Unternehmungspolitik, hrsg. v. *Heinen,* E. Wiesbaden 1958, S. 121–129.

Heinen, E. (Einführung): Einführung in die Betriebswirtschaftslehre. 9., verbesserte Aufl., Wiesbaden 1985.

Heinhold, M. (Steuerplanung): Betriebliche Steuerplanung mit quantitativen Methoden. München 1979.

Herzig, N. (Beendigung): Die Beendigung eines unternehmerischen Engagements als Problem der Steuerplanung. Habilitationsschrift Köln 1981.

Institut »Finanzen und Steuern« (Entwicklung): Brief Nr. 248: Entwicklung der Realsteuerhebesätze der Gemeinden mit mehr als 50 000 Einwohnern 1985 gegenüber 1984 (Bearbeiter: L. T. Jasper). Bonn 1985.

Jacobs, O. H. (Unternehmensbesteuerung): Internationale Unternehmensbesteuerung. München 1983.

Kleineidam, H.-J. (Probleme): Ausgewählte steuerliche Probleme bei der Beendigung unternehmerischer Betätigung. In: Steuerberater-Jahrbuch (StbJb) 1979/80, Köln 1980, S. 357.

Marettek, A. (Steuerbilanz): Steuerbilanz- und Unternehmenspolitik. Freiburg i. Br. 1971.

Marettek/Gintrowski (Geltungsbereich): Zum Geltungsbereich von Entscheidungsmodellen für die betriebliche Steuerbilanzpolitik. In: Steuer und Wirtschaft (StuW) 1973, S. 141.

Mellwig, W. (Investition): Investition und Besteuerung, Ein Lehrbuch zum Einfluß der Steuern auf die Investitionsentscheidung. Wiesbaden 1985.

Michels, R. (Wahlrechte): Steuerliche Wahlrechte, Analyse der außerbilanziellen steuerlichen Wahlrechte (Rechtswahlmöglichkeiten), ihre Zuordnung zu Entscheidungsträgern und Entwicklung von Entscheidungshilfen. Wiesbaden 1982.

Moxter, A. (Integration): Integration der »Grundzüge der Unternehmensbesteuerung« in den Pflichtfächerkatalog?. In: Zeitschrift für Betriebswirtschaft, 1976, S. 289.

Müller-Merbach, H. (Einführung): Einführung in die Betriebswirtschaftslehre für Erstsemester. 2. überarbeitete Aufl., München 1976.

Priester, H. J. (Körperschaftsteuerreform): Körperschaftsteuerreform und Gewinnverwendung – Probleme des Ausschüttungsrückholverfahrens. In: Zeitschrift für Unternehmens- und Gesellschaftsrecht (ZGR), 1977, S. 445.

Rose, G. (Einfluß): Über den gegenwärtigen Einfluß der Betriebswirtschaftslehre auf die Steuerpraxis. In: Finanzrundschau (FR), 1966, S. 467.

Rose, G. (Mehrwertsteuerrecht): Options- und Gestaltungsmöglichkeiten im Mehrwertsteuerrecht. In: Die Mehrwertsteuer in unternehmenspolitischer Sicht. Schriften zur Unternehmensführung, hrsg. v. Jacob, H. Band 3, Wiesbaden 1967, S. 35.

Rose, G. (Steuerbelastung): Die Steuerbelastung der Unternehmung, Grundzüge der Teilsteuerrechnung. Wiesbaden 1973.

Rose, G. (Absatz): Absatz und Besteuerung. In: Zur Theorie des Absatzes, hrsg. v. *Koch,* H. Wiesbaden 1973, S. 381.

Rose, G. (Steuerwissenschaften): Was heißt und zu welchem Ende studiert man Steuerwissenschaften?. In: Deutsches Steuerrecht (DStZ), 1976, S. 174.

Rose, G. (Besteuerung): Besteuerung nach Wahl, Probleme aus der Existenz steuerlicher Rechtswahlmöglichkeiten, Grundsätze für ihre Ausnutzung. In: Steuerberater-Jahrbuch (StbJb), 1979/80, Köln 1980, S. 49.

Rose, G. (Außensteuerrecht): Betrieb und Steuer, Grundlagen zur Betriebswirtschaftlichen Steuerlehre. Fünftes Buch: Grundzüge des Außensteuerrechts. Wiesbaden 1982.

Rose, G. (Eigenschaften): Betriebswirtschaftlich bedeutsame Eigenschaften des Steuersystems. In: Staatsfinanzierung im Wandel, hrsg. v. *Hansmeyer,* K. H. Berlin 1983, S. 81.

Rosenberg, O. (Investitionsplanung): Investitionsplanung im Rahmen einer simultanen Gesamtplanung. Köln/Berlin/Bonn/München 1975.

Rückle, D. (Theorie): Normative Theorie der Steuerbilanzpolitik. Wien 1983.

Schmalenbach, E. (Wirtschaft): Der freien Wirtschaft zum Gedächtnis. 3. Aufl. Köln und Opladen 1958.

Schmalenbach, E. (Beteiligungsfinanzierung): Die Beteiligungsfinanzierung. 9., verbesserte Aufl., Köln und Opladen 1966.

Schneider, D. (Politik): Lohnt sich eine »Schütt-aus-Hol-zurück-Politik« nach der Körperschaftsteuerreform?. In: ZfbF-Kontaktstudium 1977, S. 155.

Schneider, D. (Investition): Investition und Finanzierung, Lehrbuch der Investitions-, Finanzierungs- und Ungewißheitstheorie. 5., neubearbeitete Aufl., Wiesbaden 1980.

Schneider, D. (Grundzüge): Grundzüge der Unternehmensbesteuerung. 4. Aufl. Wiesbaden 1985.

Schult, E. (Steuerbilanz): Die Steuern des Betriebs, Betriebswirtschaftliche Steuerlehre in 3 Bänden, Band 2: Steuerbilanz. Freiburg i. Br. 1977.

Schult, E. (Betriebswirtschaftslehre): Allgemeine Betriebswirtschaftslehre, eine Einführung. Freiburg i. Br. 1980.

Seelbach, H. (Thesen): Die Thesen von Modigliani und Miller unter Berücksichtigung von Ertrag- und Substanzsteuern. In: Zeitschrift für Betriebswirtschaft, 1979, S. 692.

Siegel, Th. (Steuerwirkungen): Steuerwirkungen und Steuerpolitik in der Unternehmung. Würzburg – Wien 1982.

Simon, H. (Preispolitik): Preispolitik und Steuern. In: Der Betrieb (DB), 1983, S. 185.

Vogt, F. J. (Bilanztaktik): Bilanztaktik. Wahlrechte des Unternehmers beim Jahresabschluß. 6. Aufl. Heidelberg 1963.

Wagner, F. W. (Schatteneffekt): Zum »Schatteneffekt« der Vermögensteuer bei Kapitalgesellschaften. In: Finanzrundschau (FR), 1978, S. 480.

Wagner, F. W. (Besteuerung): Artikel »Besteuerung« in Vahlens Kompendium der Betriebswirtschaftslehre. Band 2, München 1984, S. 407.

Wagner/Dirrigl (Steuerplanung): Die Steuerplanung der Unternehmung. Stuttgart – New York 1980.

Wöhe, G. (Einführung): Einführung in die allgemeine Betriebswirtschaftslehre. 15., überarbeitete Aufl., München 1984.

Wöhe, G. (Bilanzierung): Bilanzierung und Bilanzpolitik, Betriebswirtschaftlich – Handelsrechtlich – Steuerrechtlich. 6. völlig neubearbeitete und erweiterte Aufl. München 1984.

*Marcell Schweitzer**

Die produktionstheoretischen Grundlagen der programmorientierten Materialbedarfsplanung

* Prof. Dr. *Marcell Schweitzer,* Eberhard-Karls-Universität Tübingen, Abt. Betriebswirtschaftslehre, insbesondere Industriebetriebslehre und Unternehmensforschung.

A. Überblick über die Verfahren der Materialbedarfsplanung

I. Die Stellung der Materialbedarfsplanung in der Materialwirtschaft

Im Zielsystem der Unternehmung existiert ein Teil-Zielsystem für den Bereich der Materialwirtschaft. Zu diesem Teil-Zielsystem zählen Teil- bzw. Unterziele der Beschaffung (z. B. Sicherung gleichbleibender Qualitäten, Einkauf zu günstigsten Preisen), Unterziele der Lagerung (z. B. Erhöhung der Umschlagshäufigkeit, Niedrighalten der Lager- und Sicherheitsbestände), Unterziele des Transports (z. B. Senkung der Leerfahrten, Streben nach kürzesten Routen) und das übergreifende Querschnittsziel nach dem Erreichen eines hohen Grades der Lieferbereitschaft. »Es ist ( ) eine optimale Abstimmung aller Teilziele aufeinander notwendig, wobei insbesondere sämtliche durch die Bemühungen zur Zielerreichung auftretenden Kosten nach ökonomischen Kriterien zu berücksichtigen sind. Dies kann erreicht werden durch die Verfolgung des generellen Ziels ›Erreichung eines materialwirtschaftlichen Optimums‹.« [1]

Die Erreichung des materialwirtschaftlichen Optimums wirft ein komplexes Problem auf, das in Teilprobleme aufgegliedert werden kann, nämlich in ein Sortiments- und Qualitätsproblem, ein Mengenproblem, ein Zeitproblem, ein Raumüberbrückungsproblem, ein Kapitalproblem und ein Kostenproblem. [2] Kern des Mengenproblems ist die Materialbedarfsplanung. [3]

Die Verfahren der Materialbedarfsplanung, die in der industriellen Materialwirtschaft zur Anwendung gelangen, sind zwei Gruppen zuzuordnen:

(1) verbrauchsorientierten Planungsverfahren
(2) programmorientierten Planungsverfahren.

II. Kennzeichnung der verbrauchsorientierten Planungsverfahren

Verbrauchsorientierte Verfahren zur Planung des Materialbedarfs orientieren sich an einer Zeitreihe vergangener, periodischer Verbrauchsmengen. Die Grundidee dieser Verfahren besteht darin, aus Vergangenheitswerten eine Prognose zukünftiger Werte bzw. Mengen herzuleiten, wobei unterstellt wird, daß über das jeweilige Produktions- oder Absatzprogramm ein Zusammenhang zwischen den realisierten Güterverbräuchen der zurückliegenden Periode und dem Bedarf der (zukünftigen) Planperiode besteht. Sobald eine lückenlose Dokumentation einer Zeitreihe vergangener Verbrauchsmengen vorliegt, können statistische Verfahren für die Prognoserechnung herangezogen werden, deren Auswahl durch die Verlaufsform der jeweiligen Zeitreihe bestimmt wird. Prinzipiell lassen sich vier typische Verlaufsformen der erwähnten Zeitreihen unterscheiden [4]:

(1) konstanter Verbrauchsverlauf
(2) trendförmiger Verbrauchsverlauf
(3) saisonal schwankender Verbrauchsverlauf
(4) sporadischer Verbrauchsverlauf.

Die Zuordnung von Verlaufsform der Zeitreihe und Prognoseverfahren zeigt folgendes Bild:

(1) Bei *konstantem Verbrauchsverlauf* sind an Prognoseverfahren anwendbar:
   (a) einfache Mittelwertbildung
   (b) gleitende Mittelwertbildung
   (c) exponentielle Glättung erster Ordnung.
(2) Bei *trendförmigem Verbrauchsverlauf* ist die Anwendung folgender Prognoseverfahren zweckmäßig:
   (a) Regressionsanalyse
   (b) exponentielle Glättung erster Ordnung mit Trendkorrektur
   (c) exponentielle Glättung höherer Ordnung.
(3) Bei *saisonal schwankendem Verbrauchsverlauf* um einen langfristigen Trend ist die Anwendung aller unter (1) und (2) genannten Verfahren bei Zerlegung der Periodenverbräuche in einen trendabhängigen Grundwert und eine Saisonkomponente möglich. Dabei kann die Verknüpfung von Grundwert und Saisonkomponente additiv oder multiplikativ erfolgen. [5]
(4) Bei *sporadischem Verbrauchsverlauf* beruhen die anwendbaren Prognoseverfahren auf einer Differenzierung der Periodenverbräuche nach
   – der Anzahl der pro Periode aufgetretenen Verbrauchsfälle, die gleichmäßig oder ungleichmäßig verteilt sein können,
   – dem Mittelwert der Verbrauchsmengen nach Bedarfsfall, der normal oder asymmetrisch verteilt sein kann.

Eine empirische Untersuchung [6] hat ergeben, daß von 126 Industrieunternehmungen 44, das sind 34,92 %, für ihre Materialbedarfsplanung verbrauchsorientierte Verfahren einsetzen (vgl. Tab. 1). Kennzeichnend ist jedoch, daß in keinem dieser Fälle ausschließlich verbrauchsorientierte Verfahren eingesetzt, sondern diese stets mit mindestens einem weiteren Verfahren kombiniert werden (vgl. Tab. 2), wobei auch Bedarfsschätzungen und Lagerhaltungssysteme in die Kombination mit einbezogen werden.

Verfahren der Materialbedarfsplanung							
programmorientierte Bedarfsplanung		verbrauchsorientierte Bedarfsplanung		Bedarfsschätzungen		Lagerhaltungssysteme	
absolut	(in %)	absolut	(in %)	absolut	(in %)	absolut	(in %)
116	(92,06)	44	(34,92)	14	(11,11)	69	(54,76)

Tab. 1: Häufigkeit der Anwendung verschiedener Verfahren zur Materialbedarfsplanung (126 Unternehmungen sind die Bezugsbasis; die Nennung mehrerer gleichzeitig angewendeter Verfahren war zulässig)

Verfahren der Materialbedarfsplanung										
kombiniert mit Verfahren	programm-orientierte Bedarfsplanung (V1)		verbrauchs-orientierte Bedarfsplanung (V2)		Bedarfsschätzungen (V3)		Lagerhaltungs-systeme (V4)		Insgesamt	
	absolut	(in %)	absolut	(in %)	absolut	(in %)	absolut	(in %)	absolut	(in %)
V1	31	(24,60)	18	(14,29)	2	(1,59)	38	(30,16)	89	(70,63)
V2			–	(–)	–	(–)	4	(3,17)	4	(3,17)
V3					1	(0,79)	–	(–)	1	(0,79)
V4							5	(3,97)	5	(3,97)
V1 + V2					5	(3,97)	16	(12,70)	21	(16,67)
V1 + V3							5	(3,97)	5	(3,97)
V2 + V3							–	(–)	–	(–)
V1 + V2 + V3							1	(0,79)	1	(0,79)
Insgesamt	31	(24,60)	18	(14,29)	8	(6,35)	69	(54,76)	126	(100,00)

Tab. 2: Einfache und kombinierte Anwendung verschiedener Verfahren der Materialbedarfsplanung

III. Kennzeichnung der programmorientierten Planungsverfahren

Anknüpfungspunkt für die Verfahren der programmorientierten Materialbedarfsplanung ist stets ein geplantes Produktionsprogramm. Damit gelten Qualität und Quantität der in einer Planperiode zu produzierenden Produkte als bekannt. Unter Verwendung von Stücklisten, Rezepturen, Teileverwendungsnachweisen bzw. anderen Erzeugnisdokumentationen und mittels geeigneter Prognosefunktionen lassen sich für das geplante Produktionsprogramm Bedarfsmengen an Rohstoffen, Teilen und Baugruppen prognostizieren. Die verwendete Erzeugnisdokumentation muß dabei die art- und mengenmäßigen Beziehungen zwischen Rohstoffen, Einzelteilen, Baugruppen und dem Produktionsprogramm präzise ausdrücken.

Im Zusammenhang mit der programmorientierten Materialbedarfsplanung gelangen einerseits analytische und synthetische Verfahren zur Anwendung, während andererseits auf das Gozinto-Verfahren zurückgegriffen werden kann. Die ersten beiden Verfahrensarten unterscheiden sich im Kern durch den jeweils befolgten Rechenansatz. Während die analytischen Verfahren vom Produktionsprogramm ausgehen und sukzessive die Bedarfsmengen an Baugruppen, Teilen und Rohstoffen berechnen, gehen die synthetischen Verfahren von den Bedarfsteilen aus. [7]

Das Gozinto-Verfahren erfaßt die Mengenstrukturen der Erzeugnisdokumentation und des Produktionsprogramms in einem simultanen Gleichungsansatz derart, daß bei gleichbleibenden Produktionsstrukturen für alternative Produktionsprogramme Bedarfsprognosen auch ohne erneute Durchführung der gesamten Rechnung möglich sind.

Im einzelnen dienen folgende Verfahren der programmorientierten Materialbedarfsplanung:

(1) Analytische Verfahren der Materialbedarfsplanung
 (a) Fertigungsstufenverfahren
 (b) Dispositionsstufenverfahren
(2) Synthetische Verfahren der Materialbedarfsplanung
(3) Gozinto-Verfahren der Materialbedarfsplanung. [8]

Für die Industriepraxis ist die Bedeutung der programmorientierten Bedarfsplanungsverfahren sehr groß. So zeigte die erwähnte Untersuchung [9], daß von 126 Industrieunternehmungen 116, das sind 92,06 %, diese Verfahren zur Materialbedarfsplanung einsetzen (vgl. Tab. 1). Anzumerken ist jedoch, daß die programmorientierten Verfahren mit einem hohen Planungs- und Rechenaufwand verbunden sind und eine exakte Planung des Produktionsprogramms voraussetzen.

B. Prognosefunktionen der programmorientierten Materialbedarfsplanung

I. Ableitung der Prognosefunktion

Am Beispiel des Gozinto-Verfahrens läßt sich anschaulich zeigen, wie die Prognosefunktion einer programmorientierten Materialbedarfsplanung aufgebaut ist. Die Aussage ist plausibel, daß die Bedarfsmenge r_1 an einem Material R_1 abhängig von der Produktionsmenge x_1 des Erzeugnisses X_1 ist. Es gilt daher:

$$r_1 = f(x_1) \tag{1}$$

Ist die Funktion f durch eine konstante Größe v_{11} darstellbar, lautet die Gleichung für r_1:

$$r_1 = v_{11} \cdot x_1 \tag{2}$$

Der Koeffizient v_{11} drückt den Gesamtverbrauch des Einsatzgutes 1 für eine Einheit des Erzeugnisses 1 aus. Werden in einer Unternehmung i Einsatzgüter in der Materialbedarfsplanung berücksichtigt, besteht das Produktionsprogramm aus j Erzeugnissen und existieren für alle Einsatzgüter und Erzeugnisse Gesamtverbrauchskoeffizienten v_{ij}, so geht (2) bei Vektoren- und Matrizenschreibweise in die Form (3) über:

$$r = V \cdot x \tag{3}$$

In Gleichung (3) ist r der Bedarfsvektor, V die Gesamtverbrauchsmatrix (Verflechtungsmatrix) und x der Produktionsprogrammvektor. Für einen beliebigen Gozintographen wird V wie folgt berechnet [10]:

$$V = D \cdot V + E, \tag{4}$$

wobei D die Direktverbrauchsmatrix und E eine Einheitsmatrix darstellen. Aus (4) kann ermittelt werden:

$$V = (E - D)^{-1} \tag{5}$$

Wird (5) in (3) eingesetzt, ergibt sich Gleichung (6):

$$r = (E - D)^{-1} \cdot x \qquad (6)$$

Gleichung (6) stellt die statische Form der Produktionsfunktion vom Typ D dar [11], was bedeutet, daß im Gozinto-Verfahren eine Produktionsfunktion vom Typ D als Prognosefunktion verwendet wird. Unterstellt man für alle Elemente in *D* bzw. *V* Limitationalität und Konstanz, nimmt Gleichung (6) die Gestalt einer Leontief-Produktionsfunktion an, in welcher alle Transformationsfunktionen [12] ebenfalls vom Typ Leontief sind. Formal ist dann der Gozintograph die analoge Darstellung einer Leontief-Produktionsfunktion. [13]

II. Empirische Geltung der Produktionsfunktionen in der programmorientierten Materialbedarfsplanung

1. Häufigkeit der Anwendung von Leontief-Produktionsfunktionen

Für die empirische Fundierung der Produktionsfunktionen, die bei der Materialbedarfsplanung als Prognosefunktionen zur Anwendung gelangen, ist es von Bedeutung zu wissen, welche Eigenschaften die Produktionskoeffizienten in der industriellen Praxis besitzen und welche Prognosegenauigkeiten mit den jeweiligen Prognosefunktionen erreicht werden.

Einsatzgüter sind...	abs.	(in %)
nur limitational	113	(89,68)
auch substitutional	13	(10,32)
Insgesamt	126	(100,00)

Tab. 3: Limitationalität und Substitutionalität von Einsatzgütern

Tabelle 3 gibt Auskunft darüber, mit welcher Häufigkeit Limitationalität bzw. Substitutionalität der Einsatzgüter in der Industrie festgestellt werden kann. [14] In 89,68% der untersuchten Industrieunternehmungen treten ausschließlich limitationale und in 10,32% daneben auch substitutionale Einsatzgüterkombinationen auf.

Die Produktionskoeffizienten sind identisch mit den Mengenangaben pro Stück in den Stücklisten. Aus Tabelle 4 wird ersichtlich, daß für 95,88% der Einsatzgüter, deren Bedarf geplant wird, Stücklisten die Grundlage der Planung bilden.

Insgesamt sind bei der programmorientierten Bedarfsplanung für 94,36% der Einsatzgüter die Produktionskoeffizienten konstant, während nur in 3,69% der Fälle variable Produktionskoeffizienten festgestellt wurden. Aus diesen Befunden folgt, daß in Industrieunternehmungen konstante Produktionskoeffizienten eine stark dominierende Bedeutung haben. Daneben konnte festgestellt werden, daß auch substitutionale Einsatzgüter in vielen Fällen mittels konstanter Produktionskoeffizienten planerisch erfaßt werden. [15] Damit wird das überragende Gewicht von Leontief-Produktionsfunktionen als Prognosefunktionen bei der programmorientierten Materialbedarfsplanung faktisch dokumentiert.

Art der Produktions-koeffizienten	Mengenangaben in den (Stück-)Listen bilden die Grundlage für die Materialbedarfsplanung				Insgesamt	
	ja		nein			
	abs.	(in %)	abs.	(in %)	abs.	(in %)
konstant	429	(93,06)	6	(1,30)	435	(94,36)
variabel	13	(2,82)	4	(0,87)	17	(3,69)
keine Angaben	–	(–)	–	(–)	9	(1,95)
Insgesamt	442	(95,88)	10	(2,17)	461	(100,00)

Tab. 4: Konstanz der Produktionskoeffizienten für 461 untersuchte Einsatzgüter in 126 Industrieunternehmungen

Prognosegenauigkeit von … bis … %	Verfahren der Materialbedarfsplanung							
	programmorientierte Bedarfsplanung		verbrauchsorientierte Bedarfsplanung		Bedarfsschätzung		Lagerhaltungssysteme	
	absolut	(in %)	absolut	(in %)	absolut	(in %)	absolut	(in %)
bis 50	1	(0,86)	3	(6,82)	1	(7,14)	2	(2,90)
51–60	1	(0,86)	1	(2,27)	2	(14,29)	1	(1,45)
61–70	5	(4,31)	3	(6,82)	–	(–)	3	(4,35)
71–80	20	(17,24)	5	(11,36)	–	(–)	3	(4,35)
81–90	29	(25,00)	8	(18,18)	1	(7,14)	3	(4,35)
91–95	24	(20,69)	4	(9,09)	1	(7,14)	4	(5,80)
96–99	15	(12,93)	2	(4,55)	–	(–)	7	(10,14)
100	3	(2,59)	–	(–)	–	(–)	3	(4,35)
Keine Angaben	18	(15,52)	18	(40,91)	9	(64,29)	43	(62,32)
Insgesamt	116	(100,00)	44	(100,00)	14	(100,00)	69	(100,00)

Tab. 5: Erreichte Prognosegenauigkeit bei verschiedenen Verfahren der Materialbedarfsplanung

2. *Prognosegenauigkeit von Leontief-Produktionsfunktionen*

Zur Beurteilung der Prognosegenauigkeit von Leontief-Produktionsfunktionen bei der programmorientierten Materialbedarfsplanung wird eine aggregierte Betrachtung der Prognoseergebnisse aller in den befragten Unternehmungen geplanten Einsatzgüter gewählt. Zu Vergleichszwecken werden auch Befunde zur verbrauchsorientierten Bedarfsplanung, zur Bedarfsschätzung und zu Lagerhaltungssystemen angegeben (vgl. Tab. 5).

In welchem Umfang die Unternehmungen mit der erreichten Prognosegenauigkeit bei den verschiedenen Planungsverfahren zufrieden sind, zeigt Tabelle 6.

Hatte man erwartet, daß industrielle Unternehmungen an die Prognosegenauigkeit der programmorientierten Materialbedarfsplanung höchste Anforderungen stellen und sich nur mit sehr hohen Prognosegenauigkeiten zufriedengeben, sieht man sich mit den Befunden der Tabelle 6 nur teilweise bestätigt. Insbesondere fällt auf, daß 50,86 % der Unternehmungen mit einer Prognosegenauigkeit von 95 % und weniger sehr zufrieden bzw. zufrieden sind. Daraus kann nur der Schluß gezogen werden, daß aus Erfahrung völlig exakte Prognosen gar nicht erwartet werden, weil unvorhergesehene Planungsbedingungen eine höhere Prognosegenauigkeit nicht zulassen. Aus dieser Erfahrung hat man daher das Erwartungsniveau gesenkt und sich mit einer niedrigeren Prognosegenauigkeit abgefunden. Diese Vermutung wird in Tabelle 6 tendenziell durch den Spaltenblock »Insgesamt« bestätigt, in welchem die Prognosegenauigkeit und das Zufriedenheitsniveau ohne Berücksichtigung des jeweiligen Prognoseverfahrens einander gegenübergestellt werden. Es kann also hier bereits vermutet werden, daß bei der programmorientierten Bedarfsplanung nicht die Prognosefunktion (Produktionsfunktion) eine Prognoseabweichung verursacht, sondern in erster Linie die besonderen Planungsbedingungen, die sich häufig nicht oder nicht rechtzeitig in den Informationsgrundlagen der Materialbedarfsplanung niederschlagen.

Die Erforschung der Ursachen für Prognoseabweichungen in den Informationsgrundlagen führt zu den in Tabelle 7 aufgeführten Befunden. [16]

Als Kriterium für die Beurteilung des Einflusses der jeweiligen Abweichungsursachen auf die Prognosegenauigkeit in der Materialbedarfsplanung kann die Anzahl bzw. der relative Anteil der Unternehmungen, in welchen diese Ursachen ständig bzw. häufig auftreten, herangezogen werden. Ständiges bzw. häufiges Auftreten einer Abweichungsursache ist ein Hinweis darauf, daß hier eine Störsituation der Materialbedarfsplanung besteht, die zu Prognosefehlern führt.

Die Analyse der Abweichungsursachen ergibt (vgl. Tab. 7), daß kurzfristige Änderungen an den geplanten Absatzmengen, die bei der Bedarfsplanung keine Berücksichtigung mehr finden konnten (Ursache 1), in 12,93 % der Unternehmungen ständig und in 18,97 % der Unternehmungen häufig auftreten. Kurzfristige Änderungen von Kundenaufträgen (Ursache 2) werden in 6,03 % der Unternehmungen ständig sowie in 18,10 % häufig festgestellt. Diese beiden Ursachen sind die wichtigsten für Prognoseabweichungen in den Informationsgrundlagen der Materialbedarfsplanung. Weniger wichtige Ursachen für Prognoseabweichungen sind nach Tabelle 7 in der Reihenfolge ihres Einflusses die Ursachen 9, 8, 3 und 11. Mit diesen Befunden wird deutlich, daß wenn die Prognosefunktion (Produktionsfunktion) durch die Abweichungsursachen überhaupt betroffen wird, dann nur mittelbar durch die Ursachen 8, 9 und 10, die den Änderungsdienst an der Prognosefunktion, jedoch nicht die Struktur der Prognosefunktion selbst tangieren. Die Prognoseabweichungen der programmorientierten Verfahren der Materialbedarfsplanung, die mit Leontief-Produktionsfunktionen als Prognosefunktionen arbeiten, beruhen daher fast ausschließlich auf Ursachen, die in den Informationsgrundlagen und nicht in der Struktur der verwendeten Produktionsfunktion liegen.

Prognosegenauigkeit von … bis %	Verfahren der Materialbedarfsplanung																								
	programmorientierte Bedarfsplanung										verbrauchsorientierte Bedarfsplanung										Bedarfsschätzung				
	erreichtes Zufriedenheitsniveau																								
	sehr zufrieden		zufrieden		weniger zufrieden		nicht zufrieden		keine Angaben		sehr zufrieden		zufrieden		weniger zufrieden		nicht zufrieden		keine Angaben		sehr zufrieden		zufrieden		
	absolut	in %	absolut	in %	absolut	in %	absolut	in %	absolut	in %	absolut	in %	absolut	in %	absolut	in %	absolut	in %	absolut	in %	absolut	in %	absolut	in %	
bis 50	–	(–)	1	(0,86)	–	(–)	–	(–)	–	(–)	–	(–)	1	(2,27)	–	(–)	2	(4,55)	–	(–)	–	(–)	–	(–)	…
51–60	–	(–)	–	(–)	–	(–)	1	(0,86)	–	(–)	–	(–)	1	(2,27)	–	(–)	–	(–)	–	(–)	–	(–)	1	(7,14)	…
61–70	–	(–)	1	(0,86)	3	(2,59)	1	(0,86)	–	(–)	–	(–)	–	(–)	2	(4,55)	1	(2,27)	–	(–)	–	(–)	–	(–)	…
71–80	1	(0,86)	14	(12,07)	4	(3,45)	–	(–)	1	(0,86)	–	(–)	3	(6,82)	1	(2,27)	1	(2,27)	–	(–)	–	(–)	–	(–)	…
81–90	5	(4,31)	19	(16,38)	3	(2,59)	1	(0,86)	1	(0,86)	–	(–)	6	(13,64)	1	(2,27)	1	(2,27)	–	(–)	1	(7,14)	–	(–)	…
91–95	1	(0,86)	17	(14,66)	4	(3,45)	2	(1,72)	–	(–)	–	(–)	3	(6,82)	–	(–)	1	(2,27)	–	(–)	–	(–)	1	(7,14)	…
96–99	7	(6,03)	7	(6,03)	–	(–)	–	(–)	1	-(0,86)	–	(–)	1	(2,27)	–	(–)	–	(–)	1	(2,27)	–	(–)	–	(–)	…
100	3	(2,59)	–	(–)	–	(–)	–	(–)	–	(–)	–	(–)	–	(–)	–	(–)	–	(–)	–	(–)	–	(–)	–	(–)	…
Keine Angaben	3	(2,59)	5	(4,31)	–	(–)	–	(–)	10	(8,62)	1	(2,27)	4	(9,09)	–	(–)	1	(2,27)	12	(27,27)	–	(–)	–	(–)	…
Insgesamt	20	(17,24)	64	(55,17)	14	(12,07)	5	(4,31)	13	(11,21)	1	(2,27)	19	(43,18)	4	(9,09)	7	(15,91)	13	(29,55)	1	(7,14)	2	(7,14)	…
Insgesamt pro Verfahren	116 (100,00)										44 (100,00)														…

	Bedarfsschätzung						Lagerhaltungssysteme										Insgesamt									
	erreichtes Zufriedenheitsniveau																									
	weniger zufrieden		nicht zufrieden		keine Angaben		sehr zufrieden		zufrieden		weniger zufrieden		nicht zufrieden		keine Angaben		sehr zufrieden		zufrieden		weniger zufrieden		nicht zufrieden		keine Angaben	
	absolut	in %	absolut	in %	absolut	in %	absolut	in %	absolut	in %	absolut	in %	absolut	in %	absolut	in %	absolut	in %	absolut	in %	absolut	in %	absolut	in %	absolut	in %
…	1	(7,14)	–	(–)	–	(–)	–	(–)	–	(–)	1	(1,45)	–	(–)	1	(1,45)	–	(–)	2	(2,04)	2	(7,40)	2	(13,33)	1	(1,31)
…	1	(7,14)	–	(–)	–	(–)	–	(–)	1	(1,45)	–	(–)	–	(–)	–	(–)	–	(–)	3	(3,06)	1	(3,70)	1	(6,66)	–	(–)
…	–	(–)	–	(–)	–	(–)	–	(–)	–	(–)	2	(2,90)	1	(1,45)	–	(–)	–	(–)	1	(1,02)	7	(25,92)	3	(20,00)	–	(–)
…	–	(–)	–	(–)	–	(–)	–	(–)	2	(2,90)	1	(1,45)	–	(–)	–	(–)	1	(3,70)	19	(19,38)	6	(22,22)	1	(6,66)	1	(1,31)
…	–	(–)	–	(–)	–	(–)	1	(1,45)	1	(1,45)	1	(1,45)	–	(–)	–	(–)	7	(25,92)	26	(26,53)	5	(18,52)	2	(13,33)	1	(1,31)
…	–	(–)	–	(–)	–	(–)	–	(–)	1	(1,45)	1	(1,45)	1	(1,45)	1	(1,45)	1	(3,70)	22	(22,44)	5	(18,52)	4	(26,66)	1	(1,31)
…	–	(–)	–	(–)	–	(–)	2	(2,90)	1	(1,45)	1	(1,45)	–	(–)	3	(4,35)	9	(33,33)	9	(9,18)	1	(3,70)	–	(–)	5	(6,58)
…	–	(–)	–	(–)	–	(–)	1	(1,45)	2	(2,90)	–	(–)	–	(–)	–	(–)	4	(14,81)	2	(2,04)	–	(–)	–	(–)	–	(–)
…	–	(–)	–	(–)	9	(64,29)	1	(1,45)	5	(7,25)	–	(–)	1	(1,45)	36	(52,17)	5	(18,52)	14	(14,28)	–	(–)	2	(13,33)	67	(88,16)
…	2	(14,29)	–	(–)	9	(64,29)	5	(7,25)	13	(18,84)	7	(10,14)	3	(4,35)	41	(59,42)	27	(100,00)	98	(100,00)	27	(100,00)	15	(100,00)	76	(100,00)
…	14 (100,00)						69 (100,00)																			

Tab. 6: Zufriedenheitsniveau mit Prognosegenauigkeiten bei alternativen Planungsverfahren des Materialbedarfs

Ursachen für die Abweichung der tatsächlichen von den mit programmorientierter Bedarfsplanung geplanten Bedarfsmengen	Die Abweichungsursache tritt ... auf					Keine Angaben	Insgesamt
	ständig	häufig	manchmal	selten	nicht		
Ursachen im Planungssystem (1) es haben sich kurzfristig Änderungen an den geplanten Absatzmengen ergeben, die nicht mehr bei der Bedarfsplanung berücksichtigt werden konnten	15 (12,93)	22 (18,97)	25 (21,55)	23 (19,83)	14 (12,07)	17 (14,66)	116 (100,00)
(2) es wurden Kundenaufträge kurzfristig geändert oder so spät endgültig genau festgelegt, daß sie bei der Bedarfsplanung nicht mehr berücksichtigt werden konnten	7 (6,03)	21 (18,10)	29 (25,00)	21 (18,10)	24 (20,68)	14 (12,07)	116 (100,00)
(3) es haben sich zusätzliche Umstände (z. B. Ausschuß, ...) ergeben, die nicht bei der Bedarfsplanung berücksichtigt wurden	3 (2,59)	6 (5,17)	34 (29,31)	50 (43,10)	11 (9,48)	12 (10,34)	116 (100,00)
(4) es wurden Vorlaufzeiten der Zwischenprodukte bzw. der Einsatzmaterialien bei der Bedarfsplanung nicht berücksichtigt	– (–)	6 (5,17)	22 (18,96)	28 (24,14)	47 (40,52)	13 (11,21)	116 (100,00)
(5) es haben sich kurzfristig Änderungen an den Vorlaufzeiten von Zwischenprodukten bzw. Einsatzmaterialien ergeben, die bei der Bedarfsplanung nicht mehr berücksichtigt werden konnten	– (–)	4 (3,45)	26 (22,41)	41 (35,34)	32 (27,59)	13 (11,21)	116 (100,00)
(6) es haben sich Abweichungen zwischen Soll und Ist bei den Lagerbestandsmengen ergeben, die nicht bei der (Netto-)Bedarfsplanung berücksichtigt werden konnten	1 (0,86)	5 (4,31)	32 (27,59)	49 (42,24)	16 (13,79)	13 (11,21)	116 (100,00)
(7) es wurden bei der Bedarfsermittlung die geplanten Bedarfe von Einsatzmaterialien bzw. Zwischenprodukten nicht zu Bedarfsmengen zusammengefaßt bzw. aufgeteilt, die festgelegten Bestell- bzw. Fertigungslosgrößen entsprechen	1 (0,86)	5 (4,31)	17 (14,65)	31 (26,72)	46 (39,65)	16 (13,79)	116 (100,00)
Ursachen im Produktionssystem (8) es traten Qualitätsunterschiede bei den beschafften Einsatzmaterialien auf, die zu einem nicht geplanten Mehr-/Minderverbrauch der Einsatzmaterialien führten	1 (0,86)	9 (7,76)	42 (36,21)	41 (35,34)	10 (8,62)	13 (11,21)	116 (100,00)
(9) es haben sich kurzfristig Änderungen am Fertigungsprogramm ergeben, die nicht mehr bei der Bedarfsplanung berücksichtigt werden konnten	4 (3,45)	9 (7,76)	31 (26,72)	35 (30,17)	17 (14,65)	20 (17,24)	116 (100,00)
(10) es haben sich Mehr-/Minderverbräuche der Einsatzmaterialien ergeben, weil die angegebenen Einsatzmaterialmengen in den (Stück) Listen nicht zutreffend sind	– (–)	6 (5,17)	16 (13,79)	50 (43,10)	30 (25,86)	14 (12,07)	116 (100,00)
Ursachen im Dokumentationssystem (11a) es haben sich (kurzfristig) technische Neuerungen bzw. Änderungen an den Erzeugnissen ergeben, die zum Zeitpunkt, als die Bedarfsplanung durchgeführt wurde, noch nicht dokumentiert waren	1 (0,86)	5 (4,31)	28 (24,14)	35 (30,17)	33 (28,45)	14 (12,07)	116 (100,00)
(11b) es haben sich (kurzfristig) technische Neuerungen bzw. Änderungen an den Erzeugnissen ergeben, die zum Zeitpunkt, als die Bedarfsplanung durchgeführt wurde, nicht präzise genug dokumentiert waren	1 (0,86)	8 (6,90)	24 (20,69)	34 (29,31)	33 (28,45)	16 (13,79)	116 (100,00)
(12) es sind Verzögerungen und Fehler bei der Übermittlung von notwendigen Informationen zwischen den betrieblichen Stellen aufgetreten, so daß man bei der Bedarfsplanung nicht von den aktuellsten bzw. richtigen Zahlen ausgehen konnte	1 (0,86)	6 (5,17)	26 (22,41)	55 (47,41)	16 (13,79)	12 (10,34)	116 (100,00)
Insgesamt	35 (2,32)	112 (7,29)	352 (23,34)	493 (32,69)	329 (21,82)	187 (12,40)	1508 (100,00)

Tab. 7: Ursachen der Prognoseabweichung bei der programmorientierten Materialbedarfsplanung

C. Schlußbemerkungen

Abschließend seien noch einige Bemerkungen zur Bewährung und zum Geltungsbereich von Leontief-Produktionsfunktionen als Prognosefunktionen in der industriellen Materialbedarfsplanung gemacht.

Als Kriterien für die *Bewährung* von Leontief-Produktionsfunktionen in der industriellen Materialbedarfsplanung sollen die Anwendungshäufigkeit und die Prognosegenauigkeit dieser Funktionen dienen. Die Anwendungshäufigkeit, orientiert an geplanten Einsatzgütern, kann mit 94,36 % (vgl. Tab. 4) als außerordentlich hoch angesehen werden. Berücksichtigt man ferner, daß in Industrieunternehmungen über viele Jahre hinweg für Tausende von Materialien die Bedarfsmengen mittels Leontief-Produktionsfunktionen prognostiziert werden, entsteht eine angemessene Vorstellung über die faktische Anwendungshäufigkeit dieser Funktionen. Vergleichbar zeigt die Analyse der Prognosegenauigkeit, daß in der überwiegenden Zahl von Planungsfällen mit Leontief-Produktionsfunktionen relativ hohe Prognosegenauigkeiten erreicht werden (vgl. Tab. 5). Dieser Befund ergibt sich sowohl für eine unternehmungsbezogene als auch für eine einsatzmaterialbezogene Betrachtung. Dennoch darf nicht übersehen werden, daß in einer beachtenswerten Zahl von Fällen nicht unerhebliche Prognoseabweichungen auftreten. Die Analyse der Ursachen für die Prognoseabweichungen ergibt jedoch, daß die Hauptursachen in den Informationsgrundlagen der Materialbedarfsplanung zu suchen sind und nicht in der Struktur der verwendeten Leontief-Produktionsfunktion. Auch dieser Befund resultiert sowohl aus einer unternehmungsbezogenen als auch aus einer einsatzmaterialbezogenen Betrachtung. Nach der Anwendungshäufigkeit und nach der Prognosegenauigkeit kann daher gesagt werden, daß sich Leontief-Produktionsfunktionen in der industriellen, programmorientierten Materialbedarfsplanung in hohem Grade bewährt haben.

Der *Geltungsbereich* für Leontief-Produktionsfunktionen im Bereich der Materialbedarfsplanung wird in der bereits genannten empirischen Untersuchung auf Merkmale von Einsatzgüterarten, Produktionsverfahren und Ausbringungsgüterarten untersucht. Als Ergebnis kann festgehalten werden, daß Leontief-Produktionsfunktionen für limitationale, materielle Einsatzgüter (Roh-, Hilfs- und Betriebsstoffe, Zukaufteile und Baugruppen) gültig sind. Anwendbarkeit ist ebenfalls gegeben für ein- und mehrstufige Fertigungsprozesse, für konvergierende, glatte und umgruppierende Prozesse, für chemische und physikalische Fertigungsverfahren sowie für technisch unverbundene und Kuppelproduktion. Unter dem Blickwinkel der Ausbringungsgüter können Leontief-Produktionsfunktionen angewendet werden bei ein- und mehrteiligen Gütern, bei Ein- und Mehrproduktfertigung sowie bei Einzel-, Serien- und Massenfertigung. Nach dieser Kennzeichnung von Gütern und Verfahren kann festgehalten werden, daß der Geltungsbereich von Leontief-Produktionsfunktionen in der industriellen Materialbedarfsplanung sehr groß ist.

Zusammenfassend kann festgestellt werden, daß Leontief-Produktionsfunktionen in der programmorientierten Materialbedarfsplanung der Industrie einen hohen Bewährungsgrad besitzen und einen umfassenden Geltungsbereich haben. Ihre Bedeutung für die praktische Materialbedarfsplanung und für die betriebswirtschaftliche Produktions- und Kostentheorie sowie für die Kostenrechnung ist daher außerordentlich groß.

Anmerkungen

1 *Grochla* (Materialwirtschaft 1979) Sp. 1259 und (Materialwirtschaft 1980) S. 200.
2 Zu den Aufgabenstellungen der Materialwirtschaft in amerikanischer Sicht vgl. *Ammer*, S. 24 ff.
3 *Grochla* (Materialwirtschaft 1980) S. 201 und (Grundlagen) S. 19 ff. Als Synonyma werden in der Materialwirtschaft verwendet: Materialbedarfsplanung, -disposition, -vorhersage, -ermittlung, -prognose und -rechnung.
4 *Berg* (Materialwirtschaft) S. 73 ff.; *Glaser* (Materialbedarfsvorhersagen) Sp. 1203 ff.; *Trux* (Lagerdisposition) S. 69 ff.
5 *Lewandowski* (Prognosesysteme) S. 99 ff.; *Trux* (Lagerdisposition) 154 ff.
6 Die in den folgenden Teilen dieses Beitrags vorgelegten und analysierten Befunde sind einer umfassenderen empirischen Untersuchung in 126 Industrieunternehmungen Baden-Württembergs entnommen. Diese Untersuchung wurde 1983/84 von der Forschungsabteilung für Industriewirtschaft an der Eberhard-Karls-Universität Tübingen durchgeführt. Vgl. *Schweitzer* (Analyse) S. 106 ff.
7 *Kupsch/Lindner* (Materialwirtschaft) S. 313 ff.; *Zeigermann* (Datenverarbeitung) S. 98 ff.
8 Die Gozinto-Verfahren können auch zu den analytischen Verfahren gerechnet werden, so z. B. *Berr* (Materialbedarfsplanung) Sp. 1199.
9 *Schweitzer* (Analyse) S. 106 f.
10 *Vazsonyi* (Planungsrechnung) S. 393 ff.; *Franken* (Materialwirtschaft) S. 128 ff.
11 *Kloock* (Input-Output-Modelle) S. 72.
12 Vgl. *Kloock* (Input-Output-Modelle) 42 ff.; *Schweitzer/Küpper* (Produktionstheorie) S. 47.
13 *Schweitzer* (Industriebetriebslehre) S. 90.
14 *Schweitzer* (Analyse) S. 311.
15 *Schweitzer* (Analyse) S. 183 ff.
16 *Schweitzer* (Analyse) S. 205 ff.

Literaturverzeichnis

Ammer, D. S. (Management): Materials Management and Purchasing. 4. Aufl., Homewood/Ill. 1980.

Berg, C. C. (Materialwirtschaft): Materialwirtschaft. Stuttgart 1979.

Berr, U. (Materialbedarfsplanung): Materialbedarfsplanung mit Stücklistenauflösung. In: *Kern*, W. (Hrsg.): Handwörterbuch der Produktionswirtschaft. Stuttgart 1979, Sp. 1193–1201.

Franken, R. (Materialwirtschaft): Materialwirtschaft. Stuttgart, Berlin, Köln, Mainz 1984.

Glaser, H. (Materialbedarfsvorhersagen): Materialbedarfsvorhersagen. In: *Kern*, W. (Hrsg.): Handwörterbuch der Produktionswirtschaft. Stuttgart 1979, Sp. 1202–1210.

Grochla, E. (Grundlagen): Grundlagen der Materialwirtschaft. Das materialwirtschaftliche Optimum. 3. Aufl., Wiesbaden 1978.

Grochla, E. (Materialwirtschaft 1979): Materialwirtschaft. In: *Kern*, W. (Hrsg.): Handwörterbuch der Produktionswirtschaft. Stuttgart 1979, Sp. 1258–1265.

Grochla, E. (Materialwirtschaft 1980): Materialwirtschaft, betriebliche. In: *Albers*, W. u. a. (Hrsg.): Handwörterbuch der Wirtschaftswissenschaft. Band 5. Stuttgart u. a. 1980, S. 198–218.

Kloock, J. (Input-Output-Modelle): Betriebswirtschaftliche Input-Output-Modelle. Wiesbaden 1969.

Kupsch, P. U./*Lindner*, T. (Materialwirtschaft): Materialwirtschaft. In: *Heinen*, E. (Hrsg.): Industriebetriebslehre. 7. Aufl., Wiesbaden 1983, S. 269–359.

Lewandowski, R. (Prognosesysteme): Prognose- und Informationssysteme und ihre Anwendungen. Band 2: Mittelfristige Prognose- und Marketing-Systeme. Berlin, New York 1980.

Schweitzer, M. (Industriebetriebslehre): Einführung in die Industriebetriebslehre. Berlin, New York 1973.

Schweitzer, M. (Analyse): Analyse der empirischen Geltung industrieller Produktionsfunktionen. DFG-Schlußbericht. Tübingen 1985.

Schweitzer, M./*Küpper*, H.-U. (Produktionstheorie): Produktions- und Kostentheorie der Unternehmung. Reinbek bei Hamburg 1974.

Trux, W. R. (Lagerdisposition): Einkauf und Lagerdisposition mit Datenverarbeitung. München 1968.

Vazsonyi, A. (Planungsrechnung): Die Planungsrechnung in Wirtschaft und Industrie. Wien, München 1962.

Zeigermann, J. R. (Datenverarbeitung): Elektronische Datenverarbeitung in der Materialwirtschaft. Stuttgart 1970.

*Klaus v. Wysocki**

Lagerdisposition, Stichprobeninventur und der handelsrechtliche Grundsatz der Einzelbewertung

* Prof. Dr. *Klaus v. Wysocki,* Ludwig-Maximilians-Universität München, Lehrstuhl für Wirtschaftsberatung und Revisionswesen.

A. Einführung

Der Jubilar hat sich – beeinflußt von seinem Lehrer Kosiol – sehr frühzeitig mit Fragen der Materialwirtschaft und der Materialdisposition beschäftigt. [1] Für ihn ist es stets eine Selbstverständlichkeit gewesen, daß Materialwirtschaft ohne Materialrechnung bzw. Lagerbuchführung schwer denkbar ist: »Ihren systematischen Niederschlag findet die Materialbereitstellungskontrolle in der Materialrechnung als Teil des betrieblichen Rechnungswesens. Neben der Lohn- und der Anlagenrechnung gehört die Materialrechnung zu den Hilfsrechnungen, die der Finanzbuchhaltung und Betriebsbuchhaltung vorgelagert sind und aus denen letztere wichtige Informationen beziehen. Die Zahlen der Materialrechnung bilden u. a. die Grundlage für die Feststellung der Materialbestände in der Bilanz, die Bestimmung des Materialaufwandes in der Gewinn- und Verlustrechnung und zur Ermittlung der Stückkosten in der Betriebsabrechnung und der Kalkulation. Der Schwerpunkt der Materialrechnung liegt in der Erfassung mengen- und wertmäßiger Materialbewegungen...« [2]

Fragen der Notwendigkeit, der Gestaltungsform, des Informationsgehaltes und der Auswertung der Lagerbuchführung sind in der jüngeren Vergangenheit Gegenstand heftiger Kontroversen zwischen Bilanz- und Inventur-Fachleuten gewesen; die Auseinandersetzung um die »bestandszuverlässige Lagerbuchführung« als Grundlage für die Verwendung mathematisch-statistischer Inventurverfahren anläßlich der handels- und steurrechtlichen Bilanzierung dauert noch an.

Anlaß für die Diskussion war die Neufassung der Inventurvorschriften durch die Novelle des Handelsgesetzbuches vom 1. 1. 1977 (HGB 77). Nach § 39 Abs. 2a HGB 77 wurde die Anwendung mathematisch-statistischer Stichprobenverfahren bei der Inventur ausdrücklich zugelassen:

»Bei der Aufstellung des Inventars darf der Bestand der Vermögensgegenstände nach Art, Menge und Wert auch mit Hilfe anerkannter mathematisch-statistischer Methoden aufgrund von Stichproben ermittelt werden. Das Verfahren muß den Grundsätzen ordnungsmäßiger Buchführung entsprechen. Der Aussagewert des auf diese Weise aufgestellten Inventars muß dem Aussagewert eines aufgrund einer körperlichen Bestandsaufnahme aufgestellten Inventars gleichkommen.« [3]

Von den drei Voraussetzungen, an die das HGB die Anwendung von Stichproben-Inventurverfahren knüpft, nämlich Anwendung anerkannter mathematisch-statistischer Verfahren, Übereinstimmung mit den Grundsätzen ordnungsmäßiger Buchführung und Gleichwertigkeit der Aussage eines Stichproben-Inventars mit einem Vollaufnahme-Inventar, wird vor allem die dritte Voraussetzung, der Grundsatz der »Aussageäquivalenz« [4], mit Nachdruck diskutiert.

B. Zur Gleichheit des Aussagewertes eines Stichproben-Inventars mit dem Aussagewert eines Vollaufnahme-Inventars

Die im HGB verlangte Gleichwertigkeit der Aussage eines mit Hilfe der Vollaufnahme und eines mit Hilfe von Stichprobenverfahren aufgestellten Inventars muß, um den Bilanzierungserfordernissen zu genügen, grundsätzlich in zweierlei Hinsicht bestehen [5]:

- Der mit Hilfe von Stichprobenverfahren geschätzte Gesamtwert des Inventars muß dem durch Vollaufnahme festgestellten Gesamtwert des Inventars »gleichwertig« sein;
- »Gleichwertigkeit« der Inventuraussage muß (von Ausnahmen abgesehen) ferner im Hinblick auf die Aufgliederung des Inventars bestehen, d. h., auch das mit Hilfe von Stichproben aufgestellte Inventar muß den »Bestand der Vermögensgegenstände nach Art, Menge und Wert« differenziert darstellen.

I. Aussageäquivalenz im Hinblick auf den Gesamtwert des Inventars

In der bisherigen Fachdiskussion besteht Einigkeit darüber, daß der mit Hilfe von Stichprobenverfahren geschätzte Gesamtwert eines Inventars mit dem durch Vollaufnahme ermittelten Gesamtwert des Inventars nicht identisch sein muß. Für diese Auffassung sind zwei Gründe anzuführen:

Es muß zunächst festgestellt werden, daß auch eine sorgfältig durchgeführte Vollinventur (Stichtagsinventur, permanente Inventur) nicht unbedingt zu dem (gedachten) »wahren« Wert des Inventars führen muß. [6] Zählfehler, Fehler bei der Identifikation von Lagerpositionen etc. sind die Ursachen dafür. Wie groß dieser sog. Nicht-Stichprobenfehler [7], der bei den herkömmlichen Inventurverfahren unvermeidlich ist, sein kann, ist nicht zweifelsfrei feststellbar, weil der »wahre« Gesamtwert des Inventars unbekannt bleibt. Es überrascht deshalb nicht, daß in der Literatur höchst unterschiedliche Angaben über den Nicht-Stichprobenfehler bei (ordnungsmäßiger) Anwendung herkömmlicher Inventurverfahren gemacht werden. [8]

Zum anderen muß akzeptiert werden, daß mit Hilfe von Stichproben-Schätzverfahren der Gesamtwert eines Inventars nicht mit absoluter Sicherheit und Genauigkeit ermittelt werden kann, sondern daß durch eine Schätzung nur festgestellt werden kann, daß der »wahre« Gesamtwert des Inventars mit einer bestimmten Schätzsicherheit (= Sicherheitsgrad) innerhalb eines bestimmten Bereiches (= Genauigkeitsgrad) liegen wird.

Angesichts dieser Sachlage bedarf es nach übereinstimmender Auffassung einer konkretisierenden Auslegung der handelsrechtlichen Inventurvorschriften: Die Güte der Gesamtwertermittlung des Inventars wird nicht durch den Vergleich zwischen dem Ergebnis einer (ggf. fehlerbehafteten) Vollerhebung und dem Stichprobenergebnis ermittelt, wie es dem Gesetzeswortlaut entsprechen würde, sondern durch Berechnung des Stichprobenfehlers (in der statistischen Methodenlehre auch als »Vertrauensbereich«, »Schätzintervall« oder »Konfidenzintervall« bezeichnet). Der Grundsatz der Aussageäquivalenz gilt dann als erfüllt, wenn der (errechnete) Stichprobenfehler mit einer vorgegebenen Sicherheit (Wahrscheinlichkeit) bestimmte Toleranzgrenzen nicht überschreitet. Offen bleibt dann lediglich, welche Sicherheits- und Genauigkeitsanforderungen entsprechend dem Grundsatz der Aussageäquivalenz an die Schätzung des Inventar-Gesamtwertes zu stellen sind.

Das Institut der Wirtschaftsprüfer hat in der Stellungnahme seines Hauptfachausschusses 1/1981 eine Schätzsicherheit von 95% (= Irrtumswahrscheinlichkeit: 5%) – wie auch sonst in der Wirtschafts- und Sozialstatistik üblich – als ausreichend bezeichnet. [9] Der Genauigkeitsgrad der Schätzung wurde auf ±1% des Gesamtwertes des Lagerkollektivs, aus dem die Stichproben bezogen wurden (einschl. des sog. Vollerhebungsbereiches), festgelegt. [10]

Es sei zur Festlegung des Sicherheits- und Genauigkeitsgrades aber angemerkt, daß ein »Beweis« der »Richtigkeit« dieser oder jener Konvention nur schwer angetreten werden kann. Da die Wirtschaftlichkeit der Stichproben-Inventurverfahren aber sehr stark von der Strenge der Sicherheits- und Genauigkeitsanforderungen abhängt, ist es verständlich, daß die Diskussion um die Festlegung dieser Anforderungen mit Schärfe geführt wurde. Es ist deshalb zu erwägen, ob – einem Gedanken von Uhlig [11] folgend – der festzulegende zulässige Stichproben-Schätzfehler stets auf den Gesamtwert der durch Stichprobenverfahren zu inventarisierenden Lagerkollektive bezogen werden sollte. Unter Materiality-Gesichtspunkten könnte die Auffassung vertreten werden, daß die Wahl anderer Bezugsgrößen (z. B. Bilanzrelationen) im Hinblick auf die Aussagefähigkeit des Jahresabschlusses sinnvoller sein könnte. Ist der Anteil der Vorräte, die durch Stichprobenverfahren erfaßt werden, an der Bilanzsumme gering, so könnte der handelsrechtlich zulässige Stichprobenschätzfehler großzügiger bemessen werden als im umgekehrten Fall. – Ob die für handelsrechtliche Zwecke erforderliche Genauigkeit und Sicherheit der mit Stichproben gewonnenen Aussage für innerbetriebliche Dispositionszwecke im Lagerbereich ausreichend ist, muß dahingestellt bleiben.

II. Aussageäquivalenz im Hinblick auf die Gliederung des Inventars nach Art, Menge und Wert der Vorratspositionen

1. Die Bedeutung der art- und mengenmäßigen Erfassung von Lagerbeständen für interne Dispositionszwecke und für die handelsrechtlichen Bestandsnachweise

Grochla [12] stellt zu Recht fest, daß der Schwerpunkt der unternehmensinternen Lagerrechnung in der Erfassung der mengen- und artmäßigen Materialbewegungen liegt. Nicht die (saldierte) Gesamtveränderung der Vorräte an Roh-, Hilfs- und Betriebsstoffen, an unfertigen und an fertigen Erzeugnissen ist für interne Dispositionszweck alleine von Bedeutung, sondern vor allem die Erfassung der Bestände und der Bewegungen der einzelnen Lagerpositionen (Artikelarten, Lagerplätze etc.) nach Art und Menge sind Grundlage der Lagerdisposition für Fertigung und Vertrieb.

Die Aufgliederung der Lagerpositionen nach Art, Menge und Wert verlangen auch das geltende und das zukünftige Handelsbilanzrecht: Es ist grundsätzlich jährlich ein Inventar aufzustellen, in dem die einzelnen Vermögensgegenstände – nicht nur die zusammengefaßten Bilanzpositionen – einzeln aufzuführen sind (§ 39 Abs. 1 und 2 HGB 1977; § 240 Abs. 1 HGB 1985), und zwar nach »Art, Menge und Wert« (§ 39 Abs. 2a, 3 und 4 Ziff. 1 HGB 1977; §§ 240 Abs. 2; 241 Abs. 1–3 HGB 1985). Über das nach Handelsrecht aufzustellende Inventar besteht somit eine enge Verzahnung zwischen der für interne Zwecke durchgeführten Lager- bzw. Materialabrechnung und dem nach handelsrechtlichen Vorschriften aufzustellenden Inventar. Die Schnittstelle beider Rechnungszweige ist die nach Art, Menge und Wert regelmäßig jährlich aufzustellende Bestandsrechnung.

Handelsrechtlich reicht es zwar aus, wenn die Einzelbestände jährlich zum Bilanzstichtag (durch Wiegen, Zählen oder Messen) erfaßt werden; eine laufende Bestandsfortschreibung ist insoweit nicht erforderlich. Bestimmte »Inventurvereinfachungsverfahren« setzen indes auch nach Handelsrecht eine Lagerbuchführung im Sinne einer Bestandsfortschreibung nach Art, Menge und Wert voraus. Dazu gehört die sog. permanente Inventur (§ 39 Abs. 3 HGB 1977; § 241 Abs. 2 HGB 1985) und die zeitlich vor- oder nachverlegte Inventur nach § 39 Abs. 4 Ziff. 1 HGB 1977 (§ 241 Abs. 3 HGB 1985), die zumindest eine wertmäßige Fortschreibung der Bestände erfordert.

Danach ist es möglich und in den meisten Fällen auch zweckmäßig, die für interne Zwecke ausgebaute Lager- und Materialrechnung mit der für handelsrechtliche Zwecke erforderlichen

Bestandsfeststellung zu verknüpfen. Beide Rechnungen beruhen dann auf der in der Lagerbuchführung durchgeführten einheitlichen Erfassung und Fortschreibung der Einzelbestände nach Art, Menge und Wert, aus der die Soll-Bestände zu jedem Zeitpunkt ermittelt werden können. Der erforderliche Soll-Ist-Abgleich zwischen den in der Lagerbuchführung fortgeschriebenen Beständen nach Art und Menge erfolgt dann durch körperliche Aufnahme der Bestände und ggf. durch Korrektur der Soll-Mengen durch die festgestellten Ist-Mengen.

Diese Korrektur hat nach handelsrechtlichen Vorschriften grundsätzlich mindestens jährlich einmal zu erfolgen (Inventur); sie wird intern ggf. wesentlich häufiger vorgenommen werden müssen, insbesondere, wenn die Präzision der Bestandsdisposition durch Soll-Ist-Abweichungen in der Bestandsfortschreibung wesentlich gestört werden würde. Es ist in diesen Fällen möglich und auch durchaus üblich, die für interne Zwecke vorgenommene Soll-Ist-Abgleichung der Bestände nach Art und Menge auch für handelsrechtliche Inventurzwecke, insbesondere im Rahmen der permanenten Inventur, zu benutzen, und insoweit von einer handelsrechtlichen Bestandsaufnahme abzusehen, als Lagerpositionen für Dispositionszwecke bereits unterjährig körperlich aufgenommen worden sind.

2. *Zur Diskussion um die Anwendungsvoraussetzungen der Stichprobeninventur*

a) *Die Gesamtwertorientierung der mathematisch-statistischen Stichprobenverfahren*

Die vorstehenden Überlegungen haben gezeigt, daß sowohl für unternehmensinterne Dispositionszwecke als auch nach dem Wortlaut der handelsrechtlichen Inventurvorschriften eine globale (saldierte) Bestandsfeststellung einzelner Bilanzpositionen grundsätzlich nicht ausreicht. Das Handelsrecht definiert das Inventar ausdrücklich als eine Bestandsaufstellung der Vermögensgegenstände nach Art, Menge und Wert. Deshalb muß auch das mit Hilfe mathematisch-statistischer Verfahren aufgestellte Inventar nach Art, Menge und Wert der einzelnen Vermögensgegenstände gegliedert sein, d. h., die Forderung nach Gleichwertigkeit des mit Hilfe mathematisch-statistischer Verfahren aufgestellten Inventars mit einem nach herkömmlichen Methoden aufgestellten Inventar bezieht sich nicht nur auf den Gesamtwert der auf der Grundlage von Stichproben aufgestellten Bestandsverzeichnisse, sondern auch auf deren Aufgliederung.

Selbst wenn durch das Gesetz die Gliederung des Inventars nicht ausdrücklich gefordert würde, wäre eine Aufgliederung des Inventars unter handelsrechtlichen Gesichtspunkten grundsätzlich unverzichtbar, denn die Beobachtung des »Grundsatzes der Einzelbewertung« [13] verlangt, daß bei der Bilanzierung z. B. Wertminderungen bei den durch die Wertminderung betroffenen Einzelpositionen berücksichtigt werden, daß sog. Gängigkeitsabschreibungen oder steuerliche Sonderbewertungen (z. B. Importwarenabschlag, Preissteigerungsrücklage) nicht pauschal, sondern regelmäßig nur bei den Einzelposten berücksichtigt werden können. Dies setzt aber voraus, daß die zu bewertenden Einzelpositionen über das Inventar identifizierbar sind. – Ausnahmen von dem Grundsatz der Einzelbewertung sind nur nach § 40 Abs. 4 Ziff. 1 HGB 1977 (§ 240 Abs. 3 und 4 HGB 1986) zulässig.

Andererseits ist unbestreitbar, daß die mathematisch-statistischen Inventurverfahren als Schätz- oder Testverfahren lediglich zu Wertangaben für den durchschnittlichen Positionswert bzw. für den Inventargesamtwert führen, d. h. sie liefern Globalwerte, nicht aber Schätzwerte für die Mengen bzw. die Werte der einzelnen Vermögensgegenstände und Lagerpositionen. Schaich und Ungerer [14] sprechen deshalb zu Recht von der Globalwertorientierung der Stichprobenresultate: man könne aus einem undifferenzierten Globalwert, der nicht aus allen

Einzelwerten, sondern aus einer Zufallsstichprobe ermittelt wurde, keine korrekten Einzelwerte errechnen.

b) Mögliche Konsequenzen aus der Gesamtwertorientierung der mathematisch-statistischen Stichprobenverfahren

Es sind verschiedene Konsequenzen denkbar, die man aus der vorstehend umschriebenen Antinomie zwischen der sowohl für interne Dispositionszwecke als auch handelsrechtlich erforderlichen Einzelfeststellung der Bestände und der Bestandsbewegungen einerseits und der Globalwertorientierung der Stichprobenergebnisse andererseits ziehen kann.

ba) Verzicht auf die Aufgliederung des mit Hilfe von Stichproben aufgestellten Inventars

Man könnte zunächst die Auffassung vertreten, daß mit der Zulassung der Stichproben-Inventur durch den Handelsgesetzgeber zugleich der Verzicht auf ein vollständiges Verzeichnis der Mengen, Arten und Werte aller Einzelbestände im Rahmen des handelsrechtlichen Inventars zwangsläufig verbunden sei. [15] Gegen die Auffassung, daß mit der Anerkennung der Stichproben-Inventur durch den Gesetzgeber zugleich der handelsrechtliche Grundsatz der Einzelbewertung aufgegeben sei, spricht neben dem Gesetzeswortlaut vor allem, daß der Gesetzgeber mit dem Stichproben-Inventurverfahren eine Erleichterungsregelung treffen, nicht aber grundlegende Bewertungsprinzipien außer Kraft setzen wollte. [16] Diese Auffassung wird dadurch erhärtet, daß der Grundsatz der Einzelbewertung explizit in das künftige Handelsrecht aufgenommen worden ist (§ 252 Abs. 1 Ziff. 3 HGB 1986). [17] Für innerbetriebliche Dispositionszwecke wäre ein Verfahren, welches ohne Bezugnahme auf Einzelbestände auskommen wollte, unbrauchbar.

bb) Begrenzung der Stichproben-Inventurverfahren auf solche Bestände, deren Aufgliederung nach Art, Menge und Wert nicht erforderlich ist

Man könnte ferner die Auffassung vertreten, daß die Stichprobeninventur wegen ihrer Gesamtwert-Orientierung handelsrechtlich nur dort anwendbar sei, wo rechtlich ausdrücklich eine Ausnahme von dem Grundsatz der Einzelbewertung gestattet ist. [18] Dies ist unter den Voraussetzungen von § 40 Abs. 4 Ziff. 1 HGB 1977 (§ 240 Abs. 4 HGB 1986) nur möglich, wenn es sich bei dem Bestand um annähernd gleichwertige Gegenstände handelt oder um gleichartige Gegenstände, bei denen nach der Art des Bestandes oder aufgrund sonstiger Umstände ein Durchschnittswert bekannt ist. [19] Würde man die Anwendung von Inventur-Stichprobenverfahren nur auf den Bereich der Gruppenbewertung begrenzen, so würde nicht nur der Anwendungsbereich der Stichproben-Inventurverfahren wesentlich reduziert werden, sondern es würden auch die Rationalisierungseffekte der Stichproben-Inventur kaum zum Tragen kommen können, weil die Lagerkollektive, auf die die Verfahren dann anwendbar wären, regelmäßig zu klein sein würden. [20]

bc) Auswertung der Ergebnisse der Bestandsfortschreibung

Man kann schließlich den Versuch unternehmen, die Aufgliederung des durch mathematisch-statistische Stichprobenverfahren ermittelten Inventar-Globalwertes mit Hilfe von Aufzeichnungen über Arten, Mengen und ggf. Werte der im Inventurkollektiv vorhandenen Positionen vorzunehmen, die außerhalb des Stichproben-Inventurverfahrens geführt werden. [21] Verfügt ein Unternehmen über eine bestandszuverlässige, ordnungsmäßig geführte Lagerbuchführung (Lagerkartei), so ist es möglich, die Antinomie zwischen dem Globalcharakter der Stichprobenschätzung und dem handels- und steuerrechtlichen Erfordernis der Einzelaufgliederung der Lagerpositionen dadurch zum Ausgleich zu bringen, daß der Gesamtwert des stichprobenweise erfaßten Inventars mit Hilfe mathematisch-statistischer Verfahren (unter Berücksichtigung des erforderlichen Genauigkeits- und Sicherheitsgrades) bestimmt wird, und daß die Einzelaufgliederung dieses Globalwertes nach Arten und Mengen mit Hilfe einer aussagekräftigen Lagerbuchführung durchgeführt wird. Praktisch läuft diese Vorgehensweise darauf hinaus, der (ordnungsmäßig geführten) Lagerbuchführung wenigstens zum Teil Inventarfunktionen zuzuordnen. Der Rationalisierungserfolg der handelsrechtlich zulässigen Stichprobeninventur besteht in diesem Fall darin, daß die für interne Dispositionszwecke eingerichtete und ausgebaute Lager- und Materialrechnung zugleich zur Erfüllung der handelsrechtlichen Nachweispflichten herangezogen werden kann; eine nur für bilanzielle Zwecke bestimmte jährliche Vollaufnahme sämtlicher Bestände kann insoweit entfallen.

c) Inventarfunktion der Lagerbuchführung

M.E. ist von den vorstehend wiedergegebenen Verfahrensalternativen lediglich die letzte Alternative praktikabel. Die Möglichkeit der Aufgliederung des Gesamtwertes eines Inventars mit Hilfe der Ergebnisse der Lagerbuchführung steht und fällt indes mit der Güte nicht nur der Schätzung des Gesamtinventars, sondern auch mit der Qualität der zur Aufgliederung herangezogenen Lagerbuchführung. In formeller Hinsicht dürften die Anforderungen, die an die Ordnungsmäßigkeit einer Lagerbuchführung zu stellen sind, nicht über diejenigen Anforderungen hinausgehen, die auch im Rahmen der sog. permanenten Inventur an die Lagerbuchführung gestellt werden. [22]

In materieller Hinsicht bleibt offen, wie »bestandszuverlässig« die Lagerbuchführung sein muß, damit sie die Inventarfunktion erfüllen kann. Das Institut der Wirtschaftsprüfer hatte hierzu ursprünglich nur festgestellt, daß von einer hinreichenden Bestandszuverlässigkeit der Lagerbuchführung dann ausgegangen werden könne, wenn das Ergebnis der statistischen Globalwertschätzung von dem Buchführungsergebnis nur geringfügig abweicht. [23] Schaich und Ungerer [24] weisen in diesem Zusammenhang sehr zu Recht darauf hin, daß eine Übereinstimmung zwischen dem Inventar-Schätzwert und dem Inventar-Buchwert nicht unbedingt Verbindliches über die Qualität der Einzelansätze in der Lagerbuchführung aussagen müsse; es sei selbst dann, wenn zwischen dem Inventar-Schätzwert und dem Inventar-Buchwert insgesamt keine Abweichung vorliege, durchaus denkbar, daß sich zwischen den Einzelpositionen erhebliche Abweichungen befinden, die sich aber im Positiven wie im Negativen ausgleichen. Es bedarf deshalb – ggf. außerhalb des Stichprobenverfahrens – zusätzlicher Nachweise der Bestandszuverlässigkeit der zur Aufgliederung des Inventars benutzten Lagerbuchführung. Das Institut der Wirtschaftsprüfer trägt dem in der Stellungnahme HFA 1/81 m. E. hinreichend Rechnung, wenn es in der Stellungnahme ausdrücklich heißt: »Es sei... darauf hingewiesen, daß die Lagerbuchführung die Inventarfunktion nur dann übernehmen kann, wenn im übrigen Zweifel an ihrer Aussagefähigkeit nicht bestehen. Ggf. ist durch zusätzliche Analysen (Funktionsfähigkeit des internen Kontrollsystems im Bereich der Bestandsführung und der Lagerbuchführung, Schätzung des Anteiles abweichungsbehafteter Buchausweise, Schätzung der absoluten oder relativen Einzelabweichungen bei den Buchausweisen usw., ggf. auch durch statistische Testverfahren) sicherzustellen, daß die Lagerbuchführung nicht nur im Hinblick auf den durchschnittlichen Positionswert, sondern auch im Hinblick auf die Einzelausweise zutreffend ist.« [25] Schaich stellt in einem späteren Aufsatz [26] mehrere Möglichkeiten zur Bestimmung der Bestandszuverlässigkeit der Einzelwerte vor und bedauert lediglich, daß wegen der Verschiedenartigkeit von Lagerkollektiven standardisierte Vorgaben zur Überprüfung der Bestandszuverlässigkeit der Lagerbuchführung nicht ausgearbeitet werden können. Er befindet sich insoweit in Übereinstimmung mit dem Institut der Wirtschaftsprüfer.

C. Ergebnis: Zusammenhänge zwischen der Lagerbuchführung und der Stichprobeninventur

Die vorstehenden Überlegungen haben gezeigt, daß zwischen der für innerbetriebliche Dispositionszwecke eingerichteten Material- und Lagerrechnung und der für Bilanzierungszwecke durchzuführenden Inventur enge Zusammenhänge bestehen können. Die bisherige Diskussion über die Anwendungsvoraussetzungen der nach Handelsrecht zulässigen mathematisch-statistischen Stichprobeninventur hat gezeigt, daß dann, wenn eine Aufgliederung des Inventars nach Art, Menge und Wert der Lagerpositionen handelsrechtlich unumgänglich ist, die rationelle und hinreichend genaue Stichprobeninventur nicht ohne Rückgriffe auf Ergebnisse einer (bestandszuverlässigen) Lagerbuchführung möglich ist.

Aber nicht nur der handelsrechtliche Grundsatz der Einzelbewertung führt zur Verknüpfung zwischen Stichprobeninventur und Lagerbestandsrechnung. Es gibt weitere Abhängigkeiten der Stichprobeninventur von der Existenz einer bestandsgenauen Lagerrechnung, auf die an dieser Stelle nicht explizit eingegangen werden kann. So werden die Abgrenzung des stichprobenweise zu erhebenden Lagerkollektivs und die Identifikation der in die Stichprobe einzubeziehenden Lagerpositionen ohne Rückgriff auf die Ergebnisse der Lagerbuchführung nur schwer möglich sein. Die ggf. notwendige Schichtung und die Abgrenzung einer sog. Vollerhebungsschicht wird ohne eine vorherige Strukturanalyse der buchmäßig geführten Läger kaum möglich sein. Schließlich sind für die Anwendung der besonders rationellen sog. gebundenen Schätzverfahren [27] Bezugsmöglichkeiten auf die Buchbestände der Lagerbuchführung unabdingbare Voraussetzung für die Verfahrensanwendung.

Andererseits dürfte nicht von der Hand zu weisen sein, daß die Präzision und die Rationalität, mit denen stichprobenweise Untersuchungen der Läger möglich sind, nicht ohne Rückwirkung auch auf die Verbesserung der betrieblichen Lagerdispositionsrechnung sein werden. Die Stichprobenverfahren dürften insbesondere geeignet sein, auf Schwachstellen in der Material- und Lagerrechnung sowie in der Bestandsführung hinzuweisen. [28]

Es bleibt zu hoffen, daß sich auch bestimmte Theoretiker, [29] die offenbar glauben, Unternehmen, die wegen des Fehlens einer bestandszuverlässigen Lagerbuchführung Schwierigkeiten mit der Stichprobeninventur haben, gegen das Institut der Wirtschaftsprüfer (und den Verfasser) in Schutz nehmen zu sollen, sich nach intensiverer Beschäftigung mit den Problemen der Stichprobeninventur davon überzeugen lassen, daß funktionsfähige innerbetriebliche Lagerdispositionsrechnungen rationelle Stichprobeninventuren grundsätzlich erst ermöglichen, zumindest aber wesentlich erleichtern. [30]

Anmerkungen

1 Vgl. *Grochla* (Materialwirtschaft); *ders.* (Beschaffungsplanung); *ders.* (Materialbeschaffung); *ders.* (Organisation); *ders.* (Grundlagen); *ders.* (Art. Materialwirtschaft).

2 *Grochla* (Art. Materialwirtschaft) Sp. 2639.

3 Der gleiche Wortlaut ist in das HGB 85 aufgenommen worden (vgl. § 241 Abs. 1 HGB 85). Die Ausführungen beziehen sich deshalb auch auf das neue Bilanzrecht.

4 Zum Begriff vgl. *v. Wysocki* (Überlegungen) S. 279 ff.

5 Vgl. *v. Wysocki* (Überlegungen) S. 280.

6 Vgl. *Arbeitskreis Ludewig* (Vorratsinventur) S. 71; Institut der Wirtschaftsprüfer (Vorratsinventur) Abschn. IV 1 a; *Schaich/Ungerer* (Stichprobeninventuren) S. 386 f.; *Nagels/Plüschke/Zimmermann* (Bemerkungen) S. 402.

7 Zum Begriff vgl. *Schaich/Ungerer* (Stichprobeninventuren) S. 658; *Steinecke/Weinrich* (Arbeitsthesen) S. 386 f.

8 Vgl. z. B. *Arbeitskreis Ludewig* (Vorratsinventur) S. 71; *Steinecke/Weinrich* (Arbeisthesen) S. 387.

9 Vgl. *Institut der Wirtschaftsprüfer* (Vorratsinventur) Abschn. IV 1 a.

10 Vgl. *Institut der Wirtschaftsprüfer* (Vorratsinventur) Abschn. IV 1 a.

11 Vgl. *Uhlig* (Stichprobenverfahren) S. 27.

12 Vgl. *Grochla* (Art. Materialwirtschaft) Sp. 2639.

13 § 240 Abs. 1 HGB 1986 verlangt ausdrücklich, daß die Vermögensgegenstände im Inventar »einzeln« aufgeführt werden müssen; in Art. 31 der 4. EG-Richtlinie wird die Beachtung des Grundsatzes der Einzelbewertung ausdrücklich verlangt, wenn nicht von der Ausnahmemöglichkeit nach Art. 31 Abs. 2 Gebrauch gemacht wird. Vgl. dazu auch § 252 Abs. 1 Ziff. 3 HGB 1986.

14 Vgl. *Schaich/Ungerer* (Stichprobeninventuren) S. 654 f.; vgl. ferner *Schaich* (Anwendung) S. 281 ff.

15 So *Schaich/Ungerer* (Stichprobeninventuren); *Scherrer/Obermeier* (Stichprobeninventur) S. 33.

16 Vgl. dazu vor allem auch *Wittmann* (Probleme) S. 28.

17 Der deutsche Handelsgesetzgeber hat mit der Aufnahme des Einzelbewertungsgrundsatzes in das HGB 1986 einer Verpflichtung aus Art. 31 der 4. EG (Bilanz-)Richtlinie entsprochen. Ausnahmen von dem Einzelbewertungsgrundsatz sollen nach § 252 Abs. 2 HGB 1986 nur in begründeten Ausnahmefällen zulässig sein; von einer generellen Aufhebung des Grundsatzes der Einzelbewertung kann deshalb keine Rede sein.

18 Vgl. *Wittmann* (Probleme) S. 28.

19 Das Festwertverfahren und die Verbrauchsfolgeverfahren stellen Bewertungsverfahren dar; ihre Anwendung entbindet grundsätzlich nicht von der Verpflichtung, ein nach Art, Menge und Wert aufgegliedertes Inventar aufzustellen.

20 Für Zwecke der Bilanzierung dürfte auch hier im übrigen der Äquivalenz-Grundsatz zu beachten sein: Auf die Aufgliederung des wertmäßig mit Hilfe der Stichprobenverfahren festgestellten Inventars kann immer dann verzichtet werden, wenn auch bei Anwendung herkömmlicher Inventurverfahren eine solche Aufgliederung nicht erforderlich ist.

21 Vgl. vor allem *Institut der Wirtschaftsprüfer* (Vorratsinventur) Abschn. IV 1 b.

22 Vgl. z. B. Einkommensteuerrichtlinien, Abschn. 30 Abs. 2 Ziff. 1.

23 Vgl. *Institut der Wirtschaftsprüfer* (Vorratsinventur) Abschn. IV 1 b und 2 b: Tolerierbare Abweichung: ± 2%.

24 *Schaich/Ungerer* (Stichprobeninventuren) S. 663.

25 *Institut der Wirtschaftsprüfer* (Vorratsinventur) Abschn. IV 2 b.

26 Vgl. *Schaich* (Anwendung) S. 282 f.

27 Vgl. *v. Wysocki/Schmidle* (Verwendung).

28 Vgl. in jüngster Zeit: *Bruse* (Erfahrungen) S. 523.

29 Vgl. *Broermann/Fischer-Winkelmann* (Stichproben) S. 1196–1199.

30 Es ist nicht anzunehmen, daß Unterstellungen wie: Verwendung von Immunisierungsstrategien und Verschleierungstaktiken, Interessengebundenheit und Abgabe von Lippenbekenntnissen; vgl. *Broermann/Fischer-Winkelmann* (Stichproben) S. 1196–1199, die gegen das Institut der Wirtschaftsprüfer bzw. gegen den Verfasser wegen des Plädoyers für eine aussagekräftige Lagerbuchführung als Voraussetzung zur Durchführung der Stichprobeninventur erhoben werden, Wesentliches zur Klärung von Sachfragen im Bereich der Stichprobeninventur beitragen werden.

Literaturverzeichnis

Arbeitskreis Ludewig (Vorratsinventur): Schmalenbach-Gesellschaft – Arbeitskreis Ludewig: Die Vorratsinventur. Köln und Opladen 1967.

Broermann, T./ *Fischer-Winkelmann*, W.-F. (Stichproben): Stichproben im Bereich von Revision und Wirtschaftsprüfung. In: Der Betrieb (DB), 1985, S. 1196–1199.

Bruse, H. (Erfahrungen): Erfahrungen beim Einsatz von Stichprobeninventuren. In: Die Wirtschaftsprüfung (WPg), 1985, Teil 1, S. 481–489, Teil 2 S. 518–524.

Burkel, P. (Möglichkeiten): Möglichkeiten und Grenzen der Lagerinventur mit Hilfe des Stichprobenverfahrens (Stichprobeninventur). In: Der Betrieb (DB), 1985, S. 821–825.

Deindl, J. (Prüfung): Die Prüfung der Vorräte mit Hilfe von mathematischen Stichprobenverfahren. Thun/Frankfurt 1981.

Fandel, G./ *Dyckhoff*, H./ *Müller*, H.-H. (Stichprobeninventur): Stichprobeninventur. Zur Problematik der Anwendung in der Praxis. In: Die Betriebswirtschaft (DBW), 1985, S. 278–291.

Funk, J. (Festwerte): Festwerte in der Handelsbilanz. In: Der Wirtschaftsprüfer im Schnittpunkt internationaler Entwicklungen. Festschrift für K. v. *Wysocki*, hrsg. v. Gross, 6. Düsseldorf 1985, S. 73–89.

Fülling, F. (Grundsätze): Grundsätze ordnungsmäßiger Bilanzierung für Vorräte. Düsseldorf 1976.

Grochla, E. (Beschaffungsplanung) Beschaffungsplanung. Schriftenreihe der AGPLAN, Bd. 2, Wiesbaden 1959, S. 83–103.

Grochla, E. (Grundlagen): Grundlagen der Materialwirtschaft. Das materialwirtschaftliche Optimum im Betrieb. Wiesbaden 1973.

Grochla, E. (Materialbeschaffung): Materialbeschaffung, Vorratshaltung und Kontrolle. In: Industrielle Produktion. Baden-Baden – Bad Homburg v. d. H. 1967, S. 547–654.

Grochla, E. (Materialwirtschaft): Materialwirtschaft. Wiesbaden 1958.

Grochla, E. (Organisation): Materialwirtschaft, Organisation der. In: Handwörterbuch der Organisation. Stuttgart 1969, Sp. 975–985.

Grochla, E. (Art. Materialwirtschaft): Art. Materialwirtschaft. In: Handwörterbuch der Betriebswirtschaft. 4. Aufl. Bd. I/2, Stuttgart 1975, Sp. 2627–2645.

Hofmann, W. (Aufgaben): Die Aufgaben der Inventur. In: Der Betrieb (DB) 1964, S. 1197–1200.

Hömberg, R. (Grundlagen): Grundlagen und Organisation der Stichprobeninventur nach § 39 Abs. 2a HGB. In: Der Betrieb (DB), 1985, Teil I, S. 2057–2061, Teil II, S. 2112–2116.

Hömberg, R. (Ordnungsmäßigkeit): Zur Ordnungsmäßigkeit von Wertkorrekturen bei Stichprobeninventuren. In: Zeitschrift für betriebswirtschaftliche Forschung, 1985, S. 67–78.

Institut der Wirtschaftsprüfer (Vorratsinventur): Stellungnahme HFA 1/1981, Stichprobenverfahren für die Vorratsinventur zum Jahresabschluß. In: Die Wirtschaftsprüfung (WPg), H. 17, 1981.

Kruschwitz, L. (Grundsatz): Zum Grundsatz der Einzelbewertung. In: Der Betrieb (DB), 1973, S. 1905–1912.

Matt, G. (Stichprobeninventur): Zur Stichprobeninventur. In: Die Wirtschaftsprüfung (WPg), 1980, S. 192–200.

Nagels, B./ *Plüschke*, R./ *Zimmermann*, H.-J. (Bemerkungen): Bemerkungen zur Verwendung von Stichprobenverfahren bei der Vorratsinventur. In: Die Wirtschaftsprüfung (WPg), 1980, S. 398–404.

Schaich, E./ *Ungerer*, A. (Stichprobeninventuren): Stichprobeninventuren in methodisch-statistischer Betrachtung. In: Die Wirtschaftsprüfung (WPg), 1979, S. 653–664.

Schaich, E. (Anwendung): Die Anwendung von Stichproben bei der Inventur. In: Allgemeines Statistisches Archiv, 1983, S. 274–285.

Scherrer, G./ *Obermeier*, I. (Stichprobeninventur): Stichprobeninventur. Theoretische Grundlagen und praktische Anwendung. München 1981.

Schöttler, J. (Methoden): Statistische Methoden zur Vereinfachung der Inventur. Thun/Frankfurt 1979.

Steinecke, V./ *Weinrich*, G. (Arbeitsthesen): Arbeitsthesen zur Stichprobeninventur. In: Die Wirtschaftsprüfung (WPg), 1980, S. 385–397.

Sturm, L. (Ordnungsmäßigkeit): Zur Ordnungsmäßigkeit der freien Hochrechnung bei einer permanenten Stichprobeninventur. In: Die steuerliche Betriebsprüfung (StBP) 1982, S. 136–143.

Uhlig, B. (Stichprobeninventur): Stichprobeninventur. Bespr. v. *Scherrer/Obermeier:* Stichprobeninventur. In: Die Wirtschaftsprüfung (WPg), 1982, S. 599–600.

Uhlig, B. (Stichprobenverfahren): Zu »Stichprobenverfahren für die Vorratsinventur im Jahresabschluß«. In: Die Wirtschaftsprüfung (WPg), 1980, S. 26 f.

Wittmann, A. (Probleme): Probleme der Stichprobeninventur aus steuerrechtlicher Sicht. In: Die steuerliche Betriebsprüfung (StBP), 1980, S. 29 ff.

v. Wysocki, K. (Einzelfragen): Einzelfragen zur Verwendung gebundener Schätzverfahren bei der Stichprobeninventur. In: Die Wirtschaftsprüfung (WPg), 1980, S. 28–33.
v. Wysocki, K. (Überlegungen): Überlegungen zu den Grundsätzen ordnungsmäßiger Stichprobeninventur. In: Management und Kontrolle, Festschrift für *E. Loitlsberger*, hrsg. v. Seicht, 6. Berlin 1981, S. 273–292.
v. Wysocki, K./*Schmidle*, L. (Verwendung): Die Verwendung gebundener Schätzverfahren bei der Stichprobeninventur. In: Die Wirtschaftsprüfung (WPg), 1979, S. 417–432.

Unternehmen in Wirtschaftszweigen

*Ernst-Bernd Blümle**

Zum Stellenwert der Verbandsbetriebslehre**

* Prof. Dr. *Ernst-Bernd Blümle*, Universität Freiburg/Schweiz, Seminar für Kooperation und Distribution.

** Herrn Kollegen Thom danke ich für die kritische Durchsicht wie für seine Anregungen.

Nach Vershofen befaßte sich Grochla lange Zeit als einziger Hochschullehrer mit dem Verbandsphänomen aus betriebswirtschaftlicher Sicht. Nach dem Erscheinen seines Buches »Betriebsverband und Verbandbetrieb« im Jahre 1959, das als Grundlagenwerk der Verbandsbetriebslehre bezeichnet werden kann, erschienen von ihm weitere verbandsbezogene betriebswirtschaftliche Arbeiten [1]. Auch Dissertationen – so von Lehmann, Adels, Shimizu und Varelas – wurden von ihm angeregt und betreut [2].

Nach einer Besprechung seines Buches kam es in Köln zu einer ersten persönlichen Begegnung des Verfassers mit Kollege Grochla. Das Gespräch prägte meinen weiteren wissenschaftlichen Werdegang. Die Wahl des Themas drängt sich daher ebenso aus der persönlichen Beziehung wie aus sachlichen Gründen auf.

Grochla befaßt sich in seinen Arbeiten mit jenen Organisationen, in denen Betriebe der Fremd- bzw. Eigenbedarfsdeckung (öffentliche und private Betriebe bzw. öffentliche und private Haushalte) freiwillig oder kraft gesetzlichen Zwangs kooperieren. Aus dem breiten Spektrum der nicht-staatlichen Non-Profit-Organisationen beschränkte er sich auf Wirtschaftsverbände, deren Ziel in der Förderung der Mitglieder besteht.

Im Sprachgebrauch, in der Literatur werden diese Organisationen auch als Betriebsverbindungen, als Kammern, als zwischenbetriebliche Kooperation bzw. Unternehmenskooperation, als Selbsthilfeorganisationen, als Interessenverbände, als Lobby bezeichnet und z. T. auch synonym verwendet. Grochla hat zur Begriffsbildung und Typologie dieser Gebilde Pionierarbeit geleistet.

Die Verbände im Wirtschafts- und Arbeitsbereich streben durch Koordination des Verhaltens auf dem Markt und/oder durch Beeinflussung der Wirtschafts- und Sozialpolitik (Ordnungs- und Prozeßpolitik), durch Verhandlungen mit anderen Gruppierungen sowie durch Dienstleistungen eine Förderung ihrer Mitglieder an.

Nach dem materialen Ziel bzw. nach den hauptsächlichen Nutznießern lassen sich aber neben den Verbänden zur Förderung der Mitglieder weitere drei Verbandstypen unterscheiden [3].

(1) Verbände zur Förderung Dritter. Bei Verbänden im sozialen Bereich (z. B. Rotes Kreuz, Entwicklungshilfe-Organisationen), kommen i. d. R. Individuen oder Gruppen in den Genuß der materiellen und/oder immateriellen Hilfeleistungen, die nicht Träger des Verbandes sind.
(2) Verbände zur Förderung der Mitglieder und Dritter. Bei Leistungen zahlreicher Verbände im Sport-, Musik- und Kulturbereich sind sowohl Träger wie Dritte Nutznießer (z. B. aktive Sportler und Zuschauer).
(3) Verbände zur Durchsetzung von Ziel- und Wertvorstellungen innerhalb der Gesellschaft. Vornehmlich politische, religiöse und humanitäre Verbände versuchen ausschließlich oder neben anderen Aufgaben Wert- und Zielvorstellungen in der Gesellschaft zu erhalten oder zu verändern. Die Mitglieder dieser Organisationen engagieren sich für die System-Werte-Erhaltung oder -Veränderung (z. B. religiöse Verbände: Schwangerschaftsabbruch, politische Verbände: Atomkraft).

Zielgerichtete, soziale Systeme lassen sich nach Trägerschaft/Zieldominanz und Leistungs- sowie Finanzierungsart strukturieren [4]. Auf diese Weise werden diese Gebilde gegenüber den privaten und öffentlichen Betrieben abgegrenzt.

<table>
<tr><th colspan="3" rowspan="2">Trägerschaft/
Zieldominanz</th><th colspan="2">Leistungsart und Finanzierungsart
(vorwiegend oder ausschließlich)</th></tr>
<tr><th>A. Individualgüter mit Preisfinanzierung</th><th>B. Öffentliche, kollektive und/ oder meritorische Güter mit Finanzierung über Steuern, Spenden, Beiträge</th></tr>
<tr><td colspan="3">privatwirtschaftlich-erwerbswirtschaftlich (Profit-Organisationen)</td><td>Unternehmung: Landwirtschaft, Investitionsgüter, Konsumgüter Dienstleistungen</td><td>(subventionierte Erwerbswirtschaft)</td></tr>
<tr><td rowspan="2">Nonprofit-Organisationen</td><td colspan="2">staatliche</td><td>Öffentlicher Betrieb: Transport, Energie, Post, Kreditwirtschaft</td><td>Öffentliche Verwaltung
Öffentlicher »Regiebetrieb«
Sozialbetrieb: Spital, Heim, Anstalt
Erziehungsbetrieb: Schule, Universität
Kulturbetrieb: Museum, Theater, Bibliothek</td></tr>
<tr><td>privatwirtschaftlich-bedarfswirtschaftlich</td><td>nicht-staatliche</td><td>Genossenschaft
Funktionsgemeinschaft
Vertikale Kooperation
Gewerkschaftsbetrieb</td><td>– Mitgliederförderung
– Wirtschaftsverbände, Kammern, Gewerkschaften
– Genossenschaften
– Förderung Dritter
– Wohlfahrtsorganisationen
– Förderung von Mitgliedern und Dritten
– Sport-, Musik-, Gesangverein
– Durchsetzung von Ziel- und Wertvorstellungen in der Gesellschaft
– religiöse, politische, humanitäre Vereine</td></tr>
</table>

Abb. 1: Darstellung der Organisationstypen

A. Ansätze zur Beurteilung des Stellenwertes der Verbandsbetriebslehre

Alle Unternehmen sowie ein Großteil der Bevölkerung sind Mitglieder von verbandlichen Gruppierungen. Auch betriebswirtschaftliche Kollegen sind Mitglied eines Vereins, arbeiten im Vorstand eines Sportclubs mit oder spenden für karitative Organisationen. Sie verfügen somit über ein eigenes Problemverständnis, könnten permanente Aktionsforschung, zumindest teilnehmende Beobachtung betreiben. Man sollte nun annehmen, daß solch eigene Erfahrung den Zugang zu diesem Organisationstyp erleichtern, Interesse wecken sollte. Doch dem ist nicht so. Vielmehr haben die Betriebswirte – im Gegensatz zu den Rechtswissenschaftern, den Wirtschafts- und Sozialpolitikern, den Finanz- und Politikwissenschaftern – diese nicht-staatlichen

Non-Profit-Organisationen bislang als nicht sonderlich lehr- und forschungswürdig wahrgenommen.

Um der Gefahr zu entgehen, als Lobbyist, als Partei eingestuft zu werden, sollen Fakten sprechen, so die Ergebnisse einer Analyse der Interessengebiete der Hochschullehrer, einer Inhaltsanalyse der Lehrbücher und die Interpretation einer Untersuchung von Chmielewicz.

(1) Eine Auswertung der Angaben spezieller Interessengebiete von Mitgliedern des Hochschullehrerverbandes für Betriebswirtschaft e. V. (Mitgliederverzeichnis 1985) ergibt im Hinblick auf unsere Fragestellung folgendes Bild: Neben anderen Interessengebieten wurde von

10 Mitgliedern	Betriebsverbindungen Betriebe/Verbände personaler Vorsorge Nicht Erwerbsbetriebe BWL von nicht erwerbswirtschaftlichen Betrieben, BWL von Non-Profit-Organisationen Verbandsbetriebslehre
8 Mitgliedern	Genossenschaftswesen
7 Mitgliedern	Unternehmenskooperation, Unternehmenszusammenschlüsse, Zusammenschlußformen, Kooperation
1 Mitglied	Gemeinwirtschaftl. Unternehmen

als spezielles Interessengebiet angegeben.

Von den 658 ordentlichen und außerordentlichen Mitgliedern befassen sich lediglich 26 Mitglieder (ca. 4%) mit diesen wirtschaftlich orientierten demokratisch strukturierten Organisationen. Kein einziger Kollege befaßt sich mit anderen Verbandsformen (Verbände des Freizeitbereiches, von Kultur und Wohlfahrt).

(2) Ein ähnliches Bild ergibt eine Inhaltsanalyse diverser Publikationen. In den ausgewählten Lehrbüchern der BWL werden die nichtstaatlichen, wirtschaftlich orientierten Non-Profit-Organisationen zwar erwähnt, aber das gesamte Spektrum nicht abgedeckt, wie aus folgender Übersicht (Abb. 2) deutlich wird.

(3) In der Untersuchung von Chmielewicz [5] über Forschungsschwerpunkte und -defizite in der deutschen Betriebswirtschaftslehre, die er nach institutioneller und funktionenorientierter Forschung strukturiert, werden die nicht-staatlichen NPO lediglich als Schwerpunkt der Marketingforschung erwähnt (Marketing bei Non-Profit-Organisationen).

Als Ergebnis dieser Resultate drängt sich die Kernfrage auf: Wieso konnte Grochla mit seinen Arbeiten nicht als Protagonist innerhalb der Betriebswirtschaftslehre das Wahrnehmungsvermögen für die wirtschaftliche und gesellschaftlich relevanten Organisationen der Kollegen schärfen, Forschungs- und Lehrinteresse wecken, einen höheren Stellenwert bewirken?

B. Mögliche Erklärungsursachen

1. Die Entwicklung der Allgemeinen Betriebswirtschaftslehre

Die betriebswirtschaftliche Forschung und Lehre befaßt sich schwerpunktartig, wenn nicht sogar ausschließlich mit der großen Industrieunternehmung in der Rechtsform der AG. [6] Entsprechend spielen die Betriebe des primären und tertiären Sektors in der Betriebswirtschafts-

Quelle	Seiten-total	Seiten thematisch		Inhalt
		absolut	% Gesamt-umfang	
Heinen, Edmund: Einführung in die Betriebswirtschaftslehre, Wiesbaden, 1968	264	3	0,6	Kooperation, Wirtschaftsverbände
Mertens, Peter/Plötzner, Hans: Programmierte Einführung in die Betriebswirtschaftslehre, Wiesbaden, 1972	2026	200	9,9	Band 1: Institutionenlehre: Unternehmer-Verbände, Unternehmungs-Zusammenschlüsse
Drukarczyk, Jochen/Müller, Lothar: Betriebswirtschaftslehre, Wiesbaden, 1978	621	15	2,4	Umwandlung und Zusammenschluß
Wöhe, Günter: Einführung in die allgemeine Betriebswirtschaftslehre, 14. Auflage, München, 1981	1192	66	5,5	Zusammenschluß von Unternehmen als Entscheidungsproblem Begriff, Zielsetzungen, Systematisierung, Kooperationsformen, Konzentrationsformen, Unternehmensverbände
Schierenbeck, Henner: Grundzüge der Betriebswirtschaftslehre, 6. Auflage, München, 1981	534	3	0,6	Unternehmer-Verbände und verbundene Unternehmungen
Bea, Franz Xaver/Dichtl, Erwin/Schweitzer, Marcell: Allgemeine Betriebswirtschaftslehre, Stuttgart, 1983	913	14	1,5	Aktionen des internen und externen Wachstums; Kooperation, Konzern, Fusion; Alternative Konzepte zur Unternehmungs-Ordnung; Gewerkschaften
Vahlens, Kompendium der Betriebswirtschaftslehre, München, 1984	1042	3	0,3	Unternehmer-Verbände, politische Parteien, Gewerkschaften: Kartellpartner als systemexterne Koalitionspartner, Einfluß der Koalitionsparteien auf die betriebliche Zielbildung
Total	6592	304	4,6	–

Abb. 2: Verbände und Kooperationen als Erkenntnisobjekt dargestellt an ausgewählten Lehrbüchern der Allgemeinen Betriebswirtschaftslehre

lehre eine untergeordnete Rolle. Verbände sind Dienstleistungsbetriebe, die z.T. nicht auf Märkten agieren. Auf Grund der Unterschiede, die zwischen dem in Forschung und Lehre dominierenden Erkenntnisobjekt und der Restgröße »Verbände« bestehen, bilden sie Ärgernisse, weil die meisten Klassifikationen und Aussagen nicht ohne weiteres transferierbar sind. Verständlich wird diese Transferproblematik dann, wenn die Gemeinsamkeiten und Unterschiede dieser Organisationen betrachtet werden (Abb. 3).

Bei Interpretation der vorstehenden Abb. 2 werden die wesentlichen Unterschiede zum »traditionellen« und dominierenden Erkenntnisobjekt der Betriebswirtschaftslehre deutlich: [7]

(1) Die Betriebswirtschaftslehre ist primär eine Lehre der Betriebe des sekundären Sektors, Verbände sind dominant Dienstleistungsbetriebe.
(2) Die Betriebswirtschaftslehre befaßt sich vorwiegend mit hierarchisch strukturierten sozialen Systemen, Verbände sind demokratisch strukturierte soziale Systeme.
(3) Bei Unternehmen dominiert das Formalziel (ROI), bei Verbänden das Sachziel Erfüllung der Leistungen für die Mitglieder.
(4) Unternehmen agieren auf dem Markt, sind der Marktkontrolle unterworfen, Verbände sind primär als Organisationen dem Bereich der Nicht-Markt-Ökonomik zuzuordnen; entsprechend produzieren Unternehmen marktfähige, private Güter, Verbände dagegen vorwiegend kollektive Güter.

Diese Strukturunterschiede erklären und begründen, warum sich diese »systemfremden Organisationstypen« in die traditionelle Betriebswirtschaftslehre schwer integrieren ließen. [8]

Wesentliche und markanteste Unterschiede bestehen demnach in der Zwecksetzung, in den Zielen, in der Sachzieldominanz (Erstellen von Leistungen für die Mitglieder), der Nichtgewinnorientierung sowie in der mitgliedschaftlich, demokratischen Struktur des sozialen Systems. Aus diesen Ziel- und Strukturunterschieden ergibt sich eine breitgefächerte Palette von besonderen Merkmalen, die das Problemfeld Betriebe der Nicht-Markt-Ökonomik konstituiert.

II. Die Spezialisierung innerhalb der Betriebswirtschaftslehre

Die wachsende Spezialisierung der Betriebswirtschaftslehre, auf deren Gefahren in jüngster Zeit verwiesen wird, ist ein weiterer Grund für die fehlende Integration des demokratisch strukturierten Gebildes in die BWL. [9]

Begriffe, Typen und Aufgaben der Betriebsverbindungen werden sowohl in der institutionellen wie funktionenorientierten Forschung aufgegriffen, doch bestehen kaum Bezüge und Querverbindungen. Innerhalb der institutionellen Forschung spielt die Kooperationsproblematik vor allem in der Handelsbetriebslehre (vertikale und horizontale Kooperation) aber auch in den anderen Institutionslehren eine gewisse Rolle.

Forschung und Lehre werden allein für die Institution »Genossenschaft« betrieben. Die Genossenschaftswissenschaft hat sich wohl am längsten und intensivsten mit demokratisch strukturierten Organisationen der Selbsthilfe befaßt. Dank der institutionellen Verankerung an und in Universitäten ist für diesen Bereich kein evidentes Forschungs- und Lehrdefizit festzustellen, vor allem im Vergleich mit den »nicht-genossenschaftsrechtlichen Organisationen«, man denke u.a. an die Arbeiten von Henzler, Lipfert, Bänsch und Ringle in Hamburg, von

Merkmale	Ausprägungen	
A. Gemeinsamkeiten		
Organisation	Zielgerichtetes soziales System mit formalem Aufbau (Verfassung)	
Produktionsbetrieb	Unter Einsatz knapper Mittel (Ressourcen) in arbeitsteiligen Prozessen Güter (Leistungen) erstellen, die bei den Abnehmern bzw. den Auftraggebern einen Bedarf decken	
Umwelt-offenes System	In ständiger Beziehung zur Umwelt sich den Veränderungen anpassen und Wandel/ Innovation im System vollziehen (Ziele, Leistungen, Strukturen)	
Dienstleistungsbetrieb	Erstellen der Leistung in Beziehung mit und unter Partizipation von Leistungsempfängern (uno-actu-Prinzip)	
Informationssystem	Sammeln, verarbeiten, speichern und weitergeben von Informationen	
B. Unterschiede	*Erwerbswirtschaftliche Unternehmung*	*Wirtschaftsverband*
Formale Struktur	Hierarchie	Demokratie
Erwartungen der Träger, Zieldominanz	Ertrag auf investiertem Kapital, Formalziel-Dominanz	Konkrete Leistungen, Sachziel-Dominanz
Hauptzweck	Befriedigung von Marktbedürfnissen	Erfüllung übertragener Mitglieder-aufgaben
Dominante Steuerungs-mechanismen zur Beein-flussung der Orga-nisationsentscheide	indirekte Markt- und Gewinnsteuerung	a) direkt: – Verhandlungen und Abmachungen b) indirekt: – Wahl – Bereitstellung von Finanzmitteln – Eintritt, Austritt, Apathie
Rollen-Identität	Träger ≠ Kunde, Benutzer	Träger = Benutzer und Nutznießer
Leistungserstellung	vorwiegend durch hauptamtliche, angestellte Mitarbeiter	in wesentlichem Maße durch neben-amtliche Mitarbeiter der Mitglieder
Organisatorische Grundelemente	Grundelemente sind Betriebe mit Abteilungen, Funktions-bereichen, Departementen	Teilweise Willensbildung und Aufgaben-erfüllung in dezentralen Mitgliedersub-systemen (Sektionen, Fachgruppen)
Güterarten	Nur private (marktfähige) Güter	Vorwiegend kollektive Güter, teils öffentliche und private Güter
Mittelherkunft (Finanzierungs-mittel)	Vorwiegend aus Kapitaleinlagen und direkten Leistungsentgelten (Marktpreisen)	Vorwiegend aus Mitgliederbeiträgen (Pau-schalentgelten), teils direkten Leistungsentgelten (Preise, Gebühren) und Zuschüssen (Subventionen)
Erfolgskontrolle (EK)	EK primär über Marktbestimmte Größen: Gewinn, Rentabilität, ROI, Umsatz, Marktanteil	Meist keine EK über den Markt schwierige Zieloperationalisierung und Nutzenmessung

Abb. 3: Gemeinsame und unterschiedliche Strukturmerkmale von Unternehmung und Wirtschaftsverband nach Schwarz.

Boettcher, Eschenburg und Wagner in Münster, von Herder-Dorneich und Engelhardt in Köln, von Draheim und Dülfer in Marburg, von O. Hahn in Nürnberg, von Röhm in Hohenheim, von Weber und Patera in Wien sowie von Schwarz, Purtschert und vom Verfasser in Freiburg/Ue.

Auch im funktionenorientierten Ansatz sind Aspekte der Kooperation integriert, so im Absatz (z. B. Konsumentenschutz, Gemeinschaftswerbung), in der Beschaffung (z. B. gemeinsamer Einkauf), in Fertigung, Produktion, Lager (z. B. technische Normen, Paletten usw.) und in der Unternehmensführung (Kooperation als Entscheidungsproblem).

Diese Spezialisierung führte nun dazu, daß die Genossenschaftswissenschaft nur einen Teil der nicht-erwerbswirtschaftlich orientierten Betriebe erfaßte, im funktionenorientierten Ansatz hingegen nur Teilaspekte der Kooperation punktuell aufgegriffen wurden; Querverbindungen, Bezüge fehlen weitestgehend; eine Integration dieser Beiträge und Ansätze ist nicht erfolgt.

III. Die Einstellung der Verbandspraxis zur Wissenschaft

Auf die Frage des Verfassers an E. Grochla, wieso er verbandsbetriebliche Forschung als Lehrstuhlinhaber eher am Rande betriebe, antwortete er in den 60er Jahren: »Es stellen sich kaum überwindbare Probleme bei der Informationsbeschaffung.« Aus der Rolle der Interessenintegration und -repräsentation in und durch Verbände ergibt sich ein verständlicher Wunsch nach Diskretion. Transparenz nach innen wie außen ist »verbands-kulturfremd«. Illustrativ ist in dieser Hinsicht die Informationspolitik der Arbeitgeber- wie Arbeitnehmerverbände (Gewerkschaften) über ihre finanzielle Lage gegenüber ihren Mitgliedern. Nur ein kleiner, ausgewählter Kreis der Mitglieder kennt die finanzielle Situation seines Verbandes. Als Grund wird das Schutzbedürfnis (Höhe der Fonds) angeführt. Damit wird aber auch gleichzeitig eine Kontrolle im finanziellen Bereich durch die Mitglieder ausgeschlossen. Das Schaffen von Transparenz über intraverbandliche Strukturen, Potentiale und Prozesse ist – wie auch die Diskussion um das Verbändegesetz zeigt – kein primäres Anliegen der Verbände.

Pragmatisch konzipierte Gestaltungshilfen der Wissenschaft sind aber auch aus menschlichen Gründen nicht gefragt. Die Aussage P. Druckers »Pleasing everyone, doing nothing« trifft auch auf Verbandsführung in gewissem Maße zu. Verbandliche Ziele lassen sich schwer quantifizieren. Quantitative Erfolgsindikatoren der Unternehmen (Umsatz, Marktanteils- und Rentabilitätsziele) sind für Verbände deshalb nicht brauchbar, weil sie der primären Zwecksetzung verbandlicher Organisationen nicht gerecht werden. Hinzu kommt, daß sich Mitgliederziele und -präferenzen nicht aggregieren lassen. Auf Grund dieser Probleme ist eine Konkretisierung der Ziele und damit des Anspruchsniveaus nur schwer möglich. Ein situativ bedingtes »muddling through« ist die Norm.

Die Veränderung der wirtschaftlichen und sozialen Umwelt hat in jüngster Zeit jedoch zu einer gewissen Öffnung beim Verbandsmanagement geführt.

Austritte von Mitgliedern bei Wirtschaftsverbänden aus finanziellen Gründen (Beitragsbelastung), Rückgang der Mitgliederzahlen bei einzelnen Gewerkschaften, Umfragen über die Leistungen der Industrie- und Handelskammern (Zwangsverbände) bewirken Einstellungswandlungen beim Management der genannten Institutionen. Fragen nach Effizienz und Effektivität verbandlicher Aktivitäten werden vermehrt durch Mitglieder gestellt. Der Bedarf nach anwendbaren Methoden zur Analyse und Gestaltung der Strukturen und Prozesse in Verbänden wächst.

C. Konsequenzen

Die zunehmende Spezialisierung in der Betriebswirtschaftslehre hat einerseits zum Wissensfortschritt beigetragen, aber auch den Blick für das Ganze getrübt. Institutionelle wie funktionenorientierte Forschung und Lehre haben sich auf hierarchisch strukturierte soziale Systeme implizit oder explizit konzentriert. Neben Haushalten, Unternehmen, öffentlichen Betrieben und öffentlichen Verwaltungen sind die nicht-staatlichen Non-Profit-Organisationen auf der Strecke geblieben. Versteht sich die Betriebswirtschaftslehre aber als Lehre von sozialen Systemen, in denen Entscheidungen über knappe Mittel im Hinblick auf Fremd- bzw. Eigenbedarfsdeckung getroffen werden, dann bedarf der herrschende Strukturierungsansatz nach institutioneller und funktionaler Betrachtung weiterer Differenzierung. Diese Forderung gilt nicht zuletzt auch deshalb, weil die Einteilung im institutionell orientierten Ansatz logisch nicht konsistent ist. Bei diesem Ansatz wird sowohl der Wirtschaftssektor (Industrie, Handels-, Verkehrs-, Bank- und Versicherungsbetriebslehre) wie die Trägerschaft (z. B. öffentliche Betriebe) und kooperative Trägerschaft (Genossenschaften) als Einteilungskriterium gewählt. Daß öffentliche und genossenschaftliche Betriebe in verschiedenen Sektoren agieren und dort z. T. eine dominierende Rolle einnehmen (z. B. Bank- und Versicherungswirtschaft), spricht weiter für die Problematik dieses Strukturierungsansatzes.

Die besondere Problematik der öffentlichen und genossenschaftlichen Betriebe ergibt sich nicht aus ihrer Tätigkeit, sondern aus ihrer *aus der Trägerschaft resultierenden Zweck- und Zielsetzung,* d. h. der institutionell orientierte Ansatz sollte der *sektoralen Gliederung* (Betriebe des primären, sekundären und tertiären Sektors) folgen, die *Trägerschaft* (staatlich bzw. mitgliedschaftlich) *als zweites Differenzierungsmerkmal eingeführt werden.*

Daraus ergibt sich der folgende Modifikationsvorschlag der institutionellen Gliederung.

Trägerschaft / Sektor	Hierarchie		mitgliedschaftlich
	privat	öffentlich	
Industrie			
Handel			
Banken			
Versicherungen			
.			
.			
.			

Abb. 4: Gliederungsvorschlag der Institutionen

Die verschiedenen Trägerschaften bestimmen nicht nur das Ziel, den Zweck, sie bestimmen gleichfalls den Charakter der Organisation als soziales System. Dominantes Untersuchungsobjekt in der betriebswirtschaftlichen Führungslehre ist die hierarchisch strukturierte Unternehmung. Mitgliedschaftlich organisierte, demokratisch strukturierte oder selbstverwaltete Organisationen spielen eine geringe Rolle, obschon gerade dieser Typ – man denke an die innovative Unternehmensverfassung der Genossenschaft – im Hinblick auf die Diskussion um Unternehmensverfassung und Partizipation aufschlußreiche Perspektiven ermöglichen würde.

Gerade im Hinblick auf die funktionenorientierte Forschung und Lehre drängt sich eine Differenzierung nach herrschaftlichen oder demokratischen Systemen auf. Aus dieser Perspektive gelingt es der Betriebswirtschaftslehre dann, sämtliche Organisationstypen als Erkenntnisobjekt zu integrieren, wenn neben die funktionen- und institutionell orientierte Einteilung als weitere Differenzierungskriterien *Ziel/Zweck (Profit – Nonprofit)* und die *Struktur des sozialen Systems* übergreifend eingeführt wird. Erst durch eine Ausweitung des Erkenntnisobjektes auf alle in der Realität existierenden Organisationstypen wird der Stellenwert der Verbandsbetriebslehre sich verändern.

In jüngster Zeit sind nach Grochlas Arbeiten weiterführende Grundlagenwerke erschienen (Dülfer, Schwarz, Küsting/Schubert) [10]. Darf dies als Zeichen dafür verstanden werden, daß, wohl auch als Folge der Veränderungen in Wirtschaft und Gesellschaft, die Nonprofit-Organisationen zunehmendes Forschungsinteresse auslösen?

Anmerkungen

1 Vgl. *Grochla* (Betriebsverband) sowie die weiteren Hinweise im Literaturverzeichnis.
2 Vgl. Angaben im Literaturverzeichnis.
3 Vgl. *Blau/Scott* (Organizations).
4 Vgl. *Blümle/Purtschert/Schwarz* (Marketing) S. 57.
5 Vgl. *Chmielewicz* (Forschungsschwerpunkte) S. 153.
6 *Chmielewicz* (Forschungsschwerpunkte).
7 *Schwarz* (Verbandsmanagement) S. 49.
8 Vgl. *Schwarz* (Nonprofit-Organisationen) S. 90 ff.
9 Vgl. *Hahn* (Allgemeine Betriebswirtschaftslehre) S. 177 ff.
10 Vgl. *Dülfer* (Betriebswirtschaftslehre); *Schwarz* (Morphologie und Verbandsmanagement); *Schubert/Küsting* (Unternehmenszusammenschlüsse).

Literaturverzeicnnis

Adels, H. (Organisation): Die Organisation der Entscheidungsprozesse in Wirtschaftsverbänden. Diss. Mannheim 1964.

Blau, P. M./*Scott,* W. R. (Organizations): Formal Organizations. London 1970.

Blümle, E. B./*Purtschert,* R./*Schwarz,* P. (Marketing): Marketing in Nonprofit-Organisationen. In: Neue Zürcher Zeitung Nr. 98/1977.

Chmielewicz, K. (Forschungsschwerpunkte): Forschungsschwerpunkte und Forschungsdefizite in der deutschen Betriebswirtschaftslehre. In: ZfbF 1984, Heft 2, S. 148–157.

Dülfer, E. (Betriebswirtschaftslehre): Betriebswirtschaftslehre der Kooperative; Kommunikation und Entscheidungsbildung in Genossenschaften und vergleichbaren Organisationen. Göttingen 1984.

Grochla, E.: Marktverbände. In: Handwörterbuch der Betriebswirtschaft, Stuttgart 1960, Sp. 3923–3929.

Grochla, E.: Verbandsorganisation. In: Handwörterbuch der Betriebswirtschaft, Stuttgart 1969, Sp. 1702-1711

Grochla, E.: Betriebsverbindungen. In: Handwörterbuch der Betriebswirtschaft, Stuttgart 1974, Sp. 654–670.

Grochla, E.: Zur Organisation des Verbandsbetriebes. In: Neue Betriebswirtschaft 13, 1960, S. 117–121.

Grochla, E.: Betriebsverband und Verbandbetrieb. Berlin 1959.

Grochla, E.: Betriebsverbindungen. Berlin 1969.

Hahn, O. (Allgemeine Betriebswirtschaftslehre): Allgemeine Betriebswirtschaftslehre im Abseits? In: Die ganzheitlich-verstehende Betrachtung der sozialen Leistungsordnung. Festschrift *Josef Kolbinger.* Wien – New York 1985, S. 177–189.

Lehmann, H.: Wesen und Formen des Verbundbetriebes. Ein Beitrag zur betriebswirtschaftlichen Morphologie. Diss. Mannheim 1964.

Schwarz, P. (Nonprofit-Organisationen): »Nonprofit-Organisationen« Problemfelder und Ansätze einer »Allgemeinen« BWL von nicht-erwerbswirtschaftlichen Organisationen. In: DU 1985, Heft 2, S. 90–111.

Schwarz, P. (Morphologie): Morphologie von Kooperationen und Verbänden. Tübingen 1979.

Schwarz, P. (Verbandsmanagement): Erfolgsorientiertes Verbands-Management. Grundlagen der Verbandsbetriebslehre und der Verbandsführung. St. Augustin 1984.

Schubert, W./*Küting,* K. (Unternehmenszusammenschlüsse): Unternehmenszusammenschlüsse. München 1981.

Shimizu, T.: Strukturanalyse der japanischen Verbundunternehmung. Diss. Köln 1970.

Varelas, R. D.: Aufgaben und Struktur griechischer Unternehmungsverbände. Eine betriebswirtschaftlich-organisatorische Untersuchung. Diss. Köln 1973.

*Hans E. Büschgen**

Strategisches Marketing bei Banken als Unternehmensführungskonzeption

* Prof. Dr. *Hans E. Büschgen,* Universität zu Köln, Seminar für Allgemeine Betriebswirtschaftslehre und Besondere der Banken.

A. Strategisches Marketing im Kontext der marktorientierten Führungsphilosophie

Die Veränderungen des bankbetrieblichen Absatzmarktes erforderten im Verlaufe der beiden vergangenen Dekaden eine grundlegende Neuordnung des Marketing in Banken. Der Markt rückte zunehmend in den Mittelpunkt des Interesses; die geschäftspolitischen Überlegungen wurden zunehmend aus dessen Bedingungsrahmen abgeleitet. Als Alternative zur ursprünglich spartenorientierten Strukturierung gilt daher nunmehr eine Divisionalisierung in dezentrale, auf die Bedürfnisse des Marktes ausgerichtete Einheiten. Ein solches markt- und damit kundenorientiertes Bankmarketing soll den Bedürfnissen der Kundschaft nach bedarfsgerechtem Leistungsangebot wesentlich besser Rechnung tragen als dies bisher der Fall war. Diese bankmarketingpolitische Ausrichtung wird heute in Theorie und Praxis weitgehend anerkannt, so daß sich zukünftige Überlegungen in zunehmendem Maße auf die Optimierung dieses Konzepts beziehen, anstatt dessen grundsätzliche Berechtigung in Frage zu stellen. [1]

Überträgt man jedoch die im relevanten Schrifttum überwiegende Interpretation des Marketing im Sinne einer marktorientierten Führungsphilosophie auf Banken, so stellt sich die Frage, ob die tatsächlich angewandte Kundenorientierung einer solchen Auffassung entspricht. [2] So beschränken Banken vielfach ihre marketingpolitischen Aktivitäten für die verschiedenen Kundengruppen auf eine rein operative Gestaltung einzelner marketingpolitischer Instrumente, anstatt mittels strategischer Überlegungen sowie effizienter Steuerung und Kontrolle des marktbezogenen Handelns den Grundsatz der Ertragsorientierung in stärkerem Maße in den Vordergrund zu stellen. Neben den Kundenbedürfnissen müssen somit in zunehmendem Maße auch die institutseigenen Stärken und Schwächen, das Verhalten der Wettbewerber und nicht zuletzt Rentabilität und Risikogehalt der Geschäfte in den bankmarketingpolitischen Entscheidungskalkül einbezogen werden. Eine Vernachlässigung dieser Aspekte würde angesichts der Komplexität und Instabilität der heutigen und zukünftigen Bedingungen des bankbetrieblichen Handelns, insbesondere wegen der Verschärfung des Interbankenwettbewerbs, induziert unter anderem durch die Liberalisierung ursprünglich bestehender wettbewerbshemmender Rahmenbedingungen, die zudem in der Folgezeit zu einem Druck auf die Zinsmarge der Banken und damit zu einer Beeinträchtigung ihrer Ertragslage führte, bedenklich erscheinen. Weiterhin sind der zunehmende Risikogehalt der Bankgeschäfte, nicht zuletzt verursacht durch die ökonomische Situation der Kunden, und schließlich die Internationalisierung der Banken, welche ebenfalls den Problemgehalt der Geschäftstätigkeit nicht verringerte, zu berücksichtigen.

Dieses hier nur in Grundzügen skizzierte Szenario des bankrelevanten Umfeldes zeigt, daß eine erfolgreiche Bewältigung zukünftiger Aufgabenstellungen schwieriger zu gestalten sein wird, als das während vergangener Dekaden noch möglich war. Aus diesem Grunde kann auch die in der Vergangenheit bei vielen Banken zu konstatierende schlechte Ertragslage und die ungünstige Risikostruktur nicht losgelöst von den in der Vergangenheit durchgeführten Marktstrategien gesehen werden.

Ein im Sinne der marktorientierten Führungsphilosophie verstandenes Bankmarketing müßte aus diesem Grunde sowohl auf gesamtbankbetrieblicher Ebene als auch bezogen auf die verschiedenen Kundenbereiche dahingehend modifiziert werden, daß zukünftige bankmarketingpolitische Aktivitäten nicht nur an marktdeterminierten, sondern auch an betrieblichen Komponenten ausgerichtet werden, wobei insbesondere Rentabilität und Sicherheit der Geschäfte von fundamentaler Bedeutung sein dürften. Eine Bank kann sich daher nicht damit begnügen, nur die Wünsche des Marktes – und somit die Bedürfnisse ihrer Kunden – festzustellen und das Leistungsprogramm entsprechend anzupassen. Vielmehr sollen aus der Prognose zukünftiger Entwicklungen schon im voraus latente Bedürfnisse erkannt und zudem der Ertrag der Geschäfte gesichert werden.

Als Voraussetzung zur konsequenten bankadäquaten Implementierung eines so zu verstehenden strategischen Marketing im Sinne der eben erörterten Anforderungen sind zunächst Ansatzpunkte einer effizienten Bankmarketingorganisation zu diskutieren, bevor dann eine Erörterung der Funktionsbereiche des strategischen Marketing erfolgt.

Es sei darauf hingewiesen, daß die Interdependenzen zwischen marketingpolitischem Handeln einer Bank und anderen betrieblichen Bereichen in diesem Beitrag keineswegs übersehen werden. Sie stehen hier jedoch nicht im Mittelpunkt der Überlegungen. Zielsetzung ist somit nicht die Konzeption eines umfassenden strategischen Konzepts für die Gesamtbank; es soll vielmehr gezeigt werden, welche Anforderungen an eine Systematik zur grundlegenden, innovativen und längerfristigen Gestaltung des bankbetrieblichen Absatzmarktes bestehen.

B. Zielgruppen-banking als marktorientiertes Organisationskonzept und Grundlage des strategischen Marketing

Wie gezeigt, erfordern die strukturellen Veränderungen des bankbetrieblichen Absatzmarktes eine effiziente marktorientierte Organisationsstruktur, die sich an Impulsen, Chancen und Bedürfnissen des Marktes ausrichtet und in der Lage ist, diese zu verarbeiten.

Im Rahmen des Zielgruppen-banking als einem dementsprechenden Organisationskonzept werden als Zielgruppen diejenigen Kundenbereiche verstanden, auf die sich bestimmte geschäftspolitische Überlegungen einer Unternehmung beziehen. Zielgruppen-banking bedeutet demnach, daß Ausgestaltung und Steuerung der Funktionen des Marketing-Managements – im wesentlichen als Planung, Realisation und Kontrolle – auf einzelne Zielgruppen ausgerichtet werden. In letzter Konsequenz folgt hieraus, daß innerhalb der Gesamtbank – abgesehen von einigen technischen Zentraleinheiten – einzelne, auf die verschiedenen Zielgruppen spezialisierte Teilbanken gebildet werden, die letztlich auch innerhalb des bankbetrieblichen Rechnungswesens selbständig abgrenzbar sind. [3]

Das grundlegende Problem des Zielgruppen-banking und damit auch des strategischen Marketing liegt in der Divisionalisierung des Absatzmarktes und somit in der Bildung von in sich homogenen, gegeneinander jedoch abgrenzbaren, zudem hinreichend großen Teilsegmenten. [4] So ist zu berücksichtigen, daß mit steigender Anzahl solcher Segmente auch der Aufwand bezüglich der Gestaltung und Abwicklung segmentbezogener marketingpolitischer Konzepte zunimmt, womit bereits das Rentabilitätsziel einer uneingeschränkten Divisionalisierung entgegensteht. Demgegenüber muß beachtet werden, daß eine zu geringe Segmentierung die Vorteile des Prinzips – in diesem Fall die Individualisierung der Kundenbedürfnisse – einschränkt.

Somit besteht im Rahmen der Marktsegmentierung als Entscheidungsproblem ein Zielkonflikt zwischen dem Streben nach effizienter Bedarfsdeckung für den betreffenden Teilmarkt einerseits – was die Bildung möglichst vieler Segmente induzieren müßte – und dem aus dem Rentabilitätspostulat ableitbaren Erfordernis einer möglichst geringen Anzahl von Teilsegmenten andererseits.

Zielgruppenspezifische Marktsegmentierung bei Banken erfordert zunächst eine systematische und gezielte Ausrichtung des absatzpolitischen Verhaltens der Bank auf die jeweilige spezifische Bedarfs- und Präferenzstruktur einzelner Marktteile bzw. Nachfragergruppen. Damit liegen die wesentlichen damit verbundenen Zielsetzungen unter Berücksichtigung der oben skizzierten Anforderungen an das Zielgruppen-banking darin,

- den Absatz des Bankleistungsprogramms durch zielgerichtete Planung und adäquates Leistungsverhalten zu sichern,
- den Absatz potentieller Bankleistungselemente zu eröffnen
- beides gilt sowohl für aktuelle als auch für potentielle Kunden innerhalb der betreffenden Zielgruppe – sowie
- geeignete zielgruppenspezifische Informationen zu gewinnen, zu verarbeiten und letztlich für die genannte Zwecksetzung wieder zu verwenden.

Je besser es gelingt, den Gesamtmarkt in homogene Segmente zu zerlegen, um so leichter lassen sich diese Punkte verwirklichen. Die Markttransparenz nimmt zu, und Marktchancen können effektiver genutzt werden. Zu fragen ist jedoch, wie eine solche Segmentierung in der Bankpraxis aussehen kann. Ohne die institutsgruppenspezifischen Besonderheiten des Bankensystems zu vernachlässigen, ist zu bemerken, daß die nachfolgend vorzuschlagende grundlegende Segmentierung eine gewisse Allgemeingültigkeit besitzt; dies wiederum resultiert aus der Angleichung der Kundenbereiche in den verschiedenen Bankgengruppen. Eine individuelle Divisionalisierung des bankbetrieblichen Absatzmarktes kann letztendlich nur unter Berücksichtigung der Gegebenheiten des praktischen Einzelfalles erfolgen. [5]

Als operative Grundlage universalbankbetrieblicher Zielgruppenbildung wird im allgemeinen die folgende Strukturierung vorgeschlagen:

- Großunternehmen
- mittelständische Unternehmen
- vermögende Privatkundschaft und
- breite Privatkundschaft (Mengengeschäft).

Ein grundsätzliches Urteil über die Effizienz dieser Segmentierung dürfte kaum möglich sein. Dennoch bleibt objektiv unbestreitbar, daß die aufgezeigte Zielgruppenbildung eine doch vielfach gleiche oder zumindest ähnlich gelagerte Problem- und Nachfragestruktur in den jeweiligen Kundenbereichen gewährleistet. Erinnert man sich an die Forderung, für die verschiedenen Kundenbereiche eigenständige Teilbanken zu bilden und vergegenwärtigt man sich zudem den bei der Marktsegmentierung bestehenden Zielkonflikt zwischen Individualität und Rentabilität, so wird zumindest der letztgenannte Rentabilitätsaspekt ausreichend berücksichtigt. Eine weitergehende Zielgruppen- bzw. Teilbankbildung würde ansonsten in vielen Fällen zu aufwendig werden. Es bleibt jedoch die Anforderung, eine möglichst individuelle Kundenbedienung zu gewährleisten, da innerhalb der hier für die Teilbankbildung vorgeschlagenen Zielgruppen noch ein gewisses Maß an Heterogenität besteht.

Die aufgezeigten Ansatzpunkte des Zielgruppen-banking als mögliches Marketingorganisationskonzept lassen es nunmehr möglich erscheinen, im Rahmen dessen die Funktionen des strategischen Marketing zu erörtern.

C. Abgrenzung, relevante Einflußgrößen und Funktionsbereiche des strategischen Marketing in Banken

I. Abgrenzung und terminologische Grundlagen des strategischen Marketing

Bankmarketing als Gesamtkonzeption umfaßt drei Funktionsbereiche, die es in die bankbetriebliche Praxis umzusetzen gilt. Für jede der abgegrenzten Zielgruppen – und damit für die einzelnen Teilbanken – sollte erfolgen:

- eine zielgruppenspezifische strategische Marketingplanung,
- eine zielgruppenadäquate Gestaltung des bankmarketingpolitischen Instrumentariums sowie
- die Zurverfügungstellung eines geeigneten Informations- und Kontrollsystems für die marktbezogenen Aktivitäten in den verschiedenen Zielgruppen.

Die folgenden Ausführungen konzentrieren sich im wesentlichen auf die Gestaltung der strategischen Marketingplanung. Sie wird in den einzelnen Zielgruppen zur Detaillierung bzw. Ergänzung strategischer Bankgesamtplanung durchgeführt und ist als eine notwendige Konsequenz der kundenorientierten bankmarketingpolitischen Ausrichtung der Banken zu verstehen. Allein aus gesamtbankbetrieblicher Perspektive erscheint effektive Planung nicht mehr möglich. Zwar kann letztendlich auch die Gestaltung des Planungsaufbaus nur ein bankindividuell zu lösendes Entscheidungsproblem sein, doch ist generell annehmbar, daß die Aggregation der Vielzahl der heterogenen Kundensegemente in einem einstufigen Planungsmodell zum Zweck detaillierter Marktanalyse und Strategiefindung kaum effizient sein dürfte. Entsprechend der Intention des Zielgruppen-banking, für die verschiedenen Kundenbereiche eigenständige Teilbanken zu bilden, liegt es daher nahe, innerhalb dieser auch strategisch zu planen und die verschiedenen Kundenbereichspläne anschließend in einem Gesamtstrategieplan zu aggregieren.

Strategische Marketingplanung umfaßt nun einen permanenten informationsverarbeitenden Prozeß, in dem die zukünftige absatzmarktbezogene Gesamtstrategie für die Unternehmung und Strategien für einzelne strategische Geschäftsfelder problemorientiert und systematisch erarbeitet werden. Später zu treffende Entscheidungen sollen nicht vorverlegt werden, sondern es sollen statt dessen künftige Aspekte von Entscheidungen identifiziert und somit der Gestaltungsspielraum der Unternehmenszukunft ausgeweitet werden. Genereller Zweck der strategischen Marketingplanung ist somit die Schaffung, Analyse und Erhaltung von Erfolgsquellen. Die im Mittelpunkt stehende Steuerungsgröße ist daher das Erfolgspotential der planenden Unternehmung. [6]

Marketingstrategien formulieren langfristige Verhaltensweisen einer Bank in den verschiedenen Absatzbereichen zum Zweck der Realisation eines kunden- und damit marktbezogenen Zielsystems. Sie bilden somit die zielorientierte Umschreibung bzw. Charakterisierung von Verfahrensweisen, mit denen sich eine Bank gegenüber ihrer Umwelt oder Teilbereichen dieser Umwelt zu behaupten versucht. Strategien sind daher längerfristig wirksam und auf weite Sicht hin konzipiert, sie sollen jedoch kurzfristig – durch ein adäquates Leistungsverhalten – zu realisieren sein. [7]

Dies zusammenfassend, beschäftigt sich das strategische Marketing mit den Alternativen Beibehaltung oder Änderung der Unternehmenspolitik infolge wesentlicher Veränderungen des planungsrelevanten Szenarios. Es vollzieht sich analog der Phasen des allgemeinen Entscheidungsprozesses. Demnach steht zu Beginn die Klärung der Problemstellung. Es folgt die Suche nach Lösungs- bzw. Strategiealternativen. Nach deren Bewertung sind die optimalen Alternativen auszuwählen und festzuschreiben. Im Anschluß an diesen strategischen Prozeß folgen die Veranlassung der Realisation und die Kontrolle.

Strategisches Marketing in Banken bezieht sich zum einen auf die gesamtbankbetriebliche Ebene und zum anderen auf die Ebene der Kundenbereiche bzw. Zielgruppen. In bezug auf die bisherigen Überlegungen erscheint die Geschäftsfeldplanung auf kundenbereichsbezogener Ebene von besonderer Relevanz. Strategisches Marketing auf dieser Ebene weist im Vergleich zur gesamtbankbetrieblichen Ebene einen wesentlich höheren Detaillierungsgrad auf und wird daher auch als strategische Feinplanung bezeichnet. [8]

II. Einfluß der Besonderheiten bankbetrieblicher Leistungen und der Art ihrer Inanspruchnahme

Die Verhaltensweisen der relevanten Marktteilnehmer und die spezifischen Umweltkonstellationen sind nur begrenzt prognostizierbar. Im Rahmen der strategischen Marketingplanung wird daher versucht, mit Hilfe der Identifizierung von strategischen Erfolgsfaktoren die Planung zu quantifizieren und Modellrechnungen verschiedener Art anzuwenden. Der Wert derartiger Konzepte – sowie der strategischen Planung in Banken überhaupt – und damit der Erfolg des strategischen Marketing muß angesichts einiger bankbetrieblicher Besonderheiten relativiert werden. So sind bankbetriebliche Leistungen [9] aufgrund ihres hohen Abstraktionsgrades in besonderem Maße erklärungsbedürftig. An das strategische Marketing und insbesondere die Formulierung leistungspolitischer Strategien richtet sich daher die Forderung nach einem möglichst verständlichen und kundenindividuell leicht kombinierbaren Leistungsprogramm.

Bankleistungen sind weiterhin aufgrund ihrer Stofflosigkeit nicht lagerfähig. Der Kunde ist in den Leistungserstellungsprozeß unmittelbar integriert. Neben bankinternen Zielsetzungen muß das strategische Marketing daher zukünftige Bedarfsstrukturen aktueller und potentieller Kunden berücksichtigen. Banken sind somit in deutlich stärkerem Maße von ihren Kunden abhängig als auf Lager produzierende Industrieunternehmen. Aufgrund des Postulats der Tagfertigkeit der Bankleistungen entfällt zudem eine Produktionszeitplanung. Darüber hinaus ist der bankbetriebliche Leistungsverbund von Bedeutung. Hieraus folgt, daß nicht ohne weiteres unrentable Leistungen eingeschränkt oder aus dem Programm eliminiert werden können. Viele Bankleistungen sind auf eine dauerhafte Kunde-Bank-Beziehung ausgerichtet. Sie haben zudem kurze Entwicklungszeiten und unterliegen einer hohen Nachahmungsgeschwindigkeit. Echte Leistungsinnovationen sind im Bankwesen kaum möglich, da die grundlegenden Bankgeschäfte in § 1 KWG festgelegt sind; Innovationen im Bankwesen sind daher meistens nur Variationen bereits bestehender Leistungsarten (periphere Innovationen).

Abschließend hierzu bleibt zu erwähnen, daß der Großteil der Bankleistungen aus einer wert- und einer stückmäßigen Komponente besteht. Insbesondere die Prognose der stark fremddeterminierten Wertkomponente, so z. B. die Einschätzung der Zinsentwicklung, bildet eine grundlegende Problemstellung, zumal auch hinreichend realitätsnahe Produktions- und Kostenfunktionen für Bankbetriebe nicht existieren.

Neben den Spezifika der Bankleistung resultieren auch aus der Art der Inanspruchnahme durch den Kunden Besonderheiten, die für das strategische Bankmarketing von Bedeutung sind. Zunächst ist beim Absatz von Bankleistungen der Leistungsverbund zu berücksichtigen. Dieser besteht einmal infolge der rechtlich determinierten Interdependenz zwischen Aktiv- und Passivgeschäft. Plant man etwa eine Expansion des Kreditgeschäfts, so ist gleichzeitig für eine entsprechende Mittelbeschaffung auf der Passivseite zu sorgen. Hinzu kommt der wirtschaftliche Leistungsverbund: Ein Kunde nimmt von sich aus Finanzierungs-, Kapitalanlage- und sonstige Dienstleistungen der Bank in Anspruch, wodurch die Abhängigkeit vom Verhalten des Kunden erhöht und die Planung erschwert wird. Demgegenüber ist bei Industrieunternehmen die Fremddeterminierung geringer. Dort besteht in den meisten Fällen keine direkte Beziehung zwischen dem Beschaffungs- und dem Absatzmarkt. Die Abhängigkeit kann nach Lieferanten und Käufern getrennt werden, wobei das Verhältnis zu Lieferanten kaum als Abhängigkeitsbeziehung angesehen werden kann – was die Planung zusätzlich erleichtert.

Im Bankwesen ist heute noch vielfach üblich, daß die Leistungsbereitschaft, insbesondere die personelle Kapazität, an der Maximalbelastung ausgerichtet wird. Es ist jedoch nicht einzusehen, warum dieses Potential unbedingt der Spitzenbelastung entsprechen soll. Mit Hilfe der strategischen Marketingplanung sollte vielmehr versucht werden – trotz der bei Banken kurzfristig stark schwankenden Nachfrage – einen langfristigen Nachfragetrend zu prognostizieren, um auf diese Weise den Aufbau von zu großen Kapazitäten zu vermeiden, die in Zeiten geringer Auslastung in hohem Maße Leerkosten verursachen. Zu beachten ist jedoch, daß eine sowohl liquiditätsmäßig-finanziell als auch technisch-organisatorisch ausreichende Leistungsbereitschaft stets gewährleistet sein muß. [10]

III. Funktionsbereiche des strategischen Marketing

Dem strategischen Marketing im Rahmen des Zielgruppen-banking stellen sich im wesentlichen drei Aufgabenbereiche:

- die Schaffung einer geeigneten Informationsbasis,
- die Ableitung zielgruppenbezogener Zielsysteme sowie
- die Festlegung geeigneter Aktionsprogramme.

Die Informationsbasis ist gleichzusetzen mit der Analyse der strategischen Ausgangsposition. Sie muß geschaffen werden, um Daten über die Chancen und Risiken im Markt, die Entwicklungstendenzen der relevanten Umwelt, die bankeigenen Stärken und Schwächen sowie die Strategien und das Potential der Wettbewerber zu erlangen. Die Ergebnisse dieser Analyse bilden die Grundlage des Zielsystems und des Aktionsprogramms und damit letztendlich der Kundenbereichsstrategie.

1. Analyse der strategischen Ausgangslage

Als Grundlage zur effizienten Entwicklung zielgruppenbezogener Marketingstrategien dient die systematische Analyse des relevanten bankbetrieblichen Um- und Insystems. Die Transparenz der einzelnen Teilmärkte wird erhöht, Marktentwicklungen können erkannt und besser beurteilt werden, um schließlich Marktchancen sinnvoll zu nutzen.

Von besonderer Bedeutung erscheint die Analyse der Kundenproblemstruktur. Hieraus lassen sich Kundenbedürfnisse unmittelbar ableiten, deren Kenntnis wiederum für die Gestaltung des Leistungsverhaltens unabdingbar ist. Es würde jedoch zu weit führen, die Kundenproblemstruktur in den verschiedenen Zielgruppen an dieser Stelle zu eruieren, da diese zu komplex und zudem auch regional unterschiedlich sein können, wohl aber erfolgen später einige grundsätzliche Aussagen zur zukünftigen zielgruppenbezogenen Gestaltung des bankmarketingpolitischen Instrumentariums.

Einzubeziehen in die Analyse des Umsystems ist weiterhin die Konkurrenzsituation in den verschiedenen Zielgruppen, da auch von dieser Impulse auf das Leistungsverhalten im Markt ausgehen. Würde man die Konkurrenzanalyse vernachlässigen, wäre es kaum möglich, bankeigene Stärken und Schwächen zu erkennen. Als Konkurrenz im engeren Sinne gelten dabei jene Banken, die im gleichen Markt- bzw. Leistungsbereich tätig sind. Die Informationen über das Verhalten sowie die Stärken und Schwächen der Konkurrenten sind deshalb relevant, weil sie wichtige Parameter für die Entwicklung eigener Strategien bilden. Eine mögliche Reaktion auf das Konkurrenzverhalten wäre beispielsweise die Nachahmung oder Übernahme eines ähnlichen Leistungsangebots bzw. eines verbesserten Leistungsangebots oder aber, falls keine eigenen Stärken in dem betreffenden Segment erkannt werden, die Reduzierung des Geschäfts und die Verlagerung des Potentials auf andere, für die Bank erfolgreichere Leistungs- und/oder Kundenbereiche.

Folgende Informationen sollten mit Hilfe der Konkurrenzanalyse beschafft werden können:

- die Gesamtzahl der Mitbewerber,
- die regionale Präsenz der Mitbewerber,
- die Größe sowie die Struktur ihres Geschäftsvolumens,
- ihre Ertragslage,
- Tiefe, Breite und Qualität des Leistungsprogramms sowie
- Angaben über die von der Konkurrenz vereinbarten Konditionen,

um nur die wesentlichen Faktoren zu nennen. [11]

Liegen die Informationen über die wettbewerbsrelevanten Eigenschaften der Mitarbeiter vor, so können diese in einem Polaritätsprofil zusammengefaßt werden. Die einzelnen Merkmale werden dazu in einer mehrstufigen Bewertungsskala abgebildet. Aus der Struktur des Polaritätsprofils lassen sich die Stärken und Schwächen der Konkurrenten ablesen und deren erwartetes Verhalten prognostizieren.

Komplettiert wird die Analyse des Systems schließlich durch die Untersuchung der in den jeweiligen Marktsegmenten wesentlichen administrativen Rahmenbedingungen, denn Bankenaufsicht und Gesetzgeber sahen und sehen sich mit zunehmendem Interbankenwettbewerb veranlaßt, die den Kreditinstituten auferlegten Restriktionen zu verschärfen, um durch Einengung des marktpolitischen Entscheidungsspielraums eine Abschwächung der Konkurrenzsituation und damit der Existenzbedrohung zu induzieren.

Neben den Determinanten des Umsystems wird die strategische Marketingplanung in den verschiedenen Zielgruppen vor allem durch die jeweilige rentabilitäts- und risikopolitische Situation der Geschäftsbereiche beeinflußt. Eine Überbetonung durchaus bestehender positiver rentabilitätspolitischer Entwicklungen erscheint jedoch nicht gerechtfertigt, dokumentiert doch andererseits die in den letzten Jahren kontinuierlich angestiegene Zahl der Kundeninsolvenzen sowie die damit verbundenen Kreditausfälle die schwierige risikopolitische Situation, mit der sich die Banken konfrontiert sehen.

2. *Portfolio-Analyse*

Die Bedeutung der Analyse der strategischen Ausgangslage für die Unternehmenssicherung, vor allem für das künftige Entwicklungspotential und das strategische Verhalten im Markt, hat die Konzipierung der Portfolio-Analyse auch für Banken wesentlich beeinflußt. Deren Grundidee basiert auf der Überlegung, in diversifizierten Unternehmen durch selektive Wachstumspolitik eine Verbesserung der Ertragskraft zu erzielen. [12] Ihre Anwendung in Banken ist hier nicht auf die gesamtbankbetriebliche Ebene begrenzt. Es ist darüber hinaus auch innerhalb der verschiedenen Zielgruppen möglich, mit Hilfe der Portfolio-Analyse strategisch zu planen. Ihr Nutzen liegt darin, daß auf der Basis der durch ihre Anwendung ermittelten Ergebnisse bestimmte Normstrategien abgeleitet werden können, mit denen das der Portfolio-Analyse immanente Ziel einer optimalen Kombination von Marktleistungsbeziehungen unter ertrags- und risikopolitischen Aspekten erreicht werden soll. [13]

Um zu beurteilen, wie ausgeglichen ein Portfolio ist, muß die Bank in einem zentralen ersten Schritt den betreffenden Marktbereich – entweder das gesamtbankbetriebliche oder das kundenbereichsbezogene Aktivitätsfeld – nach geeigneten Kriterien segmentieren. Es sind dazu innerhalb der verschiedenen Zielgruppen eigenständige strategische Geschäftsfelder zu identifizieren, um der Anforderung eines individuellen Marktbezuges als wesentlichem Ausrichtungskriterium des Zielgruppen-banking gerecht zu werden, der – wie eingangs bereits ausgeführt – allein durch die doch recht grobe Zielgruppenbildung noch nicht erreicht werden kann. Die Ressourcen eines Unternehmens sind dann so zu lenken, daß genügend Geschäftsfelder mit starker Wettbewerbsposition vorhanden sind, welche die Mittel für eine ausreichende Zahl von Nachwuchsgeschäftsfeldern freisetzen. Die Aufgabe des Bankmanagements besteht somit darin, eine insgesamt optimale Rendite zu erwirtschaften.

Auf den ersten Blick scheint die Separierung strategischer Geschäftsfelder mit der klassischen Marktsegmentierung, also der Bildung von in sich homogenen, in der Gesamtheit jedoch möglichst heterogenen Marktsegmenten, übereinzustimmen. Eine solche Segmentierungspraxis, die dann im wesentlichen auf bankexternen, umweltdeterminierten Kriterien basieren würde, widerspricht jedoch der Intention, im Rahmen des Zielgruppen-banking auch die bankinternen Determinanten, also rentabilitäts- und risikopolitische Überlegungen, zu berücksichtigen.

Nun liegen zur eindeutigen Abgrenzung strategischer Geschäftsfelder keine wissenschaftlich begründeten Anweisungen oder Heuristiken vor. Die Vielzahl der möglichen Faktoren, die zur Abgrenzung in Frage kommen, zeigt, daß wohl keines der nachfolgenden Kriterien eine eindeutige Abgrenzung erlaubt. So werden als Segmentierungskriterien unter anderem verwendet: regionale Aspekte, spezielle Kundenprobleme und -bedürfnisse, sonstige Eigenschaftsmerkmale der Kunden, Zurechenbarkeit bestimmter Leistungsprogrammelemente und andere mehr.

Eine sämtliche Kriterien berücksichtigende Separierung strategischer Geschäftsfelder bei Banken dürfte gerade wegen der vielfältigen Leistungserstellungs- und -verwertungsinterdependenzen nahezu unmöglich sein. So sollen etwa in jedem strategischen Geschäftsfeld eigenständige, von anderen Feldern unabhängige Marktaufgaben, -ziele und -strategien verfolgt werden. Die zugeordneten Leistungen bzw. Leistungsgruppen sollen von denen der anderen Felder weitgehend unabhängig sein. Weiterhin sollen die geschäftsfeldbezogenen Entscheidungen über Personal-, Finanz- und Sachmitteleinsatz sowie über Kommunikation, Organisation und Kontrollmechanismen voneinander unabhängig sein. [14]

Dies würde bedeuten, daß bereits auf der Ebene der einzelnen strategischen Geschäftsfelder eigenständige Teilbanken errichtet werden müßten, eine Anforderung, die jedoch eingangs bereits für die Zielgruppenbildung aufgestellt wurde. Auf der Ebene der strategischen Geschäftsfelder ist sie jedoch bereits aus Rentabilitätsüberlegungen abzulehnen. Ein weiteres Problem liegt in der Festlegung des Detaillierungsgrades. Die Abgrenzung in sehr viele kleine, überschneidungsfreie Geschäftsfelder hat zwar den Vorteil, daß die Teilsegmente in bezug auf Bedarfsstruktur, Informations-, Nachfrage- und Reaktionsverhalten einheitlich sind. Dies führt jedoch andererseits wiederum zu wachsenden Schwierigkeiten bei der präzisen und eindeutigen Zuordnung der Kunden, was unter Umständen eine häufige Umgruppierung zur Folge haben kann. Langfristig wirkende kundengruppenbezogene Strategien sind dann nur schwer einzuhalten. Eine zu weit angelegte Differenzierung impliziert die Gefahr, daß z. B. der Marktanteil, eines der wesentlichen Kriterien zur Positionierung von Geschäftsfeldern, nicht selten als zu gering erscheint.

Die Unterscheidung der verschiedenen strategischen Geschäftsfelder erfolgt mit Hilfe von strategischen Erfolgsfaktoren, die für das jeweilige Geschäftsfeld zu quantifizieren sind. Strategische Erfolgsfaktoren widerspiegeln z. B. das Nachfragevolumen, die Wachstumsaussichten, den Marktanteil, die dem Geschäftsfeld zurechenbaren Kosten, Risikopositionen und nicht zuletzt den erwirtschafteten oder erwarteten Erfolg, um nur die wesentlichen Faktoren zu nennen. Es gilt auch für die Identifizierung der strategischen Erfolgsfaktoren, eine unternehmensindividuelle Lösung zu finden. Bei der Bestimmung ist jedoch auf jeden Fall auf hinreichende Praktikabilität zu achten und zudem eine hinreichend trennscharfe Abgrenzung zum Zweck der effizienten Marktbearbeitung anzustreben.

Im Anschluß an die oft problematische und zeitintensive Abgrenzung der strategischen Geschäftsfelder erfolgt deren Positionierung innerhalb der Portfolio-Matrix, die unterschiedlich konstruiert sein kann. Auf der Grundlage der Ist-Portfolio-Struktur sind insbesondere unter rentabilitäts- und risikopolitischen Gesichtspunkten strategische Aktionsrichtungen für die einzelnen Geschäftsfelder zu entwickeln und festzulegen, um auf diese Weise das gewünschte – optimale – Soll-Portfolio zu erhalten. Verschiedene Modelle der Portfolio-Analyse, die hier jedoch nicht weiter auszuführen sind, empfehlen – je nach Positionierung des einzelnen Geschäftsfeldes innerhalb der Matrix – bestimmte Normstrategien, die, obwohl im Grunde nur als heuristischer Referenzrahmen dienend, in der bankbetrieblichen Anwendung durchaus operabel erscheinen. [15] Trotz der Kritikpunkte, die man für die Portfolio-Analyse in Banken anführen kann, erscheint eine sinnvolle Anwendung vorteilhaft und nutzbringend, um anhand schematisierter, anschaulicher und handhabbarer Visualisierungsmittel systematisch Anregungen und Informationen für die Strategiediskussion zu gewinnen, um auf dieser Basis Ziele, Strategien und Ressourcen für die Gesamtunternehmung sowie für die strategischen Geschäftsfelder zu planen. [16]

Die Anwendung der Portfolio-Analyse im Rahmen des strategischen Marketing erfolgt unter Berücksichtigung der gesamtbankbetrieblichen Leitideen. Dies erscheint erforderlich, um eine einheitliche Präsentation einer Bank in ihrem wirtschaftlichen Umfeld zu gewährleisten. Diese Leitideen bestimmen den Grundauftrag, den allgemeinen Zielkatalog sowie die Verhaltensgrundsätze. Alle drei Elemente stehen zueinander in enger Verbindung. Im Rahmen der Leitideen wird für die verschiedenen Zielgruppen jeweils ein strategisches Zielsystem sowie ein Aktionsprogramm zu dessen Konkretisierung bzw. Umsetzung festgelegt. Eine Aggregation dieser Zielgruppenstrategien erfolgt im Gesamtstrategieplan der jeweiligen Bank, der zusätzlich den strategischen Rahmenplan für das Bankstrukturmanagement enthält.

3. Festlegung des strategischen Zielsystems

Bei der Festlegung strategischer Zielsysteme in den einzelnen Kundenbereichen sollte versucht werden, realitätsnahe und motivierende Ziele zu finden und ein möglichst hohes Maß an Zielakzeptanz bei den Mitarbeitern zu erreichen. Daher wird empfohlen, die Ziele zwischen der Unternehmensleitung und den Zielgruppenmanagern zu diskutieren und abzustimmen. [17] Ob es allerdings auf diese Weise bzw. überhaupt gelingen kann, eine widerspruchsfreie Zielkonzeption zu entwerfen, die die Zielbeziehungen deutlich macht, die dann mit Hilfe des Aktionsprogramms und organisatorischer und operativer Maßnahmen zu realisieren und gleichzeitig zur Zukunftsproblemlösung flexibel genug ist, muß jedoch bezweifelt werden. Bei den einzelnen Zielvorstellungen spielen oft die vielfältigen persönlichen Interessen der Entscheidungsträger eine wesentliche Rolle. Nicht einmal die Mitglieder der Unternehmensleitung können sich ganz von Ressortegoismen lösen, weil sie die Durchsetzung ihrer eigenen Zielvorstellungen in der Regel als persönlichen Erfolg werten. Somit ist der Einfluß subjektiv-normativer Vorstellungen der Entscheidungsträger, die die Prognoseergebnisse und die Zukunftsprobleme der Bank möglicherweise ganz unterschiedlich bewerten, nicht zu unterschätzen.

4. Festlegung eines Aktionsprogramms

Das Aktionsprogramm umfaßt die aufeinander abgestimmte Gesamtheit geeigneter Strategien zur Verwirklichung der einzelnen Ziele der strategischen Zielkonzeption und ist daher in engem Zusammenhang mit dieser zu entwickeln. Die strategische Zielkonzeption läßt meist mehrere Realisationsmöglichkeiten zu. Daher ist es ratsam, alternative Aktionsprogramme aufzustellen, diese auf Neben- und Langzeitwirkungen zu untersuchen, zu bewerten und abschließend die Entscheidung für das in bezug auf die verfügbare Information am geeignetsten erscheinende Aktionsprogramm zu treffen. Es wäre ebenso möglich, die Zielkonzeption weiterhin unverändert zu verfolgen und nur das Aktionsprogramm zur besseren Zielerreichung zu modifizieren.

Für die einzelnen strategischen Geschäftsfelder werden detaillierte Aktionen festgelegt, die wiederum als Grundlage für die ziel- und strategieadäquate Gestaltung des absatzpolitischen Instrumentariums dienen. Mit dem Aktionsprogramm wird somit – bei gleichzeitiger Wahrung des langfristig orientierten Problembezuges – die Basis für ein schnelles operatives Agieren und Reagieren auf dem Bankleistungsmarkt geschaffen. Im Rahmen des Zielgruppen-banking enthält das Aktionsprogramm die geschäftsfeldbezogenen Strategien in den verschiedenen Zielgruppen. Mit Hilfe der Ableitung geschäftsfeldspezifischer Strategien soll die Zielrealisation durch detaillierte Erschließung und Ausgestaltung der verschiedenen Erfolgspotentiale innerhalb der Zielgruppen erfolgen. Dies erscheint sinnvoll, da eine globale Strategie für einen gesamten Kundenbereich kaum einer effizienten Zielrealisation dienen würde.

Mögliche Strategien für die verschiedenen Geschäftsfelder innerhalb der Zielgruppen ergeben sich beispielsweise durch die Überlagerung des Portfolios mit einem entsprechenden Normstrategieraster. Zu beachten ist jedoch, daß die Entscheidung für eine bestimmte Strategie erst erfolgen kann, nachdem alternative Strategiekombinationen gebildet und deren Auswirkungen prognostiziert und bewertet wurden. Diese Bewertung erfolgt im Hinblick auf die zu erwartende nachhaltige Erfolgswirksamkeit unter Berücksichtigung der Kosten für eventuell notwendige Umstrukturierungen in der Bank. Erst dann ist die Entscheidung über die in der betreffenden Zielgruppe als am geeignetsten anzusehende Strategiekombination zu treffen. Von einer unkritischen Übernahme eines Normstrategierasters ist somit unbedingt abzuraten.

Zur Schaffung von Erfolgspotentialen in den verschiedenen Zielgruppen erscheinen geschäftsfeldbezogene Ausweitungsstrategien von besonderer Relevanz. Mit Hilfe von Ausweitungsstrategien nutzt eine Bank die sich ihr bietenden Chancen und versucht, ihre Position gegenüber den Wettbewerbern auszubauen. Die Wettbewerbssituation – und auch die Ertragslage – der Bank pro Geschäftsfeld verbessert sich, wenn auf finanziell gesicherter Grundlage die Geschäfte mit attraktiven Kunden im Vergleich zu den Konkurrenten überdurchschnittlich ausgeweitet werden können. Ausweitungsstrategien sollten in erster Linie in möglichst attraktiven Geschäftsfeldern durchgeführt werden, in denen die Bank zudem eine hinreichend große Wettbewerbsstärke besitzt. Geringe Wettbewerbsstärke dagegen wäre eine riskante Ausgangsposition für Ausweitungsstrategien, da überlegene Wettbewerber in dem betreffenden Geschäftsfeld Abwehrmaßnahmen treffen und die Erfolgsaussichten der dann immer teurer werdenden Ausweitungsstrategie verringern könnten. Für die betreffende Bank besteht dann kaum eine Möglichkeit, mit den bereits etablierten Wettbewerbern langfristig Schritt zu halten.

Ausweitungsstrategien versprechen erst dann einen nachhaltigen Erfolg, wenn ein qualitativ hochwertiges Bankleistungsprogramm zur Verfügung steht, das die Bank von ihren Wettbewerbern abhebt. Die Leistungsarten sollten für die verschiedenen Geschäftsfelder problemadäquat und zusätzlich rentabilitätsorientiert zusammengestellt werden. In die kundengruppenbezogenen Bankleistungspakete sind – je nach geschätztem Zukunftsbedarf – konventionelle Leistungsfazilitäten als auch in zunehmendem Maße neue Bankleistungen zu integrieren, die entweder alternativ oder komplementär zu den bisherigen Leistungsarten angeboten werden. Der Erfolg der festgelegten Ausweitungsstrategien hängt nicht allein von der Qualität des Bankleistungsprogramms ab, sondern weiterhin auch von der technisch-organisatorischen Leistungsbereitschaft am betreffenden Ort zur richtigen Zeit. Es ist somit festzulegen, wo, von wem und wie das Bankleistungsprogramm in den betreffenden Geschäftsfeldern abgesetzt werden soll.

Die strategische Standortproblematik ergibt sich aus dem Bedürfnis nach räumlich nahen Bankverbindungen. Die Kundenmarktnähe kann sowohl über eigene Geschäftsstellen als auch über eine Gruppe von Außendienstmitarbeitern erreicht werden. Im Rahmen des strategischen Marketing werden die aus der Organisationsplanung stammenden Vorschläge zur Gestaltung der Absatzmethoden auf ihre erwarteten langfristigen Wirkungen untersucht.

Weitere strategische Überlegungen hinsichtlich der Durchführung von Ausweitungsstrategien beziehen sich auf den quantitativen und vor allem den qualitativen Personalbedarf. Insbesondere an die Kundenbetreuer werden hohe fachliche Anforderungen gestellt. Sie müssen sowohl das Bankleistungsprogramm als auch die Kundenproblem- und -bedürfnisstruktur genau kennen, um jeweils ein maßgeschneidertes Lösungskonzept anbieten zu können. Für Ausweitungsstrategien werden einerseits mehr Mitarbeiter benötigt. Andererseits müssen die bisher für das Geschäftsfeld eingesetzten Mitarbeiter durch Weiterbildungsmaßnahmen und die Bereitstellung geeigneter Informationen in die Lage versetzt werden, eine gezielte Akquisition zu betreiben. Anzustreben ist die Bildung von Kundenbetreuerteams, die jeweils für bestimmte Geschäftsfelder zuständig sind und infolge ihrer detaillierten Kundengruppenkenntnisse eine sachgerechte und – aus Kundensicht – vertrauenswürdige Beratung vornehmen können.

Gerade für die im Rahmen der Ausweitungsstrategien zu planenden Aktionen in attraktiven Geschäftsfeldern gilt der Aspekt der Ertragsorientierung. Die Aktionen dürfen nicht zu langfristigen Kostenexplosionen führen, obwohl in Kauf genommen werden muß, daß Ausweitungsstrategien den gegenwärtigen und kurzfristigen Erfolg einer Bank üblicherweise wegen der erhöhten finanziellen Anstrengungen zur Schaffung der geeigneten Voraussetzungen für die angestrebten Akquisitionsergebnisse schmälern.

Die Kundenbetreuer müssen stets darauf aufmerksam gemacht werden, daß konkurrenzaggressive Preispolitik sich langfristig allein kaum eignet, um Kunden zu gewinnen und/oder zu halten, sondern daß vielmehr der kombinierte Einsatz sämtlicher Aktionsparameter, das »Marketing-Mix«, im Zweifel geeigneter erscheint, das Erfolgspotential der Bank zu sichern und auszubauen.

Um das Erfolgspotential der Bank zu sichern und auszuweiten, können Einschränkungsstrategien nahezu ebenso wichtig sein wie Ausweitungsstrategien. Geschäftsfeldbezogene Einschränkungsstrategien werden in solchen Geschäftsfeldern angewandt, die der Bank im Hinblick auf die zukünftige prognostizierte Entwicklung als relativ unattraktiv erscheinen. Eine Einschränkungsstrategie kann auch in ansonsten nicht unattraktiven Geschäftsfeldern angebracht sein, in denen sich die Bank aufgrund starker, widerstandsfähiger Wettbewerber trotz erhöhter finanzieller Anstrengungen und persönlichen Engagements keine oder nur sehr geringe Chancen errechnet, ihre Wettbewerbsposition auf Dauer halten zu können. Eine Bank verringert ihre Aktivitäten auch in solchen Geschäftsfeldern, die keinen ausreichenden Dekkungsbeitrag leisten und/oder für die Zukunft einen solchen Beitrag nicht erwarten lassen. Somit wird eine Minderung der strategischen Anfälligkeit durch die Verringerung eigener Schwächen aus dem Kundenbereichs-Portfolio erreicht. Bevor die Entscheidung für eine Einschränkungsstrategie getroffen wird, ist allerdings zu prüfen, ob eine Schwerpunktverlagerung der bisherigen kundengruppenspezifischen Ressourcen in ertragreichere Geschäftsfelder überhaupt möglich ist. Vor der Bereinigung des Leistungsprogramms um ertragsschwache Leistungsarten sind zudem negative Auswirkungen auf den Absatz ertragsstarker Leistungsarten wegen des für Banken typischen Leistungsverbundes zu bedenken.

Beibehaltungsstrategien intendieren die Erhaltung der bisherigen mittleren Wettbewerbsposition in Geschäftsfeldern, für die eine durchschnittliche Marktattraktivität festgestellt wurde. Sie tragen nicht zu einer dynamischen Veränderung des Zielgruppen-Portfolios bei. Die Akquisition wird nicht ausgeweitet und nicht eingeschränkt, für die Bearbeitung dieser Geschäftsfelder werden – relativ zur Konkurrenz – weder zusätzliche Ressourcen eingesetzt, aber auch keine abgezogen, sofern die Rationalisierungsmöglichkeiten weitgehend ausgenutzt sind. Beibehaltungsstrategien haben wegen der relativen Problemlosigkeit ihrer Umsetzung nicht die Bedeutung wie die übrigen Strategien. Der Anteil der Geschäftsfelder, in denen die Bank eine solche stationär-defensive Strategie verfolgt, kann bei einigen Banken zwar zeitweise überwiegen, doch sollten die diese Geschäftsfelder betreffenden Informationen genauso sorgfältig verfolgt werden, um bei Umweltveränderungen kurzfristig zu einer der anderen Strategien übergehen zu können.

Im Gegensatz zu den übrigen Strategien beziehen sich schließlich Selektivstrategien nicht auf ein strategisches Geschäftsfeld als Ganzes, sondern vielmehr auf einzelne Kundenbeziehungen innerhalb der Geschäftsfelder. Selektivstrategien können somit auf die Expansion, Beibehaltung oder Einschränkung einer Kundenverbindung ausgerichtet sein. In erster Linie werden jedoch Ausweitungsstrategien oder durchgreifende Einschränkungsstrategien in Einzelfällen anzuwenden sein. Selektive Ausweitungsstrategien beziehen sich somit auf aussichtsreiche Geschäftsverbindungen in ansonsten wenig attraktiven Geschäftsfeldern. Selektive Einschränkungsstrategien werden dagegen z. B. dann festgelegt, wenn innerhalb eines eigentlich attraktiven Geschäftsfeldes ein Kunde schlechte bonitätsmäßige Voraussetzungen bietet, die eine insgesamt ertragreiche Geschäftsbeziehung verhindern. Selektivstrategien müssen die Ausnahme bleiben, da sie im Grunde zur Umgehung der in der geschäftsfeldspezifischen Analyse festgelegten Bewertung der strategischen Erfolgsfaktoren führen. Werden Selektivstrategien häufig notwendig, so ist dies ein Anzeichen für eine unzureichende Segmentierung der Zielgruppe. Eine Neugruppierung oder eine stärkere Differenzierung des Kundenpotentials erscheint dann angebracht.

Zum Abschluß der strategischen Marketingplanung beschließt das Zielgruppenmanagement die aus Zielsystem und Aktionsprogramm bestehende Kundenbereichsstrategie. Das strategische Marketing ist nach der Planerstellung jedoch nur vorläufig abgeschlossen. Obwohl ein Plan in der Regel fünf Jahre umfaßt, wird er kaum unverändert während dieser Zeit gelten können, sondern muß regelmäßig revidiert und bei Bedarf modifiziert werden. Bei Anzeichen für grundlegende Änderungen in der Umwelt muß der ursprüngliche Strategieplan ersetzt werden. Nur die rechtzeitige Anpassung an den neuesten Erkenntnisstand ermöglicht eine flexible Führung, die das Erfolgspotential der Bank nachhaltig sichern und ausweiten kann. Die Kundenbereichsstrategien werden noch einmal auf Kompatibilität überprüft und in den Gesamtstrategieplan integriert.

Die Überlegungen zum strategischen Marketing sind damit abgeschlossen. Auf dieser Basis gilt es nun, das den Banken zur Verfügung stehende marketingpolitische Instrumentarium den Bedürfnissen der verschiedenen Zielgruppen so anzupassen, daß eine Transformation bzw. Realisation der Kundenbereichsstrategien ermöglicht wird, sowie letztendlich eine effiziente Kontrolle des Zielerreichungsgrades zu gewährleisten.

Anmerkungen

1 Vgl. exemplarisch *Büschgen* (Bankbetriebslehre) S. 79 ff.; *Liebau* (Kreditinstitute) S. 4 und 107 ff.; *Siewert* (Marktpolitik) S. 1.
2 Vgl. zur Interpretation des Marketing im Sinne eines Marketing-Managements u. a. *Kotler* (Marketing-Management) S. 19 ff.; *Meffert* (Marketing) S. 35; *Nieschlag, Dichtl, Hörschgen* (Marketing) S. 11.
3 Vgl. zu den Grundlagen und der Ausgestaltung des Zielgruppen-banking *Büschgen* (Bankmarketing) IV. 2. S. 1 ff.
4 Die grundlegende Problematik der Marktsegmentierung soll hier nicht weiter vertieft werden. Vgl. statt dessen z. B. *Scheuch* (Marktsegmentierung) S. 213–230; *Bauer* (Markt-Segmentierung) S. 11 ff.; *Freter* (Markterfassung) S. 453–463.
5 Vgl. darüber hinaus zu den verschiedenen Konzepten der Zielgruppenbildung in Bankbetrieben die Ausführungen bei *Ellermeier* (Bankorganisation) S. 57 ff.
6 Vgl. u. a. *Gälweiler* (Unternehmensplanung) S. 135 f.
7 Vgl. *Arbeitskreis* (»Langfristige Unternehmensplanung«) S. 2 ff.; *Brose* (Entwicklungstendenzen) S. 88 f.
8 Vgl. *Büschgen* (Bankunternehmensplanung) S. 275.
9 Vgl. zu den hier nicht weiter diskutierten Grundlagen der bankbetrieblichen Leistungserstellung für viele die Arbeit von *Siegert* (Eigenarten) sowie die dort angegebene Literatur.
10 Vgl. zusammenfassend zu den planungsrelevanten Besonderheiten *Büschgen* (Bankbetrieb) S. 260 ff.
11 Vgl. weiterhin *Röhr* (Universalbankbetrieb) S. 212 ff. sowie die dort angegebene Literatur.
12 Vgl. *Pleitner* (Portfolio-Analyse) S. 269 ff.; *Berger, Bernhardt* (Geschäftspolitik) S. 138.
13 Vgl. *Engeleiter* (Portfolio-Technik) S. 408.
14 Vgl. zu den hier erörterten Möglichkeiten und Problemen der Geschäftsfeldsegmentierung *Henzler* (Geschäftseinheiten) S. 917 f.; *Szyperski/Winand* (Duale Organisation) S. 197 ff.; *Büschgen* (Bankunternehmensplanung) S. 276 f.
15 Vgl. dazu, statt detaillierter Erörterung an dieser Stelle, u. a. *Gälweiler* (Unternehmensplanung) S. 69 ff.; *Willek* (Diversifikation) S. 137 ff.; *Jacob* (Strategische Planung) S. 56 ff.; sowie zur bankbetrieblichen Anwendung vor allem *Tanerv-Illitscher* (Bankmanagement) S. 135 ff.
16 Vgl. *Büschgen* (Bankbetrieb) S. 269.
17 Vgl. Arbeitskreis (»Planung in Banken«) S. 64.

Literaturverzeichnis

Arbeitskreis »Langfristige Unternehmensplanung« der Schmalenbachgesellschaft (Langfristige Unternehmensplanung): Strategische Planung. In: ZfbF, 29. Jg., 1977.

Arbeitskreis »Planung in Banken« der Schmalenbachgesellschaft (Planung in Banken): Thesen zum »Verkauf« der Planung in einer Bank. In: Die Bank, 1981.

Bauer, E. (Markt-Segmentierung): Markt-Segmentierung. Stuttgart 1977.

Berger, R./ *Bernhardt,* P. (Geschäftspolitik): Selektive Geschäftspolitik. In: ZfgK, 36. Jg., 1983.

Brose, P. (Entwicklungstendenzen): Stand und Entwicklungstendenzen von strategischer Planung und strategischem Management. In: ZfB, 33. Jg., 1983.

Büschgen, H.-E. (Bankbetriebslehre): Bankbetriebslehre. Stuttgart – New York 1979.

Büschgen, H.-E. (Bankmarketing): Stichwörter zum Bankmarketing – Eine überarbeitete und systematische Sammlung. Frankfurt/Main 1980.

Büschgen, H.-E. (Bankunternehmensplanung): Strategische Bankunternehmensplanung und Geschäftsfeldplanung. In: BBI, 32. Jg., 1983.

Büschgen, H.-E. (Bankbetrieb): Strategische Planung im marktorientierten Bankbetrieb. In: Die Bank, 1983.

Ellermeier, C. (Bankorganisation): Marktorientierte Bankorganisation. Darmstadt 1975.

Engeleiter, H.-J. (Portfolio-Technik): Die Portfolio-Technik als Instrument der strategischen Planung. In: BFuP, 33. Jg., 1981.

Freter, H. (Markterfassung): Strategien, Methoden und Modelle bei der Markterfassung und Marktbearbeitung. In: DBW, 40. Jg., 1980.

Gälweiler, A. (Unternehmensplanung): Strategische Unternehmensplanung, Frankfurt/Main – New York 1974.

Henzler, H. (Geschäftseinheiten): Strategische Geschäftseinheiten (SGE): Das Umsetzen von strategischer Planung in Organisation. In: ZfB, 48. Jg., 1978.

Jacob, H. (Strategische Planung): Die Aufgaben der strategischen Planung – Möglichkeiten und Grenzen, Teil 1. In: Strategisches Management 1, hrsg. v. H. *Jacob.* Wiesbaden 1982.

Kotler, Ph. (Marketing-Management): Marketing-Management. 4. Aufl., Stuttgart 1982.

Liebau, J. (Kreditinstitute): Marktorientierte Organisation in Kreditinstituten. Göttingen 1982.

Meffert, H. (Marketing): Marketing. 6. Aufl., Wiesbaden 1982.

Nieschlag, R./ *Dichtl,* E./ *Hörschgen,* H. (Marketing): Marketing. 13. Aufl., Berlin, 1983.

Pleitner, H. J. (Portfolio-Analyse): Die Portfolio-Analyse als Führungsinstrument im Marketing. In: BFuP, 35. Jg., 1983.

Röhr, H. (Universalbankbetrieb): Potentialorientierte Marketing-Planung im Universalbankbetrieb. Köln o. J.

Scheuch, F. (Marktsegmentierung): Logische Struktur und pragmatische Bedeutung der Marktsegmentierung. In: Dilg, 28. Jg., 1974.

Siegert, F. (Eigenarten): Eigenarten bankbetrieblicher Leistungen. Köln 1975.

Siewert, K.-J. (Marktpolitik): Bankbetriebliche Marktpolitik. Berlin 1983.

Szyperski, N./ *Winand,* U. (Duale Organisation): Duale Organisation – Ein Konzept zur organisatorischen Integration der strategischen Geschäftsfeldplanung. In: ZfbF-Kontaktstudium, 31. Jg., 1979.

Tanerv-Illitscher, G. (Bankmanagement): Portfolio-Analyse als Instrument strategischen Bankmanagements. In: ÖBA, 30. Jg., 1982.

Willek, B. F. (Diversifikation): Strategische Unternehmensführung bei Diversifikation. Berlin – New York 1980.

*Dieter Farny**

Anwendungsorientierte Versicherungsbetriebslehre und rechtlicher Datenkranz für das Wirtschaften in Versicherungsunternehmen

* Prof. Dr. *Dieter Farny*, Universität zu Köln, Institut für Versicherungswissenschaft.

A. Versicherungsbetriebslehre als anwendungsorientierte Spezielle Betriebswirtschaftslehre

Mit »Versicherungswissenschaft« werden üblicherweise alle mit wissenschaftlichen Methoden gewonnenen Aussagen zum Erkenntnisobjekt »Versicherung« bezeichnet [1]. Solche Aussagen bedürfen größtenteils interdisziplinärer Ansätze, weil die Realität der »Versicherung« nur durch ein Geflecht höchst verschiedenartiger Merkmale erfaßt und erklärt werden kann, wie die folgenden wichtigen Beispiele zeigen.

(1) Versicherung ist Gegenstand der Wirtschaftswissenschaften; denn Versicherung ist ein immaterielles Wirtschaftsgut, eine Dienstleistung, die
- in Versicherungsunternehmen produziert wird (Versicherungsbetriebslehre),
- von anderen Wirtschaftssubjekten als Produktionsfaktor eingesetzt wird (Betriebswirtschaftslehre, insbesondere Risikopolitik, Risk Management),
- auf Märkten zwischen Versicherungsunternehmen und Versicherungsnehmern gegen Preise ausgetauscht wird (ökonomische Theorie der Versicherung),
- außer bilateralen Effekten zwischen Versicherer und Versicherungsnehmer weitere Wirkungen auf die volkswirtschaftlichen Aggregatgrößen erzeugt [2] (Volkswirtschaftslehre).

(2) Versicherung ist Gegenstand der Rechtswissenschaft; denn
- das Wirtschaftsgut Versicherung ist in ein zweiseitiges Schuldverhältnis, den Versicherungsvertrag, eingekleidet und wird durch das spezielle Versicherungsvertragsgesetz sowie durch die Versicherungsbedingungen bestimmt (Versicherungsvertragsrecht).
- Die Versicherungsunternehmen unterliegen einer materiellen Staatsaufsicht nach dem Versicherungsaufsichtsgesetz, was zu einer bedeutenden Beschränkung ihrer unternehmerischen und marktwirtschaftlichen Autonomie führt (Versicherungsaufsichtsrecht).
- Für zwei von drei zulässigen Rechtsformen von Versicherungsunternehmen, nämlich den Versicherungsverein auf Gegenseitigkeit und die öffentlich-rechtliche Körperschaft oder Anstalt, besteht ein spezielles Unternehmensrecht (Versicherungsunternehmensrecht).
- Die Sachverhalte auf Versicherungsmärkten werden nicht nur durch das Aufsichtsrecht, sondern auch durch weitere spezielle rechtliche Regelungen beeinflußt, so durch das Recht der Versicherungsvermittlung (Handelsrecht, speziell Vertreter- und Maklerrecht) und durch das Kartellrecht [3] (Wettbewerbsrecht).
- Die durch Versicherungsschutz gedeckten Risiken sind ihrerseits in vielfältiger Weise vom geltenden Recht abhängig, besonders ausgeprägt die Haftpflichtrisiken vom Haftpflichtrecht (Haftpflichtrecht).

(3) Versicherung ist Gegenstand der Mathematik; denn
- die Technologie der Versicherungsproduktion, der Risikoausgleich im Kollektiv und in der Zeit im Sinne eines stochastischen Prozesses, wird mit Methoden der Wahrscheinlichkeitstheorie und der mathematischen Statistik erklärt und nach entsprechenden Erkenntnissen gestaltet (Risikomathematik).
- Die Kalkulation der Prämien erfolgt (teilweise) unter Anwendung mathematischer Verfahren, besonders aus der mathematischen Statistik, der Wahrscheinlichkeitsrechnung und der Zinseszinsrechnung (Prämienmathematik).

(4) Versicherung ist Gegenstand der Sozialwissenschaften; denn
- Versicherung bewirkt beim Versicherungsnehmer nicht nur ökonomische Sicherung von

Wirtschaftsplänen, sondern auch die Empfindung von Sicherheit, was psychologischer Erklärung bedarf (Versicherungspsychologie).

- Die Technologie des Versicherungsgeschäftes, der Risikoausgleich im Kollektiv, wird häufig als Vorgang in einer definierbaren Gruppe von Wirtschaftssubjekten interpretiert, etwa einer Gefahren-, Solidar- oder Risikengemeinschaft, was soziologischer Erklärung bedarf (Versicherungssoziologie).

(5) Versicherung ist schließlich Gegenstand praktisch aller anderen, besonders der Naturwissenschaften, soweit diese die realen Hintergründe der versicherten Risiken erklären und die Bewertung von Risiken ermöglichen, beispielsweise Medizin (Personenversicherung), Ingenieurwissenschaften (technische Versicherungen), Chemie und Physik (Feuerversicherung), Biologie (Personenversicherung, Umweltschäden, landwirtschaftliche Versicherungen), Metereologie (Hagel-, Sturmversicherung), Seismologie (Erdbebenversicherung) und andere.

Vor dem Hintergrund eines notwendigerweise universellen wissenschaftlichen Ansatzes zur Erklärung von Versicherung weist auch die Versicherungsbetriebslehre verhältnismäßig weite Horizonte auf. Sie gehört nach den üblichen Klassifikationen betriebswirtschaftlicher Lehre und Forschung zu den Speziellen Betriebswirtschaftslehren, d. h. ihr Erkenntnisobjekt ist das Wirtschaften in Versicherungsunternehmen. Im Rahmen der Bildung von Teiltheorien der Versicherungsbetriebslehre bleiben zwar häufig die Aspekte der Nichtwirtschaftswissenschaften außer Betracht; eine anwendungsorientierte Versicherungsbetriebslehre sollte jedoch solche Abstraktionen nicht vornehmen, weil sie sonst ihre Erklärungs- und Gestaltungsaufgabe möglicherweise verfehlt.

Die Beobachtung der Realität in der Versicherungswirtschaft führt zur Hypothese, daß insbesondere der rechtliche Datenkranz für Versicherungstätigkeiten einen ganz entscheidenden Faktor für das Wirtschaften in Versicherungsunternehmen und damit für theoretische Aussagen einer anwendungsorientierten Versicherungsbetriebslehre bildet. Dies soll im folgenden näher erläutert werden.

B. Konzeptionen einer Versicherungsbetriebslehre

Die bis heute erarbeiteten Konzeptionen der Versicherungsbetriebslehre [4] operieren mit wenigen Ausnahmen [5] mit Deduktionen aus der Allgemeinen Betriebswirtschaftslehre. Allgemein-betriebswirtschaftliche theoretische Sätze werden als Hypothesen in die Versicherungsbetriebslehre eingebracht, überprüft und bestätigt oder mit Abweichungen bestätigt oder vollständig verworfen. Bei dieser Forschungstechnik lassen sich die Konzepte der Allgemeinen Betriebswirtschaftslehre [6] auch auf die Versicherungsbetriebslehre übertragen. Danach sind folgende Basiskonzepte der Versicherungsbetriebslehre erkennbar:

(1) der gütertheoretische Ansatz, der Gütereinsatz und -entstehung, mit anderen Worten Produktionsfaktoreinsatz und -kombination sowie Produktentstehung, betrachtet;
(2) der Entscheidungsansatz, der die Entscheidungen über Unternehmensziele und über die zu deren Erreichung notwendigen Mitteleinsätze untersucht;
(3) der funktionale oder Organisationsansatz, der die Gesamtaufgabe des Versicherungsunternehmens als Summe integrierter Teilaufgaben (Funktionen) erklärt, häufig unter besonderer Beachtung der marktbezogenen Aufgaben;

(4) der genetische Ansatz, der Gründung, Lebenslauf und Liquidation von Versicherungsunternehmen erklärt, wobei in jüngerer Zeit Theorien über die Weiterentwicklung bestehender Unternehmen im Sinne der strategischen Unternehmenspolitik hinzugekommen sind.

Weitere mögliche Ansätze, die wegen ihres vergleichsweise schwachen Bezugs zum rechtlichen Datenkranz für Versicherungsgeschäfte hier nicht weiterverfolgt werden, sind der systemtheoretische Ansatz, die als verhaltens- oder sozialwissenschaftlich bezeichneten Konzeptionen, neuerdings auch der stark empirisch ausgerichtete situative Ansatz. In dieser kurzen Abhandlung können auch nicht die Notwendigkeiten und Möglichkeiten einer Integration der Konzepte zu einer methodisch und inhaltlich einheitlichen betriebswirtschaftlichen Gesamttheorie erörtert werden.

C. Gütertheoretischer Ansatz und rechtlicher Datenkranz

Der gütertheoretische Ansatz erklärt das Versicherungsunternehmen als ein System für Güterinput, Gütertransformation und Güteroutput [7]. Rechtliche Rahmenbedingungen sind insoweit zu berücksichtigen, als die Verwendung bestimmter Einsatzgüter, bestimmter Verfahren der Faktorkombination oder die Erstellung bestimmter Versicherungsprodukte geregelt sind. Im Bereich des Faktoreinsatzes und der Faktorkombination ist dies nur begrenzt der Fall, wie etwa durch das Recht der Rückversicherung, das weitgehend als ungeschriebenes Gewohnheitsrecht ausgeformt ist, und durch einige spezielle Vorschriften aus dem Recht der Versicherungsvermittlung.

Die Faktorkombinationsgestaltung erfolgt nach Prinzipien der Versicherungstechnik zur Gestaltung des Risikoausgleichs im Kollektiv und in der Zeit und nach Prinzipien der Betriebstechnik für die innerbetrieblichen und kundenbezogenen Dienstleistungen. Für beide sind einige generalklauselhafte Rechtsvorschriften beachtlich. Insbesondere besitzt die Aufsichtsbehörde über die Genehmigung des Geschäftsplans [8], darüber hinaus bei Verstößen gegen den Geschäftsplan und bei »Mißständen« die Möglichkeit [9], bestimmte Gestaltungen zu fordern oder zu verbieten, damit die Belange der Versicherungsnehmer nicht gefährdet werden und die dauernde Erfüllbarkeit der Verpflichtungen aus Versicherungsverträgen gewährleistet ist [10]. Die Gründe für die Versagung der Genehmigung von Geschäftsplänen bzw. für unmittelbare Anordnungen sind in der 85jährigen Geschichte der Versicherungsaufsicht kasuistisch entwikkelt worden. Daraus resultiert ein gewisses Interventionsrisiko, wenn ein Versicherungsunternehmen neue versicherungstechnische oder betriebstechnische Verfahren der Faktorkombination einführen will; solche Restriktionen sind bei der Aufstellung von produktions- und kostentheoretischen Aussagen zu beachten. Dennoch bildet im Vergleich zu anderen Bereichen die Faktorkombination einen nur schwach von außen regulierten Sachverhalt.

Weitaus stärker sind die rechtlichen Daten für die Gestaltung der Outputseite der Versicherungsschutzproduktion. Das Hauptprodukt eines Versicherers ist der Versicherungsschutz. Versicherungsschutz wird in allen einzelnen Fällen in bestimmten Ausprägungen in Versicherungsverträgen vereinbart [11], die Laufzeiten zwischen wenigen Tagen (z. B. Transportversicherung) und vielen Jahrzehnten (z. B. Lebens- und Krankenversicherung) aufweisen. Die Einzelheiten für die rechtliche Laufzeitbindung sind höchst vielfältig, besonders im Hinblick auf die Möglichkeiten von Versicherer und Versicherungsnehmer, Verträge zu kündigen.

Generell ist jedoch davon auszugehen, daß der Output der Produktionsfaktorkombination im Sinne des Versicherungsbestandes zu einem großen Teil durch langfristige vertragliche Bindungen festgelegt ist, insoweit nicht Gegenstand kurzfristiger Entscheidungen sein kann. Lediglich die Veränderungen an der Peripherie der langfristig vorhandenen Versicherungsbestände durch neue Versicherungen, durch Vertragsänderungen und durch Vertragsabgänge verursachen eine gewisse Beweglichkeit der Input-Output-Beziehungen, wobei die Möglichkeit von Änderungen bestehender Verträge davon abhängt, ob in den Versicherungsverträgen Mechanismen für die Anpassung von Versicherungsschutz oder anderer Vertragsparameter an Risikoänderungen vereinbart sind. Bei großen Versicherern kann davon ausgegangen werden, daß 70 bis 90 % des jährlichen Outputs an Versicherungsschutz durch langfristige rechtliche Vereinbarungen in den Versicherungsverträgen des Bestandes weitgehend festgelegt sind. Das führt im gütertheoretischen Ansatz der Versicherungsbetriebslehre zur berechtigten Hypothese einer großen Stabilität der betrieblichen Güterprozesse, was gleichzeitig eine hohe Kontinuität der Produktionsfunktionen bedeutet.

D. Entscheidungsorientierte Versicherungsbetriebslehre und rechtlicher Datenkranz

I. Zielentscheidungen

Die formalen Unternehmensziele von Versicherern umfassen empirisch besonders Gewinngrößen sowie Wachstums- oder Umsatzgrößen, die jeweils unter der Bedingung ausreichender Existenzsicherheit verfolgt werden. Der Prozeß der Zielentscheidung ist zwar nicht durch spezielle Rechtsvorschriften geprägt, wohl dagegen bestehen rechtliche Restriktionen für Zielinhalte und -ausmaße. Das gilt ganz besonders bezüglich des Gewinnziels. In der Lebens- und Krankenversicherung bestehen Anteilsrechte der Versicherten am Jahresüberschuß (»Rohüberschuß«) des Versicherungsunternehmens [12]; dadurch sollen die Schuldnerinteressen der Kunden gewahrt werden, wenn die von der Aufsichtsbehörde genehmigten [13] Tarife Sicherheitszuschläge enthalten, die nicht benötigt werden. In der Lebensversicherung wird neuerdings durch die Regeln der Rückgewährquote [14] besonderer Druck auf die Höhe der Überschußanteile der Versicherten ausgeübt. In der Kraftverkehrs-Haftpflichtversicherung besteht – mit ähnlichen Motiven – ein gesetzlich [15] begründetes Anteilsrecht der Versicherten am sogenannten technischen Überschuß und an den sogenannten Reinzinserträgen. In allen Fällen ist, basierend auf dem handelsrechtlichen Jahresabschluß, ein außergewöhnlich komplexes Rechensystem entstanden, das die Formulierung von Gewinnzielen und ihre Realisierung durch eine entsprechende Unternehmenspolitik stark erschwert. Dies wird durch das Steuerrecht verstärkt, weil die Steuerbelastung der Gewinne mehr als in anderen Wirtschaftszweigen von der Gewinnverwendung abhängt, insbesondere die Ausschüttungen an die Versicherten (überwiegend) steuerfrei erfolgen.

II. Mittelentscheidungen

Die wesentlichen konstitutiven, also grundlegenden und langfristig wirksamen, Mittelentscheidungen von Versicherungsunternehmen stehen – ausgenommen die freie Standortentscheidung – in einem besonders engen rechtlichen Datenkranz. Dies gilt zunächst für die Wahl der Rechtsform. Nur Versicherungsunternehmen in der Form der Aktiengesellschaft, des Versicherungsvereins auf Gegenseitigkeit und der öffentlich-rechtlichen Körperschaft oder Anstalt [16] können die Erlaubnis zum Geschäftsbetrieb erhalten [17], wobei der Versicherungsverein [18] und die öffentlich-rechtlichen Unternehmen [19] Rechtsformen eigener Art sind. Die betriebswirtschaftliche Theorie der Rechtsformwahl ist daher auf Versicherungsunternehmen nicht übertragbar.

Die wohl stärksten rechtlichen Restriktionen beziehen sich auf die Entscheidungen über das Produktionsprogramm, also das Sortiment von angebotenen Versicherungsprodukten und anderen Gütern. Sie sind teilweise im Gesetz formuliert, teilweise aus der aufsichtsbehördlichen Praxis bei der Genehmigung von Geschäftsplänen im Zusammenhang mit der erstmaligen Zulassung zum Geschäftsbetrieb [20] und bei späteren Änderungen [21] entstanden. Von wirklich strukturbildender Bedeutung ist das sogenannte Spartentrennungsprinzip, wonach die Lebensversicherung [22], die Kranken-, Rechtsschutz- und Kreditversicherung [23] in jeweils selbständigen Rechtseinheiten zu betreiben sind; nur die restlichen Versicherungszweige können als Komposit- oder als Schaden/Unfallversicherung in einem Unternehmen zusammengefaßt werden. Ein Versicherer, der das gesamte Sortiment von Versicherungsprodukten anbieten will, benötigt dazu fünf Rechtseinheiten, die in einem Konzern zusammengefaßt werden. Aber auch die Konzerngestaltung ist nicht völlig frei, damit nicht durch vertragliche oder faktische Gewinn- oder Verlusttransfers zwischen den Konzerngliedern der Sinn der Spartentrennung, also besonders der Gläubigerschutz der Versicherten, aufgehoben wird. Auch hier ist die Aufsichtsbehörde mitwirkend, weil Unternehmensverträge nach den §§ 291, 292 AktG Teil des genehmigungspflichtigen Geschäftsplans sind [24]. Außerdem sind Verträge zur Ausgliederung von betrieblichen Funktionen von einem Versicherer auf ein anderes Unternehmen genehmigungsbedürftig [25], und Dienstleistungsverträge zwischen Versicherern und verbundenen Nichtversicherungsunternehmen werden im Hinblick auf die Angemessenheit der Dienstleistungspreise überwacht [26].

Mit diesen, die betriebliche Entscheidungspraxis stark beschränkenden Vorschriften soll im Schutzinteresse der Versicherten vor allem verhindert werden, daß aufsichtspflichtige Versicherungsunternehmen wesentliche Teile ihrer Tätigkeiten auf aufsichtsfreie Nichtversicherungsunternehmen übertragen, so daß ihre Tätigkeit im Extremfall auf die reine Risikoträgerschaft zurückgeführt wird.

Sortimentserweiterungen über den Bereich der Versicherungsgeschäfte und der damit in unmittelbarem Zusammenhang stehenden Geschäfte hinaus sind Versicherern durch Gesetz [27] verboten. Zu den letzteren gehören nach heutiger Rechtsauffassung nur die Kapitalanlagegeschäfte, Versicherungsvermittlungsgeschäfte sowie die Vermittlung von Finanzdienstleistungen, die im Zusammenhang mit Versicherungsverträgen stehen. In der Realität wird dadurch das Entscheidungsfeld für Sortimentserweiterungen bei den zunehmenden Überlappungen von Versicherungs- und Bankenmärkten eingeengt; wiederum ist die Sortimentsausweitung nur über rechtlich selbständige Tochterunternehmen möglich. Insgesamt entstehen daraus erhebliche Einschränkungen für strategische Planungen.

Ebenfalls sehr ausgeprägte Restriktionen bestehen für Entscheidungen über die Gestaltung der Versicherungsprodukte, in der Marktwirtschaft wohl eine der dominierenden unternehmerischen Entscheidungen. Sie resultieren im wesentlichen aus der Genehmigungspraxis der Aufsichtsbehörde. Versicherungsprodukte werden nach einer Anlage zum VAG nach Versicherungssparten klassifiziert; nur für die dort genannten Versicherungssparten kann die Erlaubnis durch die Aufsichtsbehörde erteilt werden [28], was bei neuen Versicherungsdeckungen für neuartige Risiken gelegentlich Schwierigkeiten aufwirft. Versicherungsschutz als das Produkt der Versicherer wird materiell-inhaltlich und formal durch Versicherungsbedingungen bestimmt. Diese Versicherungsbedingungen sind Teile des genehmigungspflichtigen Geschäftsplans [29] und müssen einen Mindestinhalt haben [30]. Die einzelbetriebliche Produktinnovation ist durch dieses Vorschriftenbündel und die darauf beruhende Praxis der Aufsichtsbehörde deutlich behindert; denn neue Produkte werden der Aufsichtsbehörde zur Genehmigung vorgelegt, die im allgemeinen erst nach Beratung in den Fachverbänden der Versicherer und nach Anhörung des Versicherungsbeirats [31] erteilt wird. Dadurch wird die Geheimhaltung eines neuen Produktes verhindert, was um so schwerer wiegt, als Versicherungsprodukte keinen gewerblichen Rechtsschutz genießen, also sofort und entschädigungslos nachgeahmt werden können. Dies wird im übrigen durch die von der Aufsichtsbehörde entwickelte Maxime gefördert, aus Gründen der Markttransparenz sollten die von den einzelnen Versicherern verwendeten Versicherungsbedingungen gleich sein. Im Ergebnis wird durch diese rechtliche und faktische Situation die Innovationsdynamik der Versicherer in bezug auf ihre Produkte deutlich gemindert.

Insgesamt sind also die betriebswirtschaftlichen Entscheidungstheorien über Produkt- und Sortimentsgestaltung für Versicherer wenig anwendbar. Die üblicherweise in der Theorie unterstellten weiten Entscheidungsfelder sind in der Versicherungswirtschaft deutlich eingeschränkt, die Menge von Handlungsmöglichkeiten ist reduziert, und die notwendigen Kalküle für Produkt- und Sortimentsentscheidungen haben eine ganz spezifische Ausprägung.

E. Funktionale Versicherungsbetriebslehre und rechtlicher Datenkranz

I. Beschaffung

Die Beschaffung der Produktionsfaktoren unterliegt, ausgenommen bei der Rekrutierung von Versicherungsvermittlern, nur wenigen rechtlichen Restriktionen. Insoweit kann die betriebswirtschaftliche Beschaffungstheorie [32] auf Versicherer übertragen werden.

II. Leistungserstellung

Auch die Leistungserstellung, das sind die zur Vertrags- und Schadenbearbeitung notwendigen Leistungsprozesse, ist weitgehend von rechtlichen Restriktionen frei. Deshalb sind hier die produktionstheoretischen Sätze sowie die Ergebnisse der Allgemeinen Organisationslehre für die Gestaltung von Aufbau und Abläufen gut übertragbar. Nur wenn die Ergebnisse der Leistungserstellung unmittelbar den Kunden zufließen, wie etwa bei der Erstellung von Versicherungspolicen oder bei Schadenregulierungen, besteht die generelle Ermächtigung der Aufsichtsbehörde, Anordnungen zur Vermeidung von Mißständen zu treffen [33].

III. Absatz

Absatz der Versicherungsunternehmen bedeutet die Abgabe von Versicherungsschutz gegen Zahlung von Prämien, die den Preis für Versicherungsschutz, somit auch die Umsatzerlöse, darstellen. Vom Absatzvolumen einer Rechnungsperiode ist der weitaus überwiegende Teil rechtlich und faktisch durch den vorhandenen Versicherungsbestand in Form bestehender Versicherungsverträge vorgegeben. Absatzpolitische Maßnahmen betreffen deshalb in erster Linie die Bewegungen an der Peripherie des Bestandes, also die Gewinnung neuer Kunden, den Abschluß neuer Versicherungen bei Bestandskunden, die Veränderung bestehender Verträge und die Vermeidung von Bestandsabgängen. Die aus der Allgemeinen Betriebswirtschaftslehre stammenden Absatztheorien, in denen Absatzmengen und -werte in Abhängigkeit von bestimmten Einflußgrößen (z. B. den Absatzpreisen, den Einkommen der Nachfrager, den Konkurrenzverhältnissen) dargestellt werden, bedürfen daher einer grundsätzlichen Veränderung.

Von den wichtigen Instrumenten der Absatzpolitik, nämlich den bereits behandelten Produkt- und Sortimentsgestaltungen [34], der Preispolitik, der Werbungspolitik und der Absatzverfahrengestaltung, ist vor allem die Preisgestaltung ungewöhnlich stark durch Rechtsvorschriften beeinflußt. Die Prämientarife in der Lebens- [35] und Krankenversicherung [36] sowie in der Unfallversicherung mit Prämienrückgewähr [36] gehören zum genehmigungspflichtigen Geschäftsplan. Preispolitik ist hier also nur in Form einer Variation von Prämientarifen, nicht im einzelnen Verhandlungsfall, möglich, wobei die Spielräume angesichts der von der Aufsichtsbehörde vorgegebenen Kalkulationsgrundlagen meist sehr eng sind. In der Kraftverkehrs-Haftpflichtversicherung sind die Tarife aufgrund gesetzlicher Vorschriften [37] genehmigungspflichtig. In den übrigen Versicherungszweigen besteht dagegen Freiheit bei der generellen und der auf den Einzelfall bezogenen Prämienpolitik; die vielfach vorhandenen, im übrigen kartellrechtlich zulässigen [38] und nur einer Mißbrauchsaufsicht unterworfenen Prämienempfehlungen der Versichererverbände bilden eine vergleichsweise schwache Restriktion. Aufgrund dieser besonderen Verhältnisse müssen preispolitische Erklärungs- und Entscheidungsmodelle für Versicherungsunternehmen anders formuliert werden als üblich. Dabei sind auch die Rückwirkungen von preispolitischen Entscheidungen im Neugeschäft auf die Prämien des vorhandenen Bestandes zu berücksichtigen. Besondere Ansätze für langfristige Preispolitik sind notwendig, wenn in Versicherungsverträgen Prämienanpassungs- oder ähnliche Klauseln vereinbart sind, die meist einen sehr komplizierten Wirkungsmechanismus aufweisen.

Über die unmittelbaren Rechtsvorschriften hinaus hat die Aufsichtsbehörde Gestaltungsprinzipien für die Prämien entwickelt, die eine Art fairer Preise herbeiführen und einen angemessenen Schutz der Gläubiger- und Schuldnerinteressen der Versicherten bewirken sollen. Dazu gehören etwa die Forderung nach Prämiendifferenzierung für ungleiche Risiken und die Maxime, daß sich jeder Versicherungszweig auf Dauer selbst tragen müsse [39], d. h. systematische Gewinn- und Verlustausgleiche zwischen den einzelnen Sparten sind verboten. Dies bedeutet beispielsweise, daß Preisuntergrenzen auf der Basis von Teilkosten unzulässig sind, daß also Prämien in erster Linie aus Vollkostenkalkülen abzuleiten sind. Dabei wird die größte Kostenart, nämlich die Versicherungsleistungen, nicht nur nach Informationen aus dem innerbetrieblichen Rechnungswesen, sondern auch aus einem überbetrieblichen Rechnungswesen in Form kollektiver Schadenstatistiken ermittelt.

Die Werbungspolitik der Versicherungsunternehmen wird durch einen Datenkranz begrenzt, dessen rechtliche Herkunft recht diffus [40] ist und der »unanständige« Verhaltensweisen in der Werbung ausschließen soll. Insbesondere sind bestimmte werbepolitische Verhaltensweisen untersagt. Unscharf davon abzugrenzen sind Restriktionen für die Absatzverfahren, etwa für die Alternative zentraler versus dezentraler Absatz und für die Alternative Absatz mit oder ohne selbständige Versicherungsvermittler. Erwähnenswert sind Beschränkungen des Entscheidungsfeldes durch Vergütungsvereinbarungen in langfristigen Versicherungsvertretungsverträgen, die nicht einseitig vom Versicherer geändert werden können. Dies ist eine völlig andere preispolitische Situation als etwa Preispolitik bei Absatz von Sachgütern an den Warenhandel.

Generell ist noch auf rechtliche Hindernisse beim Übergang von der herkömmlichen produktbezogenen auf die heute bevorzugte kunden(gruppen)bezogene Absatzpolitik hinzuweisen. Die Geschäftsbeziehung eines Versicherers zu einem Kunden ist rechtstechnisch in eine Vielzahl einzelner Versicherungsverträge gekleidet, die jeweils diskrete Preis-Leistungs-Relationen begründen. Die Aggregierung solcher Preis-Leistungs-Relationen zu einem einheitlichen Kundenportefeuille ist zwar rechentechnisch möglich, jedoch rechtlich überhaupt nicht und faktisch nur mit Schwierigkeiten nachzuvollziehen. Solange Versicherungsvertrags- und -aufsichtsrecht auf die Bezugsgrößen »Versicherungszweige« ausgerichtet sind, ist eine auf die Bezugsgrößen »Kunden« oder »Kundengruppen« ausgerichtete Absatzpolitik stark erschwert.

IV. Finanzierung

Äußerst weitgehende rechtliche Restriktionen gelten auch für den Bereich der Finanzierung von Versicherungsunternehmen, also für Entscheidungen über Kapitalbedarf und Kapitalbedarfsdeckung einschließlich der Geldströme und -bestände. Als Folge dieser Rechtsvorschriften, zusätzlich auch als Folge der tatsächlichen Besonderheiten in finanzwirtschaftlicher Hinsicht, sind die betriebswirtschaftlichen Theorien über Finanzierung und Investition auf Versicherungsunternehmen überhaupt nicht oder nur in stark abgewandelter Form übertragbar.

Besonders eingehende Rechtsvorschriften betreffen die Kapitalanlagen [41]. Es ist genau festgelegt, in welchen Vermögenswerten das Verpflichtungsvolumen gegenüber den Versicherungsnehmern investiert werden kann und welche Kapitalanlageziele dabei zu verfolgen sind.

Eine noch stärkere Bedeutung für eine angewandte Versicherungsbetriebslehre haben die im Rahmen der Europäischen Gemeinschaft eingeführten Solvabilitätsvorschriften [42] erhalten. Danach müssen Versicherungsunternehmen eine Mindestausstattung an »Eigenmitteln« nachweisen, deren Höhe [43] von zahlreichen Strom- und Bestandsgrößen im Jahresabschluß (z. B. Prämien, Schäden, Rückversicherungsbeziehungen in der Schadensversicherung, Risikokapital und Kapitalanlagevolumen in der Lebensversicherung) abhängt. Die Eigenmittel bestehen sowohl aus den klassischen Eigenkapitalposten, in der Lebensversicherung zusätzlich auch aus Teilen von Rückstellungen und Zukunftsgewinnen. Die Verflechtung der Solvabilitätsparameter mit einer sehr großen Zahl von Daten und Variablen im einzelnen Versicherungsunternehmen spricht dafür, eine Finanzierungstheorie für Versicherer insbesondere als Theorie der Solvabilität aufzubauen. Dazu ist es bis heute freilich noch nicht gekommen, da die gesetzliche Einführung der Solvabilitätsregeln erst 1985 abgeschlossen wurde.

Weitere versicherungsspezifische Finanzierungstatbestände, die durch Handels- und Steuerrecht begründet sind, sind die Schwankungs- und ähnlichen Rückstellungen [44], die finanzwirtschaftlich und erfolgswirtschaftlich den Ergebnisausgleich im Ablauf der Rechnungsperioden unterstützen sollen.

F. Genetische Versicherungsbetriebslehre und rechtlicher Datenkranz

Soweit betriebswirtschaftliche Theorien auf die Genesis, die weitere Entwicklung und die Liquidation von Versicherungsunternehmen eingehen, sind zahlreiche spezielle Rechtsvorschriften zu beachten. Bei Gründung einer Versicherungs-Aktiengesellschaft werden in die rechtlichen [45] und faktischen Gründungsprozeduren die aufsichtsrechtlichen Vorgänge für die Zulassung zum Geschäftsbetrieb eingeordnet [46]; in der Realität erfordert dies eine Vorabklärung aller Einzelheiten des Geschäftsplans mit der Aufsichtsbehörde, bevor der eigentliche Rechtsakt der Gründung erfolgt. Bei Versicherungsvereinen ist der Gründungsvorgang [47] sogar derart mit der aufsichtsbördlichen Erlaubnis zum Geschäftsbetrieb verquickt, daß erst mit der Erlaubnis selbst die Rechtsfähigkeit des Vereins entsteht [48].

Weitere Vorschriften betreffen die Gründungsfinanzierung, besonders die vorgeschriebene Aufbringung eines Organisationsfonds [49] zur erfolgsneutralen Finanzierung der immateriellen Anfangsinvestitionen und des Mindestgarantiefonds im Rahmen der Solvabilitätsvorschriften [50]. Bei Versicherungsvereinen kommen Vorschriften über die Bildung einer gesetzlichen Rücklage (»Verlustrücklage«) [51] hinzu, die simultan mit der Rückzahlung des Gründungskapitals in Form eines Gründungsstocks [52] aus (versteuerten) Gewinnen aufzubauen ist. In beiden Fällen bedarf es also ganz eigener Theorien für die Gründungsfinanzierung.

Weitere bedeutende Schritte im Lebenszyklus eines Versicherungsunternehmens, die durch spezielle Rechtsvorschriften geprägt sind, sind die Übertragung bzw. die Übernahme von Versicherungsbeständen, die der Genehmigung der Aufsichtsbehörde bedürfen [53], Fusionen und Umwandlungen [54], Vergleichsverfahren [55] und die Liquidation [56] innerhalb oder außerhalb des Konkurses [57]. Vor allem die neueren Ansätze einer Theorie des Krisenmanagements und der Unternehmenssanierung bedürfen in der Versicherungswirtschaft ganz eigener Ausprägungen, damit die qualifizierte Mitwirkung der Aufsichtsbehörde berücksichtigt wird.

G. Zusammenfassung

Der rechtliche Datenkranz für das Wirtschaften in Versicherungsunternehmen hat also außergewöhnlichen Umfang. Er ist bei einer anwendungsorientierten Versicherungsbetriebslehre zu berücksichtigen. Gleichzeitig läßt er in vielen Fällen die Übernahme von Theorien aus der Allgemeinen Betriebswirtschaftslehre nicht zu. Viele Teiltheorien der Versicherungsbetriebslehre erfordern eigenständige Ansätze, damit die spezifisch rechtlichen und damit auch die wirtschaftlichen Realitäten richtig abgebildet werden. Diese notwendige Eigenständigkeit der Versicherungsbetriebslehre gilt ganz besonders für die Absatztheorie (vor allem Sortiments-, Produkt-, Preispolitik), für die Finanzierungstheorie und für Theorien zu bestimmten Einzelvorgängen im Lebenszyklus eines Unternehmens, generell überall dort, wo der Auftrag der Versicherungsaufsicht, nämlich der Schutz der Versicherten, zu besonders starken Reglementierungen geführt hat.

Für das Lehr- und Forschungsprogramm der Versicherungsbetriebslehre folgt daraus übrigens ein starker Verbund zwischen Wirtschaftswissenschaften und Rechtswissenschaft, wobei zu ergänzen ist, daß die Integration der hier nicht behandelten Mathematik für die Versicherungsbetriebslehre gleichrangige Bedeutung hat.

Angesichts der weit überdurchschnittlichen rechtlichen Restriktionen für das Versicherungsgeschäft ist häufig die Frage gestellt worden, ob Versicherungsunternehmen überhaupt autonome Wirtschaftseinheiten im marktwirtschaftlichen System darstellen, ob Versicherer als Unternehmer der Marktwirtschaft tätig sein können [58]. Damit läßt sich die Frage verbinden, ob die auf das marktwirtschaftliche System bezogene Betriebswirtschaftslehre als Forschungsheimat für die Versicherungsbetriebslehre brauchbar ist. Nach dem gesamten Befund sind Versicherungsunternehmen zweifellos autonome Wirtschaftssubjekte, die an einem marktwirtschaftlichen System teilnehmen. Versicherer sind zwar beaufsichtigte Unternehmen, aber die rechtlichen Rahmenbedingungen gehen keineswegs so weit, daß Entscheidungsautonomie durch Fremdbestimmung vollständig ersetzt wäre. Die unternehmerischen Funktionen der Risikotragung und -bewältigung, der Anreiz zur Innovation bei Produkten und Verfahren [59] und die zielorientierte Einordnung des einzelnen Versicherers in die umgebenden Beschaffungs- und Absatzmärkte sind trotz vieler Beschränkungen der Entscheidungsfreiheit als marktwirtschaftliche Aufgaben von Versicherungsunternehmen geblieben.

Anmerkungen

1 Vgl. z. B. *Hax* (Wirtschaftswissenschaften) S. 45 ff.; *Lobscheid* (Wissenschaft) S. 193 ff.; *Möller* (Versicherungspraxis) S. 79 ff.; *Schmidt* (Wissenschaft) S. 515 ff.

2 Vgl. neuerdings *Schwebler* (Gesamtleistungsrechnung) S. 20 ff.; *o. V.* (Gesamtleistungsrechnung).

3 Ausnahmebereich vom Kartellverbot nach § 102 GWB.

4 Vgl. als grundsätzliche und Überblicksarbeiten z. B. *Borch* (Insurance) S. 252 ff.; *Chiarlo* (economia); *Farny* (Versicherungsbetriebslehre) S. 27 ff.; *Farny* (Theorie) S. 9 ff.; *Fricker* (Versicherungsunternehmung); *Gürtler* (Betriebswirtschaftslehre); *Hax* (Versicherungsbetriebslehre) S. 135 ff.; *Helten* (Versicherungsbetriebslehre) S. 1 ff., 152 ff.; *Karten* (Versicherungsbetriebslehre) Sp. 4246 ff.; *Schwake* (Versicherungsbetriebslehre) S. 171 ff.; *Tröndle* (Strukturkonzept). *Valni* (Gestion).

5 Z. B. *Müller* (production) S. 63 ff.

6 Vgl. neuerdings *Raffée* (Betriebswirtschaftslehre) S. 25 ff.; vgl. auch *Chmielewicz* (Forschungskonzeptionen); *Wunderer* (Betrachtungsweisen).

7 Vgl. *Farny* (Produktion) Sp. 2138 ff.

8 § 5 Versicherungsaufsichtsgesetz (VAG).

9 § 81 II Nr. 2 VAG.

10 §§ 5 II und 8 I Nr. 2 VAG.

11 Vgl. dazu Abschnitt D II über Versicherungsprodukte.

12 Vgl. *Vogel/Lehmann* (Überschußbeteiligung); *Jäkel* (Beitragsrückerstattung) S. 235 ff.

13 §§ 11 und 12 VAG.

14 § 81 c VAG.

15 §§ 22–28 der Verordnung über die Tarife in der Kraftfahrzeug-Haftpflichtversicherung.

16 Seit Jahrzehnten wurden keine öffentlich-rechtlichen Versicherungsunternehmen neu gegründet.

17 § 7 I VAG.

18 Rechtsgrundlagen in §§ 15–53 b VAG.

19 Rechtsgrundlagen in Landesgesetzen.

20 § 5 VAG.

21 § 13 VAG.

22 Gesetzlich festgelegt in § 8 I a VAG.

23 Für die anderen Versicherungszweige auf Grund ständiger Aufsichtspraxis.

24 § 5 III Nr. 3 VAG.

25 § 5 III Nr. 4 VAG.

26 § 53 d VAG.

27 § 7 II VAG.

28 § 6 II VAG.

29 § 5 III Nr. 2 VAG; ausgenommen bestimmte Transportversicherungen.

30 § 10 I VAG.
31 § 92 VAG.
32 Vgl. *Grochla/Schönbohm* (Beschaffung).
33 § 81 I und II VAG.
34 Vgl. Abschnitt D II.
35 § 11 I VAG.
36 § 12 VAG.
37 §§ 8 und 9 Pflichtversicherungsgesetz und Verordnung über die Tarife in der Kraftfahrzeug-Haftpflichtversicherung.
38 § 102 GWB.
39 Zuletzt Geschäftsbericht des BAV 1980, S. 50; 1981, S. 49; 1982, S. 50.
40 Entstanden aus Anordnungen der Aufsichtsbehörde nach § 81 II VAG, Gesetzen und Rechtsprechung in Wettbewerbssachen und Vereinbarungen der Versichererverbände. Vgl. *Prölss/Schmidt/Frey* (VAG), Anhang I zu § 81.
41 §§ 54 a bis 54 d VAG.
42 § 53 c VAG und Verordnung über die Kapitalausstattung von Versicherungsunternehmen; Veröff. des BAV, Jg. 1984, S. 203 ff. und 1985, S. 113 ff.
43 Abgesehen von bestimmten absoluten Mindestbeträgen.
44 Zur Schwankungsrückstellung vgl. Veröff. des BAV, Jg. 1978, S. 262 ff. Ähnliche Regelungen für Rückstellung für die Versicherung von Atomanlagen, Großrisikenrückstellung für die Produktehaftpflichtversicherung von Pharmarisiken.
45 §§ 23 bis 53 VAG.
46 §§ 5 und 8 VAG.
47 Formlose Gründung als nichtrechtsfähiger Verein durch mindestens zwei Mitglieder.
48 § 15 VAG.
49 § 5 V Nr. 3 VAG.
50 § 5 IV VAG.
51 § 37 VAG.
52 § 22 VAG.
53 § 14 VAG.
54 Viele Sondervorschriften, soweit Nichtaktiengesellschaften beteiligt sind, besonders §§ 44 a bis c VAG, § 53 a VAG, § 360 AktG, §§ 385 d bis 1 AktG.
55 § 89 VAG.
56 § 86 VAG.
57 § 88 VAG.
58 Vgl. *Farny* (Versicherungsunternehmer) S. 193 ff.; *Schütze* (Produktgestaltung); *Schwebler* (Inhalte) S. 274 ff.; *Wendelstadt* (Versicherer) S. 1515 ff.
59 Als Beispiel für die Verfahrensinnovation im Bereich der Informationstechnik vgl. *Grochla* (Engagement) S. 150 ff.

Literaturverzeichnis

Borch, K. (Insurance): The economic theory of insurance. In: ASTIN-Bulletin, Vol. IV, 1967, S. 252–264.

Chiarlo, M. (economia): L'economia del rischio e dell'impresa di assecurazione damni. Genova 1976.

Chmielewicz, K. (Forschungskonzeptionen): Forschungskonzeptionen der Wirtschaftswissenschaften. 2. Aufl. Stuttgart 1979.

Farny, D. (Versicherungsbetriebslehre): Grundfragen einer theoretischen Versicherungsbetriebslehre. In: *Farny,* D. (Hrsg.): Wirtschaft und Recht der Versicherung, Paul *Braeß* zum 66. Geburtstag. Karlsruhe 1969, S. 27–72.

Farny, D. (Theorie): Ansätze einer betriebswirtschaftlichen Theorie des Versicherungsunternehmens. In: The Geneva Papers on Risk and Insurance, Nr. 5. Genf 1977, S. 9–21.

Farny, D. (Produktion): Produktion in Versicherungsbetrieben. In: Handwörterbuch der Produktionswirtschaft. Stuttgart 1979, Sp. 2138–2145.

Farny, D. (Versicherungsunternehmer): Der Versicherungsunternehmer – Theorie und Realität. In: Versicherungsrundschau, 36. Jg., 1981, S. 193–215.

Fricker, U. (Versicherungsunternehmung): Die Versicherungsunternehmung als lebensfähiges System. Diss. St. Gallen 1982.

Grochla, E. (Engagement): Das Engagement des Managements der Versicherungswirtschaft bei der Gestaltung von Datenverarbeitungssystemen. In: Versicherungswirtschaft, 30. Jg., 1975, S. 150–161.

Grochla, E./ *Schönbohm*, P. (Beschaffung): Beschaffung in der Unternehmung. Stuttgart 1980.

Gürtler, M. (Betriebswirtschaftslehre): Einführung in die Betriebswirtschaftslehre der Versicherung. Stuttgart 1964.

Hax, K. (Versicherungsbetriebslehre): Auf dem Weg zu einer Versicherungsbetriebslehre. In: *Braeß*, P. u. a. (Hrsg.): Praxis und Theorie der Versicherungsbetriebslehre, Festgabe für H. L. *Müller-Lutz*. Karlsruhe 1972, S. 135–142.

Hax, K. (Wirtschaftswissenschaften): Wirtschaftswissenschaften und Versicherung. In: Zeitschrift für die gesamte Versicherungswissenschaft, 63. Band, 1974, S. 45–50.

Helten, E. (Versicherungsbetriebslehre): Versicherungsbetriebslehre. In: WiSt, 6. Jg., 1977, S. 1–6, 152–156.

Jäkel, H. K. (Beiträgsrückerstattung): Die erfolgsabhängige Beitragsrückerstattung in der Krankenversicherung. In: Versicherungswirtschaft, 33. Jg., 1978, S. 235–238.

Karten, W. (Versicherungsbetriebslehre): Versicherungsbetriebslehre. In: Handwörterbuch der Betriebswirtschaft. 4. Aufl., Stuttgart 1976, Sp. 4246–4255.

Lobscheid, H. G. (Wissenschaft): Zur Wissenschaft von der Versicherung. In: H. *Möller* (Hrsg.): Beiträge zur Versicherungswissenschaft, Festgabe für Walter *Rohrbeck*. Berlin 1955, S. 193–205.

Möller, H. (Versicherungspraxis): Versicherungspraxis und Versicherungswissenschaft. In: Versicherungswirtschaft, 32. Jg., 1977, S. 79–82.

Müller, W. (production): Theoretical concepts of insurance production. In: The Geneva Papers on Risk and Insurance, Nr. 21. Genf 1981, S. 63–83.

Prölss, E. R./ *Schmidt*, R./ *Frey*, P. (VAG): Versicherungsaufsichtsgesetz, Kommentar. 9. Aufl. München 1983.

Raffée, H. (Betriebswirtschaftslehre): Gegenstand, Methoden und Konzepte der Betriebswirtschaftslehre. In: Vahlens Kompendium der Betriebswirtschaftslehre, Band 1. München 1984, S. 1–46.

Schmidt, R. (Wissenschaft): Wissenschaft und Praxis der Versicherung. In: Zeitschrift für die gesamte Versicherungswissenschaft. 69. Band, 1980, S. 515–528.

Schütze, U. (Produktgestaltung): Probleme der Produktgestaltung in der Versicherungswirtschaft unter besonderer Berücksichtigung der Produktinnovation. Karlsruhe 1972.

Schwake, E. (Versicherungsbetriebslehre): Einige kritische Anmerkungen zur gegenwärtigen Versicherungsbetriebslehre. In: Zeitschrift für die gesamte Versicherungswissenschaft, 71. Band (1982), S. 171–188.

Schwebler, R. (Inhalte): Inhalte unternehmerischer Tätigkeit in der Versicherungswirtschaft. In: Versicherungswirtschaft, 37. Jg., 1982, S. 274–280.

Schwebler, R. (Gesamtleistungsrechnung): Anmerkungen zu einer Gesamtleistungsrechnung der Versicherungswirtschaft. In: Versicherungswirtschaft, 40. Jg., 1985, S. 20–27.

Tröndle, B. (Strukturkonzept): Grundgedanken zu einem systemtheoretischen Strukturkonzept der Versicherungsunternehmung. Diss. Köln 1974.

Valni, G. (gestion): Gestion des Entreprises d'Assurances. Paris 1983.

Vogel, W./ *Lehmann*, R. (Überschußbeteiligung): Die Überschußbeteiligung in der Lebensversicherung. In: Veröffentlichungen des Bundesaufsichtsamts für das Versicherungswesen, Jg. 1982, S. 328–337.

Wendelstadt, D. (Versicherer): Versicherer als Unternehmer?! In: Versicherungswirtschaft, 35. Jg., 1980, S. 1515–1524.

Wunderer, R. (Betrachtungsweisen): Die systembildenden Betrachtungsweisen der Allgemeinen Betriebswirtschaftslehre und ihr Einfluß auf die Darstellung des Unternehmers. Berlin 1967.

o. V. (Gesamtleistungsrechnung): Gesamtleistungsrechnung für die Versicherungswirtschaft, hrsg. v. Gesamtverband der Deutschen Versicherungswirtschaft. Köln 1985.

Fritz Klein-Blenkers *

Die Wertschöpfung als Betriebsvergleichsmaßstab im Handel

* Prof. Dr. *Fritz Klein-Blenkers*, Universität zu Köln, Seminar für Allg. BWL, Handel und Absatz.

A. Zur Bedeutung des Betriebsvergleichs im Handel

Betriebe können nur wirtschaftlich arbeiten, wenn sie sowohl über ein qualifiziertes Führungspotential als auch über genügend Informationen für Konzeption, Planung und Kontrolle der betrieblichen Tätigkeit verfügen. Im Informationsbereich verbesserten sich durch die Entwicklung der modernen Datentechnik in den letzten Jahren die Möglichkeiten zu guter betrieblicher Informationsversorgung sprunghaft. Damit hat die Aufgabe der Betriebswirtschaftslehre, den Betrieben Wege zur Informationsversorgung und zur Informationsnutzung aufzuzeigen, ebenfalls wachsende Bedeutung gewonnen. Diese Aufgabe ist auch von vielen Stellen bereits erkannt und angegangen. [1]

Ein Instrument zur betrieblichen Informationsversorgung, das besondere Qualitäten aufweist, ist der Betriebsvergleich. Durch den Betriebsvergleich wird den Teilnehmerbetrieben Informationsmaterial zur Verfügung gestellt, anhand dessen sie die eigene Situation an der Situation vergleichbarer anderer Betriebe messen können. Der teilnehmende Betrieb ist also nicht mehr nur auf seine eigenen Unterlagen zur Betriebsführung angewiesen. Er kann vielmehr erkennen, ob er im Vergleich zu strukturell ähnlich gelagerten Betrieben gut oder schlecht arbeitet und wo ggf. seine Stärken bzw. seine Schwächen liegen.

Besondere Bedeutung als Informationsinstrument für Führungsaufgaben hat der Betriebsvergleich im Bereich der Handelsbetriebe und zwar aus drei Gründen: Einmal gibt es im Handel sehr viele Möglichkeiten, Betriebsvergleiche einzusetzen, da die Grundbedingung eines Betriebsvergleichs – die strukturelle Vergleichbarkeit der Teilnehmer – im Handel erheblich leichter zu erreichen ist als in den meisten anderen Wirtschaftsbereichen. Der zweite Grund liegt darin, daß durch den Betriebsvergleich die Schwierigkeit überwunden werden kann, die Wirtschaftlichkeit der Leistung des einzelnen Handelsbetriebs zu messen; denn da die Handelsleistung überwiegend qualitativ bestimmt ist, kann der einzelne Betrieb seinen Leistungsstand allein mit den eigenen betrieblichen Zahlenunterlagen nur unvollkommen feststellen. Hier gibt der Betriebsvergleich mit den Zahlen anderer Betriebe einen zur Leistungsmessung geeigneten Maßstab. Schließlich vermag der Handelsbetrieb den Betriebsvergleich in dreifacher Weise zu nutzen. Er kann sich 1. selbst aus den Betriebsvergleichszahlen ein Kontroll- und Planungssystem aufbauen – er kann 2. auf der Basis des Betriebsvergleichs mit anderen strukturell vergleichbaren Betrieben einen Erfahrungsaustausch durchführen – er kann 3. eine auf dem Betriebsvergleich basierende Betriebsberatung [2] in Anspruch nehmen und so die Vorteile des spezialisierten Beraters mit dem Informationsnutzen des Betriebsvergleichs verbinden.

B. Zum Leistungsspektrum des Betriebsvergleichs im Handel

Die Qualität eines Betriebsvergleichs als Informationsinstrument hängt vom Spektrum der Leistungen ab, das er den Teilnehmern bietet. Dieses Leistungsspektrum wird von vielfältigen Komponenten gebildet, deren wichtigste in Abbildung 1 zusammengestellt sind.

Wie die Abbildung 1 ausweist, lassen sich die Komponenten des Leistungsspektrums eines Betriebsvergleichs im Handel generell in formale und inhaltliche gliedern. Die Komponenten beider Bereiche tragen gleichermaßen dazu bei, den Betriebsvergleich zu einem möglichst guten Informationsinstrument für Handelsbetriebe zu machen.

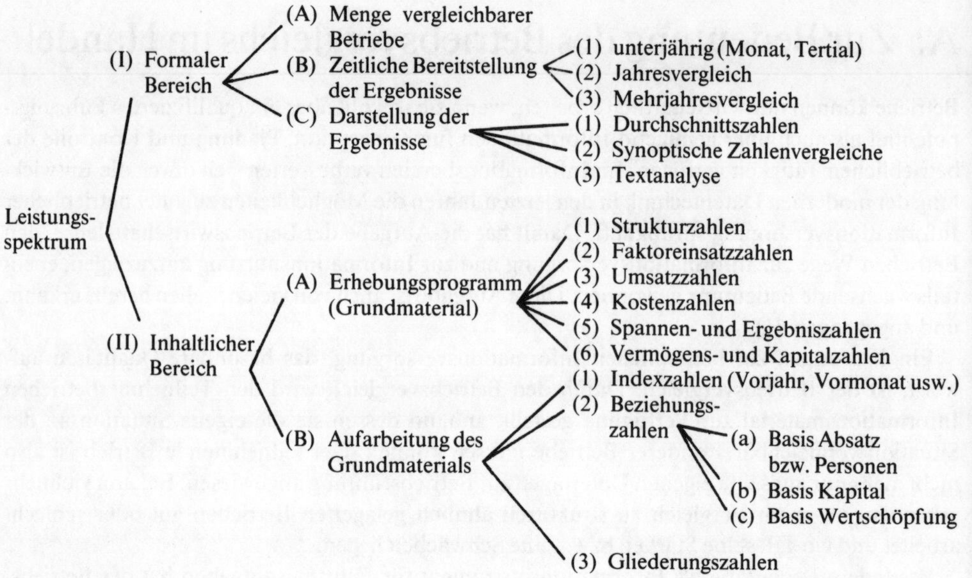

Abb. 1: Die Komponenten des Leistungsspektrums eines Betriebsvergleichs im Handel

Im (I) Formalbereich bildet das Erfordernis, daß (I A) vergleichbare Betriebe in genügender Menge am Betriebsvergleich teilnehmen, die Grundbedingung des Leistungsspektrums. Weiter sollen die Ergebnisse (I B) zeitlich so bereitgestellt sein, daß Informationen sowohl für die kurzfristig ausgerichteten taktischen Maßnahmen als auch für längerfristige Dispositionen zur Verfügung stehen. Dieses Erfordernis kann durch unterjährige Monats- und Tertialsvergleiche, Jahres- und Mehrjahresvergleiche erfüllt werden. Wichtig im Formalbereich ist auch die Art, in der die Ergebnisse den Teilnehmern (I C) übermittelt werden. Hier geben (I C 1) Durchschnittszahlen einen Überblick über die allgemeine Situation oder Entwicklung in einem Sektor (z. B. eine Branche oder Betriebe bestimmter Größe in einer Branche). Durch (I C 2) sog. »Synoptische Vergleiche« werden den Teilnehmern unter Kenn-Nummern die Einzelwerte aller am Vergleich beteiligten Betriebe bekanntgegeben. So vermag jeder Teilnehmer sich einmal solche Betriebe zum Vergleich herauszusuchen, mit denen er strukturell gut vergleichbar ist. Ferner kann sich der Teilnehmer aus der Synoptischen Tabelle über die Lage von Betrieben anderer Struktur (z. B. mit anderer Sortimentszusammensetzung oder anderer Größe) informieren – beispielsweise, wenn er eine Ausweitung der Betriebsgröße erwägt oder wenn er prüfen will, ob eine Sortimentsänderung zu besseren Ergebnissen führt. Schließlich kann der Betriebsvergleich neben der Bereitstellung von Zahlen auch deren Interpretation als (I C 3) Textanalyse bieten. Dadurch wird dem Teilnehmerbetrieb die Aufgabe der Beurteilung der eigenen Situation erleichtert.

Im (II) Inhaltlichen Bereich ist das Leistungsspektrum eines Betriebsvergleichs zunächst vom (II A) Erhebungsprogramm abhängig. Je mehr Zahlen die Teilnehmerbetriebe melden, um so mehr Auswertungsergebnisse können als Gegenleistung zur Verfügung gestellt werden. Je mehr Daten aber von den Teilnehmern erfragt werden, um so weniger Betriebe – vor allem kleinere und mittlere – sind aus buchhalterischen Gründen in der Lage, diese Daten alle zu melden. Im Handel gibt es aber mehr als 90% kleine und mittlere Betriebe, die ganz besonders als Nutznießer von Betriebsvergleichen in Frage kommen. So müssen Betriebsvergleiche im Handel vielfach auf die Einbeziehung von Erhebungsdaten, welche die Teilnehmerbetriebe nur mit unverhältnismäßig großem Arbeitsaufwand ermitteln könnten, verzichten.

Das inhaltliche Leistungsspektrum eines Betriebsvergleichs ist wesentlich aber auch von der (II B) Aufarbeitung des durch die Betriebe gemeldeten Grundmaterials seitens der auswertenden Stelle abhängig. Hier bieten die bisher im Handel durchgeführten Vergleiche den Teilnehmern vielfältiges Auswertungsmaterial als Indexzahlen (z. B. Absatz in % des Vorjahres), Gliederungszahlen (z. B. Kostenarten in % der Gesamtkosten) und vor allem als auf den Absatz bzw. die Personen berechnete Beziehungszahlen (z. B. Betriebshandelsspanne in % des Absatzes; Lagerbestand je Person). Im nachfolgenden Abschnitt C soll geprüft werden, ob und ggf. wie weit der Informationswert eines Handelsbetriebsvergleichs durch Berücksichtigung auch von Beziehungszahlen, die auf der (II B 2 c) Wertschöpfung beruhen, weiter verbessert werden kann. Dazu sind im Abschnitt C I zunächst beispielhaft die Einblicke aufgezeigt, welche ein Handelsbetriebsvergleich bisher vermittelt; der Abschnitt C II weitet dann die Auswertungsberechnungen auch auf Beziehungszahlen aus, welche die Wertschöpfung als Basis haben.

C. Meßzahlen des Betriebsvergleichs im Handel

Die folgenden Ausführungen basieren im Zahlenmaterial auf Unterlagen der vom Institut für Handelsforschung an der Universität zu Köln in Zusammenarbeit mit fast allen Handelsverbänden [3] durchgeführten Betriebsvergleiche. Das Institut ist auf diesem Gebiet der Informationsversorgung der Handelsbetriebe seit vielen Jahren führend [4] – auch international. Die Zahl der Betriebsvergleichsteilnehmer des Instituts liegt heute – mit steigender Tendenz – bei mehr als 10 000 Unternehmen. Erfaßt sind die meisten Groß- und Einzelhandelsbranchen sowie Handelsvertreter und Handelsmakler. Das Zahlenmaterial der folgenden Abbildungen 2 bis 5 ist dem Betriebsvergleich des Facheinzelhandels entnommen, da aus diesem Wirtschaftsbereich – mit Zustimmung der Verbände – viele Durchschnittsergebnisse des Betriebsvergleichs auch allgemein publiziert werden.

I. Die bisher im Betriebsvergleich eingesetzten Auswertungsmeßzahlen

Als Ausganspunkt der im folgenden Abschnitt C II behandelten Überlegungen, ob und wie weit die Aussagekraft eines Betriebsvergleichs wesentlich durch Auswertungspositionen erhöht werden kann, die auf die Wertschöpfung bezogen sind, ist nachfolgend in den Teilen I der Abbildungen 2 bis 5 an Beispielen das bisherige Informationsspektrum des Betriebsvergleichs dargestellt.

Zunächst gibt hier Teil I von Abbildung 2 – mit Durchschnittszahlen für den gesamten Facheinzelhandel – einen Überblick über die Entwicklung der betriebswirtschaftlichen Situation im Einzelhandel von 1951 bis 1983. Die Meßzahlen lassen klar den wachsenden Wettbewerbsdruck im Untersuchungszeitraum und eine damit verbundene erhebliche Verschlechterung der Ertragslage (Zeilen 11–14) erkennen. Deutlich sind aber auch Bemühungen der Unternehmen zu erkennen, durch Ökonomisierungsmaßnahmen den betrieblichen Bestand und die betriebliche Ertragsfähigkeit zu erhalten. Diese Bemühungen drücken sich insbesondere in wesentlichen Veränderungen der Betriebsfaktorkombination (Zeilen 5 – 10) aus. So setzten die Einzelhandelsbetriebe 1983 im allgemeinen je Beschäftigten viel mehr Ware, Raum und Sachmittel (gemessen an den Abschreibungen und den Werbekosten) ein als 1951.

Auswertungsposition		1951	1961	1971	1981	1982	1983
I. Beispiele für bisher im Betriebsvergleich eingesetzte Positionen							
0. Preisindex (1951 = 100)		100	105	129	204	215	221
A. Leistungsmeßzahlen							
1. Absatzentwicklung (1951 = 100)	w*	100	185	334	504	504	513
	p*	100	176	259	246	233	231
2. Absatz je Person in DM	w	40 600	60 300	120 600	204 500	209 800	216 700
	p	40 600	57 400	93 500	100 200	97 600	98 100
3. Absatz je qm Geschäftsraum in DM	w	2 150	2 660	3 700	5 330	5 230	5 190
	p	2 150	2 530	2 870	2 610	2 430	2 350
4. Lagerumschlag (…mal)		6,7	5,0	4,7	3,8	3,7	3,7
B. Zahlen zur Betriebsfaktorkombination (Pos. 5–9 auf eine Person bezogen)							
5. Warenbestand in DM	p	6 400	9 400	14 900	19 000	18 600	18 600
6. qm Geschäftsraum		19	23	33	38	40	42
7. Abschreibungen[1]) in DM	p	245	630	1 120	1 300	1 270	1 275
8. Werbekosten in DM	p	325	515	935	1 405	1 365	1 375
9. Personalkosten[2]) in DM	p	3 700	6 400	12 800	16 500	16 500	16 300
10. Miete je qm Geschäftsraum in DM	p	32	48	66	76	75	73
C. Erfolgszahlen in % des Absatzes							
11. Betriebshandelsspanne[3])		17,9	23,0	25,4	27,7	28,0	27,9
12. – Gesamtkosten[4])		17,3	20,8	24,0	29,1	30,0	29,4
13. = Betriebswirtsch. Ergebnis (11–12)		+ 0,6	+ 2,2	+ 1,4	– 1,4	– 2,0	– 1,5
14. Steuerliches Ergebnis (13 + UL + ZfE)[5])		+ 5,7	+ 7,7	+ 7,0	+ 3,8	+ 3,3	+ 3,7
II. Beispiele für auf die Wertschöpfung (Betriebshandelsspanne) bezogene Positionen							
A. Auf Personen und Personalkosten bezogene Zahlen							
15. Bhsp.[3]) je Person in DM	w	7 300	13 900	30 600	56 600	58 700	60 500
16. – Personalkosten[2]) je Person in DM	w	3 700	6 800	16 500	33 700	35 500	36 000
17. = Differenz Zeile 15–Zeile 16	w	3 600	7 100	14 100	22 900	23 200	24 500
18. Bhsp.[3]) je 1 DM Personalk.[2]) in DM		1,97	2,04	1,85	1,68	1,65	1,68
19. Personalk.[2]) in % der Bhsp.[3])		50,7	48,9	53,9	59,5	60,5	59,5
20. Personen je 100 000 DM Bhsp.[3])	p	13,7	7,6	4,2	3,6	3,7	3,6
B. Auf andere Positionen bezogene Zahlen							
21. Bhsp.[3]) für 100 DM steuerl. Erg. in DM		315	300	365	730	850	755
22. Warenbestand je 1000 DM Bhsp.[3]) in DM		875	710	630	685	680	680
23. Werbekosten in % der Bhsp.[3])		4,5	3,7	3,1	2,5	2,3	2,3

1) ohne Abschreibungen auf Gebäude und Warenlager
2) einschließlich Unternehmerlohn
3) Bhsp. = Betriebshandelsspanne = Bruttoertrag = Wertschöpfung
4) einschließlich Unternehmerlohn und Eigenkapitalzinsen
5) UL = Unternehmerlohn; ZfE = Zinsen für Eigenkapital
* p = preisbereinigt; w = wertmäßig

Quelle: Veröffentlichungen des Instituts für Handelsforschung an der Universität zu Köln und eigene Berechnungen

Abb. 2: Meßzahlen des Betriebsvergleichs für den Zeitraum 1951 bis 1983 im Durchschnitt des gesamten Facheinzelhandels

Auswertungsposition	Lebensmittel	Textilsortimenter	Schuhe	Möbel	Radio, Fernsehen	Uhren, Schmuckw.
I. Beispiele für bisher im Betriebsvergleich eingesetzte Positionen A. Leistungsmeßzahlen						
1. Absatz in % des Vorjahres	+ 0,1	+ 2,2	+ 3,6	+ 4,3	+ 2,3	+ 4,6
2. Absatz je Person in DM	246000	151000	165000	267000	188000	181000
3. Absatz je qm Geschäftsraum in DM	6400	3200	3500	1200	5300	9200
4. Absatz je Kunde in DM	15	48	69	1654	155	149
5. Lagerumschlag (...mal)	13,9	2,0	1,7	2,9	3,8	1,0
6. Absatz je 1 DM Personalk.[1]) in DM	8,05	4,60	5,05	5,95	5,30	4,70
B. Zahlen zur Betriebsfaktorkombination (Pos. 7–11 auf eine Person bezogen)						
7. Warenbestand in DM	15600	34400	45700	52200	31900	88400
8. qm Geschäftsraum	44	53	51	262	39	23
9. Abschreibungen in DM	2710	2270	2810	2940	2820	3800
10. Werbekosten in DM	1230	3320	2640	9080	2440	4160
11. Personalkosten[1]) in DM	30500	32800	32800	44900	35500	38600
12. Miete je qm Geschäftsraum in DM	128	112	137	62	127	322
C. Kostenarten in % der Gesamtkosten						
13. Personalkosten[1])	57	56	55	49	59	50
14. Miete, Raumkosten	17	15	15	20	11	12
15. Werbekosten	3	6	5	10	4	6
16. Sachmittelkosten	8	6	7	6	9	7
17. Zinsen[2])	5	7	8	5	6	10
18. Sonstige Kosten	10	10	10	10	11	15
19. Gesamtkosten	100	100	100	100	100	100
D. Erfolgszahlen in % des Absatzes						
20. Betriebshandelsspanne[5])	17,5	35,8	35,6	34,2	29,1	43,1
21. – Gesamtkosten[3])	21,6	37,6	35,7	34,5	31,1	41,6
22. = Betriebswirtsch. Ergebnis (20–21)	– 4,1	– 1,8	– 0,1	– 0,3	– 2,0	+ 1,5
23. Steuerliches Ergebnis (22 + UL + ZfE)[4])	+ 1,7	+ 4,4	+ 7,1	+ 2,4	+ 2,6	+ 9,0
II. Beispiele für auf die Wertschöpfung (Betriebshandelsspanne) bezogene Positionen A. Auf Personen und Personalkosten bezogene Zahlen						
24. Bhsp.[5]) je Person in DM	43100	54100	58700	91300	54700	78000
25. Personalkosten[1]) je Person in DM	30500	32800	32800	44900	35500	38600
26. Differenz Zeile 24 – Zeile 25	12600	21300	25900	46400	19200	39400
27. Bhsp.[5]) je 1 DM Personalk.[1]) in DM	1,41	1,65	1,79	2,03	1,54	2,02
28. Personalkosten[1]) in % der Bhsp.[5])	71	61	56	49	65	49
29. Personen je 100000 DM Bhsp.[5])	2,32	1,85	1,70	1,10	1,83	1,28
B. Auf andere Positionen bezogene Zahlen						
30. Bhsp.[5]) für 100 DM steuerl. Erg. in DM	1030	815	500	1425	1120	480
31. Warenbestand je 1000 DM Bhsp.[5]) in DM	365	635	775	570	585	1135
32. Bhsp.[5]) je qm Geschäftsraum in DM	1120	1150	1250	410	1540	3970
33. Bhsp.[5]) je 100 DM Werbekosten in DM	3500	1630	2230	1000	2240	1880
34. Werbekosten in % der Bhsp.[5])	2,9	6,1	4,5	9,9	4,5	5,3

1) einschließlich Unternehmerlohn
2) Zinsen für Fremd- und Eigenkapital
3) einschließlich Unternehmerlohn und Eigenkapitalzinsen
4) UL = Unternehmerlohn; ZfE = Zinsen für Eigenkapital
5) Bhsp. = Betriebshandelsspanne = Bruttoertrag = Wertschöpfung

Quelle: Philippi, H. (Ergebnisse) 153–170 und eigene Berechnungen. In der Nr. 11/84 Unterlagen über insgesamt 49 Branchen des Facheinzelhandels und weitere Auswertungspositionen.

Abb. 3: Meßzahlen des Betriebsvergleichs für sechs Branchen des Facheinzelhandels 1983

Auswertungsposition	Absatz je Person niedrig	Absatz je Person hoch
I. Beispiele für bisher im Betriebsvergleich eingesetzte Positionen		
0. Beschäftigte je Betrieb	21,3	24,7
A. Leistungsmeßzahlen		
1. Absatz in % des Vorjahres	0	+6
2. Absatz je Person in DM	132 000	237 000
3. Absatz je qm Geschäftsraum in DM	3 030	4 680
4. Absatz je Kunde in DM	130	133
5. Lagerumschlag (...mal)	2,0	3,1
6. Absatz je 1 DM Personalk.[1]) in DM	4,50	6,30
B. Zahlen zur Betriebsfaktorkombination (Pos. 7–11 auf eine Person bezogen)		
7. Warenbestand in DM	33 800	39 300
8. qm Geschäftsraum	44	51
9. Abschreibungen[3]) in DM	1 580	3 320
10. Werbekosten in DM	2 900	6 400
11. Personalkosten[1]) in DM	29 200	37 700
12. Miete je qm Geschäftsraum in DM	124	192
C. Erfolgszahlen in % des Absatzes		
13. Betriebshandelsspanne[4])	36,0	35,3
14. – Gesamtkosten[2])	39,2	31,8
15. = Betriebswirtschaftliches Ergebnis (13–14)	−3,2	+3,5
16. Steuerliches Ergebnis (15 + UL + ZfE[5]))	+3,2	+7,3
II. Beispiele für auf die Wertschöpfung (= Bhsp.[4])) bezogene Positionen		
A. Auf Personen und Personalkosten[1]) bezogene Zahlen		
17. Bhsp.[4]) je Person in DM	47 500	83 700
18. Personalkosten[1]) je Person in DM	29 200	37 700
19. Differenz Zeile 17 – Zeile 18	18 300	46 000
20. Bhsp.[4]) je 1 DM Personalkosten[1]) in DM	1,63	2,22
21. Personalkosten[1]) in % der Bhsp.[4])	61,5	45,0
22. Personen je 100 000 DM Bhsp.[4])	2,11	1,19
B. Auf andere Positionen bezogene Zahlen		
23. Bhsp.[4]) für 100 DM steuerliches Ergebnis in DM	1 125	485
24. Warenbestand je 1000 DM Bhsp.[4]) in DM	710	470
25. Bhsp.[4]) je qm Geschäftsraum in DM	1 090	1 650
26. Bhsp.[4]) je 100 DM Werbekosten in DM	1 640	1 310
27. Werbekosten in % der Bhsp.[4])	6,1	7,6
C. Zu den Zeilen 17–20		
Differenz zwischen Betrieben mit niedrigem und hohem Absatz je Person	absolut in DM	in %
zu 17. Bhsp.[4]) je Person in DM	36 200	+76
zu 18. Personalkosten[1]) je Person in DM	8 500	+29
zu 19. Differenz Zeile 17 – Zeile 18	27 700	+151
zu 20a. Bhsp.[4]) je 1 DM Personalkosten[1]) in DM	0,59	+36
zu 20b. Bhsp.[4]) je 1 DM zusätzl. Personalkosten[1]) in DM	4,26	–

1) einschließlich Unternehmerlohn
2) einschließlich Unternehmerlohn und Eigenkapitalzinsen
3) ohne Abschreibungen auf Gebäude und Warenlager
4) Bhsp. = Betriebshandelsspanne = Bruttoertrag = Wertschöpfung
5) UL = Unternehmerlohn; ZfE = Zinsen für Eigenkapital

Quelle: Personenabsatzklassen = Ergebnisse des Einzelhandels 1983, Heft 49 der Beiträge des Instituts für Handelsforschung zur Dokumentation der betriebswirtschaftlichen Situation im Groß- und Einzelhandel, Göttingen 1984, S. 7 sowie eigene Berechnungen. Im Heft 49 entsprechende Angaben für insgesamt 38 Branchen des Facheinzelhandels.

Abb. 4: Meßzahlen des Einzelhandelsbetriebsvergleichs für Konfektionsgeschäfte mit niedrigem und hohem Absatz je Person 1983

Auswertungsposition	Absatz je Person	
	niedrig	hoch
I. Beispiele für bisher im Betriebsvergleich eingesetzte Positionen		
0. Beschäftigte je Betrieb	12,9	12,5
A. Leistungsmeßzahlen		
1. Absatz in % des Vorjahres	+2	+7
2. Absatz je Person in DM	150000	241000
3. Absatz je qm Geschäftsraum in DM	6740	9090
4. Absatz je Kunde in DM	19	25
5. Lagerumschlag (...mal)	4,1	5,3
6. Absatz je 1 DM Personalk.[1]) in DM	5,05	6,55
B. Zahlen zur Betriebsfaktorkombination (Pos. 7–11 auf eine Person bezogen)		
7. Warenbestand in DM	17000	19000
8. qm Geschäftsraum	22	27
9. Abschreibungen[3]) in DM	1500	2900
10. Werbekosten in DM	1650	2410
11. Personalkosten[1]) in DM	29900	36900
12. Miete je qm Geschäftsraum in DM	182	227
C. Erfolgszahlen in % des Absatzes		
13. Betriebshandelsspanne[4])	28,6	28,0
14. – Gesamtkosten[2])	31,3	26,0
15. = Betriebswirtschaftliches Ergebnis (13–14)	–2,7	+2,0
16. Steuerliches Ergebnis (15 + UL + ZfE[5]))	+1,5	+5,0
II. Beispiele für auf die Wertschöpfung (= Bhsp.[4])) bezogene Positionen		
A. Auf Personen und Personalkosten[1]) bezogene Zahlen		
17. Bhsp.[4]) je Person in DM	43000	67500
18. Personalkosten[1]) je Person in DM	29900	36900
19. Differenz Zeile 17 – Zeile 18	13100	30600
20. Bhsp.[4]) je 1 DM Personalkosten[1]) in DM	1,44	1,83
21. Personalkosten[1]) in % der Bhsp.[4])	69,5	54,7
22. Personen je 100000 DM Bhsp.[4])	2,33	1,48
B. Auf andere Positionen bezogene Zahlen		
23. Bhsp.[4]) für 100 DM steuerliches Ergebnis in DM	1905	560
24. Warenbestand je 1000 DM Bhsp.[4]) in DM	395	280
25. Bhsp.[4]) je qm Geschäftsraum in DM	1930	2550
26. Bhsp.[4]) je 100 DM Werbekosten in DM	2610	2800
27. Werbekosten in % der Bhsp.[4])	3,8	3,6
C. Zu den Zeilen 17–20		
Differenz zwischen Betrieben mit niedrigem und hohem Absatz je Person	absolut in DM	in %
zu 17. Bhsp.[4]) je Person in DM	24500	+57
zu 18. Personalkosten[1]) je Person in DM	7000	+23
zu 19. Differenz Zeile 17 – Zeile 18	17500	+134
zu 20a. Bhsp.[4]) je 1 DM Personalkosten[1]) in DM	0,39	+27
zu 20b. Bhsp.[4]) je 1 DM zusätzl. Personalkosten[1]) in DM	3,51	–

1) einschließlich Unternehmerlohn
2) einschließlich Unternehmerlohn und Eigenkapitalzinsen
3) ohne Abschreibungen auf Gebäude und Warenlager
4) Bhsp. = Betriebshandelsspanne = Bruttoertrag = Wertschöpfung
5) UL = Unternehmerlohn; ZfE = Zinsen für Eigenkapital

Quelle: Personenabsatzklassen = Ergebnisse des Einzelhandels 1983, Heft 49 der Beiträge des Instituts für Handelsforschung zur Dokumentation der betriebswirtschaftlichen Situation im Groß- und Einzelhandel, Göttingen 1984, S. 32 sowie eigene Berechnungen. Im Heft 49 entsprechende Angaben für insgesamt 38 Branchen des Facheinzelhandels.

Abb. 5: Meßzahlen des Einzelhandelsbetriebsvergleichs für Sortimentsbuchhandlungen mit niedrigem und hohem Absatz je Person 1983

Teil I von Abbildung 3 zeigt dann am Beispiel von sechs Branchen weiter, daß zwischen den Einzelhandelsbranchen – insbesondere bedingt durch die geführten Waren – zum Teil erhebliche Unterschiede im Leistungs-, Kosten- und Ertragsgefüge bestehen. Es sei hier nur auf Unterschiede im (Zeile 5) Lagerumschlag, in der (Zeilen 7–12) Betriebsfaktorkombination und in der (Zeilen 13–19) Kostenstruktur verwiesen. Ähnliche Unterschiede im Leistungs-, Kosten- und Ertragsgefüge bestehen ferner auch nach Größe und Standort der Betriebe; sie werden im Betriebsvergleich ebenfalls einzelbetrieblich durch die Synoptischen Tabellen sowie als Durchschnittszahlen durch jährliche Sonderauswertungen [5] bekanntgegeben.

Die Unterlagen des Betriebsvergleichs machen ferner aber deutlich, daß auch zwischen Betrieben mit annähernd gleichen Strukturbedingungen (Warenkreis, Größe, Standort) ganz erhebliche Unterschiede in den Leistungs- und Ertragsverhältnissen bestehen. Hier stellt sich die Frage nach den Ursachen: warum also manche Betriebe sehr schlecht abschneiden, andere Betriebe dagegen unter sonst ähnlichen wirtschaftlichen Bedingungen sehr gut. Letztlich ist das sicher die zahlenmäßig kaum erfaßbare Qualifikation des jeweiligen Unternehmerpotentials. Der Betriebsvergleich läßt aber auch eine Reihe wichtiger quantitativer Unterschiede der Betriebsführung zwischen guten und schlechten Betrieben erkennen. Das zeigt sich besonders deutlich, wenn man die Betriebe nach der Höhe ihrer Personalleistung (Absatz je Person) analysiert. Eine solche Auswertung enthalten die Abbildungen 4 und 5 am Beispiel des Einzelhandels mit Konfektion sowie des Sortimentsbuchhandels. Die hohen (I A) Leistungsunterschiede zwischen den Betrieben mit niedrigem und hohem Absatz je Person drücken sich letztlich in erheblichen Unterschieden bei den (I C) Erfolgszahlen aus. Von besonderem Interesse ist nun, daß die gut geführten Betriebe bei der (I B) Betriebsfaktorkombination ein ganz anderes Bild aufweisen als die schlecht geführten. Nach den Unterlagen der Zeilen 7 bis 12 kombinieren die gut geführten Betriebe qualifiziertes Personal (Maßstab Zeile 11 = Personalkosten je Person) mit relativ viel Warenbestand, Geschäftsraum, Sachmitteln und Werbekosten je Person (Zeilen 7–10). Die Unterschiede in der Betriebsfaktorkombination sind ganz deutlich erkennbar und zeigen sich in gleicher Weise in allen 38 vom Institut für Handelsforschung nach diesem Merkmal ausgewerteten Einzelhandelsbranchen. [6]

II. Zur Berücksichtigung der Wertschöpfung als zusätzlicher Betriebsvergleichsmaßstab

1. Die Wertschöpfung als wesentliche Leistungskomponente des Facheinzelhandels

Die Erfolgsrechnung eines Handelsbetriebes ergibt sich aus folgender Staffel (in Klammern Werte im Durchschnitt des gesamten Facheinzelhandels für 1983):

		in %
A.	Brutto-Verkaufserlös (einschließlich Mehrwertsteuer)	(100,0)
B. –	Mehrwertsteuer	(– 10,4)
C. =	Netto-Verkaufserlös (ohne Mehrwertsteuer)	(= 89,6)
D. –	Betriebshandelsspanne[1])	(– 27,9)
E. =	Wareneinsatz (ohne Mehrwertsteuer)	(= 61,7)

[1]) Handlungskosten ohne kalk. Kosten = 24,2 + kalk. Kosten (Unternehmerlohn und Zinsen für Eigenkapital) 5,2 + betriebsw. Ergebnis – 1,5 = 27,9

Der (C) Netto-Verkaufserlös eines Handelsbetriebes setzt sich also aus (E) Wareneinsatz und (D) Betriebshandelsspanne (= Wertschöpfung) zusammen. Entsprechend kann der Handelsbetrieb seinen Erfolg über diese beiden Komponenten beeinflussen.

Bei der Einflußkomponente (E) Wareneinsatz geht es um günstige Einkaufspreise, die der Handelsbetrieb verkaufspolitisch zum Preiswettbewerb oder spannenpolitisch zur Erhöhung seiner Betriebshandelsspanne nutzen kann. Die Einzelhandelsbetriebsform des sogenannten »Diskonthandels« ist in ihrer Betriebspolitik wesentlich auf die Komponente des verkaufspolitischen Preiswettbewerbs ausgerichtet; zusätzlich werden durch geringe Handelsleistungen und entsprechende Kosteneinsparungen weitere Möglichkeiten zu vergleichsweise niedrigen Angebotspreisen genutzt.

Bei der hier behandelten Betriebsform des Facheinzelhandels steht dagegen eine den Abnehmern angebotene relativ intensive Handelsleistung im Vordergrund der Absatzpolitik. Die Erfolgsrechnung wird damit im »Facheinzelhandel« wesentlich von der Betriebshandelsspanne bestimmt. Denn diese gibt das Maß der Wertschöpfung an, das der Handelsbetrieb durch seine Tätigkeit zusätzlich zum Wareneinsatzwert am Absatzmarkt realisieren kann. Unter diesem Aspekt läßt sich vermuten, daß die Betriebshandelsspanne (Wertschöpfung) als Betriebsvergleichsmaßstab der Betriebsführung wichtige Informationen geben kann; Informationen, welche die bisherigen Einblicke weiter verbessern. Diese These soll nachfolgend anhand der in den Teilen II der Abbildung 2 bis 5 gebrachten Beispiele geprüft werden.

2. Beispiele für die Berücksichtigung der Wertschöpfung als Betriebsvergleichsmaßstab

a) Auf Personen und Personalkosten bezogene Meßzahlen

Bei der großen Bedeutung, die der Betriebsfaktor Personen und damit die Personalkosten im Facheinzelhandel haben, liegt es nahe, die Aussagekraft des Maßstabs der Wertschöpfung zunächst einmal am Verhältnis dieser beiden Größen zur Wertschöpfung zu erproben. In den Teilen II A der Abbildungen 2 bis 5 sind dazu folgende Vergleichszahlen ausgewiesen:

Betriebshandelsspanne (Bhsp.) je Person in DM
Personalkosten je Person in DM
Bhsp. je Person minus Pers.Ko. je Person in DM
Personalkosten in % der Betriebshandelsspanne
Bhsp. je 1 DM Personalkosten in DM
Personen je 100000 DM Bhsp.

Wie die Unterlagen der Abbildungen 2 bis 5 ausweisen, lassen sich aus den oben aufgeführten, auf die Wertschöpfung (Betriebshandelsspanne) bezogenen Personen- und Personalkostenzahlen wichtige zusätzliche Einblicke für die Handelsbetriebsführung gewinnen.

Zunächst ergibt sich aus Abbildung 2 im langfristigen Vergleich, daß sich von 1951 bis 1983 das Verhältnis zwischen Betriebshandelsspanne je Person und Personalkosten je Person sehr ungünstig entwickelt hat. Denn von 1951 bis 1983 stieg die (Zeile 15) Betriebshandelsspanne je Person um 728% (von 7300 DM auf 60500 DM), dagegen nahmen die (Zeile 16) Personalkosten je Person mit einem Anstieg von 3700 DM auf 36000 DM prozentual erheblich mehr zu, nämlich um 872%. Entsprechend wurden (Zeile 19) 1983 fast 60% der Betriebshandelsspanne für Personalkosten verbraucht, während es 1951 nur knapp 51% waren. Zur Deckung der übrigen Kosten und für den Gewinn blieb 1951 rund die Hälfte der Betriebshandelsspanne, 1983 dagegen nur mehr rund 40%. Für 1 DM Personalkosten erzielten nach Zeile 18 die Betriebe des Facheinzelhandels 1981 eine Betriebshandelsspanne von 1,97 DM, 1983 dagegen nur noch 1,68 DM Spanne je 1 DM Personalkosten.

Ergänzend zu diesen langfristigen Unterlagen weist der Teil II A von Abbildung 3 Unterschiede in den auf Personen und Personalkosten bezogenen Meßzahlen der Wertschöpfung nach sechs Beispielbranchen aus. Im Lebensmitteleinzelhandel liegt – trotz verbreiteter Einführung der Selbstbedienung – das Verhältnis von Spanne je Person und Personalkosten je Person besonders ungünstig. Nach Zeile 28 werden im Lebensmitteleinzelhandel heute 71% der Betriebshandelsspanne allein zur Deckung der Personalkosten benötigt. Im Einzelhandel mit Möbeln sowie mit Uhren und Schmuckwaren verbleibt dagegen rund die Hälfte der Spanne zur Deckung der nicht personenbezogenen Kosten sowie für den evtl. Gewinn. Hier liegt also die Möglichkeit, neben dem Personal noch andere Leistungskomponenten (z. B. Werbung, Raumausstattung) einzusetzen, erheblich höher als im Lebensmitteleinzelhandel.

Von besonderem Interesse zur Beurteilung der Wertschöpfung als Betriebsvergleichsmaßstab sind die in den Abbildungen 4 und 5 von zwei Branchen dazu ausgewiesenen Unterlagen für Betriebe mit niedriger Personalleistung einerseits sowie mit hoher Personalleistung andererseits. Wie Zeile 17 ausweist, erbringen in den beiden Branchen die Beschäftigten in Betrieben mit hoher Personalleistung eine ganz erheblich bessere Wertschöpfung als die Beschäftigten in Betrieben mit niedriger Personalleistung. Noch aufschlußreicher wird die Aussage, wenn man – in der Art der Deckungsbeitragsrechnung – ermittelt, welcher Spannenbeitrag je Beschäftigten nach Abzug der Personalkosten erzielt wird. Dieser Beitrag liegt in beiden Branchen bei den Betrieben mit hoher Personalleistung um weit mehr als doppelt so hoch als in den leistungsschwachen Betrieben. Entsprechend wird auch nach Zeile 21 von den Betrieben mit hoher Personalleistung ein erheblich geringerer Prozentsatz der Betriebshandelsspanne zur Deckung der Personalkosten benötigt.

Sehr anschaulich werden auch die personellen Vorteile der leistungsstarken Betriebe, wenn man für die Zeilen 17 bis 20 die Differenzen zwischen den Werten der Betriebe mit niedriger und mit hoher Personalleistung bildet. Diese Rechnung ist in Position II C der Abbildungen 4 und 5 durchgeführt. Für den Einzelhandel mit Konfektion (Abb. 4) ergibt sich beispielsweise folgendes Bild: die Betriebe mit hoher Personalleistung zahlen je Beschäftigten ein um 29% (8500 DM) höheres Entgelt; sie erzielen aber je Beschäftigten eine um 76% (36200 DM) höhere Betriebshandelsspanne, so daß die Differenz zwischen Spanne und Personalkosten bei ihnen um 151% (27700 DM) günstiger liegt als bei den Betrieben mit niedriger Personalleistung. Anders ausgedrückt erhalten die Betriebe mit hoher Personalleistung für jede Mark Personalkosten, die sie mehr zahlen als die Betriebe mit niedriger Personalleistung, einen zusätzlichen (Zeile zu 20 b) Bruttoertrag von 4,26 DM. Ähnlich liegen die Verhältnisse bei den Sortimentsbuchhandlungen (Abb. 5).

b) Auf andere Positionen bezogene Meßzahlen

Der Maßstab der Wertschöpfung läßt sich auch auf andere Positionen als auf Personen und Personalkosten beziehen. Als Beispiele dafür sind in den Teilen II B der Abbildungen 2 bis 5 folgende Vergleichszahlen berechnet:

Bhsp. für 100 DM steuerliches Ergebnis in DM
Warenbestand je 1000 DM Bhsp. in DM
Bhsp. je qm Geschäftsraum in DM (Abbildungen 3–5)
Bhsp. je 100 DM Werbekosten in DM (Abbildungen 3–5)
Werbekosten in % der Bhsp.

Ein für den Unternehmer sehr wichtiges Kriterium zur Beurteilung des Erfolgs seiner Tätigkeit ist ohne Zweifel der Gewinn. Im Betriebsvergleich wird er bisher vorwiegend im Verhältnis zum Absatz ausgewiesen (Zeilen 13/14 der Abb. 2; Zeilen 22/23 der Abb. 3; Zeilen 15/16 der Abb. 4 und 5). Für den Unternehmer dürfte es aber auch eine wesentliche Information sein, zu erfahren, wieviel an Bruttoertrag (= Wertschöpfung) erforderlich ist, um einen – nach betriebswirtschaftlichen oder steuerlichen Maßstäben errechneten – bestimmten Gewinn zu erzielen. Im langfristigen Vergleich ergibt sich hier, daß (Zeile 21 von Abb. 2) von 1961 (dem günstigsten Jahr) bis 1983 eine erhebliche Verschlechterung eingetreten ist. Um einen steuerlichen Gewinn von 100 DM zu erzielen, mußten die Einzelhandelsbetriebe im Durchschnitt 1961 nur eine Spanne von 300 DM erwirtschaften, 1983 dagegen mit 755 DM eine um das Eineinhalbfache höhere Spanne. Den enormen Leistungsvorteil, den gut geführte Einzelhandelsbetriebe erreichen können, zeigt mit großer Deutlichkeit an dieser Meßzahl die Zeile 23 der Abbildungen 4 und 5. Bei den Konfektionsgeschäften benötigten die Betriebe mit niedrigem Absatz je Person 1983 für jeweils 100 DM steuerlichen Gewinn einen Bruttoertrag von 1125 DM, dagegen die leistungsstarken Betriebe für denselben Gewinn nur 485 DM Bruttoertrag. Noch stärker fällt bei den Sortimentsbuchhandlungen die Differenz zwischen leistungsschwachen und leistungsstarken Betrieben aus.

Auch die anderen in den Abbildungen 2 bis 5 auf die Wertschöpfung bezogenen Vergleichspositionen bieten dem Unternehmer wichtige Informationen zur Betriebsführung. Der Wert dieser Informationen läßt sich insbesondere aus den Unterlagen der Abbildungen 4 und 5 erkennen. So benötigen leistungsstarke Betriebe erheblich weniger Warenbestand, um jeweils 1000 DM Betriebshandelsspanne zu erreichen (Zeile 24 der Abb. 4 und 5). Ferner erzielen die leistungsstarken Betriebe je qm eingesetzten Geschäftsraum einen viel größeren Bruttoertrag als die leistungsschwachen Betriebe. In der Werbung dagegen scheint nach den bisherigen Auswertungen ein relativ hoher Einsatz erforderlich, um eine überdurchschnittliche Wertschöpfung und damit die Basis für eine gute Gewinnsituation zu sichern.

D. Zusammenfassung der Ergebnisse

(1) Die Qualität der Führung eines Betriebes wird wesentlich vom Informationsstand seiner Führungspersonen mitbestimmt.

(2) Für Handelsbetriebe hat der Betriebsvergleich als Informationsinstrument besondere Bedeutung.

(3) Die Qualität eines Betriebsvergleichs als Informationsinstrument ist sowohl von formalen als auch von inhaltlichen Komponenten abhängig.

(4) Im inhaltlichen Bereich erfolgt in den für Handelsbetriebe durchgeführten Betriebsvergleichen bislang die Aufbereitung des von den Teilnehmern gemeldeten Grundmaterials vorwiegend durch auf den Absatz oder auf die Personen berechnete Beziehungszahlen (z. B. Kosten in % des Absatzes, Absatz je Person). Das dadurch gewonnene Spektrum von Auswertungsergebnissen vermittelt den Teilnehmern vielfältige, zu Kontrolle und Planung nutzbare Informationen. Das Informationsspektrum könnte aber – ohne Vergrößerung des Erhebungsprogramms – durch Einbeziehung der Wertschöpfung als Auswertungsmaßstab noch weiter erhöht werden.

(5) Da im Handel die betriebliche Leistung nach wie vor wesentlich von der personellen Tätigkeit bestimmt wird, bietet es sich an, die Wertschöpfung als Auswertungsmaßstab

insbesondere auf Personen und Personalkosten zu beziehen. Wie am Beispiel des Facheinzelhandels aufgezeigt wurde, ergeben sich hier für die Unternehmer wichtige Informationen. So läßt die langfristige Entwicklung erkennen, daß die Personalkosten einen zunehmend größeren Teil der Betriebshandelsspanne einnehmen. Um dieser Tendenz entgegenzutreten, müssen die Betriebe zukünftig sowohl der Personalleistung als auch den Personalkosten besondere Beachtung zuwenden. Zu diesem Aufgabengebiet kann der Betriebsvergleich nachweisen, daß hier erhebliche Ökonomisierungserfolge möglich sind; denn es gibt viele Betriebe, denen es auch heute noch gelingt, das Verhältnis von Wertschöpfung und Kosten je Person sehr günstig zu gestalten. Welche Wege sie dazu einschlagen, das läßt sich für viele Fakten aus den Unterlagen des Betriebsvergleichs auch zahlenmäßig nachweisen.

(6) Nützliche weitere Informationen zur Betriebsführung können aber auch andere auf die Wertschöpfung bezogene Auswertungszahlen bieten. Für den Unternehmer ist hier beispielsweise von besonderem Interesse, welchen Bruttoertrag er für jeweils 100 DM Gewinn erzielen muß oder welcher Lagerbestand für 1000 DM Bruttoertrag erforderlich ist. Hier zeigen die Auswertungen unter anderem, daß betriebswirtschaftlich gut geführte Betriebe sehr günstige Werte erreichen können, die ihnen gute Gewinne ermöglichen und die auch einen wesentlichen Beitrag zur betrieblichen Sicherung leisten.

(7) Wie die zur Wertschöpfung in den Abbildungen 2 bis 5 aufgezeigten Beispiele erkennen lassen, bietet sich hier der Handelsforschung noch ein Forschungsgebiet, aus dessen weiteren Ergebnissen wichtige Informationen zur Ökonomisierung der Handelstätigkeit zu erwarten sind.

(8) Die Einbeziehung der Wertschöpfung als Maßstab in den Handelsbetriebsvergleich bedingt aber auch, daß die Handelspraxis sich in der Betriebsführung stärker als bislang noch neben absatzbezogenem Denken auch an spannenbezogenem Denken orientiert. Da die Handelsleistung sich wesentlich in der erzielten Betriebshandelsspanne niederschlägt, scheint diese als Leistungs- und Erfolgsmaßstab neben umsatz- und personenbezogenen Indikatoren ein sehr nützlicher Maßstab.

Anmerkungen

1 Als ein Beispiel sei das von *Grochla* (1964) gegründete »Institut für Information und Organisation an der Universität zu Köln, BIFOA« angeführt, das auf dem Gebiet der betrieblichen Informationsversorgung und Informationsnutzung vielfältige, auch international breit anerkannte Forschungsarbeiten durchführt.

2 *Leihner*, der Mitgründer und langjährige Leiter der Betriebswirtschaftlichen Beratungsdienste des Einzelhandels (BBE) hat vielfach berichtet, daß sich die Betriebsberatung in den Handelsbranchen, von denen Betriebsvergleichsergebnisse zur Verfügung stehen, zeitlich um ein Viertel bis ein Drittel verkürzen läßt, und daß dort außerdem die Beratungsqualität erheblich höher liegen kann (siehe dazu auch: *Leihner* (Nutzung) S. 131, Fußnote 14).

3 Mit den Aufgaben und der Bedeutung der Verbände für die Informationsversorgung ihrer Mitglieder befaßte sich *Grochla* neben vielen anderen Aspekten des Verbandsbereichs in seiner Habilitationsschrift: Betriebsverband und Verbandbetrieb, Wesen, Formen und Organisation der Verbände aus betriebswirtschaftlicher Sicht (*Grochla* [Betriebsverband]).

4 Siehe dazu folgende Aufsätze in den Mitteilungen des Instituts für Handelsforschung: *Klein-Blenkers* (Nutzung) S. 105–118, (Entwicklung) S. 129–140, (Weiterentwicklung) S. 97–104.

5 Siehe dazu für 1983 z. B.: Beiträge des *Instituts für Handelsforschung* zur betriebswirtschaftlichen Situation des Einzelhandels: Heft 46 Geschäftslagenergebnisse; Heft 47 Ortsgrößenergebnisse; Heft 48 Betriebsgrößenergebnisse, Göttingen 1984. Entsprechende Unterlagen auch für die Jahre 1970 bis 1982.

6 Siehe dazu Heft 49 der Beiträge des *Instituts für Handelsforschung:* Personenabsatzklassen-Ergebnisse des Einzelhandels 1983, Göttingen 1984.

Literaturverzeichnis

Grochla, E. (Betriebsverband): Betriebsverband und Verbandbetrieb, Wesen, Formen und Organisation der Verbände aus betriebswirtschaftlicher Sicht. Berlin 1959.

Klein-Blenkers, F. (Nutzung): Die Nutzung des Betriebsvergleichs für die Handelsforschung. In: Mitteilungen des Instituts für Handelsforschung, Nr. 8, 1983, Göttingen 1983, S. 105–118.

Klein-Blenkers, F. (Entwicklung): Die Entwicklung des Betriebsvergleichs des Großhandels und seine Nutzung für die betriebliche Leistungssteigerung. In: Mitteilungen des Instituts für Handelsforschung, Nr. 9, 1984, Göttingen 1984, S. 129–140.

Klein-Blenkers, F. (Weiterentwicklung): Aspekte praxisbezogener Weiterentwicklung der Betriebsvergleichsarbeiten. In: Mitteilungen des Instituts für Handelsforschung, Nr. 7, 1985, Göttingen 1985, S. 97–104.

Leihner, E. (Nutzung): Die Nutzung des Betriebsvergleichs für Betriebsberatung, Erfahrungsaustausch und Unternehmensfortbildung. In: Mitteilungen des Instituts für Handelsforschung, Nr. 10, 1982, Göttingen 1982, S. 131, Fußnote 14.

Philippi, H. (Ergebnisse): Bericht über die Ergebnisse des Betriebsvergleichs der Einzelhandelsfachgeschäfte im Jahre 1983. In: Mitteilungen des Instituts für Handelsforschung an der Universität zu Köln, Nr. 11, 1984, Göttingen 1984.

Beiträge des Instituts für Handelsforschung
- Heft 46, Geschäftslagen-Ergebnisse des Einzelhandels 1983. Göttingen 1984.
- Heft 47, Ortsgrößen-Ergebnisse des Einzelhandels 1983. Göttingen 1984.
- Heft 48, Betriebsgrößen-Ergebnisse des Einzelhandels 1983. Göttingen 1984.
- Heft 49, Personenabsatzklassen-Ergebnisse des Einzelhandels 1983. Göttingen 1984.

*Günter Sieben**
unter Mitarbeit von W. Ossadnik/
D. Sommer/A. Wachter

Öffentlich-rechtliche Rundfunkanstalten als Unternehmen

– Forschungsperspektiven anwendungsorientierter Rundfunkökonomie –

* Prof. Dr. *Günter Sieben*, Universität zu Köln, Seminar für Allg. BWL und für Wirtschaftsprüfung (Treuhandseminar).

A. Zur Notwendigkeit einer ökonomischen Betrachtung des Rundfunksektors

Der Grundsatz der Staatsfreiheit des Rundfunks bei der Wahrnehmung des Programmauftrags im Sinne des Artikels 5 Grundgesetz und das Prinzip der binnenpluralistischen Organisation sind Merkmale des bundesdeutschen Rundfunkwesens, die für rundfunkökonomische Fragestellungen feststehende Rahmenbedingungen bilden.

Die Stellung der öffentlich-rechtlichen Rundfunkanstalten ist heute mehr denn je durch ökonomische Herausforderungen geprägt; das Auftreten neuer Anbieter auf den traditionellen Märkten Information, Bildung und Unterhaltung stellt neue Anforderungen. Diese Entwicklung wurde durch verstärkte Konsolidierungsanstrengungen bei den öffentlichen Haushalten, durch die Kritik am Wirtschaftsgebaren der Rundfunkanstalten – namentlich in den Stellungnahmen der KEF, der Landesrechnungshöfe und nicht zuletzt in den Tagesmeldungen der Printmedien – forciert. Eine dynamische und komplexe Umweltsituation fordert von den öffentlich-rechtlichen Rundfunkanstalten ungeachtet der in Aussicht stehenden Bestands- und Entwicklungsgarantie [1] ein Mehr an vorausschauendem Denken. Die Antizipation alternativer Umweltentwicklungen und anstaltsspezifischer Aktionen hat dabei unter Berücksichtigung der gegebenen finanziellen Möglichkeiten und Grenzen als Kalkül unter Beachtung des ökonomischen Prinzips zu erfolgen.

Die Verpflichtung zum wirtschaftlichen Handeln ist für die Rundfunkanstalt nicht neu [2]; in der wirtschaftswissenschaftlichen Literatur wurde dieses Thema indes weitgehend vernachlässigt. Die Erschließung des Erkenntnisobjektes Rundfunkanstalt aus wirtschaftswissenschaftlicher Sicht verdient daher künftig mehr Aufmerksamkeit. Die besondere Herausforderung der Betriebswirtschaftslehre liegt nicht zuletzt in der Verknüpfung des Erkenntnisobjektes mit dem aus der Kulturverbindung des Rundfunks resultierenden Gemeinwohlbezug, der rein monetäre Bewertungen von Rundfunkleistungen ausschließt und eine Bewertung über Nutzenkalküle erforderlich macht. Solche Kalküle setzen letztlich eine Operationalisierbarkeit des Programmauftrags voraus, die – nach bisherigem Stand – mit a. o. Schwierigkeiten verbunden ist. Die Betriebswirtschaftslehre vermag.

Instrumente für die Bewertung nicht monetärer Leistungen nur zu entwickeln, wenn ein Zielsystem besteht und Präferenzen für bestimmte Ziele formuliert sind.

Der Beitrag der Ökonomen zur Bereitstellung von Kulturgütern ist jedoch von einer wesentlichen Beschränkung geprägt [3]: Die conditio sine qua non ist die Kenntnis und die Wahrung der Grenzen der Anwendbarkeit des Rationalprinzips in einem stark kulturell bestimmten Anwendungsfeld. [4] Ökonomisches Denken darf nicht zu einer Lähmung, sondern soll zu einer Stärkung der zur Leistungserstellung hier unabdingbaren Kreativität führen.

Im folgenden sollen ausgewählte betriebswirtschaftliche Forschungsansätze einer sich entwickelnden wirtschaftswissenschaftlichen Teildisziplin auf der Grundlage des ordnungspolitischen Status quo skizziert und Entwicklungstendenzen betriebswirtschaftlicher Fragestellungen öffentlich-rechtlicher Rundfunkanstalten vor dem Hintergrund des wissenschaftlichen Anliegens von Erwin Grochla, in Lehre und Forschung anwendungsorientierte Betriebswirtschaftslehre zu vertreten, beschrieben werden.

B. Charakteristika der Leistungserstellung in Rundfunkanstalten – Ausgangspunkte einzelwirtschaftlicher Betrachtungen

Rundfunkleistungen sind heterogene Güter, deren Leistungserstellungsprozeß sich sowohl auf einer Produktions- als auch auf einer Dienstleistungsebene vollzieht. [5] Beide Ebenen arbeiten am Leistungserstellungsprozeß teilweise isoliert, teilweise interaktiv.

Die Rundfunkdienstleistung besteht in der Programmgestaltung und -austrahlung von Hörfunk und Fernsehen. Dabei existieren jedoch Rahmenbedingungen in Form von Vorgaben des Grundgesetzes, der jeweiligen Rundfunksatzungen und den mit anderen Rundfunkanstalten getroffenen Vereinbarungen. Die Erstellung von Dienstleistungen gehört zu den Funktionen, die auch durch Externe erbracht werden können. Die Übernahme der Verantwortung für die Dienstleistung ist eine anstaltsspezifische Funktion, die nicht durch Externe erbracht werden kann. [6]

Der Sendebedarfsplan schafft einen Rahmen, innerhalb dessen über den Bezug von Fremdproduktionen, die Herstellung eigener Sendungen auf Vorrat oder die Produktion von (aktuellen) Lifesendungen entschieden werden kann. Die Freiheitsgrade von Produktionsentscheidungen [7] sind vor dem Hintergrund umfangreicher eigener Produktionsstätten der ARD [8] sehr begrenzt. Dies ist in dem in früheren Perioden existenten Mangel an Fremdproudzenten und in den Besonderheiten der Aufgabenstellung begründet. Eine umfassende aktuelle Berichterstattung schränkt zugleich die Entscheidungsfreiheit bei der Standortwahl eigener Produktionskapazitäten ein.

Wenn auch einzelne Elemente bei der Produktion von Sendungen Ähnlichkeiten bzw. Gemeinsamkeiten aufweisen, so kann man in bezug auf den gesamten Leistungserstellungsprozeß doch von Einzelfertigungen sprechen. Dem Verfahrenstyp Einzelfertigung entspricht die ausgeprägte Kapital- und Personalintensität der Leistungserstellung [9], die infolge der Pflicht zur Vorhaltung von Reservekapazitäten bei Spitzenbelastungen zu einem hohen Fixkostenanteil mit der u. U. zwangsläufigen Folge von Leerkosten [10] führt. [11] Bei fehlender Kombinationsmöglichkeit des Fixkostenblocks mit »variablen Produktionsfaktoren« aufgrund haushaltsbedingter Mittelknappheit kann es zum Phänomen der relativen Verschwendung kommen. Vom Phänomen der relativen Verschwendung kann man sprechen, wenn wegen des Fehlens weniger Tropfen Öl ein großer, dringend benötigter Maschinenpark stillgelegt werden muß. [12]

Als dominierender Produktionsfaktor kann der Faktor Arbeit, bei erheblich differenzierter, interdisziplinärer Arbeitsteilung, bezeichnet werden. Das Erfordernis der Kreativität des Humankapitals, zumindest bei einem Teil des Personals, hat eine herausragende Bedeutung sowohl auf der Dienstleistungs- als auch auf der Produktionsebene und entzieht dem Faktor Arbeit insoweit eine Substituierbarkeit. Dieses Phänomen verlangt zur Verbesserung der Ökonomie das Auffinden spezifischer Rationalisierungsstrategien.

Einzelwirtschaftliche Betrachtungen von Rundfunkanstalten sollten am Objekt und den Maximen der Leistungserstellung, -verwertung und -beurteilung anknüpfen.

C. Rundfunkanstalten als Erkenntnisobjekte der Betriebswirtschaftslehre

I. Die Rundfunkanstalt als Unternehmung

Die Betriebswirtschaftslehre hält verschiedene Interpretationen für das Erkenntnisobjekt Unternehmung bereit. Formuliert man die Probleme öffentlich-rechtlicher Rundfunkanstalten genügend abstrakt, so sind sie im Rahmen des Deutungsrasters der Systemtheorie mit den Problemen anderer, längst weitgehend betriebswirtschaftlich erschlossener Unternehmentypen vergleichbar. Eine betriebswirtschaftliche Analyse von Rundfunkanstalten kann dann bei Anwendung dieses Konzepts auf bereits vorhandenem Wissen aufbauen. Hieraus ergeben sich Rationalisierungsmöglichkeiten für die Forschung.

Unternehmen mit gemeinwirtschaftlicher Aufgabenstellung gehören traditionell zu den mit weniger Aufmerksamkeit belegten Untersuchungsobjekten der Betriebswirtschaftslehre. [13] Dies ist wenig verständlich, da es sich hier wie bei erwerbswirtschaftlichen Unternehmen um sozio-technische Systeme [14] handelt.

Cyert und March liefern einen wesentlichen Beitrag zur Analyse der Entscheidungsfindung in Organisationen [15], in dem sie sich von der Vorstellung einer monolithischen Entscheidungseinheit und den Axiomen der klassischen Theorie [16] lösen und die Unternehmung als eine sich unter dem Einfluß von Individualinteressen verändernde Koalition mit mehrfacher Zielsetzung betrachten. [17]

Der im Interessenpluralismus zum Ausdruck kommende Koalitionsgedanke ist grundsätzlich auf Rundfunkanstalten als nicht-erwerbswirtschaftlich organisierte Unternehmen übertragbar, da der Ansatz unabhängig von bestimmten Organisationsformen oder Zielsystemen ist. [18] Der Vorzug des Deutungsrasters »Koalition« im Anwendungskontext Rundfunkanstalten gegenüber anderen Deutungsrastern liegt darin, daß es das Individuum, seine Ziele, Perspektiven und Interessen besonders betont. Dieses Charakteristikum des Koalitionsmodells entspricht der für Rundfunkanstalten typischen Relevanz von Kreativität am besten.

Die Rundfunkanstalt übt für die Koalitionspartner eine Instrumentalfunktion [19] aus, indem sie der Durchsetzung der partikularen Interessen mit ihr im Leistungsaustausch stehender Individuen bzw. Gruppen von Individuen dient. Dementsprechend ist nicht ohne weiteres davon auszugehen, daß die Koalition Rundfunkanstalt auf einem dauerhaft freiwilligen Zusammenschluß basiert. [20] In als ungleichgewichtig zu bewertenden Situationen wird der Steuerungsmechanismus von Anreizen und Beiträgen c. p. durch den Versuch direkter oder indirekter Einflußnahmen durch die Koalitionsteilnehmer auf die Zielformulierung ergänzt. [21]

Bei dieser Betrachtungsweise baut die Analyse der Entscheidungsfindung auf Erkenntnissen über Zielvorstellungen der Koalitionsteilnehmer auf. Die Zielforschung erhält für die Rundfunkanstalt durch die Verpflichtung zur Berücksichtigung vorhandener gesellschaftlicher Wertvorstellungen bei der Wahrnehmung des Programmauftrages ein besonderes Gewicht. Die Ziele der Organisation bedürfen der Autorisierung durch die von der Unternehmensverfassung [22] legitimierten Organe. [23] Die unmittelbare Programmgestaltungskompetenz obliegt den Leitungsorganen.

Die personale Machtverteilung innerhalb des Systems Rundfunkanstalt, das sich vorrangig aus den Leitungs- und Kontrollorganen, aber auch aus anderen Organen, wie z. B. dem Personalrat, zusammensetzt, stellt eine wesentliche Determinante für das Zielsystem dar. So finden die Zielvorstellungen einzelner gesellschaftlicher Gruppen durch ihre Vertretung in den Rundfunkorganen mittel- oder unmittelbar Eingang in den Zielbildungsprozeß, auf den die

Träger der Anstalt infolge ihrer dominierenden Stellung einen maßgeblichen Einfluß ausüben. [24]

II. Das Zielsystem öffentlich-rechtlicher Rundfunkanstalten

Strukturelle Unterschiede zwischen den Zielkonzeptionen [25] erwerbs- und gemeinwirtschaftlicher Unternehmen existieren nicht. [26] Abweichungen liegen vielmehr in der materialen Ausfüllung der Einzelziele in Gestalt von Gewichtverlagerungen zwischen Leistungs- bzw. Sachzielen einerseits und Formalzielen andererseits.

Das Sachziel besteht in der Erfüllung des grundrechtlich geschützten (Programm-)Auftrags freier Berichterstattung durch Hörfunk und Fernsehen. Das Programm hat dabei grund- und presserechtlichen, aber auch technischen Basisanforderungen zu genügen. [27] Die Staatsverträge bzw. Rundfunksatzungen enthalten als Ergebnis bereits abgeschlossener materialer Entscheidungsakte bei den Zielträgern sowohl erste entscheidungsfeldbezogene Informationen (z. B. Ausschluß bestimmter Handlungsalternativen im Bereich der Programmgestaltung und Finanzierung) als auch Basiselemente von Zielinformationen.

1. Sachzieldominanz und zielorientierte Erfolgsermittlung

In der Literatur bekannte Ansätze zur unternehmerischen Zielsystematik gehen von der vorgestellten Zweiteilung in Formalziele und in Sach- bzw. Leistungsziele aus. [28] Mehrdimensionale Zielkonzeptionen sind durch ihre Differenziertheit geeignet, den Besonderheiten des jeweiligen Unternehmenstyps Rechnung zu tragen. Solche Besonderheiten lassen sich beispielsweise durch die Einbeziehung unterschiedlicher Zielarten und deren präferenzbezogene Gewichtung zum Ausdruck bringen. Gewichtungsunterschiede zwischen den Zielen verdeutlichen den Rang einer Zielkategorie für den jeweiligen Unternehmenstyp. Präferenzen für bestimmte Zielinhalte spiegeln Wertvorstellungen und Überzeugungen der am Zielbildungsprozeß Beteiligten wider.

Die Bedarfsdeckung durch die Rundfunkanstalten orientiert sich an der mit der Leistungserstellung verbundenen Förderung des Gemeinwohls [29] im Sinne einer gesellschaftlichen Nutzenmaximierung. Eine die Dominanz der Finanzierungsziele begründende Erwerbsorientierung ist infolge des gesellschaftsbezogenen Auftrags als eigentlichem Zweck des Wirtschaftens öffentlich-rechtlicher Rundfunkanstalten dem Primat der Sachziele gewichen. [30] Somit hat sich die Steuerung sowohl der Real- als auch der Nominalgüterströme primär an den verfolgten Sachzielen auszurichten. [31] Damit verlangen die rundfunkspezifischen Steuerungsaufgaben eine sachzielbezogene Erfolgsermittlung. [32]

Mit der Interpretation der Leistungsziele als konkrete Auslegung des Programmauftrags in Gestalt der auszustrahlenden Sendungen (Soll) bzw. der ausgestrahlten Sendungen (Ist) [33], ist der Betriebswirtschaftslehre nicht nur die Operationalisierung, sondern auch die Transformation [34] der für öffentlich-rechtliche Rundfunkanstalten zunächst nur vage formulierten Unternehmensziele aufgegeben.

Im betriebswirtschaftlichen Sprachgebrauch verbindet sich mit dem Erfolgsbegriff normalerweise die Vorstellung einer erwerbswirtschaftlich orientierten Unternehmung, deren Periodenerfolg das monetär bewertete Ergebnis ihrer unternehmerischen Aktivitäten ist. Die Rundfunkgebühr als Einheitsgebühr ist ein politisch festgesetzter Preis, der weitgehend leistungsunabhängig bestimmt wird.

Die Vielschichtigkeit und die Vielseitigkeit des Rundfunkprogramms erfordert eine Festlegung von Bestimmungsmerkmalen der Leistung bzw. des Leistungsprozesses, an denen eine Messung und eine Bewertung des mit einzelnen Wahlhandlungen verbundenen Erfolgs anknüpfen kann. [35] In Analogie zu in der Literatur vorgeschlagenen Klassifikationsschemata öffentlicher Leistungen können auch Merkmale von Rundfunkleistungen formuliert werden. Danach könnte man unterscheiden

- Leistungsqualität
- Leistungsangebot (-umfang)
- Leistungsnutzung und
- Leistungswirkung. [36]

Da weder das Sendeprogramm noch der einzelne Sendebeitrag einer unmittelbaren Messung anhand entsprechender Merkmalsausprägungen zugänglich ist, wird eine sendebezogene bzw. zielgruppenspezifische Aufgliederung in geeignete Indikatoren erforderlich.

Für die Sachzielkonzeption der Rundfunkanstalt und damit für Fragen der Erfolgsermittlung ist von zentraler Bedeutung, ob die jeweiligen Indikatoren und ihre Ausprägungen gemessen werden können. Beim gegenwärtigen Forschungsstand können jedoch keine Aussagen z. B. über den Realisationsgrad der Sachziele »Programmqualität« und »Programmwirkung« gemacht werden. [37]

2. *Das Postulat wirtschaftlichen Handelns*

Die Definition des Wirtschaftlichkeitsbegriffs ist in der Literatur nicht einheitlich. Das Wirtschaftlichkeitsprinzip ist in zwei Varianten bekannt. Bei öffentlich-rechtlichen Rundfunkanstalten kommen beide Ausprägungen zur Anwendung, wobei für die herangezogene Spielart die Vorbestimmtheit des Inputs oder des Outputs des Leistungserstellungsprozesses durch vorgelagerte Dispositionen entscheidet. [38] So sollten Programmacher regelmäßig an eine Maximierung des Programmoutputs denken; für hieraus resultierende Produktions- oder Fremdbezugsentscheidungen sollte hingegen das Minimalprinzip beachtet werden. Zielkonflikte im Entscheidungsfindungsprozeß der Programmgestaltung sind durch die in den Rundfunkgesetzen und -satzungen kodifizierte Vorgabe »wirtschaftlicher und sparsamer Haushaltsführung« vorgezeichnet.

In der Literatur wird entsprechend dem Charakter von Rundfunkanstalten als gemischte Dienstleistungs- und Produktionsbetriebe eine abgestufte Effizienzmessung vorgeschlagen. Die auf der Produktionsebene erreichte Sekundäreffizienz bestimmt sich demnach als Verhältnis zwischen monetär bewertetem Faktoreinsatz und erstellten Sendungen, gemessen z. B. in produzierten Sendeminuten. [39] In den Bereich der Sekundäreffizienz gehört auch die Entscheidung über Eigenfertigung oder Fremdbezug. Von grundlegender Bedeutung für die Erfolgsbeurteilung von Rundfunkleistungen einer Anstalt ist allerdings die Primäreffizienz, die Aussagen über den Erfüllungsgrad des Ziels Programmauftrag trifft. [40] Allerdings erweist sich die Messung der Primäreffizienz – wie bereits erwähnt – wegen der mangelnden Operationalisierbarkeit des Programmauftrags als schwierig. So ist insbesondere die Qualität von Sendebeiträgen schwer meßbar.

Die Aufgabenstellung der Rundfunkanstalten hat aufgrund der Schwierigkeiten bei ihrer inhaltlichen Bestimmung zur Folge [41], daß heuristische Verfahren zur Messung der Sekundäreffizienz (z. B. Einschaltquoten, Programmkritiken, Wirkungsanalysen etc.) zur Anwendung kommen.

Mit der Skizzierung des Erkenntnisobjektes und seines Zielsystems sind die Voraussetzungen geschaffen, mögliche Schwerpunkte betriebswirtschaftlicher Forschung aufzuzeigen.

D. Entwicklungsmöglichkeiten einer anwendungsorientierten Rundfunkökonomie

I. Betriebswirtschaftlicher Forschungsbedarf

Mit dem Koalitionsmodell wird ein Konzept unterbreitet, das u. a. einen Systemzusammenhang zwischen Rundfunkanstalten und deren Koalitionsteilnehmern herstellt. Diese Grobstrukturierung fördert die Transparenz des Beziehungsgeflechts Rundfunkanstalt – Koalitionsteilnehmer und hilft damit, Problemfelder zu orten, für die es auf einer theoretisch-konzeptionellen Ebene gilt, Methoden zu ihrer Bewältigung zu entwickeln bzw. weiterzuentwickeln.

Erkenntnisse auf dieser Stufe sind jedoch ohne die Erforschung konkreter Entscheidungssituationen weitestgehend unbrauchbar, so daß gleichrangig auf einer zweiten Ebene die Erschließung von Problemfeldern durch Erklärung und Prognose des (tatsächlichen) Verhaltens der Koalitionsteilnehmer einer Rundfunkanstalt anzustreben ist. [42]

Wesentliche Voraussetzung für die Ergänzung der theoretisch-konzeptionellen Vorgehensweise ist die Bereitschaft der Praxis, in einen Dialog mit der Wissenschaft einzutreten. [43] Die Voraussetzungen hierfür sind gegeben. Entsprechende Initiativen sind in die Wege geleitet. [44]

Durch die Abstraktion wissenschaftlicher Erschließung und die Möglichkeit, aus anderen Problemfeldern und den dafür gewonnenen Lösungen Anregungen zu beziehen und auf offene Fragen zu projizieren, werden gute Voraussetzungen für betriebswirtschaftliche Innovationen geschaffen.

1. Der Stellenwert einer rundfunkspezifischen Grundlagenforschung

Kennzeichnend für die bisherige Entwicklung betriebswirtschaftlich orientierter Ansätze [45] für öffentlich-rechtliche Rundfunkanstalten ist ihr situativer Bezug. Die Erklärung wirtschaftlicher Zusammenhänge sowohl innerhalb der Rundfunkanstalt als auch zwischen der Unternehmung und ihrer Umwelt sind wesentlich durch tagesaktuelle Fragestellungen bestimmt. [46] Grundlegende rundfunkökonomische Modelle bzw. Theorien existieren weder aus einzel- noch aus gesamtwirtschaftlicher Sicht. [47]

Ursachen für den relativ rudimentären Entwicklungsstand der Rundfunkökonomie liegen in dem in der Vergangenheit schwach ausgebildeten Interesse sowohl der Wirtschaftswissenschaften wie der Praxis an der Schaffung und Fortentwicklung einer solchen Teildisziplin. Die Wissenschaft verhielt sich reserviert aufgrund des Phänomens der Politikverbundenheit der Medien und der schweren Zugänglichkeit des Erkenntnisobjekts gegenüber ökonomischen Kriterien bzw. Entscheidungsregeln. Die Rundfunkpraxis war in der Vergangenheit aufgrund ihrer relativ guten ökonomischen Finanzausstattung nicht genügend herausgefordert, dem

Knappheitsphänomen und den daran anknüpfenden betriebs- und gesamtwirtschaftlichen Fragestellungen entsprechende Aufmerksamkeit zu widmen. Die Situation hat sich jedoch grundlegend geändert.

Das forcierte Interesse der Wirtschaftswissenschaften an einer Aufarbeitung ökonomischer Fragestellungen führte zunächst zu einem ausgeprägten Anwendungsbezug der Forschungsarbeiten. Im Mittelpunkt des Interesses standen Einzelfragen der Rundfunkökonomie.

Für die Leistungsfähigkeit einer Disziplin ist indes ein theoretisches Fundament und damit Grundlagenforschung erforderlich. [48] Fehlt es an einem solchen Fundament, kommt es notwendig zu Kommunikationsschwierigkeiten und Reibungsverlusten im Forschungsprozeß u. a. in Gestalt von Verständnisschwierigkeiten zwischen Wissenschaft und Praxis, aber auch innerhalb beider Gruppen. [49]

Bei einer noch in der Entwicklung stehenden Disziplin stellt sich die Frage der Abgrenzung des Forschungsterrains. Es gilt dabei, das Forschungsterrain so abzugrenzen, daß wichtige Problem- und Beziehungsstrukturen in das Betrachtungsobjekt eingeschlossen sind. Andererseits sind diese Grenzen so eng zu ziehen, daß probleminadäquante Beziehungsstrukturen ausgeblendet werden und die einbezogenen Beziehungsstrukturen ein wünschenswertes Maß an Überschaubarkeit aufweisen. Die optimale Abgrenzung richtet sich jeweils nach dem zu untersuchenden Problem.

Es sollte Aufgabe der Betriebswirtschaftslehre sein, gedankliche Fundamente bereitzustellen, mit deren Hilfe der jeweils problemspezifisch zu leistende Prozeß der optimalen Abgrenzung des Erkenntnisobjekts rationalisiert werden kann. So empfiehlt es sich, bei Überlegungen zu strategischen Entwicklungsmöglichkeiten der öffentlich-rechtlichen Rundfunkanstalten die gesamte Medienlandschaft in die Betrachtung einzubeziehen. Währenddessen kann sich die Suche nach geeigneten Kosten- und Leistungsrechnungen weitgehend auf die Betrachtung der Rundfunkunternehmung beschränken.

Besonders deutlich zeigt sich die Notwendigkeit einer rundfunkspezifischen Grundlagenforschung an der Interpretationsbedürftigkeit des Faktors Arbeit im Rahmen des Produktions- und Dienstleistungsbetriebes Rundfunkanstalt.

Eine rundfunkspezifische Analyse dieses »Produktionsfaktors« hat dem kreativen Moment, dem in Teilbereichen der Leistungserstellung – wie auch in anderen Kulturbetrieben – Bedeutung zukommt, in besonderem Maße Rechnung zu tragen.

Eine entscheidungsorientierte Rundfunkökonomie sollte im Rahmen der Grundlagenforschung sowohl einer empirisch-realistischen wie einer praktisch-normativen Ausrichtung [50] Raum geben. Gerade am Anfang des Entwicklungsprozesses einer Forschungsdisziplin muß der empirisch-realistischen Betrachtung Vorrang eingeräumt werden, da es zunächst darum geht, ein Inventar rundfunkspezifischer Gegebenheiten aufzustellen. Die besondere Rolle, die der Mensch im Kulturbetrieb Rundfunkanstalt spielt, macht die empirische Analyse quasi unabdingbar. Gesetzmäßigkeiten sind hier möglicherweise nur durch Beobachtung ablesbar.

Unabhängig davon sollte der praktisch-normativen Ausrichtung im Interesse einer Rationalität des Handelns von Anfang an hohe Aufmerksamkeit zukommen. Ressourceneinsparungen können – sofern die eingesparten Mittel den Rundfunkanstalten erhalten bleiben – in ein Mehr an Programmleistung umgesetzt werden oder – bei Mittelverkürzungen – eine Chance zur Erhaltung des Leistungsniveaus bieten. Die Berücksichtigung sowohl der empirisch-realistischen wie der praktisch-normativen Richtung der Entscheidungstheorie entspricht nach herrschender Meinung ohnehin den Voraussetzungen eines effizienten Forschungsprozesses; werden doch beide Richtungen nicht als konkurrierende, sondern vielmehr als sich sinnvoll ergänzende Forschungsperspektiven betrachtet.

2. *Einzelaspekte rundfunkökonomischer Forschung*

Im folgenden werden anhand ausgewählter Bereiche mögliche Schwerpunkte künftiger empirisch-realistischer und praktisch-normativer Forschungsarbeiten beschrieben. Ausgehend von den funktionsorientierten Ansätzen bisheriger betriebswirtschaftlicher Untersuchungen über öffentlich-rechtliche Rundfunkanstalten sollen Forschungsdefizite und der erkennbare Weiterentwicklungsbedarf angesprochen werden. Ein Rückgriff auf internationale Forschungs- und Praxiserkenntnisse ist aufgrund der Besonderheiten des bundesdeutschen Rundfunkwesens, z. B. im Hinblick auf die Aufgabenstellung öffentlich-rechtlicher Rundfunkanstalten, nur begrenzt möglich. [51]

Von vergleichsweise hoher Bedeutung in einer modellplatonisch gefährdeten Disziplin sind neben der geforderten Grundlagenforschung empirische Arbeiten zur Rundfunkökonomie. Bisherige empirische Untersuchungen sind überwiegend von dem öffentlichen Interesse an der Behebung einer vermuteten Ineffizienz der Finanzgebarens getragen. Dazu zählen insbesondere Arbeiten zu Fragen der Einnahmenverwendung als Grundfrage wirtschaftlichen Handelns innerhalb der Rundfunkanstalten, die weitgehend von Rundfunkkontroll- und -prüfungsorganen erstellt worden sind. Die daran anknüpfende methodische Kritik löste theoretisch-konzeptionell ausgerichtete Partialuntersuchungen aus. [52]

Ebenfalls wurden Grundfragen des Rechnungswesens im Hinblick auf Dokumentations- und Bewirtschaftungsfragen untersucht. [53] Diskutiert wurden in diesem Rahmen wiederholt gesellschaftsbezogene Rechnungslegungsformen und die sich daran anschließende Frage geeigneter (Sozial-)Indikatoren. [54]

Anders als auf dem Gebiet des Rechnungswesens stehen betriebswirtschaftliche Forschungen zur Preisbildung bzw. zur »funktionsgerechten« Finanzierung, ggf. mit Bezugnahmen auf Kapitalmarktengagements und Aspekte zum Finanzausgleich zwischen den Landesrundfunkanstalten, unverändert aus. [55]

In Verbindung mit der erneut diskutierten Frage, ob öffentlich-rechtliche Rundfunkanstalten liquiditätsorientiert oder erfolgsorientiert ihren Finanzbedarf ermitteln sollen, sind Untersuchungen zur Eigenkapitalausstattung [56] und damit auch zur Konkursfähigkeit der Rundfunkanstalten erforderlich. Ihre Ergebnisse werden nicht zuletzt davon abhängen, ob sie auf der Prämisse liquiditätsorientierter oder erfolgsorientierter Rechnungslegungsinstrumente basieren.

Inwieweit bekannte Unternehmenserhaltungskonzeptionen [57] auf öffentlich-rechtliche Rundfunkanstalten anwendbar sind und welche Auswirkungen entsprechende Verfahren für die Erhaltung einer bedarfsgerechten Rundfunkversorgung haben, ist noch weitgehend unerforscht. Die klassischen Unternehmenserhaltungskonzeptionen basieren weitgehend auf der Vorstellung von Gewinnzielen und sind daher grundsätzlich auf ihre Anwendbarkeit auf Unternehmen mit Sachzieldominanz zu überprüfen. Da bei Rundfunkanstalten dem Humankapital eine herausragende Bedeutung zukommt, können schon von daher am Vermögen und/oder am Kapital (in traditioneller Deutung) orientierte Erhaltungskonzeptionen keine befriedigenden Antworten liefern.

Bilanzierungsfragen werden im Zuge der Transformation der 4. EG-Richtlinie [58] zu untersuchen sein. Hierzu gehören auch die nach neuem Recht bestehenden Gestaltungsmöglichkeiten des Jahresabschlusses (Bilanzpolitik). Von besonderem Interesse ist in diesem Zusammenhang die inhaltliche Ausfüllung von Begriffen wie Programmvermögen, immaterielle Wirtschaftsgüter (z. B. Lizenzen) und deren Bewertung.

Eine besondere Bedeutung im Rahmen rundfunkökonomischer Forschung sollte personalwirtschaftlichen Aspekten zukommen. Im Mittelpunkt personalbedarfs- und personaleinsatzorientierter Arbeiten wird infolge mangelnder Meßbarkeit des Outputs eine dem personalen Träger der Leistung angepaßte Inputorientierung stehen. Dies bedeutet, daß Anforderungsprofile unter besonderer Berücksichtigung kreativer und künstlerischer, aber auch ethischer Momente zu entwickeln sind.

Beschaffungsmarkt- und Arbeitsmarktfragen gehören allgemein zu den bislang vernachlässigten Untersuchungsgegenständen der Betriebswirtschaftslehre. [59] Erst in neuerer Zeit gewinnen diese Felder zunehmend Beachtung. Insbesondere arbeitsmarktliche Fragen sind im Rundfunkbereich von Belang. Sie bekommen dadurch einen bedeutenden Stellenwert, daß die Rechtsentwicklung Rundfunkmitarbeitern (z. B. freien Mitarbeitern) besondere Positionen geschaffen hat. Neue Probleme in bezug auf den Arbeitsmarkt werden sich für öffentlich-rechtliche Rundfunkanstalten aufgrund der zu erwartenden Abwerbungsversuche durch private Rundfunkveranstalter ergeben. In diesem Zusammenhang gilt es, über neue Personalführungsstrategien zur Sicherung des Humankapitals nachzudenken.

Untersuchungen zur Anwendbarkeit von Informationstechnologien, zu deren technischen und wirtschaftlichen Voraussetzungen bzw. Grenzen, sind angesichts der in weiten Bereichen noch manuell ausgeführten Arbeitsabläufe und wegen der damit häufig einhergehenden Informationsverluste vorgezeichnet. [60] Dabei ist vor allem an die Entwicklung integrierter Informationssysteme zu denken.

Die dominierende Stellung des Faktors Arbeit [61] wird sowohl im Hinblick auf das Leistungsprofil der Anstalt als auch auf weitergehende Führungsaufgaben der Leitungsorgane [62] (Unternehmensphilosophie, corporate identity) für eine spezifische Ausprägung der Führungslehre in öffentlich-rechtlichen Rundfunkanstalten von Bedeutung sein. Aufgrund dieser Situation ist es z. B. erforderlich, sich mit der bei nicht-erwerbswirtschaftlichen Unternehmen generell bestehenden Schwierigkeit der Ankopplung von Anreizsystemen an die teilweise schwer operationalisierbaren Unternehmensziele auseinanderzusetzen.

Auch die Möglichkeit, daß Organisationen eigene, verhaltensbeeinflussende Wertvorstellungen hervorbringen können, die auch einen Wechsel der Koalitions- bzw. Organisationsteilnehmer überdauern, ist in der betriebswirtschaftlichen Forschung weitgehend unberücksichtigt geblieben. Inwieweit solche Wertvorstellungen in öffentlich-rechtlichen Rundfunkanstalten durch eine von der Unternehmensführung bewußt geförderte Transformation in eine für alle Ebenen des Unternehmens operationale Unternehmensphilosophie als gestaltende Kraft genutzt werden können, ist untersuchenswert. Die Berücksichtigung des Phänomens »Unternehmenskultur« [63] als produktives Element könnte im Rahmen rundfunkökonomischer Untersuchungen zu einem umfassenden Bild sowohl individueller Bedürfnisse und Ziele als auch von Gruppenphänomenen bei der Erklärung und Gestaltung der Rundfunkrealität beitragen. Von Interesse für die Wirtschaftlichkeit des Gütereinsatzes und die ökonomische Effizienz institutioneller Regelungen der Unternehmensverfassungen von Rundfunkanstalten dürften in Anlehnung an den property-rights Ansatz Analysen sein, die Rundfunkleistungen (Informationen in Form von Sendebeiträgen) als ein Bündel von Rechten auffassen, deren Verfügungsgewalten auf verschiedene Träger verteilt sind. [64] Mit der Vermutung der für öffentliche Unternehmen charakteristisch weiten Spielräume für effizienzmindernde Verhaltensweisen der Akteure eröffnen diese Arbeiten zur Unternehmungsverfassung neue Perspektiven für rundfunkspezifische Probleme und deren Lösungsmöglichkeiten. Ein besonderer Vorzug der Theorie der Verfügungsrechte liegt darin, daß sie die Bedeutung von kulturellen Werten in Unternehmungen hervorhebt.

Die auf eine zieloptimale Steuerung der Güterprozesse ausgerichteten Methoden der (strategischen) Planung und Kontrolle sind im Hinblick auf ihre Eignung für Rundfunkanstalten bereits exemplarisch untersucht worden. [65]

Die Notwendigkeit strategischen Planens und Handelns steht z. B. auch in Verbindung mit aktuellen Dezentralisierungsentwicklungen (z. B. lokales Fernsehen und Einrichtung regionaler Sendeplätze), die einerseits unter dem Aspekt geeigneter Betriebsgrößen und -formen und andererseits im Hinblick auf geeignete Organisationsstrukturen zu diskutieren sind.

Das bereits erwähnte Problem der Leistungsmessung erfordert eine nähere Analyse der sachzielorientierten Steuerung von Güterprozessen. Dabei werden von der Rundfunkökonomie Grenzgebiete betreten, deren Erschließung künftig eine vertiefende Zusammenarbeit insbesondere mit den Kommunikationswissenschaften erfordert. Methodendefizite sind hier bei der Wirkungsforschung und bei quantitativen Ansätzen zur Darstellung der Qualität von Sendungen zu verzeichnen. [66]

Aussagefähige Erfolgsdefinitionen und methodische Instrumentarien sind zugleich Voraussetzungen für axiomatische Bewertungsregeln im Hinblick auf Erfolgsermittlung und -beurteilung von Rundfunkleistungen. [67]

II. Der Beitrag wissenschaftlicher Nachbardisziplinen zur Erkenntnisgewinnung

Rundfunkanstalten sind das Untersuchungsobjekt verschiedener Fachdisziplinen. Das zunächst vorrangig von den Ingenieurwissenschaften, der Jurisprudenz, der Publizistik und in letzter Zeit verstärkt von den Wirtschaftswissenschaften [68] bekundete Interesse an öffentlich-rechtlichen Rundfunkanstalten kennzeichnet in seiner Abfolge zugleich die aus historischer Sicht jeweils »offenen Probleme« des Rundfunksektors. [69]

Innerhalb der Wirtschaftswissenschaften sind zwei Disziplinen, die Betriebswirtschaftslehre und die Volkswirtschaftslehre, speziell die Finanzwissenschaft, an dem Erkenntisobjekt Rundfunkanstalt interessiert. Aus den Verbindungen und Schnittstellen einzel- und gesamtwirtschaftlicher Untersuchungsobjekte sind für beide Disziplinen fruchtbare Anregungen für die eigene Arbeit zu erwarten.

Eine Ausrichtung ausschließlich an den ökonomischen Zusammenhängen, ohne Berücksichtigung der Ergebnisse aus den Nachbardisziplinen, verengt in unzulässiger Weise die Betrachtung des Erkenntisobjektes Rundfunkanstalt.

Die Entwicklung eines sachgerechten betriebswirtschaftlichen Instrumentariums ist von dem Erkenntnisstand benachbarter Disziplinen, insbesondere der Kommunikationswissenschaften, wie sich am Beispiel des Fehlens von befriedigenden Meßverfahren zur qualitativen Programmwirkung nachweisen läßt, abhängig. Interdisziplinarität ist gerade für Rundfunkanstalten als Kulturbetriebe eine wichtige Voraussetzung für die Erklärung und Gestaltung der Unternehmensrealität. [70] Ein Beispiel fruchtbarer Auswirkungen der Koexistenz (bzw. des Dialogs) unterschiedlicher Wissenschaften läßt sich auf seiten der Betriebswirtschaftslehre beobachten: In der betriebswirtschaftlichen Forschung wächst die Tendenz, geltendes Recht nicht mehr nur als Datum zu akzeptieren, sondern ihm die ökonomische Analyse institutioneller Regelungen gegenüberzustellen. [71]

In dem Kontext einer interdisziplinär angelegten rundfunkbezogenen Forschung sind Befürchtungen unbegründet, daß die Zuwendung der Betriebswirtschaftslehre zum Rundfunk eine Kulturnivellierung zur Folge haben. Die Betriebswirtschaftslehre bietet so vielmehr die Chance, durch Freisetzung von Ressourcen bei Beachtung der Forschungsergebnisse von Nachbardisziplinen einen Beitrag zur kulturellen Vielfalt unter Gewährleistung gesellschaftlich zu formulierender Qualitätsanforderungen zu leisten.

Anmerkungen

1 Vgl. *Vogel,* B. (Ansprache) S. 17.
2 *König* stellt eine Synopse ausgewählter Grundsätze und Regelungen der Programmgestaltung von Rundfunkanstalten auf; vgl. *König,* E. (Rechnungslegung) S. 29 ff., 35 f.
3 Zur Problematik des Erkenntnisobjektes vgl. für viele *Chmielewicz,* K. (Forschungskonzeptionen) S. 18 ff.
4 Vgl. *Sieben,* G./ *Wachter,* A. (Managementinstrumente) S. 787 f.
5 Vgl. *Sieben,* G./ *Schneider,* W. (Überlegungen) S. 240.
6 Vgl. *Seidel,* N. (Rundfunkanstalten) S. 17.
7 Zu einzelnen Entscheidungsebenen vgl. *Sieben,* G. (Grundlagen) S. 42–47.
8 Vgl. *Haselmayr,* H. (Probleme) S. 37 ff.
9 Vgl. *Fünfgeld,* H. (Personalwirtschaft) S. 63.
10 Zu betriebswirtschaftlichen Implikationen der Überkapazitäten für wettbewerblich konkurrierende Unternehmen vgl. *Hax,* H. (Überkapazitäten) S. 22 ff.
11 Trotz der Vorhaltung von Spitzenkapazitäten kann es zu »Gleichzeitigkeitskonflikten« kommen, die dann anhand des vorgegebenen Zielsystems zu lösen sind. Die Lösung dieses Konflikts kann im Ausweichen auf Fremdproduktionen, der zeitlichen Verschiebung eigener Produktionen oder im Verdrängen einer anderen, weniger wichtig eingestuften Sendung bestehen. Zu dem Auftreten von Gleichzeitigkeitskonflikten vgl. *Haselmayr,* H. (Probleme) S. 45.
12 Zu den Ursachen und zum Erscheinungsbild vgl. *Sieben,* G. (KEF-Bericht) S. 79 f.
13 Vgl. *Chmielewicz,* K. (Forschungsschwerpunkte) S. 148 ff.
14 Vgl. *Grochla,* E. (Organisationstheorie) S. 9 ff.
15 Zum Begriff der Organisation vgl. *Grochla* (Organisationstheorie) S. 13 ff.
16 Vgl. z. B. *Sieben,* G./ *Schildbach,* Th. (Entscheidungstheorie) S. 6.
17 Vgl. *Cyert,* R. M./ *March,* J. G. (Behavioral Theory); zur Bedeutung dieses Ansatzes vgl. *Grochla,* E. (Organisationstheorie) S. 188.
18 Vgl. *König,* E. (Rechnungslegung) S. 14 ff.
19 Vgl. zum Begriff und seiner materialen Explikation *Schmidt,* R.-B. (Instrumentalfunktion) S. 233–245.
20 Zur Problematik vgl. *König,* E. (Rechnungslegung) S. 18 f.; *Kirsch,* W. (Unternehmensziele) S. 669 f.
21 Zu den Koalitionsteilnehmern einer Rundfunkanstalt und den Anreizen bzw. Beiträgen vgl. *König,* E. (Rechnungslegung) S. 14 ff.
22 Dazu gehören im wesentlichen Grundgesetz, Rundfunkgesetze, Staatsverträge und Rundfunksatzungen.
23 Vgl. *König,* E. (Rechnungslegung) S. 19 ff.; *Kirsch,* W. (Unternehmensziele) S. 670; *Seidel,* N. (Porträt) S. 105 ff.
24 Vgl. *König,* E. (Rechnungslegung) S. 19 ff.; *Neuffer,* M. (Selbstverständnis) S. 84.
25 Zur Bedeutung der Zielkonzeption bei divergierenden Interessenlagen *Witte,* E./ *Hauschildt,* J. (Interessenkonflikt) S. 81 ff.
26 Vgl. *König,* E. (Rechnungslegung) S. 25.
27 Vgl. *König,* E. (Rechnungslegung) S. 29 ff.
28 Vgl. *König,* E. (Rechnungslegung) S. 24 ff.; siehe auch *Oettle,* K. (Grundfragen) S. 9 ff.
29 Hier zeigen sich Parallelen zum Phänomen der Kuppelproduktion. Daraus folgen erhebliche Zurechenbarkeits- und Interdependenzprobleme bei der Erfolgsermittlung und -bewertung von Rundfunkleistungen.
30 Vgl. *Sölch,* R. (Management) S. 94; für erwerbswirtschaftliche Unternehmen siehe auch *Adam,* D. (Kostenbewertung) S. 13.
31 Vgl. *Kloock,* J. (Aufgaben) S. 502.
32 Siehe auch *Sieben,* G. (Grundlagen) S. 37 ff.; *Sieben,* G./ *Wachter,* A. (Managementinstrumente) S. 787.
33 Vgl. *Sieben,* G./ *Schneider,* W. (Überlegungen) S. 242.
34 Vgl. analog *Witte,* E./ *Hauschildt,* J. (Interessenkonflikt) S. 84.
35 Zur Leistungsmessung im Rundfunk vgl. *Sieben,* G./ *Wachter,* A. (Managementinstrumente) S. 787; *Fünfgeld,* H./ *Gläser,* M. (Anmerkungen) S. 12 ff.
36 Ein alternativer Ansatz ordnet das Merkmal Programmkosten den Sachzielen zu; vgl. *König,* E. (Rechnungslegung) S. 51. Beziehungen zwischen monetär und nicht monetär bewertbaren Faktoren auf dieser Stufe der Zielkonzeption erscheinen unbeachtlich der bestehenden Interdependenzen mit der

Definition der Leistungsziele unvereinbar; vgl. *Wachter,* A. (Finanzierung). Erst auf der Ebene der Effizienzbeurteilung, d. h. unter Berücksichtigung des mit der Programmgestaltung verbundenen monetär bewerteten Faktorverzehrs eröffnen entsprechende Kennziffern konsistente Aussagen.

37 Vgl. *Witte,* E./ *Hauschildt,* J. (Interessenkonflikt) S. 89; *Lehr,* W. (Programmauftrag) S. 33; *Sieben,* G./ *Schneider,*W. (Überlegungen) S. 241. Siehe auch *Kellner,* H./ *Horn,* J. (Zuschauerforschung) S. 379 ff.

38 Vgl. hierzu die in anderem gemeinschaftlichem Kontext getroffenen, jedoch analog anwendbaren Ausführungen zum Wirtschaftlichkeitsbegriff bei *Sieben,* G./ *Marmor,* L./ *Rossels,* H. (Wirtschaftlichkeitsprüfung) S. 836 f.

39 Lehr stellt zutreffend fest, daß sich kulturpolitische Effekte durch diese Maßgröße nicht bestimmen lassen; vgl. *Lehr,* W. (Programmauftrag) S. 28.

40 Vgl. *Sieben,* G./ *Schneider,* W. (Überlegungen) S. 241 f.

41 Zu den Problemen der Operationalisierung von Gemeinwirtschaftlichkeit, mit besonderer Bezugnahme auf Schmalenbachsches Gedankengut, vgl. *Streitferdt,* L. (Probleme) S. 239 ff.

42 Vgl. zur Analyse einer derartigen Interessenpluralität *Sieben,* G. (Investitionskalküle) S. 204, 207 f.

43 So auch *Fleck,* F. H. (Grundprobleme) S. 11 f.; *Kopper* beklagt die unzureichende Datenlage vgl. *Kopper,* G. (Medienökonomie) S. 104.

44 Dies belegen z. B. die in Zusammenarbeit von Wissenschaftlern und Praktikern durchgeführten Seminare zur Rundfunkökonomie in Fribourg 1982, in Mannheim 1982/83, in Köln 1982/83, in Speyer 1984 und in Nürnberg 1985.

45 Vgl. z. B. *Kopper,* G. (Bestandsaufnahme) S. 152–176; *Gläser,* M./ *Kemmer,* P. (Bibliographie) S. 155–170.

46 Zur Vergabepraxis von Forschungsprojekten seitens der Rundfunkanstalten und staatlicher Institutionen vgl. *Kopper,* G. (Bestandsaufnahme) S. 153.

47 Vgl. *Kopper,* G. (Ansatz) S. 769.

48 Zu Inhalt und Anforderungen *Chmielewicz,* K. (Forschungskonzeptionen) S. 80 ff.

49 Ein Beispiel hierfür ist das aus der Praxis formulierte Interesse an einer Definition des Begriffs »Programmkosten«; vgl. dazu *Brack,* H. et al. (Hrsg.) (Programmauftrag) S. 104; ähnlich H. W. *Rombach* in: *Lüder,* K. (Hrsg.) (Umbruch) S. 73; in diesem Zusammenhang vgl. auch *Hax,* H. (Fachsprache) S. 576 ff.; *Chmielewicz,* K. (Forschungskonzeptionen) S. 43 ff.

50 Vgl. dazu *Sieben,* G./ *Schildbach,* Th. (Entscheidungstheorie) S. 1 ff.

51 Zur mangelnden Anwendbarkeit bspw. der Television Economics vgl. *Kopper,* G. (Ansatz) S. 769 ff., insbes. S. 776.

52 Vgl. die Methodenkritik am III. KEF-Bericht bei *Sieben,* G. (KEF-Bericht) S. 73 ff.

53 Vgl. den Ansatz von *König,* E. (Rechnungslegung); siehe auch *Seidel,* N. (Planungssysteme) S. 120 ff.; *Weber,* B. (Rechnungswesen) S. 47 ff.; zur Prüfung von Rundfunkanstalten siehe die Einzelbeiträge in *Sieben,* G. (Hrsg.) (Rundfunkökonomie); zur Investitionsrechnung siehe *Breitbart,* G. (Analyse) S. 139.

54 Vgl. *Fleck,* F. H. (Grundprobleme) S. 19; in diesem Zusammenhang vgl. *Conrads,* M. (Accounting) S. 59 ff. und die Einzelbeiträge in *Schmidt,* H. (Humanvermögensrechnung).

55 Vgl. *Fünfgeld,* H./ *Gläser,* M. (Anmerkungen) S. 1 ff.; z. Zt. wird am Treuhandseminar eine Forschungsarbeit zu diesem Thema erstellt; siehe *Wachter,* A. (Finanzierung).

56 Vgl. *Meier,* O. (Problematik) S. 74 ff.

57 Vgl. *König,* E. (Rechnungslegung) S. 45.

58 Zu den Auswirkungen auf öffentliche Unternehmen vgl. *Schreiber,* U. (Rechnungslegung) S. 242 ff.

59 Vgl. *Chmielewicz,* K. (Forschungsschwerpunkte) S. 153.

60 Vgl. *Jerger,*A. (Datenbanksysteme); zu den Auswirkungen der Datenverarbeitung auf die unternehmerischen Führungsaufgaben vgl. *Grochla,* E. (Auswirkungen) S. 719 ff.

61 Zur mangelnden Kategorisierung des künstlerisch-kreativen Elementes nach ökonomischen Kriterien vgl. *Sieben,* G./ *Wachter,* A. (Managementinstrumente) S. 783.

62 Vgl. die Einzelbeiträge bei *Grochla,* E. (Hrsg.) (Management).

63 Vgl. *Heinen,* E. (Unternehmenskultur) S. 980 ff.

64 Zum property-rights Ansatz vgl. z. B. *Picot,* A. (Analyse) S. 153 ff.

65 Vgl. *Sieben,* G. (Grundlagen) S. 37 ff.; *Sieben,* G./ *Ossadnik,* W. (Planung) S. 93 ff.; *Seidel,* N. (Planungssysteme) S. 120 ff.

66 Vgl. z. B. *Teichert,* W. (Zuschauerforschung) S. 397; über den Stand und zur Aussagefähigkeit der Wirkungsforschung vgl. *Jung,* H./ *Müller-Dietz,* H. (Medien) S. 141 ff.; *Saxer,* U. (Publikumsforschung).

67 Vgl. *Sieben,* G. (KEF-Bericht) S. 80.

68 Als fragwürdig sind Versuche zu bewerten, der Rundfunkökonomie den Rang einer Hilfswissenschaft zuzuordnen; vgl. *Wieland*, B. (Programmvielfalt) S. 242.

69 *Kopper* verweist auf die diesbezügliche Abhängigkeit der Forschung von der Konfliktartikulation im politischen Raum; vgl. *Kopper*, G. (Bestandsaufnahme) S. 30.

70 Vgl. *Eichhorn*, P. (Rundfunkökonomie) S. 5f.; *Grochla* verweist darauf, daß es bei einer Integration nicht um die Alternative »Einheit vs. Pluralismus«, sondern um eine Ordnung einer Vielfalt von Teilen geht; vgl. analog *Grochla*, E. (Organisationstheorie) S. 225.

71 Vgl. *Chmielewicz*, K. (Forschungskonzeptionen) S. 149.

Literaturverzeichnis

Adam, D. (Kostenbewertung): Entscheidungsorientierte Kostenbewertung. Wiesbaden 1970.

Brack, H. et al. (Hrsg.) (Programmauftrag): Programmauftrag und Wirtschaftlichkeit der öffentlich-rechtlichen Rundfunkanstalten. Bd. 37 der Schriftenreihe des Instituts für Rundfunkrecht an der Universität zu Köln. München 1984.

Breitbart, G. (Analysen): Nutzen-Kosten-Analysen für Rundfunk- und Fernsehanstalten. In: Zeitschrift für öffentliche und gemeinwirtschaftliche Unternehmen, Beiheft 5, 1983, S. 131–145.

Chmielewicz, K. (Forschungskonzeptionen): Forschungskonzeptionen der Wirtschaftswissenschaft. 2. Aufl., Stuttgart 1981.

Chmielewicz, K. (Forschungsschwerpunkte): Forschungsschwerpunkte und Forschungsdefizite in der deutschen Betriebswirtschaftslehre. In: Zeitschrift für betriebswirtschaftliche Forschung, 36. Jg., 1984, S. 148–157.

Conrads, M. (Accounting): Human Resource Accounting – Eine betriebswirtschaftliche Humanvermögensrechnung. Wiesbaden 1976.

Cyert, Richard M./*March*, James G. (Behavioral Theory): A Behavioral Theory of the Firm. Englewood Cliffs, N. Y. 1963.

Eichhorn, P. (Rundfunkökonomie): Gegenstand und Fragestellung der Rundfunkökonomie. In: Zeitschrift für öffentliche und gemeinwirtschaftliche Unternehmen, Beiheft 5, 1983, S. 1–7.

Fünfgeld, H./*Gläser*, M. (Anmerkungen): Anmerkungen zur Finanzierung und zu den Leistungen der öffentlich-rechtlichen Rundfunkanstalten. In: Zeitschrift für öffentliche und gemeinwirtschaftliche Unternehmen, Bd. 7, 1984, S. 1–19.

Fleck, F. H. (Grundprobleme): Grundprobleme der Ökonomie der Medien. In: *Fleck*, F. H. (Hrsg.): Die Ökonomie der Medien. Freiburg 1983, S. 9–19.

Fünfgeld, H. (Personalwirtschaft): Zur Personalwirtschaft von öffentlich-rechtlichen Rundfunkanstalten. In: Zeitschrift für öffentliche und gemeinwirtschaftliche Unternehmen, Beiheft 5, 1983, S. 62–79.

Gläser, M./*Kemmer*, P. (Bibliographie): Bibliographie zur Rundfunkökonomie. In: Zeitschrift für öffentliche und gemeinwirtschaftliche Unternehmen, Beiheft 5, 1983, S. 155–170.

Grochla, E. (Auswirkungen): Auswirkungen der automatisierten Datenverarbeitung auf die Unternehmensplanung. In: Zeitschrift für betriebswirtschaftliche Forschung, 23. Jg., 1971, S. 719–733.

Grochla, E. (Hrsg.) (Management): Management. Düsseldorf/Wien 1974.

Grochla, E. (Organisationstheorie): Einführung in die Organisationstheorie. Stuttgart 1978.

Haselmayr, H. (Probleme): Betriebswirtschaftliche Probleme der Fernsehproduktion. In: Zeitschrift für öffentliche und gemeinwirtschaftliche Unternehmen, Beiheft 5, 1983, S. 37–46.

Hax, H. (Fachsprache): Für wen kann und soll die betriebswirtschaftliche Fachsprache verständlich sein? In: Zeitschrift für betriebswirtschaftliche Forschung, 22. Jg., 1970, S. 575–578.

Hax, H. (Überkapazitäten): Überkapazitäten als betriebswirtschaftliches Problem. In: ZfbF-Sonderheft 18/1984, S. 22–31.

Heinen, E. (Unternehmenskultur): Entscheidungsorientierte Betriebswirtschaftslehre und Unternehmenskultur. In: Zeitschrift für Betriebswirtschaft, 55. Jg., 1985, S. 980–991.

Jerger, A. (Datenbanksysteme): Datenbanksysteme in Rundfunkanstalten. In: Zeitschrift für öffentliche und gemeinwirtschaftliche Unternehmen, Beiheft 5, 1983, S. 80–91.

Jung, H./*Müller-Dietz*, H. (Medien): Jugendschutz und die Neuen Medien. In: Expertenkommission Neue Medien Baden-Württemberg, Abschlußbericht, Bd. II. Stuttgart 1981, S. 133–190.

Kellner, H./*Horn*, J. (Zuschauerforschung): ZDF-Forschungsprojekt zur Ermittlung eines neuen Meßinstrumentariums für die qualitative Zuschauerforschung. In: Rundfunk und Fernsehen, 19. Jg., 1971, S. 379–391.

Kirsch, W. (Unternehmensziele): Die Unternehmensziele in organisationstheoretischer Sicht. In: Zeitschrift für betriebswirtschaftliche Forschung, 21. Jg., 1969, S. 665–675.

Kloock, J. (Aufgaben): Aufgaben und Systeme der Unternehmensrechnung. In: Betriebswirtschaftliche Forschung und Praxis, 30. Jg., 1976, S. 493–510.

König, E. (Rechnungslegung): Zielorientierte externe Rechnungslegung für die öffentlich-rechtlichen Rundfunkanstalten in der Bundesrepublik Deutschland. Bd. 35 der Schriftenreihe des Instituts für Rundfunkrecht an der Universität zu Köln, hrsg. v. *Brack,* H./*Hübner,* H./*Oehler,* D./*Stern,* K., München 1983.

Kopper, G. (Bestandsaufnahme): Massenmedien – Wirtschaftliche Grundfragen und Strukturen. Analytische Bestandsaufnahme der Forschung 1968–1981. Konstanz 1982.

Kopper, G. (Medienökonomie): Medienökonomie – mehr als »Ökonomie der Medien«. Kritische Hinweise zu Vorarbeiten, Ansätzen, Grundfragen. In: Media-Perspektiven, 1982, S. 102–115.

Kopper, G. (Ansatz): Zum Ansatz einer spezifischen Rundfunkökonomie – Die Herausforderung der US-Broadcasting und Television Economics für die Bundesrepublik Deutschland. In: Media-Perspektiven, 1983, S. 769–782.

Lehr, W. (Programmauftrag): Programmauftrag und Wirtschaftlichkeit. In: *Brack,* H./*Hübner,* H./*Oehler,* B./*Stern,* K. (Hrsg.): Programmauftrag und Wirtschaftlichkeit der öffentlich-rechtlichen Rundfunkanstalten. Bd. 37 der Schriftenreihe des Instituts für Rundfunkrecht an der Universität zu Köln 1984, S. 19–36.

Lüder, K. (Hrsg.) (Umbruch): Rundfunk im Umbruch. Speyer 1984.

Meier, O. (Problematik): Die Problematik des schwindenden Eigenkapitals – Lösungsvorschläge für eine sachgerechte Finanzausstattung der Rundfunkanstalten der ARD. In: ARD-Jahrbuch 84, 16. Jg., 1984, S. 74–84.

Neuffer, M. (Selbstverständnis): Der Rundfunkintendant – Selbstverständnis, Funktionen, Aufgaben. In: ARD-Jahrbuch 75, 7. Jg., 1975, S. 81–89.

Oettle, K. (Grundfragen): Grundfragen öffentlicher Betriebe I. Baden-Baden 1976.

Picot, A. (Analyse): Der Beitrag der Theorie der Verfügungsrechte zur ökonomischen Analyse von Unternehmungsverfassungen. In: *Bohr,* K./*Drukarczyk,* J./*Damm,* H. J./*Scherer,* G. (Hrsg.): Unternehmungsverfassung als Problem der Betriebswirtschaftslehre. Berlin 1981, S. 153–197.

Saxer, U. (Publikumsforschung): Die Publikumsforschung unter gewandelten Bedingungen. Thesenpapier auf der Arbeitstagung des Fribourger Arbeitskreises für die Ökonomie des Rundfunks vom 3.5.1985. Nürnberg 1985.

Schmidt, H. (Humanvermögensrechnung): Humanvermögensrechnung. Berlin/New York 1982.

Schmidt, R.-B. (Instrumentalfunktion): Die Instrumentalfunktion der Unternehmung – Methodische Perspektiven zur betriebswirtschaftlichen Forschung. In: Zeitschrift für betriebswirtschaftliche Forschung, 19. Jg., 1967, S. 233–245.

Schreiber, U. (Rechnungslegung): Die Auswirkungen der Vierten EG-Richtlinie (Bilanzrichtlinie) auf die Rechnungslegung öffentlicher Unternehmen. In: Zeitschrift für öffentliche und gemeinwirtschaftliche Unternehmen, Bd. 7, 1984, S. 242–259.

Seidel, N. (Planungssysteme): Betriebliche Planungssysteme öffentlich-rechtlicher Rundfunkanstalten – dargestellt am Beispiel des Westdeutschen Rundfunks. In: Zeitschrift für öffentliche und gemeinwirtschaftliche Unternehmen, Beiheft 5, 1983, S. 120–130.

Seidel, N. (Rundfunkanstalten): Rundfunkanstalten als Produktions- und Dienstleistungsbetriebe. In: *Sieben,* G. (Hrsg.): Beiträge zur Rundfunkökonomie. Köln 1983, *Seidel,* N. (Rundfunkanstalten): Rundfunkanstalten als Produktions- und Dienstleistungsbetriebe. In: *Sieben,* G. (Hrsg.): Beiträge zur Rundfunkökonomie. Köln 1983, S. 14–25.

Seidel, N. (Porträt): Der Westdeutsche Rundfunk – Porträt eines gemeinwirtschaftlichen Unternehmens. In: Zeitschrift für öffentliche und gemeinwirtschaftliche Unternehmen, 1985, S. 100–110.

Sieben, G. (Investitionskalküle): Investitionskalküle unter Berücksichtigung pluralistischer Interessen. In: *Albach,* H./*Simon,* H. (Hrsg.): Investitionstheorie und Investitionspolitik privater und öffentlicher Unternehmen. Wiesbaden 1976, S. 195–217.

Sieben, G. (KEF-Bericht): Der KEF-Bericht aus betriebswirtschaftlicher Sicht. In: Media-Perspektiven, 1982, S. 73–80.

Sieben, G. (Hrsg.) (Rundfunkökonomie): Beiträge zur Rundfunkökonomie. Köln 1983.

Sieben, G. (Grundlagen): Planung und Kontrolle – Grundlagen der Wirtschaftlichkeit von Rundfunkanstalten. In: *Brack,* H./*Hübner,* H./*Oehler,* B./*Stern,* K. (Hrsg.): Programmauftrag und Wirtschaftlichkeit der öffentlich-rechtlichen Rundfunkanstalten. Bd. 37 der Schriftenreihe des Instituts für Rundfunkrecht an der Universität zu Köln. München 1985, S. 19–51.

Sieben, G./*Marmor*, L./*Rossels*, H. (Wirtschaftlichkeitsprüfung): Krankenhäuser, Wirtschaftlichkeitsprüfung. In: *Coenenberg*, A. G./von *Wysocki*, K. (Hrsg.): Handwörterbuch der Revision. Stuttgart 1983, Sp. 836–847.

Sieben, G./*Ossadnik*, W. (Planung): Entwicklungsmöglichkeiten der strategischen Planung in Rundfunkanstalten vor dem Hintergrund neuerer theoretischer Konzeptionen. In: *Lüder*, K. (Hrsg.): Rundfunk im Umbruch. Speyer 1984, S. 133–153.

Sieben, G./*Schildbach*, Th. (Entscheidungstheorie): Betriebswirtschaftliche Entscheidungstheorie. 2. Aufl., Düsseldorf 1980.

Sieben, G./*Schneider*, W. (Überlegungen): Überlegungen zu einem Controlling-Konzept für Rundfunkanstalten. In: Betriebswirtschaftliche Forschung und Praxis, 36. Jg., 1982, S. 236–251.

Sieben, G./*Wachter*, A. (Managementinstrumente): Planung und Kontrolle als Managementinstrumente in öffentlich-rechtlichen Rundfunkanstalten. In: Media-Perspektiven, 1983, S. 783–788.

Sölch, R. (Management): Management und Organisation in Rundfunkanstalten. In: Zeitschrift für öffentliche und gemeinwirtschaftliche Unternehmen, Beiheft 5, 1983, S. 92–104.

Streitferdt, L. (Probleme): Probleme der Operationalisierung von Gemeinwirtschaftlichkeit. In: *Bohr*, K./*Drukarczyk*, J./*Drumm*, H. J./*Scherer*, G. (Hrsg.): Unternehmungsverfassung als Problem der Betriebswirtschaftslehre. Berlin 1981, S. 239–262.

Teichert, W. (Zuschauerforschung): Hörer- und Zuschauerforschung im Dienste der Programmplanung und -gestaltung. In: *Aufermann*, J./*Scharf*, W./*Schlie*, O. (Hrsg.): Fernsehen und Hörfunk für die Demokratie. Opladen 1979, S. 396–416.

Vogel, B. (Ansprache): Ansprache des Ministerpräsidenten des Landes Rheinland-Pfalz. In: *Lüder*, K. (Hrsg.): Rundfunk im Umbruch. Speyer 1984, S. 15–23.

Wachter, A. (Finanzierung): Möglichkeiten der Finanzierung von öffentlich-rechtlichen Rundfunkanstalten in der Bundesrepublik Deutschland. (Veröffentlichung in Vorbereitung).

Weber, B. (Rechnungswesen): Das Rechnungswesen in Rundfunkanstalten – dargestellt am Beispiel des Zweiten Deutschen Fernsehens. In: Zeitschrift für öffentliche und gemeinwirtschaftliche Unternehmen, Beiheft 5, 1983, S. 47–61.

Wieland, B. (Programmvielfalt): Programmvielfalt auf einem liberalisierten deutschen Fernsehmarkt? In: Expertenkommission Neue Medien Baden-Württemberg, Abschlußbericht. Bd. II. Stuttgart 1981, S. 217–246.

Witte, E./*Hauschildt*, J. (Interessenkonflikt): Die öffentliche Unternehmung im Interessenkonflikt. Berlin 1966.

Informationsmanagement

*Joachim Griese**

Forschung durch Entwicklung an einem Beispiel aus der Wirtschaftsinformatik

* Prof. Dr. *Joachim Griese,* Universität Bern, Institut für Wirtschaftsinformatik.

A. Einführung

In seinem Aufsatz »Forschung und Entwicklung auf dem Gebiet der Informationssysteme als Aufgabe der Betriebswirtschaftslehre« formulierte Grochla 1971 die These, »daß die Gestaltung von MIS die betriebswirtschaftliche Forschung zu einer neuartigen bzw. erweiterten Sicht ihrer Aufgabenstellung zwingt, bei der die praktische Gestaltungsfunktion gleichberechtigt neben die theoretische Beschreibungs- und Erklärungsfunktion treten muß«. [1] In ähnlicher Weise äußerte sich etwa zeitgleich Szyperski mit dem Vorschlag einer Strategie »Forschung durch Entwicklung«; die Teilnahme und Mitwirkung von Wissenschaftlern am Gestaltungsprozeß sei notwendig, weil nur auf diese Weise erkannt werden kann, ob und wie bestimmte Gestaltungsalternativen in die Realität umsetzbar sind. [2]

Daß diese Strategie »Forschung durch Entwicklung« notwendig und nützlich ist, haben viele Arbeiten, die unter Leitung von Grochla und Szyperski am BIFOA durchgeführt worden sind, bewiesen. Ich möchte diesen Arbeiten ein Beispiel hinzufügen, das auf den Gestaltungsprozeß von Informationssystemen bezogen ist, und zwar auf die Schätzung des Entwicklungsaufwands. In diesem Gebiet klafft eine große Lücke zwischen einer Vielzahl von Verfahrensvorschlägen [3] und einem in der Praxis kaum vorzufindenden Einsatz dieser Verfahren. Dabei ist der praktische Bedarf hierfür durchaus groß, denn Projekte zur Entwicklung von Informationssystemen machen wegen häufiger Aufwandsüberschreitungen nicht nur dem Projektmanager, sondern in nicht wenigen Fällen auch der Unternehmensleitung große Sorgen. Die Bereitschaft der Praxis, »sich in die Karten schauen zu lassen«, ist jedoch sehr begrenzt, wie die Erfahrung in einem Arbeitskreis »Wirtschaftlichkeit der Informationsverarbeitung« der Schmalenbach-Gesellschaft – Deutsche Gesellschaft für Betriebswirtschaft e. V., in dem u. a. auch dieses Thema behandelt wurde, zeigt. Ich möchte deshalb den Einsatz und die Erfahrungen eines Schätzverfahrens an Projekten, die unter meiner Leitung am Lehrstuhl für Betriebsinformatik der Universität Dortmund und am Institut für Wirtschaftsinformatik der Universität Bern durchgeführt wurden, darstellen.

B. Das Schätzverfahren

Viele in der Literatur vorgeschlagene Schätzverfahren basieren auf einer technischen Grundeinheit eines Informationssystems, der Zahl der Anweisungen eines Programms; hierbei wird die Bezeichnung LoC (Lines of Code) verwendet. Obgleich vergleichbare technische Grundeinheiten auch in anderen Disziplinen gebräuchlich sind, gab und gibt die Verwendung der Größe LoC Anlaß zur Kritik, etwa, daß die Größe LoC erst in der Programmierphase sichtbar wird und diese nur einen Teil des Gesamtaufwands ausmacht. Ich führe diese Kritik zum Teil auf eine Abwehrhaltung gegen jedes Verfahren zurück.

Neben LoC-Verfahren, die vergleichsweise starr mit einer Produktivitätsgröße von x LoC pro Zeiteinheit, z. B. Mannmonat, arbeiten, sind seit wenigen Jahren flexiblere Ansätze bekannt, z. B. das Verfahren COCOMO. [4] Hierbei wird eine Basisschätzformel

$$MM_{NOM} = 3{,}2 \times (LoC/1000)^{1{,}05}$$

mit MM_{NOM} = Mannmonate nominal (meint vorläufiger Wert) ergänzt durch einen Produktzusatz

$$MM = MM_{NOM} \times \prod_{i=1}^{15} SDEMi$$

mit MM = Mannmonate (endgültiger Wert)
und SDEMi = Faktoren, die den Einfluß von Produkt-, Entwicklungs-, Entwickler- und Projekteigenschaften angeben

Diese Formel, obgleich schon etwas vereinfacht (im Original wird noch nach drei Schwierigkeitskategorien von Informationssystemen unterschieden), flößt offensichtlich so starke Furcht ein, daß ihr Einsatz in der Praxis kaum vorzufinden ist. Es seien noch folgende Details gesagt:

- LoC bedeutet (bei Abschluß des Projekts) übergebene Quellcodezeilen (= Anweisungen) ohne Leerzeilen, Kommentarzeilen sowie mehrfach vorhandene Daten- und Prozeduranweisungen oder nicht selbsterstellte Anweisungen.
- Der Aufwand bezieht sich auf das gesamte Entwicklungsprojekt von Projektbeginn bis zu Übergabe des fertigen Informationssystems.
- Es wird nur der Aufwand in der Kostenart Personalkosten ermittelt.
- Der Mannmonat besteht aus 152 Mannstunden.

- Unter den 15 Faktoren gibt es

  • drei für die Eigenschaften des Produkts
    RELY: die geforderte Produktzuverlässigkeit
    DATA: Umfang der Datenbasis
    CPLX: Ausmaß an Komplexität

  • vier für die Eigenschaften der Entwicklungsumgebung
    TIME: Ausführungszeitrestriktionen
    STOR: Arbeitsspeicherrestriktionen
    VIRT: Stabilität der Entwicklungsmaschine
    TURN: Durchlaufzeit der Entwicklungsmaschine

  • fünf für die Eigenschaften der Entwickler
    ACAP: Fähigkeit zur Systemanalyse
    AEXP: Erfahrung im Anwendungsgebiet
    PCAP: Programmierfähigkeit
    VEXP: Erfahrung im Umgang mit der Entwicklungsmaschine
    LEXP: Erfahrung mit der Programmiersprache

  • drei für die Eigenschaften des Projekts
    MODP: Einsatz moderner Entwicklungsmethoden
    TOOL: Einsatz von Entwicklungswerkzeugen
    SCED: Zeitstruktur (gedrängt oder großzügig).

- Je nach Ausprägung der Faktoren ergeben sich Werte unter oder über 1:

Faktor	Ausprägung					
	sehr niedrig	niedrig	normal	hoch	sehr hoch	besonders hoch
RELY	0,75	0,88	1,00	1,15	1,40	
DATA		0,94	1,00	1,08	1,16	
CPLX	0,70	0,85	1,00	1,15	1,30	1,65
TIME			1,00	1,11	1,30	1,66
STOR			1,00	1,06	1,21	1,56
VIRT		0,87	1,00	1,15	1,30	
TURN		0,87	1,00	1,07	1,15	
ACAP	1,46	1,19	1,00	0,86	0,71	
AEXP	1,29	1,13	1,00	0,91	0,82	
PCAP	1,42	1,17	1,00	0,86	0,70	
VEXP	1,21	1,10	1,00	0,90		
LEXP	1,14	1,07	1,00	0,95		
MODP	1,24	1,10	1,00	0,91	0,82	
TOOL	1,24	1,10	1,00	0,91	0,83	
SCED	1,23	1,08	1,00	1,04	1,10	

- Die Werte der Faktoren wurden durch statistische Analyse von 63 Projekten gewonnen.

C. Einsatz des Schätzverfahrens

Der Einsatz des Schätzverfahrens erfolgte in zwei Stufen: Zunächst müssen die Faktoren »kalibriert« werden, z. B. an abgelaufenen Projekten; dann kann das Verfahren zur Aufwandschätzung für künftige Projekte verwendet werden.

Die Produkteigenschaften wurden für die betrachteten Projekte als konstant angenommen zu:

RELY = 1,00
DATA = 0,94
CPLX = 0,85

Bei der Entwicklungsumgebung traten bezüglich der Ausführungszeit- und Speicherbedingungen sowie der Durchlaufzeit keine Besonderheiten auf:

TIME = 1,00
STOR = 1,00
TURN = 0,87

Dagegen waren die Entwicklungsmaschinen in den einzelnen Projekten unterschiedlich stabil:

VIRT = 1,15 bzw. 0,87

Die größten Unterschiede traten in den Fähigkeiten und Erfahrungen der Entwickler auf (dies hatte uns bei früheren Schätzungen Probleme bereitet); dagegen konnten die Projektfaktoren konstant angenommen werden zu:

MODP = 0,82
TOOL = 1,00
SCED = 1,00

Eine Illustration der Werte für die einzelnen Faktoren ist bei Boehm zu finden.
Die Überprüfung der Schätzformel erfolgte an fünf Projekten:

I. Programmsystem »Computergestützte Haushaltsüberwachung«

- Funktionen:
  - Laufende Verarbeitung von Aufträgen
  - Freigabe der Haushaltsüberwachungsdaten als Kassendaten
  - Periodische Arbeiten
- Systemumgebung:
  - Siemens 6.640 Amboss 3 DBMS
  - COBOL/MASK
- Entwickler: 16
- Entwicklungszeitraum: 11/80–3/81
- Istwerte: Aufwand: 52 Mannmonate
  LoC: 17.300

$$MM_{NOM} = 3{,}2 \times (LoC/1000)^{1{,}05} = 63{,}8 \text{ MM}$$

SDEMi:	RELY = 1,00	ACAP = 0,86
	DATA = 0,94	AEXP = 1,29
	CPLX = 0,85	PCAP = 1,00
		VEXP = 1,21
	TIME = 1,00	LEXP = 1,00
	STOR = 1,00	
	VIRT = 1,15	MODP = 0,82
	TURN = 0,87	TOOL = 1,00
		SCED = 1,00

$$MM = MM_{NOM} \times \prod_{i=1}^{15} SDEMi = 56{,}1 \text{ Mannmonate}$$

Es handelte sich um fähige, aber wenig erfahrene Entwickler.

II. Programmsystem »Auskunfts- und Auswertungssystem einer computergestützten Haushaltsüberwachung«

- Funktionen:
  - Auskünfte zu Zahlungsempfängern, zum Freigabeverfahren, zu einem Konto, zur Ausführung des Haushaltsplans
- Systemumgebung:
  - Siemens 6.640 Amboss 3 DBMS
  - COBOL/MASK
- Entwickler: 5
- Entwicklungszeitraum: 4/81–10/81
- Istwerte: Aufwand: 35 Mannmonate
  LoC: 32.250

$$MM_{NOM} = 3{,}2 \times (LoC/1000)^{1{,}05} = 122{,}8\ MM$$

SDEMi:	RELY = 1,00		ACAP = 0,71
	DATA = 0,94		AEXP = 1,00
	CPLX = 0,85		PCAP = 0,70
			VEXP = 0,90
	TIME = 1,00		LEXP = 0,95
	STOR = 1,00		
	VIRT = 1,15		MODP = 0,82
	TURN = 0,87		TOOL = 1,00
			SCED = 1,00

$$MM = MM_{NOM} \times \prod_{i=1}^{15} SDEMi = 34{,}2\ \text{Mannmonate}$$

In diesem Projekt waren fähige und erfahrene Mitarbeiter.

III. Programmsystem »Auftragsinformationssystem«

- Funktionen:
  - Auswertungen von Auftragsdaten nach Kunden, Produkten, Regionen, Vertriebsorganisation
- Systemumgebung:
  - Philips P430
  - COBOL
- Entwickler: 15
- Entwicklungszeitraum: 4/81–7/81
- Istwerte: Aufwand: 21 Mannmonate
  LoC: 5.100

$$MM_{NOM} = 3{,}2 \times (LoC/1000)^{1{,}05} = 17{,}7\ MM$$

SDEMi:	RELY = 1,00		ACAP = 1,00
	DATA = 0,94		AEXP = 1,29
	CPLX = 0,85		PCAP = 1,17
			VEXP = 1,21
	TIME = 1,00		LEXP = 1,00
	STOR = 1,00		
	VIRT = 1,15		MODP = 0,82
	TURN = 0,87		TOOL = 1,00
			SCED = 1,00

$$MM = MM_{NOM} \times \prod_{i=1}^{15} SDEMi = 21{,}2 \text{ Mannmonate}$$

Hierbei handelte es sich um mittelmäßig fähige und wenig erfahrene Entwickler.

IV. Programmsystem »Auftragsinformationssystem«

- Funktionen:
  - Auswertung von Auftragsdaten nach Kunden, Produkten, Regionen, Vertriebsorganisation
- Systemumgebung:
  - Philips P430
  - COBOL
- Entwickler: 3
- Entwicklungszeitraum: 7/81–11/81
- Istwerte: Aufwand: 18 Mannmonate
  LoC: 13.600

$$MM_{NOM} = 3{,}2 \times (LoC/1000)^{1{,}05} = 49{,}6 \text{ MM}$$

SDEMi:	RELY = 1,00		ACAP = 0,86
	DATA = 0,94		AEXP = 1,00
	CPLX = 0,85		PCAP = 0,86
			VEXP = 1,00
	TIME = 1,00		LEXP = 0,95
	STOR = 1,00		
	VIRT = 0,87		MODP = 0,82
	TURN = 0,87		TOOL = 1,00
			SCED = 1,00

$$MM = MM_{NOM} \times \prod_{i=1}^{15} SDEMi = 18{,}2 \text{ Mannmonate}$$

In diesem Projekt arbeiteten qualifizierte und erfahrene Entwickler.

V. Programmsystem »Unternehmensplanspiel«

- Funktionen:
  - Planungsunterstützung im Produktions- und Transportbereich
  - Modellrechnung
  - Eingabe von Spieldaten
  - Ausgabe von Spielergebnissen
- Systemumgebung:
  - Philips P430
  - COBOL
- Entwickler: 16
- Entwicklungszeitraum: 4/82–8/82
- Istwerte: Aufwand: 42 Mannmonate
  LoC: 19.500

$$MM_{NOM} = 3{,}2 \times (LoC/1000)^{1{,}05} = 72{,}4\ MM$$

SDEMi:	RELY = 1,00	ACAP = 0,86
	DATA = 0,94	AEXP = 1,29
	CPLX = 0,85	PCAP = 0,86
		VEXP = 1,21
	TIME = 1,00	LEXP = 1,00
	STOR = 1,00	
	VIRT = 0,87	MODP = 0,82
	TURN = 0,87	TOOL = 1,00
		SCED = 1,00

$$MM = MM_{NOM} \times \prod_{i=1}^{15} SDEMi = 41{,}4\ \text{Mannmonate}$$

An diesem Projekt waren gute, aber wenig erfahrene Entwickler beteiligt.

Die Variationen der Faktorenwerte wurden aufgrund unserer Erfahrungen vorgenommen und erbrachten im Ergebnis eine gute Übereinstimmung zwischen Istaufwand und COCOMO-Schätzformel. In der Folge wurde das Verfahren in sechs Projekten für Planung und Kontrolle eingesetzt; dabei wurden folgende Ergebnisse erzielt:

VI. Programmsystem »Erweiterung einer computergestützten Kostenrechnung«

- Funktionen:
  - Kostenanalyse
  - Kostenstellenrechnung
  - Kostenträgerstückrechnung
- Systemumgebung:
  - Kienzle 9066
  - COBOL

- Entwickler: 15
- Entwicklungszeitraum: 11/82–3/83
- Planwerte: Aufwand: 36 Mannmonate
  LoC: 13.000
- Istwerte: Aufwand: 42 Mannmonate
  LoC: 14.500

Plan: $MM_{NOM} = 3{,}2 \times (LoC/1000)^{1{,}05} = 47{,}3$ MM

Ist: $MM_{NOM} = 3{,}2 \times (LoC/1000)^{1{,}05} = 53{,}0$ MM

SDEMi:	RELY = 1,00	ACAP = 0,86
	DATA = 0,94	AEXP = 1,29
	CPLX = 0,85	PCAP = 1,00
		VEXP = 1,21
	TIME = 1,00	LEXP = 1,00
	STOR = 1,00	
	VIRT = 1,00	MODP = 0,82
	TURN = 0,87	TOOL = 1,00
		SCED = 1,00

$MM_{Plan} = 36{,}2$ MM $MM_{Ist} = 40{,}6$ MM

VII. Programmsystem »Vertriebsinformationssystem«

- Funktionen:
  - Vertriebsunterstützung
  - Vertriebsberichte
  - Sonderauswertungen
- Systemumgebung:
  - Kienzle 9066
  - COBOL
- Entwickler: 60
- Entwicklungszeitraum: 4/83–11/83
- Planwerte: Aufwand: 93 Mannmonate
  LoC: 32.000
- Istwerte: Aufwand: 136 Mannmonate
  LoC: 40.000

Plan: $MM_{NOM} = 3{,}2 \times (LoC/1000)^{1{,}05} = 121{,}8$ MM

Ist: $MM_{NOM} = 3{,}2 \times (LoC/1000)^{1{,}05} = 153{,}9$ MM

SDEMi:	RELY = 1,00	ACAP = 0,86
	DATA = 0,94	AEXP = 1,29
	CPLX = 0,85	PCAP = 1,00
		VEXP = 1,21
	TIME = 1,00	LEXP = 1,00
	STOR = 1,00	
	VIRT = 1,00	MODP = 0,82
	TURN = 0,87	TOOL = 1,00
		SCED = 1,00

MM_{Plan} = 93,2 MM MM_{Ist} = 117,8 MM

Bei der Durchführung dieses Projektes zeigte sich, daß die angenommenen Mitarbeiterfaktoren zu optimistisch waren.

VIII. Programmsystem »Graphische Auswertung von Auftragsdaten«

- Funktionen:
  - Auswahl von Auftragsdaten
  - Aufbereitung mit Präsentationsgrafik
  - Ausgabe der Grafik
- Systemumgebung:
  - NCR 9300, ITX, COPAS, COBOL
  - Decision Mate V, CPM, DR-GRAPH, COBOL
- Entwickler: 6
- Entwicklungszeitraum: 11/83–3/84
- Planwerte Aufwand: 15 Mannmonate
  LoC: 7.000
- Istwerte: Aufwand: 16 Mannmonate
  LoC: 9.000

Plan: $MM_{NOM} = 3{,}2 \times (LoC/1000)^{1{,}05} = 24{,}7$ MM
Ist: $MM_{NOM} = 3{,}2 \times (LoC/1000)^{1{,}05} = 32{,}1$ MM

SDEMi:	RELY = 1,00	ACAP = 0,86
	DATA = 0,94	AEXP = 1,29
	CPLX = 0,85	PCAP = 1,00
		VEXP = 1,00
	TIME = 1,00	LEXP = 0,95
	STOR = 1,00	
	VIRT = 1,00	MODP = 0,82
	TURN = 0,87	TOOL = 1,00
		SCED = 1,00

MM_{Plan} = 15,0 MM MM_{Ist} = 19,5 MM

IX. Programmsystem »Bestellabwicklung« (Teil einer Produktionsplanung und -steuerung)

- Funktionen:
  - Erfassung von Bestellungen
  - Abfrage von Bestellungen
  - Erfassung von Lieferungen
- Systemumgebung:
  - NCR Decision Mate V, MS-DOS
  - COBOL

- Entwickler: 15
- Entwicklungszeitraum: 4/84–7/84
- Planwerte: Aufwand: 28 Mannmonate
  LoC: 10.400
- Istwerte: Aufwand: 28 Mannmonate
  LoC: 11.100

Plan: $MM_{NOM} = 3{,}2 \times (LoC/1000)^{1{,}05} = 37{,}4\ MM$
Ist: $MM_{NOM} = 3{,}2 \times (LoC/1000)^{1{,}05} = 40{,}1\ MM$

SDEMi:	RELY = 1,00	ACAP = 0,86
	DATA = 0,94	AEXP = 1,29
	CPLX = 1,00	PCAP = 1,00
		VEXP = 1,00
	TIME = 1,00	LEXP = 1,00
	STOR = 1,00	
	VIRT = 1,00	MODP = 0,82
	TURN = 0,87	TOOL = 1,00
		SCED = 1,00

$MM_{Plan} = 28{,}2\ MM \quad MM_{Ist} = 30{,}2\ MM$

X. Programmsystem »Haushaltsüberwachung«

- Funktionen:
  - Bewirtschaften von Personalkosten
  - Information über Personalkosten
- Systemgebung:
  - IBM PC-XT, MS-DOS
  - COBOL
- Entwickler: 4
- Entwicklungszeitraum: 1/85–6/85
- Planwerte: Aufwand: 9 Mannmonate
  LoC: 6.000
- Istwerte: Aufwand: 7 Mannmonate
  LoC: 9.000

Plan: $MM_{NOM} = 3{,}2 \times (LoC/1000)^{1{,}05} = 2{,}0\ MM$
Ist: $MM_{NOM} = 3{,}2 \times (LoC/1000)^{1{,}05} = 32{,}1\ MM$

SDEMi:	RELY = 1,00	ACAP = 0,86
	DATA = 1,00	AEXP = 1,00
	CPLX = 0,85	PCAP = 0,86
		VEXP = 1,00
	TIME = 1,00	LEXP = 0,95
	STOR = 1,00	
	VIRT = 1,00	MODP = 0,82
	TURN = 0,87	TOOL = 1,00
		SCED = 1,00

MM_{Plan} = 8,9 MM MM_{Ist} = 13,6 MM

In diesem Projekt waren die Qualifikation und die Erfahrung der Entwickler unterschätzt worden.

XI. Programmsystem »Bibliotheksverwaltung«

- Funktionen:
  - Bestandsverwaltung
  - Bestellverwaltung
  - Katalogausgabe
- Systemumgebung:
  - NCR Decision Mate V, LAN, MS-DOS
  - COBOL
- Entwickler: 2
- Entwicklungszeitraum: 6/84–11/84
- Planwerte: Aufwand: 7,5 Mannmonate
  LoC: 9.000
- Istwerte: Aufwand: 9 Mannmonate
  LoC: 12.350

Plan: $MM_{NOM} = 3{,}2 \times (LoC/1000)^{1{,}05} = 32{,}1$ MM
Ist: $MM_{NOM} = 3{,}2 \times (LoC/1000)^{1{,}05} = 44{,}8$ MM

SDEMi:	RELY = 1,00	ACAP = 0,71
	DATA = 1,00	AEXP = 0,91
	CPLX = 0,85	PCAP = 0,70
		VEXP = 0,90
	TIME = 1,00	LEXP = 0,95
	STOR = 1,00	
	VIRT = 1,00	MODP = 0,82
	TURN = 0,87	TOOL = 1,00
		SCED = 1,00

MM_{Plan} = 7,5 MM MM_{Ist} = 10,5 MM

D. Folgerungen

Vergegenwärtigt man sich das Spektrum der Produktivitätszahlen aus den elf Projekten (vgl. Tabelle 1), so mutet die Treffsicherheit des COCOMO-Verfahrens erstaunlich an. In diesem Zusammenhang ist es nützlich, sich den Einfluß der einzelnen Faktoren zu vergegenwärtigen (Tabelle 2). Den geringsten Einfluß üben die Erfahrung im Umgang mit der Programmiersprache sowie die Zeitstruktur aus, dagegen geben die Fähigkeiten der Entwicklungs-

Programmsystem	Produktivität in LoC pro Mannmonat
1	333
2	921
3	243
4	756
5	464
6	345
7	294
8	563
9	396
10	1286
11	1372

Tab. 1: Produktivität in den Projekten

mitarbeiter in der Analyse- und Programmierphase sowie die Komplexität des Produkts den größten Ausschlag. Interessant ist, daß der Einsatz von modernen Entwicklungsmethoden und -werkzeugen nur einen Mittelplatz im Spektrum der Faktorwerte einnimmt. Unsere Erfahrung (auch mit weiteren als den hier dargestellten Projekten) bestätigt diese Reihenfolge der Gewichtung.

Faktor	Spektrum der Faktorwerte (größter Faktorwert dividiert durch den kleinsten Faktorwert)
LEXP	1,20
SCED	1,23
DATA	1,23
TURN	1,32
VEXP	1,34
VIRT	1,49
TOOL	1,49
MODP	1,51
STOR	1,56
AEXP	1,57
TIME	1,66
RELY	1,87
PCAP	2,03
ACAP	2,06
CPLX	2,36

Tab. 2: Spektrum der Faktorwerte (in aufsteigender Reihenfolge)

Aus dem hier an einigen Projekten aus unserer Lehrstuhl- bzw. Institutsarbeit praktizierten Einsatz des COCOMO-Verfahrens lassen sich die nachstehenden Folgerungen ziehen:

- Das Verfahren kann in der Praxis mit gutem Erfolg eingesetzt werden.
- Die Handhabung ist im praktischen Einsatz weit weniger kompliziert, als es vom Formelansatz her anmutet; nicht wenige der 15 Faktoren erhalten einen auf das Praxisumfeld zugeschnittenen Standardwert.

- Das Verfahren gestattet einen interessanten Produktivitätsvergleich über die Zeit. [5]
- In Anbetracht der Praxis, die zögernd bis abwehrend auf Schätzverfahren reagiert, ist die praktische Gestaltungsfunktion durchaus eine Aufgabe betriebswirtschaftlicher Forschung.
- Die für das Verfahren notwendige Schätzung der technischen Größen LoC – darauf wurde in dieser Darstellung nicht näher eingegangen – erweist sich weit weniger kompliziert, als Kritiker vermuten.

In Anbetracht heutiger Tendenzen zu anderen Entwicklungsansätzen, z. B. mit Hilfe von Sprachen der 4. Generation, muß einschränkend gesagt werden, daß das COCOMO-Verfahren vornehmlich für klassische Entwicklungsprojekte geeignet ist.

Anmerkungen

1 *Grochla* (Informationssysteme) S. 579.
2 Vgl. *Szyperski* (Orientierung).
3 Eine aktuelle vergleichende Übersicht findet man bei *Noth/Kretzschmar* (DV-Projekte).
4 Vgl. *Boehm* (Software).
5 Vgl. hierzu auch *Bender* u. a. (Software).

Literaturverzeichnis

Bender, H. u. a. (Software): Software Engineering in der Praxis – Das Bertelsmann-Modell. München 1983.
Boehm, B. W. (Software): Software Engineering Economics. Englewood Cliffs, N. J. 1981.
Grochla, E. (Informationssysteme): Forschung und Entwicklung auf dem Gebiet der Informationssysteme als Aufgabe der Betriebswirtschaftslehre. In: ZfB 41. Jg. 1971, S. 563–582.
Noth, T./*Kretzschmar,* M. (DV-Projekte): Aufwandschätzung von DV-Projekten. Berlin – Heidelberg – New York – Tokyo 1984.
Szyperski, N. (Orientierung): Zur wissenschaftsprogrammatischen und forschungsstrategischen Orientierung der Betriebswirtschaftslehre. In: ZfbF 23. Jg., 1971, S. 261–282.

*Friedrich Hoffmann**

Mensch-Maschine-Organisation

* Prof. Dr. *Friedrich Hoffmann,* Universität Augsburg, Lehrstuhl für Betriebswirtschaftslehre.

A. Einführung

Informationsverarbeitung als Voraussetzung einer erfolgsorientierten Erfüllung von Planungs-, Steuerungs-, Ausführungs- und Kontrollaufgaben gewinnt sowohl im Produktionsbereich als auch im Verwaltungsbereich von Unternehmungen zunehmend an Bedeutung [1]. Dies ist vor allem auf steigende Komplexität und Dynamik der Unternehmungsumwelt zurückzuführen [2]. Durch verschärfte Marktbedingungen in Form von kürzeren Produktlebenszyklen in Verbindung mit zunehmender Programmkomplexität erhöht sich einerseits die Menge zu verarbeitender Informationen, andererseits die Notwendigkeit schneller Entscheidungs- und Handlungsprozesse auf der Basis zielorientierter Informationen.

Die Folge ist eine Ausdehnung des informationsverarbeitenden Bereichs, die sich in einer steigenden Anzahl von Mitarbeitern mit informationsverarbeitenden Tätigkeiten (vgl. Abbildung 1) sowie in der Zunahme informationstechnologischer Unterstützung der personellen

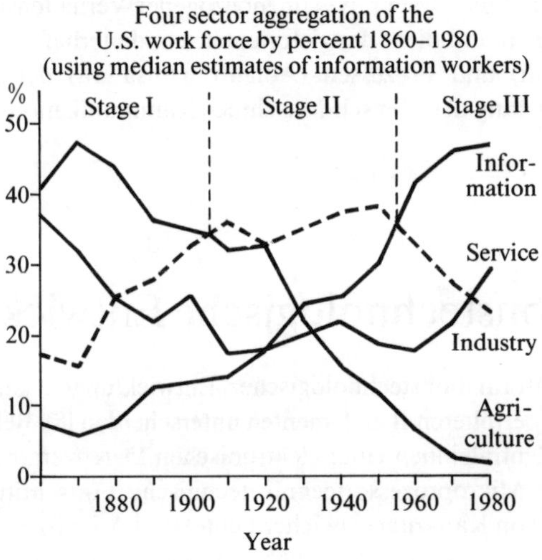

Abb. 1: Die drei klassischen volkswirtschaftlichen Sektoren und der Informationssektor [3]

Aufgabenträger niederschlägt. Diese Tendenz wird durch einen Blick auf die Marktentwicklung des informationstechnologischen Bereichs eindrucksvoll bestätigt: Die Installierung elektronischer Datenverarbeitungsanlagen begann in der Bundesrepublik Deutschland Ende der 50er Jahre [4]. Anfang 1985 waren bereits über 1,4 Millionen Anlagen im Gesamtwert von über 60 Milliarden DM installiert [5], wobei auch für die Zukunft mit beträchtlichen Wachstumsraten zu rechnen ist. Dies gilt insbesondere für den Mikrocomputerbereich, für den ein jährliches Wachstum von über 30 Prozent erwartet wird, ohne daß Anzeichen einer Marktsättigung erkennbar sind [6].

Neben Nutzeffekten wie zuverlässiger, schneller Verarbeitung großer Datenmengen, verursachen moderne Informationstechnologien auch zahlreiche Probleme: Akzeptanzbarrieren bei den Benutzern; Knappheit qualifizierten Personals; Mängel hinsichtlich Beherrschbarkeit, Datenschutz und -sicherheit, Fehlerhäufigkeit, -überprüfung, -beseitigung und -toleranz bei zunehmender Systemkomplexität etwa durch Vernetzung elektronischer Datenverarbeitungsanlagen.

In diesem Beitrag stehen organisatorische Probleme der Mensch-Maschine-Beziehung im Mittelpunkt. Ziel ist es, zentrale Entwicklungstendenzen im informationstechnologischen Bereich und damit einhergehender, insbesondere organisatorischer Konsequenzen und Probleme aufzuzeigen.

Es geht um Menschen als personelle Aufgabenträger, die vom Informationssystem und damit von der Informationstechnologie in der Unternehmung betroffen sind. Hierzu zählen Systemmanager, -spezialisten und -benutzer. Dabei stehen Systembenutzer im Vordergrund, da ihre Beziehung zur Informationstechnologie einem besonders starken Wandel unterworfen ist und aufgrund zunehmender Verfügbarkeit und Dezentralisierung informationsverarbeitender Sachmittel immer mehr an Bedeutung gewinnt.

Unter Maschinen wird hier die moderne Informationstechnologie verstanden. Sie wird sowohl im Produktionsbereich (zum Beispiel computergesteuerte Fertigungsanlagen) als auch im Verwaltungs- bzw. Bürobereich von Unternehmungen (zum Beispiel automatisierte Textverarbeitungssysteme) eingesetzt.

Organisation bezeichnet das System personenbezogener Verhaltensregeln und maschinenbezogener Funktionsregeln und dient der zielorientierten, dauerhaften Regelung von Strukturen (Aufbauorganisation) und Prozessen (Ablauforganisation) der Aufgabenerfüllung [7]. Dabei steht hier die Regelung der Mensch-Maschine-(Kommunikations-)Beziehungen im Mittelpunkt.

B. Informationstechnologische Entwicklungen

Bei der Betrachtung informationstechnologischer Entwicklungen kann man grundsätzlich zwischen zentralen und peripheren Bauelementen unterscheiden [8]. Bei den zentralen Bauelementen (zum Beispiel Zentraleinheit einer elektronischen Datenverarbeitungsanlage) wurden insbesondere durch die Mikroprozessortechnik technische Fortschritte erzielt, die zu einer wesentlichen Erhöhung von Kapazität (Speicherdichte) und Arbeitsgeschwindigkeit in Verbindung mit kostengünstiger Produktion geführt haben, während die Grundfunktionen (Durchführung der Rechenoperationen) praktisch nicht verändert wurden. Die Entwicklung der peripheren Bauelemente (insbesondere Mensch-Maschine-Schnittstellen) ist durch verstärkte Benutzerorientierung geprägt, die sich in zunehmender Kommunikationsfähigkeit und zunehmender Benutzerfreundlichkeit niederschlägt. Diese Tendenz ist auch erkennbar bei der Weiterentwicklung der Programmiersprachen: ausgehend von maschinenorientierten (zum Beispiel Assembler) über problemorientierte (zum Beispiel COBOL, FORTRAN) werden heute und vor allem in Zukunft mehr und mehr benutzerorientierte (natürliche) Programmiersprachen verwendet.

Im folgenden sollen die skizzierten, generellen informationstechnologischen Entwicklungstendenzen anhand einiger zentraler Beispiele aus dem Produktions- und Verwaltungsbereich von Unternehmungen verdeutlicht werden.

I. Produktion

Die informationstechnologische Unterstützung der Fertigung [9] setzte ein mit der Entwicklung numerischer Steuerungen insbesondere im Werkzeugmaschinenbau. Die ersten NC (Numerical Control)-Maschinen waren fest verdrahtet und hatten einen hohen Raumbedarf. Bei Umstellung der Produktion verursachten sie einen hohen Änderungsaufwand.

Halbleitertechnik in Verbindung mit Mikroprozessortechnik führten zur Miniaturisierung der Bauelemente und ermöglichten erhebliche Leistungssteigerungen. Auf dieser Grundlage entstanden CNC bzw. MCNC (Computerized Numerical Control bzw. Microcomputer Numerical Control)-Maschinen, die durch Kleinrechner bzw. Mikrocomputer numerisch gesteuert werden. Erfolgt die Steuerung durch ein universelles, erweiterungsfähiges Modular-System mit standardisierten Hardware- und Software-Bauteilen unter Verwendung leistungsfähiger Mikroprozessoren, so spricht man von Mehrprozessorsteuerungen (MPST).

Neben der eigentlichen Fertigung wird mehr und mehr eine Unterstützung weiterer Funktionen (zum Beispiel Konstruktion, Planung) angestrebt. Je nach Umfang der rechnerunterstützten Funktionen unterscheidet man:

- CAD (Computer-Aided-Design); EDV-gestützte Entwicklung und Konstruktion;
- CAP (Computer-Aided-Planning); EDV-gestützte Fertigungs- und Prüfvorbereitung;
- CAE (Computer-Aided-Engineering); EDV-Unterstützung von Ingenieuraufgaben im Sinne einer Zusammenfassung von CAD und CAP;
- PPC (Production Planning and Control); EDV-gestützte Dispositions- und Fertigungssteuerung;
- CAM (Computer-Aided-Manufacturing); EDV-Unterstützung/-Steuerung von Lager, Vorfertigung, Montage und Prüffeld.

Die Zusammenfassung der obengenannten Funktionen in einem integrierten Fertigungssystem wird als CIM bzw. CIAM (Computer-Integrated-Manufacturing bzw. Computer-Integrated and Automated Manufacturing) bezeichnet.

II. Verwaltung

Im Vergleich zum Fertigungsbereich konnte im Verwaltungs- bzw. Bürobereich trotz ebenfalls stark zunehmender Technisierung und Automatisierung die Produktivität nur in weit geringerem Maße gesteigert werden (vgl. Abbildung 2).

Das im Bürobereich vorhandene Rationalisierungspotential dürfte bei weitem noch nicht ausgeschöpft sein [10]. Man kann deshalb davon ausgehen, daß der Verwaltungsbereich bei zukünftigen Rationalisierungsvorhaben eine zentrale Rolle spielen wird.

Die Funktionen der Informationstechnologie im Verwaltungsbereich lassen sich einteilen in [11]

- Massendatenverarbeitung, die Mitarbeiter von Routineaufgaben entlasten soll und vorwiegend administrative Tätigkeiten umfaßt; hierzu gehören zum Beispiel Materialwirtschaft (etwa Bestellabwicklung), Zeitwirtschaft (Verrechnung von Arbeits- und Maschinenzeiten) und Rechnungswesen,
- entscheidungsvorbereitende Aufgaben zur Unterstützung der Mitarbeiter bei der Entscheidungsfindung zum Beispiel im Rahmen der Unternehmungsplanung [13],

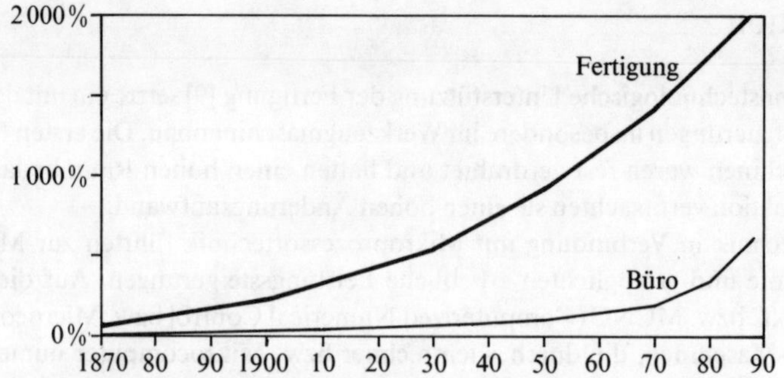

Abb. 2: Produktivitätsentwicklung im Fertigungs- und Bürobereich [13]

– Übernahme von Entscheidungsfunktionen, die allerdings nur bei strukturierten, programmierbaren Entscheidungsproblemen, wie etwa Bestelldisposition, möglich ist; bei schlechtstrukturierten, nicht programmierbaren Entscheidungen, wie sie insbesondere auf der Ebene der Unternehmungsleitung anfallen, kann von der Informationstechnologie lediglich eine entscheidungsunterstützende Funktion (etwa durch Informationsbereitstellung in einem stufenweisen Mensch-Maschine-Kommunikationsprozeß) erfüllt werden.

Betrachtet man die zentralen technologischen Entwicklungen im Verwaltungsbereich, so lassen sich drei Bereiche unterscheiden [14]:

– elektronische Datenverarbeitung
– automatisierte Textverarbeitung und
– Tele-/Bürokommunikation.

Die im Anfangsstadium in der Regel zentral auf einem (Groß-)Rechner durchgeführte elektronische Datenverarbeitung ist gekennzeichnet durch eine zunehmende Dezentralisierungstendenz und ein zunehmendes Funktionsspektrum. Insbesondere die Entwicklung und Vorbereitung arbeitsplatzorientierter Kleinrechner (Personalcomputer) verlagert die Erledigung elektronischer Datenverarbeitungsaufgaben immer stärker von der zentralen EDV-Abteilung in die einzelnen Anwendungsbereiche. Gleichzeitig wird das Anwendungsspektrum vor allem von Kleinrechnern ständig erweitert. Neben den »klassischen« Anwendungsgebieten wie Rechnungswesen, Personalwesen, Fakturierung und Auftragsabwicklung werden mehr und mehr auch dispositive Aufgaben wie etwa Budgetierung, Programmplanung, Fertigungssteuerung sowie branchenspezifische Problembereiche (Anwendungsnischen) wie zum Beispiel Rezeptabrechnung oder Wärmebedarfsplanung bearbeitet. Generell strebt man dabei eine zunehmende Integration unterschiedlicher Anwendungen an.

Im Gegensatz zur elektronischen Datenverarbeitung, bei der die Verarbeitung formatierter Daten (etwa Datensätze einer Kundendatei) im Mittelpunkt steht, werden im Rahmen der automatisierten Textverarbeitung vor allem unformatierte Daten (zum Beispiel individuelle Texte) verarbeitet. Die Geräte der automatisierten Textverarbeitung, die von der einfachen Speicherschreibmaschine bis hin zu Mehrplatz-Textsystemen reichen, dienen insbesondere der Unterstützung des Schreibvorganges, wobei mehr und mehr zusätzliche Sachbearbeiterfunktionen wie zum Beispiel Sortier- und Dateiverwaltungsaufgaben integriert werden. Teilweise wird automatisierte Textverarbeitung auch als Zusatzfunktion herkömmlicher elektronischer Datenverarbeitungsanlagen, die man um spezielle Hard- und Softwarebestandteile wie zum Beispiel Hochleistungsdrucker und Textverarbeitungsprogramm erweitert, durchgeführt.

Ein weiterer, zentraler Bereich technologischer Entwicklungen ist die Tele-/Bürokommunikation. Darunter wird die Informationsübermittlung über größere räumliche Entfernungen hinweg durch nachrichtentechnische Einrichtungen verstanden. Hierzu gehören (neue) Medien wie etwa (Bild-)Telefon, (Büro-)Fernschreiben, Fernkopieren und Bildschirmtext ebenso wie die zunehmende Vernetzung elektronischer Datenverarbeitungsanlagen und automatisierter Textsysteme zu Rechnernetzen bzw. Mehrplatzsystemen.

Die zunehmende Verwendung mikroelektronischer Bauelemente in der Nachrichtentechnik und die damit einhergehende Digitalisierungstendenz der bisher analogtechnisch ausgerichteten Informationsübertragung führt zu einer steigenden Integration von Informationsverarbeitung und -übertragung. Diese Integration wird als Compunication (computer + communication) [15] bezeichnet. Darüber hinaus wird das Funktionsspektrum informationstechnologischer Geräte ständig erweitert, was zu einer Zusammenfassung von Daten-, Text-, Bild- und Sprachverarbeitung in integrierten Bürosystemen mit Multifunktionsgeräten führt (zum Beispiel HICOM [16]).

C. Mensch-Maschine-Beziehung im Wandel

Im Hinblick auf die Mensch-Maschine-Beziehung und ihre organisatorische Gestaltung sind vor allem drei grundsätzliche Gesichtspunkte von zentraler Bedeutung:

- »Heranrücken« der »Maschine« (Informationstechnologie) an den »Menschen« (insbesondere Benutzer) durch steigende Dezentralisierung computergestützter Informationssysteme und damit Übergang von indirekter (über Systemspezialisten) auf direkte Mensch(Benutzer)-Maschine-Kommunikation;
- zunehmende maschinelle Kommunikationsmöglichkeiten (Gerätevernetzung, Telekommunikation) und
- zunehmende maschinelle Integration (Multifunktionsgeräte).

Abbildung 3 verdeutlicht die aufgezeigten Entwicklungstendenzen. Der schraffierte Bereich stellt im folgenden den Betrachtungsschwerpunkt dar, da hohe maschinelle Integration und Vernetzung in Verbindung mit direkter Mensch-Maschine-Kommunikation die langfristige Entwicklung der heutigen Industriegesellschaft zur Informationsgesellschaft [17] bestimmen werden (vgl. Abbildung 4).

In der (idealtypischen) Informationsgesellschaft kann »jeder mit jedem« auf verschiedene Weise kommunizieren (Daten, Text, Bild, Sprache). Informationen und deren Austausch stellen zentrale, gesellschaftsprägende Faktoren dar.

Entwicklungstendenz

Entwicklungstendenz

Verbindung Mensch-Maschine / maschinelle Integration und Vernetzung	indirekt	direkt
gering	z. B. herkömmliche zentrale EDVA	z. B. dezentrale elektronische Textverarbeitungsanlage (Standalone-Gerät; Insellösung)
hoch	z. B. zentrale, multifunktionale EDVA mit Anschluß an externe Datenbanken	z. B. Rechnernetz mit dezentralen, multifunktionalen Personalcomputern

EDVA = elektronische Datenverarbeitungsanlage

Abb. 3: Entwicklungstendenzen der Informationsverarbeitung und -übertragung

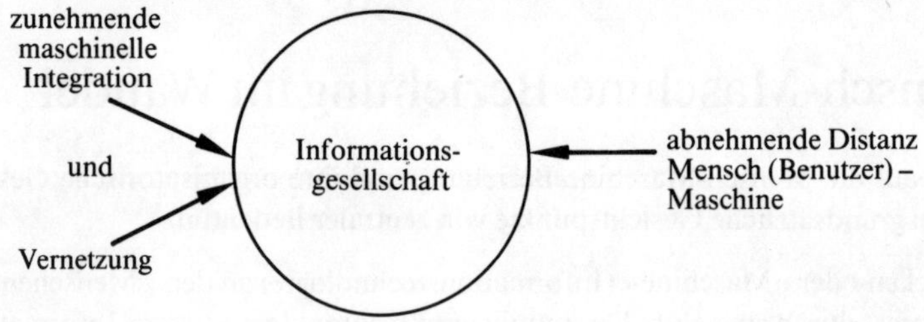

Abb. 4: Zentrale Einflußgrößen der Informationsgesellschaft

D. Organisatorische Konsequenzen und Probleme

Die aufgezeigten Entwicklungen führen zu teilweise gravierenden organisatorischen Konsequenzen und Problemen im personellen Bereich sowie in bezug auf Aufgabenstrukturen und -erfüllungsprozesse.

I. Personeller Bereich

Ein zentrales Problem im personellen Bereich ist die Einstellung der Benutzer gegenüber neuen Informationstechnologien [18]. Neue Systeme stoßen häufig (zumindest vorübergehend) auf Ablehnung. Dies ist insbesondere auf unsichere Erwartungen der Benutzer hinsichtlich der Auswirkungen neuer Technologien etwa auf die Beschäftigungssituation (Gefahr von Personalabbau), die Neugestaltung von Arbeitsprozessen und -strukturen und damit unter Umständen einhergehender Statusveränderungen zurückzuführen. Zur Erhöhung der Benutzerakzeptanz ist deshalb von zentraler Bedeutung, daß die Betroffenen rechtzeitig über anstehende Änderungen informiert werden (zum Beispiel durch Einrichtung von Informationsgruppen), an der Systemgestaltung beteiligt sind und dadurch auch von den Systemspezialisten häufig vernachlässigte, soziale Aspekte in die Gestaltung einfließen [19]. Darüber hinaus wird die Akzeptanz durch hohe Benutzerfreundlichkeit der eingesetzten Geräte und intensive Einarbeitung unterstützt.

In engem Zusammenhang mit dem Problem der Benutzereinstellung steht das Problem veränderter Personalanforderungen und -strukturen durch neue Informationstechnologien. Die Bedienung informationsverarbeitender Geräte (zum Beispiel Kleinrechner am Arbeitsplatz) stellt höhere Ansprüche an die Qualifikation der Mitarbeiter (was jedoch mit zunehmender Benutzerfreundlichkeit der Geräte gemildert wird). Hinzu kommt, daß administrative Tätigkeiten zunehmend durch Sachmittel erledigt werden, was zum Abbau von Hilfskräften (zum Beispiel Registratur, teilweise auch Schreibdienst) führt.

II. Aufgabenstrukturen und -erfüllungsprozesse

Die steigende Verbreitung informationsverarbeitender und -übertragender Technologien fördert eine ganzheitliche Gestaltung von Aufgabenstrukturen und -prozessen. Durch Zusammenfassung unterschiedlicher Teilaufgaben entstehen integrierte Strukturen: so werden zum Beispiel im Fertigungsbereich Konstruktion und Fertigung zusammengefaßt; im Verwaltungsbereich ermöglicht die verbesserte Informationsbasis eine verstärkte Kundenorientierung, die sich in einer »ganzheitlichen« Betreuung eines Kunden durch *eine* Stelle und der damit verbundenen Verlagerung von Umweltkomplexität in die Unternehmung niederschlagen kann.

Die zunehmende Ganzheitlichkeit der Aufgabenerledigung bedingt eine Umverteilung von Informationspotentialen und -zugang [20]. Informationen müssen den Aufgabenträgern auf breiterer Basis als bisher verfügbar sein. Dies wird vor allem durch on-line-Anschluß dezentraler Geräte an zentrale Speicher bzw. dezentrale Datenspeicherung erreicht. Je komplexer jedoch die Systeme werden, desto schwieriger werden Datenschutz und -sicherung [21]. Während sich bei zentraler Informationsverarbeitung (zum Beispiel herkömmliches Rechenzentrum) die Datenschutz- und -sicherungsmaßnahmen auf einen räumlich und personell klar abgegrenzten Unternehmungsbereich beschränken, bestehen für dezentrale Geräte wegen der schwieriger kontrollierbaren Gerätebenutzung weitaus mehr Gefahrenquellen. Das erfordert vor allem entsprechende Zugangsbeschränkungen (zum Beispiel über Identifikationsnummern) und eine klare, eindeutige Verteilung der (Geräte-)Zuständigkeiten in der Unternehmung.

Auch die Systempflege gestaltet sich mit zunehmender Integration und Vernetzung immer schwieriger. Denn die Aktualisierung des Systems bzw. die Beseitigung entdeckter Fehler (zum Beispiel in der Anwendungssoftware) läßt sich bei integrierten Systemen in der Regel nicht auf einen Teilbereich des Systems beschränken, sondern hat Folgewirkungen auf andere Bereiche. Dadurch entstehen bei der Behebung eines Fehlers häufig neue Fehler. Hier stellt sich die Frage, inwieweit zwar erkannte, jedoch aufgrund der Systemintegration schwer behebbare Systemfehler toleriert werden müssen (Fehlertoleranzschwelle), um eventuell noch größeren Schaden zu vermeiden.

Eng mit den genannten Problemen der Fehlerbeseitigung bzw. -tolerierung verknüpft ist das Problem der Beherrschbarkeit zunehmend komplexer Systeme. Je weiter Systemintegration und -vernetzung fortschreiten, desto schwieriger wird es, die Systeme zu überschauen, zu steuern und zu kontrollieren. Um der Gefahr einer unter Umständen entstehenden Eigendynamik zu begegnen, erscheint eine »Modularisierung von Verantwortung bzw. Zuständigkeitsbereichen« notwendig. So wird zum Beispiel die Verantwortung für dezentral plazierte Geräte von der zentralen EDV-Abteilung auf die Benutzer in den Anwendungsbereichen verlagert. Gleichzeitig erfordert jedoch die zunehmende Geräteintegration und -dezentralisierung die Einrichtung einer übergeordneten Stelle bzw. Abteilung mit koordinierender, steuernder Funktion (Informationsmanager bzw. Informationszentrum) [22].

Im Hinblick auf die fachbezogene Kompetenzverteilung der Benutzer ist festzustellen, daß zunehmende Dezentralisierung der Systeme einerseits eine erhöhte Entscheidungsdezentralisation (allerdings in Verbindung mit einem erhöhten Organisationsgrad aufgrund zunehmender Aufgabenprogrammierung) ermöglicht. Andererseits steigen aufgrund zunehmender Gerätevernetzung die zentralen Kontrollmöglichkeiten.

Unter Wirtschaftlichkeitsgesichtspunkten ist zu beachten, daß durch die zunehmende Verlagerung der Informationstechnologie in die Benutzerbereiche der Nutzungsgrad der informationsverarbeitenden und -übertragenden Sachmittel sinkt. Denn während im zentralen Rechenzentrum ein Gerät von mehreren Personen, unter Umständen im Mehrschichtbetrieb genutzt werden kann, ist insbesondere der Verwaltungsbereich durch den zunehmenden Einsatz »persönlicher Geräte« (zum Beispiel Personalcomputer) und »Einschicht«-Betrieb in Verbindung mit rückläufigen Arbeitszeiten geprägt. Eine positive, wenn auch untergeordnete Wirkung auf die Wirtschaftlichkeit des Informationsaustausches ist vom Ersatz persönlicher Kommunikation durch technische (zum Beispiel Telekonferenzen) zu erwarten [23]. Allerdings steht dem wirtschaftlichen Vorteil die Verringerung persönlicher Kontakte gegenüber.

Die skizzierten Konsequenzen und Problembereiche sind nicht isoliert, sondern im Zusammenhang zu sehen. Entsprechend erfordert eine Lösung der aufgezeigten Probleme auch immer eine integrative Sichtweise, die unter Beachtung der bestehenden, individuellen situativen Gegebenheiten einen Ausgleich unterschiedlicher Ansprüche und Notwendigkeiten anstrebt.

Anmerkungen

1 Vgl. *Hoffmann* (Informationssysteme) S. 1.
2 Vgl. *Hoffmann* (Führungsorganisation I) S. 102 ff. und (Führungsorganisation II) S. 30 ff.; vgl. zu diesem Problemkreis auch *Bleicher* (Perspektiven) S. 24 ff.; *Ulrich* (Unternehmungspolitik) S. 64 ff.
3 Entnommen aus *Szyperski/Eschenröder* (Information) S. 21.
4 Vgl. hierzu *Hoffmann* (Einsatzplanung).
5 Vgl. *Diebold Deutschland GmbH* (Report, 2/1985) S. 6 ff.; die genannten Zahlen beinhalten elektronische Datenverarbeitungsanlagen aller Größenklassen, vom Homecomputer bis zur Großrechenanlage.
6 Vgl. *o. V.* (Mikrocomputer) S. 204; vgl. hierzu auch *Diebold Deutschland GmbH* (Report, 2/1985) S. 3 ff.
7 Vgl. *Kosiol* (Organisation) S. 15 ff. und S. 32; *Grochla* (Organisationstheorie) S. 1797; vgl. hierzu auch *Grochla* (Entwicklung) S. 2 ff.; *Hoffmann* (Organisationsforschung) S. 57 ff.; *Hoffmann* (Organisation) S. 1428.
8 Vgl. hierzu und zum folgenden *Hansen* (Wirtschaftsinformatik) S. 27 ff. und S. 161 ff.; *Hoffmann* (Informationssysteme) S. 58 ff.
9 Vgl. hierzu und zum folgenden *Hedrich* u.a. (Fertigungstechnik) S. 10 ff.; *Hoffmann* (Informationssysteme) S. 9; *Bühner* (Innovation) S. 34.
10 Vgl. *o. V.* (Bürotechnik) S. 30.
11 Vgl. zum folgenden *Hoffmann* (Informationssysteme) S. 2 f.
12 Vgl. zu diesem Problemkreis *Hahn* (Kontrollrechnung) S. 43 ff.
13 Entnommen aus *o. V.* (Bürotechnik) S. 30.
14 Vgl. zum folgenden *Hoffmann* (Informationssysteme) S. 200 ff.

15 Vgl. *Witte*(Kommunikationssysteme) S. 430ff.
16 HICOM (High Communication) ist ein neues Multifunktions-Kommunikationssystem der Siemens AG; vgl. hierzu *Siemens AG*(HICOM).
17 Vgl. *Schneider*(Informatik) S. 266.
18 Vgl. hierzu *Kieser*(Kommunikation) S. 140ff.
19 Vgl. hierzu *Mumford/Welter*(Benutzerbeteiligung).
20 Vgl. *Kieser*(Kommunikation) S. 131.
21 Vgl. hierzu *Hoffmann*(Informationssysteme) S. 121ff.
22 Vgl. hierzu *Hoffmann*(Informationssysteme) S. 161.
23 Vgl. hierzu *Hoffmann*(Informationssysteme) S. 205f.

Literaturverzeichnis

Bleicher, K. (Perspektiven): Perspektiven für Organisation und Führung von Unternehmungen. Baden-Baden – Bad Homburg 1971.
Bühner, R. (Innovation): Technische Innovation in der Produktion durch organisatorischen Wandel. In: Zeitschrift Führung + Organisation, 54. Jg., 1985, S. 33–39.
Diebold Deutschland GmbH (Hrsg.) (Report, 2/1985): Diebold Management Report, 2/1985.
Grochla, E. (Hrsg.) (Entwicklung): Entwicklung und gegenwärtiger Stand der Organisationstheorie. In: *Grochla,* E. (Hrsg.): Organisationstheorie, 1. Teilband. Stuttgart 1975, S. 2–32.
Grochla, E. (Hrsg.) (Handwörterbuch): Handwörterbuch der Organisation. 2. Aufl., Stuttgart 1980.
Grochla, E. (Hrsg.): Organisationstheorie, 1. Teilband. Stuttgart 1975.
Grochla, E. (Organisationstheorie): Organisationstheorie. In: *Grochla,* E. (Hrsg.): Handwörterbuch der Organisation. 2. Aufl., Stuttgart 1980, Sp. 1795–1814.
Hahn, D. (Kontrollrechnung): Planungs- und Kontrollrechnung. Wiesbaden 1974.
Hansen, H. R. (Wirtschaftsinformatik): Wirtschaftsinformatik I. 4. Aufl., Stuttgart – New York 1983.
Hedrich, P. u. a. (Fertigungstechnik): Flexibilität in der Fertigungstechnik durch Computereinsatz. München 1983.
*Hoffmann,*F. (Einsatzplanung): Die Einsatzplanung elektronischer Rechenanlagen in der Industrie. München 1961.
Hoffmann, F. (Führungsorganisation I): Führungsorganisation, Band I, Stand der Forschung und Konzeption. Tübingen 1980.
Hoffmann, F. (Führungsorganisation II): Führungsorganisation, Band II, Ergebnisse eines Forschungsprojektes. Tübingen 1984.
Hoffmann, F. (Informationssysteme): Computergestützte Informationssysteme – Einführung für Betriebswirte. München 1984.
Hoffmann, F. (Organisation): Organisation, Begriff der. In: *Grochla,* E. (Hrsg.): Handwörterbuch der Organisation. 2. Aufl., Stuttgart 1980, Sp. 1425–1431.
Hoffmann, F. (Organisationsforschung): Entwicklung der Organisationsforschung. 3. Aufl., Wiesbaden 1976.
Kieser, H.-P. (Kommunikation): Mensch-Maschine-Kommunikation in Organisationen. Diss. Mannheim 1973.
Kosiol, E. (Organisation): Organisation der Unternehmung. 2. Aufl., Wiesbaden 1976.
Mumford, E./ *Welter,* G. (Benutzerbeteiligung): Benutzerbeteiligung bei der Entwicklung von Computersystemen. Berlin 1984.
O. V. (Bürotechnik): Markt in Zahlen – Produktivität im Büro durch den Einsatz neuer Bürotechnik. In: Office Management, 1, 1985, S. 30f.
O. V. (Mikrocomputer): Markt in Zahlen – Mikrocomputer im Aufwind. In: Office Management, 3, 1985, S. 204f.
Schneider, H.-J. (Hrsg.) (Informatik): Lexikon der Informatik und Datenverarbeitung. München 1983.
Siemens AG (Hrsg.) (HICOM): ISDN im Büro – HICOM. Berlin – München 1985.
Szyperski, N./ *Eschenröder,* G. (Information): Information-Ressource-Management. In: *Kay,* R. (Hrsg.): Management betrieblicher Informationsverarbeitung. München 1983, S. 11–37.
Ulrich, H. (Unternehmungspolitik): Unternehmungspolitik. Bern – Stuttgart 1978.
Witte, E. (Kommunikationssysteme): Die organisatorische Verknüpfung von Informations- und Kommunikationssystemen. In: Zeitschrift für Organisation, 49. Jg., 1980, S. 430–438.

Heiner Müller-Merbach *

Betriebswirtschaftslehre nach dem Jahr 2000

* Prof. Dr. *Heiner Müller-Merbach*, Universität Kaiserslautern, Betriebswirtschaftslehre/Operations Research.

A. Manager und Wissenschaftler vor dem Einzug der neuen Informations- und Kommunikationstechnologien

I. Was tut ein Manager?

Er *verarbeitet Information* und *führt Menschen.* [1] Beides wird sich durch die neuen Informations- und Kommunikationstechnologien (IKT) wandeln, das erste bis ins Innere hinein, also grundsätzlich, umfassend und umwälzend, das zweite äußerlich, also in seiner technischen Peripherie.

Ein Manager wird mit *Information* überschüttet. Seine Mitarbeiter und er filtern das am wichtigsten Erscheinende heraus. Sie verarbeiten die Information, verdichten sie, werten Zeitreihen aus, beobachten Trends, bilden Verhältnisse, vergleichen Ist-Werte mit Soll-Werten, setzen Soll-Werte. Sie speichern, übermitteln und transformieren Information. Das bildet die Basis für *Entscheidungen,* die ebenfalls in Form von Information durch die Unternehmung fließen. Die Entscheidungen werden gewöhnlich auf der Basis *unvollkommener* Information getroffen, da zusätzlicher Informationsbedarf nicht oder nur mit unvertretbarem Aufwand oder nicht termingerecht gedeckt werden kann.

Die Arbeit mit Information ist der *eine* Aufgabenbereich. Der *andere* betrifft die Menschenführung. Manager haben mit Menschen innerhalb und außerhalb der Unternehmung zu tun. Sie müssen mit ihnen reden, sie anhören, auf sie einwirken, sie beeinflussen, sie überzeugen, sie informieren, sie motivieren, sie ermuntern, sie warnen, sie bremsen, ihren Rat hören und ihnen Rat geben, sie loben und tadeln, ihnen Selbständigkeit zumessen, aber auch für sie und ihre Fragen verfügbar sein.

Das ist der *andere* Aufgabenbereich des Managers. Beide sind eng miteinander verflochten.

Beide Aufgabenbereiche werden sich durch die neuen *Informations- und Kommunikationstechnologien* (IKT) verändern. Diese Veränderung muß vorbereitet werden durch die Wissenschaftler der Betriebswirtschaftslehre (BWL).

II. Was tut ein Wissenschaftler der BWL?

Er beobachtet, mißt und wertet Fakten aus. Er vergleicht, sucht Gesetzmäßigkeiten, formuliert Hypothesen und entwickelt Theorien. Er systematisiert, ordnet und entwirft Strukturen. Er konzipiert Planungsmodelle, gestaltet Zukunftsbilder der Unternehmung und räsoniert über die wissenschaftstheoretische Position des Faches.

Die Tätigkeiten des Wissenschaftlers werden sich ebenfalls unter dem Einfluß der IKT fundamental wandeln, und zwar einerseits *unmittelbar* durch die neuen Möglichkeiten der Informationsverarbeitung, andererseits *mittelbar* durch die neuen Gegebenheiten und Aufgaben in der Unternehmungspraxis. Erstens unterliegen also die *Mittel* der Wissenschaftler einer Veränderung. Zweitens verändert sich der *Gegenstand* der Wissenschaft, nämlich die Unternehmungen.

Darüber hinaus verändert sich der *Rhythmus* der technologischen Entwicklung.

Die bisherige Entwicklung der IKT hat sich zwar rasch, dennoch im Vergleich zur Zukunft eher gemächlich vollzogen. Dabei hinkten die Anwendungswissenschaften der technologischen Entwicklung weitgehend hinterher, wenn auch der Anschluß der BWL an die IKT noch funktioniert hat. Hier kommen neue Aufgaben auf die BWL zu. Die voraussichtlich deutlich stürmischere Entwicklung der IKT in der Zukunft verlangt nach einem starken *Vorausdenken* und *Vorausplanen* innerhalb der BWL. Diesbezüglich wird von den Wissenschaftlern des Faches in Zukunft mehr erwartet werden als in der Vergangenheit. Wird diese Herausforderung bewältigt werden?

B. Die Betriebswirtschaftslehre vor der neuen Herausforderung

Eine neue Computergeneration ist ante portas. Sie ist durch den Begriff »*Wissens*verarbeitung« [2] gekennzeichnet. Diese geht weit über die herkömmliche *Daten*verarbeitung oder *Informations*verarbeitung hinaus. Die Computergeneration der Wissensverarbeitung ist gekennzeichnet durch

- *Datenbanksysteme* mit gewaltigen Speicherkapazitäten und
- intelligente Wissensverarbeitung im Sinne der *»künstlichen Intelligenz«* (Artificial Intelligence) und der *»Expertensysteme«* [3]

mit einer gewaltigen Vielseitigkeit der Auswertung und Verknüpfung von Wissen.

Wissen ist heute ein *Attribut der Menschen,* der *Individuen*. Das betrifft sowohl

- das *epistemische* Wissen, also die Kenntnis über Dinge der Lebenswelt und deren Zusammenhänge, als auch
- das *heuristische* Wissen, also die Kenntnis von Methoden, mit denen das epistemische Wissen verarbeitet werden kann.

Der Mensch verfügt über beide Wissensarten in inniger Verschmelzung. Auch die Ausbildungsprogramme vermitteln beide Wissensarten, wobei etwa in einem Geschichtsstudium das epistemische Wissen, in einem Mathematikstudium das heuristische Wissen dominiert.

Wissenslücken werden heute durch Literaturrecherchen aufgefüllt, sowohl im Bereich des epistemischen als auch des heuristischen Wissens. Das ist mühevoll. Es kommt hinzu, daß das heuristische Wissen heute nicht nur *funktional,* sondern auch *prozedural* (s.u.) beherrscht werden muß, wobei das Erlernen der prozeduralen Details aufwendig ist.

Die elektronische Wissensverarbeitung der Zukunft wird die Mühsal verringern und die intellektuelle Leistungskraft des Menschen für höhere Aufgaben freisetzen. Bestimmte Formen von Wissen werden von den Computern der Wissensverarbeitung abrufbar sein. Die Computer werden auch die *prozedurale* Durchführung der Wissensverarbeitung übernehmen, so daß der Mensch die Methoden der Wissensverarbeitung nur noch *funktional* beherrschen muß.

Wann ist das VW-Werk gegründet worden? Die Geschichte der Siemens AG? Der Umsatz von BASF in den letzten zwanzig Jahren? Die Umstrukturierungen der COOP seit Gründung? Das Grundkapital der Großbanken in den Jahren 1960, 1970, 1980? Die Ertragsentwicklung von Neue Heimat? Heute ist es mühevoll, diese Fakten alle zu beschaffen. In Zukunft wird das alles *von einem einzigen Terminal aus* verfügbar zu machen sein.

Das durchschnittliche jährliche Umsatzwachstum der Chemie seit 1950? Die Exportquoten in ausgewählten Zweigen des Maschinenbaus seit 1960? Der statistisch signifikante Einfluß von Kriegstätigkeiten der Welt auf bestimmte Industriezweige? Die Lorenzkurve nach Umsatz, nach Bilanzsumme, nach Eigenkapital bzw. nach Beschäftigten für die gesamte deutsche Industrie bzw. für bestimmte Rechtsformen (z. B. AG) und für bestimmte Branchen? Der jährliche Stromverbrauch in Abhängigkeit vom Bruttosozialprodukt, von der Industrieproduktion, von der Bevölkerungszahl, vom Wetter, vom Ölpreis etc.? Wie mühselig ist das alles heute! Alle diese Zusammenhänge werden sich künftig durch *Computer der Wissensverarbeitung* per Terminal berechnen lassen, ohne daß dazu besondere Programmierarbeiten durch den Benutzer erforderlich sind.

Welche Produktionsfunktionsmodelle sind entwickelt worden? Wer hat dazu welche Beiträge geleistet? Wie hat sich dieses Gebiet historisch entwickelt? Unter welchen Begriffen treten Produktionsfunktionen in der Industriepraxis auf (Stücklisten, Gozinto-Graph, Arbeitspläne, Rezepturen, ...)? Welches sind die Grundkonzepte der verschiedenen Produktionsfunktionen? Die Literatur zur Produktionstheorie ist heute so umfassend, daß eine Einarbeitung in dieses Gebiet und die Gewinnung eines umfassenden Überblicks einige Monatsmühen erfordern kann. Die *Computer der Wissensverarbeitung* werden uns helfen und uns einen schnellen Zugang zu der von uns relevanten Information verschaffen.

Wie hängen verschiedene Datenmengen statistisch miteinander zusammen? Heute bedürfen wir einer vertieften Kenntnis der sog. »multivariablen Verfahren« der Statistik (Regressionsanalyse, Korrelationsrechnung, Cluster-Analyse, Diskriminanzanalyse, Faktorenanalyse, Varianz- und Covarianzanalyse, multidimensionale Skalierung etc.), unter denen wir auszuwählen haben und die wir dann auch auf unsere Daten anwenden müssen. Wir müssen heute diese Verfahren noch sowohl *funktional* (im Sinne von: welche Aussage lassen die Ergebnisse zu, welche Anforderungen werden an die Eingabedaten gestellt?) als auch *prozedural* (im Sinne von: welche Rechenoperationen sind im einzelnen durchzuführen?) beherrschen. Wir müssen also die Algorithmen in allen Schritten kennen. Die *Computer der Wissensverarbeitung* werden uns wesentlich entlasten und vor allem die prozeduralen Einzelheiten selbständig verwalten. Die Benutzer werden mit prozeduralen Details überhaupt nicht mehr belastet werden. Die Rechnungen werden völlig autonom ablaufen. Die Computer werden uns sogar bei der Auswahl der geeigneten Verfahren beraten können.

C. Die intellektuelle Herausforderung: Mensch-Computer-Tandems

Mit den Computern der Wissensverarbeitung werden sich die *Anforderungen* an die *menschliche Intelligenz* wandeln.

Der Mensch wird nicht mehr so viel epistemisches Wissen wie heute zu speichern haben, sondern er muß verstehen, sich das in den Computern der Wissensverarbeitung gespeicherte epistemische Wissen verfügbar und nutzbar zu machen. Der Mensch braucht auch nicht mehr die *prozeduralen* Details der Methoden der Wissensverarbeitung zu beherrschen, sondern er braucht die Methoden nur *funktional* zu verstehen. Das schafft ihm Freiheit, eine größere Vielfalt von Methoden im mentalen Zugriff zu haben. Das Wissen wird also geteilt werden zwischen den Menschen und den Computern. Intelligenz wird nicht mehr ein isolierbares

Attribut der Menschen sein, sondern das Attribut von *Mensch-Computer-Tandems.* [4] Das erinnert ein wenig an Kurt Kusenbergs Kurzgeschichte »Geteiltes Wissen« [5], in der zwei Zwillingsbrüder ein Lexikon jeweils etwa zur Hälfte beherrschen, keiner aber irgend etwas aus dem jeweils anderen Teil des Lexikons weiß, von der »Überlappungszone K bis L« abgesehen. Nur wird zwischen dem Menschen und dem Computer das Wissen nicht willkürlich wie bei der Teilung eines Lexikons aufgespalten, sondern es werden solche Wissensarten an den Computer übergeben, die er effizienter verarbeiten kann als der Mensch und die er dem Menschen anforderungsgerecht wieder verfügbar machen kann.

Ist das beunruhigend? Für einige sicher! Manche werden entsetzt sein beim Gedanken an diese Zukunft. Andere werden das als intellektuelle Herausforderung empfinden und sich auf diese Zukunft vorbereiten und sie mitgestalten.

Es kommt auf uns selbst an, wie wir die Zukunft empfinden *wollen.* Es ist unsere freie Entscheidung, ob wir die Zukunft negativ, als Bedrohung, oder positiv, als Herausforderung, empfinden. Der *aufgeklärte Mensch* [6] ist sich dieser Freiheit bewußt, seine Einstellung zu, seine Meinung über, seine Vorstellung von, seine Empfindung gegenüber der Lebenswelt zu bilden. Die Stoiker haben das sehr plastisch zum Ausdruck gebracht. So schreibt Epiktet [7] (um 50 bis ca. 138 n. Chr.):

> *»Verwechsle nicht die Dinge mit deinen Vorstellungen!*
> Nicht die Dinge selbst beunruhigen die Menschen, sondern die Vorstellungen von den Dingen ...
> Wenn wir also unglücklich, unruhig oder betrübt sind, wollen wir die Ursache nicht in etwas anderem suchen, sondern in uns, das heißt in unsern Vorstellungen. Der Ungebildete macht andern Vorwürfe, wenn es ihm übel ergeht. Der philosophische Anfänger macht sich selber Vorwürfe. Der wahrhaft Gebildete tut weder das eine noch das andere.«

Und [8]:

> »Von den Dingen hat Gott die einen in unsere Gewalt gegeben, die andern nicht. In unserer Gewalt gab er das Herrlichste und Erhabenste, wodurch er selbst glückselig ist: den Gebrauch der Vorstellungen. Wenn wir sie recht gebrauchen, bedeutet das für uns ein freies, leichtes, heiteres, beständiges Dasein; es bedeutet Recht, Gesetz und Selbstbeherrschung, überhaupt jede Tugend.«

Und der Stoiker und römische Kaiser Marc Aurel (121 bis 180 n. Chr.) sagt uns [9]:

> »Die Zukunft darf dich nicht beunruhigen; wenn es nötig werden sollte, wirst du ja an sie im Besitz derselben Vernunft herankommen, die du jetzt gegenüber der Gegenwart gebrauchst.«

Und [10]:

> »Halte deine Fähigkeit, dir Meinungen zu bilden, in Ehren ...«

Die Computergeneration der *Wissens*verarbeitung *wird kommen* und wird den Menschen die intellektuelle Arbeit erleichtern, gleichzeitig sie freimachen für eine effizientere Nutzung ihrer geistigen Fähigkeiten. Wie das im einzelnen aussehen wird, ist abzuwarten, die Grundtendenz ist jedoch zu erkennen. Es liegt in der Macht jedes einzelnen, über seine eigene Einstellung zu der elektronischen Wissensverarbeitung zu entscheiden. Er sollte ehrlicherweise und unter Einbeziehung dessen, was uns die Stoiker gelehrt haben, nicht sagen »Die elektronische Wissensverarbeitung *ist* böse und unmenschlich!«, sondern »*Ich empfinde* sie als böse und unmenschlich.« bzw. nicht sagen »Die elektronische Wissensverarbeitung *bringt* das Paradies der Menschheit!«, sondern »*Ich glaube,* sie bringt das Paradies der Menschheit.« Er sollte also in seiner Sprache deutlich machen, ob er über die Dinge dieser Welt oder über seine Vorstellungen von ihnen spricht. Es ist in die Gewalt eines jeden gelegt, seine eigene Meinung zu den neuen IKT zu bilden. Dieser großartigen Freiheit muß man sich bewußt sein.

D. Die fachliche Vorbereitung auf die Computer der Wissensverarbeitung

Je schneller sich die Informatik und die Leistungsfähigkeit der Computer entwickelt haben, desto weiter scheinen die *Anwendungs*wissenschaften – und darunter insbesondere die der *Gesellschafts*wissenschaften – hinter den technischen Möglichkeiten zurückzuhängen. Die Anwendungswissenschaften waren häufig überhaupt nicht auf die neuen Möglichkeiten der Informationsverarbeitung vorbereitet. Daher gerieten sie – sofern die neuen Technologien nicht wie in den *Rechts*wissenschaften *völlig ignoriert* wurden – in einen zeitlichen *Rückstand* gegenüber der technologischen Entwicklung. Das ist unbefriedigend und wird mit zunehmender Entwicklungsgeschwindigkeit der IKT wettbewerbspolitisch immer gefährlicher.

Ist es gesellschaftspolitisch günstig, daß sich die Anwendungswissenschaften – wie bisher – von der Entwicklung der IKT schieben lassen (technological push), oder wäre es nicht besser, wenn die Anwendungswissenschaften mit Anforderungen an die IKT heranträten und einen starken Zug auf deren Entwicklung ausübten (technological pull)? [11]

Sollten nicht besser aus den Anwendungswissenschaften Erwartungen – und zwar realistische Erwartungen – an die Computer der Zukunft formuliert und somit die Informationstechnologie gefordert werden? Das gilt insbesondere für die Betriebswirtschaftslehre, denn ein großer Teil der Computer wird heute für *betriebswirtschaftliche* Informationsverarbeitung eingesetzt und wird auch in der Zukunft *betriebswirtschaftlichen* Zwecken dienen. Es ist noch nicht zu spät, aus der Sicht der Betriebswirtschaftslehre die Anforderungen an die Computer der Wissensverarbeitung zu formulieren. Zumindest sollte aber die Betriebswirtschaftslehre schon jetzt strukturell auf die neue Computergeneration eingestellt werden. Das bedeutet eine solche Aufbereitung der Gegenstände und Methoden des Faches, daß sie den Möglichkeiten der maschinellen Wissensverarbeitung weitestgehend entgegenkommen. Das ist eine umfassende Aufgabe. Sie erfordert eine Re-Konstruktion zahlreicher Begriffe. [12] Sie macht die Schaffung einer umfassenden systematischen Struktur des Faches erforderlich. Es geht dabei im wesentlichen um eine *Informationsorientierung* [13] des Faches.

Die Hauptaufgabe liegt dabei im *Ordnen* oder *systematischen Strukturieren* von *Information.* Sie läßt sich in die folgenden vier Teilaufgaben zerlegen:

- Informationsstrukturierung der Unternehmung
- Informationsstrukturierung der überbetrieblichen Informationssysteme
- Informationsstrukturierung des Fachwissens (des epistemischen Wissens)
- Zusammenfassung des Informationsverarbeitungsinstrumentariums (des heuristischen Wissens)

Diese vier Teilaufgaben werden im folgenden erörtert.

I. Informationsstrukturierung der Unternehmung

Im Mittelpunkt einer informationsorientierten Betriebswirtschaftslehre steht die *Informationsstruktur der Unternehmung*. Diese kann – als Aufgabe der Betriebswirtschaftslehre – in allgemeiner Form entwickelt werden. [14] Sie müßte für jede Unternehmung auf die spezifischen Gegebenheiten ausgerichtet werden. Das Ergebnis davon könnte sodann als Basis für ein umfassendes *Informationssystem der Unternehmung* dienen.

Analog dazu, wie etwa im Kontenrahmen eine allgemeine Struktur der Buchhaltungskonten vorgegeben ist, oder dazu, wie in der Produktions- und Kostentheorie der allgemeine mengenmäßige und kostenmäßige Zusammenhang zwischen Produktionsfaktoren und Produkten dargestellt ist, würde in einer informationsorientierten Betriebswirtschaftslehre die Informationsstruktur der Unternehmung allgemein dargestellt werden müssen.

Mit dem »Kölner Integrationsmodell« hat Grochla [15] schon 1974 eine umfassende allgemeine Basis für betriebliche Informationssysteme geschaffen. Dabei standen die Informationsverarbeitungs*abläufe* im Vordergrund, nicht so sehr jedoch die Informations*strukturen*. Durch die zwischenzeitlich rasch vorangeschrittene Entwicklung von Datenbanksystemen ist ein Wandel im Denken eingetreten. Heute würde man die Informationsstrukturierung gegenüber der Sammlung von Informationsverarbeitungsabläufen in den Vordergrund stellen.

Für die in einer Unternehmung arbeitenden Menschen stehen die *Informationen,* nicht aber die Informationsverarbeitungs*abläufe* im Mittelpunkt des Interesses – und zwar in unterschiedlicher Form je nach Arbeitsbereich. Für sie ist es in erster Linie wichtig, Information zu empfangen und die vorhandene Information abgeben zu können. Demgegenüber ist es für sie eher von sekundärer Bedeutung, auf welche Weise die Abläufe der Informationsverarbeitung organisiert werden.

Die »Informationsstrukturierung« als Aufgabe geht über die reine (additive) *Sammlung* von Information hinaus. Vielmehr ist die *Schaffung* eines Informations*zusammenhanges* gefragt.

Zur Schaffung des Informationszusammenhanges empfiehlt sich der *Objekttypen-Ansatz* von Wedekind. [16] Er führt unmittelbar auf den Einsatz *relationaler Datenbanken*.

Die Grundidee des Objekttypen-Ansatzes besteht darin, daß jede Information einen »Aufhänger« benötigt, wie er umgangssprachlich durch den *Genitiv* zum Ausdruck kommt, etwa wie folgt:

- Die Selbstkosten *des* Produktes
- Die Tarifgruppe *des* Mitarbeiters
- Der Restwert *der* Maschine
- Der Lagerbestand *des* Werkstoffes.

Dabei sind »Produkt«, »Mitarbeiter«, »Maschine« und »Werkstoff« *Objekttypen,* und zwar im Sinne des Sammelbegriffes für alle *einzelnen* Produkte, Mitarbeiter, Maschinen und Werkstoffe. Die »Selbstkosten«, die »Tarifgruppe«, der »Restwert« und der »Lagerbestand« sind die *Attribute* zu den jeweiligen Objekttypen. Für jedes einzelne Objekt erhält das jeweilige Attribut eine *Attributsausprägung*.

Die Begriffe des Objekttypen-Ansatzes hängen wie folgt zusammen:

Objekttyp	Attribut
Objekt	Attributsausprägung

Selbstkosten ist also ein *Attribut* des Objekttyps PRODUKT, der Selbstkostenbetrag von DM 523,40 dagegen die Attributs*ausprägung* für das Produkt XY.

Zahlreiche Attribute hängen *zwischen* verschiedenen Objekttypen. Beispielsweise enthalten die Daten des *Arbeitsplans* Information darüber, wieviel Personal und welche Maschinen wie lange für eine Mengeneinheit eines jeden Produktes benötigt werden. Zum »Aufhängen« von solchen Attributen hat Wedekind den Begriff des *komplexen Objekttyps* geprägt, den er neben den – bisher behandelten – *elementaren Objekttyp* stellt. In der späteren Skizze werden elementare Objekttypen durch *Kreise*, komplexe Objekttypen durch *Ellipsen* repräsentiert.

Die Abhängigkeiten zwischen den Objekttypen lassen sich zweckmäßig in *Objekttypen-Zusammenhangsgraphen* skizzieren. Die Attribute werden in *Objekttypen-Attributstabellen* verwaltet.

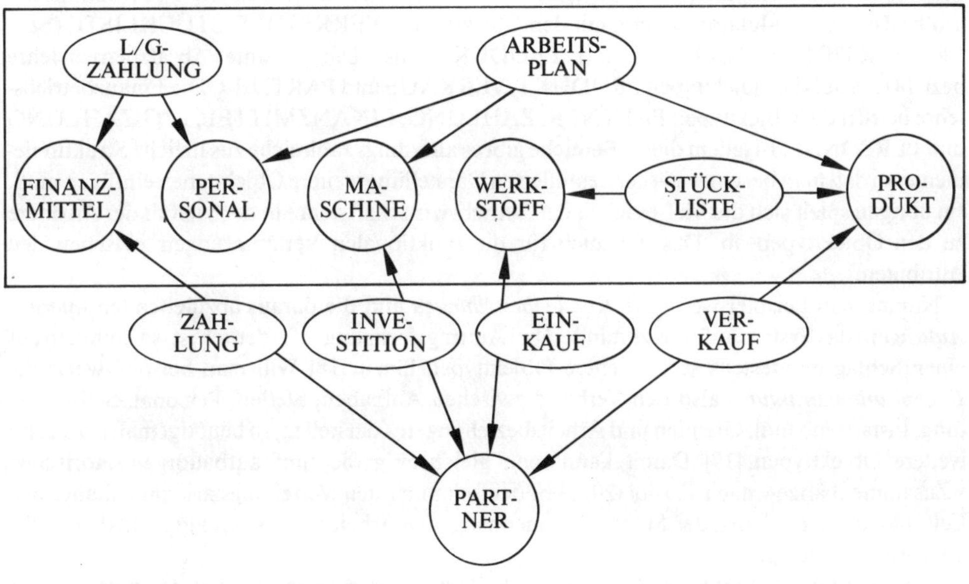

Abb. 1: Objekttypen-Zusammenhangsgraph einer Unternehmung (elementare Objekttypen als Kreise, komplexe Objekttypen als Ellipsen)

In Abbildung 1 ist ein vereinfachter, allgemeiner Objekttypen-Zusammenhangsgraph für den Informationsverbund einer Unternehmung dargestellt. Bei detaillierter Durchkonstruktion wird ein solcher Graph sehr viel umfassender. [17] Dieser enthält sechs elementare und sieben komplexe Objekttypen.

Die *elementaren* Objekttypen (OT) repräsentieren mit dem OT PRODUKT das Ergebnis der Leistungserstellung, mit den OT PERSONAL, MASCHINE und WERKSTOFF die drei Gruppen von Produktionsfaktoren und mit dem OT FINANZMITTEL die Konten der Klasse 1 (GKR). Diese fünf elementaren Objekttypen sind die »Aufhänger« für die unternehmungs*internen* Attribute. Ihnen steht der unternehmungs*externe* OT PARTNER gegenüber, der sämtliche Lieferanten und Kunden und sonstige Marktpartner (wie Banken, Versicherungen, Dienstleistungsunternehmungen, Beratungsgesellschaften etc.) umfaßt.

Die Beziehungen zwischen den elementaren Objekttypen kommen durch die *komplexen*

Objekttypen zum Ausdruck. Die Mengenbeziehungen zwischen Personaleinsatz und Maschinennutzung einerseits und den gefertigten Produktmengen andererseits sind im OT ARBEITSPLAN darzustellen, die entsprechenden Beziehungen für die benötigten Werkstoffmengen im OT STÜCKLISTE (bzw. PRODUKTIONSFUNKTION). Die an das Personal zu zahlenden Löhne und Gehälter stehen im OT L/G-ZAHLUNG.

Die Verbindungen zu den Partnern der Unternehmung sind in vier komplexen Objekttypen gesammelt. Die Verkaufsabschlüsse stehen im OT VERKAUF, die Werkstoffbeschaffungen im OT EINKAUF, die Beschaffungen von Betriebsmitteln (Maschinen) im OT INVESTITION. Für alle Ein- und Auszahlungen wurde der OT ZAHLUNG eingerichtet.

Allen Objekttypen sind sodann die relevanten Attribute zuzuordnen, worauf hier verzichtet sei.

Allein die in Abbildung 1 genannten Objekttypen reichen aus, um einen großen Teil der betriebswirtschaftlichen Forschungsgegenstände zu repräsentieren. Beispielsweise kommt der größte Teil der Produktionstheorie mit den Objekttypen WERKSTOFF, STÜCKLISTE (bzw. PRODUKTIONSFUNKTION) und PRODUKT aus. Die gesamte Absatzbetriebslehre bezieht sich auf die Objekttypen PRODUKT, VERKAUF und PARTNER. Die Finanzbetriebslehre betrifft die Objekttypen PARTNER, ZAHLUNG, FINANZMITTEL, L/G-ZAHLUNG und PERSONAL. In jedem dieser Bereiche gibt es allerdings zahlreiche zusätzliche Strukturelemente, so daß man bei einer stärker detaillierten Darstellung weitere Objekttypen einfügen muß. Im übrigen spielt sich die Vielseitigkeit der Betriebswirtschaftslehre in der Vielfalt der Attribute zu den Objekttypen ab. Das gilt auch für die funktionalen Verknüpfungen zwischen den Attributen.

Nimmt man beispielsweise die *Kundenbestellungen* und die daraus abzuleitenden *internen Aufträge* in das System auf, was zumindest bei Auftragsfertigung erforderlich ist, so kommen auf einen Schlag mindestens sechs weitere Objekttypen hinzu. [18] Will man beispielsweise die *Organisationsstruktur* – also den Verbund zwischen Aufgaben, Stellen, Personal, Stellvertretung, Instanzenbaum, Gremien und Arbeitsbeziehungen – darstellen, so benötigt man etwa zehn weitere Objekttypen. [19] Damit kann man gleichzeitig die fünf aufbauorganisatorischen »Zusammenhänge« nach Kosiol [20] abbilden, nämlich den Verteilungszusammenhang, den Leitungszusammenhang, den Stabszusammenhang, den Arbeitszusammenhang und den Kollegienzusammenhang.

Die geeignete Nutzung der Computer der Wissensverarbeitung fordert ein umfassendes Vorausdenken von seiten der Vertreter der Betriebswirtschaftslehre. Es sind nicht die Computer selbst, die ihren Nutzen garantieren, sondern die Vorbereitung aus der fachlichen Sicht der Betriebswirtschaftslehre. Umfassende Wissens- und Informationssysteme müssen *vom Anwendungsfach her* konzipiert werden, die technische Sicht der IKT kann das nicht ersetzen.

Es ist daher eine Aufgabe der Fachvertreter der Betriebswirtschaftslehre, die Informationsstruktur der Unternehmung allgemein und umfassend zu entwerfen. Dabei kann das gesamte Wissen der Betriebswirtschaftslehre (mit Ausnahme der psychologischen und soziologischen Aspekte der Menschenführung) Pate stehen.

Erst wenn umfassende Systeme der Informationsstrukturierung der Unternehmung vorliegen und die Diskussion in der Fachwelt erfolgreich überlebt haben, liegt das Fundament für die unternehmungsspezifische Umsetzung zur Entwicklung von einsatzfähigen Wissens- und Informationssystemen vor.

Der Prozeß der Informationsstrukturierung sollte – wie in dem hier gezeigten Beispiel – stets von der *Information* ausgehen, nicht von den Informationsverarbeitungs*abläufen*. Diese bilden einen sich daran anschließenden Teil, der seine eigenen Anforderungen stellt und wiederum spezifischen Sachverstand erfordert. Dabei kann der Einsatz komplizierter Algorithmen – etwa zur Kreditwürdigkeitsprüfung von Kunden oder zur Optimierung in großen Gleichungssystemen – erforderlich werden, wozu Spezialisten einzusetzen sind.

II. Informationsstrukturierung der überbetrieblichen Informationssysteme

Das unternehmungsinterne Informationssystem von D. I. wird in der Zukunft nur ein Teil des gesamten Informationssystems sein, mit dem regelmäßig gearbeitet wird. Vielmehr werden den Unternehmungen zahlreiche überbetriebliche – mehr oder minder aufeinander abgestimmte – Einzelinformationssysteme zur Verfügung stehen. Das sind beispielsweise Informationssysteme des Statistischen Bundesamtes, der Statistischen Ländesämter, der Bundesregierung und der Landesregierungen, der Wirtschaftsforschungsinstitute, der OECD, der Fach- und Branchenverbände etc. Diese Systeme müssen einerseits konzipiert werden. Das ist eine gewaltige Aufgabe für die heutige Wissenschaftlergeneration aller Fachgebiete. Andererseits müssen die *Schnittstellen* zu derartigen externen Informationssystemen bei der Entwicklung eines unternehmungsspezifischen Informationssystems beachtet werden.

Um die Schwierigkeit des Aufbaus von solchen überbetrieblichen Informationssystemen zu demonstrieren, sei ein Beispiel herangezogen, das sich im Bereich der *Information über neue Technologien* ergibt. Zur Beurteilung der technologischen Wettbewerbsfähigkeit ist ein Bogen zu spannen von den *Schlüsseltechnologien* über die mit ihnen gefertigten *Komponenten,* die aus oder mit ihnen hergestellten *Produkte* zu den damit befaßten *Wirtschaftszweigen.* [21] Für die Struktur der *Wirtschaftszweige* gibt es eine Systematik des Statistischen Bundesamtes. Für die *Produkte* besteht eine unabhängig davon aufgebaute »Standard International Trade Classification« (SITC). [22] Verknüpfungsdateien zwischen beiden liegen nicht vor. Ferner gibt es weder umfassende Statistiken über das – sich rasch ändernde – Gebiet der *Schlüsseltechnologien* noch über die aus ihnen entstandenen neuen technischen *Komponenten,* geschweige denn von deren Verknüpfungen. Andererseits wären für Technologie-Informationssysteme gerade die Verknüpfungen über alle vier Ebenen von großem Nutzen. Das läßt sich an der folgenden verbalen Verkettung erkennen:

- Die *Schlüsseltechnologien* sind die Ergebnisse der zielgerichteten Grundlagenforschung. Sie ergeben sich weitgehend unabhängig von ihrem Einsatz in bestimmten Produkten oder Wirtschaftszweigen.
- Auf der Basis neuer Technologien können neue technische *Komponenten* produziert werden, beispielsweise ABS für Autos oder neue Werkstoffe für Medikamente, Pflanzenschutz etc. Die Komponenten sind im allgemeinen keine gebrauchsfertigen Produkte, sondern gehen als Teile in solche ein.
- Auf der Basis der Komponenten entstehen *neue Produkte* bzw. *verbesserte alte Produkte.* Dabei spielen die Komponenten oft massemäßig und wertmäßig nur eine kleine Rolle, sind aber für die verbesserte Funktionalität entscheidend.
- Die neuen bzw. verbesserten Produkte führen schließlich zu einer erhöhten Wettbewerbsfähigkeit der betreffenden *Wirtschaftszweige.*

Für die Unternehmungen, für die Wirtschafts- und Technologiepolitik sowie für die Wissenschaft wäre ein umfassendes, aussagefähiges Technologie-Informationssystem, das alle vier Ebenen umfaßt, von großem Nutzen. Bis heute ist ein solches nicht vorhanden. Seine Entwicklung ist auch sicher schwierig. Gleichwohl sollte heute an seiner Konzeption gearbeitet werden, damit es frühestmöglich einer Realisation zugeführt werden kann. [23]

Mit dem Technologie-Informationssystem ist nur ein Beispiel unter vielen angesprochen. An Einzellösungen wird schon an vielen Orten konkret gearbeitet. So lassen sich zahlreiche Statistiken des Statistischen Bundesamtes bereits mit Datenfernübertragung abrufen. Ferner befindet sich das überregionale »deutsche Forschungsnetz« (DFN) in Entwicklung. [24] Umfassende Konzepte, die auch die Verbände, Wirtschaftsforschungsinstitute etc. einschließen, liegen jedoch noch nicht vor, wären aber dringend erforderlich.

III. Informationsstrukturierung des Fachwissens

Neben den mehr statistischen Informationen der im Abschnitt D. II. behandelten überbetrieblichen Informationssyteme wird zunehmend auch das Fachwissen der einzelnen wissenschaftlichen Disziplinen in maschinelle Informationssysteme aufgenommen werden. Es gibt bereits eine Fülle an Spezialsystemen dieser Art, insbesondere aus der Chemie und verschiedenen Zweigen der Technik. Dabei stehen Literatursuchsysteme im Vordergrund.

Die langfristige Tendenz geht in Richtung auf umfassende, *interdisziplinäre* Wissenssysteme. Sie sind den bisherigen Universal-Lexika vergleichbar, übersteigen diese aber um ein vielfaches an Umfang. Ferner werden die »elektronischen Universal-Lexika« der Zukunft zahlreiche zusätzliche Möglichkeiten der intelligenten Wissensauffindung und Wissensverarbeitung bieten.

Die *technischen* Entwicklungen in dieser Richtung werden von der Informatik (Computer Sciences) getragen werden und befinden sich auf einem zielstrebigen Weg zur Realisierung. Die Hauptarbeit wird jedoch in den einzelnen wissenschaftlichen Disziplinen zu leisten sein, nämlich die *geordnete Umsetzung des Fachwissens* in solche »elektronischen Universal-Lexika«.

IV. Zusammenfassung des Informationsverarbeitungsinstrumentariums

Neben den in den Abschnitten D. I. bis D. III. behandelten elektronisch zu speichernden Daten- und Wissenskomplexen werden die Computer der Wissensverarbeitung neue und erweiterte Aufgaben bezüglich der selbständigen Verwaltung *heuristischen Wissens* (vgl. Abschnitt B.) erhalten. In weit wirksamerer Weise als beispielsweise heute ein Programmpaket wie SPSS (»Statistical Package for the Social Sciences«) werden die Computer der Wissensverarbeitung Informationsverarbeitungspakete bzw. Wissensverarbeitungspakete anbieten. Sie werden die aus klassischen Gebieten der Mathematik kommenden Algorithmen in gleicher Weise enthalten wie die aus der Statistik, aus Operations Research, aus der künstlichen Intelligenz sowie Expertensysteme. Sie werden den Benutzer in der Anwendung beraten und ihn von prozeduralen Details entlasten (vgl. Abschnitt B.). Solche Systeme sind zu entwickeln, wiederum eine große Aufgabe für Fachvertreter unterschiedlicher Disziplinen, insbesondere aber auch der Betriebswirtschaftslehre.

E. Die Führungsaufgabe

Im Abschnitt D. wurden *»Arbeitsaufgaben«* für die Fachvertreter der Betriebswirtschaftslehre skizziert. Daneben steht – mit zumindest gleicher Bedeutung – die *Führungsaufgabe,* die Menschen auf die neue Computergeneration vorzubereiten. Das geht über die Ausbildung der Studenten hinaus. Diese Führungsaufgabe stellt sich auf breiter Ebene, und zwar den Wissenschaftlern und Lehrern (aller Kategorien), den Führungskräften der Wirtschaft, den Politikern und auch den Repräsentanten der Verbände. Die aktive Zusammenarbeit aller dieser Gruppen ist gefordert, um zum höheren gemeinsamen Nutzen die Herausforderung der neuen Informations- und Kommunikationstechnologien zu bestehen und zur technologisch-betriebswirtschaftlichen Wettbewerbsfähigkeit des Landes beizutragen.

Anmerkungen

1 Vgl. die Trennung in Informationsverarbeitung und Menschenführung bei *Müller-Merbach* (Informationsorientierte BWL) S. 16; *Müller-Merbach* (Management). In der deutschen Betriebswirtschaftslehre steht der erste Aufgabenbereich gegenüber dem der Menschenführung im Vordergrund.

2 Zur Orientierung über die Computergeneration der »Wissensverarbeitung«, von den Japanern als »5. Generation« bezeichnet, können u.a. die Arbeiten von *Lee* (Information Technology), von *Marx* (5. Generation) und von *Reuter* (Knowledge Base) dienen.

3 Zur Orientierung über »künstliche Intelligenz« und »Expertensysteme« sei auf die Übersichtsarbeiten von *Raulefs* (Knowledge Engineering), *Mertens/Allgeyer* (Künstliche Intelligenz) und *Matschke/Grosse/Kempf/Mertens/Schiller/Springer/Zielinski* (Know-how-Datenbank) verwiesen.

4 Zum Begriff des Mensch-Computer-Tandems vgl. *Müller-Merbach* (Management).

5 Vgl. *Kusenberg* (Mal was andres), S. 76–78.

6 *Kant* (Aufklärung) beginnt seinen berühmten Aufsatz von 1784 mit der Definition: *»Aufklärung ist der Ausgang des Menschen aus seiner selbstverschuldeten Unmündigkeit. Unmündigkeit* ist das Unvermögen, sich seines Verstandes ohne Leitung eines anderen zu bedienen. *Selbstverschuldet* ist diese Unmündigkeit, wenn die Ursache derselben nicht am Mangel des Verstandes, sondern der Entschließung und des Mutes liegt, sich seiner ohne Leitung eines andern zu bedienen. *Sapere aude!* Habe Mut, *dich* deines *eigenen* Verstandes zu bedienen! ist also der Wahlspruch der Aufklärung.« Die Bedeutung von Kants Aufsatz für die heutige Zeit wird von *Hinske* (Kant) hervorgehoben.

7 *Epiktet* (Handbüchlein), S. 24.

8 *Epiktet,* S. 54.

9 *Marc Aurel* (Selbstbetrachtungen), S. 86.

10 *Marc Aurel,* S. 27.

11 Zur Frage des »technology push« und »technology pull« vgl. auch *Müller-Merbach* (Ansätze), S. 140.

12 Die erforderliche Re-Konstruktion betriebswirtschaftlicher Begriffe wird insbesondere von Wedekind gefordert, vgl. *Wedekind* (Strukturveränderung) sowie *Mertens/Wedekind* (Entwicklung).

13 Für eine Informationsorientierung der Betriebswirtschaftslehre hat insbesondere *Müller-Merbach* plädiert, vgl. *Müller-Merbach* (Betriebsinformatik); *Müller-Merbach* (Schönheitsfehler), S. 822–823; *Müller-Merbach* (Informatik); *Müller-Merbach* (Innere Gehalt); *Müller-Merbach* (Informationsorientierte BWL); *Müller-Merbach* (Ansätze).

14 Vgl. die Quellen zur informationsorientierten Betriebswirtschaftslehre (Anmerkung 13) und die beiden Beispiele zur Informationsstruktur der Unternehmung bei *Müller-Merbach* (Informationsorientierte BWL) und *Müller-Merbach* (Ansätze).

15 Das »Kölner Integrationsmodell« (KIM) wurde ausführlich dargestellt von *Grochla* (Gesamtmodelle).

16 Zum Objekttypen-Ansatz vgl. *Wedekind/Ortner* (Konstruieren); *Wedekind* (Datenbanksysteme); ferner *Müller-Merbach* (Systemanalyse); *Müller-Merbach* (Model Design); *Müller-Merbach* (Konstruktion); *Müller-Merbach* (Informationsorientierte BWL); *Müller-Merbach* (Ansätze).

17 Bei stärkerer Detaillierung nimmt die Anzahl der erforderlichen Objekttypen schnell zu. Beispielsweise sind schon für die Grundstruktur von Stücklisten, Arbeitsplänen und Auftragsverwaltung mindestens

fünfzehn Objekttypen erforderlich, vgl. *Müller-Merbach* (Ansätze), S. 138. Eine detaillierte allgemeine Darstellung der Informationsstruktur der Unternehmung wird mit weniger als zweihundert Objekttypen kaum darstellbar sein. Für die Realisierung von umfassenden Informationssystemen mittlerer und größerer Unternehmungen wird diese Zahl um ein Vielfaches größer. Je größer sie ist, desto wichtiger ist eine sorgfältige Vorstrukturierung aus der fachlichen Sicht des Betriebswirts.

18 Vgl. *Müller-Merbach* (Ansätze), S. 132–139.

19 Vgl. *Müller-Merbach* (Informationsorientierte BWL), S. 24–32.

20 Vgl. *Kosiol* (Organisation); *Kosiol* (Einführung).

21 Vgl. *Leonhardt* (Schlüsseltechnologien), insbesondere S. 6 und 7.

22 Die SITC-Nummern für technologisch hochwertige Produkte sind u. a. bei *Schmietow* (Wettbewerbsfähigkeit) zusammengestellt.

23 Die Entwicklung eines derartigen strategischen Informationssystems wurde u. a. von einer Expertenkommission (Wettbewerbsfähigkeit) S. 81, empfohlen.

24 Das deutsche Forschungsnetz (DFN) wird u. a. vom *Hultzsch* (DFN) kurz vorgestellt.

Literaturverzeichnis

Epiktet (Handbüchlein): Handbüchlein der Moral und Unterredungen (hrsg. von H. Schmidt). 10. Aufl. Stuttgart 1978.

Expertenkommission Rheinland-Pfalz (Wettbewerbsfähigkeit): Wettbewerbsfähigkeit und Beschäftigung. Mainz 1985.

Grochla, E. (Gesamtmodelle): Integrierte Gesamtmodelle der Datenverarbeitung – Entwicklung und Anwendung des Kölner Integrationsmodells (KIM). München, Wien 1974.

Hinske, N. (Kant): Kant als Herausforderung an die Gegenwart. Freiburg/München 1980.

Hultzsch, H. (DFN): Das Deutsche Forschungsnetz – DFN. In: Informatik-Spektrum, Band 8, Juni 1985, H. 3, S. 155–156.

Kant, I. (Aufklärung): Beantwortung der Frage: Was ist Aufklärung? In: Berlinische Monatsschrift, Dezember 1784, S. 481–494.

Kosiol, E. (Organisation): Organisation der Unternehmung. Wiesbaden 1962.

Kosiol, E. (Einführung): Einführung in die Betriebswirtschaftslehre. Wiesbaden 1968.

Kusenberg, K. (Mal was andres!): Mal was andres! (Kurzgeschichten). Reinbek bei Hamburg 1964.

Lee, A. M. (Information Technology): A Tale of Two Countries: Some Systems Perspectives on Japan and the United Kingdom in the Age of Information Technology. In: Journal of the Operational Research Society, Vol. 34, August 1983, Nr. 8, S. 753–763.

Leonhardt, B. (Schlüsseltechnologien): Schlüsseltechnologien im ökonomischen Wettrüsten. In: Der Technologie-Manager, 34. Jg., Juli 1985, H. 2, S. 6–16.

Marc Aurel (Selbstbetrachtungen): Selbstbetrachtungen (übertragen von W. Capelle), 12. Aufl. Stuttgart 1973.

Marx, G. (5. Generation): Rechner der 5. Generation. In: Informatik-Spektrum, Band 5, September 1982, H. 3, S. 190–191.

Matschke, R./*Grosse,* W./*Kempf,* W./*Mertens,* P./*Schiller,* W./*Springer,* R./*Zielinski,* B. (Know-how-Datenbank): Das Konzept einer Know-how-Datenbank im Industriebetrieb. In: Angewandte Informatik, 26. Jg., 1984, H. 11, S. 471–479.

Mertens, P./*Allgeyer,* K. (Künstliche Intelligenz): Künstliche Intelligenz in der Betriebswirtschaftslehre. In: Zeitschrift für Betriebswirtschaft, 53. Jg., 1983, H. 7, S. 686–694.

Mertens, P./*Wedekind,* H. (Entwicklung): Entwicklung und Stand der Betriebsinformatik. In: Zeitschrift für Betriebswirtschaft, 52. Jg., 1982, H. 5, S. 510–525.

Müller-Merbach, H. (Betriebsinformatik): Betriebsinformatik am Ende? In: Zeitschrift für Betriebswirtschaft, 51. Jg., 1981, H. 3, S. 274–282.

Müller-Merbach, H. (Systemanalyse): Systemanalyse als gelenkter kreativer Prozeß. In: *Schelle,* H./*Molzberger,* P. (Hrsg.): Psychologische Aspekte der Software-Entwicklung. München, Wien 1983, S. 105–132.

Müller-Merbach, H. (Model Design): Model Design Based on the Systems Approach. In: Journal of the Operational Research Society, Vol. 34, August 1983, Nr. 8, S. 739–751.

Müller-Merbach, H. (Schönheitsfehler): Schönheitsfehler der Betriebswirtschaftslehre. Zeitschrift für Betriebswirtschaft, 53. Jg., 1983, H. 9, S. 811–830.

Müller-Merbach, H. (Informatik): Informatik, integriert in Anwendungsfächer. In: Angewandte Informatik, 26. Jg., 1984, H. 12, S. 503–506.
Müller-Merbach, H. (Konstruktion): Die Konstruktion von Planungsmodellen. In: *Ohse,* D. et al. (Hrsg.): Operations Research Proceedings 1984. Berlin, Heidelberg, New York, Tokyo 1985, S. 632–646.
Müller-Merbach, H. (Innere Gehalt): Der innere Gehalt an Informatik. In: Der Technologie-Manager, 32. Jg., 1985, H. 2, S. 4–5.
Müller-Merbach, H. (Informationsorientierte BWL): Eine informationsorientierte Betriebswirtschaftslehre. In: Heinrich, L./Lüder, K. (Hrsg.): Angewandte Betriebswirtschaftslehre und Unternehmensführung. Herne 1985, S. 13–34.
Müller-Merbach, H. (Ansätze): Ansätze zu einer informationsorientierten Betriebswirtschaftslehre. In: *Ballwieser,* W./*Berger,* K.-H. (Hrsg.): Information und Wirtschaftlichkeit. Wiesbaden 1985, S. 117–144.
Müller-Merbach, H. (Management): Management and Management Science in 15 Years: A Vision of the Future under the Influence of New Information Technologies. In: Danish Journal of Economics and Business Administration, 50th Anniversary Issue, Janaur 1986.
Raulefs, P. (Knowledge Engineering): Knowledge Engineering. In: Informatik-Spektrum, Band 5, Februar 1982, H. 1, S. 50–51.
Reuter, A. (Knowledge Base): Knowledge Base Management Systems. In: Informatik-Spektrum, Band 7, Februar 1984, H. 1, S. 44–45.
Schmietow, E. (Wettbewerbsfähigkeit): Die technologische Wettbewerbsfähigkeit im Wettbewerb der Fachgutachten. In: Der Technologie-Manager, 34. Jg., April 1985, H. 1, S. 8–13.
Wedekind, H. (Strukturveränderung): Strukturveränderung im Rechnungswesen unter dem Einfluß der Datenbanktechnologie. In: Zeitschrift für Betriebswirtschaft, 50. Jg., 1980, H. 6, S. 662–677.
Wedekind, H. (Datenbanksysteme): Datenbanksysteme I. 2. Aufl. Mannheim, Wien, Zürich 1981.
Wedekind, H./*Ortner,* E. (Konstruieren): Systematisches Konstruieren von Datenbankanwendungen. München, Wien 1980.

*Waldemar Wittmann**

Betriebswirtschaftliches Informationswesen

Entwicklungsweg und Zukunftsperspektiven

* Prof. Dr. *Waldemar Wittmann*, Johann Wolfgang Goethe-Universität Frankfurt am Main, Seminar für Produktionstheorie und Produktionsplanung.

Obwohl die eigentliche Beschäftigung mit Problemen des Informationswesens, ja, die Erkenntnis von Information als betriebswirtschaftlicher Tatbestand und Problemkomplex erst relativ spät erfolgte, gab es doch schon früh einen anwendungsbezogenen Einsatz von Informationen.

A. Information in Frühzeit und Altertum

Wir haben aus sehr früher Zeit, etwa seit dem 4. Jahrtausend v. Chr., eine große Zahl von Tontafeln, von Inschriften auf Steinen und Denkmälern, Papyri, die einen ökonomischen Inhalt aufweisen und der Vermittlung von wirtschaftlichen – dabei im wesentlichen betriebswirtschaftlichen – Fakten und Nachrichten dienten. Immer wieder stoßen Archäologen bei ihren Grabungen auf ganze Archivbestände von Tontafeln und anderen Informationsträgern, noch z. B. 1975 in Ebla in Altsyrien, wo sie ein Staatsarchiv mit mehr als 15 000 Tontafeln entdeckt haben, die im wesentlichen Wirtschaftstexte festgehalten haben. Solche Tafeln stellen meist Inventare dar oder Abrechnungen über Geschäfte, über Handel mit Gütern, über Entnahme aus Lagern oder ihre Auffüllung. Die Zahl dieser Texte ist so groß, daß bisher nur ein geringer Teil entziffert worden ist. Aber immerhin läßt sich aus ihnen entnehmen, daß es bereits in dieser frühen Zeit – vor fünf- bis sechstausend Jahren – einen entwickelten Handelsverkehr gab, der gelegentlich auch größere Strecken überbrückte, der den Austausch einer großen Zahl von Waren, etwa in ziemlicher Vielfalt Textilien und Metallgeräte, aber auch Möbel, Schmuckgegenstände, Edelhölzer, dann Lebensmittel wie Getreide, Öl, Wein, Honig, Früchte usw. umfaßte.

Es gab in den Haupthandelsstädten Kontore der privaten Kaufleute, in denen natürlich Informationen aufgezeichnet und aufbewahrt wurden. Solche Aufzeichnungen sind auch benötigt worden für die umfangreichen obrigkeitlichen Projekte, wie sie in den damaligen Planwirtschaften, etwa dem alten Ägypten, dem Land zwischen Eufrat und Tigris, aber auch auf dem Gebiet der heutigen Levante, aufgetreten sind.

In Ägypten und im Zweistromland gab es umfangreiche Be- und Entwässerungssysteme, deren Grundlage ein ausgebautes Kanalsystem war, dessen Errichtung und Bau natürlich geplant werden mußte; und dazu bedurfte es entsprechender Pläne und Berechnungen. Im privaten Schriftverkehr kommunizierten Kaufleute an verschiedenen fernen Orten miteinander, ließen sich Nachrichten mit Hilfe unterschiedlicher Kommunikationsträger zukommen, doch wurde auf diesem Weg auch ein Überweisungsverkehr von Zahlungen geregelt.

Es ist bekannt, daß in dem Kodex des Königs *Hammurapi* aus der ersten Dynastie von Babylon (1728–1686) Darlehensgeschäfte, die natürlich auch der Schriftlichkeit bedurften, geregelt waren. Am meisten aber zeigt sich die große Bedeutung von Schrift und Rechnungswesen in Frühzeit und Altertum sowie das große Prestige, das jenen zukam, die diese Künste beherrschten, an der Tatsache, daß wir für das altägyptische Reich, also für die Zeit noch vor 2270 v. Chr. aus Inschriften von einer Göttin der Schreib- und Rechenkunst wissen: Es war die Göttin *Seschat*, die dargestellt ist, wie sie Inventare aufstellt, Sklaven zählt, Kostbarkeiten wiegt, Berechnungen von Vermögenswerten oder Gebäudegrundrissen durchführt. Gleichermaßen – und das ist nicht weniger interessant – tritt sie auf als Wahrsagerin und als Prophetin, also als Erstellerin von Prognosen über die Lebens- und Regierungszeit des Königs. [1]

Mit einer Prognose verbunden ist auch die wohl erste uns bekannt gewordene Beschäftigung eines Gelehrten mit dem Informationsproblem, und zwar mit einem praxisorientierten Problemlösungsfall. Darüber schreibt *Aristoteles* an einer Stelle seiner Politik. Er berichtet hier von dem Philosophen *Thales von Milet* (etwa 650–560 v. Chr.), der einer der sieben Weisen des Altertums war. Dieser hat eine erfolgreiche geschäftliche Spekulation durchgeführt, indem er wissenschaftliche Methoden für Prognosen anwendete.

Thales wird die Voraussage der Sonnenfinsternis von 585 v. Chr. durch Studium der babylonischen Finsternisperioden und richtige Folgerungen daraus zugeschrieben. Der uns interessierende Fall betrifft eine Planung bei Ungewißheit und zugleich die Bildung eines Monopols. *Artistoteles* sagt dazu im einzelnen: »Als man ihn nämlich wegen seiner Armut verspottete, als ob die Philosophie zu nichts nütze sei, so soll er, der auf Grund seiner astronomischen Kenntnisse und Beobachtungen eine ergiebige Olivenernte voraussah, noch im Winter, mit dem wenigen Gelde, das ihm zu Gebote stand, als Handgeld, sämtliche Ölpressen in Milet und Chios für einen geringen Preis gepachtet haben, da niemand ihn überbot. Als aber der rechte Zeitpunkt gekommen war und plötzlich und gleichzeitig viele Pressen verlangt wurden, da habe er sie so teuer verpachtet, als es ihm beliebte, und so einen Haufen Geld verdient [zum Beweise], daß es für die Philosophen ein leichtes wäre, reich zu werden, daß das aber nicht das Ziel sei, dem ihre Bestrebungen gälten.« [2]

Nun war an sich die Nutzung von Prognosen in der Frühzeit und im Altertum eine durchaus geläufige Angelegenheit – etwa kennen wir ja aus dem Alten Testament das Beispiel der Deutung der Träume des Pharao von den sieben fetten und den sieben mageren Kühen, den sieben vollen und den sieben mageren Ähren, wie sie *Joseph* gegeben hat mit der Konsequenz, daß er erst sieben fruchtbare Jahre weissagte und entsprechende Lagerhäuser bauen ließ, die für die später erwarteten sieben schlechten Erntejahre mit Vorräten gefüllt wurden. Es gibt auch den Bericht *Plutarchs* über den reichen Athenischen Feldherrn und Politiker *Nikias,* von dem es hieß, daß er stets einen Seher resp. Wahrsager bei sich im Hause gehabt hätte, den er zwar vorgeblich für öffentliche Angelegenheiten, hauptsächlich aber wegen seiner Silberbergwerke in Laureion zu Rate gezogen habe. Der Fall, daß man sich Wahrsager oder Astrologen bediente, tritt auch in der Folge immer wieder auf. Erinnert sei an Beispiele aus dem Mittelalter. Dabei wissen wir über die Rolle von Astrologen nicht nur bei Feldherren; und wir kennen die Bedeutung von Wahrsagern und Hellsehern bis in die heutige Zeit hinein, wie sie mit ihren – meist recht ambivalenten – Prophezeiungen Geschäftsleute und andere Personen beraten.

B. Erste wissenschaftliche Bemühungen

Die Behandlung eines Informations- resp. eines Ungewißheitsproblems ist uns von *Antonio Serra* überliefert. *Serra* publizierte 1613 in Neapel, wo er nach politischen Unruhen als Häftling der Spanier im Gefängnis saß, eine Schrift. [3] Auf Grund dieser (ökonomischen) Abhandlung wird er nicht selten als derjenige bezeichnet, der Hypothesen über unterschiedliche Ertragsverläufe von Industrie und Landwirtschaft aufgestellt haben soll. Ohne jetzt näher darauf einzugehen, daß man beim Lesen seines Textes keineswegs klare Formulierungen etwa dergestalt finden würde, daß er der Industrie zunehmende, der Landwirtschaft aber abnehmende Ertragszuwächse zugesprochen hätte, erscheint mir bei ihm als speziell interessant das Einbringen des Moments der unvollkommenen Information und der daraus resultierenden Ungewißheit in den ökonomischen Kontext. So greift er sich das Gewerbe im Vergleich zur Landwirtschaft heraus und sagt, daß der Handwerker besser daran sei als der Bauer, weil der Handwerker mit größerer Sicherheit auf einen Gewinn hoffen könne als der Landwirt, der nicht von seiner Arbeit allein den Erfolg abhängig machen kann, sondern auch den Unbilden der Witterung ausgeliefert ist.

Wenn das Wetter ungünstig ist, fruchtet alle seine Arbeit nicht, und statt des erstrebten Gewinns gibt es Verlust, während umgekehrt im Gewerbe der Einsatz der Arbeit stets Gewinn erbringt.

Ein zweiter Punkt, wo sich die Ungewißheit der Zukunft als erfolgsrelevant erweist, wird im Hinblick auf den Absatz hervorgehoben, von dem *Serra* sagt, daß die Sicherheit beim Absatz von gewerblichen Produkten geringer sei als bei solchen der Landwirtschaft. Denn Agrarerzeugnisse sind beim Export, etwa in ein entferntes Land, dem Risiko des Verderbs ausgesetzt; ebenso trifft dieser Verderb auch die Lagerung, wenn diese über längere Zeit erfolgen soll. Umgekehrt kann man aber gewerbliche Produkte über längere Zeit lagern, ohne daß sie Schaden nehmen, und man kann sie auch in ein entferntes Land exportieren.

Eine Beschäftigung mit den Problemen der unvollkommenen Information tritt dann bekanntlich bei Gelehrten des 17. und 18. Jahrh. auf. Der Hintergrund waren Glücksspiele, die sich besonderer Beliebtheit erfreuten. So soll ein *Chevalier de Méré* die wahrscheinlichkeitstheoretische Diskussion durch eine das Würfelspiel betreffende Frage an *Pascal* 1654 ausgelöst haben; mitunter wird auch *Fermat* als Vater der Wahrscheinlichkeitsrechnung genannt. Die Literatur bringt sodann Hinweise auf die Beschäftigung verschiedener Kameralisten mit Fragen der Ungewißheit, am ausgeprägtesten schließlich bei *Johann Michael Leuchs,* der in seinem »System des Handels« (1804) ein eigenes Kapitel »Lehre des Wahrscheinlichen im Handel. Spekulations- bzw. Muthmassungslehre« bringt. [4]

C. Neuere Entwicklung

In stärkerem Maße – wenn wir jetzt die Wahrscheinlichkeitstheorie resp. die Wahrscheinlichkeitsrechnung einmal ausklammern – kam dann die Wirtschaftswissenschaft erst wieder im 20. Jahrhundert zu einer Behandlung des Informationsaspekts. Selbstverständlich brachte hier die Beschäftigung im Rahmen des Versicherungswesens gewisse Fortschritte, die nicht zuletzt zu dem eigenen Zweig der Versicherungsmathematik führten. Am meisten Einfluß unter den Wirtschaftstheoretikern hat *Frank H. Knigt* gewonnen. Er führte u. a. die Unterscheidung zwischen Ungewißheit und Risiko (uncertainty and risk) ein; das sind einmal Situationen, bei denen keine Wahrscheinlichkeitsverteilung für ungewisse Ereignisse vorhanden ist (Ungewißheit) und zum anderen solche mit einer gegebenen Wahrscheinlichkeitsverteilung (Risiko). Trotzdem wird man sagen können, daß der eigentliche ökonomische Kern und das Gewicht des Problems erst nach dem letzten Weltkrieg deutlich herausgearbeitet wurden. Es gab hierfür wichtige Grundlagen, etwa die Entscheidungstheorie, die Spieltheorie, die Planung und jene Teile der Planungsrechnung, die auf Operations Research fußten. Starke Impulse vermittelte schließlich die elektronische Datenverarbeitung, die im Zuge der immer größer werdenden Verarbeitungskapazitäten ihrer Anlagen neue Aspekte für die Bewältigung von Informationsmassen beisteuerte. Im Zuge dieser Entwicklung wurde man sich dann auch zunehmend der immensen Ausdehnung des Informationsproblems bewußt. Ich selbst habe hier allerdings zu gestehen, daß ich bei meiner 1954 begonnenen und 1956 abgelieferten Habilitationsschrift fast bis zuletzt im Zweifel war, ob im Thema die Bezeichnungen »Information« resp. »Unvollkommene Information« stehen sollten, weil diese dazumal im Fach noch keine geläufigen Termini waren. [5]

Wenn man sich heute die damalige in- und ausländische Zeitschriftenliteratur ansieht, so findet man – von wenigen Ausnahmen abgesehen – zum Informationsproblem nur am Rande Beiträge. Z. B. beschäftigte man sich mit Themen wie Risiko oder Wagnis bei der Kalkulation im

Rahmen der »Kalkulatorischen Kosten«. Aber insgesamt war das Phänomen als solches noch nicht voll im Griff der betriebswirtschaftlichen Forschung, es war noch nicht in der ganzen Vielfalt seiner wissenschaftlichen und praktischen Konsequenzen erkannt worden. Das entwikkelte sich nach und nach und eigentlich erst in den sechziger Jahren. Dann aber erschienen immer häufiger einschlägige Zeitschriftenartikel und auch Monographien. Wie *Wolfgang Müller* u. a. in einer Untersuchung feststellten [6], tauchte 1973 in 70% der von ihnen durchgesehenen Artikel einer betriebswirtschaftlichen Zeitschrift das Wort Information auf, 10% der Beiträge hatten unmittelbar Probleme der Information zum Gegenstand. Heute ist es eigentlich undenkbar, daß man keine fachlichen Vorstellungen mit Information verknüpft. Dieser Terminus hat ein so großes wissenschaftliches Gewicht erreicht, daß er Gegenstand von Tagungen unserer großen wissenschaftlichen Gesellschaften geworden ist, etwa der Gesellschaft für Wirtschafts- und Sozialwissenschaften – Verein für Socialpolitik (Arbeitstagung 1981: Information in der Wirtschaft) und 1985 der Hochschullehrer für Betriebswirtschaft, die unter dem Generalthema »Information und Wirtschaftlichkeit« ihre Jahrestagung abhielten. Auf dem von der Schmalenbach-Gesellschaft veranstalteten 39. Deutschen Betriebswirtschafter-Tag 1985 war ein Schwerpunktthema die »Anwendung neuer Informationstechniken als Produktionsfaktor«. Es gibt im Fach Stimmen, die verlangen, eine »Informationsorientierte Betriebswirtschaftslehre« aufzubauen, und es ist üblich geworden, die zukünftige Entwicklung als geprägt durch die sog. »Informationsgesellschaft« darzustellen.

Bei der Behandlung von Zukunftsperspektiven des Informationswesens ist es naheliegend, daß die Frage einer Vertiefung der terminologischen Forschung geprüft werden sollte. Es hat in den vergangenen Jahren hierzu eine Reihe von Analysen gegeben, wobei gerade auch der anwendungsgerichtete pragmatische Aspekt immer wieder besondere Aufmerksamkeit gefunden hat.

D. Semantische und logische Probleme

Im Laufe der Ausdehnung der Forschung zeigte es sich, daß auch zu dem sich immer mehr als zentral herausstellenden Terminus »Information« unterschiedliche Definitionen auftraten. Dies erscheint verständlich, wenn wir uns überlegen, daß ein Teil des Fortschritts eines Faches sich ja gerade in der terminologischen Auseinandersetzung äußert. Allerdings, das wissen wir, gibt es keine apodiktisch richtigen Begriffe, sondern es regiert hier die Zweckmäßigkeit: Man soll mit einem Begriff arbeiten können, er soll klar und präzise sein, also Zweideutigkeiten vermeiden, und bei so wichtigen wie dem der Information soll auch ein Nichtspezialist ihn verstehen können. Die bisherige terminologische Diskussion war im allgemeinen auch bemüht, sich an diese Regel zu halten.

Einige Schwierigkeiten in der terminologischen Behandlung von »Information« scheinen mir daraus entsprungen zu sein, daß man den Begriff allzuweit gefaßt hat. Man setzte z. B. Information gleich dem Wissen überhaupt und verstand darunter nicht, was im Fach weitgehend üblich ist, *zweckorientiertes Wissen*. Ein solches Wissen ist auf eine bestimmte Anwendung ausgerichtet, nämlich auf die Vorbereitung von Entscheidungen resp. Handlungen.

Mitunter scheint man auch »Informieren« schlicht mit »Denken« gleichzusetzen. Und hier ist es dann nur folgerichtig, wenn man sich in Diskussionen meist nicht an einen eingeschränkten Begriff von Wissen, also der Information als einer Teilmenge des gesamten Wissens hält, sondern an den Begriff des Wissens in voller Breite, wobei man beim »Informieren« in die

Problembereiche der Psychologie des Denkens gerät. Solches vermittelt den Eindruck, daß sich hier eine alte Neigung im Fach wieder erweckt findet, nämlich psychologische und philosophische Aussagen zu wagen jenseits dessen, was wissenschaftstheoretisch und fachspezifisch zur Lösung der Sachprobleme angezeigt wäre. Es tritt auch vereinzelt auf, daß man sich erst recht intensiv mit den Informationsbegriffen abmüht, um schließlich zu eröffnen, Information sei eigentlich überhaupt nicht definierbar. Der Leser solcher Thesen ist dann natürlich unwillkürlich geneigt zu fragen, wie in diesem Fall überhaupt wissenschaftlich gearbeitet und Aussagen gemacht werden können, wenn von Information die Rede ist, also, wenn man, was praktisch unvermeidlich ist, das Wort Information verwendet.

Im großen und ganzen scheint sich der robuste, auf Zweckorientierung von Wissen abstellende Informationsbegriff zu bewähren, wenn er auch im konkreten Fall evtl. einer näheren Präzisierung bedarf. Er ist anwendungsorientiert, er dient der Vorbereitung von Entscheidungen resp. von Handlungen, und es scheint erwiesen, daß man mit ihm leben und arbeiten kann.

In diesem Zusammenhang verdient die sog. *Informationstheorie* der Nachrichtentechnik Erwähnung. Ihr Gegenstand sind die Übertragung von Mitteilungen, resp. Nachrichten und die damit im Zusammenhang stehenden nachrichtentechnischen Fragen. Einige ihrer Vertreter verknüpfen mit »Information« keine semantische, sondern lediglich eine syntaktische Bedeutung. Es ist gelegentlich darauf hingewiesen worden, daß man im Zusammenhang mit diesem Forschungsbereich der Nachrichtentechnik eher von »Kommunikationstheorie« und nicht von Informationstheorie sprechen sollte, wobei unter *Kommunikation* in diesem Sinne die Übertragung von Mitteilungen i.w.S. verstanden wird. Solche Mitteilungen können entsprechend Informationen, Befehle, Fragen usw. darstellen, wobei, wie wir wissen, die Übermittlung einoder gegenseitig sein kann; im letzteren Falle spricht man von Nachrichtenaustausch.

Erhebliche Anstrengungen sind unternommen worden, den *Informationsumfang* zu messen. Im Zusammenhang mit dem Begriff der Information als zweckorientiertem Wissen würde man dafür ein *Maß* für die Menge des zweckorientierten Wissens benötigen. Es zeigt sich dabei, daß das von der Nachrichtentheorie verwendete Maß für den Informationsgehalt einer Nachricht hier nicht unmittelbar angewendet werden kann. Dieses Maß ist eine statistische Größe, es ist von der individuellen Anwendung und von dem Nutzen, den die Information für den Verwender hat, nicht abhängig. Insofern ist es objektiv. Und es kann nicht angewendet werden, weil der Nutzen einer bestimmten Information bei dem hier verwendeten Informationsbegriff abhängig von dem jeweiligen Subjekt resp. dem Zweck, für den dieses es bestimmt, ist. Darauf hat eindeutig *Eva Bössmann* hingewiesen. [7]

Bei der wissenschaftlichen Arbeit auf dem Gebiet des Informationswesens sollte man mehr noch als sonst darauf achten, logische Widersprüche oder Leerformeln in der Argumentation zu vermeiden. Ebenso ist es für die Handhabung in der Praxis wichtig, die Sprache nicht durch eine methodische Komplizierung dem Anwender resp. Praktiker unverständlich oder ungenießbar zu gestalten. Dieses Problem kann allein schon dann auftreten, wenn, wie vorhin angedeutet, für das Informationswesen in der Unternehmung vorrangige Kompetenz über alle anderen Bereiche reklamiert wird, z.B. im Zusammenhang mit einer angestrebten »Informationsorientierung«. Man sollte hier auf dem Boden der Realität bleiben und die Dinge nicht in einer hypertrophen Dimension präsentieren, was in der Praxis eher abschreckend wirkt.

Das Problem logischer Defizite kann auch im Zusammenhang mit Begriffen entstehen, die vom zentralen Begriff der Information abgeleitet sind oder in seinem Gefolge auftreten. Ich denke hier etwa an die *»vollkommene Voraussicht«*. Das Problem sei an einem alten Beispiel von *Oskar Morgenstern* dargelegt, das er erstmals für seine »Wirtschaftsprognose« (1928) verwendete, später dann in einem Aufsatz 1935 und erneut in die »Spieltheorie« (zus. mit *v. Neumann,* dt. Übers. 1953) eingebracht hat. Ihm selbst diente es, um darzulegen, daß die Prämisse vollkommener Voraussicht zu einem Paradoxon führt. Ich glaube, daß dies nicht richtig ist. Die Folgerung, die aus der Prämisse vollkommener Voraussicht gezogen werden muß, ist nämlich, wie ich glaube, eine andere. Aber vorerst zum Beispiel. Es betrifft eine Verbrecher- oder eine Menschenjagd, bei der Sherlock Holmes von seinem Gegner Moriarty verfolgt wird: Als Sherlock Holmes, eben im Verlauf dieser Jagd, »von London nach Dover abfährt, und zwar mit einem Zuge, der auf einer Zwischenstation hält, steigt er dort aus, anstatt nach Dover weiterzufahren. Er hat nämlich Moriarty auf dem Bahnhof gesehen, schätzt ihn für sehr klug und erwartet, daß Moriarty einen schnelleren Extrazug nehmen werde, um ihn in Dover zu erwarten. Diese Antizipation Holmes' stellt sich als richtig heraus. Was aber, wenn Moriarty noch klüger gewesen wäre, Holmes' geistige Fähigkeiten höher eingeschätzt und demnach Holmes' Aktion vorausgesehen hätte? Dann wäre er offenbar nach der Zwischenstation gefahren. Das hätte Holmes wieder kalkulieren und daher sich für Dover entscheiden müssen. Worauf Moriarty wieder anders ›reagiert‹ hätte. Vor lauter Nachdenken wären sie gar nicht zum Handeln gekommen, oder der geistig Unterlegene hätte sich schon am Viktoria Bahnhof dem anderen übergeben müssen, weil die ganze Flucht unnötig geworden wäre«. [8]

Die Interpretation, die *Morgenstern* hier gibt, ist nicht schlüssig, denn wenn man tatsächlich bei beiden Beteiligten bis zur letzten Konsequenz vollkommene Voraussicht unterstellte, dann wäre die Folge gewesen, daß weder Sherlock Holmes noch Moriarty es nötig gehabt hätten, Spekulationen über die möglichen Handlungen des anderen anzustellen. Denn sie hätten diese ja vollkommen klar und eindeutig schon im voraus übersehen können. Der Ausgang des Spiels wäre offen und sicher vor ihnen gelegen. Sie hätten den Ablauf so deutlich vor sich erblickt wie die Leser ihrer eigenen spannenden Story. Doch eine solche ist dann nicht mehr spannend: Alles ist nämlich streng determiniert, eben durch die angenommene vollkommene Voraussicht. Und die Folgerung daraus ist, daß vollkommene Voraussicht absoluten Determinismus impliziert. Sherlock Holmes und Moriarty hätten beide die Jagd, wenn überhaupt eine solche zustandegekommen wäre, gewissermaßen auf dem Fernsehschirm geliefert bekommen, so wie wenn sie auf einem Videoband gespeichert und dann abgespielt worden wäre. Sie hätten dabei keinerlei Möglichkeit gehabt, den Ablauf zu verändern oder irgendwie zu beeinflussen. Eine meiner eigenen Position ähnliche Feststellung trifft später *Friedrich A. von Hayek:* »Wenn es allwissende Menschen gäbe, wenn wir nicht nur alles wissen könnten, wovon die Erfüllung unserer gegenwärtigen Wünsche abhängt, sondern auch alle unsere zukünftigen Bedürfnisse und Wünsche, gäbe es wenig zugunsten der Freiheit zu sagen. Und andererseits würde Freiheit des einzelnen vollkommene Voraussicht natürlich unmöglich machen. Freiheit ist wesentlich, um Raum für das Unvorhersehbare und Unvoraussagbare zu lassen.« [9]

An anderer Stelle bringt *Hayek* den interessanten Gedanken, daß es ebenso wichtig wie zu wissen *was man wisse* sei, zu wissen, was man *nicht weiß*. Im übrigen hat *Morgenstern* in einer späteren Arbeit m. E. ebenfalls eine meiner Auffassungen analoge Stellung zum Problem der vollkommenen Voraussicht eingenommen. [10] Die Folgerung aus den obigen Überlegungen kann nur sein, daß man sich bei der Verwendung von Begriffen – in diesem Bereich vielleicht mehr noch als sonstwo in der Betriebswirtschaftslehre – sehr deutlich der mit ihnen verbundenen Konsequenzen gewärtig sein sollte, da sie unter Umständen zu Konsequenzen führen, die im wissenschaftlichen Gebrauch inkompatibel, absurd oder ihm abträglich sind. Im Falle der vollkommenen Voraussicht wird man sehr stark eingrenzen müssen, und sie tatsächlich nur in Denkmodellen und in sehr partiellen Ausschnitten des Bereichs der ökonomischen Wirklichkeit verwenden dürfen.

E. Informationsproduktion und Wissen über Produktion

Ein Ziel der Beschäftigung mit dem Informationswesen sollte stets bleiben, die eigentlichen *betriebswirtschaftlichen* Probleme dieses Gebietes herauszuarbeiten. Bei einem solchen Versuch mag es verwundern (wie so vieles in diesem Bereich ja jetzt in der Retrospektive erstaunen mag), daß man die Information als wirtschaftliches Gut – einmal als erstrebtes Produkt, zum anderen als Produktionsfaktor – erst relativ spät zur Kenntnis genommen und untersucht hat. Dabei ist es durchaus naheliegend, die Frage der Informationsproduktion ins Auge zu fassen, also den Fall, wo man Faktoren unterschiedlicher Art einsetzt, um erwünschte Informationen als Produkt zu erhalten. Bei den wichtigsten dieser Faktoren spielen wiederum Informationen eine Rolle, so daß man es – da auch ihrerseits solche Informationen erzeugt werden können – nicht selten mit mehrstufigen Prozessen zu tun hat. Informationen als Produkt können – bei bestimmten Arten von Unternehmungen – weitergegeben werden an außenstehende Wirtschaftseinheiten. Im allgemeinen steht aber die Verwendung produzierter Informationen in der eigenen Unternehmung im Vordergrund. Hier werden sie eingesetzt, gewissermaßen um Entscheidungen zu produzieren oder vorzubereiten, also etwa, um zukunftsgerichtete Pläne aufzustellen. Ebenso braucht man sie natürlich unmittelbar für die Ausführung von Handlungen, z. B. technische Informationen im Bereich der Fertigung, Verkehrsinformationen im Transportwesen. In diesem Sinne ist Information erstrebtes Zwischenprodukt.

Information kann in der eigenen oder in einer anderen Unternehmung produziert werden. Im letzteren Fall kann sich die Unternehmung – etwa durch Kauf von Nachrichten, Berichten und anderen Unterlagen – benötigte Informationen verschaffen, indem sie z. B. die Hilfe einer Auskunftei in Anspruch nimmt. Eine wichtige Möglichkeit, sich Information zu beschaffen, besteht aber gerade auch darin, Informationsquellen in Anspruch zu nehmen, die nichts kosten. Hier treten Informationen praktisch als »freie« Güter auf. Dies geschieht, wenn man allgemein zugängliche Wissensspeicher wie Bibliotheken und Archive nutzt oder aber durch Fruktifizierung der Möglichkeiten, wie sie Branchenverzeichnisse oder Zeitungen, ja selbst Radio und Fernsehen, bringen. Von besonderer Bedeutung erscheinen mir hier vertrauliche Mitteilungen und der Rat von Freunden, Bekannten oder nahestehenden Unternehmungen.

Es ist bereits darauf hingewiesen worden, daß ein Hauptfaktor bei der Produktion von Information seinerseits wieder aus Informationen besteht. Bei den sachlichen Potentialfaktoren finden wir neben den benutzten Gebäuden die verwendeten Geräte und Maschinen (Schreibmaschinen, Lochkartengeräte, EDV-Anlagen in ihrer ganzen Vielfalt, Reproduktions- und Vervielfältigungsgeräte etc.). Bei den Materialfaktoren haben wir es u. a. mit Informationsträgern zu tun, also z. B. Papier, Bänder, Lochkarten, Filme, Platten; ferner natürlich Energie usw. Bei den Humanfaktoren sind es die mit den EDV-Anlagen befaßten Programmierer, Locher, Wartungskräfte, sodann Bibliothekare, Archivare oder solche Mitarbeiter, die mit der Auswertung von Ergebnissen befaßt sind.

Information als Gut besitzt spezielle Eigenschaften, die z. T. von ihrem Charakter des Immateriellen herrühren. Sie unterliegt nicht einer physischen Abnutzung durch Gebrauch. Allerdings kann Information durch Zeitablauf veralten. Ebenso mag es vorkommen, daß Informationsträger untergehen oder verlegt werden, so etwa bei Schriftgut, Bändern oder Lochkarten. Sie können aus irgendeinem Gedächtnis verschwinden oder gelöscht werden. Mitunter tauchen verschwundene Informationsträger später wieder auf, oder es werden Gedächtnislücken durch Erinnerung geschlossen. Wichtig ist zu bemerken, daß Informationen fehlerhaft sein können. Besonders schwierig gestaltet sich hier das Problem der Qualitätskontrolle. Man sollte sich stets gewärtig sein, daß falschen Informationen oft schwerwiegende Konsequenzen folgen. Speziell betroffen ist zukunftsgerichtete (unvollkommene) Information, der von vornherein die Möglichkeit anhaftet, durch die tatsächliche Entwicklung falsifiziert zu werden.

In besonderem Maße spielt für das Gut Information die Qualität seines Verwenders eine Rolle, seine Erfahrung, seine Intelligenz und Kombinationsfähigkeit. Dabei ist die (triviale) Tatsache in Rechnung zu stellen, daß Intelligenz relativ knapp ist und sich nur mit Mühe erweitern oder vergrößern läßt. Hier ist natürlich vor allem der Bereich der Informationsverwertung bei der Geschäftsführung tangiert, aber auch derjenige Personenkreis, welcher hier der Unternehmungsspitze zuzuarbeiten hat. Denn er soll nicht nur Wissen aktivieren, prompte und zugleich preiswerte Informationsquellen aufspüren und erschließen, sondern möglichst auch gut aufbereitet den letzten Verwendern präsentieren. Man sollte gleichermaßen die unteren Ebenen nicht übersehen, also Abteilungen wie etwa Rechnungswesen, Marktforschung, Datenverarbeitung, Dokumentation, Archiv oder eine vorhandene Bibliothek. Unter Umständen sind gerade Informationen, die aus diesem Bereich kommen, wegen ihrer Nachprüfbarkeit sowie ihres unternehmungsspezifischen und exklusiven Charakters für Entscheidungen von besonderem Gewicht. Wichtig ist, daß solche Stellen in einer Weise funktionieren, die erlaubt, prompte, also »tagesfrische« Informationen zu liefern und benötigte Nachrichten gleichzeitig in gesiebter, d.h. vorbereiteter Weise nach oben weiterzuleiten. Daß im übrigen der Gesamtinformationsbereich – der also alle diese Stellen erfaßt – in sich abgestimmt sein soll, so daß man jederzeit auf ein durch Datenbanken und eine adäquat gewählte Apparatur gestütztes integriertes System der Informationsgewinnung, -verarbeitung und -weiterleitung speziell seitens solcher Benutzer, die Hauptentscheidungen treffen, zurückgreifen kann, braucht nicht besonders erwähnt zu werden. [11] Dabei hat der Informationssektor nicht nur Aufgaben prognostischer Art zu erfüllen, sondern häufig ist ausschlaggebend, daß auch diagnostische Arbeiten von ihm übernommen werden. Im allgemeinen dient ein Teil der Diagnosen dann wieder der Erstellung von Prognosen.

Je höher die Stellung in der Unternehmungshierarchie, um so größer ist der Anteil der prognostischen verglichen mit der diagnostischen Tätigkeit einer Person. Dies geht daraus hervor, daß Prognosen die Grundlagen der Planung bilden. Planungsaufgaben haben ein um so größeres Gewicht, je weiter oben die Position des Planenden angesiedelt ist, wobei auch der relative Umfang und die Bedeutung der Vorarbeiten zur Gewinnung von Voraussicht zunimmt. Adressaten von Informationen können auch im Außenbereich der Unternehmung vorhanden sein, z.B. nicht geschäftsführend tätige Eigentümer, Geschäftspartner, Behörden, die von der Unternehmung Informationen erhalten bzw. verlangen können. Mitunter ist ihre Unterrichtung durch Publizitätsvorschriften, die immer weiter ausgebaut werden, erzwungen.

Es muß erwähnt werden, daß einiges der Euphorie, mit der noch vor einigen Jahren der Ausbau von integrierten Informationssystemen in der Unternehmung betrieben wurde, sowie die großen Hoffnungen, die man in eine verstärkte Anwendung der elektronischen Datenverarbeitung setzte, inzwischen einer gewissen Ernüchterung gewichen sind. Diese ist wohl nicht allein verursacht durch mangelhafte Systeme oder durch Anlagen, die nicht gehalten haben, was man sich von ihnen versprochen hat; gelegentlich sind es Defizite bei jenen Personen gewesen, die die Aufgabe hatten, mit diesen umzugehen. Es ist bekannt, daß die Einführung der elektronischen Datenverarbeitung in den Unternehmungen nicht immer von großem Beifall begleitet worden ist; häufig war das Personal durch sie überfordert oder es ist es noch. Zugleich muß aber auch gesehen werden, daß datenverarbeitende Systeme und die in ihnen eingelagerten Anlagen der Datenverarbeitung oft noch nicht von jener Anwendungsreife waren, die einen effizienten Einsatz in der Praxis gestattet hätten. Häufig lag der Grund in ungenügender Software, die nicht unternehmungsspezifisch zugeschnitten war.

Hierzu ein kleines Beispiel aus dem privaten Bereich: Ich mußte vor einiger Zeit ein relativ kleines Konto bei einer bekannten großen Sparkasse auflösen. Die zuständige Zweigstelle hatte gerade die Kontenführung auf eine EDV-Anlage umgestellt. Es war nötig, etwa vier- oder gar fünfmal diese Zweigstelle aufzusuchen, ehe es mir gelang, die bescheidene Summe ausgezahlt zu erhalten, ganz einfach deshalb, weil die Computer, die an den Kassen aufgestellt waren, es nicht geschafft haben, die für mich notwendigen Buchungen resp. Kontenaufrufe und Nachforschungen anzustellen. Ähnlich ging es anderen Kunden, und ich habe erfahren, daß solche Fälle nicht gerade eine Ausnahme sind. Interessant war, daß, als ich anregte, doch auf Basis einer von Hand gerfertigten Abrechnung die Summe auszuzahlen, man mir erklärte, daß dies nicht möglich sei. Hier also eindeutig ein Rückschritt gegenüber früheren Jahren, wo, wenn man bei einem Kassenschalter durch irgendwelche Pannen nicht zu seinem Geld kam, sofort eine andere Kasse einsprang oder ein Vorgesetzter in wenigen Minuten die erforderlichen Unterlagen ausgefertigt hatte.

Im Zusammenhang mit der Informationsproduktion sei auf Lösung der Frage hingewiesen, wie man Wissen über die Produktion zur Darstellung bringen kann. Wir kennen hier auf der einen Seite den Ansatz, der die *Produktionsfunktion* verwendet, wobei im allgemeinen vollkommene Information über den relevanten Produktionsbereich der Unternehmung unterstellt wird. In anschaulicher Weise bringt auch die einfache Konzeption von Produktionspunkten v und Technologiemengen T, wie sie die *Aktivitätsanalyse* verwendet, solches Wissen zum Ausdruck. Hier werden einzelne Produktionen (Produktionspunkte) durch eine Liste von reellen Zahlen dargestellt, bei denen ein positives Vorzeichen ein Produkt, ein negatives einen Faktor angibt. Diese Zahlen kann man als Koordinaten eines (Produktions-)Punktes v in einem n-dimensionalen Güterraum R^n auffassen, und jede Produktion wird entsprechend durch einen solchen Punkt ausgedrückt. Sodann kann man aus der gesamten Technologiemenge T die Menge aller effizienten Produktionen aussondern; das sind also jene, die weder Faktoren verschwenden, noch höhere Produkterträge vernachlässigen. Dadurch bekommt man eine Darstellung der sog. Effizienten Technologiemenge T_E. Es läßt sich zeigen, daß zwischen T_E und der traditionellen Porduktionstheorie resp. der Produktionsfunktion sehr enge Beziehungen bestehen.

Eine solche Darstellungsweise bringt zum Ausdruck, was wir über Faktoren und Produkte wissen, und zwar quantitativ, aber auch qualitativ, denn vorausgesetzt wird jeweils eine genaue Beschreibung der gutsspezifischen Eigenschaften für eine jede dieser einzelnen Güterpositionen: Sonst gleiche Güter, die sich z.B. nur durch ein einziges gutsspezifisches Merkmal unterscheiden, müssen durch zwei verschiedene Koordinaten zur Darstellung gebracht werden. Auf diese Weise wird in den Produktionspunkten durch die ihnen zugeordneten Mengen- und Qualitätsangaben zugleich Wissen über die Produktionsverfahren ausgedrückt.

Nun können so nicht allein Güterbestände, sondern auch Güterbewegungen zur Darstellung kommen. Dazu verwendet man mehrere Güterräume und vergleicht die Produktionspunkte v aus verschiedenen Güterräumen miteinander. Man kann etwa ausgehen von einem Güterraum R^n_I der zugeordnet ist einem bestimmten Zeitpunkt I und daraus einen Produktionspunkt betrachten. Man kann dann untersuchen, was sich daraus bis zum Zeitpunkt II (nach Ablauf einer Periode) entwickelt hat. Das Ergebnis stellt sich dar als entsprechender Produktionspunkt im nächsten – zeitlich folgenden – Güterraum R^n_{II}, wobei bei einer Veränderung natürlich die Größen der Koordinaten unterschiedlich sein werden.

Die Differenzen, die sich zwischen den beiden Produktionspunkten ergeben, stellen Zugänge oder aber Abgänge dar, und es zeigt sich im zweiten Punkt gewissermaßen eine »Nettobilanz« der Bestände im zweiten Zeitpunkt. Wir können die Differenzen, die sich zwischen den

Quantitäten der Koordinaten der betrachteten zwei Produktionspunkte ergeben haben, in einem Vektor oder Punkt eines eigenen n-dimensionalen Raumes zusammenfassen: Demnach existiert also neben einem Bestandsgüterraum ein Differenzenraum, der die stattgefundenen Bewegungen angibt. In diesem Differenzenraum – eigentlich ist er ja der »Produktions- oder Aktivitätenraum« – werden die Bewegungen an Faktorabgängen oder an Produktzugängen im verflossenen Zeitraum registriert.

Einen Schritt weiter führt die Beachtung des *technischen Fortschritts.* Im Bereich der Fertigung zeigt sich technischer Fortschritt durch Veränderung der Produktionspunkte in zeitlich unterschiedlichen Produktionsräumen. Man erfaßt ihn etwa durch Gegenüberstellung zweier jeweils effizienter Produktionen zu unterschiedlichen Zeitpunkten, bei denen gleichviele Güter der jeweils gleichen Art auftreten. Technischer Fortschritt liegt dann vor, wenn für mindestens eine Güterart im zweiten Zeitpunkt eine größere (algebraische) Zahl gegeben ist als im ersten (bei Konstanz der anderen Güterquantitäten). Vorausgesetzt, man weiß, welcher Aufwand mit der Erzeugung dieses technischen Fortschritts verbunden ist, dann kann man das Nettoergebnis, also die positive Güterdifferenz, diesem eingesetzten Aufwand zurechnen. Von hier ist es nur noch ein kleiner Schritt zur Produktion von Information bzw. Wissen selbst. Bei ihr haben wir es ebenfalls mit einer Bestands- und einer Bewegungs-(Produktions-)Rechnung zu tun, wobei natürlich die Lösung der Frage aufgegeben bleibt, wie man Wissen als Gut auffassen soll? Indirekt kann man hier zu einem Ergebnis kommen, wenn man den »Wissens-«Aktivitäten den technischen Fortschritt, also die Veränderung der Technologie, als Produkt zuordnet. Eine unmittelbare resp. umfassende Erfassung bringt erhebliche Schwierigkeiten, da ja Wissen in vielen sachlichen Speichern eingeschlossen ist, ebenso in menschlichen Gehirnen mit einem Bestand, der sich laufend verändert. [12]

F. Weitere Fragen

Die weiter oben angestellte Überlegung zum technischen Fortschritt und zur Möglichkeit, ihn zum Ausdruck zu bringen, stellt eine eher isolierte Behandlung im Rahmen des größeren Problems des *Informationswertes* resp. *Informationsnutzens* dar. Zum letzteren gibt es eine Fülle interessanter Literatur. Hier hat nicht zuletzt das intellektuelle Erlebnis gereizt, sich an dieser schwierigen Materie zu versuchen. Es zeichnet sich aber ab, daß man sich letztlich wohl mit bescheidenen Ergebnissen wird abfinden müssen: Zu schwierig erscheinen die Probleme, die eine Nutzenermittlung von Informationen resp. die Zurechnung aufwerfen, es bleiben zuviele offene Fragen, die meist nur durch Mutmaßung oder Schätzung zu lösen sind. Doch können im konkreten und begrenzten Fall durchaus günstige Ergebnisse erwartet werden, sofern man die Ansprüche nicht überdehnt. [13]

Konkrete Aufgaben stellt auch die Errichtung von geeigneten *Planungsstrukturen* bzw. der bewußte Einbau von *Elastizitäten* in den Aufbau des Potentialfaktorbestandes zwecks Dämpfung negativer Wirkungen unvollkommener Information. Überlegungen sollten angestellt werden über die Art der Berücksichtigung von Alternativen in den Plänen, darüber, wieviele es sein sollten, wie detailliert sie zu sein hätten und wie weit sie auszulegen seien. Wichtig ist zugleich die Beachtung der Interaktion zwischen Planungsstufen, Informationsgewinnung und -verwendung, Kontrolle und Revision. Hierzu sind schon beachtliche Ergebnisse im Fach erzielt worden, weiteres bleibt aber zu tun.

Auch für den eher theoretischen Bereich ergeben sich immer wieder neue und überraschende Probleme. Ein Beispiel ist die Überprüfung der These, daß Planung nicht über den *ökonomischen Horizont* hinausreichen dürfe. Im Zuge der Aufnahme dynamischer Fragestellungen ergab sich nämlich das Dilemma, daß bei Unternehmungen, die (ausnahmsweise) nicht auf eine begrenzte Laufzeit hin konzipiert sind, mit Weiterbestehen des Produktionsapparats über den ökonomischen Horizont hinaus gerechnet werden muß. Einen Lösungsversuch vermittelt eine Arbeit von *Heinz Mathes.* [14]

Anmerkungen

1 Vgl. *Wittmann* (Produktion) S. 21.
2 *Aristoteles* (Politik) I, S. 11.
3 *Serra* (Breve) S. 147.
4 *Leuchs* (System) S. 216–280.
5 Dies stellte sich als ein nicht ganz unbegründetes Bedenken heraus. Ein von mir sehr geschätztes Mitglied meiner Fakultät meinte in seinem sonst positiven Gutachten, die Arbeit sei eigentlich nicht betriebswirtschaftlicher Natur, sie behandle kein betriebswirtschaftliches Thema.
6 *Müller/Peters/Dreier* (Informationsproduktion) S. 92.
7 Vgl. *Bössmann* (Information) S. 186.
8 Vgl. *Morgenstern* (Voraussicht) S. 344. Siehe dazu auch *Wittmann* (Unternehmung) S. 20 ff.
9 *Hayek* (Verfassung) S. 38.
10 Er überlegt die Konsequenzen einer solchen Aussage: »So wird es zum Beispiel keine Lotterien und Spielsäle geben, denn wer würde spielen, wenn feststünde, wohin der Gewinn ginge? Telephon, Telegraph, Zeitungen, Annoncen, Plakate usw. wären ebenfalls überflüssig.« *Morgenstern* (Voraussicht) S. 64.
11 Zum Bereich der Informationssysteme hat der Jubilar wiederholt Arbeiten publiziert; vgl. z. B. (Informationssysteme).
12 Einen Versuch, für die Informationserzeugung eine Produktionsfunktion aufzustellen, hat *Wolfgang Müller* unternommen. Ausgehend von der Konzeption der traditionellen Produktionsfunktion, zeigt er, daß für die Erfassung des Phänomens der Informationsproduktion Abwandlungen notwendig sind, die er durch einen anregenden Ansatz erfaßt. Natürlich ist dabei wegen der Eigenart von Information als Gut eine relativ komplexe Behandlung erforderlich. Meines Erachtens sollte bei der formalen Erfassung dieses Produktionsproblems versucht werden, sich des Begriffs der Produktionskorrespondenz zu bedienen. (*Müller/Peters/Dreier* [Informationsproduktion] insbes. S. 18 ff.; zur Produktionskorrespondenz vgl. *Wittmann* [Betriebswirtschaftslehre] 2. Bd., S. 141 ff.; umfassender *Bleimann* [Darstellungsformen]).
13 Interessante dynamisierte Versuche zur Problemlösung bringt hier *Stöppler* (Informationswert); vgl. ebenso die von *Stöppler* besorgte Festschrift (Produktion) mit zahlreichen einschlägigen Beiträgen.
14 *Mathes* (Endbedingungen).

Literaturverzeichnis

Aristoteles (Politik): Politik (Politica). 3. Aufl., übers. u. ed. v. Eugen Rolfes (Philosoph. Bibl. 7. Bd.). Leipzig 1948.

Bleimann, G. U. (Darstellungsformen): Darstellungsformen von Technologien in der Produktionstheorie. Diss. Frankfurt a. M. 1981.

Bössmann, E. (Information): Information. In: Handwörterbuch der Wirtschaftswissenschaft (HdWW). 4. Bd., Stuttgart 1978, S. 184–200.

Grochla, E. (Informationssysteme): Betriebliche Planung und Informationssysteme. Entwicklung und aktuelle Aspekte. Reinbek bei Hamburg 1975.

Hayek, Fr. A. (Verfassung): Die Verfassung der Freiheit. (Dt. Übers.) Tübingen 1971.

Leuchs, J. M. (System): System des Handels. Nürnberg 1804.

Mathes, H. D. (Endbedingungen): Zur Ermittlung von Endbedingungen in linearen dynamischen Allokationsmodellen bei endlichem Planungshorizont. In: *Streitferdt,* L. u. a. (Hrsg.): OR-Proceedings 1985. 1986.

Morgenstern, O./ *Neumann,* J. v. (Spieltheorie): Theorie of Games and Economic Behavior. 1. Aufl. Princeton 1944, 3. A. 1953. Dt.: Spieltheorie und wirtschaftliches Verhalten. Würzburg 1961.

Morgenstern, O. (Voraussicht): Vollkommene Voraussicht und wirtschaftliches Gleichgewicht. In: *Morgenstern,* O. (Hrsg.): Spieltheorie und Wissenschaft. Wien u. a. 1965, S. 43–70.

Morgenstern, O. (Vollkommene Voraussicht): Vollkommene Voraussicht und wirtschaftliches Gleichgewicht. In: ZfN, 6. Bd., 1935, S. 337–357.

Müller, W./ *Peters,* S./ *Dreier,* A. (Informationsproduktion): Informationsproduktion in der Unternehmung. Forschungsbericht. Vervielfält. Mskr. Frankfurt a. M. 1976.

Serra, A. (Breve): Breve trattato delle cause che possone far abbondara li regni d'oro et d'argento dove non sono miniere. Engl.: A brief treatise on the causes which can make gold and silver plentiful in kingdoms where there are no mines. In: *Monroe,* H. E. (Hrsg.): Early economic thought. Cambridge (Mass.) 1945, S. 114–167.

Stöppler, S. (Informationswert): Der Informationswert der Absatzprognosen. Ein Beitrag zur Abstimmung der Produktions- und Informationsbeschaffungspolitik der Unternehmung. In: *Ballwieser,* W. u. a. (Hrsg.): Information und Wirtschaftlichkeit. Bericht über die Tagung der Hochschullehrer für Betriebswirtschaft in Hannover 1985. Wiesbaden 1985.

Stöppler, S. (Hrsg.) (Produktion): Information und Produktion. Festschrift für *W. Wittmann.* Stuttgart 1986.

Wittmann, W. (Betriebswirtschaftslehre): Betriebswirtschaftslehre. 1. Bd. Tübingen 1982, 2. Bd. Tübingen 1985.

Wittmann, W. (Produktion): Mensch, Produktion und Unternehmung. Tübingen 1982.

Wittmann, W. (Unternehmung): Unternehmung und unvollkommene Information. Köln u. a. 1959.

Unternehmung und ihre Umwelt

*Hans Blohm**

Möglichkeiten und Grenzen des Hochschulbeitrages zum Innovationsmanagement

* Prof. Dr.-Ing. *Hans Blohm*, Technische Universität Berlin, Fachbereich Wirtschaftswissenschaften (18).

A. Einführung

Betriebswirtschaftliche Abhandlungen zu aktuellen Problemen pflegen häufig mit der Klage zu beginnen,

- es gäbe leider noch keine Theorie,
- um eine wenigstens einigermaßen einheitliche Begriffsfestlegung sei man nicht einmal ernsthaft bemüht,
- über grundlegende Tatbestände würde fast nur aus den USA berichtet.

So hört und liest man es auch vielerorts zum Thema Innovationsmanagement. Die Klagen treffen in diesem Falle aber nur dann zu, wenn man das Suchfeld auf die im engsten Sinne wissenschaftliche Buch- und Zeitschriftenliteratur einengt.

Die etablierte Wissenschaft muß aus Gründen der wissenschaftlichen Redlichkeit, insbesondere zur Sicherung der Nachvollziehbarkeit, mit ihrer Theorienbildung zwangsläufig den aktuellen Ereignissen nachhinken. Unter Berücksichtigung dessen kann man mit dem Stand der wissenschaftlichen Auseinandersetzung durchaus zufrieden sein. Man muß sich einfach mit der Begriffsvielfalt abfinden, an eine theoretische Grundlegung keine unerfüllbaren Forderungen stellen und nach konkretem Unterlagenmaterial dort suchen, wo es zu finden ist, nämlich in den Verlautbarungen der Praxis und bei den Institutionen, die mit der Praxis im Gedanken- und Erfahrungsaustausch stehen.

Der vorliegende Beitrag setzt hier an; er soll einige Tatbestände und Einsichten aus der praktischen Arbeit der Hochschulen zur Förderung des Innovationsmanagements in der Industrie vermitteln. Ich schöpfe dabei in erster Linie aus den Erfahrungen, die ich als einer der »Mentoren« des Technologie-Transfer-Programmes an der Technischen Universität Berlin (TUB) sammeln durfte.

Die aktive Teilnahme an einschlägigen nationalen und internationalen Kongressen hat es mir ermöglicht, über den Rand des Berliner Arbeitsfeldes hinauszuschauen, Vergleiche anzustellen und zu beurteilen, ob und wie weit die Berliner Verhältnisse verallgemeinert werden können.

Zur Verallgemeinerung sei bemerkt: In Berlin ist das noch eingehend zu erläuternde Technologie-Transfer-Programm von größerer Bedeutung als an anderen Hochschulorten. Die Stadt Berlin ringt um ein neues Selbstverständnis. Dabei gewinnt die Vorstellung, die Inselstadt auf die Ebene eines Forschungs-, Entwicklungs- und Innovationszentrums zu heben, immer mehr Anhänger. Von Regierungsseite wird alles unternommen, die Möglichkeiten einer solchen Alternative auszuloten. Man darf deshalb mit gutem Grund annehmen, daß alles Machbare in Berlin zumindest im Ansatz verwirklicht wurde. Eine Istaufnahme des hier sehr weit gefaßten Technologie-Transfers ist damit zugleich eine starke Annäherung an die äußersten Möglichkeiten des Machbaren überhaupt. Meine Vergleiche mit den Programmen an anderen deutschen Hochschulen haben das bestätigt. Auch die Vergleiche mit in diesem Feld so fortschrittlichen Ländern wie Schweden und Großbritannien bestätigen das.

Die Fragen, deren Beantwortung ich etwas weiterführen möchte, lauten:

- Welchen Beitrag leisten die Hochschulen zur Entwicklung der Inhalte und der Gestaltungsformen des gegenwärtig so ausgiebig diskutierten Innovationsmanagements?
- Welchen Beitrag können sie leisten?
- Wo liegen Grenzen des möglichen Beitrags?

Zwar wäre viel zu den grundlegenden Zusammenhängen zwischen Technologie-Transfer und Innovationsmanagement, zur aktuellen Bedeutung des Innovationsmanagement und zur inhaltlichen Abgrenzung der verwendeten Begriffe zu sagen; doch gebietet mir der vorgegebene Umfang dieser Abhandlung darauf zu verzichten. Ich verweise deshalb gerne auf die Fachliteratur, von der das Literaturverzeichnis eine Auswahl enthält. [1]

Zum Begrifflichen nur einige Klarstellungen:

Inventionen gehen normalerweise den Innovationen voraus, sie sind das Ergebnis eines schöpferischen Aktes, durch den etwas Neues gedacht, entdeckt, gefunden wurde.

Innovationen sind deren wirtschaftliche Verwertung in Gestalt von Produkt- und Verfahrenserneuerungen oder in Gestalt neuer Anwendungen für bereits bekannte Erzeugnisse, Stoffe und Verfahren. Hier nicht behandelt werden Innovationen im sozialen Bereich (Sozialinnovationen).

Unter *Innovationsmanagement* sei hier zunächst das Repertoire an Wissen und Können sowie die dieses Repertoire anwendende Aufgabe zur wirksamen Planung, Durchführung und Überwachung von Innovationen verstanden. Synonym wird die Institution, die diese Aufgabe erfüllt, mit Innovationsmanagement bezeichnet.

Diese allgemeine Definition möge durch die Skizzierung typischer Aufgabenfelder veranschaulicht werden:

- Anpassung des Unternehmens an die betriebliche Umwelt unter Berücksichtigung seiner Stärken und Schwächen
- Erfassung und Analyse der den Erneuerungsprozeß beeinflussenden Wirkungsfaktoren aus Markt, Technologie, Struktur und unternehmenspolitischer Ausrichtung des Betriebes
- Schaffung einer geeigneten Kommunikation zwischen Marketing, Forschung und Entwicklung, Produktion und Finanzierung zur Annäherung des betrieblichen Innovationsprozesses an Optima
- Bedarfsorientierte Planung, Steuerung und Überwachung des Innovationsprozesses
- Motivation der Mitarbeiter zu innovativem Denken und Handeln.

Angewendet wird das Repertoire von Managern. Dabei soll es hier offen bleiben, ob innerhalb des Managements (als Institution) besonderen Innovationsspezialisten oder dem Management allgemein diese Aufgaben zuzuordnen sind, und welche organisatorischen Einzelheiten noch zur Lösung anstehen mögen.

Wenn von einem Beitrag der *Hochschulen* zur Entwicklung und Anwendung des Repertoires die Rede ist, dann sind damit alle Aktivitäten der Hochschulen gemeint, die geeignet sind, Konzeption und Verwirklichung des Innovationsmanagements in der Praxis zu fördern. Ich behandele dabei nur die Technischen Hochschulen im Universitätsrang. Die Fachhochschulen haben ähnliche Programme mit Erfolg verwirklicht, doch würde die Behandlung dessen zu weit führen.

B. Technologie-Transfer als Hochschulaufgabe

Sowohl auf seiten der Hochschulen – hier wird, wie bereits begründet, über Einzelheiten insbesondere von der Technischen Universität Berlin (TUB) berichtet – als auch auf seiten der Wirtschaft wuchs in den letzten Jahren der Wunsch, Informationen auszutauschen und sich auch auf andere Weise gegenseitig zu fördern. Besonders die kleinen und mittleren Unternehmen (KMU) und hier vor allem die an Innovationen interessierten Unternehmen zeigen sich für eine Zusammenarbeit aufgeschlossen. Folgende Ziele werden von diesen vorrangig angestrebt:

- Zugang zu Spezialwissen erlangen
- Abdecken von Spitzenbedarf im Forschungs- und Entwicklungsbereich
- Nutzung von Spezialgeräten
- Beschleunigung der Produktinnovation. [2]

Der Beitrag der Hochschulen hat sich schnell auf ein breitgefächertes und gern genutztes Dienstleistungsangebot hin bewegt. Es erwuchs aus dem Forschungs-, Entwicklungs- und Ausbildungspotential der Hochschulen. Als Bezeichnung für diesen schnell expandierenden Aufgabenbereich hat sich »Technologie-Transfer«, auch »Wissenschafts-Transfer«, durchgesetzt. Die geschilderte Bewegung geht weit über die Bundesrepublik Deutschland hinaus, man hinaus, man kann sie fast als weltweit bezeichnen.

I. Zur Entwicklungsgeschichte

Das öffentliche Ansehen der Universitäten, Technischen Universitäten bzw. Technischen Hochschulen hatte unter dem geistigen Erbe dessen, was Politiker aller Parteien an der Wende der sechziger Jahre zu den siebziger Jahren als »Hochschulreform« glaubten durchsetzen zu müssen, erheblich gelitten. Noch in diesem Jahre – 1985 – zertrümmerten maskierte Schläger die Informationsstände von Industrie- und Bankunternehmen im Lichthof der TUB, um die »industrielle Verwertung« des in den Instituten erarbeiteten Wissens und die wachsende Kooperation der TUB mit der Wirtschaft zu stören. Der eine Minderheit der Studentenschaft, nämlich das von dem Wahlrecht tatsächlich Gebrauch machende Drittel der Studenten vertretende – doch für alle sprechende – Studentenausschuß (»ASTA«) distanzierte sich kaum von der Gewaltanwendung und schon gar nicht von den vorgegebenen Zielen der Gewalttäter. Die Störung war für deren Zielträume genau an der richtigen Stelle angesetzt, dort wo sich eine sinnvolle Zusammenarbeit zwischen Hochschulen und Praxis anbahnt und folgerichtig an der Wiederherstellung des einstmals so guten Rufes der Hochschulen, hier der TUB, gearbeitet wird. Die Störung ist gegenwärtig nur das Grollen eines abziehenden Gewitters, eine positive, auf Zusammenarbeit gerichtete Wetterlage setzt sich immer mehr durch. Ob dauerhaft, ist eine andere Frage.

Im Jahre 1980 wurde die Technologie-Transferstelle der TUB gegründet als eine der ersten Einrichtungen dieser Art. In den ersten fünf Jahren ihres Bestehens hat sie ein umfangreiches Dienstleistungsangebot entwickelt. Es baut auf den Erfahrungen mit verschiedenen Kooperationsmodellen und -formen auf. Dabei wird ein ganzheitliches Konzept des Wissens- und Technologietransfers vertreten. [3]

Die wesentlichen Bestandteile des so entwickelten Arbeitsfeldes sind die folgenden fünf Gebiete:

- Informationstransfer
- Technologietransfer i. e. S.
- Personaltransfer
- Unternehmensgründungen
- Weiterbildung

II. Informationstransfer

Im *Informationstransfer* war auf Anhieb die Informationsbroschüre »Forschungsmarkt Berlin« erfolgreich und ermunterte zu weiterem Wirken. Sie wurde erstmalig 1982 vorgestellt, die überarbeitete Fassung von 1983 wies 360 Kooperationsangebote an die Wirtschaft, nicht nur der Technischen Universität, sondern von insgesamt 20 Berliner Forschungsinstituten auf. Ein Ergänzungsband mit 260 Angeboten erschien im April 1984. Eine 1983 durchgeführte Befragung der Anbieter ergab, daß in 164 Fällen Kooperationskontakte tatsächlich zustande gekommen waren. In einer weiteren Broschüre: »Innovationsmarkt Berlin 85« formulierten 89 junge Berliner Technologieunternehmen ihr Leistungsangebot.

Eine andere wichtige Dienstleistung im Rahmen des Informationstransfers ist die ONLINE-Recherche in internationalen Datenbanken, in denen, über Thesauri erschließbar, neueste naturwissenschaftliche, technische und wirtschaftswissenschaftliche Daten gesammelt werden und im direkten Zugriff über ein Datensichtgerät verfügbar sind.

III. Der eigentliche Technologie-Transfer

Der eigentliche Technologie-Transfer ist der Kern des dem Innovationsmanagement dienenden Arbeitsfeldes, der auch dem Ganzen den Namen gegeben hat. Hierbei geht es um die Förderung der Entwicklung und wirtschaftlichen Nutzung von neuen Produkten und Verfahren durch konkrete, projekt- und problembezogene Zusammenarbeit zwischen Wissenschaft und Wirtschaft. Von 1981–85 hat TU-Transfer rund 500 Anfragen bearbeitet. Die in großer Zahl erfüllten punktuellen Informationswünsche sind in diese Zahl nicht einbezogen, sie steht nur für die zum Teil mit erheblichem Aufwand bearbeiteten Anfragen.

IV. Der Personaltransfer

Der *Personaltransfer* ist eine wichtige Ergänzung der erstgenannten Arbeitsfelder. Innovationen können nur dann erfolgreich durchgeführt werden, wenn die Unternehmen über qualifizierte Mitarbeiter verfügen. Die Stärkung der Innovationsfähigkeit insbesondere in KMU durch Vermittlung wissenschaftlich qualifizierter Hochschulabsolventen ist der Zweck dieser neuen Form des Technologie-Transfers. Der Personaltransfer hat sich als ein effizienter und – das darf man erwarten – langfristig wirksamer Technologie-Transfer (im weiteren Sinne) erwiesen. Von September 1982 bis Dezember 1984 hat TU-Transfer Personalberatungen in 186 Unternehmen durchgeführt. Als Ergebnis dieser Personalberatungen wurden 135 Hochschulabsolventen als Fach- und Führungskräfte eingestellt. Die Einstellung dieser Fachkräfte als »Innovationsassistenten« wird vom Berliner Senat gefördert. Auch Studenten werden in Praktika auf die innovativen Aufgaben – insbesondere in KMU – vorbereitet (»Innovationspraktika«).

V. Die Förderung von Unternehmensgründungen

Die Förderung von *Unternehmensgründungen* durch junge Wissenschaftler – insbesondere im Bereich der Hochtechnologie – ist ein besonders spektakuläres Tätigkeitsfeld des Technologie-Transfers. Die Zuneigung, die diese Tätigkeit bei Presse und Politik erfährt, hat auch übertriebene Erwartungen und falsche Wertmaßstäbe gebracht, indem die Zahl der neu geschaffenen Arbeitsplätze – als Direktwirkung – zu sehr in den Vordergrund gerückt wurde.

In Berlin erfolgte am 30. 11. 1984 die Gründung des »Berliner Innovations- und Gründerzentrums (BIG)«. Unter Federführung der TU-Transferstelle und mit finanzieller Förderung des Berliner Senators für Wirtschaft und Verkehr wurde es mit 14 Unternehmen (26 Mitarbeiter, 2800 qm Fläche) eröffnet. In Anlehnung an Silicon Valley in den USA wurde es von den Berlinern bald scherzhaft »Silicon-Wedding« genannt; es befindet sich in einer ehemaligen AEG-Fabrik im Stadtteil Wedding.

Im ersten Jahr seines Bestehens wurde das BIG unter der Trägerschaft der Technischen Universität Berlin auf 25 Firmen mit 80 Mitarbeitern und 5000 qm Fläche ausgebaut.

Das große Potential an Interessenten hat zu einer weiteren Vergrößerung geführt, die 1985 verwirklicht wurde.

Zur Beurteilung von BIG und ähnlicher Einrichtungen – auch des wesentlich größeren Silicon Valley – sollten die indirekten Wirkungen gesehen werden. Da ist zunächst die Auslöserfunktion zur Verbreitung neuer Technologien zu nennen. Ich bin geneigt, die Gründung innovativer Unternehmen durch junge Wissenschaftler vorrangig als Ausdruck einer neuen positiven Haltung, als Absage an die No-future-Mentalität zu sehen. Das Interesse, sich mit eigenen Entwicklungen und Ideen selbständig zu machen, nimmt deutlich erkennbar zu. So ist die Institutionalisierung der Hochschulhilfe zu derartigen Gründungen, wie sie in Berlin und in zahlreichen anderen Hochschulorten erfolgte, ein notwendiges organisatorisches Kleid.

Der Gründungsförderung schließt sich in Berlin die Pflege der Zusammenarbeit mit KMU in dem weitaus größeren *»Technologie- und Innovationspark (TIP)«* an. Hier werden zusätzlich zu Forschungsinstituten und Gründerfirmen auch bestehende innovationsorientierte Klein- und Mittelbetriebe mit hohem Forschungs- und Entwicklungsbedarf aufgenommen. Auch der TIP befindet sich in einem ehemaligen AEG-Gebäude in der Nähe des BIG.

Zur Zeit erhalten TTS, BIG und TIP einen neuen privatwirtschaftlichen Rahmen.

VI. Weiterbildung

Der technologische Wandel verlangt eine laufende Anpassung der Qualifikationen der Mitarbeiter in den Unternehmen, was eine ständige Weiterbildung erfordert. Die Hochschulen bieten dazu spezifische Weiterbildungsprogramme an. Diese Programme beinhalten sowohl Seminare für Führungskräfte kleiner und mittlerer Unternehmen in den Bereichen »Innovationsmanagement« und »Neue Technologien« wie auch Qualifizierungsprogramme für Mitarbeiter, um sie auf den technologischen und strukturellen Wandel vorzubereiten. Das zur Zeit in Berlin bestehende Angebot ist dazu nur ein Anfang.

Eine Manager-Weiterbildung mit hohem Anspruchsniveau wird zur Zeit geplant. Diese Planung erfolgt in voller Kenntnis der nicht gerade ermunternden Marktsituation, die durch einige hundert Anbieter von Manager-Kursen unterschiedlichen Inhaltes und unterschiedlicher Struktur gekennzeichnet ist.

Die TUB will mit ihrem Management-Programm direkt die Bedürfnisse des Innovations-Managements ansprechen. Sie beruft sich dabei auf die 1927 durch W. Prion begründete Tradition des simultanen Wirtschaftsingenieur-Studiums. Bei Einrichtung des Wirtschaftsingenieur-Studiums ging und geht es darum, einen Ingenieur zu schaffen, der Wirtschaft und Technik zu verbinden weiß, also überall dort eingesetzt werden kann, wo sich diese beiden Wirkungsfelder in wissenschaftlichen und praktischen Problemstellungen überlappen.

Außer dem in Berlin und anderenorts, z. B. in Darmstadt, Karlsruhe, Kaiserslautern gepflegten Simultan-Studium wurde auch ein Aufbaustudium geschaffen (insbesondere in Aachen und München), das auf ein abgeschlossenes Ingenieurstudium ein wirtschaftliches Aufbau-Studium setzt. Der umgekehrte Weg, auf ein kaufmännisches Studium ein technisches Aufbaustudium zu setzen, wurde jedoch bisher nicht beschritten. Die hemmende Meinung herrschte vor, dazu wären mathematische und naturwissenschaftliche Grundlagen erforderlich, die einem akademischen Kaufmann oder Volkswirt normalerweise fehlten. Jetzt will man einen Versuch mit Lehrgängen unterschiedlichen Inhalts und unterschiedlicher Struktur doch wagen, weil die immer bedeutsamer werdende Innovationsphilosophie und die auch im Zusammenhang damit immer mehr in das Blickfeld rückende, schnell fortschreitende Hochtechnologie eine solche Ergänzung erforderlich erscheinen lassen.

Die Grundlagen dazu sind auch bei den Absolventen wirtschaftswissenschaftlicher Studiengänge besser geworden; die Mathematik-Ausbildung wurde in letzter Zeit verstärkt und der Computer eroberte sich als gemeinsames Instrument aller Disziplinen die Position eines Koordinators auf hohem technischem Niveau. Wer nicht mitmachen will, wäre bald »out«.

C. Die Management-Ausbildung als Teil des Hochschulstudiums

Eigentlich hätte dieses Tätigkeitsfeld vor dem Technologie-Transfer behandelt werden sollen, gehört er doch zu den Kernaufgaben der Hochschulen. Doch meine Zurückhaltung ist wohl begründet. Die Hochschulen sind – so gut die Ausbildung in den einzelnen Disziplinen immer sein mag – auf dem Feld der Management-Ausbildung in der Regel überfordert. Man gibt sich Mühe, doch die widrigen Umstände sind vielfach stärker. Genannt seien zunächst zwei Hemmnisse:

Das Massenstudium erschwert die Anwendung moderner Lehrmethoden wie Fallstudien und Planspiele. Es mangelt auch an Hochschullehrern mit Praxiserfahrung aus dem Management von Unternehmen. Die übliche »Laufbahn« sieht das nicht vor. Es gibt aber Dinge, die müßte man einmal selbst gemacht haben, ehe man sie lehren kann; dazu gehört zweifellos das Management. Auch Erfahrung im Gremien-Gerangel der Hochschulen kann das nicht ersetzen.

Aus dem Gesagten ergibt sich, daß eine Besserung in der Management-Ausbildung nur durch Zusammenarbeit mit der Praxis erwartet werden kann, wobei hier die Praxis in starkem Maße den gebenden Teil stellen muß, was sie durchaus auch überfordern mag.

An der TUB startet im Wintersemester 1985/86 ein Modellversuch »Innovationsmanagement«. Mit diesem Zusatzqualifizierungs- und Weiterbildungsangebot für Studenten, Absolventen sowie Nachwuchskräften insbesondere aus klein- und mittelständischen Betrieben soll dem Bedarf an Fachkräften, die (technische) Neuerungen in Unternehmen voranbringen, entsprochen werden. Um die Ausbildung so praxisnah wie möglich zu gestalten, ist eine

»Übungsfirma« für Studenten geplant. Das Land Berlin und das Bundesministerium für Bildung und Wissenschaft haben für das Projekt, das zunächst auf drei Jahre befristet ist, 1,7 Millionen Mark bewilligt. Ganz einmalig und neu ist auch das freilich nicht, ich habe als kaufmännischer Lehrling schon 1938 in einer Übungsfirma mitgewirkt. Freilich ging es damals noch nicht um die Vermittlung von Kenntnissen im Innovationsmanagement.

An einem anderen Versuch habe ich in den sechziger Jahren an der Universität Karlsruhe (TH) mitgewirkt. Ich berichte kurz darüber, weil ähnliche Ideen immer wieder neu vorgebracht und in verschiedenen Varianten auch anderenorts realisiert wurden.

Der Universität Karlsruhe (TH) wurde vor etwa zwanzig Jahren von einem badischen Unternehmer ein »Gastlehrstuhl für Unternehmensführung« gestiftet. Er sollte mit Praktikern, die sich für ein bis zwei Semester der Lehrtätigkeit widmen wollten, besetzt werden. Es war zwar etwas schwierig, erfahrene Manager zu finden, die für diese Aufgabe Zeit und Qualifikation mitbrachten, das Experiment war aber trotzdem erfolgreich, bis es schließlich den Reformeiferern zum Opfer fiel. »Keine kapitalistische Profitlehre« wollten die von Steuermitteln, also profitabhängig, lebenden und bar jeder Sachkenntnis zu Einfluß gelangten Studentenvertreter damals. Sie fanden reiche Unterstützung in Teilen der Professorenschaft. Der Spender stellte folgerichtig die Zahlungen ein. Bemerkt sei, daß der Spender nicht ein einziges Mal versucht hat, die Besetzung der Stelle oder die Festlegung der Lehrinhalte zu beeinflussen. Trotzdem wurde »Profitinteresse« u. ä. heraufbeschworen. Diese Erfahrung zeigt Möglichkeiten, aber auch Grenzen der Kooperation, die keineswegs der Vergangenheit angehören, wie die eingangs geschilderte Knüppelszene des Jahres 1985 lehrt. Im »Ernstfall« wird aus der Industrie den Vorkämpfern der Kooperation an der Hochschule wenig Hilfe geboten werden, wie es schon die Reformjahre lehrten.

Die Schwäche der Hochschulen im Felde der Management-Ausbildung ist auch vom Inhalt her zu erklären. Von den drei Säulen des Managements: Wissen, Können, Haltung, ist nur die Vermittlung von Wissen fest in der Hochschule verankert. Zur Mehrung des Könnens gehören in der Regel schon praktische Erfahrungen, die in Praktika und Übungen nur begrenzt geboten werden können. Die Haltung schließlich kann nur indirekt vermittelt werden, wenn überhaupt.

Die Grenzen des Beitrages der Hochschule wird deutlich, wenn man bedenkt, daß die Komponente Haltung im neueren Innovationsmanagement eine immer größere Bedeutung gewinnt. Forderungen wie »kundenorientiertes« und »mitarbeiterorientiertes« Handeln sind ohne eine entsprechende Einstellung (Haltung) nicht zu erfüllen. Der Idealtyp des Managers führt weg von dem modellorientierten Entscheidungsmacher hin zu einer Persönlichkeit, die den innovativen Firmenstil überzeugend vorlebt, also Haltung erzeugt, motiviert und menschliche Bande innerhalb des Betriebes sowie zwischen Betrieb und Umfeld knüpft und unterhält. Aus einer deutschen Studie ergibt sich als Ergebnis: »Das Erkennen von Kundenwünschen ist die innovatorische Seite des Erfolges«. [4] Dazu ist Einfühlungsvermögen eher geeignet als mathematische Modelle es sind.

Es lohnt, über die neuere Entwicklung nachzudenken: Computerisierung, Hochtechnologie, Automatisierung als Antriebe der Entwicklung führten nicht – wie man deduzieren könnte – zum OR-orientierten, rein sachbezogenen Management. Die Entwicklung führte zu dem, was neuerdings etwas verschämt »Leadership« genannt wird; weil die deutsche Übersetzung zu Mißverständnissen führen könnte?

D. Schlußfolgerungen

Man kann davon ausgehen, daß aus den genannten Gründen die Entwicklung in Berlin die zur Zeit gegebenen Möglichkeiten der Hochschulen zur Förderung des Innovationsmanagements in vollem Umfang zeigt. Bejaht man diese Entwicklung, so kann man mit Befriedigung feststellen, daß diese Richtung auf breiter Ebene eingeschlagen wird. Das gilt insbesondere für den Technologie-Transfer im engeren Sinne und für die Starthilfe bei Unternehmensgründungen. Die letztgenannte Tätigkeit sollte nicht – was manchmal geschieht – an ihrer unmittelbaren Wirksamkeit für den Arbeitsmarkt gewertet werden. Man sieht die Grenzen an der Entwicklung in Silicon Valley. Entscheidend ist die Knüpfung eines Kommunikationsnetzes zwischen Hochschulen und Praxis, das die bereits bestehenden Verbindungen zwischen den einzelnen Fachvertretern und der Wirtschaftspraxis, bisher mit Schwerpunkt bei den Großunternehmen, sinnvoll ergänzt.

Das Ansehen der Hochschulen wird dabei erheblich gefördert. Das war auch dringend erforderlich, nachdem das Bild der Hochschulen für mehr als ein Jahrzehnt vornehmlich von fünf Prozent Krawallmachern und Bummelanten geprägt wurde. Probleme kann es mit einer engbegrenzten Auswahl aus jenen fünf Prozent geben, die das als Student erlernte Handwerk inzwischen als Lebensaufgabe betreiben und nur zu gerne bereit sind, sich der »Gremienarbeit« zu widmen und für alle zu sprechen.

Mit der Tatsache, daß die Hochschulen – auf sich gestellt – zur Management-Ausbildung allenfalls Beiträge liefern können, muß man sich wohl abfinden. Sinnvolle Kooperationsformen zwischen Hochschule und Praxis werden vielerorts erprobt, in ihnen liegt die Chance und das Risiko.

Bei allen Aktivitäten wird es darauf ankommen, auf seiten der staatlichen Hochschulen Kontaktorgane zu schaffen, die unternehmerisch denken und handeln. Der Mann voll in der Zwangsjacke der Hochschulgesetze, Verwaltungsvorschriften und Laufbahnbestimmungen ist für innovative Manager, soweit sie diese Bezeichnung verdienen, ein wenig geeigneter Gesprächspartner. Die Erfolge an der TUB beruhen meines Erachtens darauf, daß es gelungen ist, einige aktive Mitarbeiter zu finden, und denen die Zwangsjacke der Hochschulverwaltung zu ersparen; zumindest sie diese Zwangsjacke nicht fühlen zu lassen. – Eine Frage am Rande: Brauchen die anderen Universitätsangehörigen die Zwangsjacke, oder weiß man nur nicht, wie man diese loswerden kann?

Das im ganzen doch positive Bild kann sich schnell ändern, die Basis ist in mancherlei Hinsicht labil. Sie wäre stabiler, wenn das Gros der Verantwortlichen in der Politik und in den Hochschulen mehr von der Wirtschaft verstünde. Die Irreführung auf diesem Feld beginnt in der Schule, das ist leicht mit dem Studium einschlägiger Schulbücher zu belegen. Um so erstaunlicher ist es, zu erleben, wie sich die Vernunft immer wieder durchsetzt. Vielleicht übersteht sie sogar noch Rückfälle in die Herrschaft von rational schwer nachvollziehbaren Ideologien.

Anmerkungen

1 Die Auswahl ist keinesfalls mit einem Urteil über die Qualität der nicht aufgeführten Werke verbunden; genannt wurden alle Veröffentlichungen, die mich bei Abfassung der vorliegenden Arbeit beeinflußt haben.

2 Ergebnisse einer Untersuchung der Kooperationserfahrungen von 627 deutschen Unternehmen; nach: *Allesch* (Förderung der Auftragsforschung).

3 Nach dem umfangreichen Unterlagenmaterial der TU-Transferstelle, Fasanenstraße 4, 1000 Berlin 12, zusammengestellt.

4 *Albach* (Schumpeter) S. 56 f.

Literaturverzeichnis

Albach, H. (Schumpeter): Schumpeter auf der Spur. In: Wirtschaftswoche 30/1984.

Allesch, J.: Innovationsimpulse durch die Hochschulen. In: Umschau, Heft 22, 1983 S. 670–675.

Allesch, J./*Fiedler*, H./*Martin*, H.-J. (Förderung der Auftragsforschung): Förderung der Auftragsforschung. Technologie-Transfer, Bd. 2, hrsg. v. *Bundesminister für Forschung und Technologie*. Köln 1983.

Blohm, H./*Danert*, G. (Hrsg.): Forschungs- und Entwicklungsmanagement. Stuttgart 1983.

Brockhoff, K.: Technologischer Wandel und Unternehmenspolitik. In: Zeitschrift für betriebswirtschaftliche Forschung 36, 1984, S. 619 ff.

Brose, P.: Planung, Bewertung und Kontrolle technologischer Innovation. Berlin 1982.

Drucker, P. F.: Innovationsmanagement für Wirtschaft und Politik. Düsseldorf 1985.

Freeman, Ch.: The Economics of Industrial Innovation. London 1982.

Gee, S.: Technology Transfer, Innovation and International Competitiveness. London 1981.

Grochla, E.: Betriebswirtschaftlich-organisatorische Voraussetzungen technologischer Innovationen. In: zfbf Sonderheft 11, 1980, S. 30–42.

Rupp, M. (1980): Produkt/Marktstrategien. Zürich 1980.

Strebel, H. et al.: Innovation und ihre Organisation in der mittelständischen Industrie. Berlin 1979.

Thom, N.: Grundlagen des betrieblichen Innovationsmanagements, 2. Aufl., Königstein/Ts. 1982.

Ulrich, H.: Management-Philosophie in einer sich wandelnden Gesellschaft, hrsg. v. Hahn, D./Taylor, B., Strategische Unternehmensplanung, Würzburg – Wien – Zürich 1984.

Santiago García-Echevarría *

Unternehmung und Wirtschaftsordnung: Analyse der Entwicklung in Spanien

* Prof. Dr. Dr. *Santiago García-Echevarría*, Universidad de Alcala de Henares, Cátedra de Política Económica de la Empresa.

A. Vorbemerkung

In der deutschen Betriebswirtschaftslehre wurde seit Anfang der fünfziger Jahre die Bedeutung der Wirtschaftsordnung für die Erklärung und Gestaltung der Entscheidungsprozesse im Unternehmen berücksichtigt. Diese Einbeziehung der Wirtschaftsordnung in die Lehre repräsentiert eine eindeutige Orientierung des deutschen Gedankengutes. »Ordnungspolitisch« ist eine deutsche Gestaltung und Begriffsbestimmung in der Nationalökonomie, die in anderen Sprachen und Kulturen nicht zu finden ist. Man hat tatsächlich Schwierigkeit, z. B. in der spanischen Sprache, den Begriff »ordnungspolitisch« zu übersetzen und vor allem zu erklären. [1]

Eine eingehende Untersuchung über die verschiedene Auffassung in der Erklärung, Interpretation und Anwendung der »Ordnung« in der deutschen bzw. spanischen Nationalökonomie und Betriebswirtschaftslehre, als Beispiel, führt immer zu der Berücksichtigung bzw. Nichtberücksichtigung von »Organisation« und Führung im Wirtschaftsprozeß. Im spanischen Denken und in der Lehre, sowohl der ökonomischen Theorie wie der Betriebswirtschaftslehre, besteht schon immer eine große Lücke in beiden Bereichen. Die Praxis, sowohl die legislative wie die institutionelle, leidet sehr stark unter dieser fehlenden Betrachtung der Institutionen und der Prozesse der Wirtschaft.

Die führenden Arbeiten von Gutenberg [2] und Grochla [3] Anfang der fünfziger Jahre haben die Wirtschaftsordnung in der Betriebswirtschaft auf eine sehr erfolgreiche Weise integriert. Ohne Zweifel hat die intensive Beschäftigung in der Bundesrepublik Deutschland der fünfziger Jahre mit der »sozialen Marktwirtschaft«in der Verfassungsdiskussion und die Entwicklung durch Müller-Armack [4] diese Wirtschaftsorganisation und die Impulse in der Betriebswirtschaftslehre sehr stark bereichert.

In Spanien haben wir diese Entwicklung erst bei der Übersetzung des Buches von Gutenberg [5] und die Publikation des Gutachtens in bezug auf die damalige Debatte über die »Unternehmensreform« [6] beobachtet. Diese Auseinandersetzung stammte eher aus der französischen Debatte über Machtverteilung als von Impulsen einer Wirtschafts- und betriebswirtschaftlichen »Organisation«.

Die spanische Debatte wurde erst, allerdings sehr knapp, im Jahre 1978 bei der Gestaltung der neuen Verfassung ausgelöst. [7] Leider wurden wieder, wie sehr oft in der spanischen Gesellschaft, die Wirtschaftsaspekte vernachlässigt. Die Diskussion im Verfassungsbereich bezüglich Wirtschaftsfragen ist bis heute kaum bereichert worden.

Aber auch die Organisationsherausforderung fängt heute an Sorge zu bereiten. Bis heute, als Folge der politischen Systeme und der Wirtschaftsordnung, hat die »Ordnung« und »Organisation« keine Rolle gespielt. Deshalb ist die eigene Entwicklung der Betriebswirtschaftslehre sehr langsam vor sich gegangen.

Spanien bietet eine interessante Entwicklung ab 1950, wo die verschiedene Wirtschaftsordnung eine unmittelbare Wirkung auf die Unternehmen und auf die Wirtschaftsträger ausgeübt hatte. Die Betriebswirtschaftslehre ist von dieser Entwicklung stark mitbeeinflußt worden.

B. Die Wirtschaftsordnung im Verhalten der Unternehmer und der Gesellschaft in Spanien

Ab 1959 begann eine Liberalisierung der an Autarkie orientierten spanischen Wirtschaftspolitik. In dieser Etappe endeten zwei Jahrzehnte einer total gelenkten Wirtschaft und einer veralteten Produktionsstruktur. Erst Mitte der fünfziger Jahre begann eine langsame Einführung der modernen »Werkstattorganisation« durch die Arbeitsbewertung auf Grund des Beadeauxsystems, jedoch nur bei sehr großen Unternehmen unter der Federführung von Ingenieuren.

Ab 1962 wurden die Liberalisierungstendenzen der Wirtschaft (eine deutliche Orientierung zur Marktwirtschaft) durch eine indikative Planung (französischer Prägung) ersetzt. Die sechziger Jahre sind hauptsächlich durch eine Modernisierung des Produktionsapparates und die Einführung von Marketingtechniken charakterisiert. Die Produktionsstrukturen wurden weiterhin gelenkt und die »Märkte« wurden weiterhin durch Preiskontrollen, -kartelle und -abkommen nur in sehr beschränktem Maße entdeckt. Die Wirtschaftsordnung war eine gelenkt-verwaltete Wirtschaftsordnung, ohne Wettbewerb und ohne Wirkung auf die Gestaltung einer effizienten Unternehmensorganisation und -führung.

In den siebziger Jahren ab 1973 wurden durch den politischen Regimewechsel die Wirtschaftsfragen an zweiter Stelle weiterhin vernachlässigt. Die Energiekrise wurde in Spanien überdeckt, so daß auch in den folgenden Jahren keine Wirkung auf die Unternehmen folgte. Es wurden wenige Rationalisierungsmaßnahmen getroffen und der fehlende Wettbewerb neben der niedrigen Kapazitätsauslastung der modernen Anlagen sowie die protektionistische Außenwirtschaft sorgten für einen fehlenden Druck der Wirtschaftsordnung auf die Wirtschaftsträger.

Diese Entwicklung führte zu einer fehlenden Sensibilität der Politiker, Unternehmer, Gewerkschaftler und der Gesellschaft im allgemeinen für ordnungspolitische Fragen und für Unternehmensverständnis. Abgesehen von einigen soziologischen Untersuchungen [8] wurden erst mit den achtziger Jahren diese Fragen der Wirtschaftsordnung systematisch untersucht.

Die Umfragen geben die Mentalität und das Verhalten der Wirtschaftsträger Spaniens bezüglich der Wirtschaftsordnung sehr deutlich wieder.

Die aufgrund des politischen Verhaltens durchgeführte Umfrage im Jahre 1981 zeigt eine deutliche Präferenz der Unternehmer für eine »freie Marktwirtschaft«. Wie in der Tabelle 1 zu sehen ist, sprechen sich über $^3/_4$ der Befragten für eine freie Wirtschaft aus, vor allem bei mittleren Firmen und in der Region von Valencia, wo nur kleinere und mittlere Firmen, sehr außenwirtschaftlich orientiert, die Unternehmensstruktur prägen. D.h. eine große, absolute Mehrheit spricht sich hier für eine Marktwirtschaft aus.

An zweiter Stelle, mit 10,5 %, sprechen sie sich für eine soziale Marktwirtschaft aus. Wenn man bedenkt, daß in der Lehre und in der Praxis die Idee und der Inhalt einer sozialen Marktwirtschaft nicht deutlich genug ausgearbeitet worden ist, kann man nach dieser Umfrage verstehen, daß im Jahre 1981 89 % der befragten Unternehmer für eine marktwirtschaftliche Ordnung waren.

Eine andere Wirtschaftsordnung wurde abgelehnt.

Die fehlende Klarheit über Inhalt und Form einer marktwirtschaftlichen Ordnung ergibt sich aus Tabelle 2 derselben Umfrage. Nur 31,2 % plädieren für eine marktwirtschaftliche Ordnung mit einer sehr geringen Beteiligung des Staates am Wirtschaftsprozeß, während 23,7 % sich für eine indikative Planung (vor allem kleine und größere Unternehmen) entscheiden, und zwar nach der Erfahrung der 60er und 70er Jahre.

Dazu kommt, daß 36,8 % der befragten Unternehmer sich für eine Wirtschaftsordnung

Preference Economic System	BY FIRM SIZE						BY PROVINCE										Total Sample	
	Regular		Interme-diate		Large		Madrid		Barcelona		Vizcaya		Valencia		Sevilla			
	No	%	No	%	No	%	No	%	No	%	No	%	No	%	No	%	No	%
Free market	69	77.5	70	80.5	67	74.4	72	79.1	80	75.5	20	69.0	26	92.9	8	66.7	206	77.4
Qualified Free market . .	1	1.1	1	1.1	2	2.2	1	1.1	2	1.9	1	3.4					4	1.5
Mixed Economy	9	10.1	7	8.0	6	6.7	5	5.5	12	11.3	4	13.8	1	3.6			22	8.3
Social Market Economy	6	6.7	8	9.2	14	15.6	13	14.2	9	8.5	3	10.3	1	3.6	2	16.7	28	10.5
Mixed and Social Market Economy					1	1.1			1	.9							1	.4
Codetermination	2	2.2							2	1.9							2	.8
Socialist Economy . . .	2	2.2	1	1.1							1	3.4			2	16.7	3	1.1
Total	89		87		90		91		106		29		28		12		266	

Tab. 1: Gewünschte Wirtschaftsordnung

Preference Role of the State in the Economy	BY FIRM SIZE						BY PROVINCE										Total Sample	
	Regular		Interme-diate		Large		Madrid		Barcelona		Vizcaya		Valencia		Sevilla			
	No	%	No	%	No	%	No	%	No	%	No	%	No	%	No	%	No	%
Defend free enterprise and limit its interventions to a minimum . .	29	32.9	24	27.6	30	33.3	27	29.7	28	26.4	7	24.1	16	57.1	5	41.7	83	31.2
Undertake indicative planning . .	23	25.8	19	21.8	21	23.3	17	18.7	30	28.3	8	27.6	5	17.8	3	25.0	63	23.7
Open answers which support fully free enterprise system	2	2.2	1	1.1	2	2.2			4	3.8	1	3.4					5	1.9
In addition to planning, create incentives to channel private decisions and control a limited public sector	22	24.7	23	26.4	19	21.1	26	28.6	28	26.4	7	24.1	4	14.3			65	24.4
Within a free market, control a significant public sector, including necessary nationalizaitons	11	12.4	10	11.5	12	13.3	15	16.5	8	7.5	5	17.2	3	10.7	2	16.7	33	12.2
Open answers recognizing the need for a public sector	1	1.1	1	1.1	2	2.2	1	1.1	2	1.9							3	1.1
State control of principal economiy sectors, including investment	1	1.1					1	1.1									1	.4
Complete public control of the economy			2	2.3					1	.9					1	8.3	2	.8
Other answers			6	6.9	4	4.4	3	3.3	5	4.7	1	3.4			1	8.3	10	3.8
O. K.			1	1.1			1	1.1									1	.4
O. A.																		
Totals	89		87		90		91		106		29		28		12		266	

Tab. 2: Gewünschte Rolle des Staates in der Wirtschaft

aussprechen, in der eine indikative Planung die Ordnung beherrscht, wo Subventionen und eine größere Beteiligung des Staates die Wirtschaft organisieren, also praktisch ohne Wettbewerb innerhalb einer verwalteten Wirtschaft. Tatsächlich ist dies die reale Situation bis 1985.

Dies bedeutet, daß sich in der Wirtschaftsrealität nur 1/3 der Unternehmer für eine auf Wettbewerb basierende Marktwirtschaft aussprechen.

Die Stellungnahme der spanischen Gesellschaft in bezug auf die Unternehmertätigkeit und die Neigung der Spanier für die Ausübung einer Unternehmerfunktion ist folgendermaßen: nur 16% der Befragten würden Unternehmeraufgaben übernehmen, während 32% sich für eine freiberufliche Tätigkeit entscheiden würden. Die Neigung Unternehmer zu sein, ist bei Akademikern niedriger (11%) als bei Menschen ohne akademische Ausbildung (17%).

Die Motive für die Unternehmertätigkeit sind hauptsächlich Geld zu verdienen (46%), Arbeitsstellen zu schaffen (30%), unabhängig zu sein (14%) u. a.m. Die Frage, warum man kein Unternehmer sein will, ist hauptsächlich mit der Unfähigkeit, diese Aufgabe zu übernehmen (26%), kein Interesse (21%), Arbeitsproblemen (21%) und mit zu hohem Risiko (19%) beantwortet worden, d. h. fehlende Ausbildung und Risiko-Probleme zu übernehmen und zu lösen.

Bei dieser Umfrage überrascht die Antwort, daß für 87% der Befragten die Unternehmer nötig sind, und zwar um Arbeitsplätze zu schaffen (41%), um die Unternehmen zu führen und zu kontrollieren (21%), um Unternehmen zu haben (20%).

Die Bewertung der Unternehmer durch die spanische Gesellschaft ist wie folgt:

- verdient viel Geld (59%)
- schafft wenig Reichtum für die Gesellschaft (70%)
- riskiert zu wenig (70%)
- schafft zu wenig Arbeitsplätze (89%)
- investiert wenig (84%)
- arbeitet wenig bzw. zu wenig (68%)
- ist nicht ausreichend ausgebildet (62%).

Wenn wir die dazu sehr großen geographischen Unterschiede berücksichtigen, kann man behaupten, daß die Umwelt der spanischen Unternehmer eher feindlicher Natur ist, d. h. die gelenkt-verwaltete Wirtschaftsordnung hat praktisch die Unternehmerleistung nicht hervorgehoben.

Tatsächlich ist die Leistung der spanischen Unternehmen sehr niedrig im Vergleich zu den westeuropäischen Ländern. So liegt die Produktivität der spanischen Wirtschaft bei 60% der Produktivität der Industrieländer Westeuropas und unter 50% der Produktivität der Bundesrepublik Deutschland.

Einerseits ist nur eine Minderheit des Unternehmertums (1/3) bereit, eine marktwirtschaftliche Ordnung zu übernehmen. Andererseits ist sich die spanische Gesellschaft im klaren, daß man Unternehmer braucht. Allerdings ist die Bewertung der gegenwärtigen Unternehmertätigkeit sehr negativ.

Der fehlende Druck der Wirtschaftsordnung hin zu einem leistungsfähigeren Unternehmertum und eine bessere Kommunikation zwischen Unternehmen und Umwelt sind sicher die Hauptelemente, die die gegenwärtige Wirtschaftsstruktur und -verhalten in Spanien mitbestimmen.

Diese Situation wird z. T. in der soziologisch-politischen Untersuchung von Linz wiedergegeben. In Tabelle 4 ist die Attitüde der Spanier in bezug auf die Gestaltung der Machtstruktur in den Unternehmen dargestellt.

Überraschenderweise liegt die gewünschte Mitbestimmung bei 33%, während die Bestim-

Umfrage: 2 000 = 100 %	Sehr viel %	Viel %	Weder viel noch wenig %	Wenig %	Sehr wenig %	Keine Antwort %	x̄ %	γ %
Viel Geld verdienen .	16	43	17	16	2	5	0,57	0,04
Reichtum schaffen . .	2	21	19	38	13	8	– 0,42	1,04
Risikoübernahme . .	6	21	12	36	22	4	– 0,48	1,22
Arbeitsplätze schaffen	1	14	18	39	32	3	– 0,08	1,05
Investiert	1	9	12	48	24	7	– 0,93	0,90
Arbeitet	4	28	21	30	12	7	– 0,19	1,11
Ist ausgebildet	1	25	29	25	8	13	– 0,14	0,97

Tab. 3: Wertung der Unternehmenstätigkeit

	Europa (Durchschnitt)	Groß-Britannien	Nordirland	Irland	Frankreich	Belgien	BRD	Niederlande	Dänemark	Italien	Spanien
Private Eigentümer .	35	50	57	47	19	34	47	30	41	29	21
Mitbestimmung . . .	41	37	24	34	48	34	37	47	41	47	33
Staatlich	4	2	1	3	3	3	1	1	1	8	7
Selbstbestimmung . .	10	7	7	7	17	6	10	10	8	8	22
Keine Antwort	10	4	11	9	13	24	12	12	9	11	17

Tab. 4: Attitüde über die gewünschte Machtstruktur der Unternehmen (in %)

mung durch die privaten Eigentümer sehr niedrige Werte aufweist (21 %). Der Aufbau der Unternehmensmacht in Spanien würde nach der Attitüde der Befragten sehr stark durch selbstbestimmende Organe geprägt sein.

Man sieht wiederum, daß die Wirtschaftsordnung und ihre Interdependenz und Mitwirkung bei der Gestaltung der Unternehmensstruktur und -organe sehr diffus ist und die Ideologie über einen zu großen Spielraum verfügt. Eine Versachlichung der Funktionen der Unternehmeraktivität ist eine entscheidende Aufgabe für die Schaffung einer modernen Wirtschaft.

C. Die tatsächliche Führungsstruktur und -organisation der spanischen Firmen

Über die Führungsstruktur und Organisation der spanischen Firmen sind nur sehr wenige empirische Untersuchungen durchgeführt worden. Wenn wir hier die machtsoziologischen Untersuchungen [9] einerseits und die reine Personalführung [10] andererseits beiseite lassen, können wir nur die Untersuchungen von Pinillos/Castillo [11], Fons-Boronat [12] und García-Echevarría [13] berücksichtigen. Hier werden wir uns hauptsächlich auf unsere eigene Umfrage beziehen. Einerseits, weil es die neueste Umfrage ist, und weil andererseits die Befragung nach der systematischen Analyse der dispositiven Faktoren nach Gutenberg gestaltet worden ist.

Nach dieser Umfrage läßt die gegenwärtige Führungs- und Organisationsstruktur sehr zu wünschen übrig. Die modernen Führungsinstrumente sind in etwa bekannt. Allerdings kann man auf keinen Fall von einer systematischen Entwicklung und Anwendung sprechen. Wenn man vom Verhaltenskodex spricht, meinen 59 % der Unternehmen, einen solchen Management-kodex zu besitzen. Allerdings liegt bei nur 23 % der Fälle ein schriftlicher Kodex vor.

Die Situation ist in der Realität ganz anders. Man möchte tatsächlich eine moderne Führung durchsetzen. Es fehlen aber nicht nur Kenntnisse und Mittel, sondern es fehlt vor allem an einer deutlichen langjährigen Orientierung der Unternehmensführung.

Die fehlende Struktur beim Aufbau von Zielsystemen und der kurzfristigen Zeitperiode dieser Ziele zeigen die fehlende Strukturierung einer modernen Unternehmensführung. Die Organisationsstruktur liegt schriftlich bei einem Drittel der befragten Firmen fest. Dazu zeigen die starke Prägung zentralisierter Organisationsformen (67 % bis 80 % bei mittleren Firmen) und die Betonung des Budgets als Koordinierungsinstrument einer dezentralisierten Organisation die noch sehr starke Traditionsstruktur der spanischen Unternehmen.

Ist eine Unternehmungsstrategie nötig?		
	Zahl	%
– Ja	21	19
– Nein	89	79
– ohne Angaben	2	2
Gesamt	112	100

Gibt es bei Ihnen eine Zielstruktur?		
	Zahl	%
– Ja	93	83
– Nein	16	14
– ohne Angabe	3	3
Gesamt	112	100

Tab. 5: Unternehmungsstrategie und Zielfestlegung

		Zahl	%
Zeithorizont des Unternehmungs-zieles	– Sechs Monate	20	18
	– Ein Jahr	71	63
	– Weniger als 3 Jahre	13	11,5
	– Mehr als 3 Jahre	9	8
Zielsystem	– Genügend	63	56
	– Ungenügend	41	36
Zielsystem als »modernes« Koordinations-instrument	– Ja	66	59
	– Nein	20	18
	ohne Angabe	26	23

Tab. 6: Zielsysteme

Andererseits liegt ein großes Gewicht auf der Suche nach der Entwicklung der Informationsinstrumente, sowohl als Kontrollaufgabe als auch als Entscheidungsgrundlage. Die Finanzbuchhaltung, mehr an der Steuerbilanz als an der Handelsbilanz orientiert, ist die wichtigste Informationsquelle. Durch die belastende inflationäre Entwicklung, die Steuerbewertungsmaßnahmen und die unangebrachte Kontenplanstrukturierung ist diese Informationsbasis der spanischen Unternehmen irreführend und unangebracht für Entscheidungsprozesse. 67 % der Befragten meinte, mit dem verfügbaren Informationssystem zufrieden zu sein. Wenn man bedenkt, daß hauptsächlich bei größeren Unternehmen eine Kostenrechnung durchgeführt wird, und zwar nach französischer Darlegung, kann man feststellen, daß die Forderungen des Managements an das Informationssystem sehr anspruchslos sind.

Die starke Entwicklung der EDV und die Anwendung in punktuellen Bereichen des Unternehmens haben partielle Statistiken herausgearbeitet, so daß den Ansprüchen in den Bereichen Lager und Einkaufswesen, Personalverwaltung und Absatzabrechnung (wo sie hauptsächlich angewandt werden) z. T. entgegengekommen wird.

Bei der Planung stellt man fest, daß es nach eigener Aussage 61 % an Firmen gibt, die über eine »Planung« verfügen. Allerdings handelt es sich um eine kurzfristige Planung, d.h. mehr ein einjähriges Budget. Bei den großen Firmen ist eine dreijährige Planung entwickelt worden und bei 40 % der befragten Firmen ist die Planung institutionalisiert.

Den Grund der Rationalisierung der Unternehmensprozesse sieht man vor allem in der Durchführung von ökonomischen Kalkülen. Bei mittleren Unternehmen macht die Hälfte keine Kalküle, keine Wirtschaftlichkeitsrechnung. Bei großen Unternehmen beginnt erst Ende der sechziger Jahre eine Investitionsrechnung. Heute werden bei 82 % der sehr großen Unternehmen Kalküle als Entscheidungsgrundlage durchgeführt. Es fehlt bei spanischen Unternehmen immer noch ein ausgedehnter Ausbau der quantitativen Basis für Entscheidungs- und Kontrollprozesse.

Die Bilanzkennzahlen sind die wichtigsten Orientierungskalküle, während nur bei 31 % der Firmen Kalküle bei neuen Produkten/Märkten durchgeführt werden. Gleichzeitig aber bringen die Befragten den Wunsch über die Notwendigkeit der Unternehmensplanung für die Unternehmensführung zum Ausdruck (91 %).

Bei einer Globalbewertung kann man behaupten, daß eine Modernisierung der Unternehmensstruktur und -führung noch nicht realisiert worden ist. Allerdings hat man ab den sechziger

Jahren mit der Einführung moderner Techniken begonnen; es fehlt aber eine verbreitete Ausbildung in der Kalkülegestaltung und im Führungskonzept, die erst heute mit stärkerem Druck durchgeführt wird.

Haben Sie Interesse an Informationen über Führungsstile?		
	Zahl	%
– Ja – Nein	77 30	69 27
Die Organisation der Unternehmung ist...		
	Zahl	%
– Zentralisiert – Dezentralisiert	60 39	54 35

Tab. 7: Führungsstile und Dezentralisierungsgrad

Sind Sie mit den verfügbaren Informationssystemen zufrieden?		
	Zahl	%
– Ja – Nein	64 48	57 43
Möchten Sie mehr über Informationssysteme wissen?		
	Zahl	%
– Ja – Nein – ohne Angabe	80 19 13	71 17 12
Verfügen Sie über genügend EDV-Kapazität?		
	Zahl	%
– Ja – Nein	77 32	69 28

Tab. 8: Informationssysteme und EDV-Kapazität

Planung für…	Zahl	%
– die gesamte Unternehmung	68	60
– Bereiche	29	26
– Projekte	15	13
Wenden Sie Wirtschaftlichkeitsrechnungen in der Planung an?		
	Zahl	%
– Ja	71	63,4
– Nein	37	33,0
Welche Planungstechniken wenden Sie an?		
	Zahl	%
– Bilanz/Kennziffern	49	44
– Detaillierte Planung	38	34
– Gesamtplanung	38	34
– Produktplanung	30	27

Tab. 9: Planung in der Unternehmung

Warum ist bei Ihnen die Planung nötig?	
	%
– für die Unternehmensführung	59
– um Entscheidungsalternativen aufzuzeigen	53
– um Kontrollen durchführen zu können	43
– um neue Aktivitäten zu erforschen	42

Tab. 10: Planungszweck

D. Die Interdependenz zwischen Wirtschaftsordnung und Unternehmen in Spanien

Die starke Wirkung der Wirtschaftsordnung auf die Unternehmensführung und -struktur kann man in Spanien genau verfolgen. Vor allem in bezug auf die Leistungskapazität, die Ressourcenallokation und den Rohertrag.

Die vierziger Jahre standen unter kriegswirtschaftlichen Bedingungen. Die Unternehmen wurden nach reinen kriegswirtschaftlichen Verordnungen geleitet und strukturiert.

In den folgenden Jahren, ab 1953, beginnt eine langsame Modernisierung des Produktionsapparates, wobei hauptsächlich die Techniker im Unternehmen die Leitung übernommen haben. Eine rationelle Organisation in der Produktion beginnt Mitte der fünfziger Jahre, aber nur bei großen Unternehmen. Die Wirtschaftsordnung wurde weiterhin durch die Intervention des Staates gelenkt. Preise und Märkte sowie die Verfügbarkeit von Ressourcen wurden weiterhin von staatlichen Instanzen verordnet. In dieser Periode könnte man eher von einer Werkstattführung sprechen.

Die sechziger Jahre (ab 1959) bringen eine neue Wirtschaftsordnung; die Anfangsliberalisierung von Märkten und Preisen wurde innerhalb einer indikativen Planung geführt. Es wurden Märkte geöffnet, und es gab eine breite Öffnung der Ressourcen-Verfügbarkeit. Allerdings bestimmen die subventionierten Ressourcen und Preise einerseits und die Verwaltungsgenehmigungen andererseits die Unternehmensführung in Spanien.

Es wurden die Anlagen modernisiert und Märkte geöffnet, aber alles unter einem beschränkten nationalen Wettbewerb. In dieser Phase wurden in den spanischen Unternehmen Marketingfunktionen eingeführt. Die starke Inlandsnachfrage auf Grund der jahrzehntelang fehlenden Angebote wurde in diesen Jahren gedeckt. Die Unternehmen strukturierten sich bei der Führung im Hinblick auf die Produktionstechnik einerseits und auf die Gestaltung der nationalen Märkte andererseits. In diesen Jahren begannen sehr oberflächliche Organisationsbemühungen.

Die stark ausgebauten Produktionskapazitäten, die zurückgehende nationale Nachfrage und das Handelsabkommen mit der EWG (1970) wirken auf eine starke notwendige Orientierung auf die Außenwirtschaft. Leider hat diese außenwirtschaftliche Unternehmensorientierung sehr wenig Wirkung auf die Unternehmensorganisation gehabt. Die Exportorganisation beschränkt sich [14] auf die Exportverwaltung und die staatliche Exportförderungspolitik. Es sind keine Unternehmensimpulse für eine Modernisierung der Unternehmensstruktur und -führung zu bemerken.

Die Folgen dieses säkularen Interventionismus des Staates bei der Gestaltung der Wirtschaftsordnung hat praktisch keine Herausforderung an die Unternehmensgestaltung in betriebswirtschaftlicher Hinsicht bedeutet.

Das Ergebnis dieses fehlenden Druckes auf die Unternehmen, Gewerkschaften und Politiker ist eine sehr niedrige Wettbewerbsfähigkeit der spanischen Wirtschaft. Wie man in Tabelle Nr. 11 ersehen kann, liegt die spanische Wettbewerbskapazität ungefähr bei 60 % gegenüber der Bundesrepublik Deutschland und ist noch ungünstiger gegenüber der Schweiz.

USA	71,0	Niederlande	60,8
Schweiz	70,9	Österreich	58,3
Japan	70,5	Belgien/Luxemburg	56,1
BRD	65,8	Großbritannien	55,2
Dänemark	65,1	Frankreich	48,8
Schweden	63,4	Italien	45,4
Kanada	61,4	Spanien	42,0

Tab. 11: Internationale Wettbewerbskapazität 1984 [15]

Andererseits verfügt Spanien nicht über eine positive Attitüde der Wirtschaftsträger gegenüber Wettbewerb, Produktivität und rationalem Verhalten bei der Ressourcenallokation. Der fehlende Druck des Wettbewerbs ist ohne Zweifel die große Lücke der spanischen Wirtschaft.

Einerseits versucht die bestehende Machtstruktur, und nicht nur im Kapitalbereich, die

Anpassung in Richtung einer dynamischen Unternehmensrationalität zu bremsen. Andererseits sind der fehlende Wettbewerb und die Ausbildungslücke die Haupthindernisse für die Anpassung der spanischen Unternehmen.

Man könnte behaupten, daß die traditionelle verwaltungsorientierte Wirtschaftsordnung Spaniens eine entsprechend verwaltende Unternehmensführung geprägt hat. Vor allem Personalführung, aber auch die Führung anderer Bereiche, wie z. B. Finanzen, Lager, Absatz sind sehr stark durch die Verwaltungsattitüde geprägt worden. Deshalb kam eine betriebswirtschaftliche Ausbildung, die auf rechnerische Kalküle aufbaut, nicht zum Zuge.

Alle modernen Führungsinstrumente in den verschiedenen Bereichen bauen auf eine effizientere Allokation und nicht auf eine Verwaltung der Ressourcen. Und dies ist die sehr stark prägende Wirkung der interventionistischen Wirtschaftsordnung auf die spanische Wirtschaft.

Erst jetzt, im Jahre 1986 mit dem Beitritt Spaniens zur EG, beginnt eine neue Entwicklung. Der Motor dieser Anpassung muß die Verhaltensänderung der Spanier in Richtung einer Einführung der Kalküle in die ökonomischen Entscheidungen sein. Dieser Druck kommt einerseits von den heute bestehenden Ergebnissen dieser jahrzehntelangen Entwicklung. Wie aus den Tabellen 12 und 13 zu ersehen ist, ist die spanische Unternehmensstruktur im Vergleich zur Bundesrepublik Deutschland wettbewerbsunfähig. Bei der Erfolgsrechnung kann man folgendes feststellen:

(1) Eine ungenügende Arbeitsteilung, so wie sie aus dem Wareneinsatz abzuleiten ist.
(2) Ein schlechter Einsatz des Personals, da die Personalkosten heute in Spanien die Hälfte derjenigen in der Bundesrepublik Deutschland betragen.
(3) Ein schlechter Einsatz der Finanzierungsmittel.

Position	Nationale Unternehmen			Multinationale Unternehmen			Unternehmen in der BRD	
	1	2	3	1	2	3	< 25 Mio. DM	> 25 Mio. DM
1. Materialaufwand, Wareneinsatz	75,8	72,0	69,7	76,9	74,9	68,75	70,8	77,3
2. Rohertrag	25,6	29,0	31,8	24,1	26,6	31,8	41,2	33,3
3. Personal	15,6	17,4	17,9	14,0	17,0	23,5	22,1	17,5
4. Abschreibungen	3,8	4,6	5,1	4,2	3,3	4,6	3,7	3,6
5. Zinsaufwendungen	5,1	5,7	13,9	4,9	4,2	5,3	2,5	1,1
6. Jahresüberschuß	2,0	2,4	2,2	2,0	2,4	0,9	3,6	4,6

1 = Weniger als 250 Mitarbeiter
2 = Zwischen 250–1500
3 = Mehr als 1500

Tab. 12: Struktur der wichtigsten Komponenten der Erfolgsrechnung (in % der Gesamtleistung 1983)

Bei der Analyse der Bilanzstruktur kann man einerseits die sehr große Beteiligung der Sachanlagen als Folge ungenügender Abschreibungen und niedriger Kapazitätsauswertung und andererseits die sehr schwache Kapitalstruktur feststellen.

Ohne eine Sanierung dieser Struktur wird es sehr schwer sein, die Anpassung der spanischen Unternehmen an die EG durchzuführen. Andererseits verlangt aber eine neue Wirtschaftsord-

Position	Nationale Unternehmen			Multinationale Unternehmen			Unternehmen in der BRD	
	1	2	3	1	2	3	1	3
1. Kapital	22,7	19,0	12,8	19,8	23,2	24,4	10,1	23,3
2. Regularizacion*	24,0	27,3	27,8	16,0	22,3	17,7	–	–
3. Reserven	11,8	9,6	6,7	10,0	15,4	7,8		
4. Mittel- und langfristiges Fremdkapital	24,7	27,4	46,0	20,8	10,8	13,9	29,8 (a)	25,4 (a)
5. Kurzfristiges Fremdkapital	16,8	16,7	7,2	33,5	28,3	36,2	55,9	39,5

1 = Weniger als 250 Mitarbeiter
2 = Zwischen 250–1500
3 = Mehr als 1500
* = Gesetzlicher Inflationsausgleich des Eigenkapitals

Tab. 13: Wichtigste Angaben der Bilanzstruktur (in % der Bilanzsumme)

nung, in der die Spielregeln ganz anders aussehen als bis heute, daß die spanischen Unternehmen die Aufgaben der Ressourcenallokation übernehmen müssen, und dies bedeutet eine Modernisierung der Führung.

Die Kosten der säkularen interventionistischen Wirtschaftsordnung Spaniens sind sehr hoch. Nach zwanzig Jahren Modernisierung der Produktionsanlagen steht man praktisch vor einer neuen Sanierung und harten Anpassung. Heute wird noch immer die Rolle der effizienten Unternehmensführung und -struktur als Grundlage einer leistungsfähigen Wirtschaft in vielen Kreisen der spanischen Gesellschaft nicht anerkannt.

Die große Leistung des Beitritts Spaniens zur EG liegt gerade bei den Impulsen, die Wirtschaftsordnung zu ändern und durch Wettbewerb Unternehmen und Betriebe auf Effizienz einzustellen.

Anmerkungen

1 Vgl. *García-Echevarría* (Orden).
2 Vgl. *Gutenberg* (Grundlagen).
3 Vgl. *Grochla* (Betrieb).
4 Vgl. *Müller-Armack* (Genealogie) und *Nipperdey* (Marktwirtschaft).
5 Vgl. *Gutenberg* (Economía).
6 Vgl. *García-Echevarría* (Empresa), vor allem S. 160 ff., wo der Beitrag von *Grochla* ausführlich dargelegt wird.
7 Vgl. *García-Echevarría* (Constitución) und *García-Echevarría* (Orden) S. 131 ff., wo sich eine ausführliche Literaturdarstellung befindet.
8 So z.B. *Linz/Miguel* (empresarios): *Amsden* (Bargaining); *Sierra* et al. (directores); *Pinillos/Castillo* (personal); *Payno* (gerentes) und *Moya* (España).
9 Vgl. *Linz/Miguel* (factor); *Moya* (España) und *Payno* (gerentes).
10 Vgl. *Sierra* et al. (directores); *Sanchez-Creus/Arevalo-Eizaguirre* (Estudio) und *IESE/HAY* (Informe).
11 Vgl. *Pinillos/Castillo* (personal).
12 Vgl. *Fons-Boronat* (dirección).
13 Vgl. *García-Echevarría* (capacidad); ders. (Situation) und ders. (Betriebswirtschaftslehre).
14 Vgl. *Brock* (Organisation).
15 Vgl. *o. V.* (Bund).

Literaturverzeichnis

Amsden, J. (Bargaining): Collective Bargaining and Class Conflict in Spain. London 1972.

Brock, P. (Organisation): Die Organisation der Auslandsgeschäfte bei deutschen und spanischen Unternehmen. Ein empirischer Vergleich der strategischen Anpassungsfähigkeit. Diss. Bonn 1982.

Fons-Boronat, J. M. (dirección): La dirección española. In: Alta dirección, 1972.

Garcia-Echevarría, S. (Betriebswirtschaftslehre): Die Betriebswirtschaftslehre kleiner und mittlerer Unternehmen in Spanien und unter dem Gesichtspunkt der Integration in die EG. in: *Albach,* H./*Held,* Th. (Hrsg.): Betriebswirtschaftslehre mittelständischer Unternehmen. Stuttgart 1985, S. 837ff.

Garcia-Echevarría, S. (Situation): Die Situation der Unternehmensführung in Spanien. In: *Meissner,* H. G. (Hrsg.): Unternehmensführung in Schwellenländern. Dortmund 1983.

Garcia-Echevarría, S. (Constitución): El Orden económico en la Constitución. In: Libre Empresa, Madrid 1978.

Garcia-Echevarría, S. (Empresa): Empresa y Orden Económico. Madrid 1980.

Garcia-Echevarría, S. (capacidad): La capacidad directiva de la empresa española. Madrid 1982.

Garcia-Echevarría, S. (Orden): Orden económico en una Sociedad Pluralisata. Madrid 1983.

Grochla, E. (Betrieb): Betrieb und Wirtschaftsordnung. Das Problem der Wirtschaftsordnung aus betriebswirtschaftlicher Sicht. Berlin 1954.

Gutenberg, E. (Economía): Economía de la empresa. 1. Aufl. Bilbao 1964.

Gutenberg, E. (Grundlagen): Grundlagen der Betriebswirtschaftslehre. 1. Aufl., Band 1. Berlin 1951.

IESE/HAY (Hrsg.) (Informe): Informe sobre las prácticas y procedimientos de dirección de personal en España 1981. Barcelona 1983.

Linz, J./*Miguel,* A. de (factor): El empresario español como factor humano en el desarrollo económico. Madrid 1963.

Linz, J./*Miguel,* A. de (empresarios): Los empresarios ante el poder público. Madrid 1966.

Mota, C. (España): El poder económico en España (1939–1970). Madrid 1975.

Müller-Armack, A. (Genealogie): Genealogie der sozialen Marktwirtschaft. Bern 1974.

Nipperdey, H. C. (Marktwirtschaft): Soziale Marktwirtschaft und Grundgesetz. In: *Bettermann,* K. A./*Nipperdey,* H. C. (Hrsg.): Die Grundrechte, 3. Aufl., Band IV-2, 1975.

O. V. (Bund) Quelle: Der Bund (Bern), Nr. 136 vom 14. 6. 1985.

Payno, J. A. (gerentes): Los gerentes españoles. Madrid 1973.

Pinillos, J. L./*Castillo,* J. C. (personal): El personal directivo de la industria española. Madrid 1970.

Sanchez-Creus, P./*Arevalo-Eizaguirre,* E. (Estudio): Estudio socio-laboral de la empresa española. Primer analisis 1981, segundo analisis 1983. Madrid 1982–1984.

Sierra, F. de la/*Caballero,* J. J./*Perez-Escanilla,* J. P. (directores): Los directores de grandes empresas españolas ante el cambio social. Madrid 1981.

Werner Kern *

Die Schranken unternehmerischen Handelns als Determinanten und Objekte wirtschaftlicher Betriebsführung

* Prof. Dr. *Werner Kern*, Universität zu Köln, Seminar für Allg. BWL und Fertigungswirtschaft.

A. Der Sachverhalt

Alles unternehmerische Handeln unterliegt wie jedes Agieren gewissen, stets mehr oder weniger hinderlich empfundenen Beschränkungen (Rahmenbedingungen). Beispielhaft sei nur auf die regelmäßig begrenzte Existenz materieller, immaterieller und finanzieller Ressourcen und auf eine Verfügbarkeit an Zeit verwiesen. In der betriebswirtschaftlichen Entscheidungstheorie begrenzen diese Restriktionen im Sinne von unbedingt zu erfüllenden Satisfizierungszielen, d. h. als Neben- oder unmißverständlicher als Zielbedingungen, für eine jede Entscheidungssituation das sog. Entscheidungsfeld. [1] Bei nur zwei oder drei quantitativ zu bemessenden, skalierbaren Variablen läßt sich ein solches Feld als ein in der Ebene bzw. im Raum exakt definierter Bereich darstellen, so typischerweise als der Restriktionspolyeder bei den graphischen Interpretationen von linearen und nichtlinearen Optimierungsmodellen des Operations Research. Ein Entscheidungsfeld umschließt die Menge aller jeweils möglichen oder zulässigen Handlungen. [2]

Mit diesem theoretischen Konstrukt lassen sich der Sachverhalt einer Entscheidungssituation und die Wirkungsweise restriktiver Bedingungen auf die Entscheidungssuche zwar eingängig erklären. Es verdeckt durch seine Abstraktion aber allzu leicht die Vielfalt derjenigen Probleme, welche derartige Schranken unternehmerischen Handelns in realen Situationen aufwerfen. Die Spannweite des Problemkreises und seine zahlreichen Implikationen für eine wirtschaftliche Betriebsführung zu verdeutlichen, die Erscheinungsformen relevanter Schranken zu erkennen und typisieren sowie aus dieser Analyse erste Konsequenzen zu ziehen, ist das Anliegen der nachfolgenden Überlegungen. Die hierbei intendierten Konkretisierungen möglicher Handlungsbarrieren, seien sie für das Entscheidungsorgan Ober- oder auch Untergrenzen, können wegen der kaum zu erfassenden Vielzahl und Vielfalt der sie determinierenden realen Erscheinungsformen allerdings nur exemplarisch angesprochen werden.

B. Typen möglicher Beschränkungen

Um die recht große und inhomogene Menge von Beschränkungen unternehmerischen Handelns mittels einer Typenbildung transparent zu machen, bieten sich verschiedene Klassifizierungskriterien an. Restriktionen können u. a. nach ihrem Ursprung, nach ihrer Herkunft, nach der Sicherheit und dem Geltungsbereich ihrer Wirkungen sowie ferner noch nach der Intensität (Rigidität) ihrer Gültigkeit und nach ihrer Variabilität kategorisiert werden. Mit dem letzten Aspekt wird die Möglichkeit angesprochen, daß sich die Geltung von Restriktionen generell oder im Einzelfall wandelt oder eventuell gar zu beeinflussen, insbesondere abzumildern ist; generelle Restriktionen gibt es allerdings so gut wie nicht.

I. Unterschiede nach den Ursachen

Unter dem Blickwinkel der Art ihrer Ursachen gibt es sowohl natürliche als auch künstliche (artifizielle) Restriktionen. Die natürlichen resultieren vor allem aus physikalischen, chemischen und biologischen Gesetzen. Solche Schranken sind prinzipiell conditiones sine qua non: Die Schwerkraft der Erde inhibiert die Bildung gewisser Materialmischungen, weshalb sie in

Weltraumlabors getestet werden müssen, chemische Reaktionen bedürfen genau festgelegter Voraussetzungen z. B. hinsichtlich Druck, Temperatur und Zeit, und die Ernte sowie anschließende Verarbeitung von Feldfrüchten sind an bestimmte Jahreszeiten gebunden. Völlig anders sind dagegen die von Menschen aufgrund freier Vereinbarungen, demokratischer Prozesse und hoheitlicher Vorgaben entstandenen künstlichen Rahmenbedingungen; sie lassen sich wegen ihrer Setzungen an sich jederzeit revidieren. Revisionsfähig können allerdings, aber in Grenzen und nur mittels entsprechender Aufwendungen, auch natürliche Restriktionen sein; ein Beispiel bietet die Erweiterung des menschlichen Erkenntnisstandes durch Forschung und Entwicklung.

Solche Abgrenzungsschwierigkeiten und – dadurch – ein Mangel an Eindeutigkeit einer Zuordnung zeigen sich ebenfalls bei Anwendung des Kriteriums der Herkunft. Schon die Grobeinteilung in exogene, d. h. aus dem Umsystem wirkende externe (außerbetriebliche), und in endogene, d. h. im Insystem induzierte interne (innerbetriebliche) Restriktionen kann in Einzelfällen Zuordnungsprobleme aufwerfen. Trotzdem soll dieser Klassifizierung gefolgt werden, wenn – ohne Anspruch auf Vollständigkeit – die Komponenten verschiedener Herkunftsarten verdeutlicht werden.

Der Gruppe der exogenen Beschränkungen sind zunächst diejenigen zuzuordnen, die in Beziehung zum Natursystem stehen; dieses dient einer Unternehmung ja in vielfacher Hinsicht als Abgabe- und Aufnahmemedium, und es erfährt in der Gegenwart einen zunehmenden – artifiziellen – Schutz durch Umweltregulationen, wie z. B. durch das Bundes-Immissionsschutzgesetz (BImGes) von 1974 mit seinen 13 Durchführungsverordnungen (einschl. Großfeuerungsanlagenverordnung), ferner durch die TA-Luft, das Atomgesetz und die Dampfkesselverordnung. Exogene Restriktionen begründet überhaupt allgemein das Rechtssystem. [3] Mit seinen Gesetzen, Verordnungen und der Rechtsprechung in den Bereichen des öffentlichen und privaten Rechts, insbesondere des Wirtschafts-, Arbeits-, Sozial- und Steuerrechts, beeinflußt es in einer mehr oder weniger ausgeprägten Regelungsdichte außerordentlich vielseitig und differenziert jedes unternehmerische Verhalten. Aus dem Marktsystem, d. h. dem wirtschaftspolitischen Umfeld, und dessen Prinzipien resultieren ebenfalls exogene Restriktionen. Diese zeigen sich in einer Begrenzung der allgemeinen und speziellen Finanzierungsmöglichkeiten (z. B. mit Risikokapital), in Beschaffungs- und Absatzbeschränkungen, in Koalitionshemmnissen u. a. m. Inwieweit die Bedingungen der derzeit verstärkt diskutierten Produzentenhaftung [4] ihm oder dem Rechtssystem zuzuordnen wären, läßt sich nicht eindeutig sagen, weil ja im Rechtssystem der Regelungsbedarf aller (exogenen) Teilsysteme seinen normierenden Niederschlag findet.

Die Beleuchtung der exogenen Restriktionen wäre unvollständig, wenn nicht noch die für eine jede Unternehmung maßgebende Infrastruktur sowie das Sozial-, Kultur- und Politiksystem als Quellen von Beschränkungen angesprochen würden. So resultieren aus ihnen beispielsweise diejenigen Barrieren für unternehmerische Vorhaben, die ihren Ursprung in der Mentalität der Bevölkerung, so z. B. für die Akzeptanz spezieller Produktausprägungen, sowie ferner in Ethik, Moral und Sitte haben und soziale Notwendigkeiten begründen. Zu diesem Komplex gehören z. B. die Zahlung freiwilliger sozialer Leistungen und die Übernahme von Pensionsverpflichtungen gegenüber ausscheidenden älteren Arbeitnehmern. Alle diese Teilgebiete überlagern noch vorsorgliche Rücksichtnahmen auf mögliche Reaktionen, welche Marktpartner, Belegschaft, öffentliche Organe, aber auch Anlieger, Bürgerinitiativen auf Handlungen hin ergreifen könnten, die von ihnen als unerwünscht empfunden werden und denen sie rechtzeitig vorbeugen wollen.

Als endogene Beschränkungen wären vor allem diejenigen anzusprechen, die aus der Existenz materieller, und zwar sachlicher und personeller, aber auch immaterieller Potentiale (Kapazitäten) im Betriebsbereich resultieren. [5] Zur letzten Gruppe zählen auch der Wissens-

und Erfahrungsstand des einschlägigen Personals, die Verfügbarkeit über Patente und Lizenzen sowie weitere Rechte (z. B. Vorkaufsrechte für Grundstücke, Konzessionen). Sie alle sind in ihren quantitativen, qualitativen und zeitlichen Nutzungsmöglichkeiten beschränkt, so daß sie jeweils entsprechende Restriktionen begründen. Hinzu treten noch die – zeitlich gebundene – Liquiditätslage und die Möglichkeiten zur Innenfinanzierung. Ferner sind konstitutive Entscheidungen wie über die Rechtsform sowie über die Art der Partizipation der Arbeitnehmer an der Unternehmung, aber auch ihre bislang praktizierte Öffentlichkeitsarbeit Determinanten, von welchen u. a. Restriktionen bei der Kapitalbeschaffung, der Kreditgewährung, der Arbeitskräftebeschaffung u. a. m. abhängen. Schließlich sind endogene Beschränkungen die konkreten Sachzielvorgaben, die jeweils aus vorgelagerten (z. B. strategischen oder taktischen) Planungen resultieren und bei den nachgelagerten (z. B. taktischen bzw. operativen) Planungen zu beachten sind. Zu ihnen zählen z. B. Produktionsprogramme und Produktkonzeptionen, wie sie in Lasten- oder Pflichtenheften fixiert werden, aber auch Werks- und DIN-Normen.

Bezüglich der Sicherheit von Restriktionen wird meist angenommen, daß existente Schranken sicher – und bekannt – seien. Zahlreiche Ausnahmen geben aber zu erkennen, daß gewisse Grenzen hinsichtlich ihrer Existenz und Schärfe als unsicher anzusehen sind. So können Potentiale unerwartet durch Störfälle, Erkrankungen von Personal, Streiks u. a. m., und zwar für eine kürzere oder längere Frist, ausfallen; Smog-Alarme werden Produktionsstillegungen bedingen. Anderseits können Beschaffungs- und Absatzrestriktionen sich unerwartet verschärfen, oder es können Kredite gekündigt werden; und Vorschriften können – mittelfristig – verschärft werden.

Bei der Betrachtung der verschiedenen Restriktionsarten, insbesondere der exogenen, stand bislang insbesondere deren nationale Ausrichtung im Vordergrund des Interesses. Dies schließt nicht aus, daß es – abgesehen von branchenspezifischen Schranken – regionale Geltungszonen von Restriktionen gibt. Dies gilt vor allem für Gesetze, Verordnungen usw., die nur kommunale oder landesweite Geltung besitzen. Anderseits divergieren Gesetze usw. allemal in internationaler Dimension. Durch Bestrebungen zur Rechtsharmonisierung innerhalb der Europäischen Gemeinschaft (EG-Richtlinien) und auf internationaler Ebene (z. B. GATT) bahnen sich für weltweit agierende Unternehmungen nur Partiallösungen des Problems an; sie beseitigen kaum den Zwang, die Vielzahl maßgebender Gesetze, aber auch örtlicher Verhältnisse und Gepflogenheiten zu berücksichtigen.

II. Unterschiede in den Wirkungsintensitäten

Jede Beschränkung unternehmerischen Handelns – gleich welcher Art – ist ein Verhaltensimperativ. Diese Charakterisierung schließt jedoch nicht aus, daß sich Schranken hinsichtlich ihrer Verbindlichkeit und Rigidität, aber auch hinsichtlich der Konsequenzen unterscheiden, die sich bei ihrer Nichtbeachtung ergeben könnten. So sind gesetzliche Verbote oder Gebote im allgemeinen stringenter als (vertragliche) Vereinbarungen oder gar konsensrationale Regeln, Gepflogenheiten (Usancen) und auslegungsfähige Absprachen. Bei einer Verletzung gesetzlicher Vorschriften und behördlicher Anordnungen sind Einstellungsverfügungen und Bestrafungen zu erwarten. Ein Nichtbefolgen von technischen Normen wird dagegen allenfalls marktliche Folgen und/oder unerwünschte Kostenwirksamkeiten zeitigen. Verstöße gegen ethische Regeln oder Bedingungen, die aus der sozialen Verantwortung eines Unternehmens resultieren, werden unter Umständen interpersonale Spannungen im Betrieb oder eine Schädigung seines Rufes in der öffentlichen Meinung induzieren. Anderseits sind Restriktionen, die auf mangelndem Wissen beruhen, wie z. B. über schon vorliegende naturwissenschaftliche oder technische Erkenntnisse, ebenso zu überwinden wie solche, die auf eine unzulängliche Ausstattung des Betriebes mit an sich benötigten Ressourcen zurückzuführen sind. In solchen Fällen lassen sich die Grenzen solcher Restriktionen durch entsprechende Investitionen – bei Akzeptanz des hierzu erforderlichen zeitlichen Aufwands – grundsätzlich erweitern. Im übrigen ist die Stringenz, mit der eine Restriktion wirken könnte, immer zu relativieren. Inwieweit sie für eine in Frage kommende Handlung als störend empfunden und eingeschätzt wird, hängt nämlich zum einen davon ab, ob durch sie die Aktionsabsicht überhaupt behindert wird [6] oder ob nicht eine andere, strengere Barriere die fragliche Schranke dominiert, d. h. schon früher wirksam wird. Im Fall von linearen Optimierungsmodellen werden dominierte Nebenbedingungen als redundant bezeichnet.

Mit der vorstehenden Differenzierung der Restriktionen nach ihren Wirkungsintensitäten erhebt sich die Frage, worin sich diese Schranken überhaupt üblicherweise manifestieren. Die Spannweite ihrer »Kodifizierungen« reicht vom allgemeinen, möglichst literarisch fixierten wissenschaftlichen Erkenntnisstand, insbesondere in den technischen und naturwissenschaftlichen Disziplinen, aber auch in den Gesellschaftswissenschaften (Rechts-, Wirtschafts- und Sozialwissenschaften), über Gesetze und Verordnungen sowie Rechtsprechung [7] und Kollektivverträge (z. B. Mantel- und Lohntarifverträge) bis hin zu Individualverträgen, Statuten und technischen Auflagen (so z. B. betr. einzuhaltender Inspektionsrhythmen). Zu nennen sind ferner Anordnungen, Verfügungen und Bescheide von Behörden, die sich u. a. in Genehmigungserfordernissen wie z. B. für den Bau und Betrieb gewisser Anlagen niederschlagen können. Kodifizierungen im vorstehenden Sinne finden sich ferner in den technischen Normenwerken, so des Deutschen Instituts für Normung (DIN), etlicher Verbände (z. B. VDE, VDA), gewisser Großabnehmer (z. B. Bundesbahn, -post, -wehr) und potenter Lieferanten sowie auch in betriebseigenen Normenwerken. Artikuliert, kaum aber kodifiziert, werden Restriktionen schließlich noch im Zeitgeist, in der allgemeinen Moral und in der öffentlichen Meinung, wie immer diese auch definiert werden mögen.

Für die zuerst genannten »Kodifizierungen« lassen sich meistens – betriebsexterne – Verursacher oder Verantwortliche erkennen. Dies ist insofern von Bedeutung, als sich deren kodifizierendes Wirken vorwiegend nach bekannten Regeln und zum Teil auch für die Öffentlichkeit erkennbar vollzieht. Die Ergebnisse können deshalb in Grenzen antizipiert werden. Die Vielzahl der als Urheber in Frage kommenden Instanzen kann hier wiederum nur durch eine exemplarische Nennung verdeutlicht werden. Es sind zunächst einmal Parlamente, Behörden, Ämter, aber auch Kammern, Vereinigungen und Verbände. Außer den legislativen Organen sind es insbesondere die exekutiven, mit denen sich Unternehmungen immer wieder konfrontiert sehen. Dies sind neben den Ministerien u. a. die Gewerbeaufsichts-, Kartell- und Baubehörden, Kataster-, Arbeits-, Gesundheits-, Ordnungs- und Finanzämter, Zolldienststellen sowie die Gerichte, unter Umständen aber auch Preisaufsichtsbehörden und Rechnungshöfe und die Technischen Überwachungsvereine (TÜV). Ein meist geringeres Durchsetzungsvermögen kommt den Kammern und Vereinigungen und Institutionen der Wirtschaft (z. B. IHK, BDI, BDA, DIN), den Gewerkschaften und Medien sowie – erst seit jüngerer Zeit – den Anliegern und Bürgerinitiativen zu; Abmahnvereine sind nicht zu vergessen. Schließlich sind als betriebsexterne Urheber von Restriktionen noch die Kreditgeber (Banken), Lieferanten und Kunden mit ihren individuellen Kredit- bzw. Lieferungs- oder Bezugsbedingungen anzuführen.

Die endogenen Schranken manifestieren sich in den jeweils zeitpunktbezogen zu definierenden qualitativen und quantitativen Produktionspotentialen sowie zeitraumbezogen in deren Erweiterungsmöglichkeiten. Sie äußern sich ferner in den einmal gewählten betrieblichen Standorten, in der Verfügbarkeit über (angrenzende) Grundstücksflächen – zumindest in

Vorkaufsrechten – und in den Organigrammen bezüglich der nicht umgehend zu ändernden unternehmungsspezifischen Organisationsstrukturen. Interne Schranken ergeben sich schließlich noch aus den schon erwähnten (Ziel-)Vorgaben der Geschäftsführung (Vorstand) sowie aus den Vereinbarungen mit dem Betriebsrat als der Interessenvertretung der Arbeitnehmer.

Aus dem Umstand, daß es sich bei allen diesen aufgezeigten Schranken um Determinanten handelt, welche Art und Ausmaß unternehmerischen Handelns prägen, ließe sich folgern, die Gesamtheit der angesprochenen Restriktionen als restriktive Faktoren [8] anzusprechen. Dieser Überlegung wird hier jedoch nicht gefolgt, weil Faktoren – meist in Verbindung mit ihrem Verschleiß – etwas fördern, nicht aber etwas verhindern sollen. Außerdem können restringierende Wirkungen ja auch von elementaren und dispositiven Faktoren ausgehen, wenn sie nicht in ausreichendem Maße vorhanden sind; dann aber mangelt es der intendierten Kategorisierung an Eindeutigkeit.

III. Unterschiede in der Variabilität

Wie schon angedeutet, gelten Schranken unternehmerischen Handelns im allgemeinen nicht immerwährend. Vielmehr können sie ohne und mit Zutun eines Akteurs häufig lang-, mittel- oder gar kurzfristig verändert werden. Auch ist zwischen gegenwärtig geltenden, künftig maßgebenden und erst in fernerer Zukunft erwarteten Restriktionen zu differenzieren. Als Beispiel sei nur die Entwicklungsgeschichte der für die Bundesrepublik Deutschland geltenden Technischen Anleitung zur Reinhaltung der Luft – TA Luft – vom 28.8.1974 angesprochen. Deren Fassung vom 23.2.1983 erfuhr erst im Juli 1985 erneut eine Novellierung. Durch diese wird jetzt insbesondere die Sanierung von Altanlagen – unter Gewährung einer fünfjährigen Nachbesserungsfrist – geregelt. Mit weiteren Verschärfungen dieser und anderer Verordnungen und Gesetze (so z. B. bezüglich Produzentenhaftung, Datenschutz), aber auch der Marktlage, der öffentlichen Meinung u. a. m. müssen Unternehmer rechnen. Anderseits ist auch an Erleichterungen zu denken, wie z. B. bei Liberalisierungen im Außenhandel.

Ein anderer Aspekt der Variabilität ist, daß gewissen Einschränkungen betreffend ihres Geltungsbeginns und/oder -endes nur eine absehbar befristete Wirkung zukommen kann; alsdann ist die Geltungsfrist exakt definiert (z. B. bei Überleitungsvorschriften) oder auch an bestimmte Bedingungen geknüpft (z. B. an Inversionswetterlagen für einen Smog-Alarm oder an das Gewinnen eines neuen Standes technischer oder arbeitswissenschaftlicher Erkenntnisse). [9] Diesen Restriktionen mit bekannter, aber begrenzter Geltungsdauer stehen diejenigen Schranken gegenüber, die – zumindest bis auf weiteres – unternehmerische Handlungsspielräume unbefristet begrenzen; zu ihnen zählen die Konsequenzen der überwiegenden Mehrzahl von Gesetzen und Verordnungen, aber auch technische Normen, Verträge u. a. m.

Restriktionen sind, und zwar unabhängig von ihrer aufgezeigten Veränderlichkeit, im übrigen keinesfalls sämtlich absolute Phänomene, denen sich Unternehmer immer nur zu unterwerfen haben. Restriktionen können nämlich je nach ihrer Art und dem Prozeß ihrer Entstehung von den durch sie Betroffenen mitgeprägt oder zumindest doch beeinflußt werden. So lassen sich in demokratischen Staaten z. B. exogene Schranken, wie vorgesehene Grenzwerte in Gesetz- und Verordnungsentwürfen und die Konsequenzen ihres Erreichens über Aktionen der Interessenvertretungen (Verbände u. ä.), Sachverständigenanhörungen, Lobbyismus, Gutachten, publizistische Aktionen u. a. m. oftmals zumindest entschärfen. Bezüglich der Rechtsprechung ist die Mitwirkung der unmittelbar Betroffenen am Prozeß der Urteilsfindung der Gerichte über die Äußerungen der Kläger oder Beklagten eine Selbstverständlichkeit. Bei der Entstehung von

DIN-Normen wirken die Betroffenen grundsätzlich über ihre Vertreter im Normenausschuß oder zumindest doch über die Möglichkeit von fristgerechten Einsprüchen gegen Normblattentwürfe mit.

Wohl noch leichter können endogene Restriktionen variiert werden. Dies gilt allemal für die aus vorgelagerten Planungsebenen resultierenden Beschränkungen (Vorgaben), die über Rückkopplungen zwischen den Planungsinstanzen grundsätzlich revisionsfähig sind (Planabstimmungen). Variieren lassen sich ebenfalls Begrenzungen durch vorhandene Faktorbestände. Diese sind durch Investitionen und Personaleinstellungen an sich ebenso erweiterungsfähig, wie es auch Absatzgrenzen durch Anwenden des absatzpolitischen Instrumentariums und Kreditlinien durch Veränderungen der für sie maßgebenden Voraussetzungen sind. Zur Überwindung der Grenzen des technischen Erkenntnisstandes lassen sich Forschung und Entwicklung betreiben und/oder der Weg des Technologietransfers (ggf. über einen Lizenzerwerb) beschreiten.

Einen Spezialfall bezüglich exogener Restriktionen stellt die Beeinflussung der öffentlichen Meinung dar. Dazu bietet sich prima facie das vielseitige Instrumentarium der Public Relations an. Eine von der Wirtschaftspraxis allerdings noch wenig beachtete und erst recht nur wenig angewendete Strategie zur Verhinderung oder Milderung von Restriktionen, die aus den Interessenlagen der unmittelbar betroffenen Umlieger einer Unternehmung resultieren können, so z. B. durch Einsprüche und Demonstrationen gegen Betriebserweiterungen, sind – im Sinne einer vorbeugenden Aufklärung – die frühzeitige freiwillige Information der Betroffenen über die geplanten Vorhaben und eine meist mühsame Überzeugungsarbeit in örtlichen Versammlungen, aber auch in Kleingruppen- und Einzelgesprächen zwischen mitverantwortlichen Persönlichkeiten und möglichen Wortführern des Umfeldes. [10]

Aufgrund dieser Erkenntnis über die Variabilität von Schranken unternehmerischen Handelns öffnet sich ein weites Feld für zusätzliche Aktivitäten. Sie bleiben in den betriebswirtschaftlichen Entscheidungskalkülen häufig unberücksichtigt, weil diese vielfach statischen Charakter besitzen. An die Möglichkeit einer Einflußnahme auf unerwünschte Grenzen dachte übrigens schon K. Hax [11], als er bei seiner Planungsdefinition die Beeinflussung der zu antizipierenden allgemeinen Entwicklungen durch eigenes unternehmerisches Handeln explizit herausstellte. Dabei ist allerdings zu berücksichtigen, daß interessierende Restriktionen sich jeweils leichter oder schwerer und schneller oder langsamer beeinflussen und variieren lassen; der Zeitaspekt darf keinesfalls vernachlässigt werden. Die Änderungsfähigkeit hängt von der Stringenz (Intensität) ab, welche den Schranken im Einzelfall zu eigen ist. Darüber hinaus ist selbstverständlich auch noch an die Aufwendungen zu denken, die mit dem Verändern von Schranken verbunden sind. In Frage käme eventuell auch deren Überwindung, so bei einem legalen Einholen von Sondergenehmigungen (z. B. für Sonn- und Feiertagsarbeit), aber ebenso auch durch deren Mißachtung unter Inkaufnahme der damit verbundenen Sanktionen und durch illegale bis hin zu kriminellen Handlungen (z. B. Bestechungen). Aufgrund dieses Kriteriums ließen sich die Schranken noch – graduell – zwischen mehr oder weniger aufwendig zu variierenden Restriktionen differenzieren.

C. Abgrenzen des Handlungsfeldes

Alle diese Eigenarten von Schranken, welche unternehmerische Betätigungen einengen, werfen verschiedene Fragen im Hinblick auf die Unternehmungsführung auf. Abgesehen davon, daß die jeweils relevanten Grenzen bekannt und neue rechtzeitig erkannt werden müssen, zielt die Grundsatzfrage darauf hin, ob sich ein Unternehmer mit einem passiven Verhalten bescheiden will oder ob er aktiv zu agieren gewillt und in der Lage ist, d. h. von welcher Abgrenzung seines Handlungsfeldes er ausgehen will oder muß. Weitgehend passiv sind alle Strategien, die auf eine Akzeptanz existierender Restriktionen hin ausgerichtet sind und nur den verbleibenden Handlungsraum bestmöglich nutzen sollen. Sie zielen auf reine Anpassungsmaßnahmen hin. Zu ihnen zählen beispielsweise Entscheidungen über die Eliminierung nicht mehr zulässiger Produkte aus dem Programm ebenso wie Einstellungen von Produktionsprozessen, wenn durch sie die Umwelt z. B. durch Blei-, Quecksilber- und Cadmiumemissionen unzulässig belastet wird. Zu diesen Strategien zählen ferner Ausweichmaßnahmen wie die Realisierung nötiger Produktänderungen, Umrüstmaßnahmen und schließlich auch Standortverlagerungen. Solche Akzeptanzstrategien können durch Sicherungsmaßnahmen (z. B. intensivere Dokumentationen über durchgeführte Projekte und Produktionen, Abschluß von entsprechenden Versicherungen gegenüber möglichen Haftungsansprüchen) ergänzt werden.

Weniger verantwortungsbewußte, risikofreudigere Manager nehmen für sich gelegentlich auch die – an sich ebenfalls noch passiv zu nennenden – Strategien in Anspruch, Restriktionen bewußt zu verletzen und nötigenfalls die Konsequenzen solchen Handelns zu tragen. Diesbezügliche Beispiele finden sich immer wieder; sie reichen von unmittelbar kriminellen Handlungen über Verstöße gegen das Kartellrecht bis hin beispielsweise zu Verletzungen der Lebensmittelgesetze oder des Abfallbeseitigungsgesetzes. Anderseits sind mit einem Verstoß gegen weniger stringente Restriktionen, wie schon erwähnt, meist keine justiziablen, wohl aber in der Regel doch andere Konsequenzen verbunden, etwa Erfolgsschmälerungen oder solche sozialer Art.

Aktive Strategien sind dagegen solche – im Sinne eines Restriktionsmanagements –, die unmittelbar auf eine Erweiterung bestehender Grenzen und auf eine Abwendung drohender Verschärfungen hinzielen: Die dazu anzuwendenden Methoden sind allerdings so zahlreich, und zwar nicht nur hinsichtlich ihrer Art, sondern auch bezüglich der jeweils in Frage kommenden Hartnäckigkeit, daß sich hier immer wieder zwangsläufig spezielle Auswahlprobleme stellen werden. Für deren Lösung bietet sich im Grundsatz das gesamte betriebswirtschaftliche Instrumentarium an, mit dem üblicherweise irgendwelche Handlungsalternativen ausgewählt werden sollen; es reicht von trivialen Kostenvergleichs- über mehrperiodige Investitionsrechnungen bis hin zu Kosten-Wirksamkeits- und Kosten-Nutzenanalysen. Die besondere Schwierigkeit einer solchen mit quantitativen Daten gestützten Urteilssuche liegt zum einen in der Bewertung der angestrebten Erfolge, zum anderen aber auch in der Bemessung der (relativen) Kosten [12] und bei Investitionen im eintretenden Entzug liquider Mittel. Darüber hinaus bedürfen ebenfalls die zeitlichen Dimensionen sowie auch Dringlichkeiten der schrankenerweiternden Bemühungen einer Berücksichtigung des auszuwählenden Verhaltens. Und hierbei machen sich nicht selten neue Restriktionen bemerkbar. Dies ist der Fall, wenn mehrere Aktionen mit unterschiedlichen Zielsetzungen eingeleitet werden sollen, die sämtlich um personell und finanziell begrenzte Ressourcen konkurrieren. Im übrigen können in solchen Fällen sowohl hinsichtlich der Aufwendungen als auch der angestrebten Erfolge positive oder negative Verbundwirkungen zwischen den Einzelaktionen auftreten; sie lassen sich nur selten exakt vorhersehen.

Alle hier vorgetragenen Aspekte und Überlegungen geben zu erkennen, daß es sich beim Bemühen um Beachten und Abgrenzen von Schranken, die das unternehmerische Handeln in unerwünschter Weise behindern (können), um einen recht heterogenen, schwer zu strukturierenden und komplexen Problembereich handelt. Je diversifizierter das Betätigungsfeld einer Unternehmung sowohl hinsichtlich ihrer Leistungsangebote (Produkte) als auch ihres regionalen Engagements ist, desto schwerer wird es, die maßgebenden Grenzen zu erkennen und zu akzeptieren oder gar aktiv zu beeinflussen. In allen Fällen muß zumindest ein entsprechendes Problembewußtsein vorhanden sein.

Darüber hinaus ist es erforderlich, und hier eröffnet sich schließlich auch noch die organisatorische Dimension der Aufgabenstellung, zunächst für eine systematische Versorgung des Betriebes und seiner jeweils betroffenen Instanzen mit den geltenden und sich anbahnenden Restriktionen Sorge zu tragen. Meist wird diese Funktion – sachlich differenziert – von den verschiedenen Fachabteilungen und ihren Stäben wahrgenommen. In größeren Unternehmungen widmen sich die Rechtsabteilung, aber auch die Personalabteilung und Finanzabteilung (Controlling) ressortspezifisch dem Erfassen und Aktualisieren der allgemeinen bzw. nur für sie maßgebenden rechtlichen Vorschriften; die betriebseigene Normenstelle verfolgt das Normungshandeln des DIN und anderer ausländischer Normungsinstitutionen. Die Ermittlung der eher materiellen Restriktionen (z. B. Kapazitäten, öffentliche Meinung) obliegt ebenfalls den jeweils fachlich zuständigen Organen.

Die Vielzahl allein der formalen Regelungen schließt aus Wirtschaftlichkeitsüberlegungen eine entsprechende Lösung der Aufgabenerfüllung für kleinere und meist auch für mittelgroße Betriebe prima facie aus. Die Wahrnehmung dieser Informationsfunktion wäre eine Aufgabe für ihre Verbände über deren periodische Verbandsorgane oder aber für die Herausgeber von Branchenveröffentlichungen, für Rechtsberater und für andere Experten. Darin mag eine gewisse Benachteiligung liegen, doch wird dieses Handicap wenigstens teilweise durch den zeitlichen Aufwand kompensiert, den Großunternehmungen im allgemeinen für die Projektprüfungen in den verschiedenen Instanzen benötigen. Die Notwendigkeit, zur Erfüllung der anstehenden Aufgabe in jedem Fall Zuständigkeiten zu fixieren und entsprechende Kompetenzen zu begründen, zeigt sich unabhängig von der Unternehmungsgröße. Die neuen Kommunikationstechniken (wie z. B. fachspezifische Datenbanksysteme, Btx) werden in der anstehenden Frage sicher schon in absehbarer Zeit zu effizienteren Problemlösungen führen.

Darüber hinaus bedarf es unternehmungsspezifischer Lösungen für die jeweils anzuwendenden Strategien zur Restriktionshandhabung; sie sind aus der allgemeinen Unternehmungspolitik abzuleiten. Dies wäre unzweifelhaft eine Aufgabe wirtschaftlicher Betriebsführung. Die ggf. in Frage kommenden Auswahlen von Maßnahmen zur Variation der Schranken unternehmerischen Handelns werden sich aber, und zwar wegen der bislang ungenügenden Möglichkeiten zur Parameterquantifizierung, heute noch meist auf intuitives Handeln, denn auf rational quantifizierende Kalküle stützen müssen. Dafür ist der Problembereich betriebswirtschaftlich noch nicht hinreichend erschlossen.

Unabhängig von diesen Überlegungen wäre insbesondere im Hinblick auf die juristisch formalen sowie die behördlich initiierten Restriktionen eine Entbürokratisierung (Deregulation) an sich wünschenswert. Im Gegenteil wird die Zukunft aber wegen der zunehmenden Komplexität und der damit einhergehenden Verrechtlichung des Wirtschaftslebens fortschreitend neue Regelungsbedürfnisse und somit auch weitere Regulierungen bringen. [13] Wollen die Unternehmer dadurch nicht unbeweglicher, langsamer und eventuell gar schwächer werden, so ist es für sie nötig, im Regelungsdickicht zumindest den Durchblick zu behalten, und dies bedeutet, daß sie eben rechtzeitig Konzeptionen entwickeln und anwenden müssen, mit denen sie vor allem den umfeldbezogenen, d. h. den betriebsexternen Grenzen gezielt zu begegnen vermögen.

Anmerkungen

1 Alternativ wird auch die Bezeichnung »Handlungsspielraum« gebraucht [so z. B. bei *Osterloh* (Handlungsspielräume) und *Osterloh* (Handlungsspielraum) und die dort jeweils angegebenen Quellen].

2 Bei komplexen Restriktionsgefügen mangelt es dem Konstrukteur solcher Optimierungsmodelle sehr leicht an dem nötigen Überblick über die Beziehungen, die zwischen einzelnen Restriktionen bestehen können. Für solche Fälle bietet sich als ein spezielles Decision Support System ggf. die 1968 von J. N. *Warfield* entwickelte Interpretative Struktur-Modellierung an. Mit ihr lassen sich entscheidungsrelevante Planungsgrößen, vor allem wenn sie auf unbestimmten Annahmen beruhen, mit einem abstrakt-formalen Vorgehen in einer möglichst zutreffenden Art und Weise erfassen. Vgl. dazu beispielsweise *Szyperski/Eul* (Strukturmodellierung).

3 So führt z. B. *Stüdemann* (Rechtsvorschriften) über 250 einschlägige Vorschriften für den Produktionsbereich industrieller Betriebe an. *Albach* (Strukturwandel) erwähnt, daß Personalsachbearbeiter etwa 1300 Gesetze kennen müssen, von denen 600 kostenwirksam seien.

4 Für die Produzentenhaftung, die sich in der Bundesrepublik Deutschland aufgrund höchstrichterlicher Rechtsprechungen vom Prinzip der ausschließlichen Vertragshaftung – nicht zuletzt auf Grund internationaler, insbesondere US-amerikanischer Urteile – wie in den USA zum Prinzip der Deliktshaftung, und zwar als Verschuldens- und als Gefährdungshaftung hin entwickelte (s. dazu u. a. *Albach/Schoeller* [Produkthaftung] S. 482 ff. und *Brendel* [Produkt- und Produzentenhaftung]), liegt nunmehr eine EG-Richtlinie für die Harmonisierung der europäischen Gesetzgebung vor (Richtlinie des Rates zur Angleichung der Rechts- und Verwaltungsvorschriften der Mitgliedstaaten über die Haftung für fehlerhafte Produkte, Brüssel 17. 7. 1985).

5 Handlungsmöglichkeiten werden auch durch organisatorische Regelungen eingeengt (s. dazu z. B. *Osterloh* [Handlungsspielraum] S. 292).

6 Gedacht ist hier beispielsweise an die (höchstzulässigen) Emissionsgrenzwerte der TA-Luft, die ein Emittent weit unterschreitet.

7 Verwiesen sei in diesem Zusammenhang beispielsweise auf die Bestimmungen der Gewerbeordnung, des Betriebsverfassungsgesetzes, von Arbeitsschutzgesetzen, Chemiekalien-, Altölgesetz u. a. m. sowie auf die Großfeuerungsanlagenverordnung, Straßenverkehrszulassungsordnung u. a. und auf die kaum noch transparente Rechtsprechung zum Arbeitsrecht.

8 Vgl. *Haak* (Produktion) S. 119 f.

9 So hat sich z. B. die »menschengerechte Gestaltung der Arbeit« gemäß § 90 BetrVG an den »gesicherten arbeitswissenschaftlichen Erkenntnissen« zu orientieren, deren Definition verständlicherweise schwerfällt.

10 Vgl. dazu die Gedanken von *Wiesner* (Bürgerbeteiligung) S. 12 ff. zu einem Sozial-Marketing.

11 Vgl. *Hax* (Planung) S. 606.

12 Hierunter fallen außer den (internen) Kosten für die Problemlösung auch die Ausgaben für Public Relations-Aktionen, für Gutachten und für Musterprozesse (aber auch für Bestechungen).

13 Siehe hierzu die Äußerungen von *Leicht* (Unternehmer) S. 53 f.

Literaturverzeichnis

Albach, H. (Strukturwandel): Interner und externer Strukturwandel als Unternehmensstrategien. In: ZfB, 54. Jg., 1984, S. 1169–1190.

Albach, H./*Schoeller,* G. (Produkthaftung): Produkthaftung – Ergebnisse eines Symposiums. In: ZfB, 51. Jg., 1981, S. 482–495.

Brendel, E. (Hrsg.) (Produkt- und Produzentenhaftung): Produkt- und Produzentenhaftung – Handbuch für die betriebliche Praxis. Freiburg 1980.

Haak, W. (Produktion): Produktion in Banken. Frankfurt a. M. – Bern 1982.

Hax, K. (Planung): Planung und Organisation als Instrumente der Unternehmungsführung. In: ZfhF N. F., 11. Jg., 1959, S. 605–615.

Leicht, M. (Unternehmer): Der Schumpeter-Unternehmer stirbt nicht aus! Zukunftschancen und Risiken selbständiger Unternehmer. In: *Albach,* H./*Held,* Th. (Hrsg.): Betriebswirtschaftslehre mittelständischer Unternehmen. Stuttgart 1984, S. 51–65.

Osterloh, M. (Handlungsspielräume): Handlungsspielräume und Informationsverarbeitung. Bern – Stuttgart – Wien 1983.
Osterloh, M. (Handlungsspielraum): Zum Begriff des Handlungsspielraums in der Organisations- und Führungstheorie. In: ZfbF, 37. Jg., 1985, S. 291–310.
Stüdemann, K. (Rechtsvorschriften): Rechtsvorschriften für die Produktion. In: *Kern*, W. (Hrsg.): Handwörterbuch der Produktionswirtschaft. Stuttgart 1979, Sp. 1776–1800.
Szyperski, N. / *Eul*, K. (Strukturmodellierung): Interpretative Strukturmodellierung – Stand der Forschung und Entwicklungsmöglichkeiten. Braunschweig 1983.
Wiesner, J. (Bürgerbeteiligung): Nachbarschaftliche Bürgerbeteiligung bei der umweltrelevanten Industrie-Planung. In: *TÜV Hessen e. V.* (Hrsg.): Vortragspublikation 1981, S. 1–31.

Die Vergesellschaftung der Leitung von Unternehmungen stellt eine der wichtigen Fragen der Wirtschaftsreform in der Volksrepublik Polen dar. Diese Frage hat sowohl Aspekte ökonomischer, rechtlicher, soziologischer als auch politischer Natur. Die Schwierigkeit der Durchführung der Leitungsvergesellschaftung resultiert sowohl aus den lange Zeit funktionierenden, weitgehend zentralisierten Leitungssystemen, als auch aus den gegenwärtigen Bedingtheiten und Beschränkungen bei der Verwirklichung der gesellschaftlich-wirtschaftlichen Prozesse. Dies wird durch die differenzierten Interessen und Präferenzen verschiedener Kreise und Arbeitsgruppen noch verstärkt. Das eingeführte Leitungsmodell der Unternehmungen, mit den weitreichenden Entscheidungsbefugnissen für die Arbeiterselbstverwaltung, hat die gesamte Konzeption und die Leitungsauffassung der Wirtschaftssubjekte radikal verändert. In der Unternehmung existieren nebeneinander zwei Leitungsorgane: Unternehmungsleiter (Direktor) und Belegschaftsrat, beide mit bestimmten Entscheidungs- und Kontrollrechten. Die Mitwirkung dieser Organe, insbesondere bezüglich der gegenwärtigen und langfristigen Interessen der Unternehmung, hat grundlegende Bedeutung im Hinblick auf die Verwirklichung der Idee der Leitungsvergesellschaftung.

Die Unternehmung bildet eine historisch gestaltete Grundform der Organisation von Produktionskräften. Die Abgrenzung dieser Produktionskräfte in einer rechtlich selbständigen Wirtschaftsorganisation wird durch die gesellschaftlich-wirtschaftliche Ordnung determiniert. Dies findet seinen Ausdruck in unterschiedlichen Unternehmungszielen.

Das komplexe gesellschaftlich-wirtschaftliche Ziel des sozialistischen Staates – die Befriedigung ständig wachsender gesellschaftlicher Bedürfnisse – wird auf einzelne Operationsziele der Unternehmungen übertragen:

- Betriebliche Produktionsziele
- ökonomische Ziele
- gesellschaftliche Ziele.

Die betrieblichen Produktionsziele (Aufgaben) der Unternehmung bestimmen Art und Umfang von Produktionsgütern sowie Dienstleistungen und beschreiben Funktionen, die die Unternehmung zugunsten der Gesellschaft, d. h. gegenüber der Umwelt, erfüllen soll.

Die ökonomischen Ziele der Unternehmung lassen sich auf die Erzielung einer Akkumulation der abgesetzten Produktionsmengen zurückführen, die die Voraussetzungen für die Wirtschaftsentwicklung – darunter für die erweiterte Reproduktion der Unternehmung – schafft. In diesem Sinne sind sie eher als Mittel der Zielrealisierung zu sehen.

Die gesellschaftlichen Ziele, die mit der Gestaltung von Arbeitsbedingungen und Verhältnissen in der Unternehmung verbunden sind, betreffen die Befriedigung der sozialen und kulturellen Bedürfnisse der Unternehmungsmitarbeiter (materielle und psychologische Befriedigung) und die Verbesserung des sozialen Zusammenlebens.

Diese Ziele und die aus ihnen resultierenden Funktionen, die die Unternehmung in der sozialistischen Wirtschaftsordnung erfüllen soll, bilden ihr Abgrenzungskriterium. Die Formulierung dieser Funktionen wird in Anlehnung an bestehende Bedingtheiten, Prognosen und Entwicklungsstrategien im Bereich der gesellschaftlichen Arbeitsverteilung (Produktionsspezialisierung und Kooperation) sowie an Leitungsgrundsätze und Regeln, darunter die der Planung der Unternehmungstätigkeit, vollzogen.

Die Entwicklung von Leitungsgrundsätzen und Regeln – darunter die der Planung des wirtschaftlichen Wirkungsbereiches – hat in den 80er Jahren zur Gestaltung eines grundsätzlich

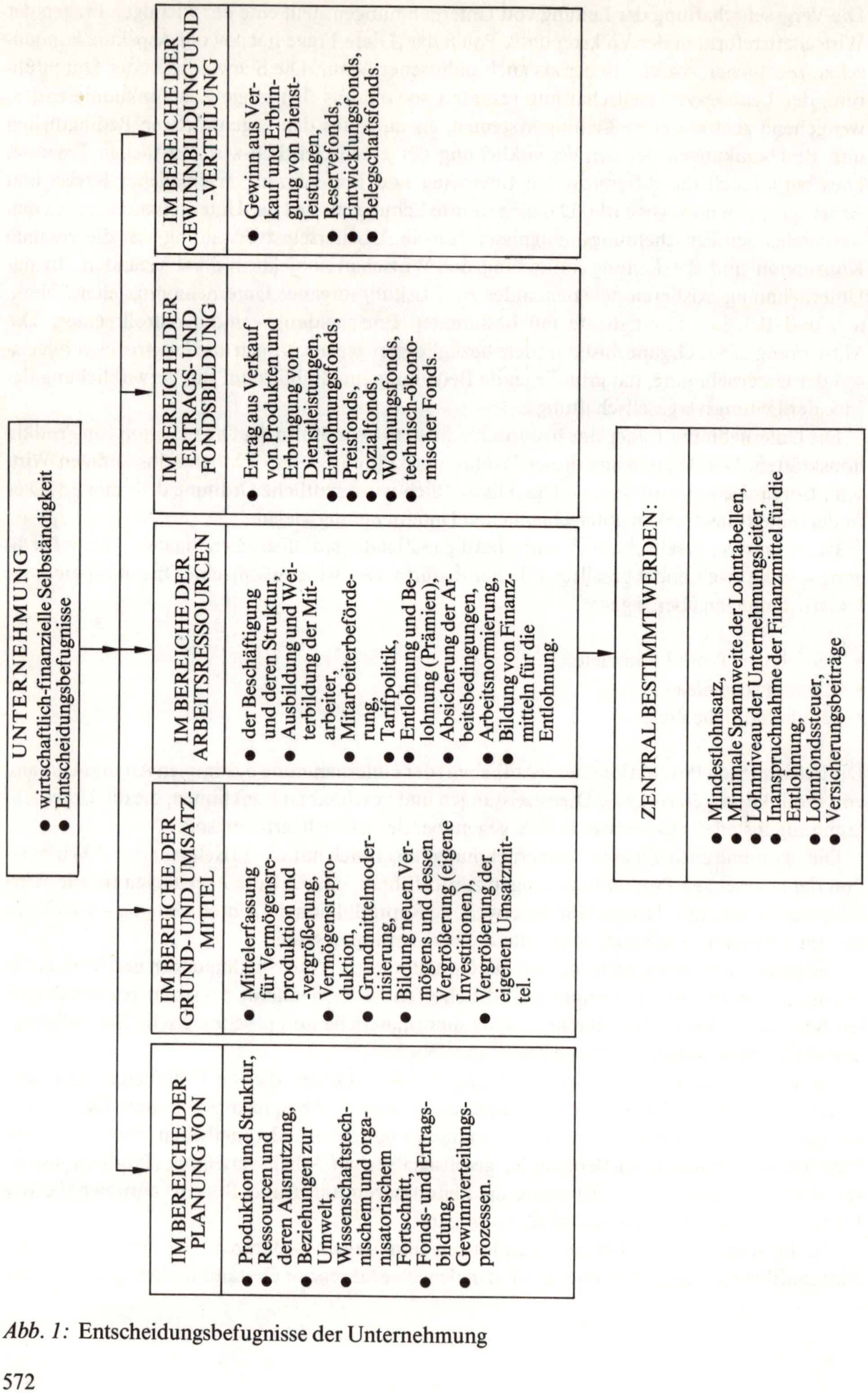

UNTERNEHMUNG
● wirtschaftlich-finanzielle Selbständigkeit
● Entscheidungsbefugnisse
IM BEREICHE DER PLANUNG VON
● Produktion und Struktur,
● Ressourcen und deren Ausnutzung,
● Beziehungen zur Umwelt,
● Wissenschaftstechnischem und organisatorischem Fortschritt,
● Fonds- und Ertragsbildung,
● Gewinnverteilungsprozessen.
IM BEREICHE DER GRUND- UND UMSATZMITTEL
● Mittelerfassung für Vermögensreproduktion und -vergrößerung,
● Vermögensreproduktion,
● Grundmittelmodernisierung,
● Bildung neuen Vermögens und dessen Vergrößerung (eigene Investitionen),
● Vergrößerung der eigenen Umsatzmittel.
IM BEREICHE DER ARBEITSRESSOURCEN
● der Beschäftigung und deren Struktur,
● Ausbildung und Weiterbildung der Mitarbeiter,
● Mitarbeiterbeförderung,
● Tarifpolitik,
● Entlohnung und Belohnung (Prämien),
● Absicherung der Arbeitsbedingungen,
● Arbeitsnormierung,
● Bildung von Finanzmitteln für die Entlohnung.
IM BEREICHE DER ERTRAGS- UND FONDSBILDUNG
● Ertrag aus Verkauf von Produkten und Erbringung von Dienstleistungen,
● Entlohnungsfonds,
● Preisfonds,
● Sozialfonds,
● Wohnungsfonds,
● technisch-ökonomischer Fonds.
IM BEREICHE DER GEWINNBILDUNG UND -VERTEILUNG
● Gewinn aus Verkauf und Erbringung von Dienstleistungen,
● Reservefonds,
● Entwicklungsfonds,
● Belegschaftsfonds.
ZENTRAL BESTIMMT WERDEN:
● Mindestlohnsatz,
● Minimale Spannweite der Lohntabellen,
● Lohnniveau der Unternehmungsleiter,
● Inanspruchnahme der Finanzmittel für die Entlohnung,
● Lohnfondssteuer,
● Versicherungsbeiträge

Abb. 1: Entscheidungsbefugnisse der Unternehmung

neuen Leitungssystems der Unternehmung sowie ihres ökonomischen Modells geführt, die folgendermaßen gekennzeichnet sind (Abb. 1):

(1) Eine weitgehende ökonomische Selbständigkeit bezogen sowohl auf die gegenwärtige, als auch auf die Entwicklungstätigkeit der Unternehmung.
(2) Völlige Verantwortlichkeit der Unternehmung für die erzielten Produktions- und ökonomischen Ergebnisse.
(3) Völlige Abhängigkeit der materiellen Situation der Mitarbeiter und der Unternehmungsentwicklung von der finanziellen Lage der Unternehmung, d. h. von den erzielten Wirtschaftsergebnissen.
(4) Beteiligung der Belegschaft und ihrer Vertretung an Unternehmungsleitungsprozessen. Die rechtliche Position der Unternehmung wurde gänzlich neu geregelt, der rechtliche Schutz ihrer Selbständigkeit gesichert und das Mitbestimmungsrecht gesetzlich gewährleistet.

Das Gesetz von 1981 über staatliche Unternehmungen hat die rechtliche Lage der Unternehmung neu geregelt. Man hat sich für die Einführung einer bisher in der polnischen Gesetzgebung nicht üblichen Lösung entschieden. Besonders bemerkenswert scheinen die Lösungen zu sein, die die selbständige Unternehmungstätigkeit betreffen. Es wird angenommen, daß die Selbständigkeit vor allem die Möglichkeit der Entscheidungsfindung in eigenem Namen und auf eigene Rechnung in allen Tätigkeitsbereichen der Unternehmung beinhaltet. Die Selbständigkeit der Unternehmung soll keinesfalls ein eigenständiges Ziel sein. Sie soll als Instrument, das die Durchführung von Unternehmungszielen (Aufgaben) ermöglicht, betrachtet werden.

Die Ziel- und Aufgabensetzung gehört zum Wirkungsbereich der Planung (Abb. 2). Das Gesetz von 1982 über gesellschaftswirtschaftliche Planung hat auf neue Weise Funktionen und Bereiche der Zentralplanung geregelt und so den Unternehmungen völlige Freiheit in der Sphäre der laufenden und prospektiven Planung ihrer Tätigkeit gelassen. Der Zentralplan besitzt gegenüber der Unternehmung vor allem Informationsfunktionen (Stand und Richtungen der Wirtschaftsaktivität), Abstimmungsfunktionen der Unternehmungsinteressen mit den Interessen der Gesellschaft (Regelwirkungsweisen gegenüber dem ökonomischen System der Unternehmung) und Entscheidungsfunktionen in bezug auf die Verteilung des Nationaleinkommens und auf die Grundproportionen der Wirtschaftsentwicklung. Dies bedeutet, daß zwischen dem Zentralplan und dem Unternehmungsplan nur indirekte Beziehungen auftreten. Hier ist vor allem der gegenseitige Informationsaustausch über die Pläne sowie die Gestaltung der rechtlichen und systembezogenen Bedingungen der Unternehmungstätigkeit zu nennen.

Die Systembedingungen der Unternehmungstätigkeit umfassen vorrangig ökonomische Parameter, die die Neuererbewegungsprozesse in den Unternehmungen begünstigen und sogar erzwingen und sie auf die Befriedigung der gesellschaftlichen Bedürfnisse ausrichten sollen.

Die ökonomischen Parameter beinhalten die Preise von Erzeugnissen, die durch den Staat festgelegt und geschützt werden, die Zinssätze der Investitions- und Umsatzkredite, die Devisenkurse, die Umsatz- und Gewinnsteuersätze sowie Besteuerungsquoten des Individualeinkommens, Mindestlohnsätze, Abschreibungssätze usw.

Auf ganz neue Weise wurde schließlich die Teilnahme der Belegschaft an der Unternehmungsleitung geregelt. Die Mitarbeiter der Unternehmung bilden eine Gemeinschaft, die über die Funktionsfähigkeit, die Tätigkeitsergebnisse und über den Rang der Unternehmung in der Gesellschaft entscheidet.

Die Belegschaft will, soll und muß über ihre Angelegenheiten entscheiden. Sie bildet jedoch nur einen Teil der Gesellschaft. Die Entscheidungsmöglichkeiten in ihren Angelegenheiten sind deshalb von der Gesamtgesellschaft, die ihren Willen mittels der Gesetze ausdrückt, abhängig.

Für die gesetzliche Bestimmung des Ranges und der gesellschaftlichen Rolle der Selbstver-

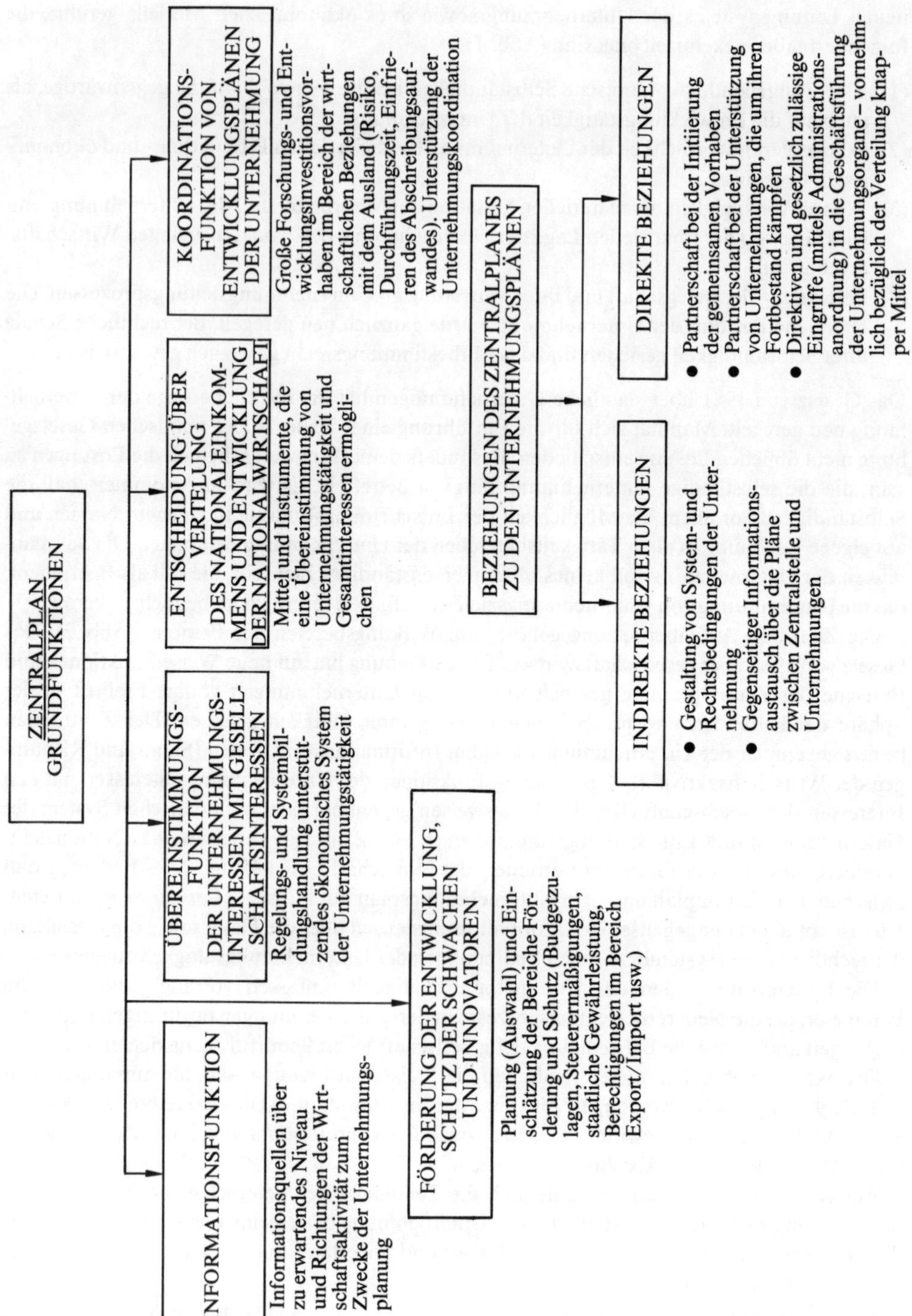

Abb. 2: **Zentralplanfunktionen sowie Beziehungen des Zentralplanes zu den Unternehmungsplänen**

waltung sind politische, ökonomische, soziologische, psychologische, praxeologische und rechtliche Gründe von Bedeutung.

Die Gestaltung der gesetzlichen Regelung der Arbeiterselbstverwaltung stellte eine recht schwierige Aufgabe dar. Bei den vorliegenden unterschiedlichen Auffassungen und Forderungen eine vernünftige und zugleich realistische Lösung zu erzielen, kann lediglich durch eine Ausgleichslösung gewährleistet werden.

Die Institution der Arbeiterselbstverwaltung veränderte wesentlich die Unternehmungsleitung im Bereich der Entscheidungsberechtigungen und der Verantwortlichkeit.

In der Unternehmung treten demnach drei Entscheidungsorgane hervor: die Generalversammlung der Belegschaft, ggf. der Delegierten, der Belegschaftsrat als Vertretung der Mitarbeiter und der Unternehmungsleiter.

Da es viele Organe in einer Institution gibt, entstehen oft ernste Probleme im Bereich der Leitungseffizienz, die in großem Maße von der Handlungseinheitlichkeit der Organe, von widerspruchsfreien Anweisungen für die Mitarbeiter usw. abhängig sind.

Im Hinblick auf die Vielzahl der Organe, die in einer Unternehmung tätig sind, ergeben sich theoretisch drei Alternativen der Gestaltung der Beziehungen zwischen diesen Organen. Die erste Alternative ist gekennzeichnet durch einen hierarchischen Zusammenhang zwischen den Organen, d. h., das untergeordnete Organ wird verpflichtet, die Direktiven des höher situierten Organs auszuführen.

Bei der zweiten Alternative realisieren die Organe ihre gesetzlichen Befugnisse unabhängig voneinander – jedes in einem anderen Umfang.

Bei der letzten Alternative bestehen zwischen diesen Organen Partnerschaftsverhältnisse, die gleichzeitig das Bestehen einer gewissen gegenseitigen Unabhängigkeit sowie eines gewissen Grades der Unterstellung voraussetzen. Diese Unterstellung wird, im Falle eventueller Streitigkeiten, rechtlich hinsichtlich der Grenzen der Entscheidungskompetenzen und der Entscheidungsprozesse bestimmt. Jedes dieser Organe entscheidet in anderen Angelegenheiten, keines ist aber berechtigt, die Entscheidung des anderen außer Kraft zu setzen. Sie agieren nebeneinander und die Entscheidungen des einen von ihnen sind obligatorisch für das zweite, solange sie rechtlich nicht in Frage gestellt werden.

Das Gesetz von 1981 bewilligt diesen Organen selbständige Entscheidungsfunktionen, was bedeutet, daß sie die Unternehmungsangelegenheiten in dem Maße leiten, in dem sie die Beschlüsse fassen. Auf diese Weise wird die Unternehmung von drei und nicht nur von einem Organ geleitet. Selbstverständlich hat die größten Befugnisse der Unternehmungsleiter (Direktor), da er im größten Umfang – vor allem in laufenden Unternehmungsangelegenheiten – entscheidet.

Ohne auf die Einzelheiten einzugehen, kann man sagen, daß die Abgrenzung der Kompetenzen von Selbstverwaltungsorganen und Unternehmungsleitern auf folgenden Grundsätzen basiert:

(1) Die Kompetenzen der Selbstverwaltungsorgane werden durch die gesetzlichen Vorschriften detailliert festgelegt. Die in diesen Grenzen durch die Selbstverwaltungsorgane getroffenen Beschlüsse sind für den Unternehmungsleiter verbindlich, es sei denn, daß diese rechtswidrig sind. Im Rahmen der Zuständigkeit der entscheidenden Selbstverwaltungsorgane handelt der Unternehmungsleiter demnach nur als Ausführungsorgan.

(2) Die Entscheidungskompetenzen des Unternehmungsleiters, die ihm die Möglichkeit zur selbständigen und für andere Subjekte verpflichtenden Problemlösung geben, sind nur negativ geregelt, sie sind nicht ausführlich im Gesetz aufgezählt. Dies bedeutet, daß in allen Angelegenheiten, die nicht in die Kompetenz der entscheidenden Selbstverwaltungsorgane

fallen und die nicht zur Kompetenz der Staatsorgane gehören, der Unternehmungsleiter verbindliche Entscheidungen trifft.

(3) Die enge Abgrenzung der Eigenschaften von Unternehmungsorganen betrifft lediglich die Entscheidungskompetenzen. Es handelt sich hierbei um die Entscheidungen, die für andere Subjekte verbindlich sind. Dies betrifft dagegen nicht die Begutachtungskompetenzen von Initial- oder Kontrollorganen. Auf diesem Gebiet können sich die Kompetenzen der einzelnen Organe überschneiden.

(4) Die Unternehmungsorgane sind nicht berechtigt, sich in der Ausübung ihrer Kompetenzen zu vertreten – dies gilt besonders bezüglich der Entscheidungskompetenzen.

(5) Wenn Zweifel daran bestehen, welches der Unternehmungsorgane für die Entscheidung bezüglich des betreffenden Problems zuständig ist, kann angenommen werden, daß die Entscheidung beim Unternehmungsleiter liegt, da seine Entscheidungskompetenzen, im Gegensatz zu den Entscheidungskompetenzen der Selbstverwaltung, nicht ausführlich niedergelegt sind.

Der Selbständigkeitsbereich der Unternehmung entscheidet über den Kompetenzbereich seiner Organe, obwohl es dabei nicht immer volle Übereinstimmung gibt. Der Kompetenzbereich der Unternehmungsorgane kann den Selbständigkeitsbereich der Unternehmung nicht überschreiten, er kann hingegen enger sein. Letzteres liegt vor, wenn das Gesetz das Recht auf Entscheidungsfindung in Unternehmungsangelegenheiten anderen Subjekten außerhalb der Unternehmung, beispielsweise dem Gründungsorgan, zuerkennt. [1] Die Selbständigkeit dieser Organisationseinheit ist als Folge des neuen Gesetzes über staatliche Unternehmungen zum konstruktiven Element des Begriffs »Staatsunternehmung« geworden. Wie bekannt, wurde in der Zeit vor Inkrafttreten des Gesetzes die Selbständigkeit der Unternehmungen vor allem durch die Tätigkeit sog. übergeordneter Einheiten in der subjektbezogenen Wirtschaftsstruktur beeinflußt; man hat sich deshalb in der neuen Regelung für die Auflösung der Vereinigungen, für die Begrenzung von Berechtigungen des Gründungsorgans sowie für die Annahme eines Modells der Unternehmungsverbände entschieden, das die Umgestaltung der Verbände in klassische Zwischenebenen mit Entscheidungsberechtigungen gegenüber den Unternehmungen unmöglich macht. [2]

Dies bedeutet, daß die Unternehmungsorgane selbständig Beschlüsse fassen und Tätigkeiten in allen Angelegenheiten der Unternehmung gemäß den Rechtsvorschriften und zwecks der Erfüllung der Unternehmungsfunktionen organisieren. Andere Subjekte sind nur dann berechtigt, Entscheidungen – die direkt die Unternehmung betreffen – zu fällen, wenn die diesbezüglichen Kompetenzen durch eindeutige Vorschriften festgelegt wurden. Das begrenzt die Eingriffsmöglichkeiten der Gründungsorgane auf die Fälle, die in den Rechtsvorschriften vorgesehen sind; dies stärkt natürlich die Unternehmungsselbständigkeit.

Der Zuständigkeitsbereich der Arbeiterselbstverwaltung in der staatlichen Unternehmung wurde nach langen Überlegungen und Diskussionen gesetzlich festgelegt. Es ging nicht nur darum, daß anhand der gewährten Kompetenzen der Selbstverwaltung die Rolle des faktischen Verwalters zuerkannt wurde; die Selbstverwaltungsorgane sollten mit den Aufgaben, die zu schwer oder nicht realisierbar sein könnten, nicht überlastet werden. Sie sollten außerdem dem dritten Organ der Unternehmung ein Partner für die übriggebliebenen Selbstverwaltungsaufgaben sein, d. h., sie sollten den Unternehmungsleiter nicht entmündigen.

Die Arbeiterselbstverwaltungsorgane haben folgende Entscheidungsberechtigungen. Die Generalversammlung der Mitarbeiter

- verabschiedet die Satzung der Unternehmung,
- verabschiedet die Verteilung des für die Belegschaft bestimmten Gewinns,

- beurteilt jährlich die Tätigkeit des Belegschaftsrates und des Unternehmungsleiters,
- verabschiedet die mehrjährigen Pläne der Unternehmung,
- verabschiedet die Satzung der Arbeiterselbstverwaltung.

Der Belegschaftsrat der Unternehmung ist berechtigt

- Änderungen im Jahresplan zu vollziehen und den Plan zu verabschieden,
- die Jahresberichte und die Bilanz der Unternehmung zu bestätigen,
- über die Initiativen der Unternehmung zu entscheiden,
- sich mit der Bildung von gemeinsamen oder gemischten Unternehmungen einverstanden zu erklären – darunter fallen auch die Unternehmungen mit fremdem Kapital –,
- sich mit der Bildung von Unternehmungsverbänden einverstanden zu erklären,
- sich mit der Gliederung der Unternehmungen einverstanden zu erklären,
- Beschlüsse über das Wohnungs- und Sozialbauwesen zu fassen,
- Beschlüsse über die Änderung der Art der Produktion zu fassen,
- Beschlüsse über die Verteilung der Erträge bzw. des Gewinns zu fassen,
- die Arbeitsordnung der Unternehmung zu verabschieden,
- das Referendum in der Unternehmung durchzuführen,
- den Unternehmungsleiter zu berufen und abzusetzen.

Die Analyse der Liste der Entscheidungsberechtigungen der Generalversammlung und des Belegschaftsrates ermöglicht es, vier Kategorien von Beschlüssen der Selbstverwaltungsorgane zu unterscheiden:

Zur ersten Kategorie gehören Beschlüsse, kraft derer die Selbstverwaltungsorgane die Grundakte festlegen, wie z. B. Betriebsverfassung, Selbstverwaltungsordnung, Arbeitsordnung. Die erwähnten Beschlüsse besitzen normativen Charakter. Die Befolgung dieser Beschlüsse ist nicht nur für den Unternehmungsleiter, sondern auch für die Mitarbeiter verbindlich. Zur Ausführung dieser Beschlüsse sind zusätzliche Entscheidungen des Unternehmungsleiters erforderlich. Sanktionen bei einer Nichtbefolgung dieser Beschlußkategorie seitens der Mitarbeiter kann ausschließlich der Unternehmungsleiter verfügen.

Zur zweiten Kategorie gehören Beschlüsse, deren Adressat und Ausführer ausschließlich der Unternehmungsleiter ist. Sie betreffen folgende Fragen: Ertrags- und Gewinnverteilung, Investitionstätigkeit, betrieblicher Wohnungs- und Sozialbau, Änderungen des Tätigkeitsprofils der Unternehmung sowie Beitritt der Unternehmung als Kollektivmitglied zu gesellschaftlichen Organisationen.

Diese Beschlüsse haben selbsttätig keine rechtlichen Folgen für die Unternehmung. Sie sind jedoch als Entscheidungen anzusehen, da sie den Unternehmungsleiter zur Übernahme der Sachentscheidungen verpflichten. In dieser Kategorie von Selbstverwaltungsbeschlüssen vollzieht sich die Entscheidungsfindung zweistufig. Zuerst wird die Entscheidung der jeweiligen Frage durch das einschlägige Selbstverwaltungsorgan getroffen. Erst auf dieser Grundlage wird der Unternehmungsleiter verpflichtet, die Ausführungsentscheidung zu treffen. Die Entscheidung des Selbstverwaltungsorgans hat meist allgemeinen Rechtscharakter, während die Unternehmungsleiterentscheidung Durchführungscharakter besitzt. Diese zweite Entscheidung darf inhaltlich die erste nicht verletzen.

Zur dritten Kategorie gehören Beschlüsse, aufgrund derer das Selbstverwaltungsorgan sich einverstanden erklärt, eine bestimmte Entscheidung oder bestimmte Aktivitäten des Unternehmungsleiters zu akzeptieren. Sie betreffen folgende Fragen: Beitritt der Unternehmung zu Unternehmungsverbänden, Errichtung einer gemeinsamen bzw. gemischten Unternehmung, Prämienzahlungen, Verwendung der nicht benötigten Grundmittel sowie Berufung und Abberufung von Stellvertretern des Unternehmungsleiters.

Die Beschlüsse dieser Gruppe lösen selbst keine Probleme, sie ermächtigen den Unternehmungsleiter nur zur Entscheidungsfindung. Der Unternehmungsleiter wird jedoch nicht verpflichtet, eine Entscheidung zu fällen, obwohl er dazu berechtigt wäre. Die Berechtigung ist demnach nicht gleichbedeutend mit einer Verpflichtung, obwohl eine Entscheidung ohne eine solche Berechtigung oder dieser Berechtigung zuwider fehlerhaft wäre und durch das Selbstverwaltungsorgan aufgehoben werden müßte.

Zur vierten Kategorie gehören Beschlüsse der Selbstverwaltungsorgane, die sich nicht auf den Unternehmungsleiter, sondern auf andere Subjekte beziehen. Sie betreffen die Teilung und Zusammenfügung der Unternehmung, Referenden der Belegschaft, die Wahl von Vertretern des Belegschaftsrates zum Verbandsrat sowie die Berufung und Abberufung des Unternehmungsleiters. Diese Beschlüsse sind von differenziertem Charakter. Manche von ihnen sind als Entscheidungen anzusehen, andere berechtigen nur andere Subjekte zur Entscheidungsfindung. Als Entscheidungen müssen die Beschlüsse anerkannt werden, die das Referendum, die Berufung und Abberufung des Unternehmungsleiters sowie die Wahl des Vertreters des Belegschaftsrates zum Verbandsrat betreffen.

Insgesamt kann festgestellt werden, daß der Gestaltungsprozeß der Arbeiterselbstverwaltung noch nicht ganz abgeschlossen ist. Die Selbstverwaltungsorgane befaßten sich bisher vor allem mit formal-rechtlichen und organisatorischen Problemen. In der Mehrzahl der Unternehmungen erfüllen sie noch nicht die Funktionen, die ihnen, als dem Träger ökonomischer Macht, in der Reformkonzeption des Leitungssystems zuerkannt wurden. Diese Feststellung soll jedoch nicht bedeuten, daß Arbeiterselbstverwaltungsorgane keinen Einfluß auf die wirtschaftliche Lage der Unternehmungen und auf die wirtschaftliche Situation des Landes ausüben.

Die vom Autor durchgeführten Untersuchungen in 20 Unternehmungen verschiedener Industriebranchen beweisen, daß die Selbstverwaltungsorgane sich vornehmlich mit der gegenwärtigen ökonomischen Situation der Unternehmung befassen. Man könnte vermuten, daß die zunehmend auf operative Leitung ausgerichteten Interessen seitens der Selbstverwaltungsorgane eine Anpassungsreaktion – d. h. in einer Situation der Instabilität eine ganze Reihe von Systemlösungen, die ein ökonomisch-finanzielles Modell der Unternehmungen betreffen – auslösen. Darüber hinaus ist diese Interessiertheit der Unternehmungen an den gegenwärtigen Fragen als Folge wiederholter Versuche der Beschränkung der Unternehmungsselbständigkeit durch die Gründungsorgane zu betrachten. Unter diesen Umständen ist es nicht leicht, strategisch-zukunftsorientierte Maßnahmen zu treffen. Wenn daher die Belegschaftsräte keine Scheintätigkeit betreiben wollen, bekunden sie ihren Unternehmungsgeist im Funktionsbereich der Unternehmung, der ihnen tatsächlich den Rang eines Machtsubjektes verschafft.

Die ökonomischen Beschränkungen der Wahlmöglichkeiten in der Unternehmung, die durch verschiedenartige Faktoren bedingt sind, werden ihre Organe – darunter die Selbstverwaltungsorgane – immer veranlassen, sich auf gegenwärtige Angelegenheiten zu konzentrieren. Der Eingriff der Selbstverwaltungsorgane in den Bereich der operativen Leitung löst einerseits Kompetenzstreitigkeiten aus, andererseits schwächt er die Verantwortlichkeit des Unternehmungsleiters.

Die Belegschaft der staatlichen Unternehmung wird nicht nur durch das Organ der Arbeiterselbstverwaltung, d. h. durch den Belegschaftsrat, sondern zusätzlich durch die Gewerkschaften vertreten. Es gibt zwei voneinander unabhängig wirkende Vertretungsformen der Belegschaft mit weitreichenden Kompetenzen.

Das neue Gesetz über die Gewerkschaft von 1982 regelt drei Problembereiche (Abb. 3):

Der erste Problembereich betrifft den Schutz und die Verteidigung der Rechte der Arbeitnehmer, der zweite die Entlohnung der Arbeitnehmer und der dritte die sozialen Rahmenbedingungen der Arbeit.

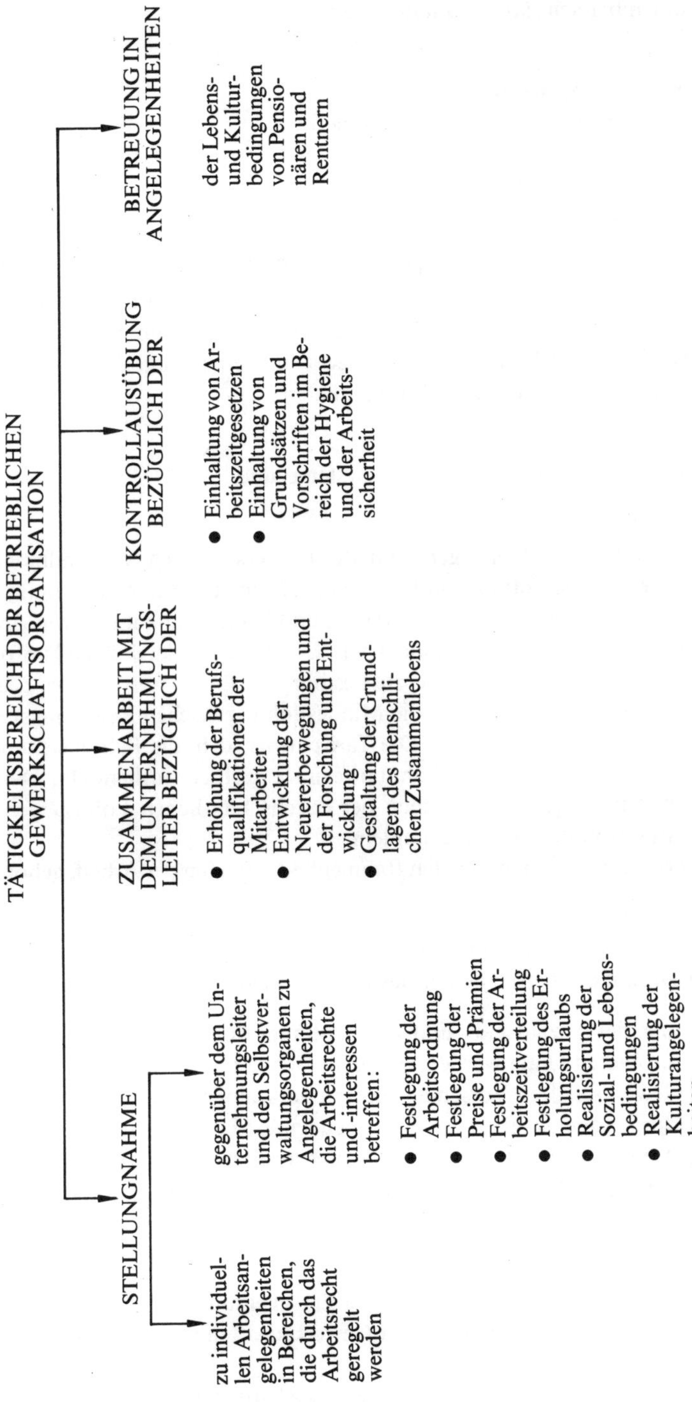

Abb. 3: Tätigkeitsbereich der Betriebsgewerkschaften

Zum ersten Problembereich zählen zum Beispiel:

- Die Neueinstellung von Arbeitnehmern
- die Entlassung von Arbeitnehmern
- der innerbetriebliche Aufstieg von Arbeitnehmern
- die Weiterbildung
- die Arbeitsschutzmaßnahmen und
- der Jugendarbeitsschutz.

Bei den Erstgenannten – der Neueinstellung, der Entlassung und dem innerbetrieblichen Aufstieg von Arbeitnehmern – ist die Zustimmung der Gewerkschaften obligatorisch.

Bei den Letztgenannten – der Weiterbildung, dem Arbeitsschutz und dem Jugendarbeitsschutz – haben die Gewerkschaften Vorschlagsrechte und eine Kontrollfunktion.
Zum zweiten Problembereich, der Entlohnung, zählen

- das Tarifvertragsrecht
- Entlohnungsformen, insbesondere Prämiensysteme, und
- Arbeitsnormen.

Bei der Gestaltung von Tarifverträgen sind die Gewerkschaften Verhandlungspartner der Unternehmung. Bei der Gestaltung von Entlohnungsformen ist die Zustimmung der Gewerkschaften zu Vorschlägen des Betriebes notwendig und bei der Einhaltung von Arbeitsnormen üben die Gewerkschaften Kontrollfunktionen aus. Es sei angemerkt, daß die Tarifparteien nicht berechtigt sind, über die Mindestlöhne zu bestimmen. Diese werden zur Zeit vom Staat festgelegt. Es ist allerdings beabsichtigt, die Mindestlöhne zwischen Regierungsvertretern und der Gewerkschaftsspitze auszuhandeln. Die Tarifpartner, d.h. die Betriebsleitungen und die Gewerkschaften, können jedoch die Lohntarife im einzelnen aushandeln. Darüber hinaus können sie auch Abhängigkeiten zwischen der durchschnittlichen Lohnsteigerung und der Steigerung der Arbeitsproduktivität aushandeln.
Zum dritten Problembereich, den sozialen Rahmenbedingungen der Arbeit, gehören

- die Verteilung des Sozialfonds
- die Verteilung des Wohnungsfonds sowie
- Impulse in bezug auf den betrieblichen Gesundheitsdienst.

Bei der Verteilung des Sozialfonds und des Wohnungsfonds können die Gewerkschaften initiativ und kontrollierend tätig werden. Auf dem Gebiet des betrieblichen Gesundheitsdienstes haben die Gewerkschaften Vorschlagsrechte und können sich auch finanziell beteiligen. Der betriebliche Gesundheitsdienst schließt vorbeugende Maßnahmen zur Früherkennung von Krankheiten und zur Abwendung von Gesundheitsbedrohungen ein. Auf diesem Gebiet ist die Zusammenarbeit mit dem Arbeitsschutz notwendig.

Gemäß dem Gesetz über Gewerkschaften und dem Arbeitsgesetzbuch gibt es folgende Mitwirkungsformen von Unternehmungsleiter und Gewerkschaften:

- Verständigung mit den Gewerkschaften vor der Entscheidungsvorbereitung
- obligatorische Einholung der Meinung der Gewerkschaften vor der Entscheidungsvorbereitung
- Entscheidungsfindung gemeinsam mit der Gewerkschaftsorganisation
- Erlangung der Zustimmung der Gewerkschaften.

Abschließend läßt sich feststellen:

(1) Das neue Gewerkschaftsgesetz garantiert den Gewerkschaften völlige Unabhängigkeit.
(2) Darüber hinaus definiert dieses Gesetz verschiedene Instrumente für die Gewerkschaften, u. a. auch das Streikrecht.
(3) Das Gesetz umfaßt Regelungen für die Wahl von Gewerkschaftsvertretern sowie Rahmenbedingungen für den Ablauf von Verhandlungen zwischen den Gewerkschaften und den Unternehmungsleitungen.
(4) Das Gesetz normiert nur Grundprobleme, nicht aber die Angelegenheiten, deren Komplexität erst in der Praxis zum Vorschein kommt.

Die Arbeiterselbstverwaltung und die Gewerkschaften bilden Grundelemente des gesellschaftlichen Systems der sozialistischen Staatsunternehmung. Sie sind selbständige Arbeitervertretungen, die die gesetzlichen Berechtigungen sowie die daraus abgeleiteten Aufgaben und Pflichten realisieren. Obwohl der Interessengegenstand dieser Organe in hohem Maße gemeinschaftlich ist, realisiert jedes von ihnen seine Befugnisse und seine Aufgaben aufgrund verschiedener Gesetze.

Handlungsgegenstand der Arbeiterselbstverwaltungsorgane bilden vornehmlich ökonomische Fragen des Betriebes, während die Gewerkschaften als Hauptziel ihrer Tätigkeit den Schutz der Rechte und die Interessenwahrnehmung der Mitarbeiter betrachten.

Die Selbstverwaltung hat ihren Anteil an der Unternehmungsleitung, d. h. sie führt gemäß ihrem Kompetenz- und Möglichkeitsbereich die Handlungen aus, die auf die Durchführung der Grundfunktionen der Unternehmung abzielen. In der reformierten Unternehmung sind als wichtigste Funktionen kurzfristig – d. h. für die laufende Periode – die Gewinnbildung und -verteilung, langfristig jedoch die Verteilung des Gewinns auf die Positionen Konsumbedürfnisse der Belegschaft und Entwicklung der Unternehmung anzusehen.

Die Gewerkschaften dagegen haben nur Interesse an Gewinnverteilungsfragen der laufenden Periode. Dieser Mangel an Interesse der Gewerkschaften für die Gewinnbildung soll nicht eine asoziale Einstellung dokumentieren, sondern ist eine selbstverständliche Folge des Nebeneinanders von Arbeiterselbstverwaltung und Gewerkschaft. Unter diesen Umständen wird der Einfluß der Gewerkschaften auf den Produktionsprozeß verringert, die Aufgaben dieses Bereiches werden durch Selbstverwaltungsorgane übernommen. Die Verteilung der Regelungen im Bereich der Produktionsleitung – gleichgültig in welcher Form – kann in einer solchen Situation die Ausweitung des Wirkungsbereiches der Gewerkschaften und gleichzeitig die Bildung einer potentiellen Konfliktzone bedeuten.

Es ist natürlich nicht zu erwarten, daß es allein infolge der Gesetzesvorschriften gelingt, die Zusammenarbeit der Arbeiterselbstverwaltung, des Unternehmungsleiters und der Gewerkschaften gemäß den Anforderungen des Mitbestimmungsmodells des reformierten Wirtschaftssystems zu gestalten. Der Vorzug der Rechtsvorschriften auf lange Sicht – d. h. genügend Zeit für die einzelnen Elemente dieses Systems, um sich aufeinander einspielen zu können – bedeutet auf kurze Sicht ein potentielles Feld für Konflikte und Kompetenzstreitigkeiten.

Der Charakter dieser Konflikte und Streitigkeiten ändert sich mit der Zeit, je nachdem, wie jedes der Subjekte seine Position in Übereinstimmung mit dem Wesen seiner Stellung im Wirtschaftssystem anstrebt. Eine Grundvoraussetzung der Beziehung von Selbstverwaltung zu Unternehmungsleiter stellt die ökonomische Selbständigkeit der Unternehmung und die wachsende Stabilität der Bedingungen ihrer Tätigkeit dar.

Für die Beziehung der Arbeiterselbstverwaltung zu den Gewerkschaften aber ist der Rang der Gewerkschaften und ihre Fähigkeit, ein neues Handlungsmodell unter Verzicht auf einen Teil ihrer bisherigen Berechtigungen zugunsten der Selbstverwaltung zu erarbeiten, entscheidend. Naturgemäß benötigt ein solch komplexer Prozeß eine längere Zeitdauer.

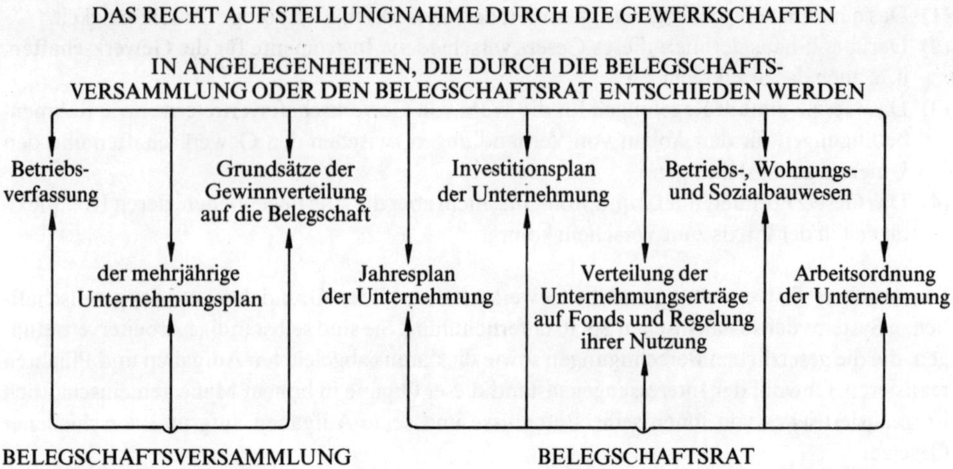

Abb. 4: Entscheidungsbereich der Unternehmungsorgane und Recht der Gewerkschaften auf Stellungnahme

Damit die gerechte Wahrnehmung der Rechte der beiden Grundelemente sichergestellt werden kann und um die Voraussetzungen für eine gegenseitige Zusammenarbeit schaffen zu können, müssen die Arbeiterselbstverwaltungsorgane die Rechte der Gewerkschaften respektieren, die Gewerkschaften ihrerseits müssen die Rechte und Kompetenzen der Arbeiterselbstverwaltung achten. Die Pflicht zur Zusammenarbeit von Arbeiterselbstverwaltung und ihren Organen und den Gewerkschaften ergibt sich aus dem Art. 36 des Gesetzes über die Arbeiterselbstverwaltung. Dieser besagt, daß die Beschlüsse der Arbeiterselbstverwaltung, die Angelegenheiten aus dem Wirkungsbereich der Gewerkschaften betreffen, deren Stellungnahme vor Beschlußfassung erfordern. Dies betrifft viele wesentliche Angelegenheiten der Belegschaft und Funktionen der Unternehmung wie (Abb. 4)

- die Betriebssatzung, die durch die Generalversammlung der Mitarbeiter oder der Delegierten verabschiedet wird
- die Arbeitsordnung der Unternehmung
- die Jahres- und Mehrjahrespläne der Unternehmung
- die Investitionspläne der Unternehmung
- das Funktionieren des Rationalisatorenklubs
- die Verteilung des verfügbaren Gewinns der Unternehmung und die Ausnutzung der sich daraus ergebenden Fonds sowie
- den Betriebswohnungs- und Sozialbau.

Die Betriebssatzung wird, auf Antrag des Unternehmungsleiters, durch die Generalversammlung der Mitarbeiter ggf. der Delegierten verabschiedet. Sie regelt die Angelegenheiten, die im Wirkungsbereich der Gewerkschaften verbleiben. Die Stellungnahme der Gewerkschaften muß vor der Verabschiedung der Betriebssatzung erörtert werden.

Der Belegschaftsrat verabschiedet auf Antrag des Unternehmungsleiters die Arbeitsordnung der Unternehmung. Die Gewerkschaften sind gesetzlich berechtigt, ihre Stellungnahme bezüglich des Inhaltes der Arbeitsordnung abzugeben.

Die Generalversammlung der Mitarbeiter verabschiedet einen mehrjährigen Unternehmungsplan, der Belegschaftsrat einen Jahresplan. Die Gewerkschaften sind berechtigt, eine

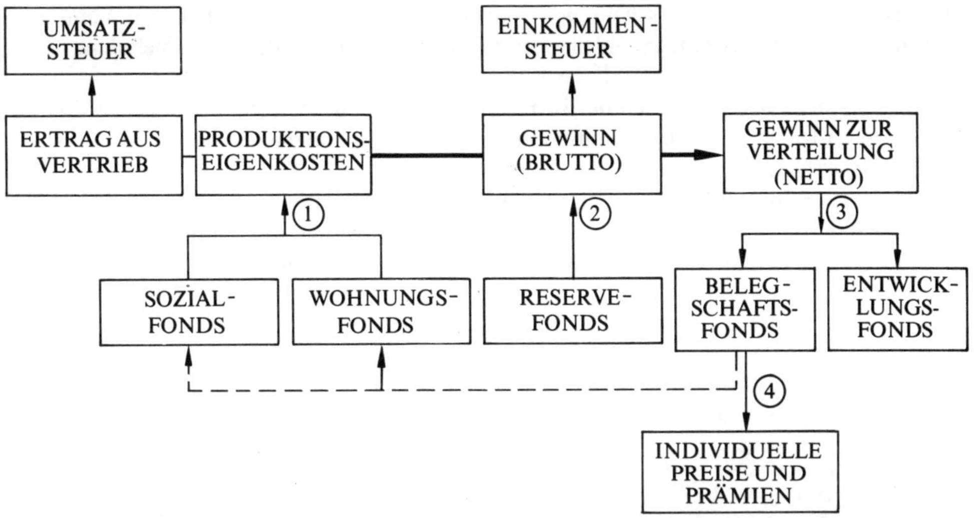

1 ANTEILSGRÖSSE WIRD VOM STAAT BESTIMMT
2 ANTEILSGRÖSSE WIRD VOM STAAT BESTIMMT
3 VERTEILUNG WIRD VOM BELEGSCHAFTSRAT BESTIMMT
4 VERTEILUNG WIRD VON DER BELEGSCHAFTSVERSAMMLUNG BESTIMMT

} STELLUNGNAHME DER GEWERKSCHAFTEN

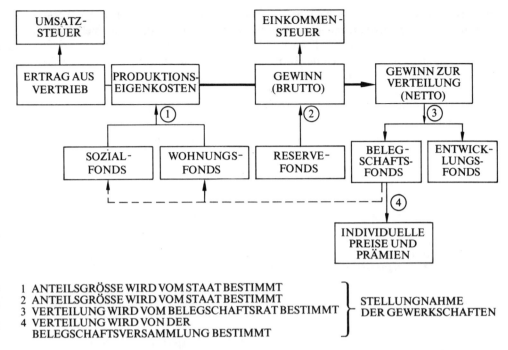

Abb. 5: Entscheidungsberechtigungen bezüglich der Gewinnverteilung der Unternehmung

Stellungnahme zu den Angelegenheiten, die ihren Wirkungsbereich betreffen und die im Jahresplan oder in den mehrjährigen Plänen erfaßt sind, abzugeben. Diese Stellungnahme der Gewerkschaften soll vor der Planverabschiedung erörtert werden.

Der Belegschaftsrat faßt Beschlüsse, die die Investitionen der Unternehmung betreffen. Falls diese Investitionen die Gewerkschaften direkt betreffen, soll der Belegschaftsrat die Einholung einer Stellungnahme der Gewerkschaft in Erwägung ziehen. Weiterhin faßt der Belegschaftsrat Beschlüsse bezüglich der Rationalisatorenklubs. Fragen der Neuererbewegung und der Forschung und Entwicklung gehören ebenfalls in den Bereich der Gewerkschaften und sollen demgemäß durch den Belegschaftsrat erörtert werden.

Laut Gesetz sollen die Beschlüsse, die die Gewinnverteilung der Unternehmung an einzelne Fonds sowie die Regelung der Ausnutzung dieser Fonds betreffen, vom Belegschaftsrat gefaßt werden (Abb. 5). Der Belegschaftsrat bestimmt demnach die Relationen der Gewinnverteilung an die Fonds, d.h. an den Entwicklungsfonds und den Belegschaftsfonds, die aufgrund des Gesetzes über die Finanzwirtschaft der Unternehmung vorgesehen sind.

Die Verteilung des Gewinnanteils an die Belegschaft, an Belohnungs- und Prämienfonds sowie eventuell an Sozial- und Wohnungsfonds, wird von der Generalversammlung der Mitarbeiter nach der Erörterung der Ansichten der Gewerkschaften verabschiedet.

Der Belegschaftsrat faßt die Beschlüsse, die den Betriebswohnbau und das Sozialbauwesen betreffen. Vom Inhalt dieser Beschlüsse hängt in bedeutendem Maße die Befriedigung der materiellen und sozialen Bedürfnisse der Arbeiter ab. Angesichts der verbindlichen Vorschriften sind die Gewerkschaften berechtigt, ihren Standpunkt bezüglich dieser Fragen darzulegen.

Nach dem Gesetz ist der Belegschaftsrat berechtigt, die gesamte Unternehmungstätigkeit zu kontrollieren, einschließlich der Sozial- und Wohnungsfondswirtschaft. Das ist jedoch nicht gleichbedeutend mit einer Entscheidungsberechtigung in individuellen Fällen, wie Wohnungszuteilung oder Sozialleistungen. Solche Entscheidungen kommen dem Unternehmungsleiter, nach Stellungnahme des Belegschaftsrates und der Gewerkschaft, zu.

Die Verfahrensweise bezüglich der Bemessung der Sozialleistungen, die aus dem Gewinn finanziert werden, legt der Unternehmungsleiter nach der Stellungnahme des Belegschaftsrates und der Gewerkschaften fest.

Die oben erwähnten Beispiele zeigen die gesetzliche Verpflichtung zur Einholung einer Stellungnahme der betrieblichen Gewerkschaft auf. Anders gesagt: Vor der Beschlußfassung ist die Konsultation und die Anhörung der Gewerkschaften obligatorisch.

Anmerkungen

1 Das Gründungsorgan der Staatsunternehmung ist das Branchenministerium bzw. das Organ der örtlichen Staatsverwaltung.

2 Unternehmungsverbände werden obligatorisch in eng begrenzten Wirtschaftszweigen und Branchen, vor allem aber freiwillig, mit der Zustimmung der Arbeiterselbstverwaltung gebildet. Sie erfüllen vornehmlich Organisations-, Anregungs- und Koordinationsfunktionen.

Literaturverzeichnis

Bar, L.: Fundamenty prawne reformy. Dwa trudne lata. In: Życie Gospodarcze 1984, Nr. 4.

Bar, L.: Losy reformy w rękach załóg. In: Życie Gospodarcze 1984, Nr. 41.

Borkowska, St.: O motywowaniu kadry kierowniczej. In: Doskonalenie Kadr Kierowniczych 1982. Nr. 4.

Groszek, M.: Samorząd – dyrektor – związek zawodowy. Jałowe spory. In: Życie Gospodarcze 1984, Nr. 10.

Kabaj, M.: Wartościowanie pracy. In: Życie Gospodarcze (Teil I) 1982, Nr. 27 und (Teil II) 1982, Nr. 46.

Kabaj, M.: Reforma a zatrudnienie. In: Ekonomika i Organizacja Pracy 1984, Nr. 4 (Teil I) und Nr. 5 (Teil II).

Kordaszewski, J.: Patologia systemu pracy i kierunki jego poprawy. (Teil I, II). In: Przegląd Techniczny 1982, Nr. 14 und Nr. 15.

Lamparski, M.: Prawne zagadnienia samodzielności przedsiębiorstw państwowych. In: Organizacja – Metody – Technika 1984, Nr. 10.

Masewicz, W.: Związek zawodowy w społecznym systemie przedsiębiorstwa. In: Ekonomika i Organizacja Pracy 1983, Nr. 10–11.

Sajkiewicz, A.: Struktury procesów pracy jako czynnik stabilizacji załogi. In: Ekonomika i Organizacja Pracy 1984, Nr. 2.

Szul, R.: Warunki sprawnego funkcjonowania samorządności w gospodarce socjalistycznej. In: Ekonomista 1982, Nr. 5–6.

Ziemann, B.: Technika współząrzadzania: Stosunek między organami (1). In: Życie Gospodarcze 1984, Nr. 41. Podział Kompetencji (2). In: Życie Gospodarcze 1984, Nr. 52/53, Referendum (3). In: Życie Gospodarcze 1985, Nr. 4, Unchwały (4). In: Życie Gospodarcze 1984, Nr. 8.

Gesetze und Verordnungen

1. Ustawa z dnia 25 września 1981 r. o przedsiębiorstwach państwowych, »Dziennik Ustaw« 1981 r., Nr. 24, Pos. 122.
2. Ustawa z dnia 25 września 1981 r. o samorządzie załogi przedisiębiorstwa państwowego, »Dziennik Ustaw« 1981, Nr. 24, Pos. 123.
3. Ustawa z dnia 26 lutego 1982 r. o planowaniu społecznogospodarczym. »Dziennik Ustaw« 1982, Nr. 32, Pos. 216.
4. Ustawa z dnia 8 października 1982 r. o związkach zawodowych, »Dziennik Ustaw«1982, Nr. 43, Pos. 216.

*Ralf-Bodo Schmidt**

Umweltschutz und Existenz mittelständischer Industrieunternehmungen

– Gesehen als betriebswirtschaftliches Entscheidungsproblem –

* Prof. Dr. *Ralf-Bodo Schmidt,* Universität Freiburg, Betriebswirtschaftliches Seminar.

A. Die Fragestellung

(1) Ohne jeden Zweifel stellt Schutz der Umwelt – und damit der persönlichen Lebensumstände – nicht nur eine staatsbürgerliche Pflicht des einzelnen dar. Er fordert zudem auch gezielte Rahmenbedingungen für die zielsetzenden und zielerreichenden Entscheidungen von Unternehmungen. Diese Trivialität beinhaltet nur auf den ersten Blick ein Dilemma. Es besteht in der unternehmerischen Notwendigkeit erfolgswirtschaftlich zu reussieren wie auch liquide zu bleiben einerseits, dabei einschränkende Umweltschutzauflagen zu erfüllen andererseits.

Aufgrund wissenschaftlicher Erkenntnisse ist inzwischen wohl auch im politischen Raume bekannt, daß nicht mehrere Ziele – hier also Unternehmungsgewinn und Umweltschutz – gleichzeitig maximiert werden können. Somit geht es problemrelevant um ein – wie es im Englischen treffend differenziert wird – »to make the best of it«, nicht »to make the most of it«; und dies sowohl im gesamtwirtschaftlichen, als auch im einzelwirtschaftlichen Bezug.

(2) Wie in allen entwickelten Ländern wird auch in der Bundesrepublik Deutschland der Umweltschutz zunehmend als Restriktion ökonomischen Handelns angesehen. Nicht zuletzt das steigende Umweltbewußtsein der Bevölkerung [1] bedingt entsprechende politische Einflußnahme, die sich auch in der wissenschaftlich fundierten Forderung nach Ergänzung des »magischen Dreiecks« der Wirtschaftspolitik dahingehend äußert, den Umweltschutz hierin einzubeziehen. [2] Dabei werden »Ökologie und Ökonomie« – also Umweltpolitik und soziale Marktwirtschaft – keineswegs als unüberbrückbare Gegensätze hingenommen: vielmehr wird versucht, für alle Partner des Wirtschaftslebens annehmbare Kompromisse zu verwirklichen. [3]

(3) Für »mittelständische Unternehmungen« stellt die Erfüllung von Umweltschutzbedingungen vordergründig ein Problem sui generis dar, worin seine spezielle Untersuchungsbedürftigkeit besteht. Denn die Verschiedenheit rechtlich geforderter – alternativ befolgbarer – Umweltschutzinstrumente verlangt ungewohnte intellektuelle Dimensionen des Managements hinsichtlich ihrer Bewältigung, wie auch die traditionellen ökonomischen Potenzen dieser Unternehmungsform existenziell betroffen werden können. Es läßt sich der Verdacht nicht verheimlichen, daß die staatliche Umweltschutzpolitik diese Sachverhalte bisher ungenügend differenziert; nicht zuletzt darum erscheint diese Untersuchung geboten.

Sie ist Erwin Grochla eingedenk seiner hartnäckigen Bemühungen um den Verfolg des pragmatischen Wissenschaftsziels der Betriebswirtschaftslehre und – wie es verschiedene seiner Publikationen belegen – auch hinsichtlich der Belange mittelständischer Unternehmungen gewidmet.

B. Die mittelständische Industrieunternehmung als Problemfeld

(1) Obwohl sich Wissenschaft und Politik seit geraumer Zeit intensiv mit Problemen mittelständischer Unternehmungen auseinandersetzen, ermangelt es bislang einer Legaldefinition dieses Typus von Wirtschaftseinheit; in der amtlichen Statistik taucht der Begriff nicht auf. Erste Versuche in der Betriebswirtschaftslehre verweisen diesbezüglich auf quantitative und qualitative Merkmale. [4] Damit werfen sich Grundsatzfragen auf, welche zunächst die Wahl der Abgrenzungskriterien, deren Skalierung, die Festlegung der Grenze zwischen Mittelstand und Großunternehmung betreffen sowie – was generell nicht ohne Interesse ist – die Problematik

berühren, ob signifikante Unterschiede zwischen beiden Gruppen zu unterschiedlichen Aussagen hinsichtlich der Bewältigung von Umweltschutzauflagen führen.

Als *quantitative* Kriterien können neben Beschäftigtenzahl, Lohn- und Gehaltssumme, Kapazität oder Kapitaleinsatz auch Umsatz, Wertschöpfung oder Gewinn herangezogen werden. Zahlreich sind auch die denkbaren *qualitativen* Unterscheidungsmerkmale. So ist z. B. der Formalisierungsgrad organisatorischer Regelungen (z. B. Stellenbeschreibungen) in kleineren Wirtschaftseinheiten weitaus geringer als in Großunternehmungen. Ähnliches gilt auch bezüglich der Anzahl beschäftigter Akademiker, für den Bildungsstand des Managements schlechthin und hinsichtlich der Weite des mittelständischen Finanzierungsspielraumes.

Neben *absoluten* Kriterien können ergänzend *relative* Größen herangezogen werden, z. B. Marktanteil oder Wettbewerbsposition. Hinzu kommen überdies branchenmäßige Eigenheiten. In den meisten Statistiken, die aus erhebungstechnischen Gründen auf quantitativen Größen basieren, erfolgt die Abgrenzung anhand zweier Kriterien, nämlich Umsatzhöhe und Beschäftigtenzahl. Im industriellen Bereich ist hiernach die mittelständische Unternehmung durch einen Umsatz von max. 25 Mio. DM und einen Personalstand von max. 500 Beschäftigten gekennzeichnet.

Wenngleich auch diese Klassifizierung vielen Untersuchungen zugrunde liegt, und insofern auch im folgenden durchaus berücksichtigt werden muß, vermag sie zur Beantwortung der aufgeworfenen Frage – wie zu zeigen sein wird – nicht zu befriedigen, zumal – was hier behauptet wird – als qualitatives Merkmal die »intellektuelle Dimension« des Managements zur Bewältigung von Umweltschutzauflagen im Zusammenhang mit der Bewahrung der Unternehmungsexistenz die ausschlaggebende Rolle spielen dürfte.

(2) Einer aktuellen Untersuchung des »Institutes für Mittelstandsforschung« zufolge beschäftigen in der Bundesrepublik Deutschland die mittelständischen Unternehmungen $^2/_3$ aller Erwerbstätigen, erwirtschaften über 50% des Bruttoinlandprodukts und stellen über 99% aller Unternehmungen dar. [5] Empirisch erforscht sind insbesondere zwei themenrelevante Problembereiche: Zum einen das Fehlen eines qualifizierten Managements für strategische Führungsaufgaben, was sich – wie betont wird – in allen Unternehmungsbereichen negativ auswirkt; mangelnde Qualifikation wird i. ü. als häufigste Insolvenzursache diagnostiziert. Dieses intellektuelle Defizit zeigt auch der unzulängliche Informationsstand hinsichtlich des innerbetrieblichen Geschehens sowie – in noch stärkerem Maße – bezüglich relevanter Markt- und Umweltdaten. Die Gründe hierfür sind vor allem in intellektuellen Mängeln bei der Informationsbeschaffung und in einem bewußten Verzicht hinreichender informatorischer Fundierung von Entscheidungen aus Kostenersparnis zu suchen. [6] Zum zweiten sind viele mittelständische Unternehmungen in den letzten Jahren durch eine kontinuierliche Erosion der Eigenkapitalbasis betroffen. [7] Der Grund hierfür liegt v. a. in einem zunehmenden Lohn- und Steuerdruck, der die Rentabilitäten bedrohlich senkt und damit die Selbstfinanzierungskraft schwächt. [8]

(3) Ist somit die geäußerte Behauptung, derzufolge es sich bei der Bewältigung der Aufgabe »Umweltschutz und Existenz« in mittelständischen Unternehmungen um die Versachlichung und Personifizierung dieser Entscheidungsproblematik handelt, erhärtet, so kann im notwendigen Zusammenspiel gesamtwirtschaftlicher und einzelwirtschaftlicher Aktivitäten die Lösung nicht auf eine Forderung nach »Mittelstandsbewahrung wegen Umweltschutz« hinauslaufen. Im Vordergrund des Interesses dürften vielmehr die Verbesserung von Informationsbeziehungen, Schärfung des Entscheidungsbewußtseins wie auch innovative, einzelwirtschaftliche Kreativität als ureigentliche Aufgaben unternehmerischen Managements stehen.

C. Rahmenbedingungen von Entscheidungen

(1) Eine Reihe von Untersuchungen zu betriebswirtschaftlichen Konsequenzen umweltpolitischer Anordnungen argumentiert ausschließlich in bezug auf die Beeinträchtigung des Unternehmungserfolges [9] auf der Basis des »erwerbswirtschaftlichen Prinzips«. [10] Es dürfte jedoch der Realität entsprechen, auch deren finanzwirtschaftliche sowie sozialwirtschaftliche Wirkungen zu analysieren, [11] zumal eine derart erweiterte Analyse nicht nur geeignet erscheint, das Maß der Beeinträchtigung von Existenzbedingungen mittelständischer Industrieunternehmungen hinreichend zu beschreiben, sondern auch die möglichen Folgen für den Arbeitsmarkt anzudeuten, womit die Interdependenz gesamt- und einzelwirtschaftlicher Bezüge des Umweltschutzes angesprochen ist.

(2) Die Unternehmung hat nach dem aktuellen Stand der Strategie des Immissionsschutzes, welche hier als Beispiel gewählt wird, mit nachstehenden – bereits existierenden und denkbaren – Maßnahmen [12] zu rechnen, worin sich zugleich das Spezielle im Anspruchsniveau gegenüber dem Management spiegelt [13]:

»– Die (alleinige) Vorgabe von Grenzwerten, wobei es dem »Betreiber« von Anlagen überlassen bleibt, wie er sie technisch erfüllt.
- Die Auflage nach einer (künftigen) Verhütung von Emissionen, z. B. durch Zusatzaggregate wie Kläranlagen, Filter, Schalldämpfer, Abscheider und Nachverbrennungsanlagen.
- Auflagen zur Verminderung von Immissionen, z. B. Schallschutzmauern.
- Auflagen zur Kompensation von Umweltbelastungen, z. B. Betriebszeitbeschränkung bei anderen Anlagen.
- Herstellungsvorschriften, z. B. ein Verbot oder Gebot der Verwendung bestimmter Roh-, Hilfs- und Betriebsstoffe.
- Produktverbote, z. B. nachweislich gesundheitsschädlicher Art.
- Verordnung von Abgaben zur kooperativen Beseitigung von Emissionen und Immissionsschutzmaßnahmen.
- Vorschriften über Recycling, d. h. die Wiederaufbereitung von Abfallstoffen.
- Gerichtsurteile über individuellen Schadenausgleich, z. B. bei ›heranrückender Bebauung‹.«

Diese lösen für die davon betroffene Unternehmung verschiedene Belastungen aus. Hoppe nennt die folgenden [14]:

»– Investitionskosten (Netto- und Neuinvestitionen sowie Ersatzinvestitionen),
- Betriebskosten (Personalkosten für Betrieb und Instandhaltung, Betriebsmittel und Betriebsstoffe für Betrieb und Instandhaltung, Brennstoffe und Energie, Kapitaldienst und überbetriebliche Kosten),
- Aufwendungen für Forschung und Entwicklungen.«

Eine nähere Analyse aus betriebswirtschaftlicher Sicht zeigt, daß die daraus folgenden »Umweltkosten« (so der eingebürgerte, wenn auch wissenschaftlich nicht korrekte Begriff) in zweifacher Form auftreten können. [15] Als

(a) (liquiditätswirksame) *Ausgaben*. Diese entstehen für:
(1) Investitionen, und zwar als
 - Anfangsausgaben für deren Anschaffung oder Herstellung und
 - Folgeausgaben für den Betrieb einer Investition.

(2) Abgaben für kooperative Immissionsschutzmaßnahmen und Zahlungen bei individuellem Schadensausgleich.

(3) Zusätzliche Produktionsausgaben, z. B. infolge der Umstellung von Herstellungsverfahren sowie durch vorübergehenden Produktionsausfall.

Davon sind die *finanzwirtschaftlichen* Wirkungen umweltschützender Maßnahmen betroffen, die in der Finanzrechnung der Unternehmung erfaßt werden.

(b) (erfolgswirksame) *Kosten*. Während es sich bei den Ausgaben um Zahlungsvorgänge handelt, stellen Kosten den leistungsbezogenen, bewerteten Güterverzehr dar. Im Zusammenhang mit Umweltschutzmaßnahmen entstehen Kosten insbesondere in Form von

(1) Abschreibungen und Betriebskosten bei Investitionen,

(2) Güterverzehr im Zusammenhang mit den Vorgängen (a) (2) und (3).

Damit sind die erfolgswirtschaftlichen Wirkungen umweltschützender Maßnahmen aufgezeigt, welche in der Erfolgsrechnung der Unternehmung dokumentiert werden.

Zudem verdienen *sozialwirtschaftliche* Wirkungen umweltpolitischer Maßnahmen Beachtung. Ihren Niederschlag finden sie hauptsächlich

– im Unternehmungserfolg sowie
– in der Erhaltung von Arbeitsplätzen.

Dieserhalb stellt sich erfolgswirtschaftlich gesehen zunächst die Frage, ob und inwieweit eine behördliche Anordnung der Unternehmung die Möglichkeit beläßt, sozialpartnerschaftlichen Verpflichtungen oder gewohnheitsrechtlichen Usancen weiterhin nachzukommen, was den Verdienst von Arbeitsentgelten (einschließlich Sozialabgaben), Eigenkapitalüberlassungsentschädigungen und Erfolgsbeteiligungen über die Preise angeht. Die Erhaltung von Arbeitsplätzen hat – einzelwirtschaftlich gesehen – gleichfalls erfolgswirtschaftlichen Bezug, sofern sie über Maßnahmen der Existenzsicherung der Unternehmung also Bildung von Rücklagen für Substanzerhaltung und Bewahrung des technischen sowie marktorientierten Fortschritts – zu bewirken versucht wird. [16] Davon ist die Geschäftspolitik der mittelständischen Unternehmung betroffen. Denn je stärker Erfolg und Liquidität durch Umweltschutzmaßnahmen belastet werden, um so notwendiger wird in der Marktwirtschaft der Zwang zur Rationalisierung, welcher gegenwärtig in erster Linie – nicht zuletzt im Spiegel des internationalen Konkurrenzkampfes – bei der Senkung von Lohnkosten ansetzt.

Umweltpolitische Maßnahmen können auch Gewinnverzichte – als Ausdruck von »Umweltkosten« – hervorrufen, was insbesondere im Falle eines Produktverbotes gegeben ist, und dann besonders schwer wiegt, wenn die Unternehmung gehalten ist, ein Sortiment zu offerieren.

(3) Angesichts dieser Situation sowie der daraus abgeleiteten Wirkungsanalyse vornehmlich in Betracht kommender Umweltschutzmaßnahmen für mittelständische Industrieunternehmungen ist es nicht überraschend, wenn seitens der Unternehmungsleitungen lange Zeit versucht wurde, belastende Auflagen zu unterlaufen. Das Meinungsbild beginnt sich jedoch zu verändern, was wohl nicht zuletzt auf den Druck der öffentlichen und veröffentlichten Meinung zurückgeht. [17]

(1) »Rezepte« zu offerieren, ist aufgrund der Komplexität des Problems sicher ungeeignet. Worum es im Grunde geht, ist die Tatsache, daß umweltschützende Auflagen entweder anpassend (also defensiv) befolgt werden können, oder ihre Überwindung den Gegenstand aktiver Unternehmungspolitik bildet. [18] In jedem Fall bedarf es einer Schärfung des Managementbewußtseins zur Bewältigung dieser immer noch novativen Aufgaben.

Um im Hinblick auf eine effiziente Koordination gesamt- und einzelwirtschaftlicher Aktivitäten erfolgs-, liquiditäts-, aber auch sozialwirtschaftliche Einbrüche bei den Unternehmungen zu vermeiden, muß – als Grundvoraussetzung – die öffentliche Umweltschutzplanung in dem Sinne berechenbar sein, daß sie rechtzeitig kundgetan wird und die Termine für umweltpolitische Eingriffe verbindlich fixiert werden. Denn sowohl zur Abschätzung zu erwartender Belastungen in längerfristigen Finanz- und Erfolgsplänen als auch im Rahmen langfristiger Marktstrategien sind sichere Rahmenbedingungen als Plandaten notwendig, was im übrigen eine Grundlage ordo-liberaler Wirtschaftspolitik darstellt. [19]

(2) Werden umweltschützende Rahmenbedingungen gesetzt, die – was wohl keine abwegige Forderung darstellt – für alle Unternehmungen gleichermaßen gelten, und als solche erkennbar sowie transparent sind, hat jede Unternehmung die Chance, sich durch Kreativität und Innovation im Wege aktiver Strategien von den Konkurrenten abzuheben. Hier aber dürfte der Ansatz für den Einbezug des Umweltschutzes in die Unternehmungspolitik und die zu tragende Unternehmungsphilosophie liegen, wobei der Begriff »Existenz« wohlgemerkt nicht nur eine auf die Bewahrung des finanziellen Gleichgewichts bezogene Auslegung finden darf. »Wettbewerb als Entdeckungsverfahren« [20] heißt Herausforderung vornehmlich an das intellektuelle Potential der Unternehmungen. Strengere Umweltschutzforderungen bringen sicherlich Gefahren für die Existenzbedingungen mittelständischer Industrieunternehmungen mit sich. Sie sind aber auch als Chance zu begreifen, neue Produkte zu entwickeln und die Fertigungsverfahren zu verbessern, um damit nicht zuletzt auch neue Märkte zu erschließen. [21] Neben extern orientierten unternehmungspolitischen Maßnahmen bedarf es – womit eine weitere Facette umweltbewußten Managements angesprochen wird – auch innerbetrieblicher organisatorischer Veränderungen, wie etwa der systematische Ausbau des Vorschlagswesens in bezug auf den Umweltschutz. [22]

Auf breiter Front ist – wie festgestellt – in der Bevölkerung eine Zunahme des Umweltbewußtseins zu vermerken, dem sich die Unternehmung – nicht zuletzt im Sinne einer »Umweltmoral« als Bestandteil ihrer Unternehmungsphilosophie – kaum entziehen kann. Warum sollte sie dies angesichts der bislang stets erfolgreichen Bewältigung anderer Herausforderungen – durch technischen Fortschritt, sinkendes Wachstum, Rohstoffverteuerung etc. – auch? Die Lösung des scheinbaren Widerspruchs zwischen Ökologie und Ökonomie ist weder ein technisches noch ein wirtschaftliches (und damit praktisches) Problem. Eher geht es um die »Aktualisierung unternehmerischer Mentalitäten«. Dies aber ist keineswegs nur eine Aufgabe politischer Instanzen. Auch die Theorie kann dazu – und zwar aus wertneutraler Position – noch manches beitragen.

Anmerkungen

1 Vgl. etwa *Fietkau/Kessel*(Umweltlernen); *Wegehenkel*(Marktwirtschaft) S. 1 oder *Wicke*(Umweltökonomie) S. 139ff.
2 Vgl. *Binswanger/Bonus/Timmermann*(Wirtschaft) S. 51ff.
3 Vgl. die Argumentation hierzu etwa bei *Simonis*(Ökonomie) oder *Wegehenkel*(Marktwirtschaft).
4 Vgl. etwa *Brink*(Betriebswirtschaftslehre) S. 65ff. oder auch *Abels*(Organisation) S. 10ff.
5 Vgl. *Albach*(Bedeutung) S. 870.
6 Vgl. hierzu vor allem *Managermagazin* (Managementlücken) S. 47f.; *o. V.* (Mittelstandsbericht 82) S. 37ff.; *Robl*(Problemsituation) S. 18; *Thürbach/Geiser*(Exportprobleme) S. 17.
7 Vgl. *Albach*(Bedeutung) S. 870.
8 Vgl. etwa *Huber* (Finanzierungsprobleme) S. 109ff. oder auch *Sachverständigenrat* (Jahresgutachten 82/83) S. 301ff.
9 Vgl. z. B. *Hoppe*(Rechtsgutachten) S. 62ff. und 79ff.
10 Vgl. *Gutenberg*(Grundlagen).
11 Vgl. *Schmidt*(Aspekte).
12 Vgl. den allgemeinen Überblick bei *Wicke*(Instrumente) S. 75ff.
13 *Schmidt*(Aspekte) S. 17f.
14 *Hoppe*(Rechtsgutachten) S. 67.
15 Vgl. *Schmidt*(Aspekte) S. 19 oder auch *Schmidt*(Umweltschutz) S. 157ff.
16 Vgl. *Schmidt*(Erfolgsverwendung) S. 44, 58 oder 126ff.
17 Vgl. etwa *o. V.*(Umweltschutz).
18 Vgl. *Schmidt*(Umweltschutz) S. 25 oder *Schmidt*(Unternehmungsphilosophie) S. 132f.
19 Vgl. *Eucken*(Grundlagen); *Schmidt*(Umweltschutz) S. 171.
20 Vgl. *Hayek*(Wettbewerb).
21 Vgl. etwa *Hillebrand*(Umweltschutz) S. 1941; *Strebel*(Umweltpolitik) S. 343.
22 Zu den verschiedenen, organisatorischen Gestaltungsmöglichkeiten vgl. *Grochla*(Grundlagen).

Literaturverzeichnis

Abels, H.-W. (Organisation): Organisation von Kooperationen kleinerer und mittlerer Unternehmen mittels Ausgliederung. Frankfurt, Bern, Cirencester 1980.

Albach, H. (Bedeutung): Die Bedeutung mittelständischer Unternehmen in der Marktwirtschaft. In: Zeitschrift für Betriebswirtschaft, 53. Jg., 1983, H. 9, S. 870–887.

Binswanger, H. Chr./*Bonus,* H./*Timmermann,* M. (Wirtschaft): Wirtschaft und Umwelt. Möglichkeiten einer ökologieverträglichen Wirtschaftspolitik. Stuttgart, Berlin, Köln, Mainz 1981.

Brink, H.-J. (Betriebswirtschaftslehre): Betriebswirtschaftslehre und mittelständische Unternehmungen. In: Freiburger Universitätsblätter 11/1983, S. 63–72.

DIHT (Hrsg.) (Ökonomie): Ökonomie für Ökologie. Position zur Umweltpolitik, hrsg. v. *Deutschen Industrie- und Handelstag.* Bonn 1983.

Eucken, W. (Grundlagen): Grundlagen der Nationalökonomie. 8. Aufl., Berlin u. a. 1965.

Fietkau, H.-J./*Kessel,* H. (Umweltlernen): Umweltlernen. Veränderungsmöglichkeiten des Umweltbewußtseins. Modell-Erfahrungen. Königstein/Ts. 1981.

Grochla, E. (Grundlagen): Grundlagen der organisatorischen Gestaltung. Stuttgart 1982.

Grochla, E./*Fieten,* R./*Puhlmann,* M. (Materialwirtschaft): Aktive Materialwirtschaft in mittelständischen Unternehmen. Köln 1984.

Grochla, E./*Fieten,* R./*Puhlmann,* M./*Vahle,* M. (Kennzahlen): Erfolgsorientierte Materialwirtschaft durch Kennzahlen. Baden-Baden 1983.

Grochla, E./*Thom,* N./*Strombach,* M. E. (Personalentwicklung): Personalentwicklung in Mittelbetrieben. Köln 1983.

Gutenberg, E. (Grundlagen): Grundlagen der Betriebswirtschaftslehre. 1. Bd.: Die Produktion, 23. Aufl., Berlin, Heidelberg, New York 1979.

Hartkopf, G./*Bohne,* E. (Umweltpolitik): Umweltpolitik 1, Grundlagen, Analysen und Perspektiven. Opladen 1983.

Hatzfeldt, H. Graf (Hrsg.) (Wald): Stirbt der Wald? Energiepolitische Voraussetzungen und Konsequenzen. Karlsruhe 1982.
Hayek, F. A. v. (Entdeckungsverfahren): Wettbewerb als Entdeckungsverfahren. Kiel 1968.
Hilke, W. (Mittelstand): Mittelstand: Mittelmaß oder Mittelpunkt? Herausforderungen der 80er Jahre an die mittelständischen Unternehmen. Festvortrag anläßlich des 25-jährigen Jubiläums der Firma Striebel & John KG in Obersasbach, o. J.
Hillebrand, R. (Umweltschutz): Umweltschutz als Restriktion der Unternehmungspolitik. In: Der Betrieb, 34, 1981, H. 39, S. 1941–1946.
Hoppe, W. (Rechtsgutachten): Wirtschaftliche Vertretbarkeit im Rahmen des Bundes-Immissionsschutzgesetzes (BImSchG). Rechtsgutachten erstattet für den Bundesminister des Inneren im Auftrag des Umweltbundesamtes, Berlin. Schriftenreihe des Bundesministers des Inneren. Band 8. Stuttgart, Berlin, Köln, Mainz 1977.
Huber, L. (Finanzierungsprobleme): Finanzierungsprobleme mittelständischer Unternehmen. In: *Blum*, R. (Hrsg.): Entwicklungsprobleme mittelständischer Unternehmen. Berlin 1981, S. 109–126.
Isfort, G. (Umweltpolitik): Umweltpolitik und betriebliche Zielerreichung. Zürich, Frankfurt, Thun 1977.
Managermagazin (Hrsg.) (Managementlücken): Managermagazin Enquête. Managementlücken im Mittelstand. Ergebnisse einer empirischen Untersuchung. Hamburg 1977.
Mortsiefer, H.-J. (Insolvenzursachen): Insolvenzursachen und Insolvenzprophylaxe in mittelständischen Betrieben – Ergebnisse empirischer Analysen. In: *Klein-Blenkers*, F. (Hrsg.): Zum Problem der Insolvenzverhütung in mittelständischen Betrieben. Göttingen 1981, S. 1 ff.
o. V. (Mittelstandsbericht 82): Mittelstandsbericht 82, Bericht der Bayrischen Staatsregierung über die Lage der mittelständischen Wirtschaft und der freien Berufe in Bayern.
o. V. (Umweltinitiative): Neue Umweltinitiative Zimmermanns. In: Süddeutsche Zeitung v. 20. 2. 84.
o. V. (Umweltschutz I): Unternehmer und Umweltschutz I – Mißtrauen und Hoffnung. In: Wirtschaftswoche Nr. 40, 1984, S. 62–91.
o. V. (Umweltvorstoß): Brisanter Umweltvorstoß. In: Wirtschaftswoche Nr. 7, 1984, S. 6.
Pinter, J. (Umweltpolitische Probleme): Umweltpolitische Probleme und Lösungsmöglichkeiten bei Klein- und Mittelbetrieben der Industrie und des Handwerks. Berichte 1/84 des Umweltbundesamtes. Berlin 1984.
Robl, K. (Problemsituation): Zur Problemsituation mittelständischer Betriebe – eine empirische Analyse. Beiträge zur Mittelstandsforschung Heft 10. Göttingen 1976.
Sachverständigenrat (Jahresgutachten 82/83): Sachverständigenrat zur Begutachtung der gesamtwirtschaftlichen Entwicklung: Jahresgutachten 82/83 »Gegen Pessimismus«.
Schmidt, R.-B. (Aspekte): Wirtschaftswissenschaftliche Aspekte des Begriffes »wirtschaftliche Vertretbarkeit« nach dem Bundes-Immissionsschutzgesetz, Berichte 4/82 des Umweltbundesamtes. Berlin 1982.
Schmidt, R.-B. (Erfolgsverwendung): Wirtschaftslehre der Unternehmung, Bd. 3: Erfolgsverwendung. Stuttgart 1978.
Schmidt, R.-B. (Grundlagen): Wirtschaftslehre der Unternehmung, Bd. 1: Grundlagen und Zielsetzung. 2. Aufl., Stuttgart 1977.
Schmidt, R.-B. (Umweltschutz): Betriebswirtschaftliche Fragen des Verursacherprinzips beim Umweltschutz. Analyse des Problems sowie unternehmungspolitische Entscheidungsalternativen. In: *Bullinger*, M. u. a.: Verursacherprinzip und seine Elemente. Eine interdisziplinäre Untersuchung. Berlin 1974, S. 155–173.
Schmidt, R.-B. (Unternehmungsphilosophie): Unternehmungsphilosophie und Umweltschutz. In: *Wild*, J. (Hrsg.): Unternehmungsführung. Festschrift für Erich Kosiol zu seinem 75. Geburtstag. Berlin 1974, S. 123–138.
Simonis, U. E. (Ökonomie): Ökonomie und Ökologie. Auswege aus einem Konflikt, 2. erg. Aufl., Karlsruhe 1983.
Strebel, H. (Umweltpolitik): Gründe und Möglichkeiten betriebswirtschaftlicher Umweltpolitik. In: *Staehle*, W. H./*Stoll*, E. (Hrsg.): Betriebswirtschaftslehre und ökonomische Krise. Wiesbaden 1984, S. 339–352.
Thürbach, R. P./*Geiser*, J. (Exportprobleme): Exportprobleme mittelständischer Betriebe. Eine empirische Analyse in ausgewählten Industriebereichen. Beiträge zur Mittelstandsforschung, Heft 23. Göttingen 1977.
Ullmann, A. A. (Industrie): Industrie und Umweltschutz. Implementation von Umweltschutzgesetzen in deutschen Unternehmen. Frankfurt, New York 1982.
Wegehenkel, L. (Marktwirtschaft): Marktwirtschaft und Umwelt: Symposion vom 26.–28. 3. 1980. Mit Beiträgen von *Binswanger*, H. Chr. u. a. Tübingen 1981.

Wicke, L. (Instrumente): Instrumente der Umweltpolitik. Von Auflagen zu marktkonformen Instrumenten. In: WiSt 2/1984, S. 75–82.

Wicke, L. (Umweltökonomie): Umweltökonomie. Eine praxisorientierte Einführung. München 1982.

Woolfe, J. (Hrsg.) (Waste Management): Waste Management. Europäische Konferenz für Abfallbehandlung in Wembley am 17.–19. 6. 1980. Dordrecht, Boston, London 1981.

*Lothar G. Winter**

Forschungsmodelle zur Messung von Management-Entscheidungen unter unterschiedlichen kulturellen Bedingungen

* Prof. Dr. *Lothar G. Winter*, University of New Mexico.

A. Einleitung

Wenn Klagen über eine Stagnation und Interesselosigkeit an so einem relativ neuen Forschungsgebiet wie dem der internationalen und vergleichenden Managementforschung von so prominenten Forschern wie Boddewyn [1] und Schollhammer [2] vorgebracht werden, wird klar, daß die Zeit für neue Forschungsansätze und Methoden gekommen ist. Es ist offensichtlich, daß wir noch nicht alles Wissenswerte über Unternehmensführung (Management) erforscht haben, insbesondere nicht Probleme des Managements in einer Umwelt, die von Tag zu Tag in jeder Beziehung internationaler wird. Gründe für die vorgebrachten Klagen liegen weniger in fehlenden Forschungsobjekten als vielmehr, wie Boddewyn anführt, in der Verwendung konventioneller Forschungsansätze und analytischer Forschungsrahmen, die zu global und daher schwierig zu operationalisieren sind. Die hier vorgeschlagenen Gedanken haben zum Ziel, neue methodische Strategien für die internationale und vergleichende Managementforschung anzuregen und umzusetzen. »Neue Strategie« wird im Sinne einer bisher einmaligen Kombination von Meßinstrumenten und Forschungsprozeduren verstanden, die entwickelt werden, um Managementverhalten zu analysieren und unser Wissen bezüglich des vergleichenden Managements zu vertiefen. Die vorgeschlagene Methodologie basiert auf der Simulation, der Verwendung sonstiger standardisierter Meßinstrumente und Methoden der statistischen Datenanalyse, um wiederholte Anwendungen in verschiedenen Umwelten zu ermöglichen.

B. Die Simulation als Forschungsinstrument

Die Erfinder komplexer Unternehmensplanspiele auf Basis von Computersimulationen haben bereits bei der Einführung ihrer Spiele auf die Möglichkeiten hingewiesen, diese als Forschungsinstrumente einzusetzen.[3] Bei Durchsicht der Literatur fällt jedoch auf, daß mit wenigen Ausnahmen [4] diese Forschung beschränkt war auf eher konventionelle Anwendungen der Computersimulation, insbesondere auf die Erforschung von Konsequenzen verschiedener Entscheidungsalternativen. Viele Forschungsarbeiten bezüglich Spielen und Simulationen hatten die Bewertung und den Vergleich dieser neuen pädagogischen Instrumente mit konventionellen Methoden wie zum Beispiel die Vorlesung oder die Fall-Studien-Analyse zum Gegenstand.[5]

Obwohl computergestützte Managementsimulationen auch internationalisiert verfügbar sind, hat die Durchsicht der Literatur keinen Hinweis darauf gebracht, daß bisher Computersimulationen als Methode für vergleichende Managementforschung angewendet wurden.

Das Design von Simulationen beginnt im allgemeinen mit der Herausstellung der Variablen, von denen man dann annimmt, sie seien von signifikantem Einfluß auf das zu simulierende System. Mit diesen Variablen wird das Modell erstellt und dann angereichert, um den Grad der Realitätsnähe zu erreichen, den sich sein Erfinder wünscht. Neben der reinen Simulation können theoretisch jedoch auch weitere Instrumente kombiniert eingesetzt werden, die zum Teil zum Forschungsstandard gehören und teilweise speziell für die Praxis entwickelt werden. Gründe für den Einsatz einer Kombination von Instrumenten entspringen aus der Komplexität der Natur des Managementverhaltens.

Eine Vielzahl intermittierender Variablen bestimmen den Management-Entscheidungsprozeß. Verhaltensforscher haben schon lange die Probleme der Komplexität zwischenmenschlichen Verhaltens erkannt und die Bedeutung von »multimethodischen« Ansätzen betont und besonders darauf hingewiesen. Wird das interessierende Verhalten durch eine Vielzahl von Ansätzen erforscht, so nimmt die Reliabilität, Validität sowie die Möglichkeit der Verallgemeinerung der Forschungsergebnisse zu.

Wichtig erscheint, daß solche Arbeiten in einem relativ neuen Gebiet wie der vergleichenden Managementforschung verstärkt an der Erfahrung anderer, eng verwandter Forschungsrichtungen partizipieren. Wie Boddewyn herausstellt [6], hat sich in der Verhaltenswissenschaft ein Wandel im Schwerpunkt vollzogen, weg von normativ-komparativen Studien hin zu quantitativ empirisch-analytischen Studien. In jüngster Zeit hat sich das Schwergewicht analytischer Techniken der Verhaltensforschung von der Suche nach bivariaten hin zu den nach multivariaten Beziehungsgefügen verschoben. [7] In der vorgeschlagenen Arbeit kommt ein »Multimethoden«-Ansatz zum Tragen, in dem eine Simulationsmethode entwickelt wird, mit Hilfe derer wichtige Einflußfaktoren auf das Entscheidungsverhalten von Managern untersucht wird.

Es werden Messungen der Gruppendynamik während der Simulation gemacht und unter Berücksichtigung des tatsächlichen Verhaltens in der Simulation analysiert. Es wird angenommen, daß die Aspekte des Organisationsverhaltens einen Einfluß auf den Managemententscheidungsprozeß haben. Wenn wir erkannt haben, daß es kulturelle Unterschiede in der Unternehmensführung gibt, so scheint es geboten, diese kulturellen Einflüsse auch zu messen, ungeachtet der Schwächen unserer derzeit zur Verfügung stehenden Meßinstrumente.

Eine weitere wesentliche Aufgabe, die beachtet werden muß, ist es, die während der Simulation erhaltenen quantitativen Daten zur Entwicklung multipler Regressionsmodelle der Schlüssel-Management-Entscheidungen heranzuziehen. Eine Analyse dieser Modelle wird uns helfen zu verstehen, wie Manager Informations-Inputs verarbeiten und gewichten, wenn sie zu einer Entscheidung kommen. Eine Auswertung der linearen Entscheidungsmodelle führt zu interkulturellen Analysen, insbesondere im Vergleich der Grade der Professionalität, die von verschiedenen Managementgruppierungen im Informationssuch- und -verarbeitungsprozeß an den Tag gelegt werden.

C. Der Vergleich als Forschungsinstrument

Dic zunehmende Internationalisierung der Wirtschaft und anderer Bereiche in den frühen 60er Jahren war gefolgt von intensiven Forschungsbemühungen, die internationales und vergleichendes Management zum Inhalt hatten. [8] Das internationale Management wurde befaßt mit den Problemen, die die neu entstandenen multinationalen Unternehmungen mit sich brachten. Vergleichende Managementstudien hatten zum Ziel, ein besseres Verständnis von Gemeinsamkeiten und Unterschieden in unterschiedlichen institutionellen und kulturellen Umwelten zu erlangen.

Ein allgemeiner Überblick über die Literatur genügt, um zu zeigen, daß die vergleichende Forschung keine neue Methode ist oder lediglich auf Managementstudien beschränkt ist. Vielmehr scheint das Interesse am vergleichenden Management parallel zu verlaufen mit dem an anderen Forschungsdisziplinen (politische Wissenschaften, Wirtschaftssysteme, Anthropologie, Soziologie und Psychologie), in denen die komparative Methode als Forschungsinstrument bereits etabliert war. [9]

Während es wohl keinen einzigen und besten Ansatz gibt, solch komplexe Phänomene zu untersuchen, wie sie in den Sozialwissenschaften anzutreffen sind, reflektiert die neuere

Literatur ein wachsendes Interesse an der Vergleichsmethode. Sie ist im wesentlichen eine Suche nach Ähnlichkeiten und Unterschieden, die Beziehungen zwischen Objekten erklären. Allgemein wird die komparative Methode für unerläßlich gehalten, wissenschaftliche Erkenntnisse zu gewinnen, die universell verwendet werden können, im Gegensatz zu anderen Methoden, die kulturbezogene Verallgemeinerungen hervorbringen und nicht auf andere Gesellschaftsstrukturen projiziert werden können. [10]

Die Anwendung der Vergleichsmethode in den Sozialwissenschaften wurde verglichen mit der Anwendung experimenteller Methoden in den Naturwissenschaften. Es ist nicht nur ein Ansatz, der die Blickrichtung des Forschers beschreibt, sondern läuft auf eine eigenständige Form der Messung hinaus.

I. Vergleich versus Klassifizierung

Eine wissenschaftliche Messung durchläuft folgende Stufen: von der Beobachtung gelangt man zur Klassifizierung in Form einer Art theoretischen Konstrukts oder Konzepts, danach zum Vergleich, um letztlich komplexere Konstrukte und Konzepte zu entwickeln, die möglicherweise die Basis einer Theorie bilden können. Ein konzeptueller Rahmen stellt lediglich eine Reihe von Definitionen dar, die spezifizieren, was beobachtet werden soll: Sobald relevante Hypothesen empirisch überprüft worden sind und in den konzeptuellen Rahmen eingefügt wurden, ist eine Theorie entstanden, die zur Erklärung einer bestehenden Beziehung herangezogen werden kann. [11].

In einer vergleichenden Analyse politischer Systeme betont Kalleberg die Bedeutung der Klassifikation, die als Vorstufe des Vergleiches gesehen werden muß. Die Klassifikation stellt die Frage: »entweder – oder«, wohingegen eine klare Trennung zum Vergleich gemacht werden muß, welcher fragt: »mehr oder weniger«. Objekte, die verglichen werden sollen, müssen der gleichen Klasse angehören und haben einige gemeinsame Dimensionen, die im konzeptuellen Rahmen oder Konstrukt spezifiziert werden.

Nach einer Analyse von Zelditch [12] gibt es Regeln, die als logische Grundlage einer vergleichenden Analyse betrachtet werden müssen.

(1) Zwei oder mehr Fälle eines Phänomens können dann, und nur dann, verglichen werden, wenn jedem eine Variable V gemein ist.
(2) Keine zweite Variable U darf Ursache oder Wirkung von V sein, wenn sie beim Auftreten von V nicht auftritt.
(3) Keine zweite Variable U darf Ursache oder Wirkung von V sein, wenn sie auftritt und V nicht.
(4) Keine zweite Variable U ist definitiv Ursache oder Wirkung von V, wenn es eine dritte Variable W gibt, die unter den gleichen Bedingungen auftritt oder nicht wie U.

II. Komplexität sozialwissenschaftlicher Analysen

Die grundlegenden Probleme sozialwissenschaftlicher Analysen wurden von Smelser beschrieben als: die Fülle möglicher Wirkungszusammenhänge, die Verwechslungen der Einflußfaktoren auf die abhängige Variable, und die Unbestimmtheit in bezug auf die Wirkung von einzelnen Bedingungen oder mehreren Bedingungen in Kombination. [13] Die Komplexität nimmt in den Fällen zu, in denen die abhängige Variable selbst schwer zu bestimmen ist, wie z. B. die Variable »Modernisierung«, welche in historischen komparativen Analysen vorkommt. [14] Verba beschreibt die Notwendigkeit, das in vergleichenden Studien auftretende Dilemma zu lösen, welches durch die Suche nach simplen Regeln zur Erklärung komplexer Phänomene in Fällen kleiner Stichproben entsteht. [15]

III. Vorschläge zur Lösung des Problems

Die Vorschläge zur Lösung dieses Komplexitätsproblems beinhalten im allgemeinen einige Formen komparativer Analysen. So hat Murdock z. B. den Anthropologen vorgeschlagen, sich der bloßen Verwendung isoliert betrachteter Fallmaterialien zu enthalten und sich der Methode des kontrollierten Vergleiches zu bedienen. [16] Solche kontrollierten Vergleiche können beim Hypothesentest angewendet werden durch die Zusammenstellung einer Reihe von Stichproben, in denen die relevanten Variablen vorkommen und zwar in derselben Kombination, die man erhielte, würde man ein Experiment durchführen.

Verba hat die Verwendung eines konfigurativen Ansatzes vorgeschlagen, der der multivariaten Analyse stark ähnelt. Um aussagekräftige Verallgemeinerungen über komplexe politische Phänomene zu erhalten, hat er einen zweistufigen Ansatz vorgeschlagen, um viele der Probleme beim Vergleich zwischen verschiedenen Ländern zu überwinden. Die Methode besteht darin, zuerst nach Beziehungen zwischen abhängigen und unabhängigen Variablen innerhalb der einzelnen Nationen zu suchen, um dann diese Abhängigkeiten zwischen den einzelnen Nationen zu untersuchen. [17]

Smelser schlägt zwei Forschungsstrategien für vergleichende ökonomische Analysen vor: [18]

Zuerst wurden ökonomische Veränderungen in Gesellschaftssystemen verglichen, die in mehreren Beziehungen miteinander verwandt sind. Wichtige Eigenschaften, die in beiden Systemen gleich sind, können als Parameter behandelt werden, und weniger wichtige Eigenschaften als Variable.

Zweitens sollten dann innerhalb der sozialen Einheiten Vergleiche vorgenommen werden, um Abhängigkeiten zu ermitteln, bevor dann Vergleiche zwischen den Einheiten vorgenommen werden. Wiederholte Studien auf verschiedenen Ebenen der Analysen würden die Aussagefähigkeit bezüglich der gefundenen Beziehungen bekräftigen.

Quer durch die Literatur findet man wesentliche, wiederkehrende Punkte in der Diskussion vergleichender Studien und zwar in fast allen Bereichen der Sozialwissenschaften. Zum einen wird das Problem genannt, wie eine Vielzahl verschiedener Typen empirischer Einheiten behandelt werden kann, um universelle Einheiten zu bekommen, die kategorisiert werden können. Hierbei wird oft ein funktionaler Ansatz vorgeschlagen. Es wurde jedoch darauf hingewiesen, daß dieser zwar die Möglichkeit schafft, Kategorien zu bilden, die unabhängigen Variablen jedoch nicht erzeugt werden, die für die Bildung einer Theorie benötigt werden. [19]

Des weiteren wird erwähnt, daß Dimensionen, die die abhängige Variable bilden, außerhalb der Betrachtung bleiben.

Zum zweiten besteht die Schwierigkeit, aus einer relativ kleinen Zahl von Untersuchungsfällen kausale Beziehungen herzustellen; das sogenannte Problem vieler Variablen und einer kleinen Grundgesamtheit (N). Hier muß ein Kompromiß gefunden werden zwischen der Erstellung realitätsnaher und daher komplexer Modelle (die zur Verifizierung zu global sind) und vereinfachten Modellen von Beziehungsgefügen, die durch die komparative Methode verifiziert werden können, denen jedoch der Mangel zu geringer Signifikanz anhaftet. [20]

Ein drittes Problem besteht in der Kulturbezogenheit einiger gängiger Forschungstechniken, die aus diesem Grunde in verschiedenen Kulturen nicht eingesetzt werden können.

IV. Neuralgische Punkte vergleichender Studien

In allen Forschungsdisziplinen wird auf einige wesentliche neuralgische Punkte vergleichender Studien hingewiesen. Erstens wird herausgestellt, daß es an einer integrativen Theorie bzw. einem theoretischen Rahmen fehlt, der eine gegenseitige Unterstützung und Zusammenarbeit der Forscher interdisziplinär ermöglicht. Bensen weist darauf hin, daß den Historikern die Möglichkeit gegeben ist, mit Hilfe ihrer Datenverarbeitungstechniken systematisch interkulturelle und intertemporäre Studien durchzuführen. Auf Grund fehlender theoretischer Rahmen und mangelnder Zusammenarbeit können wir jedoch sicher vorhersagen, daß verschiedene nationale Archive es versäumen werden, vergleichbare Daten zu sammeln, sondern daß sie sie phasenverschoben erfassen, verschiedene Auswertungsprozeduren verwenden und verschiedene, wenn nicht sogar inkompatible Speicher- und Wiedergabesysteme anwenden werden. [21] Pye fordert ernsthafte Bemühungen, generelle Theorien zu entwickeln, um politische Systeme vergleichen zu können, wobei auch er die Notwendigkeit nach einem theoretischen Rahmen herausstellt. [22]

Der zweite Punkt betrifft die Sorge einiger Forscher, wie z. B. Negandi, daß einige Dimensionen in vergleichenden Studien überbetont werden. So kommt er nach einer Literaturanalyse zu dem Schluß, daß der kulturelle Aspekt zu sehr herausgestellt wird, möglicherweise um diesbezügliche Versäumnisse der Vergangenheit zu überkompensieren. [23]

Ähnlich auch Boddewyn, der den Faktor Umwelt für überbetont hält und vorschlägt, der erste Schritt einer vergleichenden Managementstudie sollte sich auf den Vergleich von Wirtschaftssystemen beziehen und nicht ausschließlich auf die Umwelt, in der sie eingebettet sind.

V. Trends vergleichender Studien

Boddewyn stellt in seiner Analyse folgende Trends heraus:

(1) Übergang von normativen zu empirischen und analytischen Studien.
(2) Abkehr von der Suche nach universellen Beschreibungen von Unterschieden und Hinwendung zur Untersuchung der zu Grunde liegenden Muster.
(3) Zunehmende Betonung umweltbezogener Faktoren bei der Erklärung von Ähnlichkeiten und Unterschiedlichkeiten.

VI. Methodische Probleme des komparativen Ansatzes

Obwohl in der Literatur eine ganze Reihe von grundlegenden methodischen Problemen beschrieben werden, die mit verschiedenen Arten interkultureller Studien einhergehen, wird dieser Abschnitt beschränkt bleiben auf die Diskussion der Probleme zweier wesentlicher Typen vergleichender Studien, und zwar die interkulturelle Untersuchung (cross-cultural-survey) und solche, die laufendes statistisches Datenmaterial verwenden.

1. Die interkulturelle Untersuchung

Es ist in den Sozialwissenschaften allgemein anerkannt, daß diese Methode die wirkungsvollste zum Testen von Hypothesen ist. Methodische Schwierigkeiten von Forschungsvorhaben im komparativen Management stammen, so Schollhammer, aus der Verwendung von Primärdaten, die aus schlecht erstellten Fragebogen und nicht repräsentativen Stichproben stammen, sowie der Verwendung von statistischen Analysenmethoden, die normalerweise nichts mehr sind als schlichte Häufigkeitsverteilungen.

Fortschrittliche Methoden der statistischen Analyse wie z. B. die Faktorenanalyse finden bisher kaum Anwendung.

Verba hat das Konzept der »kontextuellen Grundlage« (contextual grounding) entwickelt, welches signifikante Implikationen für das Design interkultureller Untersuchungen zu haben scheint. Er betont, daß, wenn Ähnlichkeiten und Verschiedenheiten zwischen Gesellschaftssystemen auf Grund einer Untersuchung gefunden werden, die Glaubwürdigkeit der Forschung dadurch in Frage gestellt werden könnte, daß die Messungen nicht vergleichbar waren. Es könnten verschiedene Meßtechniken in verschiedenen Systemen verwendet worden sein, oder subtiler gesagt, etwas völlig verschiedenes könnte in den verschiedenen Systemen gemessen worden sein.

Solche Ergebnisse können mit anderen Worten lediglich ein Ergebnis des Forschungsdesigns an sich sein. Daher ist es notwendig, die für den Vergleich verwendeten Meßmethoden auf eine kontextuelle Grundlage zu stellen. Während die Messungen notwendigerweise in zwei verschiedenen sozialen Systemen vorgenommen werden müssen, mit allen daraus folgenden Implikationen, muß eine Gleichwertigkeit der Messungen gewährleistet sein. Unter diesen Umständen ist es notwendig, eine kontextuelle Grundlage zu schaffen. Das bedeutet, das strukturelle und kulturelle Umfeld der Messung in Betracht zu ziehen, bevor diese auch in anderen sozialen Systemen für Vergleichszwecke herangezogen wird.

Um eine kontextuelle Grundlage für den Vergleich zu Items zu bekommen, ist es notwendig, verschiedene Aspekte der Vergleichbarkeit der Items zu beachten sowie die Art der Analyse, die auf die Daten angewendet werden soll und die Struktur des Untersuchungsdesigns. Es ist wichtig, solche Items für den Vergleich zu wählen, die funktional gleichwertig sind. [24] Es könnte notwendig werden, den Grad der Allgemeinheit der zu untersuchenden Situation zu reduzieren oder sie in ihre Einzelteile zu zerlegen, um zu Unterdimensionen zu gelangen, die dann wieder vergleichbar sind.

Multiple Messungen von Variablen-Clustern könnten interkulturell verschiedene Meßergebnisse hervorbringen, da den Clustern nicht dieselben Dimensionen in den einzelnen Kulturen zu Grunde liegen können. Deskriptive Kategorien können interkulturell nicht verglichen werden, da verschiedene Kulturen verschiedene Kategoriensysteme verwenden, um ähnliche Phänomene zu beschreiben.

Die Vergleichbarkeit von Untersuchungsprozeduren kann ebenfalls einen signifikanten Einfluß auf die Messung haben. Die wörtliche Übereinstimmung von Untersuchungsinstrumenten führt nicht immer zu Messungen derselben Dimension in unterschiedlichen Kulturen, so daß der Ansatz des »ähnlich Gemeinten« heute eher verwendet wird. Unter diesem Aspekt scheint die Verwendung offener Fragen in interkulturellen Untersuchungen recht nützlich, da sie helfen können, das von den Befragten »Gemeinte« herauszufinden oder sogar einen eigenen »Rahmen des Gemeinten« zu beschreiben.

Die komparative Datenanalyse sollte, um zur kontextuellen Grundlage zu gelangen, auch einen Vergleich auf zweiter Ebene beinhalten. Das bedeutet, Systeme sollten im Hinblick auf Ähnlichkeiten oder Unterschiede in Untergruppen innerhalb der Systeme verglichen werden. Dieser Ansatz, der eher Beziehungen zwischen Variablen vergleicht als ihre absoluten Werte, kann dazu beitragen, viele Probleme bei der Suche gemeinsamer Kategorien zu vermeiden. Die Daten werden vergleichbarer, da sie von der originären Natur der Variablen stammen udd nicht mehr von der absoluten Gleichwertigkeit.

2. *Die Verwendung aggregierter Daten*

Da Forschungsergebnisse nicht immer verfügbar sind, müssen aggregierte Daten in Form laufender statistischer Erhebungen von z. B. Regierungsstellen verwendet werden. Folgende Probleme bringt das mit sich:

(1) Die Exaktheit der Daten
(2) Die Vergleichbarkeit der Daten
(3) Die Repräsentanz der Daten
(4) Die Arten der erlaubten Schlußfolgerungen aus den Daten.

VII. Die vergleichende Forschung im Management

Wie in dem vorangegangenen Kapitel beschrieben, haben Arbeiten in den Sozialwissenschaften und anderen Gebieten große Anstrengungen unternommen, methodische Probleme des komparativen Ansatzes herauszustellen und zu analysieren. Da sich die Erforschung des Managements der Methoden und Instrumente der Sozialwissenschaften bedient, werden diese Probleme auch hier wiederzufinden sein. Wesentliche Arten vergleichender Managementstudien sind dokumentierende Studien, die Fallmethode, die interkulturelle Untersuchung und die Verwendung aggregierter statistischer Daten.

Grundlegende Probleme und Mängel haften allen Methoden an. Es wurden bisher wenige vergleichende Studien durchgeführt, die auf bestehenden Dokumentationen basieren, da entweder der Zugang zu den Unternehmensdaten fehlte, oder die vorhandenen Quellen nicht genug ausgeschöpft wurden. Ebensowenig wurde mit Fallstudien gearbeitet, obwohl bekannt ist, daß dieser Ansatz Hilfestellungen für die Formulierung von Hypothesen und die Planung von Felduntersuchungen leisten kann. Es wurde jedoch auch erwähnt, daß Fallstudien wegen ihrer deskriptiven Natur einen impliziten Vergleich mit der eigenen Kultur des Forschers enthalten.

Studien, die auf interkulturellen Untersuchungen und der Verwendung aggregierten statistischen Materials beruhen, sind relativ zahlreich und leiden im allgemeinen an den oben erwähnten methodischen Problemen. Ungeachtet der Probleme, die die vergleichende Analyse mit sich bringt, scheint es sinnvoll, diesen Ansatz zu wählen, um internationale und vergleichende Managementstudien auf einer wissenschaftlichen Basis durchzuführen.

1. *Zum Stand der komparativen Methode*

Eine Entwicklung verständlicher Rahmenwerke für interkulturelle Analysen von Managementsystemen ist notwendig wegen der Komplexität sozialer Systeme. Die wesentlichen Probleme bei der Erstellung solcher Rahmen sind folgende [25]: diese können so groß werden, daß die Bewältigung des Modells ein interdisziplinäres Team und den Zugang zu immensen Ressourcen bedingen würde; es gibt keine Gewißheit, daß nicht überflüssige Daten gesammelt werden, während die wirklich kritischen Daten außer acht bleiben.

Andere Kritiker [26] haben auf grundlegende Mängel in zahlreichen bestehenden Modellen und den theoretischen Bezugsrahmen hingewiesen. Zum einen erlauben sie nicht, detaillierte, operationale Hypothesen zu gewinnen, zum anderen versäumen sie es, empirisch verifizierte Daten systematisch zu integrieren. Damit basieren die bisherigen empirischen Forschungen auf ad hoc-Rahmen und nicht auf existierenden, theoretisch fundierten Rahmen.

Noch andere Kritiker weisen darauf hin, daß die Kultur an sich eine wichtige Einflußvariable ist, die in interkulturellen Forschungen berücksichtigt werden muß. Goodman und Moore [27] kommen nach einer Analyse von 200 interkulturellen Managementstudien zu dem Schluß, daß es wenig tatsächliche Vergleichbarkeit gibt, da es erstens versäumt wurde in den Studien die Rolle der Kultur als Einflußfaktor anzusehen (Kultur wurde durch ex-post-facto Erklärungen dargestellt) und zweitens der Fehler gemacht wurde, mit kulturellen Dimensionen bei der Entwicklung und Anwendung der Instrumente für die Datenerhebung zu operieren und drittens keine ausreichend komplexen Methoden zur Datenauswertung herangezogen wurden, welche Effekte der Kulturen von anderen Dimensionen trennen.

Hier wird eine Unstimmigkeit der Meinungen deutlich, bedenkt man die früheren Hinweise von Negandi und anderen, die betonten, daß die Dimensionen Kultur und Umwelt zu stark in neueren interkulturellen Untersuchungen betont worden seien.

Zusammenfassend kann die Situation so beschrieben werden, daß praktisch in keiner Disziplin der Sozialwissenschaften ein systematischer Versuch gemacht wurde, die relevanten Ergebnisse aus dem Feld der vergleichenden Managementforschung zu integrieren. Die Forscher tendierten zu isolierten Arbeiten an ihren eigenen Problemen. Ein Vergleich zwischen Studien wird schwierig, da die einzelnen Wissenschaftler eigene Forschungsdesigns entwickelt haben, mit eigenen Instrumenten arbeiten und individuelle Präferenzen für bestimmte Formen der statistischen Datenanalyse haben.

2. *Folgerungen für die Forschung*

Ein wesentlicher Schluß, der aus der Durchsicht der Literatur zur komparativen Analyse und der Betrachtung ihrer Probleme in allen Disziplinen der Sozialwissenschaften gezogen werden kann, ist die allgemeine Anerkennung der Vergleichsmethode als wichtiges, wenn nicht gar unerläßliches Instrument wissenschaftlichen Arbeitens. Die bedeutende Kontroverse jedoch um die Frage, ob der kulturelle und umweltbezogene Aspekt in interkulturellen Untersuchungen nicht überbetont wird, ist bisher ungelöst. Wir stellen jedoch fest, daß in solchen Modellen, in denen Umweltaspekte primäre Bedeutung haben, Tendenzen hin zum Globalen sichtbar werden, wodurch diese diffus und flach werden; weisen sie jedoch ausreichende Tiefe aus, werden sie unpraktisch zu handhaben. Andere Konstrukte stellen lediglich Systeme zur Klassifizierung dar, ohne zu messen, was jedoch für den komparativen Ansatz unerläßlich ist.

Zwei Ansätze, um mit den Problemen nahezu unvorstellbarer Umwelt- und Kulturvariablen fertig zu werden, schließen die Verwendung multivariater Formen der Datenanalyse ein, für die wirkungsvolle Instrumente in den letzten Jahren entwickelt worden sind. Es wurden experimentelle Designs entwickelt, die auf einer kontextuellen Grundlage basieren, indem in diesen Kultur und Umwelt lediglich indirekt als Variablen behandelt werden.

Die Notwendigkeit eines integrativen Rahmens, in welchem der vergleichende Ansatz angewendet werden kann, scheint ein universelles Problem der Sozialwissenschaft darzustellen.

Die einigermaßen heroischen Konzeptualisierungsbemühungen früherer Forscher, die integrative Rahmen entwickelt haben, fanden keine weitgehende Akzeptanz. Viele Analysen aus diesem Bereich wurden qualitativ ausgerichtet oder auf einem quantitativ so geringen Niveau wie der Auswertung von Häufigkeitsverteilungen und Histogrammen, so daß ein Großteil dieser Forschungsergebnisse in die deskriptive Kategorie fällt.

Schollhammer kommt nach einer Literaturanalyse über 15 Jahre zu dem Schluß, daß die Zahl der vergleichenden Managementstudien auf anhaltendes Interesse und ein weites Gebiet noch zu bearbeitender Themen hindeutet.

Folgende Themen gewinnen dabei an Interesse:

(1) Vergleich der Managementstile und Folgerungen, die aus Unterschieden oder Ähnlichkeiten resultieren.
(2) Managementpraktiken in sozialistischen Systemen.

Schollhammer hat jedoch auch festgestellt, daß einige der Pionierforscher eine Stagnation dieses Gebietes befürchten, die hauptäschlich auf mangelnder Innovationsbereitschaft der Wissenschaftler beruht. Des weiteren wird festgestellt, daß die derzeitige Forschung lediglich eine Wiederholung früherer Arbeiten ist oder als Abfallprodukt interdisziplinärer Forschung, die primär in anderen Bereichen arbeitet.

Eine optimistischere Einschätzung der Situation gibt Kraut in seiner Zusammenfassung eines Symposiums zum interkulturellen Verständnis von Managern der Industrie, [28] in der er feststellt, daß viele Probleme der Datensammlung für vergleichende Verhaltensforschung in gewissem Maße gelöst sind, Probleme der sauberen Übertragung von Forschungsinstrumenten überwunden wurden, mehr und mehr multivariate Verfahren zur Datenanalyse angewendet werden, Forscher besser für die Sammlung von Daten über Grenzen hinweg ausgebildet sind und ein pragmatischer Trend in der Forschung an sich zu beobachten ist.

VIII. Die Simulation als Lehr- und Forschungsinstrument

Mit wachsendem Interesse am internationalen und vergleichenden Management begann gleichzeitig die Betriebswirtschaftslehre die Möglichkeiten der EDV für Lehrzwecke zu entdecken. Man erkannte in der Simulation sowie im Planspiel mit Computereinsatz ein bedeutendes neues pädagogisches Instrument. Die Einführung der »International Operation Simulation« (INTOP) [29] markierte das Aufkommen komplexer Unternehmensplanspiele, die speziell zur allgemeinen Managementausbildung entwickelt wurden. Besonders in den USA nahm die Verwendung solcher Spiele enorm zu.

Nach den ersten Erfolgen, die einige Kritiker eher dem Enthusiasmus der Erfinder der Spiele als der Validität und Effizienz der Spiele selbst zuschrieben, begann eine Phase der kritischen Überprüfung, inwieweit tatsächlich Unternehmensspiele und Simulation als Lehrmethode geeignet sind.

Raia [30] versuchte, Managementspiele an ihrem pädagogischen Wert zu beurteilen. Er traf die Feststellung, daß das Interesse und die Motivation der Studenten erhöht wurden und bessere Lernerfolge zu erzielen waren, wenn Spiele als zusätzliches Lehrinstrument eingesetzt wurden. Ob jedoch die Studenten mehr (weniger) lernten durch den Einsatz der neuen (konventionellen) Lehrmethode kann nicht bewiesen werden. Die Studie wies des weiteren nach, daß die Erfolge der eingesetzten Spiele nicht proportional mit dem Grad an Komplexität zunahmen. Die von Raia angewandte Untersuchungsmethode wurde von Bosmann und Schellenberger weiterentwickelt und in einer weiteren Studie eingesetzt, mit welcher Raia's Ergebnisse verifiziert wurden. Außerdem kamen sie zu dem Schluß, daß die Lernerfolge hauptsächlich von der Art und Weise geprägt wurden, mit der das Spiel geleitet wurde. Nach der Phase der ersten Euphorie und allgemeinen Desillusionierung kam die Phase des »realistischen Optimismus« mit den spezifischen Kennzeichen:

(1) Testen verschiedener Simulationsmethoden in unterschiedlichen pädagogischen Umwelten;
(2) Erstellen eines Datenpools für spezifische Spiele und deren Lerneffekte;
(3) Herausstellen der Möglichkeiten und Grenzen der Unternehmensplanspiele als Lehrinstrument.

Moskowitz hat eine erste experimentelle Untersuchung von Entscheidungsprozessen in einer synthetischen Forschungs- und Entwicklungsabteilung durchgeführt. [31] Dafür wurde ein einfaches Entscheidungsspiel entwickelt und das Forschungs- und Trainings-Instrument eingesetzt, um probabilistische Entscheidungsprozesse zu simulieren. Ziel der Studie war die Untersuchung der Informationsverarbeitungsprozesse und des Wahlverhaltens, wie die Überprüfung der Anwendbarkeit der Entscheidungstheorie auf FuE-Manager. Moskowitz kommt zu dem Schluß, daß einfach strukturierte Spiele für experimentelle und Trainings-Zwecke vor allem ein probates Instrument in der Organisationsforschung darstellen; sie erlauben die systematische Untersuchung von Verhaltensphänomenen unter kontrollierten Bedingungen und das Ziehen allgemeiner Schlußfolgerungen, seien jedoch in komplexen Umweltsituationen nicht einzusetzen.

Eine verbesserte Methode zur Leistungsmessung in der INTOP-Simulation, die sich multidimensionaler Meßverfahren bedient, wurde von Hand und Sims entwickelt und gestetet sowie auf andere Simulationen übertragen. Die Autoren stellen fest, daß INTOP ein integratives Spiel ist, welches die Lücken zwischen den funktionalen Bereichen von Unternehmen erfolgreich überbrückt. Des weiteren unterstützen sie die Ansicht, daß der Managemententscheidungsprozeß in einer Simulation als logischer Prozeß dargestellt werden kann, und weisen auf die Notwendigkeit hin, einen adäquaten Leistungsfeedback zu veranlassen, der den gewünschten Prozeß noch verstärkt.

Die Verwendung einer multidimensionalen Leistungsmessung wurde von Sims und Hand 1975 vorgesehen, um eine einmalige Gelegenheit zu haben, mit dem Problem der Suboptimierung von Zielen fertig zu werden, was bedeutet, daß ein Leistungskriterium (Ziel) gewöhnlich nur auf Kosten eines anderen optimiert werden kann.

In einer vergleichenden Studie zwischen Simulations- und konventionellen Methoden kommt Pierfy zu dem Schluß, daß in bezug auf die Förderung der studentischen Lernfähigkeit neue Methoden keine Vorteile gegenüber konventionellen haben, jedoch in bezug auf das Behalten von Lerninhalten und Fähigkeiten, Einstellungen und Meinungen zu ändern und Interesse zu wecken.

Wolfe resümiert in seiner Arbeit, daß die interne Validität von Unternehmensplanspielen – deren Fähigkeit als Lehrinstrument zu dienen – in der Literatur durchaus überzeugend dargestellt wird, wobei diese direkt von der Konsistenz des dem jeweiligen Spiel zugrunde liegenden Modells abhängt. Die externe Validität – die Fähigkeit der Teilnehmer, an Unternehmensplanspielen ihre in der Simulation gewonnenen Erfahrungen auf die Realität zu übertragen – beurteilt Wolfe als gegeben. Aus einem Vergleich zwischen verschiedenen Gruppen von Studenten und Mittelmanagern, die unter kontrollierten Bedingungen operieren mußten, gewann er die Kenntnis, daß komplexe Unternehmensplanspiele eine höhere externe Validität haben können als konventionelle Lehrmethoden.

Basierend auf der in der Literatur zum Ausdruck gebrachten Notwendigkeit, neue Ansätze in der vergleichenden Forschung zu finden, wurden in diesem Artikel die im Vergleich zu anderen Methoden besseren Möglichkeiten des Computers für die Generierung und Verarbeitung großer Mengen qualitativer Daten als Forschungsstrategie in der komparativen Managementforschung aufgezeigt.

Anmerkungen

1 vgl. *Boddewyn*, J. (Management Studies) S. 3–11.
2 vgl. *Schollhammer*, H. (Strategies) S. 17–32.
3 vgl. *Thorelli*, H. B. (Simulation) S. 10f.
4 vgl. *Moskowitz*, H. (Decision Making) S. 676–687.
5 vgl. *Raia*, A. P. (Management Games) S. 61–72.
6 vgl. *Boddewyn* (Management Studies) S. 3–11.
7 vgl. *Kraut* (Advances) S. 538–547.
8 vgl. *Schollhammer* (Strategies) S. 17–32.
9 vgl. *Suchman* (Social Research) S. 124–137.
10 vgl. *Murdock* (Anthropology) S. 249–254.
11 vgl. *Kalleberg* (Comparison) S. 69–81.
12 vgl. *Zelditch*, Jr. (Comparisons) S. 267–308.
13 vgl. *Smelser* (Methodology) S. 65.
14 vgl. *Rose* (Modernization) S. 118–128.
15 vgl. *Verba* (Dilemmas) S. 114.
16 vgl. *Murdock* (Anthropology) S. 252.
17 vgl. *Verba* (Dilemmas) S. 111–127.
18 vgl. *Smelser* (Methodology) S. 62–65.
19 vgl. *Apter* (Studies) S. 5.
20 vgl. *Smelser* (Comparative Analysis) S. 62–75.
21 vgl. *Benson* (Basis) S. 138.
22 vgl. *Pye* (Development) S. 94.
23 vgl. *Negandhi* (Conclusions) S. 59–67.
24 vgl. *Frijda/Jahoda* (Scope) S. 109–127.
25 vgl. *Shapiro* (Comparative Marketing) S. 398–429.
26 vgl. *Schollhammer* (Current Research) S. 29–45.
27 vgl. *Goodman/Moore* (Issues) S. 39–45.
28 vgl. *Kraut* (Advances) S. 538–547.
29 vgl. *Thorelli* u. a. (Simulation) S. 287–297.
30 vgl. *Raia* (Management Games) S. 61–72.
31 vgl. *Moskowitz* (Decision Making) S. 676–687.

Literaturverzeichnis

I. Vergleichende Forschung

Ajiferuke, M./ *Boddewyn,* J.: Culture and Other Explanatory Variables in Comparative Management Studies. In: Academy of Management Journal, 13. Jg., 1970, S. 153–163.

Alker, H. R., Jr.: Research Possibilities Using Aggregate Political and Social Data. In: Comparative Research Across Cultures and Nations. Paris 1968, S. 143–162.

Apter, D. E. (Studies) Comparative Studies: A Review With Some Projections. In: Comparative Methods in Sociology: Essays on Trends and Applications. Berkeley 1971, S. 3–15.

Benson, L. (Basis): The Empirical and Statistical Basis for Comparative Analyses of Historical Change. In: Comparative Research Across Cultures and Nations. Paris 1968, S. 129–142.

Boddewyn, J. (Management Studies): Comparative Management Studies: An Assessment. In: Management International Review, 10. Jg., 1970, No. 2–3, S. 3–11.

Deane, Ph.: Aggregate Comparisons: The Validity and Reliability of Economic Data. In: Comparative Research Across Cultures and Nations. Paris 1968, S. 171–175.

Duijker, H. C. J.: Comparative Research in Social Science with Special Reference to Attitude Research. In: International Special Science Bulletin, 7. Jg., 1955, S. 555–566.

Ervin, S./ *Bower,* W. T.: Translation Problems in International Surveys. In: Public Opinion Quarterly, 16, 1952, No. 3, S. 595–604.

Frijda, N./ *Jahoda,* G. (Scope): On the Scope and Methods of Cross-Cultural Research. In: International Journal of Psychology, 1. Jg., 1966, S. 109–127.

Goodman, P. S./ *Moore,* B. E.: Culture and Management: Some Conceptual Considerations. In: Management International Review, 11. Jg., 1971, No. 6, S. 87–100.

Goodman, P. S./ *Moore,* B. E. (Issues): Critical Issues of Cross-Cultural Management Research. In: Human Organization, 31. Jg., 1972, S. 39–45.

Haire, M./ *Ghiselli,* E. E./ *Porter,* L. W.: Managerial Thinking: An International Study. New York 1966.

Harbison, F./ *Myers,* C.: Management in the Industrial World. New York 1959.

Kalleberg, A. L. (Comparison): The Logic of Comparison: A Methodological Note on the Comparative Study of Political Systems. In: World Politics, 19. Jg., 1966, S. 69–81.

Kraut, A. (Advances): Some Recent Advances in Cross-National Management Research. In: Academy of Management Journal, 18. Jg., 1975, S. 538–547.

Liander, B.: Comparative Analysis for International Marketing. Boston 1967.

Lorwin, V. R.: Historians and Other Social Scientists: The Comparative Analysis of Nation-Building in Western Societies. In: Comparative Research Across Cultures and Nations. Paris 1968, S. 102–117.

Marsh, R. M.: Comparative Sociology: A Codification of Cross-Societal Analysis. New York 1967.

Miller, R. E.: Summary of Multinational Research Methodology. In: Academy of Management Proceedings. Minneapolis 1972, S. 332–335.

Miller, St. W./ *Simonetti,* J. L.: Culture and Management: Some Conceptual Considerations. In: Management International Review, 11. Jg., 1971, No. 6, S. 87–100.

Mitchell, R. E.: Survey Materials Collected in the Developing Countries: Obstacles to Comparison. In: Comparative Research Across Cultures and Nations. Paris 1968, S. 210–238.

Murdock, G. P. (Anthropology): Anthropology as a Comparative Science. In: Behavioral Science, 2. Jg., 1957, S. 249–254.

Murdock, G. P.: Cross-Cultural Sampling. In: Ethnology, 5. Jg., 1966, S. 97–114.

Nadel, S. F.: The Foundations of Social Anthropology. Glencoe 1953.

Naroll, R.: Some Thougths on Comparative Methods in Cultural Anthropology. In: Methodology in Social Research. New York 1968, S. 222–277.

Nath, R.: A Methodological Review of Cross-Cultural Management Research. In: International Social Sience Journal, 20, 1968, S. 35–43.

Negandhi, A. R. (Conclusions): Cross-Cultural Management Studies: Too Many Conclusions, Not Enough Conceptualization. In: Management International Review. 14. Jg., 1974, No. 6, S. 59–67.

Ohlin, G. Aggregate Comparisons: Problems and Prospects of Quantitative Analysis Based on National Accounts. In: Comparative Research Across Cultures and Nations, Paris 1968, S. 163–170.

Pool, I. de S.: Use of Available Sample Surveys in Comparative Research. In: Social Science Information, 2. Jg., 1963, S. 16–35.

Pye, L. W. (Development): Political Systems and Political Development. In: Comparative Research Across Cultures and Nations. Paris 1968, S. 93–101.

Rose, R. (Modernization): Modern Nations and the Study of Political Modernization. In: Comparative Research Across Cultures and Nations. Paris 1968, S. 118–128.
Scarrow, H. A.: The Scope of Comparative Analysis. In: Journal of Politics, 25. Jg., 1963, S. 565–577.
Scheuch, E. K.: Society as Context in Cross-Cultural Comparisons. In: Social Science Information, 6. Jg., 1967, S. 7–23.
Scheuch, E. K.: Cross-National Comparisons Using Aggregate Data: Some Substantive and Methodological Problems. In: Comparing Nations: The Use of Quantitative Data in Cross-National Research. New Haven 1966, S. 131–167.
Scheuch, E. K.: The Cross-Cultural Use of Sample Surveys: Problems of Comparability. In: Comparative Research Across Cultures and Nations. Paris 1968, S. 176–209.
Schollhammer, H. (Strategies): Strategies and Methodologies in International Business and Comparative Management Research. In: Management International Review, 13. Jg., 1973, No. 6, S. 17–32.
Schollhammer, H. (Current Research): Current Research in International Management. In: Management International Review, 15. Jg., 1975/2–3, S. 29–45.
Schuh, A. J.: An Alternative Questionnaire Strategy for Conducting Cross-Cultural Research on Managerial Attitudes. In: Personnel Psychology, 27. Jg., 1974, S. 95–102.
Shapiro, S. J. (Comparative Marketing): Comparative Marketing and Economic Development. In: Science in Marketing. New York 1965, S. 398–429.
Smelser, N. J. (Methodology): Notes on the Methodology of Comparative Analysis of Economic Activity. In: Social Sciences Information, 6. Jg., 1967, S. 62–65.
Smelser, N. J. (Comparative Analysis): The Methodology of Comparative Analysis of Economic Activity. In: Essays in Sociological Explanation. New Jersey 1968, S. 62–75.
Somers, R. H.: Applications of an Expanded Survey Research Model to Comparative Institutional Studies. In: Comparative Methods in Sociology: Essays on Trends and Applications. Berkeley 1971, S. 357–422.
Suchman, E. A. (Social Research): The Comparative Method in Social Research. In: Rural Sociology, 29. Jg., 1964, S. 124–137.
Swanson, G. E.: Framework for Comparative Research: Structural Anthropology and the Theory of Action. In: Comparative Methods in Sociology: Essays on Trends and Applications. Berkeley 1971, S. 141–202.
Vallier, L.: Empirical Comparisons of Social Structure: Leads and Lags. In: Comparative Methods in Sociology: Essays on Trends and Applications. Berkeley 1971, S. 203–266.
Verba, S. (Credibility): Cross-National Survey Research: The Problem of Credibility. In: Comparative Methods in Sociology: Essays on Trends and Applications. Berkeley 1971, S. 309–356.
Verba, S. (Dilemmas): Some Dilemmas in Comparative Research. In: World Politics, 20. Jg., 1967, S. 111–127.
Zelditch, M., Jr.: Intelligible Comparisons. In: Comparative Methods in Sociology: Essays on Trends and Applications. Berkeley 1971, S. 267–308.

II. Unternehmensplanspiele und Simulation

Boocock, S. S.: Using Simulation Games in College Courses. In: Simulations & Games, 1. Jg., 1970, S. 67–79.
Boseman, F. G. u. a.: Business Gaming: An Empirical Appraisal. In: Simulation & Games, 5. Jg., 1974, S. 383–402.
Burgoyne, J./ *Cooper*, C. L.: Research on Teaching Methods in Management Education: Bibliographical Examination of the State of the Art. In: Management International Review, 16. Jg., 1976, No. 4, S. 95–102.
Cabell, D. W. E.: The Relevance of a Management Game. In: Simulation & Games, 5. Jg., 1974, S. 202–211.
Fletcher, J. L.: The Effectiveness of Simulation Games as Learning Environments. In: Simulation & Games, 2. Jg., 1971, S. 425–454.
Greenblat, C. S.: Teaching with Simulation Games: A Review of Claims and Evidence. In: Teaching Sociology, 1. Jg., 1973, S. 62–83.
Guetzkow, H./ *Kotler*, Ph./ *Schultz*, R. L.: Simulation in Social and Administrative Science: Overviews and Case Examples. Englewood Cliffs 1972.
Graham, R. G./ *Gray*, C. F.: Business Games Handbook. American Management Association, 1969.
Hand, H. H./ *Sims*, H. P.: Statistical Evaluation of Complex Gaming Performance. In: Management Science, 21, 1975, S. 708–717.
Klasson, C. R.: Business Gaming: A Progress Report. In: Academy of Management Journal, 7. Jg., 1964, S. 175–188.

McKenney, J. L./ *Dill,* W. R.: Influences on Learning in Simulation Games. In: The American Behavioral Scientist, 10. Jg., 1966, S. 28–32.

Moskowitz, H. (Decision Making): An Experimental Investigation of Decision Making in a Simulated Research and Development Environment. In: Management Science, 19. Jg., 1973, S. 676–687.

Neuhauser, J. J.: Business Games Have Failed. In: Academy of Management Review, 1. Jg., 1976, S. 124–128.

Pierfy, D. A.: Comparative Simulation Game Research: Stumbling Blocks and Steppingstones. In: Simulation & Games, 8. Jg., 1977, S. 255–268.

Raia, A. P. (Management Games): A Study of the Educational Value of Management Games. In: The Journal of Business, 39. Jg., 1966, S. 61–72.

Sims, H. P., Jr./ *Hand,* H. H.: Performance Tradeoffs in Management Games. In: Simulation & Games, 6. Jg., 1975, S. 61–72.

Sims, H. P., Jr./ *Hand,* H. H.: Simulation Gaming: The Confluence of Quantitative and Behavioral Theory. In: The Academy of Management Review, 1. Jg., 1976, S. 109–112.

Thorelli, H. B. u. a. (Simulation): The International Operations Simulation at the University of Chicago. In: The Journal of Business, 35. Jg., 1962, S. 287–297.

Thorelli, H. B./ *Graves,* R. L. (Simulation): International Operations Simulation. New York 1964.

Wolfe, J.: Effective Performance Behaviors in a Simulated Policy and Decision Making Environment. In: Management Science, 21. Jg., 1975, S. 872–882.

Wolfe, J.: Correlates and Measures of the External Validity of Computer-Based Business Policy Decision-Making Environments. In: Simulation & Games, 7. Jg., 1976, S. 411–438.

Der Jubilar – seine Person und sein Werk

*Norbert Thom**

Biographisches und Bibliographisches zu Erwin Grochla

Am 23. Mai 1986 begeht Professor Dr. Dr. h. c. mult. Erwin Grochla seinen 65. Geburtstag. Sein Leben und Werk wurde bei verschiedenen Gelegenheiten, insbesondere aus Anlaß seiner Ehrenpromotionen und seines 60. Geburtstages [1], bereits ausführlich gewürdigt, so daß sich die weiteren Ausführungen auf *einige Grundzüge* der Biographie und auf die Dokumentation des literarischen Schaffens des Jubilars beschränken können.

Erwin Grochla wurde in Hindenburg/Oberschlesien geboren und wuchs dort bis zum 16. Lebensjahr heran. 1937 übersiedelte seine Familie nach Berlin, eine Stadt, die seinen weiteren Werdegang entscheidend prägte. Er absolvierte in einem metallverarbeitenden Industriebetrieb eine technische Lehre sowie eine weitergehende Ausbildung zur Entwicklung von Führungsnachwuchskräften. Sein 1941 begonnenes Ingenieurstudium mußte er bereits nach kurzer Zeit abbrechen, da er zum Wehrdienst eingezogen wurde. Nach zweimaliger Verwundung erfolgte 1943 die Beendigung seines militärischen Einsatzes. Als Konstrukteur und stellvertretender Abteilungsleiter kehrte er für die restliche Zeit des Zweiten Weltkrieges in seine Lehrfirma zurück. Neben seiner 1945 begonnenen Tätigkeit als Hauptsachbearbeiter im Magistrat von Groß-Berlin besuchte Erwin Grochla Abendkurse an der Humboldt-Universität zur Vorbereitung auf seine 1947 abgelegte Reifeprüfung. Ab Wintersemester 1947/48 folgte an derselben Universität ein Studium der Betriebswirtschaftslehre, das ab dem 4. Semester an der Freien Universität Berlin fortgesetzt und 1950 mit dem akademischen Grad eines Diplom-Kaufmannes abgeschlossen wurde. In den nachfolgenden sieben Jahren wurde Erwin Grochla in entscheidender Weise von seinem akademischen Lehrer Erich Kosiol geprägt. Von 1951 bis 1956 war Grochla Assistent dieses bedeutenden Hochschullehrers, der auf nahezu allen Gebieten der Betriebswirtschaftslehre arbeitete und sich besondere Verdienste mit seinen Beiträgen zum Rechnungswesen und zur betriebswirtschaftlichen Organisationstheorie erwarb. Mit einer von Erich Kosiol und Hanns Linhardt begutachteten Dissertation zum Thema »Interne und externe Betriebsplanung. Ein betriebswirtschaftlicher Beitrag zum Problem der Wirtschaftsordnung« wurde Grochla 1953 zum Dr. rer. pol. promoviert. Seine Habilitationsschrift (1957) war ein grundlegender Beitrag zur Verbandbetriebslehre mit dem Thema »Betriebsverband und Verbandbetrieb«. Die Habilitationsschrift wurde später auch ins Japanische übersetzt. Nach kurzer Tätigkeit als Privatdozent an der Freien Universität folgte im Sommersemester 1958 eine Lehrstuhlverwaltung an der Universität Mainz sowie eine Berufung auf diesen Lehrstuhl. Den Mainzer Ruf lehnte Grochla zugunsten eines Rufes an die Wirtschaftshochschule Mannheim ab, an der er am 16. 12. 1958 zum ordentlichen Professor für Betriebswirtschaftslehre ernannt wurde und den Lehrstuhl für »Allgemeine Betriebswirtschaftslehre und öffentliche

* Prof. Dr. *Norbert Thom*, Universität Freiburg/Schweiz, Seminar für Unternehmungsführung und Organisation.

Betriebe« innehatte. In die relativ kurze Zeit als Mannheimer Hochschullehrer fiel u. a. 1960 die Gründung und Übernahme eines Lehrstuhles für »Allgemeine Betriebswirtschaftslehre und Organisation« durch Erwin Grochla, der damit der erste Lehrstuhlinhaber für diese spezielle Betriebswirtschaftslehre in der Bundesrepublik Deutschland war. 1960 und 1961 erhielt er drei Rufe an die Universitäten Köln, Frankfurt a. M. und Saarbrücken. Nach Annahme des Kölner Ordinariates wurde Erwin Grochla am 1. Juni 1961 zum Direktor des Seminars für Allgemeine Betriebswirtschaftslehre und Organisationslehre der Universität zu Köln ernannt. Dieser Institution hielt der Jubilar bis zum Sommersemester 1986 die Treue, trotz weiterer ehrenvoller Rufe an die Universitäten Bochum (1965), Erlangen-Nürnberg (1966) und an die Hochschule für Welthandel in Wien (1970). Zwei Jahre nach Übernahme des neugeschaffenen Kölner Lehrstuhls gründete Grochla in Verbindung mit der Wirtschaft das Betriebswirtschaftliche Institut für Organisation und Automation an der Universität zu Köln (BIFOA), das zu den ersten Institutionen gehörte, die sich in Europa mit betriebswirtschaftlichen und organisatorischen Problemen der Automation sowie mit der Betriebsinformatik befaßten. In den Memoranden des BIFOA an die Bundesregierung (1968/69) wurde in eindringlicher Weise dargelegt, daß die deutsche Wirtschaft wesentlich an Konkurrenzfähigkeit einbüßen werde, wenn auf den Gebieten der Angewandten Datenverarbeitung nicht geforscht und an den Universitäten nicht gelehrt werde. Im BIFOA selbst wurden in den 23 Jahren seines Bestehens zahlreiche Forschungsarbeiten auf den verschiedensten Gebieten der Automation und Organisation erfolgreich abgewikkelt und publiziert sowie jährlich oft mehr als 30 Diskussions-, Aus- und Weiterbildungsveranstaltungen für Unternehmer, Führungs- und Fachkräfte durchgeführt.

Nicht nur in der Fakultät, der Grochla ein Vierteljahrhundert angehört, übernahm er Selbstverwaltungsaufgaben wie das Amt des Dekans (1969/70) und des Vorsitzenden der Diplomprüfungsämter (1966–68), sondern auch im Dienste des Landes Nordrhein-Westfalen als Mitglied des Gründungsausschusses für die Universität Dortmund (1963–1968).

Die Wertschätzung der wissenschaftlichen Fachwelt für die Leistungen von Grochla drückte sich in besonderem Maße in seiner Auszeichnung mit drei Ehrendoktoraten (alle im Jahre 1979) aus. Die Universität Dortmund würdigte mit dem erstmals verliehenen Dr. rer. pol. h. c. Grochlas »Verdienste für das nationale und internationale Ansehen der deutschen Betriebswirtschaftslehre« und verband mit dem Ehrendoktorgrad ihren Dank dafür, daß Grochlas Forschungen innerhalb der Betriebswirtschaftslehre integrierend gewirkt und zum Abbau von Spannungen zwischen Theorie und Anwendung beigetragen hätten. In der Laudatio für den Dr. rer. pol. h. c. der Freien Universität Berlin wurden Grochlas »Grundlegende Beiträge zum Aufbau eines umfassenden Forschungskonzeptes und Lehrsystems der betriebswirtschaftlichen Organisationslehre« hervorgehoben. Ferner erwähnte der Wortlaut der Berliner Ehrenpromotionsurkunde Grochlas richtungweisende Arbeiten auf dem Gebiet der betrieblichen Informationssysteme, seine erfolgreiche und weithin anerkannte Lehrtätigkeit sowie seine »Verdienste für die Förderung des wissenschaftlichen Nachwuchses in der Betriebswirtschaftslehre«. Schließlich hat die Universität Graz mit dem ebenfalls erstmals verliehenen Dr. rer. soc. oec. h. c. Grochlas »Forschungsleistungen auf dem Gebiet der Angewandten Datenverarbeitung« sowie seine grundlegenden inhaltlichen und methodischen Beiträge zur Betriebswirtschaftslehre ausgezeichnet. Mit der Aufnahme (1979) von Erwin Grochla in die »International Academy of Management« (Sitz: Los Angeles) wurde er einer der 176 Fellows aus 33 Ländern, die aufgrund ihrer Beiträge zur Wissenschaft und Praxis der Unternehmungsführung hervorragen.

In den Jahren nach den erwähnten Würdigungen sowie seinem 60. Geburtstag hat sich Grochla in unermüdlichem Engagement und vorbildlicher Auffassung von den Pflichten eines Hochschullehrers zahlreiche weitere Verdienste erworben, von denen hier nur *einige wichtige* erwähnt werden sollen. Zunächst hat er mit dem Lehrbuch »Grundlagen der organisatorischen

Gestaltung« (1982) sein Forschungs- und Ausbildungskonzept der Organisationslehre in eindrucksvoller Weise abgerundet, indem ihm hier der Brückenschlag zwischen den verschiedenen theoretischen Grundlagen und dem Anwendungsbezug seines bevorzugten betriebswirtschaftlichen Wirkungsfeldes gelang.

Mit mehreren in Koautorenschaft verfaßten Leitfäden für Unternehmer und Führungskräfte mittelständischer Unternehmungen hat Grochla dazu beigetragen, betriebswirtschaftliches Gestaltungswissen auch solchen Personen zugänglich zu machen, die nicht über eigene Stabsabteilungen zur Aufbereitung neuer wissenschaftlicher Erkenntnisse verfügen. Aufgrund seiner langjährigen Kontakte zu Fachvertretern des Auslandes war Grochla die Diskrepanz zwischen dem Leistungsstand der deutschsprachigen Betriebswirtschaftslehre und ihrem internationalen Bekanntheits- und Transferierungsgrad immer deutlicher bewußt geworden. Zur Überwindung der Sprachbarriere und Förderung des Wissenstransfers wurde ein englischsprachiges »Handbook of German Business Management« im Kreise der Herausgeber von Teilbänden der Enzyklopädie der Betriebswirtschaftslehre konzipiert und Erwin Grochla mit der geschäftsführenden Hauptherausgeberschaft beauftragt. Das Vorhaben wurde 1981 mit der Förderung durch die Volkswagenstiftung gestartet und steht inzwischen vor dem Abschluß.

Neben seiner Tätigkeit als langjähriger Vizepräsident der Schmalenbach-Gesellschaft/ Deutsche Gesellschaft für Betriebswirtschaft e. V. übernahm Grochla die Leitung der Fachkommission für Ausbildungsfragen im Bereich der Organisation dieser Gesellschaft, die sich u. a. den Ausgleich zwischen Theorie und Praxis zum Ziel gesetzt hat. Die Ergebnisse der Kommissionsarbeit wurden 1983 in Form eines »Anforderungsprofils für die Hochschulausbildung im Bereich Organisation« veröffentlicht (ZfbF, 1983, Heft 9). Grochla konnte seine Beiträge für diese Kommission auf breite akademische Lehrerfahrungen stützen, in deren Verlauf er u. a. weit über 1000 Diplomanden, 70 Doktoranden und 6 Habilitanden betreute.

Wegen seiner vielbeachteten Beiträge auf dem Gebiete der Beschaffungslehre und zur Materialwirtschaft verlieh der Bundesverband Materialwirtschaft und Einkauf e. V. Erwin Grochla 1984 die Ehrenmitgliedschaft.

Nicht zuletzt zeugt die vorliegende Festschrift von der Anerkennung, die dem Jubilar aus dem Kreise seiner Fachkollegen entgegengebracht wird. Sein auf Harmonie hin angelegtes Wesen sowie seine Kontaktfähigkeit und Weltoffenheit machten es den Herausgebern leicht, einen Kreis namhafter Fachvertreter aus dem In- und Ausland für Beiträge zu Zukunftsaspekten der anwendungsorientierten Betriebswirtschaftslehre zu gewinnen. Die nachstehende Bibliographie der Veröffentlichungen von Erwin Grochla legt Zeugnis ab von einem höchst produktiven Gelehrtenleben, belegt die außergewöhnliche Spannweite seiner Interessenfelder und rechtfertigt damit auch die inhaltliche und methodische Differenziertheit der Abhandlungen des vorliegenden Sammelwerkes, das seine Autoren dem hochgeschätzten Kollegen zu seinem 65. Geburtstag widmen.

Anmerkung

[1] Vgl. u. a. *Frese, Erich:* Erwin Grochla – dem Lehrer und Kollegen. In: Organisation, Planung, Informationssysteme, hrsg. v. *Erich Frese/Paul Schmitz/Norbert Szyperski,* Stuttgart 1981, S. V–IX; *Laux, Eberhard:* Erwin Grochla ist sechzig! In: Zeitschrift für Organisation, 50. Jg. 1981, S. 189; *Wittmann, Waldemar:* Erwin Grochla zum 60. Geburtstag. In: Zeitschrift für betriebswirtschaftliche Forschung, 33. Jg. 1981, S. 436–438.

Verzeichnis der wissenschaftlichen Veröffentlichungen von Prof. Dr. Dr. h. c. mult. Erwin Grochla

A. Selbständige Bücher und Schriften

1. Interne und externe Betriebsplanung (Formen, Möglichkeiten und Grenzen), Diss. Berlin 1953, 181 S.
2. Betrieb und Wirtschaftsordnung. Das Problem der Wirtschaftsordnung aus betriebswirtschaftlicher Sicht. Verlag Duncker & Humblot, Berlin (1954), 130 S.
3. Die Kalkulation von öffentlichen Aufträgen. Eine Anleitung nach den Bestimmungen der VPöA und LSP. Verlag Duncker & Humblot, Berlin (1954), 130 S.
4. Materialwirtschaft. Die Wirtschaftswissenschaften, hrsg. v. Erich Gutenberg. Verlag Dr. Th. Gabler, Wiesbaden (1958), 118 S.
5. Betriebsverband und Verbandbetrieb. Wesen, Formen und Organisation der Verbände aus betriebswirtschaftlicher Sicht. Verlag Duncker & Humblot, Berlin (1959), 338 S.
   Japanische Ausgabe, hrsg. von der japanischen Industrie- und Handelskammer, übersetzt von Susumu Takamya und Yasumi Sakamoto, Tokio 1971, 274 S.
6. Automation und Organisation. Die technische Entwicklung und ihre betriebswirtschaftlich-organisatorischen Konsequenzen. Verlag Dr. Th. Gabler, Wiesbaden (1966), 144 S.
7. Betriebsverbindungen. Verlag Walter de Gruyter & Co., Berlin 1969, 263 S.
8. (mit N. Szyperski und K. D. Seibt) Die Aus- und Fortbildung auf dem Gebiet der automatisierten Datenverarbeitung. Eine Gesamtkonzeption. Verlag R. Oldenbourg, München – Wien 1970, 80 S.
9. Unternehmungsorganisation. Neue Ansätze und Konzeptionen. rororo-Studium 3. Rowohlt Taschenbuch Verlag, Reinbek bei Hamburg 1972, 9. Aufl. 1983, 266 S.
   Japanische Ausgabe übersetzt von Toshiyoshi Shimizu. Verlag Kenpakusha, Tokio 1977, 294 S.
10. Grundlagen der Materialwirtschaft. Das materialwirtschaftliche Optimum im Betrieb. Dritte, gründlich durchgesehene Auflage. Verlag Dr. Th. Gabler, Wiesbaden 1978, 272 S.
11. (mit H. Garbe und R. Gillner) Gestaltungskriterien für den Aufbau von Datenbanken. Forschungsberichte des Landes Nordrhein-Westfalen. Westdeutscher Verlag, Opladen 1973, 117 S.
12. (mit Mitarbeitern) Integrierte Gesamtmodelle der Datenverarbeitung. Entwicklung und Anwendung des Kölner Integrationsmodells (KIM). Carl Hanser Verlag, München – Wien 1974, 427 S.
13. (mit F. Meller) Datenverarbeitung in der Unternehmung, Bd. I, Grundlagen, rororo studium 60. Rowohlt Taschenbuch Verlag, Reinbek bei Hamburg 1974, 270 S.
   Bd. II, Gestaltung und Anwendung, rororo studium 61. Rowohlt Taschenbuch Verlag Reinbek bei Hamburg 1977, 302 S.
14. Betriebliche Planung und Informationssysteme. rowohlts deutsche enzyklopädie. Bd. 373. Rowohlt Taschenbuch Verlag, Reinbek bei Hamburg 1975, 169 S.
15. (mit N. Thom) Fallmethode und Gruppenarbeit in der betriebswirtschaftlichen Hochschulausbildung. Ein Kölner Versuch. Hochschuldidaktische Materialien Nr. 49, Arbeitsgemeinschaft für Hochschuldidaktik, Hamburg 1975, 104 S., 2. Aufl. 1978, 130 S.
16. (mit H. Weber und H. Gürth) Kleincomputer in Verbundsystemen. Organisatorische Gestaltung und Anwendung. Forschungsberichte des Landes Nordrhein-Westfalen. Westdeutscher Verlag, Opladen 1976, 629 S.
17. (mit Mitarbeitern) Zeitvarianz betrieblicher Systeme. Interdisciplinary systems research 48. Birkhäuser Verlag, Basel – Stuttgart 1977, 282 S.

18. Einführung in die Organisationstheorie. C. E. Poeschel Verlag, Stuttgart 1978, 272 S.
19. (mit Mitarbeitern) Handbuch der Computer-Anwendung. Auswahl und Einsatz der EDV im Klein- und Mittelbetrieb. Verlag Friedr. Vieweg & Sohn, Braunschweig – Wiesbaden 1979, 674 S.
20. (mit P. Schönbohm) Beschaffung in der Unternehmung. Einführung in eine umfassende Beschaffungslehre. C. E. Poeschel Verlag, Stuttgart 1980, 225 S.
21. (mit Mitarbeitern) Handbuch der Textverarbeitung. Verlag Moderne Industrie, Landsberg 1981, 650 S.
22. (mit Mitarbeitern) Entlastung durch Delegation. Leitfaden zur Anwendung organisatorischer Maßnahmen in mittelständischen Betrieben. Erich Schmidt Verlag, Berlin 1981, 329 S.
23. Organisation – Theoretische Grundlagen, Lehrbrief der Fernuniversität-Gesamthochschule Hagen 1982, 143 S.
24. (mit N. Szyperski u. a.) Bürosysteme in der Entwicklung. Studien zur Typologie und Gestaltung von Büroarbeitsplätzen. Verlag Friedr. Vieweg & Sohn, Braunschweig – Wiesbaden 1982, 304 S.
25. (mit H. R. Schackert) Datenschutz im Betrieb. Organisation und Wirtschaftlichkeitsaspekte. Verlag Friedr. Vieweg & Sohn, Braunschweig – Wiesbaden 1982, 250 S.
26. (mit N. Szyperski und H. J. Homberger) Datensicherung für die betriebliche Praxis – ein Maßnahmenkatalog von der Zugangs- bis zur Organisationskontrolle. BIFOA-Monographien, Bd. 20, WISON-Verlag, Köln 1982, 488 S.
27. Grundlagen der organisatorischen Gestaltung. C. E. Poeschel Verlag, Stuttgart 1982, 459 S.
28. (mit N. Thom und M. E. Strombach) Personalentwicklung in Mittelbetrieben. Ein Leitfaden für die Praxis. Deutscher Institutsverlag, Köln 1983, 175 S.
29. (mit R. Fieten u. a.) Erfolgsorientierte Materialwirtschaft durch Kennzahlen. Leitfaden zur Steuerung und Analyse der Materialwirtschaft. FBO-Verlag, Baden-Baden 1983, 227 S.
30. (mit H. Gürth u. a.) Textverarbeitung im Büro. Ein entscheidungsorientiertes Handbuch zu Organisation und Technik. Friedr. Vieweg & Sohn, Braunschweig – Wiesbaden 1983, 540 S.
31. (mit H. Weber und Th. Werhahn) Betrieblicher Datenschutz für Mitarbeiter. Ein Handbuch für die unternehmungsinterne Schulung. Deutscher Institutsverlag, Köln 1983, 116 S.
32. (mit R. Fieten u. M. Puhlmann) Aktive Materialwirtschaft in mittelständischen Unternehmen. Ein Leitfaden zur Verbesserung des Unternehmensergebnisses. Deutscher Institutsverlag, Köln 1984, 131 S.
33. (mit H. Lehmann u. G. Renner) Die Identifikation betrieblicher Systeme. – Konzepte, Methoden und Vorgehensweisen –, BIFOA-Monographien, Bd. 23, Köln 1984, 222 S.

B. Herausgegebene Sammelwerke

1. Organisation und Rechnungswesen. Festschrift für Erich Kosiol zum 65. Geburtstag. Verlag Duncker & Humblot, Berlin 1964, 551 S.
2. Handwörterbuch der Organisation (HWO). C. E. Poeschel Verlag, Stuttgart 1969. Ungekürzte Studienausgabe, Stuttgart 1973, 1886 Sp.
3. Die Wirtschaftlichkeit automatisierter Datenverarbeitungssysteme. Verlag Dr. Th. Gabler, Wiesbaden 1970, 334 S.
4. Das Büro als Zentrum der Informationsverarbeitung. Verlag Dr. Th. Gabler, Wiesbaden 1971, 435 S.
5. Computer-gestützte Entscheidungen in Unternehmungen. Verlag Dr. Th. Gabler, Wiesbaden 1971, 227 S.
6. (mit N. Szyperski) Management-Informationssysteme. Eine Herausforderung an Forschung und Entwicklung. Verlag Dr. Th. Gabler, Wiesbaden 1971, 866 S.
7. Unternehmungsorganisation, reader + abstracts, rororo studium, Bd. 4. Rowohlt Taschenbuch Verlag, Reinbek bei Hamburg 1972, 313 S.

8. (mit N. Szyperski) Struktur und Steuerung der Unternehmung bei Automatisierter Datenverarbeitung. Sonderband BIFOA-Fachtagung 1972, im Eigenverlag des BIFOA, 831 S.

9. (mit N. Szyperski) Modell- und computer-gestützte Unternehmungsplanung. Verlag Dr. Th. Gabler, Wiesbaden 1973, 760 S.

10. Management. Aufgaben und Instrumente. Econ-Reader, Econ-Verlag, Düsseldorf – Wien 1974, 384 S.

11. (mit H. Raueiser, H. Weber u. H. Gürth) Anwendung der Mittleren Datentechnik. Verlag Moderne Industrie, München 1974, 335 S.

12. (mit W. Wittmann) Handwörterbuch der Betriebswirtschaft (HWB), 3 Bände. C. E. Poeschel Verlag, Stuttgart 1974–1976, 5009 Sp.

13. (mit H. Fuchs u. H. Lehmann) Systemtheorie und Betrieb. Sonderheft 3 der ZfbF, Westdeutscher Verlag, Opladen 1974, 181 S.

14. (mit N. Szyperski) Information Systems and Organizational Structure. Verlag Walter de Gruyter, New York – Berlin 1975, 496 S.

15. Organisationstheorie. 2 Bände, Poeschel Reader 1a/1b. C. E. Poeschel Verlag, Bd. 1a, Stuttgart 1975, Bd. 1b, Stuttgart 1976, 631 S.

16. Betriebswirtschaftslehre. Teil I: Grundlagen; Teil II: Betriebsführung – Instrumente und Verfahren. Poeschel-Reader 5a/5b. C. E. Poeschel Verlag, Stuttgart 1978, 338 u. 420 S.

17. Elemente der organisatorischen Gestaltung, reader + abstracts, rororo studium, Bd. 116. Rowohlt Taschenbuch Verlag, Reinbek bei Hamburg 1978, 380 S.

18. (mit N. Szyperski) Design and Implementation of Computerbased Information Systems. Sijthoff & Noordhoff Series on Information Systems. Verlag Sijthoff & Noordhoff. Alphen aan de Rijn u. Germantown 1979, 368 S.

19. Handwörterbuch der Organisation. 2. völlig neu gestaltete Aufl. C. E. Poeschel Verlag, Stuttgart 1980, 2554 Sp.

20. Organisation und Leitung komplexer Betriebe. Ergebnisse eines internationalen Symposiums. WISON-Verlag, Köln 1980, 215 S.

21. (mit N. Szyperski u. a.) Assessing the Impacts of Information Technology. Program Applied Informatics. Verlag Friedr. Vieweg & Sohn, Braunschweig – Wiesbaden 1983, 210 S.

C. *Arbeits- und Forschungsberichte*

1. Die Zukunft der automatisierten Datenverarbeitung. Eine Herausforderung an Forschung und Ausbildung. BIFOA-Arbeitsbericht 68/5, Köln 1968

2. (mit K. D. Seibt und N. Szyperski) Gesamtkonzeption für die Aus- und Fortbildung auf dem Gebiet der automatisierten Datenverarbeitung. BIFOA-Arbeitsbericht 69/4, Köln 1969

3. (mit P. Schmitz, N. Szyperski, K. D. Seibt und E. Geiß) Die Ausbildung und Fortbildung auf dem Gebiet der automatisierten Datenverarbeitung für Unternehmungsleiter und obere Führungskräfte. AWV-Fachbericht, Sonderheft B, Frankfurt am Main 1969

4. (mit H. Garbe, R. Gillner und W. Poths) Grundmodell zur Entwicklung eines integrierten Datenverarbeitungssystems – Kölner Integrationsmodell (KIM) – BIFOA-Arbeitsbericht 71/6, Köln 1971

5. (mit H. Lehmann, H. Fuchs und S. Gagsch) Grundlagen und Methoden einer element- und beziehungsorientierten Analyse betrieblicher Informationssysteme. BIFOA-Arbeitsbericht 72/1, Köln 1972

6. (mit Mitarbeitern) Management der Datenverarbeitung. BIFOA-Arbeitsbericht 72/4, Köln 1972

7. Modelle und betriebliche Informationssysteme. Arbeitspapier Nr. 1 des Seminars für Allgemeine Betriebswirtschaftslehre und Organisationslehre der Universität zu Köln, Februar 1973

8. (mit H. Lehmann, H. Fuchs und K. E. Möhrstedt) Grundlagen und Voraussetzungen zur systemtheoretisch-kybernetischen Modellierung betrieblicher Systeme. BIFOA-Arbeitsbericht 73/5, Köln 1973

9. (mit N. Szyperski) Struktur und Steuerung der Unternehmung bei Automatisierter Datenverarbeitung. Sonderband BIFOA-Fachtagung 1972, Köln 1973

10. (mit H. Garbe u. a.) Datenschutz und Datensicherung bei automatisierter Datenverarbeitung. BIFOA-Arbeitsbericht 73/4, Köln 1974
11. (mit N. Szyperski) Organisationsstrukturen und Strukturen der Informationssysteme. BIFOA-Arbeitsbericht 74/5, Köln 1974
12. (mit N. Thom) Erfahrungen bei Entwicklung und Einsatz von Fallstudien in der betriebswirtschaftlichen Ausbildung, insbesondere im Fach Betriebswirtschaftliche Organisationslehre. Arbeitspapier Nr. 7 des Seminars für Allgemeine Betriebswirtschaftslehre und Organisationslehre der Universität zu Köln, Mai 1975
13. (mit BIFOA-Forschungsgruppe MICOM) MDT-Einsatz im Computerverbund. Ansätze zur »Distributed Intelligence«. BIFOA-Forschungsbericht 75/2, Köln 1975
14. (mit W. Poths) Modellgestützte Systemgestaltung. – Ergebnisse aus dem Forschungsvorhaben MIDAM –. BIFOA-Forschungsbericht 76/5, Köln 1977
15. Auswahl und Einsatz der EDV in Klein- und Mittelbetrieben. BIFOA-Arbeitspapier 79 AP8
16. (mit Mitarbeitern) Textautomaten. Marktanalyse und Auswahlkriterien. BIFOA-Forschungsbericht 80/1, Köln 1980
17. (mit Mitarbeitern) Zur Frage der Wirtschaftlichkeitsberechnung für Textverarbeitungssysteme. BIFOA-Arbeitspapier 80 AP1, Köln 1980
18. (mit E. Tiemeyer) Entwicklung und Einsatz von Fallstudien zur EDV-Einführung in Klein- und Mittelbetrieben. BIFOA-Arbeitspapier 80 AP10, Köln 1980
19. (mit Mitarbeitern) Dokumentation ausgewählter Literatur zur Textverarbeitung 1972–1980. VTV-Schriftenreihe, Band 1, Fachverlag für Büro- und Organisationstechnik, Baden-Baden 1981
20. (mit H. J. Homberger) AUDAFEST. Ergebnisse einer empirischen Erhebung zum Themenbereich ›Datenschutz und Datensicherung‹. Forschungsberichte des Landes Nordrhein-Westfalen, Nr. 3042, Opladen 1981
21. (mit N. Szyperski und Mitarbeitern) Organisation und Wirtschaftlichkeit der Vervielfältigung im Büro. FBO-Praxis-Report 6, FBO-Fachverlag für Büro- und Organisationstechnik, Baden-Baden 1982, 104 S.
22. (mit N. Thom und M. E. Strombach) Fallstudien zur Personalentwicklung in Mittelbetrieben. Arbeitspapier Nr. 17 des Seminars für Allgemeine Betriebswirtschaftslehre und Organisationslehre der Universität zu Köln, Juli 1982
23. (mit F. Albers und F. Rüschenbaum) Untersuchung zur Wirtschaftlichkeit alternativer Strukturen der Automatisierten Datenverarbeitung in Krankenhäusern im Land Nordrhein-Westfalen. Teil I: Textband. BIFOA-Arbeitspapier 82 AP1a; Teil II: Fallstudien. BIFOA-Arbeitspapier 82 AP1b, Köln 1982
24. (mit R. Bischoff) Entwicklung computergestützter Instrumente für die Analyse und den Entwurf betrieblicher Informationen. – Das System SIMMIS, – BIFOA-Forschungsbericht 80/4, Köln 1983
25. (mit F. Albers u. F. Rüschenbaum) Entwicklung eines Datenschutz- und Datensicherungskonzeptes für den Einsatz von Personal Computern und MDT-Anlagen (EDAS). Forschungsbericht DV 84-007. Bundesministerium für Forschung und Technologie, Köln 1984

D. Beiträge in Sammelwerken

1. Beschaffungsorganisation. In: Handwörterbuch der Betriebswirtschaft, 3. Aufl., hrsg. v. Hans Seischab/Karl Schwantag, 1. Bd., Stuttgart 1956, Sp. 685–692
2. Kartelle. In: Handwörterbuch der Betriebswirtschaft, a. a. O., 2. Bd., Stuttgart 1958, Sp. 3022–3029
3. Kostenrechnungsvorschriften, -richtlinien und -regeln. In: Handwörterbuch der Betriebswirtschaft, a. a. O., 2. Bd., Sp. 3448–3460
4. Marktverbände. In: Handwörterbuch der Betriebswirtschaft, a. a. O., 3. Bd., Stuttgart 1960, Sp. 3923–3929
5. Beschaffungsplanung. In: Dynamische Betriebsplanung zur Anpassung an wirtschaftliche Wechsellagen. Schriftenreihe der AGPLAN. 2. Bd., Wiesbaden 1959, S. 83–103

6. Unternehmung und Betrieb. In: Handwörterbuch der Sozialwissenschaften, hrsg. v. E. v. Beckerath, H. Bente u. a., 10. Bd., Tübingen – Stuttgart – Göttingen 1959, S. 583–589

7. Verbandbetrieb. In: Handwörterbuch der Betriebswirtschaft, a. a. O., 4. Bd., Stuttgart 1962, Sp. 5610–5616

8. Das Problem der optimalen Unternehmungsplanung. In: Gegenwartsfragen der Unternehmung. Offene Fragen der Betriebswirtschaftslehre, hrsg. v. Bernhard Bellinger, Wiesbaden (1961), S. 65–74

9. Finanzierung. In: Handwörterbuch der Sozialwissenschaften, a. a. O., 3. Bd., Tübingen – Stuttgart – Göttingen 1961, S. 604–616

10. Finanzmathematik. In: Handwörterbuch der Sozialwissenschaften, a. a. O., S. 616–618

11. Möglichkeiten einer Steigerung der Wirtschaftlichkeit im Büro. In: Bürowirtschaftliche Forschung, hrsg. v. Erich Kosiol, Berlin (1961), S. 41–73

12. Planung, betriebliche. In: Handwörterbuch der Sozialwissenschaften, a. a. O., 8. Bd., Tübingen – Stuttgart – Göttingen 1961, S. 314–325

13. Technische Entwicklung und Unternehmungsorganisation. In: Organisation und Rechnungswesen. Festschrift für Erich Kosiol zu seinem 65. Geburtstag, hrsg. v. Erwin Grochla, Berlin (1964), S. 53–80

14. Der Einfluß des technischen Fortschritts auf die Organisation des Bürobereichs der Unternehmung. In: Datentechnik, wohin führst Du? Schriftenreihe der Fachgemeinschaft Büromaschinen und Datentechnik im VDMA, Heft 12, Februar 1964, S. 17–31

15. Die Lehre der Universitäten in den USA auf dem Gebiet der elektronischen Datenverarbeitung. In: Die elektronische Datenverarbeitung. Forschung – Anwendung – Ausbildung. Ein Expertenbericht aus den USA für die deutsche Wissenschaft, Wirtschaft und Verwaltung, Berlin 1964

16. Automatisierung. In: Handwörterbuch der Sozialwissenschaften, hrsg. v. E. v. Beckerath, H. Bente u. a., 12. Bd., Tübingen – Stuttgart – Göttingen 1965, S. 530–544

17. Wesen, Objekt und Vollzug der Unternehmungsplanung. In: Unternehmungsplanung als Instrument der Unternehmungsführung, Bd. 9 der Schriftenreihe der Arbeitsgemeinschaft Planungsrechnung e. V., Wiesbaden 1965, S. 15–23

18. Die Bedeutung der automatisierten Datenverarbeitung für die Unternehmungsführung und -organisation. In: Die Bedeutung der automatisierten Datenverarbeitung für die Unternehmungsführung und Organisation. Arbeitsgemeinschaft für Rationalisierung des Landes Nordrhein-Westfalen, Heft 85 (Dortmund 1966), S. 7–20

19. Materialbeschaffung, Vorratshaltung und Kontrolle. In: Industrielle Produktion, hrsg. v. Klaus Agthe, Hans Blohm und Erich Schnaufer, Baden-Baden und Bad Homburg v. d. H. (1967), S. 547–564

20. Der Aufgabenbereich der betrieblichen Finanzwirtschaft. Dargestellt am Beispiel der amerikanischen Literatur. In: Geld, Kapital und Kredit. Festschrift zum 70. Geburtstag von Heinrich Rittershausen, hrsg. v. Hans E. Büschgen, Stuttgart 1968, S. 401–416

21. Automation. In: Handwörterbuch der Organisation, hrsg. v. Erwin Grochla, Stuttgart 1969, Sp. 249–257

22. Materialwirtschaft, Organisation der. In: Handwörterbuch der Organisation, a. a. O., Sp. 975–985

23. Organisationstheorie. In: Handwörterbuch der Organisation, a. a. O., Sp. 1236–1255

24. Planung, Organisation der. In: Handwörterbuch der Organisation, a. a. O., Sp. 1305–1317

25. Technik und Organisation. In: Handwörterbuch der Organisation, a. a. O., Sp. 1636–1648

26. Verbandsorganisation. In: Handwörterbuch der Organisation, a. a. O., Sp. 1702–1711
Nachdruck in: Wirtschaftsverbände und ihre Funktion. Schwerpunkte der Verbandsforschung, hrsg. v. Ernst-Bernd Blümle u. Peter Schwarz, Darmstadt 1985, S. 176–187

27. Grundprobleme der Wirtschaftlichkeit in automatisierten Datenverarbeitungssystemen. In: Die Wirtschaftlichkeit automatisierter Datenverarbeitungssysteme, hrsg. v. Erwin Grochla, Wiesbaden 1970, S. 15–33

28. Automatisierte Informationsverarbeitung in der Wirtschaft. In: Nordrhein-Westfalen auf dem Wege in das Jahr 2000, hrsg. v. Ernst Schmacke, Düsseldorf 1970, S. 180–199

29. (mit N. Szyperski und K. D. Seibt) Proposition for a General Concept for Computer Education in the Federal Republic of Germany. In: IFIP World Conference of Computer Education 1970. Conference Edition of the Papers. Amsterdam 1970, Part Two, S. 105–115

30. Mechanisierung und Automatisierung des Rechnungswesens. In: Handwörterbuch des Rechnungswesens, hrsg. v. Erich Kosiol, Stuttgart 1970, Sp. 1090–1140, 2. Aufl., hrsg. v. Erich Kosiol, Klaus Chmielewicz u. Marcell Schweitzer, Stuttgart 1981, Sp. 1192–1206

31. Die Auswirkungen der Automatisierung auf das Rechnungswesen. In: Studienkreis Finanzpräsident Schröder: Das Rechnungswesen bei automatisierter Datenverarbeitung. Wiesbaden 1971, S. 13–26

32. Das Büro als Zentrum der Informationsverarbeitung im strukturellen Wandel. In: Das Büro als Zentrum der Informationsverarbeitung, hrsg. v. Erwin Grochla, Wiesbaden 1971, S. 11–32

33. Analyse gegenwärtiger und zukünftiger Entwicklungstendenzen bei der Planung, Entwicklung und Implementierung computer-gestützter Entscheidungssysteme. In: Computer-gestützte Entscheidungen in Unternehmungen, hrsg. v. Erwin Grochla, Wiesbaden 1971, S. 219–227

34. Anwendungsorientierte Informatik – Der Weg zu wirtschaftlichen ADV-Anwendungssystemen. In: Produktivität und Rationalisierung, hrsg. v. Rationalisierungs-Kuratorium der Deutschen Wirtschaft, Hamburg 1971, S. 167–172

35. Die Aus- und Weiterbildung auf dem Gebiet der Automatisierten Datenverarbeitung. Eine Herausforderung an Wirtschaft und Staat. In: Produktiv führen und verwalten. AWV-Schrift Nr. 124, vorgelegt vom Ausschuß für wirtschaftliche Verwaltung (AWV), Stuttgart – Berlin – Köln – Mainz 1971, S. 160–174

36. Management-Informationssysteme als eine Herausforderung an die betriebswirtschaftlich-organisatorische Forschung. In: Management-Informationssysteme. Eine Herausforderung an Forschung und Entwicklung, hrsg. v. Erwin Grochla und Norbert Szyperski, Wiesbaden 1971, S. 19–35

37. Organisatorische Grundproblematik der betrieblichen Datenbanken. In: Datenbanken im Dienste der Unternehmungsführung. Arbeitsgemeinschaft für Rationalisierung des Landes Nordrhein-Westfalen, Heft 128, Dortmund 1971, S. 6–14

38. Die Kooperation von Unternehmungen aus organisationstheoretischer Sicht. In: Theorie und Praxis der Kooperation. Schriften zur Kooperationsforschung, A. Studium, Bd. 3, Tübingen 1971, S. 1–18. Nachdruck in: Verbände, hrsg. v. E.-B. Blümle u. W. Wittmann, Stuttgart – New York 1976, S. 38–51

39. Betriebswirtschaftlich-organisatorische Forschung auf dem Gebiet der Informationssysteme. In: Wissenschaftsprogramm und Ausbildungsziele der Betriebswirtschaftslehre. hrsg. v. Gert von Kortzfleisch, Berlin 1971

40. Möglichkeiten und organisatorische Konsequenzen der Anwendung automatisierter Datenverarbeitung für die Unternehmungsführung. Ins Japanische übersetzt von Yasumi Sakamoto, in: Festschrift für Susumi Takamiya, Tokio 1972, S. 184–200

41. Wissenschaftliche, einzelwirtschaftliche und gesamtwirtschaftliche Aspekte der Produktinnovation. Arbeitsgemeinschaft für Rationalisierung des Landes Nordrhein-Westfalen, Heft 146, Dortmund 1973, S. 5–8

42. The Impact of General Systems Theory on Organization Theory. In: Unity Through Diversity, Festschrift für Ludwig von Bertalanffy, ed. by William Gray and Nicholas D. Rizzo, Part II, New York – London – Paris 1973, S. 999–1028

43. Organisatorische Voraussetzungen einer effizienten modell- und computer-gestützten Unternehmungsplanung. In: Modell- und computer-gestützte Unternehmungsplanung, hrsg. v. Erwin Grochla und Norbert Szyperski, Wiesbaden 1973, S. 265–279

44. Theoretische Grundlagen der divisionalisierten Organisation. In: Divisionalisierung als organisatorisches Konzept für die Unternehmung. Arbeitsgemeinschaft für Rationalisierung des Landes Nordrhein-Westfalen, Heft 147, Dortmund 1973, S. 5–19

45. Gegenstand und Entwicklung der Managementlehre. In: Management. Aufgaben und Instrumente, hrsg. v. Erwin Grochla. Econ-Reader, Düsseldorf – Wien 1974, S. 11–26

46. Konzeptionen für Informationszentren. In: Lecture Notes in Computer Science, ed. by G. Goos a. J. Hartmanisi, Nr. 9, Berlin – Heidelberg – New York 1974, S. 7–17

47. Theoretische Grundlagen einer Einführung mit Zielen. In: Führung mit Zielen. Arbeitsgemeinschaft für Rationalisierung des Landes Nordrhein-Westfalen, Heft 151, Dortmund 1974, S. 5–18

48. Neue Konzepte der Unternehmungsorganisation – Eine Strukturanalyse –. In: Unternehmungsführung, Festschrift für Erich Kosiol, hrsg. v. Jürgen Wild, Berlin 1974, S. 297–322

49. Automation in der Absatzwirtschaft. In: Handwörterbuch der Absatzwirtschaft, hrsg. v. Bruno Tietz, Stuttgart 1974, Sp. 298–306

50. Betrieb, Betriebswirtschaft und Unternehmung. In: Handwörterbuch der Betriebswirtschaft, 4. Aufl., hrsg. v. Erwin Grochla u. Waldemar Wittmann, 1. Bd., Stuttgart 1974, Sp. 541–557. Nachdruck in: Betriebswirtschaftslehre, Teil 1: Grundlagen, hrsg. v. Erwin Grochla, Poeschel Reader 5 a, Stuttgart 1978, S. 44–51

51. Betriebsverbindungen. In: Handwörterbuch der Betriebswirtschaft, 4. Aufl., a.a.O., Sp. 654–670. Nachdruck in: Betriebswirtschaftslehre, Teil 1: Grundlagen, hrsg. v. Erwin Grochla, Poeschel Reader Nr. 5 a, Stuttgart 1978, S. 178–185

52. Datenverarbeitung. In: Handwörterbuch der Betriebswirtschaft, 4. Aufl., a. a. O., 1. Bd., Sp. 1115–1129. Nachdruck in: Betriebswirtschaftslehre, Teil 2: Betriebsführung, hrsg. v. Erwin Grochla. Poeschel Reader 5 b, Stuttgart 1978, S. 119–125

53. Rationalisierung von computergestützten Informationssystemen durch Reduzierung der Informationsflut. In: Rationalisierung des computergestützten Berichtswesens. Arbeitsgemeinschaft für Rationalisierung des Landes Nordrhein-Westfalen, Heft 157, Dortmund 1974, S. 5–7

54. Datenschutz und Datensicherung aus organisatorischer Sicht. In: Der Datenschutzbeauftragte – Gesetzliche Anforderungen und Erfahrungen der Praxis. Arbeitsgemeinschaft für Rationalisierung des Landes Nordrhein-Westfalen, Heft 162, Dortmund 1974, S. 5–16

55. The design of computer-based informations-systems, a challenge to organizational research. In: Information Systems and Organizational Structure, ed. by Erwin Grochla and Norbert Szyperski, Berlin – New York 1975, S. 31–52

56. Materialwirtschaft. In: Handwörterbuch der Betriebswirtschaft, 4. Aufl., hrsg. v. Erwin Grochla u. Waldemar Wittmann, 2. Bd., Stuttgart 1975, Sp. 2627–2645. Nachdruck in: Betriebswirtschaftslehre, Teil 1: Grundlagen, hrsg. v. Erwin Grochla. Poeschel Reader 5 a, Stuttgart 1978, S. 97–105

57. Organisation und Organisationsstruktur. In: Handwörterbuch der Betriebswirtschaft, 4. Aufl., a. a. O., 2. Bd., Sp. 2846–2868. Nachdruck unter dem Titel »Organisation« in: Betriebswirtschaftslehre, Teil 1: Grundlagen, hrsg. v. Erwin Grochla. Poeschel Reader 5 a, Stuttgart 1978, S. 146–156

58. Organisationstheorie. In: Handwörterbuch der Betriebswirtschaft, 4. Aufl., a.a.O., 2. Bd., Sp. 2895–2920. Nachdruck in: Betriebswirtschaftslehre, Teil 1: Grundlagen, hrsg. v. Erwin Grochla. Poeschel Reader 5 a, Stuttgart 1978, S. 313–324

59. Entwicklung und gegenwärtiger Stand der Organisationstheorie. 1. Teilband, hrsg. v. Erwin Grochla. Poeschel Reader 1 a, Stuttgart 1975, S. 2–32

60. Finanzierung, Begriff der. In: Handwörterbuch der Finanzierung, hrsg. v. Hans E. Büschgen, Stuttgart 1976, Sp. 413–431

61. Finanzorganisation. In: Handwörterbuch der Finanzierung, a. a. O., Sp. 526–539

62. Computerverbundsysteme – Probleme und Lösungsmöglichkeiten aus betriebswirtschaftlicher Sicht. In: Computerverbundsysteme in Wirtschaft und Verwaltung. Arbeitsgemeinschaft für Rationalisierung des Landes Nordrhein-Westfalen, Heft 169, Dortmund 1976, S. 3–25

63. Der Weg zu einer umfassenden betriebswirtschaftlichen Beschaffungslehre. In: Materialwirtschaft heute und morgen. 10. Deutscher Einkäuferkongreß 1976, Bundesverband Materialwirtschaft und Einkauf e. V. (BME), Frankfurt 1976, S. 18–29

64. Dezentralisierung der Datenverarbeitung – Die aktuelle Tendenz in der Informationstechnologie –. In: DV-Aktuell, hrsg. v. Kurt Nagel, Stuttgart 1977, S. 41–54

65. Forschungsrichtungen und Forschungsstrategien in der Organisationstheorie. In: Organisation, hrsg. v. Peter Lindemann u. Kurt Nagel, Neuwied 1977, Ziffer 1.1., S. 1–29

66. Forschen und Entwickeln auf dem Gebiet der computer-gestützten Informationssysteme. In: Organisation, hrsg. v. Peter Lindemann u. Kurt Nagel, Neuwied 1977, Ziffer 5.1., S. 1–36

67. Entwicklungsstand und aktuelle Probleme der Organisationstheorie. In: Sozialwissenschaftliche Annalen, Bd. 1, Wien 1977, S. 1–26

68. Development and present-state of organization-theory in the german-speaking countries. In: The Annals of the School of Business Administration, Kobe University, Kobe, Japan, No. 21, 1977, S. 1–27

69. Organisationsplanung und -entwicklung als permanente Aufgabe der Unternehmungsführung. In: Organisationsplanung und Organisationsentwicklung – Theorie und Praxis. Arbeitsgemeinschaft für Rationalisierung des Landes Nordrhein-Westfalen, Heft 182, Dortmund 1977, S. 5–23

70. Lernprozesse im Rahmen der Organisationsplanung und Organisationsentwicklung. In: Lebenslanges Lernen, hrsg. v. Horst Albach, Walter Busse von Colbe, Hermann Sabel. USW-Schriften für Führungskräfte, Bd. 11, Wiesbaden 1978, S. 51–66

71. Dezentralizacja przetwarzania danych. In: Organizacja, methody i techniki kierowania. Prace Naukowe Instytutu Organizacji i Zarzadzania, Politechniki Wroclawskij, Seria Wspolpraca, Wroclaw 1978, S. 45–61

72. Materialwirtschaft, betriebliche. In: Handwörterbuch der Wirtschaftswissenschaft, hrsg. v. W. Albers u. a., Stuttgart – New York – Tübingen – Göttingen – Zürich 1980, Bd. 5, S. 198–218

73. Projectowanie i wdrazanie systemow informatycznych (altualne prace badawcze). In: Zastowanie systemow informatycznych do zarzadzania w przedsiebiorstwic. Prace Naukowe Instytutu Organizacji i Zarzadzania Politechniki Wroclawskiej, Seria Studiaa i Materaly, Wroclaw 1978, S. 5–22

74. (mit Elmar Reindl) Die Auswirkungen computergestützter Informationssysteme auf die Steuerungs- und Kontrollaktivitäten der Manager. In: Entwicklungstendenzen der Systemanalyse, Fachberichte und Referate/Lectures and Tutorials, Bd. 6, hrsg. v. Hans Robert Hansen, München – Wien 1978, S. 509–536

75. Planung, Kontrolle und Organisation. In: Betriebswirtschaftslehre, Teil 2: Betriebsführung, hrsg. v. Erwin Grochla. Poeschel Reader 5 b, Stuttgart 1978, S. 52–58

76. Ansätze der allgemeinen Organisationstheorie und deren Bedeutung für die Entwicklung einer speziellen Organisationstheorie rechner-gestützter Informationssysteme. In: Ansätze zur Organisationstheorie rechner-gestützter Informationssysteme, hrsg. v. Carl Adam Petri, Bericht Nr. 111 der Gesellschaft für Mathematik und Datenverarbeitung, München – Wien 1979, S. 9–35

77. Entwicklungsgeschichte und gegenwärtiger Erkenntnisstand der Organisationstheorie. In: RKW-Handbuch Führungstechnik und Organisation, hrsg. v. Erich Potthoff, Berlin 1979, Beitrag 1402, S. 1–33

78. Textverarbeitung und Organisation. In: Computergestützte Textverarbeitung, Fachberichte und Referate, Lectures and Tutorials, Bd. 10, hrsg. v. Oskar Grün und Josef Rössl, München – Wien 1979, S. 199–224

79. Leitungsorganisation im Porduktionsbereich. In: Handwörterbuch der Produktionswirtschaft, hrsg. v. Werner Kern. Stuttgart 1979, Sp. 1104–1115

80. Materialwirtschaft. In: Handwörterbuch der Produktionswirtschaft, a. a. O., Sp. 1257–1265

81. Organisatorische Aspekte der Textverarbeitung und Ausblick auf das Büro der Zukunft. In: AIESEC-Jahresbericht 1979, S. 62–69

82. Die Beteiligung der Unternehmungsführung an der Gestaltung computer-gestützter Informationssysteme. In: Führungsprobleme industrieller Unternehmungen. Festschrift für Friedrich Thomée zum 60. Geburtstag. Berlin – New York 1980, S. 125–136

83. Die Bedeutung verhaltenstheoretischer Ansätze für die Entwicklung einer praxeologischen Organisationstheorie. In: Wirtschaftstheorie als Verhaltenstheorie. Beiträge zur Verhaltenstheorie, Heft 23, Berlin 1980, S. 107–122

84. Automation. In: Handwörterbuch der Organisation, hrsg. v. Erwin Grochla, 2. Aufl., Stuttgart 1980, Sp. 240–248

85. ADV-Systeme (Komponenten und Gestaltung). In: Handwörterbuch der Organisation, 2. Aufl., a. a. O., Sp. 274–292

86. Organisationstheorie. In: Handwörterbuch der Organisation, 2. Aufl., a. a. O., Sp. 1795–1814

87. Organisatorische Gestaltung, theoretische Grundlagen der. In: Handwörterbuch der Organisation, 2. Aufl., a.a.O., Sp. 1831–1843

88. (mit N. Thom) Organisationsformen, Auswahl von. In: Handwörterbuch der Organisation, 2. Aufl., a.a.O., Sp. 1494–1517

89. (mit H. Lehmann) Systemtheorie und Organisation. In: Handwörterbuch der Organisation, 2. Aufl., a.a.O., Sp. 2204–2216

90. Modelle der Dezentralisation in der Datenverarbeitung. In: Modelle in der Medizin – Theorie und Praxis, hrsg. v. H. J. v. Jesdinsky, u. V. Weidtmann. Medizinische Informatik und Statistik, Bd. 22, Berlin – Heidelberg – New York 1980, S. 70–88

91. ›Verteilte‹ Computer-Systeme. In: Verwaltungsinformatik Textbuch, hrsg. v. Hansjürgen Garstka, Jochen Schneider u. Karl Heinz Weigand, Darmstadt 1980, S. 113–121

92. Risikominderung durch Projekt-Organisation. In: Jahrbuch für Betriebswirte 1981, hrsg. v. Werner Kresse, Stuttgart 1981, S. 81–86

93. Organisation, I: Theorie. In: Handwörterbuch der Wirtschaftswissenschaft, hrsg. v. W. Albers u.a., Stuttgart – New York – Göttingen – Zürich 1981, 28./29. Lieferung, S. 1–15

94. Beschaffungspolitik. In: Die Führung des Betriebes. Festschrift für Curt Sandig, hrsg. v. M. N. Geist u. R. Köhler, Stuttgart 1981, S. 243–259

95. Entwicklung der Informationstechnologien und ihre Bedeutung für die Unternehmen. In: Hundert Thaler Preussisch Courant-Industriefinanzierung in der Gründerzeit. Hrsg. v. Wolfgang Flach u. Horst A. Wessel, Wien – München – Zürich – New York 1981, S. 58–66

96. Entwicklungstendenzen und Anwendungskonsequenzen moderner Informationstechnologien. In: Handbuch der modernen Datenverarbeitung, hrsg. v. Hans Eduard Littmann, 18. Jg., 100./101. Lieferung, Juli/September 1981

97. Organisationstheorien. In: Handwörterbuch der Betriebspsychologie und Betriebssoziologie, hrsg. v. Paul G. v. Beckerath, Peter Sauermann u. Günter Wiswede, Stuttgart 1981, S. 301–306

98. Beschaffungsstrategie und Beschaffungspolitik als aktuelle Herausforderungen an die Unternehmungsführung. In: Erfolgreiche Beschaffung: Ein aktuelles Problem der Unternehmungsführung, Arbeitsgemeinschaft für Rationalisierung des Landes Nordrhein-Westfalen, Heft 225, 1982, S. 2–16

99. Der Beitrag der Beschaffungspolitik zur Unternehmungssicherung. In: Jahrbuch für Betriebswirte 1983, hrsg. v. Werner Kresse, Stuttgart 1983

100. (mit N. Thom) Konsequenzen der fachwissenschaftlichen Entwicklung für die Lehrplangestaltung an beruflichen Schulen im Fach Organisationslehre. In: Fachdidaktik der Wirtschaftslehre in der Sekundarstufe II, hrsg. v. Bernhard Nibbrig, Böhlau Verlag, Köln – Wien 1983, S. 153–177

101. Organisation, Kontrolle und Revision der. In: Handwörterbuch der Revision, hrsg. v. Adolf G. Coenenberg u. Klaus v. Wysocki, Stuttgart 1983, Sp. 1002–1011

102. Personalentwicklung als Herausforderung an die Unternehmungsführung. In: Personalentwicklung in Groß- und Mittelbetrieben. Wissenschaftliche Arbeitsgemeinschaft für Technik und Wirtschaft des Landes Nordrhein-Westfalen, Heft 233, Dortmund 1983, S. 2–5

103. Führung der Materialwirtschaft. In: Handwörterbuch der Führung, hrsg. v. Alfred Kieser, Gerhard Reber und Rolf Wunderer, Stuttgart 1986 (im Druck)

104. Reorganisationsprozesse, Führung der. In: Handwörterbuch der Führung, hrsg. v. Alfred Kieser, Gerhard Reber und Rolf Wunderer, Stuttgart 1986 (im Druck)

E. Aufsätze in Zeitschriften

1. Bestandteile und Gliederung der Selbstkostenpreiskalkulation nach der neuen LSP. In: Wirtschaftstreuhänder, 3. Jg. 1955, S. 105–109

2. Die Ermittlung des betriebsnotwendigen Kapitals nach den neuesten LSP. In: Der Betrieb, 7. Jg. 1954, S. 501–504

3. Die organisatorische Struktur der Aktiengesellschaft in betriebswirtschaftlicher Sicht. In: Die Aktiengesellschaft, 2. Jg. 1957, S. 103–106 u. S. 138–142

4. Kritik und Weiterentwicklung des deutschen Kontenrahmens. In: Zeitschrift für Betriebswirtschaft, 27. Jg. 1957, S. 556–576

5. Vorschlag für einen neuen deutschen Kontenrahmen. In: Kostenrechnungs-Praxis. Zeitschrift für Betriebsabrechnung, Kostenrechnung und -planung, 1958, Heft 1, S. 9–17

6. Die Träger der Betriebsplanung. In: Zeitschrift für handelswissenschaftliche Forschung, N. F., 10. Jg. 1958, S. 511–529

7. Polarität in betriebswirtschaftlicher Forschung und Lehre. In: Zeitschrift für Betriebswirtschaft, 29. Jg. 1959, S. 65–76

8. Elastische Beschaffungsplanung im Industriebetrieb zur Anpassung an die konjunkturelle Entwicklung. In: Betriebswirtschaftliche Forschung und Praxis, 11. Jg. 1959, S. 393–409

9. Zur Organisation des Verbandbetriebes. In: Neue Betriebswirtschaft, 13. Jg. 1960, S. 117–121

10. Voraussetzungen einer optimalen Unternehmungsplanung. In: Management International. Internationale Zeitschrift für Betriebswirtschaft und Unternehmungsführung, 2. Jg. 1962, S. 59–66

11. Zur Organisation des betrieblichen Planungsablaufs. In: Zeitschrift für Betriebswirtschaft, 32. Jg. 1962, S. 702–715

12. Organisierte Planung als Voraussetzung der Anpassung an Datenänderungen bei Betriebsumstellungen. In: Bedriftökonomen, Bergen (Norwegen), Nr. 1b, 25. Jg., 1964, S. 27–35

13. Entstehung und Aufgaben des Betriebswirtschaftlichen Instituts für Organisation und Automation an der Universität zu Köln. In: Datenträger, Internationale Zeitschrift für Datenverarbeitung, 1964, S. 23–35

14. Zum Wesen der Automation. In: Zeitschrift für Betriebswirtschaft, 34. Jg. 1964, S. 600–666. Nachdruck in: Der Merkur Bote, 13. Jg. 1965, S. 66–71

15. Aktuelle Probleme der automatischen Datenverarbeitung in den USA. In: Der Betrieb, 18. Jg. 1965, S. 1053–1057

16. Der Einfluß der Automatisierung auf die Unternehmungsorganisation. In: Zeitschrift für Betriebswirtschaft, 36. Jg. 1966, S. 271–288

17. Einflüsse der Automatisierung auf Leitung und Organisation der Unternehmung. In: VDI-Nachrichten, Nr. 27, 6. 7. 1966, S. 9

18. Organisatorische Aspekte der automatisierten Datenverarbeitung. In: Die Ankerkette, Heft 47, 1967, S. 15–18

19. Die Integration der Datenverarbeitung. Durchführung anhand eines integrierten Unternehmungsmodells. In: Bürotechnik und Automation (BTA), 9. Jg. 1968, S. 108–123

20. Über das Studium der automatisierten Datenverarbeitung an den amerikanischen Universitäten. In: Der Deutsche Volks- und Betriebswirt, 14. Jg. 1968, S. 1–3

21. Die Bedeutung der automatisierten Datenverarbeitung für die Unternehmungsführung. In: IBM-Nachrichten, 18. Jg. 1968, S. 84–90

22. Die automatisierte Datenverarbeitung als Lehrfach an der Universität. In: Der Deutsche Volks- und Betriebswirt, 14. Jg. 1968, S. 21–23

23. Anwendungssysteme für die automatisierte Datenverarbeitung. In: Zeitschrift für Organisation, 37. Jg. 1968, S. 242–248

24. Zur Diskussion über die Zentralisationswirkung automatischer Datenverarbeitungsanlagen. In: Zeitschrift für Organisation, 38. Jg. 1969, S. 47–53; Nachdruck in: Organisationstheorie, 2. Teilband, hrsg. v. Erwin Grochla, Stuttgart 1976, S. 507–517

25. Erkenntnisstand und Entwicklungstendenzen der Organisationstheorie. In: Zeitschrift für Betriebswirtschaft, 39. Jg. 1969, S. 1–22; Nachdruck in: Unternehmungsorganisation, Reader u. Abstracts, hrsg. v. Erwin Grochla, Reinbek bei Hamburg 1972, S. 20–41 und in: Organisation als System, hrsg. v. Knut

Bleicher, Wiesbaden 1972, S. 101–121 und in der ungarischen Ausgabe: A szervezet mint rendszer, Budapest 1979, S. 107–128

26. Die Zukunft der automatisierten Datenverarbeitung – Eine Herausforderung an Forschung und Ausbildung. In: adl-Nachrichten, 14. Jg. 1969, S. 370–380

27. Modelle als Instrumente der Unternehmungsführung. In: Zeitschrift für betriebswirtschaftliche Forschung, 21. Jg. 1969, S. 382–397

28. Betriebsinformatik und Wirtschaftsinformatik als notwendige anwendungsbezogene Ergänzung einer allgemeinen Informatik. In: Elektronische Datenverarbeitung, 1969, S. 544–548

29. Systemtheorie und Organisationstheorie. In: Zeitschrift für Betriebswirtschaft, 40. Jg. 1970, S. 1–16; Nachdruck in: Organisation als System, hrsg. v. Knut Bleicher, Wiesbaden 1972, S. 123–137 und in der ungarischen Ausgabe: A szervezet mint rendszer, Budapest 1979, S. 129–145. Weiterhin in: Organisationstheorie, 2. Teilband, hrsg. v. Erwin Grochla, Poeschel Reader 1b, Stuttgart 1976, S. 554–566

30. Die Gestaltung allgemeingültiger Anwendungsmodelle für die automatische Informationsverarbeitung in Wirtschaft und Verwaltung. In: Elektronische Datenverarbeitung, 1970, S. 49–55

31. (mit D. Seibt) Ausbildung und Fortbildung in automatisierter Datenverarbeitung für das Top-Management. In: management international review, Vol. 10, 1970/4–5, S. 3–13

32. Grundfragen der Wirtschaftlichkeit automatisierter Datenverarbeitung. In: Zeitschrift für Organisation, 39. Jg. 1970, S. 329–336

33. Das Grundmodell eines integrierten Informationsverarbeitungssystems (Kölner Integrationsmodell) und seine Bedeutung für die Wirtschaftsprüfung. In: Die Wirtschaftsprüfung, Beilage zu Heft 1/1970, S. 5–14

34. Die Betriebswirtschaftliche Organisationslehre an der Universität zu Köln. In: Zeitschrift für Organisation, 40. Jg. 1971, S. 215–226

35. Die Gestaltung entscheidungsorientierter Informationssysteme als Aufgabe der Unternehmungsführung. In: Datascope, Jg. 2, 1971, Heft 5, S. 1–7

36. Forschung und Entwicklung auf dem Gebiet der Informationssysteme als Aufgabe der Betriebswirtschaftslehre. In: Zeitschrift für Betriebswirtschaft, 41. Jg. 1971, S. 563–582

37. Auswirkungen der automatisierten Datenverarbeitung auf die Unternehmungsplanung. In: Zeitschrift für betriebswirtschaftliche Forschung, 23. Jg. 1971, S. 719–732; Nachdruck in: Management. Aufgaben und Instrumente, hrsg. v. Erwin Grochla, Econ-Reader, Düsseldorf – Wien 1974, S. 333–349

38. Organisatorische Anpassungsprobleme im Büro. In: bürotechnik. Automation und Organisation, 19. Jg. 1971, S. 61–66

39. (mit P. Schmitz, D. Seibt u. N. Szyperski) Ein Vorschlag für einen Studiengang »Diplom-Betriebswirt« der Fachrichtung Informatik. In: Angewandte Informatik, 14. Jg. 1972, S. 81–90

40. Teamorientierte Organisationsstruktur. In: das rationelle Büro, 11/1972, S. 12–22

41. Die Hauptmerkmale der aktuellen Organisationsformen. In: Der Betrieb, 26. Jg. 1973, Heft 1, S. 4–7

42. Gestaltung und Überwachung computer-gestützter Informationssysteme zur Unterstützung des Managements im Entscheidungsprozeß. In: Zeitschrift Interne Revision, 8. Jg. 1/1973, S. 1–17

43. Gegenwärtige Bedeutung und Entwicklungstendenzen der Mittleren Datentechnik. In: bürotechnik, 21. Jg. 1973, S. 478–488

44. Das Engagement der Unternehmensführung bei der Entwicklung computer-gestützter Informationssysteme. In: Fortschrittliche Betriebsführung, 22. Jg. 1973, S. 65–72

45. Automatisierung der Automatisierung. Möglichkeiten und Grenzen der computer-gestützten Gestaltung von betrieblichen Informationssystemen. In: Zeitschrift für betriebswirtschaftliche Forschung, 25. Jg. 1973, S. 413–429; Nachdruck in: Organisationstheorie, 2. Teilband, hrsg. v. Erwin Grochla, Stuttgart 1976, S. 480–495

46. Der Beitrag Schmalenbachs zur betriebswirtschaftlichen Organisationslehre. In: Zeitschrift für betriebswirtschaftliche Forschung, 25. Jg. 1973, S. 555–578

47. Die Entwicklung computer-gestützer Informationssysteme als Herausforderung an Forschung und Praxis. In: adl-nachrichten. Zeitschrift für Informationsverarbeitung, Nr. 82, 1973, S. 10–17

48. Organisation als Instrument der Unternehmungsführung. In: Betriebswirtschaftliche Forschung und Praxis, 12/1973, S. 627–658; Nachdruck in: Management. Aufgaben und Instrumente, hrsg. v. Erwin Grochla, Econ-Reader, Düsseldorf – Wien 1974, S. 129–149; Englischer Nachdruck unter dem Titel »Organization as an instrument of business management«. In: Economies, edited by the Institute for Scientific Co-operation, Tübingen 1975, S. 88–108

49. Computer-gestützte Gestaltung von Informationssystemen. In: Angewandte Informatik, 15. Jg. 1973, S. 507–519

50. Aktuelle Strukturierungskonzeptionen in der Organisationslehre. In: WISU, das wirtschaftsstudium, 2. Jg. Nr. 12/1973, S. 559–564, 3. Jg. Nr. 1/1974, S. 7–10, 3. Jg. Nr. 2/1974, S. 58–61

51. Beiträge des BIFOA zur Organisation und Betriebsinformatik in Forschung und Lehre. In: Angewandte Informatik, 4/1974, S. 140–147

52. Mittlere Datentechnik als Terminalcomputer im Computerverbund. In: bürotechnik, 22. Jg. 1974, S. 932–937

53. Systemtheoretisch-kybernetische Modellbildung betrieblicher Systeme. In: Sonderheft 3/74 der ZfbF 1974, S. 11–22

54. Das Engagement des Managements der Versicherungswirtschaft bei der Gestaltung von Datenverarbeitungssystemen. In: Versicherungswirtschaft, 31. Jg. 1975, S. 150–161

55. Das Komponentensystem der automatisierten Datenverarbeitung. In: Büro + EDV, 25. Jg. Jubiläumsausgabe 1974, S. 48–53

56. (mit M. K. Welge) Zur Problematik der Effizienzbestimmung von Organisationsstrukturen. In: Zeitschrift für betriebswirtschaftliche Forschung, 27. Jg. 1975, S. 273–289; Nachdruck in: Wirtschaftliche Meßprobleme, hrsg. v. Christian Pfohl u. Bert Rürup, Materialien zur Betriebs- und Volkswirtschaft, Köln 1977, S. 73–91

57. Management-Informationssysteme – Eine Herausforderung an Forschung und Entwicklung. In: Zeitschrift für Betriebswirtschaft, ZfB-Repetitorium, 45. Jg. 1975, S. 67–72 u. 91–96

58. (mit H. Kubicek) Zur Zweckmäßigkeit und Möglichkeit einer umfassenden betriebswirtschaftlichen Beschaffungslehre. In: Zeitschrift für betriebswirtschaftliche Forschung, 28. Jg. 1976, S. 257–275; Nachdruck unter dem Titel »Gedanken zur Beschaffung«. In: Beschaffung aktuell, Nr. 7–8/76, S. 54–62

59. (mit R. Gillner) Die Nutzung von Beschreibungsmodellen zur computer-gestützten Gestaltung von Datenverarbeitungssystemen. In: Zeitschrift für betriebswirtschaftliche Forschung, 28. Jg. 1976, Kontaktstudium, S. 97–104; Nachdruck in: Betriebswirtschaftliches Kontaktstudium, hrsg. v. Bierich u. a., Wiesbaden 1978, S. 61–68

60. (mit Mitarbeitern) Der Anwendungsstand von Systemerhebungstechniken und Formen der Systemdokumentation im Bundesgebiet. In: Online, 14. Jg. 1976, S. 331–336

61. Praxeologische Organisationstheorie durch sachliche und methodische Integration – Eine pragmatische Konzeption –. In: Zeitschrift für betriebswirtschaftliche Forschung, 28. Jg. 1976, S. 617–637

62. Dezentralisierungs-Tendenzen im Betrieb durch Einsatz moderner Datenverarbeitung. In: Angewandte Informatik, Heft 12/76, S. 511–521

63. Der Weg zu einer umfassenden betriebswirtschaftlichen Beschaffungslehre. In: Die Betriebswirtschaft, 37. Jg. 1977, Heft 2, S. 181–191

64. Organization Theory: present state of the science and actual challenges – An analysis with special regard to the development in the german-speaking countries. In: management international review, Vol. 17, 1977/3, S. 19–36

65. (mit N. Thom) Die Matrix-Organisation. Chancen und Risiken einer anspruchsvollen Strukturierungskonzeption. In: Zeitschrift für betriebswirtschaftliche Forschung, 29. Jg. 1977, Kontaktstudium, S. 193–203; Nachdruck in: Betriebswirtschaftliches Kontaktstudium, hrsg. v. Bierich u. a., Wiesbaden 1978, S. 41–51

66. Grundzüge und gegenwärtiger Erkenntnisstand einer Theorie der organisatorischen Gestaltung. In: Zeitschrift für Organisation, 46. Jg. 1977, S. 421–432

67. Zur Organisation innovativer Gemeinschaftsforschung. In: Wirtschaft und Wissenschaft, 25. Jg. 1977, Heft 4, S. 19–24

68. Organisationstheoretische Ansätze zur Gestaltung rechner-gestützter Informationssysteme. In: Angewandte Informatik, 20. Jg. 1978, S. 141–149

69. Modelle zur Dezentralisation in der Datenverarbeitung. In: medizintechnik, Heft 5/1979, S. 148–151

70. Betriebswirtschaftlich-organisatorische Voraussetzungen technologischer Innovationen. In: Zeitschrift für betriebswirtschaftliche Forschung, Sonderheft 11/80, S. 30–42

71. (mit N. Thom) Innovationen durch Verbände und im Verbandbetrieb. In: Verbands-Management. Mitteilungen der Forschungsstelle für Verbandspolitik der Universität Freiburg, Schweiz, 5. Jg. 2/80, S. 18–32

72. (mit N. Thom) Das Betriebliche Vorschlagswesen als Führungs- und Personalentwicklungs-Instrument. In: Zeitschrift für betriebswirtschaftliche Forschung, 32. Jg. 1980, S. 769–780

73. (mit H. J. Homberger) AUDAFEST – Datenschutzbefragung. Erster Teil der Ergebnisse. In: Online-adl-Nachrichten, Jg. 1980, S. 764–766

74. (mit H. J. Homberger) AUDAFEST – Datenschutzbefragung – Stand der Datenschutzaktivitäten. In: Datenschutz und Datensicherung, Heft 1/Februar 1981, S. 29–33

75. (mit R. Fieten) Wie kann das Management-Defizit in der Materialwirtschaft reduziert werden? In: Management Zeitschrift Industrielle Organisation, 3/1981, S. 151–154

76. Die EDV auf dem Weg ins Jahr 2000. In: Maschinenbau, Schweizer Industrie-Magazin, 10. Jg., Juli/August 1981, S. 77–81

77. Betriebliche Konsequenzen der informationstechnologischen Entwicklung. In: Angewandte Informatik, 24. Jg., 2/1982, S. 62–71

78. (mit F. Albers u. F. Rüschenbaum) Anwendungsstand der ADV im Wirtschafts- und Verwaltungsdienst. In: das Krankenhaus, 74. Jg. 1982, S. 115–119

79. (mit F. Albers u. F. Rüschenbaum) Kostensituation der ADV im Wirtschafts- und Verwaltungsdienst. In: das Krankenhaus, 74. Jg. 1982, S. 160–165

80. Betriebswirtschaftliche Aspekte der modernen Informationstechnologien. In: ÖIAG-Journal 1/82, S. 6–12

81. (mit Mitarbeitern) Zum Einsatz von Kennzahlen in der Materialwirtschaft mittelständischer Industrieunternehmungen. Ergebnisse einer empirischen Analyse. In: Zeitschrift für betriebswirtschaftliche Forschung, 34. Jg. 1982, S. 569–580

82. (mit R. Gillner) Description Models and the Design of ADP Systems: Trends in West Germany. In: Information Systems, Vol. 7, No. 2, 1982, S. 147–161

83. Rozwoy i stan obency teorii organizacji (The Development and the present state of the organization theory). In: Organizacjaa i kierowanic, Rok 1982 nr 3–4 (29–30), PWN Warszawa, S. 3–23

84. (mit Mitarbeitern) Ein betriebliches Informationsschutzsystem – Notwendigkeit und Ansatzpunkte für eine Neuorientierung. In: Angewandte Informatik, 25. Jg. 1983, S. 187–194

85. Organisations- und Personalentwicklung als Herausforderung an die Unternehmungsführung. In: Fortschrittliche Betriebsführung und Industrial Engineering, 32. Jg. 1983, S. 146–149

86. (mit Mitarbeitern) Einsatz von Kleincomputern in Klein- und Mittelbetrieben. Ein datenschutzrechtliches und datensicherungstechnisches Problem. Ergebnisse einer empirischen Untersuchung. In: DuD Datenschutz und Datensicherung, Informationsrecht, Kommunikationssysteme, Heft 3/Juni 1983, S. 186–192

87. Perspektivenerweiterung bei der organisatorischen Gestaltung. In: Zeitschrift für betriebswirtschaftliche Forschung, 36. Jg. 1984, S. 114–123

88. (mit Mitarbeitern) Die Entlastung mittelständischer Unternehmer durch organisatorische Maßnahmen. In: Zeitschrift für betriebswirtschaftliche Forschung, 36. Jg. 1984, S. 395–411

89. (mit H. Lippold u. H. Weber) Das Büro im Wandel durch Informations- und Kommunikationstechnik. In: Forum, Data General, Heft 1, 1984, S. 13–20

F. *Zeitungsartikel und kleinere Beiträge*

1. Was geschieht mit unserem akademischen Nachwuchs? In: Bürotechnik und Organisation, 4. Jg. 1956, S. 741–743 u. 795–796
2. Der Verbandbetrieb. In: Die Verbandsgeschäftsführung, 1/1961, S. 1–4
3. Automation – Schlagwort oder Notwendigkeit? In: Industriekurier vom 28. 4. 1966, S. 32
4. Die Computer werden schlecht genutzt. In: Der Volkswirt, 22. Jg. 1968, S. 35–36
5. Kybernetik – ja oder nein? In: Rationalisierung, 21. Jg. 1970, S. 2
6. Informatik aus der Sicht der Computer-Anwender. In: Süddeutsche Zeitung, Technisch-Wissenschaftliche Blätter der Süddeutschen Zeitung, Nr. 101, 28. 4. 1970, S. 2
7. Einbruch der Automation. In: Das Parlament, 20. Jg. 1970, Nr. 32–33, S. 6
8. Kernfragen der EDV-, Aus- und Weiterbildung. In: Rationalisierung, 21. Jg. 1970–11, S. 279–281
9. Bei Einführung von MIS müssen sich Top-Manager persönlich engagieren. In: Handelsblatt, 28. Jg. Nr. 82 vom 27./28. 4. 1973, S. 6
10. Organisationsformen und Führungsstil. In: Rationelles Büro + EDV, 24. Jg. April 1973, S. 58
11. Einführung in das Problem der systematischen Organisationsplanung. In: Zeitschrift für betriebswirtschaftliche Forschung, 26. Jg. 1974, S. 257–259
12. Angemessene Datenverarbeitung. In: der arbeitgeber, 28. Jg. Heft 11, 1976, S. 465–466
13. Dezentralisierungs-Tendenzen im Betrieb durch Einsatz moderner Datenverarbeitung. In: adl-nachrichten, Zeitschrift für Informationsverarbeitung, 99/76, S. 9–11
14. Datenbank und Werkbank, Automatisierte Datenverarbeitung im Handwerk. In: Faktoren des Fortschritts in der Handwerkswirtschaft, Sonderbeilage der Monatszeitung »Handwerkswirtschaft«, Organ der Handwerkskammer Aachen, 30. Jg. Nr. 12, Dezember 1976
15. Dokumentation – ein vernachlässigter Weg der DV-Rationalisierung. In: Computerwoche, Jg. 1977, Nr. 8, S. 6
16. Gemeinschaftsforschung im Mittelbetrieb. Organisatorische Grundlagen. In: Blick durch die Wirtschaft, hrsg. v. der Frankfurter Allgemeinen Zeitung, 20. Jg., Nr. 136 vom 16. 6. 1977, S. 3
17. Wenn es mit der Organisation hapert. In: Blick durch die Wirtschaft, hrsg. v. der Frankfurter Allgemeinen Zeitung, 20. Jg., Nr. 283 vom 8. 12. 1977, S. 3
18. BDSG: Ein Gesetz mit Rationalisierungseffekt? In: Computerwoche, Jg. 1978, Nr. 1/2 vom 5. 1. 1978, S. 6
19. Computeranwender sollten die EDV-Weichen selbst stellen. – Entscheidungshilfe durch neuentwickeltes Beurteilungs- und Gestaltungssystem. In: Handelsblatt, 33. Jg., Nr. 77 vom 2. 5. 1978, S. 25
20. Rationalisierungs-Potential bisher kaum genutzt. In: Computerwoche, Jg. 1978, Nr. 28 vom 7. 7. 1978, S. 14
21. Wirtschaftlichkeit durch Programmqualität erreichen (Teil I) + Die meisten Entwurfskonzepte verhindern die Transparenz (Teil II). In: Computerwoche, Jg. 1978, Nr. 43 vom 20. 10. 1978, S. 10 und Nr. 44 vom 27. 10. 1978, S. 10
22. Produktivitätssteigerung durch neue Bürosysteme. In: Industrieanzeiger, 101. Jg., Nr. 68 vom 24. 8. 1979, S. 15
23. Datenschutz nach BDSG: Ein abgeschlossenes Kapitel? In: Computerwoche, Jg. 1980, Nr. 39 vom 26. 9. 1980, S. 6
24. (mit N. Thom) Organisationslehre als Studienfach an wissenschaftlichen Hochschulen. In: UNI-Berufswahl-Magazin, 4. Jg. 1980, Nr. 1, S. 17–18

25. (mit H. J. Homberger) Ergebnisse der AUDAFEST-Befragung zum Datenschutz. BDSG – Ein Job zur linken Hand? In: Computerwoche, Jg. 1980, Nr. 40 vom 3. 10. 1980, S. 34–36
26. (mit H. J. Homberger) AUDAFEST-Datenschutzbefragung, Teil II: Ergebnisse zur Datensicherheit. In: Computerwoche, Jg. 1980, Nr. 44 vom 31. 10. 1980, S. 28–29
27. (mit H. J. Homberger) AUDAFEST-Datenschutzbefragung, Teil III: Schwachstellen in der Datensicherung. In: Computerwoche, Jg. 1980, Nr. 46 vom 14. 11. 1980, S. 32
28. Betriebswirtschaftlich-organisatorische Aspekte technologischer Innovationen. In: Marketing technologischer Innovationen. Arbeitsgemeinschaft für Rationalisierung des Landes Nordrhein-Westfalen, Heft 206, 1980, S. 2–5

G. *Herausgeber von Schriftenreihen und Sammelwerken*

1. (mit E. Kosiol u. a.) Betriebswirtschaftliche Forschungsergebnisse. Verlag Duncker & Humblot, Berlin, ab 1965
2. Betriebswirtschaftliche Beiträge zur Organisation und Automation. Verlag Dr. Th. Gabler, Wiesbaden, ab 1966
3. Arbeitsberichte des Betriebswirtschaftlichen Instituts für Organisation und Automation an der Universität zu Köln, Eigenverlag 1968–1970
4. (mit K. Hax u. a.) Schmalenbachs Zeitschrift für betriebswirtschaftliche Forschung (ZfbF). Westdeutscher Verlag, Opladen, ab 1970
5. (mit N. Szyperski) BIFOA-Arbeitsberichte. Wison-Verlag, Köln, 1971–1974; ab 1975 fortgesetzt unter dem Titel BIFOA-Forschungsberichte
6. (mit A. Angermann u. a.) ÖVD – Öffentliche Verwaltung und Datenverarbeitung. Verlag Kohlhammer, Stuttgart und Deutscher Gemeindeverlag, Köln (1971–1976)
7. Arbeitspapiere des Seminars für Allgemeine Betriebswirtschaftslehre und Organisationslehre der Universität zu Köln. Eigenverlag, ab 1973
8. (mit P. Schmitz u. N. Szyperski) Reihe Betriebsinformatik, Carl Hanser Verlag, München – Wien, ab 1974
9. (mit N. Szyperski) BIFOA-Monographien. Wison-Verlag, Köln, ab 1976
10. Kölner Schriften zur Betriebswirtschaft und Organisation. Peter Lang Verlag, Frankfurt/M. – Bern – New York, ab 1979.

H. *Wissenschaftlicher Beirat*

1. Angewandte Informatik, hrsg. v. P. Schmitz und N. Szyperski. Verlag Vieweg, Braunschweig – Wiesbaden, ab 1971
2. rororo studium, hrsg. v. Ernesto Grassi. Rowohlt-Taschenbuch-Verlag, Reinbek bei Hamburg, ab 1972
3. Information and Management. The International Journal of Management Processing Systems. North-Holland Publishing Company, Amsterdam (1977–1981)
4. Office Management. FBO-Fachverlag für Büro- und Organisationstechnik, Baden-Baden (ab 1981).

I. *Über den Autor*

1. Who is who in the World
2. Who is who in Europe
3. Who is who in Germany
4. Frese, E., Schmitz, P. u. Szyperski, N. (Hrsg.): Organisation, Planung, Informationssysteme. Erwin Grochla zu seinem 60. Geburtstag gewidmet. C. E. Poeschel Verlag, Stuttgart 1981.

Stichwortverzeichnis

C

D

E

F

G

H

I

K

L

M

N

O

P

U

V

W